2024 TERCEIRA EDIÇÃO

JOYCEANE BEZERRA DE MENEZES
ANA CARLA HARMATIUK MATOS

COORDENADORAS

DIREITO DAS FAMÍLIAS

POR JURISTAS BRASILEIRAS

Amanda Florêncio Melo • **Ana Beatriz** Lima Pimentel • **Ana Carla** Harmatiuk Matos • **Ana Carolina** Brochado Teixeira • **Ana Cláudia** Mendes de Figueiredo • **Ana Luiza** Maia Nevares • **Ana Paola** de Castro e Lins • **Ana Vládia** Martins Feitosa • **Andressa** de Figueiredo Farias • **Andressa Regina** Bissolotti dos Santos • **Caroline** Pomjé • **Catarina** Oliveira • **Cláudia** Stein Vieira • **Daniela** Mucilo • **Daniele** Chaves Teixeira • **Débora** Brandão • **Elisa** Cruz • **Fabíola** Albuquerque Lobo • **Fernanda** Tartuce • **Flávia** Piovesan • **Francielle Elisabet** Nogueira Lima • **Giselda Maria** Fernandes Novaes Hironaka • **Herika Janaynna** Bezerra de Menezes • **Isabella** Nogueira Paranaguá de Carvalho Drumond • **Isabella** Silveira de Castro • **Jacqueline** Lopes Pereira • **Joyceane** Bezerra de Menezes • **Lígia** Ziggiotti de Oliveira • **Luciana** Brasileiro • **Lygia Maria** Copi • **Márcia** Correia Chagas • **Maria Berenice** Dias • **Maria Celina** Bodin de Moraes • **Maria de Fátima** Freire de Sá • **Maria Rita** de Holanda • **Mariana** Barsaglia Pimentel • **Marília** Pedroso Xavier • **Marklea** da Cunha Ferst • **Marta** Cauduro Oppermann • **Melina** Girardi Fachin • **Melissa** Ourives Veiga • **Patrícia** Ferreira Rocha • **Patrícia** K. de Deus Ciríaco • **Renata** de Lima Rodrigues • **Renata** Vilela Multedo • **Roberta Mauro** Medina Maia • **Rose** Melo Vencelau Meireles • **Sayury** S. Otoni • **Silvia Felipe** Marzagão • **Simone** Tassinari Cardoso Fleischmann • **Taísa Maria** Macena de Lima

Dados Internacionais de Catalogação na Publicação (CIP) de acordo com ISBD

D598   Direito das famílias: por juristas brasileiras / coordenado por Joyceane Bezerra de Menezes, Ana Carla Harmatiuk Matos. - 3. ed. - Indaiatuba, SP : Editora Foco, 2024.

880 p. : 17cm x 24cm.

Inclui bibliografia e índice.
ISBN: 978-65-5515-990-5

1. Direito. 2. Direito das famílias. I. Menezes, Joyceane Bezerra de. II. Matos, Ana Carla Harmatiuk. III. Título.

2023-3670   CDD 342.16   CDU 347.61

Elaborado por Vagner Rodolfo da Silva - CRB-8/9410

Índices para Catálogo Sistemático:

1. Direito de família 342.16
2. Direito de família 347.61

2024 **TERCEIRA** EDIÇÃO

JOYCEANE BEZERRA
DE MENEZES

ANA CARLA
HARMATIUK MATOS

COORDENADORAS

DIREITO DAS FAMÍLIAS

POR JURISTAS BRASILEIRAS

Amanda Florêncio Melo • **Ana Beatriz** Lima Pimentel • **Ana Carla** Harmatiuk Matos • **Ana Carolina** Brochado Teixeira • **Ana Cláudia** Mendes de Figueiredo • **Ana Luiza** Maia Nevares • **Ana Paola** de Castro e Lins • **Ana Vládia** Martins Feitosa • **Andressa** de Figueiredo Farias • **Andressa Regina** Bissolotti dos Santos • **Caroline** Pomjé • **Catarina** Oliveira • **Cláudia** Stein Vieira • **Daniela** Mucilo • **Daniele** Chaves Teixeira • **Débora** Brandão • **Elisa** Cruz • **Fabíola** Albuquerque Lobo • **Fernanda** Tartuce • **Flávia** Piovesan • **Francielle Elisabet** Nogueira Lima • **Giselda Maria** Fernandes Novaes Hironaka • **Herika Janaynna** Bezerra de Menezes • **Isabella** Nogueira Paranaguá de Carvalho Drumond • **Isabella** Silveira de Castro • **Jacqueline** Lopes Pereira • **Joyceane** Bezerra de Menezes • **Lígia** Ziggiotti de Oliveira • **Luciana** Brasileiro • **Lygia Maria** Copi • **Márcia** Correia Chagas • **Maria Berenice** Dias • **Maria Celina** Bodin de Moraes • **Maria de Fátima** Freire de Sá • **Maria Rita** de Holanda • **Mariana** Barsaglia Pimentel • **Marília** Pedroso Xavier • **Marklea** da Cunha Ferst • **Marta** Cauduro Oppermann • **Melina** Girardi Fachin • **Melissa** Ourives Veiga • **Patrícia** Ferreira Rocha • **Patrícia** K. de Deus Ciríaco • **Renata** de Lima Rodrigues • **Renata** Vilela Multedo • **Roberta** Mauro Medina Maia • **Rose** Melo Vencelau Meireles • **Sayury** S. Otoni • **Silvia Felipe** Marzagão • **Simone** Tassinari Cardoso Fleischmann • **Taísa Maria** Macena de Lima

2024 © Editora Foco

Coordenadoras: Joyceane Bezerra de Menezes e Ana Carla Harmatiuk Matos

Autoras: Amanda Florêncio Melo, Ana Beatriz Lima Pimentel, Ana Carla Harmatiuk Matos, Ana Carolina Brochado Teixeira, Ana Cláudia Mendes de Figueiredo, Ana Luiza Maia Nevares, Ana Paola de Castro e Lins, Ana Vládia Martins Feitosa, Andressa de Figueiredo Farias, Andressa Regina Bissolotti dos Santos, Caroline Pomjé, Catarina Oliveira, Cláudia Stein Vieira, Daniela Mucilo, Daniele Chaves Teixeira, Débora Brandão, Elisa Cruz, Fabíola Albuquerque Lobo, Fernanda Tartuce, Flávia Piovesan, Francielle Elisabet Nogueira Lima, Giselda Maria Fernandes Novaes Hironaka, Herika Janaynna Bezerra de Menezes, Isabella Nogueira Paranaguá de Carvalho Drumond, Isabella Silveira de Castro, Jacqueline Lopes Pereira, Joyceane Bezerra de Menezes, Lígia Ziggiotti de Oliveira, Luciana Brasileiro, Lygia Maria Copi, Márcia Correia Chagas, Maria Berenice Dias, Maria Celina Bodin de Moraes, Maria de Fátima Freire de Sá, Maria Rita de Holanda, Mariana Barsaglia Pimentel, Marília Pedroso Xavier, Marklea da Cunha Ferst, Marta Cauduro Oppermann, Melina Girardi Fachin, Melissa Ourives Veiga, Patrícia Ferreira Rocha, Patrícia K. de Deus Ciríaco, Renata de Lima Rodrigues, Renata Vilela Multedo, Roberta Mauro Medina Maia, Rose Melo Vencelau Meireles, Sayury S. Otoni, Silvia Felipe Marzagão, Simone Tassinari Cardoso Fleischmann e Taísa Maria Macena de Lima

Diretor Acadêmico: Leonardo Pereira
Editor: Roberta Densa
Assistente Editorial: Paula Morishita
Revisora Sênior: Georgia Renata Dias
Capa Criação: Leonardo Hermano
Diagramação: Ladislau Lima e Aparecida Lima
Impressão miolo e capa: FORMA CERTA

DIREITOS AUTORAIS: É proibida a reprodução parcial ou total desta publicação, por qualquer forma ou meio, sem a prévia autorização da Editora FOCO, com exceção do teor das questões de concursos públicos que, por serem atos oficiais, não são protegidas como Direitos Autorais, na forma do Artigo 8º, IV, da Lei 9.610/1998. Referida vedação se estende às características gráficas da obra e sua editoração. A punição para a violação dos Direitos Autorais é crime previsto no Artigo 184 do Código Penal e as sanções civis às violações dos Direitos Autorais estão previstas nos Artigos 101 a 110 da Lei 9.610/1998. Os comentários das questões são de responsabilidade dos autores.

NOTAS DA EDITORA:

Atualizações e erratas: A presente obra é vendida como está, atualizada até a data do seu fechamento, informação que consta na página II do livro. Havendo a publicação de legislação de suma relevância, a editora, de forma discricionária, se empenhará em disponibilizar atualização futura.

Erratas: A Editora se compromete a disponibilizar no site www.editorafoco.com.br, na seção Atualizações, eventuais erratas por razões de erros técnicos ou de conteúdo. Solicitamos, outrossim, que o leitor faça a gentileza de colaborar com a perfeição da obra, comunicando eventual erro encontrado por meio de mensagem para contato@editorafoco.com.br. O acesso será disponibilizado durante a vigência da edição da obra.

Impresso no Brasil (12.2023) – Data de Fechamento (12.2023)

2024
Todos os direitos reservados à
Editora Foco Jurídico Ltda.
Rua Antonio Brunetti, 593 – Jd. Morada do Sol
CEP 13348-533 – Indaiatuba – SP
E-mail: contato@editorafoco.com.br
www.editorafoco.com.br

APRESENTAÇÃO

> Silenciosas, as mulheres? – Mas são elas as únicas que escutamos, dirão alguns de nossos contemporâneos, que, com certa angústia, têm a impressão de sua irresistível ascensão e de sua fala invasora. 'Elas, elas, elas, elas, sempre elas, vorazes, tagarelas... ', mas não somente nos salões de chá, transbordando agora do privado para o público, do ensino para o pretório, dos conventos para a mídia e até mesmo ó Cícero, Saint-Just e Jaurès, para o Parlamento. (PERROT, Michelle. *As mulheres ou os silêncios da história*. Trad. Viviane Ribeiro. Bauru, SP: EDUSP, 2005, p. 09).

A *história das mulheres* é muito recente: remonta às décadas de sessenta e setenta do Século XX, quando o tema despertou o interesse das ciências humanas. A ausência de fontes confiáveis foi a principal dificuldade enfrentada pelos historiadores que se envolveram com a análise do papel histórico das mulheres nas sociedades. Até mesmo as frias e objetivas amostras estatísticas omitiam a figura feminina, enquanto a documentação pública era lacônica, e os escritos particulares quase sempre eram destruídos para preservar a imagem e a intimidade da família.[1] Nem mesmo os estudos sobre a família traziam informações significativas sobre o comportamento das mulheres. Sobravam discursos e representações masculinas sobre elas, mas faltavam autorregistros sobre como pensavam, sentiam ou enxergavam o mundo e a si mesmas. Do silêncio, escapavam apenas as místicas e as literatas, as santas e as loucas, que se faziam ouvir por meio de suas orações e poesias. E ainda assim, liam-se apenas os escritos femininos sobre moda e assuntos domésticos que despontavam a partir do século XVIII.[2]

Após as duas Grandes Guerras do Século XX, as mulheres romperam a barreira do silêncio. A partir de então, houve um paulatino ingresso no meio universitário, que se seguiu de uma maior participação delas nos quadros docentes e nas diversas carreiras profissionais. Atualmente, estão presentes em todas as atividades, inclusive na política, como líderes de destaque mundial, mas a sua participação nos espaços de poder ainda está aquém. Não sem razão, a Agenda 2030, da Organização das Nações Unidas, instituiu o compromisso para a implementação de medidas voltadas à igualdade de gênero e ao empoderamento feminino.

Uma análise específica sobre os currículos do curso de Direito mostra a preponderância da bibliografia masculina, e foram os homens que, nos últimos anos, explicaram a estrutura e a função dos diversos institutos, notadamente, do Direito Civil. A despeito da sua competência técnica, nem sempre se mostraram sensíveis ou atentos aos impactos decorrentes da discriminação de gênero e/ou das vulnerabilidades.

---

1. PERROT, Michelle. *As mulheres ou os silêncios da história*. Trad. Viviane Ribeiro. Bauru, SP: EDUSP, 2005, p. 16-20.
2. PERROT, Michelle. *Minha história das mulheres*. Trad. Angela, M.S. Corrêa. São Paulo: Contexto, 2008, p. 25.

O presente livro, em sua terceira edição, inclui algumas das mulheres que têm escrito, nas suas áreas de atuação, uma "nova" história que denuncia e reivindica por igualdade de gênero, atenção às vulnerabilidades e um olhar diferenciado sobre o cuidado, na tentativa de alinhar o Direito Civil aos direitos humanos e fundamentais. São elas, juristas brasileiras comprometidas com a tarefa de analisar criticamente o Direito, em especial, o Direito das Famílias. Tornaram-se audíveis nas Universidades, por meio de suas atividades de ensino e pesquisa, no Ministério Público, no Judiciário, na advocacia pública e privada. Seu desempenho tem deixado marcas indeléveis, tanto pela seriedade com a qual desempenham sua profissão, quanto por acreditarem em um Direito das Famílias democrático, atento às demandas sociais, aos direitos fundamentais e à autodeterminação da pessoa. Compartilham o entendimento de que é na família que melhor se experimentam o vínculo de solidariedade e os laços de afeto, sem a ingenuidade de imaginar o ambiente familiar como um *locus* imune ao conflito e à violência.

Na análise dos institutos do Direito das Famílias, as autoras adotam como pressuposto a percepção do Direito como um fenômeno social que transcende as categorias ortodoxas das codificações oitocentistas. Um Direito cuja matéria-prima são os fatos sociais, razão pela qual as soluções jurídicas são sempre contingenciais e adequadas aos contextos sociais específicos.[3] Afinal, para fundamentar a sua obrigatoriedade, o Direito necessita de uma teoria do consenso social.

Embora existam construções jurídicas que remontam à formação do direito romano-germânico, mantendo a mesma sintaxe até hoje, como a pessoa, a família, a propriedade e os contratos, no aspecto semântico sofreram alterações importantes ao longo de toda a História.[4] Hodiernamente, o que se compreende por família é bem diferente do que se compreendia no período do Brasil-Colônia e na época da publicação do nosso primeiro Código Civil, por exemplo.

Isso demanda uma releitura crítica das categorias fundamentais ao Direito Civil, com a finalidade de promover sua requalificação em harmonia com o Direito Constitucional, a História, a Sociologia e a Antropologia, permitindo-lhes ainda a necessária correspondência com a realidade social vigente.[5] O significado de família, por exemplo, sofreu transformação expressiva, inclusive, no plano jurídico.

Mais recentemente, o Direito das Famílias tem se modificado com invulgar velocidade. Foram mudanças no âmbito do casamento e da união estável, nas relações de filiação, com a incorporação do critério da socioafetividade e a emergência da multiparentalidade. Sem mencionar a guinada no regime das incapacidades com todos os seus desdobramentos, provocada pela Lei Brasileira de Inclusão e pela Convenção sobre os Direitos da Pessoa com Deficiência.

---

3. BODIN DE MORAES, Maria Celina. *Princípio do Direito Civil contemporâneo*. Rio de Janeiro: Renovar, 2006, p. V.
4. HESPANHA, António Manuel. *Cultura jurídica européia*. Síntese de um milênio. Florianópolis: Fundação Boiteux, 2005, p. 23.
5. FACHIN, Luiz Edson. *Teoria crítica do Direito Civil*. Rio de Janeiro: Forense, 2000, p. 24.

À medida que a rotina relacional da pessoa humana expande-se, modifica-se ou inova-se, as normas sociais dispersas também vão, pouco a pouco, sendo alteradas para consolidar uma espécie de "direito do quotidiano", que finda por se converter em direito oficial.[6] Foi assim com a juridicização da união de fato entre homem e mulher, estendida às convivências entre parceiros do mesmo sexo que também podem se casar; com a ascensão do vínculo socioafetivo no reconhecimento das relações de parentesco; com a multiparentalidade; com a ampliação das presunções de filiação no casamento; com o fim das cláusulas de dureza cerceadoras do divórcio; e com a possibilidade do dano moral nas relações familiares etc.

Toda abordagem jurídica sobre a família enfoca a pessoa como membro do grupo primordial e o seu bem-estar. Enquanto comunidade intermediária entre os Estados e os indivíduos, a função da família é a de possibilitar a realização das potencialidades existenciais, por meio da promoção do desenvolvimento da pessoa.[7] Não se admite mais que o desenvolvimento da pessoa seja cerceado em nome de interesses supraindividuais da família. Isso não implica a supremacia absoluta dos direitos individuais, mas o reconhecimento da dimensão relacional da unidade familiar firmada na liberdade, na alteridade e na solidariedade. Com esteio no Direito Civil-Constitucional, o Direito das Famílias também busca compatibilizar os interesses relativos à liberdade e à solidariedade.

Nesse processo, a coerência do ordenamento jurídico, a supremacia das normas constitucionais e o conteúdo dos direitos fundamentais relativizam as fronteiras entre o direito público e o direito privado e limitam a extensão da autonomia privada. Dessa forma, os valores constitucionais influenciam as relações interprivadas, sejam como normas hermenêuticas ou como regras de comportamento, passíveis de incidência imediata sobre as relações privadas, funcionalizando-as conforme os padrões axiológicos constitucionais.[8] Assim, parece incompleta, senão equivocada, qualquer análise do Direito que dispense a fundamentação constitucional.

A motivação desse livro é a de trazer ao público as reflexões de juristas brasileiras sobre várias as importantes transformações ocorridas no Direito das Famílias, sob fundamentação do Direito Civil Constitucional.

Além do rigor científico que norteou a elaboração de cada capítulo, é possível identificar o genuíno compromisso que essas juristas nutrem em relação ao tema central: são elas filhas, esposas, companheiras, irmãs ou mães/madrastas participativas. Durante o processo de construção do livro, foram muitas as conversas sobre as alegrias e as angústias experimentadas no processo de educar os filhos, na solução de conflitos familiares e na conjugação das atividades laborais com os empenhos

---

6. HESPANHA, António Manuel. *Cultura jurídica européia*. Síntese de um milênio. Florianópolis: Fundação Boiteux, 2005, p. 23.
7. PERLINGIERI, Pietro. *Perfis do Direito Civil*. Trad. Maria Cristina De Cicco. Rio de Janeiro: Renovar, 2002, p. 244.
8. BODIN DE MORAES, Maria Celina. Na medida da pessoa humana. Estudos de direito civil-constitucional. Rio de Janeiro: Renovar, 2010, p .28-29.

do cuidado. Algumas enfrentaram graves problemas de saúde consigo ou com seus familiares; alegraram-se pela cura ou sofreram perdas irreparáveis. Algumas tiveram filhos, outras se casaram.

Em comum, todas revelaram um elã inspirador: um enorme desejo de avançar, contribuindo ora para fortalecer os laços de afeto com os seus queridos familiares, ora para revigorar as bases teóricas da família democrática, espaço do diálogo e do desenvolvimento.

Alegria é a emoção que sentimos ao vermos o livro concluído pela terceira vez. Cultivamos a esperança de que o Direito das Famílias escrito por essas mulheres juristas brasileiras, seja de grande valia para a formação dos nossos graduandos e a prática dos aplicadores do Direito.[9]

Joyceane Bezerra de Menezes
Ana Carla Harmatiuk Matos

---

9. Nosso agradecimento às docentes/alunas integrantes do Grupo de Pesquisa Direito Civil na Legalidade Constitucional, Ana Beatriz Lima Pimentel, Ana Paola de Castro e Lins, Andressa Farias e Patrícia K. de Deus Ciríaco, que nos auxiliaram na compilação e na formatação dos textos.

SUMÁRIO

APRESENTAÇÃO
Joyceane Bezerra de Menezes e Ana Carla Harmatiuk Matos V

PARTE I
A FAMÍLIA NA ORDEM CIVIL-CONSTITUCIONAL

A INCESSANTE TRAVESSIA DOS TEMPOS E A RENOVAÇÃO DOS PARADIGMAS: A FAMÍLIA, SEU *STATUS* E SEU ENQUADRAMENTO NA PÓS-MODERNIDADE
Giselda Maria Fernandes Novaes Hironaka 3

A FORÇA NORMATIVA DOS PRINCÍPIOS CONSTITUCIONAIS COMO MODULADORES DAS NOVAS FAMÍLIAS
Ana Beatriz Lima Pimentel, Patrícia K. de Deus Ciríaco e Andressa de Figueiredo Farias 17

A FAMÍLIA E O DIREITO DE PERSONALIDADE: A CLÁUSULA GERAL DE TUTELA NA PROMOÇÃO DA AUTONOMIA E DA VIDA PRIVADA
Joyceane Bezerra de Menezes 39

POSSÍVEIS APORTES CRÍTICOS DE GÊNERO EM DIREITO DAS FAMÍLIAS
Lígia Ziggiotti de Oliveira 65

A JUDICIALIZAÇÃO DA FAMÍLIA E A (DES)PROTEÇÃO DA PESSOA DOS FILHOS
Renata Vilela Multedo 83

DESCUMPRIMENTO DO DEVER DE FIDELIDADE E RESPONSABILIDADE CIVIL NO ÂMBITO DAS ENTIDADES FAMILIARES: HÁ DANO INDENIZÁVEL?
Sayury S. Otoni 103

PARTE II
MODELOS DE CONJUGALIDADE E CONVIVENCIALIDADE

CASAMENTO VÁLIDO
Marília Pedroso Xavier 125

CONJUGALIDADE INFANTOJUVENIL
Elisa Cruz 155

INVALIDADE DO CASAMENTO
Débora Brandão e Daniela Mucilo 171

A SEPARAÇÃO E O DIVÓRCIO APÓS A EMENDA CONSTITUCIONAL 66/2010
Cláudia Stein Vieira 187

UNIÃO ESTÁVEL
Joyceane Bezerra de Menezes 203

UNIÕES SIMULTÂNEAS
Luciana Brasileiro e Maria Rita de Holanda 243

FAMÍLIAS LGBTI+
Andressa Regina Bissolotti dos Santos e Francielle Elisabet Nogueira Lima 257

A FAMÍLIA RECOMPOSTA: EM BUSCA DE SEU PLENO RECONHECIMENTO JURÍDICO
Ana Carla Harmatiuk Matos 283

PARTE III
SITUAÇÕES SUBJETIVAS PATRIMONIAIS

REGIMES DE BENS
Ana Luiza Maia Nevares 303

PACTO ANTENUPCIAL: A EXPANSÃO DO CONTEÚDO CLAUSULAR ANTE A POSSÍVEL COEXISTÊNCIA DE DISPOSIÇÕES PATRIMONIAIS E EXISTENCIAIS
Lygia Maria Copi e Mariana Barsaglia Pimentel 337

BEM DE FAMÍLIA
Herika Janaynna Bezerra de Menezes e Ana Paola de Castro e Lins 353

USUFRUTO E ADMINISTRAÇÃO DE BENS DE FILHOS MENORES
Marklea da Cunha Ferst 373

USUCAPIÃO FAMILIAR, COMPOSSE E CONDOMÍNIO: UM COTEJO INDISPENSÁVEL
Roberta Mauro Medina Maia 391

PARTE IV
RELAÇÕES DE PARENTESCO

ASPECTOS INTRODUTÓRIOS ÀS RELAÇÕES DE PARENTESCO
Fabíola Albuquerque Lobo 409

FILIAÇÃO BIOLÓGICA, SOCIOAFETIVA E REGISTRAL
Rose Melo Vencelau Meireles 421

MULTIPARENTALIDADE
Catarina Oliveira e Patrícia Ferreira Rocha 435

EFEITOS DA MULTIPARENTALIDADE NA FILIAÇÃO
Fabíola Albuquerque Lobo 457

AUTORIDADE PARENTAL E O ASPECTO FINALÍSTICO DE PROMOVER O DESENVOLVIMENTO E BEM-ESTAR DA CRIANÇA E DO ADOLESCENTE
Ana Carolina Brochado Teixeira 473

RELAÇÕES DE COPARENTALIDADE: AUTONOMIA E RESPONSABILIDADE EM FAMÍLIA
Simone Tassinari Cardoso Fleischmann 491

ADOÇÃO: O PRIORITÁRIO DIREITO A UM LAR
Maria Berenice Dias e Marta Cauduro Oppermann 507

OS IMPACTOS DO MATERNAR NAS RELAÇÕES FAMILIARES
Joyceane Bezerra de Menezes, Ana Beatriz Lima Pimentel e Ana Paola de Castro e Lins .. 531

OS DIREITOS E DEVERES DOS AVÓS
Daniele Chaves Teixeira e Caroline Pomjé 551

PARTE V
ALIMENTOS

ALIMENTOS
Joyceane Bezerra de Menezes, Márcia Correia Chagas e Amanda Florêncio Melo ... 577

ALIMENTOS COMPENSATÓRIOS HUMANITÁRIOS: AJUSTES NECESSÁRIOS À REALIDADE DA MULHER
Melissa Ourives Veiga 617

EXECUÇÃO DE ALIMENTOS: REFLEXÕES SOB A PERSPECTIVA DA SOLIDARIEDADE FAMILIAR
Fernanda Tartuce 637

PARTE VI
PROTEÇÃO DOS VULNERÁVEIS

VULNERABILIDADES NAS RELAÇÕES DE FAMÍLIA: O PROBLEMA DA DESIGUALDADE DE GÊNERO
Maria Celina Bodin de Moraes 659

A PROTEÇÃO DOS VULNERÁVEIS: PERFIL CONTEMPORÂNEO DA TUTELA, DA CURATELA E DA TOMADA DE DECISÃO APOIADA
Renata de Lima Rodrigues 677

CURATELA E TOMADA DE DECISÃO APOIADA
Jacqueline Lopes Pereira 705

A FAMÍLIA E OS DESAFIOS À EFETIVAÇÃO DO DIREITO DAS PESSOAS COM DEFICIÊNCIA À PENSÃO PREVIDENCIÁRIA
Ana Cláudia Mendes de Figueiredo 731

DIREITOS HUMANOS DAS MULHERES, FAMÍLIA E VIOLÊNCIA: REFLEXÕES À LUZ DA LEI 11.340/2006 (*LEI MARIA DA PENHA*)
Flávia Piovesan e Melina Girardi Fachin 763

SISTEMA JURÍDICO DE PROTEÇÃO À MULHER NO COMBATE À VIOLÊNCIA DE GÊNERO
Isabella Nogueira Paranaguá de Carvalho Drumond e Ana Vládia Martins Feitosa ... 783

A FAMÍLIA NO AMPARO À PESSOA IDOSA
Taísa Maria Macena de Lima e Maria de Fátima Freire de Sá 809

ALIENAÇÃO PARENTAL: CONCEITO, EFEITOS E PARTICULARIDADES
Silvia Felipe Marzagão 823

ABANDONO AFETIVO: REFLEXÕES CRÍTICAS A PARTIR DOS POSICIONAMENTOS DO SUPERIOR TRIBUNAL DE JUSTIÇA
Isabella Silveira de Castro 843

Parte I
A FAMÍLIA NA ORDEM CIVIL-CONSTITUCIONAL

Part I

A INCESSANTE TRAVESSIA DOS TEMPOS E A RENOVAÇÃO DOS PARADIGMAS: A FAMÍLIA, SEU *STATUS* E SEU ENQUADRAMENTO NA PÓS-MODERNIDADE

Giselda Maria Fernandes Novaes Hironaka

Professora Titular de Direito Civil da Faculdade de Direito da Universidade de São Paulo. Membro Fundador e Diretora Nacional para a Região Sudeste do Instituto Brasileiro de Direito de Família – IBDFAM. Ex-Procuradora Federal. Advogada, consultora e parecerista.

Sumário: 1. Um primeiro olhar por sobre o assunto – 2. Um breve traçado acerca do espírito e da configuração da pós-modernidade – 3. O direito de família, o direito das famílias, os direitos familiais: os membros da família contemporânea posam para outra *foto sobre a lareira;* 3.1 Sobre a lareira, a foto pós-moderna da conjugalidade; 3.2 Sobre a lareira, a foto pós-moderna da parentalidade – 4. Os marcos deixados em prol da reflexão – 5. Referências.

1. UM PRIMEIRO OLHAR POR SOBRE O ASSUNTO

Desde o final do século anterior e durante, principalmente, estes anos que marcam o início do novo século, muito se falou em pós-modernidade e muito se discutiu acerca do retrato e perfil da família, enquanto instituição perenemente inserida no contexto – histórico, político, econômico, social – da civilização humana.

A produção que tem derivado dessa formidável vertente de consagração do ancestral fenômeno de ajuntamento de pessoas à volta de um núcleo internalizado pelo matiz familiar é inegavelmente próspera, rica, intrigante e instigante. As formulações reflexivas, possíveis de serem desenvolvidas e realizadas, são inúmeras e extremamente coerentes com tudo aquilo que se vê hoje, como a estampa do núcleo que a família contemporânea transmite.

Esta família atual não é melhor e nem é pior que a família do passado, mas, certamente, muito diferente dos modelos familiais antecedentes, das estruturas de poder e de afeto que habitaram, construíram e modelaram os arquétipos anteriores a este que hoje conhecemos.

E é natural que assim seja, pois como num rio, onde as pedras que se esparramam pelo seu leito são distintas, se comparadas às mais próximas de sua origem ou nascente com aquelas que já estão mais próximas de sua vertente para o mar, de seu lugar de desaguar, enfim. As primeiras, mais cheias de arestas e mais rústicas, são distintas destas últimas, mais roliças e menos agressivas que aquelas. Ambas são extraordinariamente belas, com valor próprio, com finalidade e papéis muito claros e com distinção intrínseca, pois a água do rio, de tanto passar, modifica a forma e modela-lhes o perfil.

Modelos de família, ancestrais, feudais, modernas e pós-modernas – para deixar reduzido, em poucas variações, o percurso intenso – se sucederam, e a *foto sobre a lareira* foi se alterando com a mudança dos costumes, com a conversão ou inversão dos valores, com a introdução de novos comportamentos e de novos princípios, com o abandono de matrizes em desuso, e assim por diante.

Por meio dessa simbologia (da qual também me utilizo, agora) de mostrar a família por meio das *fotos de um velho álbum*, é de curiosa e real beleza a descrição que faz Luiz Edson Fachin.[1] O "símbolo" adotado mostra as mudanças e as nuanças da família de antes e da família de agora, quer pela postura escolhida para "sair" na foto, quer pela indumentária utilizada pelas pessoas, quer pelo jogo cênico preparado para o registro eterno. Mudam e colorem-se as fotos; muda e revigora-se a família.

A independência econômica da mulher a faz erguer-se, na foto, sair de trás do patriarca, levantar os olhos confiantes de quem, ao lado de seu parceiro de vida, organiza e administra a estrutura familiar. Quanto aos filhos, seu papel também deixa de ser secundário e eles assumem boa elevação econômica na ordem familiar, assim como se destacam pelas suas qualidades próprias, seu preparo intelectual e sua crescente capacidade de decisão. O divórcio, o controle da natalidade, a concepção assistida, bem como a reciprocidade alimentar, são valores novos que passam a permear o tecido familiar, para torná-lo mais arejado, mais receptivo, mais maleável, mais adaptável às concepções atuais da humanidade e da vida dos humanos. A fidelidade, como valor que não se desprendia da virtude e da abnegação no anterior tempo, hoje se descortina como a aspiração individualista do amor autêntico, não eivado de mentira ou de mediocridade, como descreve Gilles Lipovetsky em *A sociedade pós-moralista*: *o crepúsculo do dever e a ética indolor dos tempos democráticos*,[2] mas, acima de tudo, espalhado pela ideia de afetividade, como o grande parâmetro modificador das relações familiais, estando a querer demonstrar que o verdadeiro elo entre as pessoas envolvidas nessas relações, nesse núcleo, nesse tecido, consubstancia-se no afeto.

Não houve momento como esse, antes, seguramente. Não houve momento de reformulação das estruturas da família, através dos tempos, que tivesse dado o salto qualitativo em direção às emoções (*performance* maximamente otimizada do ser humano), sem ter que passar – obrigatória ou exclusivamente – pelas veredas de antes, quais sejam, o prumo político, a revisão social e/ou o planejamento econômico. Dito de outra forma: nem só de arquétipos da modernidade vive a instituição da família, nos dias atuais; outras causas concorrem, ao lado daqueles, para apresentar

---

1. FACHIN, Luiz Edson. Sobre os desafios e perspectivas da família, seus projetos e seus direitos, no repensar do Direito Civil. *Arte Jurídica – Biblioteca Científica de Direito Civil e Processual Civil*. Curitiba: Juruá, v. 3, n. 1, 2006.
2. LIPOVETSKY, Gilles. *A sociedade pós-moralista*: o crepúsculo do dever e a ética indolor dos tempos democráticos. Tradução de Armando Braio Ara. Barueri: Manole, 2005.

a contextualidade que se impregna de mudanças e rupturas e que se tem considerado ser a *pós-modernidade*.

O historiador, o filósofo e, com eles, o jurista passam a ter a visão cada vez mais aclarada do novo cenário, dos novos personagens, do novo *script*, sob o sugestivo título "família na pós-modernidade". Do que se trata, enfim? Como se processa esse fenômeno, essa mudança, essa ruptura? Há mudanças sem ruptura? A reconfiguração das instituições se dá de modo abrupto? Quando é que passamos a compreender o momento novo, a conclamada "pós-modernidade"? Em que medida o tempo novo recepciona ou afasta o viés positivista de análise das relações familiares? Essas são as perguntas que pairam e solicitam respostas, ou esclarecimentos, ao menos.

Neste estudo, não se pretende oferecer as respostas (isso seria impossível, por certo), mas se deseja, ao menos, descortinar alguns esclarecimentos, ou melhor que isso, chamar à reflexão alguns pontos, algumas conjugações, certos conflitos e outras interações. Reflexões assim têm sido cada vez mais reclamadas exatamente por conta dos desafios da vivência contemporânea do direito, dos quais resulta sempre esta certeza de que a dimensão das relações humanas e jurídicas, hoje, bem difere e se contrasta com a dimensão dos mesmos planos, em tempo imediatamente anterior. Não se trata, advirta-se desde logo, de apenas uma *nova moda* por meio da qual se *inventa* como se lançar o olhar por sobre os mesmos fenômenos, ou instituições, ou situações de antes. Mas trata-se, diferentemente, de atender à urgência – que resulta da prática da vida dos homens modificada pelos novos ares – de se construir um perfil distinto de análise e apreciação das consequências que o *estar-no-mundo* faz acontecer.

Mudam os homens. Mudam seus agrupamentos sociais. Mudam as instituições. Mudam os institutos jurídicos. Muda a família. Mudam as relações familiares, não para serem outras, mas para desempenharem novos e distintos papéis. Constrói-se uma família eudemonista, na qual *se acentuam as relações de sentimentos entre os membros do grupo: valorizam-se as funções afetivas da família que se torna o refúgio privilegiado das pessoas contra as pressões econômicas e sociais. É o fenômeno social da família conjugal, ou nuclear ou de procriação, onde o que mais conta, portanto, é a intensidade das relações pessoais de seus membros*, como já o dizem Oliveira e Muniz[3] desde o início da década de 1990, entre nós.

O desapego às formulações do passado não quer significar que está melhor ou que está pior, este modelo familiar de agora – embora provavelmente esteja melhor, uma vez que a tendência de alteração procura levar, no mais das vezes, a um reconstituído – quer significar, certamente, que é preciso prestar grande atenção no que se apresenta de distinto, para que não se dê tratamento anacrônico a nenhuma das experiências vivenciadas pelos membros da família contemporânea, ou a nenhuma das relações humano-jurídicas entre eles desenvolvidas.

---

3. OLIVEIRA, J. L. C.; MUNIZ, F. J. F. *Direito de família*. Porto Alegre: Sergio Fabris Editor, 1990.

Essas mudanças são importantes e devem ser obrigatoriamente observadas e analisadas, uma vez que não vêm do nada, pois decorrem do fenômeno maior de reconstrução do pensar humano, seja *pela erosão de valores, pela alteração de parâmetros de comportamento, pela decrepitude e pela inadequação das instituições aos desafios presentes, pelas mudanças socioeconômicas, pelas crises simultâneas que afetam diversos aspectos da vida organizada em sociedade, pela explosão de complexidade provocada pela emergência de novos conflitos socioinstitucionais, pela requalificação dinâmica dos modos de produção, pelas alterações profundas nos modos tradicionais de se conceber o ferramental jurídico para a construção de regras sociais...*[4] Seja como for, a mudança que se propala não se revelou de lugar nenhum. Ela se deu de modo contínuo; por isso faz sentido, e muito.

Especificamente no ambiente familiar, como é que tudo isso se espelha e reflete? O que a pós-modernidade promoveu de rupturas, mudanças e avanços, relativamente, ao tempo anterior? O que é exatamente esta etapa da vida da civilização humana que se tem denominado *pós-modernidade*? Como se apresenta a instituição da família, nesse novo tempo? Quais os papéis que desempenham contemporaneamente os seus membros? Do que é que se trata, afinal?

2. UM BREVE TRAÇADO ACERCA DO ESPÍRITO E DA CONFIGURAÇÃO DA PÓS-MODERNIDADE[5]

Em *Pós-modernismo, razão e religião*, Ernest André Gellner, falecido em 1995, se referiu ao pós-modernismo de maneira nada receptiva, marcada pela sua indisposição à face do significado dessa concepção de dificílimo alcance. Disse ele que o *pós-modernismo é um movimento contemporâneo, que é forte e está na moda*. Mas afirmou que, sobretudo, *não é completamente claro o que diabo ele é*. Sem se dar por satisfeito acerca de sua dura crítica e ferrenha desconfiança, Gellner[6] alfinetou que, *na verdade, a claridade não se encontra entre os seus principais atributos*, concluindo que o pós-modernismo *não apenas falha em praticar a claridade mas em ocasiões até a repudia abertamente...*

Compreensível que assim tenha sido a visão do autor acerca do termo, tendo em vista sua preferência pelo positivismo e pela segurança que é conferida pelos *fatos testáveis*, conforme se pode verificar em suas palavras próprias, na mesma importante obra referida, quando diz que positivismo é a *crença na existência e disponibilidade de factos objectivos, e, sobretudo, na possibilidade de explicar os ditos factos por meio de uma teoria objectiva e testável, ela própria não essencialmente ligada a nenhuma cultura particular, observador ou estado de espírito.*[7]

---

4. BITTAR, Eduardo C. B. *O direito na pós-modernidade*. Rio de Janeiro: Forense Universitária, 2005.
5. O texto utilizado na composição deste item do presente estudo foi escrito por esta autora para abrir, como prefácio, a obra coletiva organizada por Lucas Abreu Barroso (2006).
6. GELLNER, Ernest André. *Pós-modernismo, razão e religião*. Lisboa: Editora Instituto Piaget, 1994.
7. Idem, ibidem.

Pelo viés oposto, o filósofo francês Jean-François Lyotard,[8] falecido em 1998, foi um dos mais importantes pensadores na discussão da vivência de uma pós-modernidade, prestigiando-a – principalmente em sua obra denominada *A condição pós-moderna* – como verdadeiro rompimento com as antigas verdades absolutas, como marxismo e liberalismo, todas elas legítimas representantes da anterior era, à qual se convencionou denominar *modernidade*.

Como um e outro dos pensadores mencionados, as visões antagônicas se multiplicaram (e se multiplicam) por todos os lados, refletindo, aliás, aquilo que poderia ser considerado como a *essência* ou o *espírito* da modernidade, vale dizer, a preferência pelos pilares inamovíveis das *certezas* e das *verdades*, a maior parte delas tanto seguras quanto constrangedoras, segundo a minha visão pessoal.

Não seria razoável, nem justo, nem mesmo consentâneo com os meus aceites e com as minhas visões, se eu não abrisse espaço para registrar que nem tudo, na nova conformação pós-moderna, encontra-se adequadamente resolvido ou encaixado – e nem mesmo poderia estar, pois, para estar, esta tarefa teria que ser algo como que *divina*, ao menos... – o que reflete apenas a conclusão de que o confronto entre os paradigmas da modernidade e os da pós-modernidade são ambíguos às vezes, ou são superpostos outras vezes, ou são simplesmente conflitantes, ou sem registro de pertencerem à mesma classe evolutiva. A *pessoa humana* de hoje é o *indivíduo* de antes, sob o ponto de vista do invólucro, mas seu espaço, sua cena, seu papel, sua significância certamente são muito distintos, entre um e outro modo de se mirar o ser humano propriamente dito. Uma consequência curiosa disso – que pode ser uma visão boa ou não – é o fato de que o homem de hoje parece ter se interiorizado em suas projeções sociais, quer dizer, de um ou de outro modo, a preocupação com a subjetividade faz com que o esquadro da intersubjetividade seja mais apertado que antes.

Como já se deixou assente, antes: isso é bom, ou não? Significa progresso, avanço e construção sempre, ou não? Só o tempo verdadeiramente dirá, é claro. Ainda assim, prefiro testar. Incomoda-me muito a descoragem e a mesmice das coisas e das atitudes. Além disso, a desconstrução paradigmática em prol da pós-modernidade sempre me sugere o pensamento de *oxigenar ranços ancestrais*, e a ideia me agrada muito, mesmo que possa, eventualmente, deixar a descoberto a ansiada segurança que a era anterior tanto procurou conceber e estruturar. Ainda assim, prefiro testar.

Dessa forma, e na esfera de minha singular preferência científica e axiológica – direito e justiça – renovo a afirmação de que prefiro o justo ao seguro. Bem por isso, posso dizer que prefiro esta era que desponta, a *pós-modernidade* – que curiosamente já desponta batizada, ainda que não se saiba exatamente qual é o marco cronológico deste seu despontar –, pelo seu traço mais consentâneo com a contemporaneidade que permite a cada um de nós a chance de descobrir outra maneira de ver o mundo, e de se ver no mundo.

---

8. LYOTARD, Jean-François. *A condição pós-moderna*. 5. ed. Rio de Janeiro: José Olympio, 1998.

Um fenômeno assim não acontece de repente, num abrir e fechar de olhos – durmo moderno e acordo pós-moderno! –, mas é fruto de um razoavelmente lento evoluir de ideias, de concepções, de maneiras de se encarar e interpretar os fatos da vida e das relações humanas. Outro modo de visualizar, absorver e compreender o mundo e suas tramas todas, as que já eram tramas desde ontem, as que se descortinam agora e as que estão na iminência de se darem por conhecer. Não um modo ideológico, ou político, ou antropológico, apenas. Mas amplo e entrelaçado, com diversos vieses e muitas arestas; sempre um modo distinto do que se teve até então. Por isso, ao mesmo tempo que significa evolução, significa igualmente ruptura, pois a singela transformação não teria dado conta de uma *(re)evolução* assim, não fossem as indispensáveis quebras de grilhões – rupturas paradigmáticas, como se costuma dizer –, que tendessem a deixar permanecer engessado e endurecido o anterior modo de se entender os homens, seus múltiplos aspectos, suas inter-relações, a sua sociedade, as suas instituições.

Para o direito, e conforme entendo, uma ruptura, associada a um evoluir assim, produziu uma extraordinária maneira de se enxergar, tratar, estruturar, modelar e maximizar o fenômeno jurídico. A aplicação do direito *não é mais apenas um ato de conhecimento*, conforme expressa Luís Roberto Barroso,[9] no sentido da *revelação de uma norma preexistente*, mas também um *ato de vontade*, no sentido da *escolha de uma possibilidade dentre as diversas que se apresentam*. E o que permite que isso aconteça, sem comprometimento desastroso do resultado – em perverso e prejudicial enfoque de justiça aleatoriamente desenhada, evocada e distribuída, como acontece com certas vertentes menos confiáveis do chamado direito alternativo –, reside no viés constitucionalizado que se transporta hoje para as lindes das relações privadas e do próprio Direito Civil, organizando o que se tem anunciado como Direito Civil constitucional. O mesmo autor citado escreve que o *Direito Constitucional define a moldura dentro da qual o intérprete exercerá sua criatividade e seu senso de justiça, sem lhe conceder, contudo, um mandato para voluntarismos de matizes variados.*[10]

Assim é.

E assim é porque o salto qualitativo que a pós-modernidade impôs ao direito, mormente ao Direito Civil, correu no sentido da sua releitura, do seu reposicionamento espacial e temporal, estruturando-se com isso uma dimensão nova que reaproxima direito e ética. Esse salto qualitativo demonstra-se, com relevante importância, no resgate ou revisão de princípios constitucionais que passam a ocupar papel de destaque na seara hermenêutica da aplicação do direito ao caso concreto. Os princípios passam a conviver com as regras jurídicas, não para abatê-las ou minimizá-las, mas para produzir, em razão do convívio, uma mais significativa aplicação do direito em

---

9. BARROSO, Luís Roberto. Fundamentos teóricos e filosóficos do novo Direito Constitucional brasileiro: pós-modernidade, teoria crítica e pós-positivismo. In: GRAU, Eros Roberto; CUNHA, Sérgio Sérvulo da (Coord.). *Estudos de direito constitucional em homenagem a José Afonso da Silva*. São Paulo: Malheiros, 2003.
10. Idem, ibidem, p. 29-30.

prol da justiça, pelo fato da unidade que essa conjugação oferece ao sistema, pelo fato da síntese axiológica que os princípios abrigam, bem como pelo fato de que eles efetivamente passam a condicionar a atividade do intérprete na sua busca da formulação da regra genérica que vai reger a espécie, *in casu*.

Dito por outro modo, os princípios alcançam outra esfera valorativa no contexto hermenêutico, pois eles ganham foros de *norma jurídica*. Não no sentido da regra positiva, simplesmente, mas no sentido do arcabouço maior que ofertam, como *mandamentos de otimização* que são, na linguagem de Robert Alexy.[11] Diferentemente das regras – o autor expõe –, os princípios não têm a estreiteza biunívoca de comprometimento com o substrato fático típico, como o têm aquelas, que ou aceitam a subsunção dele ao seu tecido legislado, ou não o aceitam. Os princípios, como se pode distinguir, abrem os seus horizontes porque pretendem ser realizados amplamente, embora dentro dos naturais limites da possibilidade jurídica existente no caso concreto.

Os princípios são, enfim, a mais alta expressão da normatividade, porque a norma jurídica, como gênero, compreende os princípios e também as regras. *As regras vigem, e os princípios valem*, como tão rica e sinteticamente descreve Paulo Bonavides.[12] E por assim ser e por assim valer, os princípios redimensionados pela visão da pós-modernidade alimentam todo o sistema, não apenas a Constituição propriamente dita, não apenas a lei, *mas o direito em toda a sua extensão, substancialidade, plenitude e abrangência*.[13]

Certamente neste espaço se incluem o Direito Civil da contemporaneidade, o Direito de Família da pós-modernidade e os códigos que os regulamentam, que devem, por isso mesmo, ser compreendidos e aplicados conforme tal visão, sob pena de tornarem-se, em tempo brevíssimo, senão uma inútil montanha de papéis, recheada de inúteis regras.

3. O DIREITO DE FAMÍLIA, O DIREITO DAS FAMÍLIAS, OS DIREITOS FAMILIAIS: OS MEMBROS DA FAMÍLIA CONTEMPORÂNEA POSAM PARA OUTRA *FOTO SOBRE A LAREIRA*

3.1 Sobre a lareira, a foto pós-moderna da conjugalidade

A pós-modernidade traz a novidade da valorização do prazer e o desassocia da noção de dever, fragilizando a fortaleza moralizadora dos séculos precedentes (pelo tanto que mais nos interessa, os séculos XIX e XX). As *posturas ilegítimas* que foram condenadas pelo moralismo sexual do anterior século, por exemplo, o excesso de relações e passatempos amorosos, a prática sexual depois dos cinquenta ou sessen-

---
11. ALEXY, Robert. *Teoría de los derechos fundamentales*. Madrid: Centro de Derechos Constitucionales, 1993.
12. BONAVIDES, Paulo. *Curso de direito constitucional*. 17. ed. São Paulo: Malheiros, 2005.
13. Idem, ibidem.

ta anos, a felação, a masturbação (mormente a recíproca), o direito ao orgasmo, a opção pelo amor livre e a prática homossexual (entre outras formas de afetividade), foram paulatinamente perdendo o grande peso pecaminoso e imoral, libertando as pessoas, não para o acesso livre e indiscriminado do prazer, mas para escolherem suas preferências e procurarem, sem essas amarras externas (e cruéis no mais das vezes), realizar os seus projetos pessoais de felicidade.

Não apenas isso, mas a condição matrimonializada foi sempre eternizada, com chance zero de desorganização ou desfazimento, especialmente se em favor da libertação da mulher, uma vez que sua projeção e atuação no meio familiar estavam muito mais voltadas à concepção, geração e criação de filhos do que propriamente ao prazer que lhe pudesse ser proporcionado pela relação sexual e afetiva com o seu partícipe de jornadas. A proclamação da pureza das mulheres, a condenação pelo adultério, a proibição do aborto e a recriminação às práticas contraceptivas concorreram no sentido de a elas não ser permitido o que aos homens era, ainda que sob os pudores silenciosos da falsa moral novecentista, por exemplo, o desfrute de prazeres efêmeros. A visibilidade do adultério masculino contava, por isso mesmo, com a complacência social e até mesmo religiosa em certos casos, minimizando, em favor dos homens, uma severidade e uma rigidez que sempre estiveram presentes na trajetória de condutas femininas.

Sem lar, não há família; sem família, não há moral; e, sem moral, não há sociedade nem pátria!, proclamou Jules Simon, político e pensador falecido em 1896, e que também foi primeiro-ministro da França entre os anos de 1876 e 1877. Compreensível que o dissesse, ao seu tempo. Incompreensível que, em tempos globalizados e redefinidos, ainda se afirme categoricamente, hoje, essa sofismática e excludente conclusão. Não perdeu a família, seu carisma, seu papel de refúgio e fortaleza para os anseios primeiros de cada um de seus membros. Não. A família ainda é, e sempre será, este *locus* privilegiado. Mas o que já parece não mais persistir é, provavelmente, essa sua tônica de indissolubilidade de vínculos, de obrigatoriedade de realização contínua, a qualquer preço ou custo, de amarras de não libertação.

Novos hábitos, novas aspirações, novos valores, novos costumes e novas permissões passaram assim a florescer, pela emergência da necessidade de novos e respiráveis ares, uma exigência do tempo proclamado como pós-moderno, enfim. E assim se deu, por exemplo, com a liberdade de expressão e a revalorização do sentimento, produzindo, entre outras coisas, o deslocamento do foco do interesse familiar para a criança (e não para a instituição propriamente dita), bem como a autorização para cada membro buscar a sua própria felicidade e bem-estar, valorizando mais a pessoa – cada pessoa – que o grupo constituído sob os ares da indestrutividade. Essa inversão paradigmática andou no sentido de deitar por terra as proclamações terríveis de outrora, por exemplo, a de que uma *unidade social é a família, e não o indivíduo*.[14]

---

14. Conforme Paul Bourget, no prefácio de sua obra *Un divorce*, citado por Gilles Lipovetsky (2005, p. 19).

Ainda assim, não foi exatamente de um dia para o outro que o divórcio, como percurso para o reencontro de destinos mais promissores, instalou-se no mundo contemporâneo. As pressões de toda a sorte, morais, religiosas, éticas e culturais, empataram durante grande número de décadas, e até hoje, a aceitação plena do rompimento da matrimonialização das relações conjugais. Às mulheres divorciadas se imputou o *status* da indignidade; e aos seus filhos, a pecha de filhos sem pai. Idas e vindas de aceitação e de rejeição ao novo *modus* de desfazimento da sociedade conjugal foram amplamente sentidas e registradas ao longo da modernidade, como que em dança de caranguejos, com passos à frente e com passos atrás. Aliás, até os dias de hoje, em certas antigas e importantes culturas, ainda é assim (quando não se proíbe terminantemente a ideia de desfazimento do laço matrimonial). Paira uma ideia, em certos pensamentos e culturas, de que o rompimento dos laços de conjugalidade corresponderia a uma efetiva *perda*, e essa sensação é insuportável pelos que se alistam nas colunas dos *eternos vencedores*. Esse dado, de caráter e fundamento psicológico particularizado, não é tão estranho quanto possa parecer à primeira vista, nem é tão raro de ocorrer, como se possa pensar, em tempos de inauguração de um milênio novo e de um novo tempo de registros históricos da trajetória humana. Está próximo de nós, ainda que nos dias da pós-modernidade, inacreditavelmente.[15]

Embora isso, no entanto, tudo indica que caminhamos – a passos largos até – para uma revisão de concepção e de estrutura, acerca da família e do casamento, muito significativa. Marcos Colares, em feliz observação e síntese, escreveu que deve haver *algo de novo no Direito de Família: a vontade de vencer os limites ridículos da acomodação intelectual. Porém, tudo será em vão sem a assunção pela sociedade de uma postura responsável em relação à família, transformando o texto da Constituição Federal em letra viva*.[16] Ele tem razão: a família de hoje tende a ser mais sincera, digamos assim, no sentido de que as hipocrisias e as simulações de antes já não encontram mais lugar em cena, estando esse espaço muito mais disponibilizado para os tratos francos e as rupturas consentidas e bem analisadas.

No enquadramento da família atual, uma gama maior de modelos se apresenta, assumindo ela um *desenho plural, aberto, multifacetário e globalizado, servindo como lócus privilegiado para o desenvolvimento da personalidade humana*, no dizer de Cristiano Chaves de Farias. Ele encaminha suas conclusões para dizer que o atual ambiente da pós-modernidade é *o ambiente ideal para a realização espiritual e física do ser humano, ou seja, somente se justifica a proteção da família para que se efetive a tutela da própria pessoa humana. É, por conseguinte, a família servindo como instrumento para*

---

15. Assim como não está distante do nosso cotidiano, ainda hoje, aquela situação de pasmo total e concreto de alguém a respeito da dissolução do vínculo matrimonial de outrem, pelo divórcio. É comum se ouvir dizer, sob as luzes do espanto: *Quem diria! Pareciam nascidos um para o outro! Coisas de ontem, ainda enterradas nos tempos de hoje...*
16. COLARES, Marcos. O que há de novo em Direito de Família? In: *Revista Brasileira de Direito de Família*. Porto Alegre: SÍNTESE, n. 4, p. 42-60, jan.-fev.-mar. 2000.

a realização plena da pessoa humana e não mais vislumbrada como simples instituição jurídica e social, voltada para fins patrimoniais e reprodutivos.[17]

3.2 Sobre a lareira, a foto pós-moderna da parentalidade

Na ambiência da parentalidade, o novo desenho das relações e das inter-relações igualmente se mostra modificado, registrando-se alterações que parecem indicar que ocorreram "perdas" significativas para os membros da família, na tradição, nas normas e nos valores sociais, se o patamar de observação for o do clássico clã familiar. Assim, por exemplo, bem se sabe que, na sociedade brasileira colonial, era ao chefe da família que restava incumbido o poder de decidir o grau de instrução, ou a profissão, bem como as escolhas sexuais e afetivas de todos aqueles que a ele se encontravam relacionados, sob dependência familiar.[18]

Nesse antigo modelo de família, o lar se compunha de um grande número de pessoas, considerando-se a prole numerosa, os agregados, os aparentados de toda a sorte e os serviçais, todos se misturando pelo espaço amplo durante todo o tempo, o que impedia a consolidação de maior intimidade ou amizade entre os membros, tornando os relacionamentos muito sérios, rigorosos, rígidos e severos, sem grande manifestação de afetividade ou de cumplicidade. Porém, espaço esse que se tornava pequeno para as discussões e exposição de pontos de vista, as regras seculares se mantinham com eficiência, e a transmissão dos valores, como tradição e obediência, se processava sem tumultos, de uma geração para outra, de cima para baixo.

O século XIX, contudo, especialmente na segunda metade, testemunhou uma significativa mudança no perfil da família brasileira que, graças a uma série de fatores importantes, como a urbanização das cidades, a chegada da luz elétrica, a introdução de modos e costumes europeus trazidos pela corte portuguesa, a mesclagem de culturas por força do aumento do ciclo imigratório, adquiriu um retrato mais afetivo, diga-se assim, mais voltado à formação de família a partir da própria e pessoal escolha do par conjugal, o que refletiu na reformulação de papéis do homem e da mulher no cenário doméstico, bem como no mercado de trabalho. Outra passou a ser a dinâmica familiar, ainda que – é necessário que se registre – o jugo da mulher ao homem ainda permanecesse, de certa forma, dentro do lar, mesmo que ela já houvesse conquistado o direito ao trabalho, especialmente as mulheres da classe média, chamada burguesia.

Mas os ares da modernidade já se encontravam em circulação e, após os anos 1950 do anterior século, implantou e firmou-se mais e mais o perfil libertário que admitia mais e maiores escolhas dos indivíduos, inclusive dentro de seu ambiente familiar. Nas relações entre pais e filhos, o traço autoritário começa a ceder espaço

---

17. FARIAS, Cristiano Chaves de. *A família da pós-modernidade*: mais que fotografia, possibilidade de convivência. 2005. Disponível em: http://www.juspodivm.com.br/novo/arquivos/artigos/civil_familia/artfamilia4.pdf. Acesso em: 25 mar. 2007.
18. COSTA, Jurandir Freire. *Ordem médica e norma familiar*. 3. ed. Rio de Janeiro: Graal, 1989.

para as decisões conjuntas e para o trato igualitário.[19] De lá até este tempo, muita mudança ainda houve, mudança agora mais perceptível aos participantes da cena familiar porque acontece de maneira cada vez mais veloz, mais célere.

Há, na pós-modernidade, outro modo de estabelecimento das relações parentais, mormente entre pais e filhos, diferente do modelo anterior, certamente. Os modelos fixos do passado desconstroem-se, admitindo uma reorganização cênica no *habitat* familiar, no qual vivem os pais, os filhos, os avós, num interessante e diferenciado encontro geracional que, por tudo, é diferente das convivências de gerações de outrora.

Giddens, citado no excelente estudo de Maria Lúcia Rocha-Coutinho,[20] afirma com precisão que, nas sociedades anteriores, *a tradição é o meio de lidar com o tempo e o espaço, inserindo qualquer atividade ou experiência particular na continuidade do passado, presente e futuro, os quais, por sua vez, são estruturados em práticas sociais recorrentes*, enquanto, nas sociedades modernas, *as práticas sociais são constantemente examinadas e reformadas à luz das informações recebidas sobre aquelas próprias práticas, alterando, assim, construtivamente, seu caráter.*

Um fenômeno interessante de ser anotado é aquele que mostra que os filhos já não saem de seus lares originais tão logo deixem a adolescência, como foi comum no modelo de família imediatamente anterior a esse. Aquela expectativa que corria alegremente, há bem poucas décadas, a favor do momento de se alcançar a maioridade, já não se repete hoje, e os filhos se tornam adultos *sem passar para a idade adulta*, como é o interessante dizer de Elza Ramos,[21] prolongando a coabitação entre gerações por razões que não foram consideradas ou vivenciadas nas sociedades anteriores a esta, por exemplo, o prolongamento dos estudos, as dificuldades econômicas, o mercado de trabalho mais fechado.

Embora conviventes, os estudos mostram[22] que, na maioria dos casos, pais e filhos convivem bem e que os pais reconhecem o direito dos filhos a uma vida pessoal (e mesmo sexual), ainda que em situação de coabitação familiar, circunstância esta que nunca foi admitida no seio familiar há bem poucos anos antes. Esse lado positivo de permanência por mais tempo em casa apurou um convívio intergeracional diferenciado, pois as gerações (avós, pais e filhos) passaram a ter a oportunidade distinta de conviver, estando os mais jovens com a definição de suas faixas etárias para além da infância e da adolescência, o que pode tornar o diálogo bastante mais facilitado, ao menos na maioria dos casos.

---

19. A própria autora deste estudo, nascida em 1950, conheceu esse desprendimento da autoridade paterna quando decidiu, aos 17 anos, na pequena e interiorana cidade paulista de São Carlos, deixar o lar para cursar a Faculdade de Direito do Largo São Francisco (USP), na capital, com o intuito de seguir profissão que, aos olhos de seu pai, nascido nos primeiros anos do século XX, era "profissão exclusiva para homens".
20. ROCHA-COUTINHO, Maria Lúcia. Transmissão geracional e família na contemporaneidade. In: BARROS, Myriam Lins de (Org.). *Família e gerações*. Rio de Janeiro: Editora FGV, 2006.
21. RAMOS, Elza. As negociações no espaço doméstico: construir a "boa distância" entre pais e jovens adultos "coabitantes". In: BARROS, Myriam Lins de (Org.). *Família e gerações*. Rio de Janeiro: Editora FGV, 2006.
22. Idem, p. 42-43.

Assim, e porque as relações interparentais têm sido moldadas muito mais sobre um patamar igualitário do que sob uma torre de poder, exclusivamente, convivem mais produtivamente os mais velhos com os mais jovens, cada um deles tendo muito o que ensinar ao outro reciprocamente, fazendo com que as relações hierárquicas, antes baseadas na obediência cega aos modelos de repetição tradicional, cedam espaço para os novos paradigmas norteadores das relações parentais no seio da família contemporânea, como o afeto, o amor, a cooperação, a mútua proteção e a sadia cumplicidade entre seus membros. E não se trata, por certo, de apenas mais um simples discurso de revisão sociológica, antropológica ou psicológica o que se registra aqui, mas, sim, de um convite à reflexão, no sentido de se perceber, com clareza, que os modelos legislados de uma sociedade em mutação devem estar atentos para a necessidade de acompanharem essas mudanças, sob pena de se tornarem anacrônicos e inúteis. Os códigos da contemporaneidade devem ser tais, portanto, que sejam não apenas abertos e permeáveis às novas visões, mas que também sejam despojados de preconceitos e de ranços próprios do passado, para que contenham regras e normas de efetiva eficácia e ajuste com o reclamo social atual.

4. OS MARCOS DEIXADOS EM PROL DA REFLEXÃO

Maria Lúcia Rocha-Coutinho diz que *a família deve ser entendida em sua complexidade e discrepância de interesses, necessidades e sentimentos*.[23] Com isso, a psicóloga quer mostrar que a família se movimenta com o movimento dos tempos, que se altera com a alteração dos costumes, que se modifica com a modificação das pessoas que a constituem, em suas relações interpessoais.

A *foto* da família da pós-modernidade retrata muito além de suas funções simplesmente sociais, econômicas, ideológicas, reprodutivas, religiosas, morais, para retratar também os projetos pessoais de cada um de seus membros, na busca pela sua realização e felicidade, sem perder de vista, contudo, a mesma projeção para o todo familiar. Isso porque a sociedade de hoje é assim. Os homens de hoje estão assim. A vida é esta, e as condutas humanas assim são realizadas. E, *uma vez que a família está inserida em uma sociedade, ela não pode ficar à parte das alterações sociais*, assim como, por outro ângulo, *a sociedade não pode ficar alheia às mudanças no meio familiar.*[24]

Na visão de Giddens,[25] os relacionamentos familiares contemporâneos – quer no nível da conjugalidade, quer no nível da parentalidade – se baseiam na *primazia do amor*, e suas características principais poderiam ser assim enumeradas: a) são relações que se valorizam por si mesmas, e não por condições exteriores da vida social e econômica; b) são relações que primam pelo que podem trazer de bom para cada

---

23. ROCHA-COUTINHO, Maria Lúcia. Transmissão geracional e família na contemporaneidade. In: BARROS, Myriam Lins de (Org.). *Família e gerações*. Rio de Janeiro: Editora FGV, 2006, p. 97.
24. Idem, ibidem.
25. GIDDENS, A. *The consequences of modernity*. Cambridge: Polity Press, 1990, passim.

um dos membros do núcleo familiar envolvidos; c) organizam-se pelo viés reflexivo, no qual a comunicação é aberta e tem base contínua; d) são relações que tendem a se ver mais focadas na intimidade, na cumplicidade e na confiança mútua; e) são relações que transformam a obrigação do contato constante em compromisso ético entre os seus partícipes.

Enfim, a nova família da contemporaneidade não é melhor nem pior do que os modelos familiares que a antecederam, mas é diferente deles, como se disse inicialmente. Nessa família, os aspectos de positividade são bem-vindos e são capazes, quiçá, de deixar sem ênfase os aspectos que assim não sejam, porque aqueles são aspectos que dizem completo respeito às trocas, às verdades, à cooperação, à complexidade e, principalmente, ao afeto entre seus membros.

Para essa nova família, para essa *nova foto sobre a lareira*, o pensador do direito, o legislador e o aplicador das leis, todos devem estar muito atentos à nova e urgente maneira de se produzir a sua *moldura jurídica*, para fazê-lo de modo amalgamado ao modo ético de *ser* e de *estar-no-mundo*, nesta era de agora.

5. REFERÊNCIAS

ALEXY, Robert. *Teoría de los derechos fundamentales*. Madrid: Centro de Derechos Constitucionales, 1993.

BARROSO, Luís Roberto. Fundamentos teóricos e filosóficos do novo Direito Constitucional brasileiro: pós-modernidade, teoria crítica e pós-positivismo. In: GRAU, Eros Roberto; CUNHA, Sérgio Sérvulo da (Coord.). *Estudos de direito constitucional em homenagem a José Afonso da Silva*. São Paulo: Malheiros, 2003.

BITTAR, Eduardo C. B. *O direito na pós-modernidade*. Rio de Janeiro: Forense Universitária, 2005.

BONAVIDES, Paulo. *Curso de direito constitucional*. 17. ed. São Paulo: Malheiros, 2005.

COLARES, Marcos. O que há de novo em Direito de Família? In: *Revista Brasileira de Direito de Família*. Porto Alegre: SÍNTESE, n. 4, p. 42-60, jan.-fev.-mar. 2000.

COSTA, Jurandir Freire. *Ordem médica e norma familiar*. 3. ed. Rio de Janeiro: Graal, 1989.

FACHIN, Luiz Edson. Sobre os desafios e perspectivas da família, seus projetos e seus direitos, no repensar do Direito Civil. *Arte Jurídica – Biblioteca Científica de Direito Civil e Processual Civil*. Curitiba: Juruá, v. 3, n. 1, 2006.

FARIAS, Cristiano Chaves de. *A família da pós-modernidade*: mais que fotografia, possibilidade de convivência. 2005. Disponível em: http://www.juspodivm.com.br/novo/arquivos/artigos/civil_familia/artfamilia4.pdf. Acesso em: 25 mar. 2007.

GELLNER, Ernest André. *Pós-modernismo, razão e religião*. Lisboa: Editora Instituto Piaget, 1994.

GIDDENS, A. *The consequences of modernity*. Cambridge: Polity Press, 1990.

HIRONAKA, Giselda Maria Fernandes Novaes. Prefácio. In: BARROSO, Lucas Abreu (Org.). *Introdução crítica ao Código Civil*. Rio de Janeiro: Forense, 2006.

LIPOVETSKY, Gilles. *A sociedade pós-moralista*: o crepúsculo do dever e a ética indolor dos tempos democráticos. Trad. Armando Braio Ara. Barueri: Manole, 2005.

LYOTARD, Jean-François. *A condição pós-moderna*. 5. ed. Rio de Janeiro: José Olympio, 1998.

OLIVEIRA, J. L. C.; MUNIZ, F. J. F. *Direito de família*. Porto Alegre: Sergio Fabris Editor, 1990.

RAMOS, Elza. As negociações no espaço doméstico: construir a "boa distância" entre pais e jovens adultos "coabitantes". In: BARROS, Myriam Lins de (Org.). *Família e gerações*. Rio de Janeiro: Editora FGV, 2006.

ROCHA-COUTINHO, Maria Lúcia. Transmissão geracional e família na contemporaneidade. In: BARROS, Myriam Lins de (Org.). *Família e gerações*. Rio de Janeiro: Editora FGV, 2006.

A FORÇA NORMATIVA DOS PRINCÍPIOS CONSTITUCIONAIS COMO MODULADORES DAS NOVAS FAMÍLIAS

Ana Beatriz Lima Pimentel

Doutora em Direito Constitucional nas Relações Privadas pela Universidade de Fortaleza (UNIFOR). Mestre em Direito Público – Ordem Jurídica Constitucional pela Universidade Federal do Ceará (UFC). Especialista em Direito Privado pela Universidade de Fortaleza (UNIFOR); Graduada em Direito pela Universidade de Fortaleza (UNIFOR). Professora de Direito Civil do Curso de Direito da Universidade de Fortaleza (UNIFOR) e do Centro Universitário Christus (UNICHRISTUS). Membro do Grupo de pesquisa Direito Civil na Legalidade Constitucional do PPGD/UNIFOR. Advogada.
E-mail: abeatrizlp@hotmail.com. ORCID: https://orcid.org/0000-0002-2752-5419.

Patrícia K. de Deus Ciríaco

Doutoranda pelo Programa de Pós-Graduação Stricto Sensu em Direito (PPGD) da Universidade de Fortaleza (Conceito CAPES 6) e bolsista pelo Programa de Excelência Acadêmica – PROEX/CAPES. Mestre em Ciências Jurídico-Políticas (Menção em Direito Constitucional) pela Universidade de Coimbra, PT. Professora, Pesquisadora e Advogada.
E-mail: patricia@ciriacoeciriaco.adv.br; https://orcid.org/0000-0002-2739-9213.

Andressa de Figueiredo Farias

Mestre pelo Programa de Pós-Graduação Stricto Sensu em Direito (PPGD) da Universidade de Fortaleza (Conceito CAPES 6). Graduada em Direito pela Universidade Federal do Ceará. Advogada.
E-mail: andressaffarias2@gmail.com; https://orcid.org/0000-0002-5027-1584.

Sumário: 1. Introdução – 2. A norma jurídica principiológica e seu impacto no direito de família – 3. Dos princípios constitucionais gerais aplicáveis ao direito das famílias; 3.1 Princípio da dignidade da pessoa humana e as relações familiares; 3.2 Princípio da igualdade e a democratização da família; 3.3 Princípio da liberdade e da pluralidade das entidades familiares – 4. Princípios constitucionais específicos aplicáveis ao direito das famílias; 4.1 Princípio da afetividade como elemento modulador das relações na família; 4.2 Princípio da solidariedade familiar na construção coletiva da família; 4.3 Princípio do melhor interesse da criança e do adolescente; 4.4 Princípio da convivência familiar e o dever de cuidado – 5. Considerações finais – 6. Referências.

1. INTRODUÇÃO

Os ordenamentos jurídicos modernos refletem a insuficiência da abordagem positivista pautada na visão formal-dogmática do direito, cuja estrutura relegava ao indivíduo um papel abstrato, objetificando-o diante da mera aplicação silogística da norma.

Nesse sentido, os sucessivos eventos históricos que marcaram mudanças socioeconômicas ao redor do mundo – desde a ruptura do Estado Liberal até as experiências totalitárias vivenciadas no séc. XX – impuseram alterações no modo de interpretar e aplicar o Direito a partir das críticas às Constituições liberais, restritas a um programa político, como ao Direito Civil codificado, dotado de prescrições fechadas com a direção quase que ilimitada da autonomia privada e da liberdade contratual.

Essa nova perspectiva interpretativa da norma, em detrimento da influência da teoria pura do direito de Kelsen, ensejaram as constituições pós-liberais emergidas sobretudo após o marco da Declaração Universal dos Direitos do Homem de 1948, com ênfase para o princípio da dignidade da pessoa humana, na busca de uma sociedade livre, justa e solidária. Inaugurou-se o tempo de consagração da pessoa humana em si considerada, na medida de sua dignidade.

Atenta às mudanças de cada época, segmentos da sociedade brasileira apresentava a sua divergência à estrutura rígida imposta às famílias, contribuindo para o advento de leis como o Estatuto da Mulher Casada (Lei 4.121/1962), a que introduz o Divórcio (Lei 6.515/1977) e os dispositivos que anunciavam a igualdade entre os filhos. Contudo, foi apenas com a Constituição da República, de 05 de outubro de 1988, que se consagrou um novo feixe de valores jurídicos enunciativos desse novo modelo de família, caracterizada pelo perfil funcional *instrumental* e *promocional* do desenvolvimento da personalidade de seus membros.

Em atenção à força dos princípios constitucionais e a sua importância na modelagem e conformação da família, constrói-se o presente capítulo, cujo texto se divide em três seções: a primeira parte, analisa a Constituição de 1988, a partir da doutrina dworkiana sobre regras e princípios que ressalta a força normativa destes últimos e o seu caráter unificador do sistema jurídico; a segunda, aponta a premissa basilar de que os institutos do direito privado também estão vinculados a integridade das normas constitucionais. Para tanto, aponta-se a metodologia do Direito Civil Constitucional como o caminho hermenêutico para a releitura desses institutos em atenção à legalidade constitucional. Por fim, apresentam-se os princípios constitucionais impactantes na esfera familiarista, seguindo duas classificações didáticas: (i) os princípios constitucionais gerais aplicáveis ao direito das famílias, e (ii) os princípios constitucionais específicos aplicáveis ao direito das famílias.

2. A NORMA JURÍDICA PRINCIPIOLÓGICA E SEU IMPACTO NO DIREITO DE FAMÍLIA

A insuficiência do modelo positivista dogmático, sobretudo para a solução dos *hard cases* (casos difíceis), mostrou que a clássica subsunção das regras aos fatos não é eficaz para resolver todas as demandas da sociedade (Dworkin, 2002. p. 127). Trata-se, em verdade, de modelo insuficiente para o qual o direito seria um conjunto de normas a ser aplicado de forma mecânica e objetiva, desconsiderando a complexidade e a diversidade da sociedade, bem como a importância do contexto social, político e cultural na interpretação e aplicação da norma.

Diante dessa constatação, o pós-positivismo surge como alternativa que propõe a imprescindibilidade da interpretação jurídica, que leva em conta não apenas as regras e procedimentos formais preestabelecidos pelo legislador, mas também os valores, princípios e contextos sociais, políticos e culturais que influenciam a aplicação do direito em determinado momento histórico-social (Maccormick, 2016, p. 72).

Enquanto na realidade positivista dogmática o julgador decidia casos complexos a partir de um juízo pessoal de valor, desvinculado de qualquer critério normativo ante a inexistência de regra específica ou precedente jurisprudencial que previa a hipótese de incidência, o avanço atribuído pelo pós-positivismo trouxe como vantagem o reconhecimento da força normativa dos princípios que, constituindo-se como espécie de norma jurídica, passaram a integrar o ordenamento (Dworkin, 2002. p. 35), assumindo a função de verdadeiros "*standards* juridicamente vinculantes radicados nas exigências de justiça" (Canotilho, 2003. p. 1160).

Nessa perspectiva, as normas constitucionais estão classificadas em princípios e regras, as quais se distinguem em razão do conteúdo semântico, pelo modo de incidência e aplicação.

Para Dworkin (2002, p. 39), as regras são uma espécie normativa com limitado grau de abstração, aplicando-se em termos de "tudo ou nada". Suas hipóteses de incidência têm conteúdo determinado e só serão aplicadas na ocorrência dos correspondentes pressupostos fáticos. Já os princípios, espécie normativa com amplo grau de abstração, cuja hipótese de incidência possui conteúdo aberto, enunciam uma "razão condutora do argumento em certa direção" (Dworkin, 2002. p. 41), motivo pelo qual sua incidência dependerá da mediação concretizadora do intérprete (Lôbo, 2010, p. 51).

É nessa abstração dos princípios e na possibilidade de a sua interpretação em face do caso concreto permitir múltiplas soluções (diferentes das regras e sua incidência pelo "tudo ou nada") que se torna factível certa maleabilidade do Direito para acompanhar as mudanças havidas na sociedade. O mesmo princípio pode sofrer adaptações e transformações com o labor do intérprete atento aos valores e às demandas de cada momento histórico (LÔBO, 2010, p. 52).

Ao intérprete cabe a utilização do instrumento hermenêutico da ponderação dos princípios incidentes no caso em concreto. Em outras palavras, mesmo diante de uma colisão entre princípios, não há que se falar na invalidade de um em detrimento do outro, sendo essa antinomia apenas aparente. Por meio da técnica de ponderação, faz-se o sopesamento dos princípios em aparente colisão, a fim de identificar o peso e importância de cada um, apurando aquele que apresenta primazia (Dworkin, 2002. p. 57). Seguindo uma argumentação jurídica racional,[1] o intérprete indicará o prin-

---

1. Cumpre destacar que o modelo dworkiano referenciado neste texto é alvo de algumas críticas, fundamentadas a partir da constatação de que a realidade da aplicabilidade das normas é ainda mais complexa do que

cípio prevalente em determinado caso concreto, em atenção ao peso e importância que assume.

No Brasil, a consagração da força normativa dos princípios constitucionais, sobretudo após a Constituição de 1988, superou o efeito simbólico a eles atribuído até então (Lôbo, 2010, p. 50). A Constituição abandonou o pretenso caráter neutral,[2] pautado no exclusivo viés liberal, para incorporar as necessidades humanas pautadas como direitos individuais e sociais, além da disciplina específica da organização política do Estado.

Com isso, os princípios e regras gerais que antes eram tratados exclusivamente em âmbito do Direito Privado, também povoaram o texto constitucional que assumiu, incontestavelmente, um caráter unificador do sistema jurídico. Nesse sentido, os princípios e regras da Constituição da República de 1988 se irradiam sobre os demais ramos que devem seguir alinhados, no momento de sua aplicação, à legalidade constitucional. É assim que Perlingieri (2007, p. 4) reitera a superioridade hierárquica da Constituição no conjunto das fontes do Direito. Portanto, sob essa orientação os institutos de direito privado, sobretudo aqueles que estão presentes no Código Civil, devem atender a uma espécie de filtragem constitucional.

Como caminho metodológico, a doutrina do Direito Civil constitucional se apresenta como alternativa eficaz porque visa a análise dos institutos privatísticos à luz da Constituição, buscando identificar o entrelaçamento entre o perfil funcional de tais institutos com os valores de justiça assinalados pela Constituição da República, fundamento de validade de todo o ordenamento jurídico (Tepedino; Barbosa; Moraes, 2014).[3]

---

o modelo proposto por Dworkin. A esse respeito, advertiu Ana Maria D'Ávila Lopes (2001, p. 91): "não se deve pensar que todos os princípios – comandos de otimização – apresentam sempre igual caráter *prima facie*, nem que todas as regras têm o mesmo caráter definitivo, como assim propõe Dworkin, na medida em que resulta ser um modelo muito simples em relação à complexa realidade. Nesse sentido, Alexy argui a necessidade de um modelo diferenciado tanto no caso das regras (através da criação de cláusulas de exceção que permitam a solução de cada caso concreto), quanto dos princípios (segundo o peso atribuído a cada princípio)." De toda sorte, uma vez que as regras e princípios são tipos de normas diferentes, importante destacar que "os princípios são considerados razões para regras, o que não significa que possam ser também razões imediatas para juízes concretos de 'dever ser' nem que as regras, por sua vez, não possam ser razões para outras regras" (LOPES, 2001, p. 92).

2. "A codificação, como todos sabem, destinava-se a proteger uma certa ordem social, erguida sob a égide do individualismo e tendo como pilares nas relações privadas, a autonomia da vontade e a propriedade privada. O legislador não deveria interferir nos objetivos a serem alcançados pelo indivíduo, cingindo-se a garantir a estabilidade das regras do jogo, de tal maneira que a liberdade individual, expressão da inteligência de cada um dos contratantes, pudesse se desenvolver francamente, apropriando-se dos bens jurídicos, os quais, uma vez adquiridos, não deveriam sofrer restrições ou limitações exógenas". (TEPEDINO, 2004, p. 220).

3. "A interpretação do Código Civil à luz da Constituição da República pretende, portanto, oferecer soluções hermenêuticas a partir dos problemas identificados na jurisprudência, tendo-se em conta o conteúdo e a técnica legislativa do Código Civil, na perspectiva civil-constitucional. [...] Além disso, pretende-se afastar, por um lado, a visão formalista do código como um fim em si mesmo e, por outro lado, os arroubos autoritários de quem, no intuito de ser fiel às categorias clássicas do direito civil codificado, prescinde dos comandos constitucionais na solução de conflitos interprivados, acabando por impor subjetivamente – e sem o esteio do voto popular – o que julga ser a melhor doutrina ou a melhor interpretação, baseando-se em

A unidade do ordenamento impõe ao intérprete/aplicador do Direito maior esforço hermenêutico a fim de atender à tábua de valores do ordenamento jurídico assentada na Constituição, o que impõe uma releitura da legislação, dos princípios e cláusulas gerais (Tepedino, 2021, p. 216). Ressalte-se que cada norma tem seu lugar e função distinta no processo criterioso de interpretação e aplicação do Direito (Ávila, 2009).

Para o Direito das Famílias, a interpretação e aplicação direta dos princípios constitucionais nas relações privadas renovou a compreensão e a função da família. Se anteriormente à Constituição de 1988, atribuía-se maior destaque à família matrimonializada, a partir de então, o instituto assumiu uma feição plural e democrática, agora valorada de maneira instrumental, "tutelada na medida em que – e somente na exata medida em que – se constitua em um núcleo intermediário de autonomia existencial e de desenvolvimento da personalidade dos filhos, com a promoção isonômica e democrática da dignidade de seus integrantes" (Tepedino, 2015, p. 7).

Na legalidade constitucional e, especialmente, em virtude da função que lhe é atribuída, a família sofre influência direta dos princípios os quais serão analisados neste capítulo como sendo: (i) princípios constitucionais gerais aplicáveis ao direito das famílias, e (ii) princípios constitucionais específicos aplicáveis ao direito das famílias.

3. DOS PRINCÍPIOS CONSTITUCIONAIS GERAIS APLICÁVEIS AO DIREITO DAS FAMÍLIAS

O princípio da dignidade da pessoa humana, ladeado pela soberania, cidadania, proteção ao trabalho e livre iniciativa e pluralismo político (art. 1º, CF/88) – foi eleito como um dos pilares do Estado Democrático de Direito. A escolha do legislador constituinte originário representou não apenas uma conquista à proteção da pessoa humana, mas também a funcionalização de todo o ordenamento jurídico nacional desde então (Bodin, 2013, p. 533).

Integra, igualmente, a tutela da pessoa, os objetivos da República Brasileira assinalados no art. 3º.[4] da Constituição, notadamente, aqueles que impõem a construção de uma sociedade livre, justa, solidária que persiga o bem-estar de todos com base na igualdade e não discriminação. No perfil protetivo e promocional da pessoa a família tem papel de destaque, uma vez que, muitas vezes, é no grupo familiar que se inicia a formação e desenvolvimento da personalidade de cada um.

---

duvidoso bom senso, que exprime uma percepção discricionária da realidade social (com inegável déficit democrático)" (TEPEDINO; BARBOSA; MORAES, 2014).

4. Constituem objetivos fundamentais da República Federativa do Brasil:
   I – construir uma sociedade livre, justa e solidária;
   II – garantir o desenvolvimento nacional;
   III – erradicar a pobreza e a marginalização e reduzir as desigualdades sociais e regionais;
   IV – promover o bem de todos, sem preconceitos de origem, raça, sexo, cor, idade e quaisquer outras formas de discriminação.

É pela tríade principiológica: dignidade da pessoa humana, igualdade e direito geral de liberdade que figuram a cláusula geral aberta de tutela que motiva e fundamenta a chamada família democrática, na qual "a dignidade de seus membros, das pessoas que a compõem, é respeitada, incentivada e tutelada" (Bodin, 2006, p. 5).

3.1 Princípio da dignidade da pessoa humana e as relações familiares

O princípio guia (Moraes, 2010, p. 72) para a renovação de todo o ordenamento jurídico brasileiro é o da dignidade da pessoa humana, núcleo irradiante dos direitos fundamentais. Por seu intermédio a pessoa humana é respeitada em sua integridade psicofísica e em sua autodeterminação existencial.[5] Não à toa, é estabelecido no artigo inaugural da Constituição Federal como um dos pilares sobre o qual está alicerçada a existência da própria República.

Pode-se afirmar que o princípio da dignidade da pessoa humana, na lição de Kant, justifica a distinção entre as coisas e pessoa. Enquanto as primeiras têm um preço, a segunda tem dignidade de caráter indisponível e sem equivalência (Kant, 2007, p. 70). Supera-se a possibilidade de coisificação da pessoa e sua valoração patrimonial.[6]

---

5. Direito Constitucional e Civil. Transexual. Identidade de gênero. Direito subjetivo à alteração do nome e da classificação de gênero no assento de nascimento. Possibilidade independentemente de cirurgia de procedimento cirúrgico de redesignação. Princípios da dignidade da pessoa humana, da personalidade, da intimidade, da isonomia, da saúde e da felicidade. Convivência com os princípios da publicidade, da informação pública, da segurança jurídica, da veracidade dos registros públicos e da confiança. Recurso extraordinário provido. 1. A ordem constitucional vigente guia-se pelo propósito de construção de uma sociedade livre, justa e solidária, voltada para a promoção do bem de todos e sem preconceitos de qualquer ordem, de modo a assegurar o bem-estar, a igualdade e a justiça como valores supremos e a resguardar os princípios da igualdade e da privacidade. *Dado que a tutela do ser humano e a afirmação da plenitude de seus direitos se apresentam como elementos centrais para o desenvolvimento da sociedade, é imperativo o reconhecimento do direito do indivíduo ao desenvolvimento pleno de sua personalidade, tutelando-se os conteúdos mínimos que compõem a dignidade do ser humano, a saber, a autonomia e a liberdade do indivíduo, sua conformação interior e sua capacidade de interação social e comunitária.* 2. É mister que se afaste qualquer óbice jurídico que represente restrição ou limitação ilegítima, ainda que meramente potencial, à liberdade do ser humano para exercer sua identidade de gênero e se orientar sexualmente, pois essas faculdades constituem inarredáveis pressupostos para o desenvolvimento da personalidade humana. (...). 5. Assentadas as seguintes teses de repercussão geral: i) O transgênero tem direito fundamental subjetivo à alteração de seu prenome e de sua classificação de gênero no registro civil, não se exigindo, para tanto, nada além da manifestação da vontade do indivíduo, o qual poderá exercer tal faculdade tanto pela via judicial como diretamente pela via administrativa. ii) Essa alteração deve ser averbada à margem no assento de nascimento, sendo vedada a inclusão do termo "transexual". iii) Nas certidões do registro não constará nenhuma observação sobre a origem do ato, sendo vedada a expedição de certidão de inteiro teor, salvo a requerimento do próprio interessado ou por determinação judicial. iv) Efetuando-se o procedimento pela via judicial, caberá ao magistrado determinar, de ofício ou a requerimento do interessado, a expedição de mandados específicos para a alteração dos demais registros nos órgãos públicos ou privados pertinentes, os quais deverão preservar o sigilo sobre a origem dos atos. 6. Recurso extraordinário provido. (RE 670422, Relator (a): Min. DIAS TOFFOLI, Tribunal Pleno, julgado em 15/08/2018, PROCESSO ELETRÔNICO REPERCUSSÃO GERAL – MÉRITO DJe-051 DIVULG 09-03-2020 PUBLIC 10-03-2020). Grifou-se.

6. "(...) Tem razão a arguente ao afirmar que a *dignidade não tem preço*. As coisas têm preço, as pessoas têm dignidade. A dignidade não tem preço, vale para todos quantos participam do humano. Estamos, todavia, em perigo quando alguém se arroga o direito de tomar o que pertence à dignidade da pessoa humana como um seu valor (valor de quem se arrogue a tanto). É, então, o valor do humano assume forma na substância e medida de quem o afirme e o pretende impor na qualidade e quantidade em que o mensure. Então

Nessa toada, Moraes (2010, p. 81) dispõe que a dignidade se revela como um valor inerente a qualquer pessoa. Nas situações subjetivas existenciais de eficácia autorreferente, a dignidade se materializa na própria autodeterminação (Moraes, 2010, p. 84).

Ao inaugurar o texto constitucional, o princípio da dignidade da pessoa humana alterou significativamente todo o comando normativo e estabeleceu-se como um filtro para toda e qualquer atividade estatal e para as relações privadas passando a estar configurada como cláusula geral de tutela e promoção da pessoa humana (Tepedino, 2004, p. 50) juntamente com demais objetivos do Estado brasileiro. A legalidade constitucional está alicerçada e é construída a partir da dignidade humana (Moraes, 2010, p. 83).

Pode-se afirmar que a dignidade da pessoa humana decorre da qualidade inerente e inata de cada pessoa humana – diversa e distintiva como são os seres humanos – que impõe a proteção e a promoção de um conjunto de direitos, garantias e deveres essenciais para o gozo de uma vida digna, centrada em condições mínimas[7] de uma existência saudável (Sarlet, 2010, p. 21), bem como para a participação da vida em sociedade com responsabilidade consigo e com os demais de acordo com o projeto de vida individual e satisfatório de cada um. Referida proteção é oponível perante o Estado e toda a comunidade, não sendo possível a superposição das instituições reconhecidas (e também protegidas) no ordenamento nacional como a propriedade, a família e a empresa (Tepedino; Teixeira, 2020, p. 13).

Nas normas destinadas às entidades familiares (arts. 226 a 230, CF/88), o constituinte de 88 estabeleceu a dignidade da pessoa humana como fundamental na definição dos contornos do planejamento familiar (art. 226, § 7º[08]) e na base da

---

o valor da dignidade da pessoa humana já não será mais valor do humano, de todos quantos pertencem à humanidade, porém de quem o proclame conforme o seu critério particular. Estamos então em perigo, submissos à tirania dos valores. [ADPF 153, voto do rel. min. Eros Grau, j. 29-4-2010, P, DJE de 6-8-2010.]". Grifou-se.

7. "A cláusula da reserva do possível – que não pode ser invocada, pelo poder público, com o propósito de fraudar, de frustrar e de inviabilizar a implementação de políticas públicas definidas na própria Constituição – encontra insuperável limitação na garantia constitucional do mínimo existencial, que representa, no contexto de nosso ordenamento positivo, emanação direta do postulado da essencial dignidade da pessoa humana. (...) A noção de "mínimo existencial", que resulta, por implicite, de determinados preceitos constitucionais (CF, art. 1º, III, e art. 3º, III), compreende um complexo de prerrogativas cuja concretização revela-se capaz de garantir condições adequadas de existência digna, em ordem a assegurar, à pessoa, acesso efetivo ao direito geral de liberdade e, também, a prestações positivas originárias do Estado, viabilizadoras da plena fruição de direitos sociais básicos, tais como o direito à educação, o direito à proteção integral da criança e do adolescente, o direito à saúde, o direito à assistência social, o direito à moradia, o direito à alimentação e o direito à segurança. Declaração Universal dos Direitos da Pessoa Humana, de 1948 (art. XXV). [ARE 639.337 AgR, rel. Min. Celso de Mello, j. 23 ago. 2011, 2ª T, DJe de 15 set. 2011]".

8. Art. 226. A família, base da sociedade, tem especial proteção do Estado.
§ 7º Fundado nos princípios da dignidade da pessoa humana e da paternidade responsável, o planejamento familiar é livre decisão do casal, competindo ao Estado propiciar recursos educacionais e científicos para o exercício desse direito, vedada qualquer forma coercitiva por parte de instituições oficiais ou privadas.

proteção de crianças, jovens, adolescentes e idosos (arts. 227[9] e 230[10]).[11] A família passou por uma ressignificação de sentido e função[12] passando a um ambiente de proteção, promoção e realização pessoal de cada um dos membros da família, independentemente de qualquer circunstância pessoal.

Na construção da família constitucionalizada, admite-se que o conteúdo material do princípio em análise assenta-se em quatro bases (corolários): reconhecimento que cada membro tem existência pautada da igualdade em relação aos demais; proteção e promoção da integridade biopsicofísica; liberdade para autodeterminar-se como

---

9. Art. 227. É dever da família, da sociedade e do Estado assegurar à criança, ao adolescente e ao jovem, com absoluta prioridade, o direito à vida, à saúde, à alimentação, à educação, ao lazer, à profissionalização, à cultura, à dignidade, ao respeito, à liberdade e à convivência familiar e comunitária, além de colocá-los a salvo de toda forma de negligência, discriminação, exploração, violência, crueldade e opressão.
10. Art. 230. A família, a sociedade e o Estado têm o dever de amparar as pessoas idosas, assegurando sua participação na comunidade, defendendo sua dignidade e bem-estar e garantindo-lhes o direito à vida.
11. Ementa direito constitucional. Recurso extraordinário. Repercussão geral. Equiparação do prazo da licença-adotante ao prazo de licença-gestante. 1. A licença maternidade prevista no artigo 7°, XVIII, da Constituição abrange tanto a licença gestante quanto a licença adotante, ambas asseguradas pelo prazo mínimo de 120 dias. *Interpretação sistemática da Constituição à luz da dignidade da pessoa humana*, da igualdade entre filhos biológicos e adotados, da doutrina da proteção integral, do princípio da prioridade e do interesse superior do menor. 2. As crianças adotadas constituem grupo vulnerável e fragilizado. Demandam esforço adicional da família para sua adaptação, para a criação de laços de afeto e para a superação de traumas. Impossibilidade de se lhes conferir proteção inferior àquela dispensada aos filhos biológicos, que se encontram em condição menos gravosa. Violação do princípio da proporcionalidade como vedação à proteção deficiente. 3. Quanto mais velha a criança e quanto maior o tempo de internação compulsória em instituições, maior tende a ser a dificuldade de adaptação à família adotiva. Maior é, ainda, a dificuldade de viabilizar sua adoção, já que predomina no imaginário das famílias adotantes o desejo de reproduzir a paternidade biológica e adotar bebês. Impossibilidade de conferir proteção inferior às crianças mais velhas. Violação do princípio da proporcionalidade como vedação à proteção deficiente. 4. Tutela da dignidade e da autonomia da mulher para eleger seus projetos de vida. Dever reforçado do Estado de assegurar-lhe condições para compatibilizar maternidade e profissão, em especial quando a realização da maternidade ocorre pela via da adoção, possibilitando o resgate da convivência familiar em favor de menor carente. Dívida moral do Estado para com menores vítimas da inepta política estatal de institucionalização precoce. Ônus assumido pelas famílias adotantes, que devem ser encorajadas. 5. Mutação constitucional. Alteração da realidade social e nova compreensão do alcance dos direitos do menor adotado. Avanço do significado atribuído à licença parental e à igualdade entre filhos, previstas na Constituição. Superação de antigo entendimento do STF. 6. Declaração da inconstitucionalidade do art. 210 da Lei 8.112/1990 e dos parágrafos 1° e 2° do artigo 3° da Resolução CJF 30/2008. 7. Provimento do recurso extraordinário, de forma a deferir à recorrente prazo remanescente de licença parental, a fim de que o tempo total de fruição do benefício, computado o período já gozado, corresponda a 180 dias de afastamento remunerado, correspondentes aos 120 dias de licença previstos no art. 7°, XVIII, CF, acrescidos de 60 dias de prorrogação, tal como estabelecido pela legislação em favor da mãe gestante. 8. Tese da repercussão geral: "Os prazos da licença adotante não podem ser inferiores aos prazos da licença gestante, o mesmo valendo para as respectivas prorrogações. Em relação à licença adotante, não é possível fixar prazos diversos em função da idade da criança adotada". (RE 778889, rel. Min. Roberto Barroso, Tribunal Pleno, julgado em 10 mar. 2016, Acórdão Eletrônico Repercussão Geral – Mérito DJe-159 Divulg 29-07-2016 Public 01 ago. 2016. STF – RE: 778889 PE – Pernambuco, rel. Min. Roberto Barroso, Data de Julgamento: 10 mar. 2016, Tribunal Pleno, Data de Publicação: DJe-159 01 ago. 2016).
12. Antes da CF/88, a família, reconhecida apenas pelo casamento e marcada tanto pelo patriarcalismo como pelo patrimonialismo, era protegida, com prioridade, como instituição cuja função era ser centro de reprodução e proteção patrimonial. Na atualidade, imperioso reconhecer o caráter instrumental da família e a reorganização do papel do casamento na formação familiar, o qual continua sendo protegido desde que cumpra a função de servir de meio de realização dos projetos de vida individuais fundados na comunhão de afetos.

pessoa única assumindo a responsabilidade por suas escolhas; e pertencimento ao núcleo social familiar e necessária contribuição para desenvolvimento dos demais participantes de grupo (Moraes, 2010, p. 85).

Ao considerar que o princípio da dignidade da pessoa humana permeia todo o grupo familiar como elemento central deste e do qual emana a proteção e promoção de cada membro da família, tem-se a necessidade de tê-lo como farol na interpretação e aplicação das normas constitucionais e infraconstitucionais, quer estejam positivadas, quer implícitas. Com vistas à máxima efetividade de referido comando constitucional, tem-se a análise dos demais princípios.

3.2 Princípio da igualdade e a democratização da família

Um dos princípios que trouxe grande impacto às relações familiares foi o da igualdade, em suas duas acepções: a igualdade formal e a igualdade substancial ou material. Igualdade entre homem e mulher na sociedade conjugal heteroafetiva ou homoafetiva,[13] suplantando o patriarcalismo até então vigente (art. 226, § 5º, CF/88); entre filhos, afastando a legitimidade exclusiva da origem matrimonial (art. 227, § 6º, CF/88); e entre as diversas entidades familiares,[14] abrindo a possibilidade

---

13. "O caput do art. 226 confere à família, base da sociedade, especial proteção do Estado. Ênfase constitucional à instituição da família. Família em seu coloquial ou proverbial significado de núcleo doméstico, pouco importando se formal ou informalmente constituída, ou se integrada por casais heteroafetivos ou por pares homoafetivos. A Constituição de 1988, ao utilizar-se da expressão 'família', não limita sua formação a casais heteroafetivos nem a formalidade cartorária, celebração civil ou liturgia religiosa. Família como instituição privada que, voluntariamente constituída entre pessoas adultas, mantém com o Estado e a sociedade civil uma necessária relação tricotômica. Núcleo familiar que é o principal lócus institucional de concreção dos direitos fundamentais que a própria Constituição designa por "intimidade e vida privada" (inciso X do art. 5º). *Isonomia entre casais heteroafetivos e pares homoafetivos que somente ganha plenitude de sentido se desembocar no igual direito subjetivo à formação de uma autonomizada família.* Família como figura central ou continente, de que tudo o mais é conteúdo. Imperiosidade da interpretação não reducionista do conceito de família como instituição que também se forma por vias distintas do casamento civil. (...) Inexistência de hierarquia ou diferença de qualidade jurídica entre as duas formas de constituição de um novo e autonomizado núcleo doméstico. Emprego do fraseado "entidade familiar" como sinônimo perfeito de família. A Constituição não interdita a formação de família por pessoas do mesmo sexo. (...) Ante a possibilidade de interpretação em sentido preconceituoso ou discriminatório do art. 1.723 do CC/2002, não resolúvel à luz dele próprio, faz-se necessária a utilização da técnica de "interpretação conforme à Constituição". Isso para excluir do dispositivo em causa qualquer significado que impeça o reconhecimento da união contínua, pública e duradoura entre pessoas do mesmo sexo como família. Reconhecimento que é de ser feito segundo as mesmas regras e com as mesmas consequências da união estável heteroafetiva. [ADI 4.277 e ADPF 132, rel. min. Ayres Britto, j. 05 maio 2011, P, DJE de 14 out. 2011.]
= RE 687.432 AgR, rel. min. Luiz Fux, j. 18 set. 2012, 1ª T, DJE de 02 out. 2012
Vide RE 646.721, rel. p/ o ac. Min. Roberto Barroso, j. 10 maio 2017, P, DJE de 11 set. 2017, Tema 498". Grifou-se.
14. "A Constituição brasileira contempla diferentes formas de família legítima, além da que resulta do casamento. Nesse rol incluem-se as famílias formadas mediante união estável. Não é legítimo desequiparar, para fins sucessórios, os cônjuges e os companheiros, isto é, a família formada pelo casamento e a formada por união estável. Tal hierarquização entre entidades familiares é incompatível com a Constituição de 1988. Assim sendo, o art. 1790 do Código Civil, ao revogar as Leis 8.971/1994 e 9.278/1996 e discriminar a companheira (ou o companheiro), dando-lhe direitos sucessórios bem inferiores aos conferidos à esposa (ou ao marido), entra em contraste com os princípios da igualdade, da dignidade humana, da proporcionalidade como vedação à proteção deficiente, e da vedação do retrocesso. Com a finalidade de preservar a segurança jurídica,

de composições diversas de grupos familiares[15] a depender do projeto traçado entre seus pares (art. 226, CF/88).

A igualdade formal a impor tratamento não discriminatório e reconhecimento de iguais direitos a todos os integrantes do grupo familiar é consubstanciada no postulado de que todos são iguais perante a lei. Nesse sentido, a norma constitucional espraia-se pela codificação em diversos dispositivos tais como o que reconhece iguais direitos e deveres entre cônjuges (p. ex.: arts. 1565 e 1566, CC/02) e companheiros (art. 1724, CC/02); o que prevê a incidência de efeitos pessoais, sociais e patrimoniais aos consortes (ex. vi. art. 1565, § 1º, CC/02; art. 1569, CC/02; e art. 1595, CC/02); o estabelecimento de iguais direitos e qualificações aos filhos independentemente da origem da filiação (art. 1596, CC); dentre outros.

Mais que a premissa inicial, entretanto, é na igualdade substancial que se revela a grande mudança na família vez que se entende que a igualdade formal é insuficiente para a realização da autodeterminação existencial modelada individualmente para cada familiar. É por meio da igualdade substancial que é possível modular o que cada pessoa necessita ao pleno desenvolvimento de sua personalidade de acordo com suas diferenças e vicissitudes. É nessa dimensão que a igualdade se encontra com a realidade sociocultural concreta.

Amparada pela cláusula geral de proteção e promoção da pessoa humana pautada na dignidade, é necessário que a tarefa da interpretação e aplicação considere as diferenças (Moraes, 2010, p. 96) e demandas individualizadas. Nesse sentido, é possível estabelecer diferenças que relativizam a igualdade formal e confirmam sua dimensão substancial, de sorte a compreender que esse princípio não é absoluto, mas, ao contrário, admite limitações se respeitado o "seu núcleo essencial" (Lôbo, 2016, p. 116). É o que ocorre quando se estabelece aos pais, o dever de pagar alimentos aos filhos (art. 1703, CC/02), na proporção dos seus recursos e rendimentos; ou na responsabilidade dos cônjuges pelas despesas da família, segundo o seu fôlego financeiro (art. 1568 e art. 1688, CC/02). Do mesmo modo, considera-se a vulnerabilidade das mulheres, das crianças, dos adolescentes, das pessoas idosas e/ou com deficiência, garantindo-lhes proteção mais robusta, sem que isso importe em parcialidade ou prejuízo para os demais grupos.

Pelo reconhecimento da igualdade, corolário da dignidade, é possível vislumbrar a formação da família democrática, *locus* da igualdade formal e, principalmente, da igualdade substancial. Sob esse novo perfil, a família busca a garantia da liberdade e se estrutura sob as bases da solidariedade.

---

o entendimento ora firmado é aplicável apenas aos inventários judiciais em que não tenha havido trânsito em julgado da sentença de partilha, e às partilhas extrajudiciais em que ainda não haja escritura pública. [RE 878.694, rel. min. Roberto Barroso, j. 10 maio 2017, P, DJE de 06 fev. 2018, Tema 809.]
Vide RE 646.721, rel. p/ o ac. min. Roberto Barroso, j. 10 maio 2017, P, DJE de 11 set. 2017, Tema 498".

15. Prevalência do entendimento de que os modelos de entidades familiares citados no texto constitucional (art. 226, § 2º, § 3º e § 4º, CF/88) não integram rol taxativo.

3.3 Princípio da liberdade e da pluralidade das entidades familiares

Aliado aos princípios da igualdade e da solidariedade, o princípio da liberdade integra a nova família democrática e favorece o desenvolvimento pleno da personalidade de cada pessoa, inclusive, para a realização de suas escolhas existenciais (Tepedino; Teixeira, 2020, p. 14). Cada pessoa há que exercer sua autonomia em busca da construção da própria vida, mas sem descuidar do fato de pertencerem a um grupo único e sistematizado formado por todos os outros membros que estão ligados em rede enquanto persistir o vínculo familiar.

No seio da família, a liberdade está relacionada à escolha de estar e permanecer em uma entidade familiar – assim como à opção de deixar de pertencer ou de conviver -; à decisão por casar-se e/ou viver em união estável, o que inclui a definição do regime de bens a ser aplicado; ao planejamento familiar;[16] à eleição dos critérios para criar e educar os filhos (Lôbo, 2010, p. 71).

Disso resulta algumas consequências que devem ser observadas, a começar pela prevalência da autonomia privada em relação a heteronomia estatal no Direito das Famílias. Mesmo integrando preocupação do legislador constituinte, a família tem

---

16. Constitucional. Ação direta de inconstitucionalidade. Lei de biossegurança. Impugnação em bloco do art. 5º da lei 11.105, de 24 de março de 2005 (lei de biossegurança). Pesquisas com células-tronco embrionárias. Inexistência de violação do direito à vida. Constitucionalidade do uso de células-tronco embrionárias em pesquisas científicas para fins terapêuticos. Descaracterização do aborto. Normas constitucionais conformadoras do direito fundamental a uma vida digna, que passa pelo direito à saúde e ao planejamento familiar. Descabimento de utilização da técnica de interpretação conforme para aditar à lei de biossegurança controles desnecessários que implicam restrições às pesquisas e terapias por ela visadas. Improcedência total da ação. I – o conhecimento científico, a conceituação jurídica de células-tronco embrionárias e seus reflexos no controle de constitucionalidade da lei de biossegurança. (...). V – os direitos fundamentais à autonomia da vontade, ao planejamento familiar e à maternidade. *A decisão por uma descendência ou filiação exprime um tipo de autonomia de vontade individual que a própria Constituição rotula como "direito ao planejamento familiar", fundamentado este nos princípios igualmente constitucionais da "dignidade da pessoa humana" e da "paternidade responsável".* A conjugação constitucional da laicidade do Estado e do primado da autonomia da vontade privada, nas palavras do Ministro Joaquim Barbosa. A opção do casal por um processo "in vitro" de fecundação artificial de óvulos é implícito direito de idêntica matriz constitucional, sem acarretar para esse casal o dever jurídico do aproveitamento reprodutivo de todos os embriões eventualmente formados e que se revelem geneticamente viáveis. *O princípio fundamental da dignidade da pessoa humana opera por modo binário, o que propicia a base constitucional para um casal de adultos recorrer a técnicas de reprodução assistida que incluam a fertilização artificial ou "in vitro". De uma parte, para aquinhoar o casal com o direito público subjetivo à "liberdade" (preâmbulo da Constituição e seu art. 5º), aqui entendida como autonomia de vontade. De outra banda, para contemplar os porvindouros componentes da unidade familiar, se por eles optar o casal, com planejadas condições de bem-estar e assistência físico-afetiva (art. 226 da CF). Mais exatamente, planejamento familiar que, "fruto da livre decisão do casal", é "fundado nos princípios da dignidade da pessoa humana e da paternidade responsável"* (§ 7º desse emblemático artigo constitucional de 226). O recurso a processos de fertilização artificial não implica o dever da tentativa de nidação no corpo da mulher de todos os óvulos afinal fecundados. Não existe tal dever (inciso II do art. 5º da CF), porque incompatível com o próprio instituto do "planejamento familiar" na citada perspectiva da "paternidade responsável". Imposição, além do mais, que implicaria tratar o gênero feminino por modo desumano ou degradante, em contrapasso ao direito fundamental que se lê no inciso II do art. 5º da Constituição. Para que ao embrião "in vitro" fosse reconhecido o pleno direito à vida, necessário seria reconhecer a ele o direito a um útero. Proposição não autorizada pela Constituição. (...). Ação direta de inconstitucionalidade julgada totalmente improcedente. (ADI 3510, rel. Min. Ayres Britto, Tribunal Pleno, julgado em 29 maio 2008, DJe-096 Divulg 27 maio 2010 Public 28-05-2010 Ement Vol-02403-01 PP-00134 RTJ VOL-00214-01 PP-00043). Grifou-se.

especial proteção em face de interferências externas oriundas do âmbito público ou particular (art. 1.513, CC/02). O núcleo familiar está protegido constitucionalmente sendo reconhecida a tutela estatal que garanta a efetiva liberdade das pessoas envolvidas, mas não há espaço para interposições externas na constituição ou desconstituição do projeto familiar privado, ao que se convenciona denominar Direito de Família Mínimo.

A garantia da liberdade ocorre antes da constituição do grupo familiar. É a partir da livre disposição da vontade que a pessoa escolhe se quer ou não compartilhar a vida com outrem. Mais ainda, escolhe qual modelo de união melhor atende suas expectativas e necessidades. Em que pese a nomeação de apenas três entidades familiares pelo texto constitucional (casamento, união estável e entidade monoparental), é firme o entendimento que esse rol não é exaustivo. Assim, é dentro da realidade concreta e da confluência de interesses comuns que será formatada a união familiar, não sendo obrigatória formalidades ou rigidez de tipos para seu reconhecimento.

Ressalte-se que mesmo nas uniões não tipificadas presentes na realidade social – como famílias reconstituída, anaparental, substituta, natural, mosaico etc. – alguns traços são comuns a todas, como a ligação feita por meio da afetividade, a permanência da comunhão de vida, a publicidade e vontade de constituir um grupo familiar. Estando presentes tais caracteres comuns, aliados à tutela e promoção da dignidade de cada um dos membros da família, observadas as estritas restrições legais – como, por exemplo, o impedimento de estabelecimento de vida conjugal entre ascendente e descendente – não há razão de não ser reconhecida a unidade familiar.

Por outra senda, assim como se garante a liberdade de constituir a entidade familiar mais adequada, necessário garantir a desconstituição desse mesmo grupo familiar, decisão igualmente modulada pela afetividade. Ocorre que a ausência ou cessação da afetividade dentro do grupo pode levar ao rompimento de fato[17] e/ou de direito de algumas relações. Nesse último sentido, andou bem o legislador ao facilitar progressivamente a dissolução do vínculo conjugal pelo divórcio.[18] Trata-se da liberdade de estar e permanecer e da liberdade de não mais estar e não mais permanecer.

---

17. Civil. Processual civil. Direito de família. Abandono afetivo. Reparação de danos morais. Pedido juridicamente possível. Aplicação das regras de responsabilidade civil nas relações familiares. Obrigação de prestar alimentos e perda do poder familiar. Dever de assistência material e proteção à integridade da criança que não excluem a possibilidade da reparação de danos. Responsabilização civil dos pais. Pressupostos. Ação ou omissão relevante que represente violação ao dever de cuidado. Existência do dano material ou moral. Nexo de causalidade. Requisitos preenchidos na hipótese. Condenação a reparar danos morais. Custeio de sessões de psicoterapia. Dano material objeto de transação na ação de alimentos. Inviabilidade da discussão nesta ação. (...) É juridicamente possível a reparação de danos pleiteada pelo filho em face dos pais que tenha como fundamento o abandono afetivo, tendo em vista que não há restrição legal para que se apliquem as regras da responsabilidade civil no âmbito das relações familiares e que os arts. 186 e 927, ambos do CC/2002, tratam da matéria de forma ampla e irrestrita. Precedentes específicos da 3ª Turma. (...). (REsp 1887697/RJ, rel. Min. Nancy Andrighi, Terceira Turma, julgado em 21 set. 2021, DJe 23 set. 2021).
18. Primeiro a Lei 6.515/77 estabeleceu, de forma inaugural, a possibilidade do divórcio após prévia separação. Empós, a Constituição Federal de 88 anunciou textualmente a dissolubilidade do casamento pelo divórcio, sendo esse o direito ou decorrente de conversão. A Lei 7.841/89 pôs fim ao limite de um divórcio por pessoa.

Por fim, ressalte-se que a garantia da liberdade individual e a prevalência da autonomia da vontade para escolhas existenciais por meio da família encontram limites ancorados no postulado da dignidade da pessoa humana no seu viés expresso pelo princípio da solidariedade. Ressalte-se que o exercício da liberdade e as escolhas feitas devem observar o contexto do grupo social ao qual o indivíduo pertence e que geram como consequência a assunção da responsabilidade delas decorrentes.

4. PRINCÍPIOS CONSTITUCIONAIS ESPECÍFICOS APLICÁVEIS AO DIREITO DAS FAMÍLIAS

Ante a atual concepção de família ressignificada (ou refuncionalizada) para o desenvolvimento da personalidade de seus membros, os princípios específicos que regem o Direito das Famílias apresentam-se como inerentes às relações familiares. Nos subtópicos seguintes, serão abordados os princípios da afetividade, da solidariedade, do melhor interesse da criança e do adolescente e da convivência familiar. Independentemente de serem explícitos ou implícitos no texto constitucional, não há que se falar em hierarquia entre eles.

4.1 Princípio da afetividade como elemento modulador das relações na família

O princípio da afetividade, importante para a caracterização das famílias enquanto tal, não está presente de maneira explícita na legislação brasileira. É possível percebê-lo, implicitamente, na Constituição Federal de 1988, por meio, por exemplo, da igualdade entre os filhos (art. 227, § 6º), da possibilidade de adoção com igualdade de direitos (art. 227, §§ 5º e 6º), da prioridade absoluta à convivência familiar assegurada à criança e ao adolescente (art. 227).

Além disso, no art. 1.593 do Código Civil, também existe uma regra geral associada ao princípio da afetividade, segundo a qual o parentesco será considerado natural ou civil dependendo de a origem estar relacionada à consanguinidade ou não. Isso significa que as relações de parentesco, independente da origem, têm a mesma dignidade e são regidas, portanto, pelo princípio da afetividade (Lôbo, 2010, p. 144-147).

Apesar disso, é importante destacar que a união da família já esteve associada ao aspecto religioso, a partir do qual a harmonia dessa instituição se materializava, de forma que "[...] a família antiga é mais uma associação religiosa do que cultural" (Coulanges, 2006, p. 56). Devido a isso, fica explícito o fato de que nem sempre o princípio da afetividade foi relacionado à formação das famílias (Calderón, 2011, p. 156), ressaltando, portanto, o caráter histórico e mutável dessa entidade (Hironaka, 2001).

Depois, a Lei 11.441/07 simplificou o divórcio consensual que passou a poder ser realizado extrajudicialmente se ausente interesse de incapazes. Por fim, a Emenda Constitucional 66/2010 que aboliu o requisito obrigatório de prévia separação e lapso temporal para concessão do divórcio.

No final do século XVIII, entretanto, com a mudança da percepção de pessoa, houve o reconhecimento da subjetividade e, consequentemente, uma maior dedicação aos sentimentos. Aliado a isso, a considerável redução da interferência da religião nas relações sociais contribuiu para que a afetividade assumisse importância crescente nas questões familiares. Assim, esse princípio passou a figurar de forma central nos vínculos familiares, sem que houvesse, contudo, um completo abandono das noções biológicas e matrimoniais no que se refere à constituição familiar. Na verdade, na maioria das vezes, estão presentes dois ou mais tipos de elos: o afetivo e outro (biológico, matrimonial ou registral) (Calderón, 2011, p. 158-165).

Dessa forma, o princípio da afetividade passou a fundamentar "[...] o direito de família na estabilidade das relações socioafetivas e na comunhão de vida, com primazia sobre as considerações de caráter patrimonial ou religioso" (Lôbo, 2010, p. 143). Nesse ponto, é importante deixar claro que afetividade (enquanto princípio aplicável ao Direito das Famílias) e afeto não são sinônimos, tendo em vista que é possível a presunção daquela quando este for ausente das relações famílias. Sendo considerado um dever, o princípio da afetividade deve estar presente nas relações familiares ainda que os membros não apresentem sentimentos positivos entre si (Lôbo, 2010, p. 20).

Assim, a importância do princípio da afetividade, hoje, é percebida não só na constituição das famílias, mas também em julgados relacionados ao tema. Exemplo disso foi o reconhecimento da multiparentalidade pelo Supremo Tribunal Federal, em sede de repercussão geral 622, de 22 de setembro de 2016. Houve, portanto, o reconhecimento de uma ausência de hierarquia entre os vínculos afetivo e biológico, reafirmando a importância do princípio da afetividade para o Direito das Famílias.

Além disso, no julgamento que reconheceu as uniões homoafetivas como uniões estáveis, em 2011, (Arguição de Descumprimento de Preceito Fundamental 132, que foi conhecida como Ação Direta de Inconstitucionalidade – ADI – e julgada em conjunto com a ADI 4.277), é possível constatar a consideração do princípio da afetividade como fundamento para a decisão proferida. Isso fica evidente, inclusive, no termo utilizado, conforme se percebe no voto do Ministro relator, Ayres Britto: "[...] o termo "homoafetividade", aqui utilizado para identificar o vínculo de afeto e solidariedade entre os pares ou parceiros do mesmo sexo [...]".[19]

---

19. [...] 2. *Proibição de discriminação das pessoas em razão do sexo*, seja no plano da dicotomia homem/mulher (gênero), seja no plano da orientação sexual de cada qual deles. A proibição do preconceito como capítulo do constitucionalismo fraternal. Homenagem ao pluralismo como valor sócio-político-cultural. Liberdade para dispor da própria sexualidade, inserida na categoria dos direitos fundamentais do indivíduo, expressão que é da autonomia de vontade. Direito à intimidade e à vida privada. Cláusula pétrea. *O sexo das pessoas, salvo disposição constitucional expressa ou implícita em sentido contrário, não se presta como fator de desigualação jurídica*. Proibição de preconceito, à luz do inciso IV do art. 3º da Constituição Federal, por colidir frontalmente com o objetivo constitucional de "promover o bem de todos". [...] 3. *Tratamento constitucional da instituição da família*. Reconhecimento de que a constituição federal não empresta ao substantivo "família" nenhum significado ortodoxo ou da própria técnica jurídica. A família como categoria sociocultural e princípio espiritual. Direito subjetivo de constituir família. Interpretação não-reducionista. O caput do art. 226

Desse modo, o princípio da afetividade pode ser considerado indispensável para a superação dos modelos familiares tradicionais (Tepedino, 2015, p. 14).

4.2 Princípio da solidariedade familiar na construção coletiva da família

O princípio da solidariedade também não está expresso no ordenamento jurídico brasileiro, mas é possível percebê-lo, de maneira implícita, na determinação da construção de uma sociedade livre, justa e solidária como um dos objetivos da República Federativa do Brasil, presente no art. 3º, I da Constituição Federal de 1988 (CF/88). Além disso, os deveres impostos à sociedade, ao Estado e à família (como entidade e na pessoa de cada membro) de proteção ao grupo familiar, à criança, ao adolescente e ao jovem e às pessoas idosas, presentes, respectivamente, nos arts. 226, 227 e 230 da CF/88 também se relacionam a tal princípio. Ademais, a Convenção Internacional sobre os Direitos da Criança, ratificada em 24 de setembro de 1990 pelo Brasil, determina, no preâmbulo, que a criança deve ser educada de acordo com o ideal da solidariedade (UNICEF, 1989).

Atualmente, a família brasileira pode ser compreendida a partir da perspectiva funcional, como um espaço de realização existencial de seus membros e de excelência de afetividade, tendo como fundamento o princípio da solidariedade (LÔBO, 2007, p. 9). Esse vetor interpretativo está relacionado a um dever dos membros de

---

confere à família, base da sociedade, especial proteção do Estado. Ênfase constitucional à instituição da família. *Família em seu coloquial ou proverbial significado de núcleo doméstico, pouco importando se formal ou informalmente constituída, ou se integrada por casais heteroafetivos ou por pares homoafetivos. A Constituição de 1988, ao utilizar-se da expressão "família", não limita sua formação a casais heteroafetivos nem a formalidade cartorária, celebração civil ou liturgia religiosa. Família como instituição privada que, voluntariamente constituída entre pessoas adultas, mantém com o Estado e a sociedade civil uma necessária relação tricotômica.* [...] *Isonomia entre casais heteroafetivos e pares homoafetivos que somente ganha plenitude de sentido se desembocar no igual direito subjetivo à formação de uma autonomizada família.* [...] Imperiosidade da interpretação não-reducionista do conceito de família como instituição que também se forma por vias distintas do casamento civil. [...] Competência do Supremo Tribunal Federal para manter, interpretativamente, o Texto Magno na posse do seu fundamental atributo da coerência, o que passa pela *eliminação de preconceito quanto à orientação sexual das pessoas*. 4. União estável. Normação constitucional referida a homem e mulher, mas apenas para especial proteção desta última. Focado propósito constitucional de estabelecer relações jurídicas horizontais ou sem hierarquia entre as duas tipologias do gênero humano. Identidade constitucional dos conceitos de "entidade familiar" e "família". A referência constitucional à dualidade básica homem/mulher, no §3º do seu art. 226, deve-se ao centrado intuito de não se perder a menor oportunidade para favorecer relações jurídicas horizontais ou sem hierarquia no âmbito das sociedades domésticas. Reforço normativo a um mais eficiente combate à renitência patriarcal dos costumes brasileiros. [...] *Inexistência de hierarquia ou diferença de qualidade jurídica entre as duas formas de constituição de um novo e autonomizado núcleo doméstico.* Emprego do fraseado "entidade familiar" como sinônimo perfeito de família. *A Constituição não interdita a formação de família por pessoas do mesmo sexo.* Consagração do juízo de que não se proíbe nada a ninguém senão em face de um direito ou de proteção de um legítimo interesse de outrem, ou de toda a sociedade, o que não se dá na hipótese sub judice. *Inexistência do direito dos indivíduos heteroafetivos à sua não-equiparação jurídica com os indivíduos homoafetivos.* [...] 6. Interpretação do art. 1.723 do código civil em conformidade com a constituição federal (técnica da "interpretação conforme"). *Reconhecimento da união homoafetiva como família.* Procedência das ações. [...]
(ADPF 132, rel. Min. Ayres Brito, Tribunal Pelo, julgado em 05 maio 2011, DJe-198 Divulg 13 out. 2011 Public 14-10-2011 Ement Vol-2607-1 PP 00001). Grifou-se.

uma família nas relações entre si, por meio das assistências material e moral, bem como um dever do Estado por meio da elaboração de políticas públicas. Além disso, esse princípio pode ser entendido como "[...] vínculo de sentimento racionalmente guiado, limitado e autodeterminado que compele à oferta de ajuda, apoiando-se em uma mínima similitude de certos interesses e objetivos, de forma a manter a diferença entre os parceiros na solidariedade" (Lôbo, 2007, p. 2).

Assim, é possível observar a presença da solidariedade nas diversas relações que compõem a dinâmica familiar, de modo que os interesses dessas pessoas são considerados. Exemplos disso são o dever de prestar alimentos entre cônjuges e companheiros, mesmo que deixe de existir casamento ou união estável; o dever de assistência material e espiritual dos pais em relação aos filhos, e o dever de amparo às pessoas idosas, respeitando seus direitos (Torres, 2014, p. 111-112).

Nessa perspectiva, "[...] há solidariedade quando há afeto, cooperação, respeito, assistência, amparo, ajuda, cuidado [...]" (Lôbo, 2007, p. 5). Esse princípio, bem como os deveres advindos, portanto, estão relacionados a uma atuação objetiva e externa. Não há que se falar em vontade humana, mas em imposição desses deveres, de modo que o membro da família considerado em situação de vulnerabilidade possa ter acesso a condições dignas de vida. Na verdade, ainda que não exista a identificação de uma vulnerabilidade, a aplicação desse princípio busca garantir dignidade ao membro da família. Dessa forma, o princípio da solidariedade não se equipara à caridade, filantropia, altruísmo e compromisso social (Silva, 2018, p. 66-70).

Considerando esse princípio relacionado a uma atuação objetiva e externa, isso também ficou evidente no julgamento do Recurso Especial 1.170.224/SE, cuja relatora foi a Ministra Nancy Andrighi. Tratava-se do arbitramento de alimentos provisionais requerido por um idoso cujo pedido de reconhecimento de paternidade *post mortem* havia sido julgado procedente em primeira e segunda instância. Importante considerar que os alimentos deveriam ser pagos pelos irmãos unilaterais do demandante (os mesmos que integravam o polo passivo da ação de investigação de paternidade). Assim, decidiu-se pela manutenção da verba alimentar, considerando a solidariedade familiar.[20] Cumpre destacar que o sentido da decisão foi de encontro

---

20. Processo civil e direito civil. Família. Alimentos provisionais. Ação cautelar. Paternidade reconhecida na origem. *Vínculo familiar. Irmãos. Necessidade e possibilidade comprovadas. Impossibilidade de outros parentes. Alimentando idoso.*
1. Ação de fixação de alimentos provisionais entre colaterais, com peculiaridades. [...] 4. Os alimentos provisionais liminarmente concedidos destinam-se a suprir as necessidades vitais do alimentando, enquanto estiver pendente a ação principal. Revestem-se de cunho marcadamente antecipatório, porque prescindem do trânsito em julgado na investigatória de paternidade e são devidos a partir da decisão que os arbitrou. [...] 6. *A obrigação de prestar alimentos, na hipótese específica, nasce a partir da decisão de reconhecimento do vínculo de parentesco*, ainda que esteja pendente de recurso, conforme disposto no art. 7º da Lei n.º 8.560/92. 7. Todos os filhos sejam eles nascidos fora da relação de casamento, sejam oriundos de justas núpcias, assim como os parentes entre si, têm, potencialmente, o direito de reclamar alimentos, desde que respeitada a ordem legal dos obrigados a prestá-los. 8. O art. 1.694 do CC/02 contempla os parentes, os cônjuges ou companheiros, como sujeitos potencialmente ativos e passivos da obrigação recíproca de prestar alimentos, observando-se, para sua fixação, a proporção das necessidades do reclamante e dos recursos dos obrigados. 9. *Àqueles unidos*

à vontade dos obrigados, evidenciando o fato de que o princípio da solidariedade deve ser aplicado independentemente de aderência, vontade e sentimentos fraternos (Silva, 2018, p. 114).

A partir desse princípio, então, surge a ideia de que a dignidade de cada pessoa, enquanto ser humano individual, apenas se desenvolve quando os deveres de solidariedade são aplicados ou observados. O princípio da solidariedade, portanto, relaciona-se diretamente a uma vida na qual não são levados em consideração apenas os interesses individuais, mas os interesses dos membros que fazem parte de determinada família (Lôbo, 2007, p. 3).

4.3 Princípio do melhor interesse da criança e do adolescente

A doutrina da proteção integral, presente na Convenção Internacional sobre os Direitos da Criança, aprovada pela ONU em 20 de novembro de 1989, foi responsável por reconhecer, no espaço internacional, direitos próprios relacionados à criança e ao adolescente, que passaram a ser considerados membros individualizados da família, com direitos próprios. Com o início do desenvolvimento físico e mental, eles devem receber proteção e cuidados especiais. Nessa perspectiva, os princípios básicos presentes nessa Convenção, relacionados aos direitos da criança e do adolescente, foram introduzidos na Constituição Federal de 1988, principalmente no art. 227. Isso reafirmou a adoção do princípio do melhor interesse, já presente no ordenamento jurídico brasileiro por meio do art. 5º do Código de Menores (Barboza, 2000, p. 202-203).

Em relação ao Estatuto da Criança e do Adolescente, o princípio do melhor interesse está presente nos arts. 4º e 5º, que, embora apresentem certas alterações, repetem o conteúdo do art. 227 da CF/88. Esse princípio, aplicado a todas as crianças e adolescentes, "[...] passou a reger, necessariamente, as relações familiares que envolvam criança e adolescente" (Barboza, 2000, p. 207). Deve estar presente nas famílias, portanto, a ideia de que, enquanto pessoas em desenvolvimento, as crianças e os adolescentes são titulares de direitos, os quais devem ser assegurados de maneira ampla e integral. Além disso, o melhor interesse dessas pessoas também deve ser garantido com absoluta propriedade (Barboza, 2000, p. 208).

---

pelos laços de parentesco, sejam eles ascendentes descendentes ou, ainda, colaterais, estes limitados ao segundo grau, impõe-se o dever recíproco de socorro, guardada apenas a ordem de prioridade de chamamento à prestação alimentícia, que é legalmente delimitada, nos termos dos arts. 1.696 e 1.697 do CC/02. 10. São chamados, primeiramente, a prestar alimentos, os parentes mais próximos em grau, só fazendo recair a obrigação nos mais remotos, à falta daqueles; essa falta deve ser compreendida, conforme interpretação conjugada dos arts. 1.697 e 1.698 do CC/02, para além da ausência de parentes de grau mais próximo, como a impossibilidade ou, ainda, a insuficiência financeira desses de suportar o encargo. [...] 12. *O parentesco surgido entre as partes, na hipótese, irmãos unilaterais [...] é suficiente para autorizar o arbitramento dos alimentos na forma em que se deu.* 13. A condição de idoso do alimentando encontra disciplina específica na Lei 10.741/2003 (Estatuto do Idoso), que estabelece, a partir do art. 11, os alimentos devidos às pessoas idosas. [...] 15. Recurso especial não provido. (REsp 1170224/SE, rel. Min. Nancy Andrighi, Terceira Turma, julgado em 23 nov. 2010, DJe 07 dez. 2010). Grifou-se.

Assim, em situações nas quais houver divergência entre os interesses de uma criança ou adolescente e de outra pessoa, a partir do princípio do melhor interesse, os interesses deles devem ser considerados de maneira sobreposta aos demais não só durante o processo de tomada de decisão, mas também para garantir que o que foi decidido seja implementado (COLUCCI, 2014, p. 32). Na prática, esse princípio representa a possibilidade de acesso e exercício de direitos fundamentais pela criança e pelo adolescente (Brochado, 2008, p. 16).

Ademais, é importante que o melhor interesse seja considerado na elaboração de políticas públicas destinadas à infância e à juventude (Colucci, 2014, p. 28). O desafio que se impõe é justamente considerar a criança e o adolescente como sujeitos de direitos e promover a efetiva implementação desse princípio (Pereira, 2020, p. 216-226).

Nessa perspectiva, considerando a importância desse princípio, em julgado relacionado à adoção de neto por avós, a partir do princípio do melhor interesse da criança e do adolescente, o Superior Tribunal de Justiça, no julgamento do Recurso Especial 1.635.649, de 27 de fevereiro de 2018, cuja relatora foi a Ministra Nancy Andrighi, decidiu pela possibilidade de adoção. Embora o ECA proíba, por meio do art. 42, § 1º, a adoção de netos por avós, o STJ entendeu que o melhor interesse estaria atendido a partir do deferimento da adoção, principalmente quando se consideravam as circunstâncias do caso, as quais não envolviam interesses duvidosos.

Assim, ficou evidente que esse princípio deve ser "[...] o critério primário para a interpretação de toda a legislação atinente a menores, sendo capaz, inclusive, de retirar a peremptoriedade de qualquer texto legal atinente aos interesses da criança ou do adolescente".[21] A inexistência de uma família tradicional não deve ser considerada barreira intransponível para a adoção, uma vez que a pessoalidade do tratamento é que contribui para o desenvolvimento saudável da criança e do adolescente (Matos; De Oliveira, 2012, p. 294).

---

21. Civil. Recurso especial. Família. *Estatuto da criança e do adolescente. Adoção por avós. Possibilidade. Princípio do melhor interesse do menor.* Padrão hermenêutico do ECA.
01 – Pedido de adoção deduzido por avós que criaram o neto desde o seu nascimento, por impossibilidade psicológica da mãe biológica, vítima de agressão sexual. 02 – *O princípio do melhor interesse da criança é o critério primário para a interpretação de toda a legislação atinente a menores, sendo capaz, inclusive, de retirar a peremptoriedade de qualquer texto legal atinente aos interesses da criança ou do adolescente, submetendo-o a um crivo objetivo de apreciação judicial da situação específica que é analisada.* 03. Os elementos usualmente elencados como justificadores da vedação à adoção por ascendentes são: i) a possível confusão na estrutura familiar; ii) problemas decorrentes de questões hereditárias; iii) fraudes previdenciárias e, iv) a inocuidade da medida em termos de transferência de amor/afeto para o adotando. 04. Tangenciando à questão previdenciária e às questões hereditárias, diante das circunstâncias fática presentes – idade do adotando e anuência dos demais herdeiros com a adoção, circunscreve-se a questão posta a desate em dizer se a adoção conspira contra a proteção do menor, ou ao revés, vai ao encontro de seus interesses. 05. Tirado do substrato fático disponível, que a família resultante desse singular arranjo, contempla, hoje, como filho e irmão, a pessoa do adotante, *a aplicação simplista da norma prevista no art. 42, § 1º, do ECA, sem as ponderações do "prumo hermenêutico" do art. 6º do ECA, criaria a extravagante situação da própria lei estar ratificando a ruptura de uma família socioafetiva, construída ao longo de quase duas décadas com o adotante vivendo, plenamente, esses papéis intrafamiliares.* 06. Recurso especial conhecido e provido.
(STJ – REsp: 1635649 SP 2016/0273312-3, rel. Min. Nancy Andrighi, Data de Julgamento: 27 fev. 2018, T3 – Terceira Turma, Data de Publicação: DJe 02 mar. 2018). Grifou-se.

4.4 Princípio da convivência familiar e o dever de cuidado

O princípio da convivência familiar, explícito no art. 227 da CF/88 e no art. 1.513 do Código Civil, está relacionado às relações construídas pelas pessoas que compõem o núcleo familiar, independentemente de parentesco biológico e de um espaço físico representado pela casa. Dirigido à família, a cada membro individualmente, ao Estado e à sociedade, esse princípio não se esgota no núcleo familiar, composto, geralmente, por pais e filhos. Para que haja um efetivo respeito à convivência familiar, é necessário que a abrangência e o tamanho da família sejam considerados (Lôbo, 2010, p. 148-149). É por meio da ideia relacionada ao princípio da convivência familiar que "[...] as pessoas se sentem recíproca e solidariamente acolhidas e protegidas, especialmente as crianças" (Lôbo, 2010, p. 148).

Entretanto, é preciso considerar que esse princípio não está relacionado, necessariamente, a uma convivência totalmente pacífica. Considerando a existência de conflitos familiares como uma característica essencialmente presente nessas relações, não é possível afirmar que a convivência familiar é composta apenas por relações de estreita harmonia. E isso contribui, inclusive para o desenvolvimento da personalidade dos filhos, tendo em vista a variação de sentimentos contraditórios dos filhos em relação aos pais (Groeninga, 2011, p. 115), o que reforça a importância desse princípio no que se refere à proteção dos, geralmente, mais vulneráveis.

Além disso, é importante destacar que a convivência familiar enquanto princípio jurídico não se relaciona à ideia de imposição do dever de amar (Vieira, 2021, p. 72). Isso ficou evidente no julgamento do Recurso Especial 1.159.242/SP, o qual teve como relatora a Ministra Nancy Andrighi e tratava da possibilidade de indenização por abandono afetivo, pleiteado pela filha em face do pai. Na ocasião, a relatora explicitou a ideia de que "[...] amar é faculdade, mas cuidar é dever", além do fato de ter realizado a distinção entre amor e cuidado: "aqui não se fala ou se discute o amar e, sim, a imposição biológica e legal de cuidar, que é dever jurídico, corolário da liberdade das pessoas de gerarem ou adotarem filhos".[22]

---

22. Civil e processual civil. Família. Abandono afetivo. Compensação por dano moral. Possibilidade.
   1. Inexistem restrições legais à aplicação das regras concernentes à responsabilidade civil e o consequente dever de indenizar/compensar no Direito de Família. 2. O cuidado como valor jurídico objetivo está incorporado no ordenamento jurídico brasileiro não com essa expressão, mas com locuções e termos que manifestam suas diversas desinências, como se observa do art. 227 da CF/88. 3. *Comprovar que a imposição legal de cuidar da prole foi descumprida implica em se reconhecer a ocorrência de ilicitude civil, sob a forma de omissão. Isso porque o non facere, que atinge um bem juridicamente tutelado, leia-se, o necessário dever de criação, educação e companhia – de cuidado – importa em vulneração da imposição legal, exsurgindo, daí, a possibilidade de se pleitear compensação por danos morais por abandono psicológico.* 4. Apesar das inúmeras hipóteses que minimizam a possibilidade de pleno cuidado de um dos genitores em relação à sua prole, *existe um núcleo mínimo de cuidados parentais que, para além do mero cumprimento da lei, garantam aos filhos, ao menos quanto à afetividade, condições para uma adequada formação psicológica e inserção social.* [...] 7. Recurso especial parcialmente provido. (STJ, REsp 1.159.242/SP, Terceira Turma, rel. Min. Nancy Andrighi, j. 24 abr. 2012, *DJe* 10 maio 2012). Grifou-se.

Ademais, além da convivência familiar em si, há o direito que se resulta dela, que está relacionado ao exercício do poder familiar. Quando ocorre a dissolução da sociedade conjugal ou da união estável, fazendo surgir uma família reconfigurada, é a convivência familiar que exercerá o papel norteador dessa nova situação, tendo em vista que o genitor não guardião permanecerá exercendo seus deveres em face do filho (Vieira, 2021, p. 59), e isso se dá porque "[...] conviver, estar junto, cuidar, zelar e promover o melhor, no sentido material e imaterial, não é uma faculdade dos pais, mas um dever" (Vieira, 2021, p. 71).

5. CONSIDERAÇÕES FINAIS

1. O Direito Civil codificado não apresenta soluções eficientes para a crescente e diversificada demanda envolvendo relações jurídicas subjetivas existenciais, notadamente no que se refere aos novos arranjos familiares do cotidiano. Necessário integrar, atualizar e complementar as normas regras estabelecidas com as normas principiológicas voltadas à proteção e promoção da pessoa humana inserida em seu contexto dentro da realidade.

2. Princípios são normas jurídicas que se revelam como importantes instrumentos de integração normativa na solução para os conflitos apresentados na vida relacional em concreto. Para tanto, caberá ao intérprete e aplicador da norma um exercício hermenêutico cuidadoso, de modo a extrair do comando abstrato a modulação ideal em cada caso real levando em consideração as circunstâncias específicas de cada caso.

3. Nesse sentido, tem especial relevância as normas principiológicas de assento constitucional estabelecidas pela Constituição Federal de 1988, vez que se configuram matrizes para todo o ordenamento jurídico. No Direito de Família tais postulados foram capazes de reverter a estrutura jurídica anterior ao inaugurar as premissas abstratas e gerais a serem observadas no contexto familiar de modo mais alinhado com as peculiaridades de cada caso e com a função promocional do grupo familiar.

4. Como marco inaugural da cláusula geral de proteção de cada sujeito, o princípio da dignidade da pessoa humana exerce o papel de farol para o intérprete e aplicador do Direito. Estabelece-se como critério inafastável de validade para solução jurídica a ser formulada em panorama vinculado à autodeterminação existencial em qualquer cenário, seja individual ou coletivo, a exemplo da família, a qual passou a ser considerada de forma instrumentalizada a serviço da realização de cada um de seus membros.

5. As premissas da igualdade e da liberdade na família, que decorrem, da promoção da dignidade da pessoa, foram, e continuam sendo, diretamente responsáveis pela renovação da concepção de família democrática. Ao impor a observância de suas acepções, permitem modelar o que cada um precisa para realização de sua personalidade no ambiente familiar.

6. A par das premissas gerais, verifica-se a existência de princípios constitucionais especialmente voltados à família. Alguns implícitos, como os princípios da

afetividade e da solidariedade, outros explícitos, como os princípios do melhor interesse da criança e do adolescente e o da convivência familiar. Independentemente de previsão expressa ou não, são de mesma hierarquia e impositivos na formação da melhor solução especializada para cada pessoa na esfera coletiva.

6. REFERÊNCIAS

ÁVILA, Humberto. Neoconstitucionalismo: entre a ciência do Direito e o Direito da ciência. *Revista eletrônica de Direito do Estado – REDE*. Salvador. N. 17, jan.-mar. 2009. p. 5-6. Disponível em: Microsoft Word-REDE-17-JANEIRO-2009-HUMBERTO AVILA.DOC (unifacs.br). Acesso em: 30 ago. 2021.

BARBOZA, Heloisa Helena. O princípio do melhor interesse da criança e do adolescente. In: *Anais do II Congresso Brasileiro de Direito da Família*. 2000. p. 201-213. Disponível em: https://ibdfam.org.br/_img/congressos/anais/69.pdf#page=201. Acesso em: 13 set. 2021.

CALDERÓN, Ricardo Lucas. *O percurso construtivo do princípio da afetividade no Direito de Família brasileiro e contemporâneo*: contexto e efeitos. 2011. Dissertação (Mestrado em Direito) – Universidade Federal do Paraná, Curitiba, 2011. Disponível em: https://acervodigital.ufpr.br/bitstream/handle/1884/26808/dissertacao%20FINAL%2018-11-2011%20pdf.pdf?sequence=1&isAllowed=y. Acesso em: 10 out. 2021.

CANOTILHO, J. J. Gomes. *Direito constitucional e teoria da Constituição*. 7. ed. Coimbra: Almedina, 2003.

COLUCCI, Camila Fernanda Pinsinato. *Princípio do melhor interesse da criança*: construção teórica e aplicação prática no direito brasileiro. USP, São Paulo, 2014. Disponível em: https://www.aned.org.br/images/TrabalhosAcademicos/Camila_Fernanda_Pinsinato_Colucci_completa.pdf. Acesso em: 17 set. 2021.

COULANGES, Fustel de. *A cidade antiga*. São Paulo: Editora das Américas S.A., 2006. Ebook. Disponível em: https://latim.paginas.ufsc.br/files/2012/06/A-Cidade-Antiga-Fustel-de-Coulanges.pdf. Acesso em: 20 set. 2021.

DWORKIN, Ronald. *Levando os direitos a sério*. São Paulo: Martins Fontes, 2002.

FUNDO DAS NAÇÕES UNIDAS PARA A INFÂNCIA (UNICEF). *Convenção sobre os direitos da criança*. Disponível em: https://www.unicef.org/brazil/convencao-sobre-os-direitos-da-crianca. Acesso em: 15 set. 2021.

GROENINGA, Giselle Câmara. *Direito à convivência entre pais e filhos*: análise interdisciplinar com vistas à eficácia e sensibilização de suas relações no Poder Judiciário. 2011. Tese (Doutorado em Direito) – Universidade de São Paulo, São Paulo, 2011. Disponível em: https://www.teses.usp.br/teses/disponiveis/2/2131/tde-22082012-152003/publico/Giselle_Groeninga_Tese.pdf. Acesso em: 30 out. 2021.

HIRONAKA, Giselda. *Família e casamento em evolução*. 2001. Disponível em: https://ibdfam.org.br/artigos/14/Fam%C3%ADlia+e+casamento+em+evolu%C3%A7%C3%A3o. Acesso em: 15 set. 2021.

KANT, Immanuel. *Fundamentação da metafísica dos costumes*. Trad. Paulo Quintela. Coleção Textos Filosóficos. Lisboa: Edições 70, 2007.

LÔBO, Paulo. *Direito Civil*: famílias. São Paulo: Saraiva, 2010.

LÔBO, Paulo. Direito de família e os princípios constitucionais. In: PEREIRA, Rodrigo da Cunha (Org.). *Tratado de Direito das Famílias*. 2. ed. Belo Horizonte: IBDFAM, 2016. p. 103-134.

LÔBO, Paulo. Princípio da solidariedade familiar. In: Congresso Brasileiro do Instituto Brasileiro de Direito de Família – IBDFAM, 6., 2007, Búzios. *Anais*. 2007. p. 1-11. Disponível em: https://ibdfam.org.br/assets/upload/anais/78.pdf. Acesso em: 17 set. 2021.

LÔBO, Paulo. Princípios do direito de família brasileiro. *Revista Brasileira de Direito Comparado*, v. 35, p. 129-152, 2010. Disponível em: http://www.idclb.com.br/httpdocs/revistas/35/revista35%20(10).pdf. Acesso em: 10 set. 2021.

LOPES, Ana Maria D`Ávila. *Os direitos fundamentais como limites ao poder de legislar.* Porto Alegre: Sergio Antônio Fabris Editor, 2001.

MACCORMICK, Neil. *Retórica y Estado de Derecho:* una teoría del razonamiento jurídico. Lima: Palestra, 2016.

MATOS, Ana Carla Harmatiuk; DE OLIVEIRA, Ligia Ziggiotti. O Princípio do Melhor Interesse da Criança nos Processos de Adoção e o Direito Fundamental à Família Substituta. *Revista Direitos Fundamentais & Democracia*, v. 12, n. 12, p. 285-301, 2012. Disponível em: https://revistaeletronicardfd.unibrasil.com.br/index.php/rdfd/article/view/336. Acesso em: 13 set. 2021.

MORAES, Maria Celina Bodin. A família democrática. In: *Anais do V Congresso Brasileiro de Direito de Família.* São Paulo: IOB Thompson, IBDFAM, 2006.

MORAES, Maria Celina Bodin de. *Na medida da pessoa humana:* estudos de direito civil-constitucional. Rio de Janeiro: Renovar, 2010.

MORAES, Maria Celina Bodin. A nova família, de novo – Estruturas e função das Famílias contemporâneas. *Pensar – Revista de Ciências Jurídicas*, Fortaleza, v. 18, n. 2, p. 587-628, maio-ago. 2013. Disponível em: https://periodicos.unifor.br/rpen/article/view/2705/pdf. Acesso em: 20 fev. 2022.

PERLINGIERI, Pietro. *O direito civil na legalidade constitucional.* Rio de Janeiro: Renovar, 2007.

SARLET, Ingo Wolfgang. *Dignidade da pessoa humana e direitos fundamentais.* Porto Alegre: Livraria do Advogado, 2010.

SILVA, Beatriz de Almeida Borges e. *Parâmetros para aplicação do princípio da solidariedade familiar:* em busca de segurança e previsibilidade na adoção da perspectiva principiológica. 2018. Dissertação (Mestrado em Direito) – Pontifícia Universidade Católica de Minas Gerais, Belo Horizonte, 2018. Disponível em: http://www.biblioteca.pucminas.br/teses/Direito_SilvaBAB_1.pdf. Acesso em: 30 out. 2021.

TEPEDINO, Gustavo. As relações de Consumo e a Nova Teoria Contratual. In: TEPEDINO, Gustavo. *Temas de Direito civil.* 3. ed. Rio de Janeiro: Renovar, 2004. p. 220.

TEPEDINO, Gustavo. A tutela da personalidade no ordenamento civil constitucional brasileiro. In: TEPEDINO, Gustavo. *Temas de Direito civil.* 3. ed. Rio de Janeiro: Renovar, 2004. p. 23-58.

TEPEDINO, Gustavo; BARBOSA, Heloisa Helena; MORAES, Maria Celina Bodin de. *Código Civil interpretado conforme a Constituição da República.* 3. ed. Rio de Janeiro: Renovar, 2014. v. 1.

TEPEDINO, Gustavo. Novas famílias entre autonomia existencial e tutela de vulnerabilidades. *Revista Brasileira de Direito Civil*, Rio de Janeiro, v. 6, out.-dez. 2015. Disponível em: https://rbdcivil.ibdcivil.org.br/rbdc/article/view/79/182. Acesso em: 13 mar. 2022.

TEPEDINO, Gustavo. Dilemas do afeto. *In:* Congresso Brasileiro do Instituto Brasileiro de Direito de Família – IBDFAM, 10., 2015, Belo Horizonte. *Anais.* 2015. p. 11-28. Disponível em: https://ibdfam.org.br/assets/upload/anais/233.pdf. Acesso em: 16 set. 2021.

TEPEDINO, Gustavo; TEIXEIRA, Ana Carolina Brochado. Teoria Geral do Direito Civil. In: TEPEDINO, Gustavo (Org.). *Fundamentos do Direito Civil.* Rio de Janeiro: Forense, 2020. v. 6.

TEPEDINO, Gustavo. Notas esparsas sobre o Direito Civil na legalidade constitucional. In: MENEZES, Joyceane Bezerra de; CICCO, Maria Cristina de; RODRIGUES, Francisco Luciano Lima (Coord.). *Direito Civil na legalidade constitucional:* algumas aplicações. Indaiatuba, SP: Editora Foco, 2021. p. 205-218.

TORRES, Claudia Vechi. *A interpretação constitucional dos princípios da afetividade e solidariedade familiar pelos tribunais superiores brasileiros.* 2014. Dissertação (Mestrado em Direito) – Universidade Federal do Rio Grande do Norte, Natal, 2014. Disponível em: https://repositorio.ufrn.br/jspui/bitstream/123456789/19435/1/Interpreta%c3%a7%c3%a3oConstitucionalPrinc%c3%adpios_Torres_2014.pdf. Acesso em: 30 out. 2021.

VIEIRA, Diego Fernandes. *Direito à convivência familiar:* novas tendências e desafios contemporâneos. Londrina: Toth, 2021.

A FAMÍLIA E O DIREITO DE PERSONALIDADE: A CLÁUSULA GERAL DE TUTELA NA PROMOÇÃO DA AUTONOMIA E DA VIDA PRIVADA

Joyceane Bezerra de Menezes

Doutora em Direito pela Universidade Federal de Pernambuco. Mestre em Direito pela Universidade Federal do Ceará. Pós-doutorado em "Novas Tecnologias e Direito" na *Mediterranea Internacional Centre for Human Rights Research* (MICHR), Departamento de Direito, Economia e Humanidades – Universidade Reggio Calabria (Itália). Professora Titular da Universidade de Fortaleza – Programa de Pós-Graduação *Stricto Sensu* em Direito (Mestrado/Doutorado) da Universidade de Fortaleza, na Disciplina de Direitos de Personalidade. Professora associado IV, da Universidade Federal do Ceará. Coordenadora do Grupo de Pesquisa CNPQ: Direito civil na legalidade constitucional. Fortaleza, Ceará, Brasil. Editora da Pensar, Revista de Ciências Jurídicas – Universidade de Fortaleza. Advogada. E-mail: joyceane@unifor.br.

Sumário: 1. Introdução – 2. A emergência da cláusula geral de tutela da pessoa no direito civil-constitucional e a sua influência no plano da família – 3. A família democrática e a promoção do desenvolvimento da pessoa dos seus membros – 4. A vida privada em família e a vida privada individual na família – 4.1 A vida privada e intimidade do cônjuge/companheiro – 4.2 A vida privada e a intimidade do filho criança/adolescente – 5. Conclusão – 6. Referências.

1. INTRODUÇÃO

No início do século XXI, a família brasileira apresenta uma nova feição: plural, democrática e instrumental, marcada pelo perfil funcional de promover o desenvolvimento de seus integrantes. O curso da história fez desvanecer aquela organização essencialmente institucional, hierárquica e firmada na autoridade do patriarca, ao tempo em que também permitiu a jurisdicização de novos modelos de família. Sob a qualificação de um direito humano e fundamental, a autonomia para "constituir família" promoveu maior abertura à instituição que assume singular importância na ordem civil-constitucional.

Diz-se que a família foi privatizada e com isso perdeu a força institucional, enquanto ordem matrimonializada. Em razão do princípio da solidariedade, parte de suas funções foram atribuídas a outras entidades intermediárias ou mesmo ao Estado pois já não se confia apenas à família a tarefa de cuidar da educação das crianças, da segurança dos idosos ou da saúde das pessoas com deficiência mais grave, por exemplo. O próprio Estatuto da Criança e do Adolescente – ECA, o Estatuto do Idoso, a Lei Brasileira de Inclusão e a Lei da Reforma Psiquiátrica dividem esse ônus entre a família, a sociedade e o Estado.

Sem a pretensão de inscrever um rol taxativo, a Constituição Federal, no art. 226, fez menção ao casamento, à união estável e à família parental, permitindo que, ao longo dos anos, a doutrina e jurisprudência acolhessem os novos modelos emergentes da vida social. Além da tradicional família anaparental, das uniões e do casamento entre pessoas do mesmo sexo, reconheceram os novas configurações intrafamiliares, pela remodelação das relações entre os cônjuges/companheiros, da autoridade parental e dos critérios de filiação. A socioafetividade se impôs em igual hierarquia ao critério biológico, permitindo admitir-se, inclusive, a multiparentalidade. Famílias compostas, recompostas, multiespécie e até mesmo a família unipessoal alcançam a proteção do direito, inclusive, quanto a quanto à impenhorabilidade legal de bens prevista na Lei 8.009/90.

Tudo isso resulta da edificação de uma ordem constitucional democrática, permeada por valores humanitários que irradiaram efeitos para o direito privado, enaltecendo as situações subjetivas existenciais em superposição às situações subjetivas patrimoniais. Nesse processo, o abstrato sujeito de direito que tinha assento nos códigos oitocentistas cedeu lugar à pessoa concretamente situada, titular do direito ao desenvolvimento, com o direito de subscrever a sua própria biografia, inclusive, para modelar o seu arranjo familiar.

Cumprindo seu papel de instituição intermediária, a família é redimensionada para promover o valor *personalidade*,[1] sendo correto afirmar que as mudanças sociais operadas nos últimos anos, associadas à emergência dos direitos fundamentais, cunharam a chamada *família democrática*, cuja energia constitutiva é a vontade; a substância caracterizadora é a afetividade; e o perfil funcional é a promoção da pessoa de seus integrantes.[2] Na estrutura organizacional dessa "nova" família observa-se a relação paritária entre os cônjuges ou conviventes, a funcionalização da autoridade parental (poder familiar) na promoção da pessoa dos filhos e a pluralidade dos modelos de conjugalidade/convivencialidade. Anelados no propósito comum de cuidado e corresponsabilidade, os integrantes do núcleo familiar não são privados de vida privada individual.

Sob essa perspectiva, o presente capítulo se presta a apresentar os atributos característicos da família contemporânea, destacando alguns marcos jurídicos que orientam a sua caminhada na promoção da pessoa.

2. A EMERGÊNCIA DA CLÁUSULA GERAL DE TUTELA DA PESSOA NO DIREITO CIVIL-CONSTITUCIONAL E A SUA INFLUÊNCIA NO PLANO DA FAMÍLIA

As modificações introduzidas no âmbito do Direito Privado ocorreram, especialmente, após as duas grandes guerras mundiais, quando se deu verdadeira reengenharia na disciplina das atividades econômicas, da autonomia negocial e da responsabilidade

---

1. PROST, Antony. Fronteiras e espaços do privado. *História da vida privada*: da Primeira Guerra a nossos dias. São Paulo: Companhia das Letras, 2010, p. 61.
2. GIDDENS, Anthony. *Terceira via*: reflexões sobre o impasse atual e o futuro da social-democracia. Trad. Maria Luiza X. de A. Borges. Rio de Janeiro: Record, 1999, p. 100.

civil. Para permitir uma proteção integral e efetiva à pessoa, ampliou-se o dirigismo estatal[3] e como resultado, experimentou-se a socialização ou publicização do Direito Privado. A soberania das normas constitucionais, a expansão dos direitos fundamentais, a distribuição constitucional de competência legislativa em matéria privada e a criação da jurisdição constitucional também favoreceram o esmaecimento das fronteiras entre o direito público e o privado, resvalando no Direito Civil.

Com o primado da Constituição, as normas constitucionais se consubstanciaram como o eixo axiológico de todos os campos do Direito, vinculando administradores públicos, legisladores, juízes e os cidadãos, no exercício de sua liberdade e autonomia. Nessa medida, nenhuma disposição normativa de ordem civil poderia confrontar as normas constitucionais, ou mesmo sofrer interpretação dissonante do seu espírito.[4]

Alguns interesses que antes eram legados apenas à seara civil, como o direito de herança, o direito de constituição de família, a privacidade e o direito ao desenvolvimento da personalidade passaram a ser considerados direitos fundamentais. A norma constitucional não está restrita a limitar a legislação ordinária, pode ser aplicada direta e imediatamente ao caso concreto[5] ou funcionar como vetor interpretativo da legislação infraconstitucional, visando à promoção dos valores fundamentais,[6] dentre os quais a dignidade da pessoa humana. Nessa medida, Perlingieri (2002) ressalta a importância de um Direito Civil interpretado à luz da Constituição para o fortalecimento das questões subjetivas existenciais, como forma de afirmar a unificação do sistema jurídico e, consequentemente, a superação da dicotomia entre direito público e direito privado.

Conectado aos direitos fundamentais e aos direitos humanos, o Direito Civil destaca a importância das situações subjetivas existenciais (MENEZES; DE CICCO; RODRIGUES, 2020), voltando-se "para as pessoas que integram a sociedade, para seu destino coletivo, seres reais existentes no mundo dos fatos, e não mais sujeitos ideais, titulares abstratos de direitos equitativamente atribuídos e assegurados com

---

3. GIORGIANNI, Michele. O direito privado e as suas atuais fronteiras. *Revista dos Tribunais*. São Paulo, n. 747, jan. 1998, p. 44 e 50.
4. Esse processo de publicização do Direito sofre as críticas de Hesse, por comprometer severamente a autonomia privada, eixo central do direito privado, e ainda por inflacionar e distorcer as competências da jurisdição constitucional para onde seguem as demandas que transbordam da jurisdição cível. Para ele, cabe "*al legislador del Derecho Privado corresponde constitucionalmente la tarea de transformar el contenido de los derechos fundamentales, de modo diferenciado y concreto, en Derecho inmediatamente vinculante para los participantes en una relación jurídico-privada*" (HESSE, 1995, p. 61-64).
5. Conforme esclarece Perlingieri, "não existem, portanto, argumentos que contrariem a aplicação direta dos princípios constitucionais: a norma constitucional pode, mesmo sozinha (quando não existirem normas ordinárias que disciplinem a *fattispecie* em consideração), ser a fonte da disciplina de uma relação jurídica de direito civil. Essa solução é a única permitida se se reconhece a preeminência das normas constitucionais – e dos valores por elas expressos – em um ordenamento unitário, caracterizado por esses conteúdos" (PERLINGIERI, 2008, p. 589).
6. Em sua dicção, "A normativa constitucional eleva-se a justificação da norma ordinária, que com a primeira deve se harmonizar coerente e razoavelmente, segundo os critérios ou princípios de adequação e de proporcionalidade que postulam o conhecimento aprofundado também do caso concreto" (PERLINGIERI, 2002, p. 574).

base numa igualdade formal".[7] Como afirma Tepedino (2006, p. 341), "o indivíduo, elemento subjetivo basilar e neutro do direito civil codificado, deu lugar, no cenário das relações de direito privado, à pessoa humana, para cuja proteção se volta a ordem jurídica como um todo".

A ordem internacional também ressalva a igualdade, a dignidade e a liberdade das pessoas, tríade que fundamenta verdadeira cláusula geral de tutela (TEPEDINO, 2003). Conforme anuncia a Declaração dos Direitos do Homem, no art. 1º., "todas as pessoas nascem livres e iguais em dignidade e direitos. São dotadas de razão e consciência e devem agir em relação umas às outras com espírito de fraternidade" (art. 1º.)[8]. O Pacto San José da Costa Rica, ratificado no Brasil pelo Decreto 678/1992, reconhece à todas as pessoas, o direito ao reconhecimento de sua personalidade jurídica e o acesso a uma gama de direitos civis e políticos, dentre os quais, o exercício da liberdade.

A garantia do direito ao desenvolvimento pela autodeterminação constitui um interesse primário da sociedade ocidental e se converte em objetivo fundamental dos Estados subscritores e, consequentemente, de instituições intermediárias como a família. Na compreensão de Miracy Gustin (1999, p. 24-31), a autodeterminação é uma necessidade humana essencial e não apenas um desejo. Por seu intermédio a pessoa pode exercer seu potencial criativo, a fim de avançar socialmente em busca de sua realização plena.[9] A autodeterminação é o motor da subjetividade, representa o que melhor qualifica o sujeito humano racional, uma vez que concilia a materialidade e espiritualidade de cada pessoa, permitindo-lhe a expressão genuína de sua personalidade pela idealização e realização de planos, projetos, escolhas, tomada de decisões etc.

Ao lado da autodeterminação, porém, destaca-se a alteridade, outro elemento essencial a esse desenvolvimento. Por seu intermédio, a pessoa se afirma como *partícipe do consórcio humano*, sustentando o *interesse ao livre desenvolvimento da vida*

---

7. BARBOZA, Heloisa Helena. Vulnerabilidade e cuidado: aspectos jurídicos. In: PEREIRA, Tania da Silva; OLIVEIRA, Guilherme de (Coords.). *Cuidado e vulnerabilidade*. São Paulo: Atlas, 2009, p. 106.
8. Na esteira da citada declaração, a Lei Fundamental da República Federal da Alemanha (LF) dispõe no art. 2º. "Todos têm o direito ao livre desenvolvimento da sua personalidade, desde que não violem os direitos de outrem e não atentem contra a ordem constitucional ou a lei moral" (*Jeder hat das Recht auf die freie Entfaltung seiner Persönlichkeit, soweit er nicht die Rechte anderer verletzt und nicht gegen die verfassungsmä ige Ordnung oder das Sittengesetz verstö t*). De igual sorte, a Constituição da República Portuguesa traz no artigo 26, n. 1, "A todos são reconhecidos os direitos à identidade pessoal, ao desenvolvimento da personalidade, à capacidade civil, à cidadania, ao bom nome e à reputação, à imagem, à palavra, à reserva da intimidade da vida privada e familiar e à proteção legal contra quaisquer formas de discriminação".
9. Na explicação de Gustin (1999, p. 30): "Da mesma forma, o pensamento atual sobre a correlação necessidade/direito tem-se conduzido para a concepção das necessidades como tema de grande valor normativo e que facilita a compreensão de sua potencialidade argumentativa e da relação que é capaz de estabelecer entre ser e dever ser. Assim, as necessidades concedem ao indivíduo razões e argumentos sobre a justiça e justeza das coisas e dos fatos; portanto, sobre a sua legitimidade. E esse indivíduo deve ser preservado em sua dignidade e autonomia no sentido de que, frente ao direito, é dono de seus atos e de suas decisões. O campo identifica a pessoa como portadora de responsabilidade e, por conseguinte, de deveres. Essa atribuição de responsabilidade já supõe, portanto, autonomia".

em relações (TEPEDINO, 2001, p. 24). Embora possa reivindicar o direito de estar momentaneamente só, em busca de espaço para reflexão, a vida relacional é indispensável à sociabilidade que é uma outra necessidade humana (GUSTIN, 1999, p. 24).

Para Capelo de Sousa (1995, p. 117), a personalidade humana envolve um conjunto de elementos bio-psíquico-sócio-ambientais que, na seara juscivilista, recebe tutela global como o "real e o potencial físico e espiritual de cada homem em concreto, ou seja, o conjunto autônomo, unificado, dinâmico e evolutivo dos bens integrantes de sua materialidade física e do seu espírito reflexivo, sócio-ambientalmente integrados".[10] O sujeito esculpe sua identidade, constrói sua personalidade sob influências genéticas, por meio das quais sua natureza biológica se manifesta; adapta-se culturalmente às condições ambientais de seu lugar, as quais interferem em sua dimensão comportamental e identitária, e, por meio da rede de relações que estabelece com os demais, influencia e é influenciado em um processo contínuo de construção e reconstrução de si.[11]

Em vista dessa *potência* a proteger, uma pluralidade de direitos especiais ou típicos de personalidade consignados na legislação infraconstitucional são importantes, mas ainda insuficientes para alcançar toda a gama de relações existenciais (e patrimoniais) pelas quais o sujeito trafegará. A característica central dos direitos típicos ou especiais de personalidade deriva da demarcação específica ao seu objeto (o nome, a imagem, a integridade, a intimidade etc.) e, por essa razão, são insuficientes para uma proteção global da pessoa. Assim, é fundamental, a presença de um direito mãe (SOUZA, 1995)[12] – um direito geral de personalidade que, entre nós, emerge da principiologia civil-constitucional.

---

10. Para Alan Supiot a personalidade humana, fruto da existência racional, constitui um arranjo antropológico tridimensional constituído pela individualidade, subjetividade e personalidade. Cada homem é singular, exclusivo e irrepetível embora guarde semelhanças com os demais *homo sapiens sapiens*. Graças à razão, é um sujeito soberano, dono de uma vontade e de uma capacidade reflexiva e criadora que o distância dos animais e lhe garante singularidade em face aos demais homens. Em virtude de sua personalidade congrega uma dupla dimensão formada por sua existência física e a sua inteligência criacional, que supera sua finitude material (2007, p. 15).
11. Segundo Stuart Hall, o sujeito pós-moderno apresenta uma identidade plástica, fragmentada e sem qualquer referência a um núcleo essencial. Há elementos cambiantes historicamente construídos que alteram a percepção de identidade imutável e permitem a emergência de um sujeito em perene construção. O homem conquistou grande autonomia para amoldar sua identidade (2011, p. 13). A racionalidade e seu apetite pelo novo o impulsionaram a refletir sobre a modernidade, desfazendo os tradicionais limites sociais, políticos e jurídicos que o reprimiam. A quebra da tradição, apesar da ampliação do espaço da liberdade, trouxe efeito reflexo: a perda das certezas. A ruptura com os conceitos socialmente difundidos de classe, sexo, gênero, etnia e nacionalidade pôs em xeque o sentimento de segurança, inclusive jurídica. A marca da contemporaneidade é a dúvida e a insegurança. (GIDDENS, 1991, p. 39).
12. Na dicção de Capelo de Sousa, a tutela da personalidade implica em um direito geral de personalidade que envolve "o direito de cada homem ao respeito e à promoção da globalidade dos elementos, potencialidades e expressões da sua personalidade humana bem como da unidade psico-fisico-sócio-ambiental dessa mesma personalidade (v.g. da sua dignidade humana, da sua individualidade concreta e do seu poder de autodeterminação), com a consequente obrigação por parte dos demais sujeitos de se absterem de praticar ou de deixar de praticar actos que ilicitamente ofendem ou ameacem ofender tais bens jurídicos da personalidade alheia, sem o que incorrerão em responsabilidade civil e/ou na sujeição às providencias cíveis adequadas a evitar a consumação da ameaça ou a atenuar os efeitos da ofensa cometida. [...] Simplesmente,

Esse direito-mãe lembra a *norma aberta de tutela* sustentada por Perlingieri (2008, p. 764), que é estruturada de modo distinto do direito subjetivo de propriedade, no qual o sujeito é separado do objeto (titular do direito x objeto de propriedade). Sendo a pessoa o alvo da tutela em razão do interesse protegido, torna-se uma necessidade lógica reconhecer "que é exatamente a pessoa a constituir ao mesmo tempo o sujeito e o titular do direito e o ponto de referência objetivo da relação".[13]

No Brasil, Gustavo Tepedino (2001, p. 46) trata da cláusula geral de tutela – "a tutela da pessoa humana, além de superar a perspectiva setorial (direito público e direito privado), não se satisfaz com as técnicas ressarcitória e repressiva (binômio lesão-sanção), exigindo, ao reverso, instrumentos de promoção do homem, considerado em qualquer situação jurídica de que participe, contratual ou extracontratual, de direito público ou de direito privado". Por essa cláusula geral busca-se realizar o valor fundamental *personalidade* a partir de uma complexidade de situações jurídicas que podem se apresentar como direito subjetivo, poder jurídico, direito potestativo, interesse legítimo, pretensão, autoridade parental, faculdade, ônus, estado etc. (BODIN DE MORAES, 2003, p. 117-118). Nessa esteira, a IV Jornada de Direito Civil estabeleceu, no enunciado 274, que os direitos de personalidade serão tutelados de modo não exaustivo pelo Código Civil e se expressam na cláusula geral de tutela da pessoa humana que se extrai do art. 1º., III, da Constituição Federal, ou seja, o princípio da dignidade da pessoa humana.

O Código Civil de 2002 elencou somente alguns direitos especiais de personalidade, sejam eles: o nome, a integridade corporal, a autonomia para disposição do próprio corpo e para decidir sobre tratamento médico, a imagem e a vida privada. Outras leis esparsas também trazem direitos especiais de personalidade, a exemplo do Estatuto da Criança e do Adolescente – ECA, do Estatuto do Idoso, da Lei Brasileira de Inclusão e da proteção aos direitos autorais. Entre os direitos fundamentais, também se identificam direitos especiais de personalidade, como a honra, a imagem, a integridade e a vida. Conciliados à cláusula geral de tutela, esses direitos constituem um sistema de proteção à pessoa que interfere diretamente na disciplina jurídica da família, instituição intermediária que recebe especial proteção do Estado justamente

---

o objecto tutelado por tal direito envolve a compreensão de uma *cláusula geral*, a personalidade humana, juridicamente tutelada. O que, embora insira no direito geral de personalidade elementos de indefinição e de incerteza preliminares próprios das cláusulas gerais, que nos sistemas jurisprudenciais demasiado positivo-formais lhe cerceiam muita da sua eficácia prática, todavia permite, em sistemas jurisprudenciais valorativos, conferir ao direito geral de personalidade maleabilidade e versatilidade de aplicação a situações novas e complexas." (1995, p. 93).

13. Em suas próprias linhas, Perlingieri (2002, p. 155) afirma que "A personalidade é, portanto, não um direito, mas um *valor* [o valor fundamental do ordenamento] e está na base de uma série aberta de situações existenciais, nas quais se traduz a sua incessantemente mutável exigência de tutela. Tais situações subjetivas não assumem necessariamente a forma do direito subjetivo e não devem fazer perder de vista a unidade do valor envolvido. Não existe um número fechado de hipóteses tuteladas: tutelado é o valor da pessoa sem limites, salvo aqueles colocados no seu interesse e naqueles de outras pessoas. A elasticidade torna-se instrumento para realizar formas de proteção também atípicas, fundadas no interesse à existência e no livre exercício da vida de relações.".

por ter o escopo primário de proteção e cuidado para com a pessoa dos seus membros (art. 226, CF).

3. A FAMÍLIA DEMOCRÁTICA E A PROMOÇÃO DO DESENVOLVIMENTO DA PESSOA DOS SEUS MEMBROS

Como um subsistema social, a família interage com os demais e vai construindo e reconstruindo seus delineamentos de forma dinâmica. Opera semelhantemente ao sistema do qual é parte (a sociedade), é integradora relativamente às relações que seus membros têm entre si (conjugalidade, filiação, parentesco etc.) e é interativa, na medida em que pode se interrelacionar com outros subsistemas sociais, sejam eles de natureza política, religiosa, cultural etc. (GUERSI; WEINGARTEN; GHERSI, 2010, p. 12-13). Nesse caminhar, influencia e é influenciada, permitindo diversas modificações na sua estrutura, função, concepção e organização.

Na análise sociológica de Jacques Commaille (1998, p. 19), a família deixa sempre entrever uma especial relação com a esfera pública. Ao tempo das monarquias absolutistas, predominavam as famílias patriarcais, nas quais a autoridade do pai se assemelhava à autoridade do monarca. O fim dessas monarquias operou a simbólica morte de Deus, fonte de legitimidade da autoridade do monarca e, consequentemente, a morte do pai, chefe absoluto da família, favorecendo o processo de democratização do Estado e das famílias.

Por influência da república e pela expansão do princípio democrático na reorganização das famílias, viu-se uma maior abertura à participação e à vontade dos membros integrantes.[14] À semelhança do poder estatal, que passa a ser funcionalizado e delimitado pelas normas constitucionais, a família também o será, nas suas relações internas, função, estrutura e relativamente aos papéis de cada um dos seus integrantes. A família já não é protegida constitucionalmente como uma formação social titular de um interesse particular, mas, em razão de sua função de realização das exigências humanas (PERLINGIERI, 2002, p. 243). Ainda que sua estrutura organizacional seja plural, as famílias terão sempre o fim constitucional de promover o cuidado, a educação e o desenvolvimento dos seus integrantes.

Como uma pequena réplica da República Democrática,[15] comunga os mesmos objetivos do Estado em relação aos seus membros e, assim, deve respeitar e garantir a liberdade e a igualdade, pressupostos para o desenvolvimento e a autonomia.[16] Os

---

14. Na explicação de Perlingieri (2002, p. 246): "a família se caracteriza pela igualdade e pela unidade garantidas pelo art. 29 Const.: igualdade significa democracia, participação com igual título na condução da vida familiar. O discurso envolve também a posição dos filhos.
15. Commaille diz "In the context of this side-by-side examination of the family and democracy, the question is whether democracy is a sort of replica in the political order of equality of its member that are in the family, this miniature Republic or miniature democracy reflecting the big one: political democracy" (1998, p. 25).
16. Neste sentido, Giddens (1999) descreve a família democrática como um grupo de relações horizontalizadas voltada para a promoção da pessoa. No Brasil, a análise foi muito bem apresentada por Maria Celina Bodin de Moraes (2010, p. 207-234).

princípios democráticos incidem sobre os grupos pequenos como a família que devem estar centrados na ideia de autonomia e igualdade, em respeito à autodeterminação de cada um dos seus membros para realizar suas próprias escolhas.[17]

A despeito de a lei brasileira ainda prever a heterossexualidade como pressuposto para as parcerias convivenciais ou matrimoniais, a jurisprudência decidiu por sua dispensa. O Supremo Tribunal Federal tem reiterado decisões em favor da autodeterminação à qual correlaciona o chamado direito à busca da felicidade, como no exemplo do julgamento da ADI 4.277 e, mais recentemente, do Recurso Extraordinário RE 898060, sobre o reconhecimento do vínculo da socioafetividade e a multiparentalidade.

Em respeito à autonomia, o fim da união estável se opera pela mera cessação da convivência em more uxório e, relativamente à dissolução do casamento, após a Emenda Constitucional 66, ultimaram-se todas as cláusulas de dureza, de sorte que apenas pela vontade o casamento se perfaz e se desfaz.

Por prestígio ao mesmo princípio e à vista do projeto de vida de cada um e das singularidades do arranjo familiar, a jurisprudência reconhece a possibilidade de a comunhão plena de vida se concretizar em lares distintos. O planejamento familiar é outro assunto que só interessa ao casal, conforme dispõe a Constituição Federal no capítulo dedicado à família. A Lei 9.263/1996, que regulamenta a matéria, diz que o planejamento familiar corresponde a um direito do cidadão, cuja promoção está capitulada no âmbito de ações voltadas para a saúde sexual e reprodutiva do homem, da mulher e do casal. Mais uma vez, é a autonomia do sujeito que orienta a decisão sobre ter ou não filhos.

No plano das relações de filiação, a autonomia também é cotejada no reconhecimento voluntário do filho havido fora do casamento e no acolhimento desse reconhecimento pelo filho, quando atingir a maioridade (art. 1.614, CC). Para a colocação da criança/adolescente em família substituta, a Lei 8.069/90 exige sua oitiva ou seu consentimento, em audiência, conforme tenha menos ou mais que 12 anos (art. 28, § 2º, Lei 8.069/90), respectivamente. O ECA foi mais enfático em respeitar a vontade do adolescente, pois decidirá sobre a sua adoção, independentemente de sua capacidade jurídica. Priorizou a capacidade de agir à capacidade jurídica.

Pela socioafetividade, que também representa uma manifestação da autonomia, as pessoas se doam mutuamente e, ao longo da convivência, se enlaçam por vínculos de afeto que pode consolidar a relação paterno/materno-filial, conforme a tese 622

---

17. No texto original: "These principles are based on the idea of autonomy, free and equal relationships, the capacity of individuals to be self-reflective and self-determined, in a position to weigh, judge, choose and follow different possible courses of action. These principles are precisely those that have contributed, in the public sphere, to the renewal of political rights and obligations, those no longer founded on tradition, status or prerogatives derived from property ownership." (COMMAILLE, 1998, p. 26).

em sede de recurso extraordinário com repercussão geral.[18] Na sequência, o Conselho Nacional de Justiça editou o Provimento 63/2017, consolidado pelo Provimento 83/2018, que instituiu os novos modelos de certidão de nascimento, de casamento e de óbito, a serem adotados pelos ofícios de registro civil das pessoas naturais, e dispôs sobre o reconhecimento voluntário de filhos, a averbação da paternidade e maternidade socioafetiva, bem como sobre o registro de nascimento e a emissão da respectiva certidão dos filhos havidos por reprodução assistida.

Segundo o art. 17 desse Provimento, a filiação da criança nascida mediante o emprego da técnica de gestação de substituição será estabelecida em acordo com o que constar no termo de consentimento firmado entre a cedente temporária do útero e os autores do projeto parental. Disso resulta a admissão de um *critério negocial* para definição do parentesco resultante de origem não biológica (art. 1.593, CC). Se os autores do projeto parental não forem os genitores biológicos da criança, continuarão sendo os seus pais, se assim informal o negócio jurídico firmado.

O exercício da autoridade parental também envolve alguma medida de autonomia, especialmente quanto à forma de educar e conduzir o processo de amadurecimento dos filhos menores.[19] É certo, porém, que esse *múnus* parental não se confunde com um direito subjetivo do pai ou da mãe sobre a pessoa do filho. Reúne outras posições jurídicas como faculdade, ônus, responsabilidade e dever, conformadas para um só fim – o melhor interesse da criança e do adolescente. Em muito pouco expressará um direito subjetivo, como no exemplo do usufruto e da administração dos bens que pertencem ao filho.

Incumbe à autoridade paterna/materna fomentar a autonomia do filho, considerando cada etapa de sua vida e a correspondente capacidade mental. Nesse aspecto, "a autoridade parental foge da perspectiva de poder e de dever, para exercer sua sublime função de instrumento facilitador da construção da autonomia responsável dos filhos" (TEIXEIRA, 2009, p. 138). Essa facilitação, porém, não representa uma permissividade absoluta em negação a qualquer autoridade paterna/materna, uma vez que "é possível ter autoridade e ser democrático, simultaneamente", conclui Ana Carolina B. Teixeira. Voltada à formação e ao desenvolvimento dos filhos, a autoridade parental poderá cercar-lhe a liberdade, nos limites da doutrina da proteção integral,

---

18. Tese 622 – A paternidade socioafetiva, declarada ou não em registro público, não impede o reconhecimento do vínculo de filiação concomitante baseado na origem biológica, com os efeitos jurídicos próprios – Recurso Extraordinário 898.060-SC.
19. Segundo Bodin de Moraes, "Um dos principais suportes do equilíbrio mental é justamente o sentimento de que a vida vale a pena: "mais do que nossa vida individual, é o que deixamos no mundo, como produto do nosso trabalho e expressão, que tem valor e acrescenta algo às futuras gerações" (COSTA, 2012). Isso exige a "hercúlea tarefa, para a qual, porém, temos aptidão e capacidade, de criar condições favoráveis à emergência de nossa espontaneidade para agir e para confiar, de antemão, na boa vontade do outro" (Ibidem). Indivíduos que se desenvolvem sem essa autonomia são incapazes de adquirir maturidade para realizar ações construtivas, em benefício de todos, com base nos ideais de justiça, liberdade e amor ao outro. O resultado são sociedades, de um lado, violentas, de outro, passivas e sujeitas a toda sorte de paternalismo. A democracia se encontra, assim, no início e no final de uma linha contínua de desenvolvimento do indivíduo e de sua autonomia." (2013, p. 596).

e jamais para impor um risco ou sacrifício desarrazoado aos direitos fundamentais da criança. Por esta razão é que o Supremo Tribunal Federal julgou ilícita a negativa dos pais em vacinar os filhos menores no Recurso Extraordinário no. 1.267.879, com repercussão geral.[20]

Entre os princípios assinalados pela Convenção sobre os Direitos da Criança estão *o princípio do direito à vida, à sobrevivência e ao desenvolvimento* (art. 6º) e o *princípio do respeito pelas opiniões da criança* (Decreto 99.710/1990, art. 12.). Disso resulta considerar a criança um ser humano cuja dignidade deve ser respeitada e que, a despeito de sua vulnerabilidade, possui uma autonomia progressiva para escolher, opinar e se posicionar nas relações intersubjetivas no ambiente da família, da escola e da comunidade.

Na primeira infância, o sujeito sofre integral dependência do poder decisório dos pais. Mas, o dever de cuidado e educação que estes exercem implica também a promoção e o reconhecimento da gradativa emancipação da criança/adolescente. No desenrolar desse processo, é óbvio que os pais transmitirão as suas visões de mundo, suas concepções morais, sua orientação religiosa,[21] mas não poderão, com isso, ofender os princípios constitucionais que culminam no respeito aos direitos da pessoa do infante. Uma vez que devem buscar o melhor interesse da criança e do adolescente, devem ouvi-los, considerar sua mundividência e avaliar os interesses que manifestam, em um processo educativo dialógico, marcado pela cooperação e pela interação que se espera nas relações familiares (MARTINS, 2009, p. 93). Especialmente quanto às questões mais subjetivas, é curial avaliar a capacidade mental e intelectual de cada filho, independentemente de sua capacidade jurídica, pois, as liberdades e as capacidades de agir que lhes foram deferidas pelos documentos internacionais e pelas normas nacionais pressupõem uma capacidade de entender, e não uma capacidade jurídica.[22]

---

20. Tese fixada: "É constitucional a obrigatoriedade de imunização por meio de vacina que, registrada em órgão de vigilância sanitária, (i) tenha sido incluída no Programa Nacional de Imunizações, ou (ii) tenha sua aplicação obrigatória determinada em lei ou (iii) seja objeto de determinação da União, Estado, Distrito Federal ou Município, com base em consenso médico-científico. Em tais casos, não se caracteriza violação à liberdade de consciência e de convicção filosófica dos pais ou responsáveis, nem tampouco ao poder familiar". Disponível em: https://redir.stf.jus.br/paginadorpub/paginador.jsp?docTP=TP&docID=755520674. Acesso em: 11 jan. 2022. Sobre os limites da autoridade parental em questões de vacinação ver Menezes e Teixeira (2022, p. 329), livro gratuito disponível em: https://www.galaxcms.com.br/imgs_redactor/1931/files/Direito%20e%20Vacinao(1).pdf. Acesso em: 18 mar. 2022. Sobre o tema em específico, indica-se o capítulo subscrito por esta autora em coautoria com Ana Carolina Brochado Teixeira, intitulado Autoridade parental e vacinação infantil: vulnerabilidade e superior interesse da criança e do adolescente, publicado no livro Vacinação e Direito (2022).
21. Como diz o Livro de Provérbios "Ensina a criança no caminho que deve andar, e, ainda quando for velho não se desviará dele". (*Bíblia de estudo de genebra*. São Paulo: Sociedade Bíblica do Brasil, 1999, p. 755).
22. Pasquale Stanzione entende que "L'equazione tra minore d'età e persona è emanazione del principio constituzionale di egualglianza, Che, come tale, non tollera ripartizione delle persone in classi di ETA. Ne deriva che, in tema di diritti e libertà fondamentali, la fissazione di limite d'età – oltere che essere di sospetta constituzionalità – rappresenta gli stessi inconvenienti additati a proposito della distinzione tra capacità giuridica e capacità d'agire in ordine alle situazione esistenziali. Se invece il criterio della compatibilità, di cui alla norma in oggetto, intende ancorarsi alla capacità di discernimento del minore, è evidente che

Observe-se que a própria legislação prevê o suprimento judicial da autorização paterna/materna para a celebração do casamento do adolescente com mais de 16 anos (art. 1.519, CC). Não cabe aos pais, a imposição incondicionada de sua vontade no exercício da autoridade parental.

A vida familiar não implica a perda da subjetividade; do contrário, importa na promoção da pessoa. Solidariedade, alteridade e individualidade são as três palavras que melhor devem representar as relações familiares. Para além da vida privada familiar, na qual se vislumbram a solidariedade e alteridade, existe também uma vida privada individual. Para além do grupo familiar, existe uma identidade individual, pois a vida em família não legitima qualquer jugo. Perlingieri (2002, p. 149) adverte que tanto "na solidariedade e no sacrifício pessoal como nos atos de amor, quando carentes do significado de reciprocidade, podem se esconder os perigos da sujeição e da submissão integral até a total anulação da vontade e da personalidade dos sujeitos".

É na esfera privada que a singularidade de cada indivíduo é percebida e desenvolvida,[23] sobrelevando-se a diferença como um direito autônomo de personalidade. Apesar da comunhão plena entre o casal unido pelo matrimônio ou pela convivência factual juridicizada, há duas subjetividades em ação; a despeito do poder familiar que se exerce sobre os filhos, as relações paterno-filiais não lhes subtraem a subjetividade.

---

muta la prospesttiva e il giudizio – a mio avviso – non può che essere positivo. L'ambiguità del termine adoperato si scioglie nel senso che il godimento effettivo dei diritti e delle libertà costituzionali è legato alla raggiunta capacità di discernimento del minore, derivante a sua volta dalla valutazione casistica della situazione globale dello stesso minore in relazione al singolo atto, alla singola scelta esistenziale". (2007, p. 167).

23. Na análise de Celso Lafer, "Hanna Arendt, que passou pela dura experiência de privação de cidadania, soube avaliar a importância da intimidade, por isso mesmo, entendeu a importância de sua tutela para a dignidade humana, que também exige, além da luz da esfera pública, a proteção das sombras que permitem a transparência dos sentimentos da vida íntima. Foi por essa razão que, no seu polêmico artigo "Reflections on Little Rock", propôs um princípio para a vida íntima, distinto dos princípios que regem a esfera privada e a esfera do social. Conforme já foi visto, para ela o princípio da esfera pública é a igualdade. A igualdade não é um dado; é um construído. É um princípio que iguala as pessoas que, pela sua natureza e origem, são diferentes. O princípio da esfera privada é a diferença e a diferenciação, que assinala a especificidade única de cada indivíduo. O social, cuja emergência ela analisou em The human Condition, é uma esfera híbrida, que escapa à clássica distinção entre público e privado, e na qual, desde a Idade Moderna, as pessoas passam a maior parte de seu tempo. Nesta esfera, que se caracteriza pela variedade, ingressamos devido à necessidade de ganhar a vida, seguir uma vocação, associarmo-nos a pessoas com as quais temos negócios ou interesses em comum. Nela prevalece o princípio da diferenciação, apesar dos riscos do conformismo social que busca elidir a heterogeneidade. É justamente para assegurar ao indivíduo a sua identidade diante dos riscos de nivelamento do social que no mundo contemporâneo se tornou necessário abrir um espaço para a esfera da intimidade. O princípio desta esfera não é nem o da igualdade, nem o da diferenciação, mas o da *exclusividade*. Aqui escolhemos aqueles com os quais desejamos passar nossas vidas, amigos pessoais e aqueles que amamos; e a nossa escolha é guiada não por semelhanças ou qualidades compartilhadas por um grupo de pessoas – ela não é guiada por nenhum padrão objetivo ou normas, mas, inexplicável e infalivelmente, afetada pelo impacto de uma pessoa em sua singularidade, sua diferença em relação a todas as pessoas que conhecemos". (1988, p. 268).

4. A VIDA PRIVADA EM FAMÍLIA E A VIDA PRIVADA INDIVIDUAL NA FAMÍLIA

O processo de desinstitucionalização ou privatização da família permitiu não apenas a conquista do direito à vida privada familiar em oposição à esfera pública, mas também favoreceu o direito à vida privada individual (PROST, 1992, p. 61). Importa explicar que a *vida privada familiar* diz respeito à vida relacional entre aqueles que compõem a unidade familiar (pais e filhos, cônjuges ou companheiros, parentes mais próximos), na qual há um feixe de interesses e valores compartilhados, motivando decisões e projetos comuns, pertinentes à administração da família, ao planejamento familiar, à educação dos filhos e à rotina doméstica. Corresponde a um espaço de convivência, protegido contra as ingerências externas arbitrárias, no qual as relações particulares produzem efeitos pessoais, sociais, culturais e jurídicos que se conjugam para promover o cuidado e o desenvolvimento da pessoa (CARLUCCI, 2010, p. 33).

A vida privada familiar nasce em correlação com a ideia de privacidade, associada aos muros que cercam o lar, em oposição à vida pública[24] e, modernamente, expande-se para proteger o interesse pertinente à família fora dos limites físicos da casa. Constitui um direito fundamental que demanda prestações positivas e negativas do Estado e de particulares (SZANIAWSKI, 1993, p. 125), a fim de se garantir a não intervenção nos assuntos internos à família,[25] salvo para assegurar, no caso concreto, a primazia de determinado interesse, como o dos sujeitos vulneráveis, para o fim de combater a violência doméstica contra a mulher,[26] contra a criança, o adolescente ou a pessoa idosa, por exemplo.

Além das fronteiras da vida privada familiar, também existe a intimidade ou a vida privada individual como um outro interesse legítimo. A Declaração dos Direitos Humanos da Organização das Nações Unidas reconhece a vida privada como um direito do homem, no art. 12º. O art. 8º. da Convenção para a Proteção dos Direitos do Homem e das Liberdades Fundamentais também dispõe sobre a vida privada e intimidade como direitos individuais. Apesar de adotar uma redação mais pulve-

---

24. Nos EUA, o século XIX já permitia a privacidade, especialmente para a classe burguesa (RODOTÀ, 2008, p. 27). Na França, o século XX permitiria a privacidade para além da classe burguesa, com o franco investimento público na construção de conjuntos habitacionais, onde as casas continham pelo menos, uma sala, cozinha, banheiro e dois quartos (PROST, 1992, p. 62). A vida privada vai se expandindo na medida em que as condições materiais favorecem a privacidade. Do mesmo modo, se tais condições são degradadas, menores serão as chances de gozar essa privacidade – vejam-se as modestas habitações da periferia, das favelas ou mesmo a situação daqueles que vivem nas ruas.
25. REsp 1183378/RS, rel. Min. Luis Felipe Salomão, Quarta Turma, julgado em 25 out. 2011, DJe 01 fev. 2012. Disponível em: https://ww2.stj.jus.br/revistaeletronica/ita.asp?registro=201000366638&dt_publicacao=01/02/2012>. Acesso em 28 jun. 2012.
26. Lei 11.340/2006: "Art. 5º Para os efeitos desta Lei, configura violência doméstica e familiar contra a mulher qualquer ação ou omissão baseada no gênero que lhe cause morte, lesão, sofrimento físico, sexual ou psicológico e dano moral ou patrimonial:
    I – no âmbito da unidade doméstica, compreendida como o espaço de convívio permanente de pessoas, com ou sem vínculo familiar, inclusive as esporadicamente agregadas;
    II – no âmbito da família, compreendida como a comunidade formada por indivíduos que são ou se consideram aparentados, unidos por laços naturais, por afinidade ou por vontade expressa;"

rizada sobre o tema, o Pacto de San José da Costa Rica garante a proteção da vida privada nos artigos 11.2, 11.3, 17 e 19. Pelo disposto no art. 11.2 e 11.3, "Ninguém pode ser objeto de ingerências arbitrárias ou abusivas em sua vida privada, em sua família, em seu domicílio ou em sua correspondência, nem de ofensas ilegais à sua honra ou reputação. Toda pessoa tem direito à proteção da lei contra tais ingerências ou tais ofensas".

Conceitos como vida privada, privacidade, intimidade, direito de estar só e direito a preservar o segredo, podem ser explicados de modo variado pela doutrina,[27] sendo difícil apresentar uma definição *âncora* (DONEDA, 2009). A expansão do conceito "privacidade" tem albergado desde a inviolabilidade do ambiente doméstico, perpassando a proteção ao segredo e à intimidade, para também alcançar a disciplina dos dados pessoais e a autodeterminação informativa.

Nos círculos relacionais mais íntimos, a proteção da intimidade pode se realizar pelo direito ao resguardo e pelo direito ao segredo (CUPIS, 2009, p. 139-140). O resguardo garante que a pessoa tenha respeitado o seu modo de ser, enquanto o direito ao segredo visa reprimir a divulgação de informações por aqueles que delas tomaram conhecimento licitamente, em virtude da relação profissional ou afetiva que têm com o titular. Cada um dos membros da família tem o direito a que os fatos e comportamentos de natureza existencial, relativos a ele, não sejam divulgados pelos demais (PERLINGIERI, 2002, p. 183).

Fora dos domínios da família, a privacidade também se expande para garantir a proteção dos dados pessoais em face das inúmeras possibilidades de violação permitidas pela ciência e pela tecnologia contemporânea. Para Rodotà (2008, p. 92), "pode-se definir a esfera privada como aquele conjunto de ações, comportamentos, opiniões, preferências, informações pessoais, sobre os quais o interessado pretende manter um controle exclusivo." Deve ser compreendida como "a tutela das escolhas de vida contra toda forma de controle público e de estigmatização social". É com esta amplitude que se entende a proteção constitucional à vida privada e à intimidade, prevista na Constituição Brasileira (art. 5º, X), especialmente se a sua leitura se faz pela lente da dignidade da pessoa humana.

4.1 A vida privada e intimidade do cônjuge/companheiro

A comunhão plena de vida entre os cônjuges/companheiro durante o casamento ou a união estável não invalida a personalidade de nenhum deles, a despeito das restrições que a união pode impor à liberdade. Pode-se dizer que, nos termos do art. 1566, V, do Código Civil, o dever de respeito e consideração mútuos inclui o zelo pela intimidade. A falta para com esses deveres pode resultar em injúria grave (art. 1572, CC) – a falha na respeitabilidade e a ofensa à honra e à dignidade

---

27. Paulo José da Costa Junior (2007); Ilton Norberto Robl Filho (2010); Danilo Doneda (2006) e Silvana Maria Carbonera (2008).

do outro cônjuge. Na explicação de Cahali (2012, p. 343 e 344), aqueles atos ou palavras desprovidas de delicadeza e respeito aos direitos do outro, ofensivos à fé conjugal, figuram injúrias reais que fragilizam o vínculo matrimonial. Em suma, "tudo quanto ofende à dignidade, à respeitabilidade dos cônjuges, ou tudo quanto constitui falta grave aos deveres especiais dos cônjuges, deve ser considerado injúria grave".

A invasão da esfera privada do outro pela intrusão desautorizada em sua esfera subjetiva, como no exemplo da violação de correspondência, das mensagens eletrônicas recebidas por meio do celular ou *emails* ou a investigação da vida privada do outro pode constituir em descumprimento do dever de respeito e consideração. A Lei 12.737/2012 tipifica como crime a invasão de dispositivo informático, inclusive pelo cônjuge ou companheiro. De igual modo, a divulgação desautorizada de fatos, dados ou notícias particulares do outro também constituirá ofensa à sua intimidade e, por via de consequência, falta com o dever de respeito.

Previsão da Lei Maria da Penha reitera o direito que tem a mulher de viver sem violência, preservada a sua saúde física e mental e seu aperfeiçoamento moral, intelectual e social. Reitera que "serão asseguradas às mulheres as condições para o exercício efetivo dos direitos à vida, à segurança, à saúde, à alimentação, à educação, à cultura, à moradia, ao acesso à justiça, ao esporte, ao lazer, ao trabalho, à cidadania, à liberdade, à dignidade, ao respeito e à convivência familiar e comunitária", atribuindo ao poder público, à família e à sociedade criar as condições necessárias para o seu exercício (art. 3º, caput e § 2º).

Dada a importância desta lei para o quadro social do país, a sua aplicação tem sido estendida às mulheres trans. Decisão do Supremo Tribunal Federal em sede de habeas corpus dispôs ser "inviável o afastamento da Lei Maria da Penha se há indícios de que o suposto delito foi praticado por motivação de gênero, em decorrência de relacionamento amoroso havido anteriormente entre a vítima e o acusado" (Medida Cautelar no Habeas Corpus no. 204.124 – DF).

4.2 A vida privada e a intimidade do filho criança/adolescente

Os filhos que estão sob a autoridade parental também possuem o direito à intimidade e à vida privada.[28] A Convenção sobre os Direitos da Criança diz no art. 16 que "1 – Nenhuma criança será objeto de interferências arbitrárias ou ilegais em sua vida particular, sua família, seu domicílio, ou sua correspondência, nem de atentados ilegais a sua honra e a sua reputação. 2 – A criança tem direito à proteção da lei contra essas interferência ou atentados."

---

28. Sobre esse tema, ver também o artigo titulado *O direito dos filhos à privacidade e sua oponibilidade à autoridade parental*, elaborado por Elisa Costa Cruz. Disponível em: http://arpen-sp.jusbrasil.com.br/noticias/3019663/artigo-o-direito-dos-filhos-a-privacidade-e-sua-oponibilidade-a-autoridade-parental-por-elisa-costa-cruz. Acesso em: 01 jun. 2012.

O ECA[29] reafirma que as crianças e os adolescentes também são titulares dos direitos destinados à pessoa humana, dentre os quais, a vida privada familiar e a vida privada individual ou a intimidade. Entre os artigos 15 e 18, o ECA trata especificamente sobre a proteção da dignidade, sobre o respeito e a liberdade da criança.

O delineamento jurídico da família democrática inadmite qualquer configuração autoritária, embora não afaste o dever de obediência dos filhos em relação aos pais (AUTORINO, 2007, p. 187). Assim, ainda é possível aos pais, em nome do cuidado conjugado à promoção do desenvolvimento, se imiscuir na vida privada dos filhos, se assim for necessário. No entanto, essa intromissão somente será legítima se tiver fundamento na promoção do seu desenvolvimento e no cuidado, conforme a doutrina da proteção integral (VENCELAU; ABÍLIO, 2012, p. 339). A autoridade dos pais é, como reiterado, um múnus privado que transcende o interesse pessoal, a mera vontade de mandar ou sujeitar os filhos

> A função delineada pela ordem jurídica para a autoridade parental, que justifica o espectro de poderes conferidos aos pais – muitas vezes em detrimento da isonomia na relação com os filhos, e em sacrifício da privacidade e das liberdades individuais dos filhos – *só merece tutela se exercida como um múnus privado, um complexo de direitos e deveres visando ao melhor interesse dos filhos, sua emancipação como pessoa, na perspectiva da sua futura independência.* (TEPEDINO, 2004, p. 41).

À medida em que o filho amadurece e conquista maior capacidade decisional, a heteronomia parental deve, paulatinamente, se retrair.[30] Na observação de Gabriella Autorino (2007), a autoridade parental deve ser mais incisiva nos primeiros anos e mais flexível à medida que o sujeito for alcançando a maturidade, momento em que se intensifica a promoção de sua autonomia. No primeiro momento, intensifica-se o poder para melhor cuidar; na adolescência, amplia-se o diálogo para a construção de soluções compartilhadas, visando mais o emancipar do que o cercear. Nada impede, por outro lado, que os pais usem da persuasão para convencer o filho a aceitar a sua orientação, justificando-a como a mais apta à promoção de seu bem-estar. Desagradável e inútil seria a resposta incisiva, o argumento de autoridade: o "Porque sim!" ou o "Porque não!" Afinal, respeitar a dignidade da pessoa é considerar suas queixas, suas aflições, seus questionamentos, suas insatisfações, suas aspirações, seus desejos – é considerar que o outro é também sujeito e, assim, favorecer o diálogo como instrumento de apaziguamento e mediação. Durante o processo protetivo/emancipatório, os pais estão sujeitos às disposições do Estatuto da Criança e do Adolescente,

---

29. Estatuto da Criança e do Adolescente – Lei 8.069/1990, Art. 3º A criança e o adolescente gozam de todos os direitos fundamentais inerentes à pessoa humana, sem prejuízo da proteção integral de que trata esta Lei, assegurando-se-lhes, por lei ou por outros meios, todas as oportunidades e facilidades, a fim de lhes facultar o desenvolvimento físico, mental, moral, espiritual e social, em condições de liberdade e de dignidade.
30. Com o novo tônus que a família assume, torna-se indispensável que "a relação parental seja examinada em seu perfil dinâmico, no âmbito do processo educacional de modo a que os filhos possam, aos poucos, libertar-se da vulnerabilidade inerente ao natural déficit de maturidade que lhes é característico, decrescendo-se, progressivamente, em consequência, o grau de intervenção dos pais sobre seu discernimento e sua vontade, supridos, em intensidade variada, durante a incapacidade" (TEPEDINO, 2009, p. 203).

inclusive, para respeitar o direito que tem os filhos de brincar, se divertir, escolher o esporte que pretendem praticar, exercer a liberdade de crença e culto e a liberdade de expressão (art. 16).

A tensão entre a autoridade parental e a autonomia do filho é mais delicada no plano das questões existenciais. A sujeição da criança/adolescente à autoridade paterna/materna egoísta e desarrazoada, no trato dessas questões, pode implicar violação ao princípio da dignidade e prejudicar o desenvolvimento da personalidade (RUSCELLO, 2000, p. 69). Vejam-se, o exemplo das questões pertinentes à consciente escolha da crença e culto, à manifestação da opinião e expressão, o exercício da sexualidade, dentre outras.

É bem certo que nessa seara, a principal dificuldade começa na aferição da capacidade mental ou decisional[31] da criança/adolescente. O critério etário utilizado pela lei não é suficiente, pois a depender da personalidade da criança e/ou do adolescente, a capacidade de decidir pode tardar ou vir precocemente. De toda sorte, para essa avaliação, será indispensável reconhecer o filho como como um interlocutor ativo, ouvindo-o para intentar construir uma decisão ou uma escolha compatível com o seu interesse.

Dito isso e, citando questões práticas comuns aos dias atuais, os pais são livres para expor a imagem da criança nas redes sociais? Doutrina e jurisprudência têm lançado luzes sobre o chamado *(over)sharenting*, ou seja, a superexposição da imagem da criança nas redes sociais (MEDON, 2021, p. 351). Do inglês, *sharenting* resulta a junção do vocábulo *share* (compartilhar) com *parenting* (paternidade) e importa o hábito de compartilhamento da rotina da criança por meio de fotos e vídeos postados nas redes sociais. Em alguns casos, dado o excesso de compartilhamentos, dá-se o *(over)sharenting*. Essa prática pode estar associada a fins comerciais ou não comerciais. No primeiro caso, o *sharenting comercial* é ilustrado no caso de alguns *influencers* digitais mirins, com perfis próprios no *Instagram* e em canais no *Youtube* que funcionam como chamariz para contratos comerciais relevantes. Já no *sharenting não comercial*, a exposição reflete apenas a forma como a pessoa aborda sua intimidade e a da sua família nas redes sociais.

O vídeo com mensagem de esperança para o ano de 2022, veiculado pelo Banco Itaú, trazia um diálogo entre Fernanda Montenegro e a pequena Alice, um bebê de aproximadamente dois anos que se notabilizou na *internet* por repetir palavras difíceis ditas pela mãe. Foi o vídeo que acumulou o maior número de visualização no canal oficial do banco no Youtube. A criança protagoniza outros comerciais como o da escola de línguas *Fisk*.

Após o sucesso com o vídeo do Banco Itaú, a genitora da criança pode observar um dos efeitos negativos da superexposição – uma enxurrada de *memes* com a

---
31. Segundo Maria Celina Bodin de Moraes, "discernimento, ou capacidade de compreensão e análise, provém de uma característica da condição humana, se não a mais importante a que melhor define a nossa espécie: a racionalidade" (2010, p. 192).

imagem da criança. Pode trazer prejuízos sensíveis ao desenvolvimento da pessoa e, em virtude de sua proliferação difusa, pouco se pode fazer para evitar. Nem sempre se pode identificar o responsável, tampouco se pode impor às redes sociais a sua exclusão administrativa, providência que somente se autoriza nos casos de pornografia de vingança (art. 21 da Lei 12.965/2014). Quanto ao uso não autorizado da imagem para fins comerciais, haverá medidas judiciais adequadas para a tutela dos interesses em jogo.

Apreciando uma situação de *sharenting* não comercial, o Tribunal de Justiça de São Paulo advertiu para a necessidade de balizamento entre a liberdade de expressão da mãe e a proteção da imagem e privacidade do filho menor, embora não haja acolhido a pretensão do genitor que se insurgiu contra a exposição da criança pelas postagens maternas excessivas, informando, inclusive, o diagnóstico do infante no espectro autista.[32]

Relativamente à criança ou ao adolescente que se interessa pelos entretenimentos da *web*, os pais poderão e deverão disciplinar o uso do computador/celular, estabelecendo os horários adequados, o local de instalação/uso do equipamento e o bloqueio de certos sítios eletrônicos, com a explicação devida, se solicitada. O acesso aos *e-mails* pessoais dos filhos, porém, poderá se assemelhar à violação de correspondências pessoais, salvo quanto às crianças menores que merecem um cuidado maior. Os pais podem, mediante prévio diálogo, abrir as contas eletrônicas de seus filhos menores, mais suscetíveis aos abusos de terceiros e aceder às informações ali consignadas. Por óbvio, não podem fazer uso dessas informações para atingir ou violentar a sua personalidade, porque a motivação para a intrusão deve ser legítima e adequada ao fim precípuo da autoridade parental, que é o de zelar pelo melhor interesse do filho.

Tocante à participação em redes sociais, é bom lembrar a restrição etária. Se as crianças com idade inferior à exigida conseguirem registrar uma conta/perfil é porque falsearam ou omitiram a informação, com ou sem a ciência dos pais. Nessa circunstância, o cuidado deve ser redobrado e afinado com o grau de desenvolvimento da criança/adolescente, pois é do senso comum que essas redes permitem grande exposição às investidas de terceiros.

Em se tratando de um filho adolescente, a questão muda um pouco. Eventual intrusão no *e-mail* pessoal da criança para evitar assédio de adultos mal-intencionados será diferente da intrusão para controlar os relacionamentos afetivos próprios

---

32. Ilegitimidade de parte. Provedor de conteúdo. Facebook. Postagem em rede social. Conforme o marco civil da internet, o provedor de aplicação não é responsável pelo conteúdo gerado por terceiros, somente respondendo civilmente quando, após ordem judicial, deixar de remover o conteúdo. Ilegitimidade reconhecida. Recurso desprovido. Direito de imagem. Postagem, pela mãe, em rede social, acerca da doença de seu filho (autismo). Contrariedade do pai. Não cabimento. Embora se deva evitar a superexposição dos filhos em redes sociais, privilegiando a proteção à imagem e à intimidade do incapaz, necessário balizar tais direitos fundamentais com a liberdade de expressão da genitora. Postagem que não ofende ou desmoraliza o infante. Teor do texto publicado que demonstra preocupação e afeto com o menor. Sentença mantida. Recurso desprovido. (TJ-SP – AC: 10150890320198260577 SP 1015089-03.2019.8.26.0577, rel. Vito Guglielmi, Data de Julgamento: 13 jul. 2020, 6ª Câmara de Direito Privado, Data de Publicação: 13 jul. 2020).

da adolescência. É comum aos dias atuais que o adolescente use as mensagens eletrônicas como forma de comunicação, e a sua intimidade nesta seara deve ser respeitada. A doutrina já admite que o dano decorrente da violação da intimidade pelos pais é suscetível de reparação.[33] Contudo, não se poderá tratar como uma intrusão desarrazoada aquela conduta invasiva do pai ou da mãe que tem a forte suspeita do envolvimento do filho adolescente com drogas ou outros ilícitos. Ainda nesta fase da vida do filho remanesce o dever de cuidado pelos pais. Mas a questão não é de fácil solução, embora a mediação pareça uma alternativa bem razoável, não se afastando a necessária ponderação entre o dever de cuidado (que implica até certos cerceamentos) e o dever de promoção da emancipação.

A título de exemplo, cita-se um caso que ocorreu no estado do Arkansas, E.U.A., em 2010.[34] Trata-se de um adolescente de 16 anos que processou a própria mãe pelo fato de esta haver acessado as informações de sua conta pessoal numa rede social, na ocasião em que ele a esqueceu aberta no computador que havia na casa de sua genitora. Os dados informam que o adolescente morava com a avó e que estava em visita à casa da mãe, na ocasião acometida por problemas de saúde psíquica. Ocorre que, além de acessar a conta, a mãe leu as mensagens ali achadas e também postou vários comentários negativos em nome do próprio rapaz. Quando o filho descobriu o fato, ingressou com uma ação contra a mãe na Corte do Arkansas, demandando que ela não pudesse se aproximar dele em razão do assédio que havia sofrido por sua conduta intrusiva. A mãe, por seu turno, ante a repercussão do fato, tornou a postar naquela rede social, ainda em nome do filho, com o uso de linguagem vulgar e de expressões ofensivas. Julgada a ação, foi condenada a pagar uma multa de U$ 435,00 e a manter regular distância do rapaz. Também foi contristada a participar de dois cursos sobre o bom exercício da parentalidade e o controle das emoções. O juiz determinou ainda que se a condenada concluísse os cursos em um ano, poderia receber permissão para novamente ver o filho. E, se não cumprisse as determinações naquele mesmo prazo, seria presa por 30 dias.

O caso traz um claro exemplo de intrusão desarrazoada na intimidade do filho por sua completa incompatibilidade aos deveres de proteção e cuidado. Pior que isso, a mãe falsificou a realidade ao emitir mensagens falsas em nome do filho, expondo-o ao vexame e constrangimento, em flagrante desrespeito a sua pessoa. A intrusão que, por si, já era ilegítima, ante a fase vital do adolescente, foi seguida de uma conduta desprovida de qualquer conteúdo educativo ou corretivo. O único objetivo era o constrangimento do filho.

---

33. Valeria Corriero diz que "In questa prospettiva si è giunti a sostenere che il comportamento di un genitore che violi diritto alla reservatezza del minore possa non soltanto comportare un provvedimento di limitazione o decadenza dalla potestà genitoriale (ex art. 330 ss. c.c.) nei casi piú gravi, ma anche una tutela risarcitoria per I danni subiti dal figlio." (CORRIERO, 2000, p. 999-1000).
34. 16 year old sues mom for Facebook harassment. Disponível em: http://www.inquisitr.com/69180/16-year--old-sues-mom-for-facebook-harassment/#x2hMhGTRCzZgSiUO.99. Acesso em: 02 jul. 2012.

Outro momento importante que toca à vida privada dos filhos é o direito de estar só. À medida que surge a necessidade de autorreflexão, a solitude passa a ser uma necessidade da criança ou do adolescente. Por que não deveria ser respeitada? Nas famílias atuais, muitos filhos têm seus espaços próprios na casa, mas nem sempre podem ficar com portas fechadas sem que os pais reclamem contra isso. Não se defende que uma criança, ainda exposta à curiosidade perigosa, feche a porta de seu quarto com chave. Mas, um adolescente que já não se exporá aos perigos do choque elétrico ou de uma queda teria esse direito. Qual motivo razoável justificaria o impedimento? Volta-se ao binômio que baliza a autoridade parental: *cuidado e emancipação*. Seria o momento de proteger ou de emancipar? É certo que aos filhos dessa geração também falta o exercício da convivência familiar!

Quanto à questão existencial pertinente ao corpo: os pais têm o dever de promover a saúde e a integridade fisiopsíquica dos filhos, ao tempo em que também são incumbidos de zelar por seus corpos. Muitos são os problemas circundantes ao corpo infanto-juvenil e autoridade parental. O mais simples pode ser apontado como a proibição do castigo físico pela chamada Lei da Palmada (Lei 13.010/14) que acrescentou os arts. 18-A, 18-B e 70-A ao ECA. E, pode-se apontar como o mais complexo, a abordagem da identidade de gênero e eventual demanda por hormonioterapia na fase púbere. A considerar a identidade de gênero como aspecto da personalidade, caberá aos pais lidar adequadamente com a questão, antes de encerrar uma posição dogmática firmada apenas na binariedade de gênero (LINS, 2017).

Em atenção à doutrina do menor maduro, a Sociedade Brasileira de Pediatria recomenda ao profissional, o dever de sigilo médico previsto no art. 103, do Código de Ética Médica, para garantir o direito à privacidade do adolescente durante a consulta. A confidencialidade, distingue-se da privacidade, na medida em que constitui um acordo entre o profissional e o paciente, para identificar e estabelecer quais sejam as informações que não serão repassadas aos pais/responsáveis sem a permissão expressa do adolescente. Situações de risco, doenças graves, violência, uso exacerbados de drogas lícitas e ilícitas não estarão sob o pálio do sigilo.[35] Assim é que admite-se a prescrição de anticoncepcionais, inclusive, de emergência, aos adolescentes sem a ciência dos pais, os termos do art. 74, do Código de Ética Médica.

A regra geral do Código Civil, para adultos, crianças e adolescentes, é a vedação dos atos de disposição sobre o próprio corpo, salvo por exigência médica. Mas o dispositivo gera conflitos interpretativos e cede aos direitos de personalidade, em muitos casos.

No Brasil, muitas crianças e adolescentes são submetidas a procedimentos estéticos mediante prévio consentimento dos pais, em afronta ao dispositivo, porque a despeito da vênia médica, nem sempre a intervenção se faz por motivos de saúde e

---

35. SOCIEDADE BRASILEIRA DE PEDIATRIA. Consulta do adolescente: abordagem clínica, orientações éticas e legais como instrumentos ao pediatra. Disponível em: https://www.sbp.com.br/fileadmin/user_upload/21512c-MO_-_ConsultaAdolescente_-_abordClinica_orientEticas.pdf. Acesso em: 01 nov. 2021.

poderiam ser adiados para após a maioridade. Em 2016, o país assumiu a liderança mundial no ranking cirurgias plásticas em jovens, segundo dados da Sociedade Brasileira de Cirurgia Plástica (SBCP). Cerca de 1,5 milhão de procedimentos estéticos foram realizados e, deste quantitativo, 97 mil (6,6%) foram realizados em pessoas com até 18 anos de idade. Pesquisa mais recente mostrou discreto aumento no ano de 2018.[36]

A tatuagem tem sido uma prática comum e alguns estados da federação vedam o acesso a crianças e adolescentes mesmo com a autorização dos pais, alegando um controle na saúde pública. No Rio de Janeiro, a Lei 4.388/2006, art. 10 proíbe a aplicação de tatuagem e *piercing* em menores de idade, por exemplo. No Congresso Nacional, tramita o Projeto de Lei 4.198, de 2012, visando a proibir a sua prática entre crianças e adolescentes, com parecer contrário da Comissão de Direitos Humanos e Cidadania.

A Lei de Transplantes (Lei 9.434/97) também limita a autoridade dos pais nas decisões sobre o corpo do filho. Vedam-se todas as doações de órgãos e, tocante à doação de medula óssea, a lei exige a autorização judicial somada ao consentimento dos genitores. Não se coteja a vontade do adolescente maduro desejoso por realizar a doação em benefício de um irmão unilateral, por exemplo.

Quanto à recusa ao tratamento médico em face do risco de morte, poderiam os pais ou responsáveis se sobrepor à vontade do filho? Os princípios da bioética orientam aos profissionais atuantes na área da saúde a solicitar o consentimento livre e informado dos responsáveis e daquele que mantiver o entendimento necessário.[37] No entanto, a prática demonstra o apego dos profissionais pela autorização dos responsáveis pelo "incapaz", sem muita atenção ao seu "assentimento". De toda sorte, percebe-se que a bioética e, consequentemente, o biodireito (BARBOZA, 2001, p. 3), tem deixado entrever a necessidade de maior reflexão sobre o regime jurídico da capacidade jurídica para o reconhecimento da capacidade de agir de fato, em consideração ao discernimento alcançado pela pessoa (RUSCELLO, 2000, p. 69).

Outro tema delicado pertinente à vida privada do filho, diz respeito à sua liberdade de crença e culto. A partir de que idade a pessoa poderá escolher sua própria religião? Conquanto a crença e culto seja um dos aspectos da criação e educação dirigida pelos pais, estes não poderão constranger o filho a seguir a sua fé, em detrimento dos seus direitos fundamentais, notadamente, a saúde, como no exemplo da vedação à transfusão de sangue por testemunhas de Jeová.[38] A crença e culto são

---

36. SOCIEDADE BRASILEIRA DE CIRURGIA PLÁSTICA. Censo 2018. Disponível em: http://www2.cirurgiaplastica.org.br/wp-content/uploads/2019/08/Apresentac%CC%A7a%CC%83o-Censo-2018_V3.pdf. Acesso em: 1º nov. 2021.
37. Stancioli faz menção ao *leading* case Gillick vs. West Nortfolk and Wisbech Area Health Authority, de 1985, do Reino Unido quando já foi considerado legalmente válido o consentimento para terapia médica de menor de 16 anos. (1999, p. 37-42).
38. Processo penal. Habeas corpus. Homicídio. (1) impetração como sucedâneo recursal, apresentada depois da interposição de todos os recursos cabíveis. Impropriedade da via eleita. (2) questões diversas daquelas já

questões existenciais que devem tocar à pessoa do filho, tão logo venha a alcançar maturidade suficiente para tanto. A opção por uma crença/culto que ponha em risco ou em perigo a saúde, poderá, contudo, autorizar os pais à tomada de providências que implique a adoção das cautelas específicas. Em 2015, três jovens britânicas entre 15 e 15 anos fugiram de casa para a Síria, após se converterem ao Estado Islâmico, com a pretensão de se tornarem "noivas jihadistas".[39] A se considerarem os boatos de recrutamento de jovens ocidentais por esse grupo mais extremado do Islã, poderiam os pais intervir a bem do melhor interesse dos filhos, em especial, a sua segurança, formação educacional e sustento, em sua companhia.

A sexualidade é outra questão relevante que acompanha o desenvolvimento da personalidade e não pode ser desconsiderada na tarefa de educar. Muitas vezes, a sexualidade é considerada um tabu e sequer é pauta das conversas domésticas. Mas, mesmo assim, é objeto da disciplina social, ainda que predominantemente regida por normas morais e religiosas do que por normas jurídicas. Movimento político recente, questionou a inclusão da matéria no currículo escolar, alegando que o tema seria de exclusiva ascendência doméstica.

---

assentadas em ARESP e RHC por esta corte. Patente ilegalidade. Reconhecimento. (3) liberdade religiosa. Âmbito de exercício. Bioética e biodireito: princípio da autonomia. Relevância do consentimento atinente à situação de risco de vida de adolescente. Dever médico de intervenção. Atipicidade da conduta. Reconhecimento. Ordem concedida de ofício. 1. É imperiosa a necessidade de racionalização do emprego do habeas corpus, em prestígio ao âmbito de cognição da garantia constitucional, e, em louvor à lógica do sistema recursal. In casu, foi impetrada indevidamente a ordem depois de interpostos todos os recursos cabíveis, no âmbito infraconstitucional, contra a pronúncia, após ter sido aqui decidido o AResp interposto na mesma causa. Impetração com feições de sucedâneo recursal inominado. 2. Não há ofensa ao quanto assentado por esta Corte, quando da apreciação de agravo em recurso especial e em recurso em habeas corpus, na medida em que são trazidos a debate aspectos distintos dos que outrora cuidados. 3. Na espécie, como já assinalado nos votos vencidos, proferidos na origem, em sede de recurso em sentido estrito e embargos infringentes, tem-se como decisivo, para o desate da responsabilização criminal, a aferição do relevo do consentimento dos pacientes para o advento do resultado tido como delitivo. *Em verdade, como inexistem direitos absolutos em nossa ordem constitucional, de igual forma a liberdade religiosa também se sujeita ao concerto axiológico, acomodando-se diante das demais condicionantes valorativas. Desta maneira, no caso em foco, ter-se-ia que aquilatar, a fim de bem se equacionar a expressão penal da conduta dos envolvidos, em que medida teria impacto a manifestação de vontade, religiosamente inspirada, dos pacientes. No juízo de ponderação, o peso dos bens jurídicos, de um lado, a vida e o superior interesse do adolescente, que ainda não teria discernimento suficiente (ao menos em termos legais) para deliberar sobre os rumos de seu tratamento médico, sobrepairam sobre, de outro lado, a convicção religiosa dos pais, que teriam se manifestado contrariamente à transfusão de sangue. Nesse panorama, tem-se como inócua a negativa de concordância para a providência terapêutica, agigantando-se, ademais, a omissão do hospital, que, entendendo que seria imperiosa a intervenção, deveria, independentemente de qualquer posição dos pais, ter avançado pelo tratamento que entendiam ser o imprescindível para evitar a morte.* Portanto, não há falar em tipicidade da conduta dos pais que, tendo levado sua filha para o hospital, mostrando que com ela se preocupavam, por convicção religiosa, não ofereceram consentimento para transfusão de sangue – pois, tal manifestação era indiferente para os médicos, que, nesse cenário, tinham o dever de salvar a vida. Contudo, os médicos do hospital, crendo que se tratava de medida indispensável para se evitar a morte, não poderiam privar a adolescente de qualquer procedimento, mas, antes, a eles cumpria avançar no cumprimento de seu dever profissional. 4. Ordem não conhecida, expedido habeas corpus de ofício para, reconhecida a atipicidade do comportamento irrogado, extinguir a ação penal em razão da atipicidade do comportamento irrogado aos pacientes.(STJ – HC: 268459 SP 2013/0106116-5, rel. Min. Maria Thereza de Assis Moura, Data de Julgamento: 02 set. 2014, T6 – Sexta Turma, Data de Publicação: DJe 28 out. 2014).

39. Fuga de britânicas reacende polêmica sobre as 'noivas jihadistas'. Disponível em: https://www.bbc.com/portuguese/noticias/2015/02/150222_noivas_estado_islamico_fd. Acesso em: 11 nov. 2021.

Elemento integrante da personalidade, a da criança ou do adolescente, constitui matéria de natureza existencial que não está sujeita ao arbítrio absoluto dos pais. Caberá a estes dirigir a criação dos filhos, inclusive quanto a esta questão, limitando a sua ascendência ao superior interesse da criança e ao propósito de zelar pela integridade fisiopsíquica, dignidade, intimidade, liberdade e saúde. Primordial, contudo, será o investimento na ação educativa que, sem dúvida, auxiliará na prevenção de abusos.

A temática da sexualidade não se limita ao trato sobre a relação sexual. Da infância à adolescência, há assunto e abordagem diversificadas que seguem da descoberta do corpo à compreensão da pessoa do outro, perpassando gênero, informações sobre reprodução e contracepção, o marco inicial da vida sexual ativa, doenças sexualmente transmissíveis e a proteção contra o abuso, contra a violência e a exploração sexual. A lida com essas questões não pode desatender aos deveres de cuidado, mas também não pode ofender a intimidade e a dignidade da pessoa.

Em termos gerais, o foco da proteção jurídica é contra o abuso, a violência e a exploração sexual de crianças e adolescentes por membros da família ou por terceiros. Neste aspecto, tem-se as normas da Convenção sobre os Direitos da Criança[40] (art. 34) e o próprio Estatuto da Criança e do Adolescente (art. 101, § 2º. e art. 244). Seguindo a mesma motivação, tem-se a Lei 12.015/2009 que acrescentou o art. 217-A ao Código Penal Brasileiro, tipificando como estupro de vulnerável a relação sexual com menor de 14 anos, ainda que consentida.

O legislador presumiu que o menor de 14 anos ainda não alcançou o discernimento para decidir livremente sobre o início de sua vida sexual ativa. Com isso, adotou o critério da idade para demarcar a capacidade de discernir e agir. Em tese, isso justificaria ao poder familiar medidas mais cerceadoras para os filhos menores de quatorze anos, posto que admitidos como vulneráveis. De outro lado, o legislador estabeleceu que aos dezesseis anos os homens e as mulheres atingem a idade nupcial (art. 1517, Código Civil Brasileiro), presumindo, mais uma vez pelo critério etário, que a essa idade já se alcançou a maturidade sexual, intelectual e psíquica indispensável ao casamento.[41]

Pela leitura dos dispositivos, o legislador penal não reconhece ao menor de 14 anos a genuína autonomia para a prática das relações sexuais, enquanto o legislador civilista admite que já terá alcançado essa autonomia aos dezesseis anos, haja vista poder até mesmo casar-se. Embora o discernimento seja alcançado de modo pessoal e o critério etário não seja, de fato, determinante para todos, foi este o critério aplicado pelo legislador. Assim é de se perguntar como poderia o pai ou a mãe impedir o exercício da sexualidade àquele menor relativamente incapaz obstinado em iniciá-la?

---

40. Ratificada pelo Brasil por meio do Decreto 99.710, de 21 de novembro de 1990.
41. É bem certo que o mesmo artigo exige a autorização dos pais para que o casamento seja celebrado. Inobstante isso, o juiz poderá suprir essa autorização se os pais a negarem injustamente (art. 1.519, CCB), mostrando que a vontade deliberada dos pais não obstará o matrimônio, exceto se fundamentada em justo motivo. Independentemente da idade nupcial, o juízo poderá autorizar o casamento do menor no caso de gravidez (art. 1.520).

Ao que parece, a conduta paterno/materna deve ser pautada muito mais pela ação educativa do que pela repressão ou pelo constrangimento.

Em linhas gerais, eventual tensão entre poder familiar e o respeito à vida privada dos filhos terá de ser mediada pela composição entre o dever de cuidado e a promoção da emancipação, sempre buscando respeitar os princípios da dignidade da pessoa, da liberdade, da igualdade, do melhor interesse da criança.

5. CONCLUSÃO

Com o fim das principais guerras e suas terríveis consequências, muitas modificações se implementaram no campo do Direito, especialmente para afirmar a importância da pessoa como um valor central. O principal efeito foi a substituição da abstrata categoria *sujeito de direito* pela figura humana real, dotada de personalidade própria e subjetividade operante. Em face dessa subjetividade a proteger é que se expandem os direitos fundamentais e os direitos de personalidade – cujo foco primordial é a pessoa, independentemente de sua capacidade jurídica. Visa igualmente à tutela de adultos capazes, de crianças, adolescentes, indígenas, anciãos e amentais. Muitos desses direitos ressaltarão as situações subjetivas existenciais por uma disciplina normativa bem distinta daquela que perfectibiliza os direitos patrimoniais. Dão sustentação a uma norma aberta, nominada *cláusula geral de tutela*, que permite uma ampla proteção à pessoa, impactando os diversos campos do direito, em especial, o direito de família.

A proteção da família passa a se justificar no seu aspecto funcional de proteger e promover o desenvolvimento da pessoa. Perde sua natureza de guardiã dos bons costumes e da tradição para amparar, abrigar e fomentar a emancipação da pessoa como um sujeito livre e capaz de autodeterminação.

Nesse compasso, a formação da família resulta de um ato de vontade e se mantém pelos laços de solidariedade que se afirmam no afeto e na responsabilidade. As relações familiares são funcionalizadas pelo aspecto promocional que não se compraz com a negação da subjetividade e da identidade de cada partícipe. Entre os cônjuges e conviventes, a despeito da comunhão plena de vida, persistem a liberdade e o necessário respeito à singularidade um do outro. Não se permite a sujeição, o jugo.

A autoridade parental conjuga diversas posições jurídicas, como o poder, o dever, o ônus, o direito, a faculdade, o interesse legítimo, todos voltados para cuidar e promover o desenvolvimento do filho. Destaca-se, aqui, o reconhecimento da criança/adolescente como pessoa, dotada de personalidade, subjetividade e, por conseguinte, autonomia e intimidade.

A família atual, orientada pelos princípios democráticos, tem sua organização e funcionamento pautados no respeito à pessoa e aos seus direitos. A unidade da família não produz um ente superior, dotado de capacidade para aniquilar a individualidade de cada membro; do contrário, sustenta-se pelo diálogo, pela solidariedade e pelo respeito à individualidade. O dever de obediência dos filhos aos pais não faz deles pessoas menores, mas pessoas carentes de orientação e do cuidado. A autoridade parental, a seu turno, não justifica o senhorio da vontade imperiosa dos pais, mas legitima o exercício da educação para emancipação. À medida que os filhos adquirem o discernimento, pela instrução, pela educação, pela experiência, o cuidado cede ao dever de promover o desenvolvimento da pessoa. Sendo todo o processo motivado pelo respeito e conduzido pelo diálogo.

É assim que se reconhece a vida privada de cada indivíduo que compõe a família, por reconhecer que a sua inserção no grupo não lhe rouba a singularidade.

Infelizmente, porém, ainda se assiste a uma realidade contraditória. O cotidiano denuncia a discrepância entre o modelo civil-constitucional de família e a organização de muitos grupos familiares que se acham na realidade. Os jornais, as ruas e os tribunais ainda apresentam famílias adoecidas pela falta do respeito mútuo, de zelo ou, ainda pior, pelo abandono ou pela violência contra as crianças, mulheres e idosos. Contudo, é necessário reconhecer a força política desse modelo democrático, ainda que seja como um futuro a perseguir.[42] Mais que isso, os instrumentos jurídicos que delineiam a família democrática já estão postos, havendo como exigi-los. A força simbólica da família democrática e da autoridade parental funcionalizada será útil na mudança do *status quo*.

6. REFERÊNCIAS

AUTORINO, Gabriella. Situazioni esistenciali dei figli minori e potestà dei genitore. In: *Diritto civile e situazione esistenziali*. Gabriella Autorino e Pasquale Stanzione. Torino: G. Giappichelli Editore, 2007. p. 179-206.

BODIN DE MORAES, Maria Celina. *Danos à pessoa humana*. Uma leitura civil-constitucional dos danos morais. Rio de Janeiro: Renovar, 2003.

BODIN DE MORAES, Maria Celina. *Na medida da pessoa humana*: estudos de direito civil. Rio de Janeiro: Renovar, 2010.

BODIN DE MORAES, Maria Celina. A nova família, de novo – Estruturas e função das famílias contemporâneas. *Pensar*, Fortaleza, v. 18, n. 2, p. 587-628, maio-ago. 2013.

CAHALI, Yussef Said. *Separações conjugais e divórcio*. São Paulo: Revista dos Tribunais, 2012.

CARBONERA, Silvana Maria. *Reserva de intimidade*: uma possível tutela da dignidade no espaço relacional da conjugalidade. Rio de Janeiro: Renovar, 2008.

---

42. Nas linhas de Commaille "The family imagery as a space of Love for one´s fellow man, illimited generosity, solidarity, affective and material reciprocity, a meeting of souls, in other words as a space that has a potential for universality and sublimation of differences, thus serves to construct an image of politics that is always present, at least in the form of nostalgia: that of a bygone past, or a utopia, a future to attain". Tradução livre: As imagens da família como um espaço de amor ao próximo, generosidade ilimitada, solidariedade, reciprocidade afetiva e material, um encontro de almas, em outras palavras, como um espaço que tem um potencial de universalidade e sublimação das diferenças; desse modo, serve para construir uma imagem da política que está sempre presente, pelo menos sob a forma de nostalgia: a de um passado que se foi, ou uma utopia, um futuro para se atingir. (Family and democracy. In: *The family*: contemporary perspectives and challenges. Editado por Koen Matthijs. Bélgica: Leuven Univesity Press, 1998, p. 22).

CARLUCCI, Aída Kemelmajer de. Derechos humanos y derecho de família. In: *El derecho de familia en Latinoamérica*. Córdoba: Nuevo Enfoque Jurídico, 2010. p. 23-72.

COMMAILLE, Jacques. Family and democracy. In: *The family*: contemporary perspectives and challenges. Editado por Koen Matthijs. Bélgica: Leuven Univesity Press, 1998, p.19-30.

CORRIERO, Valeria. Privacy del minore e potestà dei genitori. *Rassegna di diritto civile,* pubblicazione trimestrale diretta da Pietro Perlingieri. Mauro Pennasilico, Francesco Sbordone, Antonella Tartaglia Polcini, Francesca Carmini, Camilla Crea e Anna Malomo (Coordinamento), Camerino: Edizione Scientifiche Italiane – Giuseppe Selo, 2000. p. 998-1033.

CRUZ, Elisa Costa. *O direito dos filhos à privacidade e sua oponibilidade à autoridade parental*. Disponível em: http://arpen-sp.jusbrasil.com.br/noticias/3019663/artigo-o-direito-dos-filhos-a-privacidade-e-sua-oponibilidade-a-autoridade-parental-por-elisa-costa-cruz. Acesso em: 01 jun. 2012.

CUPIS, Adriano de. *Os direitos de personalidade*. 2. ed. São Paulo: Quorum, 2008.

DONEDA, Danilo. *Da privacidade à proteção dos dados pessoais*. Rio de Janeiro: Renovar, 2006.

GIORGIANNI, Michele. O direito privado e as suas atuais fronteiras. *Revista dos Tribunais*, São Paulo, n. 747, p. 35-55, jan. 1998.

GUERSI, Carlos; WEINGARTEN, Celia; GHERSI, Sebastián R. *Daños y delitos en las relaciones de família*. Rosário: Nova Tesis Editorial Jurídica, 2010.

GIDDENS, Anthony. *As conseqüências da modernidade*. Trad. Raul Fiker. São Paulo: Editora UNESP, 1991.

GIDDENS, Anthony. *Terceira via*: reflexões sobre o impasse atual e o futuro da social-democracia. Trad. Maria Luiza X. de A. Borges. Rio de Janeiro: Record, 1999.

GUSTIN, Miracy Barbosa de Sousa. *Das necessidades humanas aos direitos*. Ensaio de sociologia e filosofia do direito. Belo Horizonte: Del Rey, 1999.

HALL, Stuart. *A identidade cultural na pós-modernidade*. Trad. Tomaz Tadeu da Silva e Guacira Lopes Louro. Rio de Janeiro: DP&A Editora, 2011.

HESSE, Konrad. *Derecho constitucional y derecho privado*. Trad. Ignacio Gutiérrez Gutiérrez. Madrid: Civitas Ediciones, 1995.

LAFER, Celso. *A reconstrução dos direitos humanos*. Um diálogo como pensamento de Hanna Arendt. São Paulo: Companhia das Letras, 1988.

LINS, Ana Paola de Castro e. *O exercício da autonomia existencial do adolescente em processo de hormonioterapia*. 122 f. Dissertação (Mestrado em Direito). Programa de Mestrado em Direito Constitucional, Universidade de Fortaleza, Fortaleza, 2017.

MARTINS, Rosa. Responsabilidades parentais no século XXI: a tensão entre o direito de participação da criança e a função educativa dos pais. In: PEREIRA, Tania da Silva; OLIVEIRA, Guilherme de (Coords.). *Cuidado e vulnerabilidade*. São Paulo: Atlas, 2009, p. 76-95.

MEDON, Filipe. (Over) sharenting: A superexposição da imagem e dos dados da criança na internet e o papel da autoridade parental. In: TEIXEIRA, Ana Carolina Brochado; DADALTO, Luciana (Coords.). *Autoridade parental*: dilemas e desafios contemporâneos. Indaiatuba: Foco, 2021, p. 351-377.

MEIRELES, Rose Melo Vencelau; ABÍLIO, Vivivanne da Silveira. Autoridade parental como relação pedagógica: entre o direito à liberdade dos filhos e o dever de cuidado dos pais. In: TEPEDINO, Gustavo; FACHIN, Edson (Orgs.). *Diálogos sobre direito civil*. V.III. Rio de Janeiro: Renovar, 2012, p. 339-354.

MENEZES, Joyceane Bezerra; DE CICCO, Maria Cristina; RODRIGUES, Francisco Luciano Lima. *Direito Civil na legalidade constitucional*: algumas aplicações. Indaiatuba: Foco, 2020

PERLINGIERI, Pietro. *Perfis do direito civil*. Introdução ao Direito Civil constitucional. Trad. Maria Cristina De Cicco. Rio de Janeiro: Renovar, 2002.

PERLINGIERI, Pietro. *O direito civil na legalidade constitucional*. Trad. Maria Cristina de Cicco. Rio de Janeiro: Renovar, 2008.

PROST, Antony. Fronteiras e espaços do privado. In: *História da vida privada*: da Primeira Guerra a nossos dias. São Paulo: Companhia das Letras, 1992, p. 13-154.

ROBL FILHO, Ilton Norberto. *Direito, intimidade e vida privada*. Paradoxos jurídicos e sociais na sociedade pós-moralista e hipermoderna. Curitiba: Juruá, 2010.

RODOTÀ, Stefano. *A vida na sociedade da vigilância*. A privacidade hoje. Org. Maria Celina Bodin de Moraes. Trad. Danilo Doneda e Luciana Cabral Doneda. Rio de Janeiro: Renovar, 2008.

RUSCELLO, Franscisco. Potestá genitoria e capacità dei figli minori: dalla soggezione all'autonomia. *Vitanotarile*: esperienze giuridiche. 2000. n. 1. Gennaio-Aprile, Palermo: Edizioni Giuridiche Buttita, 2000, p. 57-73.

SARTRE, Jean-Paul. *O ser e o nada*. Ensaio de ontologia fenomenológica. Petrópolis: Vozes, 1998.

SOUSA, Rabindranath V. A. Capelo. *O direito geral de personalidade*. Coimbra: Coimbra, 1995.

STANCIOLI, Brunello. Sobre a capacidade de fato da criança e do adolescente: sua gênese e desenvolvimento na família. *Revista Brasileira de Direito de Família*, Porto Alegre, v. 1, n. 2, 1999, p. 37-42.

STANZIONE, Pasquale. Interesse del minore e statuto dei suoi diritti. In: *Diritto civile e situazione esistenziali*. Gabriella Autorino e Pasquoale Stanzione. Torino: G. Giappichelli Editore, 2007, p. 161-178.

SUPIOT, Alain. *Homo juridicus. Ensaio sobre a função antropológica do Direito*. São Paulo: Martins Fontes, 2007.

SZANIAWSKI, Elimar. *Direitos de personalidade e sua tutela*. São Paulo: Revista dos Tribunais, 2005.

TEPEDINO, Gustavo. *Temas de direito civil*. Rio de Janeiro: Renovar, 2001.

TEPEDINO, Gustavo. A tutela da personalidade no ordenamento civil-constitucional brasileiro. In: *Temas de Direito Civil*. Rio de Janeiro: Renovar, 2003.

TEPEDINO, Gustavo. A disciplina da guarda e a autoridade parental na ordem civil-constitucional. *Revista Trimestral de Direito Civil – RTDC*, v. 17, ano 5, p. 31-49, jan.-mar. 2004.

TEPEDINO, Gustavo. Do sujeito de direito à pessoa humana. *Temas de Direito Civil*. Rio de Janeiro: Renovar, 2006, p. 340-342. t. II.

TEPEDINO, Gustavo. Tutela constitucional da criança e do adolescente. In: TEPEDINO, Gustavo (Org.). *Temas de direito civil*. Tomo III. Rio de Janeiro: Renovar, 2009. p. 201-226.

TEIXEIRA, Ana Carolina Brochado. *Família, guarda e autoridade parental*. Rio de Janeiro: Renovar, 2009.

POSSÍVEIS APORTES CRÍTICOS DE GÊNERO EM DIREITO DAS FAMÍLIAS

Lígia Ziggiotti de Oliveira

Doutora em Direitos Humanos e Democracia pelo Programa de Pós-Graduação da Universidade Federal do Paraná (2019). Mestra em Direito das Relações Sociais pela mesma instituição (2015). Professora de Direito Civil da graduação e da pós-graduação em Direito da Universidade Positivo. Vice-presidenta da ANAJUDH-LGBTI. Advogada.

Sumário: 1. Introdução – 2. Perspectivas de gênero em análises jurídicas – 3. Assimetrias de gênero em relações familiares e os instrumentos jurídicos aptos ao enfrentamento das vulnerabilidades; 3.1 Constituição e eficácia do vínculo conjugal e gênero; 3.2 Dissolução do vínculo conjugal e gênero; 3.3 Constituição da autoridade parental e gênero; 3.4 Autoridade parental e gênero – 4. Considerações finais – 5. Referências.

1. INTRODUÇÃO

Em relações familiares, as assimetrias de gênero ressoam de modo enfático. A distribuição do trabalho remunerado e não remunerado, as constatações quanto à heterossexualidade ou quanto à homossexualidade a partir dos afetos estabelecidos nestes espaços, o cuidado com crianças e adolescentes providenciado por adultas(os), por exemplo, conduzem a uma série de significantes disponíveis à tradução jurídica, que processa referidas realidades em termos de produção de direitos e de deveres.

Apesar disso, as lentes críticas de gênero raramente acompanham a análise doutrinária e a aplicação prática dos institutos jurídicos. O ponto cego, neste aspecto, representa verdadeira fratura para o alcance da igualdade material em relações privadas, porque não se funcionalizam[1] adequadamente os instrumentos disponíveis para a superação de vulnerabilidades desta natureza.

Com isso, o objetivo deste capítulo consiste em demarcar focos do Direito das Famílias com especial vocação para uma análise crítica de gênero. Para tanto, realiza-se um breve sobrevoo acerca de como tais perspectivas ingressaram, historicamente, no radar jurídico, para, assim, desdobrar as imbricações específicas para os eixos conjugais e parentais.

Pinçadas a constituição e a dissolução conjugais, bem como a constituição e o exercício do poder parental, como fios condutores deste texto, oferece-se uma espécie de radiografia das principais críticas a partir de gênero alocadas em tais

---

1. "Funcionalizar um instituto é descobrir sob qual finalidade ele serve melhor para o cumprimento dos objetivos constitucionais, qual seja, a tutela da pessoa humana na perspectiva não apenas individual, mas também solidarista e relacional. Por isso, descobrir a função de um instituto é mais importante do que investigar seus aspectos estruturais" (TEIXEIRA; KONDER, 2019, p. 140).

focos de produção de sentido jurídico, com a expectativa de que a apresentação introdutória destas rotas de abordagem promova faíscas dentro dos estudos e das práticas do campo.

2. PERSPECTIVAS DE GÊNERO EM ANÁLISES JURÍDICAS

Do ponto de vista cronológico, as assimetrias de gênero foram combatidas, antes, por organizações externas aos ambientes acadêmicos e de produção de Direito estatal, até porque estes se encontram, historicamente, fechados à presença de quem não incorpora o padrão masculino, branco e cis-heteronormativo. Com isso, a atmosfera das lutas sociais se apresenta como o principal motor das digressões doutrinárias atualmente em curso.

Para se tratar das irradiações das análises de gênero para o Direito, em primeiro lugar, é importante destacar que as teorias de gênero propriamente ditas se apresentam em profusão notoriamente crescente, com destaque às literaturas norte-americana e francesa, a partir das décadas de 60 e de 70.

Durante a década de 70, algumas feministas acrescentaram a gênero a complexidade das forças sociais que definiam expectativas, preferências, habilidades e espaços relacionados a sexo, como Gayle Rubin (1993), o que conduziu, cada vez mais, à consolidação desta categoria como útil para uma análise crítica das relações sociais.

Em consonância com Joan Scott, de modo mais pacificado, o conceito "indicava uma rejeição do determinismo biológico implícito no uso de termos como 'sexo' ou 'diferença sexual' (...) e enfatizava igualmente o aspecto relacional das definições normativas da feminilidade" (SCOTT, 1990, p. 72). Atualmente, as perspectivas pós-estruturalistas desestabilizam cada vez mais a assimilação direta que se fazia entre sexo e natureza.

Considerado o contexto brasileiro, a categoria analítica de gênero se tornou mais perceptível em textos posteriores aos anos 90. Com efeito, se a segunda onda do feminismo teve seu início identificado nos anos 60 na Europa Ocidental e nos Estados Unidos, a narrativa crítica sobre o papel das mulheres em sociedade passa a se configurar, entre nós, a partir dos anos 70, nas pautas marcadas pelo peso da ditadura militar e pela influência do pensamento marxista.

Disputar a pauta feminista no contexto ditatorial, de greves e de complexa situação política nacional significou relevante desafio. Mesmo assim, as feministas brasileiras formaram, durante este sombrio período, grupos bem articulados no exterior durante o exílio (PEDRO, 2010, p. 126).

Sequencialmente, a democratização promoveu uma abertura dialógica e plural para estes grupos durante o processo constituinte, incluídos os ligados à defesa dos direitos das mulheres. Com a derrocada militar, abriram-se algumas vias entre Estado e movimentos sociais, permitindo a participação de um cada vez melhor articulado feminismo na formulação dos contextos político e jurídico nacionais.

Da "Carta das Mulheres Brasileiras aos Constituintes", preparada pelo Conselho Nacional dos Direitos da Mulheres, aproveitaram-se 80% das pautas (PITANGUY, 2011), incluindo-se, para o Direito das Famílias, por exemplo, a igualdade entre cônjuges e o reconhecimento da monoparentalidade e da união estável como entidades familiares no art. 226 da Constituição da República.

Portanto, as perspectivas de gênero ocuparam recentemente o espaço de produção jurídica, o que se deu em constante diálogo com os movimentos sociais de mulheres, de feministas, bem como com os de quem tem pautado a diversidade sexual em uma arena de luta por direitos. A propósito, é plausível observar que as pautas de mulheres tiveram notável êxito com a institucionalização de grupos feministas junto aos Poderes Executivo e Legislativo, com períodos de relevante produção legislativa e de políticas públicas para mulheres. De outra banda, as conquistas mais tocantes à população LGBTQIA+ se alocaram em decisões judiciais junto às Cortes Superiores.

Por exemplo, progressivamente, as tentativas normativas de superação de igualdade formal para a concretização de igualdade material refletiram em marcos como a Lei Maria da Penha e a Lei do Feminicídio, ambas resultantes de um processo intenso de advocacy.[2] Quanto às pautas de diversidade sexual, destacam-se os julgamentos do Supremo Tribunal Federal, reconhecendo efeitos jurídicos à união estável entre pessoas do mesmo sexo, na Arguição de Descumprimento de Preceito Fundamental 132 e Ação Direta de Inconstitucionalidade 4277, bem como na desburocratização do procedimento de alteração de registro civil para a população *trans*, em Ação Direta de Constitucionalidade 4.275.

Como não se atesta, contudo, linearidade em termos históricos, é seguro afirmar que, desde 2016, em função das narrativas antigênero empreendidas por grupos políticos que atualmente ocupam as principais posições de poder institucional do país, encampa-se um violento refreamento de tais pautas, o que intensifica a necessidade de comprometimento doutrinário com a crítica ao Direito a partir das assimetrias produzidas por gênero. Para o Direito das Famílias, sobram aberturas para este diálogo.

3. ASSIMETRIAS DE GÊNERO EM RELAÇÕES FAMILIARES E OS INSTRUMENTOS JURÍDICOS APTOS AO ENFRENTAMENTO DAS VULNERABILIDADES

As relações familiares têm significado para os estudos de gênero um alvo privilegiado. Como produto da demarcação moderna e liberal entre as esferas pública e privada, a dicotomia dialoga com as relações de gênero concretamente sentidas em vivências humanas. Daí decorre uma distribuição hierarquicamente valorada

---

2. Conforme Jacqueline Pintanguy (2011, p. 22): "O processo de advocacy se desenvolve em meio a conflitos de visão e de interesses, de consensos, negociações e embates próprios a qualquer ação política. Seu sucesso está relacionado à capacidade de negociação entre atores estratégicos dentro e fora do governo, e à habilidade de tecer estratégias consensuais entre organizações e redes da sociedade civil, fortalecendo sua posição na negociação ou na oposição frente ao Estado e outros atores".

entre atividades consideradas próprias do ambiente doméstico, como o cuidado de crianças, e outras consideradas próprias do ambiente mercadológico e político, mais prestigiadas socialmente.

Consequências concretas desta dicotomia se irradiam em facetas múltiplas da discriminação. Assimetria salarial, dedicação desigual aos afazeres não remunerados ao lar, baixa representatividade em posições privilegiadas de poder, são apenas algumas conhecidas ilustrações da constatação de que a certos corpos não se abrem facilmente determinados espaços.

A despeito da igualdade formal reconhecida constitucionalmente, sem distinção de gênero, o percurso para a igualdade material tem se mostrado tormentoso, inclusive porque os instrumentos jurídicos que, em tese, estariam disponíveis para o enfrentamento das múltiplas vulnerabilidades não são funcionalizados a contento para tanto.

Partilha de bens, guarda de filhas(os) e alimentos, como ilustrações ainda introdutórias destas reflexões, compõem ferramentas no campo do Direito das Famílias que dialogam, frequentemente, com situações de vulnerabilidade, como aquelas em que se inserem crianças, adolescentes, cônjuges e companheiras(os) mais impactadas(os) por precariedade econômica, assim como idosas(os) e pessoas com deficiência.

Contudo, durante a operacionalização destes instrumentos, é comum que se oblitere, por completo, a análise de gênero, o que reforça a necessidade de se equipar a leitura doutrinária e jurisprudencial com estas lentes, vez que importam para a realização de uma igualdade material com a qual se compromete uma versão mais contemporânea do Direito Civil.

Para tanto, apresentam-se, a seguir, as principais possibilidades, dentro das relações familiares, de perspectivas críticas jurídicas a partir de gênero.

3.1 Constituição e eficácia do vínculo conjugal e gênero

Considerados os eixos conjugal e parental como tradicionalmente impulsionadores da análise no campo do Direito das Famílias, é possível acionar, por primeiro, aquele para uma imbricação com as análises de gênero.

Assim, quanto à constituição do vínculo conjugal, importa demarcar, em termos de aporte histórico, a apreensão da pluralidade das entidades familiares como uma pauta presente em movimentos de mulheres inclusive durante a vigência do Código Civil de 1916. Sobre o período, não é excessivo grifar que negar reconhecimento à união estável em homenagem ao modelo exclusivamente matrimonial significava um especial modo de discriminação de gênero.

Conforme Ana Carla Harmatiuk Matos (2000, p. 164-165), "à mulher-companheira o Direito impunha uma série de discriminações – em razão de ter constituído sua família fora do casamento e ser mulher". Em sua obra, a autora enfrenta os passos jurisprudenciais de expansão do conceito de família para a produção de efeitos jurídicos das uniões informais, visto que as oscilações deste campo são exemplares para uma análise crítica de gênero.

Com efeito, antes da apreensão deste modo de conjugalidade como entidade familiar, acionaram-se respostas situadas em outros campos do Direito Civil, como o obrigacional. Nesta cadência, reconhecimento de sociedade de fato e indenização por serviços domésticos e sexuais prestados pelas companheiras marcaram manobras historicamente rememoradas para o alcance mínimo de direitos patrimoniais por elas, em constante situação de menor ou nenhum acesso a bens materiais após a ruptura da união (MATOS, 2000).

O reconhecimento normativo pleno da união estável só encontrou terreno junto ao art. 226, parágrafo 3º, da Constituição da República[3], dispositivo tomado pela doutrina, atualmente, como cláusula geral de inclusão da diversidade das entidades familiares para o ordenamento jurídico (LÔBO, 2015).

Observado, assim, o percurso trilhado em relação às chamadas uniões informais, as consequências ligadas a gênero em relações que não se encontram expressamente codificadas expõem uma relevante faceta discriminatória. Como constatado para as uniões estáveis, negar reconhecimento jurídico a entidades como as famílias simultâneas produz especial prejuízo às mulheres que compõem o núcleo conjugal heterossexual paralelo, vez que, em geral, encontram-se em posição financeira inferior à dos homens com que convivem.

Portanto, constantemente, o paradigma matrimonial, monogâmico, ligado à *ratio* patriarcal, limita o manejo de instrumentos jurídicos para dar conta de referidas realidades, que permanecem à margem do direito. Segundo Luciana Brasileiro (2019, p. 185), "a mulher é, em maior número, a concubina que não tem direitos, porque 'escolheu' se relacionar com um homem casado, cujo relacionamento é tolerado, é considerado, mas do ponto de vista jurídico, é desconsiderado". De igual modo, Marcos Alves da Silva (2013, p. 112) aponta a invisibilidade da chamada concubina como desejada para a conveniência social, a despeito dos prejuízos concretos que causam às mulheres envolvidas nesta configuração relacional.

Em outras palavras, é legítimo afirmar, a partir dos exemplos históricos e contemporâneos, que a abertura do Direito das Famílias à pluralidade de entidades familiares favorece a igualdade de gênero. Nesta cadência, a vivência dos vínculos, independentemente de sua formalização, é relevante para que se conclua acerca de sua recepção pelo ordenamento jurídico vigente para que produza efeitos concretos.

Por sua vez, a potência de se reconhecer dada união independentemente do elemento voluntarista traz, para uma análise crítica de gênero, a possibilidade de discussão acerca da conjugalidade infantil. Como é sabido, ao contrário do casamen-

---

3. Art. 226. A família, base da sociedade, tem especial proteção do Estado. § 3º Para efeito da proteção do Estado, é reconhecida a união estável entre o homem e a mulher como entidade familiar, devendo a lei facilitar sua conversão em casamento.

to, a união estável não se constitui por ato de vontade, mas, ao revés, pela força dos fatos, o que invisibiliza, para o Estado, a constituição de entidades familiares desta roupagem, em que há uma variedade de intersecções que revelam vulnerabilidades.

A propósito:

> Conforme a Plan International Brasil, o país consta como quarto lugar no ranking mundial de conjugalidades infantis. Os dados do Censo de 2010 oferecem importante panorama a este propósito. Contabilizados os meninos, entre 10 a 14 anos, que compunham uniões estáveis, civis ou religiosas no país, chegava-se à marca de 22.849. Entre 15 e 17 anos, eram 78.997. Já as meninas, no primeiro grupo, contabilizavam 65.709, ao passo que, no segundo grupo, atingiam a marca de 488.381. Destas, as que estavam em uniões estáveis configuravam 60.200 e 430.396 dos casos, respectivamente. Os números revelam que a circunstância está informada por imbricações de gênero, porque há diferença abissal de tais possibilidades entre meninos e meninas. Em pesquisa realizada pelo Instituto Promundo, restou evidente que dentre os fatores que influenciavam o estabelecimento destas uniões constam a gravidez indesejada, que atrita com o moralismo familiar e social; o controle da sexualidade das meninas por seus familiares; o anseio de segurança financeira; a perspectiva de linha de fuga do lar de origem, para as meninas, especialmente quando há violência intrafamiliar; e o desejo dos companheiros de estabelecerem relações com meninas mais jovens. Observadas as experiências das meninas de 15 anos, constatou-se que os seus companheiros tinham, em média, 09 anos a mais que elas (MATOS; DE OLIVEIRA, 2019, p. 67).

A constituição da entidade familiar é momento de possível revelação das relações de vulnerabilidade que costumam informar a dinâmica de um determinado casal, e, com isso, deveriam também informar o manejo de ferramentas jurídicas à ocasião de sua eventual dissolução. Com efeito, os requisitos normativos ao reconhecimento estatal do vínculo são pouco úteis para abordar a conjugalidade infantil em sua complexidade.[4]

Tomando-se, ainda, os critérios codificados da configuração conjugal, é mencionada, expressamente, a diversidade de sexos como requisito para a existência do matrimônio e da união informal no Código Civil vigente. Coube ao Supremo Tribunal Federal, através da Arguição de Descumprimento de Preceito Fundamental 132 e da Ação Direta de Inconstitucionalidade 4277, em 2011, contornar a omissão legislativa quanto à temática e pacificar a oscilação jurisprudencial. De fato, anos depois da recepção normativa da união estável heterossexual, dos tribunais para o texto expresso constitucional, uma trajetória igualmente tormentosa segue se apresentando aos casais do mesmo sexo.

A interpretação pela equiparação de efeitos entre casais do mesmo sexo e de sexos opostos encontra aberturas para uma modulação imprecisa entre o princípio da igualdade e o respeito à diferença (LOBO, 2015, p. 123-124). Confrontando os requisitos para a caracterização da união estável, presentes no art 1.723 do Código

---

4. Considera-se publicidade, continuidade, durabilidade e objetivo de constituição de entidade familiar como parâmetros codificados.

Civil,[5] Andressa Regina Bissolotti dos Santos identifica potenciais prejuízos ao justo reconhecimento jurídicos de tais uniões quando formadas por pessoas do mesmo sexo, vez que a simples analogia apaga a particularidade das vivências homossexuais:

> Propõe-se, aqui, que os requisitos da união estável não sejam pensados abstratamente, mas de forma modulada tendo em vista as relações que se procura declarar existentes. Especialmente o requisito da ostensibilidade/publicidade deve ser aplicado tendo-se em vista as concretas possibilidades de se viver publicamente os afetos, quando estamos pensando relações ainda socialmente negadas como as homossexuais. O requisito do objetivo/ânimo de constituir família, por outro lado, deve ser neutralizado ao máximo em relação aos parâmetros heterossexuais. Certamente estamos falando de formas de ser família que, se em muito podem se aproximar, também em alguns aspectos podem se afastar desses parâmetros. Eventual distância do modo concreto estabelecido por aquelas pessoas para ser família, em relação aos aspectos tradicionais do casamento, não deve ser utilizado como justificativa para não reconhecimento. De fato, o que parece mais essencial é a identificação da presença do afeto familiar, aqui compreendido especialmente no sentido da presença daquela solidariedade e corresponsabilidade específicas que parecem ser as verdadeiras diferenciadoras entre uma relação familiar e qualquer outra forma de relação (DOS SANTOS, 2020, p. 20-21).

Por fim, tanto para casamento quanto para união estável, em termos de eficácia, o Código Civil anuncia deveres conjugais que merecem uma leitura feminista. Segundo a letra legislada, configuram-se, para o casamento, por força do art. 1.566 do Código Civil[6], os deveres de coabitação; fidelidade recíproca; mútua assistência; sustento, guarda e educação dos filhos; respeito e consideração mútuos, ao passo que, para a união estável, por força do art. 1.724 do mesmo diploma legal,[7] exclui-se a coabitação e se prevê o dever de lealdade ao invés de fidelidade.

Entretanto, tais previsões, e os modos de aplicação que lhes são dados, não estão isentos de crítica feminista:

> Em consulta aos tribunais pátrios, verifica-se como os pleitos atinente ao descumprimento de dever conjugal cingem-se, em sua esmagadora maioria, à quebra do dever da fidelidade, mesmo que o entendimento jurisprudencial hodierno encaminhe-se para a não incidência da responsabilidade pela simples quebra do dever de fidelidade, devendo ser comprovados os danos na esfera da personalidade do cônjuge traído. Privilegia-se, de certo modo, o elemento obrigacional mais próximo do espectro moralista que por muito tempo imperou na racionalidade jurídica e que, atualmente, parece não mais condizer com os princípios de solidariedade, igualdade e liberdade humanas. De outra banda, relegam-se os esforços doutrinários acerca da quebrados deveres de respeito mútuo e mútua assistência, hipótese que se afigura mais interligada às situações de violência doméstica e patrimonial, as quais nitidamente trazem um recorte de gênero inescusável que se perpetra na realidade brasileira (DE OLIVEIRA; LIMA, 2018, p. 12-13).

---

5. Art. 1.723. É reconhecida como entidade familiar a união estável entre o homem e a mulher, configurada na convivência pública, contínua e duradoura e estabelecida com o objetivo de constituição de família.
6. Art. 1.566. São deveres de ambos os cônjuges: I – fidelidade recíproca; II – vida em comum, no domicílio conjugal; III – mútua assistência; IV – sustento, guarda e educação dos filhos; V – respeito e consideração mútuos.
7. Art. 1.724. As relações pessoais entre os companheiros obedecerão aos deveres de lealdade, respeito e assistência, e de guarda, sustento e educação dos filhos.

Para além do olhar dedicado à formação do vínculo conjugal, após a dissolução, principalmente os efeitos patrimoniais da união juridicamente reconhecida como tal, se mostram relevantes para a apreciação de perspectivas de gênero em relações familiares.

3.2 Dissolução do vínculo conjugal e gênero

Atualmente mais assentada, a possibilidade jurídica de dissolução do vínculo matrimonial pode, por si só, ser tomada como relevante do ponto de vista de gênero. A repisada discriminação entre homens e mulheres, dentro da sociedade conjugal, presente no Código Civil de 1916,[8] confirma que o matrimônio concedia a eles, um *status* hierarquicamente superior de poder e de controle sobre elas.

Tanto a Lei 4.212 de 1962, denominada Estatuto da Mulher Casada, quanto a Lei 6.515 de 1977, denominada Lei do Divórcio, representaram superação normativa considerável à medida em que aquela derrotou a incapacidade relativa das mulheres casadas, ao passo que esta garantiu o direito ao divórcio, resguardando, progressivamente, a situação marginalizada de ex-cônjuges.

Também quanto a este ponto, o texto constitucional significou uma revolução para o ordenamento jurídico, porque, através da Emenda Constitucional 66 de 2010, renovou-se a redação do parágrafo 6º do seu art. 226.[9] Tornou-se o divórcio facilitado no país, vez que a via cartorial se abriu para casos consensuais em que não estivessem envolvidas(os) incapazes, agilizando o processo de dissolução do vínculo. Sobre o mesmo problema, por evidência, não esbarram em outras entidades familiares, uma vez que a apreciação de sua constituição costuma se dar de modo contemporâneo ao seu término.

Em qualquer caso, porém, acionar as práticas e os saberes do Direito das Famílias consiste em traduzir demandas em efeitos pessoais e patrimoniais. E, do ponto de vista estatístico, para os casais heterossexuais, resta clara a desigualdade financeira que irradia efeitos sensíveis para as hipóteses de rompimento conjugal.

Prismas como diferença salarial,[10] taxa de empregabilidade informal, precarizada e desempenho de atividades não remuneradas, ocupação de cargos de chefia,[11]

---

8. A título de exemplo, constavam o art. 6º, fundamento da incapacidade relativa das mulheres casadas, e o art. 233, segundo o qual o marido figurava como chefe da sociedade conjugal.
9. Art. 226. A família, base da sociedade, tem especial proteção do Estado. § 6º O casamento civil pode ser dissolvido pelo divórcio.
10. A diferença é de 20,7% (IBGE, 2020).
11. "Enquanto nos países emergentes a participação das mulheres entre trabalhadores familiares não remunerados diminuiu na última década, nos países em desenvolvimento ela continua alta, representando 42% do emprego feminino em 2018, em comparação com 20% do emprego masculino, e sem sinais de melhoria até 2021. Como resultado, as mulheres ainda estão sobre representadas no emprego informal nos países em desenvolvimento. Estes resultados confirmam pesquisas anteriores da OIT que alertaram sobre desigualdades significativas de gênero em relação a salários e proteção social. Analisando as mulheres que administram empresas, o estudo observa que, no mundo todo, quatro vezes mais homens estão trabalhando como empregadores do que mulheres em 2018" (ORGANIZAÇÃO INTERNACIONAL DO TRABALHO, 2020).

titularidade de propriedade imobiliária,[12] gestão de empresas familiares,[13] conduzem, invariavelmente, para um diagnóstico de assimetrias que as desfavorecem, de modo brutal, em relação a eles. A inserção de marcadores como o racial agrava ainda mais drasticamente a comparação.

A partilha de bens e os alimentos – tanto aqueles classicamente considerados quanto os atualmente denominados como compensatórios – transitam como ferramentas jurídicas de solução para o enlace patrimonial decorrente da comunhão de vidas. Para o primeiro caso, disponibilizam-se os regimes de bens admitidos pelo ordenamento jurídico contemporâneo. Para o segundo, o conteúdo do art. 1.694 e seguintes do Código Civil.[14]

A regulação patrimonial constante nos regimes de bens se encontra extensamente enfrentada pela letra codificada, com baixo grau de criatividade judicial para a interpretação mais favorável à concretização da igualdade de gênero. De outra banda, diante da autonomia privada regente dos pactos antenupciais – ainda que raramente confeccionados no país –, o planejamento baseado em circunstâncias de vulnerabilidade pode, pelo menos em tese, permitir contornos interessantes para o enfrentamento de determinadas assimetrias.

Com isso, ao revés de se centrarem as narrativas em torno da valorização da autonomia privada como principal movedora para as prospectivas inovações do campo, cabe a pretensão de que se abra, para a concretude das relações familiares assimétricas subjacentes ao patrimônio, a noção de vulnerabilidade como chave principal de interpretação.

Em sentido similar, quando a dissolução conjugal, ainda que marcada pela autonomia privada, por meio de acordos tocantes à partilha de bens em divórcio, reflete mitigação de direitos patrimoniais intoleráveis do ponto de vista do enriquecimento sem causa, discute-se a possibilidade de anulação de partilha.

Portanto, a leitura a partir de gênero da discrepância gerada por acordos desta natureza quanto ao acesso a bens materiais pode ser produtiva. Sendo a titularidade patrimonial, habitualmente, relacionada aos homens, é lógico que se presuma como deles, em tais ocasiões, o controle dos bens do núcleo familiar. Deve "a autonomia ser pensada em função da vulnerabilidade, como seu componente indispensável" (BARBOZA; ALMEIDA, 2017, p. 46) para que não se conduza a soluções de empo-

---

12. A título de exemplo, 95% das terras rurais do país têm homens como proprietários (OXFAM BRASIL, 2020).
13. "Another starting point is that family firms, just like households, function through cooperative conflicts (Sen, 1990; Agarwal, 1997; Katz, 1997), on the basis of pillars such as gender or age, which determine the bargaining power of their members, as well as the capacity to control and decide on the resources and work required to sustain them. Family firms are organizations in which gender roles are dually reproduced by bringing into play not only the gendered division of labor, but also the influence of normativity around the traditional nuclear family and the roles associated with women therein" (RODRÍGUEZ-MODRONO; GÁLVEZ-MUNOZ; AGENJO-CALDERÓN, 2020).
14. Art. 1.694. Podem os parentes, os cônjuges ou companheiros pedir uns aos outros os alimentos de que necessitem para viver de modo compatível com a sua condição social, inclusive para atender às necessidades de sua educação.

brecimento de demais personagens do núcleo familiar – sabidamente, das(os) que sofrem por uma maximização de precariedade social.

Em outro quadrante, os alimentos a ex-cônjuge e companheira(o) constituem uma categoria sintomaticamente abatida pela ausência de análises de gênero pela jurisprudência. O ponto cego, definitivamente, não se justifica, vez que em pesquisa aos julgados desta natureza proferidos entre 1988 e 2014 pelo Superior Tribunal de Justiça, não se identificaram quaisquer demandas provenientes de homens, apenas de mulheres (MATOS; MENDES; DOS SANTOS; DE OLIVEIRA; IWASAKI, 2015, p. 2480).

Ora, "a obrigação alimentar é uma maneira de pagar e de cobrar e equilibrar os proveitos e as perdas surgidas ao longo da vida familiar" (MADALENO, 2013, p. 857). Porém, segue cada vez mais comum o fundamento de que a pensão à ex-cônjuge ou companheira é excepcional, ligada a casos de grave incapacidade laboral, e que não pode servir de estímulo ao ócio nem enriquecer indevidamente quem a recebe.

A partir de julgados proferidos nesta temática, pelo Superior Tribunal de Justiça, constatam-se os seguintes contornos:

> Os acórdãos trazidos à análise demonstram uma série de tendências, que se fundamentam a partir de elementos comuns. Assim, essas decisões, que em sua esmagadora maioria deferem pedidos de exoneração de alimentos, os quais haviam sido deferidos a ex-cônjuges mulheres, baseia-se nestes argumentos mais frequentes: a) a excepcionalidade do caráter dos alimentos a ex-cônjuge; b) a necessidade de se estabelecer um lapso temporal quando esses alimentos são arbitrados, com raras exceções apenas discursivamente consideradas; c) o desestímulo ao ócio ou ao enriquecimento ilícito dessas mulheres; d) a plena capacidade de reinserção no mercado de trabalho das mulheres envolvidas nos processos; e) a igualdade entre homens e mulheres em relação ao mercado de trabalho, e às suas possibilidades de inserção neste (MATOS; MENDES; DOS SANTOS; DE OLIVEIRA; IWASAKI, 2015, p. 2480-2481).

Logo, há um fechamento substancial deste caminho encampado pela jurisprudência, que o impede de funcionar, adequadamente, como nivelador de acesso desigual a bens materiais entre um ex-casal. Como provável efeito do sucateamento do instituto de alimentos a ex-cônjuges e companheiras, emergem os alimentos compensatórios, de caracterização imprecisa, mas como via de se socorrer a abrupta mudança no padrão socioeconômico vivenciada, em geral, por mulheres a partir da ruptura conjugal (MATOS; MENDES; DOS SANTOS; DE OLIVEIRA; IWASAKI, 2015).

Por outro lado, um bom exemplo codificado pode ser pinçado da experiência tcheca, em que se confere "se a condição de necessidade do alimentado tem relação com o casamento – o que se pode estender para a união estável. Se a resposta for afirmativa, objetivamente, cabe a prestação" (DE OLIVEIRA, 2020, p. 129). Esta saída demonstra um uso funcionalizado dos alimentos a ex-cônjuge ou companheira(o) em prol da superação de vulnerabilidade da qual se afasta a experiência pátria, que descaracteriza os critérios codificados para os alimentos devidos em razão da conjugalidade.

Ademais, é também necessário responder às assimetrias concretas quanto à atuação de genitoras(es) frente aos deveres trazidos pelo parentesco. Assim, superadas estas linhas gerais sobre o eixo conjugal, passa-se à análise do eixo parental como foco de análise produtivo para as teóricas de gênero em Direito das Famílias.

3.3 Constituição da autoridade parental e gênero

O texto constitucional promoveu, pelo menos, duas grandes transformações em sede de parentalidade: o reconhecimento da monoparentalidade como entidade familiar[15] e a equiparação de direitos a todas(os) as(os) filhas(os), independentemente da origem[16]. Em ambos os casos, há ganhos para a pauta de gênero.

A monoparentalidade feminina, consideradas as mães com filhas(os) de até 14 anos, representa 5% dos arranjos familiares do país (IBGE, 2018), e se encontra abatida pela miserabilidade. Em 2018, 23% das famílias monoparentais lideradas por mulheres negras viviam abaixo da linha da pobreza (IBGE, 2018). Assim, a previsão desta entidade familiar em texto constitucional deve propulsar políticas públicas em favor delas, o que, lamentavelmente, refreia-se por um Estado neoliberal ascendente.

De outra banda, o reconhecimento igualitário de todas as formas de filiação encerra o período de discriminação jurídica que o Código Civil de 1916 imputava quanto à prole proveniente de relações não matrimoniais. Disto decorria uma responsabilização exclusiva e invariável das genitoras sobre estas crianças nascidas fora da união matrimonial, vez que impedido o reconhecimento paterno por letra legal. Embora o abandono paterno seja problema atual e recorrente, para o contexto codificado do início do século XX, é legítimo afirmar que toda a conjuntura jurídica escudava esta conduta, onerando as mães sem cônjuges.

Considerado o texto codificado contemporâneo, consagrou-se a diversidade de vínculos de parentesco. A despeito da taxatividade com que trata uma multiplicidade de temas, o Código Civil Brasileiro legislou de modo poroso os modos de constituição da filiação.

A previsão do art. 1.593 abarca parentesco de origem biológica ou de outra origem, o que encampa, sem tanto esforço argumentativo dentro do contexto jurídico contemporâneo, a socioafetividade como formadora do vínculo de filiação.[17] Para a reprodução humana assistida, as formas de inseminações artificiais encontram

---

15. Art. 226. A família, base da sociedade, tem especial proteção do Estado. § 3º Para efeito da proteção do Estado, é reconhecida a união estável entre o homem e a mulher como entidade familiar, devendo a lei facilitar sua conversão em casamento.
16. Art. 227. É dever da família, da sociedade e do Estado assegurar à criança, ao adolescente e ao jovem, com absoluta prioridade, o direito à vida, à saúde, à alimentação, à educação, ao lazer, à profissionalização, à cultura, à dignidade, ao respeito, à liberdade e à convivência familiar e comunitária, além de colocá-los a salvo de toda forma de negligência, discriminação, exploração, violência, crueldade e opressão. § 6º Os filhos, havidos ou não da relação do casamento, ou por adoção, terão os mesmos direitos e qualificações, proibidas quaisquer designações discriminatórias relativas à filiação.
17. Art. 1.593. O parentesco é natural ou civil, conforme resulte de consanguinidade ou outra origem.

expressa menção codificada, junto ao art. 1.597, III, IV e V.[18] Cabe assentar o direito ao planejamento familiar às pautas de gênero através de tais técnicas (PELLEGRINELLO, 2014), assim como em relação ao direito à adoção.

As múltiplas formas de constituição de parentesco vêm tonificadas pelos igualmente múltiplos arranjos parentais. Assim como se considerou atrelado à realização da igualdade de gênero o reconhecimento de conjugalidades para além dos modelos codificados, a mesma conclusão se aplica a este eixo. Neste sentido, foram recepcionadas as homoparentalidades pelo Direito das Famílias. Conforme Maria Berenice Dias (2008, p. 182), "não se pode fechar os olhos e tentar acreditar que as famílias homoparentais, por não disporem de capacidade reprodutiva, simplesmente não possuem filhos. Está-se à frente de uma realidade cada vez mais presente: crianças e adolescentes vivem em lares homossexuais".

Ainda, importa incluir que infâncias e adolescências fora do padrão hegemônico de gênero resistem à margem das narrativas predominantes, que as pressupõem sempre inseridas em uma experiência cis-heterossexual, desconsiderando as violências a que estão sujeitas, o que reforça a necessidade de análise crítica sobre os direitos de crianças e de adolescentes. Com efeito, o princípio do seu melhor interesse não pode ser acionado, como tem ocorrido, como arma do neoconservadorismo (DE OLIVEIRA, 2019).

Por ser guarda-chuva dos efeitos provenientes do estado de filiação, aciona-se, enfim, a autoridade parental como fio condutor de análise de algumas de suas principais consequências, considerados os deveres de assistência material e moral das(os) filhas(os), os quais refletem assimetrias graves quando consideradas as parentalidades formadas por indivíduos do sexo oposto.

3.4 Autoridade parental e gênero

A autoridade parental, ou poder parental, ou poder familiar, constitui "o conjunto de direitos e deveres atribuídos igualitariamente aos pais, com relação à pessoa e aos bens do filho menor" (SIMÃO, 2015, p. 821). Daí decorrem, conforme o art. 1.634 do Código Civil[19], efeitos como o exercício da guarda, a direção da criação e

---

18. Art. 1.597. Presumem-se concebidos na constância do casamento os filhos: III – havidos por fecundação artificial homóloga, mesmo que falecido o marido; IV – havidos, a qualquer tempo, quando se tratar de embriões excedentários, decorrentes de concepção artificial homóloga; V – havidos por inseminação artificial heteróloga, desde que tenha prévia autorização do marido.
19. Art. 1.634. Compete a ambos os pais, qualquer que seja a sua situação conjugal, o pleno exercício do poder familiar, que consiste em, quanto aos filhos: I – dirigir-lhes a criação e a educação; II – exercer a guarda unilateral ou compartilhada nos termos do art. 1.584; III – conceder-lhes ou negar-lhes consentimento para casarem; IV – conceder-lhes ou negar-lhes consentimento para viajarem ao exterior; V – conceder-lhes ou negar-lhes consentimento para mudarem sua residência permanente para outro Município; VI – nomear--lhes tutor por testamento ou documento autêntico, se o outro dos pais não lhe sobreviver, ou o sobrevivo não puder exercer o poder familiar; VII – representá-los judicial e extrajudicialmente até os 16 (dezesseis) anos, nos atos da vida civil, e assisti-los, após essa idade, nos atos em que forem partes, suprindo-lhes o

da educação das crianças e das(os) adolescentes. Em outras palavras, o exercício do cuidado se mostra em jogo quando se observam os feixes do poder familiar.

Todavia, o exercício assimétrico do cuidado, considerada, para estas conclusões, a parentalidade heterossexual, como tem sido percebido, sepulta as promessas de igualdade substancial em sociedade. As tensões presentes em casos de pais que não se relacionam conjugalmente são sentidas quando da regulação de institutos como alimentos e guarda de filhas(os).

Quanto à guarda de filhas(os), especialmente com a alteração legislativa de 2014[20], tanto doutrina como jurisprudência construíram uma narrativa positiva sobre o seu compartilhamento. Nesta cadência, afirma-se, de modo acrítico, que o modelo vigente promove o envolvimento afetivo de genitores e de genitoras, independentemente de com quem se fixe a residência – dado que, como é sabido, mesmo em guarda compartilhada, a residência infanto-juvenil é fixada junto a guardiã(o) denominada(o) residente.

Contudo, faltam iniciativas para a imposição jurídica de efetiva divisão de responsabilidades de cuidados. Mesmo sob a insígnia de guarda compartilhada, a maior parte das experiências parentais regulamentadas por acordo ou por sentença satisfazem-se em resguardar tempo irrisório da criança ou da(o) adolescente com um dos genitores, sem atribuir atividades de cuidado a eles.

Por isso, também neste enfoque, as lentes críticas de gênero produzem tensão às conclusões pacificamente reproduzidas:

> Esta ótica tem profunda aplicabilidade no direito das famílias. Através dela, por exemplo, uma concepção disseminada da guarda compartilhada em diálogo com os sentidos de guarda física e de guarda jurídica – sendo aquela a de quem possui proximidade diária com as filhas e esta, o poder conjunto de decisões a seu respeito – demonstra a mais franca falência em termos de compartilhamento democrático de cuidados. Ao se afirmar que a guarda compartilhada se refere à guarda jurídica, demonstra, a doutrina, uma mitigação dos próprios argumentos relativos à parentalidade responsável. Entendemos que este desencadeamento é fruto de uma leitura idealizada do exercício de cuidados, sem considerá-lo informador de assimetria grave. Para se utilizar o vocabulário de Joan Tronto, deter a guarda jurídica significaria "cuidar com", e não "cuidar de" alguém. Aquele modo de atuação corresponde a uma forma abstrata e generalizada de compromisso; algo próximo a preocupar-se com algo ou com alguém; ao passo que este corresponde a respostas imediatas, concretas e cotidianas às necessidades de todas as sortes de alguém. Preocupar-se com uma criança ou pensar em quais são as melhores decisões sobre a sua saúde, a sua educação ou a sua dieta, não corresponde a medicá-la quando sente dor, participar de suas atividades escolares cotidianamente, escolher os seus alimentos no supermercado e prepará-los a cada refeição, e assim por diante (DE OLIVEIRA, 2019, p. 74-75).

---

consentimento; VIII – reclamá-los de quem ilegalmente os detenha; IX – exigir que lhes prestem obediência, respeito e os serviços próprios de sua idade e condição.
20. O Código Civil impõe o modelo compartilhado desde 2014, com as seguintes exceções previstas: Art. 1.484. § 2º Quando não houver acordo entre a mãe e o pai quanto à guarda do filho, encontrando-se ambos os genitores aptos a exercer o poder familiar, será aplicada a guarda compartilhada, salvo se um dos genitores declarar ao magistrado que não deseja a guarda do menor.

A propósito, Bila Sorj e Adriana Fontes diagnosticam uma característica amplamente conhecida, mas absolutamente desmobilizada no registro jurídico, acerca do trabalho de cuidado no país: a de que este engajamento é distribuído de modo desfavorável às mulheres em relação aos homens, independentemente da perspectiva de raça ou de classe social que se adote (SORJ; FONTES, 2012, p. 112).

De fato, as mulheres gastam 4,5 vezes mais horas em afazeres domésticos do que os homens, sendo que "no quinto mais pobre, o tempo gasto em afazeres domésticos das mulheres é quase seis vezes o dos homens, enquanto no quinto mais rico a diferença cai para 3,6 vezes." (SORJ; FONTES, 20212, p. 114).

Por outro lado, a posição socioeconômica deles é pouco representativa no engajamento com as crianças com quem eventualmente compartilham o espaço doméstico. Isso porque "a dedicação das mulheres aos afazeres domésticos é muito mais sensível às determinações de classe do que a dos homens, cuja identidade de gênero é fortemente construída pela distância que se mantém da esfera doméstica" (SORJ; FONTES, 2012, p. 113).

A oneração excessiva das mulheres pelo trabalho de cuidado em privilégio dos homens não se projeta, porém, nem para a regulamentação da convivência parental, nem em termos alimentares. Abatida por critérios distanciados de tais discrepâncias de gênero, embora prioritária no ordenamento jurídico, a obrigação desta natureza se encontra, recorrentemente, alavancada por parâmetros insuficientes, considerado o papel de prover a dignidade de grupos como crianças e adolescentes. Por exemplo, a dimensão jurisprudencial de fixação de 30% dos rendimentos do alimentante como régua para casos variados significa uma mitigação do instituto (MATOS; DE OLIVEIRA; PEREIRA; DOS SANTOS; LIMA, 2019), impossibilitando o seu melhor manejo para a superação de desigualdades sociais.

O parâmetro detém consequências irradiadas a partir das relações de gênero, porque o atendimento às necessidades materiais cotidianas infanto-juvenis costuma competir a quem detém as(os) filhas(os) em maior proximidade física:

> Acrescidas à análise a constatação de menor salário às mulheres, ainda inegável no país, e a oneração delas em relação aos cuidados com personagens vulneradas em família, incluídos crianças e adolescentes, percebe-se que invisibilizar a sua posição para a determinação dos alimentos pode significar a reprodução de padrões de injustiça de gênero que violam a celebrada proteção da infância e da juventude no âmbito do direito de família. Consequentemente, entende-se que as medidas de simplificação da determinação do quantum alimentar têm um inegável potencial ofensivo à fundamentalidade dos alimentos, a qual, anunciada à exaustão no ordenamento jurídico brasileiro, não pode ser desconsiderada. Com efeito, as nuances do caso concreto, levando em consideração todo o contexto de responsabilidade familiar em torno da vulnerabilidade em questão, parecem apresentar as melhores chaves hermenêuticas ao operador jurídico (MATOS; DE OLIVEIRA; PEREIRA; DOS SANTOS; LIMA, 2019, p. 194).

Portanto, guarda e alimentos representam institutos com potencial relevante, embora subaproveitado, para a superação parcial de vulnerabilidades em relações familiares.

Por fim, dois campos se apresentam para uma análise crítica, ainda que rara, de gênero em Direito das Famílias: abandono afetivo e alienação parental. Este último caso, aliás, tem tonalidades tais com as lentes aqui propostas que se chega a acionar a síndrome que inspirou a legislação pátria como "síndrome da mãe maliciosa" ou "síndrome de Medeia". Já sobre o abandono afetivo, observa-se o abandono paterno como o seu contorno mais frequente. Em outras palavras, é comum que as rés, em acusações de alienação parental, sejam as mães ao passo que, em acusações de abandono afetivo, sejam os pais.

A alienação parental é conceituada como:

(...) um conjunto de ações reiteradas praticadas pelo responsável (pai, mãe, avós etc.) pela criança/ pelo adolescente em desfavor, normalmente, do genitor não-guardião (mas que pode ocorrer da família que tenham estreita relação com a criança/o adolescente), a partir da manipulação de informações inverídicas, que maculam a imagem do alienado e comprometem (ou até impedem) a construção/manutenção, autônoma e livre, de laços de afeto entre ambos (DE ANDRADE, 2013, p. 677).

A movimentação em prol de disciplinar de modo urgente a alienação parental desencadeou, de fato, legislação própria, representada pela Lei 12.318 de 2010. Entretanto, a sua aplicação desconsidera, por completo, os níveis de engajamento paterno e materno com o exercício de cuidados, que produzem recusas, por vezes, justificadas de convívio e que não significam mau uso do poder familiar:

O contato contínuo do pai com o recém-nascido parece melhor inaugurar trajetória de alta qualidade das práticas educativas parentais, o que depende, fundamentalmente, do envolvimento afetivo estabelecido com o filho ao longo dos anos (...) uma das razões que favorecem a recusa de crianças ou adolescentes em conviver com seus genitores é a baixa qualidade das práticas educativas parentais. Trata-se de aspecto de relevante destaque, pois não basta enunciar a mera convivência como suficiente ao cumprimento dos papéis parentais. É preciso que a responsabilização se apresente efetivamente horizontal, mútua, colaborativa e salutar aos filhos. Os autores encontraram que em 35% dos casos o motivo da recusa da criança foi a inabilidade ou limitação do outro pai, falta de calor, interesse, sensibilidade pelas necessidades da criança ou rejeição por uso de alcoolismo ou drogadição ou temperamento violento do genitor ou padrasto/madrasta (GOMIDE; MATOS, 2016, p. 103-104).

Percebe-se, com isso, que a ausência de envolvimento afetivo paterno configura terreno profícuo para práticas que costumam se associar à alienação parental. Além disso, há um vazio relevante de soluções de convivência parental para as hipóteses recorrentes de violência doméstica, o que pode conduzir as vítimas a serem acusadas de alienação parental durante a sua tentativa de afastamento em relação ao agressor com quem tem prole comum.

Ao revés, ainda a cargo da oscilante apreciação judicial, o abandono afetivo enfrenta graves obstáculos de concretização. Observada a experiência do Superior Tribunal de Justiça nesta temática, não há pacificação sobre se caracterizar, a conduta, como ilícita, e não há critérios para o enquadramento dela em termos jurídicos, o que conduz à ineficácia do reconhecimento do abandono afetivo como causador de dano compensável (DA COSTA; RAMOS, 2020).

É curioso que as posturas acusadas pelos movimentos de pais como maus usos de poder familiar das mães tenham gerado medidas legislativas graves no país, a exemplo da Lei da Guarda Compartilhada (Lei 13.058 de 2014), que alterou o Código Civil em vigor para torná-la forçosa, e da Lei da Alienação Parental (Lei 12.318 de 2010). As redes Pai Legal, Pais por Justiça, Pais para Sempre demonstram este engajamento em referidas modificações.

Todavia, a pauta do abandono afetivo, que também tem um enredo gendrificado, e que poderia ser considerada positiva para a partilha de responsabilidades parentais, as quais costumam sobrecarregar as mães, sequer se estabiliza na jurisprudência, vez que, para eles, as consequências de não se envolver com os cuidados das(os) filhas(os) ainda são mínimas.

Em suma, também os fluxos de política legislativa e de tendências jurisprudenciais são reveladores de agendas de gênero que nem sempre se encontram disponíveis para a efetiva responsabilização masculina quanto à sua prole.

4. CONSIDERAÇÕES FINAIS

A amplitude de temáticas que podem se aproveitar da categoria de gênero para uma necessária releitura crítica do Direito das Famílias permitiu, neste capítulo, um esforço de resumo expandido de potenciais rotas de abordagem de institutos cotidianamente manejados por operadoras(es) jurídicas(os). Com isso, didaticamente, guiaram as nossas conclusões os eixos conjugal e parental.

Para o eixo conjugal, foram selecionadas, com o objetivo de organização de nossa análise, a constituição e a dissolução do vínculo como produtores de possíveis análises de gênero. Os múltiplos modos de constituição de referido vínculo, considerado o grau de assentamento de seu reconhecimento jurídico como entidade familiar, a conjugalidade infantil e os deveres conjugais foram pinçados como enfoques relevantes para o primeiro ponto. Para o segundo, destacaram-se a partilha de bens e os alimentos a ex-cônjuge e companheira(o) como sensíveis às assimetrias desta natureza.

Para o eixo parental, apontou-se a constituição da autoridade parental como origem de deveres parentais profundamente impactados pela distinção entre cuidadores e cuidadoras. Ilustrativamente, guarda de filhas(os), alimentos, alienação parental e abandono afetivo foram elencados como potenciais condutores de críticas a partir de gênero.

Estas ilustrações de assimetrias não encerram os debates que devem se proliferar para a superação de vulnerabilidades concretas socialmente sentidas. E, se, por um lado, os institutos aqui mencionados não esgotam os que devem recepcionar as lentes de gênero no campo, por outro, estas próprias podem ser tomadas como insuficientes quando se reflete sobre marcadores como raça e classe social para o aprimoramento das conclusões sobre urgências legislativas e de políticas públicas no contexto nacional.

Mesmo assim, o mapeamento de potenciais reflexões sobre gênero e Direito das Famílias pode inspirar trajetórias de reinvenção de categorias para o oferecimento de ferramentas jurídicas aptas a incidir em determinadas relações sociais, mitigando, com isso, enfim, as injustiças que nelas pulsam.

5. REFERÊNCIAS

BARBOZA, Heloisa Helena; ALMEIDA, Vitor. A tutela das vulnerabilidades na legalidade constitucional. *In*: TEPEDINO, Gustavo; TEIXEIRA, Ana Carolina Brochado; ALMEIDA, Vitor. *Da dogmática à efetividade do Direito Civil*. Belo Horizonte: Fórum, 2017.

BRASILEIRO, Luciana. *As famílias simultâneas e seu regime jurídico*. Belo Horizonte: Fórum, 2019.

DA COSTA, Natália Winter; RAMOS, André Luiz Arnt. Responsabilidade por abandono afetivo nas relações paterno-filiais: um retrato do estado da questão na literatura e nos tribunais. *Revista IBERC*, v. 3, n. 1, 2020.

DA SILVA, Marcos Alves. *Da monogamia*: a sua superação como princípio estruturante do direito de família. Curitiba: Juruá, 2013.

DE ANDRADE, Denise Almeida. A alienação parental e as relações familiares no Brasil. *In*: MENEZES, Joyceane Bezerra de; MATOS, Ana Carla Harmatiuk. *Direito das famílias por juristas brasileiras*. São Paulo: Saraiva, 2013.

DE LAURETIS, Teresa. *Technologies of gender*: Essays on theory, film and fiction. London: Macmillan, 1989.

DE OLIVEIRA, Ligia Ziggiotti; LIMA, Francielle Elisabet Nogueira. Reflexões e desafios propostos pela leitura feminista acerca do descumprimento de deveres conjugais. *Civilistica.com*, Rio de Janeiro, a. 07, n. 03, 2018.

DE OLIVEIRA, Ligia Ziggiotti. *Cuidado como valor jurídico*: crítica aos direitos da infância a partir do feminismo. Tese (Doutorado) – Universidade Federal do Paraná, Setor de Ciências Jurídicas, Programa de Pós-Graduação em Direito. Curitiba, 2019.

DE OLIVEIRA, Ligia Ziggiotti. *Olhares feministas sobre o Direito das Famílias contemporâneo*: perspectivas críticas sobre o individual e o relacional em família. 2. ed. Rio de Janeiro: Lumen Juris, 2020.

DIAS, Maria Berenice. Família homoafetiva. *In*: TEIXEIRA, Ana Carolina Brochado; RIBEIRO, Gustavo Pereira Leite. *Manual de direito das famílias e das sucessões*. Belo Horizonte: Del Rey, 2008.

DOS SANTOS, Andressa Regina Bissolotti. Desdobramentos do pós-maio de 2011: reflexões sobre os requisitos da união estável a partir do cotidiano dos casais do mesmo gênero. *Civilistica.com*, Rio de Janeiro, a. 09, n. 01, 2020.

GOMIDE, Paula Inez Cunha; MATOS, Ana Carla Harmatiuk. Diálogos interdisciplinares acerca da alienação parental. *In*: GOMIDE, Paula Inez Cunha; STAUT JUNIOR, Sergio Said. *Introdução à psicologia forense*. Curitiba: Juruá, 2016.

IBGE. *Pesquisa Nacional por Amostra de Domicílios Contínua*. Disponível em: https://www.ibge.gov.br/estatisticas/sociais/trabalho/9171-pesquisa-nacional-por-amostra-de-domicilios-continua-mensal.html?=&t=downloads. Acesso em: 12 fev. 2021.

INSTITUTO BRASILEIRO DE GEOGRAFIA E ESTATÍSTICA. *Cadastro Nacional de Empresas 2017*. Disponível em: https://www.ibge.gov.br/estatisticas/economicas/comercio/9016-estatisticas-do--cadastro-central-de-empresas.html?=&t=o-que-e. Acesso em: 25 set. 2020.

LÔBO, Paulo. Direito de família e os princípios constitucionais. *In*: PEREIRA, Rodrigo da Cunha. *Tratado de Direito das Famílias*. IBDFAM: Belo Horizonte, 2015.

MADALENO, Rolf. *Curso de direito de família*. 5 ed. Rio de Janeiro: Forense, 2013.

MATOS, Ana Carla Harmatiuk; DE OLIVEIRA, Ligia Ziggiotti; PEREIRA, Jacqueline Lopes; DOS SANTOS, Andressa Regina Bissolotti; LIMA, Francielle Elisabet Nogueira. Os Tribunais e o senso comum: sobre a regra de fixação dos alimentos em 30% dos rendimentos do alimentante. *RBDCivil*, v. 22, 2019.

MATOS, Ana Carla Harmatiuk; DE OLIVEIRA, Ligia Ziggiotti. Paradoxos entre autonomia e proteção das vulnerabilidades: efeitos jurídicos da união estável entre adolescentes. *In*: TEIXEIRA, Ana Carolina Brochado; DADALTO, Luciana. *Autoridade parental*: dilemas e desafios contemporâneos. Indaiatuba: Foco, 2019.

MATOS, Ana Carla Harmatiuk; MENDES, Anderson Pressendo; DOS SANTOS, Andressa Regina Bissolotti; DE OLIVEIRA, Ligia Ziggiotti; IWASAKI, Micheli Mayumi. Alimentos em favor de ex-cônjuge ou companheira: reflexões sobre a (des)igualdade de gênero a partir da jurisprudência do STJ. *Revista Quaestio Juris*, v. 8, n. 4, 2015.

MATOS, Ana Carla Harmatiuk. *As famílias não fundadas no casamento e a condição feminina*. Rio de Janeiro: Renovar, 2000.

ORGANIZAÇÃO INTERNACIONAL DO TRABALHO. *Mulheres ainda são menos propensas a atuar no mercado de trabalho do que os homens na maior parte do mundo*. Disponível em: https://www.ilo.org/brasilia/noticias/WCMS_619819/lang--pt/index.htm. Acesso em: 25 set. 2020.

ORTER, Sherry. Está a mulher para o homem assim como a natureza para a cultura? In: MICHELLE, Zimbalist Rosaldo; LAMPHERE, Louise. *A mulher a cultura a sociedade*. Rio de Janeiro: Paz e Terra, 1979.

PEDRO, Joana Maria. Narrativas do feminismo em países do Cone Sul (1960-1989). *In*: PEDRO, Joana Maria; WOLFF, Cristina Scheibe. *Gênero, feminismos e ditadura no Cone Sul*. Florianópolis: Mulheres, 2010.

PELLEGRINELLO, Ana Paula. *Reprodução humana assistida*: a tutela dos direitos fundamentais das mulheres. Curitiba: Juruá, 2014.

PITANGUY, Jacqueline. Advocacy: um processo histórico. In: BARSTED, Leila Linhares; PITANGUY, Jacqueline. *O progresso das mulheres no Brasil 2003-2010*. Rio de Janeiro: CEPIA; Brasília: ONU Mulheres, 2011.

RODRÍGUEZ-MODRONO, Paula; GÁLVEZ-MUNOZ, Lina; AGENJO-CALDERÓN, Astrid. *The hidden role of women in family firms*. Disponível em: http://www.upo.es/serv/bib/wphaei/haei1501.pdf. Acesso em: 25 set. 2020.

RUBIN, Gayle. *O tráfico de mulheres*: notas sobre a "economia política" do sexo. Trad. Christine Rufino; Dabat Edileusa Oliveira da Rocha; Sonia Corrêa. Recife: SOS CORPO, 1993.

SCOTT, Joan. Gênero: uma categoria útil de análise histórica. *Educação & Realidade*, v. 15, n. 02, jul.-dez. 1990.

SIMÃO, José Fernando. Poder familiar. *In*: LAGRASTA NETO, Caetano; SIMÃO, José Fernando. *Dicionário de Direito de Família*. São Paulo: Atlas, 2017.

SORJ, Bila; FONTES, Adriana. O care como um regime estratificado: implicações de gênero e classe social. In: HIRATA, Helena; GUIMARÃES, Nadya Araujo. *Cuidado e Cuidadoras*: As várias faces do trabalho do care, São Paulo: Atlas, 2012.

TEIXEIRA, Ana Carolina Brochado; KONDER, Carlos Nelson. Situações jurídicas dúplices: controvérsias sobre a nebulosa fronteira entre patrimonialidade e extrapatrimonialidade. *In*: TEIXEIRA, Ana Carolina Brochado; RODRIGUES, Renata de Lima. *Contratos, família e sucessões*: diálogos interdisciplinares. Indaiatuba: Foco, 2019.

VENOSA, Sílvio de Salvo. A família conjugal. In: PEREIRA, Rodrigo da Cunha. *Tratado de Direito das Famílias*. IBDFAM: Belo Horizonte, 2015.

A JUDICIALIZAÇÃO DA FAMÍLIA E A (DES) PROTEÇÃO DA PESSOA DOS FILHOS

Renata Vilela Multedo

Doutora e Mestre em Direito Civil pela Universidade do Estado do Rio de Janeiro (UERJ). MBA em administração de empresas pela PUC-Rio. Professora Titular de Direito Civil do Centro Universitário IBMEC, da Pós Graduação em Direito Privado Patrimonial e de Direito de Família e Sucessões da PUC-Rio. Advogada, Mediadora e gestora positiva de conflitos. Capacitada e docente em Práticas Colaborativas pelo IBPC e em Negociação pelo (PON) da Harvard Law School. Membro efetivo do IAB, IBDFAM, IBDCivil, IBERC, IBPC e IACP. Membro do Conselho da civilistica.com – Revista eletrônica de Direito Civil.

> *Aquilo que não é necessariamente uma escolha não pode ser considerado como mérito ou como fracasso.*
>
> – Milan Kundera

Sumário: 1. Introdução – 2. A constitucionalização da família e o melhor interesse dos filhos – 3. Guarda, autoridade parental e convivência compartilhada – 4. Limites da intervenção do estado na autoridade parental – 5. A potencialidade dos métodos consensuais de solução de conflitos e dos pactos extrajudiciais – 6. Considerações finais – 7. Referências.

1. INTRODUÇÃO

A consolidação do divórcio pela sociedade brasileira veio acompanhada de uma crescente judicialização dos conflitos familiares. Muitas são as razões e as consequências deste fenômeno, mas, sem dúvida, a mais gravosa delas é a desproteção da pessoa dos filhos, que se transformam nas maiores vítimas dos litígios travados por seus próprios pais.[1]

---

1. Chega-se a casos extremos em que um genitor, não conseguindo suportar o luto da separação e o sentimento de rejeição, usa o filho do casal para se vingar, incutindo na criança falsas lembranças a respeito do outro. Trata-se da síndrome da alienação parental, nova situação perante o atual direito de família, que foi definida pela primeira vez em 1985, por Richard A. Gardner, na obra *Recent trends in divorce and custody litigation*, The Academy Forum, 29(2), p. 3-7. Em português, sugere-se a leitura do artigo de Richard A. Gardner, traduzido por Rita Rafaeli. *O DSM-IV tem equivalente para o diagnóstico de Síndrome de Alienação Parental (SAP)?* Disponível em: https://sites.google.com/site/alienacaoparental/textos-sobre-sap-1/o-dsm-iv-tem-equivalente. Acesso em: 16 abr. 2023. No Brasil, a Síndrome da Alienação Parental foi regulada pela Lei 12.318, de 26 de agosto de 2010. De acordo com o disposto no art. 2º da referida lei, "considera-se ato de alienação parental a interferência na formação psicológica da criança ou do adolescente promovida ou induzida por um dos genitores, pelos avós ou pelos que tenham a criança ou adolescente sob a sua autoridade, guarda ou vigilância para que repudie genitor ou que cause prejuízo ao estabelecimento ou à manutenção de vínculos com este".

A dificuldade em separar o exercício da conjugalidade da parentalidade, seja pelo ex-casal, seja por apenas um deles, torna-se hoje o principal obstáculo para o exercício da corresponsabilidade parental, e acaba por impedir a efetiva participação de ambos os pais no processo de educação e formação dos filhos após a dissolução da sociedade conjugal.

Enquanto o direito de família caminhou a passos largos para o fim da perquirição da culpa nas dissoluções conjugais, pais eternizam suas angústias com o esfacelamento de suas uniões buscando, no Poder Judiciário, soluções para questões que transbordam a seara jurídica, o que dificulta ainda mais o exercício de uma parentalidade responsável e cooperativa. Na relação familiar contemporânea, não há dúvida de que as regras estão a serviço da proteção da criança e do adolescente, cujos melhores interesses devem sempre ser amplamente resguardados pelo Estado, pela sociedade e pela família em si.

A introdução da guarda compartilhada no Brasil pretendeu convocar os pais a exercerem de forma conjunta a autoridade parental[2] – sendo seu real mérito mais social do que jurídico – ao popularizar o debate da coparticipação parental na vida dos filhos mesmo após o fim da união conjugal ou convivencial.[3] Fato é que o legislador infraconstitucional provocou uma profunda mudança no direito de família brasileiro no que tange às relações parentais.

Vale mencionar a existência de corrente que não concorda com a tipificação da SAP, a uma porque o pressuposto da síndrome está ligado a uma patologia, o que carece de comprovação científica no caso da SAP, a duas por que existem estudos que analisam um determinado padrão nos contextos de violência doméstica e familiar, em que após a concessão da medida protetiva, o agressor ajuíza ação de alienação parental com o fim de se reaproximar da vítima, cabendo salientar que em alguns casos as próprias crianças também podem ser vítimas, ou testemunhas, das agressões praticadas, a priori, em face de suas mães. Nesse caso, sustenta-se que submetê-las ao reencontro com o genitor agressor de maneira súbita, através da imposição do Estado-juiz, além de colocá-las em risco e propiciar sensações de desconforto e medo, abre espaço para uma das piores situações que o judiciário pode promover para partes potencialmente vulneráveis: a revitimização. Sobre o tema, Recomendação 003, de 11 de fevereiro de 2022, do Conselho Nacional de Saúde. Disponível em: http://conselho.saude.gov.br/ultimas-noticias-cns/2359-cns-pede-fim-de-pl-e-lei-sobre-alienacao-parental-que-prejudicam-mulheres-e-criancas. Acesso em: 16. abr. 2023; e Protocolo para Julgamento com Perspectiva de Gênero. Disponível em: file:///C:/Users/BMVM/Downloads/protocolo-18-10-2021-final.pdf. Acesso em: 17 abr.2023.

O Código Civil de 2002 derrogou o art. 10 da Lei 6.515/77, que previa que os filhos ficariam com o cônjuge que não tivesse dado causa à separação, prevalecendo a orientação da jurisprudência de que a guarda dos filhos deve ser concedida a quem reúna melhores condições para exercê-la. Percebe-se assim que o legislador, ao tratar dos critérios que devem orientar o juiz no deferimento da guarda, tomou como norte o melhor interesse da criança, abandonando para fins de deferimento da guarda a questão da culpa na separação.

2. GRISARD FILHO, Waldyr. *Guarda compartilhada*: um modelo de responsabilidade parental. São Paulo: Ed. RT, 2009, p. 111.
3. Observa Ana Carolina Brochado Teixeira que "não obstante a desnecessidade do instituto, o *thelos* de atribuir maior efetividade aos deveres dos genitores deve ser festejado, pois numa época em que o Brasil vive grandes problemas com a irresponsabilidade parental, a possibilidade de dar maior eficácia a tais deveres coaduna integralmente com os objetivos constitucionais, não apenas de tutela da pessoa humana, mas também de proteção ao crescimento biopsíquico saudável da pessoa menor de idade" (TEIXEIRA, Ana Carolina Brochado. A (des)necessidade da guarda compartilhada. In: TEIXEIRA, Ana Carolina Brochado; RIBEIRO, Gustavo Pereira Leite (Coord.). *Manual de direito das famílias e das sucessões*. Belo Horizonte: Del Rey, 2008, p. 318).

De fato, houve no ordenamento pátrio significativas alterações no regime de guarda. A Lei 11.698, de 13 de junho de 2008, modificou o Código Civil para instituir, ao lado da guarda unilateral, a guarda compartilhada no Brasil, retirando do sistema jurídico brasileiro a preferência pela primeira modalidade. Posteriormente, a Lei 13.058, de 22 de dezembro de 2014, alterou novamente o mesmo diploma legal, tornando a modalidade da guarda compartilhada como regra geral.

Nesse cenário, cabe indagar sobre o que representa o melhor interesse dos filhos no exercício e na formação da coparentalidade. Afinal, o aspecto funcional da parentalidade é evidentemente mais relevante do que qualquer outro. Ressalta-se que a opinião da criança, compreendida como sujeito de direitos, também deve ser levada em consideração na medida de seu desenvolvimento e discernimento, a fim de perquirir qual arranjo melhor satisfaz a seus interesses na situação no caso concreto.[4]

É sob essa perspectiva, que se pretende nessas breves linhas refletir sobre os institutos da guarda, da corresponsabilidade parental e da preservação do melhor interesse dos filhos no estabelecimento da forma de convivência com os pais; bem como a importância da preservação da autonomia existencial da criança e do adolescente nesse momento, a potencialidade da adoção dos métodos consensuais de resolução de conflitos e dos pactos extrajudiciais na situação atual e, por fim, perquirir sobre o papel da intervenção do Estado para maiores salvaguardas em prol da tutela dos vulneráveis quando, na situação concreta, esta se mostrar realmente necessária.

2. A CONSTITUCIONALIZAÇÃO DA FAMÍLIA E O MELHOR INTERESSE DOS FILHOS

A Constituição de 1988 modificou o paradigma no qual se assentava o conceito jurídico de família no Brasil, ocasião em que se passou a adotar uma concepção meramente instrumental da comunidade familiar. O direito de família brasileiro passou a ser informado sob um robusto tripé composto pelos princípios da dignidade da pessoa humana, da igualdade substancial e da solidariedade social. Esse processo, como ressalta Maria Celina Bodin de Moraes,

> [...] foi acompanhado de perto pela legislação e pela jurisprudência brasileiras que tiveram nas duas últimas décadas, inegavelmente, um papel promocional na construção do novo modelo familiar. Tal modelo vem sendo chamado, por alguns especialistas em sociologia, de 'democrático', correspondente, em termos históricos, a uma significativa novidade, em decorrência da inserção, no ambiente familiar, de princípios tais como a igualdade e a liberdade.[5]

---

4. Nesse sentido, VILELA MULTEDO, Renata; MEIRELES, Rose Melo Vencelau. Autonomia Privada nas Relações Familiares: Direitos do Estado dos Direitos nas Famílias. In: JUNIOR, M. E.; JUNIOR, E. C.. (Org.). *Transformações no Direito Privado nos 30 anos da Constituição*: estudos em homenagem a Luiz Edson Fachin. Belo Horizonte: Fórum, 2018.
5. BODIN DE MORAES, Maria Celina. A Família democrática. In: BODIN DE MORAES, Maria Celina. *Na Medida da Pessoa Humana*. Estudos de direito civil constitucional. Rio de Janeiro: Renovar, 2010, p. 209.

Após um longo período de dogmas e preconceitos, a família fundada no casamento, preservada e valorizada a qualquer custo como instituição acima dos interesses de seus integrantes, cede lugar a uma família que passa a ser vista como um "núcleo intermediário de desenvolvimento da personalidade dos filhos e de promoção da dignidade de seus integrantes".[6]

Assim, essas transformações atingiram de forma ainda mais incisiva o direito da filiação. Observou-se um grande avanço no estabelecimento do vínculo paterno-filial com a consagração do princípio da isonomia, que proíbe qualquer forma de discriminação entre os filhos independente do modelo de relação existente entre seus pais.[7]

O artigo 227 da Constituição Federal conferiu com absoluta prioridade a proteção integral à criança e ao adolescente, dispondo que é dever da família, do Estado e da sociedade assegurar seus direitos fundamentais, dentre os quais o direito à dignidade, que oferece os contornos do princípio do melhor interesse da criança e do adolescente.

Assinala Tânia da Silva Pereira que o princípio do melhor interesse da criança e do adolescente "permanece como um padrão, considerando, sobretudo, as necessidades da criança em detrimento dos interesses de seus pais, devendo realizar-se sempre uma análise do caso concreto".[8]

O referido princípio foi incorporado no ordenamento jurídico nacional através da ratificação da Convenção Internacional dos Direitos da Criança, aprovada na Assembleia Geral da ONU em 20 de novembro de 1989, por intermédio do Decreto 99.710/90, que em seu art. 3º, dispõe: "Todas as ações relativas às crianças, levadas a efeito por instituições públicas ou privadas de bem-estar social, tribunais, autoridades administrativas ou órgãos legislativos, devem considerar, primordialmente, o interesse maior da criança".[9] Da mesma forma, o Estatuto da Criança e do Adolescente (Lei 8.069/90) reuniu toda a matéria referente a esta proteção decorrente dos princípios constitucionais e reforçou o reconhecimento da criança como sujeito de

---

6. TEPEDINO, Gustavo. A disciplina civil-constitucional das relações familiares. In: TEPEDINO, Gustavo. *Temas de Direito Civil*. Rio de Janeiro: Renovar, 2004, p. 398 e 399.
    Como se sabe, em 2011 o STF reconheceu a união estável entre pessoas do mesmo sexo, equiparando seus direitos aos das famílias heterossexuais. Dessa forma, o padrão heteronormativo de família passou a dividir lugar com uma pluralidade de formas que a família contemporânea pode assumir, onde a questão central gira em torno do melhor interesse de seus integrantes e não no formato que elas possuem.
    Após o reconhecimento da união estável homoafetiva, caminhos foram abertos para a possibilidade de adoção homoparental, bem como para as técnicas de reprodução assistida, de modo que atualmente as famílias de modelo aberto possuem plenamente assegurados os mesmos direitos que as famílias heteronormativas.
7. O art. 227, parágrafo 8º da CF/88 dispõe: "Os filhos, havidos ou não da relação do casamento, ou por adoção, terão os mesmos direitos e qualificações, proibidas quaisquer designações discriminatórias relativas à filiação".
8. PEREIRA, Tânia da Silva. O melhor interesse da criança. In: PEREIRA, Tânia da Silva. (Coord.). *O melhor interesse da criança*: um debate interdisciplinar. Rio de Janeiro: Renovar, 1999, p. 14.
9. No original em ingles: "All actions concerning children whether undertaken by public or private social welfare institutions, courts of law, administrative authorities or legislative bodies, the best interests of the child shall be a primary consideration". PEREIRA, Tânia da Silva. O princípio do melhor interesse da criança: da teoria à prática. In: PEREIRA, Rodrigo da Cunha (Coord.). *A família na travessia do milênio*. Anais. Belo Horizonte: Del Rey, 1999, p. 215.

direitos, especificando em normativa infraconstitucional o regime de tutela de seus interesses jurídicos.

Ademais, a incorporação do princípio do melhor interesse da criança e do adolescente no Direito brasileiro, tornou imperiosa sua aplicação como uma cláusula geral em todos os casos que envolvam os interesses do menor. Como conclui Luiz Edson Fachin,

> Deduz-se, pois, que as disposições cuja aplicação contrarie os princípios consignados na Constituição tornaram-se, então, inconstitucionais. Ademais disso, sabe-se que os princípios constitucionais do Direito de Família têm eficácia jurídica direta e são, portanto, normas vinculativas e, que, igualmente, os preceitos relativos ao Direito de Família devem ser interpretados e integrados em conformidade com estes princípios (princípios de interpretação conforme a Constituição).[10]

A mudança de paradigma trazida pela Constituição de 1988 e implementada pelo Estatuto da Criança e do Adolescente alterou drasticamente o enfoque das relações parentais, hoje calcadas nos princípios da dignidade humana, da paternidade responsável[11] e da solidariedade familiar.

O dever de educação passa então a exercer uma função emancipatória[12] em decorrência da modificação na própria forma de exercício da autoridade parental, hoje concebida como um poder-dever posto no interesse exclusivo do filho e com finalidade de satisfazer suas necessidades.[13] Como esclarece Gustavo Tepedino, "na concepção contemporânea, a autoridade parental não pode ser reduzida, nem a uma pretensão juridicamente exigível em favor dos seus titulares, nem a um instrumento jurídico de sujeição (dos filhos à vontade dos pais)".[14]

É justamente em razão da centralidade que assumiu a filiação no âmbito da família que se justifica essa atuação positiva do legislador, garantindo mais proteção

---

10. FACHIN, Luis Edson. *Averiguação e investigação da paternidade extramatrimonial*: comentários à Lei 8.560/92. Curitiba: Genesis, 1995, p. 11.
11. Nessa esteira são as lições de Guilherme Calmon Nogueira da Gama, ao destacar que "a parentalidade responsável não diz respeito apenas à decisão de se tornar pai ou mãe, uma vez que gera responsabilidade para toda uma vida, que vai muito além dos limites temporais impostos à autoridade parental. Assim, a consciência do exercício da parentalidade abrange muito mais do que o aspecto voluntário de procriar, mas especialmente os aspectos posteriores ao nascimento do filho, inerentes à responsabilidade parental, nas fases mais relevantes da formação e desenvolvimento da personalidade que são a infância e a adolescência". (GAMA, Guilherme Calmon Nogueira da. *A nova filiação*: o biodireito e as relações parentais: o estabelecimento da parentalidade, filiação e os efeitos jurídicos da reprodução assistida heteróloga. Rio de Janeiro: Renovar, 2003, p. 455).
12. PERLINGIERI, Pietro. *Perfis do Direito Civil*. Introdução ao Direito Civil Constitucional. trad. Maria Cristina de Cicco. 2. ed. Rio de Janeiro: Renovar, 2002, p. 258.
13. BODIN DE MORAES, Maria Celina. Maria Celina. Danos morais em família? Conjugalidade, parentalidade e responsabilidade civil. *Na Medida da Pessoa Humana*, p. 447.
14. Como ressalta o autor que a "interferência na esfera jurídica dos filhos só encontra justificativa funcional na formação e no desenvolvimento da personalidade dos próprios filhos, não caracterizando posição de vantagem juridicamente tutelada em favor dos pais" (TEPEDINO, Gustavo. A disciplina jurídica da guarda e da autoridade parental. *RTDC*, p. 182).

aos filhos e maior responsabilidade aos pais.[15] As regras hoje estão a serviço da proteção da criança, cujos melhores interesses as autoridades e os responsáveis têm o dever de sempre buscar.

3. GUARDA, AUTORIDADE PARENTAL E CONVIVÊNCIA COMPARTILHADA

Como mencionado, as leis 11.698 de 2008 e 13.058 de 2014 propiciaram significativas alterações no regime da guarda, convivência e responsabilidade parental no direito brasileiro. A primeira modificou o Código Civil para instituir, ao lado da guarda unilateral, a guarda compartilhada no Brasil, retirando do sistema jurídico brasileiro a preferência pela modalidade de guarda unilateral. Já a segunda teve como principal alteração a instituição da modalidade da guarda compartilhada como regra geral no direito brasileiro.

A lei dispôs, ainda, de forma contundente, no parágrafo 2º do art. 1.584, que, "quando não houver acordo entre a mãe e o pai quanto à guarda do filho, encontrando-se ambos os genitores aptos a exercer o poder familiar, será aplicada a guarda compartilhada, salvo se um dos genitores declarar ao magistrado que não deseja a guarda do menor".

Além disso, o legislador se preocupou com a divisão ponderada do tempo de convivência dos filhos com os pais, estabelecendo que o tempo de convívio "deve ser dividido de forma equilibrada com a mãe e com o pai, sempre tendo em vista as condições fáticas e os interesses dos filhos".[16]

No contexto da promulgação da Lei 11.698 de 2008, ressaltou-se, em doutrina, que a introdução da guarda compartilhada no Brasil pretendeu convocar os pais a exercerem conjuntamente a autoridade parental[17] popularizando o debate acerca da coparticipação parental na vida dos filhos, mesmo após o fim da união conjugal ou convivencial. Isto porque no direito brasileiro mesmo a guarda unilateral não exclui o exercício conjunto da autoridade parental. Como esclarece Gustavo Tepedino,[18] ao contrário de ordenamentos da família romano-germânica em que, com a separação judicial ou o divórcio, o exercício da autoridade parental pode ser atribuído pelo juiz exclusivamente ao titular da guarda, no sistema brasileiro a dissolução da

---

15. BODIN DE MORAES, Maria Celina. Danos morais em família? *Na Medida da Pessoa Humana*, p. 447. Neste sentido também destaca Giselda Maria Ferrnandes Novaes Hironaka que "a responsabilidade dos pais consiste principalmente em dar oportunidade ao desenvolvimento dos filhos, consiste em ajudá-los na construção o da própria liberdade. Trata-se de uma inversão total, portanto, da ideia antiga e maximamente patriarcal de pátrio poder". (HIRONAKA, Giselda Maria Ferrnandes Novaes. Responsabilidade Civil na relação paterno-filial. *Família e Cidadania*: O Novo CCB e a *vacatio legis*. Anais. Belo Horizonte: IBDFAM/Del Rey, 2002, p. 429 e 430).
16. Parágrafo 2º do art. 1.583 do Código Civil.
17. GRISARD FILHO, Waldyr. *Guarda compartilhada*: um modelo de responsabilidade parental. São Paulo: Ed. RT, 2009, p. 111.
18. TEPEDINO, Gustavo. A disciplina da guarda e a autoridade parental na ordem civil-constitucional. *Revista Trimestral de Direito Civil – RTDC*, v. 17, jan./mar. 2004, p. 41-42.

sociedade conjugal em nada altera as responsabilidades dos pais pelo exercício do chamado poder familiar.

Mas fato é que o legislador infraconstitucional, já naquela ocasião, provocara uma mudança no direito de família brasileiro no que tange às relações parentais, vez que até 2008 cabia ao julgador, em caso de litígio, conceder a guarda unilateral àquele que revelasse as melhores condições, sendo na maior parte das vezes concedida à mãe.[19]

Com efeito, é importante salientar que, no direito brasileiro, a noção de guarda não se confunde com a de autoridade parental. Assim, como previsto no art. 1.632 do Código Civil, "a separação judicial, o divórcio e a dissolução da união estável não alteram as relações entre pais e filhos senão quanto ao direito, que aos primeiros cabe, de terem em sua companhia os segundos". Reforça o legislador essa corresponsabilidade dos pais após a dissolução conjugal ao dispor, no art. 1.579, que "o divórcio não modificará os direitos e deveres dos pais em relação aos filhos" e, no art. 1.634, que "compete a ambos os pais, qualquer que seja a sua situação conjugal, o pleno exercício do poder familiar", enumerando, nos incisos seguintes do dispositivo, os deveres quanto aos filhos.

Em tese, a guarda compartilhada, como destaca Paulo Lôbo, respeita "a família enquanto sistema, maior do que a soma das partes, que não se dissolve, mas se transforma, devendo continuar sua finalidade de cuidado",[20] sendo certo que o objetivo da lei é o de assegurar o direito à convivência familiar, em sua maior plenitude possível, convocando ambos os pais a assumirem de forma efetiva o conteúdo da autoridade parental.[21]

Pode-se afirmar que a iniciativa é de todo louvável, mas os desafios não parecem poucos. Tanto é assim que o próprio legislador, no parágrafo 3º do art. 1.584 do Código Civil, já estabelece a possibilidade de o juiz, de ofício ou a requerimento do Ministério Público, recorrer à orientação técnico-profissional ou ao auxílio de equipe interdisciplinar para estabelecer as atribuições do pai e da mãe e os períodos de convivência sob a guarda compartilhada.

Exatamente porque os litígios familiares envolvem questões exógenas ao direito, não raro se mostra necessária a interdisciplinaridade com outras áreas do saber na busca concreta do melhor interesse dos filhos. As mudanças trazidas pela Constituição de 1988 e implementadas pelo Estatuto da Criança e do Adolescente mudaram radicalmente o enfoque das relações parentais, e é justamente por essa perspectiva

---

19. No ano de 2007, anterior a promulgação da lei, em 89,1% dos divórcios, a responsabilidade pela guarda dos filhos menores foi concedida às mulheres. Disponível em: https://recivil.com.br/estatisticas-do-registro-civil-2007-para-cada-quatro-casamentos-foi-registrada-uma-separaca o/. Acesso em: 16 abr. 2023.
20. LÔBO NETTO, Paulo Luiz Netto. Direito-dever à convivência familiar. In: DIAS, Maria Berenice (Org.). *Direito das famílias*: contributo do IBDFAM em homenagem a Rodrigo da Cunha Pereira. São Paulo: Ed. RT, 2009, p. 401, v. 1.
21. TEIXEIRA, Ana Carolina Brochado. A (des)necessidade da guarda compartilhada. In: TEIXEIRA, Ana Carolina Brochado; RIBEIRO, Gustavo Pereira Leite (Coord.). *Manual de direito das famílias e das sucessões*. Belo Horizonte: Del Rey, 2008, p. 315.

que muitas questões são abordadas tanto em sede doutrinária como jurisprudencial no que tange ao compartilhamento da convivência e à corresponsabilidade parental em harmonia com o melhor interesse dos filhos.

Houve iniciativas anteriores à disposição legal que antecipavam o conteúdo que viria a ser estabelecido por lei. Antes mesmo da preferência pela guarda compartilhada, disposta na Lei de 2008, em 2006, a IV Jornada de Direito Civil promovida pelo Conselho da Justiça Federal aprovou o Enunciado no 335, dispondo que "a guarda compartilhada deve ser estimulada, utilizando-se, sempre que possível, da mediação e da orientação de equipe interdisciplinar". Em 2008, com a alteração disposta no parágrafo 2º do art. 1.594, ficou determinado que, quando não houvesse acordo entre a mãe e o pai quanto à guarda do filho, seria aplicada, sempre que possível, a guarda compartilhada. Naquela ocasião a expressão "sempre que possível" gerou grandes debates doutrinários, prevalecendo o posicionamento de que a guarda compartilhada só seria possível por mútuo consenso, "em processo amistoso de separação judicial, ou de guarda, pois apenas por consenso e consciência dos pais será possível aplicar a custódia compartilhada, que se mostra de todo inviável no litígio, com os pais em conflito".[22] Ponderava-se que, "para as famílias destroçadas, deve optar-se pela guarda única e deferi-la ao genitor menos contestador e mais disposto a dar ao outro o direito amplo de visitas".[23]

Esse também foi o posicionamento da jurisprudência majoritária,[24] sendo naquela época voz destoante o Superior Tribunal de Justiça, que, contrariando o posicionamento dos tribunais estaduais, determinou a guarda compartilhada em sede de ação por meio da qual o pai pretendia a inversão da guarda depois de a mãe demonstrar o interesse em residir com o filho em outra cidade, embora no mesmo estado. Interessante notar que o recorrente da decisão foi o próprio pai, autor da ação na qual postulava a guarda unilateral. Na ocasião, a Relatora declarou: "reputam-se como princípios inafastáveis a adoção da guarda compartilhada como regra e a custódia física conjunta como sua efetiva expressão", complementando que "a imposição judicial das atribuições de cada um dos pais, e o período de convivência da criança sob a guarda compartilhada quando não houver consenso, é medida ex-

---

22. MADALENO, Rolf. *Curso de direito de família*. Rio de Janeiro: Forense, 2008, p. 360.
23. GRISARD FILHO, Waldyr. *Guarda compartilhada*: um modelo de responsabilidade parental. São Paulo: Ed. RT, 2009, p. 225.
24. A título de exemplo: RIO DE JANEIRO. Tribunal de Justiça do Rio de Janeiro. *Ap. Cív. 0005536-84.2010.8.19.0212*. rel. Des. Antônio Iloizio B. Bastos. Julgamento: 28 fev. 2012. Órgão Julgador: 12ª CC. PARANÁ. Tribunal de Justiça do Paraná. *Ap. Cív. 0765183-6*. rel. Des. Clayton Camargo. Publicação: DJ 18 maio 2011. Rio Grande do Sul. Tribunal de Justiça do Rio Grande do Sul. *Ap. Cív. 70046373627*. rel. Luiz Felipe Brasil Santos. Julgamento: 26 jan. 2012. Órgão Julgador: Oitava Câmara Cível. MINAS GERAIS. Tribunal de Justiça de Minas Gerais. *Ap. Cív. 1.0702.08.454295-1/002(1)*. rel. Des. Belizário de Lacerda. DJ 10 jun. 2011. Minas Gerais. Tribunal de Justiça de Minas Gerais. *Ap. Cív. 2778655-21.2008.8.13.0024*. rel. Des. Tereza Cunha Peixoto. Publicação: DJ 12 maio 2011. Minas gerais. Tribunal de Justiça de Minas Gerais. *Ap. Cív. 1979585-72.2008.8.13.0024*. Relator: Des. Vieira de Brito. Publicação: DJ 22 jun. 2011.

trema, porém necessária à implementação dessa nova visão, para que não se faça do texto legal letra morta".[25]

No entanto, a partir da Lei 13.058/2014, o legislador ordinário positivou como regra a guarda compartilhada, trazendo como exceções a ausência de acordo entre os pais ou a expressa declaração por um dos genitores de que não deseja ou não pode exercer a guarda do menor ou, evidentemente, a destituição ou suspensão do poder familiar de um dos pais, a ensejar, então, a aplicação da guarda unilateral. Mesmo assim, as questões não cessaram diante da vagueza da norma jurídica e das controvérsias em torno da imposição do modelo da guarda compartilhada pelo juiz diante de situação de litígio entre os pais.

Em razão da promulgação da nova lei, constatou-se, ainda, o crescimento do número de ações cumulando pedidos de guarda compartilhada com redução ou exoneração de alimentos, equívoco que se deve à errônea interpretação da lei expressamente rechaçada em Enunciado 607, aprovado pela VII Jornada de Direito Civil, que dispôs que "[a] guarda compartilhada não implica ausência de pagamento de pensão alimentícia", corroborando a jurisprudência.[26]

Recentemente, posicionou-se o Superior Tribunal de Justiça no sentido de "que a guarda compartilhada deve ser instituída independentemente da vontade dos genitores ou de acordo; contudo, o instituto não deve prevalecer quando sua adoção seja passível de gerar efeitos ainda mais negativos ao já instalado conflito, potencializando-o e colocando em risco o interesse da criança".[27]

Interessante observar que mesmo com a ampla adoção do instituto da guarda compartilhada em diversos países, o consenso e as peculiaridades do caso concreto, tendo sempre como norte o melhor interesse dos filhos, vem sendo observados pela jurisprudência dos Tribunais Superiores estrangeiros.

Na Espanha, por exemplo, a redação dada pela reforma de 2005 ao art. 92.8 do Código Civil espanhol dispõe que somente em casos excepcionais o juiz poderá determinar a guarda compartilhada quando esta for requerida por somente uma das partes, ou seja, que não seja fruto do consenso dos pais. Além disso, a Suprema Corte Espanhola (STS) vem exigindo a motivação da decisão a fim de perquirir se a imposição daquele modelo de guarda é o que melhor protege os interesses dos filhos

---

25. Superior Tribunal de Justiça. Resp. 1.251.000/MG. Relator: Min. Nancy Andrighi. Órgão Julgador: 3ª Turma. Publicação: 31 ago. 2011. Sobre a referida decisão, remete-se ao comentário publicado por VILELA, Renata; ALMEIDA, Vitor. Guarda compartilhada: entre o consenso e a imposição judicial. Comentários ao REsp. 1.251.000/MG. *Civilistica.com*, Rio de Janeiro, v. 1, n. 2, jul./dez. 2012. Disponível em: http://civilistica.com/wp-content/uploads/2015/02/Vilela-e-Almeida-civilistica.com-a.1.n.2.2012.pdf. Acesso em: 16 abr. 2023.
26. A título de exemplo: TJRS. Agravo de instrumento 70065972713, rel. Des. Luiz Felipe Brasil Santos. Julgamento: 10 nov. 2015. Órgão Julgador: Oitava Câmara Cível.
27. STJ. Agravo Interno no AREsp. 1.355.506/SP, rel. Min. Raul Araújo, Julgamento: 12 fev. 2019. Órgão Julgador: Quarta Turma.

no caso concreto.[28] Discute-se ainda na doutrina e jurisprudência espanholas quais critérios devem nortear o juiz na escolha por um modelo de guarda na ausência de acordo entre os pais.[29]

Dadas as difíceis controvérsias que envolvem a matéria, cumpre salientar que se faz necessária uma interpretação sistemática, axiológica e teleológica,[30] levando-se em conta a unidade do ordenamento e a tábua de valores disposta no texto constitucional. De fato, a única interpretação possível conforme a Constituição será a que proteja efetiva e adequadamente o melhor interesse da criança e do adolescente.[31]

Isto significa que a coerência da norma deve ser verificada em relação ao seu fim e às razões do ordenamento globalmente considerado.[32] Como esclarece Perlingieri:

> A normativa constitucional eleva-se a justificação da norma ordinária, que com a primeira deve se harmonizar coerente e razoavelmente, segundo critérios ou princípios de adequação e de proporcionalidade que postulam o conhecimento aprofundado também das peculiaridades do caso concreto. Isso se traduz no confronto do caráter apropriado de uma norma em relação a uma determinada situação, da proporção entre fattispecie concreta e disciplina jurídica, da razoabilidade, a qual não somente proíbe o tratamento diferenciado de fattispecie iguais e o tratamento igual de fattispecie diferentes, mas impõe também a verificação da coerência da norma em relação ao seu fim e às "razões" do ordenamento globalmente considerado.[33]

Por esse motivo, a interpretação tem que partir da normativa constitucional, levando em conta o princípio da dignidade humana como o valor maior do ordenamento jurídico, o qual assume uma "função instrumental integradora e hermenêutica" e, em consequência, no que se refere à matéria em questão, o princípio do melhor interesse da criança e do adolescente, que é a concretização do princípio da dignidade da pessoa humana no âmbito da infância e da juventude. Sob esse enfoque, "a solução interpretativa do caso concreto só se afigura legítima se compatível com a legalidade constitucional".[34]

Sugere-se ainda em doutrina que em lugar de um modelo prioritário de guarda que figure como regra geral, a consideração de todos os tipos de guarda existentes,

---

28. CARRASCO, Laura Alascio. *La excepcionalidadde La custodia compartida impuesta (art.92.8CC)*. Disponível em: http://www.indret.com/pdf/809_es.pdf. Acesso em: 16 abr. 2023.
29. Sobre o tema recomenda-se a leitura do artigo *Criterios de atribución de la custodia compartida*, de Cristina Guilarte MARTÍN-CALERO. Disponível em: http://www.indret.com/pdf/753_es.pdf. Acesso em: 16. abr. 2023; e *El criterio de la continuidad frente a la guarda conjunta*, de Margarita Garriga GORINA. Disponível em: http://www.indret.com/pdf/562_es.pdf. Acesso em: 16. abr. 2023.
30. PERLINGIERI, Pietro. *Perfis de Direito Civil*, p. 72 e ss.
31. Mesmo assim, alerta Rose Meirelles que "em se tratando do princípio do melhor interesse da criança, ele traz em si certa tendência para o subjetivismo, uma vez que o julgador tende a pesar pelo juízo pessoal o melhor interesse da criança" (MEIRELLES, Rose Melo Vencelau. O princípio do melhor interesse da criança. In: BODIN DE MORAES, Maria Celina. *Princípios do Direito Civil contemporâneo*. Rio de Janeiro: Renovar, 2006, p. 491-492).
32. PERLINGIERI, Pietro. *O direito Civil na Legalidade Constitucional*, p. 574.
33. PERLINGIERI, Pietro. *O direito Civil na Legalidade Constitucional*, p. 574.
34. TEPEDINO, Gustavo. O novo e o velho direito. In: *Temas de Direito Civil, Tomo II*. Rio de Janeiro: Renovar, p. 401.

de modo que o caso seja enquadrado na hipótese que melhor atenda aos interesses da criança ou do adolescente, sem atribuir prioridade a nenhum modelo abstratamente.[35]

Nessa passagem da estrutura à função[36] é que a família deixou de ser unidade institucional, para tornar-se núcleo de companheirismo,[37] sendo hoje lugar de desenvolvimento da pessoa no qual se permitem modalidades de organização tão diversas, desde que estejam finalizadas à promoção daqueles que a ela pertencem.[38] A axiologia constitucional recente tornou possível a propositura de uma configuração democrática de família, na qual não há direitos sem responsabilidades nem autoridade sem democracia.[39]

A "concepção contemporânea, a autoridade parental não pode ser reduzida nem a uma pretensão juridicamente exigível em favor dos seus titulares nem a um instrumento jurídico de sujeição (dos filhos à vontade dos pais)".[40] Ela tem a finalidade precípua de promover o desenvolvimento da personalidade dos filhos, respeitando sua dignidade pessoal.[41] Ao assumir essa função, a autoridade parental não significa mais somente o cerceamento de liberdade ou, na expressão popular, a "imposição de limites", mas, principalmente, a promoção dos filhos em direção à emancipação. A estes devem ser conferidas as escolhas existenciais personalíssimas para as quais demonstrem o amadurecimento e a competência necessários. O desafio está justamente em encontrar a medida entre cuidar e emancipar, ressalvando que a tutela especial que lhes é deferida pode se estender até mesmo em face dos seus pais, nas hipóteses de eventual malversação do poder familiar.[42]

O exercício conjunto da autoridade parental conta atualmente com a determinação legal da guarda compartilhada aos casos que não entram nas exceções previstas em lei para seu exercício. Para sua observância basta que haja um filho comum cujos interesses e direitos devam ser resguardados pelos detentores da autoridade parental que não coabitam.

---

35. TEIXEIRA, Ana Carolina Brochado. A (des)necessidade da guarda compartilhada ante o conteúdo da autoridade parental. *Manual de direito das famílias e das sucessões*, p. 317.
36. Ver, por todos, BOBBIO, Norberto. *Da estrutura à função*: novos estudos de teoria do direito. São Paulo: Manole, 2007. Na definição de Luiz Edson Fachin (2015, p. 49), "a travessia é a da preocupação sobre *como o direito é feito* para a investigação *a quem serve o direito*".
37. VILLELA, João Baptista. *Repensando o direito de família*. Disponível em: https://www.direitodefamilia.adv.br/2020/wp-content/uploads/2020/07/repensandodireito.pdf. Acesso em: 16 abr. 2023.
38. PERLINGIERI, Pietro. *O direito civil na legalidade constitucional*. Rio de Janeiro: Renovar, 2008, p. 972.
39. BODIN DE MORAES, 2013, p. 591-593.
40. Assim, complementa Gustavo Tepedino, a "interferência na esfera jurídica dos filhos só encontra justificativa funcional na formação e no desenvolvimento da personalidade dos próprios filhos, não caracterizando posição de vantagem juridicamente tutelada em favor dos pais" (TEPEDINO, Gustavo. A disciplina jurídica da guarda e da autoridade parental. *Revista Trimestral de Direito Civil*, v. 17, n. 5, p. 40-41, jan./mar. 2004).
41. MENEZES, Joyceane Bezerra de; BODIN DE MORAES, Maria Celina. Autoridade parental e a privacidade do filho menor: o desafio de cuidar para emancipar. *Revista Novos Estudos Jurídicos*, v. 20, n. 2, p. 504, maio/ago. 2015.
42. MENEZES, Joyceane. VILELA MULTEDO, Renata. A autonomia ético-existencial do adolescente nas decisões sobre o próprio corpo e a heteronomia dos pais e do Estado no Brasil. *A&C – Revista de Direito Administrativo & Constitucional*, Belo Horizonte, jan./mar. 2016. Disponível em: http://www.revistaaec.com/index.php/revistaaec/article/view/48/523. Acesso em: 16. abr 2023.

Mas certo é que a convivência entre pais e filhos dependerá da dinâmica e possibilidades de cada família. No entanto, a expectativa dos avanços legais recentes é de que aos filhos seja franqueado amplo convívio com seus genitores para maximizar o exercício pleno da autoridade parental. Isso porque a autoridade parental não deve ser simplesmente imposta hierarquicamente aos filhos, mas naturalmente reconhecida por eles em razão da participação efetiva dos pais em suas vidas. Quanto mais próximos e cientes da realidade enfrentada e vivenciada pelos filhos estiverem os responsáveis, mais qualificadas serão suas intervenções e orientações.

É sob essa perspectiva que se percebe que os deveres a serem cumpridos pelos responsáveis quando assumidos de forma unilateral acaba por eximir um dos corresponsáveis do exercício de suas obrigações. Da mesma forma, para a criança, contar com a parceria de seus genitores e o convívio com a família extensa de ambos na determinação de seus cuidados amplia o universo de suas possibilidades em razão da junção de diferentes pontos de vista e de, no mínimo, duas certamente distintas experiências de vida.

4. LIMITES DA INTERVENÇÃO DO ESTADO NA AUTORIDADE PARENTAL[43]

Outro questionamento que se faz necessário nesse contexto refere-se à delegação ao Estado de certas escolhas em relação à esfera íntima da vida familiar.[44] Indaga-se até que ponto delegar ao Poder Judiciário a incumbência de dirimir as divergências entre os pais em relação à administração do cotidiano dos filhos, quando estes estão sob a sua guarda, é uma alternativa possível ou a melhor alternativa, de acordo com o parágrafo único do art. 1.631.[45]

Sob esse prisma, é ilustrativa a decisão da juíza da 1ª Vara de Família de Petrópolis, no Rio de Janeiro, que rejeitou o pedido de um pai que mantém a guarda compartilhada do filho com a ex-mulher, para retirá-lo da escola na qual está matriculado e transferi-lo para outra, de sua preferência. Na decisão, a juíza declara que "o Judiciário não pode, sob pena de interferir na esfera da intimidade e da privacidade, definir qual escola é melhor para uma criança que possui pai e mãe capazes, maiores e no exercício regular da guarda". Segundo a magistrada, não há nos autos qualquer discussão sobre algum interesse do menor que possa ser prejudicado, tampouco sobre o valor da mensalidade ou mesmo sobre diferenças de orientação educacional

---

43. Sobre o tema permita-nos remeter à VILELA MULTEDO, Renata. *Liberdade e Família*: Limites para a intervenção do Estado nas relações conjugais e parentais. Rio de Janeiro: Processo, 2017, p. 105-156.
44. O tema foi objeto de discussão no IX Encontro dos Núcleos de Pesquisa em Direito Civil das Faculdades de Direito da UERJ e UFPR e, seguindo a tradição do evento, produziu-se ao final a carta-relatório com as principais conclusões dentre as quais se destaca sobre o tema: "A regulação das instituições familiares deve pressupor da prévia análise e reserva de espaços de autonomia, uma vez que a intervenção estatal pode colocar em crise a percepção do privado como espaço de liberdade" (TEPEDINO, Gustavo. Editorial. *Revista Trimestral de Direito Civil – RTDC*, v. 47. Rio de Janeiro, Padma, 2011).
45. "Art. 1.631. [...] Parágrafo único. Divergindo os pais quanto ao exercício do poder familiar, é assegurado a qualquer deles recorrer ao juiz para solução do desacordo".

das escolas, razão pela qual os pais não devem pretender que o Estado, por meio do juiz, exerça o papel que lhes incumbe por lei e pela própria formação da sociedade. Por fim, destaca que a criança estava bem cuidada e com todos os seus interesses atendidos pelos pais e "delegar para o Estado a opção por escolhas íntimas e individuais não se constitui numa alternativa possível".[46]

Nesse contexto, destaca-se, ainda, a necessidade do estabelecimento de parâmetros com o objetivo de nortear os operadores do direito no momento da fixação da guarda conjunta, a fim de compatibilizar o efetivo compartilhamento da guarda de acordo com o caso concreto, levando-se em conta as necessidades e vicissitudes de cada contexto familiar, evitando-se assim futuros litígios desnecessários.

E nesse sentido, é importante que o juiz observe:

a) que como regra, se evite mudanças na convivência dos pais com os filhos, salvo comprovada situação excepcional que verdadeiramente coloque em risco a vida dos filhos e dos adultos que o cercam;
b) a necessidade de manter e viabilizar a participação ampla e efetiva dos responsáveis na vida dos filhos priorizando a manutenção dos acordos de convivência;
c) que se afaste iniciativas de abuso do exercício da autoridade parental;
d) que coíba movimentos alienatórios valendo-se das circunstâncias;
e) que resguarde o sustento e manutenção dos filhos;
f) que não sendo possível o contato físico, determine amplo convívio telepresencial.[47]

Para a prestação jurisdicional acontecer de forma mais assertiva, é necessário que o juiz intervenha somente quando perceber que a autoridade parental está sendo exercida de forma prejudicial aos filhos, advertindo ou mesmo retirando de um dos genitores o exercício de sua função. Nos demais casos, espera-se que o julgador haja de forma mais rápida e eficaz, com coragem e desapego devolvendo aos genitores, sempre que possível, o poder/dever de decidirem o que é melhor para seus filhos, para que exerçam plenamente a autoridade que lhes foi conferida.

Não obstante haver um interesse público nas formas de exercício da autoridade parental, tal interesse não pode extrapolar uma esfera de eleição que diga respeito somente aos pais, não só pela singularidade dos vínculos ali formados, mas também pela proximidade e pelo conhecimento dos aspectos personalíssimos dos filhos e da realidade daquela família. São os pais que estão, ou devem encontrar uma forma de

---

46. Na sentença, a juíza registrou que o único motivo que levou os pais da criança a procurar o Judiciário foi a incapacidade de comunicação entre eles, "que não conseguem, sozinhos, discutir e solucionar um problema banal e cotidiano". Para ela nem todo conflito pode ser apreciado pelo Estado: "Vinho tinto ou branco, café ou chá, futebol ou basquete, salada ou sopa, vestido ou calça, preto ou branco, cinema ou teatro, Flamengo ou Fluminense são alternativas com as quais um ser humano se depara de forma permanente e é próprio da condição humana decidir e solucionar". Disponível em: http://decaraparaodireito.blogspot.com.br/2011/03/judicializacao-do-afeto.html. Acesso em: 16 abr. 2023.
47. VILELA MULTEDO, Renata e POPPE Diana. Os Limites da intervenção do Estado na responsabilidade parental em tempos de pandemia. In: NEVARES, Ana Luiza; XAVIER, Marília Pedroso; MARZAGÃO, Silvia Felipe. *Coronavírus*: impactos no Direito de Família e Sucessões. São Paulo: Editora Foco, p. 213-223.

estar, em melhores condições de compreender o que é necessário à efetiva preparação para as questões da vida de seus filhos, bem como avaliar seu grau de discernimento.[48]

Nesse contexto, propõe-se uma reflexão em relação aos métodos consensuais de resolução de conflitos na seara do direito de família: como a mediação, as práticas colaborativas, pactos de não litigância, a utilização de acordos extrajudiciais, ainda que temporários e parciais o *Parenting Plan* (Plano Parental), adotados com sucesso em outras nações.[49]

5. A POTENCIALIDADE DOS MÉTODOS CONSENSUAIS DE SOLUÇÃO DE CONFLITOS E DOS PACTOS EXTRAJUDICIAIS

Como se bem vê no caminho até aqui percorrido, no âmbito do direito de família, não têm sido poucas as dificuldades enfrentadas para erguer todo um renovado arcabouço jurídico com vistas a proteger não mais apenas o patrimônio dos sujeitos, mas sim, e hoje muito mais relevante, a autonomia e o protagonismo das pessoas na realização de seus próprios projetos de vida, principalmente a inclusão dos projetos familiar e parental.

Observa-se que no que se refere à guarda e convivência de responsáveis com filhos comuns, o que se verificou nos últimos anos foram movimentos ousados, mas propositais e extremamente necessários à evolução do papel social dos genitores em prol da convivência equilibrada e da corresponsabilidade parental e, consequentemente, favoráveis ao saudável desenvolvimento dos filhos.

Com efeito, ao dividir por dois a autoridade parental, ampliou-se o poder decisório materno em detrimento da outrora irrestrita autoridade do pai. Ao mesmo

---

48. Sobre o tema VILELA MULTEDO, Renata e POPPE Diana. Os Limites da intervenção do Estado na responsabilidade parental em tempos de pandemia. In: NEVARES, Ana Luiza; XAVIER, Marília Pedroso; MARZAGÃO, Silvia Felipe. *Coronavírus*: impactos no Direito de Família e Sucessões. São Paulo: Editora Foco, p. 213-223.

49. Em alguns países, como a Inglaterra, já existem políticas públicas efetivas para a formação dos profissionais que atuam na área do direito de família, tais como advogados, mediadores e juízes, além de cartilhas distribuídas a fim de orientar e conscientizar os pais da prioridade que a criança ocupa no seio familiar, mesmo após a separação do casal. Dessa forma, o programa denominado Planos Parentais: colocando as crianças em primeiro lugar. Um guia para pais em separação (*Parenting Plans: putting your children first. A guide for separating parents*) incentiva os pais a realizarem – com a ajuda de profissionais e agentes do governo – um Plano Parental, mesmo em hipóteses de divórcios consensuais. O objetivo do Plano Parental, por exemplo, é evitar futuros litígios que possam vir a afetar o bem estar dos filhos menores e a própria relação saudável dos ex-cônjuges ou conviventes. Nestes planos não só são pactuadas as grandes escolhas em relação à vida dos filhos (como o programa geral de educação, que envolve a escolha do estabelecimento de ensino, programa de orientação vocacional, decisão pelo estudo de uma língua estrangeira, intercâmbio, educação religiosa, artística, esportiva, lazer, organização de férias e viagens), como também os atos cotidianos (como transporte para a escola e atividades extracurriculares, horários de retorno de festas, alimentação, opção pelos profissionais da área de saúde, dentre outros), garantindo-se, assim, o exercício conjunto da autoridade parental da mesma forma como era antes da ruptura e com um baixíssimo desgaste emocional tanto para os filhos como para os pais. (*Parenting Plans. Putting your children first*: a guide for separating parents. Disponível em: https://www.familylaw.co.uk/news_and_comment/parenting-plans. Acesso em: 16 abr. 2023).

tempo, retirou da mãe o papel quase exclusivo de cuidados e entregou ao pai a oportunidade de assumir e participar igualmente de inúmeras tarefas do dia a dia de seus filhos. Com isso, todos saíram de suas zonas de conforto e passaram a se ver não só assumindo novas responsabilidades e papéis, como também desapegando de antigas atitudes, que já não fazem sentido na sociedade atual.

Tantas novidades têm sido objeto de frequentes demandas judiciais, pois a mudança de cultura costuma provocar alvoroço até que as perdas e os ganhos sejam assimilados. Evidentemente, a reformulação dos papéis sociais trouxe, e ainda traz, inquietude, aprendizados, erros e acertos, no exercício pleno da autoridade parental, mas fato é que as diretrizes são claras no sentido de delegar aos pais a assunção de seus papéis como par parental e, mormente como parceiros parentais.

É de se comemorar a iniciativa do Estado de mudar as regras do jogo. As transformações impostas reduzem intencionalmente a ingerência do Estado na vida privada das famílias, ao passo que encorajam o exercício da autoridade parental, reservando-se ao direito de agir tão somente quando verificado seu mau uso. Nesse novo contexto, conta-se hoje com vasta gama de opções alternativas ao litígio para enfrentamento e solução de impasses familiares. Os pactos em direito de família, embora tradicionalmente utilizados como instrumentos tipicamente patrimoniais, a exemplo dos pactos antenupciais, têm se mostrado potenciais espaços para a promoção de valores existenciais e de resolução de conflitos.

A promoção dos métodos não adversariais de resolução de conflitos, como a mediação, os círculos restaurativos e a própria advocacia colaborativa, são eficientes para o resgate da relação e a real auto implicação e responsabilização das partes envolvidas, visto que, com o uso de tais táticas, resgata-se o protagonismo e responsabilização das partes no conflito no qual estão inseridas, transformando-as de meros expectadores do litígio conduzido pelos advogados e pelo magistrado, a atores essenciais, protagonistas e autores no processo de construção do consenso.

As limitações de uma decisão por meio do processo judicial são evidentes ao se considerar que, por mais preparados e cuidadosos que tenham sido os agentes judiciais envolvidos, a decisão é sempre tomada por um terceiro estranho às partes, que por elas decide, muitas vezes, com pouco conhecimento sobre as particularidades daquele contexto familiar.

Desde 2010, quando editada a Resolução 125 do CNJ de 2010, o Brasil adotou uma política judiciária nacional de tratamento adequado dos conflitos, pela qual criou-se um sistema de Justiça multiportas, tal como ocorrido nos Estados Unidos a partir da década de 1970. Em 2015, tanto a Lei de Mediação quanto o novo Código de Processo Civil concretizaram essa possibilidade de mudança cultural, e não são poucos os dispositivos previstos nas novas leis.[50]

---

50. Como os artigos 168, 190, 694, 784, III e 911 do Código de Processo Civil, dentre outros.

Nesse contexto, cabe aos operadores do direito se utilizarem de todo esse arcabouço jurídico para construírem com seus clientes, acordos que atendam aos interesses e as necessidades financeiras e emocionais das partes, na medida do possível e da realidade concreta e de forma duradoura, flexível e que promova a funcionalidade e sustentabilidade do par parental.

A conscientização da sociedade e não só do meio jurídico se mostra fundamental para essa mudança de paradigma. Não devem ser mais os advogados representantes de seus clientes, mas sim assessores e facilitadores que têm como função a condução responsável no processo de construção do consenso.

Já há algum tempo, no âmbito dos conflitos familiares e sociais, diversos países promovem políticas públicas efetivas para a promoção e utilização de métodos não adversariais como Canadá, França e Estados Unidos.[51] A nova legislação brasileira, embora bastante comemorada, demanda ainda grande empenho para que se implemente uma efetiva mudança cultural, não só dos intérpretes e dos aplicadores do direito, mas da sociedade como um todo. A necessidade de se terem credibilidade e consciência dos reais benefícios trazidos pelos métodos adequados de solução de conflitos por toda a comunidade é essencial para a construção de um novo modelo de justiça cooperativa, colaborativa e democrática.

Tais diretrizes se tornam ainda mais prementes quando se trata do caro e específico tema relativo à guarda e convivência entre pais e filhos tendo em vista que nessa relação há uma parte indiscutivelmente vulnerável e que merece todo cuidado e toda proteção.

6. CONSIDERAÇÕES FINAIS

Proporcional a uma crescente judicialização dos conflitos familiares está a insatisfação com as pretensas soluções. A busca pela melhor solução do caso concreto à luz do diálogo e das recíprocas concessões, ao invés da substituição da vontade das partes pela imposição do Estado-juiz, mostra-se, na grande maioria das vezes, muito mais vantajosa. Ao contrário da lógica do ganhar e perder, ínsita aos processos judiciais, os métodos consensuais de solução de conflitos buscam que as partes identifiquem por si mesmas opções de benefício mútuo.

Com base no princípio da inafastabilidade do poder jurisdicional, o Judiciário quase sempre pode interferir nas demandas apresentadas, quando instado a se ma-

---

51. No Canadá e na França, onde a prática é desenvolvida há bastante tempo, a mediação não objetiva o acordo em si, este é uma consequência lógica da transformação do conflito pelas mãos dos mediandos, sob o olhar atento e imparcial do mediador (ANDRADE, Gustavo. Mediação familiar. In: ALBUQUERQUE, Fabíola Santos et al. (Coord.). *Famílias no direito contemporâneo*: estudos em homenagem a Paulo Luiz Netto Lôbo. Salvador: JusPodivm, 2010, p. 494). Nos Estados Unidos e no Canadá, a mediação e a advocacia colaborativa são voltadas predominantemente para a resolução de um conflito estabelecido, com vistas a evitar uma demanda judicial e cumprir seu papel de método adequado de resolução de conflitos, objetivando a construção de acordos sustentáveis.

nifestar, mas isto não significa que ele deve necessariamente sempre interferir.[52] Se por um lado o acesso à jurisdição permite a garantia dos direitos tutelados, por outro, permitir a utilização desta mesma jurisdição como meio de satisfações individuais e privadas advindas de questões exógenas ao direito pode vir a representar um desvio da prestação jurisdicional.[53] Sobre a judicialização da família, vale a reflexão do psicanalista Jurandir Freire Costa,

> Judicializar a vida familiar pode ser uma bengala para dias difíceis, mas se dependermos disso para existir como indivíduos sociais, ou muda a justiça ou muda a família. Tanto quanto entendo as duas instituições não podem atropelar uma a outra [...][54]

O protagonismo dos pais, o projeto de emancipação dos filhos, a democracia dentro do âmbito familiar, a busca pela formação da parceria parental independente das dificuldades relacionais que devem ser enfrentadas, o respeito à autoridade do outro, o reconhecimento da importância de serem dois a exercerem essa tremenda responsabilidade, a escuta, o passo atrás e o melhor interesse de um filho, acima de tudo, são metas a serem perseguidas num percurso que não é fácil, mas que hoje tem suas trilhas demarcadas. Já foi tudo muito mais difícil. Essa estrada já esteve praticamente sem acesso.

É preciso que a sociedade, os profissionais e o judiciário reconheçam e valorizem as conquistas obtidas, façam bom uso delas e estimulem cada família a encontrar seu caminho com autonomia, sabendo que, caso se percam a ponto de não conseguir voltar, poderão contar com o Estado para acertarem o rumo.[55]

7. REFERÊNCIAS

ANDRADE, Gustavo. Mediação familiar. *Famílias no direito contemporâneo*. Estudos em homenagem a Paulo Luiz Netto Lôbo. Salvador: JusPodivm, 2010.

BARROSO, Luis Roberto. *Judicialização, ativismo judicial e legitimidade democrática*. Disponível em: https://www.migalhas.com.br/depeso/77375/judicializacao--ativismo-judicial-e-legitimidade-democratica. Acesso em: 16 abr. 2023.

BOBBIO, Norberto. *Da estrutura à função*: novos estudos de teoria do direito. São Paulo: Manole, 2007.

BODIN DE MORAES, Maria Celina. A família democrática. In: BODIN DE MORAES, Maria Celina. *Na Medida da Pessoa Humana*. Estudos de direito civil constitucional. Rio de Janeiro: Renovar, 2010.

---

52. BARROSO, Luis Roberto. *Judicialização, ativismo judicial e legitimidade democrática*. Disponível em: https://www.migalhas.com.br/depeso/77375/judicializacao--ativismo-judicial-e-legitimidade-democratica. Acesso em: 16 abr. 2023.
53. OLIVEN, Leonora Roizen Albek. *A judicialização da Família*. Disponível em: http://portalrevistas.ucb.br/index.php/rvmd/article/view/2546/1550. Acesso em 16. abr. 2023.
54. COSTA, Jurandir Freire. O nome que fica. Entrevista publicada no *Boletim Oficial do IBDFAM*. n. 73, mar./abr. 2012.
55. VILELA MULTEDO, Renata e POPPE Diana. Os Limites da intervenção do Estado na responsabilidade parental em tempos de pandemia. In: NEVARES, Ana Luiza; XAVIER, Marília Pedroso; MARZAGÃO, Silvia Felipe. *Coronavírus*: impactos no Direito de Família e Sucessões. São Paulo: Editora Foco, pp. 213-223.

BODIN DE MORAES, Maria Celina. Danos morais em família? Conjugalidade, parentalidade e responsabilidade civil. In: BODIN DE MORAES, Maria Celina. *Na Medida da Pessoa Humana*. Estudos de direito civil constitucional. Rio de Janeiro: Renovar, 2010.

CARRASCO, Laura Alascio. *La excepcionalidadde La custodia compartida impuesta (art.92.8CC)*. Disponível em: http://www.indret.com/pdf/809_es.pdf. Acesso em: 16 abr. 2023.

COSTA, Jurandir Freire. O nome que fica. Entrevista publicada no *Boletim Oficial do IBDFAM*. n. 73, mar./abr. 2012.

DIAS, Maria Berenice; GROENINGA, Giselle Câmara. *A mediação no confronto entre direitos e deveres*. Disponível em: https://ibdfam.org.br/artigos/42/A+media%C3%A7%C3%A3o+no+confronto+entre+direitos+e+deveres. Acesso em: 16 abr. 2023.

FACHIN, Luis Edson. *Averiguação e investigação da paternidade extramatrimonial*: comentários à Lei 8.560/92. Curitiba: Genesis, 1995.

GAMA, Guilherme Calmon Nogueira da. *A nova filiação*: o biodireito e as relações parentais: o estabelecimento da parentalidade, filiação e os efeitos jurídicos da reprodução assistida heteróloga. Rio de Janeiro: Renovar, 2003.

GARDNER, Richard A. *O DSM-IV tem equivalente para o diagnóstico de Síndrome de Alienação Parental (SAP)?*. Trad. Rita Rafaeli. Disponível em: https://sites.google.com/site/alienacaoparental/textos-sobre-sap-1/o-dsm-iv-tem-equivalente. Acesso em: 16 abr. 2023.

GORINA, Margarita Garriga. *El criterio de la continuidad frente a la guarda conjunta*. Disponível em: https://indret.com/wp-content/themes/indret/pdf/562_es.pdf. Acesso em: 16 abr. 2023.

GRISARD FILHO, Waldyr. *Guarda compartilhada*: um modelo de responsabilidade parental. São Paulo: Ed. RT, 2009.

GROENINGA, Gisele. Guarda de filhos e alienação parental têm ocupado a cena no direito de família. *Revista Consultor Jurídico*, 24 maio 2015. Disponível em: https://www.conjur.com.br/2015-mai-24/processo-familiar-latente-discussoes-respeito-guarda-filhos-aliena cao-parental. Acesso em: 16 abr. 2023.

HIRONAKA, Giselda Maria Fernandes Novaes. Responsabilidade Civil na relação paterno-filial. *Família e Cidadania* – O Novo CCB e a *vacatio legis*. Anais. Belo Horizonte: IBDFAM/Del Rey, 2002.

LÔBO, Paulo. Direito-dever à convivência familiar. In: DIAS, Maria Berenice (Org.). *Direitos das Famílias*. São Paulo: Ed. RT, 2009.

MADALENO, Rolf. *Curso de Direito de Família*. Rio de Janeiro, Forense, 2008.

MARTÍN-CALERO, Cristina Guilarte. *Criterios de atribución de la custodia compartida*. Disponível em: https://indret.com/wp-content/themes/indret/pdf/753_es.pdf. Acesso em: 16 abr. 2023.

MEIRELLES, Rose Melo Vencelau. O princípio do melhor interesse da criança. In: BODIN DE MORAES, Maria Celina. *Princípios do Direito Civil contemporâneo*. Rio de Janeiro: Renovar, 2006.

MENEZES, Joyceane Bezerra de; BODIN DE MORAES, Maria Celina. Autoridade parental e a privacidade do filho menor: o desafio de cuidar para emancipar. *Revista Novos Estudos Jurídicos*, v. 20, n. 2, p. 504, maio/-ago. 2015.

MENEZES, Joyceane. VILELA MULTEDO, Renata. A autonomia ético-existencial do adolescente nas decisões sobre o próprio corpo e a heteronomia dos pais e do Estado no Brasil. *A&C – Revista de Direito Administrativo & Constitucional*, Belo Horizonte, janeiro/março – 2016. Disponível em: http://www.revistaaec.com/index.php/revistaaec/article/view/48/523. Acesso em: 16. abr 2023.

OLIVEN, Leonora Roizen Albek. *A judicialização da Família*. Disponível em: http://portalrevistas.ucb.br/index.php/rvmd/article/view/2546/1550. Acesso em: 16 abr. 2023.

PEREIRA, Tânia da Silva. O melhor interesse da criança. In: PEREIRA, Tânia da Silva. (Coord.). *O melhor interesse da criança*: um debate interdisciplinar. Rio de Janeiro: Renovar, 1999.

PEREIRA, Tânia da Silva. O princípio do melhor interesse da criança: da teoria à prática. In: PEREIRA, Rodrigo da Cunha (Coord.). A família na travessia do milênio. *Anais*. Belo Horizonte: Del Rey, 1999.

PERLINGIERI, Pietro. *Perfis do direito civil*. Introdução ao Direito Civil Constitucional. Trad. Maria Cristina de Cicco. 2. ed. Rio de Janeiro: Renovar, 2002.

PERLINGIERI, Pietro. *O direito civil na legalidade constitucional*. Trad. Maria Cristina de Cicco. Rio de Janeiro: Renovar, 2010.

TEIXEIRA, Ana Carolina Brochado. A (des)necessidade da guarda compartilhada. In: TEIXEIRA, Ana Carolina Brochado; RIBEIRO, Gustavo Pereira Leite (Coord). *Manual de direito das famílias e das sucessões*. Belo Horizonte: Del Rey, 2008.

TEIXEIRA, Ana Carolina Brochado. *Família, guarda e autoridade paternal*. Rio de Janeiro: Renovar, 2009.

TEIXEIRA, Ana Carolina Brochado; RODRIGUES, Renata de Lima. Alienação parental: aspectos materiais e processuais. *Civilistica.com,* Rio de Janeiro, v. 2, n. 1, p. 24, jan./mar. 2013.

TEPEDINO, Gustavo. A disciplina civil-constitucional das relações familiares. *Temas de Direito Civil*. Rio de Janeiro: Renovar, 2004.

TEPEDINO, Gustavo. A disciplina da guarda e a autoridade parental na ordem civil-constitucional. *Revista Trimestral de Direito Civil – RTDC*, v. 17, jan./mar. 2004.

TEPEDINO, Gustavo. O novo e o velho direito. *Temas de Direito Civil*. Rio de Janeiro: Renovar, 2006. t. II.

VILELA MULTEDO, Renata; MEIRELES, Rose Melo Vencelau. Autonomia Privada nas Relações Familiares: Direitos do Estado dos Direitos nas Famílias. In: JUNIOR, M. E.; JUNIOR, E. C. (Org.). *Transformações no Direito Privado nos 30 anos da Constituição*: estudos em homenagem a Luiz Edson Fachin. Belo Horizonte: Fórum, 2018.

VILELA MULTEDO, Renata e POPPE Diana. Os Limites da intervenção do Estado na responsabilidade parental em tempos de pandemia. In: NEVARES, Ana Luiza; XAVIER, Marília Pedroso; MARZAGÃO, Silvia Felipe. *Coronavírus*: impactos no Direito de Família e Sucessões. São Paulo: Editora Foco, 2020.

VILLELA, João Baptista. *Repensando o direito de família*. Disponível em: http://jfgontijo.com.br/2008/artigos_pdf/Joao_Baptista_Villela/RepensandoDireito.pdf. Disponível em: https://www.direitodefamilia.adv.br/2020/wp-content/uploads/2020/07/repensandodireito.pdf. Acesso em: 16 abr. 2023.

DESCUMPRIMENTO DO DEVER DE FIDELIDADE E RESPONSABILIDADE CIVIL NO ÂMBITO DAS ENTIDADES FAMILIARES: HÁ DANO INDENIZÁVEL?

Sayury S. Otoni

Universidade Gama Filho. Doutoranda em Direito pela UNICEUB. Coordenadora do Curso de Direito da FAESA Centro Universitário. Consultora jurídica vinculada à Associação de Gestores da Caixa/ES. Professora universitária de Direito Obrigacional e Direito de Família. Bacharel em Direito pela Universidade Federal do Espírito Santo (UFES). Mestre em Direito pela Gestora Empresarial, com foco em Compliance. Conselheira Federal da OAB. Secretária Geral do Conselho Federal da OAB. Advogada, especializada em Direito de Família.

Sumário: 1. Introdução – 2. Deveres do casamento: análise da jurisdicidade – 3. O alcance do dever de fidelidade – 4. Infringência ao dever de fidelidade e responsabilidade civil – 5. Conclusão – 6. Referências.

1. INTRODUÇÃO

A leitura do papel da família enquanto *locus* do desenvolvimento de seus membros é um convite a revisitar institutos seculares presentes no Código Civil Brasileiro (CCB) à luz da Constituição Federal de 1988 – a Constituição cidadã e promotora das relações de afeto.

Este capítulo tem como objetivo analisar a natureza jurídica dos deveres do casamento e da união estável, a partir das consequências jurídicas do seu infringimento, uma vez superada a concepção da indissolubilidade do casamento, e diante da desnecessidade de atribuição de culpa ao consorte para obtenção do divórcio.

Dentre os institutos que merecem reapreciação, destacam-se os deveres do casamento e da união estável, notadamente, o dever de fidelidade. Sob essa perspectiva, apontam-se três questões preliminares, a saber: a) (in)existência de força coercitiva dos deveres conjugais; b) (im)possibilidade de infidelidade nas relações mantidas no meio exclusivamente virtual; c) (im)possibilidade de uma eventual infringência aos deveres conjugais implicar responsabilidade civil.

Para fins didáticos, o tema será analisado a partir de dois casos ilustrativos:

O primeiro caso traz a história de um casal, com um filho de aproximadamente um ano de idade, que convivia em união estável, sob o mesmo teto. Em uma manhã de sábado, a mulher, ficticiamente nominada por Ana,[1] se deparou com um edital

---

1. Os nomes foram alterados para proteger a privacidade dos envolvidos.

de proclamas no jornal impresso do dia que anunciava a pretensão do seu companheiro, de nome fictício Cláudio, para contrair casamento com uma outra mulher. Ainda em estado de choque, Ana consultou uma advogada, indagando-lhe sobre a possibilidade de seu companheiro vir a casar com outra pessoa, uma vez que estava convivendo com ela (Ana) em união estável.

O segundo caso, mais recente, é a história de um homem – que será denominado Pedro,[2] casado, que mantinha um relacionamento exclusivamente virtual com uma mulher – que será denominada Marta, havia mais de dois anos. Diariamente, após a esposa dormir, o homem trancava-se no escritório, mantido em sua casa, e trocava confidências, declarações amorosas e conversava sobre o cotidiano com Marta. O relacionamento foi mantido apenas no ambiente virtual, porém, era do conhecimento do círculo de amizade de ambos (Pedro e Marta).

O primeiro relato versa sobre casal convivente em união estável, e o segundo, sobre casal casado. Analisa-se, em ambos os casos, eventual infringência ao dever de fidelidade e em que medida o agente afetado poderia vir a ser civilmente indenizado.

Preliminarmente, ressalta-se que as questões apresentadas sejam analisadas à luz dos princípios constitucionais, que devem nortear as relações humanas, incluindo-se as relações de convivência mais íntima, refutando-se todo o arcabouço repressivo e de imposição de uma moral sexista da qual o Estado, muitas vezes, se arvorou guardião.

2. DEVERES DO CASAMENTO: ANÁLISE DA JURISDICIDADE

A primeira questão a ser analisada dispõe sobre a força coercitiva dos deveres decorrentes do casamento e da união estável. Para se alcançar a resposta à questão, há que se considerar o marco legal da Emenda Constitucional 66/2010,[3] que possibilitou o divórcio sem discussão de culpa, ou seja, sem a necessária vinculação à infringência de dever matrimonial com prova de impossibilidade de comunhão de vida.

Com efeito, após essa emenda constitucional, grande parte da doutrina brasileira entendeu por finda a discussão sobre a culpa nos processos de divórcio, corrente à qual esse texto se filia, ainda que a atribuição de culpa traga alguns (poucos) efeitos que aproveitam ao denominado "cônjuge inocente".[4]

Pereira (2013, p. 81), por exemplo, ao comentar os efeitos da Emenda, salientou que "[...] substituir o discurso da culpa pelo discurso da responsabilidade significa a possibilidade de o sujeito deparar-se consigo mesmo e entender o próprio desamparo, que é natural de cada ser humano.". Na obra, datada de dez anos atrás, o autor pro-

---

2. Idem.
3. "Art. 1º O § 6º do art. 226 da Constituição Federal passa a vigorar com a seguinte redação:
   Art. 226. (...)
   (...)
   § 6º O casamento civil pode ser dissolvido pelo divórcio."
4. Nesse sentido, vide artigo 1.578 do Código Civil Brasileiro, por exemplo.

clama a consolidação, a partir da Emenda, da evolução doutrinária e jurisprudencial, ao eliminar a possibilidade de discussão da culpa. Na mesma linha, afirmou que "[...] aquilo que o Direito considera como causa de uma separação pode não ser a causa, mas a consequência." (PEREIRA, 2001, p. 39). Sobre a dificuldade de apuração da culpa, interessante questionamento pode ser observado no Acórdão proferido em Apelação julgada em 2015, pelo TJRJ, *in verbis*: "[...] Dificuldade de definir a quem se deve imputar a responsabilidade pelo adultério, se à adúltera ou à péssima relação conjugal [...]." (BRASIL, 2015).[5]

Portanto, acertadamente evoluíram a doutrina e a jurisprudência pátrias no sentido de entender superada, no geral, a necessidade de discussão sobre a culpa nos processos de dissolução da sociedade e do vínculo conjugal, desinteressante para o Direito e, certamente, mais complexa do que pretendem seus defensores.

Sem a necessidade de vinculação do divórcio à eventual culpa de uma das partes, esvazia-se o sentido outrora atribuído aos deveres do casamento listados no artigo 1.566 do Código Civil Brasileiro.[6] Os deveres elencados constituíam uma espécie de "cartilha impositiva" às relações, com um formato inflexível e dotado de forte carga moral e, por que não dizer, religiosa. Consequentemente, o artigo 1.572, embora não tenha sido revogado, não guarda a importância que ostentava antes do advento da Emenda Constitucional, porque a separação e o divórcio não precisam de motivação para sua decretação, nem mesmo de prova da falha de um dos consortes, para que o outro possa "se libertar" de uma relação que não lhe convém manter, independentemente do motivo.

Em um passado não tão distante, era necessário "motivar" o pedido de divórcio e, sob esse entendimento, a literalidade do art. 1.572 do CCB estabelece: "Qualquer dos cônjuges poderá propor a ação de separação judicial, imputando ao outro qualquer ato que importe grave violação dos deveres do casamento e torne insuportável a vida em comum." (BRASIL, 2002).

Ao tratar da evolução da separação e do divórcio no Brasil, Vieira (2010, p. 173) esclareceu que "[...] apenas com a comprovação das alegações lançadas no pedido de decretação de separação judicial litigiosa é que tal se efetivaria, pois, na inexistência de provas, o pleito seria julgado improcedente e a sociedade conjugal mantida.".

---

5. BRASIL. Tribunal de Justiça do Estado do Rio de Janeiro. Família. Reparação por danos morais. Adultério feminino. Violação ao dever de fidelidade. Art. 1.566, inciso I, do CC/02. Ato ilícito caracterizado. Dano moral que, *in casu*, não é *in re ipsa*. Dificuldade de definir a quem se deverá imputar a responsabilidade pelo adultério, se à adúltera ou à péssima relação conjugal. Posição doutrinária. Precedentes deste Tribunal de Justiça. Necessidade de prova do intuito deliberado do cônjuge adúltero de ofender a dignidade do cônjuge traído. Requisitos não demonstrados. Artigo 333, I, do CPC. Responsabilidade civil não caracterizada. Apelação do ex-marido desprovida. Acórdão em Apelação 0005383-61.2013.8.19.0207. Relator Desembargador Bernardo Moreira Garcez Neto. Data de Julgamento: 30.09.2015. Disponível em: https://www.tjrj.jus.br/documents/10136/31836/violacao-deveres-conjugais.pdf. Acesso em: 5 maio 2023.
6. "Art. 1.566. São deveres de ambos os cônjuges: I – fidelidade recíproca; II – vida em comum, no domicílio conjugal; III – mútua assistência; IV – sustento, guarda e educação dos filhos; V – respeito e consideração mútuos.

Talvez seja inimaginável para as novas gerações que houvesse tamanho controle do Estado sobre as relações e tão forte intervenção, a ponto de apreciar como mérito se as partes tinham ou não motivo para pretender a ruptura do vínculo. Difícil conceber que o amor não precisava de razão para existir, enquanto o desamor se submetia a rígidos protocolos para produzir efeitos no mundo jurídico.

Mas, antes mesmo da EC 66/2010, com o advento do CCB 2002, "[...] a discussão sobre a culpa passou a ser mitigada, considerando o parágrafo único do art. 1.573".[7] (Vieira, 2010, p. 173). A autora entende que já havia, então, previsão legal para que o juiz decretasse a separação judicial a partir de outros fatos que indicassem a impossibilidade da vida em comum do casal.

Ressalte-se que, mesmo com tal parágrafo autorizativo, havia a necessidade de submissão de pedido motivado à análise do juiz, com a narrativa de fatos indicativos da impossibilidade de vida em comum, que ainda restava imperativa. Ou seja, embora se ampliasse a possibilidade de argumentação para provar a necessidade da solicitação de decretação da separação judicial, não se dispensava a análise de mérito quanto à questão.

O grande destaque da Emenda Constitucional 66/2010 foi justamente o de considerar o divórcio um direito potestativo, silenciando quanto à necessidade de qualquer lapso temporal ou de motivação para justificar o seu requerimento. A separação judicial prévia também deixou de ser requisito ao pedido de divórcio, desconsiderando-se quaisquer narrativas quanto ao motivo ou aos indícios de culpa de um dos consortes para o insucesso do casamento.

Nesse sentido, Marzagão pondera que a "[...] emenda Constitucional 66/2010 nos leva a considerar a ausência de culpabilidade pelo fim do amor conjugal, alcançando os deveres conjugais em deveres jurídicos sem implicação obrigacional." (Marzagão, 2023, p. 12). A autora afirma textualmente sua filiação ao entendimento de inexistência de força coercitiva aos deveres conjugais e conclui que "[...] a verdade, todavia, é que no ordenamento, após a EC 66/2010, não se fala mais em deveres conjugais com viés obrigacional e punitivo." Teriam os deveres conjugais, portanto, a classificação de deveres jurídicos "recomendatórios" (Marzagão, 2023, p. 14). Inexistindo a necessidade de imputação de culpa para obtenção do divórcio, os deveres do casamento não podem ser considerados como prestações de caráter obrigacional.

Especificamente sobre o dever de fidelidade, Paulo Lobo (2009) esclarece que o dever de fidelidade recíproca era direcionado à proibição de prática de relações sexuais com terceiros. Registra, adicionalmente, que tal dever era direcionado ao controle da sexualidade feminina, situação já incabível em 2009, ano da edição da obra analisada. Nesse sentido, afirmou que:

---

7. "Art. 1.573. Podem caracterizar a impossibilidade da comunhão de vida a ocorrência de algum dos seguintes motivos: [...] Parágrafo único. O juiz poderá considerar outros fatos que tornem evidente a impossibilidade da vida em comum."

Os valores hoje dominantes não reputam importantes para manutenção da sociedade conjugal esse dever, que faz do casamento não uma comunhão de afetos e interesses maiores de companheirismo e colaboração, mas um instrumento de repressão sexual e de represália um contra o outro, quando o relacionamento chega ao fim. (Lôbo, 2009, p. 120).

Brasileiro e Holanda, ao discorrerem sobre uniões simultâneas no ordenamento brasileiro, mostram o contexto da opção pelo sistema monogâmico:

De fato, Engels traçou a utilidade da monogamia dentro do contexto da família patriarcal, para o predomínio de um sexo pelo outro, visando também a procriação de filhos cuja paternidade seria indiscutível. A importância dessa certeza, por sua vez, destinava-se à garantia da sucessão sobre o patrimônio familiar por herdeiros diretos. (Brasileiro; Holanda, 2022, p. 219).

Observa-se que o desenho traçado para o Direito de Família Brasileiro, com a imposição do sistema monogâmico, refletiu o sentido da instrumentalidade de certos papéis ocupados no âmbito da família e, nesse contexto, erigiram-se os deveres do casamento e da união estável. Não há qualquer alusão ao afeto como princípio fundante das relações familiares; na realidade, o sentido de exclusividade imposto às relações de conjugalidade objetivava a proteção patrimonial.

Considerar impositivos os deveres elencados no artigo 1.566 do Código Civil Brasileiro, sem a necessária contextualização sobre o arcabouço de sua criação, avilta o Princípio da Não Instrumentalização da Pessoa, devolvendo às uniões um *status* de controle de moralidade que depõe contra o instituto de natural liberdade que deve permear as relações. Bem afirma Rocha (2008, p. 91), ao esclarecer que "[...] família é encontro, não é sujeição. É abrigo, não é cárcere. O único elo que garante a sua sobrevivência é o do afeto, que não se impõe, porque nasce da liberdade do bem querer.".

Voltando aos casos ilustrativos apresentados anteriormente, fazem-se as seguintes ponderações: em relação ao primeiro caso, registra-se que a lei não apontou a existência de união estável como fato impeditivo do casamento. De fato, da leitura do artigo 1.521 do CCB, inciso VI,[8] extrai-se que o impedimento reside na impossibilidade de a pessoa casada contrair outro casamento, simultaneamente. Silencia sobre a situação apresentada, nada dispondo sobre a união estável como fator impeditivo para a habilitação ao casamento de um dos conviventes com um terceiro, que não seja o seu companheiro(a).

Seria possível uma interpretação extensiva da lei para justificar a limitação da liberdade? Na seara do direito privado, não havendo proibição legal expressa, o ato praticado pelo personagem Cláudio, no caso apresentado, não pode ser reputado ilegal. Na estreita previsão do art. 1.521, VI, do CCB, Cláudio não sofre impedimento matrimonial, porque não é casado.

No caso sob análise, depara-se com a discussão sobre a coercibilidade (ou não) dos deveres do casamento e da união estável, mas também se esbarra na necessidade de considerar se a conduta de Cláudio contraria a lei.

---

8. Art. 1.521. Não podem casar: ...VI – as pessoas casadas.

Inevitável, pois, o seguinte questionamento quanto ao dever de lealdade preconizado pelo art. 1.724 do CCB:[9] o dever subsiste apenas ao período de existência da união estável e cessará quando um dos conviventes, a exemplo de Cláudio, anuncia publicamente a intenção de casar, servindo a própria publicação como um argumento da lealdade de sua conduta, expressando que não deseja permanecer naquela união estável?

Ao considerar os termos da lei que não estendeu à união estável a mesma proteção atribuída ao casamento para torná-la um impedimento à celebração do casamento com terceiro, a liberdade conferida aos conviventes em união estável seria maior do que aquela atribuída aos indivíduos casados. E assim, nesse exemplo, o ato praticado por Cláudio seria mera inconveniência moral.

No segundo caso, em que o cônjuge manteve um relacionamento no ambiente virtual, paralelamente ao casamento, é preciso questionar se houve infringência ao dever de fidelidade, uma vez que não houve consumação carnal do afeto. Pelo relato, percebemos que havia uma relação no campo do sentir, íntima, de certa forma, mas não materializada.

Na busca de respostas às questões apresentadas, emergem outras perguntas relevantes.

Assim, antes da análise sobre o alcance do dever de fidelidade, existe a dúvida sobre a exigibilidade da exclusividade do afeto, no campo exclusivamente do sentir. Caberia (ou cabe) ao Estado cercear ou limitar o direcionamento de afeto, impondo um sentir exclusivo e voltado tão somente ao cônjuge ou companheiro? O dever de fidelidade, apresentado nos artigos 1.566 e 1.724 (lealdade) do CCB, tem por premissa efetivamente a realização sexual exclusiva com o cônjuge ou companheiro ou implica um mandamento de exclusividade do sentir?

Essas reflexões fazem lembrar as conclusões de Rodrigo da Cunha Pereira, a respeito do papel do Direito, na obra "A sexualidade vista pelos Tribunais":

> O Direito surge, então, como uma tentativa de desinstalação do caos. É preciso colocar limites nas pulsões, barrar o excesso de gozo, pois este "tem apetite de morte", como diz Lacan. É nesse sentido que Hannah Arendt vem nos dizer que o Direito talvez seja mesmo uma sofisticada técnica de controle das pulsões. (Pereira, 2001, p. 13).

Ao mesmo tempo crítico e irônico, Pereira (2001, p. 13) conclui que "[...] a lei jurídica é um interdito proibitório dos impulsos inviabilizadores do convívio social.". Ainda que o sentido a ser atribuído ao termo fidelidade fosse o mais amplo possível, não se vislumbra a possibilidade de mandamento legal que possa impor o cerceamento do que se sente, ou não.

---

9. Art. 1.724. As relações pessoais entre os companheiros obedecerão aos deveres de lealdade, respeito e assistência, e de guarda, sustento e educação dos filhos.

Fonseca (2023), na letra da canção popular "Queda", fala do impulso primevo e do autocontrole, mas não deixa de exclamar: "Mas que eu queria, eu queria. Só um pouquinho, eu queria, assim, para ver, eu queria..."

>Eu sei, ela tem uma queda por mim...
>Pelo menos, eu acho que sim.
>Mas eu finjo que nem ligo.
>Porque ela já tem um namorado legal,
>Descolado, tranquilo e astral,
>Que é até meu amigo...
>Sim,
>Ela sabe, eu também tenho alguém
>A quem chamo feliz de meu bem,
>Que está sempre comigo
>Não,
>Eu não vou bagunçar minha paz.
>Nem a dela e a do seu rapaz.
>*Mas viver é um perigo...*
>Afinal somos ambos casados,
>Amamos nossos namorados.
>Isso não dá pra mentir.
>Afinal nós não somos sacanas.
>Somos gente bacana,
>Somos seres do bem.
>Mas que eu queria, *eu queria...*
>Só um pouquinho, eu queria...
>Assim pra ver, eu queria..."
>Mas vamos deixar pra lá,
>Vamos deixar pra lá.
>Então, quando, às vezes, a gente se vê,
>*Eu disfarço meu louco querer*
>*E ela finge que nem imagina.*
>(Fonseca, 2015 – grifos nossos).

Em sede de desejo, no plano não material, o personagem da música reconhece o querer.

Mas, por serem "seres do bem", propõe "deixar pra lá". O personagem do segundo caso, apresentado por este artigo, vive uma relação virtualmente, experimentando um querer que não se materializa no encontro pessoal, no mundo material. Há uma resistência que os fixa no ambiente exclusivamente virtual. O que existe, em ambas as situações, no caso e na música, é o reconhecimento do sentir. Na música, embora se registre apenas a fala de um dos envolvidos, a afirmativa "a vida é um perigo" sinaliza um mundo de desejos que a lei não pode conter, justamente porque encontram morada na casa do abstrato. O Direito só pode agir no mundo que acontece. Mas fica claro que o personagem teme o que a vida trará.

Pelo exposto, entende-se que a infidelidade virtual efetivamente não pode ser equiparada à infidelidade do mundo real, ante a ausência da concretude do relacionamento, embora possa, pelo apelo do imaginário, alimentar-se o sentir. Ocorre que o sentir se projeta numa persona que será tão ideal quanto a capacidade dos agentes de se apresentarem sem defeitos e sem os desgastes da vida cotidiana. Em uma dedução objetiva, a persona não existe no mundo de cá. Talvez, a dor da pessoa que se diz virtualmente traída resida na constatação da perfeição inalcançável aos mortais do mundo real – o de cá; é o desejo do outro por algo que o ser real jamais será, porque o ser do virtual não está aqui, e estar lá garante o distanciamento das imperfeições que nos fazem humanos e falhos.

No próximo tópico, avança-se com essas análises, mas é forçoso reconhecer a dificuldade de qualquer penalização pela esfera tão somente do sentir, cabendo uma análise mais profunda do tema, no campo da Psicologia, inclusive, quanto ao que motiva a pretensão de coibir o que aflora no agora como sentimento no outro, com quem escolhemos, em comum acordo, em outro momento, de confluência de desejos, partilhar a vida, e acreditar na perenidade daquilo que nos cabia na alma. O agora do outro mudou o perene que pactuamos um dia. E é difícil ter ficado quando o outro se permitiu ir.

3. O ALCANCE DO DEVER DE FIDELIDADE

Independentemente da discussão sobre a força coercitiva dos deveres do casamento, o texto converge para delimitar o alcance do dever de fidelidade, inclusive no ambiente virtual, quando não há consumação do ato sexual presencial, para responder a segunda questão proposta.

Ao falar sobre a eficácia do casamento e discorrer sobre a infidelidade virtual, Madaleno (2011) não trata da relação que somente se realize no plano virtual; o autor trata o relacionamento virtual como porta de entrada para a relação sexual consumada entre os parceiros, ainda que irrelevante para o Direito, por não mais subsistir a dita separação causal, ao dizer que "a infidelidade também surge na sua versão virtual, quando um relacionamento erótico-afetivo é entretido através da internet, e se a comunicação permitir, pode gerar encontros ortodoxos que terminem em intercurso sexual, consumando-se o adultério." (Madaleno, 2011, p. 176).

Nesse raciocínio, a distinção entre infidelidade material e moral, incluindo-se a infidelidade virtual no campo da infidelidade de aspecto moral, estabelece-se porque na infidelidade oral "[...] os laços eróticos e afetivos são mantidos diante da tela de um computador, sendo alimentados rotineiramente, através de uma fantasia, que pode sair do espaço virtual e levar ao contato físico e às relações sexuais de adultério." (Madaleno, 2011, p. 177).

Não é objetivo deste texto tratar o relacionamento virtual como ato preparatório ao relacionamento material. A análise que se realiza considera somente o relacionamento estabelecido exclusivamente no âmbito virtual e paralelo ao casamento ou à união estável.

Rizzardo (2011, p. 158), ao analisar o dever de fidelidade, entendeu pelo sentido amplo da expressão, afirmando que "[...] o sentido de fidelidade recíproca envolve mais a dedicação exclusiva e sincera de um cônjuge em relação ao outro, ou um leal compartilhamento de vida, tanto na dimensão material quanto na espiritual.". Nesse sentido, declara que "[...] há infringência desse dever também, quando a conduta pessoal reflete uma série de situações desrespeitosas e ofensivas à própria honra do cônjuge, como as atitudes licenciosas e levianas, o simples namoro, a ligação puramente sentimental com terceiro [...].". E arremata: "[...] assim, mais que um simples ato de natureza física, a fidelidade conjugal envolve o critério de vida, ou uma conduta de comprometimento interior e prático dos cônjuges." (Rizzardo, 2011, p. 158).

Pelos critérios postos pelo citado autor, a infidelidade pode ocorrer ainda que sem relação efetivamente carnal com terceiro. Ou seja, o relacionamento com outrem que não exclusivamente o cônjuge ou companheiro, mesmo que no âmbito sentimental, implica prática de infidelidade.

Nessa toada, o relacionamento afetivo virtual com outrem, que não o cônjuge ou companheiro, mesmo sem consumação sexual, implicaria infidelidade. Essa certamente é uma concepção alargada, que exige efetivamente relação exclusiva entre parceiros do casamento ou da união estável, quer no âmbito moral, quer no material.

Indo-se além: pelas definições apresentadas, poderia ser considerado infiel aquele que deixasse de compartilhar a vida com o parceiro não porque a compartilha com outrem, mas porque perdeu o comprometimento anterior, deixou de cultivar-lhe os mesmos sentimentos.

Ocorre que a lei não pode impor o sentir. E, por mais esse motivo, o dispositivo que estabelece a fidelidade recíproca como dever não pode ser mandamental.

A respeito, em acertada crítica, Dias declarou:

> Não é a imposição legal de normas que consolida ou estrutura o vínculo conjugal, mas simplesmente a sinceridade de sentimentos e a consciência dos papéis desempenhados pelos seus membros que garantem a sobrevivência do relacionamento, como sede do desenvolvimento e realização pessoal. (Dias, 2000, p. 35).

Marzagão (2023, p. 18) entende que o dever de fidelidade, na interpretação contemporânea, é "[...] a obrigação dos cônjuges manterem, entre si, exclusividade sexual e afetiva". Esclarece a autora que tal ditame decorre do papel a que o Estado se arvora de "fiscalizador da privacidade dos consortes".

Esse papel autoatribuído pelo Estado implica a desconsideração da autonomia privada e reforça a ideia de controle do Estado sobre a vida, os afetos e a sexualidade dos cidadãos.

Exclusividade afetiva compreende bem mais que a realização sexual somente com o cônjuge ou companheiro. E, considerando que o mundo dos afetos nem sempre é o mundo dos fatos, não cabe ao Estado ordenar a esfera abstrata.

Ainda sobre o tema, Fachin (2011, p. 163) questiona se "[...] o Estado pode negar a realidade vivida pelos cônjuges, imputando-lhes sanções pelo descumprimento de um dever que, a depender da concretude do caso em análise, ambos discordam.". Para o doutrinador, "[...] a fidelidade formal se verteu na lealdade substancial" e, complementa ainda que

> "[...] a lealdade a um projeto de vida não faz morada na fria previsão normativa, mas sim no desejo e vontade daqueles que protagonizam tal projeto, e que nele buscam construir as suas vidas. Mais ainda: apreendem sujeitos que, mais conscientes de seus desejos, são menos propensos a aceitar dominações e imposições." (Fachin, 2011, p. 163).

Na seara da autonomia privada, cabem ainda os apontamentos de Teixeira (2018, p. 104), para quem

> Os limites à autonomia são internos, pois o ordenamento garante o exercício de liberdades em determinados espaços nos quais a decisão só é legítima se tomada pela própria pessoa, por fazer parte da construção da sua vida privada, da sua intimidade e pessoalidade.

A pluralidade do humano revela-se na sua forma de sentir e de viver, impondo-se a abstenção do Estado na tentativa de impor comportamentos eivados de conceitos moralistas e oriundos de uma era que normalizou o controle a despeito da realização das pessoas no âmbito familiar. Sobre o tema, concluiu Teixeira (2018, p. 104) que "[...] em situações subjetivas existenciais, não é possível que o legislador ou um terceiro condicione as formas do viver". Assim, no âmbito personalíssimo, em que os sentimentos estão, na esfera jurídica particular, não cabem prisões.

Embora não seja objeto deste artigo, não se pode olvidar o recorte de gênero presente na imposição do dever de fidelidade pelo diploma pátrio, que objetivava obter a exclusividade sexual, principalmente da mulher em relação ao marido, uma vez que se naturalizava a infidelidade masculina.

Na pesquisa publicada em 2004, Weid revela que até mesmo a infidelidade feminina estava sob o controle do homem, na concepção social.

> O fato de mulheres não se sentirem agentes de infidelidade e afirmarem que ser fiel é algo que faz parte do caráter feminino, reflete a dupla moral vigente na sociedade brasileira, caracterizada pelo controle masculino sobre a sexualidade da mulher, a ponto da infidelidade feminina ser, muitas vezes, percebida como responsabilidade do homem, como bem sintetizou Nélson Rodrigues na célebre frase "perdoa-me por me traíres." (Weid, 2004, p. 7).

Atualmente, ainda é possível perceber a diferença do tratamento dado às situações que envolvam infidelidade, conforme seja o "infiel" homem ou mulher. Marzagão (2023, p. 20) cita a decisão proferida em 2019, pelo TJSP, em análise de alegação de infidelidade virtual cometida pela esposa, nos seguintes termos:

> [...] a infidelidade toca a honra da mulher, que trai o marido, sendo casada"; a decisão afirma ainda: "No comportamento e na cultura social mais conservadora, sai a mulher do casamento com o bom nome arranhado, pesando mais sobre ela do que sobre o marido certas consequências no meio social.

É importante ressaltar que a decisão foi no sentido da admissibilidade da existência de infidelidade, no âmbito virtual, mas o voto relator demonstra que a admissibilidade considerou o fato de a infidelidade, ainda que virtual, ter sido praticada por uma mulher. Nesse sentido, percebe-se a defesa de uma moral que implica ao feminino até limites ao sentir.

Brasileiro e Holanda, acerca da imposição da exclusividade das relações pela monogamia, esclarecem que "[...] a monogamia, no entanto, findou sendo opressora em relação às mulheres, uma vez que o adultério masculino sempre foi tolerado, inclusive na própria legislação, não se aplicando a mesma tolerância às mulheres, que sempre ocuparam um espaço restrito." (Brasileiro; Holanda, 2022, p. 220).

Retomando-se as considerações sobre o segundo caso apresentado, que envolve um relacionamento afetuoso virtual mantido por homem casado, conquanto não haja sido consumado qualquer ato sexual entre os envolvidos na situação posta, houve uma entrega pessoal, no que diz respeito aos sentimentos nutridos. O casal que se constituiu no ambiente virtual se relacionava afetivamente, sendo publicizada a sua relação entre os amigos de ambos os envolvidos. Mas de qual relação se fala? De uma relação praticada em um mundo paralelo àquele em que o homem vivia com sua esposa (no âmbito do Direito, tem-se visto a importância da atenção ao mundo virtual). O mundo da madrugada, dos sentimentos falados, e talvez vividos, sem expressão material.

A situação demanda uma análise criteriosa, sob pena de se estabelecer um perigoso precedente: admitir que uma pessoa casada ou em união estável não possa, eventualmente, se apaixonar por um terceiro. Seria o cercear da ideia, da imaginação, da fantasia, do sonho, do desejo que nos constitui seres de falta. No plano dos sentimentos, não há sanção a aplicar, tampouco falar-se em descumprimento ao dever de fidelidade. Uma vez que esse sentimento venha a motivar o surgimento de uma relação extraconjugal e, inclusive, malferir o dever de fidelidade, o desfecho não é uma inexorável reparação de danos. Há o direito potestativo do divórcio e o direito à dissolução da união estável. Ou mesmo, o casal pode retomar atravessar o episódio dessa relação extraconjugal e retomar sua conjugalidade sem que sequer se dê notícia do fato ao Estado juiz. Não se olvide, ainda, dos casais que se unem em matrimônio ou em união estável firmando acordos que tangenciam alguns deveres legais, como a fidelidade – eis a discussão doutrinária sobre "contratos paraconjugais".

O TJRJ, no Acórdão proferido na apelação de número 0012524-67.2009.8.19.0209, contempla justamente a situação da liberdade de sentimentos, nos seguintes termos: "[...] a CRFB assegura a liberdade, frisando-se que sob o pálio de tal direito encontra-se a liberdade relativa aos sentimentos e à autonomia da pessoa humana, permitindo-lhe tomar decisões e alterar o rumo de sua vida". (Brasil, 2013).

Menezes (2022, p. 23) assinala, ao falar sobre a família, que no seu âmbito a personalidade deve ser promovida. E esclarece que a "[...] energia constitutiva é a vontade e sua substância caracterizadora, a afetividade", concluindo que os "integrantes do núcleo familiar não são privados da vida privada individual".

O limite da vida privada individual, quando se compartilha a existência com alguém, deve ser estabelecido pelos consortes, de acordo com o que pretende ser sua comunhão de vida. Para Teixeira (2018, p. 77), "[...] cada um possui, igualmente, direito de interpretar o que, para si, venha a ser liberdade, bem como suas manifestações e projeções em sua própria vida, no contexto do que denomina de autonomia existencial".

Todavia, o conceito de liberdade na esfera familiar não anula o de responsabilidade, como pondera Teixeira (2018, p. 79):

> Por isso, toda hermenêutica jurídica, que vise interpretar o modo possível de concretização da dignidade, deve ser sempre no sentido da emancipação humana. É claro que, para o exercício de direitos de liberdade, deve haver a correlata responsabilidade, pois autonomia e responsabilidade são conceitos complementares.

Entender os limites a que a vida privada se sujeita, no contexto do casamento ou da união estável, é o grande desafio proposto para a convivência harmoniosa do casal, sem que as individualidades sejam feridas, até o ponto de se anularem, desfigurando o ser individual que opta por fazer parte do consórcio familiar. Ao mesmo tempo, na medida do acordado com o outro, deve ser estabelecido o que se entende por respeito, reconhecendo-se a proposta de convivência e de liberdades que melhor se adequa à entrega de vida proposta pelo casal.

4. INFRINGÊNCIA AO DEVER DE FIDELIDADE E RESPONSABILIDADE CIVIL

A responsabilização civil daquele que comete ato ilícito e causa dano a outrem está prevista no artigo 927 do CCB.[10] A caracterização de ato ilícito, por sua vez, está presente no artigo 186 do mesmo Código, o qual estabelece os requisitos de existência de ação ou omissão voluntária, violação de direito com efetivação de dano (dano injusto, portanto, por nexo de causalidade entre o ato praticado e o prejuízo experimentado).

Farias e Rosenvald (2010, p. 87), ao discorrerem sobre a responsabilidade civil no Direito de Família, declaram que "[...] seguramente, a obrigação de reparar danos

---
10. "Art. 927: Aquele que, por ato ilícito (arts. 186 e 187), causar dano a outrem, fica obrigado a repará-lo."

patrimoniais e extrapatrimoniais decorrentes da prática de um ato ilícito também incide no Direito de Família". Todavia, questionam sobre o alcance da ilicitude nas relações de família. Na obra, datada de 2010, os autores já apresentam duas correntes: A primeira, que entende que a simples violação de um dos deveres previstos no art. 1.566 ensejaria o dever de indenizar. A segunda, no sentido de ser necessária a caracterização de ato ilícito para além do simples descumprimento do dever conjugal.

Os autores se filiam à segunda corrente, para a qual a alocação das regras da responsabilidade civil na seara familiar necessita da comprovação de ocorrência de ato ilícito. Ou seja, o descumprimento de dever conjugal, por si só, não caracterizaria ilicitude, nos termos do art. 186 do Código Civil Brasileiro.

Conforme tem-se afirmado, admitir que a simples violação do dever de fidelidade, qualquer que seja o âmbito, enseje possibilidade de reparação civil, seria considerar que tais deveres possuem força coercitiva, o que não encontra guarida, principalmente pelos efeitos da EC 66/2010, e bem reflete esse posicionamento a jurisprudência.

Acrescente-se o argumento de que, se considerada a violação de dever de fidelidade como bastante à possibilidade de exigência de reparação civil, estar-se-ia concluindo que o cônjuge traído tem direito à fidelidade por parte do outro, porque, para haver responsabilização civil, é preciso constatar a violação de direito; assim, o direito à fidelidade de outrem redundaria no direito sobre o corpo do outro, acolhendo o retrocesso para se lembrar do tempo de classificação como real tal direito, e como posse sobre o outro.

Resta a segunda corrente, à qual a autora deste capítulo se afilia, que, embora admita a possibilidade de constatação de dano indenizável na seara familiar, requer-se a comprovação de ocorrência de ato ilícito, para além do simples descumprimento dos deveres do casamento, ou da união estável, que seriam tão somente recomendatórios. De igual modo, também se exige a demonstração dos demais pressupostos da responsabilidade civil, como o dano e o nexo causal em face da conduta ilícita.

Assim, nos casos sob análise, a questão não é sobre a existência ou não da infidelidade, e sim perscrutar sobre o contexto no qual isso se deu, em especial, para averiguar se ocorreram a exposição do cônjuge dito traído e a violação à sua esfera jurídica.

Para Pereira (2013, p. 80), é preciso ponderar a respeito de eventual relacionamento extraconjugal, no sentido de nem mesmo considerar ser esse fato a causa ou a culpa pelo fim do casamento. Segundo o autor, como já se afirmou, "[...] se o casamento acabou, não foi por culpa dessa relação extraconjugal. Aquilo que o Direito alega como causa, na verdade, pode ser a consequência.".

É importante ressaltar que não se desconsidera que a traição, num relacionamento pretensamente monogâmico, causa transtorno ao sujeito traído. Todavia, o que se analisa neste capítulo é se o ato de infidelidade em si implica o dever de reparar o dano, nos termos do artigo 927 do CCB. Segue-se o entendimento da decisão proferida no Acórdão de número 1084472[11] e no Acórdão 1114480,[12] respectivamente,

> [...] a exposição de cônjuge traído a situação humilhante que ofenda a sua honra, imagem ou integridade física ou psíquica, enseja indenização por dano moral; (Brasil, 2018).

> [...] não há que se falar em dever de indenizar quando ocorrer o descumprimento dos deveres acima tracejados, porquanto necessita existir uma situação humilhante vexatória, em que exponha o consorte traído a forte abalo psicológico que, fugindo à normalidade, interfira sobremaneira na situação psíquica do indivíduo. Assim, a traição, por si só, não gera o dever de indenizar. (BRASIL, 2018).

Assim, percebe-se que há um desenho jurisprudencial a orientar que a indenização por dano moral não decorre diretamente do fato da infidelidade, mas da exposição que o cônjuge traído venha a sofrer em seu amplo aspecto.

No Acórdão 001970-93.2009.8.19.0028,[13] proferido no recurso de apelação, extraiu-se da ementa a seguinte declaração, pertinente à discussão ora entabulada:

---

11. BRASIL. Tribunal de Justiça do Estado do Distrito Federal e Territórios. *Exposição pública de relacionamento extraconjugal – dano moral* "(...) O simples descumprimento do dever jurídico da fidelidade conjugal não implica, por si só, causa para indenizar, apesar de consistir em pressuposto, devendo haver a submissão do cônjuge traído a situação humilhante que ofenda a sua honra, a sua imagem, a sua integridade física ou psíquica. Precedentes. 2. No caso, entretanto, a divulgação em rede social de imagens do cônjuge, acompanhado da amante em público, e o fato de aquele assumir que não se preveniu sexualmente na relação extraconjugal, configuram o dano moral indenizável." Acórdão 1084472, 20160310152255APC, Relator: Fábio Eduardo Marques, 7ª Turma Cível, data de julgamento: 21.03.2018, publicado no DJE: 26.03.2018. Disponível em: https://www.tjdft.jus.br/consultas/jurisprudencia/jurisprudencia-em-temas/dano-moral-no-tjdft/responsabilidade-civil/infidelidade-conjugal. Acesso em: 10 maio 2023.
12. BRASIL. Tribunal de Justiça do Estado do Distrito Federal e Territórios. "(...) 3. Dispõe o art. 1.566 do Código Civil, que são deveres de ambos os cônjuges a fidelidade recíproca (inc. I), bem como o respeito e consideração mútuos (inc. V). Por outro lado, não há que se falar em dever de indenizar quando ocorrer o descumprimento dos deveres acima tracejados, porquanto necessita existir uma situação humilhante, vexatória, em que exponha o consorte traído a forte abalo psicológico que, fugindo à normalidade, interfira de sobremaneira na situação psíquica do indivíduo. Assim, a traição, por si só, não gera o dever de indenizar. 4. No caso em apreço, as informações dos autos não evidenciam a exposição da apelante em situação vexatória, com exposição pública, já que, a toda evidência, a alegada infidelidade conjugal, não teria extrapolado o ambiente doméstico. 4. Isso porque, não há provas concretas que ratifique a tese de que o demandado teria enviado às imagens do relacionamento extraconjugal a terceiros, configurando assim a exposição da requerente.". Acórdão 1114480, 00064619720168070020, Relator: Gislene Pinheiro, 7ª Turma Cível, data de julgamento: 08.08.2018, publicado no DJE: 14.08.2018. Disponível em: https://www.tjdft.jus.br/consultas/jurisprudencia/jurisprudencia-em-temas/dano-moral-no-tjdft/responsabilidade-civil/infidelidade-conjugal. Acesso em: 10 maio 2023.
13. BRASIL. Tribunal de Justiça do Estado do Rio de Janeiro. E M E N T A: *Separação Litigiosa. Indenização. Dano moral. Alegação de adultério.* Lide ajuizada pelo cônjuge virago. Pedido julgado procedente em parte. I – Necessidade de adequação do Direito aos novos conceitos de família instalados na sociedade, que não podem ser alijados do amparo jurídico em função da interpretação literal dos dispositivos legais ainda não adaptados aos novos paradigmas sociais. A discussão acerca da culpa na separação judicial ou no divórcio viola os direitos e garantias fundamentais, em especial à dignidade da pessoa humana. Eventuais sanções da dita separação com culpa, hoje não encontram suporte fático constitucional. II – Após a Emenda Constitucional 66/2010, a dissolução da sociedade conjugal prescinde de requisito maior, bastando a tal fim a condição de casado e a vontade da ruptura do vínculo conjugal. Precedentes deste Egrégio Tribunal conforme transcritos na fundamentação. III – Separação de um casal implica frustração, decepção e mágoa entre as Partes, até porque são inerentes à própria dissolução do casamento. IV – Ausência de comprovação da conduta adulterina imputada ao Cônjuge Varão pela Autora, desautorizando a verba moral postulada. Autora que

"Separação de um casal implica frustração, decepção e mágoa, entre as partes, até porque são inerentes à própria dissolução do casamento." (BRASIL, 2014). A decisão afastou a possibilidade de reparação civil.

Entende-se que foi afastada a pretensão da indenização, não só pela falta de comprovação de conduta adulterina, mas, principalmente, pela inexistência dos pressupostos à reparação civil. Frisa-se que os julgados mencionados deixam claro que não é dispensada a comprovação de existência de ato ilícito para que se logre êxito na pretensão de obter reparação civil, consolidando a ideia de que deve haver ilicitude outra que não a mera infringência ao artigo 1.566 do CCB.

Na esteira da regra geral de responsabilidade subjetiva, a conduta culposa do agente deve ser provada, consistindo em ato ou atos específicos contrários à lei que impliquem danos à imagem ou à honra do ofendido. Nesse aspecto, registra-se que compete ao casal o estabelecimento dos valores que nortearão a sua convivência e a relação com terceiros.

O limite das liberdades na constância dos relacionamentos deveria ser estabelecido pelos sujeitos envolvidos, razão pela qual, a título de sugestão, recomenda-se a leitura da obra "Contrato Paraconjugal", referenciado neste artigo, que apresenta tal forma de avença, para modulação da conjugalidade, estabelecendo deveres a que as partes se sujeitam de acordo com a dinâmica de sua relação, e não por imposição do Estado.

5. CONCLUSÃO

A aplicabilidade da Responsabilidade Civil no âmbito das relações familiares deve ser reconhecida, até mesmo por ser o ambiente íntimo, familiar, lugar que deve oferecer segurança e proteção aos membros e seus afetos. Trata-se de importante regulamentação indireta para fomentar ainda mais o dever de respeito e consideração que uns devem ter para com os outros, notadamente os cônjuges e conviventes, cuja intimidade suscita especial confiança. Mas essa responsabilização prescinde de todos os elementos necessários à disciplina da responsabilidade civil. A prova do ato ilícito, do dano efetivamente sofrido e do nexo causal serão indispensáveis. Não é cabível a imposição da obrigação de reparar dano pela mera infringência do dever de infidelidade ou de lealdade, sob pena de legitimação de pretensões retrógradas de posse sobre a vida e o corpo do outro.

---

não desincumbiu de demonstrar os fatos constitutivos do direito perseguido. Exegese do inciso I do artigo 333 da Lei de Ritos Civil. V – R. Sentença ultimando pela procedência dos pedidos que merece prestígio. VI – Recurso que se apresenta manifestamente improcedente. Aplicação do caput do art. 557 do CPC. c.c. art. 31, inciso VIII do Regimento Interno deste E. Tribunal. Negado Seguimento. Acórdão em Apelação 001970-93.2009.8.19.0028. Relator Desembargador Reinaldo Pinto Alberto Filho. Data de Julgamento: 26.02.2014. Disponível em: https://www.tjrj.jus.br/documents/10136/31836/violacao-deveres-conjugais.pdf. Acesso em: 05 maio 2023.

Nesse sentido, entende-se que os deveres decorrentes do casamento e da união estável são recomendações, e não imposições legais, não cabendo ao Estado o exercício do controle sobre a esfera íntima dos casais, a fim de lhes impor o comportamento abonado pela moral.

Nos casos apresentados para análise, ainda que não haja força coercitiva nos deveres do casamento e da união estável, fato é que, pelo sistema monogâmico adotado pelo Direito Brasileiro, existe uma expectativa de exclusividade relacional em face dos cônjuges ou companheiros que decidiram compartilhar as vidas. Mas tal expectativa, ainda que decorrente de um contexto social, não implica direito sobre a vida e o sentir do outro.

Ainda que as relações não sejam sacralizadas para eternidade, durante sua vigência a quebra do dever de fidelidade, a depender da forma como aconteça e se apresente socialmente, poderá implicar (ou não) constrangimento e dano à honra e à imagem do cônjuge ou companheiro traído. Nesse ponto, legitima-se o Estado, como guardião da dignidade da pessoa humana, para impor a responsabilização civil do ofensor. Mas, repita-se, a indenização não será consequência inexorável da traição.

Sobre a resposta aos problemas apresentados, certamente não há unanimidade na conclusão, cabendo prova do dano sofrido, da humilhação, da mácula à imagem, à honra, para além do proveniente do desfazimento dos vínculos. A responsabilidade social afetiva, nesse contexto, ganha espaço. Assim, mesmo que o sentimento por outra pessoa tenha se adiantado à ideal ruptura formal de um relacionamento anterior, é preciso cuidar para que o ex-parceiro não seja exposto perante a comunidade de convivência do casal, de forma vexatória, para mais do que o incômodo da ruptura.

O casamento e a união estável podem ser espaço de comunhão de vidas, nos quais faz-se a opção pela exclusividade da relação, quer no plano material, quer no plano moral. Esse é um pacto inerente à realidade de cada casal, não sendo da alçada do Estado dar força coercitiva a deveres que foram desenhados com o propósito de limitar notadamente os relacionamentos e afetos femininos.

Os amores e desamores são acontecimentos da vida e nem sempre guardam ordem cronológica desejável para que aconteçam. Quando se trata da esfera do sentir, pode acontecer "tudo junto e misturado": o desamor é notado quando surge o que vem a ser chamado de novo amor.

No mundo ideal, seria salutar romper uma relação para que outra pudesse se iniciar. Mas somos seres do mundo real, que atropelam e são atropelados por seus desejos. Não se trata de discutir sobre a culpa pela ruptura, mas de entender a necessidade de guardar respeito e consideração por aquele(a) em cuja figura o seu amor se encontrou um dia, antes do hoje, do desamor, cuidando, tanto quanto possível, de sua imagem e de sua honra.

A ruptura conjugal, comunicada ou não, não é fato gerador de responsabilidade civil. A responsabilidade civil advém do dano moral que a companheira ou companheiro venha a sofrer em virtude de exposição ao ridículo, à humilhação pública, à depreciação perante terceiros. Isso importa em dizer, por outro lado, que a dor inerente à partida moral daquele que já não quer permanecer no plano material não gera direito à retenção do outro, e, por assim ser, não tem preço e não é indenizável.

6. REFERÊNCIAS

BRASIL. [Constituição (1988)]. *Constituição da República Federativa do Brasil de 1988*. Brasília, DF: Presidência da República, [2020]. Disponível em: https://www.planalto.gov.br/ccivil_03/constituicao/constituicao.htm. Acesso em: 17 maio 2023.

BRASIL. *Lei 10.406, de 10 de janeiro de 2002*. Institui o Código Civil. Diário Oficial da União: seção 1, Brasília, DF, ano 139, n. 8, p. 1-74, 11 jan. 2002.

BRASIL. Tribunal de Justiça do Estado do Rio de Janeiro. Acórdão em Apelação 0012524-67.2009.8.19.0209. Relator Desembargador André Emílio Ribeiro Von Melentovytch. Data de Julgamento: 15.10.2013. Apelação cível. Responsabilidade civil. Ação indenizatória. Dano moral. Casamento. Infidelidade. Divórcio. Sentença de procedência. Irresignação de ambas as partes. *In casu*, restou demonstrado que as partes trabalhavam na mesma empresa e que os réus começaram a se relacionar em meados de 2006. Depoimentos testemunhais comprovando que colegas de trabalho dos ora litigantes tiveram conhecimento da situação, mencionando a existência de comentários pejorativos em relação aos fatos. Em que pesem as alegações do autor, entendo que não houve na hipótese violação ao dever de fidelidade. Isso porque, a fidelidade diz respeito à verdade e, na hipótese, não se verifica em nenhum momento que a ré tenha faltado com a verdade; pelo contrário, a narrativa da inicial, bem como a prova dos autos demonstram que a demandada agiu de modo sincero com o seu ex-marido, expressando os seus sentimentos e assumindo a responsabilidade por suas escolhas. O "dever de fidelidade" previsto no Código Civil de 2002 não pode ser interpretado do mesmo modo que era à época da Lei Civilista de 1916. Com a promulgação da CRFB/1988, a dignidade da pessoa humana passou a ser um dos fundamentos da República. Nesse contexto, salientando-se que o Código Civil de 2002 tem como diretriz a boa-fé objetiva e que a Lei Civil deve ser interpretada e aplicada à luz da Lei Maior, não há como entender que a conduta da ré tenha violado o dever de fidelidade. Tal dever vincula-se à verdade, não sendo tolerada pela sociedade atual a hipocrisia, nem as relações baseadas em aparências. No caso, o conjunto probatório demonstra que o casamento das partes estava, de fato, em gravíssima crise. Registro de ocorrência. A CRFB assegura a liberdade, frisando-se que sob o pálio de tal direito encontra-se a liberdade relativa aos sentimentos e à autonomia da pessoa humana, permitindo-lhe tomar decisões e alterar o rumo de sua vida. Ademais, não se pode negar que a busca da felicidade configura-se como um desdobramento da dignidade da pessoa humana. A 1ª ré exerceu sua liberdade e o fez de modo digno, restando comprovado que deixou o domicílio comum do casal, separando-se de fato do autor, em setembro de 2006 e ajuizando ação de divórcio em dezembro do mesmo ano. Réus que constituíram família, da qual advieram 2 filhos. Não logrou o autor demonstrar ter sido submetido à humilhação em razão de atuação abusiva da parte ré, a justificar compensação indenizatória, sendo natural em uma separação o sofrimento das partes envolvidas. A indenização por dano moral não deve servir para impor obrigações na esfera familiar, sob pena de impedir as pessoas de exercerem a liberdade. Os réus não podem ser responsabilizados pela conduta de terceiros (colegas de trabalho), que, ao tomarem conhecimento acerca da separação das partes, teceram comentários pejorativos. Sentença deve ser reformada, para que os pedidos sejam julgados improcedentes. Desprovimento do apelo autoral. Provimento do recurso da 1ª ré. Disponível em: https://www.tjrj.jus.br/documents/10136/31836/violacao-deveres-conjugais.pdf. Acesso em: 05 maio 2023.

BRASIL. Tribunal de Justiça do Estado do Rio de Janeiro. Ementa: Separação Litigiosa. Indenização. Dano moral. Alegação de adultério. Lide ajuizada pelo cônjuge virago. Pedido julgado procedente em parte. I – Necessidade de adequação do Direito aos novos conceitos de família instalados na sociedade, que não podem ser alijados do amparo jurídico em função da interpretação literal de dispositivos legais ainda não adaptados aos novos paradigmas sociais. A discussão acerca da culpa na separação judicial ou no divórcio viola os direitos e garantias fundamentais, em especial à dignidade da pessoa humana. Eventuais sanções da dita separação com culpa, hoje não encontram suporte fático constitucional. II – Após a Emenda Constitucional 66/2010, a dissolução da sociedade conjugal prescinde de requisito maior, bastando a tal fim a condição de casado e a vontade da ruptura do vínculo conjugal. Precedentes deste Egrégio Tribunal conforme transcritos na fundamentação. III – Separação de um casal implica frustração, decepção e mágoa entre as Partes, até porque são inerentes à própria dissolução do casamento. IV – Ausência de comprovação da conduta adulterina imputada ao Cônjuge Varão pela Autora, desautorizando a verba moral postulada. Autora que não desincumbiu de demonstrar os fatos constitutivos do direito perseguido. Exegese do inciso I do artigo 333 da Lei de Ritos Civil. V – R. Sentença ultimando pela procedência dos pedidos que merece prestígio. VI – Recurso que se apresenta manifestamente improcedente. Aplicação do caput do art. 557 do CPC. c.c. art. 31, inciso VIII do Regimento Interno deste E. Tribunal. Negado Seguimento. Acórdão em Apelação 001970-93.2009.8.19.0028. Relator Desembargador Reinaldo Pinto Alberto Filho. Data de Julgamento: 26.02.2014. Disponível em: https://www.tjrj.jus.br/documents/10136/31836/violacao-deveres-conjugais.pdf. Acesso em: 5 maio 2023.

BRASIL. Tribunal de Justiça do Estado do Rio de Janeiro. Família. Reparação por danos morais. Adultério feminino. Violação ao dever de fidelidade. Art. 1.566, inciso I, do CC/02. Ato ilícito caracterizado. Dano moral que, *in casu*, não é *in re ipsa*. Dificuldade de definir a quem se deverá imputar a responsabilidade pelo adultério, se à adúltera ou à péssima relação conjugal. Posição doutrinária. Precedentes deste Tribunal de Justiça. Necessidade de prova do intuito deliberado do cônjuge adúltero de ofender a dignidade do cônjuge traído. Requisitos não demonstrados. Artigo 333, I, do CPC. Responsabilidade civil não caracterizada. Apelação do ex-marido desprovida. Acórdão em Apelação 0005383-61.2013.8.19.0207. Relator Desembargador Bernardo Moreira Garcez Neto. Data de Julgamento: 30.09.2015. Disponível em: https://www.tjrj.jus.br/documents/10136/31836/violacao-deveres-conjugais.pdf. Acesso em: 05 maio 2023.

BRASIL. Tribunal de Justiça do Estado do Distrito Federal e Territórios. Exposição pública de relacionamento extraconjugal – dano moral "(...) O simples descumprimento do dever jurídico da fidelidade conjugal não implica, por si só, causa para indenizar, apesar de consistir em pressuposto, devendo haver a submissão do cônjuge traído a situação humilhante que ofenda a sua honra, a sua imagem, a sua integridade física ou psíquica. Precedentes. 2. No caso, entretanto, a divulgação em rede social de imagens do cônjuge, acompanhado da amante em público, e o fato de aquele assumir que não se preveniu sexualmente na relação extraconjugal, configuram o dano moral indenizável." Acórdão 1084472, 20160310152255APC, Relator: Fábio Eduardo Marques, 7ª Turma Cível, data de julgamento: 21.03.2018, publicado no DJE: 26.03.2018. Disponível em: https://www.tjdft.jus.br/consultas/jurisprudencia/jurisprudencia-em-temas/dano-moral-no-tjdft/responsabilidade-civil/infidelidade-conjugal. Acesso em: 10 maio 2023.

BRASIL. Tribunal de Justiça do Estado do Distrito Federal e Territórios. "(...) 3. Dispõe o art. 1.566 do Código Civil, que são deveres de ambos os cônjuges a fidelidade recíproca (inc. I), bem como o respeito e consideração mútuos (inc. V). Por outro lado, não há que se falar em dever de indenizar quando ocorrer o descumprimento dos deveres acima tracejados, porquanto necessita existir uma situação humilhante, vexatória, em que exponha o consorte traído a forte abalo psicológico que, fugindo à normalidade, interfira de sobremaneira na situação psíquica do indivíduo. Assim, a traição, por si só, não gera o dever de indenizar. 4. No caso em apreço, as informações dos autos não evidenciam a exposição da apelante em situação vexatória, com exposição pública, já que, a toda evidência, a alegada infidelidade conjugal, não teria extrapolado o ambiente doméstico. 4. Isso porque, não há provas concretas que ratifique a tese de que o demandado teria enviado às imagens do relacionamento extraconjugal a terceiros, configurando assim a exposição da requerente.". Acórdão 1114480, 00064619720168070020, Relator: Gislene Pinheiro, 7ª Turma Cível, data de julgamento: 08.08.2018, publicado no DJE: 14.08.2018. Disponível em: https://www.tjdft.jus.br/

consultas/jurisprudencia/jurisprudencia-em-temas/dano-moral-no-tjdft/responsabilidade-civil/infidelidade-conjugal. Acesso em: 10 maio 2023.

BRASILEIRO, Luciana; HOLANDA, Maria Rita. Uniões Simultâneas. In: MENEZES, Joyceane Bezerra de; MATOS, Ana Carla Harmatiuk (Coord.). *Direito das Famílias por juristas brasileiras*. São Paulo: Foco, 2022.

DIAS, Maria Berenice. *O dever de fidelidade*. Correio Braziliense. 2000.

FACHIN, Luiz Edson. Famílias – Entre o Público e o Privado. *Anais do VIII Congresso Brasileiro de Direito de Família*. Disponível em: https://ibdfam.org.br/assets/upload/anais/274.pdf. Acesso em: 3 maio 2023.

FARIAS, Cristiano Chaves; ROSENVALD, Nelson. *Direito das Famílias*. Rio de Janeiro: Lumen Juris, 2010.

FONSECA, C. Queda. Rio de Janeiro: Polaroides Music, 2015. Disponível em: https://www.kboing.com.br/celso-fonseca/queda/. Acesso em: 19 maio 2023.

LÔBO, Paulo. *Famílias*. São Paulo: Saraiva, 2009.

MADALENO, Rolf. *Curso de Direito de Família*. Rio de Janeiro: Forense, 2011.

MARZAGÃO, Silvia Felipe. *Contrato Paraconjugal*: a modulação da conjugalidade por contrato. São Paulo: Foco, 2023.

MENEZES, Joyceane Bezerra de. A família e o direito de personalidade: a cláusula geral de tutela na promoção da autonomia e da vida privada. In: MENEZES, Joyceane Bezerra de; MATOS, Ana Carla Harmatiuk (Coord.). *Direito das Famílias por juristas brasileiras*. São Paulo: Foco, 2022.

PEREIRA, Rodrigo da Cunha. *Divórcio*: Teoria e Prática. São Paulo: Saraiva, 2013.

PEREIRA, Rodrigo da Cunha. *Sexualidade vista pelos Tribunais*. Belo Horizonte: Del Rey, 2001.

RIZZARDO, Arnaldo. *Direito de Família*. 8. ed. Rio de Janeiro: Forense, 2011.

ROCHA, Carmem Lúcia Antunes. *Direito de Para Todos*. Belo Horizonte: Fórum, 2008.

TEIXEIRA, B. C. A. Autonomia Existencial. *Revista Brasileira de Direito Civil* – RBDCivil, Belo Horizonte, v. 16, p. 75-104, abr./jun. 2018.

VIERA, Cláudia Stein. A separação e o divórcio após a Emenda Constitucional 66/2010. In: MENEZES, Joyceane Bezerra de; MATOS, Ana Carla Harmatiuk (Coord.). *Direito das Famílias por juristas brasileiras*. São Paulo: Foco, 2022.

WEID, Olívia Von Der. Perdoa-me por te trair: um estudo antropológico sobre a infidelidade feminina. *Revista Habitus,* Rio de Janeiro, v. 2, n. 1, p. 49-59, 30 de mar. 2004. Anual. Disponível em: www.habitus.ifes.ufrj.br. Acesso em: 17 maio 2023.

Parte II
MODELOS DE CONJUGALIDADE E CONVIVENCIALIDADE

Parte II

CASAMENTO VÁLIDO

Marília Pedroso Xavier

Professora da graduação e da pós-graduação *stricto sensu* da Faculdade de Direito da UFPR. Doutora em Direito Civil pela USP. Mestre e graduada em Direito pela UFPR. Coordenadora de Direito Privado da Escola Superior de Advocacia do Paraná. Diretora do Instituto Brasileiro de Direito Contratual – IBDCONT. Advogada. Mediadora.

Sumário: 1. Introdução – 2. O desenho da família matrimonializada: do singular ao plural – 3. Disposições gerais e natureza jurídica do casamento – 4. Capacidade matrimonial – 5. Impedimentos e causas suspensivas – 6. O processo de habilitação para o casamento – 7. Celebração do casamento – 8. Espécies de casamento – 9. Das provas do casamento – 10. Conclusão – 11. Referências.

1. INTRODUÇÃO

O presente capítulo se destina à análise do casamento a partir de sua disciplina pelo Código Civil de 2002. Antes de adentrar ao estudo dogmático do tema, entretanto, faz-se necessário estabelecer algumas premissas problematizantes que permeiam uma visão crítica do Direito das Famílias brasileiro contemporâneo.

Conforme a oportuna advertência de Luiz Edson Fachin, é preciso saber a quem e a que o Direito serve[1]. Nesse sentido, é certo que o Direito Civil não pode mais ser visto por uma ótica estática, atemporal e desideologizada.[2]

Assim, ao analisar o tratamento legislativo conferido ao casamento, não se pode deixar de lamentar a opção do codificador ao principiar o quarto livro da Parte Especial com as disposições gerais do matrimônio, como se este fosse o modelo "paradigma" que ocuparia o topo de uma concepção hierarquizada das entidades familiares[3]. Parece mais acertada a democrática solução adotada pelo Estatuto das Famílias (Projeto de Lei nº 2.285/2007), uma vez que inicia seus dispositivos prestigiando uma perspectiva plural dos arranjos familiares.

Outro fundamento que enseja renovar esforços para uma desconstrução da preponderância do discurso jurídico do casamento[4] é o fato de que o Código Civil dedica cerca de cento e cinquenta artigos (direta ou indiretamente) a este tema. Já a união estável recebeu enfrentamento específico em apenas cinco dispositivos.

---

1. FACHIN, Luiz Edson. A "reconstitucionalização" do direito civil brasileiro. In: FACHIN, Luiz Edson. *Questões do direito civil brasileiro contemporâneo*. Rio de Janeiro: Renovar, 2008, p. 11-20.
2. LÔBO, Paulo Luiz Netto. *Direito civil*: parte geral. São Paulo: Saraiva, 2009, p. 35.
3. NEVARES, Ana Luiza Maia. Entidades familiares na constituição: críticas à concepção hierarquizada. In: RAMOS, Carmen Lucia et al. (Org.). *Diálogos sobre direito civil*. Rio de Janeiro: Renovar, 2002.
4. Sobre o tema: NAMUR, Samir. *A desconstrução da preponderância do discurso jurídico do casamento no direito de família*. Rio de Janeiro: Renovar, 2009.

Longe de ser uma questão puramente aritmética, percebe-se que o matrimônio recebeu tratamento detalhado e preciso em detrimento de outras formas igualmente legítimas de exercer a conjugalidade. Com isso, identifica-se um processo de marginalização e de desproteção destas.[5]

De igual modo, nota-se que, não obstante todos os esforços empreendidos pela civilística em relação à despatrimonialização e à repersonalização do Direito Civil[6], há prevalência na quantidade de artigos dedicados ao "direito patrimonial de família" em relação ao subtítulo "direito pessoal de família", o que subverte a relação do ser *versus* ter.

O Código Civil "nasce excludente"[7], pois sequer menciona inúmeros temas que estão no centro dos debates hodiernos e das preocupações dos estudiosos do Direito das Famílias (tais como efeitos jurídicos das famílias simultâneas, entre outros); ademais, não trata diretamente das famílias monoparentais, das anaparentais e das relações homoafetivas.

Importante frisar que com o tom crítico assumido não se está a defender a desimportância do casamento: ao contrário, o que se crê é na igual relevância e dignidade de todos os arranjos, principalmente quando edificados por uma nova codificação que assume como diretrizes teóricas eticidade, socialidade e operabilidade.

Ao olhar para a realidade dos fatos, percebe-se uma contínua redução do número de casamentos a partir do ano de 2016. De acordo com os dados do Instituto Brasileiro de Geografia e Estatística –IBGE coletados no CENSO de 2010[8], na década de 2000 houve progressivo aumento no número de casamentos celebrados. A título de ilustração, em 2003 foram registrados 748.981 casamentos, ao passo que em 2007 foram celebrados 916.006 e em 2010 977.620 casamentos.[9] Ou seja, o número de casamentos celebrados aumentou em cerca de trinta por cento no período de sete anos.

Todavia, ao se analisar a série histórica compreendida entre 2013 e 2018 fornecida pelo IBGE[10], houve um crescimento entre 2013 e 2015, chegando-se ao pico de 1.137.348 de casamentos celebrados em 2015. Após, foi percebida uma diminuição nos anos seguintes: em 2016 o número de registros ficou em 1.095.535, ao passo que em 2018 o

---

5. SILVA, Marcos Alves; CARBONERA, Silvana; LAUAND DE PAULA, Tatiana. Conjugalidade: possíveis intesecções entre economia, política e o amor. In: Eroulths CORTIANO JUNIOR; Jussara Maria Leal de MEIRELLES; Luiz Edson FACHIN, Paulo NALIN (Org.). *Apontamentos críticos para o direito civil brasileiro contemporâneo*: Anais do Projeto de Pesquisa Virada de Copérnico. Curitiba: Juruá, 2007, p. 233-259.
6. Nesse sentido, ver as seguintes obras: CARVALHO, Orlando de. *Para uma teoria da relação jurídica civil*: a teoria geral da relação jurídica: seu sentido e limites. 2. ed. Coimbra: Centelha, 1981; especificamente sobre o direito de família no âmbito nacional sugere-se LÔBO, Paulo Luiz Netto. A repersonalização das relações de família. *Jus Navigandi*. Disponível em: http://jus.com.br/revista/texto/5201. Acesso em: 20 de fev. 2021.
7. FACHIN, Luiz Edson. Direito além do novo Código civil: novas situações sociais, filiação e família. *Revista Brasileira de Direito de Família*, Porto Alegre, v. 5, n. 17, p. 7-35, 2003.
8. INSTITUTO BRASILEIRO DE GEOGRAFIA E ESTATÍSTICA. *Estatísticas do Registro Civil 2003-2010*. Disponível em: http://seriesestatisticas.ibge.gov.br/series.aspx?vcodigo=RGC320. Acesso em: 20 fev. 2021.
9. Deve-se registrar, todavia, que no ano de 2009 houve leve flutuação nesta taxa, caindo de 959.901 casamentos em 2008 para 935.916. Em 2010 houve evidente retomada no aumento.
10. INSTITUTO BRASILEIRO DE GEOGRAFIA E ESTATÍSTICA. *Tabela 4781–Casamentos, por lugar de nascimento dos cônjuges e lugar do registro*. Disponível em: https://sidra.ibge.gov.br/tabela/4781#resultado. Acesso em: 20 fev. 2021.

Brasil registrou 1.053.467 casamentos civis, havendo uma diminuição de 1,6% na comparação com 2017[11]. Em 2019, o número de casamentos recuou ainda mais, com 100 mil casamentos a menos, fechando abaixo do patamar de 1 milhão (total de 953.967[12]).

Na contramão destas estatísticas estão os casamentos homoafetivos, que experimentaram um crescimento de 61,7% de 2017 para 2018, chegando ao patamar de 9.520 casamentos. Apesar do aumento expressivo, estas uniões representam apenas 0,9% do total.[13]

Paralelamente, as pesquisas também apontam o número de divórcios realizados. Conforme dados do IBGE[14], houve um aumento crescente do número de divórcios no período entre 2009 e 2018, com exceção dos anos de 2012 e 2015. Em 2018, totalizando 385.246 divórcios, a proporção foi de 3 casamentos para cada divórcio. No ano de 2019 o número total de divórcios, considerando aqueles realizados por escritura ou concedidos em primeira instância, chegou ao número de 383.286[15]. Quanto ao tempo de duração de casamentos, houve uma significativa redução quando comparadas as médias dos anos de 2008 (17 anos) e de 2018 (14 anos).[16]

Longe de representar o "fim do casamento", tais dados evidenciam tão somente uma mudança no próprio perfil dos novos cônjuges, pois muitas das núpcias computadas são exemplos de famílias reconstituídas.

Feitas essas incursões sobre o modo como o casamento foi captado pelo novel codificador, cabe então em seguida delinear suas perspectivas históricas que evidenciam o transcurso de um modelo único familiar para a própria ausência de modelo.[17]

---

11. BARROS. Alerrandre. *Casamentos homoafetivos crescem 61,7% em ano de queda no total de uniões*. Agência IBGE Notícias. 2019. Disponível em: https://agenciadenoticias.ibge.gov.br/agencia-noticias/2012-agencia-de-noticias/noticias/26192-casamentos-homoafetivos-crescem-61-7-em-ano-de-queda-no-total-de-unioes. Acesso em: 20 de fev. 2021.
12. REGISTRO CIVIL. *Portal da Transparência*: Registros. Disponível em: https://transparencia.registrocivil.org.br/registros. Acesso em: 20 fev. 2021.
13. BARROS, Alerrandre. *Casamentos homoafetivos crescem 61,7% em ano de queda no total de uniões*. Agência IBGE Notícias. 2019. Disponível em: https://agenciadenoticias.ibge.gov.br/agencia-noticias/2012-agencia-de-noticias/noticias/26192-casamentos-homoafetivos-crescem-61-7-em-ano-de-queda-no-total-de-unioes. Acesso em: 20 fev. 2021.
14. INSTITUTO BRASILEIRO DE GEOGRAFIA E ESTATÍSTICA. *Tabela 1695 – Divórcios concedidos em primeira instância ou por escritura, por tempo transcorrido entre a data do casamento e a data da sentença ou da escritura, grupos de idade da mulher na data da sentença ou da escritura, regime de bens do casamento e lugar da ação do processo*. Disponível em: https://sidra.ibge.gov.br/tabela/1695#resultado. Acesso em: 20 fev. 2021.
15. INSTITUTO BRASILEIRO DE GEOGRAFIA E ESTATÍSTICA. *Tabela 5.16 - Divórcios concedidos em 1ª instância ou por escritura, por tempo transcorrido entre as datas do casamento e as datas da sentença ou da escritura, segundo os grupos de idade dos cônjuges nas datas da sentença e da escritura - Brasil – 2019*. Disponível em: https://www.ibge.gov.br/estatisticas/sociais/populacao/9110-estatisticas-do-registro-civil.html?=&t=resultados Acesso em 20 de fev. 2021.
16. BARROS. Alerrandre. *Casamentos homoafetivos crescem 61,7% em ano de queda no total de uniões*. Agência IBGE Notícias. 2019. Disponível em: https://agenciadenoticias.ibge.gov.br/agencia-noticias/2012-agencia-de-noticias/noticias/26192-casamentos-homoafetivos-crescem-61-7-em-ano-de-queda-no-total-de-unioes. Acesso em: 20 fev. 2021.
17. MEIRELES, Rose Melo Vencelau. Em busca da nova família: uma família sem modelo. In: FACHIN, Luiz Edson; TEPEDINO, Gustavo (Org.). *Pensamento Crítico do Direito Brasileiro*. Curitiba: Juruá, 2011, p. 215-226.

2. O DESENHO DA FAMÍLIA MATRIMONIALIZADA: DO SINGULAR AO PLURAL[18]

O cenário jurídico brasileiro teve por muito tempo o casamento como a única forma de estabelecer uma família. Mais do que isso: até o advento da República, em 1889, tinha-se apenas o casamento religioso. E por religioso lia-se apenas o reconhecimento do casamento no seio da Igreja Católica. O matrimônio civil foi consagrado apenas na primeira Constituição republicana de 1891.[19]

O Código Civil de 1916 (Lei 3.071/16) representou o triunfo de um arranjo familiar vincado pelo princípio da unidade[20]. O único meio de adentrar ao direito de família daquela época era por meio do matrimônio, o qual tinha, na figura do marido, o chefe soberano do grupo. Também, havia uma estrutura hierarquizada, contemplando a desigualdade de gêneros e de funções. Às mulheres e aos filhos era atribuída posição consideravelmente menos nobre, pois "a autonomia, o poder de conformação do ser no mundo, residia apenas na figura do *pater familias*"[21].

Nessa ótica, cabia a cada integrante da família desempenhar um papel cujo *script* havia sido previamente definido pelo Estado legislador. Importa assinalar que o próprio *pátrio poder* (na expressão da época) sofria limitações na sua margem de atuação. Não era facultado aos indivíduos desrespeitar os valores caros ao legislador da época[22], por mais injustos que fossem (família patriarcal, matrimonial e com vistas à tutela do patrimônio). Entre vários exemplos, cita-se o artigo 358 desse diploma, segundo o qual não era juridicamente possível reconhecer os filhos (preconceituosamente chamados de) adulterinos.

Nessa esteira, impossível deixar de mencionar que até o advento da Lei 6.515, em 1977, não era permitido aos cônjuges dissolver a sociedade conjugal constituída através do matrimônio. Assim, não raro se observava a manutenção de relacionamentos em que o amor, o afeto e a vontade de conviver em comunhão com o outro já haviam acabado. É o que explicita Leonardo Barreto Moreira Alves:

> Inúmeros casais digladiavam-se, sequer dormiam no mesmo leito, chegavam até as vias de fato, mas permaneciam juntos para que não fosse rompida a decantada família. A influência da Igreja Católica era ainda muito forte, projetando-se também no mundo jurídico. Assim, o sacramento do

---

18. Pela síntese e brevidade que o formato da obra em questão demanda não será empreendido nenhum compêndio exaustivo sobre o casamento. Para maior detalhamento, sugere-se: LEITE, Eduardo de Oliveira. *Origem e evolução do casamento*. Curitiba: Juruá, 1991.
19. DIAS, Maria Berenice. *Manual de direito das famílias*. 5. ed. rev., atual. e ampl. São Paulo: Revista dos Tribunais, 2009. p. 146.
20. OLIVEIRA, José Lamartine Correa de; MUNIZ, Francisco José Ferreira. *Curso de direito de família*. 2. ed. Curitiba: Juruá, 1998. p. 323.
21. TEIXEIRA, Ana Carolina Brochado; RODRIGUES, Renata de Lima. *O direito das famílias entre a norma e a realidade*. São Paulo: Atlas, 2010. p. 92.
22. LÔBO, Paulo Luiz Netto. Prefácio. In: GAGLIANO, Pablo Stolze; PAMPLONA FILHO, Rodolfo. *O novo divórcio*. São Paulo: Saraiva, 2010. p. 14.

matrimônio decorria da vontade de Deus e, 'como o que o Criador reuniu não poderia o homem separar', os cônjuges deveriam permanecer juntos 'até que a morte os separasse'.[23]

Verifica-se, pois, que o casamento era concebido como uma instituição indissolúvel. O excesso de regras cogentes[24] na regulação do direito de família dessa época fez com que parcela da doutrina afirmasse que esse ramo jurídico pertencia ao direito público[25], tamanha a estatização da matéria.

Interessante perceber que, após arquitetar e impor o modelo da família matrimonializada, o Estado fechava os olhos para eventuais abusos cometidos no seio do lar. Assim, "uma vez celebrado o matrimônio, ao Estado não era dado intervir na comunhão de vida estabelecida, ainda que a mesma fosse patriarcal e arbitrária"[26,27].

Com o passar do tempo, inúmeras modificações experimentadas pela sociedade ensejaram sucessivas e radicais mudanças legislativas. Na impossibilidade de aludir a todas as modificações, cita-se apenas a emancipação da mulher e a introdução de métodos contraceptivos[28]. Na seara legislativa, a Constituição Federal de 1988 certamente é a mais emblemática mudança, pois consagrou a igualdade entre cônjuges e entre filhos (havidos ou não do matrimônio), além de reconhecer aos demais arranjos igual dignidade[29].

Não resta dúvida de que houve uma *repersonalização das relações de família*, conforme escreve Paulo Lôbo[30]. Nesse sentido, importa demonstrar que "não é mais o indivíduo que existe para a família e para o casamento, mas a família e o casamento existem para o seu desenvolvimento pessoal, em busca de sua aspiração à felicidade"[31]. Evidentemente, essa *ratio* também se aplica às outras formas de família.

Dessa forma, a concepção institucional de família é superada pelo princípio eudemonista, centrado na realização pessoal dos membros. É essa a dicção da primeira

---

23. ALVES, Leonardo Barreto Moreira. *Direito de família mínimo*: a possibilidade de aplicação e o campo de incidência da autonomia privada no direito de família. Rio de Janeiro: Lumen Juris, 2010. p. 52.
24. Afirmava Pontes de Miranda: "A grande maioria das normas de direito de família é composta de normas cogentes. Só excepcionalmente, em matéria de regime de bens, o Código Civil deixa margem à autonomia da vontade". (PONTES DE MIRANDA, Francisco Cavalcanti. *Tratado de direito privado*. 3. ed. Rio de Janeiro: Borsoi, 1971. v. 7. p. 189).
25. Por todos, ver a seguinte obra, que coloca a estatização como um dos novos rumos do direito de família: LEITE, Eduardo de Oliveira. *Direito civil aplicado*: direito de família. São Paulo: Revista dos Tribunais, 2005, v. 5. p. 33.
26. TEIXEIRA, Ana Carolina Brochado; RODRIGUES, Renata de Lima. *O direito das famílias entre a norma e a realidade*. São Paulo: Atlas, 2010. p. 92.
27. O Código Civil de 1916 destoa nesse ponto em relação ao *Code Napoléon* de 1804. Neste, havia a possibilidade de divórcio justamente para solucionar as hipóteses excepcionais em que o cometimento de excessos violentos tornasse insuportável a vida em comum. É o que se depreende do discurso preliminar ao Código Civil Francês. Ver: PORTALIS, Jean-Etienne-Marie. *Discours préliminaire du premier projet de Code civil*. Paris: Voix de La cité, 1999. p. 33 e segs.
28. DIAS, Maria Berenice. *Manual de direito das famílias*. 5. ed. rev., atual. e ampl. São Paulo: Revista dos Tribunais, 2009. p. 30.
29. Além do casamento, a Constituição reconhece a união estável e a família monoparental nos seus artigos 226, § 3 e § 4, respectivamente.
30. LÔBO, Paulo Luiz Netto. A repersonalização das relações de família. *Jus Navigandi*, Teresina, v. 9, n. 307, 10 maio 2004. Disponível em: http://jus.uol.com.br/revista/ texto/5201. Acesso em 20 de fev. 2021.
31. MICHEL, Andrée. Modèles sociologiques de la famille dans les societés contemporaines. In: *Archives de philosophie du droit*: reforme du droit de la famille. Paris: Sirey, 1975. T. 20, p. 131-132 apud FACHIN, Luiz Edson. *Direito de família*: elementos críticos à luz do novo código civil brasileiro. Rio de Janeiro: Renovar, 2003. p. 31-32.

parte do artigo 226, § 8º, da Constituição da República: "o Estado assegurará a assistência à família na pessoa de cada um dos que a integram [...]". Tudo isso representa uma "grande *virada de Copérnico* na família contemporânea".[32]

Se ao longo do século XX o direito de família entra em crise, resta claro que novos princípios nortearão as entidades familiares contemporâneas. São eles: "Princípios fundamentais: (i) dignidade da pessoa humana; (ii) solidariedade; e, Princípios gerais: (iii) igualdade; (iv) liberdade; (v) afetividade; (vi) convivência familiar; (vii) melhor interesse da criança."[33]

Ainda segundo Paulo Lôbo,[34] a partir desse transcurso é possível concluir que a família não é célula do Estado, mas sim da sociedade civil. Nesse sentido dispõe o *caput* do artigo 226[35] da Constituição de 1988 e do artigo XVI, 3, da Declaração Universal dos Direitos do Homem[36]. Perceba-se que *merecer especial proteção estatal*, conforme dicção da lei, não significa conceder ao Estado monopólio da regulamentação da família.[37] Assim, o direito de família se insere no direito privado:[38]

Portanto, entende-se que o direito de família é genuinamente privado, pois os sujeitos de suas relações são entes privados, apesar da predominância das normas cogentes ou de ordem pública. Afinal, não há qualquer relação de direito público entre marido e mulher, entre companheiros, entre pais e filhos, dos filhos entre si e dos parentes entre si.[39,40]

A consequência salutar da privatização reside no fato de que, a partir do viés eudemonista, os componentes do grupo familiar passam a ter mais autonomia e

---

32. TEIXEIRA, Ana Carolina Brochado; RODRIGUES, Renata de Lima. *O direito das famílias entre a norma e a realidade*. São Paulo: Atlas, 2010. p. 94.
33. LÔBO, Paulo Luiz Netto. Princípios do direito de família brasileiro. *Revista Brasileira de Direito Comparado*, v. 1, n. 1, p. 132, jul. 2010.
34. LÔBO, Paulo Luiz Netto. A repersonalização das relações de família. *Jus Navigandi*, Teresina, v. 9, n. 307, 10 maio 2004. Disponível em: http://jus.uol.com.br/revista/ texto/5201. Acesso em 20 de fev. 2021.
35. "A família, base da sociedade, tem especial proteção do Estado."
36. "A família é o núcleo natural e fundamental da sociedade e tem direito à proteção da sociedade e do Estado."
37. ALVES, Leonardo Barreto Moreira. *Direito de família mínimo*: a possibilidade de aplicação e o campo de incidência da autonomia privada no direito de família. Rio de Janeiro: Lumen Juris, 2010. p. 137.
38. Sobre a dicotomia público x privado, fazemos nossas as seguintes palavras: "Por fim, alguns autores recorrem à unidade do ordenamento jurídico para fundamentar uma superação da dicotomia direito público/direito privado. Segundo eles, não seria mais aceitável a ideia de que uma constituição é a lei do Estado e o direito civil é ordenamento da sociedade. Segundo essa corrente, a constitucionalização do direito civil seria uma demonstração de que a distinção entre direito público e direito privado não pode ser uma distinção rígida. Quanto a isso, não há dúvida. Mas entre inexistência de distinção rígida e superação da distinção há uma grande diferença [...]. (SILVA, Virgílio Afonso da. *A constitucionalização do direito*: os direitos fundamentais nas relações entre particulares. São Paulo: Malheiros, 2005. p. 173-174).
39. LÔBO, Paulo Luiz Netto. *Famílias*. São Paulo: Saraiva, 2008. p. 25.
40. No mesmo sentido: "O Direito de Família está integrado no Direito Civil – tem por objetivo a determinação das condições nas quais se formam, se originam e se extinguem as relações familiares. A ordenação concreta dessas relações jurídicas pertence ao Direito de Família. É, portanto, uma parte do Direito Civil, segundo a sistematização germânica adotada pelo nosso Código. O Direito de família vem assim a ter assento no Direito Privado." (OLIVEIRA, José Lamartine Correa de; MUNIZ, Francisco José Ferreira. *Curso de direito de família*. 2. ed. Curitiba: Juruá, 1998. p. 15).

liberdade.[41] Trata-se de algo de suma importância, pois, como assinalado por João Baptista Villela, a família não é criação do Estado ou da Igreja. Não se pode perder de vista que a família antecede ao ente estatal e, nessa ótica, cabe ao ordenamento jurídico estar a serviço dos enlaces espontaneamente formados, não o contrário.[42] O mesmo autor sublinhou o equívoco de confundir a família (fato) com o direito de família (versão do fato): "o que chamamos *direito de família* é, na verdade, *direito da versão de família*: um construto elaborado sob a filtragem política e sagrada sob que captamos a instituição."[43]

Na atualidade[44], o paradigma patriarcal é substituído por uma família dita solidarista, democrática[45]. Do patrimônio como valor fundamental passa-se à pessoa humana. O afeto surge como novo fundamento.[46] Com isso, ao lado das aspirações pessoais, há também ajuda mútua e diálogo.[47]

A concepção contemporânea de família é plural, de modo que toda tentativa de definição representaria, em última análise, uma limitação. Sob a ótica inversa, chega-se à mesma conclusão: "se a família é vária, essa multiplicidade impede que se dê uma definição jurídica de família".[48]

3. DISPOSIÇÕES GERAIS E NATUREZA JURÍDICA DO CASAMENTO

A disciplina do casamento no Código Civil de 2002 não traduz qualquer alteração sistemática nem estrutural relevante se comparado à codificação de 1916. Além

---

41. TEIXEIRA, Ana Carolina Brochado. *Família, guarda e autoridade parental*. 2. ed. Rio de Janeiro: Renovar, 2009. p. 29.
42. VILLELA, João Baptista. Repensando o direito de família. In: PEREIRA, Rodrigo da Cunha (Coord.). *Repensando o direito de família*. Belo Horizonte: Del Rey, 1999, p. 19.
43. VILLELA, João Baptista. Repensando o direito de família. In: PEREIRA, Rodrigo da Cunha (Coord.). *Repensando o direito de família*. Belo Horizonte: Del Rey, 1999, p. 16.
44. Ao falar da atualidade, pode parecer um descuido omitir desta discussão o Código Civil de 2002. No entanto, o projeto do Código teve sua primeira redação apresentada antes mesmo da Lei do Divórcio, em 1975. Apesar das tentativas de atualizá-lo, especialmente em razão da Constituição de 1988, seu texto é insuficiente para reger a sociedade hodierna. Mais do que isso, as inúmeras reformas que o Código sofreu antes de entrar em vigor contribuíram para que a regulamentação das famílias fosse feita de forma retalhada e sem técnica. Portanto, para o escopo deste item, o que importa frisar é a adoção da concepção eudemonista, o que pode ser feito a partir da Constituição Federal. Sobre a insuficiência do Código Civil em matéria de família, alerta FACHIN: "Fica, porém, aquém das possibilidades abertas pela Constituição Federal de 1988". (FACHIN, Luiz Edson. O impacto das mudanças sociais no direito de família (entre dois Brasis: do casamento codificado às famílias não "matrimonializadas" na experiência brasileira). *Boletim da Faculdade de Direito*, Studia Juridica. Colloquia 6, Coimbra, 2000. p. 17).
45. "Ora, a família democrática nada mais é do que a família em que a dignidade de seus membros, das pessoas que a compõem, é respeitada, incentivada e tutelada". (MORAES, Maria Celina Bodin de. A família democrática. *Na medida da pessoa humana*: estudos de direito civil-constitucional. Rio de Janeiro: Renovar, 2010. p. 214).
46. CARBONERA, Silvana Maria. O papel jurídico do afeto nas relações de família. In: FACHIN, Luiz Edson. *Repensando fundamentos do direito civil brasileiro contemporâneo*. Rio de Janeiro: Renovar, 2000. p. 273-313.
47. TEIXEIRA, Ana Carolina Brochado. *Família, guarda e autoridade parental*. Rio de Janeiro: Renovar, 2009. p. 34.
48. MUNIZ, Francisco José Ferreira. *O direito de família na solução dos litígios*. Conferência proferida no XII Congresso Brasileiro de Magistrados (Belo Horizonte, 14 a 16 de novembro de 1991). Curitiba, 1992. p. 7.

das considerações já feitas na introdução deste capítulo, ressalta-se que "o legislador não traz qualquer definição nem tenta conceituar o que seja família ou casamento".[49]

Segundo o artigo 1.511, a finalidade do casamento é estabelecer comunhão plena de vida, sendo que os cônjuges possuem igualdade de direitos e deveres. Ou seja, inexiste a figura do marido como "cabeça do casal". Não é demais lembrar que até o ano de 1962, antes do advento da Lei nº 4.121, a mulher casada era considerada relativamente incapaz. A despeito da atual igualdade legislada, nota-se que na realidade concreta dos fatos as mulheres ainda são vitimadas por preconceitos e ranços que perduram, tais como menores salários no mercado de trabalho e episódios de violência doméstica.

Nessa senda, cabe analisar o casamento a partir da chamada Teoria do Fato Jurídico, a qual foi concebida pela pandectista alemã e introduzida no Brasil por Francisco Cavalcanti Pontes de Miranda.[50] Na sistemática de tal teoria, os fatos jurídicos são analisados nos planos da existência, validade e eficácia, os quais não se confundem. De acordo com Marcos Bernardes de Mello,[51] o primeiro plano, da existência, predica-se por ser o plano do *ser*, em que após ocorrer de forma adequada o fenômeno da incidência há o ingresso dos fatos no mundo jurídico. O plano da validade, por sua vez, caracteriza-se por averiguar se os negócios jurídicos e os atos jurídicos *sticto sensu* possuem vícios que os invalide, cuja consequência poderá ser a nulidade ou a anulabilidade. Por fim, no que tange ao plano da eficácia, trata-se da produção de efeitos pelos fatos jurídicos.

Não obstante a divisão alinhavada pela doutrina, o legislador de 2002 não adotou tal linearidade. Constata-se que a análise da validade do casamento está disposta nos arts. 1.548 a 1.564 do Código Civil de 2002 (cuja análise será feita em capítulo próprio nesta obra), sem que haja qualquer capítulo específico que cuide de sua existência. Mais além, nos arts. 1.565 a 1.570 do Código Civil, tem-se a disciplina da eficácia do casamento.

Entende-se que tal opção dificulta a compreensão da Teoria do Fato Jurídico, pois não dá conta de sua complexidade e suas importantes repercussões. Lamenta-se que o legislador não tenha contemplado a existência do casamento em capítulo específico, pois tal plano, como já dito, "é a base de que dependem os outros elementos".[52]

Para que não reste dúvida, impende esclarecer que não se está a defender uma dogmática rígida, de clausura dos fatos jurídicos. Ocorre que um tratamento nos

---

49. DIAS, Maria Berenice. *Manual de direito das famílias*. 5. ed. rev., atual. e ampl. São Paulo: Revista dos Tribunais, 2009. p. 147.
50. Como atuais estudiosos da Teoria do Fato Jurídico no ramo do Direito Civil destacam-se Marcos Bernardes de Mello, Alcides Tomasetti Junior, Paulo Luiz Netto Lôbo e Rodrigo Xavier Leonardo.
51. MELLO, Marcos Bernardes de. *Teoria do fato jurídico*: plano da existência. 18. ed. São Paulo: Saraiva, 2012, p. 134 e ss.
52. MELLO, Marcos Bernardes de. *Teoria do fato jurídico*: plano da existência. 18. ed. São Paulo: Saraiva, 2012, p. 134.

moldes concebidos pela doutrina facilitaria o enfrentamento de questões práticas relacionadas às diferentes situações jurídicas que podem advir da análise do casamento.

A doutrina assenta como elementos de existência do casamento a manifestação de vontade dos nubentes e a celebração do ato perante a autoridade competente.[53] Entretanto, a diversidade de sexo não mais pode ser admitida como elemento para o ingresso do fato no mundo jurídico. Nesse sentido, não restam dúvidas após os diversos pronunciamentos jurisprudenciais dos tribunais superiores.[54]

Como escrevem Cristiano Chaves de Farias e Nelson Rosenvald[55], segundo a visão tripartida, o casamento poderia: i. existir, ser válido e eficaz (ambos os nubentes maiores, capazes, desimpedidos e sendo respeitadas as solenidades de habilitação e celebração), ii. existir, ser inválido e ineficaz (matrimônio em que há impedimento matrimonial); iii. existir, ser inválido, porém eficaz (casamento putativo); iv. inexistir, ser inválido e ineficaz (inexistência de manifestação de vontade dos nubentes).

Como já dito, o plano da validade será tratado em capítulo próprio desta obra. A seu turno, o plano da eficácia receberá tópico próprio ao final deste capítulo.

Certamente um dos temas mais polêmicos que permeia a doutrina do Direito de Família contemporâneo é o da natureza jurídica do casamento. Percebe-se que o matrimônio recebe tantos enquadramentos diferentes que chega-se ao ponto de alguns autores entenderem que "a discussão, ainda que tradicional, se revela estéril e inútil".[56]

Se é possível encontrar algum consenso, ressalta-se que não raro a doutrina civilista identifica três grandes correntes acerca do tema, a saber: i) institucional; e ii) individualista; e iii) eclética ou mista.

Para os adeptos da teoria institucional, o matrimônio teria seu conteúdo imperativo previamente definido, bastando a adesão aos nubentes. Assim, o Estado já estabeleceria todo o conjunto normativo dessa instituição social, havendo aqui forte caráter moral e religioso.[57]

A segunda corrente, individualista, que remonta o direito canônico, está fundada na ideia de que os nubentes celebram um acordo de vontades entre si, escolhendo os efeitos jurídicos que serão emanados. Percebe-se que há uma subdivisão entre doutrinadores que classificam o casamento como contrato (espécie) e outros que entendem que seria um negócio jurídico (gênero).

---

53. LEITE, Eduardo de Oliveira. *Direito civil aplicado*: direito de família. São Paulo: Revista dos Tribunais, 2005, p. 56-57.
54. Por todos, ver: STJ, REsp 1.183.378 - RS, 4ª T., Rel. Min. Luis Felipe Salomão, j. 25 out. 2011.
55. FARIAS, Cristiano Chaves de; ROSENVALD, Nelson. *Curso de Direito Civil*: Direito das Famílias. V. 6. 4 ed. Salvador: Jus Podium, 2012, p. 243.
56. DIAS, Maria Berenice. *Manual de direito das famílias*. 5. ed. rev., atual. e ampl. São Paulo: Revista dos Tribunais, 2009. p. 150.
57. DINIZ, Maria Helena. *Curso de Direito Civil Brasileiro*, v. 5: Direito de Família. 27. ed. São Paulo: Saraiva, 2012, p. 54-55.

Beviláqua, codificador de 1916, ensina que o casamento é um "contrato bilateral e solene, pelo qual um homem e uma mulher se unem indissoluvelmente, legalizando por ele suas relações sexuais, estabelecendo a mais estreita comunhão de vida e de interesses, e comprometendo-se a criar e educar a prole que de ambos nascer".[58] Nessa toada, Enzo Roppo aduz que "o contrato releva sobretudo como (possível) instrumento usado pelos cônjuges para dar às suas relações patrimoniais um arranjo diverso do estabelecido como regime legal".[59]

Para outros autores, o matrimônio seria contrato *sui generis*.[60] Nesse sentido, destaca-se o pensamento de Orlando Gomes, para quem o casamento seria um "contrato de feição especial", sendo que não se aplicariam as disposições legais dos negócios de direito patrimonial que dizem respeito à capacidade dos contraentes, aos vícios de consentimento e aos efeitos[61].

De modo correlato, porém diverso, é a classificação dada por Lamartine e Muniz. Para os autores, o casamento é negócio jurídico de Direito de Família. Note-se que contrato e negócio jurídico não são sinônimos, pois se está diante de espécie e gênero. Tal diferenciação faz sentido, pois os contratos, para parcela da doutrina, necessariamente necessitam de uma prestação de caráter patrimonial.[62] Tal lógica, portanto, não se coadunaria com o matrimônio. Nas palavras dos autores acima referidos:

> O casamento é, portanto, negócio jurídico bilateral. Não utilizaremos, para qualificar o casamento, a expressão 'contrato' pela circunstância de que, no Brasil, a palavra «contrato» tem, de regra, aplicação restrita aos negócios patrimoniais e, dentre eles, aos negócios jurídicos bilaterais de Direito das Obrigações". Historicamente, porém, a palavra «contrato» foi aplicada ao casamento, particularmente pela Igreja Católica. Essa aplicação é explicável historicamente: 1°) pela vitória, na doutrina medieval, do princípio do consentimento, em virtude do qual se entendeu como 'contrato', no caso, o acordo de vontades entre o homem e a mulher para a formação do casamento; 2°) como base do sacramento, o que explicava, principalmente a partir do Concílio de Trento, o poder da Igreja de legislar sobre impedimentos dirimentes e nulidade matrimonial (matéria contratual), e a conclusão de que a declaração de nulidade do casamento (como contrato) acarretava necessariamente a insubsistência do próprio Sacramento: *ubi non est contractus, non est sacramentum*.[63]

A tese contratualista, de modo geral, vem ganhando força. Em linhas gerais, fundamenta-se seu triunfo com base na natureza civil do casamento (conforme artigos 226 § 1° da Constituição Federal e artigo 1.512 do Código Civil), no princípio da não interveniência pública e privada (artigo 1.513 do Código Civil) e na mudança

---

58. BEVILÁQUA, Clóvis. *Direito da Família*. 8 ed. Rio de Janeiro: Livraria Freitas Bastos S.A., 1956, p. 33-35.
59. ROPPO, Enzo. *O Contrato*. Trad. Ana Coimbra e M. Januário C. Gomes. Coimbra: Almedina, 1998, p. 73.
60. BITTAR, Carlos Alberto. *Direito de Família*. 2 ed. rev. e atual. Rio de Janeiro: Forense Universitária, 1993, p. 67-69.
61. GOMES, Orlando. *Direito de Família*. 14 ed. rev. e atual. Rio de janeiro: Forense, 2002, p. 56-61.
62. Para uma análise mais acurada ver: FACHIN, Luiz Edson. *Direito de Família: elementos críticos à luz do novo Código Civil brasileiro*. 2 ed. Rio de Janeiro: Renovar, 2003, p. 131-136.
63. OLIVEIRA, José Lamartine Corrêa de; MUNIZ, Francisco José Ferreira. *Curso de Direito de Família*. 4 ed. Curitiba: Juruá, 2001, p. 123-132.

da própria concepção de contratos. Ademais, para muitos, a Lei n 11.441/2007 "reconhece, de maneira clara, a natureza jurídica contratual do casamento, admitindo a desconstituição do contrato pela simples vontade das partes. Fosse uma instituição pura e não poderia ser desconstituída, a não ser pela chancela do Estado".[64]

Em busca de uma tentativa conciliatória, emerge uma teoria eclética ou mista: o casamento teria, na sua formação, um caráter contratual; porém, seu conteúdo em si seria verdadeira instituição. Segundo Flávio Tartuce e José Fernando Simão, essa seria a corrente majoritária na atualidade.[65]

4. CAPACIDADE MATRIMONIAL

Tendo o novo Código Civil de 2002 reduzido a maioridade civil para 18 anos, é esta a idade para que homem e mulher possam casar. No entanto, o Código admite que menores entre 16 e 18 anos incompletos se casem, mediante autorização de ambos os pais ou de seus representantes legais. Daí dizer que a idade núbil é 16 anos. Na eventualidade dos pais divergirem quanto à autorização, podem recorrer ao Judiciário para a análise da situação. Há outra hipótese de recurso ao Judiciário, prevista no art. 1.519, na hipótese em que a denegação do consentimento for injusta.

O artigo 1.518, por sua vez, trata da possibilidade de ser revogada a autorização para o casamento. A redação original do Código Civil de 2002 previa que pais, tutores ou curadores poderiam revogar a autorização até o momento da celebração do casamento. Ocorre que, em razão da Lei 13.146 de 2015 (estatuto da pessoa com deficiência), a redação do referido artigo foi alterada para suprimir o termo "curador". Diante da capacidade civil das pessoas com deficiência, não havia razão para permanecer a necessidade de autorização por parte do curador para que o casamento pudesse se realizar. Assim, foi acertada a mudança legislativa, prestigiando as escolhas de índole personalíssima das pessoas com deficiência.

O art. 1.520 sofreu alteração legislativa pela Lei 13.811 de 2019[66]. A redação antiga do dispositivo versava sobre a permissão ao casamento àqueles que não alcançaram a idade núbil, desde que sua celebração tivesse o condão de evitar imposição ou cumprimento de pena criminal ou em caso de gravidez. Tal artigo servia como exculpante criminal, mas, como apontado por Raphael Carneiro Arnaud Neto[67], boa

---

64. CÂNDIDO, João Batista de Oliveira. Do casamento. In: TEIXEIRA, Ana Carolina Brochado; RIBEIRO, Gustavo Pereira Leite (Coords.). *Manual de direitos das famílias e das sucessões*. Belo Horizonte: Del Rey, 2008, p. 64.
65. TARTUCE, Flávio; SIMÃO, José Fernando. *Direito Civil, v. 5: direito de família*. 4. ed. Rio de Janeiro: Forense; São Paulo: Método, 2010, p. 60-61
66. Redação antiga: Art. 1.520 Excepcionalmente, será permitido o casamento de quem ainda não alcançou a idade núbil (art. 1517), para evitar imposição ou cumprimento de pena criminal ou em caso de gravidez. Redação atual: Art. 1.520. Não será permitido, em qualquer caso, o casamento de quem não atingiu a idade núbil, observado o disposto no art. 1.517 deste Código.
67. ARNAUD NETO, Raphael Carneiro. Lei que proíbe casamento de menores de 16 anos vale para união estável? *Consultor Jurídico*. 2019. Disponível em: https://www.conjur.com.br/2019-abr-05/raphael-arnaud-lei-veda-casamento-menor-16-anos#_ftn1. Acesso em: 20 fev. 2021.

parte da doutrina já considerava tal trecho do artigo tacitamente revogado. Isso se dava em virtude da Lei 11.106 de 2005, que aboliu o art. 107, VII do Código Penal, o qual se referia à possibilidade de casamento da vítima com o abusador para extinguir a punibilidade do crime cometido.

A segunda parte do artigo na redação antiga, referente ao caso de gravidez, historicamente era justificada pelo fato de que, havendo gravidez, era natural que fosse formada uma família, então não haveria razão para retardar o casamento. Ademais, propiciaria à criança um ambiente de convivência familiar e estimularia a paternidade responsável.[68] O PL 7119/2017, que posteriormente se converteu na Lei 13.811 de 2019 e que causou a mencionada alteração legislativa, foi proposto com o objetivo de eliminar o casamento infantil. Nesse sentido aponta Paulo Lépore que a mudança legislativa foi bastante positiva, já que o casamento precoce seria um verdadeiro "roubo de infância".[69]

Recentemente, um caso que versava sobre casamento infantil repercutiu intensamente e ganhou as manchetes de jornais de todo o Brasil. Trata-se do casamento do atual prefeito do Município de Araucária, Região Metropolitana de Curitiba, capital do Estado do Paraná. O prefeito, com 65 anos de idade, casou-se com uma adolescente de apenas 16 anos (no dia seguinte em que completou a idade núbil), mediante autorização dos pais da jovem (art. 1.517 do Código Civil de 2002). Por ocasião do enlace, a noiva foi emancipada (art. art. 5º, inc. II, do Código Civil de 2002).

O casamento chamou atenção não apenas pela idade precoce da noiva, mas pelo fato de que, um dia após a celebração das núpcias, alguns de seus familiares foram nomeados para cargos públicos no município. Segundo notícias vinculas na imprensa, a sogra do prefeito, que já era servidora pública, foi promovida, tendo recebido aumento significativo de salário. A tia da adolescente também foi nomeada para cargo público. Porém, diante da repercussão negativa das nomeações, ambas foram exoneradas dias depois que o caso ganhou ampla repercussão. Segundo o Ministério Público do Estado do Paraná, o prefeito está sendo investigado pela possível prática de nepotismo.[70]

O caso acima narrado lança luzes na discussão sobre uma das faces mais perversas e problemáticas do casamento infantil: a mercantilização dos menores de idade sob a forma da troca de favores. De acordo com a organização *Girls not Brides*, cerca de 36% da população feminina brasileira menor de 18 anos é casada ou vive em união estável. O Brasil é o quinto país do mundo em números absolutos de casamento infantil e o

---

68. ARNAUD NETO, Raphael Carneiro. Lei que proíbe casamento de menores de 16 anos vale para união estável? *Consultor Jurídico*. 2019. Disponível em: https://www.conjur.com.br/2019-abr-05/raphael-arnaud-lei-veda-casamento-menor-16-anos#_ftn1. Acesso em: 20 fev. 2021.
69. IBDFAM. Assessoria de Comunicação. *Lei proíbe casamento do menor de 16 anos*. 13/03/2019. Disponível em: https://ibdfam.org.br/index.php/noticias/6875/Lei+pro%c3%adbe+casamento+do+menor+de+16+anos. Acesso em: 20 fev. 2021.
70. Disponível: <https://www.gazetadopovo.com.br/parana/prefeito-araucaria-exonera-parentes-esposa-16-anos/>. Acesso em 05 mai. 2023.

primeiro da América Latina. Segundo a diretora da Divisão de Assuntos de Gênero da Comissão Econômica para a América Latina - Nações Unidas, os casamentos e uniões infantis são uma "violação de direitos humanos dos menores, além de serem fenômenos complexos relacionados à desigualdade de gênero, violência, pobreza, abandono escolar, gravidez na adolescência e políticas inadequadas que colocam em risco o presente e futuro de meninas e adolescentes".[71]

O casamento ocorrido em Araucária também trouxe outra polêmica à tona: a possibilidade de sua anulação por ter sido supostamente celebrado por autoridade incompetente (art. 1.550, inc. IV, do Código Civil de 2002). Isso porque, de acordo com a matéria jornalística publicada pela Folha de S. Paulo[72], a oficial do cartório daquele município foi quem realizou o casamento. Porém, ela é a vice-prefeita, sendo que estaria afastada de suas atividades cartorárias devido ao cargo eletivo. Apesar do afastamento, a vice-prefeita, estaria exercendo indevidamente funções delegadas no Registro Civil de Araucária. A atividade, no entanto, viola regra expressa do Provimento nº 78/2020 da Corregedoria Nacional do Conselho Nacional de Justiça, que dispõe sobre a incompatibilidade das atividades notariais e de registro com o exercício simultâneo de mandato eletivo.

5. IMPEDIMENTOS E CAUSAS SUSPENSIVAS

Abandonando a sistemática estabelecida pelo Código Civil de 1916 (dirimentes absolutos, dirimentes relativos e impedientes), a atual legislação de 2002 inova ao se referir aos impedimentos do casamento e das causas suspensivas, artigos 1.521 e 1.523, respectivamente.

Por força dos impedimentos, o Estado prevê em quais situações duas pessoas não podem se casar. E, havendo núpcias, tal matrimônio será nulo, como estabelecido no artigo 1.548, inciso II.

Para o direito pátrio, não podem casar os ascendentes com os descendentes, seja o parentesco natural ou civil; os afins em linha reta; o adotante com quem foi cônjuge do adotado e o adotado com quem o foi do adotante; os irmãos, unilaterais ou bilaterais, e demais colaterais, até o terceiro grau inclusive; o adotado com o filho do adotante; as pessoas casadas; e, o cônjuge sobrevivente com o condenado por homicídio ou tentativa de homicídio contra o seu consorte.

Percebe-se que a preocupação do legislador está pautada em duas dimensões: biológica e moral. Em um primeiro momento, a ideia seria evitar problemas biológicos na filiação em razão do parentesco sanguíneo. Observa-se que a vedação se projeta igualmente aos casos em que não há vínculo biológico, mas sim parentesco civil.

---

71. Disponível em: <https://g1.globo.com/mundo/noticia/2023/02/26/casamento-infantil-um-drama-que-persiste-na-america-latina.ghtml>. Acesso em 28 abr. 2023.
72. Vide https://www1.folha.uol.com.br/cotidiano/2023/04/casamento-de-prefeito-de-araucaria-com-adolescente-de-16-anos-pode-ser-anulado.shtml. Acesso em: 05 maio 2023.

Cabe criticar a repetição desnecessária da codificação quando alude aos casos de adoção, haja vista a igualdade constitucional dos filhos. Aqui se diante das vedações culturais, fundadas em parâmetros morais. Certamente as hipóteses mais polêmicas são as dos incisos I a V, pois tratam do tabu do incesto.

Contemporaneamente, muitos autores defendem que o tema dos impedimentos deveria ser privatizado, de modo a não excluir arranjos familiares consensualmente estabelecidos. Esse é o entendimento de Ana Carolina Brochado Teixeira e Renata de Lima Rodrigues, uma vez que "o verdadeiro interesse público existente em seu interior é a ampla realização da dignidade dos componentes da família"[73].

No mesmo passo, Ana Cecília Ribeiro e Marcelo Araújo defendem o reconhecimento de relacionamentos incestuosos como entidades familiares, desde que a relação goze de estabilidade, publicidade e enlace afetivo. Ademais, deve ser uma relação consentida, que não espelhe qualquer resquício de violência sexual intrafamiliar[74]. Ainda, os autores lecionam que o artigo 64, parágrafo único, do Estatuto das Famílias teria reconhecido tal arranjo.

Outra polêmica nessa seara é a (im)possibilidade do casamento avuncular, ou seja, matrimônio entre parentes até o terceiro grau (tais como tia e sobrinho). Nota-se que o inciso IV do artigo 1.521 do Código Civil não permite casamento de parentes "até terceiro grau inclusive". No entanto, o Decreto Lei 3.200/1941 permite sua realização, desde que haja autorização judicial para tanto. Nesse sentido, a jurisprudência tem se manifestado favoravelmente a possibilidade de casamento.

Ressalte-se que, por força do relevo dado ao tema, os impedimentos podem ser opostos por qualquer pessoa capaz até o momento da celebração do casamento. Também, caso o juiz ou o oficial de registro tiverem conhecimento da existência de algum impedimento serão obrigados a declará-lo.

Além do casamento, prevê o artigo 1.723, § 1º, que a união estável não se constituirá se ocorrerem os impedimentos do art. 1.521. Entretanto, não se aplica a incidência do inciso VI no caso de a pessoa casada se achar separada de fato ou judicialmente.

As causas suspensivas são consideradas menos relevantes que os impedimentos, razão pela qual geram sanções patrimoniais, em especial a imposição do regime de separação obrigatória de bens. De acordo com o Código Civil, não devem casar o viúvo ou a viúva que tiver filho do cônjuge falecido, enquanto não fizer inventário dos bens do casal e der partilha aos herdeiros; a viúva, ou a mulher cujo casamento se desfez por ser nulo ou ter sido anulado, até dez meses depois do começo da viuvez,

---

73. TEIXEIRA, Ana Carolina Brochado; RODRIGUES, Renata de Lima. *O direito das famílias entre a norma e a realidade*. São Paulo: Atlas, 2010. p. 112.
74. RIBEIRO, Ana Cecília Rosário; ARAÚJO, Marcelo de Jesus Monteiro. A relação incestuosa como entidade familiar: uma revolução do estatuto das famílias. In: ALBUQUERQUE, Fabíola Santos; EHRHARDT JR, Marcos; OLIVEIRA, Catarina Almeida de (Coords). *Famílias no Direito Contemporâneo*. Salvador: JusPodivm, 2010, p. 291-324.

ou da dissolução da sociedade conjugal; o divorciado, enquanto não houver sido homologada ou decidida a partilha dos bens do casal; o tutor ou o curador e os seus descendentes, ascendentes, irmãos, cunhados ou sobrinhos, com a pessoa tutelada ou curatelada, enquanto não cessar a tutela ou curatela, e não estiverem saldadas as respectivas contas.

Nota-se que a preocupação legislativa aqui está adstrita ao campo patrimonial. Logo, o rol de legitimados para tal a anulação é restrito, somente podendo ser arguidas pelos parentes em linha reta de um dos nubentes, sejam consanguíneos ou afins, e pelos colaterais em segundo grau, sejam também consanguíneos ou afins.

Por fim, o codificador prevê que é facultado aos nubentes solicitar ao juiz que não lhes sejam aplicadas as causas suspensivas previstas nos incisos I, III e IV do art. 1.523, "provando-se a inexistência de prejuízo, respectivamente, para o herdeiro, para o ex-cônjuge e para a pessoa tutelada ou curatelada". Já na hipótese do inciso II, a nubente deverá provar nascimento de filho, ou inexistência de gravidez, na fluência do prazo.

6. O PROCESSO DE HABILITAÇÃO PARA O CASAMENTO

O casamento tem como fase inicial o chamado processo de habilitação. O *iter* de sua realização é disciplinado pelo Código Civil, em conjunto com alguns dispositivos da Lei de Registros Públicos. Antes mesmo de examiná-los, porém, é importante destacar que a interpretação da lei, neste tópico, deve ter a mentalidade *pro matrimonio*. Em outras palavras, os dispositivos devem ser lidos em favor da realização do matrimônio[75].

A habilitação é instrumento que declara a aptidão jurídica dos nubentes para a realização do enlace matrimonial. Por outro lado, este mesmo procedimento pode ser concluído pela verificação de inaptidão do casal quando verificada circunstância impeditiva. Portanto, trata-se do meio pelo qual os interessados devem demonstrar, perante o oficial do Registro Civil, que estão legalmente habilitados para o ato nupcial, pois sua função é assegurar a inexistência de impedimentos ou causas suspensivas do matrimônio.

Em uma visão geral, a habilitação é um procedimento formado por cinco fases: o requerimento, a juntada de documentos, a publicidade, o parecer do Ministério Público e o certificado de aptidão para sua celebração.[76]

Destaca-se que a redação original do art. 1.526 do Código Civil previa como fase adicional neste procedimento a homologação judicial, situada entre a manifes-

---

75. "Trata-se de um conjunto de regras e princípios destinados a governar a realização do casamento e instaurar um dos modos de constituir família. O sentido e o alcance de tais dispositivos estão vincados por uma hermenêutica *pro matrimonio*, nesse contexto específico, uma vez que é indiscutível a mediação concreta da doutrina e da jurisprudência construtivas." FACHIN, Luiz Edson; RUZYK, Carlos Eduardo Pianovski. *Código Civil Comentado*: Artigos 1.511 a 1.590. Vol. XV. São Paulo: Atlas, 2003, p. 79.
76. LÔBO, Paulo. *Famílias*. São Paulo: Saraiva, 2008, p. 89.

tação do Ministério Público e a expedição do certificado de aptidão. Ocorre que o legislador, em atenção às críticas exaradas pela doutrina[77,78] contra este dispositivo (e na tendência de desjudicialização dos interesses e conflitos[79]) alterou o referido dispositivo por meio da Lei 12.133/2009. Atualmente, o magistrado atua apenas nos casos em que é oferecido algum tipo de impugnação, causa suspensiva ou em que se pleiteia o casamento entre parentes colaterais de terceiro grau[80]. Nas demais situações, o processo corre apenas diante do oficial de Registro Público.

O procedimento de habilitação tem início com o requerimento para o casamento, firmado de próprio punho pelos nubentes ou, a seu pedido, por procurador[81], conforme o *caput* do artigo 1.525 do Código Civil. Aliado à manifestação, os interessados devem apresentar os documentos exigidos pela lei, quais sejam: i) certidão de nascimento ou documento equivalente; ii) autorização por escrito das pessoas sob cuja dependência legal estiverem, ou ato judicial que a supra; iii) declaração de duas testemunhas maiores, parentes ou não, que atestem conhecê-los e afirmem não existir impedimento que os iniba de casar; iv) declaração do estado civil, do domicílio e da residência atual dos contraentes e de seus pais, se forem conhecidos; v) certidão de óbito do cônjuge falecido, de sentença declaratória de nulidade ou de anulação de casamento, transitada em julgado, ou do registro da sentença de divórcio.[82] Um

---

77. "O Código Civil de 2002, todavia, modifica esse procedimento, colocando a homologação judicial da habilitação como requisito necessário, ainda que não se coloque qualquer oposição pelo MP ou por algum terceiro. Trata-se de alteração, diga-se, desnecessária, que amplia de modo injustificável, salvo melhor juízo, as já rígidas formalidades do procedimento de habilitação. A maior interveniência judicial nessa fase é medida que vem na contramão da tendência contemporânea em afastar da apreciação jurisdicional atos meramente ordinatórios, que poderiam ser realizados na esfera administrativa". FACHIN, Luiz Edson; RUZYK, Carlos Eduardo Pianovski. *Código Civil Comentado*: Artigos 1.511 a 1.590. Vol. XV. São Paulo: Atlas, 2003, p. 86-87.
78. "A homologação judicial não era exigível no direito anterior, tendo sido acrescentada pelo Código Civil de 2002, em prejuízo da simplicidade e com excesso de burocratização, envolvendo essa autoridade em atividades puramente administrativas e não controvertidas, até porque sempre que há dúvidas o oficial suspende o procedimento e as submete ao juiz". LÔBO, Paulo. *Famílias*. São Paulo: Saraiva, 2008, p. 89.
79. TARTUCE, Flávio; SIMÃO, José Fernando. *Direito Civil, v. 5*: direito de família. 4. ed. Rio de Janeiro: Forense; São Paulo: Método, 2010.
80. Antecipando-se à Lei 12.133/2009, Guilherme Calmon Nogueira da Gama já defendia a interpretação do antigo art. 1.526 neste sentido: "Considero que esta não é a melhor interpretação da regra contida no art. 1.526, sob pena de desproteção à entidade familiar fundada no casamento, pela qual se deve, ao invés de se burocratizar, buscar mecanismos de facilitação do casamento para fins de constituição de novas famílias. Assim, deve-se considerar que, a exemplo do que já se verificava no sistema de 1916, a atuação do juiz somente se dará nos casos em que houver impugnação do Ministério Público, oposição de algum interessado, ou na hipótese de reconhecimento da possibilidade do casamento entre colaterais de terceiro grau sendo que a única hipótese nova de atuação do juiz no processo de habilitação se dará nos casos de dispensa de alguma das causas suspensivas do *caput* do art. 1.523 do Código Civil, tal como prevê o parágrafo único deste mesmo dispositivo legal. Desse modo, nos casos em que não houver impugnação, oposição, requerimento da possibilidade do casamento de parentes colaterais de terceiro grau ou requerimento de alguma causa suspensiva, o processo de habilitação não deverá ser remetido ao juiz para fins de homologação, não sendo aplicável o disposto no art. 1.526 do Código Civil." In: *Direito Civil*: família. São Paulo: Atlas, 2008, p. 46.
81. "A procuração, para que a habilitação seja válida, deve conter poderes específicos para o ato." FACHIN, Luiz Edson; RUZYK, Carlos Eduardo Pianovski. *Código Civil Comentado*: Artigos 1.511 a 1.590. Vol. XV. São Paulo: Atlas, 2003, p. 83.
82. "Será de bom alvitre a apresentação da certidão da sentença de divórcio proferida no estrangeiro, com a devida homologação pelo nosso STJ, para que um dos nubentes, sendo estrangeiro ou apátrida, divorciado

último requisito ainda merece ser lembrado, embora aplicável apenas para a hipótese de casamento entre colaterais de terceiro grau, e por isso regulado pelo Dec. Lei 3.200/1941. Trata-se do certificado do exame pré-nupcial.[83]

Para nubentes maiores de 18 anos não há necessidade de apresentar o documento descrito no item ii, pois independem da autorização para casar, uma vez que possuem capacidade civil.

Ainda sobre os documentos necessários para a habilitação, merece destaque o fato de que as testemunhas podem ser parentes dos nubentes, "pois se presume que seriam os primeiros interessados na regularidade do casamento, abrindo exceção à regra geral que torna suspeitos como testemunhas os parentes até terceiro grau colateral (tios e sobrinhos), inclusive por afinidade (art. 228 do Código Civil)".[84]

O oficial do Registro Civil, verificando a conformidade do requerimento e dos documentos apresentados, dará seguimento ao processo, cumprindo o disposto no art. 1.527: "Estando em ordem a documentação, o oficial extrairá o edital, que se afixará durante quinze dias nas circunscrições do Registro Civil de ambos os nubentes, e, obrigatoriamente, se publicará na imprensa local, se houver".

O art. 1.527 faz referência aos proclamas do casamento, cuja finalidade é anunciar ao público a intenção dos nubentes para que se possibilite a oposição dos impedimentos matrimoniais[85]. Sua publicação deve ocorrer nas comarcas onde residem os pretendentes, ou seja, se os nubentes tiverem domicílio em circunscrições do Registro Civil distintas, em ambas os editais serão publicados. Além disso, a publicação deverá ser feita no Diário Oficial do Estado[86] e na imprensa local[87], se houver.

A afixação do edital na circunscrição do Registro Civil deve observar o prazo de quinze dias. Este prazo assume relevância na medida em que é esse o lapso temporal para que os legitimados possam opor eventuais causas suspensivas do casamento, de acordo com a interpretação harmônica entre o dispositivo do Código Civil com o art. 67, § 3.º, da Lei de Registros Públicos.

---

em seu país de origem, possa se casar novamente no Brasil." DINIZ, Maria Helena. *Curso de Direito Civil Brasileiro*, v. 5: Direito de Família. 27. ed. São Paulo: Saraiva, 2012, p. 110.
83. Dec. Lei 3.200/1941. Art. 2º Os colaterais do terceiro grau, que pretendam casar-se, ou seus representantes, legais, se forem menores, requererão ao juiz competente para a habilitação que nomeie dois médicos de reconhecida capacidade, isentos de suspeição para examiná-los e atestar-lhes a sanidade, afirmando não haver inconveniente, sob o ponto de vista, da saúde de qualquer deles e da prole, na realização do matrimônio.
84. LÔBO, Paulo. *Famílias*. São Paulo: Saraiva, 2008, p. 90.
85. DINIZ, Maria Helena. *Curso de Direito Civil Brasileiro*, v. 5: Direito de Família. 27. ed. São Paulo: Saraiva, 2012, p. 111.
86. DINIZ, Maria Helena. *Curso de Direito Civil Brasileiro*, v. 5: Direito de Família. 27. ed. São Paulo: Saraiva, 2012, p. 111.
87. "Por imprensa local entende-se a imprensa local do casamento, já que tal publicação não é condição *sine qua non* para a realização do casamento. Por evidente, somente em locais onde houver imprensa é que a exibilidade se põe, não sendo exigível publicação em jornais que circulem em localidades próximas daquela em que está sediado o Cartório de Registro Civil. Nesses casos, bastará a afixação dos editais." FACHIN, Luiz Edson; RUZYK, Carlos Eduardo Pianovski. *Código Civil Comentado*: Artigos 1.511 a 1.590. v. XV. São Paulo: Atlas, 2003, p. 88.

A publicação é obrigatória, segundo a regra geral. Poderá a autoridade competente, no entanto, dispensar a publicação quando houver urgência na celebração do casamento. Para tanto, os interessados deverão requerer a dispensa desde logo, fundamentando o pedido com os motivos da urgência, "de modo a oportunizar a decisão sobre a dispensa concomitantemente à homologação da habilitação".[88]

Conforme consagrados exemplos dos mestres da Universidade Federal do Paraná, José Lamartine Corrêa de Oliveira e Francisco José Ferreira Muniz, a urgência do casamento teria justificativa, a título de exemplo, nos casos de moléstia grave ou iminente risco de vida de um dos cônjuges e a ausência por motivo de serviço público ou de viagem imprevista e demorada de um dos cônjuges.[89]

Observe-se que, de acordo com o Enunciado 513 do Conselho da Justiça Federal, aprovado na V Jornada de Direito Civil, não é a publicação do edital que é dispensada, mas sim o decurso do prazo para a oposição das causas suspensivas[90]. A dispensa dos proclamas, portanto, não visa o sigilo do casamento, mas sim compatibilizar o procedimento com as hipóteses de urgência.

Uma última questão permanece sobre a possibilidade de dispensa do prazo editalício para oposição das causas suspensivas, em razão da urgência: O parágrafo único do art. 1.527 sustenta que a publicação poderá ser dispensada pela "autoridade competente". Ocorre que a alteração do art. 1.526, que retirou do magistrado a competência para a homologação da habilitação, pode ensejar dúvida com relação à qual autoridade é competente para apreciar o pedido de urgência. Diante da realidade do judiciário brasileiro, parece razoável sustentar que o oficial do Registro Civil tem competência para analisar a situação de urgência, o que não acarretará nenhum prejuízo a qualquer interessado em opor impedimentos, dado que seu prazo para tanto será o comum de 15 dias. Na hipótese em que o casamento tiver sido realizado antes do decurso do prazo de oposição, pode-se aplicar o entendimento sobre o art. 1.541, § 1º, do Código Civil, segundo o qual, verificado impedimento, nega-se eficácia à celebração.[91]

---

88. FACHIN, Luiz Edson; RUZYK, Carlos Eduardo Pianovski. *Código Civil Comentado*: Artigos 1.511 a 1.590. v. XV. São Paulo: Atlas, 2003, p. 89.
89. OLIVEIRA, José Lamartine Corrêa de; MUNIZ, Francisco José Ferreira. *Curso de Direito de Família*. 2ª ed. Curitiba: Juruá, 1998, p. 144.
90. Art. 1.527, parágrafo único: O juiz não pode dispensar, mesmo fundamentadamente, a publicação do edital de proclamas do casamento, mas sim o decurso do prazo. In: AGUIAR JR, Ruy Rosado de (Coord.). *Jornadas de direito civil I, III, IV e V*: enunciados aprovados. Brasília: Conselho da Justiça Federal, Centro de Estudos Judiciários, 2012, p. 72. Disponível em: http://www.stj.jus.br/publicacaoseriada/index.php/jornada/article/viewFile/2644/2836. Acesso em: 20 de fev. 2021.
91. Ao tratar da habilitação *a posteriori* do casamento nuncupativo, Luiz Edson Fachin e Carlos Eduardo Pianovski Ruzyk sustentam que "... será aberto prazo para que, em 15 dias, os interessados que assim requererem possam ser ouvidos. Não havendo óbice legal para o casamento, homologará o juiz a celebração anteriormente levada a efeito, atribuindo-lhe eficácia. Verificando impedimento, negar-se-á a eficácia à celebração, que, mais que isso, será reputada nula." *Código Civil Comentado*: Artigos 1.511 a 1.590. v. XV. São Paulo: Atlas, 2003, p. 124.

Publicados os proclamas, como já mencionado, têm os interessados o prazo de 15 dias para opor tanto os impedimentos quanto as causas suspensivas. Essa declaração deverá ser escrita e assinada, instruída com as provas do fato alegado ou, ao menos, indicar o lugar onde tais provas possam ser obtidas (art. 1.529 do Código Civil). A exigência de assinatura do oponente visa impedir alegação maledicente.

Observe-se, ainda, que o oficial do registro dará aos nubentes ou a seus representantes nota da oposição, indicando os fundamentos, as provas e o nome de quem a ofereceu. Em seguida, podem os nubentes requerer prazo razoável para fazer prova contrária aos fatos alegados. As provas que não forem juntadas desde logo nas manifestações deverão ser produzidas sob o crivo do contraditório[92]. A competência para a produção dessas provas é do próprio oficial do Registro Civil.

Note-se que o Código não estabelece prazo para que os nubentes apresentem o requerimento de produção de prova contrária. Diante disso, parece razoável aplicar o prazo previsto pelo § 5.º do art. 67 da Lei de Registros Públicos, que é de três dias[93]. Note-se, porém, que parte da doutrina considera que o referido dispositivo foi derrogado[94], o que deixa a questão sem resposta na legislação.

Concluída a fase instrutória, terá vista dos autos o representante do Ministério Público, que emitirá parecer. Em seguida, haverá remessa ao juízo competente, que poderá julgar a oposição procedente e obstar ou suspender o casamento, ou julgá-la improcedente, homologando a habilitação. Convém lembrar, aqui, que também cabe ao magistrado apreciar o pedido de afastamento das causas suspensivas nas hipóteses do parágrafo único do art. 1.523.

Julgada improcedente a oposição, o oponente poderá se sujeitar as ações civis e criminais, desde que verificada sua má-fé.

Se julgada improcedente a oposição, ou se não houver seu oferecimento, o oficial do registro extrairá o certificado de habilitação, o qual gera presunção *juris tantum* de que os nubentes podem contrair núpcias[95]. A eficácia da habilitação será de noventa dias, a contar da data em que foi extraído. Este é o prazo que os nubentes têm para celebrar o casamento, examinado no próximo item.

---

92. "Caso o oponente tenha indicado provas que pretende produzir, mas não tem condições de fazê-lo desde logo, pela natureza da prova indicada, constará da nota de oposição qual a prova que pretende o oponente produzir. A realização da prova será levada a efeito, então, sob o crivo do contraditório dos nubentes. Tal conclusão, sem embargo da redação lacônica do Código Civil, emerge dos princípios constitucionais do contraditório e do devido processo legal, que devem ser observados. Por conseguinte, caso a prova a ser produzida por quem arguiu impedimento ou causa suspensiva consista na oitiva de testemunhas, deverão os depoimentos ser colhidos após a cientificação dos nubentes." FACHIN, Luiz Edson; RUZYK, Carlos Eduardo Pianovski. *Código Civil Comentado*: Artigos 1.511 a 1.590. v. XV. São Paulo: Atlas, 2003, p. 93.
93. LÔBO, Paulo. *Famílias*. São Paulo: Saraiva, 2008, p. 90.
94. FACHIN, Luiz Edson; RUZYK, Carlos Eduardo Pianovski. *Código Civil Comentado*: Artigos 1.511 a 1.590. v. XV. São Paulo: Atlas, 2003, p. 91.
95. FACHIN, Luiz Edson; RUZYK, Carlos Eduardo Pianovski. *Código Civil Comentado*: Artigos 1.511 a 1.590. v. XV. São Paulo: Atlas, 2003, p. 95.

Por fim, registre-se que o casamento mediante conversão de união estável dispensa prévia habilitação. Conforme o art. 1.726 do Código Civil, isso se dará mediante pedido dos companheiros ao juiz e assento no Registro Civil. Paulo Lôbo ressalta que a norma em comento é lacônica e, por isso, o juiz competente pode ser o de casamentos, o corregedor do Cartório e, ainda, o juiz de família[96].

7. CELEBRAÇÃO DO CASAMENTO

Todo o conjunto de atos que convergem para o casamento tornam este o instituto com o maior número de solenidades no direito civil[97]. Somente sua celebração recebe o extensivo tratamento dos arts. 1.533 a 1.538. A solenidade é uma das preocupações explícitas do legislador, que editou um Código Civil que desce às minúcias do ato de celebração. Neste caso, portanto, incidem os incisos IV e V do art. 166, do Código Civil, pelo qual é nulo o ato que não reveste a forma prescrita em lei ou que pretere alguma solenidade que a lei considere essencial para a sua validade.

O casamento será celebrado no dia, hora e lugar previamente designados pela autoridade que houver de presidir o ato, mediante petição dos contraentes, que se mostrem habilitados com a certidão do art. 1.531. Na prática, porém, não é o celebrante que costuma designar a data e horário da celebração, mas sim os nubentes.[98] O oficial limita-se a deferir o requerimento ou não.

O casamento pode ser celebrado em qualquer dia da semana, inclusive aos domingos, conforme art. 5º, parágrafo único, da Lei 1.408/1951.

É comum, no Brasil, a celebração do matrimônio por autoridade eclesiástica. Não há óbice para tanto, mas a eficácia do ato fica condicionada à verificação dos requisitos legais e do ulterior registro civil.

Dispõe o art. 1.534 que a solenidade realizar-se-á na sede do cartório, com toda publicidade, a portas abertas, presentes pelo menos duas testemunhas, parentes ou não dos contraentes, ou, querendo as partes e, consentindo a autoridade celebrante, noutro edifício público ou particular. É imprescindível, portanto, a prova testemunhal do casamento.

De acordo com o Código, o casamento deve ser celebrado no cartório. No entanto, a legislação também permite celebrar o casamento em local diverso, seja em templo religioso, seja em local pertencente a particular. Esta prática é facultada pela última parte do *caput* do referido artigo, acrescido dos parágrafos 1º e 2º.

É um requisito inafastável do casamento a sua publicidade. Por conta disso, o Código exige que se a celebração das núpcias se der em edifício particular, este ficará de portas abertas durante todo o ato. Trata-se de verdadeira repetição da exigência

---
96. LÔBO, Paulo. *Famílias*. São Paulo: Saraiva, 2008, p. 79.
97. VENOSA, Sílvio de Salvo. *Direito Civil: direito de família*. 12. ed. São Paulo: Atlas, 2012, p. 53
98. LEITE, Eduardo de Oliveira. *Direito Civil Aplicado*, v. 5: Direito de Família. São Paulo: RT, 2005, p. 82.

do *caput*, o que demonstra a grande importância do ato ser público. Como já alertado, o descumprimento desta regra enseja a nulidade do ato, sendo impossível a sua convalidação, por conta do art. 169 do Código Civil.

Se realizado no cartório, a celebração do casamento exige duas testemunhas. Quando a cerimônia se dá em edifício particular, este número é duplicado, sendo quatro as testemunhas exigidas pela legislação. Nesta situação também não se aplica a regra geral de suspeição das testemunhas com parentesco até o terceiro grau, colateral (tios e sobrinhos), ou por afinidade (art. 228 do Código Civil).

O mesmo requisito da presença de quatro testemunhas é aplicável na hipótese em que, por algum motivo, um dos nubentes não souber ou não puder escrever.

Em síntese, devem estar presentes, para a celebração do casamento, as seguintes pessoas: os nubentes ou seus representantes, as testemunhas, o oficial do registro e o presidente do ato.

O celebrante, após ouvir dos nubentes a afirmação de que pretendem casar por livre e espontânea vontade, declara efetuado o casamento, por palavras sacramentais, cuja observância é obrigatória: "De acordo com a vontade que ambos acabais de afirmar perante mim, de vos receberdes por marido e mulher, eu, em nome da lei, vos declaro casados."

As palavras que selam o vínculo matrimonial revelam dois elementos fundamentais do casamento, previamente destacados: a reiteração do propósito dos nubentes ("a vontade que ambos acabais de manifestar") e a forte presença do Estado ("em nome da lei, vos declaro casados")[99]. Após o pronunciamento das palavras sacramentais, reputa-se celebrado o casamento, sendo este o momento em cessa a possibilidade de arrependimento prevista no art. 1.538 do Código Civil.

Após a celebração lavra-se seu assento no livro de registro, que deverá ser assinado pelo presidente do ato, pelos cônjuges, testemunhas e oficial do registro. Além disso, deverá conter as seguintes informações: i) os prenomes, sobrenomes, datas de nascimento, profissão, domicílio e residência atual dos cônjuges; ii) os prenomes, sobrenomes, datas de nascimento ou de morte, domicílio e residência atual dos pais; iii) o prenome e sobrenome do cônjuge precedente e a data da dissolução do casamento anterior; iv) a data da publicação dos proclamas e da celebração do casamento; v) a relação dos documentos apresentados ao oficial do registro; vi) o prenome, sobrenome, profissão, domicílio e residência atual das testemunhas; vii) o regime do casamento, com a declaração da data e do cartório em cujas notas foi lavrada a escritura antenupcial, quando o regime não for o da comunhão parcial, ou o obrigatoriamente estabelecido (art. 1.536).

O registro do casamento não é, via de regra, ato constitutivo do vínculo conjugal, mas sim prova do casamento. Entretanto, no casamento religioso com efeitos civis,

---

99. FACHIN, Luiz Edson; RUZYK, Carlos Eduardo Pianovski. *Código Civil Comentado*: Artigos 1.511 a 1.590. v. XV. São Paulo: Atlas, 2003, p. 103.

a transcrição do casamento no registro civil será condição de sua eficácia[100] e deverá ser realizado no prazo de 90 dias (art. 1.516, § 1º).

Lembre-se, ainda, que a celebração do casamento deve ser suspensa pela autoridade caso um dos contraentes: i) recusar a solene afirmação de sua vontade; ii) declarar que esta não é livre e espontânea; iii) manifestar-se arrependido. Mais do que isso, nubente que der causa à suspensão do ato não será admitido a retratar-se no mesmo dia.

Celebrado o matrimônio, há mudança no estado civil: passa-se ao *status* de casado. O Código Civil prossegue, no capítulo sobre a celebração do casamento, tratando dos diferentes tipos de casamento, que serão expostos em item específico, a seguir.

8. ESPÉCIES DE CASAMENTO

No tocante às espécies de casamento, serão examinados o casamento religioso, no caso de moléstia grave, na hipótese de iminente risco de vida, por procuração e, ainda, o casamento no estrangeiro.

O casamento religioso pode produzir efeitos civis, desde que atenda às exigências da lei para a validade do casamento civil, dentre elas a habilitação prévia. No entanto, existe um requisito a mais que deve ser observado, qual seja, o registro do ato solene no livro próprio, perante o oficial do Registro Civil. Após o cumprimento desta exigência, os efeitos do casamento retroagem à data de sua celebração.

O registro civil do casamento religioso deverá ser promovido dentro de noventa dias de sua realização, mediante comunicação do celebrante ao ofício competente, ou por iniciativa de qualquer interessado, desde que haja sido homologada previamente à habilitação. Após o referido prazo, o registro dependerá de nova habilitação.

Na hipótese do casamento religioso ter sido celebrado sem a observância das formalidades civis, o Código lhe confere eficácia legal se, a requerimento do casal, for registrado, a qualquer tempo, no registro civil, mediante prévia capacitação perante a autoridade competente.

Resta dizer, ainda, que se considera nulo o casamento religioso se, antes de seu registro, qualquer dos nubentes houver contraído com outrem casamento civil.

Segundo tipo especial de casamento é aquele celebrado no caso de moléstia grave de um dos nubentes. Nele, o presidente do ato irá celebrá-lo onde se encontrar o impedido, sendo urgente, ainda que à noite, perante duas testemunhas que saibam ler e escrever.

Nesta hipótese, pelo que se depreende do art. 1.539 do Código Civil, deve haver prévia habilitação dos nubentes. Isso é resultado da interpretação das expressões

---

100. "O casamento religioso só produzirá efeitos civis depois de devidamente transcrito." FACHIN, Luiz Edson; RUZYK, Carlos Eduardo Pianovski. *Código Civil Comentado*: Artigos 1.511 a 1.590. v. XV. São Paulo: Atlas, 2003, p. 107.

utilizadas pelo legislador, que se refere ao "presidente do ato", do que se infere já ter havido a expedição do certificado de habilitação. Esta é uma das principais diferenças entre o casamento no caso de moléstia grave do casamento em iminente risco de vida, como se verá adiante.

O dispositivo do Código Civil possibilita que o casamento daquele que está muito doente pode ser realizado, sem designação prévia de hora, em local cujo acesso de pessoas não seja totalmente livre. Nestes casos, admite-se a celebração excepcional de casamentos em locais como, por exemplo, um hospital ou na residência do enfermo.

A falta ou impedimento da autoridade competente para presidir o casamento suprir-se-á por qualquer dos seus substitutos legais, e a do oficial do Registro Civil por outro *ad hoc*, nomeado pelo presidente do ato. Nesta hipótese, o termo avulso, lavrado pelo oficial *ad hoc*, será registrado no respectivo registro dentro em cinco dias, perante duas testemunhas, ficando arquivado.

O casamento em iminente risco de vida, ou casamento nuncupativo, é uma hipótese ainda mais extremada de casamento. Se no caso de moléstia grave o casamento pode ser realizado no local em que se encontra o nubente, no casamento *in extremis* o casamento pode ser levado a efeito mesmo sem as formalidades preliminares e até mesmo sem autoridade competente para celebrá-lo. Não se exige certificado de habilitação.

O requisito, aqui, é que um dos contraentes esteja em iminente risco de vida. Tome-se como exemplo os casos em que um dos nubentes está doente e em fase terminal, logo após uma catástrofe, um acidente ou um crime contra a vida[101]. Para que o casamento se realize, os próprios nubentes podem fazer a celebração, declarando sua vontade perante seis testemunhas. Essas testemunhas, porém, não podem ter nenhuma relação de parentesco em linha reta, nem na colateral, até o segundo grau.

Essas seis testemunhas deverão comparecer perante a autoridade judicial mais próxima, dentro do prazo de dez dias, e pedir que lhes sejam tomadas por termo a declaração de que foram convocadas por parte do enfermo (ou qualquer que seja a situação extremada do nubente), de que este parecia em perigo de vida, mas em seu juízo e que, em sua presença, declararam os contraentes, livre e espontaneamente, receber-se por marido e mulher (art. 1.541). A partir deste momento, instaura-se um procedimento voltado ao registro do casamento.

Assim, após o pedido ser autuado e tomadas as declarações, o juiz procederá às diligências necessárias para verificar se os contraentes podiam ter-se habilitado na forma ordinária, ouvidos os interessados que o requererem, dentro de quinze dias. Verificada a idoneidade dos cônjuges para o casamento, assim o decidirá a autoridade competente, com recurso voluntário às partes. Transitada em julgado a decisão, o magistrado mandará registrá-la no livro do Registro dos Casamentos e este assento retroagirá à data da celebração.

---

101. LÔBO, Paulo. *Famílias*. São Paulo: Saraiva, 2008, p. 95.

Todo este procedimento pode ser suprido caso o enfermo convalescer e puder ratificar o casamento na presença da autoridade competente.

Pode ocorrer de as testemunhas não comparecerem para dar início ao procedimento. Neste caso, pode um interessado (o cônjuge se revela como o principal exemplo), requerer sejam intimadas para cumprir seu dever. É interessante recordar, ainda, que na hipótese de haver causas impeditivas para o casamento, o interessado poderá requerer a declaração de nulidade do ato.

O casamento também poderá ser celebrado por procuração, nos termos do art. 1.542 do Código Civil. A procuração, porém, deve estar documentada por instrumento público que confira poderes especiais para o representante. A eficácia do mandato não poderá ultrapassar noventa dias. Sobre as outras hipóteses de extinção da representação, a doutrina elucida que "extinguem o poder de representação a sua revogação, a renúncia, a morte ou interdição de uma das partes, a mudança de estado que inabilite o mandante para conferir os poderes, ou o mandatário para os exercer, e o término do prazo ou a conclusão do negócio"[102].

A revogação do mandato não necessita chegar ao conhecimento do mandatário. Porém, celebrado o casamento sem que o mandatário ou o outro contraente tivessem ciência da revogação, responderá o mandante por perdas e danos. Dentro dessa expressão, podem ser considerados os danos materiais e morais resultantes de celebração inócua. A revogação do mandato só ocorre por instrumento público. Além disso, cabe ao mandante requerer a anulação do casamento, nos termos do art. 1.550, inc. V, do Código Civil.

Hipótese possível é a de que um dos nubentes entre em iminente risco de vida enquanto o outro esteja em viagem. Nesta hipótese, aquele que não estiver sob a situação extremada pode se fazer representar no casamento nuncupativo.

Por fim, o casamento de nubente brasileiro, celebrado no estrangeiro, pode ser realizado perante as respectivas autoridades ou cônsules. Neste caso, deverá ser registrado em cento e oitenta dias, a contar da volta de um ou de ambos os cônjuges ao Brasil, no cartório do respectivo domicílio, ou, em sua falta, no 1.º Ofício da Capital do Estado em que passarem a residir.

O casamento de brasileiro feito no exterior segue a regra do *locus regit actum*, ou seja, o matrimônio deve ser provado e celebrado de acordo com as normas do país onde o ato for praticado[103]. No entanto, esse documento pode ou não ser admitido pela autoridade consular brasileira por um procedimento chamado de consularização, previsto pelo art. 32, da Lei de Registros Públicos. Interferem no processo de consularização os tratados internacionais firmados pelo Brasil com outros Estados, que podem dispensar parte ou até mesmo integralmente esta regularização.

---

102. AMARAL, Francisco. *Direito Civil*: introdução. 7 Ed. Rio de Janeiro: Renovar, 2008, p. 470.
103. TARTUCE, Flávio; SIMÃO, José Fernando. *Direito Civil, vol. 5*: direito de família. 4 ed. Rio de Janeiro: Forense; São Paulo: Método, 2010, p. 84.

Observe-se que o documento a ser registrado, no prazo de cento e oitenta dias, é aquele válido em território nacional. Sendo assim, os nubentes que quiserem se casar em viagem turística, por exemplo, devem concluir o procedimento de consularização e, em seguida, registrá-lo no ofício de Registro Civil competente.

9. DAS PROVAS DO CASAMENTO

Em consonância com o art. 212 do Código Civil, a preocupação do legislador no capítulo sobre as provas do casamento foi reconhecer quais as provas capazes de demonstrar a existência do fato jurídico, ou seja, quais elementos probantes são suficientes para se afirmar, com segurança, que houve casamento.

Dando sequência ao caráter solene do casamento, sua prova primária é a certidão do registro, como dispõe o art. 1.543 do Código Civil. O mesmo vale para o casamento de brasileiro no estrangeiro, que deverá ser levado a registro no ofício competente. A busca é pela solenidade e pela publicidade, estando a prova sempre relacionada com esses dois requisitos.

É preciso destacar, porém, que o registro do casamento não é parte integrante do ato constitutivo do matrimônio. Sua força é somente probatória. Daí o próprio legislador se questionar como se faz prova de casamento sem registro, ou pior, de casamento cujo registro se perdeu.

Neste sentido, a codificação segue a mentalidade *pro matrimonio*, no sentido de que "justificada a falta ou perda do registro civil, é admissível qualquer outra espécie de prova" (art. 1.543, parágrafo único). Quer isto dizer que, apresentada justificativa razoável com relação à inexistência ou perda do registro, como a destruição do livro que continha o registro[104] em razão de enchentes, incêndios ou atos ilícitos[105], ou a própria falta de registro pelo oficial, os cônjuges poderão prová-lo por qualquer outra espécie de prova.

Assim, o procedimento para suprir a falta de registro se dá pela produção de provas em dois momentos: i) prova da justificativa da falta ou perda do registro civil; e ii) prova da celebração do casamento, por meio da apresentação de outros documentos (certidão de nascimento, carteira de trabalho, fotografias) e da oitiva de testemunhas[106].

Apesar de tudo, em algumas hipóteses a prova do casamento pode ser impossível de se produzir. Alguns exemplos são o caso de falecimento dos cônjuges ou que estes estejam impossibilitados de manifestar vontade (art. 1.545). Ainda, pode ocorrer que o conjunto probatório apresentado seja insuficiente para demonstrar a celebração do casamento, deixando o magistrado em dúvida (art. 1.547). Nestes

---
104. OLIVEIRA, José Lamartine Corrêa de; MUNIZ, Francisco José Ferreira. *Curso de Direito de Família*. 2ª ed. Curitiba: Juruá, 1998, p. 160.
105. GAMA, Guilherme Calmon Nogueira da. *Direito Civil*: família. São Paulo: Atlas, 2008, p. 60.
106. GAMA, Guilherme Calmon Nogueira da. *Direito Civil*: família. São Paulo: Atlas, 2008, p. 60.

casos, o Código menciona a figura da "posse do estado de casados" como relevante para o reconhecimento do casamento.

Ocorre que a posse do estado de casado (art. 1.545) não é, propriamente, prova do casamento. Na verdade, é uma situação de fato, juridicamente relevante, que admite provas específicas para a sua constatação. A doutrina aponta como elementos da posse de estado de casado os critérios de *nomem, tractatus* e *fama*[107], isto é, a utilização de um mesmo nome pelo casal, o tratamento privado, carinhoso se recíproco, como marido e mulher, e o reconhecimento do casal pela sociedade[108].

Atualmente, não mais se pode exigir o elemento *nomem*, já que marido e mulher não têm mais a obrigação de adotar o sobrenome do outro. No entanto, a sua presença pode muito bem servir como prova da posse do estado de casado.

O que deve ficar claro é que esta figura não é a prova do casamento, mas sim uma situação jurídica que, por isso, admite prova de sua existência[109], cujos efeitos indicam casamento entre as partes.

Cabe ainda destacar que o sentido da legislação, ao reconhecer a posse de estado de casado como fato jurídico que pressupõe casamento é, em primeiro lugar, a proteção da prole, cuja legitimidade poderia ser contestada[110]. Ora, a preocupação do art. 1.545 parece bastante alheia ao restante do Código Civil, à Constituição Federal e aos princípios do Direito de Família, já que a legitimidade dos filhos não mais decorre da existência do casamento. Ainda, a figura da posse do estado de casado reflete uma mentalidade de outrora, sendo a união estável um instituto muito mais apropriado para a apreciação das relações familiares dentro da sociedade hodierna.

10. CONCLUSÃO

Enuncia o artigo 1.565 do Código Civil que com o casamento os nubentes assumem mutuamente a condição de consortes, companheiros e responsáveis pelos encargos da família". Por força do enlace, a novidade da legislação é facultar que qualquer uma das partes adote o sobrenome do outro (sendo que antes apenas a mulher poderia acrescer o patronímico do marido).

Desse modo, o princípio da igualdade entre os cônjuges aparece no cerne da matéria dedicada à eficácia do casamento. Além do planejamento familiar ser de livre decisão do casal, o Código também prevê que a sociedade conjugal será exer-

---

107. FACHIN, Luiz Edson; RUZYK, Carlos Eduardo Pianovski. *Código Civil Comentado*: Artigos 1.511 a 1.590. v. XV. São Paulo: Atlas, 2003, p. 138.
108. GAMA, Guilherme Calmon Nogueira da. *Direito Civil*: família. São Paulo: Atlas, 2008, p. 61.
109. "A posse do estado de casado resulta da reunião de fatos que, considerados de modo unitário, revelam no plano social a existência do estado de casado. Assim, as pessoas que vivem publicamente como marido e mulher, gozando dessa reputação e consideração nas relações sociais, são consideradas na posse do estado de casado." OLIVEIRA, José Lamartine Corrêa de; MUNIZ, Francisco José Ferreira. *Curso de Direito de Família*. 2. ed. Curitiba: Juruá, 1998, p. 161.
110. "A posse do estado de casado adquire fundada relevância na proteção dos filhos." OLIVEIRA, José Lamartine Corrêa de; MUNIZ, Francisco José Ferreira. *Curso de Direito de Família*. 2 ed. Curitiba: Juruá, 1998, p. 161.

cida, em colaboração, pelo marido e pela mulher, sempre no interesse do casal e dos filhos. Também, reza o artigo 1.568 que os cônjuges são obrigados a concorrer, na proporção de seus bens e dos rendimentos do trabalho, para o sustento da família e a educação dos filhos, qualquer que seja o regime patrimonial adotado. Até mesmo o domicílio do casal será escolhido por ambos os cônjuges, apesar da ressalva de que podem ausentar-se para atender a encargos públicos, ao exercício de sua profissão, ou a interesses particulares relevantes.

Instigante questão é a dos deveres instituídos para os cônjuges, a saber: fidelidade recíproca; vida em comum, no domicílio conjugal; mútua assistência; sustento, guarda e educação dos filhos; e respeito e consideração mútuos. Questiona-se qual a consequência dos descumprimentos destes. Haveria alguma espécie de punição? Entende-se que não deve o legislador adentrar no conteúdo pessoal da relação jurídica familiar. Essa relação pertence à esfera íntima dos sujeitos e, portanto, deve ser resguardada.[111]

A intervenção estatal se torna danosa por constranger os cidadãos, prejudicando o desenvolvimento da personalidade destes.[112] Ademais, deve-se ter claro que a exposição dos envolvidos no litígio familiar em nada contribui para a melhoria da sociedade e do ente estatal. Diante dessas constatações, parece correto o entendimento de que, nas questões envolvendo intimidade, "o fio norteador exclusivo deve ser a autonomia privada"[113]. Ou seja, deve, cabe aos próprios cônjuges estabelecer o modo como o matrimônio será exercido. Contudo, havendo vulnerabilidade de um de seus membros, o Estado deverá intervir com vistas a garantir a dignidade da pessoa que se encontra em condições vulneráveis.

11. REFERÊNCIAS

AGUIAR JR, Ruy Rosado de (Coord.). *Jornadas de direito civil I, III, IV e V*: enunciados aprovados. Brasília: Conselho da Justiça Federal, Centro de Estudos Judiciários, 2012, p. 72. Disponível em: http://www.stj.jus.br/publicacaoseriada/index.php/jornada/article/viewFile/2644/2836. Acesso em: 20 de fev. 2021.

ALVES, Leonardo Barreto Moreira. *Direito de família mínimo*: a possibilidade de aplicação e o campo de incidência da autonomia privada no direito de família. Rio de Janeiro: Lumen Juris, 2010.

AMARAL, Francisco. *Direito Civil*: introdução. 7. ed. Rio de Janeiro: Renovar, 2008.

ARNAUD NETO, Raphael Carneiro. Lei que proíbe casamento de menores de 16 anos vale para união estável? *Consultor Jurídico*. 2019. Disponível em: https://www.conjur.com.br/2019-abr-05/raphael-arnaud-lei-veda-casamento-menor-16-anos#_ftn1. Acesso em: 20 fev. 2021.

BARROS. Alerrandre. *Casamentos homoafetivos crescem 61,7% em ano de queda no total de uniões*. Agência IBGE Notícias. 2019. Disponível em https://agenciadenoticias.ibge.gov.br/agencia-noticias/2012-agencia-de-noticias/noticias/26192-casamentos-homoafetivos-crescem-61-7-em-ano-de-queda-no-total-de-unioes. Acesso em: 20 fev. 2021.

---

111. CARBONERA, Silvana Maria. *Reserva de intimidade*: uma possível tutela da dignidade no espaço relacional da conjugalidade. Rio de Janeiro: Renovar, 2008. p. 297.
112. CARBONERA, Silvana Maria. *Reserva de intimidade*: uma possível tutela da dignidade no espaço relacional da conjugalidade. Rio de Janeiro: Renovar, 2008. p. 270.
113. TEIXEIRA, Ana Carolina Brochado. *Saúde, corpo e autonomia privada*. Rio de Janeiro: Renovar, 2010. p. 171.

BEVILÁQUA, Clóvis. *Direito da Família*. 8 ed. Rio de Janeiro: Livraria Freitas Bastos S.A., 1956.

BITTAR, Carlos Alberto. *Direito de Família*. 2 ed. rev. e atual. Rio de Janeiro: Forense Universitária, 1993.

CÂNDIDO, João Batista de Oliveira. Do casamento. In: TEIXEIRA, Ana Carolina Brochado; RIBEIRO, Gustavo Pereira Leite (Coord.). *Manual de direitos das famílias e das sucessões*. Belo Horizonte: Del Rey, 2008, p. 53-88.

CARBONERA, Silvana Maria. O papel jurídico do afeto nas relações de família. In: FACHIN, Luiz Edson. *Repensando fundamentos do direito civil brasileiro contemporâneo*. Rio de Janeiro: Renovar, 2000. p. 273-313.

CARBONERA, Silvana Maria. *Reserva de intimidade*: uma possível tutela da dignidade no espaço relacional da conjugalidade. Rio de Janeiro: Renovar, 2008.

CARVALHO, Orlando de. *Para uma teoria da relação jurídica civil*: a teoria geral da relação jurídica: seu sentido e limites. 2 ed. Coimbra: Centelha, 1981.

DEL PRIORE, Mary (Org.). *História das mulheres no Brasil*. 9 ed. São Paulo: Contexto, 2009.

DIAS, Maria Berenice. *Manual de direito das famílias*. 5 ed. rev., atual. e ampl. São Paulo: Revista dos Tribunais, 2009.

DINIZ, Maria Helena. *Curso de Direito Civil Brasileiro*: Direito de Família. 27 ed. São Paulo: Saraiva, 2012. v. V.

FACHIN, Luiz Edson. O impacto das mudanças sociais no direito de família (entre dois Brasis: do casamento codificado às famílias não "matrimonializadas" na experiência brasileira). *Boletim da Faculdade de Direito*, Studia Juridica. Colloquia 6, Coimbra, 2000.

FACHIN, Luiz Edson; RUZYK, Carlos Eduardo Pianovski. *Código Civil Comentado*: Artigos 1.511 a 1.590. Vol. XV. São Paulo: Atlas, 2003.

FACHIN, Luiz Edson. Direito além do novo Código civil: novas situações sociais, filiação e família. *Revista Brasileira de Direito de Família*, Porto Alegre, v. 5, n. 17, p. 7-35, 2003.

FACHIN, Luiz Edson. *Direito de Família*: elementos críticos à luz do novo Código Civil brasileiro. 2 ed. Rio de Janeiro: Renovar, 2003.

FACHIN, Luiz Edson. *Teoria crítica do direito civil*. 2. ed. Rio de Janeiro: Renovar, 2003.

FACHIN, Luiz Edson. A "reconstitucionalização" do direito civil brasileiro. In: FACHIN, Luiz Edson. *Questões do direito civil brasileiro contemporâneo*. Rio de Janeiro: Renovar, 2008. p. 11-20.

FARIAS, Cristiano Chaves de; ROSENVALD, Nelson. *Curso de Direito Civil*: Direito das Famílias. V. 6. 4 ed. Salvador: Jus Podium, 2012.

GAMA, Guilherme Calmon Nogueira da. *Direito Civil*: família. São Paulo: Atlas, 2008.

GOMES, Orlando. *Direito de Família*. 14. ed. rev. e atual. Rio de Janeiro: Forense, 2002.

IBDFAM, Assessoria de Comunicação. *Lei proíbe casamento do menor de 16 anos*. 13 mar. 2019. Disponível em: https://ibdfam.org.br/index.php/noticias/6875/Lei+pro%c3%adbe+casamento+do+menor+-de+16+anos. Acesso em: 20 fev. 2021.

INSTITUTO BRASILEIRO DE GEOGRAFIA E ESTATÍSTICA. *Estatísticas do Registro Civil 2003-2010*. Disponível em: http://seriesestatisticas.ibge.gov.br/series.aspx?vcodigo=RGC320. Acesso em: 20 fev. 2021.

INSTITUTO BRASILEIRO DE GEOGRAFIA E ESTATÍSTICA. *Registro Civil 2010*. Disponível em: http://www.ibge.gov.br/home/presidencia/noticias/noticia_visualiza.php?id_noticia=2031&id_pagina=1. Acesso em 20 de fev. 2021.

INSTITUTO BRASILEIRO DE GEOGRAFIA E ESTATÍSTICA. *Tabela 1695 – Divórcios concedidos em primeira instância ou por escritura, por tempo transcorrido entre a data do casamento e a data da sentença ou da escritura, grupos de idade da mulher na data da sentença ou da escritura, regime de bens do casamento e lugar da ação do processo. Disponível em: https://sidra.ibge.gov.br/tabela/1695#resultado. Acesso em: 20 fev. 2021.

INSTITUTO BRASILEIRO DE GEOGRAFIA E ESTATÍSTICA. *Tabela 4781 – Casamentos, por lugar de nascimento dos cônjuges e lugar do registro*. Disponível em: https://sidra.ibge.gov.br/tabela/4781#resultado. Acesso em: 20 fev. 2021.

INSTITUTO BRASILEIRO DE GEOGRAFIA E ESTATÍSTICA. *Tabela 5.16 – Divórcios concedidos em 1ª instância ou por escritura, por tempo transcorrido entre as datas do casamento e as datas da sentença ou da escritura, segundo os grupos de idade dos cônjuges nas datas da sentença e da escritura – Brasil – 2019*. Disponível em: https://www.ibge.gov.br/estatisticas/sociais/populacao/9110-estatisticas-do-registro-civil.html?=&t=resultados. Acesso em: 20 fev. 2021.

LEITE, Eduardo de Oliveira. *Origem e evolução do casamento*. Curitiba: Juruá, 1991.

LEITE, Eduardo de Oliveira. *Direito civil aplicado*: direito de família. São Paulo: Revista dos Tribunais, 2005. v. 5.

LÔBO, Paulo Luiz Netto. *Famílias*. São Paulo: Saraiva, 2008.

LÔBO, Paulo Luiz Netto. *Direito civil*: parte geral. São Paulo: Saraiva, 2009.

LÔBO, Paulo Luiz Netto. Prefácio. In: GAGLIANO, Pablo Stolze; PAMPLONA FILHO, Rodolfo. *O novo divórcio*. São Paulo: Saraiva, 2010.

LÔBO, Paulo Luiz Netto. Princípios do direito de família brasileiro. *Revista Brasileira de Direito Comparado*, v. 1, n. 1, p. 29-252, jul. 2010.

LÔBO, Paulo Luiz Netto. A repersonalização das relações de família. *Jus Navigandi*. Disponível em: http://jus.com.br/revista/texto/5201. Acesso em: 20 fev. 2021.

MAFRA, Tereza Cristina Monteiro. Contratualização do casamento e simplificação das formas: questões relativas a estado civil e reconciliação. *Revista Brasileira de Direito de Família*, v. 9, n. 41, p. 66-78, 2007.

MATOS, Ana Carla Harmatiuk. *As famílias não fundadas no casamento e a condição feminina*. Rio de Janeiro: Renovar, 2000.

MEIRELES, Rose Melo Vencelau. Em busca da nova família: uma família sem modelo. In: FACHIN, Luiz Edson; TEPEDINO, Gustavo (Org.). *Pensamento Crítico do Direito Brasileiro*. Curitiba: Juruá, 2011. p. 215-226.

MELLO, Marcos Bernardes de. *Teoria do fato jurídico*: plano da existência. 18. ed. São Paulo: Saraiva, 2012.

MICHEL, Andrée. Modèles sociologiques de la famille dans les societés contemporaines. In: *Archives de philosophie du droit*: reforme du droit de la famille. T. 20. Paris: Sirey, 1975.

MORAES, Maria Celina Bodin de. A família democrática. *Na medida da pessoa humana*: estudos de direito civil-constitucional. Rio de Janeiro: Renovar, 2010.

MORAES, Maria Celina Bodin de. Vulnerabilidades nas relações de família: o problema da desigualdade de gênero. *Cadernos da Escola Judicial do TRT da 4ª Região*, v. 3, p. 20-33, 2010.

MUNIZ, Francisco José Ferreira. *O direito de família na solução dos litígios*. Conferência proferida no XII Congresso Brasileiro de Magistrados (Belo Horizonte, 14 a 16 de novembro de 1991). Curitiba, 1992.

NAMUR, Samir. *A desconstrução da preponderância do discurso jurídico do casamento no direito de família*. Rio de Janeiro: Renovar, 2009.

NEVARES, Ana Luiza Maia. Entidades familiares na constituição: críticas à concepção hierarquizada. In: RAMOS, Carmen Lucia et al. (Org.). *Diálogos sobre direito civil*. Rio de Janeiro: Renovar, 2002, p. 291-315.

OLIVEIRA, José Lamartine Correa de; MUNIZ, Francisco José Ferreira. *Curso de direito de família.* 2 ed. Curitiba: Juruá, 1998.

PONTES DE MIRANDA, Francisco Cavalcanti. *Tratado de direito privado.* 3 ed. v. 7. Rio de Janeiro: Borsoi, 1971.

PORTALIS, Jean-Etienne-Marie. *Discours préliminaire du premier projet de Code civil.* Paris: Voix de La cité, 1999.

REGISTRO CIVIL. *Portal da Transparência:* Registros. Disponível em: https://transparencia.registrocivil.org.br/registros. Acesso em: 20 fev. 2021.

RIBEIRO, Ana Cecília Rosário; ARAÚJO, Marcelo de Jesus Monteiro. A relação incestuosa como entidade familiar: uma revolução do estatuto das famílias. In: ALBUQUERQUE, Fabíola Santos; EHRHARDT JR, Marcos; OLIVEIRA, Catarina Almeida de (Coord.). *Famílias no Direito Contemporâneo.* Salvador: JusPodivm, 2010.

ROPPO, Enzo. *O Contrato.* Trad. Ana Coimbra e M. Januário C. Gomes. Coimbra: Almedina, 1998.

SILVA, Marcos Alves; CARBONERA, Silvana; LAUAND DE PAULA, Tatiana. Conjugalidade: possíveis intersecções entre economia, política e o amor. In: Eroulths CORTIANO JUNIOR; Jussara Maria Leal de MEIRELLES; Luiz Edson FACHIN, NALIN, Paulo. (Org.). *Apontamentos críticos para o direito civil brasileiro contemporâneo.* Anais do Projeto de Pesquisa Virada de Copérnico. Curitiba: Juruá, 2007, p. 233-259.

SILVA, Virgílio Afonso da. *A constitucionalização do direito:* os direitos fundamentais nas relações entre particulares. São Paulo: Malheiros, 2005.

TARTUCE, Flávio; SIMÃO, José Fernando. *Direito Civil, v. 5:* direito de família. 4. ed. Rio de Janeiro: Forense; São Paulo: Método, 2010.

TEIXEIRA, Ana Carolina Brochado. A função dos impedimentos no direito de família: uma reflexão sobre o casamento dos irmãos consanguíneos ocorrido na Alemanha. In:

TEPEDINO, Gustavo; FACHIN, Luiz Edson (Org.). *Diálogos sobre direito civil, v. II.* Rio de Janeiro: Renovar, 2008. p. 547-572.

TEIXEIRA, Ana Carolina Brochado. *Família, guarda e autoridade parental.* 2. ed. Rio de Janeiro: Renovar, 2009.

TEIXEIRA, Ana Carolina Brochado. *Saúde, corpo e autonomia privada.* Rio de Janeiro: Renovar, 2010.

TEIXEIRA, Ana Carolina Brochado; RODRIGUES, Renata de Lima. *O direito das famílias entre a norma e a realidade.* São Paulo: Atlas, 2010.

VENOSA, Sílvio de Salvo. *Direito Civil:* direito de família. 12. ed. São Paulo: Atlas, 2012.

VILLELA, João Baptista. Repensando o direito de família. *In:* PEREIRA, Rodrigo da Cunha (Coord.). *Repensando o direito de família.* Belo Horizonte: Del Rey, 1999.

CONJUGALIDADE INFANTOJUVENIL

Elisa Cruz

Doutora e Mestra em Direito Civil pela UERJ. Professora. Defensora Pública no Estado do Rio de Janeiro.

Sumário: 1. Introdução – 2. Crianças e adolescentes em relações de conjugalidade: origens e fundamentos jurídicos de admissibilidade – 3. Lei 13.811/2019: Proibir o casamento é suficiente? – 4. Conclusão – 5. Referências.

1. INTRODUÇÃO

Na compilação de dados do registro civil de 2018, o Instituto Brasileiro de Geografia e Estatística (IBGE) apurou a existência de 199 casamentos de crianças e adolescentes mulheres com menos de 18 anos de idade e 89.746 casamentos de crianças, adolescentes e jovens mulheres entre 15 e 19 de idade. Nenhuma criança ou adolescente homem com menos de 15 anos de idade se casou no período e apenas 50 casamentos de crianças, adolescentes e jovens homens entre 15 e 19 de idade constaram na mesma pesquisa.[1]

Esses são, contudo, apenas os dados de celebração do casamento que contam com registro civil oficial e, assim, podem ser contabilizados. De acordo com o Instituto Promundo, a Plan Internacional Brasil e a Universidade Federal do Pará (UFPA) o Brasil contava com 1,3 milhão de mulheres até 18 anos de idade casadas ou em uniões estáveis (informais) em 2015, sendo 877 mil com até 15 anos de idade.[2] Em relatório publicado em junho de 2020, o Fundo de População das Nações Unidas (UFNPA) apontava que cerca de 01 em cada 04 mulheres se casa ou constitui união estável antes dos 18 anos de idade no Brasil, numa taxa percentual de 26% de conjugalidade quando a média mundial é de (ainda altos) 20%.[3]

As pesquisas elencam cinco causas principais do casamento infantil: (1) o desejo de um membro da família, em função de uma gravidez indesejada, de proteger a reputação da menina ou da família e para assegurar a responsabilidade do homem de "assumir" ou cuidar da menina e do bebê potencial; (2) o desejo de controlar a

---

1. Dados do registro civil de 2018 constantes das Tabelas 4.3.1 e 4.3.2 – Casamentos, disponível em: https://www.ibge.gov.br/estatisticas/sociais/populacao/9110-estatisticas-do-registro-civil.html?edicao=26178&t=resultados. Acesso em: 14 maio 2020.
2. TAYLOR, Alice et alii. "Ela vai no meu barco": casamento na infância e adolescência no Brasil. Resultados de pesquisa de método misto. *Promundo*, set. 2015. Disponível em: https://promundoglobal.org/wp-content/uploads/2015/07/SheGoesWithMeInMyBoat_ChildAdolescentMarriageBrazil_PT_web.pdf. Acesso em: 08 jul. 2020.
3. Notícia disponível em: https://nacoesunidas.org/unfpa-1-em-cada-4-meninas-se-casa-antes-dos-18-anos-no-brasil-reverter-tal-situacao-e-urgente/. Acesso em: 08 jul. 2020.

sexualidade das meninas e limitar comportamentos percebidos como "de risco", associados à vida de solteira, tais como relações sexuais sem parceiros fixos e exposição à rua; (3) o desejo das meninas e/ou membros da família de ter segurança financeira; (4) uma expressão da autonomia das meninas e um desejo de sair da casa de seus pais, pautado em uma expectativa de liberdade, ainda que dentro de um contexto limitado de oportunidades educacionais e laborais, bem como de experiências de abuso ou controle sobre a mobilidade das meninas em suas famílias de origem; (5) o desejo dos futuros maridos de se casarem com meninas mais jovens (consideradas mais atraentes e de mais fácil controle do que as mulheres adultas) e o seu poder decisório desproporcional em decisões maritais.[4]

Se a aceitabilidade social da conjugalidade infantil – tanto de casamento como de união estável – é tão elevada no país, por que o choque com esses dados e quais as críticas que são se apresentam a essa realidade? Em primeiro lugar, elas revelam desigualdades de gênero, uma vez que a taxa de conjugalidade feminina é muito superior à masculina. Em segundo lugar, porque a conjugalidade precoce viola direitos fundamentais de crianças e adolescentes e impulsiona evasão escolar, riscos de transtornos mentais, violência de gênero, exclusão social e gravidez precoce com riscos à saúde da gestante, ao nascituro e ao recém-nascido.[5]

De modo a reduzir a conjugalidade infantil no Brasil e no mundo, a ONU incluiu na Agenda de Desenvolvimento Sustentável 2030 de 2015 dentre os objetivos de igualdade de gênero e empoderamento feminino o item 5.3, que busca "eliminar todas as práticas nocivas, como os casamentos prematuros, forçados e de crianças e mutilações genitais femininas". Contudo, esse objetivo não será atingido integralmente até 2030[6], embora se estime que a implementação de medidas favoráveis à Agenda possa assegurar que cerca de 84 milhões de crianças e adolescentes mulheres não tenham seus direitos violados pelo casamento precoce ou pela mutilação genital.

A Comissão Interamericana de Direitos Humanos (CIDH) emitiu relatório, em inglês, em 2019 em que apontava que a taxa de conjugalidade infantil nos países americanos é de cerca de 25% e essa taxa tem se mantido estável nos últimos vinte e cinco anos no continente, uma vez que poucas iniciativas foram adotadas para a redução de casamentos infantis.

Esse é o cenário que serve de base para a análise jurídica do presente artigo, cuja primeira seção irá buscar as raízes jurídicas que permitiram (e ainda permitem) a conjugalidade infantil, o que significa um estudo sobre as bases do Direito de Família, suas influências, a importância do casamento nessa área jurídica, o reconhecimento

---

4. Matéria disponível em: https://nacoesunidas.org/artigo-casamento-infantil-o-que-falta-para-erradicar-essa-pratica/. Acesso em: 14 maio 2020.
5. Veja-se a Recomendação Geral n. 18 do Comitê sobre Direitos da Criança da ONU: https://www.acnur.org/fileadmin/Documentos/BDL/2014/9925.pdf?file=fileadmin/Documentos/BDL/2014/9925. Acesso em: 04 nov. 2020.
6. Informação da ONU: https://nacoesunidas.org/unfpa-1-em-cada-4-meninas-se-casa-antes-dos-18-anos-no-brasil-reverter-tal-situacao-e-urgente/. Acesso em: 08 jul. 2020.

jurídico da união estável como família e as críticas que se apresentam a esses institutos jurídicos.

A seção subsequente destina-se a analisar a Lei n. 13.811/2019 que modificou o Código Civil para proibir o casamento de crianças e adolescentes com menos de 16 anos de idade. Torna-se necessário avaliar se essa medida atende ao compromisso brasileiro com a Agenda 2030 e em qual extensão.

A última parte do artigo busca olhar para o futuro, rastreando propostas legislativas, políticas públicas e agendas governamentais e não-governamentais de erradicação da conjugalidade infantil de modo a verificar se existem compromissos com a proteção dos direitos de crianças e adolescentes, em especial de crianças e adolescentes mulheres.

Antes de finalizar essa introdução, alguns esclarecimentos metodológicos se mostram necessários para que não ocorra a repetição de explicações ao longo do trabalho. O primeiro deles é sobre o uso das expressões conjugalidade, casamento e união estável ou união informal. De acordo com o Direito Civil, casamento é o vínculo formal e solene de natureza civil ou religioso com efeitos civis em que duas pessoas constituem família, enquanto união estável é a união de fato ou informal pública, contínua e duradoura entre duas pessoas com o objetivo de constituição de família (art. 1.723 do Código Civil). E serão esses conceitos técnicos a serem utilizados ao longo do trabalho, e, quando for necessário fazer referência simultaneamente a casamento e união estável, a expressão adequada será conjugalidade.

O segundo esclarecimento tem em conta a definição de criança e adolescente. Na Convenção sobre Direitos da Criança de 1989, a criança é toda pessoa de até 18 anos de idade incompleto. Ainda assim, e sem afastar a eficácia da Convenção sobre o direito brasileiro, adotam-se os conceitos do Estatuto da Criança e do Adolescente (ECA), Lei n. 8.069/1990, em que criança é a pessoa de até 12 anos de idade e adolescente, pessoa entre 12 e 18 anos de idade incompletos.

O terceiro esclarecimento consiste no aviso de que especificidades de raça e gêneros além do feminino e masculino não serão objeto de análise, uma vez que os materiais de referência utilizados ao longo desse trabalho não possuem dados ou informações sobre esses marcadores. Assim, os debates de gênero estarão restritos ao modelo binário mulher-homem.

2. CRIANÇAS E ADOLESCENTES EM RELAÇÕES DE CONJUGALIDADE: ORIGENS E FUNDAMENTOS JURÍDICOS DE ADMISSIBILIDADE

O Direito de Família, assim como o Direito Civil, brasileiro republicano é marcado por duas grandes codificações: A primeira, o Código Civil de 1916, Lei 3.071/1916, que tramitou desde meados de 1890 no Congresso e que teve eficácia a partir de 01 de janeiro de 1917. A segunda, o Código Civil de 2002, Lei n. 10.406/2002, publicada em 10 de janeiro de 2002 e com vigência a contar de um ano da sua publicação.

Entre esses dois Códigos, em 1988 foi promulgada a Constituição da República e instituídos parâmetros de exercícios de direitos diferentes em relação aos sistemas constitucionais anteriores.

Apesar de contar com 130 anos entre a data atual e o início da República no Brasil, é possível utilizar os Códigos e a Constituição como marcos temporais seguros de análise da regulação jurídica da família no Brasil, uma vez que essas codificações estiveram – no caso do Código de 1916 – ou estão – no caso do Código de 2002 – vigentes há tempo suficiente para lhes assegurar estabilidade jurídica.

A família que ingressou na regulamentação do Código Civil de 1916 é uma entidade com altos traços patriarcais, transpessoais, hierarquizada[7] e reprodutora dos interesses das classes elites agrárias e urbanas no país.[8] Além disso, é uma instituição influenciada pela Igreja Católica e que, portanto, só adquire legalidade pelo casamento (matrimônio)[9], o que se verifica pela comparação entre o livro de Direito de Família com o Direito Canônico[10] e pela permissividade no Decreto n. 181/1890, a Constituição de 1934, na Lei 379/1937 e Lei 6.015/1973 do casamento religioso com efeitos civis.

Assim, para se estar em família, era necessário se casar, o que, por sua vez, exigia o cumprimento de determinados requisitos para a validade e eficácia do ato, conferidos em processo administrativo de habilitação para o casamento.

O processo se inicia com requerimento instruído com os documentos iniciais dos nubentes (art. 180), competindo ao oficial de registro civil controlar a correta apresentação dos documentos, assim como da inexistência de impedimentos para o casamento (art. 183, I a XI), de causas suspensivas que alterariam o regime de bens para a separação obrigatória (art. 183, XIII a XVI, c/c art. 258, parágrafo único), da idade núbil e da autorização parental e/ou judicial. Para os fins desse artigo, interessam esses últimos três requisitos.

O art. 183, XII, do Código Civil de 1916 exigia idade mínima (conhecida como idade núbil) de 16 anos de idade para a mulher e 18 anos de idade para o homem para se casarem. Considerando que a capacidade civil de fruição ou gozo era atingida aos 21 anos de idade (arts. 5º e 6º), o casamento de pessoas com mais de 16 anos de idade

---

7. RUZYK, Carlos Eduardo Pianovski. *Famílias simultâneas*: da unidade codificada à pluralidade constitucional. 197f. Dissertação (Ciência Jurídica da Universidade Federal do Paraná). Curitiba, 2003, p. 94-97.
8. "A nível da legislação brasileira, tudo se passa – com tímidas exceções – como se estivéssemos em pleno início do século. Reproduzindo o interesse das classes dominantes "com certo capitalismo indisfarçado" e "a preponderância do círculo da família, ainda despoticamente patriarcal"; incorporando "certos princípios morais, emprestando-lhes conteúdo jurídico, particularmente no direito de família"; manifestando o predomínio da sociedade colonial, escravista, "dispersa, incoesa e de estrutura aristocrática"; revelando todas as incoerências dos desquites entre a classe média (democrata) e a aristocracia (capitalista), o Código Civil Brasileiro continua a ser o fiel guardião de acentuado conservadorismo." (LEITE, Eduardo de Oliveira. *Tratado de direito de família*: origem e evolução do casamento. Curitiba: Juruá, 1991, p. 356-357).
9. PEREIRA, Lafayette Rodrigues. *Direitos de família*. Rio de Janeiro: Editores Virgílio Maia e Co., 1919, p. 29-30.
10. RUZYK, Carlos Eduardo Pianovski. Op. cit., p. 11.

exigia autorização dos pais ou dos representantes legais (art. 185) e que poderia ser retirada até a data da celebração do casamento (art. 187). A fixação de idade núbil abaixo da capacidade civil foi justificada pela "capacidade geradora"[11] e a diferença de patamares mínimos entre os sexos no fato de que o "fenômeno natural se manifesta mais cedo na mulher do que no homem".[12]

Não se deve concluir, entretanto, que é impossível o casamento de pessoas abaixo das idades núbeis, apesar da inexistência de um dispositivo expresso. Para confirmar a possibilidade do casamento abaixo da idade núbil, deve-se recorrer ao art. 213, que dispunha sobre a ação de anulação de casamentos contraídos por pessoas com menos de 16 ou 18 anos de idade, e ao art. 214, autorizando a confirmação do casamento fora da idade núbil para evitar a imposição ou cumprimento de pena criminal.

Fica evidente que o Código Civil de 1916 permitia o casamento de crianças e adolescentes, em especial de mulheres. O cuidado que se deve adotar é, contudo, não realizar essa avaliação pelo critério do ECA, uma vez que este diploma é datado de 1990. O parâmetro nesse momento deve ser o dos Código de Menores de 1927, Decreto n. 17.943-A/2017, e Código de Menores de 1979, Lei 6.697/1979, que consideravam menores de idade as pessoas de 18 anos de idade. De fato, a menoridade não constitui um conceito jurídico totalmente equivalente à infância e adolescência. Menoridade é um estado civil que define regras próprias de capacidade civil e responsabilidade civil[13], por exemplo, submetendo a pessoas menor à representação legal, ao passo que infância e adolescência são conceitos estritamente etários que dizem respeito às fases da vida. Ainda assim, da leitura dos Códigos de Menores encontramos referências textuais a crianças, o que significa que o estado de menor é uma situação jurídica da criança. A Declaração sobre Direitos da Criança de 1959 da ONU[14], ratificada pelo Brasil[15], também permite essa ilação, ao definir criança como a pessoa de até 18 anos de idade, salvo se a maioridade legal foi atingida antes, conforme a legislação nacional. Portanto, comparado o Código Civil aos Códigos de Menores, pode-se afirmar que o ordenamento brasileiro admitia o casamento de crianças e adolescentes.

Com a promulgação da Constituição da República de 1988, foi expressamente prevista a igualdade de sexos, o que colocaria em debate a manutenção das idades núbeis distintas para homens e mulheres. Mesmo diante do princípio constitucional da igualdade (art. 5º, I, CRFB), em 1992, o Desembargador Elmo Arueira do Tribunal de Justiça do Rio de Janeiro decidiu que a diferença etária não constituía discrimi-

---
11. PEREIRA, Virgilio de Sá. *Direito de Família*. 3. ed. Rio de Janeiro: Forense, 2008, p. 81.
12. PEREIRA, Virgilio de Sá. Op. cit., p. 81.
13. MARTINS, Rosa. *Menoridade, (in)capacidade e cuidado parental*. Coimbra: 2008, p. 17-18.
14. Texto da Declaração, em inglês, disponível em: https://www.humanium.org/en/convention/text/. Acesso em: 08 jul. 2020.
15. Informação disponível em: https://www2.camara.leg.br/atividade-legislativa/comissoes/comissoes-permanentes/cdhm/comite-brasileiro-de-direitos-humanos-e-politica-externa/DeclDirCrian.html. Acesso em: 08 jul. 2020.

nação, pois o critério se apoiaria "na constatação de que, na jovem adolescente, a plenitude do desenvolvimento física, com o aparecimento de todos os caracteres sexuais secundários, ocorre mais cedo, refletindo na própria maturidade social".[16] Em sentido oposto, encontramos a decisão do Desembargador Milton dos Santos Martins do Tribunal de Justiça do Rio Grande do Sul, com a seguinte ementa, pois o teor integral do acórdão não está disponível:

> Casamento. Autorização. Menor de dezoito. Imposição de pena. Direitos iguais. Dá-se autorização para matrimônio de menor de dezoito anos, tanto pelo Art-214 do c. Civil, como pela nova constituição que não permite distinção de sexo. Voto vencido.[17]

Não foram localizadas outras decisões, tampouco julgados no Superior Tribunal de Justiça ou Supremo Tribunal Federal que discutissem a constitucionalidade da diferença de idades, mas na atualização no ano 2000 do tomo 7 da obra "Tratado de direito privado" de Pontes de Miranda, as distintas idades núbeis permanecem como critério válido de distinção de sexo.[18]

Essa distinção etária só viria a ser alterada com a promulgação do Código Civil de 2002, cuja redação originária do art. 1.517 estabelecia a idade núbil em 16 anos de idade para ambos os sexos, mantida a possibilidade de casamentos abaixo desse patamar mínimo para "evitar imposição ou cumprimento de pena criminal ou em caso de gravidez" (art. 1.520) ou, na forma do enunciado 329 da IV Jornada de Direito Civil do Conselho Federal de Justiça (CJF), em outras situações orientadas pela "dimensão substancial do princípio da igualdade jurídica, ética e moral entre o homem e a mulher".

A proibição de casamento de crianças só viria a ser expressa com a aprovação em março de 2019 da Lei n. 13.811 que ao modificar o art. 1.520 do Código Civil de 2002, proíbe o casamento de "quem não atingiu a idade núbil", mantendo-se, assim, a possibilidade de casamento de adolescentes entre 16 e 18 anos de idade. Embora tenha ocorrido avanço com nova lei, ainda remanesce a descoberto uma parte da adolescência.

Um aspecto não observado com a promulgação da Constituição de 1988 foi a possibilidade de formação de união estável por pessoas relativa ou absolutamente incapazes.

O art. 226, § 3º, da Constituição da República fez consignar a união estável como entidade familiar de igual *status* ao casamento[19], mas as legislações que regulamenta-

---

16. Casamento. Idade núbil. Art. 183, XII, do Código Civil. Suprimento de idade requerido por menor ao contar 16 anos. Na fixação da idade núbil orientou-se o legislador por fatores bio-psicológicos e sócio-culturais, inclusive ao estabelecer a diferenciação de idade mínimo, entre o homem e a mulher. Inexistência de afronta ao princípio constitucional da igualdade. Indeferimento do pedido. Sentença confirmada. (DP).
    (TJRJ. 3ª Câmara Cível. Relator Desembargador Elmo Arueira. Apelação 0000650-63.1991.8.19.0000. Julg. 14 abr. 1994. Ementário 20/1992, n. 8, 17. jul. 2003).
17. TJRS, 1ª Câmara Cível. Relator Desembargador Milton dos Santos Martins. Apelação 589007053. Julg. 18 abr. 1989.
18. MIRANDA, Pontes de. *Tratado de direito privado*. Campinas: Bookseller, 2000, p. 279-282, tomo 7.
19. LÔBO, Paulo. Entidades familiares constitucionalizadas: para além do *numerus clausus*. Disponível em: http://www.ibdfam.org.br/artigos/128/Entidades+familiares+constitucionalizadas%3A+para+al%C3%A9m+-do+numerus+clausus. Acesso em: 08 jul. 2020.

ram o tema não abordaram em detalhes os requisitos da sua constituição. O art. 1º da Lei n. 8.971/1994, erigiu a requisitos de configuração da união estável a relação entre homem e mulher que fossem i) solteiros, separados judicialmente, divorciados ou viúvos ii) com convivência superior a cinco anos ou com filhos em comum. Na Lei n. 9.278/1996, que lhe sucedeu, os requisitos passaram a ser a i) convivência duradora, pública e contínua, ii) entre homem e mulher, iii) com o objetivo de constituição de família. Nunca houve, portanto, o grau de detalhamento quanto à capacidade dos conviventes, tal como os Códigos Civis regulamentaram em relação ao casamento.[20] Embora as uniões com crianças ou adolescentes possam ocorrer na realidade fática, a sua qualificação ou não como união estável irá assegurar ou impedir a produção de efeitos típicos do Direito de Família, como impedimentos conjugais, regime de bens, dever alimentar e direito à sucessão.

Diante da inexistência de parâmetros legislativos seguros, Ana Carla Harmatiuk Matos e Lígia Ziggiotti de Oliveira propõem uma solução a partir da análise do caso concreto e de modo a que o interesse da criança e do adolescente tenha atendimento prioritário:

> Em resumo, as soluções que se poderiam formatar no plano abstrato não servem completamente para a articulação mais satisfatória entre autonomia e vulnerabilidade. A chave hermenêutica que parece possibilitar o encaminhamento apropriado de um conflito com estes contornos reside, com efeito, na principiologia, que homenageia a proteção integral da infância e da juventude.
>
> Nesta esfera, cabe ao aplicador do Direito identificar qual das respostas acima realiza o melhor interesse da criança e da(o) adolescente, e legitimá-la, justamente, a partir de sua promoção. Consequentemente, não apenas os instrumentos relativos ao Direito das Famílias podem ser direcionados para este fim, como, ainda, aqueles relativos à responsabilidade civil.[21]

Na jurisprudência encontram-se decisões, como, por exemplo, a Apelação 0007798-18.2013.8.19.0045 do Tribunal de Justiça do Rio de Janeiro[22] ou a Apelação 0367964-80.2014.8.19.0175 do Tribunal de Justiça de Goiás que defendem o reco-

---

20. Sobre a omissão desse debate no estudo de união estável: PEREIRA, Rodrigo da Cunha. *Concubinato e união estável*. 7. ed. Belo Horizonte: Del Rey, 2004, p. 27-36.
21. MATOS, Ana Carla Harmatiuk; OLIVEIRA, Ligia Ziggiotti. Paradoxos entre autonomia e proteção das vulnerabilidades. In: TEIXEIRA, Ana Carolina Brochado; DADALTO, Luciana (Coord.). *Autoridade parental*: dilemas e desafios contemporâneos. Indaiatuba: Foco, 2019, p. 75.
22. Apelação cível. Direito civil. Direito de família. Reconhecimento e dissolução de união estável. Sentença de parcial procedência que não desafia reparo. União estável que somente deve ser reconhecida a partir do momento que a demandante completou a idade núbil, aplicando-se, por analogia, o disposto no art. 1.571 do CC/02 ou, como bem considerado pelo magistrado a quo, na excepcional hipótese de gravidez, por força do art. 1.520 do referido diploma legal. Não obstante inexista regra específica sobre a idade mínima para constituir união estável, as cortes superiores têm cada vez mais equiparado o instituto ao casamento, como se pode verificar da decisão proferida pelo c. STF na oportunidade em que reconheceu a incompatibilidade com o ordenamento constitucional da diferenciação relativa ao regime sucessório do companheiro, declarando a inconstitucionalidade do art. 1.790 do CC/02 e determinando a aplicação do art. 1.829 do mencionado diploma. Apelação a que se nega provimento. (TJRJ. 13ª Câmara Cível. Relator Desembargador Fernando Fernandy Fernandes. Apelação 0007798-18.2013.8.19.0045. Julg. 21 fev. 2019).

nhecimento da união estável a partir do atingimento da idade núbil.[23] Mas também são encontradas decisões em sentido contrário, reconhecendo a união estável mesmo abaixo da idade núbil como a sentença no processo 0152897-24.2014.8.13.0183 na comarca de Conselheiro Lafaiete em Minas Gerais[24] ou o Acórdão no processo 70078820966 do Tribunal de Justiça do Rio Grande do Sul.[25]

Compreendidos os fundamentos jurídicos que permitiram o casamento de união estável de crianças e adolescentes, deve-se agora analisar as críticas à essa permissão legal a partir do Direito da Infância como das teorias feministas.

3. LEI 13.811/2019: PROIBIR O CASAMENTO É SUFICIENTE?

A permissividade jurídica da conjugalidade infantil é um problema tanto para o direito da infância como nas discussões sobre direitos das mulheres.

O direito da infância tem seu fundamento constitucional no art. 227, que assegura à criança proteção integral e a garantia de atendimento do seu melhor interesse. A premissa adotada na Constituição da República de 1988 é que crianças são pessoas, mas, destinatárias de proteção especial em razão do seu nível de desenvolvimento. Isso significa dizer que crianças são simultaneamente titulares de direitos (humanos, fundamentais, políticos, civis, sociais, ambientais etc.), mas merecem normas de proteção específica que assegurem o seu desenvolvimento para uma vida adulta plena.

---

23. Apelação cível. Ação declaratória de união estável c/c partilha de bens e indenização por danos morais c/c guarda e alimentos. Termo inicial da união estável. Menor de 16 anos. Idade núbil. Imóvel financiado. Partilha dos valores pagos até a data da separação do casal. Honorários recursais. 1. Antes de implementados 16 (dezesseis) anos, inviável o reconhecimento de união estável, porque, antes disso, a pessoa é absolutamente incapaz para os atos da vida civil, e, em consequência, absolutamente incapaz para assumir um relacionamento more uxório, com seus direitos e deveres, incapacidade que não pode ser suprida pelos pais ou responsáveis. 2. Uma vez reconhecida a união estável e declarada a sua dissolução, toca a cada uma das partes a proporção de 50% (cinquenta por cento) dos bens, pois presume-se que o patrimônio constituído na constância da convivência é fruto do esforço comum. 3. Ainda que o bem imóvel tenha sido adquirido em momento anterior ao casamento, são partilháveis as parcelas de seu financiamento pagas durante a união estável, diante da presunção de esforço comum para a quitação do débito. 4. Desprovido o recurso, majorar-se-á a verba honorária anteriormente fixada. Apelo Conhecido E Desprovido.
(TJGO. 4ª Câmara Cível. Relatora Desembargadora Nelma Branco Ferreira Perilo. Apelação 0367964-80.2014.8.09.0175. Dj 02 maio 2019)
24. Consulta processual no site www.tjmg.jus.br.
25. apelação cível. União estável anterior ao casamento. Divórcio. Partilha. FGTS. Bens e dívidas. FGTS. 1) A união estável: a) a união estável é fato que independe da capacidade das partes para a sua constituição. O próprio art. 1.723, §2º cumulado com o art. 1.523, IV do Código Civil autorizam a formação de união estável com pessoa incapaz. Nesse passo, o fato de a autora contar 13 anos de idade quando do início da união não é impeditivo à constituição da entidade familiar. Comprovado que as partes mantiveram união estável pelo período narrado na inicial, impõe-se o reconhecimento dessa união. 2) Partilha de FGTS investido na compra de imóvel durante a união estável: os valores do FGTS que forem sacados e investidos na compra de imóvel durante a vigência da união estável perdem a característica da incomunicabilidade. Logo, o imóvel deve ser partilhado. Precedentes. 3) Dívidas: o réu comprovou a existência de dívidas comuns que perduraram após o término do casamento. Nesse passo, é de rigor a partilha a obrigação, cabendo a cada parte arcar com metade dos débitos comuns, a serem apurados em liquidação de sentença. DERAM PARCIAL PROVIMENTO AO APELO. (TJRS. 8ª Câmara Cível. Relator Desembargador Rui Portanova. Processo 0247308-14.2018.8.21.7000. Julg. 22 ago. 2019).

O princípio do melhor interesse articula adequadamente essa síntese entre proteção e liberdade. De acordo com Andréa Rodrigues Amin, o princípio do melhor interesse, por sua vez, um dos pilares da proteção integral, constitui o "norte que orienta todos aqueles que se defrontam com as exigências naturais da infância e juventude. Materializá-lo é dever de todos"[26] e determina que "toda intervenção deve atender prioritariamente aos interesses das pessoas em desenvolvimento, sem prejuízo a outros interesses no âmbito da pluralidade dos interesses presentes no caso concreto".[27] Contudo, é na Opinião Consultiva n. 17/2002 da Corte Interamericana de Direitos Humanos (CIDH) que surgem elementos mais concretos para a compreensão e aplicação do princípio:

> 56. Este principio regulador de la normativa de los derechos del niño se funda en la dignidad misma del ser humano, en las características propias de los niños, y en la necesidad de propiciar el desarrollo de éstos, con pleno aprovechamiento de sus potencialidades así como en la naturaleza y alcances de la Convención sobre los Derechos del Niño.
>
> (...)
>
> 59. Este asunto se vincula con los examinados en párrafos precedentes, si se toma en cuenta que la Convención sobre Derechos del Niño alude al interés superior de éste (artículos 3, 9, 18, 20, 21, 37 y 40) como punto de referencia para asegurar la efectiva realización de todos los derechos contemplados en ese instrumento, cuya observancia permitirá al sujeto el más amplio desenvolvimiento de sus potencialidades. A este criterio han de ceñirse las acciones del Estado y de la sociedad en lo que respecta a la protección de los niños y a la promoción y preservación de sus derechos.
>
> 60. En el mismo sentido, conviene observar que para asegurar, en la mayor medida posible, la prevalencia del interés superior del niño, el preámbulo de la Convención sobre los Derechos del Niño establece que éste requiere "cuidados especiales", y el artículo 19 de la Convención Americana señala que debe recibir "medidas especiales de protección". En ambos casos, la necesidad de adoptar esas medidas o cuidados proviene de la situación específica en la que se encuentran los niños, tomando en cuenta su debilidad, inmadurez o inexperiencia.
>
> 61. En conclusión, es preciso ponderar no sólo el requerimiento de medidas especiales, sino también las características particulares de la situación en la que se hallan el niño.[28]

De acordo com a Opinião Consultiva, o respeito ao melhor interesse da criança ocorre quando ela é considerada como (a) pessoa, portanto, como detentora de dignidade e de direitos fundamentais (civis, sociais, ambientais, políticos etc.), mas (b) respeitado seu estágio de desenvolvimento de modo que (c) ocorra proteção adequada a essa condição que permita (d) o aproveitamento de suas potencialidades.

Os três primeiros elementos estão já bem sedimentados na doutrina de infância e juventude, mas remanesce incerto o significado do último, como observa Geraldine Van Bueren ao comentar que é necessário mais do que uma instituição judicial racional

---

26. AMIN, Andréa Rodrigues. Princípios orientadores do direito da criança e do adolescente. In: MACIEL, Kátia Regina Ferreira Lobo Andrade (Coord.). *Curso de direito da criança e do adolescente*. 12. ed. São Paulo: Saraivajur, 2019, p. 79.
27. ROSSATO, Luciano Alves *et alii*. *Estatuto da Criança e do Adolescente comentado artigo por artigo*. 11. ed. São Paulo: Saraivajur, 2019, p. 67.
28. Texto disponível em: http://www.corteidh.or.cr/docs/opiniones/seriea_17_esp.pdf. Acesso em: 28 jul. 2020.

sobre o princípio porque a sociedade conta com o direito para assegurar objetividade e previsibilidade.[29] Para a autora, o melhor interesse da criança deve ir além de uma interpretação simplista e deve obrigatoriamente ser entendido de maneira ampla como pré-condição de direitos, o que significa dizer que a definição do melhor interesse depende de uma lista de fatores que é impossível de ser totalmente categorizada abstratamente e dependerá das particularidades fáticas das situações, embora obrigatoriamente envolva a opinião da criança, risco de danos a sua pessoa e as suas necessidades.[30]

Michael Freeman chama a atenção que o princípio do melhor interesse tem uma perspectiva paternalista, culpa, segundo o autor, do abandono da perspectiva da criança na redação final do artigo 3º da Convenção sobre Direitos da Criança, que acabou se preocupando com princípios de justiça distributiva entre crianças e outras pessoas e não nas crianças em si[31]. Para minimizar o resultado do texto normativo e construir um melhor interesse que esteja centralizado na pessoa da criança e na qualidade de sujeito de direitos, Freeman argumenta que o princípio deve ser orientado pelas teorias de justiça que equilibram igualdade e o valor normativo da autonomia, de modo a impedir intervenções paternalistas sem a devida justificação tampouco a superação moral de uma pessoa sobre a criança por razões estritamente etárias.[32] A partir dessas reflexões, conclui que o melhor interesse pode ser traduzido nos interesses básicos, como interesses de desenvolvimento de cuidados físicos, emocionais e intelectuais para ingressar na fase adulta o máximo possível sem desvantagens, e com autonomia, especialmente com a liberdade de escolher um estilo de vida própria.[33]

A conjugalidade infantil descumpre as bases fundantes do direito da infância constitucionalizado, assim como o art. 3º do Estatuto da Criança e do Adolescente[34], na medida em que impede a realização desse futuro em aberto. Veja-se, crianças e adolescentes são pessoas ainda em desenvolvimento físico, psíquico e social e a conjugalidade precoce tem potencial concreto de interferir negativamente nesse desenvolvimento,

---

29. No original: "The concept of the best interests of the child, however, needs to be more than 'raw judicial intuition', as society relies upon law and international society relies upon international law to provide objectivity and an element of predictability." (BUEREN, Geraldine Van. *The international law on the rights of the child*. The Hague: Martinus Nijhoff Publishers, 1998, p. 45).
30. BUEREN, Geraldine Van. Op. cit., p. 46-47.
31. FREEMAN, Michael. Article 3. The best interests of the child. In: ALEN, A. et alii (eds.). *A commentary on the United Nations Convention on the rights of the child*. Leiden: Martinus Nijhoff, 2007, p. 50-51.
32. FREEMAN, Michael. Taking children's rights more seriously, *International Journal of Law, Policy and the Family*, v. 6, n. 1, p. 67-68, abr. 1992.
33. FREEMAN, Michael. Article 3. The best interests of the child. Op. cit., p. 27.
34. Art. 3º A criança e o adolescente gozam de todos os direitos fundamentais inerentes à pessoa humana, sem prejuízo da proteção integral de que trata esta Lei, assegurando-se-lhes, por lei ou por outros meios, todas as oportunidades e facilidades, a fim de lhes facultar o desenvolvimento físico, mental, moral, espiritual e social, em condições de liberdade e de dignidade.
    Parágrafo único. Os direitos enunciados nesta Lei aplicam-se a todas as crianças e adolescentes, sem discriminação de nascimento, situação familiar, idade, sexo, raça, etnia ou cor, religião ou crença, deficiência, condição pessoal de desenvolvimento e aprendizagem, condição econômica, ambiente social, região e local de moradia ou outra condição que diferencie as pessoas, as famílias ou a comunidade em que vivem. (incluído pela Lei 13.257, de 2016).

com impactos sobre fertilidade, natalidade, mortalidade infantil, desigualdade social, econômica e laborativa e pobreza.[35] Sob a perspectiva coletiva, o Banco Mundial estima que a proibição da conjugalidade infantil até 2030 poderia gerar 500 bilhões em benefícios mundiais e redução de custos de 100 bilhões por mortes infantis e má nutrição.[36]

Mas, é importante destacar que a conjugalidade infantil não afeta de forma igual todas as crianças, havendo marcadores distintivos de gênero e classe. Quanto ao gênero, a conjugalidade infantil afeta muito mais mulheres do que homens no Brasil. Proporcionalmente, a taxa de casamentos formais em 2018 pelo IBGE é de 0,056% de homens do total de mulheres. O relatório da Plan Internacional com dados de 2016 aponta a mesma direção.[37]

Importante ainda deixar claro que os dados demográficos dos estudos e relatórios realizados no Brasil pela Plan Internacional e pela Promundo deixam claro uma maior quantidade casos de conjugalidade infantil envolvendo pessoas negras e de classes empobrecidas. Embora parciais, uma vez que as pesquisas foram feitas em algumas cidades brasileiras, é possível expandir essa tendência para o país, pois o relatório da ONU também aponta maior incidência da conjugalidade infantil em classes mais desfavorecidas.

Dentro desse cenário, a edição da Lei 13.811/2019 atende em parte à proteção integral e ao princípio do melhor interesse da criança, pois proíbe a realização de casamento de crianças e adolescentes com menos de 16 anos de idade. O avanço na proteção de direitos infantojuvenis é apenas parcial, porque adolescentes entre 16 e 18 anos de idade tem capacidade para o casamento, desde que haja autorização dos representantes legais ou suprimento judicial da autorização.[38]

Um segundo problema não abordado pela lei é a falta de previsão sobre a consequência do casamento de pessoas com menos de 16 anos de idade realizado após o início da vigência da lei. Seria esse ato jurídico nulo ou anulável?

O artigo 1.548, inciso II, do Código Civil determina que é nulo o casamento celebrado quando houver impedimento (previstos no art. 1.521 do Código Civil). O inciso I do mesmo artigo foi revogado por ocasião da Lei n. 13.146/2015, porque seria incompatível com os artigos 6º, 84 e 85 do Estatuto da Pessoa com Deficiência e a proibição de curatela sobre atos existenciais. Ou seja, a hipótese legal de nulidade

---

35. Essa é a conclusão de um relatório produzido pelo Banco Mundial, disponível em: http://documents1.worldbank.org/curated/en/530891498511398503/pdf/116829-WP-P151842-PUBLIC-EICM-Global-Conference-Edition-June-27.pdf. Acesso em: 03 ago. 2020.
36. Dados disponíveis em: https://www.worldbank.org/en/news/feature/2017/06/26/infographic-putting-a--price-tag-on-child-marriage. Acesso em: 03 ago. 2020.
37. "O número de casamentos e/ou uniões gerais no Brasil, em 2016, foi de 1,09 milhão. Deste total, 137.973 incluíram meninas e meninos com até 19 anos. Contudo, chama a tenção a enorme diferença quando esse número é especificado por sexo: foram 28.379 uniões de meninos, contra 109.594 de meninas."
Relatório disponível em: https://plan.org.br/wp-content/uploads/2019/07/Tirando-o-veu-estudo-casamento-infantil-no-brasil-plan-international.pdf. Acesso em: 03 ago. 2020.
38. Artigo 1.517 do Código Civil.

do casamento é a existência de causas de impedimento. De outro lado, o artigo 1.550, I e II, do Código Civil estabelece como anulável o casamento da pessoa aquém da idade núbil ou que, tendo capacidade específica para casar, não teve autorização de seus representantes legais.

O casamento nulo pode ter o vício invocado em qualquer espécie de processo, ainda que incidentalmente, não admite convalidação ou ratificação, é imprescritível e tem legitimidade ampla, isto é, pode ser alegado por qualquer pessoa. O casamento anulável tem legitimidade restrita às pessoas elencadas no artigo 1.552 do Código Civil - a criança ou adolescente, seus representantes legais e seus ascendentes –, está sujeito a prazo decadencial de 180 dias, pode ser convalidado ou ratificado e não poderá ser anulado se dele resultou gravidez.[39]

O que se pode concluir é que o casamento em violação ao artigo 1.517 do Código Civil é anulável[40], por opção legislativa. Isso não significa que a solução está de acordo com os fundamentos que levaram à edição da Lei 13.811/2019, porque a possibilidade de anulação do casamento conflita com o objetivo da lei em aumentar a proteção jurídica à criança e adolescente, especialmente às mulheres e incluir o tema em pauta pública de defesa de direitos da criança e do adolescente.[41] Além de ser contrário à razão da própria legislação que proibiu esse casamento, a anulabilidade cria uma dificuldade quanto ao prazo para o exercício da ação anulatória. Isso ocorre porque o artigo 5º, parágrafo único, II, do Código Civil elenca como causa de antecipação da maioridade civil[42] e, portanto, ocorreria o início o início do prazo decadencial, pois, de acordo com o artigo 1.555 o termo da contagem tem por data inicial o momento em que "o menor" deixa de ser incapaz. Uma proposta para reduzir os efeitos danosos que a maioridade pelo casamento possa gerar nesse caso seria uma interpretação sistemática com o artigo 1.553 do Código Civil, que permite a confirmação do casamento a partir do momento em que a criança ou adolescente atinge a idade núbil; assim essa mesma regra deveria também ser usada para a contagem do prazo decadencial em favor da criança ou adolescente.

---

39. Artigo 1.551 do Código Civil.
40. "É nulo o negócio jurídico, quando, em razão do defeito grave que o atinge, não pode produzir o almejado efeito. É a nulidade a sanção para a ofensa à predeterminação legal. Nem sempre, contudo, se acha declarada na própria lei. Às vezes, esta enuncia ao transgressor, e, então diz-se que a nulidade é expressa ou textual; outras vezes, a lei proíbe o ato ou estipula a sua validade na dependência de certos requisitos, e, se é ofendida, existe igualmente nulidade, que se dirá implícita ou virtual." (PEREIRA, Caio Mário da Silva. *Instituições de direito civil*. 23. ed. Rio de Janeiro: Forense, 2010, p. 540, v. I).
41. Em contrário ao que se adota nesse trabalho, Cristiano Chaves de Farias# afirma que esse casamento é nulo por violar o artigo 166 do Código Civil, mas não enfrenta a taxatividade do artigo 1.550, I e II, e artigo 1.552 do Código Civil. (FARIAS, Cristiano Chaves de. *A nova regra da impossibilidade de casamento do menor de 16 anos* (a nova Lei 13.881-19). Disponível em: https://www.ibdfam.org.br/noticias/6874/A+nova+regra+-da+impossibilidade+de+casamento+do+menor+de+16+anos+%28a+nova+Lei+13.881-19%29. Acesso em: 03 fev. 2021).
42. "O casamento se revela incompatível com a incapacidade, entendendo o legislador que a condução da vida familiar requer uma maior autonomia dos consortes." (SCHREIBER, Anderson. Art. 5º. In: SCHREIBER, Anderson et al. *Código Civil comentado*: doutrina e jurisprudência. Rio de Janeiro: Forense, 2019. E-book).

Uma última crítica à insuficiência da Lei 13.811/2019 merece ser retomada, sobre a união estável em que criança ou adolescente participe. Na seção 02 desse trabalho destacamos as divergências de entendimentos que variam entre a admissibilidade por analogia ao casamento, a inadmissibilidade por falta de capacidade de fato ou, ainda, a verificação casuística. Em relação à união estável a lei não tem proibição de sua ocorrência e, considerando que parte substancial das uniões no Brasil não são casamentos oficializados, mas, sim, uniões de fato, parece que ocorrerá baixo impacto sobre a taxa geral de conjugalidade ou ao menos sobre a conjugalidade informal.

A Lei 13.811/2019 deve ser tomada como um ponto de mudança jurídica na compreensão da conjugalidade infantil e servir na adoção mais concreta de políticas públicas para sua redução, o que envolve medidas de assistência social, moradia e de gênero.

Sob a perspectiva jurídica e dentro dos limites de atuação das instituições que compõem o sistema de justiça, deve ser privilegiado o entendimento da impossibilidade de união estável composta por criança ou adolescente com menos de 16 anos de idade. Casamento e união estável são entidades familiares de igual estatura constitucional, justificando-se regulações diferentes apenas nos aspectos em que um e outro se distanciarem em suas estruturas e funções. Esse foi o entendimento do Supremo Tribunal Federal ao determinar a aplicação do artigo 1.829 do Código Civil à sucessão das pessoas em união estável. Por essa razão, não há argumento interpretativo algum que justifique a inaplicação da atual redação do artigo 1.517 do Código Civil também à união estável. Se as pessoas não podem se casar, por falta de idade mínima legal, também não pode ser admitida a união estável; cuida-se de exigência de sistematicidade no ordenamento civil, regra essa já aplicada pela jurisprudência ao determinar a aplicação do artigo 1.641 do Código Civil à união estável.[43]

---

43. Alguns exemplos:
Civil. Recurso especial. Recurso interposto sob a égide do CPC/73.
Família. Ação de reconhecimento e dissolução de união estável.
Partilha de bens. Causa suspensiva do casamento prevista no inciso iii do art. 1.523 do CC/02. Aplicação à união estável.
Possibilidade. Regime da separação legal de bens. Necessidade de prova do esforço comum. Pressuposto para a partilha. Precedente da segunda seção. Recurso especial parcialmente provido.
1. Inaplicabilidade do NCPC neste julgamento ante os termos do Enunciado Administrativo nº 2, aprovado pelo Plenário do STJ na sessão de 9/3/2016: Aos recursos interpostos com fundamento no CPC/1973 (relativos a decisões publicadas até 17 de março de 2016), devem ser exigidos os requisitos de admissibilidade na forma nele prevista, com as interpretações dadas até então pela jurisprudência do Superior Tribunal de Justiça.
2. Na hipótese em que ainda não se decidiu sobre a partilha de bens do casamento anterior de convivente, é obrigatória a adoção do regime da separação de bens na união estável, como é feito no matrimônio, com aplicação do disposto no inciso III do art. 1.523 c/c 1.641, I, do CC/02.
3. Determinando a Constituição Federal (art. 226, § 3º) que a lei deve facilitar a conversão da união estável em casamento, não se pode admitir uma situação em que o legislador, para o matrimônio, entendeu por bem estabelecer uma restrição e não a aplicar também para a união estável.
4. A Segunda Seção, no julgamento do REsp nº 1.623.858/MG, pacificou o entendimento de que no regime da separação legal de bens, comunicam-se os adquiridos na constância do casamento/união estável, desde que comprovado o esforço comum para a sua aquisição.

O principal argumento utilizado para defender a possibilidade de união estável com criança ou adolescente com menos de 16 anos de idade é a proteção patrimonial. Lígia Ziggiotti de Oliveira e Ana Carla Harmatiuk Matos entendem que definir essa união estável como *ajurídica* "barraria a partilha de bens adquiridos onerosamente na constância da união e, de modo paradoxal, prejudicaria, na esfera patrimonial, a jovem, que, no caso concreto, até mesmo se afastou dos ambientes escolar e laboral em função da união".[44] A preocupação é importante, mas parece tomar como ponto de partida a compreensão de que a nulidade não produz efeitos jurídicos, o que não é verdadeiro pois "não se pode dizer que o ato nulo não produz efeitos; produz, sim, até que seja decretado judicialmente; e se o for, pois muitos atos nulos permanecem nas relações jurídicas, e chegam a consumar todos os efeitos jurídicos, quando não são questionados judicialmente".[45]

Para que se alcance a proteção patrimonial de crianças e adolescentes em tais hipóteses não se faz necessário validar a situação existencial, contra a qual há proibição no ordenamento. Uma alternativa é a adoção da teoria da putatividade, prevista para casamento nulo e anulável nos artigos 1.561 e 1.563 do Código Civil, presumindo-se a boa-fé da criança ou adolescente envolvida e estendendo-se os efeitos pessoais da união estável mesmo após o julgamento de seu não reconhecimento.[46]

4. CONCLUSÃO

Afigura-se inegável que o direito civil brasileiro foi construído a partir de premissas machistas e patriarcais, que posicionaram o homem branco, detentor de pro-

---

5. Recurso especial parcialmente provido.
(REsp 1616207/RJ, rel. Min. Moura Ribeiro, Terceira Turma, julgado em 17 nov. 2020, DJe 20 nov. 2020).
Agravo interno no recurso especial. Direito de família.
Reconhecimento e dissolução de união estável. Companheiro sexagenário. Redação original do art. 1.641, ii, do CC/2002.
Aplicação. Regime de separação obrigatória de bens. Partilha. Bens adquiridos onerosamente. Necessidade de prova do esforço comum.
Agravo Interno Não Provido.
1. De acordo com a redação originária do art. 1.641, II, do Código Civil de 2002, vigente à época do início da união estável, impõe-se ao nubente ou companheiro sexagenário o regime de separação obrigatória de bens. 2. "No regime de separação legal de bens, comunicam-se os adquiridos na constância do casamento, desde que comprovado o esforço comum para sua aquisição" (EREsp 1.623.858/MG, rel. Min; Lázaro Guimarães – Desembargador Convocado Do TRF 5ª Região, Segunda Seção, julgado em 23 maio 2018, DJe de 30 maio 2018, g.n.).
3. Agravo interno a que se nega provimento.
(AgInt no REsp 1637695/MG, Rel. Ministro Raul Araújo, Quarta Turma, julgado em 10 out. 2019, DJe 24 out. 2019).
44. MATOS, Ana Carla Harmatiuk; OLIVEIRA, Ligia Ziggiotti. Op. cit., p. 73.
45. LÔBO, Paulo. *Direito civil*: parte geral. 7. ed. São Paulo: Saraivajur, 2018, p. 321, v. 1.
46. "Seguindo no estudo do preceito a respeito do casamento putativo, se um dos cônjuges estava de boa-fé, os efeitos do casamento somente atingirão a ele e os filhos, trazendo, por exemplo, a possibilidade de o cônjuge enganado pleitear alimentos. Fica a dúvida: esses alimentos serão devidos somente até o trânsito em julgado da sentença anulatória? Filio-me aos que entendem que os alimentos, assim como outros efeitos pessoais do casamento persistem após o reconhecimento de sua invalidade, caso da emancipação e do direito de usar o nome". (TARTUCE, Flávio. Art. 1.561. In: SCHREIBER, Anderson et al. Op. cit.).

priedade imóvel, como elemento ao redor do qual circulavam os institutos civilistas. As últimas décadas, com ênfase nos anos posteriores à promulgação da Constituição da República de 1988, tem sido de confronto a essas premissas, com um processo de incorporação da tutela de interesse de outras pessoas que antes estavam invisibilizadas, dos quais se lista, como exemplos não exaustivos, o Estatuto da Pessoa Idosa e o Estatuto da Pessoa com Deficiência.

A tutela de interesses e direitos de crianças e adolescentes também foi impactado pela Constituição da República de 1988 e a transformação da criança e do adolescente de objeto para sujeito de direito. Esse giro epistêmico ainda está em curso e se realiza em cada mudança interpretativa que reconhece a qualidade de pessoa à criança e ao adolescente e lhe confere uma tutela que é coerente com a sua dignidade e com a sua condição de pessoa em desenvolvimento.

A vedação de casamento e de união estável em que criança ou adolescente com menos de 16 anos de idade esteja constitui uma etapa desse avanço, pois demonstra o compromisso jurídico com a efetiva proteção integral de crianças e adolescentes. A proibição legal é, contudo, insuficiente para, isoladamente, alterar o cenário atual em que o Brasil é o quarto país no mundo com maiores índices de conjugalidade infantil. A Lei 13.811/2019 estabelece um marco de proteção, ao qual deve ser conjugado esforços socioassistenciais e que favoreçam esse grupo em vulnerabilidade, especialmente as mulheres, que são o gênero que se submetem a essa conjugalidade e suas prejudiciais consequências.

5. REFERÊNCIAS

BUEREN, Geraldine Van. *The international law on the rights of the child*. The Hague: Martinus Nijhoff Publishers, 1998, p. 45).

FARIAS, Cristiano Chaves de. *A nova regra da impossibilidade de casamento do menor de 16 anos* (a nova Lei 13.881-19). Disponível em: https://www.ibdfam.org.br/noticias/6874/A+nova+regra+da+impossibilidade+de+casamento+do+menor+de+16+anos+%28a+nova+Lei+13.881-19%29. Acesso em: 03 fev. 2021.

FREEMAN, Michael. Article 3. The best interests of the child. In: ALEN, A. et alii (eds.). *A commentary on the United Nations Convention on the rights of the child*. Leiden: Martinus Nijhoff, 2007.

FREEMAN, Michael. Taking children's rights more seriously. *International Journal of Law, Policy and the Family*, v. 6, n. 1, p. 52-71, abr. 1992.

LÔBO, Paulo. *Entidades familiares constitucionalizadas*: para além do *numerus clausus*. Disponível em: http://www.ibdfam.org.br/artigos/128/Entidades+familiares+constitucionalizadas%3A+para+al%-C3%A9m+do+numerus+clausus. Acesso em: 08 jul. 2020.

LÔBO, Paulo. *Direito Civil*: parte geral. 7. ed. São Paulo: Saraivajur, 2018.

LÔBO, Paulo. *Direito Civil*: famílias. São Paulo: Saraivajur, 2008.

MACIEL, Kátia Regina Ferreira Lobo Andrade (Coord.). *Curso de direito da criança e do adolescente*. 12. ed. São Paulo: Saraivajur, 2019.

MADALENO, Rolf. *Direito de família*. 9. ed. Rio de Janeiro: Forense, 2019. E-book.

MARTINS, Rosa. *Menoridade, (in)capacidade e cuidado parental*. Coimbra: 2008.

MATOS, Ana Carla Harmatiuk; OLIVEIRA, Ligia Ziggiotti. Paradoxos entre autonomia e proteção das vulnerabilidades. In: TEIXEIRA, Ana Carolina Brochado; DADALTO, Luciana (Coord.). *Autoridade parental*: dilemas e desafios contemporâneos. Indaiatuba: Foco, 2019, p. 65-78.

MIRANDA, Pontes de. *Tratado de direito privado*. Campinas: Bookseller, 2000, tomo 7.

OLHARES PODCAST 41. Casamento infantil. Entrevistadas: Elisa Costa Cruz e Elisa de Araújo. Entrevistadora: Aline Hack. *Olhares Podcast*, 27 jun. 2019. Podcast. Disponível em: http://olharespodcast.com.br/ep-041-casamento-infantil/. Acesso em 03 fev. 2021.

PEREIRA, Lafayette Rodrigues. *Direitos de família*. Rio de Janeiro: Editores Virgílio Maia e Co., 1919.

PEREIRA, Rodrigo da Cunha. *Concubinato e união estável*. 7. ed. Belo Horizonte: Del Rey, 2004.

PEREIRA, Virgilio de Sá. *Direito de Família*. 3. ed. Rio de Janeiro: Forense, 2008.

ROSSATO, Luciano Alves et alii. *Estatuto da Criança e do Adolescente comentado artigo por artigo*. 11. ed. São Paulo: Saraivajur, 2019.

RUZYK, Carlos Eduardo Pianovski. *Famílias simultâneas*: da unidade codificada à pluralidade constitucional. 197f. Dissertação (Ciência Jurídica da Universidade Federal do Paraná). Curitiba, 2003.

SCHREIBER, Anderson et al. *Código Civil comentado*: doutrina e jurisprudência. Rio de Janeiro: Forense, 2019. E-book.

ZAPATER, Maíra. *Direito da criança e do adolescente*. São Paulo: Saraiva Educação, 2019. E-book.

INVALIDADE DO CASAMENTO

Débora Brandão

Doutora e Mestre em Direito Civil pela PUC/SP. Pós-doutora pela Universidade de Salamanca, Espanha. Profa. Titular da Faculdade de Direito de São Bernardo do Campo, SP. Advogada e mediadora.

Daniela Mucilo

Graduação pela Faculdade de Direito pela Universidade Presbiteriana Mackenzie (1994). Especialização em Direito de Família e Sucessões pelo Centro de Extensão Universitária (1998). Mestrado em Direito das Relações Sociais pela Pontifícia Universidade Católica/SP (2002). Especialista em Direito Civil Comparado pela *Scuola di Specializzazione di Camerino*, Itália (2012). Advogada especializada em direito de família e das sucessões.

Sumário: 1. Conceito de inexistência e invalidade do casamento. Invalidade do casamento: nulidade e anulabilidade – 2. Nulidade absoluta do casamento: casuística – 3. Anulabilidade do casamento: casuística – 4. Efeitos da putatividade – 5. Ações para reconhecimento de invalidade do casamento – 6. Referências.

1. CONCEITO DE INEXISTÊNCIA E INVALIDADE DO CASAMENTO. INVALIDADE DO CASAMENTO: NULIDADE E ANULABILIDADE

O casamento deve observar os requisitos legais para que possa, do ponto de vista jurídico, ser considerado existente, válido e produzir seus efeitos. Como negócio jurídico de direito de família, o casamento observa os planos dos negócios jurídicos em geral, a saber, o plano da existência, da validade e da eficácia.

Para que o casamento seja considerado juridicamente existente, requer que tenha sido celebrado por autoridade materialmente competente (*ratione materiae*) e que o consentimento dos nubentes tenha sido externado de maneira livre e consciente.

Para os adeptos da teoria da inexistência, se o consentimento for obtido mediante influência de qualquer substância que retire a autodeterminação consciente da pessoa, como o conhecido "boa-noite, Cinderela", não permitindo qualquer escolha à vítima-nubente, é caso de inexistência do casamento por violação da liberdade que deve permear todos os casamentos.

Da mesma forma, se a autoridade celebrante não tiver competência para celebrar casamentos, como um promotor de justiça, ainda que a cerimônia seja realizada, sob o ponto de vista jurídico, não existiu.

Se o casamento for celebrado por autoridade incompetente em razão do lugar (*ratione loci*), a hipótese é de nulidade relativa ou anulabilidade, o que significa dizer que o casamento existiu e a nulidade poderá ser arguida pelas pessoas legitimadas pela lei, nos dois anos subsequentes à cerimônia. Não sendo feita a impugnação, o vício se convalescerá e o casamento se tornará válido, ou seja, apto a produzir todos os efeitos jurídicos. A título de exemplo, imagine que os noivos sejam domiciliados em Brasília e o juiz de casamento tenha sua atribuição de atuação em São Paulo. A autoridade seria competente em razão da matéria porque se trataria de juiz de casamentos, mas incompetente porque não teria atribuição para atuar naquela localidade.

Para distinguir a falta de consentimento que nulifica relativamente o casamento da que o torna inexistente, se o consentimento for obtido mediante coação, não houve retirada do discernimento, da consciência e da vontade da vítima-nubente e, neste caso, trata-se de nulidade relativa, também conhecida como anulabilidade, que permite escolha do nubente, ainda que trágica, e deve ser arguida nos quatro anos subsequentes, caso contrário, o vício se convalescerá.

Tecnicamente, os nubentes não necessitariam sequer de declaração de invalidade porque seu casamento não teria o condão de produzir qualquer efeito jurídico uma vez que não existiu.

Parte da doutrina sustenta que essa classificação tripartite não deve prevalecer, reduzindo todas as hipóteses para nulidades absolutas e relativas/anulabilidades, sob a justificativa de que sempre há produção de efeitos jurídicos e, portanto, necessidade de sentença judicial para declarar a invalidade do ato (GAMA, 2018, p. 1.929).

Antes de 05/05/2011, quando o Supremo Tribunal Federal (STF) julgou a Ação Direta de Inconstitucionalidade n. 4277 reconhecendo a possibilidade de união estável entre pessoas do mesmo sexo, no Brasil, de acordo com a teoria da inexistência, para o casamento existir também havia o pressuposto da diversidade de sexos.

O referido julgado, juntamente com a posterior Resolução n. 175/2013 do CNJ, abriram caminho casamentos entre pessoas do mesmo sexo. O julgado teve papel fundamental porque não permitiu mais qualquer discussão sobre a possibilidade de conversão de uniões estáveis entre pessoas do mesmo sexo em casamentos e, a Resolução porque vedou qualquer recusa de habilitação, celebração de casamento e conversão de união estável em casamento. Os casamentos eventualmente celebrados entre pessoas do mesmo sexo eram considerados pela doutrina um "nada jurídico"[1].

José Lamartine e Ferreira Muniz (1998, p. 229) apontam que a doutrina tradicional acolhia os três pressupostos para a existência do casamento; demonstram que outros autores sustentavam apenas os pressupostos da diferença de sexo e a celebração matrimonial; e, por fim, afirmam que alguns outros mencionavam apenas a celebração.

Fato é que somente após esse julgamento a diversidade de sexos deixou de ser requisito para a existência de casamentos no país do ponto de vista da possibilidade de habilitação perante o Registro Civil das Pessoas Naturais.

---

1. Nesse sentido, Maria Helena Diniz e Caio Mário da Silva Pereira, por exemplo.

Portanto, os que acolhem a teoria tripartite, para o casamento existir, deve ser celebrado por autoridade competente em razão da matéria e o consentimento tem de ter sido manifestado de maneira voluntária, livre e consciente por parte dos nubentes.

Já para os filiados à teoria dualista, todas as questões se resolvem no plano da nulidade, seja ela absoluta, para as situações mais graves, seja ela relativa/anulabilidade, para as menos graves.

As hipóteses de nulidades, absolutas ou relativas/anulabilidades, estão taxativamente previstas no Código Civil (CC), de modo que não cabe ao intérprete ou ao aplicador da lei acrescentar hipóteses diferentes.

Os atos que fulminam um casamento com nulidade absoluta são considerados graves porque ofendem a ordem pública e, por isso, não podem produzir qualquer efeito jurídico em relação às núpcias. Uma vez reconhecida a nulidade, seus efeitos são *ex tunc*, ou seja, retroagem ao momento anterior da celebração, de modo que os cônjuges voltam a ser solteiros. Eis a razão pela qual algumas pessoas optam pela arguição de nulidade do casamento ao invés do divórcio: o estado civil permanece o original, solteiro.

Já os casos de nulidade relativa, também, chamados de anulabilidade, ofendem normas de ordem privada, que dizem respeito tão somente às partes e aos seus familiares, razão pela qual produzem todos os efeitos jurídicos até o momento da sentença que reconhecer tais nulidades. Os efeitos são *ex nunc*, ou seja, uma vez arguida a anulabilidade, todos os atos produzidos até a sentença que a reconhecer serão válidos.

2. NULIDADE ABSOLUTA DO CASAMENTO: CASUÍSTICA

A nulidade absoluta do casamento está disciplinada no art. 1.548 do CC.

Antes do advento da Lei n. 13.146/2015, conhecida como Lei Brasileira de Inclusão da Pessoa com Deficiência (LBI) ou Estatuto da Pessoa com Deficiência (EPD), o art. 1.548, I do CC apresentava mais uma hipótese de nulidade absoluta - o casamento contraído "pelo enfermo mental sem o necessário discernimento para os atos da vida civil". Esse inciso foi revogado pelo EPD, de modo que os casamentos de pessoas com enfermidade mental passaram a ser válidos.

Explica Guilherme Calmon Nogueira da Gama que:

> Não havia como confundir o casamento nulo da pessoa doente mental sem o discernimento com a hipótese de casamento de pessoa incapaz de consentir ou de manifestar inequivocamente seu consentimento (CC, art. IV). O aparente conflito entre as duas normas – arts. 1.548, I, e 1.550, IV, do Código Civil – se resolvia à luz da disciplina da Parte Geral do Código Civil [...]
>
> Se a pessoa, em razão da enfermidade mental, não tinha qualquer discernimento para os atos e negócios da vida civil, a hipótese era de casamento nulo. Ao revés, se em razão da enfermidade mental, a pessoa tinha seu discernimento reduzido, a hipótese era de casamento anulável.

O advento da LBI alterou completamente o tratamento jurídico conferido às pessoas com deficiência na medida em que não mais se enquadram na categoria jurídica dos absolutamente incapazes. A despeito da boa intenção do referido diploma legal, há bastante divergência doutrinária acerca da real proteção conferida às pessoas com deficiência.

O art. 6º, I, da LBI dispõe que a deficiência não afeta a capacidade civil das pessoas, inclusive para se casarem e viverem em união estável.

A LBI, no art. 85, também estabelece que a curatela somente afetará os direitos de natureza patrimonial. De outro lado, o § 2º do art. 1.550 do CC, que foi acrescentado pela LBI, apresenta conflito de normas ao dispor que a pessoa com deficiência mental ou intelectual em idade núbil[2] poderá contrair matrimônio, expressando sua vontade diretamente ou por meio de seu responsável ou curador.

Note-se que a manifestação da vontade do nubente com deficiência para o casamento, por intermédio de seu curador, é ato de natureza existencial e, portanto, fere, flagrantemente o preceituado no próprio Estatuto uma vez que os atos desta natureza devem ser praticados sem interferência de curador.

Entretanto, parte da doutrina sustenta que a manifestação da vontade é válida desde que a deficiência intelectual ou psíquica não seja severa. Nestes casos, a pessoa com deficiência pode fazer uso da Tomada de Decisão Apoiada, para ser auxiliada sobre as decisões que terá de tomar em virtude do casamento e tudo o que ele pode implicar (MENDES, 2016, p. 410).

Outra questão diz respeito aos registradores que poderiam recear não celebrar as núpcias de eventuais pessoas sem qualquer discernimento e terem de responder judicialmente, nos moldes do que dispõe o art. 83 do EPD, a saber:

> Art. 83. Os serviços notariais e de registro não podem negar ou criar óbices ou condições diferenciadas à prestação de seus serviços em razão de deficiência do solicitante, devendo reconhecer sua capacidade legal plena, garantida a acessibilidade.
>
> Parágrafo único. O descumprimento do disposto no *caput* deste artigo constitui discriminação em razão de deficiência.

É preciso considerar que o casamento é negócio jurídico e que pressupõe total discernimento dos nubentes para que possa ser celebrado e produzir efeitos jurídicos. Neste ponto, há verdadeiro entrave jurídico porque se não houver discernimento, a rigor, não poderia haver a convolação das núpcias.

Neste sentido é que parte da doutrina vem tecendo críticas à forma como a legislação disciplinou a matéria, importante para toda a sociedade, e em especial para a própria pessoa com deficiência que é amparada pelo princípio da autonomia e da proteção[3].

---

2. Observe-se que o legislador grafou de maneira incorreta o termo, uma vez que a idade é núbil e não Núbia, região da África.
3. "Com isso, é preciso que a norma estatutária sirva de balizamento para um compromisso do jurista do novo tempo com o instituto da curatela, de modo a compreendê-lo como vocacionado à proteção da pessoa incapacitada, promocional de sua dignidade, e não reducionista de sua vontade" (FARIAS; ROSENVALD, 2021, p. 1.020).

Superada esta explicação introdutória acerca da revogação do inc. I do art. 1.548 do CC, é preciso ingressar nas hipóteses atuais, vigentes, de nulidades absolutas existentes na legislação brasileira.

O casamento será nulo de pleno direito se infringir os impedimentos matrimoniais dispostos no art. 1.521 do CC, conforme estabelece o art. 1.548, II do diploma legal mencionado.

A primeira causa de impedimento matrimonial (art. 1.521, I, do CC) é o casamento entre ascendentes e descendentes, seja o parentesco natural ou civil. Pais não podem casar com filhos, independentemente de sua origem consanguínea, que é o parentesco natural ou o civil, decorrente de adoção, reconhecimento de parentalidade socioafetiva ou de inseminação artificial heteróloga. O mesmo vale para casamento entre avós e netos e assim sucessivamente.

A segunda hipótese estabelecida na lei refere-se aos parentes por afinidade em linha reta.

A afinidade une um cônjuge aos parentes do outro, de modo que o cônjuge "A" passa a ser parente dos parentes do cônjuge "B", desde que tais parentes estejam em linha reta, a saber, um descendendo imediatamente do outro. Exemplificando, se João se casa com Maria, os pais de João – sogros de Maria – serão parentes dela por afinidade, em linha reta, de primeiro grau.

Se um dia João vier a falecer, Maria não poderá se casar com qualquer um de seus sogros porque o parentesco por afinidade na linha reta não se extingue com a dissolução do casamento (art. 1.595, § 2º do CC). O mesmo pode ser dito a respeito de eventual casamento entre João e a filha de Maria, o que se convencionou denominar enteada. Trata-se de parentesco por afinidade em linha reta.

A terceira hipótese de casamento que gera nulidade absoluta é o celebrado pelo adotante com quem foi cônjuge do adotado e o do adotado com quem o foi do adotante (inc. III).

Este inciso gera dúvidas por parte dos estudantes de Direito, porém é de simples interpretação. Hipoteticamente, Julia adotou, unilateralmente, Rayssa. Tempos depois, conheceu Pedro, enamoraram-se e decidiram se casar. Anos depois, o casal se divorciou e Pedro e Rayssa resolvem se casar. Há impedimento porque a situação retrata casamento entre uma pessoa adotada (Rayssa) com quem foi cônjuge de seu adotante (Pedro, que foi cônjuge de sua mãe). O oposto também é verdadeiro. Julia (adotante) não pode se casar com eventual ex-marido de sua filha Rayssa (cônjuge do adotado).

O inc. IV do art. 1.521 do CC dispõe que os irmãos, unilaterais ou bilaterais, e demais colaterais, até o terceiro grau inclusive, não podem casar e, se houver o casamento, ele será nulo.

Casamento entre irmãos unilaterais, que são aqueles cujo parentesco dá-se somente por parte de pai (*a patre*) ou por parte de mãe (*a matre*), ou entre irmãos bilaterais, aqueles filhos de mesmos genitores, é proibido e se porventura ocorrer, será nulo de pleno direito.

Questão importante a ser ressaltada, após o reconhecimento da possibilidade de multiparentalidade por parte do STF, é o fato de muitos casais, com filhos de outros relacionamentos, criarem os filhos juntos, como irmãos. Porém, como não há lei para reconhecer expressamente o parentesco neste sentido e nem havia o julgamento do STF, tecnicamente não eram irmãos.

Atualmente, se foram criados como irmãos e como filhos do cônjuge de seu genitor, é forçoso reconhecer a parentalidade socioafetiva e, neste caso, o parentesco colateral entre estes irmãos socioafetivos.

Portanto, se houver casamento entre irmãos socioafetivos, deverá ser considerado nulo.

Casamento entre colaterais até terceiro grau, inclusive, tios e sobrinhos é proibido pelo Código Civil, porém há entendimento baseado no Decreto-lei n. 3.200/41, que é lei especial, no sentido de permitir estes casamentos se houver declaração subscrita por dois médicos atestando a pouca probabilidade de problemas congênitos para a prole. Primos, que são parentes na linha colateral de quarto grau, podem casar-se livremente.

O casamento entre irmãos adotivos está previsto como causa de impedimento no art. 1.521, V, do CC e, por ser impedimento matrimonial, implica nulidade absoluta da eventual núpcia. Aliás, é um inciso cuja finalidade está superada porque "o adotado com o filho do adotante" são irmãos, já previstos no inc. IV. Esta norma cumpria papel importante para afastar qualquer dúvida sobre a igualdade entre irmãos, independentemente da origem, estabelecida tanto no art. 227, § 6º da Constituição Federal (CF), quanto no art. 1.596 do CC. Atualmente, parece não haver mais qualquer dúvida a respeito do tema.

Por fim, o inc. VI do mencionado art. 1.521 do CC insere no rol dos impedimentos a bigamia, que consiste no segundo casamento de uma pessoa que já é casada. O casamento simultâneo, no Brasil, além de crime na esfera penal, é proibido no âmbito civil. Então, as pessoas casadas não podem se casar novamente e, se o fizerem, o segundo casamento será nulo de pleno direito.

Note-se que o crime de bigamia refere-se a casamento e não a união estável por homenagem ao princípio da estrita legalidade em matéria penal.

No entanto, o recente julgado do STF acerca do RE 1.045.273, do Distrito Federal, sobre reconhecimento de união estável com pedido de declaração de efeitos previdenciários em face de pessoa falecida, abre discussão sobre o princípio da estrita legalidade no que concerne ao casamento e à união estável:

> a unicidade de vínculo entre os partícipes, sejam esses cônjuges ou companheiros, já que "o Direito brasileiro, à semelhança de outros sistemas jurídicos ocidentais, adota o princípio da monogamia, segundo o qual uma mesma pessoa não pode contrair e manter simultaneamente dois ou mais vínculos matrimoniais", sob pena de se configurar a bigamia, tipificada inclusive como crime previsto no art. 235 do Código Penal (j. 21 dez. 2020, p. 7).

É preciso tratar o Direito de Família de maneira sistemática.

Há quem distinga a família formada pelo casamento das entidades familiares constituídas pelas união estável e a entidade monoparental. Para os que não distinguem, classificando todas as espécies sob a denominação de entidades familiares, é preciso dar tratamento jurídico equânime.

Trata-se de questão que deve ser melhor desenvolvida em outro momento, mas de extrema relevância para a interpretação do Direito de Família.

3. ANULABILIDADE DO CASAMENTO: CASUÍSTICA

Diferentemente dos casos de nulidade, a anulabilidade do casamento serve para a proteção dos interesses privados dos nubentes, protegendo-os quanto a possíveis e predeterminadas causas que possam invalidar o casamento, desde que pelos próprios suscitadas.

As situações que acarretam a anulabilidade deixam nítida a intenção do legislador de preservar o casamento e não declará-lo prontamente de nulo, deixando para que a iniciativa de o desfazer recaia, nestes casos, na iniciativa do particular, afastando de pronto, a nulidade matrimonial[4].

Os casos de anulabilidade podem ser convalidados caso o cônjuge interessado no reconhecimento da invalidade não o faça dentro do prazo estabelecido para a ação.

Estes, estão, taxativamente, retratados no art. 1.550, CC e não se confundem, imperioso esclarecer, com os casos de impedimentos matrimoniais, relacionando-se, estes últimos, à falta de legitimidade para o casamento.

a. Falta de idade núbil

O art. 1.517, CC determina a idade de 16 anos como a mínima exigida para que a pessoa possa casar-se, coincidindo a idade núbil com o início da capacidade relativa da pessoa, prevista no art. 4º, inc. I, CC.

Ainda que atingida a idade núbil, o menor só poderá casar mediante autorização de seus genitores[5] ou representante legal.

A violação na observância da idade núbil acarreta a anulabilidade do casamento, conforme inc. I, do art. 1.550, CC.

A Lei n.º 13.811/2019 proibiu o casamento do menor de 16 anos, dando nova redação ao art. 1.520, CC para suprimir qualquer exceção ao casamento do menor

---

4. "Maior é o interesse em conservar do que dissolver família fundada sobre ato nulo, devendo o legislador tudo fazer para salvar o casamento, facilitando sua validação posterior se a infração cometida pelos que o realizaram não constituir atentado repugnante à consciência moral" (GOMES, 1984, p. 109).
5. Havendo divergência entre os pais, caberá ao juiz decidir sobre a autorização nupcial, nos termos do parágrafo único do art. 1.517, CC, assim como também caberá ao juiz decidir, quando ambos genitores ou, ainda, o representante legal do menor, negam autorização.

de 16 anos, com o fim de garantir efetiva proteção à criança e ao adolescente, não permitindo o chamado "casamento infantil".

Entretanto, não obstante a proibição constante do art. 1.520, CC, permanece incólume a regra do art. 1.551, CC, dispondo que "não se anulará, por motivo de idade, o casamento de que resultou gravidez", criando, no sistema, uma situação na qual o casamento não será anulado caso tenha a proibição da idade núbil não sido observada no momento da celebração do casamento junto ao registro civil e, posteriormente, de tal casamento, resultou gravidez, algo, efetivamente, difícil de se imaginar, diante do rigoroso procedimento binário para o casamento, composto de normas de habilitação e normas para celebração, o que torna difícil passar despercebido o critério da idade.

b. Menor em idade núbil sem autorização do representante legal

O mesmo art. 1.550, em seu inc. II, macula, igualmente, de anulável, o casamento realizado pelo menor em idade núbil, porém sem a necessária autorização de seus pais ou de seu representante legal.

Sendo o menor, com 16 anos, relativamente incapaz, deverá ser assistido na prática dos atos de sua vida civil que assim exigem a presença de seus pais ou representante legal, como é o caso do casamento.

A assistência dos pais ou do representante legal confirma a capacidade da pessoa cumprindo-se, assim, a "forma habilitante" para o casamento (GOMES, 1984, p. 116).

A autorização deve provir de ambos os genitores, desde que estejam no exercício do poder familiar ou, não estando o menor sob autoridade parental, mas sim sob tutela, caberá ao tutor nomeado tal mister, nos termos do art. 1.747, inc. I, CC.

Havendo completado a idade núbil, mas sem contar com a autorização dos pais ou do tutor para o casamento, o menor poderá socorrer-se de suprimento judicial, pedindo à autoridade judiciária a necessária autorização para o casamento, averiguando o juiz se o casamento atende ao real interesse do menor, bem como se há maturidade deste para assumir as consequências do ato nupcial.

c. Vício de vontade

A vontade é manifestação da pessoa que emana do seu poder de autodeterminação capaz de exigir direitos e assumir obrigações. Esta atuação volitiva deve ser específica no sentido de compreender a dimensão e os efeitos do casamento para além do ato matrimonial.

Por isso, o legislador preocupou-se em obter a vontade livre e consciente dos noivos, para que o casamento emanasse de sua real vontade e do comprometimento mútuo na criação de uma nova família.

Nessa toada, o defeito na vontade de um dos cônjuges que possa ter maculado a sua declaração matrimonial na celebração do casamento, está sujeita a anulação quando sobre tal manifestação paire vício de consentimento.

O art. 1.550, nos incs. III e IV, CC, trata da invalidade do casamento decorrente do vício do consentimento.

i. Erro essencial sobre a pessoa do cônjuge

O art. 1.556, CC complementa o anterior art. 1.550, CC e acrescenta outras situações nas quais o casamento poderá ser anulado.

É imprescindível, neste tópico, a revisão e atualização das causas que conduzem à efetiva concretização das hipóteses de anulação do casamento decorrente de erro essencial sobre a pessoa do cônjuge.

Causas ligadas a defeito físico ou mesmo a moléstia grave impõem um cuidado especial para que não se confundam com o agravamento da vulnerabilidade das pessoas que tenham algum tipo de deficiência, em consonância com a proteção que o deficiente físico já tem reafirmada pela LBI (EPD, Lei 13.146/2015).

Por isso, melhor seria que o legislador tivesse diretamente tratado do que se busca assegurar com tal inciso, que mais se justificava na codificação revogada quando o defeito físico atrelado à impotência *generandi* batia de frente com a finalidade do casamento que era, efetivamente, a procriação.

O art. 1.557, CC passa a tratar das causas que justificam a anulação por erro quanto à pessoa do outro cônjuge, como se verá a seguir.

1. Identidade, honra e boa fama

A ideia trazida pelo inc. I, do art. 1.557, CC centra-se na possibilidade de o casamento ter sido motivado acreditando, o nubente, estar se casando com alguém que, posteriormente, descobre ser outra pessoa - desconhecimento de questões subjetivas que dizem respeito à sua verdadeira identificação, não apenas civil, mas também moral.

Nesta toada, o consentimento dado pelo nubente foi exarado por acreditar estar se casando com pessoa diferente daquela com quem efetivamente casou, e, por isso, nasce a possibilidade da anulação - pois se toda a verdade soubesse, não teria realizado o ato.

Por isso, a identidade, a honra e a boa fama são qualidades inerentes à pessoa, servindo como forma de se colocar em sociedade.

Evidentemente, que não será qualquer qualidade ignorada pelo cônjuge que dará azo à anulação[6]. Por isso, e, mormente por ser de relevante subjetividade, o legislador impõe que o erro (ou a qualidade do cônjuge) seja tão relevante que sua descoberta torne insuportável a vida em comum (Pereira, 1956, p. 51).

---

6. "Milton Paulo de Carvalho Filho, em comentário ao art. 1.556 do CC, assevera: '(...). O erro que anula o casamento é o essencial ou substancial. Consiste, segundo Silvio Rodrigues, no engano de tal modo relevante que, se fosse conhecida a realidade, o consentimento não se externaria pela forma por que se deu'. (*Código Civil Comentado*. Ministro Cezar Peluso (Coord.). 4. ed., p. 1670)". TJSP. Apelação 0031731-05.2009.8.26.0000. 3ª Câmara de Direito Privado. J. 26 jun. 2012.

E, dada a discricionariedade do juiz, a ação de anulação proposta por motivo que o julgador entenda não caracterizar erro essencial insuportável à continuidade da convivência matrimonial terá sua improcedência decretada, restando apenas a via impositiva do divórcio para o fim de extinguir o casamento.

Erro sobre a identidade da pessoa pode ser aquele em que o cônjuge, após o casamento, toma ciência de que a pessoa com quem se casou apresentou nome ou identificação diversa da realidade.

O erro pode estar, também, atrelado à identidade sexual, ao gênero do cônjuge, quando tal fato é desconhecido pelo outro, o que dá margem à discussão porque o gênero da pessoa faz parte de seu direito de personalidade, refletindo sua realidade existencial.[7]

Já a recusa à prática de relação sexual por um dos cônjuges não pode ser considerada erro essencial sobre a pessoa do cônjuge, por não estar no rol das causas predeterminadas do art. 1.550, CC, não ensejando, *sic et simpliciter*, seja o casamento desfeito pela anulação:

> A alegação de que namoraram por seis meses antes do casamento demonstra que o casal já se conhecia, não havendo se falar em erro quanto à pessoa do outro ou vício de vontade. Quanto à recusa da mulher à prática sexual, tal fato "não caracteriza, por si só, a hipótese de erro essencial a ensejar a anulação do casamento." (fl. 35). Nesse sentido, a jurisprudência deste Egrégio Tribunal:
>
> "Anulação de casamento Recusa à prática de relações sexuais Hipótese não prevista no rol taxativo do art. 1550 do CC Inexistência de erro quanto à pessoa Pretensão de dissolução do casamento que deve ser veiculada em ação de divórcio Falta de interesse de agir Indeferimento da petição inicial mantido Recurso improvido. (TJSP; Apelação 0000045-82.2014.8.26.0076; Relator (a): Eduardo Sá Pinto Sandeville; Órgão Julgador: 6ª Câmara de Direito Privado; Foro de Bilac - Vara Única; Data do Julgamento: 18/12/2014; Data de Registro: 18/12/2014)". TJSP. Apelação 1002780-74.2016.8.26.0408. 10ª Câmara de Direito Privado. J. 31/08/2018.

2. Ignorância de crime

Ignorando o cônjuge a condenação de seu consorte pela prática de crime, a sua descoberta age diretamente no erro quanto à pessoa do cônjuge, pois relaciona-se à sua identidade moral.

A prática criminosa é conduta reprovável, não apenas sob o viés individual, mas especialmente, pela dimensão e impacto que a conduta do agente causa na sociedade.

Assim, é mais do que justificável que a descoberta de ser o cônjuge criminoso – no sentido técnico da palavra, porque condenado definitivamente pela prática de

---

7. É importante apontar a posição de José Lamartine e Ferreira Muniz sobre o tema: "Quanto à questão do casamento do transexual, após o tratamento médico e a alteração do registro civil, com pessoa pertencente ao seu anterior sexo, parece, do ponto de vista jurídico, que a possibilidade de tais casamentos é inegável... Claro está que essa possibilidade não exclui eventuais anulações por erro essencial, se o outro nubente ignorava os fatos antes do casamento e a descoberta levou à insuportabilidade da vida em comum. In: *Curso de direito de família*, 2 ed., Curitiba: Juruá, 1998, p. 236. É importante ressaltar que, atualmente, não é necessário a cirurgia de alteração de sexo para tanto.

crime –, evidencia erro sobre a pessoa do cônjuge, especificamente, atrelado à sua identidade moral.

É claro que, sendo tal descoberta causa de anulabilidade do casamento, há de se admitir que, em casos em que surgindo a autoria criminosa e não tornando a vida conjugal insuportável, o casamento não será anulado.

3. Ignorância de defeito físico que não caracterize deficiência ou moléstia grave e transmissível

Como já mencionado acima, a deficiência não é causa de anulação do casamento, não apenas por conta da expressa determinação legal constante do inc. III, art. 1.557, CC, reforçada pela LBI, mas, sobretudo, por questões inclusivas e de afastamento de qualquer forma de preconceito contra as pessoas com deficiência.

Assim, não se tratando de deficiência, residualmente vem a possibilidade de anulação do casamento quando o cônjuge descobre algum limitador físico ou deformidade apta a impedir a convivência sexual do casal.

Pela codificação anterior, quando ainda se tinha em mente que o casamento tinha como primordial fim a procriação, a impotência *coeundi* e *generandi* poderiam dar ensejo à anulação do casamento, por consistirem defeito físicos, até então, irremediáveis, que frustrariam o surgimento de prole biológica, o que, fatalmente, esbarrava na finalidade matrimonial.

Superada a ideia de que o casamento é a realização do casal para fins exclusivamente procriatórios, cabe a ele o planejamento familiar quanto à vontade ou não de procriar. A legislação assegura, ainda, que a paternidade e a maternidade não se realizem apenas biologicamente, ficando afastadas as formas de impotências como justificativas para o reconhecimento do erro essencial.

Vale a lição de Maria Berenice Dias, ao reafirmar que:

> No entanto, há uma tendência em anular o casamento sob o fundamento de que a negativa de contatos sexuais frustra a expectativa do noivo. A justificativa é das mais absurdas, pois não existe o chamado "débito conjugal", que imponha a prática sexual no casamento. Não se pode sequer falar em afronta ao princípio da confiança ligada à boa-fé objetiva por frustrar a "justa" expectativa de quem casa (2011, p. 283).

Quanto à moléstia grave e transmissível, a intenção do legislador é o resguardo, em primeiro lugar, à vida do cônjuge e, num segundo plano, a dos descendentes, evitando a transmissibilidade de doença grave.

ii. Coação

Sendo necessário o consentimento livre e espontâneo dos nubentes (PEREIRA, 1956, p. 48), tanto no momento de habilitação do casamento, e, especialmente, em sua celebração, esta declaração de vontade quando emanada de forma viciada, por coagido um dos nubentes a o fazer, acarreta a possibilidade de o casamento ser anulado, eis que tal vontade não revela a real intenção do coato.

Frise-se que o nubente chega a manifestar a sua vontade em se casar, embora esta não advenha de seu espírito livre, mas sim de alguma forma de pressão, física ou psicológica que o atemoriza a ponto de declarar uma vontade viciada.

Necessário esclarecer, aqui, que o conceito de coação como defeito do negócio jurídico não é integralmente aplicado em matéria matrimonial.

Enquanto que para a anulação do negócio jurídico por coação o agente deve manifestar vontade sob forte receio de dano iminente considerável à sua pessoa, seus familiares ou seus bens (Art. 151, CC) para que tal seja concretizado, no casamento basta que esse receio recaia sobre a vida e honra do próprio cônjuge ou de seus familiares e não a bens, necessariamente, conforme art. 1.558, CC.

Nesta toada, o casamento imposto pela família do cônjuge, forçando-o a casar-se com quem não é de sua vontade, não seria considerado simples temor reverencial e entraria na categoria de coação, justificando o pedido de anulação.

d. Incapacidade de consentir ou manifestar a vontade de modo inequívoco

Na esteira do vício de manifestação de vontade, o casamento daquele que não tem capacidade para consentir ou manifestar vontade – aqui retratado especificamente o maior de 18 anos, mas que não tenha capacidade de fato para a prática de atos da vida civil –, poderá ser anulado (art. 1.550, inc. IV, CC).

Se a pessoa não tem aptidão para manifestar a sua vontade, não poderá celebrar casamento válido e, como de regra, não poderá praticar muitos dos atos da vida civil.

A LBI, claramente, revogou todos os artigos que impunham alguma restrição ao casamento do incapaz (Lei n.º 13.146/2015 (EPD) revogou o inc. IV, do art. 1.557, CC.)

Aqui se está diante, à toda evidência, dos casos de incapacidade para além da idade e que estão tratados no art. 4º, CC. Sendo tais pessoas, após devida decisão judicial, declaradas incapazes e, portanto, merecedoras de curatela definida após todo procedimento judicial que apurou os limites da incapacidade e a necessidade de intervenção do curador, só estarão aptas para assumir o compromisso do casamento se assim manifestarem clareza na assunção dos deveres decorrentes do casamento.

Em outras palavras, a incapacidade civil declarada judicialmente não poderá, por si só, tornar a pessoa incapaz de se casar.

Tal vedação há de ser analisada, especificamente, já na ação de curatela, ampliando ou restringindo os poderes do curador, o que só é possível após perícia multidisciplinar apurando o grau de discernimento e racionalidade do curatelado, se compatível com o diagnóstico incapacitante trazido *sub judice*.

O exposto acima reflete a posição conclusiva de Vanessa Correia Mendes (2016, p. 410):

> Mas é importante ressaltar que o EPD não tem o condão de modificar a realidade dos fatos, ou seja, pessoas com deficiência psíquica e/ou intelectual severa, que não conseguem expressar-se de maneira irrefutável, continuarão sem poder celebrar negócios jurídicos, já que esse pressupõe

manifestação de vontade válida. Deve-se atentar que, ao garantir a capacidade de exercício das pessoas com deficiência, especialmente nas questões existenciais, o Estatuto objetiva diminuir as diferenças e assegurar que as pessoas que possam expressamente manifestar a sua vontade jurígena assim o façam.

(...) Eventualmente, nem todas as pessoas com deficiência terão discernimento suficiente para gerir uma família. Outras podem optar por edificar sua personalidade de outra forma, optando, por exemplo, a (por) viver com os pais ou com amigos. De outro modo, existem aquelas que creem veementemente que o casamento é extremamente necessário para seu desenvolvimento como pessoa e para a sua completa integração com a sociedade. Negar-lhes esse direito constituiria verdadeira violação de sua dignidade.

Ainda na esteira das importantes modificações advindas da LBI que consagrou a autonomia da pessoa com deficiência para o casamento, foi revogado o inc. IV, do art. 1.557, do CC, quanto à sua anulação por motivo de doença mental grave, anterior à celebração, incurável e desconhecida por parte do outro cônjuge.

e. Realizado por mandatário com mandato revogado e sem coabitação entre os cônjuges

Sabido que a celebração do casamento pode dar-se por mandato com poderes especiais concedidos pelo mandante ao mandatário, a sua revogação ocasionará a falta de consentimento de um ou ambos os cônjuges para o casamento, caso o casamento tenha sido celebrado extemporaneamente à revogação (art. 1.542 c.c. 1.550, inc. V, ambos do CC).

Este desencontro temporal que conduz à anulação, só é desconsiderado se, mesmo com a revogação e posterior celebração do casamento, seguiu-se convivência conjugal, ostentando os cônjuges a posse do estado de casados a ratificar o ato da celebração, mesmo com o mandato revogado.

f. Incompetência da autoridade celebrante

Por fim, ainda como hipótese a justificar a anulação do casamento, o art. 1.550, inc. VI, CC trata do casamento celebrado por autoridade incompetente.

Melhor seria, anote-se, tratar-se de casamento inexistente, pois a celebração feita por quem não tem competência para tanto, não traz o ato à existência.

De qualquer forma, a opção do legislador pela qualificação da hipótese como de anulação, reforça a escolha legislativa pela boa-fé dos noivos, que ignoravam a incompetência do celebrante e acreditaram na celebração, seguindo à convivência, deixando à vontade deles a continuidade ou não do casamento.

4. EFEITOS DA PUTATIVIDADE

O casamento inválido (nulo ou anulável) contraído de boa-fé, por um ou ambos os cônjuges, é chamado de casamento putativo. *Putare*, do latim, significa imaginar.

Ele está previsto no art. 1.561 do CC e estabelece que se for reconhecida a putatividade – a boa-fé –, o casamento será decretado inválido, mas produzirá todos os efeitos até o dia da sentença anulatória. É como se o casamento fosse válido até a prolatação da sentença (BRASIL. STJ. AgRg no Ag 11.208/BA. 4ª Turma. Julg. 09 out. 1991). Trata-se, portanto, de uma exceção.

Se apenas um dos nubentes estava de boa-fé, os efeitos civis a ele aproveitarão (§ 1º). Se ambos estavam de má-fé, só aos filhos os efeitos civis serão reconhecidos (§ 2º).

Em relação aos filhos, não importa se os nubentes estavam de boa ou má-fé, o casamento produzirá todos os efeitos civis (§ 1º).

5. AÇÕES PARA RECONHECIMENTO DE INVALIDADE DO CASAMENTO

Existem duas ações para o reconhecimento da invalidade do casamento: a ação declaratória de nulidade absoluta e a ação declaratória de anulabilidade.

Ambas são ações de estado porque cuidam do estado civil das pessoas e, portanto, versam sobre direitos e interesses indisponíveis. A intervenção do Ministério Público é obrigatória, sob pena de nulidade absoluta (art. 176 do Código de Processo Civil).

Se for o caso de nulidade absoluta, apesar de não produzir qualquer efeito entre as partes, é preciso haver a ação judicial para que seja declarada a nulidade, até porque há o registro civil que deve ser invalidado.

A legitimidade ativa para a ação declaratória de nulidade absoluta é das partes, do Ministério Público ou de qualquer interessado.

Sustenta Guilherme Calmon Nogueira da Gama que

> Para promover a ação declaratória de nulidade é fundamental a identificação de interesse jurídico na solução judicial da declaração de nulidade do casamento, não sendo admissível que qualquer pessoa capaz possa ser autor da demanda (diversamente do que ocorre com a oposição à habilitação para o casamento) (2018, p. 1932).

Como fere norma de ordem pública, com devido respeito ao doutrinador, entende-se que qualquer pessoa tem interesse na decretação da nulidade absoluta. Isto porque a inobservância de tal norma fere toda a sociedade, que não quer ver em seu seio a validação e a normalização do incesto, por exemplo.

Havendo causa que justifique a anulação do casamento, caberá ao cônjuge e a outros legitimados extraordinários (Arts. 1.552, 1.555 e 1.559, CC) a sua promoção em juízo para obter a declaração judicial da anulação do casamento.

A legitimidade para tal ação é dos cônjuges com atuação subsidiária de seus representantes legais, especialmente, nos casos de anulação por inobservância da idade núbil ou, ainda, diante do incapaz de consentir (BRASIL. STJ. AgRg no Ag 11.208/BA. 4ª Turma. Julg. 09.10.1991).

O juiz não pode pronunciar-se *ex officio* sobre a invalidade do casamento, sendo, portanto, necessária, ação própria neste sentido, diferentemente do que sói acontecer na seara obrigacional, na qual a nulidade, especificamente, pode ser alegada a qualquer tempo e por qualquer interessado, mesmo que a demanda não seja específica para dela tratar.

Condicionado que está, o casamento anulável, a prazo para buscar sua anulação e, também, a observância da legitimidade para tal pleito, decorrido o prazo estabelecido ou não legitimado o requerente da ação, o casamento eivado de anulável permanecerá válido já que não foi pronunciada sua invalidade. Por isso, o casamento anulável é "ato subordinado à condição resolutiva de um pronunciamento contrário" (PEREIRA, 2002, p. 97).

Anote-se que diferentemente da nulidade do casamento, a anulação produz efeitos *ex nunc* aproveitando-se, portanto, os efeitos pessoais e patrimoniais do casamento anteriores à declaração de sua anulabilidade.

Já em matéria de nulidade absoluta, os efeitos são *ex tunc* e a sentença é declaratória, já que o casamento não poderia ter sido realizado por infringência de disposição absoluta da lei.

"Nulo ou anulável casamento, dissolve-se como se não tivesse existido", conforme lição de Maria Berenice Dias (2011, p. 288).

O Código Civil dispõe prazos diferentes para causas de anulação do casamento, lembrando que em se tratando de casamento nulo, a ação é imprescritível, não estando sujeita à prescrição ou à decadência.

O art. 1.560, do CC estabelece que o prazo para ser intentada a ação de anulação do casamento, a contar da data da celebração, é de:

I – 180 dias, no caso de vício de consentimento (inc. IV do art. 1.550, CC);

II – 2 anos, no caso de casamento celebrado por autoridade incompetente;

III – 3 anos, nos casos de erro contra a pessoa do cônjuge, ignorância de crime praticado pelo cônjuge ou conhecimento de defeito físico que não caracterize deficiência ou de moléstia grave e transmissível (incs. I a IV do art. 1.557, CC).

Assim, para a anulação do casamento do menor de 16 anos, quando não autorizado por seu representante legal, o prazo é de 180 dias a partir do dia em que cessou a sua incapacidade (art. 1.555, CC), sendo legitimados, o próprio incapaz, seus representantes legais ou seus herdeiros necessários, com as ressalvas dos §§ 1º e 2º, do art. 1.555, CC.

Importante ressaltar que no caso de ação de anulação por coação, o prazo para a propositura da ação só começa a contar do dia em que cessar, para o coato, a coação (PEREIRA, 1956, p. 94).

Ainda sobre a legitimidade ativa para as ações anulatórias e, sintetizando o assunto, esta varia conforme a espécie de vício que macula o casamento: (i) se o casamento for anulado por coação, o próprio cônjuge coagido; (ii) se por incapacidade de consentir, o próprio incapaz ou seu representante legal; (iii) se por falta de autorização para o casamento de pessoa em idade núbil, pelo legitimado a concedê-la ou pelo próprio menor ao deixar de sê-lo (PEREIRA, 2002, p. 97).

Sobre a prova nas ações anulatórias, frise-se que, especialmente, naquela na qual se discute defeito físico irremediável ou moléstia grave, a perícia é o caminho recomendado para aferição desta alegação. Neste sentido:

> IV) Embora a anulação do casamento não tenha mais os requisitos de obstáculo que existiam no Código Civil de 1916, ainda, pelas consequências maiores que o divórcio, não se admite a simples concordância. A prova oral, por exemplo, é muito útil para as hipóteses de erro essencial quanto a identidade, honra e boa fama (CC, art. 1.557, I), todavia, é ela meramente suplementar para a hipótese de defeito físico irremediável (CC, art. 1.557, III), ou seja, a impotência *coeundi*, onde se exige a perícia, inclusive pelo fato de que ela pode decorrer de aspectos psicológicos ou físicos, ou ambos. (TJSP. Apelação n. 0002659-24.2013.8.26.0358, 9ª Câmara de Direito Privado. J. 12 maio 2015).

O prazo para anulação do casamento celebrado após revogado o mandato é de 180 dias após a ciência da celebração pelo cônjuge-mandante, com a ressalva, alhures já assinalada, de que não pode ter havido a convivência posterior à celebração (art. 1.560, § 2º, do CC).

O que se nota é que o legislador impôs uma via anulatória e, muitas vezes, de difícil prova, remetendo o cônjuge interessado ao desfazimento do casamento pelo divórcio, onde não é perquirida, acertadamente, a causa do pedido de extinção do vínculo conjugal.

Na hipótese de casamento celebrado por autoridade incompetente, o prazo para anulação será de 2 (dois) anos após a celebração, nos termos do art. 1.560, II, CC.

6. REFERÊNCIAS

DIAS, Maria Berenice. *Manual de Direito das Famílias*. 8. ed. São Paulo: Revista dos Tribunais, 2011.

FARIAS, Cristiano Chaves de; ROSENVALD, Nelson. *Curso de Direito Civil*. 13. ed. Salvador: JusPodivm, 2021.

GAMA, Guilherme Calmon Nogueira da. *Comentários ao Código Civil*: direito privado contemporâneo. NANNI, Giovanni Ettore (Coord.). São Paulo: Saraiva Educação, 2018.

GOMES, Orlando. *Direito de Família*. Rio de Janeiro: Forense, 1984.

MENDES, Vanessa Correia. O casamento da pessoa com deficiência psíquica e intelectual: possibilidades, inconsistências circundantes e mecanismos de apoio. In: MENEZES, Joyceane Bezerra de. *Direito das pessoas com deficiência psíquica e intelectual das relações privadas*: Convenção sobre os direitos da pessoa com deficiência e Lei Brasileira de Inclusão. Rio de Janeiro: Processo, 2016.

MUNIZ, José Lamartine e Ferreira. *Curso de direito de família*. 2. ed. Curitiba: Juruá, 1998.

PEREIRA, Caio Mário da Silva. *Instituições de Direito Civil*. v. V, 13. ed. Rio de Janeiro: Forense, 2002.

PEREIRA, Lafayette Rodrigues. *Direitos de Família*. 5. ed. Rio de Janeiro: Freitas Bastos, 1956.

A SEPARAÇÃO E O DIVÓRCIO APÓS A EMENDA CONSTITUCIONAL 66/2010

Cláudia Stein Vieira

Mestre e Doutora em Direito Civil pela Universidade de São Paulo – USP. Professora de Direito Civil na Pós-Graduação da Escola Paulista de Direito – EPD. Advogada especializada em Direito de Família e das Sucessões.

Sumário: 1. Introdução – 2. Breve histórico – 3. Evolução da separação e do divórcio no Brasil – 4. O divórcio na atualidade – 5. Conclusão – 6. Referências – legislação.

1. INTRODUÇÃO

Proceder-se-á a um breve histórico sobre a dissolução do casamento – englobando a separação, que rompe, apenas e tão somente, a sociedade conjugal, com o fim dos deveres de coabitação e fidelidade e extinção do regime de bens; e o divórcio, que põe termo ao casamento – e as repercussões fruto da Emenda Constitucional 66/2010.

2. BREVE HISTÓRICO

Na Grécia antiga, num primeiro momento, só se admitia o divórcio por esterilidade, tendo, depois, sido admitidas as hipóteses de repúdio do marido, vontade da mulher e mútuo consentimento.[1] Antes do Cristianismo, a dissolução do casamento era admitida somente em casos excepcionais.

No direito romano, o casamento tinha base nitidamente consensual, e a sua dissolução, amplamente autorizada, que, a princípio, poderia se dar até sem a intervenção do juiz, verificava-se com o simples desaparecimento da intenção de continuar como marido e mulher.[2]

Na Roma antiga se encontravam dois termos para divórcio em seus textos, o *diuortium* e o *repudium,* consistindo a opinião predominante[3] na tese de o *diuortium* indicar o divórcio bilateral, enquanto o *repudium* designaria o divórcio unilateral.

---

1. CAHALI, Yussef Said. *Separações conjugais e divórcio.* 12. ed. São Paulo: Revista dos Tribunais, 2011. p. 51; VAINER, Ricardo. *Anatomia de um divórcio interminável*: o litígio como forma de vínculo. São Paulo: Casa do Psicólogo, 1999. p. 28.
2. PLANIOL-RIPERT, *Traité pratique de droit civil,* II, n. 487, p. 360; LEME, Lino. *Direito civil,* n. 28, p. 240; GRASSI, *La legge,* n. 2, p. 17; CAHALI, Yussef, *O casamento putativo,* n. 7, p. 13, todos apud CAHALI, Yussef Said. *Separações conjugais e divórcio,* cit., p. 52.
3. VOLTERRA, *Istituzioni di diritto privato romano,* p. 671, apud MOREIRA ALVES, José Carlos. *Direito romano.* 15. ed. Rio de Janeiro: Forense, 2012. p. 669.

Quando o Cristianismo se tornou a religião oficial do Império Romano, seus imperadores cristãos, por reflexo da doutrina da Igreja, começaram a combater o divórcio, sem, no entanto, proibi-lo, tendo o instituto, até Justiniano, sido mantido quando contasse com o consentimento comum dos cônjuges.[4]

No direito justinianeu, observavam-se quatro espécies de divórcio: (*i*) o *diuortium ex iusta causa*, levado a efeito por um dos cônjuges, que repudiava o outro por ter cometido atos que, legitimamente, o justificassem, como, por exemplo, em relação ao marido, quando ele conspirasse contra o imperador, mantivesse uma concubina no lar conjugal ou, notoriamente, na mesma cidade em que vivesse com a consorte; e, em relação à esposa, em virtude de ter incorrido em adultério ou frequentado espetáculo público contra a vontade do esposo; (*ii*) o *diuortium bona gratia*, que decorria da vontade de ambos os cônjuges, ou apenas de um, justificado por causa legítima, por exemplo esterilidade, impotência incurável, voto de castidade; (*iii*) o *diuortium sine iusta causa*, em que havia o repúdio de um dos cônjuges pelo outro, sem qualquer uma das causas legítimas que o justificassem; (*iv*) o *diuortium communi consensu*, no qual o divórcio era realizado de comum acordo por ambos os cônjuges sem que se verificasse uma das *iustae causae*.[5]

O divórcio é um dos institutos cuja inserção nas legislações tem-se mostrado complexa, diante de implicações sociais, religiosas e políticas. Os sistemas legislativos, que se ocupam do divórcio e da separação de corpos, podiam, segundo a tabela de Daupeley (1908), ser divididos em cinco grupos, a seguir referidos, com exemplos da atualidade.[6]

O primeiro é o que englobava os países que admitiam, unicamente, a separação de corpos, ainda que sob a denominação de divórcio, como foi o caso da Argentina, que, em um primeiro momento, conhecia, apenas, a separação de corpos no *Código Civil de la Nación*, de 1869, antes da *Ley* 23.515/87 atualizá-lo. O país adotava o princípio da indissolubilidade do matrimônio, o que persistiu até a chegada da *Ley de Divorcio* 23.515/87,[7] que, modificando o ordenamento vigente, previu a separação, litigiosa – culposa ou não – e consensual; e o divórcio direto ou por conversão, igualmente consensual ou litigioso – culposo ou não. O atual *Código Civil y Comercial de la Nación*, de 2014, prevê o divórcio judicialmente declarado[8] como forma de dissolução do casamento, deixando de lado a figura da separação judicial em seu ordenamento.

---

4. MOREIRA ALVES, José Carlos. *Direito romano*, cit., p. 670.
5. MOREIRA ALVES, José Carlos. *Direito romano*, cit., p. 670-671; CAHALI, Yussef Said. *Separações conjugais e divórcio*, cit., p. 52.
6. DAUPELEY, Henry. *La conversion de séparation de corps*. Le Mans: Impr. Ch. Blanchet, 1908.
7. ARGENTINA. *Ley 23.515/1989*. Buenos Aires: Governo de Argentina, 1989. Disponível em: https://www.argentina.gob.ar/normativa/nacional/ley-23515-21776/texto. Acesso em: 04 fev. 2021.
8. ARTÍCULO 435. Causas de disolución del matrimonio. El matrimonio se disuelve por: a) muerte de uno de los cónyuges; b) sentencia firme de ausencia con presunción de fallecimiento; c) *divorcio declarado judicialmente* [grifo nosso]. ARGENTINA. *Código Civil y Comercial de La Nación*. Buenos Aires: 2014 [ano da publicação originária]. Disponível em: https://www.argentina.gob.ar/normativa/nacional/ley-26994-235975/actualizacion#11. Acesso em: 04 fev. 2021. Tradução Livre: Art. 435. Causas de dissolução do casamento. O casamento é dissolvido por: a) morte de um dos cônjuges; b) sentença definitiva de ausência com presunção de morte; c) divórcio judicialmente declarado.

O segundo grupo incluía os sistemas nos quais só o divórcio era reconhecido, como é o caso da Alemanha, em que o *Bürgerliches Gesetzbuch, BGB,* Código Civil alemão, promulgado em 18 de agosto de 1896, já tratava do tema, sem qualquer menção à separação.[9] Atualmente, o instituto é tratado nos §§ 1.564 a 1.568 do Código,[10] podendo o divórcio ser consensual ou litigioso, esse último com base, apenas e tão somente, no fracasso do casamento, sem qualquer relação com a *culpa* de um dos cônjuges.[11] De acordo com o direito alemão, o fracasso do casamento é reconhecido com a inexistência de vida em comum, sem possibilidade de restabelecimento (seção 1.565, (1)). Quando os cônjuges vivem separados há menos de um ano, o casamento somente poderá ser dissolvido se a respectiva continuação representar uma penúria excessiva para o requerente, por motivos atribuíveis à pessoa do outro cônjuge (seção 1.565, (2)).

O terceiro grupo guardava relação com os sistemas legislativos que autorizavam a separação como uma medida provisória, que conduziria ao divórcio ou à reconciliação.

O quarto estava representado pelos sistemas em que as partes poderiam optar pelo divórcio ou pela separação de corpos. Isso se verifica na França, com a Lei 75-617/1975, que reformulou o instituto do divórcio, que pode ser concedido por mútuo consentimento, pela ruptura da vida comum e em razão da culpa, mantendo-se, também, a figura da separação de corpos, com a possibilidade de sua conversão em divórcio, o que, entretanto, não foi sempre assim, pois, em 1804, o Código Civil francês previu o divórcio, o que foi revogado pela Lei de 8 de maio de 1816, operando-se nova regulamentação somente 68 anos depois, com a Lei de 27 de setembro de 1884.[12]

O quinto envolvia os sistemas que só permitiam o divórcio às pessoas não católicas, caso de Portugal, que, em 1940, modificou, por meio de Concordata, o

---

9. CARVALHO NETO, Inacio de. *Separação e divórcio*: teoria e prática. 6. ed. Curitiba: Juruá, 2005. p. 53.
10. ALEMANHA. *Bürgerliches Gesetzbuch* [BGB]. 1896 [ano da publicação originária]. Disponível em: https://www.gesetze-im-internet.de/englisch_bgb/englisch_bgb.html#p5362. Acesso em: 1º maio 2023.
11. "Section 1565 – Breakdown of marriage – (1) A marriage may be dissolved by divorce if it has broken down. The marriage has broken down if the conjugal community of the spouses no longer exists and it cannot be expected that the spouses restore it. (2) Where the spouses have not yet lived apart for one year, the marriage may be dissolved by divorce only if the continuation of the marriage would be an unreasonable hardship for the petitioner for reasons that lie in the person of the other spouse.
Section 1566 – Presumption of breakdown – (1) It is irrebuttably presumed that the marriage has broken down if the spouses have lived apart for a year and both spouses petition for divorce or the respondent consents to divorce. (2) It is irrebuttably presumed that the marriage has broken down if the spouses have lived apart for three years." ALEMANHA. *Bürgerliches Gesetzbuch* [BGB], cit.
Tradução livre: Seção 1565 – Repartição do casamento – (1) O casamento pode ser dissolvido pelo divórcio se estiver rompido. O casamento se desfaz se a comunidade conjugal dos cônjuges já não existe e não se pode esperar que os cônjuges a restaurem. (2) Quando os cônjuges ainda não viveram separados por um ano, o casamento pode ser dissolvido por divórcio apenas se a continuação do casamento for uma dificuldade excessiva para o requerente por motivos que residem na pessoa do outro cônjuge.
Seção 1566 – Presunção de quebra – (1) É irrefutável que se presume que o casamento se desfez se os cônjuges viverem separados por um ano e ambos solicitarem o divórcio ou se o réu consentir em se divorciar. (2) É irrefutável que se presume que o casamento se desfez se os cônjuges viveram separados por três anos.
12. CARVALHO NETO, Inacio de. *Separação e divórcio*, cit., p. 55.

Decreto de 03.11.1910, que introduzia o divórcio sob a forma litigiosa e por mútuo consentimento, para não mais admiti-lo nos casamentos religiosos. Já o Código Civil português de 1967 regulou o divórcio nos arts. 1.789 a 1.795, disciplinando que não podiam se dissolver por tal meio os casamentos católicos, dispositivo revogado pelo Decreto-lei 261, de 1975. Três anos depois, o Decreto-lei 496, de 1978 complementou o instituto, admitindo o divórcio por mútuo consentimento e o litigioso, mantendo a separação judicial de pessoas e bens, com a possibilidade de conversão em divórcio.[13]

3. EVOLUÇÃO DA SEPARAÇÃO E DO DIVÓRCIO NO BRASIL

Durante os primeiros séculos da vida em sociedade, após o descobrimento do Brasil, antes da codificação civil, a Igreja católica foi titular quase absoluta dos direitos sobre a instituição matrimonial, razão pela qual a morte era o único modo de dissolução do vínculo.

O Decreto 181, de 24 de janeiro de 1890, conhecido como Lei do Matrimônio, de autoria de Rui Barbosa, fazia alusão, no art. 88, ao divórcio,[14] que, entretanto, não se identifica com o instituto atual, pois não dissolvia o vínculo conjugal.

Sob a égide do Código Civil de 1916 estas as causas que fundamentavam a ação de desquite litigioso:

> Art. 317. A ação de desquite só se pode fundar em algum dos seguintes motivos:
> I. Adultério.
> II. Tentativa de morte.
> III. Sevicia, ou injuria grave.
> IV. Abandono voluntário do lar conjugal, durante dois anos contínuos.
> Art. 319. O adultério deixará de ser motivo para desquite:
> I. Se o autor houver concorrido para que o réu o commetta.
> II. Se o cônjuge inocente lhe houver perdoado.
> Parágrafo único. Presume-se perdoado o adultério, quando o cônjuge inocente, conhecendo-o, coabitar com o culpado.
> [...]

E prosseguia a legislação:

> Art. 318. Dar-se-á também o desquite por mutuo consentimento dos cônjuges, se forem casados por mais de dois anos, manifestado perante o juiz e devidamente homologado.
> Art. 322. A sentença do desquite autoriza a separação dos conjuges, e põe termo ao regime matrimonial dos bens, como se o casamento fosse dissolvido.

---

13. CAHALI, Yussef Said. *Separações conjugais e divórcio*, cit., p. 55.
14. "Art. 88. O divórcio não dissolve o vínculo conjugal, mas autoriza a separação indefinida dos corpos e faz cassar o regime dos bens, como si o casamento fosse dissolvido." BRASIL (União). *Decreto 181/1890* [Lei Marital]. Brasília, DF: Congresso Nacional, 1890. Disponível em: Disponível em: https://www2.camara.leg.br/legin/fed/decret/1824-1899/decreto-181-24-janeiro-1890-507282-norma-pe.html. Acesso em: 1º maio 2023.

Posteriormente, a Lei 6.515/77 revogou a redação dos artigos do Código de 1916 nos casos de dissolução da sociedade conjugal e do casamento, seus efeitos e respectivos processos, dispondo que a separação judicial, se não fosse consensual, poderia ser requerida por um dos cônjuges (*i*) imputando a prática, pelo outro, de "conduta desonrosa ou qualquer ato que importe em grave violação dos deveres do casamento e tornem insuportável a vida em comum";[15] (*ii*) alegando a separação fática "há mais de um ano consecutivo"[16] e a impossibilidade de reconciliação; e (*iii*) se o outro estivesse acometido, há pelo menos cinco anos, de doença mental grave, superveniente ao casamento e de cura improvável (art. 5º, § 2º, da Lei 6.515/77).[17]

Apenas com a comprovação das alegações lançadas no pedido de decretação de separação judicial litigiosa é que tal se efetivaria, pois, na inexistência de provas, o pleito seria julgado improcedente e a sociedade conjugal mantida.

A separação dissolvia a sociedade conjugal, o que importava, apenas, no fim dos deveres de fidelidade e de coabitação, com o rompimento do regime de bens.[18]

Somente em 28 de junho de 1977 o divórcio foi instituído pela Emenda Constitucional 9,[19] tratado como *típico* quando se dava em conversão da separação que, à época, só se operava judicialmente; e *extraordinário*, se fundado na simples separação de fato.[20] A Emenda deu azo à sanção da Lei 6.515, de 26 de dezembro de 1977, que, disciplinando a matéria, foi o nascedouro de alterações no Código Civil de 1916 e no de Processo Civil de 1973.

---

15. "Art 5º A separação judicial pode ser pedida por um só dos cônjuges quando imputar ao outro conduta desonrosa ou qualquer ato que importe em grave violação dos deveres do casamento e tornem insuportável a vida em comum." BRASIL (União). Lei 6.515, de 26 de dezembro de 1977. *Regula os casos de dissolução da sociedade conjugal e do casamento, seus efeitos e respectivos processos, e dá outras providências*. Brasília, DF: Presidência da República, 1977. Disponível em: http://www.planalto.gov.br/ccivil_03/leis/l6515.htm. Acesso em: 1º maio 2023.
16. "Art. 5º, § 1º A separação judicial pode, também, ser pedida se um dos cônjuges provar a ruptura da vida em comum há mais de um ano consecutivo, e a impossibilidade de sua reconstituição". Cf. BRASIL (União). Lei 6.515, de 26 de dezembro de 1977, cit.
17. "Art. 5º § 2º O cônjuge pode ainda pedir a separação judicial quando o outro estiver acometido de grave doença mental, manifestada após o casamento, que torne impossível a continuação da vida em comum, desde que, após uma duração de 5 (cinco) anos, a enfermidade tenha sido reconhecida de cura improvável." Cf. BRASIL (União). Lei 6.515, de 26 de setembro de 1977, cit.
18. MORAES, Maria Lygia Quartim de. Apresentação. *Cad. Pagu*, Campinas: n. 16, p. 7-12, 2001. Disponível em: http://www.scielo.br/scielo.php?script=sci_arttext&pid=S0104-83332001000100001&lng=en&nrm=iso. Acesso em: 08 fev. 2021.
19. "Art. 1º O § 1º do artigo 175 da Constituição Federal passa a vigorar com a seguinte redação: 'Art. 175 ...§ 1º O casamento somente poderá ser dissolvido, nos casos expressos em lei, desde que haja prévia separação judicial por mais de três anos'. Art. 2º A separação, de que trata o § 1º do artigo 175 da Constituição, poderá ser de fato, devidamente comprovada em Juízo, e pelo prazo de cinco anos, se for anterior à data desta emenda." Cf. BRASIL (União). Emenda Constitucional 9, de 28 de junho de 1977. *Dá nova redação ao § 1º do artigo 175 da Constituição Federal*. Brasília, DF: Presidência da República, 1977. Disponível em: http://www.planalto.gov.br/ccivil_03/constituicao/emendas/emc_anterior1988/emc09-77.htm. Acesso em: 1º maio 2023.
20. CAHALI, Yussef Said. *Separações conjugais e divórcio*, cit., p. 68.

A Constituição Federal de 1988, no art. 226, § 6º, foi além do disposto na Lei do Divórcio, reduzindo o prazo para a conversão da separação em divórcio de três para um ano do trânsito em julgado da sentença que a decretara – consensual ou litigiosamente –; e prevendo que o divórcio direto poderia ser concedido se os cônjuges estivessem separados de fato há mais de dois anos.

Já pelas previsões constantes do Código Civil de 2002, qualquer dos cônjuges, em sendo impossível a separação consensual, pode pleitear a decretação da separação judicial, na modalidade litigiosa, (i) imputando a prática, pelo outro, de ato que importe em "grave violação dos deveres do casamento",[21] que torne "insuportável a vida em comum" – cuida-se da separação-sanção; (ii) afirmando a "ruptura da vida em comum há mais de um ano e a impossibilidade de sua reconstituição";[22] ou (iii) alegando que o outro estava acometido, ao menos há dois anos, de doença mental grave, de cura improvável e superveniente ao casamento, tornando impossível a vida em comum (art. 1.572, § 2º, CC/2002).[23] Contudo, a discussão sobre a culpa, a partir da vigência do Código Civil de 2002, passou a ser mitigada, considerando a previsão contida no parágrafo único do art. 1.573,[24] que permitiu que o julgador considerasse outros fatos comprobatórios da impossibilidade da vida em comum, que não os contidos nos incisos I a VI.[25]

Até a promulgação da EC 66/2010,[26] a dissolução do vínculo conjugal se operava pelo *divórcio direto*, para aqueles que estavam separados de fato há mais de dois anos; e por meio da *conversão da separação em divórcio*, após um ano do trânsito em julgado da sentença que a decretava ou da lavratura da competente escritura, pois o meio

---

21. "Art. 1.572. Qualquer dos cônjuges poderá propor a ação de separação judicial, imputando ao outro qualquer ato que importe grave violação dos deveres do casamento e torne insuportável a vida em comum." Cf. BRASIL (União). Lei 10.406, de 10 de janeiro de 2002. *Institui o Código Civil*. Brasília, DF: Presidência da República, 2002 [ano da publicação originária]. Disponível em: http://www.planalto.gov.br/ccivil_03/leis/2002/L10406compilada.htm. Acesso em: 1º maio 2023.
22. "Art. 1.572, § 1º A separação judicial pode também ser pedida se um dos cônjuges provar ruptura da vida em comum há mais de um ano e a impossibilidade de sua reconstituição." Cf. BRASIL (União). Lei 10.406, de 10 de janeiro de 2002, cit.
23. "Art. 1.572, § 2º O cônjuge pode ainda pedir a separação judicial quando o outro estiver acometido de doença mental grave, manifestada após o casamento, que torne impossível a continuação da vida em comum, desde que, após uma duração de dois anos, a enfermidade tenha sido reconhecida de cura improvável." Cf. BRASIL (União). Lei 10.406, de 10 de janeiro de 2002, cit.
24. "Art. 1.573, parágrafo único. O juiz poderá considerar outros fatos que tornem evidente a impossibilidade da vida em comum." Cf. BRASIL (União). Lei 10.406, de 10 de janeiro de 2002, cit.
25. "Art. 1.573. Podem caracterizar a impossibilidade da comunhão de vida a ocorrência de algum dos seguintes motivos: I – adultério; II – tentativa de morte; III – sevícia ou injúria grave; IV – abandono voluntário do lar conjugal, durante um ano contínuo; V – condenação por crime infamante; VI – conduta desonrosa." Cf. BRASIL (União). Lei 10.406, de 10 de janeiro de 2002, cit.
26. Art. 1º O § 6º do art. 226 da Constituição Federal passa a vigorar com a seguinte redação: 'Art. 226. [...] § 6. O casamento civil pode ser dissolvido pelo divórcio'." Cf. BRASIL (União). Emenda Constitucional 66, de 13 de julho de 2010. *Dá nova redação ao § 6º do art. 226 da Constituição Federal, que dispõe sobre a dissolubilidade do casamento civil pelo divórcio, suprimindo o requisito de prévia separação judicial por mais de 1 (um) ano ou de comprovada separação de fato por mais de 2 (dois) anos.* Brasília, DF: Presidência da República, 2010. Disponível em: http://www.planalto.gov.br/ccivil_03/constituicao/Emendas/Emc/emc66.htm. Acesso em: 1º maio 2023.

extrajudicial passou a ser previsto no ordenamento jurídico, pela Lei 11.441/2007, desde que atendidas as exigências ali contidas.[27]

A Lei 11.441/2007 previu a possibilidade de realização extrajudicial da separação, do divórcio e do inventário, e, embora, silente, a dissolução da união estável poderia ser levada a cabo pela mesma forma, o que foi reproduzido pelo Código de Processo Civil de 2015.[28]

A partir da vigência da EC 66/2010, duas discussões foram encetadas, consistentes na permanência, ou não, da separação – judicial e extrajudicial – permanece no ordenamento jurídico; e se se operou a vedação de discussão da culpa pelo fim do casamento.

No que tange à primeira questão, a matéria não está sedimentada, havendo juristas – em menor proporção, diga-se – que defendem que a separação ainda remanesce, o que, até o momento, é reconhecido pelo STJ, bem como em diplomas outros.[29]

No STF, o Tema 1053, sob o título "Separação judicial como requisito para o divórcio e sua subsistência como figura autônoma no ordenamento jurídico brasileiro

---

27. Lei 11.441/2007: "Art. 3º A Lei 5.869, de 1973 – Código de Processo Civil, passa a vigorar acrescida do seguinte art. 1.124-A: 'Art. 1.124-A. A separação consensual e o divórcio consensual, não havendo filhos menores ou incapazes do casal e observados os requisitos legais quanto aos prazos, poderão ser realizados por escritura pública, da qual constarão as disposições relativas à descrição e à partilha dos bens comuns e à pensão alimentícia e, ainda, ao acordo quanto à retomada pelo cônjuge de seu nome de solteiro ou à manutenção do nome adotado quando se deu o casamento. § 1º A escritura não depende de homologação judicial e constitui título hábil para o registro civil e o registro de imóveis. § 2º O tabelião somente lavrará a escritura se os contratantes estiverem assistidos por advogado comum ou advogados de cada um deles, cuja qualificação e assinatura constarão do ato notarial. [...]'." Cf. BRASIL (União). *Lei 11.441, de 4 de janeiro de 2007. Altera dispositivos da Lei 5.869, de 11 de janeiro de 1973 – Código de Processo Civil, possibilitando a realização de inventário, partilha, separação consensual e divórcio consensual por via administrativa*. Brasília, DF: Presidência da República, 2007. Disponível em: http://www.planalto.gov.br/ccivil_03/_ato2007-2010/2007/lei/l11441.htm. Acesso em: 1º maio 2023.

28. "Art. 733. O divórcio consensual, a separação consensual e a extinção consensual de união estável, não havendo nascituro ou filhos incapazes e observados os requisitos legais, poderão ser realizados por escritura pública, da qual constarão as disposições de que trata o art. 731. § 1º A escritura não depende de homologação judicial e constitui título hábil para qualquer ato de registro, bem como para levantamento de importância depositada em instituições financeiras. § 2º O tabelião somente lavrará a escritura se os interessados estiverem assistidos por advogado ou por defensor público, cuja qualificação e assinatura constarão do ato notarial." Cf. BRASIL (União). Lei 13.105, de 16 de março de 2015. *Código de Processo Civil*. Brasília, DF: Presidência da República, 2015 [ano da publicação originária]. Disponível em: http://www.planalto.gov.br/ccivil_03/_ato2015-2018/2015/lei/l13105.htm. Acesso em: 1º maio 2023.

29. "Recurso especial. Direito civil. Família. Emenda constitucional 66/10. Divórcio direto. Separação judicial. Subsistência. 1. A separação é modalidade de extinção da sociedade conjugal, pondo fim aos deveres de coabitação e fidelidade, bem como ao regime de bens, podendo, todavia, ser revertida a qualquer momento pelos cônjuges (Código Civil, arts. 1571, III e 1.577). O divórcio, por outro lado, é forma de dissolução do vínculo conjugal e extingue o casamento, permitindo que os ex-cônjuges celebrem novo matrimônio (Código Civil, arts. 1571, IV e 1.580). São institutos diversos, com consequências e regramentos jurídicos distintos. 2. A Emenda Constitucional 66/2010 não revogou os artigos do Código Civil que tratam da separação judicial. 3. Recurso especial provido." (REsp 1247098/MS – Recurso Especial 2011/0074787-0, Quarta Turma, Relatora: Ministra Isabel Gallotti, julgamento em 1º.03.2017).
Na Resolução 35, de 24.04.07, do CNJ ainda vigem as previsões constantes da "Seção III Disposições comuns à separação e divórcio consensuais", "Seção IV disposições referentes à separação consensual".
No CPC várias são as previsões relativas à separação.

após a promulgação da EC 66/2010" –, cuja repercussão geral já foi reconhecida –, fruto do Recurso Extraordinário 1.167.478-RJ, aguarda julgamento em caráter final, retirado de pauta que foi em junho de 2022.

Em resposta aos que perguntam a razão pela qual alguém, em tempos de divórcio direto, deseje apenas se separar, é importante lembrar que, embora o Estado seja laico, tal pode se dar por questões religiosas, uma vez que a separação dissolve, apenas e tão somente, a sociedade conjugal e não o casamento, que, para algumas crenças, é indissolúvel.

Todavia, é muito difícil, quase impossível, que um pedido de homologação judicial de separação consensual prospere, mas escrituras de separação consensual ainda são lavradas.

Nos eventuais pedidos de separação judicial litigiosa, os julgadores, a partir da EC 66/2010 passaram a determinar o aditamento da petição inicial, para a respectiva adequação para pleito de decretação de divórcio. Fora isso, se uma das partes pleitear, judicialmente, a decretação da separação e a outra, em reconvenção, o divórcio, este último pedido é que tramitará, prejudicado o primeiro, em razão da continência.[30]

No que tange à discussão de culpa – e o melhor, sem dúvida, é que a nomenclatura seja *responsabilidade* –, anteriormente[31] à entrada em vigor do Código Civil de 2003, a separação judicial com causa culposa – a *separação sanção* – somente era decretada se restasse comprovada a prática, por um dos cônjuges – o réu –, de "conduta desonrosa ou qualquer ato que importe em grave violação dos deveres do casamento e tornem insuportável a vida em comum" (Lei 6.515/77, art. 3º, § 5º), o que não era das tarefas mais fáceis.

Nessa época, diante da inexistência de provas concretas da prática de conduta desonrosa ou de ato de grave violação dos deveres do casamento, acarretando a insuportabilidade da vida em comum, muitos pedidos de decretação de separação judicial com causa culposa foram julgados improcedentes, mantendo, portanto, as partes

---

30. "Art. 56. Dá-se a continência entre 2 (duas) ou mais ações quando houver identidade quanto às partes e à causa de pedir, mas o pedido de uma, por ser mais amplo, abrange o das demais." Cf. BRASIL (União). Lei 13.105, de 16 de março de 2015. *Código de Processo Civil*. Brasília, DF: Presidência da República, 2015 [ano da publicação originária]. Disponível em: http://www.planalto.gov.br/ccivil_03/_ato2015-2018/2015/lei/l13105.htm. Acesso em: 1º maio 2023.
"Art. 57. Quando houver continência e a ação continente tiver sido proposta anteriormente, no processo relativo à ação contida será proferida sentença sem resolução de mérito, caso contrário, as ações serão necessariamente reunidas." Cf. BRASIL (União). Lei 13.105, de 16 de março de 2015, cit.
31. "O Código de 1916 regulava os direitos e deveres do marido e das mulheres em capítulos distintos, porque havia algumas diferenças. [...] O art. 233 do CC/1916 estabelecia que o marido era o chefe da sociedade conjugal, competindo-lhe a administração dos bens comuns e particulares da mulher, o direito de fixar o domicílio da família e o dever de prover à manutenção da família. Todos esses direitos agora são exercidos pelo casal, em sistema de cogestão. [...] No regime do Código Civil de 1916, como consequência do poder marital, cumpria ao marido prover à mantença da família, ressalvada a obrigação de a mulher contribuir para as despesas do casal, com os rendimentos de seus bens, salvo estipulação em contrário no contrato antenupcial (arts. 233, V e 277, CC/1916)." Cf. GONÇALVES, Carlos Roberto. *Direito civil brasileiro*. 13. ed. São Paulo: Saraiva, 2016. v. 6: direito de família. p. 194-195.

casadas. A saída para isso era, com base no art. 40 da Lei 6.515/77, se o casal estivesse separado de fato há mais de dois anos – tal lapso temporal era de cinco anos, tendo sido diminuído para dois, pela Lei 7.841/89 –, ser manejado o pedido de decretação do divórcio direto e, caso inexistisse acordo, poderia ser feito por apenas um dos cônjuges;[32] e, se estivesse separado de fato há mais de um ano e menos de dois, pedir a decretação da separação judicial prevista no art. 1.572, § 1º, CC.

E outros pedidos de decretação de separação judicial litigiosa foram alvo de sentenças de procedência dos pleitos reconvencionais, fundamentados na ausência de prova, pelo autor, dos fatos alegados, o que importava no acolhimento da tese do réu, de imputação caluniosa.[33]

Como já mencionado, após a entrada em vigor do Código Civil de 2003, a previsão constante do art. 1.573, parágrafo único, no sentido de o juiz, se não encontrasse provadas as hipóteses contidas nos incisos I a IV para a decretação da separação judicial, poder "considerar outros fatos que tornem evidente a impossibilidade da vida em comum", permitiu a mitigação da discussão da culpa – que melhor seria se fosse denominada *responsabilidade*. Logo, o julgador, a partir da análise da petição inicial e da contestação, poderia concluir pelo fim da comunhão plena de vida, decretando a separação.

Havia, nesse período, outro motivo que levava à discussão da culpa, pois ao cônjuge inocente era reconhecido o direito a receber alimentos, para a manutenção do padrão de vida, muito diferente daqueles destinados apenas à sobrevivência, reservados aos culpados.[34] Outras vezes, a discussão da culpa era travada na busca de uma indenização.

---

32. "Art. 40. No caso de separação de fato, e desde que completados 2 (dois) anos consecutivos, poderá ser promovida ação de divórcio, na qual deverá ser comprovado decurso do tempo da separação." Cf. BRASIL (União). Lei 10.406, de 10 de janeiro de 2002, cit.

33. "Amplamente majoritário é o entendimento pela aplicabilidade da EC 66/2010 nos processos em curso, de modo a dispensar a prévia separação ou o implemento de prazos para a concessão do divórcio. Para isso basta que uma das partes manifeste o desejo de se divorciar. Como se trata de direito potestativo, de nenhum significado eventual resistência ou discordância do outro. Mas as posições jurisprudenciais não são unânimes. Alguns julgados têm por derrogados todos os dispositivos da legislação infraconstitucional referentes ao tema. Outras decisões, inclusive, extinguem o processo de separação. Solução que não traz benefício a ninguém. Remete as partes a outra demanda para a obtenção do mesmo resultado: o fim do casamento, e aumenta o número de processos em juízo. Ainda assim, divergências persistem. Há decisões que admitem a transformação de ofício, quer pelo juiz, quer no segundo grau, quando evidenciado, no curso do processo, que ambos desejam o fim do casamento. Não há necessidade da concordância da parte contrária. Somente a expressa discordância de ambos os cônjuges impede o decreto do divórcio, caso em que deve o juiz desacolher a ação. De forma mais coerente, atendendo aos princípios da efetividade e celeridade, a solução que vem prevalecendo é admitir a transformação da ação em divórcio." (DIAS, Maria Berenice. *Divórcio:* Emenda Constitucional 66/2010 e o CPC. 2. ed. São Paulo: Revista dos Tribunais, 2017. np).

34. "Art. 1.702. Na separação judicial litigiosa, sendo um dos cônjuges inocente e desprovido de recursos, prestar-lhe-á o outro a pensão alimentícia que o juiz fixar, obedecidos os critérios estabelecidos no art. 1.694."

"Art. 1.704. Se um dos cônjuges separados judicialmente vier a necessitar de alimentos, será o outro obrigado a prestá-los mediante pensão a ser fixada pelo juiz, caso não tenha sido declarado culpado na ação de separação judicial.

À época, a jurisprudência unânime o era no sentido da vedação de discussão de culpa em casos de divórcio direto, em que a única prova a ser produzida era a da separação fática dos cônjuges há mais de dois anos.[35] E esse entendimento já vigia quando da promulgação da EC 66/2010 – que tornou o *divórcio direto* uma realidade no Brasil, sem qualquer requisito –, sendo equivocada a menção a que somente a partir dela a discussão de culpa quanto ao fim do casamento foi sepultada. O que se fez foi transferir o entendimento majoritário vigente, de impossibilidade de discussão de culpa quando se cuidasse de pedido de decretação do divórcio direto, pelo transcurso do lapso temporal, pela vedação também quando do divórcio pleiteado com base na EC 66/2010.

Considerando que não se discute culpa para a decretação do divórcio – ou da separação, para os que reputam que o instituto remanesce –, bem como que a jurisprudência dominante o é no sentido de, se a perquirição for determinada, tal se dar nos autos da ação de alimentos que, com o contemporâneo entendimento dos tribunais, são devidos aos cônjuges ou aos companheiros, apenas e tão somente, em caráter excepcional, e de, em caso de fixação, isso se dar por período certo e determinado,[36] fica claro que essa busca se tornou inócua, o que representa um frescor que sopra nestes tempos de mudança em que não se coloca um terceiro – o julgador –, que jamais viu o par, ter de decidir quem deu causa à falência do relacionamento.

Parágrafo único. Se o cônjuge declarado culpado vier a necessitar de alimentos, e não tiver parentes em condições de prestá-los, nem aptidão para o trabalho, o outro cônjuge será obrigado a assegurá-los, fixando o juiz o valor indispensável à sobrevivência." Cf. BRASIL (União). Lei 10.406, de 10 de janeiro de 2002, cit.

35. "Assim, a jurisprudência já enfatizava que, na vigência da atual Constituição, era suficiente para a dissolução do casamento a separação de fato do casal por mais de dois anos, descabendo qualquer indagação sobre culpa." CAHALI, Yussef Said. *Separações conjugais e divórcio*, cit., p. 914.
"Art. 40. No caso de separação de fato, e desde que completados 2 (dois) anos consecutivos, poderá ser promovida ação de divórcio, na qual deverá ser comprovado decurso do tempo da separação. Cf. BRASIL (União). Lei 6.515, de 26 de dezembro de 1977. Disponível em: http://www.planalto.gov.br/ccivil_03/leis/l6515.htm. Acesso em: 1º maio 2023..

36. "Processual civil. Civil. Recurso especial. Família. Ação de divórcio consensual direto. Audiência para tentativa de reconciliação ou ratificação. Inexistência. Divórcio homologado de plano. Possibilidade. Recurso desprovido. 1. Em razão da modificação do art. 226, § 6º, da CF, com a nova redação dada pela EC 66/10, descabe falar em requisitos para a concessão de divórcio. 2. Inexistindo requisitos a serem comprovados, cabe, caso o magistrado entenda ser a hipótese de concessão de plano do divórcio, a sua homologação. 3. A audiência de conciliação ou ratificação passou a ter apenas cunho eminentemente formal, sem nada produzir, e não havendo nenhuma questão relevante de direito a se decidir, nada justifica na sua ausência, a anulação do processo. 4. Ainda que a CF/88, na redação original do art. 226, tenha mantido em seu texto as figuras anteriores do divórcio e da separação e o CPC tenha regulamentado tal estrutura, com a nova redação do art. 226 da CF/88, modificada pela EC 66/2010, deverá também haver nova interpretação dos arts. 1.122 do CPC e 40 da Lei do Divórcio, que não mais poderá ficar à margem da substancial alteração. Há que se observar e relembrar que a nova ordem constitucional prevista no art. 226 da Carta Maior alterou os requisitos necessários à concessão do Divórcio Consensual Direto. 5. Não cabe, *in casu*, falar em inobservância do Princípio da Reserva de Plenário, previsto no art. 97 da Constituição Federal, notadamente porque não se procedeu qualquer declaração de inconstitucionalidade, mas sim apenas e somente interpretação sistemática dos dispositivos legais versados acerca da matéria. 6. Recurso especial a que se nega provimento." (STJ, REsp 1483841-RS, rel. Min. Moura Ribeiro, j. 17 mar. 2015, DJe 27 mar. 2015).

4. O DIVÓRCIO NA ATUALIDADE

Na atualidade, se houver acordo entre os cônjuges, o divórcio pode se dar pelo meio judicial (divórcio judicial consensual) ou extrajudicial (escritura).

O meio judicial, quando da promulgação da Lei 11.441/07, deveria, obrigatoriamente, ser utilizado pelos casais cuja separação – à época, a separação antecedia o divórcio – importava em regular temas relativos a filhos menores e/ou incapazes,[37] situação superada em alguns Estados da Federação, considerando que, se for provado que a fixação da guarda e da regulamentação do regime de convivência parental e os alimentos de tais filhos menores e/ou incapazes tenha sido resolvida por sentença transitada em julgado, poder-se-á lavrar a escritura de divórcio e/ou de partilha, necessária a depender do regime de bens que regeu o casamento.[38]

No pedido de decretação de divórcio, descabe qualquer discussão sobre culpa, como antes referido.

A dúvida que se abate é saber se, em contrariedade ao objetivo da EC 45/2004, que, dentre outros objetivos, assegura a todos, no âmbito judicial e administrativo, a

---

37. "Art. 1.124-A. A separação consensual e o divórcio consensual, não havendo filhos menores ou incapazes do casal e observados os requisitos legais quanto aos prazos, poderão ser realizados por escritura pública, da qual constarão as disposições relativas à descrição e à partilha dos bens comuns e a pensão alimentícia e, ainda, ao acordo quanto à retomada pelo cônjuge de seu nome de solteiro ou à manutenção do nome adotado quando se deu o casamento." Cf. BRASIL (União). Lei 13.105, de 16 de março de 2015. *Código de Processo Civil*. Brasília, DF: Presidência da República, 2015 [ano da publicação originária]. Disponível em: http://www.planalto.gov.br/ccivil_03/_ato2015-2018/2015/lei/l13105.htm. Acesso em: 1º maio 2023.

38. "Art. 34. As partes devem declarar ao tabelião, no ato da lavratura da escritura, que não têm filhos comuns ou, havendo, que são absolutamente capazes, indicando seus nomes e as datas de nascimento. Parágrafo único. As partes devem, ainda, declarar ao tabelião, na mesma ocasião, que o cônjuge virago não se encontra em estado gravídico, ou ao menos, que não tenha conhecimento sobre esta condição." Resolução 35, de 24 de abril de 2007, do CNJ. Disponível em: https://atos.cnj.jus.br/atos/detalhar/179. Acesso em: 1º maio 2023.

    As Corregedorias de Justiça de vários Estados permitem que, se comprovado que a questão referente à guarda, regulamentação de convivência parental e alimentos de filhos menores e/ou incapazes esteja decidida por sentença transitada em julgado, os genitores poderão levar a cabo o respectivo divórcio e/ou partilha por meio de escritura, como, por exemplo, o Estado de São Paulo: requisitos extrajudicial: consenso, *inexistência de interesses de menores – exceções* em alguns Estados, como, p.ex., São Paulo: "87. As partes devem declarar ao Tabelião de Notas, por ocasião da lavratura da escritura, que não têm filhos comuns ou, havendo, que são absolutamente capazes, indicando os seus nomes e as datas de nascimento. [...] 87.2. *Se comprovada a resolução prévia e judicial de todas as questões referentes aos filhos menores (guarda, visitas e alimentos), o tabelião de notas poderá lavrar escrituras públicas de separação e divórcio consensuais.*" (Normas Extrajudiciais da Corregedoria Geral da Justiça, Capítulo XVI, "Seção V Das Escrituras Públicas", "Subseção IV Disposições Comuns a Separação e Divórcio Consensuais").

    Art. 310. [...] § 1º. Havendo filhos menores ou nascituro, será permitida a lavratura da escritura, desde que devidamente comprovada a prévia resolução judicial de todas as questões referentes aos mesmos (guarda, visitação e alimentos), o que deverá ficar consignado no corpo da escritura." (Código de Normas da Corregedoria Geral da Justiça do Estado do Rio de Janeiro – Parte Extrajudicial)

    Enunciado 571 – "*Se comprovada a resolução prévia e judicial de todas as questões referentes aos filhos menores ou incapazes, o tabelião de notas poderá lavrar escrituras públicas de dissolução conjugal.*" (IV Jornada de Direito Civil, CJF, 2006).

    Enunciado 74 – "*O divórcio extrajudicial, por escritura pública, é cabível mesmo quando houver filhos menores, vedadas previsões relativas a guarda e a alimentos aos filhos.*" (I Jornada de Direito Notarial e Registral, realizada em 4 e 5 de agosto de 2022, pelo Conselho da Justiça Federal, Centro de Estudos Judiciários).

razoável duração do processo e os meios que garantam a celeridade de sua tramitação, as famílias se vejam envolvidas em inúmeros processos, em diferentes juízos. Isso em razão de várias decisões no sentido de, na existência de interesses de filhos menores e/ou incapazes, será obrigatória a propositura de uma ação visando ao divórcio, outra à regulamentação da guarda e do regime de convivência parental desses filhos, outra para a fixação de alimentos para os incapazes; e, eventualmente outra para os alimentos devidos a um dos cônjuges; e, dissolvido o casamento, a ação de partilha.

Considerando a previsão contida no art. 327 do CPC,[39] está equivocado o entendimento supra equivocado, pois é permitida a cumulação do pedido de decretação de divórcio com o de fixação de guarda e regulamentação de convivência dos filhos, de fixação de pensão para o cônjuge que disso necessitar e, também, de fixação de indenização por danos morais e/ou materiais, tudo pelo procedimento comum. Para a Família que já se encontra em frangalhos, considerando que o litígio é um verdadeiro *rolo compressor* sobre todos, será muito melhor que um mesmo juiz conheça o(s) processo(s) que a envolve(m).

E, antes que se possa arguir da inconveniência de tal rito comum para as demandas alimentares, insta salientar que, considerando que o procedimento especial, previsto na Lei 5.478/68, poderia ser havido como melhor por prever, no art. 13, § 3º, que os "alimentos provisórios serão devidos até a decisão final, inclusive o julgamento do recurso extraordinário", tal determinação está bastante divorciada da realidade, em que, como é certo, se houver o reconhecimento, por acórdão, da desnecessidade do recebimento de pensão alimentícia por um dos cônjuges, não é crível que a obrigação se perpetue até o julgamento de recursos nas Cortes Superiores. O procedimento comum pode ser utilizado e a tutela de urgência permitirá que, se for o caso, o cônjuge necessitado tenha atendido seu pedido de forma célere.

Com a cumulação, o julgador, após decretar o divórcio – por sentença cujo trânsito em julgado pode ser decretado desde logo, considerando a inexistência de recorrer –, prosseguindo o feito para a discussão dos demais pontos.

No que tange ao pedido de fixação de indenização por danos morais e/ou materiais é inexplicável que se repute que, afora ser vedada a cumulação nos próprios autos do divórcio, a competência seria do Juízo Cível. É muito duro que danos advindos de relações tão delicadas como as familiares, sejam tratadas da mesma forma que um acidente de veículo. Famílias têm de estar onde estão as Famílias. Não por

---

39. Art. 327. É lícita a cumulação, em um único processo, contra o mesmo réu, de vários pedidos, ainda que entre eles não haja conexão. § 1º São requisitos de admissibilidade da cumulação que: I – os pedidos sejam compatíveis entre si; II – seja competente para conhecer deles o mesmo juízo; III – seja adequado para todos os pedidos o tipo de procedimento. § 2º Quando, para cada pedido, corresponder tipo diverso de procedimento, será admitida a cumulação se o autor empregar o procedimento comum, sem prejuízo do emprego das técnicas processuais diferenciadas previstas nos procedimentos especiais a que se sujeitam um ou mais pedidos cumulados, que não forem incompatíveis com as disposições sobre o procedimento comum. [...]" Cf. BRASIL (União). Lei 13.105, de 16 de março de 2015. *Código de Processo Civil*. Brasília, DF: Presidência da República, 2015 [ano da publicação originária]. Disponível em: http://www.planalto.gov.br/ccivil_03/_ato2015-2018/2015/lei/l13105.htm. Acesso em: 1º maio 2023.

menos se festejou tanto quando a união estável e a união homoafetiva passaram a ser de competência dos Juízos de Família.

Não se fala em cumulação, no pedido de divórcio, de ação de alimentos destinados aos filhos menores e/ou incapazes, pois eles não são partes no processo e, nesse caso, o rito adotado será o da Lei 5.478/68, que poderá ser mais célere, nada impedindo, contudo, que se adote o procedimento comum.

Ou seja, no caso de pedido de decretação de divórcio, que toma a feição litigiosa, por conta da inexistência de acordo entre os cônjuges, nada obsta a cumulação com os pleitos supra referidos, dando-se, em seguida, a citação e intimação do réu – essa segunda em virtude de tutelas de urgência que podem ser concedidas para, por exemplo, fixar a guarda e o regime de convivência parental de filhos, alimentos a serem pagos ao cônjuge, eventual bloqueio de patrimônio que, considerando o regime de bens vigente, poderá ser extraviado e/ou dissipado. Após, a depender da espécie de tutela de urgência pleiteada – antecipatória ou cautelar antecedente –, o pedido, após atendidos os requisitos constantes dos artigos 303 a 310 do código de processo civil, seguirá pelo procedimento comum.

5. CONCLUSÃO

Até a metade dos anos sessenta, os brasileiros viviam sob os fundamentos conservadores do catolicismo, segundo os quais o casamento era uma instituição indissolúvel. O Brasil não previa o divórcio, mas apenas o desquite, no CC/1916, que não dissolvia o vínculo matrimonial, previsões que foram revogadas pela Lei 6.515/77.

O Código Civil de 2002 mitigou a discussão sobre a culpa, considerando a previsão contida no parágrafo único do art. 1.573, que permitiu que o julgador considerasse outros fatos que comprovassem a impossibilidade da vida em comum.

A EC 66/2010, fora a discussão sobre a impossibilidade de discussão da culpa pela falência do casamento – o que, como se referiu, já era vedado, pela jurisprudência unânime, anteriormente à respectiva promulgação, em casos de divórcio direto pelo lapso temporal de separação de fato –, trouxe a polêmica sobre se o instituto da separação está, ou não, mantido no ordenamento jurídico, ao que a doutrina majoritária responde que não, mas o STJ mantém que sim e o STF ainda procederá ao julgamento do RE ...

Contudo, o que se pode concluir é que, seja em uma ou duas fases – separação e divórcio ou somente divórcio –, consensual ou litigiosamente, a dissolução de um casamento traz dor aos partícipes da Família e é extremamente importante que os operadores do Direito tenham em mente a importância de sua função, visando a que o atravessar da ponte, para uma nova realidade, se dê, ainda que de olhos baixos, com a visão de que há um mundo melhor mais a frente. E isso só é possível se a aplicação do ordenamento se der com sensibilidade e cuidado que a Família faz por merecer. Entretanto, ainda há muita discussão pela frente.

6. REFERÊNCIAS

ALEMANHA. *Bürgerliches Gesetzbuch* [BGB]. 1896 [ano da publicação originária]. Disponível em: https://www.gesetze-im-internet.de/englisch_bgb/englisch_bgb.html#p5362. Acesso em: 04 fev. 2021.

CAHALI, Yussef Said. *Separações conjugais e divórcio*. 12. ed. São Paulo: Revista dos Tribunais, 2011.

CARVALHO NETO, Inacio de. *Separação e divórcio*: teoria e prática. 6. ed. Curitiba: Juruá, 2005.

DAUPELEY, Henry. *La conversion de séparation de corps*. Le Mans: Impr. Ch. Blanchet, 1908.

DIAS, Maria Berenice. *Alimentos sem culpa*. Porto Alegre, 2017. Disponível em: http://www.mariaberenice.com.br/manager/arq/(cod2_538)2__alimentos_sem_culpa.pdf. Acesso em: 17 fev. 2021.

DIAS, Maria Berenice. Divórcio: Emenda Constitucional 66/2010 e o CPC. 2. ed. São Paulo: Revista dos Tribunais, 2017.

GONÇALVES, Carlos Roberto. *Direito civil brasileiro*. 13. ed. São Paulo: Saraiva, 2016. v. 6: direito de família.

LEVUSH, Ruth. *Israel*: extrajudicial sanctions against husbands noncompliant with rabbinical divorce rulings. Washington (EUA): The Law Library of Congress, 2017. Disponível em: https://www.loc.gov/law/help/divorce-rulings/israel-divorce-rulings.pdf. Acesso em: 05 fev. 2021.

MORAES, Maria Lygia Quartim de. Apresentação. *Cad. Pagu*, Campinas: n. 16, p. 7-12, 2001. Disponível em: http://www.scielo.br/scielo.php?script=sci_arttext&pid=S0104-83332001000100001&lng=en&nrm=iso. Acesso em: 08 fev. 2021.

MOREIRA ALVES, José Carlos. *Direito romano*. 15. ed. Rio de Janeiro: Forense, 2012.

REGIS, Mário Luiz Delgado. 40 anos do divórcio no Brasil: uma história de casamentos e florestas. *Conjur*, 22 out. 2017. Disponível em: https://www.conjur.com.br/2017-out-22/processo-familiar-40-anos--divorcio-brasil-historia-casamentos-florestas. Acesso em: 14 fev. 2021.

TARTUCE, Flávio. *Direito civil*. 15. ed. Rio de Janeiro: Forense, 2020. v. 5: direito de família.

TARTUCE, Flávio. *Direito de família*. 13. ed. Rio de Janeiro: Forense, 2018.

VAINER, Ricardo. *Anatomia de um divórcio interminável*: o litígio como forma de vínculo. São Paulo: Casa do Psicólogo, 1999.

VERUCCI, Florisa. *A mulher no direito de família brasileiro*: uma história que não acabou. São Paulo: Revista dos Tribunais, ago. 2011 (Doutrinas Essenciais Família e Sucessões, v. 1).

Legislação

ARGENTINA. *Código Civil y Comercial de La Nación*. Buenos Aires: 2014 [ano da publicação originária]. Disponível em: https://www.argentina.gob.ar/normativa/nacional/ley-26994-235975/actualizacion#11. Acesso em: 04 fev. 2021.

ARGENTINA. *Ley 23.515/1989*. Buenos Aires: Governo de Argentina, 1989. Disponível em: https://www.argentina.gob.ar/normativa/nacional/ley-23515-21776/texto. Acesso em: 04 fev. 2021.

BRASIL (União). *Constituição Federal de 1988*. Brasília, DF: Presidência da República, 1988 [ano da publicação originária]. Disponível em: http://www.planalto.gov.br/ccivil_03/constituicao/constituicaocompilado.htm. Acesso em: 1º maio 2023.

BRASIL (União). *Emenda Constitucional 9, de 28 de junho de 1977*. Dá nova redação ao § 1º do artigo 175 da Constituição Federal. Brasília, DF: Presidência da República, 1977. Disponível em: http://www.planalto.gov.br/ccivil_03/constituicao/emendas/emc_anterior1988/emc09-77.htm. Acesso em: 1º maio 2023.

BRASIL (União). *Emenda Constitucional 66, de 13 de julho de 2010*. Dá nova redação ao § 6º do art. 226 da Constituição Federal, que dispõe sobre a dissolubilidade do casamento civil pelo divórcio, suprimindo o requisito de prévia separação judicial por mais de 1 (um) ano ou de comprovada separação de fato por mais de 2 (dois) anos. Brasília, DF: Congresso Nacional, 2010. Disponível em: http://www.planalto.gov.br/ccivil_03/constituicao/Emendas/Emc/emc66.htm. Acesso em: 1º maio 2023.

BRASIL (União). *Lei Marital (Decreto 181, de 24 de janeiro de 1890)*. Brasília, DF: Congresso Nacional, 1890. Disponível em: https://www2.camara.leg.br/legin/fed/decret/1824-1899/decreto-181-24-janeiro-1890-507282-norma-pe.html. Acesso em: 1º maio 2023.

BRASIL (União). *Lei 6.515, de 26 de dezembro de 1977*. Regula os casos de dissolução da sociedade conjugal e do casamento, seus efeitos e respectivos processos, e dá outras providências. Brasília, DF: Presidência da República, 1977. Disponível em: http://www.planalto.gov.br/ccivil_03/leis/l6515.htm. Acesso em: 1º maio 2023.

BRASIL (União). *Lei 5.478, de 25 de julho de 1968*. Dispõe sobre ação de alimentos e dá outras providências. Disponível em: http://www.planalto.gov.br/ccivil_03/leis/l6515.htm. Acesso em: 1º maio 2023.

BRASIL (União). *Lei 10.406, de 10 de janeiro de 2002*. Institui o Código Civil. Brasília, DF: Presidência da República, 2002 [ano da publicação originária]. Disponível em: http://www.planalto.gov.br/ccivil_03/leis/2002/L10406compilada.htm. Acesso em: 1º maio 2023.

BRASIL (União). *Lei 11.441, de 4 de janeiro de 2007*. Altera dispositivos da Lei 5.869, de 11 de janeiro de 1973 – Código de Processo Civil, possibilitando a realização de inventário, partilha, separação consensual e divórcio consensual por via administrativa. Brasília, DF: Presidência da República, 2007. Disponível em: http://www.planalto.gov.br/ccivil_03/_ato2007-2010/2007/lei/l11441.htm. Acesso em: 1º maio 2023.

BRASIL (União). *Lei 13.105, de 16 de março de 2015*. Código de Processo Civil. Brasília, DF: Presidência da República, 2015 [ano da publicação originária]. Disponível em: http://www.planalto.gov.br/ccivil_03/_ato2015-2018/2015/lei/l13105.htm. Acesso em: 1º maio 2023.

SÃO PAULO. *Provimento CGJ 21/2016*. São Paulo: *Site* extrajudicial do Tribunal de Justiça de São Paulo, 2016. Disponível em: https://extrajudicial.tjsp.jus.br/pexPtl/visualizarDetalhesPublicacao.do?cdTipopublicacao=3&nuSeqpublicacao=203. Acesso: em 14 fev. 2021.

UNIÃO ESTÁVEL

Joyceane Bezerra de Menezes

Doutora em Direito pela Universidade Federal de Pernambuco. Mestre em Direito pela Universidade Federal do Ceará. Pós-doutorado em "Novas Tecnologias e Direito" na Mediterranea Internacional Centre for Human Rights Research (MICHR), Departamento de Direito, Economia e Humanidades – Universidade Reggio Calabria (Itália). Professora Titular da Universidade de Fortaleza – Programa de Pós-Graduação Stricto Sensu em Direito (Mestrado/Doutorado) da Universidade de Fortaleza, na Disciplina de Direitos de Personalidade. Professora Titular, da Universidade Federal do Ceará. Coordenadora do Grupo de Pesquisa CNPQ: Direito civil na legalidade constitucional. Fortaleza, Ceará, Brasil. Editora da Pensar, Revista de Ciências Jurídicas – Universidade de Fortaleza. Advogada.

E-mail: joyceane@unifor.br

Sumário: 1. Conceito – 2. Elementos constitutivos e natureza jurídica do instituto – 3. Marco inicial da união estável – 4. Impedimentos e causas suspensivas – 5. Estado civil e uso do nome – 6. Direitos e deveres decorrentes da união estável – 7. Regime de bens – 8. União estável putativa – 9. Conversão da união estável em casamento – 10. Dissolução da união estável – 11. União estável: teses e enunciados – 12. Referências.

1. CONCEITO

A união estável formada entre homem e mulher corresponde a uma das modalidades de entidade familiar e recebe especial proteção do Estado, segundo a Constituição da República (art. 225, § 3º). A partir de 2011, com o julgamento da ADI 4.277 e ADPF 132, o Supremo Tribunal Federal atribuiu uma interpretação conforme à Constituição ao art. 1.723, do Código Civil, passando a admitir a união estável entre pessoas do mesmo sexo.[1] Reconhecida a constitucionalidade da chamada

---

1. A decisão do STF não refletiu a unanimidade da doutrina, tampouco utilizou uma fundamentação jurídica hegemônica ao Judiciário. Relembra Rolf Madaleno, "havia uma corrente refratária ao reconhecimento da união homoafetiva e pela qual só deveriam ser partilhados na dissolução da sociedade de fato os bens hauridos pelo esforço comum, como sucedeu no REsp 773.136/RJ, da Terceira Turma, relatado pela Ministra Nancy Andrighi. Não foi diferente o voto vista do Ministro Fernando Gonçalves ao admitir que o direito positivo não vedava a união de pessoas do mesmo sexo, mas disse que a legislação citada somente reconhecia, para fins de união estável a união de pessoas de sexos opostos. Ponderava o Ministro Fernando Gonçalves "não haver condições de reconhecimento de união estável na relação afetiva de pessoas do mesmo sexo, porque o *desideratum* dos textos relativos à convivência entre um homem e uma mulher é a constituição de família e no campo do casamento e da união estável, à luz do que dispõe o art. 226, § 3º, da Constituição Federal, mais o art. 1º. da Lei 9.278/1996 e artigos 1.723 e 1.724 do Código Civil, apenas poderia ser reconhecida como entidade familiar a convivência duradoura, pública e continua, de um homem e uma mulher" (MADALENO, 2020, p. 447). Antes mesmo dessa decisão, a doutrina civilista oferecia fundamentação jurídica sólida para o reconhecimento jurídico da união entre pessoas do mesmo sexo. Ana Carla Harmatiuk Matos já sustentava a possibilidade jurídica da união entre pessoa do mesmo sexo com fundamento no direito à felicidade e ao livre desenvolvimento da personalidade. À época da publicação, a autora já defendia que a negativa do reconhecimento jurídico das relações estáveis entre pessoas do mesmo sexo, à vista de sua orientação sexual, constituía discriminação jurídica e ofensa à dignidade da pessoa humana (2004, p. 148).

união estável homoafetiva, o Superior Tribunal de Justiça admitiu a possibilidade de sua conversão em casamento, por ocasião do julgamento do REsp 1.183.378-RS, dando provimento ao pedido de duas mulheres que reivindicavam sua habilitação civil para o matrimônio.[2]

Trata-se de uma união de fato pautada pela informalidade e, por isso, difere do casamento que resulta de um negócio jurídico solene e complexo. Manifesta-se como uma família forjada na comunhão fática da vida, cuja prova é primordialmente testemunhal, embora tantos outros instrumentos probatórios possam corroborar para a afirmação de sua existência.[3] Qualifica-se constitucionalmente como *entidade familiar*, expressão sinonímia de *família*, para o fim de produzir os mesmos efeitos sociais e jurídicos decorrentes da família matrimonial.[4]

Casamento e união estável constituem distintas modalidades de *família* que produzem semelhantes efeitos jurídicos nas esferas pessoal, social e patrimonial do casal. Distinguem-se apenas quanto à natureza jurídica: enquanto a união estável é ato-fato jurídico, marcada pela informalidade de sua constituição; o casamento é um negócio jurídico complexo, de direito de família.

A Lei 9.278/1996 foi a segunda norma editada para a disciplina jurídica da união estável, em complementação à Lei 8.971/1994. Quando o projeto de Lei 1.888/91

Menezes e Oliveira (2009) também sustentaram a possibilidade jurídica da união homoafetiva a partir do direito ao livre desenvolvimento da personalidade que engloba a expressão da orientação sexual. Tema também abordado por Heloísa Helena Barboza e Vitor Almeida (2020).

2. O passo seguinte veio do Conselho Nacional de Justiça, editando a Resolução 175/2013, vedando as recusas de requerimento dessa natureza pelas autoridades notariais.
3. A existência da união estável pode ser provada por todos os meios de prova em direito admitidos. Vale o rol exemplificativo sugerido por Tânia Nigri (2020, p. 60-61).
"1. Comprovação de dependência emitida por autoridade fiscal ou órgão correspondente à Receita Federal. 2. Testamento com destinação de legado ou herança ao interessado. 3. Fotografias do casal. 4. Escritura de compra e venda, registrada no Registro de Propriedade de Imóveis, em que constem os interessados como proprietários, ou contrato de locação de imóvel em que figurem como locatário
5. Prova de comunhão nos atos do dia a dia. 6. Perfis em redes sociais. 7. Certidão de nascimento de filho comum. 8. Procuração reciprocamente outorgada. 9. Certidão de casamento religioso. 10. Contas bancárias conjuntas. 11. Título de clube em que o interessado seja dependente. 12. Plano de saúde em que conste o nome do interessado como dependente. 13. Apólice de seguro em que o interessado seja listado como beneficiário. 14. Contas no mesmo endereço. 15. Contrato de estabelecimento de ensino, frequentado pelo interessado, em que o suposto companheiro figure como responsável financeiro."
4. Nesse aspecto, vale ressaltar o esclarecimento do Supremo Tribunal Federal, por meio do voto do Relator, Ministro Ayres Brito, quando do julgamento da ADI 4.277/2011 – "que a terminologia "entidade familiar" não significa algo diferente de "família", pois não há hierarquia ou diferença de qualidade jurídica entre as duas formas de constituição de um novo núcleo doméstico. Estou a dizer: a expressão "entidade familiar" não foi usada para designar um tipo inferior de unidade doméstica, porque apenas a meio caminho da família que se forma pelo casamento civil. Não foi e não é isso pois inexiste essa figura de subfamília, família de segunda classe ou família "mais ou menos" (relembrando o poema de Chico Xavier). O fraseado foi apenas usado como sinônimo perfeito de família, que é um organismo, um aparelho, uma entidade, embora sem personalidade jurídica. Logo, diferentemente do casamento ou da própria união estável, a família não se define como simples instituto ou figura de direito em sentido meramente objetivo. Essas duas objetivas figuras de direito que são o casamento e a união estável é que se distinguem mutuamente, mas o resultado a que chegam é idêntico: uma nova família, ou, se se prefere, uma nova "entidade familiar", seja a constituída por pares homoafetivos, seja a formada por casais heteroafetivos."

foi aprovado pelas duas casas legislativas (no Senado Federal, com o 84/1994) e submetido à sanção presidencial para dar origem à Lei 9.278/96, coube ao Presidente da República vetar três dos dispositivos que imprimiam maior formalidade ao contrato de convivência (arts. 3º., 4º. e 6º., do Projeto de Lei 1.888, de 1991; 84/94 no Senado Federal). Na fundamentação do veto, o Presidente alegou que os citados dispositivos pretendiam uma formalização incompatível com a intenção primária do legislador de reconhecer "a posteriori", os efeitos de determinadas situações factuais consolidadas como entidade familiar. A seu juízo, o excesso de formalidade poderia confundir a união estável com um casamento de segundo grau.[5] Observa-se, desde a primeira hora, uma tendência de "formalização" da união estável alheia à compleição do instituto (Delgado; Brandão, 2018).

Em 2017, o Supremo Tribunal Federal voltou a tratar da união estável ao julgar o Recurso Extraordinário 878694, com repercussão geral, para reconhecer a inconstitucionalidade do art. 1.790, do Código Civil e equiparar a união estável ao casamento para fins de direito sucessório, garantindo ao companheiro supérstite o mesmo regime jurídico aplicável ao cônjuge viúvo, nos termos do art. 1.829, do CC. Com essa decisão, os institutos da união estável e do casamento se aproximaram ainda mais, merecendo a crítica de muitos civilistas, dentre os quais, Rodrigo da Cunha Pereira (2021). Rememora-se o Enunciado Interpretativo 641, aprovado na VIII Jornada de Direito Civil, do Conselho de Justiça Federal, cujo teor reafirmou a inconstitucionalidade do art. 1.790, sem desconsiderar as diferenças estruturais entre o casamento e a união estável.

> A decisão do Supremo Tribunal Federal que declarou a inconstitucionalidade do art. 1.790, do Código Civil não importa equiparação absoluta entre o casamento e a união estável. Estendem-se à união estável apenas as regras aplicáveis ao casamento que tenham por fundamento a solidariedade familiar. Por outro lado, é constitucional a distinção entre os regimes, quando baseada na solenidade do ato jurídico que funda o casamento, ausente na união estável.

A proteção jurídica constitucionalmente assegurada à união estável, associada ao apego excessivo à segurança jurídica que prestigia sobremaneira os negócios jurídicos, parece ser o combustível determinante para a crescente e excessiva tendência de formalização da união estável, movimento incompatível com a sua natureza jurídica

---

5. Nas razões do veto, disse o Presidente Fernando Henrique Cardoso: "em primeiro lugar, o texto é vago em vários dos seus artigos e não corrige as eventuais falhas da Lei 8.971. Por outro lado, a amplitude que se dá ao contrato de criação da união estável importa em admitir um verdadeiro casamento de segundo grau, quando não era esta a intenção do legislador, que pretendia garantir determinados efeitos *a posteriori* a determinadas situações nas quais tinha havido formação de uma entidade familiar. Acresce que o regime contratual e as presunções constantes no projeto não mantiveram algumas das condicionantes que constavam no projeto inicial. Assim sendo, não se justifica a introdução da união estável contratual nos termos do art. 3º, justificando-se pois o veto em relação ao mesmo e, em decorrência, também no tocante aos artigos 4º e 6º." Mensagem De Veto 420, de 10 de maio de 1996. Disponível em: https://www2.camara.leg.br/legin/fed/lei/1996/lei-9278-10-maio-1996-362582-veto-20892-pl.html. Acesso em: 02 dez. 2021.

e social.[6] Não raro, uma escritura pública declaratória de união estável é tratada como se fosse um ato constitutivo.[7]

Medida Provisória 1.085/2021 foi convertida na Lei 14.382, de 27 de junho de 2022, que alterou a Lei de Registros Públicos, avançando a tendência de formalização da união estável. Ao dispor, no art. 94-A, sobre o registro de *termos declaratórios* (instrumento particular)[8] e escrituras declaratórias de união estável e distrato, a lei gerou inúmeras controvérsias, inclusive, quanto a sua constitucionalidade. Somente em relação a esse dispositivo, observa-se uma afronta ao texto constitucional que veda a que trata de matéria atinente ao direito processual, observa-se uma afronta ao texto constitucional que veda a edição de medida provisória sobre direito processual civil (CF/88, art. 62, § 1º, I, b).

A lei estabelece uma série de medidas que findam por impulsionar a formalização da união estável. Dispõe que apenas os conviventes em união estável devidamente registrada no registro de pessoas naturais poderão aditar ao seu, o sobrenome do outro. Restringe o registro da alteração de regime de bens no curso da união estável e o procedimento de sua conversão em casamento. Institui o chamado termos de-

---

6. Rodrigo Pereira da Cunha é um dos críticos desta tendência de se igualarem os dois institutos. *In verbis*, "Em que pese a polêmica discussão da igualdade entre essas duas formas de constituição de família e o julgamento pelo STF, equiparando essas duas entidades familiares, é razoável que diferenças existam. Isto não significa a prevalência de uma sobre a outra. O Estado não pode e não deve interferir na liberdade dos sujeitos de viver relações de natureza diferente daquelas por ele instituídas e desejadas. Se em tudo se equipara união estável e casamento, significa que não teremos mais duas formas de constituição de família, mas apenas uma, já que não há mais diferenças." (PEREIRA, 2021, p. 179).

7. Apelação cível. Direito previdenciário. Rioprevidência. Ação de concessão de pensão por morte à alegada companheira do segurado. Sentença de improcedência. Apelo da autora. De acordo com o artigo 373, I, do Código de Processo Civil, cabe a quem invoca a qualidade de companheira a prova inconteste a respeito da união duradoura como se casada fosse. Dos documentos e provas juntados não se pode extrair uma evidente convivência *more uxorio* nem a *affectio maritalis*. Ausente o requisito indispensável para afastar os relacionamentos que não apresentam envolvimento profundo e responsável em torno da entidade familiar. *A escritura pública se reveste de presunção iuris tantum de veracidade do que foi declarado pelas partes, sendo incontroverso que os declarantes possuíam o discernimento necessário. No entanto, posto ter natureza declaratória e não constitutiva, ao ser confrontado com demais elementos de convencimento em contrário torna-se insubsistente.* Sendo a união estável ato-fato jurídico, caso o teor do documento público atestando-a seja diferente do mundo real as declarações não subsistirão, qualquer que tenha sido o motivo para a sua produção. Declaração não compatível com a conjuntura do relacionamento sucedido, pois ausente a demonstração de união pública, duradoura e estável mantida entre o falecido servidor e a autora capaz de caracterizar união estável com intenção de constituir família, conforme estabelece o artigo 1.723 do Código Civil. A existência de laços de afetividade, por si só, não caracteriza a existência de união estável entre as partes, assim não há como determinar a habilitação da apelante ao recebimento de pensão na qualidade de companheira do falecido. Apelo Conhecido e Desprovido. (TJ-RJ – APL: 00115507420138190052, rel. Des. Cezar Augusto Rodrigues Costa, Data de Julgamento: 03 ago. 2021, Oitava Câmara Cível, Data de Publicação: 06 ago. 2021). *Grifo intencional.*

8. De acordo com o art. 1º-A, do Provimento 37/2014, o termo declaratório mencionado no inciso IV, do § 3º do art. 1º, consistirá em declaração escrita e assinada por ambos os companheiros perante o ofício de registro civil das pessoas naturais de sua livre escolha, com a indicação de todas as cláusulas admitidas nos demais títulos, inclusive a escolha de regime de bens na forma do art. 1.725 da Lei no 10.406, de 2002 (Código Civil), e de inexistência de lavratura de termo declaratório anterior. Esse dispositivo tem causado grande polêmica entre registradores e notários porque induz a crer tratar-se de verdadeira escritura lavrada por quem não seria competente.

claratórios de união estável que não poderá ser registrado no livro "E", se um dos conviventes for casado e apenas separado de fato (art. 94, § 1º).

Para atualizar o Provimento 37/2014 à nova lei, o CNJ publicou o Provimento 141/2023 que, atualmente, tem sido objeto de muitas crítica, sobretudo quanto ao chamado "termo declaratório" de união estável a ser formalizados perante o oficial de registro civil". Figura jurídica que praticamente reproduz a estrutura da escritura pública declaratória, confrontando o sistema de competências dos registradores, notários e tabeliães.[9]

A considerar o artigo 1º., § 3º, IV, do tal provimento, os chamados termos declaratórios formalizáveis perante o Oficial de Registro Civil de Pessoas Naturais, também servirão para o propósito de dissolver a união estável, "nos termos da aplicação analógica do art. 733 da Lei no 13.105, de 2015 (Código de Processo Civil) e da Resolução 35, de 24 de abril de 2007, do Conselho Nacional de Justiça". Porém, o próprio art. 733, do CPC diz que a dissolução de união estável, na via administrativa, só se pode fazer por escritura pública.

Conquanto a lei e o provimento citados tenham induzido a formalização da união estável, não lhe atribuíram, expressamente, uma natureza jurídica negocial. Do contrário, o artigo primeiro do Provimento 141/2023 ressaltou que o registro da união estável é uma faculdade atribuída aos envolvidos (art. 1º), ressaltando, no parágrafo terceiro, a natureza declaratória dos títulos admitidos para registro, o que descarta qualquer pretensão de apresentá-los com efeito constitutivo. [10]

2. ELEMENTOS CONSTITUTIVOS E NATUREZA JURÍDICA DO INSTITUTO

Como a letra do texto constitucional não delimitou os elementos constitutivos do fato jurídico "união estável", coube essa tarefa ao legislador infraconstitucional. Inicialmente, por meio das Leis 8.971/1994 e 9.278/1996, revogadas pelo Código Civil que dedicou pouca atenção ao instituto. De acordo com o art. 1.723 deste Código, "É reconhecida como entidade familiar a união estável entre o homem e a mulher, configurada na convivência pública, contínua e duradoura

---

9. São distintas as atribuições de notários e registradores. De acordo com o art. 6º da Lei 8.935/94, são atribuições dos notários, "formalizar juridicamente a vontade das partes" e "intervir nos atos e negócios jurídicos a que as partes devam ou queiram dar forma legal ou autenticidade". Cumpre-se a esses profissionais, a lavratura de escritura pública, instrumento exigido para certos negócios jurídicos, inclusive, aqueles que envolvem direitos reais. Diz o art. 108, do Código Civil Art. 108 que, não dispondo a lei em contrário, a escritura pública é essencial à validade dos negócios jurídicos que visem à constituição, transferência, modificação ou renúncia de direitos reais sobre imóveis de valor superior a trinta vezes o maior salário mínimo vigente no País. Cumpre à Lei de Registros Públicos (Lei 6.015/1973), por sua vez, definir as atribuições dos registradores ou oficiais de registro, como se extrai dos arts. 29 a 113, e dos artigos 9º. E 10, do Código Civil. A estes últimos cabe os atos de registro, de averbação e de anotação pertinentes aos fatos jurídicos que impactem personalidade da pessoa natural, a exemplo do nascimento, casamento, constituição de união estável e óbito.
10. Sobre o registro da união estável, recomenda-se a leitura do artigo Registro de União Estável, elaborado por Laura BRITO e Fernanda NEVES (2021: p. 424).

e estabelecida com o objetivo de constituição de família." Após o ajuste interpretativo efetuado pelo STF, no julgamento da ADI 4.277, a diversidade de sexo passou a ser dispensada.

O *suporte fático* ou *hipótese normativa* do art. 1.723, do CC/02, são os elementos objetivos: a convivência pública, contínua e duradoura; associados ao elemento finalístico de constituir família. Entenda por *suporte fático* ou *hipótese normativa* aquela previsão abstrata da norma que, ao se concretizar na realidade, justifica a sua incidência. Quando tem uma descrição suficientemente clara, tanto mais fácil será a aplicação da norma. Do contrário, quando não está suficientemente delineado, a aplicação da norma exigirá maior esforço hermenêutico e, com isso, também ampliará as possibilidades de divergências interpretativas.

É do suporte fático que se extraem o cerne e os elementos completantes do instituto. O cerne da união estável informa o gênero ao qual ela pertence, no caso, uma entidade familiar. Seus elementos completantes apontam os requisitos que a constituem como espécie, sejam eles: a convivência afetiva pública, contínua e duradoura, adjetivos que em conjunto, aduzem a ideia de estabilidade. Quando tais requisitos são concretizados no mundo fático, dá-se a incidência da norma de modo a qualificar uma determinada união como uma entidade familiar, na modalidade *união estável*. Em termos bastante objetivos e mirando os efeitos que o instituto vem a produzir, Álvaro Vilaça aproxima a união estável do antigo casamento de fato, pois em sua aparência, dele em nada difere (2019, p. 147).

Iniciando pelos comentários sobre os elementos completantes do suporte fático do art. 1.723, é indispensável ressaltar a prévia existência de uma *convivência afetiva* – sem a qual não se pode falar em união estável. Embora não se exija a *more uxório* sob o mesmo teto, é imperioso demonstrar que o convívio do casal se desenvolva sob relativa "estabilidade", aferível pela conjunção daqueles elementos objetivos associados ao cerne que é a conformação dessa convivência como uma entidade familiar. A vida em comum do casal deve estar estabelecida como uma família formada. Namorados e noivos é que almejam formar, no futuro, uma família; os companheiros já a constituíram. Considere-se que o fim primordial perseguido pelo legislador ao atribuir efeito jurídico a essa situação fática consolidada como família. Daí a premência de se demonstrar que o casal ostenta uma vida *more uxório*, termo derivado do latim que reporta à convivência segundo os costumes matrimoniais.

Essa convivência, como referido, não precisa se fazer no mesmo domicílio. Desde o concubinato puro, figura delineada pela doutrina e jurisprudência, não se exigia a coabitação na mesma casa, conforme se extrai da Súmula 382,[11] do Supremo Tribunal Federal. Do mesmo modo, trataram a Constituição de 1988 (art. 225, § 3º.); as Leis 8.971, de 29.12.1994; 9.278, de 10.05.1996 e o Código Civil, de 2002.

---

11. Súmula 382 – A vida em comum sob o mesmo teto, *more uxorio*, não é indispensável à caracterização do concubinato.

Conquanto a legislação não imponha esse condicionante, a jurisprudência tem atribuído acentuado valor à coabitação sob o mesmo teto, como se dele resultasse uma presunção relativa da comunhão plena de vida.[12] A esse respeito, vale a leitura da crítica formulada por Rolf Madaleno,

> embora no art. 1.724 não conste do rol dos deveres recíprocos dos conviventes, a vida more uxorio dos companheiros, a jurisprudência e a doutrina vêm resistindo em reconhecer o relacionamento estável ressentindo da vida comum sob o mesmo teto, salvo quando demonstradas e ponderadas as eventuais exceções, como as de conviventes que trabalham em cidades distintas, ou quando mantêm seus filhos de relações precedentes em suas respectivas moradias de origem, sem alterar a rotina da família, mas identificando um local próprio, rotineiro e neutro de encontros, como uma terceira residência adquirida para servir de referência para a nova entidade familiar.

Partilhar a mesma habitação não é um elemento completante da união estável e tampouco um dever dela resultante. Há casais em convivência afetiva sob o mesmo teto sem *affectio maritalis*, a exemplo daqueles que vivem o chamado namoro qualificado.[13] A pandemia da Covid-19 precipitou, por mera conveniência, que muitos casais de namorados passassem a morar na mesma casa, sem alteração da natureza do seu relacionamento. Nesses exemplos, a coabitação não transmuta o tipo de relacionamento vivenciado em união estável (Teixeira; Mattos, 2020, p. 81).

O enlace amoroso entre duas pessoas que estão em processo de conhecimento mútuo é considerado um namoro, relação pessoal e social que não produz efeito jurídico – pode até corroborar para demonstrar um indício de paternidade, nas ações de alimentos gravídicos, mas nada além disso. Quando o vínculo se torna mais intenso e o casal avança em sua intimidade, passando a compartilhar até a mesma

---

12. Em trecho da decisão do TJDF, o Relator dispôs sobre o valor atribuído à coabitação para a mensuração da "affectio maritalis", mesmo ressaltando que constitui uma exigência legal para a configuração da união estável: "2 – A estabilidade do relacionamento é externada pela durabilidade e continuidade da convivência com aparência de casamento. *A coabitação dos companheiros não é indispensável para o reconhecimento da união estável, mas, quando existente, facilita a demonstração da affectio maritalis.*" (TJ-DF 20150310218197 DF 0021616-31.2015.8.07.0003, rel. Cesar Loyola, Data de Julgamento: 09 ago. 2017, 2ª Turma Cível, Data de Publicação: Publicado no DJE: 17 ago. 2017. p.: 275-284).

13. Civil e processual civil. Família. União estável. Reconhecimento e dissolução. Affectio maritalis. Ausência de demonstração. Namoro qualificado. Resp. 1454643/RJ. Honorários advocatícios. Redução. 1. Para que haja o reconhecimento da existência de união estável entre um homem e uma mulher, deve ser demonstrada a existência de laço afetivo duradouro, público e contínuo entre ambos, sendo essa prova ônus de quem alega, a teor do disposto no art. 373, inciso I, do CPC. 2. A ausência de prova cabal quanto à existência da *affectio maritalis* acarreta a improcedência do pedido. 3. O propósito de constituir família, alçado pela lei de regência como requisito essencial à constituição da união estável – a distinguir, inclusive, esta entidade familiar do denominado "namoro qualificado" –, não consubstancia mera proclamação, para o futuro, da intenção de constituir uma família. É mais abrangente. Esta deve se afigurar presente durante toda a convivência, a partir do efetivo compartilhamento de vidas, com irrestrito apoio moral e material entre os companheiros. É dizer: a família deve, de fato, restar constituída. (REsp 1454643/RJ, Rel. Ministro Marco Aurélio Bellizze, Terceira Turma, julgado em 03/03/2015, DJe 10/03/2015)). 4. Não tendo sido os honorários advocatícios fixados segundo os preceitos do art. 20, § 4º, do Código de Processo Civil, sua redução é medida que se impõe. 5. Apelação da autora conhecida e parcialmente provida. Apelação do patrono do réu desprovida. (TJ-DF 20150110381820 – Segredo de Justiça 0005809-29.2015.8.07.0016, Relator: Carlos Rodrigues, Data de Julgamento: 22 mar. 2017, 6ª Turma Cível, Data de Publicação: Publicado no DJE: 18 abr. 2017. p.: 357/420).

residência, diz-se que alçaram o estágio do namoro qualificado,[14] relacionamento que difere da união estável justamente pela falta da *affectio maritalis*. Os enamorados não constituem uma entidade familiar, ainda que possam compartilhar o desejo de futuramente formar uma família (Veloso, 2018, p. 313).

Portanto, se da coabitação não se pu derem extrair os elementos constitutivos do suporte fático do art. 1.723, do CC/02, o relacionamento afetivo também não poderá ser considerado uma união estável.

Para atestar a estabilidade da união, qualidade inafastável de qualquer entidade familiar, o legislador exigiu a prova de ser a convivência – *pública, contínua e duradoura*. Havendo conflito sobre a existência desses qualificativos, incumbirá ao juiz perscrutar pela presença e veracidade dos tais requisitos nos autos da ação correspondente, para declarar se o casal viveu ou não uma união estável e, em havendo vivido, o período de início e término dessa convivência.

Como antes mencionado, o art. 1.723, do Código Civil é um exemplo de norma que não descreve bem o suporte fático. Os vocábulos "contínuo" e "duradouro" possuem o mesmo conteúdo semântico, alusivo ao sentido de perenidade e constância. Na explicação de Marcos Bernardes de Melo,[15] essa tautologia pode ser uma forma de reforçar a ideia de permanência e estabilidade, a fim de distanciar a união estável de um relacionamento efêmero, fugaz e superficial.

A publicidade é outro elemento completante e evoca a notoriedade da convivência afetiva estruturada como entidade familiar. À semelhança do casamento, os companheiros não convivem em secreto ou clandestinamente, estão na posse de estado de casados que é reconhecida no seio familiar e social. O pressuposto da publicidade visa afastar as uniões às escondidas, clandestinas, incompatíveis com a experiência de família que se vivencia no seio comunitário, assim como também se presta a evitar o reconhecimento de efeitos jurídicos às uniões efêmeras (Oliveira, 2003, p. 132).

---

14. Marília Pedroso Xavier percebeu a importância que o contrato de namoro tem logrado nos últimos anos e desenvolveu relevantes reflexões sobre o assunto, no livro intitulado "Contrato de Namoro: amor líquido e Direito de Família mínimo (2020). Destaca a viragem havida nas relações afetivas marcadas por experiências de intimidade e compartilhamento de interesses, a partir da qual o namoro alcança patamares que o aproximam da chamada união estável. Ante ao fato, aposta na relevância do contrato de namoro, expressão da plena autonomia, para que os envolvidos possam declarar que a sua relação não tem a intenção de constituir uma família. A Professora Marília P. Xavier se irmana ao pensamento primeiro de Marcos Bernardes de Melo, qualificando a união estável entre os atos jurídicos compósitos (2020, p. 99).
15. No comentário textual do autor, "Em relação ao que seja convivência contínua e duradoura, o Código Civil parece tautológico, uma vez que essas palavras têm sentido semântico semelhantes, donde haver sinonímia e, por consequência, seu emprego repetido não passaria de um desnecessário reforço de linguagem. No entanto, em rigor, os dois vocábulos não são sinônimos perfeitos; a identidade semântica existe apenas em uma só acepção: quando um duradouro se quer dizer permanente. Por isso, considerando o princípio de hermenêutica jurídica segundo o qual, na lei, não há palavras inúteis, devemos buscar o porquê da aparente tautologia. Parece-nos bastante evidente que, com os vocábulos contínua e duradoura o legislador quis dar especial ênfase à circunstância de que a convivência do casal (a) não pode ser fugaz, eventual, circunstancial, episódica, efêmera, nem ter raízes superficiais, mas, ao contrário, deve manter-se no tempo, ser persistente e perseverante, portanto, duradoura e (b) também ter perenidade, constância e sem interrupções, sem descontinuidades. (MELO, 2020, p. 237).

Requer-se que a convivência seja ininterrupta, evidenciando a persistência da *affectio maritalis* e a estabilidade da comunhão plena de vida que não está prejudicada por separações injustificadas. Não macula a continuidade, o afastamento temporário e eventual de um dos companheiros para atender a uma demanda justificável, como a prestação de cuidados especiais aos parentes idosos ou doentes.[16]

O qualificativo "duradouro" também corrobora para indicar a vocação da união para a permanência, inspirando mais uma ideia de projeção futura da perenidade desse enlace do que um tempo pretérito de convivência. A Lei 8.971/1994 exigia a vida em comum por mais de cinco anos para a qualificação da união estável, mas neste ponto, foi revogada pela lei 9.278/1996. O Código Civil atual também não pré-fixou o cumprimento de qualquer lapso temporal de convivência como requisito para o seu reconhecimento. Para fins exclusivamente previdenciários, o Instituto Nacional de Previdência e Seguridade Social requer uma convivência mínima de dois anos entre os companheiros, anteriormente ao óbito do segurado (Lei 8.213/1991, art. 16, § 6º). Mas como explica Débora Gozzo (1999, p. 95), "nenhum julgador, com um mínimo de bom senso, considerará estável uma relação de um ou dois, ou mesmo de dez anos, se esta constituir apenas um namoro, se não há ali os elementos necessários, inclusive psíquicos, estruturadores de uma família".

Embora a lei não faça referência a um lapso temporal da convivência, a conformação da união estável se estabelece pela experiência vivenciada na soma dos dias que somente pode ocorrer com o passar do tempo, sendo necessário um cotidiano estabelecido para que as condutas possam esculpir os elementos completantes da norma. Nessa esteira, o Superior Tribunal de Justiça julgou o REsp 1751887 MS 2018/0118417-0, sob relatoria do Ministro Luis Felipe Salomão, para negar reconhecimento jurídico à convivência estabelecida há meros dois meses, com apenas duas semanas de coabitação. Segundo o relator, sendo a união um ato-fato jurídico que se consolida a partir da vivência cotidiana, "não há falar em comunhão de vidas entre duas pessoas, no sentido material e imaterial, numa relação de apenas duas semanas."

Feitos os comentários sobre os elementos objetivos do suporte fático, passa-se à análise da parte final do art. 1.723, que traz o cerne da união estável: "com o objetivo de constituir família". Essa locução não se refere a um desiderato pessoal dos conviventes, corresponde sim, ao escopo da união estável enquanto entidade familiar.

Embora essa conclusão não espelhe o pensamento uniforme da doutrina, encontra eco na justificativa presidencial para o veto parcial ao projeto de Lei 1.881/91, que veio a ser convertido na Lei 9.278/1996. Em sua mensagem, o Presidente da

---

16. Sob esse argumento o TRF4 reviu decisão que afastou o direito ao pensionamento por morte de companheira supérstite que à época, vivia em cidade diferente do companheiro para o fim de cuidar da mãe e irmão doentes. Conquanto estivesse temporariamente vivendo em município distinto, a convivência que havia reunia os pressupostos legais para preconfigurar uma união estável. (TRF-4 – AC: 50211314020184049999 5021131-40.2018.4.04.9999, rel. João Batista Pinto Silveira, Data de Julgamento: 14 ago. 2019, Sexta Turma).

República faz menção ao objetivo primário do legislador em reconhecer os efeitos jurídicos àquelas situações de fato delineadas na vida concreta (vide nota de rodapé 5).

Conforme Paulo Lobo (2014), a lei se reporta ao objetivo e finalidade da união e não à vontade dos envolvidos – os companheiros. A conformação da união estável não requer a "intenção" dos conviventes; emerge quando da sua conduta volitiva ou avolitiva, resultarem os elementos objetivos acima comentados. A bem da verdade, quando se busca o reconhecimento da união estável, presume-se a existência de uma entidade familiar constituída.

Embora muitas pessoas decidam e declarem viver uma comunhão plena de vida em união estável, essa manifestação volitiva não é integrante do suporte fático da união estável. Tanto é que, havendo conflitos de interesse na dissolução de uma união estável, a existência desta pode vir a ser negada por um dos conviventes ou seus herdeiros, sem prejuízo de lograr o reconhecimento judicial de sua existência. É também possível que o sujeito imagine estar vivendo um namoro, permeado de cumplicidades sociais e financeiras, quando na verdade, o relacionamento já exterioriza os elementos objetivos que constituem a união estável.

No ato-fato jurídico, explica Paulo Lobo (2014), "a vontade ou a conduta estão em sua gênese, mas o direito as desconsidera e apenas atribui relevância ao fato resultante". Seguindo o mesmo entendimento, Truzzi Otero e Líbera Copetti de Moura (2021, p. 15) dispuseram: "Como ato-fato jurídico, a união estável não se caracteriza pela declaração de vontade, ainda que qualificada, mas pela presença fática de todos os requisitos essenciais indispensáveis a sua caracterização, sem o que não existirá união estável". Na mesma direção, Débora Gozzo e Maria Carolina Nomura Santiago (2022, p. 01): "A união estável, por sua vez, é um ato-fato, que não tem data exata de início, não tem tempo mínimo de existência para que assim seja considerada, e não tem o condão de alterar o estado civil".

Marcos Bernardes de Melo diverge de Paulo Lobo, defendendo que o elemento subjetivo é indispensável ao suporte fático da união estável. Para ele, a configuração jurídica da união estável requer a intenção genuína dos conviventes em viver em comunhão plena como uma família e com isso, recusa a qualificação do instituto como modalidade de ato-fato jurídico.

Em texto publicado, em 2010, disse que: – "O ser preciso que haja manifestação consciente de vontade em estabelecer a união estável não permite tê-la como ato-fato jurídico, pois a vontade porventura existente à base da conduta é recebida pelo direito como irrelevante".[17] Entendendo que à vontade, agregam-se outros elementos

---

17. Trecho completo: "Analisado o suporte fáctico da união estável tal como descrito no art. 1.723 do Código Civil, temos que, a par do elemento subjetivo configurado no *intuito de constituição de família*, existe uma situação fáctica materializada na *união notória, contínua e permanente* de duas pessoas que não sejam impedidas de casar. A formulação desse suporte fáctico poderia levar o interprete a classificar o fato jurídico de constituição de união estável como um ato-fato jurídico, uma vez que, por definição, essa espécie de fato jurídico (*lato sensu*) se caracteriza pela circunstância de haver uma situação de fato que resulta, necessariamente, de uma conduta humana. Em última análise, a convivência é um ato-fato. *Tal solução, entretanto, não nos parece correta, uma vez que o elemento volitivo na constituição da união estável (=objetivo de constituição*

essenciais como a sua publicidade, continuidade e estabilidade (relativo ao que é duradouro), Bernardes de Melo achou razoável compreender a união estável como um ato jurídico *stricto sensu*. *In verbis*:

> A exteriorização de vontade, seja por mera manifestação, seja por declaração (=exteriorização qualificada)[32], constitui elemento essencial caracterizador da categoria dos atos jurídicos *lato sensu*.
> De outro lado, o pressuposto normativo de que, na constituição da união estável, as pessoas tenham o *objetivo de constituir família*, por se tratar de elemento volitivo relevante, poderia levar a crer que se trate de um negócio jurídico, espécie em que a vontade é preponderante e bastante em si para concretizar o fato jurídico. Parece-nos, entretanto, que a exigência de que a *convivência* do casal seja *pública, continua e permanente*, que caracteriza uma situação de fato essencial na configuração do suporte fáctico, elimina, também a possibilidade de que se possa classificar o fato jurídico da constituição da união estável como negócio jurídico.
> *Então, onde classificá-la?*
> *Na classificação dos atos jurídicos* stricto sensu *há uma espécie cujo suporte fáctico é composto por manifestação de vontade que, no entanto, não é bastante em si, mas necessita da existência de circunstâncias de fato que a complete: são os atos jurídicos* stricto sensu *compósitos*. Exemplos desses atos jurídicos são a constituição de domicílio (= estabelecimento de residência + *ânimo definitivo*) e a gestão de negócio (= vontade de gerir negócio alheio + efetiva gestão).
> *Ora, para a constituição de união estável, como vimos, é necessária uma manifestação de vontade que se completa com a ocorrência de um estado de fato materializado na convivência pública, contínua e permanente entre os conviventes durante um tempo razoável*. Essa estrutura caracteriza um suporte fáctico típico de ato jurídico *stricto sensu* da espécie compósito, o que nos permite classificar nessa categoria o fato jurídico da constituição de união estável. (2010, p. 160-163) Grifo *intencional*.

Rolf Madaleno não chega a declarar a sua opinião sobre a natureza jurídica da união estável como um ato jurídico *stricto sensu*, mas como atribui essencialidade à vontade dos conviventes é possível supor que esta seja a sua compreensão. Segundo ele, a união estável requer o

> consentimento, configurado na vontade determinante de formar uma união ao estilo do casamento, de viver como se tratasse de uma relação conjugal, compartilhando duas vidas, que antes transitavam separadas, agora, em uma real união de fato, onde cada um dos conviventes tem a exata dimensão e a natural capacidade de entender e, principalmente, querer viver como se casado fosse, e para isso o tempo é irrelevante (2020, p. 455).

Em trecho um pouco anterior dessa mesma obra, Rolf Madaleno também dispôs que essa vontade e consentimento podem ser deduzidos do comportamento social dos conviventes e não necessariamente por meio de declaração verbal ou escrita contratualmente (2020, p. 454).[18]

---

de família) é relevante. O ser preciso que haja manifestação consciente de vontade em estabelecer a união estável não permite tê-la como ato-fato jurídico, pois a vontade porventura existente à base da conduta é recebida pelo direito como irrelevante. Se no suporte fáctico há previsão de manifestação vontade como dado relevante, está afastada a possibilidade de se ter um ato-fato". Grifo intencional. (2010, p. 161).

18. Esse trecho do livro de Rolf Madaleno é enfático quanto à importância que ele atribui à vontade dos conviventes como um dos elementos de constituição da união estável. Mostra, com isso, sua adesão à ideia de

Zeno Veloso define a união estável como uma "situação de fato" que se configura a partir da volição dos conviventes em viver uma comunhão plena. Embora mencione a opinião de Paulo Lobo quanto à natureza do instituto como um ato-fato jurídico,[19] a construção do seu próprio texto conduz à ideia de que, para ele, a união estável se conforma como um ato jurídico *stricto sensu*, dada a necessariedade da volição comum dos companheiros (art. 1.723).[20]

Em 2020, Marcos Bernardes de Melo mudou seu posicionamento acerca da natureza da união estável, passando a qualificá-la como um negócio jurídico e não mais como um ato jurídico *stricto sensu*. A unilateralidade do ato jurídico que também não comporta negociação quanto aos seus termos e condições, foi o principal argumento do autor para justificar a mudança. Em suas palavras,

> Uma melhor análise do tema nos levou, porém, a concluir que havia um grave equívoco nesse entendimento, máxime porque são características irremovíveis do ato jurídico *stricto sensu*:
>
> (a) não poder ser bilateral. Em verdade, a unilateralidade é indispensável quando se trata de ato jurídico *stricto sensu*, mesmo porque seus suportes fácticos se compõem, sempre, de manifestações unilaterais de vontade que consistem em reclamações ou provocações para que alguém faça alguma coisa (ação ou omissão), ou comunicações, ou exteriorizações de representação ou de sentimento, ou que apenas mandam que se pratique uma ação ou omissão, e outras não autônomas que se completam com uma situação fáctica para integrar seu suporte fáctico;
>
> (b) nem conter determinações inexas (= termos e condições). (Melo, 2020, p. 256).

Expostas as posições divergentes, em sua fonte, observa-se, nos tribunais estaduais, uma oscilação quanto à valoração do elemento subjetivo descrito por Marcos Bernardes de Melo, Rolf Madaleno e Zeno Veloso. Mas o Superior Tribunal de Justiça, no REsp 1761887 / MS, com julgamento datado de 2019, sob relatoria do Ministro

---

que tal união se constitui como um ato jurídico *stricto sensu*. *In verbis*, "O propósito de formar família se evidencia por uma série de comportamentos exteriorizando esta intenção, a começar pela maneira como o casal se apresenta socialmente, identificando um ao outro perante terceiros como se casados fossem, sendo indícios adicionais e veementes a mantença de um lar comum e os sinais notórios de existência de uma efetiva rotina familiar, que não pode se resumir a fotografias ou encontros familiares em datas festivas ou viagens de lazer, a frequência conjunta a eventos familiares e sociais, a existência de filhos comuns, o casamento religioso, e dependência alimentar, ou indicações como dependentes em clubes sociais, cartões de créditos, previdência social ou particular, como beneficiário de seguros ou planos de saúde, mantendo também contas bancárias conjuntas". (2020, p. 460).

19. "Como se vê, essa entidade é uma situação de fato, classificada pelo notável Paulo Lobo como "ato-fato jurídico", que não depende para a sua constituição ou dissolução de formalidades ou solenidades, como o casamento, que, por sua vez, é formal e complexo: inicia-se com o processo de habilitação (CC, art. 1.525 a 1.532), até chegar ao grande momento da solenidade de celebração (CC, art. 1.533 a 1.535), seguida do assento do casamento no livro do Registrador Civil (CC, art. 1.536)". (VELOSO, 2018, p. 294-295).

20. "Destacamos, no citado art. 1.723 do Código Civil brasileiro, elemento objetivo e elemento subjetivo. A união estável só está configurada com a junção desses elementos. (...) Ao lado desse elemento objetivo, vem o elemento subjetivo, interno, moral: a intenção de constituir família, a convicção de que se está criando uma entidade familiar, assumindo um verdadeiro e firme compromisso, com direitos e deveres pessoais e patrimoniais semelhantes aos que decorrem do casamento, o que tem de ser aferido e observado em cada caso concreto, verificados os fatos, analisados os comportamentos, as atitudes, consideradas e avaliadas as circunstâncias." (VELOSO, 2018, p. 296-297).

Luis Felipe Salomão, afirmou a natureza jurídica da união estável como sendo um ato-fato jurídico, na esteira das conclusões de Lobo (2021).

> Recurso especial. Civil. Família. Reconhecimento de união estável *pos mortem*. Entidade familiar que se caracteriza pela convivência pública, contínua, duradoura e com objetivo de constituir família (*animus familiae*). Dois meses de relacionamento, sendo duas semanas de coabitação. Tempo insuficiente para se demonstrar a estabilidade necessária para reconhecimento da união de fato. 1. O Código Civil definiu a união estável como entidade familiar entre o homem e a mulher, "configurada na convivência pública, contínua e duradoura e estabelecida com o objetivo de constituição de família" (art. 1.723). 2. Em relação à exigência de estabilidade para configuração da união estável, apesar de não haver previsão de um prazo mínimo, exige a norma que a convivência seja duradoura, em período suficiente a demonstrar a intenção de constituir família, permitindo que se dividam alegrias e tristezas, que se compartilhem dificuldades e projetos de vida, sendo necessário um tempo razoável de relacionamento. 3. Na hipótese, o relacionamento do casal teve um tempo muito exíguo de duração – apenas dois meses de namoro, sendo duas semanas em coabitação -, que não permite a configuração da estabilidade necessária para o reconhecimento da união estável. *Esta nasce de um ato-fato jurídico: a convivência duradoura com intuito de constituir família*. Portanto, não há falar em comunhão de vidas entre duas pessoas, no sentido material e imaterial, numa relação de apenas duas semanas. 4. Recurso especial provido. (STJ – REsp: 1761887 MS 2018/0118417-0, rel. Min. Luis Felipe Salomão, Data de Julgamento: 06 ago. 2019, T4 – Quarta Turma, Data de Publicação: DJe 24 set. 2019 RMDCPC v. 92 p. 129).

No ano de 2021, a Corte reiterou o mesmo entendimento, no julgamento do Recurso Especial 1.845.416 – MS, quando tratou da irretroatividade da escolha do regime de bens em união estável,

> "Como é de sabença, o estabelecimento da união estável, concebida como um ato-fato jurídico, depende da presença de determinadas circunstâncias fáticas que a lei reputa relevantes para a caracterização de uma relação familiar (convivência duradoura, pública, contínua e, como elemento subjetivo dos conviventes, o objetivo de constituir uma família), dispensando, para esse propósito, qualquer formalidade."

Em decisão monocrática proferida em sede de Agravo de Recurso Especial, o Ministro João Otávio de Noronha também afirmou a natureza jurídica da união estável como ato-fato jurídico,

> De fato, é sabido que a união estável é a entidade familiar constituída por aqueles que convivem em posse do estado de casado, ou com aparência de casamento ("more uxorio"). *Por ser um ato-fato jurídico, não necessita de qualquer manifestação de vontade para que produza seus efeitos*. Basta sua configuração fática para que haja incidência das normas constitucionais e legais. (STJ – AREsp: 1688836 SP 2020/0083264-0, rel. Min. João Otávio De Noronha, Data de Publicação: DJ 03 ago. 2020).

A despeito da denegação do recurso pela ausência de prova dos elementos objetivos integrantes do suporte fático, o Ministro Paulo de Tarso Sanseverino foi didático ao explicar a natureza jurídica e o conceito da união estável:

> União estável. Entidade familiar constituída por aqueles que convivem em posse do estado de casado, ou com aparência de casamento. Ato-fato jurídico. Desnecessidade de qualquer manifestação de vontade para que produza seus efeitos. Basta sua configuração fática para que haja

incidência das normas constitucionais e legais. Art. 226, § 3º da Constituição Federal e art. 1.723 do Código Civil. (STJ – AREsp: 1283264 SP 2018/0094841-1, rel. Min. Paulo De Tarso Sanseverino, Data de Publicação: DJ 20 fev. 2019).

Ainda no ano de 2022, a Corte seguiu na mesma direção,

Demonstração da união pública, contínua e duradoura – Propósito de constituir família aferido objetivamente pela vivência dos companheiros – Natureza de ato-fato jurídico da União Estável – Desnecessidade de pacto de convivência ou de declaração de vontade dos companheiros" (STJ – AREsp: 2042883 PR 2021/0398933-5, Relator: Ministro Moura Ribeiro, Data de Publicação: DJ 1º.04.2022).

Mas qual a relevância jurídica de se compreender a união estável como ato-fato jurídico, ato jurídico *stricto sensu* ou negócio jurídico? Sendo a união estável um ato-fato jurídico, não haverá necessidade de se perquirir sobre a manifestação volitiva e/ou a conduta intencional dos partícipes, sendo suficiente a configuração da situação de fato. Ainda que um deles venha a declarar publicamente que vive apenas um namoro ou que ambos tenham firmado um contrato de namoro, uma vez presentes os elementos que fazem o suporte fático da união estável, esta logrará reconhecimento judicial como tal. Quando a norma refere ao "objetivo de constituir família" não está se reportando à vontade dos cônjuges, mas ao fim precípuo daquela comunhão de vida e a sua configuração como família constituída. Cessada a comunhão de vida no mundo dos fatos, deixando de apresentar os qualificativos de uma entidade familiar, como estabelecidos no art. 1.723 do Código Civil, dissolvida estará a união, independentemente de qualquer formalidade.

De outra banda, se a união estável for havida como um ato jurídico *stricto senso*, a vontade dos conviventes será um pressuposto tão essencial quanto os elementos objetivos prefigurados na convivência pública, contínua e duradoura. Ainda que tal vontade não fosse declarada verbalmente ou por escrito, deveria ser o motor da conduta dos envolvidos. Nessa hipótese, a prova da existência dessa vontade seria indispensável, ainda quando a convivência e a comunhão houvesse constituído uma família aos olhos daqueles com os quais o casal interagia no âmbito social e familiar.

Se fosse um negócio jurídico, uma eventual escritura pública lavrada por duas pessoas perante o notário competente, declarando viver união estável entre si, seria suficiente para constituir a união estável e fazer produzir todos os efeitos correspondentes, independentemente da efetiva convivência afetiva e existência da entidade familiar. Mas isso não ocorre no âmbito do direito brasileiro, porque não haverá união estável sem a comunhão plena de vida concretamente vivenciada e socialmente estabelecida como uma família.[21]

---

21. A união estável não restará configurada se os seus pressupostos não se fizerem presentes, ainda que haja escritura pública subscrita pelo casal, conforme o seguinte trecho da decisão prolatada pelo Min. Marco Buzzi: "2. No caso em tela, verifica-se que o Tribunal de origem em detida análise das provas dos autos, de modo expresso e fundamentado, consignou que a união estável não restou configurada, a despeito da escritura pública, uma vez caracterizada a simulação, nos termos dos seguintes fundamentos (fls. 388-393, e-STJ)" – (STJ – AgInt no AREsp: 2091636, Relator: Marco Buzzi, Data de Publicação: 27.10.2022).

O contrato de convivência foi previsto para estabelecer o regime de bens que operará efeitos quando houver o convívio efetivo como união estável; do contrário, nem isso produzirá. Pode corroborar, em conjunto com outras provas, para qualificar a relação afetiva como união estável se estiverem presentes os elementos que integram o suporte fático da norma correspondente. Mas, repise-se, não produzirá, por si, o efeito de constituir a entidade familiar. Assim, a convivência que se inicia com ou sem contrato só haverá de se constituir como "união estável" mediante a verificação dos elementos caracterizadores que integram o suporte fático normativo.[22]

Adotando a corrente que afirma a união estável como um ato-fato jurídico, segundo a qual a volição dos conviventes é desimportante, o contrato de namoro se torna um instrumento de pouca valia e não terá força suficiente para desqualificar a relação afetiva vivenciada como união estável. Sua eficácia será limitada (Lobo, 2021, p. 176) porque não poderá elidir a união estável que vier a se constituir pela emergência de uma convivência pública, contínua e duradoura com feição de entidade familiar, nos moldes previstos pela legislação. Se o fim primordial do contrato de namoro for o de blindar os envolvidos de eventuais efeitos patrimoniais, o casal poderá inserir uma cláusula que preveja a opção por um regime específico de bens a ser aplicado à união estável que, porventura, vier a ser consolidada.

3. MARCO INICIAL DA UNIÃO ESTÁVEL

Outra questão tormentosa está na fixação do marco inicial da união estável, para o fim de apurar os efeitos pessoais, sociais e patrimoniais na esfera jurídica dos conviventes. Estima-se que o casal vivia um relacionamento afetivo anterior que foi, paulatinamente, perfazendo os elementos objetivos completantes do suporte fático da norma que define a união estável, até externalizar a chamada posse de estado de casados. Sem acordo quanto ao termo inicial, é provável que a questão seja posta perante o judiciário.

Judicializada a ação declaratória de existência e dissolução da união estável, há que se fazer prova de todos aqueles elementos objetivos que servirão para afirmar a existência e o início da convivência do casal em *more uxório*, segundo este modelo de entidade familiar. Muitos são os elementos de prova: a existência de filhos em comum; um contrato de aluguel no qual ambos figuram como locatários; a conta da energia elétrica em nome de um, quando o imóvel for locado ou da propriedade do outro; a aquisição conjunta de imóvel; a mudança de domicílio para acompanhar o companheiro que foi transferido para outra cidade por motivo de trabalho; a declaração de

---

22. Conforme Mario Delgado (2018, p. 381), "jamais o instrumento contratual poderá constituir a união estável, especialmente quando celebrado no início da convivência. O contrato prévio de união estável não tem eficácia enquanto as partes contraentes não concretizarem o efetivo convívio. No máximo, exterioriza tratativas preliminares de um convívio futuro, que poderá se materializar ou não, assemelhando-se, nesse ponto, ao pacto antenupcial, que somente adquire eficácia após o casamento. Sua eficácia é condicionada, dependendo do implemento ulterior dos seus elementos caracterizadores."

dependência econômica junto à entidade empregadora; o depoimento de testemunhas, o acompanhamento do companheiro para tratamento médico-hospitalar etc.

O art. 1º, § 4º, do Provimento 37/2014, compilado pelas alterações do Provimento 141/2023, dispõe que o registro de reconhecimento ou dissolução da união estável poderá indicar o termo inicial e/ou final da convivência, se essas datas tiverem sido informadas em: i) decisão judicial, respeitado, inclusive, o disposto no § 2º do art. 7º deste Provimento; ii) procedimento de certificação eletrônica de união estável, realizado perante oficial de registro civil na forma do art. 9º-F deste Provimento; ou em iii) escrituras públicas ou termos declaratórios de reconhecimento ou de dissolução de união estável, desde que: a data de início ou, se for o caso, do fim da união estável corresponda à data da lavratura do instrumento; e os companheiros declarem expressamente esse fato no próprio instrumento ou em declaração escrita feita perante o oficial de registro civil das pessoas naturais quando do requerimento do registro.

O procedimento de certificação eletrônica da união estável tem natureza facultativa e configura processo administrativo que se instaura perante o Oficial de Registro Civil, mediante requerimento dos conviventes (art. 9º-F, Provimento 37/2014). Para tanto, o(s) interessado(s) deverão comprovar, por todos os meios de prova em direito admitidos, as datas de início e/ou de fim da união estável, podendo o registrador entrevistar os requerentes e ouvir testemunhas indicadas, para avaliar a plausibilidade do pedido. Se suspeitar de falsa declaração ou fraude, o registrador poderá exigir provas adicionais. Ao final, cumprirá ao registrador decidir com a devida fundamentação jurídica. Indeferido o pedido, os companheiros requerentes poderão suscitar dúvidas, no prazo de 15 (quinze) dias a contar da ciência da decisão, nos termos dos arts. 198 e 296 da Lei 6.015, de 1973.

Quando não for possível apurar as datas de início ou do fim da união estável, o registro do reconhecimento ou dissolução constará como "não informado". Se houver algum conflito de interesses quanto à matéria, a decisão caberá ao poder judiciário.

4. IMPEDIMENTOS E CAUSAS SUSPENSIVAS

Os impedimentos que obstam a celebração de um casamento válido, inscritos no art. 1.521, do Código Civil, também se opõem à união estável.

Como se extrai do art. 1.723, § 1º, não se constituirá a união estável entre ascendentes com os descendentes, seja o parentesco natural ou civil; os afins em linha reta; o adotante com quem foi cônjuge do adotado e o adotado com quem o foi do adotante; os irmãos, unilaterais ou bilaterais, e demais colaterais, até o terceiro grau inclusive; o adotado com o filho do adotante; as pessoas casadas; o cônjuge sobrevivente com o condenado por homicídio ou tentativa de homicídio contra o seu consorte. A pessoa casada que estiver separada de fato, separada judicial ou extrajudicialmente, poderá constituir união estável, graças à exceção prevista no art. 1.723, § 2º. Por este dispositivo, o Código Civil finda por reconhecer os efeitos jurídicos da separação de fato, notadamente quanto ao fim do dever de fidelidade, da eventual coabitação e do regime de bens. De acordo com o Provimento 37/2014, não se registrará o termo declaratório ou escritura pública declaratória de união estável no Livro E, se um dos conviventes ainda estiver casado e apenas separado de fato (art. 8º. e art. 94-A, § 1º, da Lei 14.382/2022).

De resto, a convivência afetiva formada pelas pessoas impedidas de casar será considerada concubinato, nos moldes do art. 1.727, do mesmo diploma legal, produzindo efeitos apenas em relação aos filhos sem atribuir os efeitos pessoais, sociais e patrimoniais da união estável aos concubinos.[23]

Conquanto a união estável previamente estabelecida não seja um impedimento legal à convolação do matrimônio, tem sido suficiente para obstar o reconhecimento judicial de uma outra união vivenciada simultaneamente por um dos conviventes. Recentemente, o Plenário do Supremo Tribunal Federal negou provimento ao Recurso Extraordinário (RE) 1045273, com repercussão geral reconhecida, no qual se discutia a divisão da pensão por morte de um segurado que vivia união estável judicialmente reconhecida com uma mulher, e que também mantinha relação homoafetiva paralela, há cerca de 12 anos anteriores ao óbito. Prevaleceu o entendimento do relator, ministro Alexandre de Moraes (relator), para quem o rateio da pensão desprestigiaria a monogamia e o dever de fidelidade.[24]

Em decisão posterior, prolatada no julgamento do Recurso Extraordinário 883.168, *leading case* do tema de repercussão geral 526, sobre os efeitos previdenciários atribuíveis ao concubinato de longa duração, o STF também não reconheceu a união simultânea e fixou a seguinte tese: "É incompatível com a Constituição Federal o reconhecimento de direitos previdenciários (pensão por morte) à pessoa que manteve, durante longo período e com aparência familiar, união com outra casada, porquanto o concubinato não se equipara, para fins de proteção estatal, às uniões afetivas resultantes do casamento e da união estável".

A despeito da recusa dos tribunais em reconhecer os efeitos jurídicos às uniões simultâneas ou paralelas, qualificadas como concubinato, não se olvida que sejam elas arranjos familiares que se apresentam, nas suas relações internas, em semelhança com as demais. Aos filhos concebidos no âmbito dessas relações não se pode aplicar tratamento

---

23. Vale a leitura do livro de Luciana Brasileiro, sobre uniões simultâneas. Destaca a autora, a relevância de se reconhecerem efeitos jurídicos àquelas uniões que efetivamente se consolidaram como família, embora margeadas ao direito (BRASILEIRO: 2020).
24. Nas linhas exatas do Relator, Ministro Alexandre de Moraes, "É vedado o reconhecimento de uma segunda união estável, independentemente de ser hétero ou homoafetiva, quando demonstrada a existência de uma primeira união estável, juridicamente reconhecida. Em que pesem os avanços na dinâmica e na forma do tratamento dispensado aos mais matizados núcleos familiares, movidos pelo afeto, pela compreensão das diferenças, respeito mútuo, busca da felicidade e liberdade individual de cada qual dos membros, entre outros predicados, que regem inclusive os que vivem sob a égide do casamento e da união estável, subsistem em nosso ordenamento jurídico constitucional os ideais monogâmicos, para o reconhecimento do casamento e da união estável, sendo, inclusive, previsto como deveres aos cônjuges, com substrato no regime monogâmico, a exigência de fidelidade recíproca durante o pacto nupcial (art. 1.566, I, do Código Civil)."

discriminatório, haja vista o art. 227, § 6º, da Constituição da República. Mas aos pares partícipes, os tribunais têm negado todos os efeitos legais, tocante ao regime de bens, à presunção do esforço comum, aos alimentos, à pensão por morte, à herança etc.

As causas suspensivas assinaladas no art. 1.523, do Código Civil, não obstam a celebração do matrimônio, tampouco à constituição da união estável (§ 2º do art. 1.723 do Código Civil de 2002). São apenas uma recomendação legal voltada à tutela de determinados interesses patrimoniais ou existenciais que poderão ser lesados com o casamento ou a união estável pretendida. É assim que, não devem se casar: I. o viúvo ou a viúva que tiver filho do cônjuge falecido, enquanto não fizer inventário dos bens do casal e der partilha aos herdeiros; II. a viúva, ou a mulher cujo casamento se desfez por ser nulo ou ter sido anulado, até dez meses depois do começo da viuvez, ou da dissolução da sociedade conjugal; III. o divorciado, enquanto não houver sido homologada ou decidida a partilha dos bens do casal; IV. o tutor ou o curador e os seus descendentes, ascendentes, irmãos, cunhados ou sobrinhos, com a pessoa tutelada ou curatelada, enquanto não cessar a tutela ou curatela, e não estiverem saldadas as respectivas contas.

Embora as causas suspensivas não impeçam a celebração do matrimônio, restringem a autonomia dos consortes para a escolha do regime de bens, impondo-lhes o regime da separação sanção (art. 1.641, inciso I, do Código Civil). Contudo, provada a inexistência de risco de dano à esfera jurídica dos herdeiros, do ex-cônjuge ou da pessoa sob tutela ou curatela, nos casos dos incisos I, III e IV do art. 1.523 do Código Civil, os nubentes poderão solicitar ao juiz que não lhes seja aplicada a causa suspensiva e, consequentemente, não lhes seja cassada a autonomia para a escolha do regime de bens. Também poderão requerer o mesmo, na hipótese do inciso II, se provada a inexistência de gravidez, na fluência do prazo, ou o nascimento de filho.

De modo semelhante, a causa suspensiva também não obsta a constituição da união estável, mas restringe a autonomia dos conviventes quanto à escolha do regime de bens. Neste sentido foi o entendimento do Superior Tribunal de Justiça, no Recurso Especial 1616207 – RJ,[25] para aplicar à união estável a causa suspensiva

---

25. Civil. Recurso especial. Recurso interposto sob a égide do CPC/73. Família. Ação de reconhecimento e dissolução de união estável. Partilha de bens. Causa suspensiva do casamento prevista no inciso iii do art. 1.523 do CC/02. Aplicação à união estável. Possibilidade. Regime da separação legal de bens. Necessidade de prova do esforço comum. Pressuposto para a partilha. Precedente da segunda seção. Recurso especial parcialmente provido. 1. Inaplicabilidade do NCPC neste julgamento ante os termos do Enunciado Administrativo 2, aprovado pelo Plenário do STJ na sessão de 9/3/2016: Aos recursos interpostos com fundamento no CPC/1973 (relativos a decisões publicadas até 17 de março de 2016), devem ser exigidos os requisitos de admissibilidade na forma nele prevista, com as interpretações dadas até então pela jurisprudência do Superior Tribunal de Justiça. 2. *Na hipótese em que ainda não se decidiu sobre a partilha de bens do casamento anterior de convivente, é obrigatória a adoção do regime da separação de bens na união estável, como é feito no matrimônio, com aplicação do disposto no inciso III do art. 1.523 c/c 1.641, I, do CC/02.* 3. Determinando a Constituição Federal (art. 226, § 3º) que a lei deve facilitar a conversão da união estável em casamento, não se pode admitir uma situação em que o legislador, para o matrimônio, entendeu por bem estabelecer uma restrição e não aplicá-la também para a união estável. 4. A Segunda Seção, no julgamento do REsp 1.623.858/MG, pacificou o entendimento de que no regime da separação legal de bens, comunicam-se os

presente no inciso III, do art. 1.523. A controvérsia levada a exame pelo STJ versava sobre a aplicação analógica do art. 1.523, III c/c art. 1.641, I, do CC/02, impingindo a obrigatoriedade da separação de bens àquela união estável, em virtude de partilha de bens de casamento anterior ainda pendente.

Civilistas como Berenice Dias (2019), Paulo Lobo (2021) opinam desfavoravelmente a essa aplicação, amparados no princípio hermenêutico de vedação da interpretação analógica de regras restritivas de direito. Mas o STJ tem igualado os institutos da união estável e casamento à vista do art. 226, § 3º, da Constituição, considerando inadmissível uma situação na qual se imponha uma restrição legal ao matrimônio sem fazer o mesmo em relação à união estável.[26]

5. ESTADO CIVIL E USO DO NOME

Há divergência teórica quanto ao estado civil de quem vive união estável. Enquanto Caio Mário (2017, p. 722) afirma que não há mudança de *status* entre os companheiros, Paulo Lobo (2021, p. 183) entende que há uma espécie de estado civil autônomo ("companheiro") para aquele que ingressa em uma união estável. No mesmo sentido, segue Maria Berenice Dias (2015, p. 246): "a partir do momento em que uma estrutura familiar gera consequências jurídicas, se está diante de um novo estado civil."

Do outro lado, há autores como Tepedino e Teixeira (2020) e Delgado e Brandão (2018, p. 387) que recusam a *status* pela união estável, apoiados na natureza informal do instituto que, por si, dificulta a atribuição de um estado civil próprio para os conviventes. Segundo Tepedino e Teixeira:

> O estado civil reflete a posição da pessoa, com a gama de relações jurídicas da qual faz parte perante a sociedade. Já que essa é a função do estado civil, não deveria haver razões para negar a atribuição do estado familiar para a união estável, pois refletiria a situações jurídica vivida pelos sujeitos da relação. *Entretanto, a dificuldade de se cogitar de um estado civil específico para a união estável deriva da natureza jurídica dessa entidade familiar, uma vez que se trata de família que se constitui ao longo do tempo: primeiro se convive, se forma a entidade familiar para posteriormente declará-la ou contratualizá-la, por meio de pacto de convivência. Por tal circunstância, somente o legislador poderia estabelecer a definição específica de estado, de acordo com a política legislativa.* (2020, p. 183).

Note-se que a matéria de estado é reservada à lei e a ordem jurídica pátria não faz qualquer alusão normativa ao estado civil de companheiro. O fato de o atual Có-

---

adquiridos na constância do casamento/união estável, desde que comprovado o esforço comum para a sua aquisição. 5. Recurso especial parcialmente provido. (STJ – REsp: 1616207 RJ 2016/0082547-0, rel.: Min. Moura Ribeiro, Data de Julgamento: 17 nov. 2020, TP – Terceira Turma, Data de Publicação: DJe 20 nov. 2020).

26. Em 2010, o Ministro Luis Felipe Salomão julgou o REsp. 659.259/RS, estendendo a aplicação do regime da separação obrigatória de bens à união estável constituída por pessoa de idade igual ou superior a setenta anos. Apoiou-se na teleologia da norma que trata dos institutos, sobretudo, ao dispositivo constitucional que dispõe sobre a facilitação legal da conversão da união estável em casamento, para entender que não seria razoável atribuir mais direitos aos conviventes do que aos cônjuges, exatamente porque não seria lógico atribuir ao instituto que pode se ver convertido em casamento, maior prestígio que a este.

digo de Processo Civil exigir que as partes informem, nas petições, que vivem união estável (art. 319), não induz à instituição de nova modalidade de *status*. Tanto é que a pessoa solteira, vivendo em união estável, poderá iniciar um processo de habilitação para se casar com sujeito diverso daquele que é o seu companheiro, sem enfrentar qualquer impedimento.

Independentemente da alteração do estado civil dos conviventes, a união estável produzirá efeitos jurídicos na esfera jurídica, existencial e patrimonial, dos envolvidos. .

À semelhança do que é facultado aos cônjuges no art. 1.565, § 1º, do Código Civil, os companheiros poderão usar o patronímico um do outro. Na interpretação atual do Superior Tribunal de Justiça, estendeu-se a interpretação do art. 57, § 2º da Lei de Registros Públicos, que já autorizava a adoção do patronímico do companheiro pela companheira, para permitir que o inverso também possa acontecer (REsp: 1206656 GO 2010/0141558-3).[27] Trata-se de mais um ponto de aproximação entre os institutos do casamento e da união estável, de modo a permitir ao companheiro ou à companheira, o direito de acrescer o sobrenome do outro ao seu, exigindo-se apenas a prova da anuência daquele cujo patronímico será adotado. Essa providência é dispensável no âmbito do casamento, em virtude das formalidades legais que antecedem a sua celebração.

6. DIREITOS E DEVERES DECORRENTES DA UNIÃO ESTÁVEL

Como toda entidade familiar, a união estável gera efeitos pessoais, sociais e patrimoniais na esfera jurídica dos envolvidos. Nesse aspecto, a união estável volta a se assemelhar com o casamento, divergindo deste quanto à forma de sua constituição e à sua natureza jurídica, razão pela qual as normas que tratam especificamente do negócio jurídico "casamento", notadamente quanto às formalidades do ato, à celebração e à prova não são extensíveis à união estável – um ato- fato jurídico. Por outro lado, as normas que se aplicam ao casamento, com *ratio* voltada à tutela da

---

27. Civil. Processual civil. Recurso especial. União estável. Alteração do assento registral de nascimento. Inclusão do patronímico do companheiro. Possibilidade. Pedido de alteração do registro de nascimento para a adoção, pela companheira, do sobrenome de companheiro, com quem mantém união estável há mais de 30 anos. A redação do art. 57, § 2º, da Lei 6.015/73 outorgava, nas situações de concubinato, tão somente à mulher, a possibilidade de averbação do patronímico do companheiro, sem prejuízo dos apelidos próprios, desde que houvesse impedimento legal para o casamento, situação explicada pela indissolubilidade do casamento, então vigente. A imprestabilidade desse dispositivo legal para balizar os pedidos de adoção de sobrenome dentro de uma união estável, situação completamente distinta daquela para qual foi destinada a referida norma, reclama a aplicação analógica das disposições específicas do Código Civil relativas à adoção de sobrenome dentro do casamento, porquanto se mostra claro o elemento de identidade entre os institutos e a parelha *ratio legis* relativa à união estável, com aquela que orientou o legislador na fixação, dentro do casamento, da possibilidade de acréscimo do sobrenome de um dos cônjuges, pelo outro. Assim, possível o pleito de adoção do sobrenome dentro de uma união estável, em aplicação analógica do art. 1.565, § 1º, do CC-02, devendo-se, contudo, em atenção às peculiaridades dessa relação familiar, ser feita sua prova documental, por instrumento público, com anuência do companheiro cujo nome será adotado. Recurso especial provido. (STJ – REsp: 1206656 GO 2010/0141558-3, rel. Min. Nancy Andrighi, Data de Julgamento: 16 out. 2012, T3 – Terceira Turma, Data de Publicação: DJe 11 dez. 2012 RT v. 930 p. 463).

família, também se estenderão à união estável por influência do art. 226, § 3º., da Constituição da República (Tepedino; Teixeira, 2020, p. 184).

Sob essa *ratio*, o STF declarou a inconstitucionalidade do art. 1.790, do Código Civil, em Recurso Extraordinário 878694, com Repercussão geral, que fixou a tese: "É inconstitucional a distinção de regimes sucessórios entre cônjuges e companheiros prevista no art. 1.790 do CC/2002, devendo ser aplicado, tanto nas hipóteses de casamento quanto nas de união estável, o regime do art. 1.829 do CC/2002." No mesmo sentido, tem-se o Enunciado 641, da VIII Jornada de Direito Civil, do Conselho de Justiça Federal.[28]

Em suma, o atual estado da arte informa que o casamento e a união estável se irmanam como entidades familiares, sendo em tudo semelhantes; e divergem quanto à forma: o primeiro é um negócio jurídico de direito de família e o segundo, um ato-fato.

Desse modo, os companheiros respondem, na proporção dos seus ganhos, pelas despesas e compromissos econômicos relacionados à casa, quando compartilharem o mesmo teto. Independentemente da coabitação sob o mesmo teto, responderão pelas despesas necessárias ao sustento e educação dos filhos havidos em comum. Aplicam-se à união estável, os artigos 1.643 e 1.644 do Código Civil, de sorte que ambos os companheiros são responsáveis solidários pela compra a crédito dos aprestos, ainda que realizada por um deles.

A considerar o art. 18 do Código de Processo Civil, seria plausível conferir ao credor, a legitimidade ativa para propositura de ação declaratória de existência da união estável, a fim de facilitar a cobrança de débito a ambos os companheiros. Mas o Superior Tribunal de Justiça entendeu que o mero interesse econômico ou financeiro do credor não o legitima para tanto (REsp 1305767/MG).[29] E assim, os demais tribunais também têm afastado a legitimidade do credor, como no exemplo recente do TJDF.[30]

---

28. Enunciado 641, da VIII Jornada de Direito Civil, do Conselho de Justiça Federal – "A decisão do Supremo Tribunal Federal que declarou a inconstitucionalidade do art. 1.790 do Código Civil não importa equiparação absoluta entre o casamento e a união estável. Estendem-se à união estável apenas as regras aplicáveis ao casamento que tenham por fundamento a solidariedade familiar. Por outro lado, é constitucional a distinção entre os regimes, quando baseada na solenidade do ato jurídico que funda o casamento, ausente na união estável".
29. Recurso especial. Direito processual civil. Legitimidade. Interesse. Ação declaratória. União estável. Sujeitos da relação. Elemento subjetivo. Credor. Interesse econômico. Ilegitimidade. Precedente. 1. Cinge-se a controvérsia a saber se o credor detém legitimidade ativa para requerer a declaração de união estável existente entre a devedora e terceiro. 2. A legitimidade requer a existência de uma relação de pertinência subjetiva entre o sujeito e a causa. O elemento subjetivo da ação declaratória é o desejo de constituir família, que deve ser nutrido por ambos os conviventes. A sua falta impede o reconhecimento da união estável. 3. O interesse econômico ou financeiro de credor não o legitima a propor ação declaratória de união estável, haja vista que esta tem caráter íntimo e pessoal. Precedente. 4. Recurso especial não provido. (REsp 1305767/MG, rel. Min. Ricardo Villas Bôas Cueva, Terceira Turma, julgado em 03 nov. 2015, DJe 16 nov. 2015).
30. Direito processual civil. Direito de família. Agravo de instrumento. Cumprimento de sentença. Declaração incidental de união estável. Penhora de bens. Impossibilidade. Ausência de demonstração do estado anímico. Interesse meramente econômico. Decisão mantida. 1. De acordo com os artigos 1.723 e 1.724 do Código Civil, a união estável, como entidade familiar, requer publicidade, continuidade, durabilidade, objetivo de constituir família, ausência de impedimento para o casamento e observância dos deveres de lealdade, respeito e assistência. 2. A despeito das consequências patrimoniais advindas do reconhecimento de uma

Embora a união estável não venha a gerar vínculo de parentesco entre os companheiros, como também o casamento não gera entre os cônjuges, institui o parentesco por afinidade entre o convivente e os parentes do outro (art. 1.585, do Código Civil). E esse parentesco pode, inclusive, constituir impedimento matrimonial, nos termos do art. 1.521, inciso I, II e IV, do Código Civil.

O companheiro pode pleitear alimentos ao outro (art. 1.684, do Código Civil), requerer e exercer a sua curatela (art. 747, inciso I, do Código de Processo Civil; art. 1.775 do Código Civil), realizar a adoção conjunta (art. 40, § 2º, do ECA) ou a adoção unilateral do filho do outro. Exercem a autoridade parental em face dos filhos em comum, compartilhando os deveres, direitos, ônus e faculdades.

Confia-se ao companheiro, a legitimidade para propor o inventário (art. 616, CPC), a tarefa da administração provisória dos bens (art. 1.797, inciso I, do CC/02) e o *munus* de inventariante (art. 617, CPC), quando da abertura da sucessão do outro. O companheiro pode sub-rogar o contrato de locação, em caso de dissolução da união ou falecimento do outro, nos termos do art. 12, da Lei 8.245/1991; e ver reconhecida a sua eventual dependência econômica para fins da legislação tributária e previdenciária. À semelhança de que ocorre no casamento, os companheiros podem instituir bem de família ou arguir o direito à usucapião familiar, como previsto no art. 1.240-A, do Código Civil. É igualmente válida, a instituição do companheiro como beneficiário do seguro (art. 793 do Código Civil).

Sob a vênia do Superior Tribunal de Justiça,[31] aplicam-se à união estável as regras da presunção de filiação incidentes no âmbito do casamento (art. 1.597 do Código Civil). Decisão subscrita pelo Relator Min. Ricardo Cuevas, dispôs: "Incontroversa a existência de relacionamento *more uxorio* entre os pais falecidos, então companheiros, ao tempo da concepção do investigante também falecido, *de se presumir a paternidade com espeque no art. 1.597 do Código Civil, aplicável analogicamente à união estável na esteira do entendimento do c. STJ.*" (STJ – REsp: 1491350 MG 2014/0277594-2). *Grifo intencional*.

Em atenção ao art. 1.724 do Código Civil, a união estável gera para os companheiros os deveres recíprocos de lealdade, respeito e assistência, bem como deveres de guarda, sustento e educação em relação aos filhos comuns. A lealdade não se confunde com a fidelidade, um dos deveres decorrentes do casamento (art. 1.566, inciso I, do Código Civil). Enquanto a fidelidade cinge-se à exclusividade das relações sexuais e do comprometimento afetivo-espiritual, a lealdade é mais ampla e evoca a ideia de comprometimento dos conviventes em seguir um projeto comum. Radica-se como

---

união estável, o elemento primordial de seu reconhecimento é o desejo de constituição de família. 3. A união estável não pode prescindir de um pedido de constituição de família para que seja atingindo o bem de uma das partes. No caso, falta ao credor o estado anímico que somente deve ser nutrido pelos conviventes. 4. Agravo de Instrumento conhecido e não provido. Unânime. (TJ-DF 07203641920198070000 DF 0720364-19.2019.8.07.0000, rel. Fátima Rafael, Data de Julgamento: 20 abr. 2021, 3ª Turma Cível, Data de Publicação: Publicado no DJE: 07 maio 2021. p. Sem Página Cadastrada).

31. REsp 1.194.059/SP, rel. Min. Massami Uyeda, Terceira Turma, julgado em 06 nov. 2012, DJe 14 nov. 2012.

um dever moral de conduta, assim como o dever de respeito (Lobo, 2021, p. 179). Para Rodrigo da Cunha Pereira,

> A lealdade está intrinsecamente atrelada ao respeito, consideração ao companheiro e, principalmente, ao animus da preservação da relação conjugal. A razão de se adotar lealdade, em vez de fidelidade, é o intuito de o legislador acatar uma postura mais ampla e mais aberta, não se restringe à questão sexual, pois abrange a exigência de honestidade mútua dos companheiros. (2021, p. 183).

Parte da doutrina (Melo, 2010) e da jurisprudência pretende desconsiderar a união estável quando não houver convivência exclusiva pautada no compromisso monogâmico. Mas, assim como o casamento não poderá ser desconstituído por eventual infidelidade de um dos cônjuges, a união estável também não restará comprometida, salvo se, como rememora Rolf Madaleno, a conduta desleal de um companheiro motivar o ofendido a pôr um fim à convivência (2020, p. 464). Decisão recente do Superior Tribunal de Justiça já reiterou que atos de infidelidade não descaracterizam a existência da união estável.[32]

Enquanto Paulo Lobo entende que o princípio da monogamia somente se aplica ao casamento (2021, p. 179), sendo nisto seguido por Luciana Brasileiro (2019)[33] e Marcos Alves da Silva (2013),[34] o Supremo Tribunal Federal decidiu de modo diverso, nos mencionados Recursos Extraordinários 1045273 e 883168, ambos com repercussão geral reconhecida. Com esses julgados, a Corte findou por ampliar o conceito de concubinato previsto no art. 1.727, do Código Civil. Pois se uma união

---

32. Civil. Processual civil. Direito de família. Ação de reconhecimento de união estável. Requisitos. Convivência pública, contínua e propósito de constituição de família. Ausência de impedimentos absolutos ao casamento. Observância dos deveres de fidelidade e lealdade. Elemento não necessário para a configuração. Valores jurídicos tutelados que se pressupõe tenham sido assumidos pelos conviventes e que serão observados após a caracterização da união. Inobservância que sequer implica em necessária ruptura do vínculo conjugal, a indicar que não se trata de elemento configurador essencial. Deveres que, ademais, são abrangentes e indeterminados, de modo a serem conformados por cada casal, à luz do contexto e de sua específica relação. Deveres de fidelidade e lealdade que podem ser relevantes nas relações estáveis e duradouras simultâneas, mas não nas sucessivas. Relações extraconjugais eventuais que não são suficientes para impedir a configuração da união estável, desde que presentes seus requisitos essenciais. (.....) (STJ – REsp: 1974218 AL 2021/0220369-1, Data de Julgamento: 08.11.2022, T3 – Terceira Turma, Data de Publicação: DJe 11.11.2022)
33. Para Brasileiro, a imposição do princípio da monogamia, em termos absolutos, confronta a pluralidade das entidades familiares. Trata-se de um princípio marcado por uma forte carga de moralidade voltada a preservar a exclusividade dos efeitos do casamento, único modelo de família chancelado pelo direito brasileiro, ao longo de anos. Com a maior valoração às pessoas e o papel instrumental da família plural, não há como negar efeito às uniões familiares simultâneas, como o casamento putativo, união estável putativa e o próprio concubinato (2019, p. 60-61).
34. Para Marcos Alves, os imperativos da dignidade da pessoa humana afastam a possibilidade de a monogamia – princípio estruturante de direito de família, desqualificar eventual tutela à pessoa. Recusar o reconhecimento de direitos àquela família paralela, reconhecida como grupo familiar no âmbito da sociedade, em virtude do princípio da monogamia é desdenhar o princípio da dignidade da pessoa humana. "Sem dúvida, neste caso, o critério último não é a proteção da dignidade da pessoa humana. A marca distintiva deste critério é a desigualdade, posto que privilegia a titularidade de uma relação jurídica e desconsidera totalmente outra situação subjetiva coexistencial que, sociologicamente, é configuradora de relação familiar. Verifica-se, em consequência, a ausência de respeito ao outro em sua integridade moral, mormente, porque em termos jurídicos recebe a alcunha de concubino, ou melhor, e mais especificamente, de concubina (2013, p. 267).

afetiva não eventual entre duas pessoas desimpedidas para o matrimônio deixa de ser reconhecida como união estável pelo fato da pré-existência de outra união estável ainda vigente, é porque àquela se atribuiu a condição de concubinato.

Os deveres dos conviventes em relação aos filhos são os mesmos que tem os cônjuges nas relações paterno-filiais. A bem da verdade, o princípio da igualdade jurídica da filiação desautoriza qualquer discriminação das relações paterno-filiais, sejam elas havidas ou não na família matrimonial. No exercício da autoridade parental, cabe aos pais, o exercício da guarda, sustento e educação dos filhos, mesmo quando não estiverem casados ou em união estável (art. 1.630 e seguintes).

7. REGIME DE BENS

O Código Civil de 2002 traz apenas um dispositivo para tratar do regime de bens aplicável à união estável – o art. 1.725, *in verbis*: "Na união estável, salvo contrato escrito entre os companheiros, aplica-se às relações patrimoniais, no que couber, o regime da comunhão parcial de bens."

Dessa norma se extraem dois elementos importantes: a) a autonomia dos companheiros para escolher o regime de bens aplicável às suas relações patrimoniais; e b) a aplicação do regime da comunhão de bens, no que couber, tal qual se faz em relação aos cônjuges, quando não exercerem a autonomia para escolher regime diverso ou quando o ato da escolha se fizer por meio de negócio jurídico inválido.

Na união estável, a escolha do regime de bens é feita por meio do contrato de convivência, negócio jurídico informal que requer apenas uma apresentação escrita (GOZZO, 1999, p. 104). Escapa o rigor formal exigido para os pactos antenupciais, embora nada impeça que se faça de modo solene se assim desejarem os conviventes que tem a faculdade, inclusive, de registrá-lo no Ofício de Registro Civil de Pessoas Naturais, como faculta o Provimento 37/2014, do Conselho Nacional de Justiça, com as alterações do Provimento 141/2023 para adequação à Lei 14.382/22.[35]

Embora o provimento diga que o registro da união estável (por quaisquer das vias previstas) produzirá efeito em face de terceiro, questiona-se sobre a valia dessa disposição, pois se sabe que o efeito *erga omnes* é do registro de escritura pública declaratória no Cartório de Imóveis, tal como se faz com o pacto antenupcial.

---

35. O termo declaratório ou a escritura pública declaratória vinculará os partícipes e produzirá efeitos jurídicos em face de terceiros, como se lê no art. 1º, § 1º, do Provimento 37/2014 – " O registro de que trata o caput confere efeitos jurídicos à união estável perante terceiros" (com a redação atribuída pelo Provimento 141/2023. A norma traz os procedimentos pertinentes à alteração do regime de bens, mediante procedimento administrativo perante o Oficial de Registro de Pessoas Naturais, inaugurado por ambos os companheiros e/ou por seus procuradores públicos. A alteração será averbada com a ressalva de que não prejudicará aos terceiros de boa-fé, inclusive, aos credores dos companheiros, cujos créditos sejam anteriores àquela alteração. Nota-se uma facilitação para a mudança de regime na união estável, comparativamente ao casamento, reafirmando a natureza informal do instituto. Se a mudança do regime contiver proposta de partilha de bens, respeitada a obrigatoriedade de escritura pública, exige-se que os companheiros sejam assistidos por advogado público ou privado.

Como se extrai do Resp 1.424.275, entende o STJ que a: "anulação da alienação do imóvel dependerá da averbação do contrato de convivência ou do ato decisório que declara a união no Registro Imobiliário em que inscritos os imóveis adquiridos na constância da união". Embora não haja dado provimento ao recurso interposto pela companheira prejudicada, o *decisum* sinalizou o reconhecimento do seu direito sobre os valores obtidos com a alienação do bem, a ser exercido por meio de ação própria.

Na perspectiva de Paulo Lobo (2021, p. 183), o objeto do contrato de convivência cinge-se à matéria patrimonial sem extensão às questões pessoais e existenciais, pertinente aos companheiros ou aos filhos. Em mão diversa, Gustavo Tepedino e Ana Carolina Brochado Teixeira (2020, p. 187-188) defendem que o "pacto de convivência" também pode incluir cláusulas de natureza existencial, permitindo aos companheiros eleger os moldes de sua convivência, respeitados sempre, os limites daqueles deveres inderrogáveis por vontade das partes. Para eles, "não obstante respeitáveis vozes contrárias, a descoberta do caminho da realização pertence ao casal de forma exclusiva, justificando-se a ingerência do Estado tão somente para garantir espaços e o exercício das liberdades".

Voltando às escolhas patrimoniais, os companheiros poderão optar por um dos regimes primários que o Código Civil lhes oferece ou montar as suas próprias regras, desde que não ofendam disposição absoluta de lei (art. 1.655, CC).

Para Cahali (2002, p. 56), a opção pelo regime de bens também pode ser feita incidentalmente, em qualquer outra convenção, acordo ou contrato firmado pelas partes, mesmo quando o objeto principal ou específico não for a união estável e seus aspectos patrimoniais. Na escritura pública de compra e venda de bem imóvel ou em uma ação de usucapião, por exemplo, podem fazer constar vivem uma união estável e que o domínio do bem adquirido será exclusivo de um dos conviventes ou comum a ambos, igualitariamente ou por fração específica para cada um.

Ante à lacuna da lei, a doutrina defendia a possibilidade de estipulação do efeito retroativo do contrato de convivência, de sorte a permitir a extensão de sua eficácia por todo o período da convivência. Atualmente, porém, o STJ entendeu pela ilicitude da retroatividade, como se verifica no julgamento do Recurso Esp. 1.383.624/MG, a 3ª Turma do STJ – "no curso do período de convivência, não é lícito aos conviventes atribuírem por contrato efeitos retroativos à união estável elegendo o regime de bens para a sociedade de fato, pois, assim, se estar-se-ia conferindo mais benefícios à união estável que ao casamento".[36] Nesse aspecto foi como seguiu o teor do Provimento 37/2014, com as alterações do Provimento 141/2023.

---

36. Processual civil. Agravo interno no recurso especial. Recurso manejado sob a égide do NCPC. Família. União estável. Dissolução. Escritura pública. Impossibilidade de atribuição de efeitos retroativos ao regime de bens. Acórdão recorrido em confronto com a jurisprudência dominante do STJ. Recurso especial provido. Dissídio jurisprudencial demonstrado satisfatoriamente. Possibilidade de mitigação do rigor formal em virtude do dissídio notório. Precedentes. Agravo interno não provido. 1. Aplica-se o NCPC a este recurso ante os termos do Enunciado Administrativo 3, aprovado pelo Plenário do STJ na sessão de 9/3/2016: Aos recursos interpostos com fundamento no CPC/2015 (relativos a decisões publicadas a partir de 18 de março

A despeito da restrição chancelada pelo STJ, Paulo Lobo (2021, p. 183) continua a entender possível a retroação dos efeitos dessa avença quando não houver prejuízo para os companheiros ou terceiros de boa-fé. Rolf Madaleno (2020, p. 471) também acredita na possibilidade de uma retroação restritiva se resguardados os interesses dos companheiros para evitar fraude ou renúncia indireta. Inadmite é a mudança súbita de regime de bens, sem prévia liquidação e divisão dos bens e direitos até então amealhados. Decisão do STJ acolheu o efeito *ex tunc* da alteração do regime de bens em união estável, de comunhão parcial de bens para comunhão total, ante à concordância dos requerentes e inexistência de prejuízo a eles próprios e a interesses de terceiros. (STJ – AREsp: 2095735 PB 2022/0086687-9, Relator: Ministro Moura Ribeiro, Data de Publicação: DJ 09.08.2022).

Em dezembro de 2021, por meio do julgamento do Resp 1.922.347, o STJ admitiu a validade de escritura firmada por um idoso e sua companheira para intensificar a restrição quanto ao compartilhamento dos bens. Como o companheiro tinha mais de 70 anos, a união se sujeitaria ao regime legal da separação de bens (art. 1.641, inciso II), mas a escritura firmada sete anos após o declarado início da união, indicava a opção pelo regime da separação total, ampliando a tutela prevista no dispositivo legal com o afastamento do direito à meação. Houve, *in caso*, o reconhecimento dos efeitos retroativos da escritura quanto à opção pelo regime de bens.

Mas volta-se a repetir que a união estável é um ato-fato e pode se consolidar sem o amparo de qualquer negócio jurídico, na falta da escolha quanto ao regime pelo contrato de convivência, ou no caso de sua invalidade, às relações patrimoniais do casal se aplicará, no que couber, o regime da comunhão parcial de bens (CC, art. 1.725). Admite-se a presunção *iure et iure* do esforço comum que justifica a formação da massa de bens em comum, a partir do início da convivência.

Coube ao art. 5º, da Lei 9.278/1996, introduzir a presunção do esforço comum para orientar a partilha dos bens adquiridos onerosamente na constância da união estável, o que foi reafirmado pelo art. 1.725, do Código Civil. Não se aplica a mesma presunção às uniões estáveis e suas relações patrimoniais firmadas no período anterior à vigência daquela lei. Tem-se aqui, uma questão de direito intertemporal que foi didaticamente sintetizada por Tepedino e Teixeira (2020, p. 195).[37] Entendem

---

de 2016) serão exigidos os requisitos de admissibilidade recursal na forma do novo CPC. 2. Na linha da jurisprudência dominante no âmbito das Turmas que compõem a Segunda Seção do STJ, o regime de bens constante de escritura pública de união estável não tem efeitos retroativos. 3. Dissídio jurisprudencial demonstrado satisfatoriamente. Possibilidade de mitigação dos requisitos formais de admissibilidade do recurso especial pela alínea c do permissivo constitucional diante da constatação de divergência jurisprudencial notória. Precedentes. 4. Não sendo a linha argumentativa apresentada capaz de evidenciar a inadequação dos fundamentos invocados pela decisão agravada, o presente agravo não se revela apto a alterar o conteúdo do julgado impugnado, devendo ele ser integralmente mantido em seus próprios termos. 5. Agravo interno não provido. (STJ – AgInt no REsp 1843825 RS 2019/0312857-8, rel. Min. Moura Ribeiro, Data de Julgamento: 08 mar. 2021, T3 – Terceira Turma, Data de Publicação: DJe 10 mar. 2021).

37. Gustavo Tepedino e Ana Carolina Brochado Teixeira (2020, p. 195-196) esclarecem: "A lei nova aplica-se aos fatos pendentes, ou seja, às uniões estáveis em curso; todavia, seus comandos não serão aplicados indistintamente a todos os bens adquiridos, especialmente, aqueles obtidos antes de sua vigência, sob pena

esses autores, que a Lei 9.278/96 não se aplicará aos eventos anteriores haja vista o comando primário de que a norma material se aplicará apenas aos eventos havidos durante a sua vigência. Assim, a união estável firmada anteriormente ao início de vigência daquela lei sofrerá a incidência do regime jurídico anterior, quanto aos bens adquiridos àquele tempo; e da nova legislação, quanto aos bens amealhados a partir de sua vigência. Neste caso, há que se fazer uma análise detida da legislação incidente sobre os diversos períodos da convivência do casal, para delimitar o que constituirá a meação de cada um dos companheiros.

Em 2013, decisão da 3ª. Turma, do STJ, no Resp 1.337.82, opôs críticas à tese doutrinaria/jurisprudencial de negar a presunção do esforço comum às uniões estabelecidas anteriormente à Lei 9.278/96. Segundo a relatora, Ministra Nancy Andrighi, a exigência da comprovação do esforço comum, para permitir ao companheiro o direito à meação dos bens onerosamente adquiridos na constância da união estável, seria incompatível com a natureza jurídica da entidade familiar e os contornos axiológicos atribuídos pela Constituição da República. De outro lado, no mesmo período, o Resp 9592113/PR e AgInt nos EREsp 959213, da 4ª Turma, sob Relatoria do Ministro Luiz Felipe Salomão, sustentaram que, até o advento da lei acima mencionada, os conviventes precisariam comprovar o esforço comum, direto ou indireto, na aquisição do bem sobre o qual se reivindicava a meação.

E quanto à união estável entre pessoas com mais de setenta anos, restringe-se a sua autonomia para decidir sobre o regime de bens? Paulo Lobo (2021, p. 183), Maria Berenice Dias (2015, p. 255), Débora Gozzo e Santiago (2022) se opõem à aplicação extensiva do art. 1.641, inciso II, do Código Civil, alegando o interdito hermenêutico da interpretação extensiva para restringir direitos. Por outro lado, Guilherme Calmon Nogueira da Gama defende que todas as restrições previstas no art. 1.641 e não apenas àquela assentada no inciso II, devem recair sobre àqueles que, nas mesmas condições, viverem união estável. Segundo ele, admitir o contrário seria uma forma de prestigiar a união estável em detrimento do casamento, esvaziando o sentido da norma constitucional que prevê a conversão da primeira no segundo.[38]

Em 2010, por meio do Resp. 1090722/SP, da 3ª Turma, o STJ seguiu o entendimento de estender à união estável, a imposição do regime legal da separação de bens aplicável ao casamento de idoso com mais de 70 anos. Em outro EREsp 1.171.820/PR, a 2ª Seção do STJ, com publicação datada de março de 2018, decidiu que união estável envolvendo sexagenário e cinquentenária, sofria imposição do art. 258, II, do

---

de infração ao direito adquirido e ao ato jurídico perfeito. Além disso, não é possível que direito material de cunho patrimonial tenha eficácia retroativa, sob pena de expropriar o patrimônio adquirido na vigência de normas diversas, o que afronta a segurança jurídica que se espera minimamente do direito patrimonial."

38. "as pessoas inseridas no contexto da separação legal de bens, ou seja, as pessoas que não têm opção de escolha do regime de bens no casamento, pelas razões apontadas no dispositivo, também não podem pactuar quanto aos bens adquiridos na constância da união extramatrimonial, pois, do contrário, haveria estímulo à existência de situações fundadas no companheirismo em detrimento do casamento, o que é vedado pela norma constitucional que prevê a conversão da união estável em casamento". (GAMA, 2001, p. 311-312).

Código Civil de 1916, vigente à época, devendo ser regulada pelo regime da separação obrigatória de bens. Assim, a divisão dos bens onerosamente adquiridos durante a união entre os conviventes, dependeria da comprovação do esforço comum para a aquisição patrimonial (EREsp 1.623.858).

Mais recentemente, o Resp 1.946.313, publicado em 02.12.2021, seguiu a mesma compreensão: "Em última análise, a não extensão do regime da separação obrigatória de bens, em razão da senilidade do *de cujus*, à união estável equivaleria ao desestímulo ao casamento, o que, certamente, discrepa da finalidade arraigada no ordenamento jurídico nacional, o qual, como visto, propõe-se a facilitar a convolação da união estável em casamento, e não o contrário."

No final de dezembro de 2021, como antes mencionado, o STJ voltou a examinar a questão para estabelecer a possibilidade de os cônjuges casados sob o regime da separação obrigatória (art. 1.641) aditarem novas restrições para intensificar a proteção estimada pelo legislador (Recurso Especial 1.922.347). Segundo o Relator, a restrição à autonomia prevista no art. 1.641 tem sede na proteção da pessoa idosa ou daquela que está incursa nas situações jurídicas previstas pelo dispositivo. Como o exercício da autonomia, *in caso*, potencializou a tutela jurídica pretendida pelo legislador, o ato foi havido como válido. Com isso, o STJ findou por consentir que os noivos ou conviventes incursos na restrição do art. 1.641, em virtude da idade de um deles, possam pactuar pelo regime da separação obrigatória de bens, afastando a incidência da Súmula 377 que prevê a partilha de bens, mediante prova do esforço comum.

Tocante à união estável que é sucedida pelo casamento dos conviventes, há que se preservar o direito à meação que os companheiros vieram a alcançar até então. Portanto, a depender do regime que ordenava suas relações patrimoniais, é cabível a ação de partilha relativamente aos bens adquiridos no período de união estável. Consoante manifestação do STJ, no Resp. 680.980/DF, da Quarta Turma, j. em 17.09.2004, *Dje* de 5.10.2009: "Existe interesse jurídico na declaração de união estável vivenciada pela parte autora e pelo *de cujus* em momento anterior a casamento celebrado sob o regime da separação de bens, bem como na partilha de bens eventualmente adquiridos pelo esforço comum durante a sociedade de fato". E, na hipótese de conversão dessa união estável em casamento, o regime de bens até então experimentado pelos conviventes deverá ser mantido com a celebração do matrimonio, permitindo-se, se for o caso, a formalização necessária do pacto antenupcial.

8. UNIÃO ESTÁVEL PUTATIVA

Trata-se de uma analogia que a doutrina faz ao casamento putativo, para ressalvar os efeitos jurídicos da união estável em benefício daquele companheiro ou companheira que desconhece o impedimento legal que obsta a sua constituição. Nos termos do art. 1.723, § 1º, a união estável não se constituirá se ocorrerem quaisquer dos impedimentos do art. 1.521, excepcionando-se as hipóteses previstas no inciso VI, quando à separação de fato. Admite-se a união estável entre pessoas casadas e separadas de fato.

A união estável putativa é uma interpretação analógica ao casamento putativo, para resguardar os efeitos conferidos à união estável quando um dos companheiros, agindo de boa-fé, imaginava viver um relacionamento livre de quaisquer impedimentos (Resp. 1.731120-RJ).

Por empréstimo, aplica-se o art. 1.561, do CC/02, quanto ao reconhecimento dos efeitos do casamento nulo ou anulável até o dia da sentença anulatória, em relação ao cônjuge que estiver de boa-fé. Para os fins deste artigo, a boa-fé importa no desconhecimento do impedimento, a exemplo dos irmãos que se unem sem o conhecimento do vínculo de parentesco. À essa união podem se aplicar os efeitos legais por analogia ao que se faz com o casamento inválido, até a data da sentença de sua desconstituição. Não se pode falar em invalidade da união estável à vista de sua natureza factual; a ocorrência de um impedimento é hipótese de óbice à sua constituição, comprometendo-lhe todos os efeitos jurídicos.

Se apenas um dos companheiros estiver de boa-fé, por desconhecer o fato de o outro ainda se manter casado com outrem, vivendo ainda em more uxório, somente àquele se aplicarão os efeitos civis pertinentes. De acordo com o julgamento do STJ, no Resp 1754008 RJ 2018/0176652-5, se não for demonstrada a boa-fé da concubina ou do concubino, de forma irrefutável, quanto à ignorância do impedimento (o casamento do outro), não será o caso de união estável putativa.

Como a Constituição da República garantiu a igualdade absoluta entre os filhos, proibindo qualquer tratamento discriminatório em relação a eles, a relação paterno--materno-filial não será prejudicada pelo fato de os pais viverem em concubinato. Portanto, o fato de se admitir a união putativa, em nada alterará, para melhor ou para pior, a situação jurídica dos filhos.

9. CONVERSÃO DA UNIÃO ESTÁVEL EM CASAMENTO

Diz a Constituição da República, no art. 226, § 3º que a lei facilitará a conversão da união estável em casamento. Na perspectiva da Lei 9.278/96, art. 8º, essa conversão dependeria de requerimento dirigido ao Oficial de Registro Civil do domicílio dos conviventes. Por alguns anos a conversão da união estável em casamento seguiu o regramento das Corregedorias dos tribunais estaduais.[39] A locução "conversão de união estável em casamento" só foi mencionada pelo Conselho Nacional de Justiça – CNJ, no Provimento 37, de 07 de julho de 2014, que trata sobre o registro do contrato de convivência da união estável; e pela Resolução 175, de 14 de maio de 2013, que trata da habilitação, celebração do casamento civil, ou de conversão de união estável em casamento, entre pessoas de mesmo sexo.

---

39. Como referência, utiliza-se a norma emitida pela Corregedoria Geral de Justiça, do Tribunal do Estado de São Paulo. Provimento 56/2019. Normas de Serviço. Cartórios extrajudiciais. Tomo II. Disponível em: https://api.tjsp.jus.br/Handlers/Handler/FileFetch.ashx?codigo=133038. Acesso em: 21 nov. 2021.

Mas qual seria a finalidade dessa conversão, se os efeitos jurídicos decorrentes da união estável são praticamente os mesmos do casamento? Com o julgamento do Recurso Extraordinário 878.694, declarando a inconstitucionalidade do art. 1.790, até o regime jurídico sucessório entre cônjuges e companheiros é idêntico. A única vantagem parece ser a facilitação da prova de existência do vínculo. De ato-fato jurídico, a relação do casal estaria lastreada em um negócio jurídico, cuja prova se dá, primordialmente, pela certidão do assento correspondente. Válido o negócio, ninguém poderia suscitar qualquer conflito quanto à existência e eficácia daquela entidade familiar. Sabe-se que o principal problema dos conviventes está na dificuldade de ver garantidos os seus interesses, quando a existência da união estável é posta em xeque.

Após a Lei 14.382/2022 e Provimento no. 37/2014, alterado pelo Provimento 141/2023, ambos do Conselho Nacional de Justiça, o procedimento administrativo cumpre o rito descrito no art. 9º.-C, dessa norma administrativa e requer a prévia habilitação do casal, à semelhança do que se exige quanto às formalidades anteriores ao casamento (art. 1.525, CC). Linhas gerais, essas normas seguem o mesmo padrão, orientando a que os interessados possam formular o requerimento da conversão perante o oficial de registro civil de pessoas naturais do seu domicílio, apresentando a declaração de que vivem em união estável com os mesmos documentos que devem acompanhar o requerimento para o casamento (art. 1.525 do CC/02).

Recebido o requerimento, o Oficial dará início ao processo de habilitação, seguindo os trâmites comuns às formalidades antecedentes ao casamento, ressalvada a necessidade de se fazer constar nos editais que se trata de pedido de conversão de união estável em casamento. Assim como os nubentes, os companheiros poderão se fazer representar por mandatários, exigindo-se instrumento de procuração pública com os poderes especiais. Não havendo oposição de impedimentos legais previstos no art. 1.521, do CC/02, a conversão será assentada no registro próprio.

Cumpre lembrar que a união estável entre pessoas casadas e separadas de fato, separadas judicial ou extrajudicialmente não poderá ser convertida em casamento, porque persistente o vínculo matrimonial. Se adiante, após a dissolução desse vínculo matrimonial, os companheiros ingressarem com o pedido de conversão de sua união estável em casamento, os efeitos deste novo casamento não retroagirão ao período no qual um dos conviventes estava casado.

Constarão no assento da conversão de união estável em casamento, conforme o art. 9º-C, os requisitos previstos nos arts. 70 e 70-A, § 4º, da Lei 6.015/73, e os seguintes dados: I. O registro anterior da união estável, se houver, especificando todos os dados de identificação (data, livro, folha e ofício) e a individualização do título que lhe deu origem; II. O regime de bens que se aplicava à união estável, na hipótese de ter havido alteração no momento da conversão em casamento, desde que o referido regime estivesse identificado em anterior registro de união estável ou em um dos títulos previstos no § 3º do art. 1º do Provimento 141/2023; III. O termo inicial da união estável, quando observadas as exigências do art. 1º, §§ 4º e 5º, do Provimento 141/2023; IV. A seguinte advertência, no caso de o regime de bens escolhido divergir daquele que vigia durante união estável: "este ato não prejudicará terceiros de boa-fé, inclusive os credores dos companheiros cujos créditos já existiam antes da alteração do regime".

Salvo a apresentação de pacto antenupcial, a conversão da união estável em casamento implicará a preservação do regime de bens adotado até então. A opção pelo regime da comunhão parcial de bens dispensará a exigência do pacto, mas exigirá uma declaração específica, assinada pelos requerentes (art. 9º-D, § 2º).

Assim como no casamento, toda a disciplina pertinente ao regime de bens se submeterá aos dispositivos da lei civil, inclusive quanto à forma solene que se exige quando o casal optar por regime diverso do convencional (comunhão parcial de bens), nos termos do art. 1.640, parágrafo único, do Código Civil. O regime da separação-sanção, previsto no art. 1.641, inciso II, do Código Civil, não se aplicará se essa obrigatoriedade inexistia na data indicada como início da união estável, na forma do inciso III do art. 9-C deste Provimento, ou se houver decisão judicial em sentido contrário. Também não haverá a imposição desse o regime, com base no inciso I, do art. 1.641, do CC, se ao tempo do requerimento da conversão, a causa suspensiva do casamento estava superada.

Na síntese do art. 9º. – D, § 5º, do Provimento 141/2023, o regime de bens a ser indicado no assento da conversão de união estável em casamento deverá ser: o mesmo que se praticava antes, conforme indicado: em um dos títulos indicados no § 3º do art. 1º do Provimento; no pacto antenupcial ou na declaração de que trata o § 2º do art. 1º, do Provimento; o regime da comunhão parcial de bens nas demais hipóteses.

Caso um dos requerentes vier a falecer no curso da habilitação para a conversão, a lavratura do assento poderá ser efetivada se o pedido estiver em termos (art. 70-A, § 7º, da Lei 6.015, de 1973), ou seja, quando não houver pendências essenciais quanto à firmeza da vontade dos companheiros; ou tais pendências puderem ser sanadas pelos herdeiros do falecido.

O assento da conversão da união estável não fará constar a data de celebração do casamento, uma vez que não há celebração. E só haverá indicação do termo inicial da união estável nas hipóteses previstas pelo Provimento (art. 1º, § 4º). Sem a demarcação do início da união estável, marco a partir do qual se operarão os efeitos pessoais e patrimoniais do casamento, será possível persistir eventual conflito.

O fim precípuo da conversão da união estável em casamento é aplicar os efeitos deste ao período pretérito de convivência. Mas se o casal vier a firmar um pacto antenupcial com regime de bens diverso daquele aplicável à união anterior, os seus efeitos não retroagirão. Consideradas as restrições à alteração administrativa do regime de bens na união estável, é de se supor que o pacto antenupcial que vier a ser firmado por ocasião de sua conversão em casamento, também não poderá retroagir em prejuízo dos próprios conviventes e/ou de terceiros.

10. DISSOLUÇÃO DA UNIÃO ESTÁVEL

Da mesma forma como se inicia, a união estável se extingue – sem maior formalidade. A cessação da convivência do casal e o fim da comunhão plena é suficiente para a extinção. A fim de evitar conflito futuro quanto aos efeitos pessoais e patrimoniais, os conviventes/companheiros poderão formalizar a dissolução da união estável pela via administrativa, utilizando-se de instrumento público ou particular, ou em juízo. Mas não será o instrumento que, em si, porá um fim à união estável, pois enquanto ato-fato jurídico, o que a encerra é a cessação da *affectio maritalis* com o desvanecimento dos elementos que fazem o suporte fático da norma. Como a união estável não altera o estado civil dos companheiros e, portanto, não constitui impedimento legal ao matrimônio (art. 1.521, CC/02), o casamento de um deles também resultará na sua extinção. A morte, inexoravelmente, também põe fim à união estável.

Na dicção do art. 733 do Código de Processo Civil, a união estável pode ser dissolvida consensualmente por escritura pública, sem necessidade de homologação judicial, desde que não haja filhos menores ou nascituro e observados os requisitos legais. Se as questões de interesse destes filhos houverem sido decididas em juízo, nada obstará a lavratura da escritura de dissolução. É exigência legal que os companheiros estejam devidamente assistidos por advogado particular ou defensor público.

A despeito da previsão legal recente, esse tipo de escritura já vinha sendo lavrada nos tabelionatos de todo o país, como ato declaratório e não constitutivo da existência ou extinção da união estável. Anteriormente à vigência do atual CPC, o Conselho Nacional de Justiça havia publicado a Resolução 35/2007 para disciplinar a lavratura dos atos notariais relacionados a inventário, partilha, separação consensual, divórcio consensual e extinção consensual de união estável por via administrativa. Desde então, admite-se a suficiência desse tipo de escritura pública para o registro civil e imobiliário, a transferência de bens e direitos, bem como para a promoção de todos os atos necessários à materialização das transferências de bens e levantamento de valores etc.

A escritura pública de dissolução de união estável se revela como uma prova habilíssima para afastar a existência da união, mas não tem o condão de prevalecer sobre os fatos, se os declarantes continuarem vivendo como se fossem casados, preservando hígida a entidade familiar anteriormente formada. Como explica Cassetari (2021, p. 118), "a declaração de reconhecimento e de dissolução é mero ato formal, que apenas retrata o que já ocorreu no mundo dos fatos, mas que, por ser útil para as partes, pode ser feita por escritura pública, haja vista que se trata de ato declaratório consensual entre as partes".

Com o advento da Lei 14.382/2022 (art. 94-A) e Provimento 37/2014 (art. 1º. § 3º – redação dada pelo Provimento 141/2023), são títulos hábeis para o registro ou averbação da dissolução da união estável, as sentenças judiciais declaratórias, as escrituras públicas e o termo declaratório. Acresça-se também, a simples cessação da convivência, fato que pode não ser suficiente para a efetivação da partilha dos bens. Anteriormente, apontou-se a impropriedade de se admitir um termo declaratório que não configure escritura pública, como título hábil para realizar a dissolução da união estável, haja vista a disposição do Código de Processo Civil (art. 733). Adita-se a previsão do art. 108, do Código Civil, quanto à exigência de escritura pública para a validade dos negócios jurídicos que visem à constituição, transferência, modificação ou renúncia de direitos reais sobre imóveis de valor superior a trinta vezes o maior salário-mínimo vigente no País. A ausência da escritura pública pode comprometer a validade da partilha de bens.

Somente a escritura pública, lavrada por qualquer tabelionato de notas, e não o escrito particular, constituirá título hábil para qualquer ato de registro e para o levantamento de importância e valores depositados em instituições financeiras (CPC, art. 733, § 1º). Se a parte interessada declarar que não reúne condições financeiras para arcar com os emolumentos correspondentes, poderá receber os benefícios da gratuidade de justiça, previsto na Resolução 35/2007, CNJ, com redação atualizada pela Resolução 326/2020 do CNJ, independentemente de estar sendo assistida por advogado público ou privado. Conforme o art. 98 do CPC também garante a gratuidade de justiça para esse tipo de ato notarial.

Embora o Provimento 37/2014 afirme que o registro da união estável perante o Oficial de Registro Civil de Pessoas Naturais produzirá efeitos jurídicos em face de terceiros (art. 1º, § 1º), é de se refletir se tal instrumento, que não se reveste sob a forma de escritura pública, tem validade para realizar a partilha, em especial, dos imóveis.

Não havendo acordo entre os companheiros ou existindo filhos comuns ainda menores com pendências a serem resolvidas, a extinção da união estável deve ser pleiteada por meio de ação judicial declaratória de existência e dissolução, uma das ações de família arroladas pelo art. 693 do CPC. Trata-se de uma demanda a ser ajuizada perante o juízo competente para conhecer a matéria de direito de família, no foro fixado pelo art. 53 do CPC. Utilizando-se desta vez, as palavras de Fernanda Tartuce (2021, p. 365), "a demanda judicial de "reconhecimento" e/ou "dissolução" de união estável não a constitui nem a desconstitui, sendo apta apenas a sanar dúvidas sobre sua existência e seus termos inicial e final, tendo nítido caráter declaratório".

Quando a ação envolver interesse de incapaz, o Ministério Público atuará como fiscal da lei (art. 698) e deverá ser ouvido até mesmo quando se tratar de mera homologação de acordo. O Ministério Público também atuará como *custos legis* nas ações de reconhecimento e dissolução *post mortem* e quando a dissolução se fizer perante o Juizado de Violência Doméstica e Familiar contra a Mulher, mediante prévia denúncia de violência doméstica (art. 14-A, Lei 11.340/2006).

Um ou ambos os companheiros serão partes legitimadas para a propositura da ação. No caso de reconhecimento de existência e dissolução *post mortem*, o companheiro supérstite ou os herdeiros terão a legitimidade ativa. Para Fernanda Tartuce, a ação de reconhecimento de existência e dissolução da união estável pode ser compreendida entre as ações de estado, mesmo ante à inexistência de um estado civil de "convivente" ou "companheiro". Assim, como não importa em uma ação personalíssima, posto não envolver matéria de estado, poderia ter a sua legitimidade ativa ampliada, especialmente porque visa apenas a declaração de existência ou inexistência da união, dado que pode impactar a esfera patrimonial de filhos dos envolvidos e até mesmo do cônjuge, se houver.

Embora seja uma ação declaratória e, nos termos do art. 18, o CPC autorize a sua propositura a qualquer interessado; o STJ negou a legitimidade ativa do credor de um dos companheiros, sustentando que a demanda guarda um caráter íntimo e pessoal (REsp. 1305767/MG). Por outro lado, é de se admitir o interesse daqueles que pretendem a declaração da inexistência da união, como no caso dos irmãos ou viúva do companheiro falecido, para o fim de melhor delimitar a sucessão e a ordem de vocação hereditária. Decisão do TJSP, não reconheceu a legitimidade dos irmãos da falecida para a propositura de ação declaratória de inexistência da união estável.[40] Em outra decisão, o TJSP esclareceu que a legitimidade ativa para a ação deve atender e cingir-se às regras do direito sucessório inscritas no art. 1.829, do CC/02. Não havendo interesse sucessório, na ordem de vocação disposta nesse artigo, não haverá como sustentar a legitimidade ativa.[41]

A causa de pedir da ação é o reconhecimento da existência desta união, no período do convívio. Com isso, os interessados lograrão a possibilidade de entrar no gozo dos efeitos jurídicos. Pode haver cumulação de pedidos: alimentos, guarda dos filhos, convivência, fixação do domicílio dos filhos etc. Em caso de união estável *post mortem*, também é possível pedir a reserva do quinhão hereditário.

Muitas vezes, o companheiro precisa do reconhecimento judicial da união para se habilitar como herdeiro nos autos do inventário. Nem sempre os demais herdeiros consentiram no seu reconhecimento voluntário. Independentemente, é importante

---

40. Ação Declaratória De Inexistência De União Estável. Ação proposta pelos irmãos da falecida contra o réu, suposto companheiro da mesma. Sentença de improcedência. Inconformismo dos autores. União estável entre o réu e a 'de cujus' que não foi reconhecida formalmente, vez que não há documento público, nem mesmo decisão judicial nesse sentido. Conjunto probatório dos autos que não substitui o reconhecimento formal. Impossibilidade de declarar, consequentemente, a inexistência da relação. Eventual reconhecimento da união estável que deve ser buscada pelo suposto companheiro. Ausência de legitimidade dos autores/irmãos da 'de cujus'. Improcedência mantida, mas por motivo diverso, qual seja, a impossibilidade jurídica do pedido. Recurso Não Provido. (TJ-SP – AC: 10094039420188260664 SP 1009403-94.2018.8.26.0664, rel.: Ana Maria Baldy, Data de Julgamento: 17 mar. 2020, 6ª Câmara de Direito Privado, Data de Publicação: 17 mar. 2020).
41. União estável. Ação declaratória de inexistência. Post mortem. Ilegitimidade ativa e ausência de interesse processual reconhecidas. Advento de sentença extintiva, nos termos do art. 485, VI do CPC. Inconformismo manifestado. Descabimento. Ação proposta pela irmã do de cujus. Falecido que deixou dois filhos, únicos herdeiros, em comum com a requerida. *Legitimidade Que Deve Ser Perquirida À Luz Das Regras Do Direito Sucessório*. Art. 1.829 do CC. Herdeiros mais próximos que excluem os mais remotos. Filhos que expressamente reconhecem a existência da união, sendo a questão pacífica entre os maiores interessados. Interesse jurídico da autora enquanto fiscal da moral que não se reconhece. Sentença extintiva mantida. Recurso improvido. (TJ-SP – AC: 10002703920198260358 SP 1000270-39.2019.8.26.0358, rel. Vito Guglielmi, Data de Julgamento: 07 ago. 2020, 6ª Câmara de Direito Privado, Data de Publicação: 07 ago. 2020).

que o companheiro supérstite ingresse no feito do inventário para informar os indícios de sua união com o falecido e reivindicar o direito real de habitação. Não raro, o companheiro sobrevivente residia com o *de cujus*, ao tempo de sua morte, já estando na posse do imóvel.

Uma união estável que se finda com a morte de um dos companheiros pode gerar inúmeros problemas para o que ficou. Se houver litígio com os demais herdeiros, o luto será interrompido por uma avalanche de ações, nas quais haverá sempre que produzir uma preliminar para sustentar a sua legitimidade ativa como companheiro viúvo. Se essa modalidade de entidade familiar é informal e nada solene, brotando como as flores durante a primavera, no seu ocaso poderá trazer muitos aborrecimentos e entraves para o exercício de todos os direitos. À vista de tudo isto é que se explica a intensa formalização do instituto que se presta a facilitação do deslinde sobre a existência da união, mas não é suficiente para constituí-la.

11. UNIÃO ESTÁVEL: TESES E ENUNCIADOS

A união estável marcou a sua importância e o deu lugar, no direito brasileiro. Não é sem razão que o Superior Tribunal de Justiça fixou dezesseis teses sobre o tema, e o Supremo Tribunal Federal, duas teses fundamentais. Além dessas teses, os enunciados aprovados pelas Jornadas de Direito Civil promovidas pelo Conselho de Justiça Federal que são importantes vetores interpretativos para nortear o conceito, delineamento e efeitos do instituto.

A edição 50 do Jurisprudência em Teses, do Superior Tribunal de Justiça congregou dezesseis teses relacionadas à união estável, fixadas por esta Corte

1) Os princípios legais que regem a sucessão e a partilha não se confundem: a sucessão é disciplinada pela lei em vigor na data do óbito; a partilha deve observar o regime de bens e o ordenamento jurídico vigente ao tempo da aquisição de cada bem a partilhar.

2) A coabitação não é elemento indispensável à caracterização da união estável.

3) A vara de família é a competente para apreciar e julgar pedido de reconhecimento e dissolução de união estável homoafetiva.

4) Não é possível o reconhecimento de uniões estáveis simultâneas.

5) A existência de casamento válido não obsta o reconhecimento da união estável, desde que haja separação de fato ou judicial entre os casados.

6) Na união estável de pessoa maior de setenta anos (artigo 1.641, II, do CC/02), impõe-se o regime da separação obrigatória, sendo possível a partilha de bens adquiridos na constância da relação, desde que comprovado o esforço comum.

7) São incomunicáveis os bens particulares adquiridos anteriormente à união estável ou ao casamento sob o regime de comunhão parcial, ainda que a transcrição no registro imobiliário ocorra na constância da relação.

8) O companheiro sobrevivente tem direito real de habitação sobre o imóvel no qual convivia com o falecido, ainda que silente o art. 1.831 do atual Código Civil.

9) O direito real de habitação poder ser invocado em demanda possessória pelo companheiro sobrevivente, ainda que não se tenha buscado em ação declaratória própria o reconhecimento de união estável.

10) Não subsiste o direito real de habitação se houver copropriedade sobre o imóvel antes da abertura da sucessão ou se, àquele tempo, o falecido era mero usufrutuário do bem.

11) A valorização patrimonial dos imóveis ou das cotas sociais de sociedade limitada, adquiridos antes do início do período de convivência, não se comunica, pois não decorre do esforço comum dos companheiros, mas de mero fator econômico.

12) A incomunicabilidade do produto dos bens adquiridos anteriormente ao início da união estável (art. 5º, § 1º, da Lei 9.278/96) não afeta a comunicabilidade dos frutos, conforme previsão do art. 1.660, V, do Código Civil de 2002.

13) Comprovada a existência de união homoafetiva, é de se reconhecer o direito do companheiro sobrevivente à meação dos bens adquiridos a título oneroso ao longo do relacionamento.

14) Não há possibilidade de se pleitear indenização por serviços domésticos prestados com o fim do casamento ou da união estável, tampouco com o cessar do concubinato, sob pena de se cometer grave discriminação frente ao casamento, que tem primazia constitucional de tratamento.

15) Compete à Justiça Federal analisar, incidentalmente e como prejudicial de mérito, o reconhecimento da união estável nas hipóteses em que se pleiteia a concessão de benefício previdenciário.

16) A presunção legal de esforço comum quanto aos bens adquiridos onerosamente prevista no art. 5º da Lei 9.278/1996, não se aplica à partilha do patrimônio formado pelos conviventes antes da vigência da referida legislação.

O Supremo Tribunal Federal, por sua vez, admitiu a união estável homoafetiva, por meio do julgamento da ADI 4.277 e, mais recentemente, firmou a tese de que: É inconstitucional a distinção de regimes sucessórios entre cônjuges e companheiros prevista no art. 1.790 do CC/2002, devendo ser aplicado, tanto nas hipóteses de casamento quanto nas de união estável, o regime do art. 1.829 do CC/2002 (STF, REs 878.694 e 646.721, T. Pleno, rel. Min. Luís Roberto Barroso, j. 10.05.2017).

Sobre o tema da união estável, contabilizam-se os seguintes enunciados aprovados nas Jornadas de Direito Civil, promovidas pelo Conselho de Justiça Federal, do STJ, sejam eles:

- *I Jornada de Direito Civil*

    Enunciado 97 – No que tange à tutela especial da família, as regras do Código Civil que se referem apenas ao cônjuge devem ser estendidas à situação jurídica que envolve o companheiro, como, por exemplo, na hipótese de nomeação de curador dos bens do ausente (art. 25 do Código Civil)

    Enunciado 99 – O art. 1.565, § 2º, do Código Civil não é norma destinada apenas às pessoas casadas, mas também aos casais que vivem em companheirismo, nos termos do art. 226, caput, §§ 3º e 7º, da Constituição Federal de 1988, e não revogou o disposto na Lei n. 9.263/96.

    Enunciado 115 – Há presunção de comunhão de aquestos na constância da união extramatrimonial mantida entre os companheiros, sendo desnecessária a prova do esforço comum para se verificar a comunhão dos bens.

- *III Jornada de Direito Civil*

Enunciado 261 – A obrigatoriedade do regime da separação de bens não se aplica a pessoa maior de sessenta anos, quando o casamento for precedido de união estável iniciada antes dessa idade.

Enunciado 263 – O art. 1.707 do Código Civil não impede seja reconhecida válida e eficaz a renúncia manifestada por ocasião do divórcio (direto ou indireto) ou da dissolução da "união estável". A irrenunciabilidade do direito a alimentos somente é admitida enquanto subsistir vínculo de Direito de Família.

Enunciado 269 – A vedação do art. 1.801, inc. III, do Código Civil não se aplica à união estável, independentemente do período de separação de fato (art. 1.723, § 1º).

- *IV Jornada de Direito Civil*

Enunciado 296 – Não corre a prescrição entre os companheiros, na constância da união estável.

Enunciado 345 – O "procedimento indigno" do credor em relação ao devedor, previsto no parágrafo único do art. 1.708 do Código Civil, pode ensejar a exoneração ou apenas a redução do valor da pensão alimentícia para quantia indispensável à sobrevivência do credor.

Enunciado 346 – Na união estável o regime patrimonial obedecerá à norma vigente no momento da aquisição de cada bem, salvo contrato escrito.

- *V Jornada de Direito Civil*

Enunciado 524 – As demandas envolvendo união estável entre pessoas do mesmo sexo constituem matéria de Direito de Família.

Enunciado 525 – Os arts. 1.723, § 1º, 1.790, 1.829 e 1.830 do Código Civil admitem a concorrência sucessória entre cônjuge e companheiro sobreviventes na sucessão legítima, quanto aos bens adquiridos onerosamente na união estável.

Enunciado 526 – É possível a conversão de união estável entre pessoas do mesmo sexo em casamento, observados os requisitos exigidos para a respectiva habilitação.

- *VI Jornada de Direito Civil*

Enunciado 570 – O reconhecimento de filho havido em união estável fruto de técnica de reprodução assistida heteróloga "a patre" consentida expressamente pelo companheiro representa a formalização do vínculo jurídico de paternidade-filiação, cuja constituição se deu no momento do início da gravidez da companheira.

- *VII Jornada de Direito Civil*

Enunciado 595 – O requisito "abandono do lar" deve ser interpretado na ótica do instituto da usucapião familiar como abandono voluntário da posse do imóvel somado à ausência da tutela da família, não importando em averiguação da culpa pelo fim do casamento ou união estável. Revogado o Enunciado 499.

- *VII Jornada de Direito Civil*

Enunciado 608 – É possível o registro de nascimento dos filhos de pessoas do mesmo sexo originários de reprodução assistida, diretamente no Cartório do Registro Civil, sendo dispensável a propositura de ação judicial, nos termos da regulamentação da Corregedoria local.

- *VII Jornada de Direito Civil*

Enunciado 612 – O prazo para exercer o direito de anular a partilha amigável judicial, decorrente de dissolução de sociedade conjugal ou de união estável, extingue-se em 1 (um) ano da data do trânsito em julgado da sentença homologatória, consoante dispõem o art. 2.027, parágrafo único, do Código Civil de 2002, e o art. 1.029, parágrafo único, do Código de Processo Civil (art. 657, parágrafo único, do Novo CPC).

- *VIII Jornada de Direito Civil*

Enunciado 641 – A decisão do Supremo Tribunal Federal que declarou a inconstitucionalidade do art. 1.790 do Código Civil não importa equiparação absoluta entre o casamento e a união estável. Estendem-se à união estável apenas as regras aplicáveis ao casamento que tenham por fundamento a solidariedade familiar. Por outro lado, é constitucional a distinção entre os regimes, quando baseada na solenidade do ato jurídico que funda o casamento, ausente na união estável.

Na I Jornada de Direito Notarial e Registral, contabilizaram-se cinco enunciados envolvendo o tema:

Enunciado 7 – A presunção de paternidade, prevista no art. 1.597 do Código Civil, aplica-se aos conviventes em união estável, desde que esta esteja previamente registrada no Livro E do Registro Civil das Pessoas Naturais da Sede, ou, onde houver, no 1º Subdistrito da Comarca, nos termos do Provimento CNJ n. 37/2014.

Enunciado 21 – Para fins de ingresso no Registro de Imóveis, a carta de sentença ou formal de partilha pode ser aditada ou rerratificada por meio de escritura pública, com a participação de advogado e dos interessados.

Enunciado 22 – Para o ingresso da união estável no Registro de Imóveis não é necessário o seu prévio registro no Livro E do Registro Civil das Pessoas Naturais.

Enunciado 47 – Nas escrituras relativas a fatos, atos ou negócios relativos a imóveis, inclusive o inventário, separação, divórcio e dissolução de união estável, é cabível a menção à consulta feita ao sítio eletrônico da Receita Federal. A existência de débitos tributários será consignada na escritura, com a advertência das partes sobre os riscos relativos à realização do ato notarial.

Enunciado 52 – O divórcio consensual, a separação consensual e a extinção consensual de união estável, mesmo havendo filhos incapazes, poderão ser realizados por escritura pública, nas hipóteses em que as questões relativas à guarda, ao regime de convivência e aos alimentos dos filhos incapazes já estiverem previamente resolvidas na esfera judicial.

12. REFERÊNCIAS

AGAPITO, Priscila. Os treze equívocos do Provimento 141 do CNJ. Disponível em: https://ibdfam.org.br/artigos/1956/Os+treze+equ%C3%ADvocos+do+Provimento+141+do+CNJ. Acesso em: 12 jul. 2023.

BARBOZA, Heloísa Helena; ALMEIDA, Vitor. Uniões estáveis homoafetivas entre a norma e a realidade: em busca da igualdade substancial. Disponível em: https://rbdcivil.ibdcivil.org.br/rbdc/article/view/404/366. Acesso em: 21 abr. 2023.

BRASILEIRO, Luciana. *Uniões simultâneas*. Belo Horizonte: Fórum, 2019.

BRITO, Laura Souza de Lima e; NEVES, Fernanda Valladares Andrade. Registro de união estável. In: SALLES, Priscila (Org.); HORTA, Renato; CÂMARA, Thaís (Coord.). *Temas atuais em famílias e sucessões* Belo Horizonte, MG: OAB – Minas Gerais: Comissão de Direito de Família: Comissão de Direito Sucessório, 2021. [livro eletrônico]: v. 1.

CASSETARI, Christiano. *Divórcio, extinção de união estável e inventário por escritura pública*. Indaiatuba: Foco, 2021.

CAHALI, Francisco José. *Contrato de convivência na união estável*. São Paulo: Saraiva, 2002.

CUNHA, Rodrigo Pereira da. *Direito das famílias*. Rio de Janeiro: Forense, 2020.

DELGADO, Mário. Diferenças entre união estável e casamento: quando a desigualdade é (in)constitucional. In: PEREIRA, Rodrigo da Cunha; DIAS, Maria Berenice. *Famílias e sucessões*: polêmicas, tendências e inovações. Belo Horizonte: IBDFAM, 2018.

DELGADO, Mário; BRANDÃO, Débora Vanessa Caús. União estável ou casamento forçado? In: HIRONAKA, Giselda Maria Fernandes Novaes; SANTOS, Romualdo Batista dos. *Direito Civil*: estudos. Coletânea do XV Encontro dos Grupos de Pesquisa – IBDCIVIL. São Paulo: Blucher, 2018.

DIAS, Maria Berenice. *Manual de Direito das Famílias*. São Paulo: Ed. RT, 2015.

GAMA, Guilherme Calmon Nogueira da. *O companheirismo*: uma espécie de família, São Paulo: Ed. RT, 2001.

GOZZO, Débora. O patrimônio dos conviventes na união estável. *Repertório de doutrina sobre Direito de Família*: Aspectos constitucionais, civis e processuais. São Paulo: Ed. RT, 1999.

GOZZO, Débora; SANTIAGO, Maria Carolina Nomura. Regime da separação legal de bens na união estável: impossibilidade de aplicação por analogia. *Revista de Direito Civil Contemporâneo*. v. 33/2022, p. 263-283, out./dez. 2022. DTR\2022\17646.

LOBO, Paulo. *Direito Civil*: Famílias. São Paulo: Saraiva, 2021.

LOBO, Paulo. *A concepção da união estável como ato-fato jurídico e suas repercussões processuais*. Belo Horizonte: IBDFAM, 2014. Disponível em: https://ibdfam.org.br/artigos/953/A+concep%C3%A7%-C3%A3o+da+uni%C3%A3o+est%C3%A1vel+como+ato-fato+jur%C3%ADdico+e+suas+repercuss%C3%B5es+processuais. Acesso em: 1º nov. 2021.

MADALENO, Rolf. *Manual de Direito de Família*. Rio de Janeiro: Gen, 2020.

MATOS, Ana Carla Harmatiuk. *União entre pessoas do mesmo sexo*: aspectos jurídicos e sociais. Belo Horizonte: Del Rey, 2004.

MELO, Marcos Bernardes. Sobre a classificação do fato jurídico da união estável. In: ALBUQUERQUE, Fabíola Santos; EHRHARDT JR., Marcos; OLIVEIRA, Catarina Almeida de (Coord.). *Famílias no Direito Contemporâneo*: Estudos em homenagem a Paulo Luiz Netto Lôbo. Salvador: JusPodivm, 2010.

MELO, Marcos Bernardes. Breves notas sobre o perfil jurídico da união estável. *Revista Fórum de Dir. Civ. – RFDC*, Belo Horizonte, ano 9, n. 24, p. 235-260, maio/ago. 2020.

MENEZES, Joyceane Bezerra; OLIVEIRA, Cecília Barroso de. O direito à orientação sexual como decorrência do direito ao livre desenvolvimento da personalidade. *Novos Estudos Jurídicos*, v. 14, n. 2, p. 105-125, 2009.

NEVARES, Ana Luiza Maia. Casamento ou união estável? Disponível em: https://rbdcivil.ibdcivil.org.br/rbdc/article/view/58/52. Acesso em: 10 fev. 2022.

NIGRI, Tânia. *União estável*. São Paulo: Blucher, 2020.

OLIVEIRA, Euclides de. *União estável*: do concubinato ao casamento. 6. ed. São Paulo: Método, 2003.

OTERO, Marcelo Truzzi; MOURA, Líbera Coppeti. União estável: fato, ato ou negócio jurídico? Repercussões práticas. *Revista do Advogado*: Direito privado contemporâneo – Estudos dedicados a Zeno Veloso, São Paulo, n. 151, p. 112-122, set., 2021.

PEREIRA, Caio Mário da Silva. *Instituições de direito civil*. Atual. Tania da Silva Pereira. 25. ed. Rio de Janeiro: Forense, 2017. v. VI.

RODRIGUES, Edwirges Elaine; ALVARENGA, Maria Amália de Figueiredo Pereira. Novos tempos, novas famílias: da legitimidade para a afetividade. *Civilistica.com*. Rio de Janeiro, a. 10, n. 3, 2021.

SILVA, Marcos Alves da. *Da monogamia*: a sua superação com princípio estruturante do Direito de Família. Curitiba: Juruá, 2013.

VELOSO, Zeno. *Direito Civil*: Temas. Belém: Anoreg/Pará, 2018.

VILAÇA, Álvaro. *Curso de Direito Civil*: Direito de família. São Paulo: Saraiva, 2019.

TARTUCE, Fernanda. *Processo Civil no Direito de Família*: teoria e prática. 5. ed. Rio de Janeiro: Forense, 2021.

TEIXEIRA, Ana Carolina Brochado; MATTOS, Eleonora G. Saltão de Q. A coabitação em tempos de pandemia pode ser elemento caracterizador de união estável? *Coronavirus*: impacto no Direito de Família e Sucessões. Indaiatuba: Foco, 2020.

TEPEDINO, Gustavo; TEIXEIRA, Ana Carolina Brochado. *Fundamentos de Direito Civil*: Direito de família. Rio de Janeiro: Gen/Forense, 2020.

XAVIER, Marília Pedroso. *Contrato de Namoro*: amor líquido e Direito de Família mínimo. Belo Horizonte: Fórum, 2020.

UNIÕES SIMULTÂNEAS

Luciana Brasileiro

Mestre e Doutora em direito privado pela UFPE. Vice presidente da comissão de direito e arte do IBDFAM, conselheira científica do IBDFAM/PE, pesquisadora do Grupo Constitucionalização das Relações Privadas da UFPE. Advogada. E-mail: lucianabrasileiroadv@gmail.com.

Maria Rita de Holanda

Doutora em direito civil pela UFPE, com pós-doutorado pela *Universidad* de Sevilla. Advogada e professora universitária. E-mail: mariarita.holanda25@gmail.com

Sumário: 1. Introdução – das uniões simultâneas no ordenamento jurídico brasileiro – 2. Da interpretação inclusiva das uniões simultâneas a partir da metodologia civil constitucional – 3. Repercussão geral do tema no Supremo Tribunal Federal – 4. Efeitos jurídicos – 5. Conclusões – 6. Referências – Jurisprudência – Legislação.

1. INTRODUÇÃO – DAS UNIÕES SIMULTÂNEAS NO ORDENAMENTO JURÍDICO BRASILEIRO

A expressão "uniões simultâneas" pode comportar algumas espécies distintas de uniões consideradas pela doutrina brasileira, em razão de características de sua formação. Elas podem, por exemplo, ser consideradas concubinárias, quando se estabelecerem em simultaneidade a um casamento, ou paralelas, quando se estabelecerem a partir da configuração de uniões estáveis que coexistam. Paulo Lôbo ainda contribui com uma terceira espécie aplicável à união concubinária, quando houver a caracterização de boa-fé, por ele denominada de união estável putativa.[1]

O fato é que as uniões simultâneas, expressão que vem sendo utilizada pela doutrina para se referir a relações de "conjugalidade" que coexistem, desafiam a concepção de monogamia como princípio ordenador da sociedade brasileira. Marcos Alves aponta a obra de Engels como fundamental para a abordagem sobre a monogamia, *escapando do determinismo biológico, mas sustentando um determinismo econômico.*[2] De fato, Engels traçou a utilidade da monogamia dentro do contexto da família patriarcal, para o predomínio de um sexo pelo outro, visando também à procriação de filhos cuja paternidade seria indiscutível. A importância dessa certeza, por sua vez, destinava-se à garantia da sucessão sobre o patrimônio familiar por herdeiros diretos.

---

1. LÔBO, Paulo. *Direito Civil*: Famílias. São Paulo: Saraiva Jur., 2020, p. 183-187. v. 5.
2. SILVA, Marcos Alves da. *Da Monogamia*: a sua superação como princípio estruturante do direito de família. Curitiba: Juruá, 2013, p. 43.

A monogamia, no entanto, findou sendo opressora em relação às mulheres, uma vez que o adultério masculino sempre foi tolerado, inclusive na própria legislação, não se aplicando a mesma tolerância às mulheres, que sempre ocuparam um espaço restrito.

Para além disto, as famílias simultâneas são, via de regra, formadas por um homem e mais de uma mulher, em razão, especialmente, desta tolerância social em relação ao adultério masculino. Assim, quando uma família se estabelece simultaneamente a outra, classicamente quando isto ocorre em coexistência a um casamento, a figura masculina, sob o manto do casamento, fica blindada das obrigações que deveria assumir, patrimonial e existencialmente, em razão da monogamia, o que gera, inclusive, um enriquecimento ilícito.

Se a legislação civil brasileira foi calcada num sentido mais protecionista da monogamia e dos institutos familiares, a jurisprudência, especialmente estimulada pelo dinamismo social e pela mudança de valores proporcionada pelo processo de democratização familiar inaugurado pela Constituição Federal de 1988, foi aos poucos reconhecendo a proteção às pessoas, dando um novo contorno ao conceito de famílias, dentro da perspectiva de pluralidade, liberdade e responsabilidade.

Paradoxalmente, contudo, o Supremo Tribunal Federal, no julgamento do Tema 529 no ano de 2020, estabeleceu a proibição de reconhecimento de uniões simultâneas. O *case* adveio de divisão de pensão por morte em matéria de direito previdenciário, mas a decisão fundamentou-se principalmente nos esteios do direito de família e sua história, como se verá a seguir.

2. DA INTERPRETAÇÃO INCLUSIVA DAS UNIÕES SIMULTÂNEAS A PARTIR DA METODOLOGIA CIVIL CONSTITUCIONAL

Alguns elementos legais, a exemplo do Estatuto da Mulher Casada e da Lei do Divórcio deram abertura para novas configurações familiares e, ainda que muito lentamente, lançaram luz para a necessidade de se reconhecer a igualdade de gêneros no exercício dos papéis na família.

Mas foi a Constituição Federal de 1988 que, de forma expressa, previu a diversidade dos tipos familiares que, segundo a melhor interpretação, não são taxativos, ou seja, o art. 226 descreveu novos modelos, mas o arcabouço da democratização das relações familiares, permitiu ao intérprete a inclusão e percepção de outros tipos implícitos.

Além da diversidade dos tipos, restou claro que as entidades não possuem entre si qualquer hierarquia. O casamento, portanto, passou a ter apenas uma deferência histórica por haver reinado isoladamente como única forma de entidade familiar. Dessa forma, a expressão *devendo a lei facilitar a sua conversão em casamento* prevista no § 3º do artigo 226 da Constituição Federal de 1988, que reconheceu a união estável, não mais estabelece um sentido de entidade familiar secundária e sim e um sentido de facilitação procedimental pura e simplesmente[3].

A interpretação foi facilitada pela denominada metodologia civil constitucional que no esteio da teoria da eficácia imediata das normas constitucionais às relações privadas, promoveu a adoção dos princípios dentre os quais o da dignidade da pessoa humana, enquanto fundamento da República, admitindo outras conformações familiares implícitas[4].

A prova da eficácia da metodologia reside no fato do Supremo Tribunal Federal, em 2011 ter proferido decisão inovadora, que reconheceu a proteção jurídica às famílias homoafetivas nos autos da ADI 4277/DF e ADPF 132/RJ, utilizando-se do argumento da existência de outras entidades familiares para além das que foram expressamente mencionadas, ou seja, casamento, união estável e família monoparental. Esta decisão coaduna com o longo trabalho desenvolvido pela doutrina, de sensibilização e aplicação da norma para a proteção das pessoas e não das formas[5]. Esse posicionamento resultou em vários desdobramentos que levaram o judiciário Brasileiro à construção da possibilidade do casamento entre pessoas do mesmo sexo.

Um outro exemplo para a teoria das entidades implícitas na Constituição Federal é a expressão de algumas famílias na legislação civil, como a comunidade formada por irmãos ou ainda, o concubinato, ambas descritas no livro de Família daquele código.

Esses argumentos reforçam, portanto, a necessidade de uma maior reflexão acerca do reconhecimento das uniões simultâneas como entidades familiares, não devendo a doutrina esmorecer diante da decisão do Tema 529 do STF, que se pautou na monogamia como valor acima da própria pessoa.

O grande equívoco da Corte foi tratar genericamente aspectos existenciais. Há que se questionar sobretudo a utilidade das repercussões gerais em sede de relações existenciais, que tendem a retroceder a modelos ou formatos, destinando a pessoa a um plano secundário e desconhecendo todas as peculiaridades da relação. De fato, as uniões simultâneas podem deter as mesmas características da união estável, como a estabilidade, ostensibilidade, continuidade e elemento intencional de constituição familiar, pautada na conduta reiterada de seus membros.

Outro ponto que não pode jamais ser ignorado é que a própria Constituição Federal, em seu art. 226, § 8º prevê como dever do Estado assegurar a assistência à

---

3. BRASILEIRO, Luciana; HOLANDA, Maria Rita. É possível afirmar a existência de uma família formada pelo concubinato? Quais seriam seus efeitos jurídicos? In: TEIXEIRA, Ana Carolina Brochado; MENEZES, Joyceane Bezerra de (Coord.). *Gênero, vulnerabilidade e autonomia*: repercussões jurídicas. Indaiatuba, SP: 2020, p. 406.
4. LÔBO, Paulo Luiz Netto. *Entidades familiares constitucionalizadas*: para além do *numerus clausus*. Disponível em: www.egov.ufsc.br/portal/sites/default/files/anexos/9408-9407-1-PB.pdf. Acesso em: 20 abr. 2023.
5. BRASILEIRO, Luciana; HOLANDA, Maria Rita. A proteção da pessoa nas famílias simultâneas. In: RUZYK, Carlos Eduardo Pianovski; SOUZA, Eduardo Nunes de; MENEZES, Joyceane Bezerra de (Org.). *Direito Civil Constitucional*: a ressignificação dos institutos fundamentais do direito civil contemporâneo e suas consequências. Florianópolis: Conceito Editorial, 2014.

família e coibir toda e qualquer forma de violência em suas relações. Mas ao tratar da família, ressalta que este dever estatal se destina a cada um de seus membros, numa clara demonstração de que o objetivo do constituinte era, de fato, a proteção à pessoa, deixando de lado o protecionismo histórico do casamento. A família, portanto, passou a preencher a função de *locus* de realização pessoal, sendo ainda vedado o tratamento discriminatório.

3. REPERCUSSÃO GERAL DO TEMA NO SUPREMO TRIBUNAL FEDERAL

Em dezembro de 2020 o Supremo Tribunal Federal julgou o Tema 529 de Repercussão Geral, cujo processo, oriundo do Tribunal de Justiça do Estado de Sergipe, versava sobre reconhecimento de união estável homoafetiva simultânea a união estável heteroafetiva, para fins cíveis e previdenciários assim ementada:

> "Apelação Cível – Constitucional, Civil E Previdenciário – Pensão Por Morte – Relação Homoafetiva – Possibilidade De Reconhecimento Com Status De União Estável, Inclusive Para Fins De Recebimento De Benefício Previdenciário – Inexistência De Vedação Nos Artigos 226, § 3°, da CF e 1723 DO CC – Ausência De Previsão Legal – O Julgador Não Pode Esquivar-Se Da Prestação Jurisdicional – Autorizado, Neste Caso, O Emprego Dos Métodos Integrativos Da Lei, Inclusive Da Analogia – Inteligência Do Art. 4° da LICC – Aplicação Dos Princípios Da Dignidade Da Pessoa Humana, Da Igualdade E Da Não Discriminação Entre Os Sexos – Hipótese Diversa Impede O Reconhecimento Da Relação Homoafetiva Como Requerido Pelo Apelado – Existência De Declaração Judicial De União Estável Havida Entre O De Cujus E A Primeira Apelante Em Período Concomitante – Concubinato Desleal – Inadmissibilidade Pelo Ordenamento Jurídico Pátrio, Cujo Sistema Não Admite A Coexistência De Duas Entidades Familiares, Com Características De Publicidade, Continuidade E Durabilidade Visando A Constituição De Família – Analogia Com A Bigamia – Precedentes Do STJ E Do Tribunal de Minas Gerais – Sentença Reformada – Recurso Conhecido E Provido – Votação Unânime".

O tema do Recurso foi tombado na Suprema Corte com o seguinte teor: 529 – "Possibilidade de reconhecimento jurídico de união estável e de relação homoafetiva concomitantes, com o consequente rateio de pensão por morte".

Baseado em precedentes da Corte datados de 2008 e 2009, o Ministro relator Alexandre de Moraes, acompanhou entendimento do Ministro Marco Aurélio nos processos RE 397.762, DJe de 3/6/2008 e RE 590.779, de 10/2/2009, quando então sustentou o argumento de que o reconhecimento de uniões simultâneas paralelas ao casamento, permitiria a sua consequente conversão e incorrência na bigamia, tipo criminal Brasileiro.

Invocando doutrina que defende ser a união estável uma conjugalidade similar ao casamento, o Ministro relator conclui que o caso em análise da repercussão seria semelhante aos julgados anteriormente pelas Turmas. O relator reconheceu como "concubinato" toda e qualquer relação que poderia ser considerada impeditiva ao casamento, de acordo com o previsto no art. 1521 do CCB.

Ao invocar também o Princípio da Monogamia no sistema brasileiro, o relator por fim entendeu que o mesmo vínculo de unicidade do casamento, permearia também a união estável e importaria na incorrência do tipo criminal previsto no art. 235 da legislação penal. Os ideais monogâmicos previstos para o casamento e para a união estável, estariam insculpidos nos deveres de fidelidade conjugal e de lealdade entre os companheiros.

Por sua vez, o Ministro Edson Fachin, que teve voto vencido, abriu divergência para possibilitar o reconhecimento, desde que pautado no elemento da boa-fé objetiva. Em seus argumentos, o Ministro ressalta que o direito previdenciário seria o cerne da questão e invoca o art. 1.561 do Código Civil que versa sobre os efeitos jurídicos positivos concedidos ao casamento putativo. Dessa forma, para além da legislação civil, pautou-se o ministro no fundamento legal da lei geral de previdência social, assim dispondo: *cônjuge, o companheiro e a companheira são definidos como beneficiários do Regime Geral de Previdência Social, na condição de dependentes do segurado, nos termos do art. 16, I, da Lei 8.213/1991.*

Como proposta de tese, o Ministro Fachin lançou: "É possível o reconhecimento de efeitos previdenciários póstumos a uniões estáveis concomitantes, desde que presente o requisito da boa-fé objetiva".[6] A tese foi acompanhada pelos Ministros Roberto Barroso, Marco Aurélio, Carmen Lúcia e Rosa Weber.

Como se vê, uma das características ressaltadas pelo voto divergente foi a boa-fé, enquanto ignorância do "impedimento" pelo companheiro. No entanto, é importante salientar a assimetria das naturezas jurídicas do casamento e da união estável, razão pela qual não há que se falar de dimensão de validade para esta, mas tão somente da dimensão da existência, sendo, portanto, irrelevante a discussão de haver ou não boa-fé para a proteção das famílias simultâneas. Há, na realidade social, relações ostensivas notórias e de conhecimento dos interessados que optam em manter-se nas respectivas relações, e, portanto, com todos os reflexos decorrentes.[7]

Contudo, já há também estudos doutrinários relevantes e mesmo decisões que propõem o reconhecimento de efeitos jurídicos ainda que ausente essa ignorância, uma vez que o conhecimento por todas as partes envolvidas também traduziria a notoriedade, além de não afastar os elementos fáticos da dependência econômica.

Em recente decisão do Tribunal de Justiça do Rio Grande do Sul por exemplo, enfatiza-se que o conhecimento pela esposa de um relacionamento paralelo e duradouro em vida, sem que tenha afetado a sua convivência conjugal, importa no reconhecimento de efeitos jurídicos dessa união paralela para além da morte, conforme ementado:

---

6. BRASIL, Supremo Tribunal Federal, RE 1045273. Disponível em: http://portal.stf.jus.br/processos/detalhe. asp?incidente=5181220, acesso em: 20 abr. 2023.
7. BRASILEIRO, Luciana; HOLANDA, Maria Rita. A proteção da pessoa nas famílias simultâneas. In: RUZYK, Carlos Eduardo Pianovski; SOUZA, Eduardo Nunes de; MENEZES, Joyceane Bezerra de (Org.). *Direito Civil Constitucional*: a ressignificação dos institutos fundamentais do direito civil contemporâneo e suas consequências. Florianópolis: Conceito Editorial, 2014, p. 501.

Apelação cível. Ação de reconhecimento e dissolução de união estável. Pleito de reconhecimento do instituto entre 1961 e 2006. Cabimento. Concomitância com o casamento que não afasta a pretensão no caso. Sentença reformada. I. Caso dos autos em que presente prova categórica de que o relacionamento mantido entre a requerente e o falecido entre 1961 e a dezembro de 2005 – lapso posterior já reconhecido em sentença até o seu falecimento, à vista da separação fática da cônjuge – se dava nos moldes do artigo 1.723 do Código Civil, mas também a higidez do vínculo matrimonial do de cujus até tal data. Caso provada a existência de relação extraconjugal duradoura, pública e com a intenção de constituir família, ainda que concomitante ao casamento e sem a separação de fato configurada, deve ser, sim, reconhecida como união estável, mas desde que o cônjuge não faltoso com os deveres do casamento tenha efetiva ciência da existência dessa outra relação fora dele, o que aqui está devidamente demonstrado. Ora, se a esposa concorda em compartilhar o marido em vida, também deve aceitar a divisão de seu patrimônio após a morte, se fazendo necessária a preservação do interesse de ambas as células familiares constituídas. Em havendo transparência entre todos os envolvidos na relação simultânea, os impedimentos impostos nos artigos 1.521, inciso VI, e artigo 1.727, ambos do Código Civil, caracterizariam uma demasiada intervenção estatal, devendo ser observada sua vontade em viver naquela situação familiar. Formalismo legal que não pode prevalecer sobre situação fática há anos consolidada. Sentimentos não estão sujeitos a regras, tampouco a preconceitos, de modo que, ao analisar as lides que apresentam paralelismo afetivo, indispensável que o julgador decida com observância à dignidade da pessoa humana, solidariedade, busca pela felicidade, liberdade e igualdade. Deixando de lado julgamentos morais, certo é que casos como o presente são mais comuns do que pensamos e merecem ser objeto de proteção jurídica, até mesmo porque o preconceito não impede sua ocorrência, muito menos a imposição do "castigo" da marginalização vai fazê-lo. Princípio da monogamia e dever de lealdade estabelecidos que devem ser revistos diante da evolução histórica do conceito de família, acompanhando os avanços sociais. II. Reconhecida a união estável e o casamento simultâneos, como no presente, a jurisprudência da Corte tem entendido necessário dividir o patrimônio adquirido no período da concomitância em três partes, o que se convencionou chamar de "triação". Não se pode deixar de referir que o caso se centrou mais no reconhecimento da união estável, de modo que inviável afirmar aqui e agora, com segurança, quais são exatamente os bens amealhados no vasto período. Ao juízo de família, na ação proposta, compete apenas reconhecer ou não a existência da afirmada relação estável da demandante com o de cujus e a repercussão patrimonial a que essa faz jus, sendo que a extensão dos efeitos patrimoniais que são próprios à condição de companheira deverá ser buscada no respectivo processo de inventário, atuado sob o n. 100/1.12.0000096-9, e que ainda tramita. Apelação parcialmente provida.[8]

Apesar disto, o reconhecimento, ainda que condicionado à boa-fé objetiva, pois como bem ressaltou o vogal, ela é presumida, teria sido mais condizente com o estado da arte das famílias no ordenamento jurídico do que a tese que ao final foi fixada, com os votos dos Ministros Gilmar Mendes, Dias Toffoli, Nunes Marques, Luiz Fux e Ricardo Lewandowski, acompanhando o relator:

Decisão: O Tribunal, por maioria, apreciando o Tema 529 da repercussão geral, negou provimento ao recurso extraordinário, nos termos do voto do Relator, vencidos os Ministros Edson Fachin, Roberto Barroso, Rosa Weber, Cármen Lúcia e Marco Aurélio. Em seguida, foi fixada a seguinte tese: "A preexistência de casamento ou de união estável de um dos conviventes, ressalvada a ex-

---

8. BRASIL, Tribunal de Justiça do Rio Grande do Sul, Apelação Cível, 70081683963, Oitava Câmara Cível, Tribunal de Justiça do RS, Relator: José Antônio Daltoe Cezar, Julgado em: 12 nov. 2020. Disponível em: https://www.tjrs.jus.br/novo/buscas-solr/?aba=jurisprudencia&q=&conteudo_busca=ementa_completa. Acesso em 20 abr. 2023.

ceção do artigo 1.723, § 1°, do Código Civil, impede o reconhecimento de novo vínculo referente ao mesmo período, inclusive para fins previdenciários, em virtude da consagração do dever de fidelidade e da monogamia pelo ordenamento jurídico-constitucional brasileiro". Plenário, Sessão Virtual de 11.12.2020 a 18.12.2020.

O Ministro Dias Toffoli acrescenta ao seu voto que acompanhou o relator, que no caso analisado a união estável que ensejou o recurso só poderia vir a ser reconhecida se a declaração judicial da união anterior tivesse sido anulada, o que não foi a hipótese, lançando um problema para reflexão: quais critérios o judiciário poderia adotar para dirimir um conflito diante de duas pretensões ao reconhecimento de uniões estáveis? Isto porque em seu voto, o Ministro dá a entender que o reconhecimento de nova união quando já presente uma sentença declaratória preexistente, conduziria à propositura de demandas anulatórias. Partindo da premissa de que as demandas anulatórias passarão a ser propostas, quais elementos serão valorizados para o reconhecimento de uma e desconhecimento da outra? Maior tempo? Existência de filhos? Coabitação? Desnecessário lembrar que todos esses elementos são dispensáveis por lei para a caracterização da união estável. Ela precisa ser pública, contínua, duradoura e com objetivo de constituição de família, não podendo a simultaneidade afastar esses efeitos.

Assim, se duas relações possuem essas características e seus reconhecimentos tramitam em demandas judiciais, qual será o argumento jurídico (e não pessoal) para a preponderância de uma sobre a outra?

A decisão que deveria pôr um fim à celeuma não traz a solução sobre quais seriam esses requisitos; nem poderia, afinal, a união estável é um modelo de família de fato, que permite conformações com ou sem filhos, com ou sem coabitação, desde que haja a presença dos requisitos estabelecidos constitucionalmente. Não é possível admitir, portanto, que um reconhecimento anterior a outro (?) seja suficiente para excluir efeitos jurídicos familiares a uma união estável.

A reboque deste julgado, o Tema 526 de Repercussão Geral terminou tendo seu julgamento completamente fulminado, pela superação da discussão, ocorrendo em pauta eletrônica, com pouca ou nenhuma repercussão e decidindo pela impossibilidade do reconhecimento das relações simultâneas:

Tema 526: "É incompatível com a Constituição Federal o reconhecimento de direitos previdenciários (pensão por morte) à pessoa que manteve, *durante longo período e com aparência familiar*, união com outra casada, porquanto o concubinato não se equipara, para fins de proteção estatal, às uniões afetivas resultantes do casamento e da união estável".

A afirmação da monogamia como ponto central para solução do *leading case* aponta para um outro tempo, em que o casamento era a única forma de constituição de família. Até mesmo a tese que menciona o dever de fidelidade como inerente às relações familiares não se enquadra ao caso concreto da união estável, que prevê a lealdade como um de seus deveres.

Além disto, a análise da monogamia descolada de outros importantes princípios que regem as relações de família compromete a leitura inclusiva e plural promovida pela Constituição. Importante vetor nas relações familiares, por exemplo, é a responsabilidade em seu sentido jurídico. Foi o seu sentido, juntamente à dignidade da pessoa humana e melhor interesse da criança, que alçaram os direito dos filhos no contexto da igualdade e proibição de discriminação quanto à origem. Antes deste importante marco, os filhos havidos fora do casamento não eram reconhecidos, numa clara hierarquização do casamento, que se sobrepunha até mesmo às pessoas:

> A blindagem do homem casado para a assunção de responsabilidades com relação aos filhos adulterinos favorecida pela previsão do revogado art. 358 do Código Civil de 1916 representou uma das maiores exclusões do direito familiar. A atribuição de *responsabilidades* pela Lei 7.841/89, na revogação do artigo mencionado reconheceu a existência das famílias simultâneas como fato social capaz de gerar efeitos jurídicos (LÔBO, 2013). A partir de então, o "homem casado" perdeu a proteção que gerava a sua irresponsabilidade na procriação "adulterina".[9]

Tomando por exemplo o importante precedente da filiação, o reconhecimento de entidades familiares se torna inevitável, na medida em que a lógica constitucional é de proteção das pessoas e não mais de blindagem de instituto:

> Quando o legislador afirma que os filhos receberão tratamento igualitário, independentemente de sua origem, ele está reconhecendo a pluralidade de origens; quando permite que uma família seja reconhecida de forma implícita, desde que preencha requisitos que a inserem no amplo espaço que é a família hoje, está admitindo a pluralidade; quando permite que as pessoas escolham como querem se relacionar, está assegurando a liberdade. O Estado precisa, então, garantir para todas as pessoas o mesmo tratamento digno, sob pena de perpetuar a noção de família pela metade: para os filhos há incidência da norma familiar; para os pares, não.[10]

O que precisa ser percebido é que o não reconhecimento das uniões simultâneas, termina gerando um desequilíbrio: haverá uma família reconhecida e amplamente protegida e haverá um núcleo familiar que, em tendo filhos, terá atribuição de direitos limitada apenas à prole, mas jamais entre companheiros.

A esse respeito, após a decisão do Tema, já há o Projeto de Lei, de 309, de 2021 de autoria do Deputado José Nelto[11], com o seguinte teor:

> Acresce dispositivos à Lei 10.406, de 10 de janeiro de 2002 (Código Civil), para instituir causa impeditiva de caracterização e reconhecimento de união estável. O Congresso Nacional decreta: Art. 1º A Lei 10.406, de 10 de janeiro de 2002 (Código Civil), passa a vigorar acrescida do seguinte art. 1.724-A:
>
> "Art. 1.724-A. A preexistência de casamento ou de união estável de um dos conviventes, ressalvadas as hipóteses excepcionais de que trata o § 1º do caput do art. 1.723 do Código Civil, impede a caracterização e o reconhecimento de novo vínculo de união estável referente ao mesmo período de tempo, inclusive para fins previdenciários.

---

9. BRASILEIRO, Luciana; HOLANDA, Maria Rita. A proteção da pessoa nas famílias simultâneas. In: RUZYK, Carlos Eduardo Pianovski; SOUZA, Eduardo Nunes de; MENEZES, Joyceane Bezerra de (Org.). *Direito Civil Constitucional*: a ressignificação dos institutos fundamentais do direito civil contemporâneo e suas consequências. Florianópolis: Conceito Editorial, 2014, p. 501.
10. BRASILEIRO, Luciana. *As famílias simultâneas e o seu regime jurídico*. Belo Horizonte: Fórum, 2019, p. 188.
11. BRASIL. *Câmara Legislativa, Projeto de lei 309 de 2021*. Disponível em: https://www.camara.leg.br/proposicoesWeb/fichadetramitacao?idProposicao=2269700. Acesso em: 20 abr. 2023.

Parágrafo único. O disposto no caput deste artigo não inviabiliza, quando comprovada a existência de uma sociedade de fato e desde que demonstrada a contribuição para a aquisição do patrimônio, ou parte dele, o cabimento da partilha proporcional à participação de cada convivente.

Art. 2º Esta Lei entra em vigor na data de sua publicação."

A justificação ao projeto chega a afirmar que o STF teria decidido *que "amante" não tem direito a parte da pensão por morte previdenciária, entendendo que, no Brasil, prevalece o princípio da monogamia*[12].

O uso da expressão "amante", que foi amplamente veiculado nas mídias para noticiar a decisão, remete à interpretação preconceituosa de que as uniões simultâneas envolvem uma família e um relacionamento sem os contornos familiares.

Sabe-se ainda que culturalmente essas relações são constituídas por um homem e mais de uma mulher, não obstante o *leading case* envolvesse relação homoafetiva. Mas preocupa que a expressão amante esteja presente até mesmo em um Projeto de Lei, porque em seu sentido popular, o termo diminui a condição dos companheiros, como ocorre com o uso do termo concubinato.

O projeto ainda ressalva a possibilidade de discussão de partilha de bens, porém observando as regras da sociedade de fato, ou seja, desde que comprovada a contribuição direta na aquisição. Ora, a regra fulmina os avanços obtidos com a inclusão da união estável como categoria de entidade familiar. Num Brasil que ainda tem mulheres ocupando espaços de desigualdade no mercado de trabalho, remuneração e acúmulo de funções, a não aplicabilidade da presunção do esforço comum, mais uma vez, privilegia o homem e lhe protege de sua própria irresponsabilidade.

4. EFEITOS JURÍDICOS

A Suprema Corte pretendeu desestimular condutas violadoras do dever de fidelidade/lealdade de forma abstrata e com isso fulminou expectativas de direitos patrimoniais de uniões simultâneas não apenas existentes na realidade, como aquelas cuja legitimidade estava *sub judice*.

A ideia é que, se família não for, não haverá direitos a alimentos, sucessórios ou previdenciários, mas tão somente em relação aos bens adquiridos na constância do relacionamento, observando-se, no entanto, a Súmula 380 do STF, que remete à sociedade de fato, ou seja, a prova da contribuição direta e a possibilidade de partilha proporcional. Além da aquisição patrimonial por esforço comum, há que se ponderar a possibilidade de esforço presumido, desde que preservado o direito a eventual meação do outro cônjuge ou companheiro, terceiro nesta relação simultânea.

Em que pese a palavra final do STF, é importante, repita-se, que a doutrina continue a cumprir o seu papel de suscitar dúvidas provenientes do alcance de tal

---

12. BRASIL. *Câmara Legislativa, Projeto de lei 309 de 2021*. Disponível em: https://www.camara.leg.br/proposicoesWeb/fichadetramitacao?idProposicao=2269700. Acesso em: 20 abr. 2023.

decisão, máxime no que diz respeito aos efeitos jurídicos patrimoniais ou ainda, no sentido de questionar, a partir da interpretação sistemática da Constituição Federal e, visando à proteção da pessoa humana, se seria possível ao julgador observar com mais valor o critério da dependência econômica, gerando assim a norma concreta na especificidades dos casos.

Há previsão legal cogente, de que o concubinato, previsto no art. 1.727 do Código Civil, pode gerar a dependência econômica, conforme dispõe o artigo 1.708 do CCB:

> A regra alça os concubinos como pessoas legitimadas a requererem alimentos entre si. Se podem ser exonerados pelo devedor, em razão do concubinato, por óbvio que isto decorre da presunção de transferência de responsabilidade para o novo relacionamento. Então, quem passa a viver numa relação concubinária, poderá ser exonerado dos alimentos havidos de relação jurídica anterior, porque passa a ser dependente de seu novo companheiro, em razão do dever de reciprocidade constitucionalmente protegido[13].

Apesar da interpretação literal do artigo conduzir à noção de punição, – uma vez que a regra está insculpida nas hipóteses previstas expressamente para a ação de exoneração de alimentos –, o fato é que o legislador reconheceu implicitamente a viabilidade do desencargo a partir da formação de outro vínculo familiar e, por via de consequência a existência de dependência econômica.

E não poderia ser diferente, uma vez que as relações de família implicam, conforme regra do art. 1.694 do CCB, no dever de sustento, que decorre da solidariedade. Não causa estranheza que o dever de solidariedade se aplique nas relações oriundas do casamento e da união estável, contudo, em relação ao concubinato, espécie de família simultânea, há resistência no reconhecimento deste dever por fundamentação meramente moral e não jurídica.

Não obstante a perfeita articulação entre os artigos 1694 e 1708 do Código Civil, a jurisprudência brasileira rechaça o reconhecimento da dependência econômica *inter vivos* nas demandas alimentares, firmando o entendimento de que o concubinato não gera o dever de sustento, quando este está previsto expressamente na lei.

A decisão do STF incluiu na proibição os efeitos previdenciários, quando a administração pública, na aferição das demandas, reconhece a dependência econômica de mais de uma companheira com relação ao falecido segurado. A observância rigorosa da dependência econômica decorre também e principalmente da natureza jurídica alimentar da pensão por morte. Para além disto, a decisão retira da administração o arbítrio e autoridade na avaliação das referidas demandas, numa clara invasão à autonomia dos atos administrativos.

---

13. BRASILEIRO, Luciana; HOLANDA, Maria Rita. É possível afirmar a existência de uma família formada pelo concubinato? Quais seriam seus efeitos jurídicos? In: TEIXEIRA, Ana Carolina Brochado; MENEZES, Joyceane Bezerra de (Coord.). *Gênero, vulnerabilidade e autonomia*: Repercussões Jurídicas. Indaiatuba, SP: 2020, p. 411.

Resta ainda uma definição quanto aos efeitos da decisão, uma vez que se a modulação trouxer a possibilidade retroatividade, no que não se acredita, estaria a violar direitos adquiridos. Optando pela irretroatividade, estará contemplando, na realidade brasileira, situações díspares.

No que tange aos efeitos sucessórios, a jurisprudência vinha avançando no sentido de reconhecer a possibilidade da triação, dentro da perspectiva da presunção de esforço comum, o que restará prejudicado. Por outro lado, se salvaguardado o direito à meação do terceiro na relação simultânea, a depender das especificidades do caso concreto, é possível que a meação do violador do dever de fidelidade/lealdade venha a ser considerada como patrimônio comum presumido entre os companheiros/concubinos.

Não se pode afastar também, que em circunstâncias específicas haja a contratualização das relações privadas, como a elaboração de pactos antenupciais e escrituras de convivência estabelecendo regimes de bens diversos, ou combinados.

As situações concretas são extremamente variantes e deverão apontar para a necessidade de posicionamentos do judiciário que, uma vez provocado, precisará decidir a partir das vivências de cada família, sob pena de um retrocesso ao ambiente totalmente abstrato da legislação civil, em completo desconhecimento da realidade social. Mais uma vez se questiona a utilidade de uma Repercussão Geral nas esferas existenciais.

5. CONCLUSÕES

1. Os fundamentos para o reconhecimento de uniões simultâneas como entidade familiar se encontram na interpretação sistemática das normas constitucionais e infraconstitucionais a partir da valorização da pessoa em detrimento dos interesses exclusivamente patrimoniais e ainda, da atribuição de responsabilidades nas relações pessoais;

2. Infelizmente, o STF, no julgamento dos temas 529 e 526, desconhecendo uma realidade social e a proteção jurisprudencial alcançada no âmbito previdenciário quanto à divisão de pensão por morte, manteve um entendimento firmado por uma de suas turmas nos anos de 2008 e 2009 que foram os pivôs dos desdobramentos posteriores no STJ para a negativa de direitos previdenciários à concubina, com base no elemento formal da monogamia;

3. A referida decisão impacta nas expectativas de direitos especialmente de mulheres que conviveram com total dependência econômica daquele que violou o dever de fidelidade, premiando-o com a exoneração de obrigações *inter vivos* e *causa mortis*. A vulnerabilidade das mulheres precisa ser observada do ponto de vista social, haja vista sua menor inserção no mercado de trabalho e ainda, pelo fato de ser a mulher aquela que ainda é a mais onerada na assunção da criação dos filhos e tarefas domésticas. Assim sendo, a grande maioria das demandas certamente impactará a capacidade de manutenção dessas mulheres.

4. A decisão do STF interfere ainda nas decisões administrativas dos órgãos da administração pública que tratam da previdência. As regras próprias que estabelecem os critérios para a concessão dos benefícios previdenciários em âmbito administrativo estarão limitadas ao conteúdo da decisão, não podendo conceder a atribuição de partilha do benefício, ainda que haja o preenchimento dos requisitos legais para a concessão.

5. Outra característica de entidade familiar se encontra no reconhecimento da dependência econômica que pode residir no concubinato, tendo sido este incluído no rol dos tipos familiares previstos no art. 1708, ao lado do casamento e da união estável;

6. É papel da doutrina preencher conteúdos possíveis à proteção da pessoa humana diante da decisão vinculante do STF, auxiliando a aplicabilidade de uma norma jurídica concreta que considere especificidades de cada caso, questionando a abstração empreendida pela Corte Suprema na proteção da forma e não da pessoa.

7. As uniões simultâneas, não obstante o julgamento do Tema 529 pelo STF estão presentes na lei civil e ainda possuem base para seu reconhecimento nos preceitos constitucionais que determinam a proteção às pessoas e vedam o tratamento discriminatório. O conceito de família extensa, por exemplo, presente no parágrafo único do art. 25 do Estatuto da Criança e do Adolescente, demonstra a importância dada à comunidade familiar, independente do que prevê expressamente o art. 226 da Constituição Federal.

6. REFERÊNCIAS

BRASILEIRO, Luciana; HOLANDA, Maria Rita. É possível afirmar a existência de uma família formada pelo concubinato? Quais seriam seus efeitos jurídicos? In: TEIXEIRA, Ana Carolina Brochado; MENEZES, Joyceane Bezerra de (Coord.). *Gênero, vulnerabilidade e autonomia*: Repercussões Jurídicas. Indaiatuba, SP: 2020.

BRASILEIRO, Luciana; HOLANDA, Maria Rita. A proteção da pessoa nas famílias simultâneas. In: RUZYK, Carlos Eduardo Pianovski; SOUZA, Eduardo Nunes de; MENEZES, Joyceane Bezerra de (Org.). *Direito Civil Constitucional*: a ressignificação dos institutos fundamentais do direito civil contemporâneo e suas consequências. Florianópolis: Conceito Editorial, 2014.

BRASILEIRO, Luciana. *As famílias simultâneas e o seu regime jurídico*. Belo Horizonte: Fórum, 2019.

LÔBO, Paulo. *Direito Civil*: Famílias. São Paulo: Saraiva Jur., 2020. v. 5.

LÔBO, Paulo Luiz Netto. *Entidades familiares constitucionalizadas*: para além do *numerus clausus*. Disponível em: www.egov.ufsc.br/portal/sites/default/files/anexos/9408-9407-1- PB.pdf. Acesso em: 20 abr. 2023.

SILVA, Marcos Alves da. *Da Monogamia*: a sua superação como princípio estruturante do direito de família. Curitiba: Juruá, 2013.

Jurisprudência

BRASIL. Supremo Tribunal Federal, RE 1045273. Disponível em: http://portal.stf.jus.br/processos/detalhe.asp?incidente=5181220. Acesso em: 20 abr. 2023.

BRASIL. Tribunal de Justiça do Rio Grande do Sul, Apelação Cível, 70081683963, Oitava Câmara Cível, Tribunal de Justiça do RS, Relator: José Antônio Daltoe Cezar, Julgado em: 12 nov. 2020. Disponível em: https://www.tjrs.jus.br/novo/buscas-solr/?aba=jurisprudencia&q=&conteudo_busca=ementa_completa. Acesso em: 20 abr. 2023.

Legislação

BRASIL. Câmara Legislativa, Projeto de lei 309 de 2021. Disponível em: https://www.camara.leg.br/proposicoesWeb/fichadetramitacao?idProposicao=2269700. Acesso em: 20 abr. 2023.

FAMÍLIAS LGBTI+[1]

Andressa Regina Bissolotti dos Santos

Doutora e Mestra em Direitos Humanos e Democracia pela Universidade Federal do Paraná. Professora universitária. Coordenadora-Geral de Defesa dos Direitos das pessoas LGBTQIA+, na Secretaria Nacional dos Direitos das Pessoas LGBTQIA+ do Ministério dos Direitos Humanos e da Cidadania.

Francielle Elisabet Nogueira Lima

Doutoranda em Direito das Relações Sociais pela UFPR e Mestra em Direitos Humanos e Democracia pela mesma instituição. Pós-graduada em Direito das Famílias e Sucessões pela ABDConst, bem como em Direito Homoafetivo e Gênero pela Unisanta. Pesquisadora bolsista (CAPES) vinculada à Clínica de Direitos Humanos da UFPR. Advogada.

Sumário: 1. Introdução – 2. Trajetórias do direito a constituir família: a união estável e o casamento entre pessoas do mesmo gênero – 3. Lesbo/homoparentalidades: aspectos relevantes e desafios – 4. Transparentalidades: entre invisibilidades e inadequações normativas – 5. Aspectos relativos à filiação: possíveis conflitos entre autoridade parental e o exercício de direitos existenciais por crianças e adolescentes – 6. Considerações finais – 7. Referências – Legislação.

1. INTRODUÇÃO

Desde os anos 60 os parâmetros do que seja a família jurídica e culturalmente legítima têm sido consistentemente questionados. No que toca ao surgimento de um movimento organizado de pessoas, reivindicando o direito de viver experiências subjetivas e arranjos sexuais e afetivos fora dos parâmetros tradicionais, a literatura costuma localizá-lo em fins dos anos 70 (SIMÕES; FACCHINI, 2009).

Esse movimento, que podemos de maneira ampla aqui categorizar como movimento LGBTQIA+[2], enfrentaria uma série de desafios desde o seu surgimento e contribuiria para a intensa modificação e ampliação das formas culturalmente e juridicamente autorizadas de ser e de viver, inclusive em família.[3]

---

1. O presente trabalho foi realizado com apoio da Coordenação de Aperfeiçoamento de Pessoal de Nível Superior – Brasil (CAPES) – Código de Financiamento 001.
2. Movimento de Lésbicas, Gays, Bissexuais, Transgêneras, Travestis, Queer, Intersex e Assexuais. O uso do símbolo + indicaria uma abertura, com a intenção de fazer dessa denominação a mais inclusiva possível em relação a outras pessoas que possam não se sentir contempladas com as experiências indicadas. A nomenclatura utilizada segue a opção da maior parte das entidades do movimento atualmente, bem como as opções oficiais dos órgãos em defesa desses direitos no âmbito do Ministério dos Direitos Humanos na gestão 2023-2026.
3. Para uma análise mais aprofundada das intensas transformações vividas por esse movimento, bem como das transformações jurídicas em decorrência de sua atuação por direitos, ver: (DOS SANTOS, 2017).

Desde a necessária resistência ao autoritarismo moral durante a Ditadura Militar,[4] a intensa participação na Constituinte na intenção de se verem contempladas pelas garantias constitucionais, o enfrentamento dramático à epidemia de HIV/AIDS, as formas de atuação desse grupo, bem como suas conexões, se alteraram e se expandiram, na formação desse que poderia ser hoje facilmente identificado como um dos principais atores no cenário político contemporâneo.

Nesse caminhar, as lutas por direitos e pela inclusão no universo do jurídico foram essenciais. Seja com atuações no Legislativo[5] ou no Judiciário; seja por necessidades profundamente práticas e cotidianas ou por uma demanda mais ampla de se ver incluída/o no conceito de cidadania e sujeito de direitos, o movimento LGBTQIA+, juntamente com diversas e diversos juristas defensoras e defensores da igualdade e da diferença[6] transformaram institutos clássicos do direito.

Boa parte dessas transformações vieram exatamente pelo caminho do Direito das Famílias. Marcada pela Metodologia Civil-Constitucional[7] e por um olhar cada vez mais focado nas experiências concretas das pessoas, essa área do Direito foi responsável pelas primeiras grandes transformações jurídicas no sentido de garantia de direitos às pessoas LGBTQIA+.

Atualmente, muito se avançou no sentido da igualdade. Tanto no âmbito do Direito das Famílias, em seus aspectos horizontal (conjugalidades) e vertical (filiação), mas também no próprio direito à existência e de ser quem se é. Mas desafios ainda permanecem, exigindo de profissionais e acadêmicas/os uma postura crítica e criativa frente a eles. Neste capítulo, proporemos um breve relato dos direitos atualmente conquistados e de suas trajetórias, para então avançarmos de forma a propor aspectos críticos ao debate.

---

4. Indica-se para aprofundamento das discussões acerca da perseguição a pessoas LGBTQIA+ durante a ditadura Militar, bem como as resistências a essa perseguição, obra organizada por James Green e Renan Quinalha, intitulada "Ditadura e Homossexualidades: repressão, resistência e a busca da verdade" (2014).
5. Como amplamente analisado por Mello (2004), no entanto, a tentativa de incidência no Legislativo acabou por se demonstrar infrutífera, com a presença de grupos conservadores organizados em prol da promoção da ideia de que "família" é apenas aquela composta de forma cis-heterossexual. Tal dificuldade em avançar qualquer pauta relacionada aos direitos de pessoas LGBTQIA+ nesse campo, em verdade, é que explica a necessidade do Judiciário de acabar preenchendo certas lacunas, através da aplicação direta dos direitos previstos na Constituição Federal de 1988.
6. Fala-se em defensoras e defensores da "igualdade e da diferença", no sentido de compreender que defender direitos advindos do reconhecimento de formas de ser diversas envolve tanto a luta por igualdade de direitos, quanto também a pelo direito a existir na diferença, sem ser necessário replicar as formas de ser e viver reconhecidas pelas maiorias como mais "adequadas" ou "normais".
7. Nas palavras de Lôbo (2014, p. 19-30), o Direito Civil Constitucional deveria ser tomado como uma "metodologia de estudo, pesquisa e de aplicação do Direito Civil". Para esses autores tratar-se-ia, portanto, não de uma nova área no campo dos estudos do direito, mas sim de uma nova forma de olhar para as questões do Direito Civil, a possibilitar a construção de uma hermenêutica comprometida com os direitos fundamentais constitucionalmente assegurados. Nesse sentido, cite-se ainda as palavras de Maria Celina Bodin de Moraes: "é Direito Civil Constitucional todo o Direito Civil, e não apenas aquele que recebe a expressa indumentária constitucional, desde que se imprima às disposições de natureza civil uma ótica de análise através da qual se pressupõe a incidência direta e imediata das normas constitucionais sobre todas as relações interprivadas" (MORAES, 1999).

2. TRAJETÓRIAS DO DIREITO A CONSTITUIR FAMÍLIA: A UNIÃO ESTÁVEL E O CASAMENTO ENTRE PESSOAS DO MESMO GÊNERO[8]

Em 1995, a então deputada Marta Suplicy propunha o primeiro projeto com vistas a regulamentar a união entre pessoas do mesmo gênero, no Congresso Nacional.[9] Passados quase trinta anos daquela ocasião, o Brasil permanece sem legislação que trate diretamente da temática, apesar da proposição de outros projetos[10] ao longo dos anos.

Na inércia injustificável do Legislativo de tratar de temática tão premente na realidade contemporânea, o Judiciário foi chamado a agir, regulamentando-a de forma a corrigir injustiças. Iniciou-se assim um longo trajeto, em que demandas de reconhecimento dessas uniões batiam às portas do Judiciário.

Ora, o Direito não pode deixar de responder a conflitos existentes na realidade pela escusa de falta de regulação expressa. Além do mais, desde a Constituição Federal de 1988 vivemos sob um ordenamento jurídico marcado pela escolha axiológica de priorização máxima da realização da pessoa humana. Tendo tudo isso em vista, essas uniões passaram, lentamente, a ter efeitos reconhecidos pelos tribunais pátrios.

Nesse caminho, seguiram os passos da união estável heterossexual. Inicialmente, reconhecidas como sociedade de fato (MATOS, 2004), apenas na intencionalidade de resolver as questões patrimoniais, evitando assim o enriquecimento ilícito de uma das companheiras/os ou seus familiares quando do fim dessas relações. Mas ainda, nesse contexto, sem o importante reconhecimento como família e os efeitos correlatos, tais como acesso aos benefícios previdenciários, programas de proteção à família, presunção de esforço comum quanto aos bens adquiridos na união como regra, direito a visitar o companheiro/a em UTIs e de tomar decisões nesses momentos etc.

Seguiu-se então, a demanda por reconhecimento de forma mais adequada, a partir da percepção de que essas uniões não podiam ser excluídas da proteção constitucional conferida à família. A partir da percepção de que a família é uma experiência cultural, podendo ser vivenciada de formas diversas.

Essa demanda por igualdade, na qual se engajaram também juristas[11], resultaria no histórico julgamento conjunto da ADI 4.277 e ADPF 132, no qual se reconheceu

---

8. Optou-se, no presente trabalho, pela expressão 'relações entre pessoas do mesmo gênero', tendo em vista a percepção dos estudos de gênero de que a existência social como *homem/mulher* deve ser melhor compreendida a partir da ideia de *gênero* (que é vivenciado performativamente a partir da articulação do sujeito com as demandas que lhe são socialmente direcionadas em relação a *quem* e *como* deve ele(a) ser em termos de homem/mulher) do que da ideia de *sexo* (melhor identificado como a experiência corpórea do sujeito). Tal diferenciação já não pode ser pensada de forma estanque, especialmente a partir das formulações de Judith Butler, mas ainda assim o uso da palavra *gênero* ao invés de *sexo* nesse caso parece trazer ganhos em termos de comunicabilidade das perspectivas assumidas.
9. Para maior aprofundamento sobre a proposição e tramitação desse projeto, indica-se (MELLO, 2005).
10. Cite-se, como exemplo, o Projeto de Lei 2285/2007, de proposição do deputado Sérgio Barradas Carneiro (PT/BA), e cuja redação foi realizada pelo Instituto Brasileiro de Direito das Famílias.
11. Alguns nomes de grande importância por sua atuação em prol dos direitos de pessoas LGBTQIA+ devem ser lembrados, como o de Ana Carla Harmatiuk Matos (2004), Maria Berenice Dias (2011), Mariana Chaves (2011), Paulo Iotti Vecchiatti (2012), Roger Raupp Rios (2007).

que as uniões entre pessoas do mesmo gênero (ou, como se convencionou chamar, as uniões *homoafetivas*[12]), deveriam ser reconhecidas juridicamente como uniões estáveis, desde que presentes os mesmos requisitos listados no artigo 1.723 do Código Civil (BRASIL, 2011). Foram, assim, reconhecidas como entidades familiares, expressão que deve ser entendida, em tudo, como sinônimo de "família".

Em seguida, e como decorrência lógica da possibilidade constitucional de conversão da união estável em casamento, o Conselho Nacional de Justiça editaria a Resolução 175/2013 (BRASIL, 2013). A partir desta Resolução, os cartórios se viram obrigados a conceder às pessoas do mesmo gênero, o mesmo tratamento atribuído às pessoas de gênero diverso, quando do requerimento de habilitação e celebração de casamento.

Nesse sentido é que se pode afirmar que, hoje, não existem dois tipos de uniões estáveis (as heterossexuais e as homossexuais), ou dois tipos de casamento. Tanto o instituto do casamento, quanto o da união estável são na verdade únicos, podendo ser compostos por pares[13] de mesmo gênero ou de gêneros diversos, com os mesmos requisitos e efeitos jurídicos.

Ora, isso se depreende da própria fundamentação encontrada na ADI 4.277/ADPF 132 (BRASIL, 2011). Com um fundamento que diversas vezes evoca elementos da noção tradicional de *família*, o dispositivo alcançado com esse julgamento se deu em termos de uma inclusão nos exatos mesmos termos das relações de pessoas de gênero diverso. Por isso mesmo, após maio de 2011, as produções acerca dos requisitos das relações estáveis entre pessoas do mesmo gênero quase sempre se restringem a repetir os requisitos do artigo 1.723 do Código Civil (OLIVEIRA, 2013), a partir da compreensão de que a tratativa jurídica deve ser a mesma.

Isso se deu, inclusive, em consonância com as produções jurídicas mais reconhecidas no campo da defesa desses direitos,[14] que construíram a legitimidade dessas

---

12. Os vocábulos homoafetivo/homoafetividade/uniões homoafetivas, dialogam diretamente com uma ampla construção doutrinária realizada a partir da proposição desses neologismos, por Maria Berenice Dias. Mencionado pela primeira vez em sua obra "União Homossexual: o preconceito e a Justiça", nos anos 2000 e que passaria a se chamar em 2005 "União Homoafetiva: o preconceito e a Justiça". Para a autora, a expressão homoafetividade teria o intuito de destacar o aspecto afetivo dessas relações, buscando apartar a discriminação social em relação a elas. Optou-se assim por excluir qualquer menção à sexualidade, como forma de evitar o preconceito (DIAS, sem ano). O termo homoafetividade passa a ser então defendido "como o verbete que superiormente expressa o vínculo que une o casal, uma vez que o afeto existente na maior parte das uniões homossexuais é *idêntico* ao elemento psíquico e volitivo das uniões conjugais e companheiros." (CHAVES, 2011).
13. Atualmente o reconhecimento limita-se a núcleos formados por pares relacionando-se afetiva e sexualmente entre si. Não se ignora, no entanto, a importante discussão sobre a necessidade de reconhecerem-se efeitos jurídicos também às chamadas famílias poliamorosas, as quais podem ser formadas por arranjos diversificados de pessoas adultas. No entanto, o avanço dessa temática sofreu importante revés a partir da decisão tomada pelo Conselho Nacional de Justiça no Pedido de Providências nº 0001459-08.2016.2.00.000, a partir da qual ficou vedada a lavratura de escrituras públicas declaratórias de uniões estáveis poliafetivas, por se considerar a monogamia como "elemento estrutural da sociedade". (BRASIL, CNJ, 2018).
14. Citem-se, mais uma vez, de forma exemplificativa: Ana Carla Harmatiuk Matos (2004), Maria Berenice Dias (2011), Mariana Chaves (2011), Paulo Iotti Vecchiatti (2012).

relações a partir do argumento de que não haveria nada de efetivamente diverso nelas, de forma que elas se realizariam nos mesmos moldes. Tal olhar visa acentuar as semelhanças e dissipar as diferenças, na intenção de realizar uma inclusão. No entanto, cabe trazer aportes críticos em relação aos efeitos concretos que tal argumentação jurídica nos traz hoje.

Nesse sentido é que podemos perguntar se as famílias formadas por pessoas do mesmo gênero de fato cabem nos moldes das famílias de pessoas de gênero diverso, ou se existem contextos em que aquelas famílias não podem (ou não desejam) replicar os mesmos requisitos desenhados como constitutivos das relações de gênero diverso.

É de se apontar, enfim, que as condições sociais concretas, especialmente diante da vivência em uma cultura que ainda toma a heterossexualidade como a forma padrão de experenciar a sexualidade, muitas vezes exigem das pessoas que vivem relações com pessoas do mesmo gênero um imbricado esquema de visibilidade/invisibilidade (NUNAN, 2007; FACCHINI, 2009), no sentido de escolherem constantemente quais são os espaços em que é seguro ou não revelar a existência da relação amorosa. Por outro lado, é de se pontuar, que a heterossexualidade permanece atuando socialmente como *norma*, de forma que a "saída do armário" de uma pessoa, ou um casal, nunca é definitiva, devendo ser reproduzida a cada novo espaço ocupado; quer dizer, o campo sexual organiza-se através da chamada *epistemologia do armário* (SEDGWICK, 2007), a partir da qual a heterossexualidade, como norma, é com frequência pressuposta, ao passo que a homossexualidade deve ser sempre anunciada e/ou confirmada.

Em outras palavras, as relações estáveis entre pessoas do mesmo gênero, por não compartilharem das mesmas redes de incentivo e suportes sociais, com frequência ocorrem de formas mais ou menos invisíveis. E isso não significa dizer que o casal em questão esteja deliberadamente *se escondendo*, mas apenas que não esteja, eventualmente, se anunciando aos quatro ventos – inclusive com intenção de evitar confrontos e violências entendidas como desnecessárias.

Um exemplo de nossa Jurisprudência pode iluminar a questão: trata-se do julgamento de um recurso do Tribunal de São Paulo, interposto em face de sentença de primeiro grau que julgou improcedente pedido de reconhecimento de união homoafetiva *post mortem*, cumulada com petição de herança (BRASIL, 2015). O magistrado inicia sua análise afirmando que seria uma dificultosa tarefa, diferenciar a *amizade pública e duradoura com moradia comum*, da união estável. No caso, o juiz entendeu que mais provavelmente se tratava de uma amizade, por concluir que o relacionamento não era *público e notório aos olhos de todos* e, por outro lado, que não haveria mútua assistência, visto que se comprovou nos autos que as partes dividiam as contas de casa. O relator, ao fim, conclui que a união estável deveria surgir *induvidosa das evidências* (sic), e que para que esta seja reconhecida *se faz necessária ampla e segura demonstração de que o relacionamento é bem mais que um namoro ou amizade e se assemelha em tudo e perante todos ao casamento* (sic).

Ora, o que se pretende demonstrar rapidamente, neste ponto, é que as condições para uma *ampla* e *segura* demonstração de que o relacionamento é mais do que uma amizade ou um namoro, podem não estar presentes na vivência de muitos casais do mesmo gênero, ao passo que estão presentes para casais de gênero diverso. Não à toa, aliás, a problemática da configuração da união estável para casais de gênero diverso fez inclusive surgir o chamado *contrato de namoro*. A diferença de tratativa, ou seja, que para casais de gênero diverso a união estável seja frequentemente reconhecida, a ponto de ser necessário fazer um contrato de namoro, mas para casais de mesmo gênero ela seja negada a não ser que surja *inequívoca* e *notória* das provas, não pode ser ignorada.

Parece, portanto, que se está em um contexto em que é necessário avançar da igualdade formal conquistada até o presente momento, rumo a uma igualdade material, de sorte a permitir questionar quando as condições *materiais* da vida exigem, na verdade, tratamento diverso, de forma a possibilitar iguais condições.[15]

Nesse sentido, cabe fazer referência à decisão do Tribunal de Justiça do Distrito Federal (BRASIL, 2021) que consignou em sua ementa que em se tratando de união estável homoafetiva o requisito da publicidade, embora não possa ser desconsiderado, deve ser relativizado, através de um tratamento em conjunto com os demais elementos probatórios constantes nos autos.

3. LESBO/HOMOPARENTALIDADES: ASPECTOS RELEVANTES E DESAFIOS

Num aspecto vertical no âmbito do Direito das Famílias, cabe perquirir ainda o estado da arte do direito à filiação de pessoas LGBTQIA+. Aqui, iniciaremos pensando as possibilidades e as trajetórias das chamadas lesbo/homoparentalidades[16], ou seja, das experiências parentais vividas por casais do mesmo gênero, mulheres ou homens.

Mais à frente, serão também pensadas as experiências parentais de pessoas trans[17], em suas especificidades. Ressalte-se ainda que tais questões podem atuar em con-

---

15. Essas reflexões foram aprofundadas e melhor demonstradas em artigo anterior, que tem como tema central essa questão (SANTOS, 2020), e também em outra publicação que explora temática semelhante, mas com recorte nas experiências de mulheres lésbicas (SANTOS, 2019).
16. Com frequência, no Direito, vemos ser usada a expressão "homoparentalidades" de forma a nomear tanto as experiências parentais de dois pais, quanto as experiências parentais de duas mães. O campo mais próprio de pesquisa acerca de mulheres lésbicas, no entanto, tem denunciado a forma como o uso da palavra única "homossexual" para se referir a ambas as experiências, ou nesse caso "homoparentalidade", pode acabar por invisibilizar a especificidade das experiências de mulheres. Trata-se de crítica que aponta para o costumeiro (e problemático) uso das experiências de homens gays como "representativas", o que leva a existência de formas difundidas de 'conexão mental' entre o sufixo "homo-" e a experiência gay. Assim, opta por utilizar-se da expressão "lesbo/homoparentalidades" de forma a nomear com especificidade a ambas as experiências.
17. Em geral, a utilização do termo guarda-chuva "trans" serve para evitar classificações excludentes desde a transgeneridade – como fenômeno sociológico de transgressão do binarismo de gênero –, tendo em vista que, de acordo com Spade (2003), "transgênero(a) e trans são ambos termos políticos que emergiram recentemente para indicar uma ampla variedade de pessoas cujas identidades ou expressões de gênero transgridam as regras do gênero binário".

junto; afinal, sendo a transgeneridade relativa à identidade de gênero e a orientação sexual relativa à atração afetiva/sexual, há pessoas que são conjuntamente trans e lésbicas/gays/bissexuais; para essas, questões relativas a lesbo/homoparentalidades e transparentalidades aparecerão somadas. Assim, as discussões havidas ao longo desse capítulo se somam e se complementam, devendo ser apreendidas em conjunto.

Para iniciar essa abordagem, cabe relembrar o marcante caso que envolveu a disputa pela guarda do menino Francisco, então com nove anos, filho biológico da cantora Cássia Eller. Após a morte da cantora, seu pai, avô da criança, pretendeu obter sua guarda, em detrimento de sua "outra mãe"[18] Maria Eugênia Vieira Martins. A época, evidenciou-se a existência de vínculo materno-filial entre a criança e Maria Eugênia e o caso acabou por se resolver em acordo entre as partes, homologado judicialmente, em que a guarda definitiva coube à mãe da criança.

Embora não se discutisse ainda nesse momento o reconhecimento do vínculo de maternidade propriamente dito, tendo o processo se limitado a tratar da guarda, este caso é importante para expor a precariedade do não reconhecimento pleno dos arranjos familiares de pessoas LGBTQIA+ também no âmbito da filiação. A existência de vínculos não reconhecidos traz desvantagens evidentes, expondo o pai/mãe "informal", e especialmente a própria criança, a intenso nível de vulnerabilidade.

Do ponto de vista da parentalidade vivenciada por casais de lésbicas e/ou gays, as estratégias desenvolvidas para superar essa fratura foram variadas, e variaram ao longo do tempo e da maior porosidade do Judiciário às experiências diversas de família.

Instituto manejado com frequência ao longo dessa trajetória, foi o da adoção unilateral. A literatura nos traz percepções de como esse instituto foi mobilizado ao longo dos anos (MATOS; PEREIRA, 2017). A adoção unilateral foi utilizada em alguns casos, visando a adoção de filhas/os que resultaram de experiências heterossexuais anteriores do pai/mãe biológicos, especialmente quando ausente a/o outra/o genitor/a. Foi utilizada, igualmente, como passo seguinte a uma estratégia de adoção efetivamente conjunta, mas apresentada juridicamente como individual.

O uso desse instituto, nas duas hipóteses citadas, foi gradativamente substituído pelo avanço do reconhecimento da chamada filiação socioafetiva, especialmente após o reconhecimento jurídico *erga omnes* da conjugalidade entre pessoas do mesmo gênero, pelo Supremo Tribunal Federal em 2011, na ADPF 132/ADI 4.277 (BRASIL, 2011).

---

18. Ao usar a expressão "outra mãe", dialogamos com Florencia Herrera (2007), identificando a prática social de nomear a mulher que não possui vínculo biológico e/ou legal com a criança por essa expressão. Apontamos, igualmente, para a manutenção de uma postura que identifica automática legitimidade apenas ao vínculo biológico de maternidade, identificando essa mulher como a "outra" e condicionando o reconhecimento de seu vínculo de maternidade à declaração de uma autoridade estatal (o/a juiz/a). Assim, a "outra mãe", ainda que vivencie a maternidade de forma equânime no contexto familiar, acaba por ter sua experiência secundarizada pelo Estado, com todas as repercussões que podem daí advir, sejam práticas (desde a impossibilidade de inclusão da criança como dependente em seu plano de saúde, até complicações cotidianas advindas da não configuração como representante legal) ou simbólicas.

Como é de ampla percepção na área de Família, o reconhecimento da maternidade/paternidade socioafetiva é coisa diversa da adoção. Se esta visa constituir vínculo ainda inexistente, a filiação socioafetiva se direciona a apenas declarar um vínculo já presente na realidade para que produza efeitos jurídicos. Mais adequada, portanto, nas hipóteses em que foi constituído o vínculo paterno/materno-filial.

A adoção conjunta, por seu turno, passou por trajetória tortuosa. Do indeferimento de habilitações conjuntas, passando pelo deferimento com exigências discriminatórias em relação ao sexo ou à idade da criança, esta foi definitivamente possibilitada de forma igualitária aos casais de mesmo gênero a partir da decisão monocrática proferida pela Ministra Carmen Lúcia, no Recurso Extraordinário (RE) 846.102 (BRASIL, 2015).

Cabe ainda, nesse ponto, abordar a filiação através das técnicas de reprodução humana assistida. Tal questão possui, atualmente, regulamentação apenas em nível administrativo, a partir das regras do Conselho Federal de Medicina e do Conselho Nacional de Justiça.

A Resolução CFM 2.320/2022 cita o reconhecimento como entidade familiar da união estável homoafetiva pelo Supremo Tribunal Federal e dispõe, no item 1 do tópico II que "todas as pessoas capazes que tenham solicitado o procedimento e cuja indicação não se afaste dos limites desta resolução podem ser receptoras das técnicas de reprodução assistida" (CONSELHO FEDERAL DE MEDICINA, 2022). Considere-se, ainda, que a Resolução anterior previa especificamente o uso por pessoas homoafetivas e transgêneras, nos seguintes termos "É permitido o uso das técnicas de RA para heterossexuais, homoafetivos e transgêneros" (CONSELHO FEDERAL DE MEDICINA, 2021), o que foi retirado da Resolução de 2022. Por fim, considere-se que foi retirada a previsão ao "direito à objeção de consciência por parte do médico" (CONSELHO FEDERAL DE MEDICINA, 2017), que vinha nas resoluções anteriores.

Nesse sentido, inclui-se a possibilidade de que casais de homens, mesmo cisgêneros[19], se tornem pais através da reprodução humana assistida, a partir da utilização da técnica conhecida como "gestação de substituição".[20] Para os casais de mulheres, a opção envolve a gravidez de uma delas, com seus próprios gametas e material oriundo de doador, ou mesmo a gravidez de uma delas, com material genético da outra e de

---

19. Com "cisgênero" denomina-se a pessoa que, tendo sido identificada ao nascer como de um determinado sexo, de fato com ele se identifica subjetiva e socialmente. Em oposição estaria a pessoa "transgênero" que, tendo sido identificada ao nascer como de um determinado sexo, não se identifica com ele subjetiva e socialmente, se enquadrando como do gênero oposto ou de nenhum dos gêneros.
20. Essa, conforme a mesma Resolução do CFM, item 1 do tópico VII "A cedente temporária do útero deve: a) ter ao menos um filho vivo; b) pertencer à família de um dos parceiros em parentesco consanguíneo até o quarto grau (primeiro grau: pais e filhos; segundo grau: avós e irmãos; terceiro grau: tios e sobrinhos; quarto grau: primos); c) na impossibilidade de atender o item b, deverá ser solicitada autorização do Conselho Regional de Medicina (CRM)". Cite-se ainda o item 2 do mesmo tópico: "A cessão temporária do útero não poderá ter caráter lucrativo ou comercial e a clínica de reprodução não pode intermediar a escolha da cedente." (CONSELHO FEDERAL DE MEDICINA, 2022). Para aprofundamento teórico, indica-se: (GOZZO; LIGIERA, 2016).

um doador (gestação compartilhada), o que vem expressamente previsto no item 2 do tópico II[21] (CONSELHO FEDERAL DE MEDICINA, 2022).

Quanto às modificações no uso dessas técnicas, ressalte-se que o Conselho Federal de Medicina vem regulando o tema desde 1992, quando publicou a primeira Resolução sobre o assunto. A ela sobrevieram as Resoluções de 2010, de 2013, de 2015, de 2017, de 2021 e de 2022, todas sempre revogando a anterior.

Mapeamento parcial realizado pela literatura permite demonstrar as modificações ao longo do tempo acerca do uso das técnicas por pessoas LGBTQIA+ (LEITE, 2019). A permissão expressa do uso das técnicas em relacionamentos entre pessoas do mesmo gênero passou a constar a partir da Resolução de 2013, ao passo que a menção à possibilidade de gestação compartilhada em casais de mulheres foi mencionada apenas a partir de 2015.

Cabe ainda mencionar importante alteração, do ponto de vista da identificação do público-alvo das técnicas de reprodução assistida. Se, na Resolução, apenas as mulheres eram identificadas como público-alvo, a partir de 2010 passou-se a falar em "todas as pessoas capazes". Tal diferença parece indicar, por um lado, a percepção de que não apenas quem gesta compõe o processo da reprodução assistida, mas todos os potenciais pais/mães. Por outro lado, interessante apontar como isso permitiria considerar gestações realizadas não apenas por mulheres, mas também por homens, quando transgêneros.

Avançando no debate, muito embora desde 2013 a reprodução assistida seja garantida como técnica possível para o planejamento familiar de casais de mesmo gênero, a regulamentação do registro de crianças oriundas do uso dessas técnicas por esses casais viria apenas mais tarde. Para resolver essa questão, novamente fez-se uso do instituto da adoção unilateral em alguns casos, como na jurisprudência firmada pela Terceira Turma do Superior Tribunal de Justiça, no Recurso Especial 128.109-3/SP (BRASIL, 2012). Nela, concedeu-se a uma mulher a adoção unilateral da filha biológica da companheira, sendo esta criança fruto de reprodução humana assistida com uso de material genético de doador anônimo, e tendo ambas as mulheres participado do cotidiano do processo que resultou no nascimento da criança.

Por outro lado, passou-se também a buscar a autorização da averbação direta na certidão de nascimento, sem falar-se em adoção. Tenha-se como exemplo dessa última estratégia, que foi se solidificando ao longo do tempo por sua maior eficiência, a decisão do Tribunal de Justiça do Estado de São Paulo que indeferiu recurso do Ministério Público, interposto contra sentença que julgou procedente pedido de averbação de dupla maternidade no registro civil de criança planejada por casal de mulheres que viviam em união estável (BRASIL, 2014).

---

21. *In verbis:* "É permitida a gestação compartilhada em união homoafetiva feminina. Considera-se gestação compartilhada a situação em que o embrião obtido a partir da fecundação do(s) oócito(s) de uma mulher é transferido para o útero de sua parceira." (CONSELHO FEDERAL DE MEDICINA, 2022).

Em 2017 o Conselho Nacional de Justiça viria a, finalmente, regulamentar a questão. Foi editado o Provimento 63 que, nos termos da ementa aprovada "(...) dispõe sobre o reconhecimento voluntário e a averbação da paternidade e maternidade socioafetiva no Livro 'A' e sobre o registro de nascimento e emissão da respectiva certidão dos filhos havidos por reprodução assistida" (BRASIL, 2017).

Ao fazê-lo, o Conselho Nacional de Justiça afastou a necessidade de recorrer ao Poder Judiciário no caso de uso de técnicas de reprodução humana assistida ao prever, em seu artigo 16, que o assento de nascimento de filha/o havida/o por essas técnicas seria inscrito independentemente de autorização judicial, prevendo seu § 2º que no caso de filhas/os de casais lesbo/homoafetivos, a certidão não faria qualquer diferenciação quanto à ascendência paterna ou materna. Ressalte, ainda, que o mesmo artigo, em seu § 1º, reconheceu-se a possibilidade de comparecimento de apenas um dos pais/mães no ato de registro, apresentando documentação comprobatória do casamento ou união estável.

Ao referir-se à reprodução humana assistida, no entanto, o provimento trata exclusivamente daquela realizada em clínicas reconhecidas para tanto, como se evidencia pelo rol de documentos necessários ao pedido trazido no artigo 17, especialmente inciso II. Nele, exige-se a declaração, com firma reconhecida, do diretor técnico da clínica, indicando que a criança foi gerada por reprodução humana assistida heteróloga, bem como o nome dos "beneficiários".

Nesse sentido, verifica-se que o provimento não tratou acerca da reprodução naquelas modalidades popularmente conhecidas como "caseiras"[22], ou seja, realizadas sem a mediação de profissionais ou clínicas autorizadas. Não existindo a exigida declaração da clínica, essas modalidades acabam por não se enquadrar nas disposições acerca do registro de crianças havidas por reprodução humana assistida.

No entanto, durante certo tempo o mesmo provimento possibilitou também à essa forma de reprodução a realização direta de averbação de dupla maternidade, sem autorização judicial, através de pedido baseado em seu art. 10, o qual tratava do reconhecimento voluntário de paternidade ou maternidade socioafetiva de pessoa de qualquer idade. A partir dessa abertura, também os casos de inseminação caseira se viram abarcados, solucionando-se provisoriamente a questão. Durante a vigência

---

22. Utilizamos da definição apresentada por Edu-Turte Cavadinha (2013, p. 248), que descreve a inseminação caseira como "uma autoinseminação de baixo custo realizada fora de instituições médicas. Trata-se de uma técnica simples, que envolve o controle do ciclo menstrual pelo calendário (tabelinha) ou por acompanhamento da temperatura basal, a fim de localizar o período fértil e introduzir o sêmen com o auxílio de uma seringa, que pode ser comprada em qualquer farmácia". Apesar da utilidade da definição do autor, é importante contestar em parte o uso da expressão 'auto inseminação' para descrever a prática; embora a expressão vise indicar a ausência de intervenção médica, ela pode excluir a participação da companheira/esposa da mulher que irá engravidar do ato de inseminação. Na maior parte dos casos, em contextos de planejamento conjunto dessa maternidade pelas duas mulheres, a "outra mãe" participa de todas as etapas da busca pela maternidade, inclusive do próprio ato de inseminação, não sendo possível falar assim em "autoinseminação".

do artigo 10 do Provimento 63/2017, em sua redação original, a averbação da dupla maternidade foi possibilitada sem maior intervenção do Estado-Juiz.

Posteriormente, no entanto, a partir da percepção de que a socioafetividade exige um convívio duradouro para sua configuração, o Conselho Nacional de Justiça viria a alterar essa previsão. Editou-se, em fins de 2019, o Provimento 83/2019 (BRASIL, 2019), o qual passou a exigir a idade mínima de 12 (doze anos) da criança para o reconhecimento de filiação socioafetiva. A partir dessa alteração, a solução que vinha sendo dada para o registro da dupla maternidade nos casos oriundos de inseminação caseira deixou de ser viável.

Pode-se então dizer que, atualmente, a filiação advinda dessa prática se encontra em verdadeiro limbo jurídico. As mulheres passaram a, novamente, depender da autorização do Estado-juiz para registrar crianças advindas de formas conjuntas (ainda que informais) de reprodução.

No sentido de perspectivas críticas, poder-se-ia questionar se essa modalidade, ao menos nas hipóteses em que realizadas por mulheres casadas e/ou conviventes em união estável, não deveria se enquadrar na presunção estabelecida pelo artigo 1.597 (a qual, como se verifica no citado artigo, aplica-se inclusive em hipóteses de inseminação heteróloga, ou seja, com uso de material genético de doador).

Infelizmente o aprofundamento desse debate escaparia do escopo deste capítulo, mas indica-se desde já que a não aplicabilidade desse artigo a casais de pessoas de mesmo gênero parece revelar uma curiosa manutenção da presunção da heterossexualidade como regra geral no que toca ao parentesco e à filiação.[23]

4. TRANSPARENTALIDADES: ENTRE INVISIBILIDADES E INADEQUAÇÕES NORMATIVAS

Avançando no tema, a literatura internacional aponta para o uso do termo "transparenthood" (em tradução livre, transparentalidade) para fins de nomear o exercício do projeto parental desempenhado por pessoas trans (Katyal; Turner, 2019, p. 1593-1666) ou, ainda, para identificar situações em que o exercício do poder familiar se relaciona com questões enfrentadas por crianças e adolescentes trans (O'Connor, 2015). Muito embora, no Brasil, a terminologia tenha sido frequentemente associada à primeira hipótese, ambos os eixos são imprescindíveis à temática do presente capítulo.

No tocante ao exercício da parentalidade, sabe-se que, além da proteção constitucional conferida pelo Estado à família (art. 226, CF), tem-se que, de acordo com o art. 1º da Lei 9.263/1996, o planejamento familiar constitui direito de todo cidadão. Da mesma forma, os Princípios de Yogyakarta asseveram o dever do Estado em

---

23. Esse debate foi aprofundado em outro trabalho, de autoria de uma das autoras deste capítulo (SANTOS, 2021).

assegurar o direito de constituir família, independentemente da orientação sexual e da identidade de gênero.

Além disso, em se tratando de adoção, o Estatuto da Criança e do Adolescente relaciona requisitos (arts. 42 e 43) que não encontram óbice na identidade de gênero e/ou da orientação sexual, pautando-se no melhor interesse do(a) adotando(a) e nos motivos legítimos da pessoa adotante.

Pelo viés do mandamento de proibição de discriminação, respaldado pelo direito constitucional brasileiro e o direito internacional dos direitos humanos (RIOS; LEIVAS; SCHÄFER, 2017, p. 127), tais comandos legislativos seriam, por si só, suficientes para garantir o pleno exercício do direito de constituir família e, portanto, acessar direitos e deveres que se desdobram a partir do exercício da parentalidade. Não obstante, problemáticas atinentes às transparentalidades revelam como a tutela estatal ainda se mostra inadequada frente à população trans na seara familiar e reprodutiva. Iniciando-se por questões registrais, verifica-se resistência por parte dos profissionais encarregados de preencher a Declaração de Nascido Vivo de bebês em proceder à anotação de parentesco de pessoas trans com seus filhos biológicos.

Cita-se, a título exemplificativo, o caso de Ágata Mostardeiro, mulher trans que, em 2018, não pôde ser reconhecida como mãe biológica do filho por não haver apresentado ao respectivo Registro Civil de Pessoas Naturais, a comprovação de que teria vínculo genético com a criança gestada por sua companheira (CANOFRE, 2020).

Ágata, nas informações consignadas na DNV do bebê, mesmo possuindo à época dos fatos seus documentos retificados[24], constava tão somente como *companheira* da mãe gestante. Por isso, a orientação dada ao casal pelos oficiais registrais foi para, nos termos do Provimento 63/2017 do CNJ (BRASIL, 2017), requerer, *depois* de efetivado o registro de nascimento exclusivamente em nome da outra mãe, o reconhecimento da maternidade socioafetiva[25], muito embora se tratasse de filho biológico das duas.

Outra peculiaridade do caso é que, após sua judicialização, o Juízo local determinou o registro da maneira intentada por Ágata desde que apresentasse atestado médico comprovando sua saúde sexual e reprodutiva antes da transição de gênero, bem como uma declaração da mãe que gestou o bebê para garantir que a concepção se deu por meio de relação entre as duas (IBDFAM, 2020).

---

24. Por "retificação de documentos" entende-se o procedimento extrajudicial de alteração de registro civil requerido por pessoas trans, a fim de alinhar prenome e designativo de sexo com sua identidade de gênero. Tecnicamente, em vista do disposto no art. 29, § 1º, alínea f, da Lei de Registros Públicos (Lei 6.015/1973), tal procedimento se trata de uma alteração, diante da necessidade de averbação no registro original, questão devidamente enfrentada pelo RE 670.422/RS, em julgamento posterior ao da ADI 4275. Entretanto, observa-se em diversas instâncias de movimentos de pessoas trans a afirmação de que a retificação é uma terminologia mais adequada, considerando que o procedimento visa precipuamente ao reconhecimento social de uma identidade já constituída subjetivamente.
25. Tenha-se em mente que na atualidade nem essa saída seria possível, tendo em vista a alteração do provimento em 2019, que inseriu a idade mínima de 12 (doze) anos da criança para reconhecimento da filiação socioafetiva de forma extrajudicial.

Theo Brandon e Yuna Vitória da Silva enfrentaram dificuldades semelhantes quando da emissão da DNV do filho, em vista da resistência oposta pela equipe médica em assinalar Yuna, mulher trans, como mãe, e Theo, homem trans gestante, como pai. Em seu relato (UOL, 2020), o casal expõe, ainda, diversos problemas decorrentes da falta de preparo dos espaços médicos e registrais para receber demandas de populações de gênero e sexualidade diversas, destacando a ausência de obstetrícia nos ambulatórios de atendimento às pessoas trans e expressivo desconhecimento dos profissionais quanto à saúde integral trans.

Pode-se dizer que essa resistência ocorre porque os vínculos de parentesco, desde a sua concepção jurídica até o referencial presente no imaginário social, fundamentam-se em um ideal cis-heteronormativo[26] de humano, por meio do qual a categoria "mãe" é presumida automática e genericamente como sinônimo de gestante, lactante e puérpera, ao passo que se torna impossível associar a categoria "pai" a qualquer um dos aspectos socialmente apreendidos enquanto inerentes à maternagem.

Referendando essa ótica, a sistemática jurídica brasileira, no que tange à presunção de maternidade – *mater semper certa est* – também se atém a uma intransponível e intrínseca relação entre gravidez e parto (Silva Netto, 2022, p. 257), embora não expressamente prevista na lei, diferentemente das hipóteses quanto à presunção de paternidade elencadas no art. 1.597 do Código Civil.

Sabe-se que, como desdobramento da ADI 4275, o Conselho Nacional de Justiça editou o Provimento 73/2018 (BRASIL, 2018), que arrola a documentação necessária e uniformiza o procedimento da alteração registral de pessoas trans perante o Registro Civil de Pessoas Naturais. A normativa prevê, dentre outras disposições, a possibilidade da subsequente averbação da alteração do prenome e do gênero no registro de nascimento dos descendentes da pessoa requerente, consignando a necessidade de anuência daqueles quando relativamente capazes ou maiores, "bem como da de ambos os pais" (art. 8º, § 2º). Entretanto, não há disposições específicas visando a coibir práticas discriminatórias frente a situações como as descritas nos casos concretos acima.

As lacunas no Provimento 73/CNJ eram acompanhadas, ainda, por problemas de interpretação da Lei 12.662/2012, que assegura validade nacional à Declaração de Nascido Vivo – verificados tanto no âmbito dos profissionais da saúde que acompa-

---

26. Pode-se definir cisgeneridade normativa ou cisnormatividade como "uma série de forças socioculturais e institucionais que discursivamente produzem a cisgeneridade enquanto natural" (VERGUEIRO, 2016, p. 68). Paralelamente, refletem-se implicações à cisnormatividade a partir do próprio conceito de heternormatividade, que se traduz em um conjunto de práticas "instituições, estruturas de compreensão e orientações práticas que fazem a heterossexualidade ser vista não apenas como coerente – ou seja, organizada como uma sexualidade – mas também privilegiada" (BERLANT; WARNER, 1998, p. 547) que não deixa de produzir relações de exploração e desigualdade dentro da própria sociedade heterossexualizada. Tais aportes permitem compreender como se dá a conexão entre cisnormatividade e hereteronormatividade, de maneira que se pode aventar uma regulação dos corpos a partir do que se entende enquanto *cis-heteronormatividade*.

nham a realização dos partos, como nos registros públicos[27]-, e regula sua expedição no território nacional. No art. 4º desta legislação e no decorrer de outros de seus dispositivos, infere-se uma *presunção*, mais especificamente, de correspondência entre as figuras de "mãe" e "gestante/parturiente" (art. 4º, inc. V) o que acarreta dificuldade, por exemplo, em incluir no rol de possibilidades de pessoas aptas à gestação a figura de pai (homem) trans.

Em 2021, o STF concedeu liminar no âmbito da ADPF 787[28], obrigando o Ministério da Saúde a adotar medidas em prol de pessoas trans e travestis quanto ao acesso à saúde, incluindo o respeito à identidade de gênero no preenchimento do formulário da DNV. Acertadamente, o último Manual de Instruções para Preenchimento da DNV, editado pelo Ministério da Saúde (BRASIL, 2022), já faz referência às alterações introduzidas nos formulários pela ADPF 787, prevendo que a filiação seja contemplada "independentemente da identidade de gênero, como nos casos de reprodução assistida, casais transgêneros, união homoafetiva e outras situações similares", modificando as referências a "pai" e "mãe" para "responsável legal".

Como visto, tratando-se de projeto parental experimentado por pessoas trans, o desafio se intensifica, na medida em que se desestabilizam normas de gênero que naturalizam o exercício da maternidade e paternidade por, respectivamente, mulheres e homens cis. Afinal, se a condição transgênera ainda é deslocada para uma esfera de abjeção, o que se poderia dizer a respeito do desempenho de sua parentalidade?

Por outro lado, o Direito das Famílias contemporâneo tem se orientado, em grande parte, pelo discurso da afetividade e da repersonalização do direito civil, aliado à concepção de família eudemonista (LÔBO, 1989, p. 53-81), voltada à priorização do desenvolvimento e proteção da personalidade dos membros familiares, em contraposição ao já combatido modelo de família patriarcal, heterossexual, matrimonializada, monogâmica, hierarquizada e transpessoal.

Não por acaso, o recurso argumentativo à homoafetividade (conceito atualizado para homotransafetividade ocasionalmente) tornou-se central para o resultado de procedência nas ADPF 132 e ADI 4277, ganhando maior circulabilidade social (Santos, 2017, p. 27), como visto em subitem anterior.

Entretanto, este mesmo discurso, não obstante sua relevância, encontra limitações para problematizar a naturalização de categorizações e significantes jurídicos no âmbito das relações familiares, que se fulcram em estruturas e dinâmicas hegemônicas relativas ao gênero, aqui compreendido não somente enquanto categoria de análise

---

27. Isso porque, segundo Carla Ferrari e Vitor Kümpel, na descrição da estrutura da Declaração de Nascido Vivo, as informações atinentes à identificação da mãe – no caso, identificada enquanto parturiente – são de responsabilidade dos profissionais que assistem o parto, ao passo que a identificação do pai é feita pelos(as) registradores(as) (KÜMPEL; FERRARI, 2017, p. 572).
28. Trata-se de Arguição de Descumprimento de Preceito Fundamental proposta pelo Partido dos Trabalhadores (PT), contra atos comissivos e omissivos do Ministério da Saúde em relação à atenção primária de pessoas transexuais e travestis que violam os preceitos fundamentais do direito à saúde (art. 6º e 196), da dignidade da pessoa humana e da igualdade (art. 5º).

sobre as diferenças sexuais e uma forma de dar sentido às relações hierárquicas de poder, mas também associado ao conceito de performatividade.[29]

Neste ponto, se o gênero é performativo, o ser mãe e o ser pai também o são e, como tais, podem ser constantemente renegociados (ANGONESE; LAGO, 2018, p. 9). Entretanto, o exercício da parentalidade por pessoas trans, não raro, é circunscrito a uma esfera de anormalidade, muito embora, no contexto atual, seja propugnada maior democratização e pluralidade no âmbito regulatório das famílias, em vista precipuamente de marcos normativos como a Constituição Federal (art. 226, caput e § 3º, 4º, 5º e § 7º, em especial) e o reconhecimento da legitimidade da união entre pessoas do mesmo gênero (ADPF 132 e ADI 4277).

Da mesma forma, os direitos e saúde reprodutiva trans permanecem entre ausências e invisibilidades (Angonese; Lago, 2017). Cogita-se que terapias hormonais podem, por exemplo, afetar a capacidade reprodutiva, não se sabendo ao certo sobre seus efeitos definitivos, diante da carência de estudos comprometidos com a questão. Pesquisadoras afirmam, assim, haver a produção de uma *esterilidade simbólica* (Angonese, 2017, p. 46) da população trans.

Nesse sentido, a atual Resolução 2.265/2019 do CFM, que dispõe sobre cuidados de saúde específicos a pessoas trans, aborda timidamente o assunto ao consignar em seu art. 6º, parágrafo único que "é obrigatório obter o consentimento livre e esclarecido, informando ao transgênero sobre a possibilidade de esterilidade advinda dos procedimentos hormonais e cirúrgicos para a afirmação de gênero". Por sua vez, a Portaria 457, de 19 de agosto de 2008, que regulamentou o processo transexualizador no âmbito do SUS, menciona em apenas um de seus anexos a necessidade de consideração da "existência ou desejo de constituição de núcleo familiar no qual o usuário transexual seja genitor", sem maiores elaborações sobre a saúde reprodutiva de pessoas trans.

Esta restrita compreensão acerca dos direitos reprodutivos da população transgênera remete ao paradigma segundo o qual se reduzem os corpos de mulheres e homens – compreendidos anatomicamente como diferentes e complementares –, à sua força reprodutiva heterossexual (PRECIADO, 2020, p. 74-82), de acordo com uma diferenciação sexual estanque e a-histórica, a qual também é pensada sob uma ótica cis-heteronormativa que perpassa tanto elaborações médicas quanto jurídicas.

De igual sorte, infere-se como a organização familiar, em uma perspectiva institucional, é ainda percebida desde uma concepção binária (UZIEL, 2014. p. 281-294),

---

29. O gênero em Butler se consubstancia em um constante processo, um devir, uma sequência de atos que está sempre (e inevitavelmente) se fazendo, mostrando-se, portanto, performativo, constituinte da identidade que pretende ser: "nesse sentido, o gênero é sempre um fazer, embora não um fazer por um sujeito que preexiste ao feito" (BUTLER, 2003. p. 25.). Quando Butler introduz a ideia de performatividade, entende que o gênero é um processo regulado de repetição, capaz de criar realidades, a partir de práticas, interpelações, enfim, diferenciando-se, contudo, da ideia de performance, a qual supõe um sujeito preexistente, um *performer*.

biologicista e conectada ao modelo de família nuclear erigido na modernidade, o qual, por sua vez, assenta-se na normalização da cisgeneridade no tocante ao desempenho dos papeis parentais.

Estas mesmas características são transpostas à construção da subjetividade dos(as) filhos(as), em relação aos quais são depositadas expectativas sociais quanto ao gênero, à sexualidade e ao exercício de sua autonomia, o que pode implicar questionamentos aos limites da autoridade parental e um olhar mais crítico à capacidade de crianças e adolescentes.

5. ASPECTOS RELATIVOS À FILIAÇÃO: POSSÍVEIS CONFLITOS ENTRE AUTORIDADE PARENTAL E O EXERCÍCIO DE DIREITOS EXISTENCIAIS POR CRIANÇAS E ADOLESCENTES

Com o enfoque dado à pessoa humana no Direito Civil, e a incidência dos mandamentos constitucionais em seus institutos – aprofundada pela metodologia civil-constitucional -, a autoridade parental passou a ser relida à luz dos princípios da dignidade da pessoa humana e da solidariedade, previstos, respectivamente nos arts. 1º, III e 3º, I, da Constituição Federal (TEIXEIRA, 2013, p. 418).

Esta constatação não poderia ser diferente, uma vez que o perfil da família, desde a ótica jurídica, transformou-se: diferentemente do modelo pautado em relações hierárquicas, tanto o eixo das conjugalidades como o parental-filial transmutou-se para uma perspectiva mais horizontal.

Igualmente, durante o século XX, crianças e adolescentes passaram a ser juridicamente reconhecidos como sujeitos ativos e dignos de uma tutela jurídica adequada em vista de sua particular situação de vulnerabilidade, diante da priorização constitucional do seu cuidado por parte da família, do Estado e da sociedade como um todo (art. 227, CF).

Com o abandono da doutrina da situação irregular, o Estatuto da Criança e do Adolescente (ECA), como consectário da Convenção sobre os Direitos da Criança, ao longo de seus dispositivos, fundamenta-se na proteção integral da infância e da juventude, celebrando o melhor interesse desses sujeitos e garantindo-lhes direitos à liberdade, ao respeito e à dignidade como pessoas humanas em processo de desenvolvimento e como sujeitos de direitos civis, humanos e sociais (GADENZ; LIMA; COPI, 2020, p. 44).

Entretanto, não raro, a infância e a adolescência às quais se assegura proteção através das normativas disponíveis são extremamente idealizadas, uma vez que se estruturam sobre abstrações universalizantes, não corporificadas, que desconsideram construções subjetivas e identitárias que se distanciam de padrões hegemônicos, incluindo-se aí padrões de gênero e sexualidade (PRECIADO, 2020, p. 69-73).

Neste contexto, importante mencionar que, assim como conceitos como sexo e gênero são historicizados, infância e adolescência também comportam compreensão enquanto construções sociais, principalmente com elaborações que ganham relevância a partir do século XVIII, possuindo ampla conexão com a acepção da família moderna ocidental (ARIÈS, 1981, p. 19).

É possível refletir, ainda, sobre como, além de ter se tornado um espaço de "afeição necessária entre os cônjuges e entre os pais e filhos" (ARIÈS, 1981, p. XI), toda a energia do grupo passa a ser consumida na promoção do bem-estar das crianças (FOUCAULT, 2014, p. 71), ocupando-se de uma notável função moral.

Na atualidade, com conquistas por parte de movimentos feministas e LGBTQIA+, vozes neoconservadoras, aliadas a políticas antigênero, levantam-se contra modificações no modelo familiar tradicional, tendo como subterfúgio argumentativo uma suposta preocupação moral com crianças e adolescentes. Não à toa, estes mesmos segmentos se posicionam contrariamente à inserção de programas educacionais voltados a tratar de questões relativas a gênero e sexualidade nas escolas.

Mais comum ainda é o apagamento das experiências de crianças e adolescentes que fogem à cis-heteronorma, isto é, que não correspondem à exigência de coerência entre sexo, gênero e desejo, reforçando ideais de identidade dentro dessa ordem de "normalidade".

Segundo Kennedy (2010, p. 23), a idade média em que pessoas trans ganham consciência de sua identidade de gênero é de aproximadamente 8 anos, ou seja, ainda na infância. A mesma autora aponta que mais de 80% delas se tornam conscientes de que são trans durante a escola primária. Para a pesquisadora, o silenciamento sobre a experiência de transgeneridade nesta fase da vida indica uma estratégia de supressão das vivências subjetivas dessas crianças (Idem, p. 23-31).

Muitas vezes, a própria família, que deveria corresponder ao lócus primordial de acolhimento e cuidado, pode se tornar intensa violadora de direitos (GADENZ; LIMA; COPI, 2020, p. 47). Em recente pesquisa carreada pelo Instituto Brasileiro de Diversidade Sexual acerca do perfil da comunidade LGBTQIA+ no Brasil, constatou-se que, das 52,6% que afirmaram ter sofrido LGBTQIAfobia, 11,9% não apresentaram denúncia pelo fato de o(a) agressor(a) ser pessoa muito próximo(a), havendo relatos fornecidos pelos participantes do estudo que mencionaram a figura dos pais como praticantes de ofensas verbais e físicas (LIMA, 2020, p. 88-92).

O abandono familiar motivado pelo desrespeito à identidade de gênero e ao exercício da sexualidade pelos(as) filhos(as) tem sido, inclusive, assinalado como "abandono sexual" (GOMES, 2019) por parte da literatura jurídica especializada.

Exsurge, de outra banda, o debate sobre a capacidade progressiva de crianças e adolescentes.

Nesse sentido, vale lembrar que, através das codificações civis modernas, constituiu-se o tradicional regime das incapacidades, por meio do qual se relacionaram pessoas que, em razão da idade, foram consideradas relativa ou absolutamente incapazes (LÉPORE, 2018, p. 249), no intuito de preservar a esfera patrimonial e negocial desses indivíduos.

Entretanto, com o paradigma da proteção integral, notadamente a partir da Convenção sobre os Direitos da Criança, a disciplina jurídica sobre autonomia e capacidade de crianças e adolescentes ganha importância no ordenamento, clamando à dogmática para que o engessado regime das incapacidades seja instado a transformações substanciais. Consoante se infere dos arts. 5 e 12 daquele instrumento normativo internacional:

> Artigo 5
>
> Os Estados Partes respeitarão as responsabilidades, os direitos e os deveres dos pais ou, onde for o caso, dos membros da família ampliada ou da comunidade, conforme determinem os costumes locais, dos tutores ou de outras pessoas legalmente responsáveis, de proporcionar à criança instrução e orientação adequadas e acordes com a evolução de sua capacidade no exercício dos direitos reconhecidos na presente convenção.
>
> Artigo 12
>
> 1. Os Estados-Partes assegurarão à criança que estiver capacitada a formular seus próprios juízos o direito de expressar suas opiniões livremente sobre todos os assuntos relacionados com a criança, levando-se devidamente em consideração essas opiniões, em função da idade e maturidade da criança.
>
> 2. Com tal propósito, se proporcionará à criança, em particular, a oportunidade de ser ouvida em todo processo judicial ou administrativo que afete a mesma, quer diretamente quer por intermédio de um representante ou órgão apropriado, em conformidade com as regras processuais da legislação nacional

Os dispositivos acima tratam resumidamente do princípio da liberdade de expressão de crianças, consignando que, não obstante serem elas pessoas em desenvolvimento, devem ser ouvidas e suas manifestações de vontade devem ser consideradas. Daí porque "a imposição de um critério abstrato tal qual o atingimento da maioridade, para definir o quanto se deve levar em conta a autonomia do indivíduo em situações relativas à tutela de (seus) direitos personalíssimos, é insuficiente" (Gadenz; Lima; Copi, 2020, p. 52).

Diante desse panorama, problematizam-se potenciais conflitos entre autoridade parental e o exercício de direitos existenciais por crianças e adolescentes. Alguns casos exemplificam a problemática aqui posta.

Inicialmente, remonta-se à delicada situação de crianças e adolescentes intersexo. No Brasil, a Resolução 1.664/2003 do Conselho Federal de Medicina trata da intersexualidade[30] – que é identificada em cerca de 1,7% dos recém-nascidos (Interact; Human Rights Watch, 2017) – e estabelece o dever de adotar uma "conduta de investigação precoce com vistas a uma definição adequada do gênero e tratamento em tempo hábil" (CONSELHO FEDERAL DE MEDICINA, 2003), sendo o tratamento indicado a definição do sexo e a readequação cirúrgica da genitália.

---

30. A intersexualidade é aqui compreendida como condição biológica de pessoas que não são reconhecidas, por critérios eminentemente médicos, como pertencentes a determinado sexo (feminino ou masculino). Embora o fenômeno seja bastante plural, é frequentemente reportado nos casos de órgãos sexuais ambíguos.

Comumente, operam-se cirurgias de "normalização" genital e esterilização involuntária genital sem o consentimento informado da criança e até mesmo dos pais (UNITED NATIONS, 2016), as quais, muitas vezes, acarretam problemas como infertilidade permanente, e contribuem com o estigma sobre a intersexualidade.

Em 2015, no Chile, através da Ordem 18 do Ministério da Saúde, eliminaram-se os tratamentos desnecessários e impositivos para "normalização" de crianças intersexo, incluindo cirurgia genital irreversível, estabelecendo-se que terapias de tal sorte somente ocorrerão com anuência de crianças em "idade suficiente para tomar decisões sobre os seus corpos" (UNITED NATIONS, 2017, p. 41).

No tocante ao tratamento hormonal e à realização de cirurgia de transgenitalização em adolescentes trans, de acordo com a Resolução 2.265/2019 do CFM, veda-se o início da hormonioterapia cruzada antes dos 16 (dezesseis) anos de idade, muito embora o acompanhamento terapêutico multidisciplinar, com equipe integrada por pediatras, possa se dar desde a infância. Destacam-se de tal documento as seguintes disposições:

> Art. 9º Na atenção médica especializada ao transgênero é vedado o início da hormonioterapia cruzada antes dos 16 (dezesseis) anos de idade.
> § 1º Crianças ou adolescentes transgêneros em estágio de desenvolvimento puberal Tanner I (pré-púbere) devem ser acompanhados pela equipe multiprofissional e interdisciplinar sem nenhuma intervenção hormonal ou cirúrgica.
> § 2º Em crianças ou adolescentes transgêneros, o bloqueio hormonal só poderá ser iniciado a partir do estágio puberal Tanner II (puberdade), sendo realizado exclusivamente em caráter experimental em protocolos de pesquisa, de acordo com as normas do Sistema CEP/Conep, em hospitais universitários e/ou de referência para o Sistema Único de Saúde.
> § 3º A vedação não se aplica a pacientes portadores de puberdade precoce ou estágio puberal Tanner II antes dos 8 anos no sexo feminino (cariótipo 46,XX) e antes dos 9 anos no sexo masculino (cariótipo 46,XY) que necessitem de tratamento com hormonioterapia cruzada por se tratar de doenças, o que está fora do escopo desta Resolução.

Na prática médica, a orientação usual é a de iniciar o uso de bloqueadores hormonais aos primeiros sinais da puberdade (por volta de 12 anos), a fim de evitar o desenvolvimento de características sexuais secundárias do gênero designado no nascimento, bem como para garantir a reversibilidade de tais medidas caso a(o) adolescente modifique sua decisão futuramente.

Entretanto, deve-se ressaltar que a autorização para esses procedimentos se condiciona ao crivo daqueles(as) que detêm o poder familiar e, nas situações em que os pais/mães discordam do posicionamento de seus(suas) filhos(as), "a vulnerabilidade é reforçada pela lógica do sistema de incapacidades vigente, que retira do indivíduo a possibilidade de exercer direitos personalíssimos" (Gadenz; Lima; Copi, 2020, p. 51).

No que diz respeito às alterações registrais por pessoas trans pela via administrativa, verifica-se que o Provimento 73/2018 se omite em tratar do tema afeto a crianças e adolescentes, assinalando que as normas ali descritas são destinadas para maiores de 18 anos completos.[31]

As alterações pretendidas por crianças e adolescentes, assim, têm ocorrido mediante provocação judicial, havendo notícias acerca de algumas iniciativas exitosas, como o resultado obtido perante a Justiça de Mato Grosso do Sul, em 2016 (Santos; Vieira, 2019, p. 71). Novamente, contudo, em tais casos, o desejo dos menores de 18 anos é endossado pelos pais, persistindo uma lacuna intransponível quando verificado dissenso entre estes e aqueles.

No ambiente escolar, o uso de nome social[32] por crianças e adolescentes transexuais no ambiente escolar deve observar o contido na Resolução 12/2015 do Conselho Nacional de combate à Discriminação e Promoção dos Direitos de Lésbicas, Gays, Bissexuais, Travestis e Transexuais, que garante o reconhecimento e adoção "nos formulários, sistemas de informatização, instrumentos internos e documentos oficiais, do nome social àqueles cuja identificação civil não reflita adequadamente sua identidade de gênero". Deve observar, ainda, a Resolução nº 01, de 19 de janeiro de 2018, do Conselho Nacional de Educação (CNE), a qual dispõe em seu artigo 2º que "fica instituída, por meio da presente Resolução, a possibilidade de uso de nome social de travestis e transexuais nos registros escolares da educação básica" e que, em seu artigo 4º, especifica que para alunos menores de 18 (dezoito) anos a solicitação deve ser feita por meio dos representantes legais.

Em decisão proferida pelo Tribunal Regional Federal da 4ª Região, registrou-se obrigatoriedade de observância da norma, destacando-se que o reconhecimento do direito à utilização do nome social pela(o) estudante independe da anuência dos pais, uma vez que "(a) defesa da criança e do adolescente passa pela sua proteção inclusive contra os abusos cometidos a nível familiar", que podem consistir "(n)a obrigação de utilização do nome que não corresponde à própria identidade, nas escolas e universidades, provocando situações vexatórias" (BRASIL, 2018).

Nota-se, assim, que o exercício de direitos pessoais por crianças e adolescentes, especialmente quando tais direitos são atravessados por questões identitárias e da ordem da autonomia sobre o próprio corpo, pode confrontar-se com o exercício do poder familiar.

O contemporâneo desenho das relações familiares, não obstante, conduz ao entendimento de que, aos pais/mães/cuidadores, faculta-se a forma de conduzir a criação

---

31. Conforme art. 2º, "Toda pessoa maior de 18 anos completos habilitada à prática de todos os atos da vida civil poderá requerer ao ofício do RCPN a alteração e a averbação do prenome e do gênero, a fim de adequá-los à identidade autopercebida".
32. Não se deve confundir o nome social com a alteração de registro civil. O primeiro consiste na adoção de nome condizente com a identidade de gênero, seja no âmbito da comunidade em que se insere a pessoa em questão, seja em instâncias institucionais, como universidades, escolas, locais de trabalho, repartições públicas, sem ocasionar, no entanto, a efetiva alteração no registro de nascimento, a qual é geralmente acompanhada da modificação do sexo anteriormente designado, a fim de corresponder ao gênero com o qual a pessoa se identifica.

e educação da prole, *desde que* se assegure o exercício dos direitos fundamentais aos filhos (TEIXEIRA, 2013, p. 412), dentre os quais se localizam a livre expressão de gênero e sexualidade, uma vez que a autoridade parental se funcionaliza ao melhor interesse das crianças e adolescentes.

6. CONSIDERAÇÕES FINAIS

Por muito tempo, o significante *família*, especialmente no campo jurídico, foi associado a configurações engessadas e não passíveis de abertura à diferença.

Em um lócus no qual estruturas relacionais se faziam imperativas, o ideal normativo exigia a vigência de um paradigma fundamentado em hierarquizações, dinâmicas e categorias que pressupunham padrões intransponíveis de gênero e sexualidade, que, por sua vez, foram construídos histórica e culturalmente. Com acerto, a estabilidade do discurso jurídico no tocante a essas configurações familiares passou a ser cada vez mais questionada, resultando em conquistas da mais alta relevância à população LGBTQIA+.

Nas duas primeiras décadas do século XXI, vozes de movimentos sociais finalmente se fizeram ouvir perante os sisudos tribunais, possibilitando que pessoas e relações intersubjetivas não cis-heteroconformes pudessem ter reconhecidos os efeitos de suas constituições familiares – agora inflexionadas pelo marco da diversidade.

Por outro lado, cabíveis – e desejáveis – são as problematizações ao que está posto, porquanto a interpretação e o alcance da norma ainda revelam vieses excludentes, por meio dos quais, materialmente, uma série de relações e sujeitos permanece à margem do Direito.

Nesse sentido, a precariedade que acomete o reconhecimento de conjugalidades e parentalidades vivenciadas por pessoas LGBTQIA+, nas formas demonstradas neste capítulo – de maneira não exaustiva, frisa-se –, revelam a imperiosidade da defesa de um arcabouço jurídico cuja tutela e proteção não se relacionem estritamente a um modelo cis-heterossexista de família.

Na mesma esteira, o estatuto de crianças e adolescentes deve ser considerado à luz do livre desenvolvimento de sua subjetividade e de sua autonomia existencial, o que implica reconhecer suas vivências em torno de gênero e sexualidade, com respeito a seu autônomo desenvolvimento, colocando de vez em xeque o referencial de candura e abstratividade característico das percepções modernas sobre a infância.

É preciso admitir, por fim, que um projeto efetivamente transformador das estruturas que produzem e reproduzem as exclusões e insuficiências aqui comentadas, enseja mobilizações para além do âmbito familiar, devendo-se atrelar as presentes discussões, que partem de experiências e conflitos concretos, ao escopo dos direitos humanos e de conceitos jurídicos que se localizam na antessala dos estudos da dogmática familiarista, objetivando-se a sua adequada instrumentalização. Afinal, nas palavras de Litardo (2013, p. 195), "o Direito, como um discurso particularmente complexo, pode ser tanto funcional a determinados mecanismos de opressão, como representar uma ferramenta de libertação de certos círculos de confinamento".

7. REFERÊNCIAS

ANGONESE, Mônica. *Um pai trans, uma mãe trans*: direitos, saúde reprodutiva e parentalidades para a população de travestis e transexuais. 2016. Dissertação (mestrado em Psicologia) – Programa de Pós-graduação em Psicologia da Universidade Federal de Santa Catarina, Florianópolis, 2016.

ANGONESE, Mônica; LAGO, Maria Coelho de Souza. Direitos e saúde reprodutiva para a população de travestis e transexuais: abjeção e esterilidade simbólica. *Saúde e sociedade*, v. 26, n. 1, p. 256-270. jan.-mar. 2017.

ANGONESE, Mônica; LAGO, Maria Coelho de Souza. Família e experiências de parentalidades trans. *Revista de Ciências Humanas*, Florianópolis, v. 52, 2018, e57007.

ARIÈS, Philippe. *História Social da Criança e da Família*. Trad. Dora Fraksman. 2. ed. Rio de Janeiro: LTC, 1981.

BERLANT, Lauren; WARNER, Michael. Sex in public. *Critical Inquiry*, v. 24, n. 2, 1998. p. 547-566.

BRASIL. Ministério da Saúde. Declaração de Nascido Vivo: Manual de instruções para preenchimento. 4. ed. Brasília: Ministério da Saúde, 2022.

BUTLER, Judith. *Problemas de gênero*: feminismo e subversão da identidade. Tradução de Renato Aguiar. Rio de Janeiro: Editora Civilização Brasileira, 2003.

CANOFRE, Fernanda. Depois de dois anos, Justiça reconhece mulher trans como mãe biológica do filho. *Folha de São Paulo*, 28 de ago. de 2020. Disponível em: https://www1.folha.uol.com.br/cotidiano/2020/08/depois-de-dois-anos-justica-reconhece-mulher-trans-como-mae-biologica-do-filho.shtml. Acesso em: 20 jan. 2021.

CAVADINHA, Edu-Turte. Mulheres lésbicas em busca da maternidade: desafios e estratégias. In: SILVA, Daniele Andrade da. [et al] (Org.). *Feminilidades*: corpos e sexualidades em debate. Rio de Janeiro: EdUERJ, 2013.

CHAVES, Marianna. *Homoafetividade e Direito*: Proteção Constitucional, Uniões, Casamento e Parentalidade. Um panorama Luso-Brasileiro. Curitiba: Juruá, 2011.

CONSELHO FEDERAL DE MEDICINA (CFM-Brasil). *Resolução CFM 1.664/2003*. Publicada no D.O.U. 13 maio 2003.

CONSELHO FEDERAL DE MEDICINA (CFM-Brasil). *Resolução CFM 2.168/2017*. Publicada no D.O.U. de 10 nov. 2017.

CONSELHO FEDERAL DE MEDICINA (CFM-Brasil). *Resolução CFM 2.265/2019*. Publicada no D.O.U. de 09 jan. 2020.

CONSELHO FEDERAL DE MEDICINA (CFM-Brasil). *Resolução CFM 2.294/2021*. Publicada no D.O.U de 15 jun. 2021.

CONSELHO FEDERAL DE MEDICINA (CFM-Brasil). *Resolução CFM 2.320/2022*. Publicada no D.O.U de 20 set. 2022.

DIAS, Maria Berenice. *Homoafetividade*: um novo substantivo. Disponível em: http://mariaberenice.com.br/manager/arq/(cod2_661)30__homoafetividade__um_novo_substantivo.pdf. Acesso em: 29 jan. 2021.

DIAS, Maria Berenice. *União Homoafetiva*: o preconceito & a Justiça. 5. ed. rev. atual. e ampl. São Paulo: Editora Revista os Tribunais, 2011.

FACCHINI, Regina. Entrecruzando diferenças: mulheres e (homo)sexualidades na cidade de São Paulo. p. 309-342. In: BENITÉZ-DIÁZ, María Elvira; FÍGARI, Carlos Eduardo. *Prazeres Dissidentes*. Rio de Janeiro: Garamond, 2009.

FOUCAULT, Michel. *História da Sexualidade*: A vontade de saber. Trad. Maria Thereza da Costa Albuquerque e J. A. Guilhon Albuquerque. São Paulo: Paz e Terra, 2014.

GADENZ, Danielli; LIMA, Francielle Elisabet Nogueira; COPI, Lygia Maria. Reflexões sobre a (in)adequação do regime de incapacidades a partir de experiências trans e intersexo infanto-juvenis. In: QUEIROZ, João Pedro Pereira de; COSTA, Regina Alice Rodrigues A (Org.). *Gênero, direitos humanos e política social*: debates contemporâneos. Recife: FASA, 2020.

GOMES, Luiz Geraldo do Carmo. *Famílias no armário*: parentalidades e sexualidades divergentes. Belo Horizonte: Letramento, 2019.

GOZZO, Débora; LIGIERA, Wilson Ricardo. Maternidade de substituição e a lacuna legal: questionamentos. *Civilistica.com*. A. 5. n. 1. 2016.

GREEN, James N.; QUINALHA, Renan (Org.). *Ditadura e homossexualidades*: repressão, resistência e a busca da verdade. São Carlos: EdUFSCAR, 2014.

HERRERA, Florencia. La otra mamá: madres no biológicas en la pareja lésbica. IN: GROSSI, Miriam Pillar; UZIEL, Anna Paula; MELLO, Luiz (Org.). *Conjugalidades, parentalidades e identidades lésbicas, gays e travestis*. Rio de Janeiro: Garamond, 2007.

INSTITUTO BRASILEIRO DE DIREITO DE FAMÍLIA. *Mulher trans registrada como mãe socioafetiva consegue retificação no assento de nascimento do filho biológico*. Disponível em: https://www.ibdfam.org.br/noticias/7677/Mulher+trans+registrada+como+m%C3%A3e+socioafetiva+consegue+retifica%C3%A7%C3%A3o+no+assento+de+nascimento+do+filho+biol%C3%B3gico. Acesso em: 29 jan. 2021.

INTERACT; HUMAN RIGHTS WATCH. *"I Want to Be Like Nature Made Me"*: medically unnecessary surgeries on Intersex Children in the US. Disponível em: https://www.hrw.org/report/2017/07/25/i--want-be-nature-made-me/medically-unnecessary-surgeries-intersex-children-us. Acesso em: 29 jan. 2021.

KATYAL, Sonia K.; TURNER. Transparenthood. *Michigan Law Review*, v. 117, issue 8, p. 1593-1666, 2019.

KENNEDY, Natacha. Crianças transgênero: mais do que um desafio teórico. *Revista Chronos*, v. 11, n. 2, 2010, p. 21-61.

KÜMPEL, Vitor F., FERRARI, Carla M. *Tratado Notarial e Registral* – Ofício de Registro Civil de Pessoas Naturais. São Paulo: YK Editora, 2017.

LEITE, Tatiana Henriques. Análise crítica sobre a evolução das normas éticas para a utilização das técnicas de reprodução humana assistida no Brasil. *Ciência & Saúde Coletiva*, v. 24, n. 3, p. 917-928, 2019.

LÉPORE, Paulo. Capacidade progressiva de crianças e adolescentes: o exercício pessoal de direitos antes da maioridade civil. *In*: PEREIRA, Rodrigo da Cunha; DIAS, Maria Berenice (Coord.). *Famílias e sucessões*: polêmicas, tendências e inovações. Belo Horizonte: IBDFAM, 2018. p. 249-276.

LIMA, Francielle Elisabet Nogueira. Percepções sobre violências LGBTIfóbicas a partir de narrativas pessoais expostas na Pesquisa Nacional do Perfil LGBTI+ 2018. In: SOUZA, Humberto da Cunha Alves de; JUNQUEIRA, Sérgio Rogério Azevedo; REIS, Toni (Org.). *Ensaios sobre o perfil da comunidade LGBTI+*. Curitiba: IBDSEX, 2020.

LITARDO, Emiliano. Os corpos desse outro lado: a lei de identidade de gênero na Argentina. *Meritum*, Belo Horizonte, v. 8, n. 2, p. 193-226, jul.-dez. 2013.

LÔBO, Paulo Luiz Netto. A repersonalização das relações de família. In: BITTAR, Carlos Alberto (Coord.). *O Direito de família e a Constituição de 1988*. São Paulo: Saraiva, 1989.

LÔBO, Paulo. Metodologia do Direito Civil Constitucional. In: RUZYK et al (Org.). *Direito Civil Constitucional* – A ressignificação da função dos institutos fundamentais do direito civil contemporâneo e suas consequências. Florianópolis: Conceito Editorial, 2014.

MATOS, Ana Carla Harmatiuk. *União entre pessoas do mesmo sexo*: aspectos jurídicos e sociais. Belo Horizonte: Del Rey, 2004.

MATOS, Ana Carla Harmatiuk; PEREIRA, Jacqueline Lopes. Argumentos e a homoparentalidade: o percurso do senso comum à proteção pelo direito brasileiro. *Jura Gentium*, 2017. Disponível em: https://www.juragentium.org/forum/infanzia/it/matos.pdf. Acesso em: 22 jan. 2021.

MELLO, Luiz. *Novas Famílias*: Conjugalidade homossexual no Brasil contemporâneo. Rio de Janeiro: Garamond, 2005.

MORAES, Maria Celina Bodin de. A constitucionalização do direito civil. *Revista Brasileira de Direito Comparado* 17/83, Rio de Janeiro, 1999.

NUNAN, Adriana. A influência do preconceito internalizado na conjugalidade homossexual masculina. In: GROSSI, Miriam; UZIEL, Anna Paula; MELLO, Luiz (Org.). *Conjugalidades, Parentalidades e Identidades Lésbicas, Gays e Travestis*. Rio de Janeiro: Garamond, 2007.

O'CONNOR, Gail. *Transparenthood*: Raising a Transgender Child. Parents, 26 de jul. de 2015. Disponível em: https://www.parents.com/parenting/dynamics/raising-a-transgender-child/. Acesso em: 20 jan. 2021.

OLIVEIRA, Catarina de Almeida. Requisitos para a configuração da união estável homoafetiva. In: FERRAZ, Carolina Valença et. al (Coord.). *Manual do direito homoafetivo*. São Paulo: Saraiva, 2013.

RIOS, Roger Raupp. Uniões Homossexuais: adaptar-se ao Direito de Família ou transformá-lo? Por uma nova modalidade de entidade familiar. In: GROSSI, Miriam Pillar; MELLO, Luiz; UZIEL, Anna Paula (Org.). *Conjugalidades, parentalidades e identidades lésbicas, gays e travestis*. Rio de Janeiro: Garamond, 2007.

RIOS, Roger Raupp; LEIAS, Paulo Gilberto Cogo; SCHÄFER, Gilberto. Direito da antidiscriminação e direitos de minorias: perspectivas e modelos de proteção individual e coletivo. *Revista Direitos Fundamentais e Democracia*, v. 22, n. 1, p. 126-148, jan./abr. 2017.

RIOS, Roger Raupp. *Um apartamento em Urano*: Crônicas da travessia. Rio de Janeiro: Zahar, 2020.

SANTOS, Andressa R B. A "outra mãe": maternidade e invisibilidade pensadas a partir da inseminação artificial caseira. In: BRUNETTO, Dayana; TAGLIAMENTO, Grazielle (Org.). *Arco-íris para quem?* (In)visibilidades lésbicas e sapatônicas. Curitiba: UFPR, 2021.

SANTOS, Andressa R B. Desdobramentos do pós-maio de 2011: reflexões sobre os requisitos da união estável a partir do cotidiano de casais do mesmo gênero. *Civilistica.com*, Rio de Janeiro, a. 9, n. 1, 2020.

SANTOS, Andressa R B. *Movimento LGBT e direito*: identidade e discursos em (des)construção. Orientadora Profa. Dra. Ana Carla Harmatiuk Matos. Dissertação (Mestrado) – Universidade Federal do Paraná, Setor de Ciências Jurídicas, Programa de Pós-Graduação em Direito. Defesa: Curitiba, 30 mar. 2017.

SANTOS, Andressa Regina Bissolotti. Conjugalidades invisíveis: lesbofobia e armários institucionais no campo do Direito. In: BERTOTTI, Bárbara Mendonça et al. (Org.). *Gênero e Resistência*, volume 2: memórias do II encontro de pesquisa por/de/sobre mulheres. Porto Alegre, RS: Editora Fi, 2019.

SANTOS, Jamille Bernardes da Silveira Oliveira dos; VIEIRA, Tereza Rodrigues. Crianças e adolescentes transgêneros em face dos limites do poder familiar. In: VIEIRA, Tereza Rodrigues (Org.). *Transgêneros*. Brasília: Zakarewicz, 2019.

SPADE, Dean. Resisting Medicine, re/modeling gender. *Berkeley Women's L. J.* 15 (2003). Disponível em: https://scholarship.law.berkeley.edu/cgi/viewcontent.cgi?article=1190&context=bglj. Acesso em: 22 jan. 2021.

SEDGWICK, Eve Kosofsky. A epistemologia do armário. *Cadernos Pagu* (28), p. 19-54. jan./jun. 2007.

SILVA NETTO, Manuel Camelo Ferreira da. Uma (re)leitura da presunção mater semper certa est ante a viabilidade de gravidezes masculinas: qual a solução jurídica para atribuição da paternidade de homens trans que gestam seus próprios filhos?. *Revista Brasileira de Direito Civil – RBDCivil*, Belo Horizonte, v. 31, n. 1, p. 255-273, jan./mar. 2022.

TEIXEIRA, Ana Carolina Brochado. Poder familiar e o aspecto finalístico de promover o desenvolvimento e o bem-estar da pessoa. In: MENEZES, Joyceane Bezerra de; MATOS, Ana Carla Harmatiuk (Org.). *Direito das Famílias por Juristas Brasileiras*. São Paulo: Saraiva, 2013.

UNITED NATIONS – UN. General Assembly. Human Rights Council. Thirty-first session. *Report of the Special Rapporteur on torture and other cruel, inhuman or degrading treatment or punishment*. 05 janeiro 2016. Disponível em: https://undocs.org/A/HRC/31/57. Acesso em: 20 jan. 2021.

UNITED NATIONS – UN. *Avançar os Direitos Humanos e a Inclusão de Pessoas LGBTI*: Um manual para parlamentares. Janeiro de 2017. Disponível em: https://www.undp.org/content/dam/undp/library/Democratic%2520Governance/Parliamentary%2520Development/Portuguese_LGBTI_Parliamentarians_Handbook.pdf+&cd=11&hl=pt-BR&ct=clnk&gl=br. Acesso em: 29 jan. 2021.

UOL. "Sou reconhecida dentro da minha categoria de gênero", celebra mãe trans. *Universa*, 09 de maio 2020. Disponível em: https://blogdamorango.blogosfera.uol.com.br/2020/05/09/sou-reconhecida-dentro-da-minha-categoria-de-genero-celebra-mae-trans/?cmpid=copiaecola. Acesso em: 29 jan. 2021.

UOL. Ele celebra 1º Dia dos Pais: Como homem trans, podia gerar um filho e o fiz. *Universa*, 09 ago. 2020. Disponível em: https://www.uol.com.br/universa/noticias/redacao/2020/08/09/dia-dos-pais-transgenero.htm?cmpid=copiaecola. Acesso em: 29 jan. 2021.

UZIEL, Ana. Paula. Gênero, sexualidade e subjetividade: sobre o que calamos ou falamos pouco na psicologia. In: MINELLA, L. S; ASSIS, G.O.; FUNCK, S. B. (Org.). *Políticas e fronteiras*: desafios feministas. Tubarão: Ed. Copiart, 2014.

VECCHIATTI, Paulo Roberto Iotti. *Manual da homoafetividade*: da possibilidade jurídica do casamento civil, da união estável e da adoção por casais homoafetivos. 2. ed. rev. e atual. Rio de Janeiro: Forense; São Paulo: METODO, 2012.

VERGUEIRO, Viviane. *Por inflexões decoloniais de corpos e identidades de gênero inconformes*: uma análise autoetnográfica da cisgeneridade como normatividade. 2016. 244 f. Dissertação – Programa Multidisciplinar de Pós-Graduação em Cultura e Sociedade, do Instituto de Humanidades, Artes e Ciências Professor Milton Santos – Universidade Federal da Bahia, Salvador, 2016.

Legislação

BRASIL. Conselho Nacional de Educação. *Resolução nº 1, de 19 de janeiro de 2018*. Publicado no Diário Oficial da União, Brasília, 22 jan. 2018.

BRASIL. Conselho Nacional de Justiça. *Provimento 63 de 14/11/2017*. Publicado no DJE/CNJ 191/2017, de 17 nov. 2017.

BRASIL. Conselho Nacional de Justiça. *Provimento 73 de 28/06/2018*. Publicado no DJE/CNJ 119/2018, em 29 jun. 2018.

BRASIL. Conselho Nacional de Justiça. *Provimento 83 de 14/08/2019*. Publicado no DJE/CNJ 165/2019, de 14 ago. 2019.

BRASIL. Conselho Nacional de Justiça. *Resolução 175 de 14/05/2013*. Publicada no DJE/CNJ 89/2013, em 15 maio 2013.

BRASIL. Conselho Nacional de Justiça. Decisão proferida no Pedido de Providências 0001459-08.2016.2.00.000. Relatoria de João Otávio de Noronha. 48ª Sessão Extraordinária. Julg. 26 jun. 2018.

BRASIL. Superior Tribunal de Justiça. *Recurso Especial 128.109-3*. Relatora Ministra Nancy Andrighi. Terceira Turma. Julgado em 18 dez. 2012.

JURISPRUDÊNCIA

BRASIL. Supremo Tribunal Federal, *ADI 4.277 e ADPF 132*, rel. Min. Ayres Britto, j. 05 maio 2011.

BRASIL. Supremo Tribunal Federal. *Arguição de Descumprimento de Preceito Fundamental 132/Ação Direta de Inconstitucionalidade 4.277*, Plenário, rel. Min. Ayres Britto. Julgado em 05 maio 2011.

BRASIL. Supremo Tribunal Federal. *Recurso Extraordinário 846.103*, rel. Min. Cármen Lúcia. Julgado em 16 mar. 2015.

BRASIL, Tribunal de Justiça do Distrito Federal. Acórdão 1355683, autos nº 0705912-93.2018.8.07.0014, Relator: Sandoval Oliveira, 2ª Turma Cível, julg. 14 jul. 2021, publ. PJe 27 jul. 2021.

BRASIL. Tribunal de Justiça do Estado de São Paulo. *Apelação Cível 0022096-83.2012.8.26.0100*, Rel. Maia da Cunha, 4ª Câmara de Direito Privado. Julgado em 27 mar. 2014.

BRASIL. Tribunal de Justiça do Estado de São Paulo, 14º Câmara Extraordinária de Direito Privado, *Apelação 0016367-53.2012.8.26.0625*, 2015.

BRASIL. Tribunal Regional Federal da 4ª Região. *Apelação/Remessa Necessária 5010492-86.2016.4.04.7200/SC*. Terceira Turma, rel. Rogério Favreto. Julgado em 31 jul. 2018.

A FAMÍLIA RECOMPOSTA: EM BUSCA DE SEU PLENO RECONHECIMENTO JURÍDICO

Ana Carla Harmatiuk Matos

Doutora e Mestre em Direito pela Universidade Federal do Paraná. Mestre em Derecho Humano pela *Universidad Internacional de Andalucía*. Tutora in *Diritto* na *Universidade di Pisa-Itália*. Professora na Graduação, Mestrado e Doutorado em Direito da Universidade Federal do Paraná. Vice-Presidente do IBDCivil. Diretora Regional-Sul do IBDFAM. Advogada militante em Curitiba. Conselheira Estadual da OAB-PR.

Email: adv@anacarlamatos.com.br.

Sumário: 1. Da família patriarcal à família reconstituída – 2. Família e parentesco: para além da descendência genética, uma compatibilidade afetiva – 3. A questão da autoridade parental: filiação biológica e afetiva – 4. Aspectos sobre guarda e visita – 5. O direito fundamental a ser alimentado – 6. Nome e estado de filiação – 7. A tese de repercussão geral 622 – 8. Conclusão – 9. Referências – Jurisprudência.

1. DA FAMÍLIA PATRIARCAL À FAMÍLIA RECONSTITUÍDA

Observa-se historicamente que poucos agrupamentos sobreviveram a tantas estocadas do tempo e das transformações sociais, religiosas, econômicas, políticas e culturais. A família, contudo, persiste, adapta e se amolda, inventa e se reformula.

Há quem apregoe o seu fim, à medida que não existe, atualmente, um retrato fechado e estanque da família, porquanto os seus componentes clássicos (pai, mãe e filho, ao lado dos demais familiares – na modelagem patriarcal romana) já não são os mesmos (lembre-se, apenas a título de exemplo, a chamada reprodução humana "caseira" e a família poliafetiva). A perspectiva mais sólida, no entanto, é que a família ainda, outra vez, resiste ao sopro dos ventos contemporâneos, *reconstituindo* e *recompondo-se*, para se firmar como realidade sociológica e como núcleo de realização dos seus membros.

É dizer, em outras palavras, que a família transita em todos os tempos e contextos sociais, em cada qual veste a concepção adequada para atender a interesses relevantes e, conforme o tempo desgaste sua vestimenta, tornando-a inadequada, outros abrigos vão surgindo. No Brasil, destaca LÔBO, "os dados do IBGE de 2010 apontaram para a existência de 4,5 milhões de famílias recompostas, sendo que metade integrada por filhos comuns e filhos remanescentes de cada pai."[1]

---
1. LÔBO, Paulo. Direito Civil: *Famílias*. 11 ed. São Paulo: Saraiva, 2021, p. 94.

Contemporaneamente, são *os fios do afeto* que tecem a roupagem da família contemporânea, agasalhando a pessoa e sua dignidade, à luz dos valores consagrados na Constituição da República.

Assim é que a socioafetividade toma lugar central nessa tecelagem contemporânea e o casamento, de outro lado, deixa de ser o alicerce soberano. Sai de cena a família enquanto unidade produtiva e econômica (patrimonialista), e se apresenta, ao influxo de novos ventos e rumos, como recurso para a realização e desenvolvimento dos seus membros.

Esses novos vetores (sobretudo a afetividade e a dignidade da pessoa humana) permitem a ruptura com a estrutura familiar clássica viabilizando o reconhecimento e a proteção de novas entidades familiares, a exemplo das famílias monoparentais, ou seja, "a comunidade formada por qualquer dos pais e seus descendentes", conforme expressa previsão na Constituição da República, no art. 226, § 4º, que também chama e abriga, sob o mesmo teto, entre outras, as famílias recompostas ou reconstituídas[2] (*famílias ensambladas, stepfamily, familles recompsées*), justamente porque a família não é mais unicamente a do vínculo então tido como indissolúvel do casamento. O texto constitucional consagra, portanto, a multiplicidade das entidades familiares.

É no influxo do divórcio, do reconhecimento e da dissolução da união estável, da adoção por pessoa solteira ou adoção unilateral[3], da união entre pessoas do mesmo sexo, da maternidade ou paternidade fora do casamento, da reprodução humana assistida, dos pactos de coparentalidade, isto é, da desconstituição da família em seu viés tradicional, que se vão encontrar elementos fáticos (materiais) para a formação de novos núcleos familiares por pessoas que, noutros tempos, eram integrantes de distintas famílias ou mesmo de uma família monoparental. Desmembra-se para, posteriormente, *reconstituir*, através de laços afetivos, a família com elementos de uma anterior.

---

2. "A expressão família recomposta ou reconstituída não traduz bem o sentido a que tem sido tomada pelo Direito de Família. Na verdade, trata-se de uma nova família, e não de uma reconstituição ou recomposição. Daí denominar-se também de família mosaico. A expressão reconstituída deve traduzir-se aqui no sentido de recomeço, recomeçar uma nova família conjugal. Essas novas famílias que são em número cada vez mais crescente, é o resultado da quebra do princípio da indissolubilidade dos casamentos instalando-se uma lógica calcada no princípio da liberdade dos sujeitos, um dos pilares e base de sustentação da ciência jurídica." PEREIRA, Rodrigo da Cunha. *Direito das Famílias*. Rio de Janeiro: Forense, 2020, p. 32.
3. Quando um ou ambos parceiros possuem filhos oriundos do pretérito relacionamento, é possível que qualquer deles, objetivando recompor o núcleo familiar, adote o filho do outro, desde que ocorra destituição ou liberação do poder familiar do pai biológico e configurando-se um outro pai jurídico. É hipótese legalmente prevista no art. 41, § 1º do ECA. Maria Berenice DIAS acrescenta que: "Em outras palavras, se uma mulher tem um filho, seu cônjuge ou companheiro pode adotá-lo. O infante permanece registrado em nome da mãe biológica e é procedido ao registro do adotante (cônjuge ou companheiro da genitora) como pai. O filho manterá os laços de consanguinidade com a mãe e com os parentes dela. O vínculo pelo lado paterno é com o adotante e os parentes dele. O poder familiar é exercido por ambos, e o parentesco se estabelece com os parentes de cada um dos genitores". DIAS, Maria Berenice. *Manual de direito das famílias*. 14. ed. São Paulo: Editora JusPodivm, 2021, p. 352.

Desse entrelaçamento resultam consequências jurídicas, a um só tempo, incomuns e instigantes que reclamam do estudioso o constante repensar do Direito de Família.[4]

Assim, quem de fora lançar o olhar para dentro dessa família recomposta poderá observar cônjuges ou companheiros como inéditos parentes por afinidade, pais e mães com novos filhos *afetivos* (e vice-versa) e estes com novos irmãos.

Desses novos arranjos resultam questões que desafiam os juristas: Poderá um "novo marido da mãe" que figurou como pai socioafetivo pedir regulamentação do direito de convivência de uma criança quando do rompimento deste casamento? Tal regulamentação poderá coexistir com a do genitor biológico? O melhor interesse de uma criança poderá justificar a guarda compartilhada entre, por exemplo, um pai biológico e um, igualmente pai, socioafetivo?

O objetivo dessas reflexões é justamente localizar algumas consequências jurídicas e acenar para possíveis soluções, a fim de que com o debate da temática permita seu progressivo amadurecimento e reconhecimento.

2. FAMÍLIA E PARENTESCO: PARA ALÉM DA DESCENDÊNCIA GENÉTICA, UMA COMPATIBILIDADE AFETIVA

As ideias acima abrem a janela do conceito de família e parentesco para além dos grilhões genéticos, identificando-se parentes afins que decorrem de compromissos afetivos (parentesco de *outra origem,* segundo art. 1.593 do Código Civil), isto é, do vínculo entre um cônjuge ou companheiro e os parentes do outro (conforme art. 1.595 do Código Civil).

É dessa forma que, rompidas as primeiras núpcias ou outra entidade familiar e advindo novo casamento ou união estável, e identificando-se por elementos objetivos (conduta e comportamentos), constata-se a existência da afetividade entre os componentes da nova entidade familiar a conjugar novas relações de parentalidade, ter-se-á que os filhos originários da primeira relação, ganham, por assim dizer, pais

---

4. As modalidades de "recomposição" podem ser variadas como se observa neste precedente: agravo de instrumento. Alimentos. Redução do valor da obrigação alimentar fixada em antecipação de tutela. Cabimento, no caso. Trata-se de situação peculiar de multiparentalidade – genitora do agravado e sua companheira tiveram, cada uma, um filho com o ora agravante –, razão pela qual o rateio das despesas, que normalmente é feito entre os dois genitores, no presente caso, será ser ampliado para os três integrantes do núcleo familiar, o que deve ser considerado. Ocorre que a decisão agravada fixou alimentos provisórios em valor correspondente a 15% dos rendimentos para um dos filhos, sendo que o agravado já auxilia o grupo familiar descrito, alcançando o percentual de 15% de seus rendimentos a título de alimentos à outra filha, além de arcar com o pagamento de sua escola infantil. Assim, considerando que o genitor possui outras duas filhas, alcançando a uma delas 13,5% de seus rendimentos e, a outra, o valor variável entre R$ 200,00 a r$ 400,00, e que também repassa pensão a ex-esposa, no montante de 5% de seus rendimentos, cabível a redução da verba alimentar ao agravado para 10% dos rendimentos líquidos do agravante (renda bruta abatida dos descontos obrigatórios/legais). (TJ-RS. Agravo de instrumento 70075172783. 8ª câmara cível. 08 fev. 2018).

afins ou mães *afins*[5], bem como irmãos *afetivos* ou por afinidade, da mesma forma que os companheiros passam a ter novos parentes por afinidade, limitando-se, porém, aos ascendentes, aos descendentes e aos irmãos do cônjuge ou companheiro (art. 1.595, § 1º do Código Civil)[6]. Tão estreitamente afivelados são esses vínculos que o Código Civil os coloca no rol dos impedidos para o casamento e união estável. É o que explicita o Código Civil, art. 1.521, ao asseverar que não podem casar os ascendentes com os descendentes afins, os afins em linha reta, sendo que os vínculos desta classe não se extinguem nem mesmo após a dissolução do casamento ou união estável (art. 1.595, § 2º, do Código Civil).

É a força normativa dos fatos que atualmente torna plástico, e não mais estanque, o conceito de família e, por extensão, de parentesco. Importa, pois, ter em vista que a família (e a própria parentela) é abarcada e reconhecida pela afetividade, de modo que essa compreensão pode não ser unicamente a jurídica ou apenas a genética, assim como, por exemplo, o pai biológico ou jurídico pode não ser aquele que assim se mostra no plano dos fatos.

Luiz Edson FACHIN foi pioneiro em destacar a relevância da relação socioafetiva, explicando que a relação paterno-filial exige mais que a descendência genética e não se basta na explicação jurídica dessa informação biológica. A busca da verdadeira paternidade está para além da paternidade sanguínea e da jurídica, à completa integração pai-mãe-filho junta-se outro elemento que se traduz na afirmação de que a paternidade se constrói, não é um dado, ela se faz.[7]

Diz o referido autor:

> O pai já pode não ser apenas aquele que emprestou sua colaboração na geração genética da criança; também não pode ser aquele a quem o ordenamento jurídico presuntivamente atribui a paternidade. Ao dizer-se que a paternidade se constrói, toma lugar de vulto, na relação paterno filial, um verdade sócio-afetiva, que, no plano jurídico, recupera a noção de posse do estado de filho.[8]

---

5. A referência a "pais afins ou mães afins" objetiva fugir do estigmatizante e popularmente empregados termos "madrasta ou padrasto". Essa é, aliás, a proposta de Waldyr Grisard Filho: "É que as antigas denominações, além de estigmatizantes, carregadas de negatividade, suscitam desconfiança e uma grave ameaça à ordem econômica, pondo em perigo a transmissão dos bens aos filhos da união anterior (vide causas suspensivas do casamento), desqualificando-os às similares funções que cumprem dentro da família os pais biológicos". GRISARD FILHO, Waldyr. Famílias reconstituídas: novas relações depois das separações. Parentesco e autoridade parental. In: PEREIRA, Rodrigo da Cunha (Coord.). *Anais congresso brasileiro de direito de família, 4, 2004*: Afeto, ética e o novo Código Civil. Belo Horizonte: Del Rey, 2004, p. 661.
6. GRISARD FILHO, Waldyr registra que: "Muito embora alguns autores, como se viu, não atribuam à afinidade verdadeiro parentesco, que por não decorrer de laços sanguíneos não ultrapassaria a menção de 'membros da família' pela aliança estabelecida entre marido e esposa, esta noção estreita não vence hoje o conteúdo socioafetivo amplificador das relações familiares, pelo que ao parentesco entre um dos cônjuges ou companheiro e os filhos do outro tributa-se um vínculo familiar pleno, pois tão naturais as emoções, os estados psíquicos derivados de laços afetivos, a dedicação, o esforço e a assistência quanto ao vínculo sanguíneo". GRISARD FILHO, Waldyr. Ob. cit. p. 666.
7. FACHIN, Luiz Edson. *Estabelecimento da filiação e paternidade presumida*. Porto Alegre: Fabris, 1992. p. 23.
8. Idem.

Isso, contudo, não legitima afirmar que a paternidade biológica ou sanguínea perde por absoluto seu posto de validade, face ao dever de solidariedade que esse vínculo jurídico gera, como, por exemplo, prestação de alimentos para a subsistência do alimentando. Não é incomum, na prática forense, encontrarem-se "pais" jurídicos ou sanguíneos que apenas prestam alimentos sem se ligarem afetivamente aos filhos, ou seja, sem exercerem social e afetivamente essa paternidade[9]. Cumprem uma obrigação imposta normativamente, mas são devedores quando a proposta é atenderem a uma demanda subjetiva do filho, que declina a pretensão de cuidado, carinho e atenção.[10]

Demonstra-se que os elementos biológico e jurídico quando não conjugados pela afetividade podem não traduzir a primordial função da paternidade ou parentalidade. Essa contemporânea compreensão da noção complexa de filiação permite superar a enraizada ideia de que somente o laço sanguíneo permite o exercício da parentalidade e também que esse vínculo seja exclusivo, único.

3. A QUESTÃO DA AUTORIDADE PARENTAL: FILIAÇÃO BIOLÓGICA E AFETIVA

Recomposta a família, passam-se os anos e os laços entre a criança e o *pai afetivo* vão se estreitando, à medida que é por ele assistida afetivamente e também materialmente. Pouco adiante poder-se-á encontrar essa mesma criança se sentindo filha, pois enxerga no companheiro da genitora a figura de um pai, mesmo porque ele cumpre essas funções. Nessa relação, respondem os chamados elementos externo e interno (afetividade). De outro lado, encontra-se o pai biológico que, igualmente ligando-se à filha, exerce com regularidade o direito-dever de convivência e também não deixa de ampará-la dentro do seu círculo de possibilidades.

---

9. Como anota HIRONAKA: "o dever de se prestar alimentos é a garantia de sustento de alguém que é considerado dependente e incapaz de prover seu próprio sustento. Igualmente, significa impor ao alimentante a condição de responsável por outra vida, independente de disposição afetiva". Registra ainda que: "A assistência representada pela prestação de alimentos – ao menos na maioria dos casos, preservadas as raras e honrosas exceções, sem dúvida – não é movida por um interesse básico do alimentante em assistir ao alimentando, mas, em primeiro lugar, tem um caráter coercitivo, tendo como motivação fundamental um interesse justificadamente egoísta, o de não ser responsabilizado criminalmente pelo descumprimento dessa dívida civil. Há uma diferença essencialmente determinante entre agir por dever e agir por obrigação: agir por dever – ético, moral – é uma expressão da liberdade individual, determinada pela consciência ou pela razão do próprio indivíduo; agir por obrigação – jurídica, moral – é uma expressão da servidão individual, de subordinação do ânimo às vontades externas". HIRONAKA, Giselda Mara Fernandes Novaes. A indignidade como causa de escusabilidade dever de alimentar. In: PEREIRA, Rodrigo da Cunha (Coord.). *Família e solidariedade, teoria e prática do Direito de Família*. Rio de Janeiro: Lúmen Júris, 2008, p. 164.
10. Uma releitura da paternidade se impõe atualmente, na era de novos costumes e transformações sociais. Imprescindível se afigura sair de um contexto arcaico-patriarcal, isto é, do pai enquanto reprodutor, provedor econômico e chefe do lar, tão distanciado das tramas domésticas, para vir habitar no contemporâneo enriquecendo expressivamente seu papel na educação e na doação de carinho e afeto, contribuindo para o equilibrado desenvolvimento psicológico dos filhos. De observar que a mulher da atualidade não mais atende apenas aos assuntos do reduto doméstico, é também ela provedora do lar, contribuindo na receita e no sustento da família, sem, contudo, deixar de participar do desenvolvimento e educação dos filhos. Os papéis do homem e mulher, portanto, já não são os mesmos.

Por profundas e complexas questões existenciais, a criança, embora sem o convívio diário, sente-se filha de ambos, pois vê, tanto do último companheiro de sua mãe, como do seu pai biológico, a figura paterna. Um e outro tratam a criança como se filha fosse – e esta os chama de pais – cada qual exercendo diferentes papéis na condução de sua educação e desenvolvimento.

E assim seguem os questionamentos: Quem deverá exercer a autoridade parental? Quem estaria incumbido do dever alimentar?

A regulamentação legal, segundo o art. 1.636 do Código Civil, é no sentido de que com a ruptura do casamento ou união estável persiste intacto o poder familiar, sem a interferência do novo companheiro:

> O pai ou a mãe que contrai novas núpcias, ou estabelece união estável, não perde, quanto aos filhos do relacionamento anterior, os direitos ao poder familiar, exercendo-os sem qualquer interferência do novo cônjuge ou companheiro.

Numa primeira interpretação, referido dispositivo parece estampar a regra da incomunicabilidade da autoridade parental e consagrar a desvinculação da proteção aos filhos da nova relação travada pelos genitores ao recompor a família. Garante a unidade familiar, porquanto esta independe da convivência com os filhos ou mesmo da continuidade do casamento ou união estável. Tanto é verdade que seu exercício não se efetiva somente na hipótese de convivência entre os genitores. Recomposta, pois, a família, legalmente, não se comunica à autoridade parental que continua concentrada com o primitivo companheiro.

Contudo, entrincheirar-se comodamente nesta normativa legal seria fechar os olhos para a palpitante realidade que convida ao repensar da temática da autoridade parental coerente com a abertura principiológica, atento à jurisprudência e em consideração à necessidade da evolução do instituto, para, quiçá, asseverar-se que enfeixá-lo única e exclusivamente nas mãos dos genitores biológicos pode representar uma distorção no plano ontológico e reverberar em prejuízo a própria criança.[11]

Se na família tradicional o papel de cada integrante está delineado por sólidos traços (dever de alimentos, educação, poder familiar, guarda e visitas, por exemplo), nas famílias *ensambladas*, cujos componentes são oriundos de famílias *desconstituídas*, inexiste orientação no âmbito da legislação específica determinando a conduta e o dever dos pais e mães afetivos em relação aos filhos, porém são importantes fatos sociais que devem produzir efeitos no âmbito jurídico em nosso sentir.

---

11. Pertinentes as palavras de TEPEDINO e TEIXEIRA para os mais diversos contextos sociais: "Uma certa dose de humildade deve ser apreendida pelos profissionais do direito de família, na medida em que se torna transparente a insuficiência de instrumentos jurídicos, por melhor que as previsões legais possam parecer, para o aperfeiçoamento das relações existenciais". TEPEDINO, Gustavo; TEIXEIRA, Ana Carolina Brochado. Uma agenda para o Direito de Família Pós-Pandemia. In: NEVARES, Ana Luiza Maia; XAVIER, Marília Pedroso (Coord.); MARZAGÃO, Silvia Felipe. *Caronavírus no Direito de Família e Sucessões*. Indaiatuba: Editora Foco, 2020, p. 85.

Como sabido, o vínculo da afetividade consagrou-se na jurisprudência e doutrina nacionais contemporâneas. Assim, por exemplo, um pai socioafetivo pode ser reconhecido em detrimento daquele biológico que não convive com a criança, dependendo da análise específica do caso concreto. Por exemplo, em julgamento sob relatoria do Min. Marco Aurélio Bellizze, notou-se que seria inviável a simultaneidade de paternidade socioafetiva e biológica -, pois os autos demonstraram que o pai biológico não manifestava qualquer interesse na criação da filha, enquanto o pai socioafetivo a assistia material e afetivamente[12]. Ressalvou, contudo, o direito da criança de buscar a verdade biológica depois de atingida a maioridade, com base no princípio do melhor interesse.

Todavia, alguns sustentam que, se presente um dos genitores biológicos, não haveria substituição pelos afetivos, pois valeria o comando legal da incomunicabilidade, "principalmente se ambos têm efetiva participação na criação e educação de seus filhos; dá-se aqui a lógica da perenidade, onde se mantém o laço parental original na reconstituição da família. Ao contrário, diante de um genitor ausente, desinteressado das funções parentais, pode dar-se a lógica da substituição, por se encontrar vago o lugar do pai ou da mãe. Nessa hipótese há menos a conciliar".[13]

Diferentemente destes argumentos, cogita-se, aqui, linha paralela de pensamento onde haveria espaço para se sustentar de modo inclusivo que ambos os genitores (biológico e afetivo), ao serem igualmente presentes no desenvolvimento do filho (biológico e afetivo) devem a ele se vincular também juridicamente, desde que observados, em análise acurada, os parâmetros adequados para a hipótese.

Acredita-se que o tema da socioafetividade deve também incluir a possibilidade de acréscimo de uma paternidade a outra, sempre em atenção aos melhores interesses da criança, desde que presentes os requisitos. Ainda que a pluriparentalidade exija cautela, acredita-se que pode estar presente na realidade fática das famílias recompostas, daí a necessidade de ser abarcada pelo jurídico.

Haveria, logicamente, substituição pelo pai afetivo no caso de morte ou inércia do genitor biológico em exercer a função de pai. Mas, quando ambos são igualmente

---

12. "A possibilidade de se estabelecer a concomitância das parentalidades socioafetiva e biológica não é uma regra, pelo contrário, a multiparentalidade é uma casuística, passível de conhecimento nas hipóteses em que as circunstâncias fáticas a justifiquem, não sendo admissível que o Poder Judiciário compactue com uma pretensão contrária aos princípios da afetividade, da solidariedade e da parentalidade responsável." (BRASIL. Superior Tribunal de Justiça. Recurso Especial 1.674.849/RS. 3ª Turma, rel. Min. Marco Aurélio Bellizze. Julgado em: 17 abr. 2018).

13. GRISARD FILHO, Waldyr. Op. cit., p. 668. Na opinião de LÔBO: Por mais intensa e duradoura que seja a relação afetiva entre padrasto ou madrasta e seus enteados, desta relação não nasce paternidade ou maternidade socioafetiva em desfavor do pai ou da mãe legais ou registrais, porque não se caracteriza a posse de estado de filiação. A única possibilidade legal de conversão da posição de padrasto ou madrasta em pai ou mãe é mediante a perda do poder familiar dos pais legais (biológicos ou não), e, após a decretação desta, o deferimento da adoção unilateral do filho ou filha de seu cônjuge ou companheiro." LÔBO, Paulo. Direito Civil: Famílias. 10. ed. São Paulo: Saraiva, 2020, p. 95.

laboriosos no exercício da paternidade, parece razoável não operar a exclusão de um em detrimento de outro ou deixar ao pai afetivo uma função complementar.[14]

Se a família moderna tem gênese na socioafetividade[15], há que se considerar, sob a ótica da criança, que ambos são seus genitores, em mesmo nível de importância, para além de qualquer consideração biológica, a afetividade é elemento que conjuga, cria e reinventa o conceito de família e de parentes.

Embora a questão suscite o debate, a temática não é de todo inédita em decorrência da própria transformação do Direito de Família.[16] Assim, não é mais assombroso atualmente verificar uma criança com dois pais ou duas mães, quando há o efetivo exercício dessa função no contexto familiar. Lembre-se que, psicanaliticamente, a paternidade importa no exercício de uma função, que, como tal, pode ser exercida por uma série de pessoas que representem esse papel.[17]

Como asseveram Ana Carolina Brochado TEIXEIRA e Gustavo TEPEDINO:

> A realidade da pessoa que vivencia o exercício fático da autoridade parental por mais de um pai e/ou mais de uma mãe deve ser acolhida e contemplada pelo Direito, gerando todos os efeitos jurídicos dela decorrentes, o que deriva do princípio do melhor interesse da criança e do adolescente (se o descendente for menor de idade) e da dignidade da pessoa humana.[18]

Desse modo, um e outro desfrutariam do exercício da autoridade parental, ainda que não seja genérica e abstratamente possível prever exatamente a extensão desse direito, porquanto somente o dia a dia e a força das relações fáticas é que poderiam definir e delinear os seus contornos.

---

14. Na opinião de Lôbo: "Sem reduzir o poder familiar ou autoridade parental do genitor originário (biológico ou socioafetivo), ao padrasto ou madrasta devem ser reconhecidas decisões e situações no interesse do filho/enteado, tais como em matéria educacional, legitimidade processual para defesa do menor, direito de visita em caso de divórcio, preferência para adoção, cuidados com a saúde, atividades sociais e de lazer, corresponsabilidade civil por danos cometidos pelo enteado, nomeação do enteado como beneficiário de seguros e plano de saúde etc." LÔBO, Paulo. *Direito Civil*: Famílias. 10 ed. São Paulo: Saraiva, 2021, p. 94.
15. "O reconhecimento do vínculo de filiação socioafetiva, gerando o parentesco socioafetivo para todos os fins de direito, nos limites da lei civil, se legitima no interesse do filho. Se menor, com fundamento no princípio do melhor interesse da criança e do adolescente; se maior, por força do princípio do melhor interesse da criança e do adolescente; se maior, por força do princípio da dignidade da pessoa humana, que não admite um parentesco restrito ou de "segunda classe". O princípio da solidariedade se aplica a ambos os casos, eis que fundamento do vínculo de parentesco, qualquer que seja o critério adotado. Eventuais limitações do parentesco dependem de lei, que deve harmonizar-se com as diretrizes constitucionais". BARBOSA, Heloisa Helena Gomes. *Ob. cit.*, p. 228.
16. Nas famílias LGBTI os argumentos já estavam presentes, como tratamos em: MATOS, Ana Carla Harmatiuk; PEREIRA, Jacqueline Lopes. Argumentos e a homoparentalidade: o percurso do senso comum à proteção pelo direito brasileiro. In: *Jura Gentium*: Rivista di Filosofia Del diritto Internazionale e della política globale.
17. Em outro texto destacou-se as variadas experiências fáticas de pluriparentalidades reconhecidas pelo Direito: MATOS, Ana Carla Harmatiuk; HAPNER, Paula Aranha. Multiparentalidade: uma abordagem a partir das decisões nacionais. Civilistica.com. Rio de Janeiro, a. 5, n. 1, 2016. Disponível em: http://civilistica.com/wp-content/uploads/2016/07/Matos-e-Hapner-civilistica.com-a.5.n.1.2016.pdf. Acesso em: 15 maio 2018.
18. TEIXEIRA, Ana Carolina Brochado. TEPEDINO, Gustavo (Org.). *Fundamentos do Direito Civil*: Direito de Família. Rio de Janeiro: Forense, p. 234.

Se, como acima grifado, a paternidade consiste no exercício de uma função (dar carinho, proteção, cuidar dos alimentos, saúde, educação etc.)[19] que pode ser desempenhada por mais de uma pessoa e identificada objetivamente, seria consequência disso que existisse uma divisão – no bojo da família recomposta – variável conforme a peculiaridade de cada caso, do exercício da autoridade parental, visando justamente a atender aos melhores interesses da criança.

Assim, aquele pai afetivo que cria e educa seu filho, com objetivo de zelar pelo desenvolvimento de sua personalidade, também exerce a autoridade parental, que já não pode mais, no seio da família recomposta, ser canalizado unicamente nas mãos do genitor biológico, quando o pai afetivo concorra em igual medida.

Para ser coerente com a difundida ideia de que verdadeira paternidade tem a sua essência no desempenho do exercício de uma função que, como tal, pode ser exercida por mais de uma pessoa, é defensável que a autoridade parental (atributo dessa função) seja igualmente multifacetário.

No desdobramento da exemplificação acima, tem-se a factível possibilidade de o filho visualizar a paternidade não adstrita tão somente no genitor biológico, mas também naquele que lhe cria, de modo que se lhe defira autoridade parental para atender de modo mais eficaz às necessidades do filho socioafetivo.

É o que acontece, aliás, em tantos casos de adoção homossexual, quando se torna comum que o adotado trate ambos os adotantes por pais ou mães, na medida em que exercem essa função.[20]

É uma visão que talvez soe desarmoniosa a alguns. De outro lado, é uma necessidade que pode ser observada por aqueles que se dispuserem a caminhar pelas legítimas demandas das famílias recompostas. Mas cabe aqui um especial alerta: há meandros no trilhar. Isto porque muitas famílias recompostas tomam as relações padrastos/madrastas/enteados como uma relevante socioafetividade, contudo, não

---

19. Já em 1979 João Baptista Villela asseverou que: "Se se prestar atenta escuta às pulsações mais profundas da longa tradição cultural da humanidade, não será difícil identificar uma persistente intuição que associa a paternidade antes com o serviço do que com a procriação. Ou seja: ser pai ou ser mãe não está tanto no fato de gerar quanto na circunstância de amar e servir". VILLELA, João Baptista. A desbiologização da paternidade. *Revista da Faculdade de Direito da Universidade Federal de Minas Gerais*, Belo Horizonte, n. 21, 1979, p. 408-409.
20. Direito civil. Família. Adoção de menores por casal homossexual. Situação já consolidada. Estabilidade da família. Presença de fortes vínculos afetivos entre os menores e a requerente. Imprescindibilidade da prevalência dos interesses dos menores. Relatório da assistente social favorável ao pedido. Reais vantagens para os adotandos. Artigos 1º da Lei 12.010/09 e 43 do Estatuto da Criança e do Adolescente. deferimento da medida. 1. A questão diz respeito à possibilidade de adoção de crianças por parte de requerente que vive em união homoafetiva com companheira que antes já adotara os mesmos filhos, circunstância a particularizar o caso em julgamento (...) 10. O Judiciário não pode fechar os olhos para a realidade fenomênica. Vale dizer, no plano da "realidade", são ambas, a requerente e sua companheira, responsáveis pela criação e educação dos dois infantes, de modo que a elas, solidariamente, compete a responsabilidade. 11. Não se pode olvidar que se trata de situação fática consolidada, pois as crianças já chamam as duas mulheres de mães e são cuidadas por ambas como filhos. Existe dupla maternidade desde o nascimento das crianças, e não houve qualquer prejuízo em suas criações (...) (STJ, 4ª T., Resp. 889852/RS, rel. Min. Luiz Felipe Salomão, julg. 27 abr. 2010).

atingindo esta o estágio de paridade com os pais biológico/registrais, exercendo funções complementares, em nível fático de vínculo inferior, caso em que não se pode ter tratamento isonômico nesta hipótese, tanto de direito como de deveres.

4. ASPECTOS SOBRE GUARDA E VISITA

Visto a possibilidade de somar-se a autoridade parental entre os agentes que desempenhem a função de pai, o mesmo raciocínio, por identidade de motivos, pode ser aplicado no que se refere ao direito de guarda e convivência. Sim, pois, ao afã de recompor a família pode se ver novamente frustrado por motivos que variam ao infinito.

Os laços estabelecidos entre os pais e filhos afetivos (e demais parentes), no entanto, podem persistir nada obstante a separação física, inclusive com consequências jurídicas.

Dessa forma é que, novamente dissolvida a família reconstituída, abre-se a possibilidade de o pai afetivo em continuar o convívio com o considerado seu filho. Poderá pleitear para si, e também em atendimento ao adequado interesse do ser em desenvolvimento, senão a guarda, o direito de convivência, mesmo na hipótese de igualmente existir regulamentação em benefício do genitor biológico, já no exercício desse direito.

O raciocínio aqui há de ser coeso com o acima exposto. Com efeito, se se defende que a autoridade parental pode ser multifacetária, isto é, dividido entre os atores que exerçam a função paterna, a guarda, igualmente, poderá ser regulamentada em benefício deles mesmos.

O Tribunal de Justiça do Rio Grande do Sul teve oportunidade de enfrentar esta temática em ação cuja pretensão era a regulamentação da convivência entre o genitor biológico e afetivo. A decisão foi no sentido de, ante a socioafetividade, regulamentar a convivência em benefício de ambos (pai biológico e registral) em fins de semana alternados, inserindo também nessa alternância a genitora para que desfrutasse de momentos de lazer com o filho. A ementa do julgado ganhou os seguintes contornos:

> Família. Regulamentação de visitas. Filho menor. Paternidade socioafetiva comprovada. Visitação estipulada em finais de semana alternados, entre o pai biológico e o registral. Necessidade de alteração para assegurar o direito de o infante também permanecer com a mãe em um final de semana, de forma alternada. Apelação parcialmente provida.[21]

A decisão tem o mérito de salvaguardar um duplo direito, qual seja, o do genitor conviver com o filho e o deste em ter a companhia dos pais a propiciar um crescimento sadio e equilibrado, fortalecendo os laços criados e não os enfraquecendo pela ausência de convívio.

---

21. TJRS, 8ª CC, Ap. Civ. 70037876554, Rel. Des. Luiz Ari Azambuja Ramos, julg. 30 set. 2010.

E os contornos fáticos podem ser variados como se verifica:

Apelação cível. Ação de reconhecimento de paternidade c/c alimentos e regulamentação de visitas. Vínculo biológico confirmado por exame de DNA. Ausência de oportunização da manifestação do pai biológico nos autos de adoção unilateral levada a efeito pelo companheiro da mãe da infante. Não observância do disposto nos arts. 45, caput, e 166, §§ 2º e 7º, do ECA. Prevalência do convívio com a família natural. Ausência de demonstração de conduta ou motivo que impeça o exercício da autoridade parental pelo pai biológico. Multiparentalidade. Possibilidade. Coexistência de vínculos afetivo e biológico. Alimentos. Fixação. Direito e dever de convivência. Determinação de visitas inicialmente assistidas pela equipe interprofissional, para fortalecimento dos vínculos parentais, com posterior adequação do sistema de convívio pelo juízo *a quo*. Inversão dos ônus de sucumbência.[22]

Trata-se verdadeiramente do reconhecimento da família recomposta. São relações que, acrescidas uma à outra, complementam-se, antes de se excluírem.

5. O DIREITO FUNDAMENTAL A SER ALIMENTADO

Acredita-se que os alimentos também devem estar a cargo daquele que representou para um filho a função de pai socioafetivo.

Desse modo, para aquelas hipóteses em que a criança não tem outro pai reconhecido – ou mesmo em caso de dilemas entre a noção de pai biológico, jurídico e socioafetivo – nas quais se concluam por este, o dito "pai de criação" terá exclusivamente os direitos e deveres decorrentes dessa relação, incluindo-se os alimentos.

A questão mais desafiadora dos paradigmas vigentes parece se assentar exatamente na especificidade anteriormente retratada da família recomposta, quando da hipótese de verificação de "paternidades concomitantes", ou seja, quando se encontra a possibilidade de uma determinada criança se desenvolver e vincular com "mais de um pai" (com aquele que é o biológico e com outro que tenha convivido e criado sólidos laços de socioafetividade).

Assim, esse importante dado da vida social, deve se transpor para o direito, de modo que se sustente a possibilidade de "dois pais" ou "duas mães" estarem obrigados a alimentos frente a uma mesma criança.[23]

Observe-se, igualmente, que os importantes parâmetros do estabelecimento dos valores dos alimentos devem estar presentes também nessa hipótese. Assim, cada um dos pais em questão estaria obrigado com um "quantum" proporcional às suas possibilidades. Da mesma forma, não poderia uma relação parental paralela significar um enriquecimento ilícito, sendo estabelecidos alimentos na medida

---

22. TJ-PR. Apelação Cível 0011440-33.2015.8.16.0038. 12ª. CC. rel. convocado Rodrigo Fernandes Lima Dalledone. 29 ago. 2018.
23. Em outro texto, antes das atuais conquistas, já tivemos oportunidade de assim nos manifestarmos: FACHIN, Luiz Edson; MATOS, Ana Carla Harmatiuk. Subsídios solidários: filiação socioafetiva e alimentos. In: *Apontamentos críticos para o direito civil brasileiro contemporâneo II*: Anais do Projeto de Pesquisa Virada de Copérnico. CORTIANO JUNIOR, Eroulths (Coord.). Curitiba: Juruá, 2009. p. 275).

da necessidade de quem os pleiteia, englobando a dimensão dos alimentos, quer naturais, quer civis.

Submetidos ao crivo de uma principiologia axiológica de índole constitucional, os alimentos migram do Direito Civil tradicional para o campo dos subsídios solidários, afastando as eventuais dificuldades processuais em homenagem a direitos fundamentais como aqueles derivados do melhor interesse da criança.

Estabelece-se, assim, uma pluralidade de vínculo alimentar (mais de uma pessoa obrigada no mesmo grau, no caso ascendente) em prol daquele que se encontra em desenvolvimento da personalidade e a quem o ordenamento jurídico deve tutelar de forma privilegiada.

Materialmente, a efetividade se manifesta na correta identificação do trinômio alimentar, fixando-se a obrigação em patamar adequado às necessidades de quem pleiteia, observando-se, igualmente, a possibilidade de pagamento dos coobrigados, sem prejuízo que se fixe a totalidade, ou substancial parte, da obrigação a quem consiga prover sem prejuízo ao seu sustento e de sua família, garantindo o adimplemento.

Assim defende-se que há possibilidade jurídica de cumulação de tantas pensões quantos forem os coobrigados, não havendo vedação legal para tanto, devendo-se observar os limites impostos pela proibição do enriquecimento ilícito.

Ainda, entende-se que não há preferência entre os obrigados que imponha um dever de buscar primeiramente um responsável em detrimento de outro, pois há concorrência, sem ordem de prioridade, entre os múltiplos pais.

Em nosso entender não há litisconsórcio passivo necessário, tão somente facultativo, figura processual que se demonstra útil e adequada à garantia da economia processual e da adequada tutela jurisdicional, pois se verifica, desde logo, a possibilidade dos parentes responsáveis pela obrigação com ela poderem arcar integral ou parcialmente.

Também se defende que não é requisito necessário para determinação de obrigação alimentar a prévia averbação, em assento de nascimento, da paternidade socioafetiva, mas indispensável a criteriosa análise probatória de tal vínculo filial.[24]

6. NOME E ESTADO DE FILIAÇÃO

O reconhecimento jurídico das famílias recompostas tem sido debatido na doutrina, como mais um modo de expressão jurídica da afetividade e nossa jurisprudência vem enfrentando a temática. Seguindo essa tendência pode-se verificar também o início da abordagem dessas questões na legislação específica brasileira.

---

24. Para aprofundamento destas ideias: MATOS, Ana Carla Harmatiuk; PERCEGONA, Gabriel. Efetividade dos alimentos na multiparentalidade. *Revista IBDFAM – Família e Sucessões*, v. 32, p. 27-49, 2019.

A Lei 11.924/09, que agregou o § 8º ao art. 57 da Lei dos Registros Públicos (conhecida como lei Clodovil Hernández em homenagem ao autor do projeto), foi pioneira ao acenar para a possibilidade de se cogitar de dois pais ou mães como nas hipóteses acima retratadas, pois admite a possibilidade do filho afetivo (enteado) agregar ao seu nome de família o nome do pai afetivo (padrasto), com a concordância deste, sem que haja a exclusão do poder familiar do genitor biológico.

Avançando na temática, parte considerável da doutrina entende que coexistindo a parentalidade biológica e socioafetiva com a mesma intensidade, "pode essa multiparentalidade ser reconhecida e produzir efeitos jurídicos, no âmbito do registro civil, inclusive, em que o assento – testemunhando fatos da vida – pode dizer que alguém possui dois pais ou duas mães."[25]

Nesse sentido o Conselho Nacional de Justiça, pelo provimento 63/2017 admitiu a averbação do registro civil de reconhecimento voluntário de filho socioafetivo e após o provimento 83/2019 alterou alguns de seus dispositivos.

Diante da força do vínculo socioafetivo e questões que emergem no registro civil de pessoas naturais, formulou-se pedido de providências à Corregedoria Nacional de Justiça. Como resposta, editou-se, em 14/11/2017, o Provimento n. 63 que, dentre outras providências, "dispõe sobre o reconhecimento voluntário e a averbação da paternidade e maternidade socioafetiva no Livro 'A' e sobre o registro de nascimento e emissão da respectiva certidão dos filhos havidos por reprodução assistida", a serem adotadas pelos ofícios de registro civil das pessoas naturais[26]. Em sua parte introdutória, a norma administrativa enfatiza a dimensão socioafetiva nas relações de maternidade e paternidade para doutrina e jurisprudência.[27]

Por sua vez, o Provimento 83 do CNJ de 14 de agosto de 2019 alterou pontualmente algumas disposições sobre registro extrajudicial da filiação socioafetiva regidas pelo Provimento 63, tratando de modo diverso aspectos importantes desta regulação. As modificações se referem a Seção II do Provimento 63, que cuida da "paternidade socioafetiva" (as demais seções não foram alteradas e seguem em vigor). Objetivou-se uma delimitação mais restrita das hipóteses abarcadas pela via extrajudicial de registro socioafetivos diretamente nos cartórios e fiscalização mais presente.

---

25. VELOSO, Zeno. *Tratado de direito das famílias*. PEREIRA, Rodrigo da Cunha (Coord.). 3. ed. Belo Horizonte: IBDFAM, 2019, p. 510.
26. BRASIL. Conselho Nacional de Justiça. *Provimento 63 de 14/11/2017*. Disponível em: http://www.cnj.jus.br/busca-atos-adm?documento=3380. Acesso em: 20 maio 2018.
27. "CONSIDERANDO a ampla aceitação doutrinária e jurisprudencial da paternidade e maternidade socioafetiva, contemplando os princípios da afetividade e da dignidade da pessoa humana como fundamento da filiação civil; CONSIDERANDO a possibilidade de o parentesco resultar de outra origem que não a consanguinidade e o reconhecimento dos mesmos direitos e qualificações aos filhos, havidos ou não da relação de casamento ou por adoção, proibida toda designação discriminatória relativa à filiação (arts. 1.539 e 1.596 do Código Civil);" (BRASIL. Conselho Nacional de Justiça. *Provimento 63 de 14/11/2017*. Disponível em: http://www.cnj.jus.br/busca-atos-adm?documento=3380. Acesso em: 20 maio 2018).

Resumidamente, segundo Calderón, estas foram "as alterações implementadas pelo Provimento 83:

i) apenas pessoas acima de 12 anos de idade poderão se valer do registro da filiação socioafetiva pela via extrajudicial (para menores desta idade resta apenas a via judicial);

ii) o vínculo socioafetivo deverá ser estável e estar exteriorizado socialmente; ou seja, o novo texto deixa claro que esta relação deve ser duradoura e pública;

iii) o registrador atestará a existência da afetividade de forma objetiva, por todos os meios em direito permitidos, inclusive pelo intermédio de documentos e outros elementos concretos que a possam demonstrar;

iv) haverá a participação prévia do Ministério Público, diretamente na serventia extrajudicial; sendo que somente serão realizados registros que tiverem parecer favorável do MP (os casos com parecer contrário deverão se socorrer da via judicial);

v) Somente é possível a inclusão de um ascendente socioafetivo pela via extrajudicial (seja do lado paterno ou materno); eventual pretensão de inclusão de um segundo ascendente socioafetivo só poderá ser apresentada na via judicial."[28]

Os provimentos administrativos da Corregedoria Nacional de Justiça despertam reflexões, tais como: sua natureza de norma hierarquicamente inferior à legislação civil, registro de situações de pluriparentalidade, possível repercussão com a temática da adoção, prova da socioafetividade, entre outras. De qualquer modo, marcam importante transformação na temática relacionada com a família recomposta.

7. A TESE DE REPERCUSSÃO GERAL 622

Em Sessão Plenária de 15/09/2016, o Supremo Tribunal Federal julgou o Recurso Extraordinário 898.060 com origem no estado de Santa Catarina e ao qual reconheceu Repercussão Geral por versar sobre a prevalência – ou não – do liame genético sobre a relação paterno-filial de socioafetividade.

Em síntese, narrou-se que a autora da Ação de Investigação de Paternidade nasceu em 1993 e foi registrada pelo marido de sua mãe, sendo a filiação acobertada pela presunção *pater is est*. Alguns anos depois, a filha tomou conhecimento de que seu "pai biológico" seria outro, em face do qual ajuizou a demanda. O pretenso "pai biológico" argumentou que a paternidade socioafetiva, coincidente àquela indicada no registro, deveria prevalecer.

A redação final da tese da Repercussão Geral 622 ganhou o seguinte teor: "*A paternidade socioafetiva, declarada ou não em registro público, não impede o reconhecimento do vínculo de filiação concomitante baseado na origem biológica, com os efeitos jurídicos próprios*".[29]

---

28. CALDERÓN, Ricardo. *Primeiras impressões sobre o provimento 83 do CNJ*. Disponível em: https://ibdfam. org.br/assets/img/upload/files/FINAL%20Coment%C3%A1rios%20Provimento%2083-2019%20CNJ%20 (revisado%2021%20agosto)%20-%20calderon%20-%20FINAL%20-%20com%20refer%C3%AAncias.pdf.
29. BRASIL. Supremo Tribunal Federal. Recurso Extraordinário 898.060/SC. rel. Min. Luiz Fux. Julgado em: 21 set. 2016. Processo Eletrônico Repercussão Geral. DJe: 24 ago. 2017. Disponível em: http://redir.stf.jus. br/paginadorpub/paginador.jsp?docTP=TP&docID=13431919. Acesso em: 19 maio 2018.

Assim, concorda-se com Calderón quando afirma que o relator, Min. Luiz Fux, admitiu a multiparentalidade no caso concreto originário da tese de repercussão geral.[30] Contudo, Lôbo afirma que a tese de repercussão geral não pode ser aplicada à família recomposta, pois o parentesco que se institui, por força da lei, entre padrasto/madrasta e enteado é de natureza diversa (por afinidade) da que resulta de filiação (biológica ou socioafetiva). Segundo ele, é possível a conversão do parentesco por afinidade em parentesco socioafetivo (filiação), em virtude do abandono do pai ou mãe biológicos e registrais, quando ficar caracterizada a posse de estado de filiação consolidada no tempo.[31]

Concorda-se com Simone Tassinari Cardoso e Isis Boll Bastos quando identificam a complexidade da discussão acerca da prevalência de uma paternidade sobre a outra, ou mesmo do reconhecimento de pluriparentalidade frente aos desafios impostos pela realidade da vida concreta. As autoras apontam que a resposta para a casuística em direito de família deve investigar o "afeto qualificado" sem descartar o vínculo biológico:

> Afirmar a preponderância, a priori, em todos os casos, de uma paternidade sobre a outra pode gerar injustiças ainda maiores. Há, de fato, no afeto qualificado, base jurídica de sustentação de paternidade ou maternidade, mas ele não pode excluir, sem análise pormenorizada dos casos concretos, o liame biológico.[32]

Os efeitos desse posicionamento do Supremo Tribunal Federal são vislumbrados em decisões dos tribunais pátrios. O Superior Tribunal de Justiça vem aplicando a tese em tela, como no julgamento do Agravo Interno no Recurso Especial 1.622.330/RS, em que uma criança foi registrada e criada como filha do marido da mãe. Ao saber quem seria seu pai biológico, a filha pretendeu o reconhecimento simultâneo dos dois pais. Seu pedido foi rejeitado em 1º e 2º grau, gerando sua irresignação e interposição de Recurso Especial.

Em decisão monocrática, o Min. Ricardo Villas Bôas Cueva reformou o entendimento do Tribunal de Justiça do Rio Grande do Sul para reconhecer a situação de pluriparentalidade. Em face da decisão, o pai biológico interpôs o aludido Agravo Interno, alegando que não seria possível a aplicação da tese da Repercussão Geral n. 622, por ser imprescindível manter apenas o vínculo registral do pai socioafetivo.

---

30. "A deliberação pela possibilidade de manutenção de ambas as paternidades, em *pluriparentalidade*, foi inovadora e merece destaque, visto que foi uma solução engendrada a partir do próprio STF. Essa temática não constou de pedido explícito da parte requerente e nem mesmo foi objeto de debate verticalizado nos autos processuais. Ainda assim, a deliberação foi claramente pelo improvimento do Recurso Extraordinário do pai biológico, mas com a declaração de que era possível a manutenção de ambas as paternidades de forma concomitante (socioafetiva e biológica), em coexistência". (CALDERÓN, Ricardo Lucas. *Princípio da Afetividade*: no direito de família. 2. ed. Rio de Janeiro: Forense, 2017. p. 223).
31. LÔBO, Paulo. *Direito Civil*: Famílias. 10. ed. São Paulo: Saraiva, 2021. p. 96.
32. BASTOS, Isis Boll; CARDOSO, Simone Tassinari. Leading cases de Direito das Famílias: uma análise das situações com repercussão geral no Supremo Tribunal Federal a partir da eficácia horizontal dos direitos fundamentais. In: *Revista Brasileira de Direito Civil*, Rio de Janeiro, v. 10, out.-dez 2016. p. 86-87.

No caso, a Terceira Turma do Superior Tribunal de Justiça negou provimento a tal argumento, mantendo a decisão monocrática.[33]

Em decisão do TJ-RS, o fato de os pais registrais não aceitarem a inclusão do pai biológico no assento de nascimento do menino não é fundamento, por si só, para negar a pretensão do autor, que se escora em direito personalíssimo relativo ao exercício da paternidade.[34]

De relações em que a multiparentalidade se concretiza, aferem-se seus efeitos a partir dos princípios da pluralidade familiar, da afetividade e do melhor interesse da criança e do adolescente.[35]

8. CONCLUSÃO

As transformações, as conquistas sociais, a modificação dos costumes, a quebra de tantos preconceitos, o despontamento de novas necessidades da pessoa humana e, sobretudo, a valorização da afetividade, contribuíram para o rompimento dos grilhões de um conceito jurídico unicamente clássico de família.

Se, no pretérito, a indissolubilidade do casamento era justificada para a proteção do patrimônio, atualmente, a colocação da pessoa enquanto núcleo em torno do qual gravita toda proteção autoriza a verificação do valor afetivo como apto a gerar (e tutelar) uma multiplicidade de entidades familiares, para além das fronteiras do casamento e, do mesmo modo, para reformular o conceito de família como instrumento ao desenvolvimento dos seus membros.

É nesse contexto de compreensão da transição da família clássica para a família contemporânea (baseada na afetividade) que se encontra o permissivo para a desconstituição e reconstituição de entidades familiares. Assim, antigos participantes de núcleos familiares extintos conferem face nova a outra constituição familiar, em cujo núcleo se encontra filhos de relação anterior com um pai ou mãe afetivos, inéditos parentes afins advindo do novo compromisso.

Essa concepção mostra o triunfo do elemento social a conjugar novas modalidades de família e de parentes, para além dos vínculos biológicos e jurídicos. Outros-

---

33. "Em síntese, à luz da tese fixada pelo STF, o registro efetuado pelo pai afetivo não impede a busca pelo reconhecimento registral também do pai biológico, cujo reconhecimento do vínculo de filiação é seu consectário lógico. Dessa maneira, sob a ótica do sistema de precedentes firmado pelo CPC/2015, aplica-se o precedente repetitivo em relação à ausência de hierarquia entre as paternidades socioafetiva e biológica no caso concreto." (BRASIL. Superior Tribunal de Justiça. Agravo Interno no Recurso Especial 1.622.330/RS. 3ª Turma, rel. Min. Ricardo Villas Bôas Cueva. Julgado em: 12 dez. 2017.)
34. Apelação cível. Relação de parentesco. Ação de reconhecimento de paternidade cumulada com retificação de registro civil. Paternidade biológica concomitantemente ao reconhecimento do vínculo socioafetivo. Cabimento. Tese de repercussão geral fixada pelo supremo tribunal federal no julgamento do RE 898.060. Precedentes. Sentença reformada. (TJ-RS. Apelação Cível 70079349171, 7ª CC., 24 abr. 2019).
35. Em sintonia com a doutrina de: PIANOVSKI RUZYK, Carlos Eduardo; PEREIRA, Jacqueline L.; OLIVEIRA, Ligia Z. A multiparentalidade e seus efeitos segundo três princípios fundamentais do Direito de Família. *Revista Quaestio Iuris*, v. 11, p. 1268-1286, 2018.

sim, demonstra e confirma a realidade fática, porquanto a verdadeira parentalidade encontra sustentáculo para o seu desenvolvimento e manutenção na afetividade.

Dado ao caráter peculiar desta formatação familiar mais comum apenas recentemente, polêmicas questões ganham campo. Com efeito, recomposta a família surgem relações afetivas em seu bojo que merecem proteção e invocam o repensar do Direito de Família.

Na resolução da novel temática aqui versada, afasta-se a aplicação literal do art. 1.636 do Código Civil, pois apregoa a incomunicabilidade do poder familiar quando ocorre a dissolução do casamento. Enfeixar autoridade parental unicamente nas mãos dos genitores biológicos pode representar uma distorção da realidade, ainda mais quando ambos (genitor biológico e afetivo) estão presentes e participantes da educação do filho, isto é, exercem a função paterna. Razoável que se defira a ambos o direito de exercerem a autoridade parental, com as peculiaridades e contornos que só o cotidiano é capaz de traçar.

Do mesmo modo, o bem-estar da criança e o respeito pelos laços afetivos solidificados durante o relacionamento tornariam possível que o pai socioafetivo buscasse a pretensão de ver regulamentado o direito de guarda ou convivência em seu benefício.

Igualmente, o filho socioafetivo poderia, com fundamento nessa relação comprovada, pleitear alimentos àquele que exerceu a função de ser pai.

Hipótese mais intrigante dá-se quando existe o efetivo exercício concomitante da paternidade quer pelo pai biológico, quer pelo afetivo, ou seja, paternidades concomitantes. Sustenta-se, mesmo nesse caso, que um ou mesmo cada um dos "pais" estaria obrigado a um determinado *quantum* alimentar de conformidade com as suas possibilidades. Nunca é demasiado grifar que a possibilidade aqui divisada não pode implicar em enriquecimento ilícito, pois a pensão sempre haveria de ser fixada na medida da comprovada necessidade do filho. Estabelecida estaria, uma pluralidade de vínculo alimentar, em benefício daquele que está desenvolvendo sua personalidade.

Nessa linha, é possível ao filho socioafetivo adicionar ao seu o sobrenome, aquele do genitor *afetivo*, identificando-o plenamente com este novo núcleo familiar, hipótese presente na legislação específica (conhecida como Lei Clodovil) consagradora de um viés plural e socioafetivo de família. Ainda conforme o provimento 63/2017 admitiu-se a averbação do registro civil de reconhecimento voluntário de filho socioafetivo e após o provimento 83/2019 alterou alguns de seus dispositivos. Assim, é possível a inclusão de um ascendente socioafetivo pela via extrajudicial e eventual pretensão de inclusão de um segundo ascendente socioafetivo dependerá da via judicial.

Finalmente, com a tese de repercussão geral 622 ("A paternidade socioafetiva, declarada ou não em registro público, não impede o reconhecimento do vínculo de filiação concomitante baseado na origem biológica, com os efeitos jurídicos próprios") a nosso ver ficou reconhecida a possibilidade da multiparentalidade. Regulações estas que muito se mesclam às famílias recompostas.

9. REFERÊNCIAS

BASTOS, Isis Boll; CARDOSO, Simone Tassinari. Leading cases de Direito das Famílias: uma análise das situações com repercussão geral no Supremo Tribunal Federal a partir da eficácia horizontal dos direitos fundamentais. *Revista Brasileira de Direito Civil*, Rio de Janeiro, v. 10, out.-dez 2016.

CALDERÓN, Ricardo. *Primeiras impressões sobre o provimento 83 do CNJ*. Disponível em: https://ibdfam.org.br/assets/img/upload/files/FINAL%20Coment%C3%A1rios%20Provimento%2083-2019%20CNJ%20(revisado%2021%20agosto)%20-%20calderon%20-%20FINAL%20-%20com%20refer%-C3%AAncias.pdf.

CALDERÓN, Ricardo Lucas. *Princípio da Afetividade*: no direito de família. 2. ed. Rio de Janeiro: Forense, 2017.

DIAS, Maria Berenice. *Manual de direito das famílias*. 14. ed. São Paulo: JusPodivm, 2021.

FACHIN, Luiz Edson. *Estabelecimento da filiação e paternidade presumida*. Porto Alegre: Fabris, 1992.

FACHIN, Luiz Edson; MATOS, Ana Carla Harmatiuk. Subsídios solidários: filiação socioafetiva e alimentos. In: *Apontamentos críticos para o direito civil brasileiro contemporâneo II*: Anais do Projeto de Pesquisa Virada de Copérnico. CORTIANO JUNIOR, Eroulths (Coord.). Curitiba: Juruá, 2009.

GRISARD FILHO, Waldyr. Famílias reconstituídas: novas relações depois das separações. Parentesco e autoridade parental. In: PEREIRA, Rodrigo da Cunha (Coord.). *Anais congresso brasileiro de direito de família, 4., 2004*: Afeto, ética e o novo Código Civil. Belo Horizonte: Del Rey, 2004.

HIRONAKA, Giselda Mara Fernandes Novaes. A indignidade como causa de escusabilidade dever de alimentar. In: PEREIRA, Rodrigo da Cunha (Coord.). *Família e solidariedade, teoria e prática do Direito de Família*. Rio de Janeiro: Lúmen Júris, 2008.

LÔBO, Paulo. *Direito Civil: Famílias*. 11. ed. São Paulo: Saraiva, 2021.

MATOS, Ana Carla Harmatiuk; HAPNER, Paula Aranha. Multiparentalidade: uma abordagem a partir das decisões nacionais. *Civilistica.com*, Rio de Janeiro, a. 5, n. 1, 2016. Disponível em: http://civilistica.com/wp-content/uploads/2016/07/Matos-e-Hapner-civilistica.com-a.5.n.1.2016.pdf. Acesso em: 15 maio 2018.

MATOS, Ana Carla Harmatiuk; PERCEGONA, Gabriel. Efetividade dos alimentos na multiparentalidade. *Revista IBDFAM – Família e Sucessões*, v. 32, p. 27-49, 2019.

MATOS, Ana Carla Harmatiuk; PEREIRA, Jacqueline Lopes. Argumentos e a homoparentalidade: o percurso do senso comum à proteção pelo direito brasileiro. In: *Jura Gentium*: Rivista di Filosofia Del diritto Internazionale e della politica globale.

PEREIRA, Rodrigo da Cunha. *Direito das Famílias*. Rio de Janeiro: Forense, 2020.

PIANOVSKI RUZYK, Carlos Eduardo; PEREIRA, Jacqueline L.; OLIVEIRA, Ligia Z. A multiparentalidade e seus efeitos segundo três princípios fundamentais do Direito de Família. *Revista Quaestio Iuris*, v. 11, p. 1268-1286, 2018.

TEIXEIRA, Ana Carolina Brochado; TEPEDINO, Gustavo (Org.). *Fundamentos do Direito Civil*: Direito de Família. Rio de Janeiro: Forense, 2021.

TEPEDINO, Gustavo; TEIXEIRA, Ana Carolina Brochado. Uma agenda para o Direito de Família Pós--Pandemia. In: NEVARES, Ana Luiza Maia; XAVIER, Marília Pedroso (Coord.); MARZAGÃO, Silvia Felipe. *Coronavírus no Direito de Família e Sucessões*. Indaiatuba: Editora Foco, 2020.

VELOSO, Zeno. *Tratado de direito das famílias*. PEREIRA, Rodrigo da Cunha (Coord.). 3. ed. Belo Horizonte: IBDFAM, 2019.

VILLELA, João Baptista. A desbiologização da paternidade. *Revista da Faculdade de Direito da Universidade Federal de Minas Gerais*, Belo Horizonte, n. 21, 1979.

Jurisprudência

BRASIL. Conselho Nacional de Justiça. *Provimento 63 de 14/11/2017*. Disponível em: http://www.cnj.jus.br/busca-atos-adm?documento=3380. Acesso em: 20 maio 2018.

Parte III
SITUAÇÕES SUBJETIVAS PATRIMONIAIS

Part III
SITUAÇÕES SUBJETIVAS PATRIMONIAIS

REGIMES DE BENS

Ana Luiza Maia Nevares

Doutora e Mestre em Direito Civil pela Universidade do Estado do Rio de Janeiro. Professora de Direito Civil da PUC-Rio. Membro do IBDFAM, IAB e IBDCivil. Advogada.

Sumário: 1. Introdução – 2. Disposições gerais aos regimes de bens – 3. O pacto antenupcial – 4. O regime da comunhão parcial de bens – 5. O regime da comunhão universal – 6. A participação final nos aquestos – 7. O regime da separação de bens; 7.1 A possibilidade de afastar o verbete 377 da súmula do Supremo Tribunal Federal por pacto – 8. Doação entre cônjuges – 9. O regime de bens e a sucessão hereditária do cônjuge no Código Civil – 10. Conclusão – 11. Referências.

1. INTRODUÇÃO

As relações familiares são regulamentadas sob o ponto de vista pessoal, relativo aos modos pelos quais se constitui uma família e aos vínculos de parentesco e afinidade que se estabelecem entre aqueles que compõem um mesmo núcleo familiar, e sob o ponto de vista patrimonial, relativo às relações econômicas entre os membros da família.

O Direito Patrimonial de Família abrange as relações econômicas *inter vivos* entre os cônjuges e os companheiros, bem como entre os ascendentes e seus descendentes, englobando, ainda, o dever de prestar alimentos e as regras da sucessão hereditária legal, estabelecidas pelo legislador em conformidade com a concepção de família que informa o nosso ordenamento jurídico.

Nesta sede, interessa referir às relações econômicas entre cônjuges e companheiros, que compõem os regimes de bens do casamento ou da união estável, disciplinados no Código Civil, nos artigos 1.639 a 1.688, sendo regulados pelo aludido diploma legal o regime da comunhão parcial de bens, da comunhão universal de bens, da participação final nos aquestos e da separação total de bens.

2. DISPOSIÇÕES GERAIS AOS REGIMES DE BENS

A legislação civil faculta aos cônjuges e aos companheiros estipular antes do casamento ou da união estável o que lhes aprouver quanto aos seus bens, consoante o disposto no artigo 1.639 do Código Civil, vigorando, portanto, o princípio da liberdade em relação às convenções antenupciais, sendo certo que os nubentes não estão adstritos a escolher um dos regimes disciplinados pelo Código, podendo modificá-los ou combiná-los, ou até mesmo criar um regime novo e peculiar que lhes seja próprio e específico. Na ausência de estipulação, aplica-se ao casamento o regime da comunhão parcial de bens (Código Civil, art. 1.640).

Em algumas hipóteses, o princípio da liberdade em relação às convenções antenupciais é excepcionado, impondo a lei aos nubentes o regime da separação obrigatória. Trata-se dos casos previstos no art. 1.641 do Código Civil, a saber, do casamento das pessoas que o contraírem com inobservância das causas suspensivas da celebração do casamento, enumeradas no art. 1.523 do Código Civil, do casamento da pessoa com mais de 70 (setenta) anos e, ainda, do casamento daqueles que dependerem para se casar de suprimento judicial.[1]

Quanto à imposição do regime da separação obrigatória para aqueles com mais de uma determinada idade, importante mencionar o art. 45 da Lei 6.515/77, que afasta dita imposição nas hipóteses em que o casamento tenha sido precedido de uma comunhão de vida entre os nubentes existente antes de 28 de junho de 1977, data em que o referido diploma legal foi promulgado, que haja perdurado por 10 (dez) anos consecutivos ou da qual tenha resultado prole. Nessas hipóteses, o regime de bens poderá ser escolhido livremente pelos nubentes. À luz da normativa citada, Zeno Veloso defende que a imposição do regime da separação obrigatória para pessoas em idade avançada deveria ser excepcionada sempre que o casamento fosse precedido de união estável entre os nubentes.[2] Nessa linha, foi aprovado na IV Jornada de Direito Civil o enunciado 261, assim ementado: *"Art. 1.641: A obrigatoriedade do regime da separação de bens não se aplica a pessoa maior de sessenta anos, quando o casamento for precedido de união estável iniciada antes dessa idade".*

Vale registrar que há forte oposição na doutrina e na jurisprudência quanto à imposição do regime de separação obrigatória de bens para aqueles maiores de 70 (setenta) anos, uma vez que tal imposição violaria a liberdade e, por consequência, ofenderia a dignidade da pessoa humana.[3] A questão será analisada pelo Supremo

---

[1]. Vale mencionar que há decisões judiciais que defendem a inconstitucionalidade da norma que impõe o regime da separação de bens aos maiores de determinada idade, ao argumento de que dita norma viola o princípio da dignidade da pessoa humana: STJ, REsp 1171820/PR, 3ª T., Rel. Min. Nancy Andrighi, julgado em 07 dez. 2010, DJe 27 abr. 2011, TJSP, Ap. Cível 74.788-4/6, 10ª Câm. de Direito Privado, Rel. Des. Paulo Menezes, julgada em 13/04/1999, in Revista dos Tribunais, ano 88, vol. 767, setembro 1999, p. 223/226 e TJRS, Ap. Cível 70004348769, 7ª CC, Rel. Des. Maria Berenice Dias, julgada em 27 ago. 2003.

[2]. VELOSO, Zeno. Regimes Matrimoniais de Bens. In: *Direito de Família Contemporâneo*. PEREIRA, Rodrigo da Cunha (Coord.). Belo Horizonte: Del Rey, 1997. p. 121.

[3]. Nesse sentido: "Direito civil. Família. Alimentos. União estável entre sexagenários. Regime de bens aplicável. Distinção entre frutos e produto. (...) 3. A comunicabilidade dos bens adquiridos na constância da união estável é regra e, como tal, deve prevalecer sobre as exceções, as quais merecem interpretação restritiva, devendo ser consideradas as peculiaridades de cada caso. 4. A restrição aos atos praticados por pessoas com idade igual ou superior a 60 (sessenta) anos representa ofensa ao princípio da dignidade da pessoa humana. 5. Embora tenha prevalecido no âmbito do STJ o entendimento de que o regime aplicável na união estável entre sexagenários é o da separação obrigatória de bens, segue esse regime temperado pela Súmula 377 do STF, com a comunicação dos bens adquiridos onerosamente na constância da união, sendo presumido o esforço comum, o que equivale à aplicação do regime da comunhão parcial. (...). 8. Recurso especial de G. T. N. não provido. 9. Recurso especial de M. DE L. P. S. provido". STJ, RESP 1171820/PR, 3ª T., Rel. Min. Nancy Andrighi, julgado em 07 dez. 2010, DJe 27 abr. 2011, ""Casamento – Regime de separação de bens imposto pelo art. 258, par. ún., II, do CC – Norma incompatível com os arts. 1º, III, e 5º, I, X, LIV da CF – Inadmissibilidade de se conferir à cônjuge sobrevivente direito em menor extensão que o previsto para a convivente – Aplicação analogia legis do art. 226, § 3º da CF e do art. 7º, pár. ún, da Lei 9.278/96. A norma estampada no art. 258, pár. ún. II, do CC, não foi recepcionada pela ordem jurídica atual por ser incompatível

Tribunal Federal, uma vez que a temática foi alçada a repercussão geral, n. 1236: Recurso extraordinário em que se discute, à luz dos artigos 1º, III, 30, IV, 50, I, X, LIV, 226, § 3º e 230 da Constituição Federal, a constitucionalidade do artigo 1.641, II, do Código Civil, que estabelece ser obrigatório o regime da separação de bens no casamento da pessoa maior de setenta anos, e a aplicação dessa regra às uniões estáveis, considerando o respeito à autonomia e à dignidade humana, a vedação à discriminação contra idosos e a proteção às uniões estáveis.

O regime de bens não é imutável, podendo ser alterado mediante autorização judicial, em pedido motivado dos cônjuges, desde que sejam ressalvados os direitos de terceiros e apurada a procedência das razões invocadas (Código Civil, art. 1.639, § 2º). Importante observar que assiste razão à tendência jurisprudencial de abrandar o rigor da análise da motivação dos cônjuges para a modificação do regime de bens. Isso porque diante da objetivação do divórcio, que pode ser concedido independentemente de culpa, através de escritura pública e sem que haja tempo mínimo de duração do casamento, conduta diversa estimularia os cônjuges a burlar a lei, buscando um divórcio fictício para possibilitar um novo casamento por regime de bens diverso com a mesma pessoa.[4]

---

com os arts. 1º, III, e 5º, I, X, LIV da CF. Afastado, portanto, o regime obrigatório de separação de bens, não se justifica a aplicação do disposto no § 1º do art. 1.611 do CC. Aplicando-se a analogia legis, não se pode conferir a cônjuge sobrevivente direito em menor extensão que o previsto em lei para a simples convivente, consoante art. 226, § 3º, da Constituição da República e o que dispõe o art. 7º, pár. ún., da Lei 9.278/96, que, com base na regra constitucional, confere ao convivente sobrevivo o direito real de habitação relativamente ao imóvel destinado à residência familiar". TJSP, Ap. 74.788-4/6, 10ª Câm. de Direito Privado, Rel. Des. Paulo Menezes, julgada em 13/04/1999, in Revista dos Tribunais, ano 88, vol. 767, setembro 1999, pp. 223/226 e "anulação de doação. regime da separação obrigatória de bens. Descabe a anulação de doação entre cônjuges casados pelo regime da separação obrigatória de bens, quando o casamento tenha sido precedido de união estável. Outrossim, o art. 312 do Código Civil de 1916 veda tão somente as doações realizadas por pacto antenupcial. A restrição imposta no inciso II do art. 1641 do Código vigente, correspondente do inciso II do art. 258 do Código Civil de 1916, é inconstitucional, ante o atual sistema jurídico que tutela a dignidade da pessoa humana como cânone maior da Constituição Federal, revelando-se de todo descabida a presunção de incapacidade por implemento de idade. Apelo, à unanimidade, desprovido no mérito, e, por maioria, afastada a preliminar de incompetência, vencido o Em. Des. Sérgio Fernando de Vasconcellos Chaves". (Apelação Cível 70004348769, Sétima Câmara Cível, Tribunal de Justiça do RS, Relator: Maria Berenice Dias, Julgado em 27 ago. 2003).

4. Apelação Cível. Regime de bens. Modificação. Inteligência do art. 1.639, § 2º, do Código Civil. Dispensa de consistente motivação. 1. Estando expressamente ressalvados os interesses de terceiros (art. 1.639, § 2º, do CCB), em relação aos quais será ineficaz a alteração de regime, não vejo motivo para o Estado Juiz negar a modificação pretendida. Trata-se de indevida e injustificada ingerência na autonomia de vontade das partes. Basta que os requerentes afirmem que o novo regime escolhido melhor atende seus anseios pessoais que se terá por preenchida a exigência legal, ressalvando-se, é claro, a suspeita de eventual má fé de um dos cônjuges em relação ao outro. Três argumentos principais militam em prol dessa exegese liberalizante, a saber: 1) não há qualquer exigência de apontar motivos para a escolha original do regime de bens quando do casamento; 2) nada obstaria que os cônjuges, vendo negada sua pretensão, simulem um divórcio e contraiam novo casamento, com opção por regime de bens diverso; 3) sendo atualmente possível o desfazimento extrajudicial do próprio casamento, sem necessidade de submeter ao Poder Judiciário as causas para tal, é ilógica essa exigência quanto à singela alteração do regime de bens. 2. Não há qualquer óbice a que a modificação do regime de bens se dê com efeito retroativo à data do casamento, pois, como já dito, ressalvados estão os direitos de terceiros. E, sendo retroativos os efeitos, na medida em que os requerentes pretendem adotar o regime da separação total de bens, nada mais natural (e até exigível, pode-se dizer) que realizem a partilha

Uma vez contraído o casamento, alguns atos não podem ser praticados por um dos cônjuges sem a autorização do outro, salvo se o regime de bens for aquele da separação absoluta. Os atos que dependem de outorga conjugal são aqueles que o legislador considera que repercutem na esfera patrimonial da família como um todo, exigindo, portanto, que a decisão seja tomada em conjunto pelos cônjuges. Ditos atos estão enumerados no art. 1.647 do Código Civil, sendo eles: alienar ou gravar de ônus real os bens imóveis, assim como pleitear, como autor ou réu acerca desses bens ou direitos, prestar fiança ou aval e fazer doação de bens comuns ou dos que possam integrar futura meação, salvo se a liberalidade for remuneratória ou para os filhos nas hipóteses em que esses se casem ou estabeleçam economia separada.

A ausência de outorga conjugal torna anulável o ato praticado, podendo o cônjuge prejudicado demandar a respectiva anulação até dois anos depois de terminada a sociedade conjugal, consoante o disposto no art. 1.649 do Código Civil, sendo certo, no entanto, que a aprovação posterior tornará válido o ato, desde que seja feita por instrumento público ou particular autenticado.

Os atos não mencionados no art. 1.647 do Código Civil podem ser praticados livremente pelo marido e pela mulher, de acordo com o previsto nos artigos 1.642 e 1.643 do Código Civil, valendo mencionar a ressalva do art. 1.644 do mesmo diploma legal, que expressamente determina que as dívidas contraídas por um dos cônjuges para comprar as coisas necessárias à economia doméstica obriga solidariamente o outro.

Em relação à necessidade de outorga entre companheiros, trata-se de uma questão que encontra controvérsias na doutrina e na jurisprudência. De fato, considerando a informalidade da união estável, bem como o seu registro facultativo, não deveria ser exigida qualquer autorização para atos praticados pelos companheiros, sendo certo que qualquer prejuízo deveria ser discutido entre os partícipes da união estável. Não obstante o ora ponderado, o Superior Tribunal de Justiça já se manifestou no sentido de necessidade de outorga convivencial para alienação de bens imóveis adquiridos na constância da união estável, sendo certo, não obstante, que no caso julgado a alienação realizada por um dos companheiros foi declarada válida pelo fato de o contrato de união estável não estar registrado, aduzindo que "na hipótese dos autos, não havia registro imobiliário em que inscritos os imóveis objetos de alienação em relação à copropriedade ou à existência de união estável, tampouco qualquer prova de má-fé dos adquirentes dos bens"[5].

---

do patrimônio comum de que são titulares. 3. Em se tratando de feito de jurisdição voluntária, invocável a regra do art. 1.109 do CPC, para afastar o critério de legalidade estrita, decidindo-se o processo de acordo com o que se repute mais conveniente ou oportuno (critério de equidade). Deram provimento unânime. TJRS, Apelação Cível 70042401083, 8ª CC, Rel. Des. Luiz Felipe Brasil Santos, julgado em 28 jul. 2011.

5. Recurso especial. Ação de nulidade de escritura pública c.c. Cancelamento de registro de imóveis. 1. Alienação de bens imóveis adquiridos durante a constância da união estável. Anuência do outro convivente. Observância. Interpretação dos arts. 1.647, i, e 1.725 do Código Civil. 2. Negócio jurídico realizado sem a autorização de um dos companheiros. Necessidade de proteção do terceiro de boa-fé em razão da informalidade inerente ao instituto da união estável. 3. Caso concreto. Ausência de contrato de convivência registrado

REGIMES DE BENS | 307

Com efeito, firmou-se no Superior Tribunal de Justiça o entendimento segundo o qual o regime eleito no pacto de união estável não produz efeitos em relação a terceiros quando não registrado em registro público. Diante disso, declarou válida penhora realizada sobre bens da companheira efetivada em razão dívida de seu consorte, aduzindo que "O contrato escrito na forma de simples instrumento particular e de conhecimento limitado aos contratantes, todavia, é incapaz de projetar efeitos para fora da relação jurídica mantida pelos conviventes, em especial em relação a terceiros porventura credores de um deles, exigindo-se, para que se possa examinar a eventual oponibilidade erga omnes, no mínimo, a prévia existência de registro e publicidade aos terceiros"[6].

---

em cartório, bem como de comprovação da má-fé dos adquirentes. Manutenção dos negócios jurídicos que se impõe, assegurando-se, contudo, à autora o direito de pleitear perdas e danos em ação própria. 4. Recurso especial desprovido. 1. Revela-se indispensável a autorização de ambos os conviventes para alienação de bens imóveis adquiridos durante a constância da união estável, considerando o que preceitua o art. 5º da Lei n. 9.278/1996, que estabelece que os referidos bens pertencem a ambos, em condomínio e em partes iguais, bem como em razão da aplicação das regras do regime de comunhão parcial de bens, dentre as quais se insere a da outorga conjugal, a teor do que dispõem os arts. 1.647, I, e 1.725, ambos do Código Civil, garantindo-se, assim, a proteção do patrimônio da respectiva entidade familiar. 2. Não obstante a necessidade de outorga convivencial, diante das peculiaridades próprias do instituto da união estável, deve-se observar a necessidade de proteção do terceiro de boa-fé, porquanto, ao contrário do que ocorre no regime jurídico do casamento, em que se tem um ato formal (cartorário) e solene, o qual confere ampla publicidade acerca do estado civil dos contratantes, na união estável há preponderantemente uma informalidade no vínculo entre os conviventes, que não exige qualquer documento, caracterizando-se apenas pela convivência pública, contínua e duradoura. 3. Na hipótese dos autos, não havia registro imobiliário em que inscritos os imóveis objetos de alienação em relação à copropriedade ou à existência de união estável, tampouco qualquer prova de má-fé dos adquirentes dos bens, circunstância que impõe o reconhecimento da validade dos negócios jurídicos celebrados, a fim de proteger o terceiro de boa-fé, assegurando-se à autora/recorrente o direito de buscar as perdas e danos na ação de dissolução de união estável c.c partilha, a qual já foi, inclusive, ajuizada. 4. Recurso especial desprovido. STJ, REsp 1.592.072-PR, Rel. Ministro Marco Aurélio Bellize, julgado em 21.11.2017.

6. Civil. Processual civil. Embargos de terceiro. União estável. Instrumento particular escrito. Regime de separação total de bens. Validade inter partes. Produção de efeitos existenciais e patrimoniais apenas em relação aos conviventes. Projeção de efeitos a terceiros, inclusive credores de um dos conviventes. Oponibilidade erga omnes. Inocorrência. Registro realizado somente após o requerimento e o deferimento da penhora de bens móveis que guarneciam o imóvel dos conviventes. Possibilidade. Registro em cartório realizado anteriormente à efetivação da penhora. Irrelevância. Inoponibilidade ao credor do convivente no momento do deferimento da medida constritiva. 1 – Ação de embargos de terceiro proposta em 12.02.2019. Recurso especial interposto em 22.10.2021 e atribuído à Relatora em 06.04.2022. 2 – O propósito recursal é definir se é válida a penhora, requerida e deferida em junho/2018 e efetivada em agosto/2018, de bens móveis titularizados exclusivamente pela convivente, para a satisfação de dívida judicial do outro convivente, na hipótese em que a união estável, objeto de instrumento particular firmado em abril/2014, mas apenas levado a registro em julho/2018, previa o regime da separação total de bens. 3 – A existência de contrato escrito é o único requisito legal para que haja a fixação ou a modificação, sempre com efeitos prospectivos, do regime de bens aplicável a união estável, de modo que o instrumento particular celebrado pelas partes produz efeitos limitados aos aspectos existenciais e patrimoniais da própria relação familiar por eles mantida. 4 – Significa dizer que o instrumento particular, independentemente de qualquer espécie de publicidade e registro, terá eficácia e vinculará as partes e será relevante para definir questões *interna corporis* da união estável, como a sua data de início, a indicação sobre quais bens deverão ou não ser partilhados, a existência de prole concebida na constância do vínculo e a sucessão, dentre outras. 5 – O contrato escrito na forma de simples instrumento particular e de conhecimento limitado aos contratantes, todavia, é incapaz de projetar efeitos para fora da relação jurídica mantida pelos conviventes, em especial em relação a terceiros porventura credores de um deles, exigindo-se, para que se possa examinar a eventual oponibilidade erga

3. O PACTO ANTENUPCIAL

O instrumento mediante o qual os nubentes podem escolher regime de bens diverso da comunhão parcial de bens é o pacto antenupcial, regulamentando pelo Código Civil nos artigos 1.653 a 1.657. Em relação à união estável, trata-se do pacto de união estável, ao qual se aplicam por analogia a normativa do pacto antenupcial.

Trata-se de um negócio jurídico formal, uma vez que a sua validade depende de escritura pública, sendo certo que se não lhe seguir o casamento, serão as suas disposições relativas às relações patrimoniais entre os cônjuges ineficazes. De fato, a ausência de casamento posterior à celebração do pacto antenupcial torna ineficazes as disposições que os nubentes tenham estabelecido quanto às suas relações econômicas, valendo, no entanto, os demais atos ou negócios jurídicos contidos eventualmente no pacto, estranhos ao regime de bens, como um reconhecimento de filho ou de uma dívida. Nesta sede, vale registrar interessante decisão proferida pelo Tribunal de Justiça do Rio Grande do Sul, na qual foi o pacto antenupcial foi reconhecido como contrato de união estável uma vez que, após a sua celebração, os contratantes não se casaram, mas viveram em união estável.[7]

No pacto antenupcial não podem estar contidas cláusulas ou disposições que contravenham disposição absoluta de lei, como ajustes quanto à herança de pessoas vivas ou regramentos que derroguem os princípios da convivência familiar ou da igualdade entre os cônjuges. Nas VIII Jornadas de Direito Civil, foi aprovado o Enunciado 635, segundo o qual, o pacto antenupcial pode "conter cláusulas existenciais, desde que estas não violem os princípios da dignidade da pessoa humana, da igualdade entre os cônjuges e da solidariedade familiar".

De acordo com Paulo Lôbo, quando o nubente for menor poderá casar escolhendo qualquer regime de bens, desde que seus pais ou, na falta deles, o tutor, aprovem tal

---

omnes, no mínimo, a prévia existência de registro e publicidade aos terceiros. 6 – Na hipótese, a penhora que recaiu sobre os bens móveis supostamente titularizados com exclusividade pela embargante foi requerida pela credora e deferida pelo juiz em junho/2018, a fim de satisfazer dívida contraída pelo convivente da embargante, ao passo que o registro em cartório do instrumento particular de união estável com cláusula de separação total de bens somente veio a ser efetivado em julho/2018. 7 – O fato de a penhora ter sido efetivada apenas em agosto/2018 é irrelevante, na medida em que, quando deferida a medida constritiva, o instrumento particular celebrado entre a embargante e o devedor era de ciência exclusiva dos conviventes, não projetava efeitos externos à união estável e, bem assim, era inoponível à credora. 8 – Recurso especial conhecido e não provido, com majoração de honorários. STJ, Resp 1988228/PR, 3ª Turma, Relatora Ministra Nancy Andrighi, julgado em 07 de junho de 2022.

7. Apelação Cível. União Estável. 1) Alimentos. Descabe o pensionamento, ainda que temporário ou a título indenizatório, se a mulher é jovem, apta para o trabalho, e independente. 2) Regime de Bens. O pacto antenupcial celebrado entre os litigantes que estabeleceu o regime da separação total de bens inclusive para aqueles adquiridos antes do casamento, é válido como ato de manifestação de vontade para estabelecer a separação total relativamente aos bens adquiridos durante a união estável que precedeu o casamento. Precedente. 3)DANO MORAL. É descabido o pedido de dano moral em sede de reconhecimento de união estável, se esta não se rompeu, mas sim, foi transformada em casamento. 4) Honorários Advocatícios. Tendo o réu decaído em parte mínima do pedido, deve a autora arcar com a sucumbência integral, inclusive os honorários advocatícios no valor fixado na sentença, que remunera dignamente o advogado. Apelação desprovida. TJRS, Apelação Cível, 70016647547, Oitava Câmara Cível, Relator: José Ataídes Siqueira Trindade, Julgado em: 28.09.2006.

escolha de forma expressa, intervindo na escritura do pacto antenupcial ou apondo a respectiva aprovação em documento escrito com firma reconhecida.[8]

Importante registrar que as convenções antenupciais não terão efeito perante terceiros se não forem registradas no Registro de Imóveis do domicílio dos cônjuges, sendo dito registro realizado em livro especial, consoante o disposto na Lei 6.015/73, arts. 167, II, 1, e 178, V. Desse modo, na hipótese de ausência de registro do pacto antenupcial, as relações dos cônjuges com terceiros serão regidas pelo regime legal, qual seja, aquele da comunhão parcial de bens, valendo o disposto no pacto apenas entre os cônjuges. Dá-se, assim, uma distinção entre regime interno e regime externo, na esteira das lições de José Lamartine Corrêa de Oliveira e Francisco José Ferreira Muniz, sendo o primeiro aquele referente às relações entre os cônjuges e o segundo aquele referente às relações entre os cônjuges e terceiros.[9]

4. O REGIME DA COMUNHÃO PARCIAL DE BENS

O regime da comunhão parcial de bens é aquele legal ou supletivo, que se aplica na ausência de estipulação diversa, caracterizando-se pela comunhão dos bens adquiridos na constância do casamento a título oneroso. Desse modo, segundo o regime da comunhão parcial de bens, são particulares de cada cônjuge os bens que possuírem ao casar e os que lhe sobrevierem na constância do casamento por doação ou sucessão e os sub-rogados no lugar daqueles particulares (Código Civil, arts. 1.658, 1.659, I e II).

A lei prevê, ainda, outros bens excluídos da comunhão, a saber, as obrigações anteriores ao casamento, as obrigações provenientes de atos ilícitos, salvo reversão em proveito do casal, os bens de uso pessoal, os livros e os instrumentos de profissão, bem como os proventos do trabalho pessoal de cada cônjuge, as pensões, meios--soldos, montepios e outras rendas semelhantes (Código Civil, art. 1.659, III a VII).

A determinação da lei de excluir da comunhão os proventos do trabalho de cada cônjuge gera muitas discussões. Afinal, diante do princípio da sub-rogação, na hipótese de aquisição de bem a título oneroso com recursos provenientes exclusivamente dos proventos do cônjuge, dito bem estaria excluído da comunhão parcial, esvaziando o regime de bens, uma vez que, em sua maioria, as pessoas adquirem patrimônio por força dos recursos auferidos do trabalho.

Prevalece na doutrina o entendimento de que incomunicável é o direito a receber os proventos e rendas, por seu caráter personalíssimo, mas entram na comunhão as remunerações provenientes de ditos direitos, uma vez vencidas na constância do matrimônio. Com propriedade, aduz José Fernando Simão:

---

8. LÔBO. Paulo. *Famílias*. São Paulo: Saraiva, 2009, 2. ed. p. 312/313.
9. CORRÊA DE OLIVEIRA, José Lamartine & MUNIZ, Francisco José Ferreira. *Curso de Direito de Família*. Juruá: Curitiba, 1998, p. 395.

A questão tem por fundamento o dever de contribuir com o sustento da família. Imaginemos que determinado casal avence que o marido arcará integralmente com as despesas da casa e a esposa poupará seu salário para aquisição de futuros bens. Entretanto, antes da aquisição há uma briga e o casal se separa litigiosamente. Nada mais correto que haja a partilha dessa aplicação financeira.
(...)
Ademais, se prevalecesse a interpretação em sentido contrário, haveria verdadeiro estímulo ao cônjuge mal-intencionado para que poupasse os seus proventos com o intuito de criar bem particular, enquanto o outro, que adquiriu bens comuns com seus salários (aquele desprendido, não egoísta), seria punido pela divisão de tais bens em caso de separação. Flagrante injustiça, pois ambos devem contribuir com o sustento da família![10]

De fato, há decisões do Superior Tribunal de Justiça que expressamente reconhecem a comunhão das remunerações provenientes do trabalho pessoal de cada cônjuge no regime da comunhão parcial, desde que vencidas no curso do casamento,[11] havendo, inclusive, decisão que determina a comunhão de verba proveniente

---

10. SIMÃO, José Fernando. *Direito de Família*: Novas Tendências e Julgamentos Emblemáticos. São Paulo: Atlas, 2011, p. 206.
11. Nesse sentido: "Direito Civil. Família. (...) O ser humano vive da retribuição pecuniária que aufere com o seu trabalho. Não é diferente quando ele contrai matrimônio, hipótese em que marido e mulher retiram de seus proventos o necessário para seu sustento, contribuindo, proporcionalmente, para a manutenção da entidade familiar. – Se é do labor de cada cônjuge, casado sob o regime da comunhão parcial de bens, que invariavelmente advêm os recursos necessários à aquisição e conservação do patrimônio comum, ainda que em determinados momentos, na constância do casamento, apenas um dos consortes desenvolva atividade remunerada, a colaboração e o esforço comum são presumidos, servindo, o regime matrimonial de bens, de lastro para a manutenção da família.– Em consideração à disparidade de proventos entre marido e mulher, comum a muitas famílias, ou, ainda, frente à opção do casal no sentido de que um deles permaneça em casa cuidando dos filhos, muito embora seja facultado a cada cônjuge guardar, como particulares, os proventos do seu trabalho pessoal, na forma do art. 1.659, inc. VI, do CC/02, deve-se entender que, uma vez recebida a contraprestação do labor de cada um, ela se comunica.– Amplia-se, dessa forma, o conceito de participação na economia familiar, para que não sejam cometidas distorções que favoreçam, em frontal desproporção, aquele cônjuge que mantém em aplicação financeira sua remuneração, em detrimento daquele que se vê obrigado a satisfazer as necessidades inerentes ao casamento, tais como aquelas decorrentes da manutenção da habitação comum, da educação dos filhos ou da conservação dos bens.– Desse modo, se um dos consortes suporta carga maior de contas, enquanto o outro apenas trata de acumular suas reservas pessoais, advindas da remuneração a que faz jus pelo seu trabalho, deve haver um equilíbrio para que, no momento da dissolução da sociedade conjugal, não sejam consagradas e referendadas pelo Poder Judiciário as distorções surgidas e perpetradas ao longo da união conjugal.– A tônica sob a qual se erige o regime matrimonial da comunhão parcial de bens, de que entram no patrimônio do casal os acréscimos advindos da vida em comum, por constituírem frutos da estreita colaboração que se estabelece entre marido e mulher, encontra sua essência definida no art. 1.660, incs. IV e V, do CC/02. – A interpretação harmônica dos arts. 1.659, inc. VI, e 1.660, inc. V, do CC/02, permite concluir que, os valores obtidos por qualquer um dos cônjuges, a título de retribuição pelo trabalho que desenvolvem, integram o patrimônio do casal tão logo percebidos. Isto é, tratando-se de percepção de salário, este ingressa mensalmente no patrimônio comum, prestigiando-se, dessa forma, o esforço comum.– "É difícil precisar o momento exato em que os valores deixam de ser proventos do trabalho e passam a ser bens comuns, volatizados para atender às necessidades do lar conjugal." – Por tudo isso, o entendimento que melhor se coaduna com a essência do regime da comunhão parcial de bens, no que se refere aos direitos trabalhistas perseguidos por um dos cônjuges em ação judicial, é aquele que estabelece sua comunicabilidade, desde o momento em que pleiteados. Assim o é porque o "fato gerador" de tais créditos ocorre no momento em que se dá o desrespeito, pelo empregador, aos direitos do empregado, fazendo surgir uma pretensão resistida.– Sob esse contexto, se os acréscimos laborais tivessem sido pagos à época em que nascidos os respectivos direitos, não haveria dúvida acerca da sua comunicação entre os cônjuges, não se justificando tratamento desigual apenas por uma questão temporal imposta pelos trâmites legais a que está sujeito um processo perante o Poder Judiciário. – Para que

do FGTS,[12] sendo certo, no entanto, que esta última questão referente ao FGTS já foi controvertida na jurisprudência, sendo certo, no entanto, que o Superior Tribunal de Justiça vem entendendo pelo ingresso de ditas verbas no patrimônio comum.[13]

Na mesma direção controvertida estão as verbas provenientes das previdências privadas. O regime de previdência complementar está previsto na Constituição da República, em seu artigo 202.[14] Em atendimento à previsão constitucional, foi editada a Lei Complementar 109, de 29 de maio de 2001, que dispõe sobre o Regime de Previdência Complementar e dá outras providências, prevendo em seu artigo 4º

---

o ganho salarial insira-se no monte-partível é necessário, portanto, que o cônjuge tenha exercido determinada atividade laborativa e adquirido direito de retribuição pelo trabalho desenvolvido, na constância do casamento. Se um dos cônjuges efetivamente a exerceu e, pleiteando os direitos dela decorrentes, não lhe foram reconhecidas as vantagens daí advindas, tendo que buscar a via judicial, a sentença que as reconhece é declaratória, fazendo retroagir seus efeitos, à época em que proposta a ação. O direito, por conseguinte, já lhe pertencia, ou seja, já havia ingressado na esfera de seu patrimônio, e, portanto, integrado os bens comuns do casal.– Consequentemente, ao cônjuge que durante a constância do casamento arcou com o ônus da defasagem salarial de seu consorte, o que presumivelmente demandou-lhe maior colaboração no sustento da família, não se pode negar o direito à partilha das verbas trabalhistas nascidas e pleiteadas na constância do casamento, ainda que percebidas após a ruptura da vida conjugal. (...) Recurso Especial parcialmente provido". STJ, RESP 1024169/RS, 3ª T., Rel. Min. Nancy Andrighi, julgado em 13 abr. 2010, DJe 28 abr. 2010. No mesmo sentido RESP 810.708/RS, 3ª T., Rel. Min. Carlos Alberto Menezes Direito, julgado em 15 mar. 2007, DJ 02 abr. 2007, p. 268.

12. STJ, RESP 848660/RS, 3ª T., Rel. Min. Paulo de Tarso Sanseverino, julgado em 03 maio 2011, DJe 13 maio 2011.
13. STJ, AgInt no AREsp 331.533/SP, 4ª T., Rel. Mn. Antonio Carlos Ferreira, julgado em 10.04.2018, DJe de 17.04.2018 e STJ, REsp 1651292/RS, 3ª T., Rel. Min. Nancy Andrighi, julgado em 19.05.2020, DJe 25.05.2020.
14. Art. 202. O regime de previdência privada, de caráter complementar e organizado de forma autônoma em relação ao regime geral de previdência social, será facultativo, baseado na constituição de reservas que garantam o benefício contratado, e regulado por lei complementar. (Redação dada pela Emenda Constitucional 20, de 1998) (Vide Emenda Constitucional 20, de 1998).

§ 1º A lei complementar de que trata este artigo assegurará ao participante de planos de benefícios de entidades de previdência privada o pleno acesso às informações relativas à gestão de seus respectivos planos. (Redação dada pela Emenda Constitucional 20, de 1998)

§ 2º As contribuições do empregador, os benefícios e as condições contratuais previstas nos estatutos, regulamentos e planos de benefícios das entidades de previdência privada não integram o contrato de trabalho dos participantes, assim como, à exceção dos benefícios concedidos, não integram a remuneração dos participantes, nos termos da lei. (Redação dada pela Emenda Constitucional 20, de 1998)

§ 3º É vedado o aporte de recursos a entidade de previdência privada pela União, Estados, Distrito Federal e Municípios, suas autarquias, fundações, empresas públicas, sociedades de economia mista e outras entidades públicas, salvo na qualidade de patrocinador, situação na qual, em hipótese alguma, sua contribuição normal poderá exceder a do segurado. (Incluído pela Emenda Constitucional 20, de 1998) (Vide Emenda Constitucional 20, de 1998)

§ 4º Lei complementar disciplinará a relação entre a União, Estados, Distrito Federal ou Municípios, inclusive suas autarquias, fundações, sociedades de economia mista e empresas controladas direta ou indiretamente, enquanto patrocinadores de planos de benefícios previdenciários, e as entidades de previdência complementar. (Redação dada pela Emenda Constitucional 103, de 2019)

§ 5º A lei complementar de que trata o § 4º aplicar-se-á, no que couber, às empresas privadas permissionárias ou concessionárias de prestação de serviços públicos, quando patrocinadoras de planos de benefícios em entidades de previdência complementar. (Redação dada pela Emenda Constitucional 103, de 2019)

§ 6º Lei complementar estabelecerá os requisitos para a designação dos membros das diretorias das entidades fechadas de previdência complementar instituídas pelos patrocinadores de que trata o § 4º e disciplinará a inserção dos participantes nos colegiados e instâncias de decisão em que seus interesses sejam objeto de discussão e deliberação. (Redação dada pela Emenda Constitucional 103, de 2019).

que as entidades de previdência complementar são classificadas em fechadas e abertas, determinando em seu art. 73 que estas últimas serão reguladas também, no que couber, pela legislação aplicável às sociedades seguradoras, razão pela qual lhe são aplicáveis as Resoluções do Sistema Nacional de Seguros (CNSP e SUSEP). Os planos fechados são "estruturados de forma a atender um grupo específico de pessoas" e podem variar conforme as especificidades desse grupo, enquanto os planos abertos são comercializados no mercado, atendendo ao público comum, que "vêm permitindo sua utilização também como modalidade de investimento e como instrumento de planejamento sucessório".[15]

O Superior Tribunal de Justiça, no julgamento do REsp 1477937/MG, determinou que o benefício oriundo de previdência privada fechada não se comunica, na forma do disposto no citado inciso VII, do art. 1.659, do Código Civil, uma vez que as entidades fechadas de previdência complementar, sem fins lucrativos, disponibilizam os planos de benefícios de natureza previdenciária apenas aos empregados ou grupo de empresas aos quais estão atrelados e não se confundem com a relação laboral.[16]

O mesmo tratamento não foi conferido aos benefícios oriundos de planos abertos, uma vez que, 'a natureza securitária e previdenciária complementar desses contratos é marcante no momento em que o investidor passa a receber, a partir de determinada data futura e em prestações periódicas, os valores que acumulou ao longo da vida, como forma de complementação do valor recebido da previdência pública e com o propósito de manter um determinado padrão de vida", sendo certo, no entanto, que

---

15. GIRARDI, Viviane; MOREIRA, Luana Maniero. A previdência privada aberta como instrumento ao planejamento sucessório. In: TEIXEIRA, Daniele Chaves (Coord.). *Arquitetura do Planejamento Sucessório*, 2ª ed. Belo Horizonte: Forum, p. 630.
16. Recurso especial. Direito de família. União estável. Regime de bens. Comunhão parcial. Previdência privada. Modalidade fechada. Contingências futuras. Partilha. Art. 1.659, VII, do CC/2002. Benefício excluído. Meação de dívida. Possibilidade. Súmula 7/STJ. Preclusão consumativa. Fundamento autônomo. 1. Cinge-se a controvérsia a identificar se o benefício de previdência privada fechada está incluído dentro no rol das exceções do art. 1.659, VII, do CC/2002 e, portanto, é verba excluída da partilha em virtude da dissolução de união estável, que observa, em regra, o regime da comunhão parcial dos bens. 2. A previdência privada possibilita a constituição de reservas para contingências futuras e incertas da vida por meio de entidades organizadas de forma autônoma em relação ao regime geral de previdência social. 3. As entidades fechadas de previdência complementar, sem fins lucrativos, disponibilizam os planos de benefícios de natureza previdenciária apenas aos empregados ou grupo de empresas aos quais estão atrelados e não se confundem com a relação laboral (art. 458, § 2º, VI, da CLT). 4. O artigo 1.659, inciso VII, do CC/2002 expressamente exclui da comunhão de bens as pensões, meios-soldos, montepios e outras rendas semelhantes, como, por analogia, é o caso da previdência complementar fechada. 5. O equilíbrio financeiro e atuarial é princípio nuclear da previdência complementar fechada, motivo pelo qual permitir o resgate antecipado de renda capitalizada, o que em tese não é possível à luz das normas previdenciárias e estatutárias, em razão do regime de casamento, representaria um novo parâmetro para a realização de cálculo já extremamente complexo e desequilibraria todo o sistema, lesionando participantes e beneficiários, terceiros de boa-fé, que assinaram previamente o contrato de um fundo sem tal previsão. 6. Na partilha, comunicam-se não apenas o patrimônio líquido, mas também as dívidas e os encargos existentes até o momento da separação de fato. 7. Rever a premissa de falta de provas aptas a considerar que os empréstimos beneficiaram a família, demanda o revolvimento do acervo fático-probatório dos autos, o que atrai o óbice da Súmula 7 deste Superior Tribunal. 8. Recurso especial não provido. STJ, 3ª T., Rel. Min. Ricardo Villas Bôas Cueva, julg. em 27 abr. 2017, DJe 20 jun. 2017.

"no período que antecede a percepção dos valores, ou seja, durante as contribuições e formação do patrimônio, com múltiplas possibilidades de depósitos, de aportes diferenciados e de retiradas, inclusive antecipadas, a natureza preponderante do contrato de previdência complementar aberta é de investimento, razão pela qual o valor existente em plano de previdência complementar aberta, antes de sua conversão em renda e pensionamento ao titular, possui natureza de aplicação e investimento, devendo ser objeto de partilha por ocasião da dissolução do vínculo conjugal por não estar abrangido pela regra do art. 1.659, VII, do CC/2002".[17]

Excluem-se, ainda, da comunhão parcial os bens cuja aquisição tiver por título uma causa anterior ao casamento, consoante o disposto no art. 1.661 do Código Civil. Zeno Veloso sugere os seguintes exemplos para a hipótese:

> se um dos cônjuges vendeu um bem antes do casamento, sob condição resolutiva, e esta se verifica na constância da sociedade conjugal, o bem fica incomunicável. O mesmo ocorre se, ainda solteiro, um dos cônjuges prometeu comprar um bem, pagando o preço a prestações, e recebendo a escritura definitiva já no estado de casado. Igualmente, não entra na comunhão o bem adquirido pela usucapião, fundada em posse que teve o seu início antes do casamento.[18]

Evidentemente que, no caso de aquisição de bem antes do casamento, sendo o preço pago em prestações, caso algumas parcelas se vençam na constância do casamento, estas deverão entrar na comunhão e deverão ser objeto de partilha na hipótese de dissolução da sociedade conjugal.[19]

Na comunhão parcial, estão incluídos no patrimônio comum dos cônjuges os bens adquiridos por fato eventual (Código Civil, art. 1.660, II), sendo certo que, consoante Paulo Lôbo, o fato eventual tanto pode ser natural como humano, sendo exemplos do primeiro a avulsão, a aluvião e a formação de ilhas[20] e exemplo do segundo o prêmio obtido em aposta ou loteria. Incluem-se, ainda, na comunhão as benfeitorias realizadas em bens particulares de cada cônjuge (Código Civil, art. 1.660, IV) e os frutos dos bens comuns, ou dos particulares de cada cônjuge, percebidos na constância do casamento, ou pendentes ao tempo de cessar a comunhão (Código Civil, art. 1.660, V). Em relação aos frutos dos bens particulares do cônjuge, a regra legal será afastada se dito bem estiver gravado com a cláusula de incomunicabilidade extensiva aos frutos.

---

17. STJ, Resp 1.698.774-RS, 3ª T, Rel, Min. Nancy Andrighi, julg. em 1º set. 2020. No mesmo sentido, STJ, Resp 1695687/SP, 3ª T., Rel. Min. Ricardo Villas Bôas Cueva, julgado em 05.04.2022, DJe 19.04.2022.
18. VELOSO, Zeno. Regimes Matrimoniais de Bens, cit., p. 179/180.
19. "Família e processual civil. Ação de partilha de bens mediante meação. Regime da comunhão parcial de bens. Imóvel adquirido antes do casamento. Cônjuge virago que auxiliou de forma indireta no incremento patrimonial, conforme prova nos autos. Sentença que julgou parcialmente procedente o pedido. Meação da autora que deverá incidir sobre o percentual do imóvel relacionado às prestações pagas durante o casamento, em conformidade com o regime da comunhão parcial de bens. Desprovimento do apelo" TJRJ, Apelação Civil 0030119-34.2008.8.19.0203, Rel. Des. Luiz Fernando de Carvalho, julgado em 27 jul. 2011.
20. LOBO, Paulo. Famílias, cit., p. 318.

Também se presumem adquiridos na constância do casamento os bens móveis, salvo se restar provado que a sua aquisição se deu em data anterior (Código Civil, art. 1.662). Os bens móveis aqui indicados são aqueles diversos dos bens de uso pessoal, dos livros e instrumentos de profissão de cada cônjuge, uma vez que estes estão expressamente excluídos da comunhão parcial consoante o disposto no art. 1.659, inciso V, do Código Civil.

Na esteira da comunhão dos bônus decorrentes do casamento, a saber, dos bens adquiridos a título oneroso na constância do casamento, comunicam-se no regime da comunhão parcial também os ônus, ou seja, as dívidas contraídas no exercício da administração dos bens comuns, que obrigam esses últimos e aqueles particulares do cônjuge que exerça a administração do patrimônio comum, bem como os particulares do outro cônjuge na razão do proveito auferido (Código Civil, art. 1.663).

O patrimônio comum responde, ainda, pelas dívidas contraídas tanto pelo marido como pela mulher para atender aos encargos da família, às despesas de administração e às decorrentes de imposição legal (Código Civil, art. 1.664), sendo certo, no entanto, que as dívidas contraídas por qualquer dos cônjuges na administração de seus bens particulares e em benefício destes não obrigam os bens comuns (Código Civil, art. 1.666).

Importante registrar que é pacífico na jurisprudência o entendimento segundo o qual a comunicação de patrimônio decorrente da comunhão parcial de bens cessa diante da separação de fato dos cônjuges, uma vez que entendimento contrário importaria em enriquecimento sem causa do cônjuge que não tenha contribuído para a aquisição patrimonial.[21]

5. O REGIME DA COMUNHÃO UNIVERSAL

O regime da comunhão universal é um regime mais amplo do que o da comunhão parcial de bens, no qual se comunicam todos os bens presentes e futuros dos cônjuges, bem como suas dívidas passivas. Desse modo, entram na comunhão os bens que cada cônjuge possuir ao casar, bem como os adquiridos na constância do casamento por doação ou sucessão.

Trata-se de regime de bens que deve ser eleito pelos nubentes mediante pacto antenupcial.

---

21. "Apelação cível. Adjudicação de imóvel. Pedido formulado pelo ex-cônjuge que adquirira o bem a prestações, depois da ruptura da vida conjugal. Décadas de separação de fato. Jurisprudência pacífica, reconhecendo que descabe a meação de bens havidos quando os cônjuges estavam separados de fato. O reconhecimento da comunhão nesta hipótese resulta em enriquecimento sem causa, eis que o patrimônio fora adquirido individualmente, sem qualquer adjutório do ex-cônjuge. Provimento do recurso". TJRJ, Apelação Civil 0010678-14.2007.8.19.0038, Rel. Des. Marilene Melo Alves, julgado em 28 abr. 2010, tendo sido citados os seguintes precedentes STJ REsp 32218/SP, Rel. Min. Aldir Passarinho Junior, julgado em 17/05/2001; REsp 40785/RJ, Rel. Min. Carlos Alberto Menezes Direito, julgado em 19 nov. 1999; REsp 67678/RS, Rel. Min. Nilson Naves, julgado em 19 nov. 1999 e REsp 140694/DF, Rel. Min. Ruy Rosado de Aguiar, julgado em 13 out. 1997.

O artigo 1.668 do Código Civil enumera os bens que são excluídos da comunhão universal. Além daqueles enumerados no art. 1.659, incisos V a VII, são excluídos da comunhão universal os bens doados ou herdados com a cláusula de incomunicabilidade e os sub-rogados em seu lugar. Note-se que o mesmo se passa quando o bem é gravado com a cláusula de inalienabilidade, uma vez que esta última implica a incomunicabilidade, na forma do disposto no art. 1.911, *caput*, do Código Civil.

Também se excluem da comunhão os bens gravados de fideicomisso, uma vez que ditos bens estão no patrimônio do cônjuge na qualidade de fiduciário, constituindo uma propriedade resolúvel, a ser transmitida ao fideicomissário uma vez implementado o termo ou a condição aposta pelo fideicomitente. Se ocorrer uma hipótese de caducidade do fideicomisso, com a consolidação da propriedade no patrimônio do cônjuge fiduciário, dito bem anteriormente fideicomitido, passará a integrar a comunhão de bens do casamento.

Na mesma linha, exclui-se da comunhão o direito do herdeiro fideicomissário, antes de realizada a condição suspensiva, uma vez que, enquanto o evento futuro e incerto não se implementa, o cônjuge fideicomissário não adquiriu qualquer direito, consoante o disposto no art. 125 do Código Civil.

Bem lembra Zeno Veloso ao incluir nos bens incomunicáveis no regime da comunhão universal aqueles doados com cláusula de reversão. De fato, o doador pode estipular que o bem retorne para o seu patrimônio, caso sobreviva ao donatário (Código Civil, art. 547). Nesses casos, portanto, se o donatário premorrer ao doador, o bem retornará para o patrimônio deste último, não integrando os bens comuns do casamento do donatário. Porém, se o doador falecer antes do donatário, não mais subsistirá a condição resolutiva e, então, o bem passará a integrar o patrimônio comum do cônjuge donatário.[22]

Excluem-se, ainda, da comunhão as dívidas que cada cônjuge possuir ao casar, salvo se ditas dívidas tiverem revertido em proveito comum dos cônjuges ou forem oriundas dos aprestos do casamento, bem como as doações antenupciais feitas por um dos cônjuges ao outro, desde que gravadas com a cláusula de incomunicabilidade ou inalienabilidade.

A incomunicabilidade dos bens excluídos da comunhão universal não se estende aos seus frutos, quando se percebam ou vençam na constância do casamento (Código Civil, art. 1.669), tal como ocorre na comunhão parcial de bens, salvo se o bem do qual emanam os frutos estiver gravado com a cláusula restritiva de inalienabilidade ou incomunicabilidade extensiva aos frutos, sendo certo, ainda, que são aplicadas ao regime da comunhão universal de bens as mesmas regras previstas para a comunhão parcial quanto à administração dos bens comuns (Código Civil, art. 1670).

---

22. VELOSO, Zeno. *Regimes Matrimoniais de Bens*, cit., p. 137.

6. A PARTICIPAÇÃO FINAL NOS AQUESTOS

O regime de participação final nos aquestos é um regime misto e complexo, que funciona como uma separação total na constância do casamento e uma comunhão parcial por ocasião da dissolução da sociedade conjugal com algumas peculiaridades inerentes a tal regime de bens.

Com efeito, durante o casamento, cada cônjuge tem o seu patrimônio próprio (Código Civil, arts. 1.672 e 1.673), composto pelos bens que cada um possuía ao casar e por aqueles adquiridos a qualquer título na constância do matrimônio, sendo certo que a administração desses bens é exclusiva do cônjuge titular, que os poderá alienar livremente na hipótese de bens móveis, o mesmo se passando quanto aos bens imóveis caso assim seja estipulado no pacto antenupcial De fato, conforme o disposto no art. 1.656 do Código Civil, os cônjuges que optarem pelo regime da participação final nos aquestos poderão convencionar a alienação dos bens imóveis independentemente da outorga conjugal, desde que ditos bens sejam particulares.

Ocorrendo a dissolução da sociedade conjugal, serão apurados os aquestos, ou seja, os bens adquiridos a título oneroso na constância do casamento, para que seja identificado o patrimônio total a ser dividido entre os cônjuges, tal como ocorreria se o regime de bens fosse o da comunhão parcial. Os patrimônios próprios dos cônjuges são somados, excluindo-se os bens anteriores ao casamento, os bens que sobrevieram a cada cônjuge por doação ou liberalidade e os sub-rogados em seu lugar, bem como as dívidas relativas a esses bens, presumindo-se adquiridos na constância do casamento os bens móveis, salvo prova em contrário (Código Civil, art. 1.674).

Dita apuração deve levar em conta a data em que cessou a convivência dos cônjuges e não o decreto do divórcio (Código Civil, art. 1.683). Uma vez apurado o montante dos aquestos, este é dividido entre os cônjuges, em partes iguais, e o pagamento deve levar em conta o que cada um já possui em sua titularidade, podendo ocorrer, portanto, que um dos cônjuges se torne devedor do outro, para que seja alcançada a meação de cada um conforme o valor alcançado pela divisão por dois do montante dos aquestos. Na esteira das lições de Paulo Lôbo:

No montante dos aquestos devem ser computados os valores equivalentes aos bens que foram adquiridos por qualquer dos cônjuges na constância do casamento, por título oneroso e alienados antes da dissolução da sociedade conjugal, inclusive mediante doação não autorizada. Os bens não mais existem, mas devem ser substituídos por seus valores, para apuração da meação de cada cônjuge. Trata-se de operação contábil.[23]

É o que se infere das disposições dos artigos 1.675 e 1.676 do Código Civil, valendo a ressalva do autor acima citado quanto ao disposto no art. 1.675, uma vez que dito dispositivo prevê uma "estranha reivindicação de coisa futura", já que, pela disposição

---

23. LOBO, Paulo. *Famílias*, cit., p. 340.

legal, admite-se que o bem doado seja reivindicado pelo cônjuge prejudicado, sendo certo que a "reivindicação pode ser exigida a qualquer tempo, após a doação não autorizada, para que retorne ao patrimônio do doador e não ao do reivindicante".[24]

Na hipótese de impossibilidade de dividir os bens em natureza, a reposição entre os cônjuges será realizada em dinheiro e, caso o cônjuge devedor não tenha recursos suficientes para pagar dita reposição, os bens serão avaliados e, mediante autorização judicial, serão alienados tantos quanto bastarem para o alcance da divisão igualitária entre os cônjuges (Código Civil, art. 1.684).

Importante ressaltar que o direito à meação não é renunciável, cessível ou penhorável na vigência do regime de bens, mas apenas quando cessada a convivência (Código Civil, art. 1.682). O objetivo da norma é impedir que um dos cônjuges seja alvo da malícia do outro e, ainda, respeitar a peculiaridade de o direito à meação só existir uma vez finda a convivência, uma vez que, até lá, não há o que se falar em direito à meação, mas apenas em bens particulares de cada um dos cônjuges.

Quanto às dívidas adquiridas após o casamento, estas só são comuns na hipótese de terem revertido em proveito de ambos. Caso contrário, responde pela dívida o cônjuge que a tiver contraído, sem que seja atingida a meação do outro (Código Civil, art. 1.686). Caso um dos cônjuges pague a dívida do consorte, com bens de seu patrimônio, dito pagamento deverá ser contabilizado e imputado, na data da dissolução da sociedade conjugal, na meação do cônjuge devedor (Código Civil, arts. 1.677 e 1.678).

7. O REGIME DA SEPARAÇÃO DE BENS

O regime da separação total de bens é aquele em que não há patrimônio comum entre os cônjuges, permanecendo os bens sob a administração de seu titular, que os pode alienar ou gravar de ônus real livremente, consoante o disposto no art. 1.687 do Código Civil. Tanto o marido como a mulher devem contribuir para as despesas da família na proporção de seus rendimentos, salvo se houver estipulação contrária no pacto antenupcial (Código Civil, art. 1.668).

Trata-se, portanto, de regime de bens em que os cônjuges mantêm vidas econômicas distintas. Desse modo, não há patrimônio comum, mas apenas o patrimônio particular de cada um dos cônjuges, que têm liberdade de administrá-lo ou aliená-lo, respondendo cada um pelas dívidas que contrair, não havendo qualquer solidariedade em relação ao outro, salvo na hipótese do disposto no artigo 1.644 do Código Civil. De acordo com Paulo Lôbo:

> O regime de separação absoluta é o que melhor corresponde ao princípio da igualdade de gêneros, como tendência das sociedades ocidentais. A crescente inserção da mulher no mercado de trabalho e na vida econômica torna dispensável a motivação subjacente de sua proteção, que se encontra nos regimes de comunhão parcial ou universal. Enquanto vigorou o modelo legal de família patriarcal, o regime de separação era injusto para a mulher; no modelo igualitário de

---
24. Ob. cit., p. 341.

família, é o mais justo e o que melhor respeita a dignidade e a liberdade de cada cônjuge. Em virtude de sua simplicidade e da ausência de interesses patrimoniais superpostos, o regime reduz sensivelmente o quantum de litigiosidade ou conflituosidade que os demais propiciam.[25]

Importante mencionar que na vigência do Código Civil de 1916, por força de interpretação do art. 259 do aludido diploma legal, que determinava que embora o regime não fosse o da comunhão de bens, prevaleceriam, no silêncio do contrato, os princípios dela quanto à comunicação dos adquiridos na constância do casamento, consagrou-se o entendimento de que no regime de separação de bens convencional era preciso mencionar no pacto de forma expressa que a separação era *absoluta* e *total* para que não houvesse comunicação de aquestos entre os cônjuges.

O mesmo dispositivo passou a ser aplicado ao regime da separação obrigatória e, assim, por não haver pacto em dito regime, aplicavam-se os princípios decorrentes da comunhão parcial quanto aos bens adquiridos no curso do casamento. Na esteira de tal entendimento foi editado o verbete 377 da súmula do Supremo Tribunal Federal, *in verbis*, "no regime de separação legal de bens, comunicam-se os adquiridos na constância do casamento". Tendo em vista inexistir no Código Civil dispositivo semelhante ao art. 259 do Código Civil de 1916, discute-se a permanência da posição consubstanciada no referido verbete do Supremo Tribunal Federal.

Para alguns autores[26], permanece em vigor o verbete 377 da súmula do Supremo Tribunal Federal. Neste caso, a partilha do patrimônio adquirido na constância do casamento independe de prova do esforço comum, sendo este presumido. Nessa linha, estão algumas decisões do Superior Tribunal de Justiça[27].

---
25. LOBO, Paulo. *Famílias*, p. 331.
26. Ver LOBO, Paulo. *Famílias*. Ob. Cit., p. 331, MADALENO, Rolf. *Manual de Direito de Família*. Rio de Janeiro: Forense, 2017, p. 52 e TARTUCE, Flávio & SIMÃO, José Fernando. *Direito Civil*, vol. 5, São Paulo: Método, 2010, 5ª edição. Em relação a esta última obra, há divergência entre os coautores diante da questão. Enquanto Flávio Tartuce defende a permanência do verbete 377 da Súmula do Supremo Tribunal Federal, José Fernando Simão defende o contrário, em virtude da revogação do art. 259 do Código Civil de 1916.
27. "Direito Civil. Família. Alimentos. União Estável entre sexagenários. Regime de bens aplicável. Distinção entre frutos e produto. (...) 5. Embora tenha prevalecido no âmbito do STJ o entendimento de que o regime aplicável na união estável entre sexagenários é o da separação obrigatória de bens, segue esse regime temperado pela Súmula 377 do STF, com a comunicação dos bens adquiridos onerosamente na constância da união, sendo presumido o esforço comum, o que equivale à aplicação do regime da comunhão parcial. (...) 8. Recurso especial de G. T. N. não provido. 9. Recurso especial de M. DE L. P. S. provido". STJ, RESP 1199790/MG, 3ª T., Rel. Min. Vasco Della Giustina, julgado em 14 dez. 2010, DJe 02 fev. 2011. Recurso especial – Ação anulatória de aval – Outorga conjugal para cônjuges casados sob o regime da separação obrigatória de bens – necessidade – Recurso provido. 1. É necessária a vênia conjugal para a prestação de aval por pessoa casada sob o regime da separação obrigatória de bens, à luz do artigo 1647, III, do Código Civil. 2. A exigência de outorga uxória ou marital para os negócios jurídicos de (presumidamente) maior expressão econômica previstos no artigo 1647 do Código Civil (como a prestação de aval ou a alienação de imóveis) decorre da necessidade de garantir a ambos os cônjuges meio de controle da gestão patrimonial, tendo em vista que, em eventual dissolução do vínculo matrimonial, os consortes terão interesse na partilha dos bens adquiridos onerosamente na constância do casamento. 3. Nas hipóteses de casamento sob o regime da separação legal, os consortes, por força da Súmula n. 377/STF, possuem o interesse pelos bens adquiridos onerosamente ao longo do casamento, razão por que é de rigor garantir-lhes o mecanismo de controle de outorga uxória/marital para os negócios jurídicos previstos no artigo 1647 da lei civil. 4. Recurso especial provido. STJ, REsp 1163074/PB, 3ª T., Rel. Massami Uyeda, julgado em 15 dez. 2009, DJe 04 fev. 2010.

Diante da controvérsia, surgiram na jurisprudência posicionamentos que defendem uma interpretação restritiva do referido verbete do Supremo Tribunal Federal, exigindo prova de contribuição para a partilha do patrimônio adquirido na constância do matrimônio, aos moldes de uma sociedade de fato, ao argumento de que, de modo diverso, restaria descaracterizado o próprio regime.[28] Nessa direção, posicionou-se a Segunda Seção do Superior Tribunal de Justiça, em Embargos de Divergência em Recurso Especial julgado em 26.08.2015, assim ementado:

> Embargos de divergência no Recurso Especial. Direito de Família. União estável. Companheiro sexagenário. Separação obrigatória de bens (CC/1916, art. 258, II; CC/2002, art. 1.641, II). Dissolução. Bens adquiridos onerosamente. Partilha. Necessidade de prova do esforço comum. Pressuposto da pretensão. Embargos de divergência providos.1. Nos moldes do art. 258, II, do Código Civil de 1916, vigente à época dos fatos (matéria atualmente regida pelo art. 1.641, II, do Código Civil de 2002), à união estável de sexagenário, se homem, ou cinquentenária, se mulher, impõe-se o regime da separação obrigatória de bens. 2. *Nessa hipótese, apenas os bens adquiridos onerosamente na constância da união estável, e desde que comprovado o esforço comum na sua aquisição, devem ser objeto de partilha.* 3. Embargos de divergência conhecidos e providos para negar seguimento ao recurso especial.[29]

De fato, ganhou força a argumentação de que o verbete em questão descaracteriza o regime da separação obrigatória, razão pela qual era preciso repensá-lo. Revisitou-se, assim, o conceito de esforço comum e, diante disso, duas possibilidades foram cogitadas. A primeira foi caber ao cônjuge demandado provar que o outro em nada contribuiu para a formação do patrimônio comum, descartada em virtude da dificuldade em ser realizada uma prova negativa. Já a segunda, ao fim acatada pelo Superior Tribunal de Justiça, determina que o cônjuge que demanda o patrimônio em comum prove que teve efetiva participação no esforço para a aquisição onerosa de determinado bem a ser partilhado, ainda que dita contribuição não seja financeira.

Embora não se desconheçam decisões do próprio STJ que adotaram solução diversa após a uniformização da matéria pela Segunda Seção, no julgamento dos

---

28. "Apelação Cível. União Estável. Varão Sexagenário ao tempo do início do relacionamento. Separação Obrigatória de bens. Aplicação da súmula n° 377 do STF. Interpretação restritiva desse enunciado. Partilha mediante prova de contribuição dos bens havidos na vigência da união estável. 1. Não há vício material na norma do inciso II do art. 1.641 do CCB, uma vez que a própria Constituição Federal – e, destacadamente, a Lei 10.741/03 – estabelece necessidade de proteção especial e diferenciada às pessoas com idade igual ou superior a 60 anos – em consonância com o intuito da regra do Código Civil (na redação anterior à atual, que torna obrigatório o regime de separação de bens somente a partir dos 70 anos). 2. Aplica-se às uniões estáveis a regra de separação obrigatória/legal de bens, sob pena de tratamento privilegiado dessa entidade familiar. Precedente do STJ. 3. Incidente, também, por decorrência, a Súmula n° 377 do STF, em sua interpretação restritiva, que exige prova de contribuição, aos moldes de uma sociedade de fato. Entender em sentido diverso significa descaracterizar o próprio regime de separação de bens, porquanto, ao fim e ao cabo, a presunção de contribuição seria uma forma de burlar a regra, transformando esse regime em uma verdadeira comunhão parcial. 4. Não há nos autos mínima comprovação de que a autora tenha efetivamente contribuído na aquisição dos bens que pretende partilhar, o que leva à improcedência do pleito. Por maioria, negaram provimento". TJRS, Apelação Cível n° 70043554161, 8ª CC, Rel. Des. Luiz Felipe Brasil Santos, julgado em 04.08.2011.
29. STJ, 2ª Seção, EREsp 1171820/PR, Rel. Raul Araújo, julgado em 26.08.2015.

Embargos de Divergência acima transcrito, mais recentemente esse entendimento voltou a ser preconizado pela Segunda Seção da Corte em 2018, nos Embargos de Divergência 1.623.858-MG, restando assentado que *"No regime de separação legal de bens, comunicam-se os adquiridos na constância do casamento, desde que comprovado o esforço comum para sua aquisição"*.[30]

Apesar das balizadas opiniões em sentido contrário, sem dúvida, o verbete 377 do Supremo Tribunal Federal distorce o regime de separação obrigatória de bens, transformando-o, na prática, em regime de comunhão parcial de bens, em clara violação ao comando legal e, ainda, ao senso comum que vigora na sociedade, sendo de difícil compreensão que um regime que se intitula *separação obrigatória* gere a comunhão de aquestos.

7.1 A possibilidade de afastar o verbete 377 da Súmula do Supremo Tribunal Federal por pacto

Em que pese haver vozes que defendem a inconstitucionalidade da imposição do regime de separação de bens aos maiores de 70 (setenta) anos e, ainda, em que pese o posicionamento que advoga a tese da insubsistência do verbete 377 da Súmula do Supremo Tribunal Federal diante das disposições do Código Civil[31], fato é que a questão continua muito debatida na doutrina e na jurisprudência, sendo certo que raros não são os julgados que aplicam dito verbete.

A problemática se coloca quando os nubentes têm plena consciência de que o seu regime de bens é aquele da separação obrigatória e, de fato, desejam os seus efeitos. Esta situação é dramática diante dos nubentes com mais de 70 anos, que desejosos por contrair matrimônio em regime de total separação patrimonial, não se conformam com a possibilidade de incidência do verbete 377 da Súmula do Supremo Tribunal Federal em um casamento regido segundo a lei pelo *regime da separação obrigatória de bens*.

Não é incomum que as pessoas sujeitas ao regime de separação obrigatória de bens decidam celebrar pacto antenupcial[32], no qual manifestam a clara vontade de que seu casamento seja regido pelo regime da mais absoluta e total separação patrimonial. Nestes casos, resta consignado no assento pertinente que o casamento foi celebrado pelo regime da separação total de bens, com indicação expressa da escritura pública do pacto antenupcial, sendo certo que dito pacto não tem o condão de atribuir àquele casamento os efeitos próprios do regime de separação total convencional de bens (que diferem dos efeitos do casamento pelo regime de separação

---

30. EREsp 1.623.858/MG, Rel. Ministro Lázaro Guimarães (Desembargador convocado do TRF 5ª Região), Segunda Seção, julgado em 23.05.2018, DJe 30.05.2018.
31. Vide nota 6.
32. Vale registrar que no caso de menores em idade núbil, os pais, ou na sua ausência o tutor, deverão aprovar a celebração do pacto antenupcial, atuando como intervenientes na escritura pública.

obrigatória de bens)[33], mas apenas de consignar que o regime de bens deve ser o da mais absoluta separação de patrimônios, afastando a incidência do verbete 377 da Súmula do Supremo Tribunal Federal.

Com efeito, a jurisprudência dos nossos Tribunais em diversos casos autoriza que mesmo nos casamentos aos quais se aplica o regime da separação obrigatória de bens por força do disposto no art. 1.641 do Código Civil haja pacto antenupcial celebrado pelos nubentes prevendo a mais absoluta e total separação de bens no matrimônio.[34]

---

33. Conforme previsto no art. 1.829, I, do Código Civil, em concorrência com os descendentes, o cônjuge não é herdeiro do outro quando o casamento é regido pela separação obrigatória de bens. O mesmo não se passa quando o casamento foi celebrado pelo regime da separação total convencional de bens, hipótese em que, pelo dispositivo mencionado, o cônjuge concorre com os descendentes na sucessão do consorte falecido.
34. "Agravo de instrumento. Sucessões. Inventário. Separação obrigatória de bens. Direito de meação sobre os bens adquiridos na constância do matrimônio. Cabimento. Incidência da súmula 377 do STF. Existência de pacto antenupcial celebrado pelos cônjuges, que apenas reproduz a disposição legal acerca do regime da separação obrigatória dos bens. Circunstância que não tem o condão de afastar o direito da agravada de meação sobre os aquestos. Bem imóvel adquirido na vigência do casamento em sub-rogação. Matéria que pende de exame pelo juízo a quo, sob pena de supressão do grau de jurisdição. Recurso conhecido em parte e, nesta parte, desprovido". Agravo de Instrumento 70015588825, Sétima Câmara Cível, Tribunal de Justiça do RS, Relator: Ricardo Raupp Ruschel, Julgado em 27/09/2006. "Partilha – Meação – Inventário – Casamento – Separação De Bens Obrigatória– Comunicação Dos Aquestos – Prova Da Participação De Um Dos Cônjuges Na Aquisição Do Patrimônio – Artigos 258, II E 259 do CC de 1916 – Súmula 377 do STF. Para que os aquestos não se comuniquem imprescindível que no contrato, leia-se, na Escritura Pública de Convenção de Pacto Antenupcial, conste que os nubentes escolhem o regime da separação de bens e que os bens adquiridos na constância do matrimônio também não se comunicarão. Recurso desprovido" (TJMG, 6ª Câmara Cível, Apelação Cível 1.0620.06.017911-1/0010179111-80.2006.8.13.0620 (1), Rel. Des. José Domingues Ferreira Esteves, julgado em 25.03.2008). "ação declaratória. Meação. Regime de separação obrigatória de bens. Comunicação dos aquestos. 1. Se o casamento estava sujeito ao regime de separação obrigatória de bens e se todos os bens do de cujus foram adquiridos durante a vida conjugal, que findou com o óbito do varão, tem aplicação a Súmula 377 do STF estabelecendo que, no regime de separação legal de bens, comunicam-se os adquiridos na constância do casamento. 2. Constitui entendimento indissonante hoje que, enquanto o casal estiver junto e unido, o produto do trabalho de ambos e todas as conquistas patrimoniais devem a eles pertencer de forma igualitária, salvo se houver manifestação de vontade expressa em sentido contrário (contrato escrito na união estável ou pacto antenupcial, no casamento)". Recurso desprovido. (SEGREDO DE JUSTIÇA) (Apelação Cível 70012778023, Sétima Câmara Cível, Tribunal de Justiça do RS, Relator: Sérgio Fernando de Vasconcellos Chaves, Julgado em 07.12.2005). "Agravo de instrumento. Regime da separação de bens. Ausência de descendentes ou ascendentes. Testamento realizado. Disposição da totalidade de seus bens. Proteção ao cônjuge sobrevivente. 1. Inicialmente deve-se salientar que o inventariado casou-se com a agravada em 19 dez. 1991, quando possuía 60 anos de idade e, por isso, por imposição do artigo 258, parágrafo único, do Código Civil de 1916, era imposto o regime de separação obrigatória de bens. Não obstante, firmaram os nubentes, em 28.11.1991, pacto antenupcial estipulando como regime de bens o da separação total. Vê-se, ainda, que antes do falecimento, que se deu em 2013, o inventariado celebrou testamento, dispondo dos seus bens, não deixando ascendentes nem descendentes. 2. A sucessão e a capacidade para suceder são reguladas pela lei vigente ao tempo da abertura da sucessão, no caso concreto, o Código Civil atual. 3. Note-se que dispõe o artigo 2.041 do Código Civil atual que "As disposições deste Código relativas à ordem da vocação hereditária (artigos. 1829 a 1.844) não se aplicam à sucessão aberta antes de sua vigência, prevalecendo o disposto na Lei anterior (Lei 3.071, de 1º de janeiro de 1916)", ou seja, aberta a sucessão na vigência da legislação atual, esta deve ser aplicada ao caso concreto. 4. Não se olvide que o artigo 1.787 do Código Civil estabelece que a sucessão e a legitimação para suceder são reguladas pela lei vigente ao tempo da abertura da sucessão, salientando-se que o artigo 1577 do CC/16 não dispunha de forma diversa, ao reconhecer que a "capacidade para suceder é a do tempo da abertura da sucessão". 5. Superada a questão intertemporal, verifica-se dos autos que o casamento deu-se sob o regime da separação total de bens, não só por possuir o cônjuge varão idade superior a 60 anos de idade quando vigente o CC/16 (artigo 258), mas por assim também convencionarem os cônjuges. Doutrina. 6. Apesar

Ocorre que nem sempre o aludido pacto antenupcial é aceito nos processos de habilitação de casamento, em especial pelo disposto no número 7 do art. 70 da Lei 6.015/73, que indica que as escrituras antenupciais não poderão ser consignadas no assento de casamento quando o regime for o legal.[35] Não raro, o Ministério Público opina pelo cancelamento do pacto antenupcial lavrado ao argumento de nulidade e os nubentes veem cair por terra o seu desejo de celebrar seu casamento pelo regime que a lei dispõe, a saber, o regime de separação de bens, uma vez que, não existindo pacto, há sério risco de incidência do verbete 377 da Súmula do Supremo Tribunal Federal por ocasião da dissolução do casamento.

Nesse cenário, é preciso ponderar se, realmente, o pacto antenupcial que preveja a mais absoluta e total separação de bens, celebrado por aqueles que devem se submeter ao regime da separação obrigatória de bens, é um ato nulo e que merece ser simplesmente cancelado.

O ato nulo, conforme o disposto no art. 166 do Código Civil, é aquele celebrado por pessoa absolutamente incapaz, aquele cujo objeto for ilícito, impossível ou indeterminável, quando o motivo determinante, comum a ambas as partes, for ilícito, não revestir a forma prescrita na lei, for preterida alguma solenidade que a lei considere essencial para a sua validade, tiver por objetivo fraudar lei imperativa ou a lei taxativamente o declarar nulo, ou proibir-lhe a prática, sem cominar sanção.

Na medida em que o pacto em comento prevê exatamente o regime de bens que a lei impõe, ou seja, o regime de separação patrimonial, pode-se concluir que dito ajuste não contraria o comando legal, não sendo, portanto, nulo. Neste caso, os nubentes elegem para o seu casamento o próprio regime que a lei determina, qual seja, o regime de separação patrimonial.

---

de constituir o testamento ato jurídico perfeito, quando da abertura da sucessão vigia o atual CC que, no artigo 1845, que dispõe ser o cônjuge herdeiro necessário, destacando-se que o testamento, por se tratar de "negócio mortis causa", "somente produz efeitos após a morte do testador". 7. Ademais, mesmo se aplicar o Código Civil de 1916, o artigo 1.603, que dispunha acerca da ordem da vocação hereditária, estabelecia que o cônjuge sobrevivente integra a sucessão legítima, na terceira classe de herdeiros, sendo preterido somente pelos descendentes e ascendentes. 8. Saliente-se que o artigo 1829 do Código Civil, que também dispõe acerca da ordem da vocação hereditária, estabelece que o cônjuge sobrevivente integra a cadeia sucessória e, no artigo 1838, do mesmo Código, estabelece que na "falta de descendentes e ascendentes, será deferida a sucessão por inteiro ao cônjuge sobrevivente", independentemente do regime de bens adotado no casamento com o falecido. Precedente do TJRJ. 9. Nessa toada, aplicável, na espécie, o artigo 1789 combinado com o artigo 1967, ambos do Código Civil/2002, a fim de concluir que o testador, havendo herdeiros necessários, só pode dispor da metade da herança e, caso não exceda a parte disponível, impõe-se a redução das disposições aos limites dela. 10. Recurso não provido. TJRJ, Agravo de Instrumento 0024229-63.2016.8.19.0000, 14ª Câmara Cível, Data de Julgamento: 29 jun. 2016, Data de Publicação: 1º jul. 2016.

35. Habilitação para casamento. Pacto antenupcial firmado por nubente maior de sessenta anos. Obrigatoriedade do regime de separação de bens. Nulidade declarada. Manutenção da sentença. Improvimento do recurso. Tratando-se de pacto antenupcial firmado por nubente com mais de sessenta anos de idade, correta a sentença que declarou a nulidade da avença, homologou a habilitação para o casamento e determinou a observância do regime da separação obrigatória dos bens. TJRJ, Apelação Cível 0000030-94.2004.8.19.0000, 3ª Câmara Cível, Rel. Des. Antônio Eduardo F. Duarte, julgado em 26 out. 2004.

Evidentemente que o mesmo não seria se o pacto modificasse a separação total e absoluta de bens, prevendo hipóteses de comunicação de aquestos. Neste caso, a toda evidência, as disposições do pacto conflitariam com o comando legal que impõe o regime de separação obrigatória de bens.[36]

O objetivo da imposição do regime de separação obrigatória de bens é proteger centros de interesses que poderiam conflitar com a comunhão de bens. O verbete 377 da Súmula do Supremo Tribunal Federal viola a proteção da lei, contrariando o objetivo do legislador. Assim, por que não se admitir que nesta hipótese haja um pacto antenupcial prevendo exatamente o que a lei determina?

Com tantas discussões a respeito do regime da separação obrigatória de bens e, ainda, quanto à vigência do entendimento consubstanciado no verbete 377 da Súmula do Supremo Tribunal Federal, não há motivos para negar que aqueles que devem se submeter ao regime de separação obrigatória de bens afirmem em documento autêntico o seu desejo de realmente viverem uma separação total e plena de patrimônios, na esteira do comando legal.

Isso porque, nestes casos, o que os nubentes pretendem é evitar que, por imposição de uma interpretação jurisprudencial antiga, decorrente de legislação anterior revogada, hoje em discussão sobre a sua permanência, sejam obrigados a viver em regime de comunhão parcial por força do citado verbete 377 da Súmula do Supremo Tribunal Federal, quando a vontade de ambos é que a vida financeira e patrimonial dos dois seja completamente separada e incomunicável. Importante observar que não se trata de atribuir ao casamento os efeitos do regime da separação total convencional de bens, mas apenas o efeito de afastar a incidência do verbete 377 do Supremo Tribunal Federal.

Sem dúvida, não se pode argumentar que ditas avenças seriam nulas, uma vez que não é razoável que a jurisprudência imponha a pessoas maiores e capazes uma comunhão de aquestos indesejada, quando a própria lei determina a separação de patrimônios consoante o disposto no art. 1.641 do Código Civil.

Assim, na medida em que a vontade manifestada está em plena consonância com o comando legal e visa apenas afastar uma interpretação jurisprudencial, deve ser levada em conta na análise dos efeitos daquele casamento, o mesmo valendo para os pactos de união estável nos casos em que se impõe o regime da separação obrigatória por equiparação.

---

36. Apelação cível. Direito de família. Pedido de declaração de nulidade de pacto antenupcial. Sentença de procedência dos pedidos. Irresignação da parte ré. 1. Da análise dos autos, verifica-se que o pacto antenupcial, no qual foi escolhido o regime de comunhão total de bens, foi celebrado em 24.11.2009, momento em que o autor contava com 61 anos de idade. 2. De acordo com o art. 1.641, inciso II do Código Civil, com a redação original vigente à época dos fatos (anterior à vigência da Lei 12.344/2010), o regime da separação de bens no casamento é obrigatório para as pessoas maiores de sessenta anos de idade. 3. Portanto, na celebração do pacto antenupcial deveria ter sido observado o regime de separação de bens, por expressa disposição legal. Nulidade reconhecida. 4. Manutenção da sentença. 5. Nega-se provimento ao recurso. TJRJ, 25ª CC, Apelação Cível 0009548-45.2017.8.19.0003, Data de Julgamento 13 mar. 2019, Data de Publicação: 14 mar. 2019.

Nessa direção, a jurisprudência dos nossos Tribunais já vinha em alguns casos autorizando a celebração de pacto antenupcial nos casos de regime de separação obrigatória.[37]

Em 2016, o Tribunal de Justiça de Pernambuco editou provimento no sentido de que o oficial do registro civil deverá cientificar os nubentes em caso de regime de separação obrigatória quanto à possibilidade de afastar o verbete 377 por meio de pacto antenupcial.[38] Em 2018, em sede de Recurso Administrativo, decisão da Corregedoria de Justiça de São Paulo admitiu o pacto antenupcial para afastar o aludido verbete, desde que mantidas as demais regras do regime da separação obrigatória.[39] Também em 2018, por ocasião das VIII Jornadas de Direito Civil, foi aprovado o Enunciado 634 assim ementado, *in verbis*: Art. 1.641: É lícito aos que se enquadrem

---

37. "Agravo de Instrumento. Sucessões. Inventário. Separação obrigatória de bens. Direito de meação sobre os bens adquiridos na constância do matrimônio. Cabimento. Incidência da súmula 377 do STF. Existência de pacto antenupcial celebrado pelos cônjuges, que apenas reproduz a disposição legal acerca do regime da separação obrigatória dos bens. Circunstância que não tem o condão de afastar o direito da agravada de meação sobre os aquestos. Bem imóvel adquirido na vigência do casamento em sub-rogação. Matéria que pende de exame pelo juízo a quo, sob pena de supressão do grau de jurisdição. Recurso conhecido em parte e, nesta parte, desprovido". (Agravo de Instrumento Nº 70015588825, Sétima Câmara Cível, Tribunal de Justiça do RS, Relator: Ricardo Raupp Ruschel, Julgado em 27/09/2006). "Partilha – Meação – Inventário – Casamento – Separação de Bens Obrigatória – Comunicação dos Aquestos – prova da participação de um dos cônjuges na aquisição do patrimônio – artigos 258, II e 259 do CC de 1916 – súmula 377 do STF Para que os aquestos não se comuniquem imprescindível que no contrato, leia-se, na Escritura Pública de Convenção de Pacto Antenupcial, conste que os nubentes escolhem o regime da separação de bens e que os bens adquiridos na constância do matrimônio também não se comunicarão. Recurso desprovido" (TJMG, 6ª Câmara Cível, Apelação Cível 1.0620.06.017911-1/0010179111-80.2006.8.13.0620 (1), Reç. Des. José Domingues Ferreira Esteves, julgado em 25.03.2008). "Ação declaratória. Meação. Regime de separação obrigatória de bens. Comunicação dos aquestos. 1. Se o casamento estava sujeito ao regime de separação obrigatória de bens e se todos os bens do *de cujus* foram adquiridos durante a vida conjugal, que findou com o óbito do varão, tem aplicação a Súmula 377 do STF estabelecendo que, no regime de separação legal de bens, comunicam-se os adquiridos na constância do casamento. 2. Constitui entendimento indissonante hoje que, enquanto o casal estiver junto e unido, o produto do trabalho de ambos e todas as conquistas patrimoniais devem a eles pertencer de forma igualitária, salvo se houver manifestação de vontade expressa em sentido contrário (contrato escrito na união estável ou pacto antenupcial, no casamento)". Recurso desprovido. (segredo de justiça) (Apelação Cível 70012778023, Sétima Câmara Cível, Tribunal de Justiça do RS, Relator: Sérgio Fernando de Vasconcellos Chaves, Julgado em 07.12.2005).
38. Provimento 08 de 2016 do TJ/PE.
    Artigo 1º. Ao Título IV, Capítulo III, Seção I, do Provimento nº 20, de 20 de novembro de 2009, da Corregedoria Geral de Justiça do Estado de Pernambuco (Código de Normas dos Serviços Notariais e de Registros), fica acrescido do seguinte artigo:
    Art. 664-A. No regime de separação legal ou obrigatória de bens, na hipótese do artigo 1.641, inciso II, do Código Civil, deverá o oficial do registro civil cientificar os nubentes da possibilidade de afastamento da incidência da Súmula 377 do Supremo Tribunal Federal, por meio de pacto antenupcial.
    Parágrafo Único. O oficial do registro esclarecerá sobre os exatos limites dos efeitos do regime de separação obrigatória de bens, onde comunicam-se os bens adquiridos onerosamente na constância do casamento
39. Recurso Administrativo 1065469-74.2017.8.26.0100. Registro Civil De Pessoas Naturais – Casamento – Pacto Antenupcial – Separação Obrigatória – Estipulação De Afastamento Da Súmula 377 do STF – Possibilidade. Nas hipóteses em que se impõe o regime de separação obrigatória de bens (art. 1641 do CC), é dado aos nubentes, por pacto antenupcial, prever a incomunicabilidade absoluta dos aquestos, afastando a incidência da súmula 377 do Excelso Pretório, desde que mantidas todas as demais regras do regime de separação obrigatória. Situação que não se confunde com a pactuação para alteração do regime de separação obrigatória, para o de separação convencional de bens, que se mostra inadmissível.

no rol de pessoas sujeitas ao regime da separação obrigatória de bens (art. 1.641 do Código Civil) estipular, por pacto antenupcial ou contrato de convivência, o regime da separação de bens, a fim de assegurar os efeitos de tal regime e afastar a incidência da Súmula 377 do STF.

Diante desse movimento que em prestígio da autonomia privada dos nubentes buscam justamente reforçar os efeitos do regime de bens, sendo evidente que as previsões do pacto na direção de afastar o verbete em questão não constituem matéria de ordem pública vedada pelo artigo 1.655 do Código Civil, o Superior Tribunal de Justiça admitiu a possibilidade de afastar os efeitos da Súmula 377 do força de pacto antenupcial, consoante acórdão a seguir ementado, encorajando outros Tribunais a editar provimentos como aquele acima mencionado do Tribunal de Justiça de Pernambuco:[40]

> Recurso Especial. União estável sob o regime da Separação Obrigatória de bens. Companheiro maior de 70 anos na ocasião em que firmou escritura pública. Pacto antenupcial afastando a incidência da súmula n. 377 do STF, impedindo a comunhão dos aquestos adquiridos onerosamente na constância da convivência. Possibilidade. Meação de bens da companheira. Inocorrência. Sucessão de bens. Companheira na condição de herdeira. Impossibilidade. Necessidade de remoção dela da inventariança. 1. O pacto antenupcial e o contrato de convivência definem as regras econômicas que irão reger o patrimônio daquela unidade familiar, formando o estatuto patrimonial – regime de bens – do casamento ou da união estável, cuja regência se iniciará, su-

---

40. Provimento TJMT/CGJ 19/2022 – Acrescenta artigo e institui capítulo sobre união estável22 de junho de 2022O Código de Normas Gerais da Corregedoria-Geral da Justiça do Foro Extrajudicial (CNGCE) está sendo alterado pelo Poder Judiciário e, desta vez, o Provimento TJMT/CGJ 19/2022 acrescenta o artigo 1.489-A; institui o Capítulo IV-A, União Estável; e acrescenta ao referido Capítulo a Seção II – Patrimônio na União Estável. Confira abaixo as redações:
Art. 1.489-A No regime de separação obrigatória de bens, deverá o oficial do registro civil informar aos nubentes da possibilidade de afastamento da incidência da Súmula 377 do Supremo Tribunal Federal, por meio de pacto antenupcial.
Parágrafo único O oficial do registro esclarecerá sobre os exatos limites dos efeitos do regime de separação obrigatória de bens, onde se comunicam os bens adquiridos na constância do casamento, desde que comprovado o esforço comum para sua aquisição ".
Art. 2º Instituir o Capítulo IV-A, União Estável, e acrescentar ao referido Capítulo a Seção II – Patrimônio na União Estável, do Código de Normas Gerais da Corregedoria-Geral da Justiça do Foro Extrajudicial – CNGCE, com a seguinte redação:
Capitulo IV-A
Da União Estável
Seção II – Patrimônio na União Estável
Art. 1.532-A Na escritura pública declaratória de união estável, as partes poderão deliberar sobre as relações patrimoniais, nos termos do art. 1.725, do Código Civil, inclusive sobre a existência de bens comuns e de bens particulares de cada um com descrição da matrícula e do registro imobiliário.
§ 1º Quando for adotado o regime de bens diverso da comunhão parcial, deverá ser esclarecido que este somente será válido a partir da formalização de uma nova escritura pública específica que altere o regime patrimonial legal.
§ 2º Verificada uma das hipóteses descritas no artigo 1.641, do Código Civil, no momento da lavratura da escritura pública declaratória de união estável, é lícito aos conviventes, por meio de outra escritura pública específica, afastar a incidência da Súmula 377 do STF.
Art. 2º Transferir a Seção VI – Do registro de união estável entre pessoas do mesmo sexo, do Capítulo IV da CNGCE, para a Seção I do Capítulo IV-A da CNGCE.

cessivamente, na data da celebração do matrimônio ou no momento da demonstração empírica do preenchimento dos requisitos da união estável (CC, art. 1.723). (...) 6. No casamento ou na união estável regidos pelo regime da separação obrigatória de bens, é possível que os nubentes/companheiros, em exercício da autonomia privada, estipulando o que melhor lhes aprouver em relação aos bens futuros, pactuem cláusula mais protetiva ao regime legal, com o afastamento da Súmula n. 377 do STF, impedindo a comunhão dos aquestos. 7. A mens legis do art. 1.641, II, do Código Civil é justamente conferir proteção ao patrimônio do idoso que está casando-se e aos interesses de sua prole, impedindo a comunicação dos aquestos. Por uma interpretação teleológica da norma, é possível que o pacto antenupcial venha a estabelecer cláusula ainda mais protetiva aos bens do nubente septuagenário, preservando o espírito do Código Civil de impedir a comunhão dos bens do ancião. O que não se mostra possível é a vulneração dos ditames do regime restritivo e protetivo, seja afastando a incidência do regime da separação obrigatória, seja adotando pacto que o torne regime mais ampliativo e comunitário em relação aos bens. 8. Na hipótese, o de cujus e a sua companheira celebraram escritura pública de união estável quando o primeiro contava com 77 anos de idade – com observância, portanto, do regime da separação obrigatória de bens –, oportunidade em que as partes, de livre e espontânea vontade, realizaram pacto antenupcial estipulando termos ainda mais protetivos ao enlace, demonstrando o claro intento de não terem os seus bens comunicados, com o afastamento da incidência da Súmula 377 do STF. Portanto, não há falar em meação de bens nem em sucessão da companheira (CC, art. 1.829, I). 9. Recurso especial da filha do de cujus a que se dá provimento. Recurso da ex-companheira desprovido.[41]

Por conseguinte, apesar de não ter havido alteração na Lei de Registros Públicos quanto ao procedimento de habilitação de casamento, é visível a abertura para a admissão dos pactos antenupciais com o objetivo de afastar o verbete 377 da Súmula do Supremo Tribunal Federal nos casos do regime da separação obrigatória de bens, devendo ser tal requerimento submetido ao juiz da Circunscrição Civil onde tramitar o aludido procedimento de habilitação.

8. DOAÇÃO ENTRE CÔNJUGES

O Código Civil não reproduziu o disposto no art. 312 do Código Civil de 1916, que vedava as doações antenupciais entre os cônjuges na hipótese do regime da separação obrigatória de bens, admitindo-as nos demais casos, desde que não excedessem a metade dos bens do doador.

Dito dispositivo fazia referência apenas às doações antenupciais, nada prevendo sobre as doações que fossem realizadas entre os cônjuges na constância do casamento. Em que pese tal constatação, na doutrina e na jurisprudência era recorrente o posicionamento de que no regime da separação obrigatória de bens também eram vedadas as doações entre os cônjuges no curso do casamento, em que pese ser possível encontrar julgados em sentido contrário, mormente quando o casamento havia sido precedido de união estável.[42]

---

41. STJ, REsp nº 1922347/PR, 4ª T., Rel. Ministro Luis Felipe Salomão, julgado em 07.12.2021.
42. "Anulação de doação. Regime da separação obrigatória de bens. Descabe a anulação de doação entre cônjuges casados pelo regime da separação obrigatória de bens, quando o casamento tenha sido precedido de união estável. Outrossim, o art. 312 do Código Civil de 1916 veda tão somente as doações realizadas por pacto antenupcial. A restrição imposta no inciso II do art. 1641 do Código vigente, correspondente do inciso II do

Sobre a questão, assiste razão à Zeno Veloso, ao asseverar que as doações entre cônjuges serão permitidas desde que sejam compatíveis com o regime de bens,[43] valendo ditas lições escritas na vigência da lei anterior, que permanecem atuais diante das disposições do Código Civil.

Desse modo, a liberalidade não poderá importar em derrogação do regime de bens adotado pelo casal. Se o regime é o da separação obrigatória, imposta pela lei aos nubentes, não poderá haver doação de um cônjuge para o outro, o mesmo se passando no regime da comunhão universal, em que todo o patrimônio se comunica entre os consortes, salvo uma hipótese remotíssima de doação de bem particular que seja gravada com a cláusula de incomunicabilidade. No regime da comunhão parcial de bens, são possíveis as doações de um cônjuge para o outro, desde que tenham por objeto o patrimônio particular do doador, sendo sempre possíveis as doações no regime da separação total convencional de bens.

Vale registrar que as doações deverão respeitar o limite legal e poderão ser objeto de colação no inventário do doador caso o donatário seja herdeiro necessário em concorrência com os descendentes.

Por fim, vale assinalar que caso a doação seja feita por terceiro para os cônjuges, figurando o marido e a mulher no contrato como donatários, falecendo um deles, a doação subsistirá em sua totalidade para o cônjuge sobrevivo, consoante o disposto no art. 551, parágrafo único, do Código Civil.

9. O REGIME DE BENS E A SUCESSÃO HEREDITÁRIA DO CÔNJUGE NO CÓDIGO CIVIL

O Código Civil alterou profundamente a sucessão do cônjuge, estabelecendo a sua concorrência com os descendentes e os ascendentes, garantindo-lhe uma quota da herança em propriedade plena. Segundo o disposto no art. 1.829, inciso I, do

---

art. 258 do Código Civil de 1916, é inconstitucional, ante o atual sistema jurídico que tutela a dignidade da pessoa humana como cânone maior da Constituição Federal, revelando-se de todo descabida a presunção de incapacidade por implemento de idade. Apelo, à unanimidade, desprovido no mérito, e, por maioria, afastada a preliminar de incompetência, vencido o Em. Des. Sérgio Fernando de Vasconcellos Chaves". TJRS, Apelação Cível 70004348769, 7ª CC, Rel. Maria Berenice Dias, Julgado em 27 ago. 2003. Direito civil. Agravo regimental em Recurso Especial. Doação realizada por cônjuge na constância do casamento. Vigência do Código Civil de 1916. Regime de separação legal de bens. Doador com idade superior a 60 anos. Validade. Precedente. 1. São válidas as doações promovidas, na constância do casamento, por cônjuges que contraíram matrimônio pelo regime da separação legal de bens, por três motivos: "(i) o CC/16 não as veda, fazendo-no apenas com relação às doações antenupciais; (ii) o fundamento que justifica a restrição aos atos praticados por homens maiores de sessenta anos ou mulheres maiores que cinquenta, presente à época em que promulgado o CC/16, não mais se justificam nos dias de hoje, de modo que a manutenção de tais restrições representam ofensa ao princípio da dignidade da pessoa humana; (iii) nenhuma restrição seria imposta pela lei às referidas doações caso o doador não tivesse se casado com a donatária, de modo que o Código Civil, sob o pretexto de proteger o patrimônio dos cônjuges, acaba fomentando a união estável em detrimento do casamento, em ofensa ao art. 226, §3º, da Constituição Federal." (REsp 471958/RS, 3ª T., Rel. Min. Nancy Andrighi, julgado em 18 dez. 2008, DJe de 18 fev. 2009). 2. Agravo regimental a que se nega provimento". STJ, RESP 194325, 3ª T, Rel. Min. Vasco dela Giustina, julgado em 08 fev. 2011, DJe 01 abr. 2011.

43. VELOSO, Zeno. *Regimes Matrimoniais de Bens*, cit., p. 215.

referido Diploma Legal, a concorrência do cônjuge com os descendentes depende do regime de bens do casamento. De fato, o cônjuge não participa da sucessão de seu consorte, se casado com o falecido pelo regime da comunhão universal de bens, da separação obrigatória e da comunhão parcial quando não há bens particulares do autor da herança.

A sucessão do cônjuge, portanto, em concorrência com os descendentes terá lugar, conforme o dispositivo mencionado, quando o casamento tiver sido celebrado pelos regimes da separação convencional de bens, da participação final nos aquestos, da comunhão parcial existindo bens particulares do autor da herança e nas hipóteses pouco frequentes dos regimes mistos.

Diversas controvérsias surgiram diante da disposição contida no art. 1.829, inciso I, do Código Civil. Um exemplo é a controvérsia quanto à sucessão do cônjuge casado pelo regime da comunhão parcial de bens quando o falecido deixou bens particulares. Apesar da ressalva em relação aos bens particulares quanto ao regime da comunhão parcial, verificar uma hipótese real em que o cônjuge nesta circunstância não seja herdeiro em concorrência com os descendentes é quase impossível, pois a existência de bens particulares é praticamente certa em todos os casos. Basta pensar no elenco determinado pelo art. 1.659 do Código Civil, que estabelece os bens que não entram na comunhão.

Vale assinalar que na hipótese da sucessão do cônjuge casado no regime da comunhão parcial de bens, em concorrência com os descendentes, discutia-se a massa de bens sobre a qual incide o seu direito sucessório: somente sobre os bens particulares do autor da herança ou sobre todo o acervo hereditário (meação do finado + bens particulares). Sobre a questão, na III Jornada de Direito Civil foi aprovado o Enunciado 270, defendendo que o direito sucessório do cônjuge nessa hipótese incide apenas sobre os bens particulares do finado.[44] Nessa direção, em 2015, o Superior Tribunal de Justiça, em julgamento da 2ª Seção, pacificou a questão, prevalecendo a posição do enunciado já referido.[45]

Outra controvérsia foi aquela relativa à sucessão do cônjuge casado pelo regime da separação total convencional de bens. Isso porque, apesar do disposto no art. 1.829, I, do Código Civil, há posicionamentos que defendem a exclusão do cônjuge casado pelo regime da separação total convencional de bens da sucessão quando

---

44. No sentido do referido enunciado, vale citar o acórdão do STJ, REsp 974241/DF, 4ª T., julgado em 07 jun. 2011, DJe 05 out. 2011.
45. Recurso especial. Civil. Direito das sucessões. Cônjuge sobrevivente. Regime de comunhão parcial de bens. Herdeiro necessário. Existência de descendentes do cônjuge falecido. Concorrência. Acervo hereditário. Existência de bens particulares do *de cujus*. Interpretação do art. 1.829, I, do Código Civil. Violação ao art. 535 do CPC. Inexistência. (...) 2. Nos termos do art. 1.829, I, do Código Civil de 2002, o cônjuge sobrevivente, casado no regime de comunicação parcial de bens, concorrerá com os descendentes do cônjuge falecido somente quando este tiver deixado bens particulares. 3. A referida concorrência dar-se-á exclusivamente quanto aos bens particulares constantes do acervo hereditário do *de cujus*. 4. Recurso especial provido". STJ, REsp 1368123/SP, 2ª S., Rel. Min. Sidnei Beneti, Rel. para acórdão Min. Raul Araújo, julg. 22 abr. 2015, publ. 08 jun. 2015.

em concorrência com os descendentes. Segundo Miguel Reale e Judith Martins-Costa, nessas hipóteses, é de se afastar a sucessão do cônjuge em concorrência com os descendentes, pois, se os cônjuges escolheram o regime da separação de bens, não haveria razão para determinar a comunicação dos patrimônios após a morte.[46] Sustentam os mencionados autores que a redação infeliz do art. 1.829, inciso I, do Código Civil "acabou por não ensejar que restasse expressa no texto legal a exclusão, no rol dos herdeiros necessários, daqueles casados voluntariamente pelo regime da separação total, deixando de fora somente os que casaram com separação total por imposição legal".[47]

A posição acima indicada defende os seguintes argumentos: a) a sucessão do cônjuge casado no regime da separação de bens praticamente leva a extinção de dito regime, uma vez que subtrai um de seus pressupostos, a saber, a incomunicabilidade do patrimônio entre os cônjuges e b) dita sucessão fere o princípio da liberdade, já que impede os nubentes de livremente convencionar a respeito da partilha de seus bens, gerando o enriquecimento sem causa, em especial diante de segundas núpcias.

O Superior Tribunal de Justiça proferiu decisões no sentido da exclusão do cônjuge casado pelo regime da separação total convencional de bens da sucessão quando em concorrência com os descendentes.[48] No entanto, a questão restou superada com posição da 2ª Seção do aludido Tribunal, que afastou o referido entendimento, *in verbis*:

> Civil. Direito das Sucessões. Cônjuge. Herdeiro necessário. Art. 1.845 do CC. Regime de separação convencional de bens. Concorrência com descendente. Possibilidade. Art. 1.829, I, do CC. 1. O cônjuge, qualquer que seja o regime de bens adotado pelo casal, é herdeiro necessário (art. 1.845 do Código Civil). 2. No regime de separação convencional de bens, o cônjuge sobrevivente concorre com os descendentes do falecido. A lei afasta a concorrência apenas quanto ao regime da separação legal de bens prevista no art. 1.641 do Código Civil. Interpretação do art. 1.829, I, do Código Civil. 3. Recurso especial desprovido.[49]

De fato, muito embora possa ser sedutora a tese que defende afastar o cônjuge da sucessão em concorrência com os descendentes no regime da separação total convencional, é importante registrar que, diante da proteção constitucional à família, é preciso examinar com cautela uma interpretação da sucessão hereditária à luz de uma *suposta vontade subjacente à escolha do regime de bens*.

---

46. Esta opinião está expressa no parecer "Direito Civil. Sucessões. Casamento sob o regime da separação total de bens, voluntariamente escolhido pelos nubentes. Pacto Antenupcial de Separação Total de Bens e de Frutos. Código Civil, art. 1.829, inciso I. Interpretação. Compreensão do fenômeno sucessório e seus critérios hermenêuticos. A força normativa do pacto antenupcial". In: *Revista Trimestral de Direito Civil – RTDC*, v. 24, p. 205 a 228.
47. REALE, Miguel; MARTINS-COSTA, Judith, "Direito Civil. Sucessões. Casamento sob o regime da separação total de bens, voluntariamente escolhido pelos nubentes. Pacto Antenupcial de Separação Total de Bens e de Frutos. Código Civil, art. 1.829, inciso I. Interpretação. Compreensão do fenômeno sucessório e seus critérios hermenêuticos. A força normativa do pacto antenupcial", cit., p. 225.
48. STJ, REsp 992749/MS, 3ª T., Rel. Min. Nancy Andrighi, julgado em 01 dez. 2009, DJe 05 fev. 2010 e STJ, REsp 11110951/RJ, 4ª T., Rel. Min. Carlos Fernando Mathias, julgado em 1º out. 2009, DJe 11 fev. 2010.
49. STJ, 2ª S., REsp 1382170/SP, Rel. Min. Moura Ribeiro, Relator para Acórdão Ministro João Otávio de Noronha, julg. 22 abr. 2015.

Com efeito, primeiramente, deve-se registrar a evolução dos direitos sucessórios do cônjuge no ordenamento jurídico brasileiro: do quarto lugar na ordem de vocação hereditária, atrás dos parentes colaterais até o décimo grau, o cônjuge passou a herdeiro necessário em propriedade plena no Código Civil de 2002, concorrendo com os descendentes e ascendentes, passando por usufrutuário na disciplina da Lei 4.121/62, que alterou a redação do art. 1.611 do Código Civil de 1916.

Realmente, se a tutela sucessória concedida ao cônjuge pelo Código Civil de 1916 era considerada insuficiente por alguns estudiosos[50], tornou-se insustentável na medida em que a família passava por modificações profundas em sua organização, marcadas pela substancial retração em sua composição, por sua estatização e pela democratização do núcleo familiar, tendo em vista a igualdade entre os cônjuges e a especial proteção das crianças, dos adolescentes e dos idosos. Consoante Luisa Mezanotte e Anibali Marini, na família nuclear, o cônjuge é o único componente estável e essencial, uma vez que os filhos, em um determinado momento, irão se desprender daquela entidade, formando a sua própria comunidade familiar.[51]

Nesse cenário, não se podia mais relegar o vínculo conjugal ao segundo plano. Assim, foram estabelecidas as regras sucessórias do Código Civil vigente, que conferiram ao cônjuge uma quota da herança em propriedade plena, estabelecendo a sua concorrência com os descendentes e com os ascendentes. Na primeira hipótese, ou seja, na concorrência com os descendentes, identifica-se pela redação do citado art. 1.829, inciso I, do Código Civil, que o legislador teve por objetivo *conjugar* os direitos sucessórios do cônjuge com o regime de bens do casamento, mas não regular a sucessão hereditária à luz da normativa de cada regime de bens.

Nessa linha, o legislador ordinário afastou a sucessão do cônjuge quando este já se encontra protegido na esfera patrimonial pela meação decorrente do regime de bens adotado no casamento, excluindo dita sucessão nos casos de comunhão universal e de comunhão parcial sem bens particulares, regimes nos quais há bens comuns entre os cônjuges. Daí ser recorrente a afirmação de que, diante do Código Civil, o cônjuge em concorrência com os descendentes, quando meeiro, não é herdeiro.

Desse modo, é a ausência de meação que justifica a sucessão hereditária do cônjuge sobrevivente quando em concorrência com os descendentes. A inexistência de patrimônio comum decorrente do regime de bens levou o legislador a contemplar o cônjuge sobrevivente na sucessão de seu consorte, aquinhoando-o com uma quota

---

50. Merecem transcrição as lições de Clóvis Beviláqua, ao comentar o art. 1.611 do Código Civil de 1916: "Unidos pelo mais intimo dos laços, pela communhão de affectos e de interesse, era uma necessidade moral indeclinavel conceder, ao cônjuge sobrevivo, direito sucessorio, preferente ao dos collateraes. O Código Civil satisfez essa necessidade, no que aliás, já o antecedera a lei n. 1.839, de 31 de Dezembro de 1907. Deveria ter ido um pouco além o Código e não deixar o conjuge desamparado, quando a herança deva ser deferida aos ascendentes do premorto, por não haver descendentes. Mas, ainda que incompleta, a justiça do dispositivo é louvavel". C. BEVILÁQUA, *Código Civil dos Estados Unidos do Brasil commentado*. Rio de Janeiro, Francisco Alves, 1944, 5. ed. p. 71. v. VI.
51. L. MEZZANOTTE. *La successione anomala del coniuge*, cit., p. 16. A. MARINI. *"Transformazioni sociali e successione del coniuge"*, cit., p. 49.

da herança igual àquela destinada aos descendentes, salvo se aquele for ascendente destes últimos, hipótese na qual o quinhão do cônjuge sobrevivente não poderá ser inferior a um quarto da herança (Código Civil, art. 1.832).

É verdade que o legislador ordinário afastou a sucessão do cônjuge quando em concorrência com os descendentes nas hipóteses do regime de separação obrigatória de bens. No entanto, tal circunstância não pode servir de argumento para o mesmo tratamento nos casos do regime da separação convencional de bens, tendo em vista a diversidade profunda que existe entre os dois regimes de separação: um é imposto pela lei enquanto o outro é escolhido pelos nubentes, através da livre celebração do pacto antenupcial.

Além disso, o legislador não deveria ter excluído o cônjuge casado pelo regime da separação obrigatória de bens da sucessão, exatamente pela ausência de meação que informa o referido regime. Ao discorrer sobre as hipóteses nas quais o cônjuge é afastado da sucessão, a saber, quando casado com o falecido pelo regime da comunhão universal e da separação obrigatória de bens, Paulo Nader acentua que a segunda hipótese é "manifestamente injusta, pois, como os patrimônios eram independentes, não haverá, *in casu*, sequer a meação".[52]

Sobre a tutela patrimonial do cônjuge, vale mencionar os ensinamentos de José Lamartine Corrêa de Oliveira e Francisco José Ferreira Muniz:

> A questão da tutela adequada ao cônjuge sobrevivente passa por considerações ligadas a dois capítulos diversos do ordenamento privado e à harmônica combinação entre os regramentos desses dois setores. De um lado, os direitos patrimoniais do cônjuge sobrevivente, que são decorrentes do regime matrimonial de bens, e de outro lado os direitos sucessórios, na sucessão *ab intestato*.[53]

A harmonia entre os dois regramentos encontra-se na graduação da tutela sucessória do cônjuge consoante o regime de bens adotado no casamento, de forma a estabelecer o fundamento da vocação hereditária do consorte sobrevivente não apenas no vínculo matrimonial, mas também nas relações patrimoniais decorrentes do casamento. Nessa linha, se o regime de bens, por sua normativa, já confere ao cônjuge uma proteção patrimonial, não precisaria o cônjuge receber amparo também na esfera sucessória.

Esta conjugação de fatores para o estabelecimento do fundamento da vocação hereditária do cônjuge encontra-se em consonância com a proposta de releitura do Direito Civil à luz dos valores constitucionais. De fato, diante de um sistema constitucional que prioriza os valores existenciais, sendo as situações patrimoniais um instrumento para a concretização daqueles, não se pode relegar ao Direito Sucessório uma função meramente patrimonial. Ao contrário: a pessoa humana, na sua real e

---

52. P. NADER. *Curso de Direito Civil*, v. 6, Rio de Janeiro, Forense, 2008, p. 143.
53. CORRÊA DE OLIVEIRA, José Lamartine & MUNIZ, Francisco José Ferreira. *Curso de Direito de Família*. Juruá: Curitiba, 1998, cit., p. 465.

concreta dimensão, não pode estar fora do horizonte normativo da vocação legal.[54] Segundo Vincenzo Scalisi, para que a vitalidade e a coerência sejam restituídas ao Direito Hereditário é preciso retirá-lo de sua posição neutra. Nas palavras do referido autor em relação ao Direito Sucessório:

> [...] è necessario sottrarla a quella posizione neutra in cui è stata confinata dalla tradizione e recuperarla a una esigenza positiva, che, esaltando i valori della persona umana, assicuri una destinazione dei beni in funzione di ricambio nella titolarità e di utilità sociale, dell'instaurazione di più equi rapporti sociali, della tutela di persone economicamente più deboli, una transmissione dei beni che, in altre parole, si ponga a sostengo della dignità, sicurezza e solidarietà umana.[55]

Desse modo, nos regimes de bens onde a regra é a ausência de patrimônio comum, restará justificada a sucessão hereditária imposta pela lei, para garantir a proteção do cônjuge sobrevivente por ocasião da morte de seu consorte.

Além disso, os argumentos que defendem existir uma incoerência em relação à sucessão do cônjuge casado no regime da separação total convencional de bens ou a sucessão do cônjuge quanto aos bens particulares do consorte nas hipóteses do regime da comunhão parcial de bens não encontram respaldo na ordem civil e nos fatos que ordinariamente ocorrem no seio familiar.

Em primeiro lugar, não se pode confundir os institutos do regime de bens e da sucessão hereditária. Tais institutos, relacionados à tutela patrimonial do cônjuge, desempenham funções diversas no ordenamento civil: o primeiro estabelece as regras relativas à divisão do patrimônio adquirido por cada um dos cônjuges no momento da dissolução da sociedade conjugal, levando em conta a manifestação de vontade dos nubentes; já o segundo disciplina a transmissão do patrimônio deixado por uma pessoa após a sua morte, elegendo os sucessores dentre os membros da família do autor da herança, tendo em vista o dever de solidariedade no âmbito familiar.

A diversidade existente entre os referidos institutos permite uma harmônica conjugação, de forma a estabelecer a sucessão hereditária não numa perspectiva neutra, baseada apenas na existência do vínculo matrimonial, mas, ao contrário, conforme as relações patrimoniais existentes entre o autor da herança e o cônjuge sobrevivente.

A incomunicabilidade de patrimônios, portanto, não deixa de ser pressuposto do regime da separação de bens apenas porque o cônjuge nesta hipótese é herdeiro necessário. A sucessão *causa mortis* não tem o condão de tornar comuns patrimônios separados, estabelecendo a divisão da herança consoante a ordem de vocação

---

54. SCALISI, Vincenzo. Persona Umana e Successioni: itinerari di un confronto ancora aperto. In: *La civilistica Italiana dagli anni '50 as oggi tra crisi dogmatica e riforme legislative*, Congresso dei Civilisti Italiani, Venezia 23-26 Giugno 1989, Padova, Cedam, 1991, p. 158.
55. SCALISI, Vincenzo. *Persona umana e successioni, itinerari di un confronto ancora aperto*, cit., p. 160-161. Tradução livre: é necessário tirá-la daquela posição neutra na qual foi confinada pela tradição e recuperá-la a uma exigência positiva, que, exaltando os valores da pessoa humana, assegure uma destinação dos bens em função de troca na titularidade e de utilidade social, de instauração de uma melhor equiparação das relações sociais, de tutela das pessoas economicamente mais fracas, uma transmissão de bens que, em outras palavras, seja estabelecida como base da dignidade, segurança e solidariedade humana.

hereditária, que contempla o cônjuge sobrevivente exatamente porque este mantém com o falecido estreito vínculo de solidariedade.

Some-se a isso que a condição de herdeiro necessário do cônjuge casado no regime da separação convencional de bens quando em concorrência com os descendentes não fere o princípio da liberdade, já que não se pode dizer que todos aqueles que se casam por dito regime matrimonial pretendem que o seu consorte seja excluído da sucessão hereditária. Ao contrário: são inúmeros os testamentos realizados por um cônjuge em benefício do outro, justamente para garantir uma adequada proteção ao viúvo.

A liberdade dos nubentes quanto à divisão de seus respectivos bens após a morte é tolhida não pela disposição do art. 1.829, inciso I, do Código Civil, mas sim em virtude da determinação contida no art. 426 do mesmo diploma legal, que impede que a herança de pessoa viva seja objeto do pacto antenupcial. Em que pese tal constatação, não se pode olvidar a possibilidade de disposição de bens através do ato de última vontade, negócio que permite ao testador diminuir sobremaneira a quota da herança a que o cônjuge sobrevivente terá direito por força da sucessão legítima, através da previsão do destino da quota disponível da herança.

Em relação ao enriquecimento sem causa, impróprio é justificar a exclusão do cônjuge a partir de dito princípio. Como indicado acima, os critérios para a escolha dos sucessores legítimos de uma pessoa são baseados em seus vínculos de solidariedade no âmbito familiar, o que justifica cabalmente a inclusão do cônjuge no referido rol.

Desse modo, não merece prosperar o posicionamento que defende a interpretação do sistema sucessório à luz de uma suposta vontade dos nubentes subjacente à escolha do regime de bens, uma vez que, como ponderado acima, ditos institutos devem ser conjugados para que seja estabelecida uma proteção satisfatória ao cônjuge sobrevivente por ocasião do falecimento de seu consorte.

Vale ressaltar, no entanto, que o melhor sistema não é aquele construído com base nos regimes de bens típicos, disciplinados na lei. Isso porque a ideia subjacente a dito sistema é que a meação já seria suficiente para proteger o consorte sobrevivente. No entanto, é possível haver regime de comunhão sem bens comuns, quando, por exemplo, apenas um dos cônjuges tem patrimônio e todos os seus bens estão gravados com as cláusulas restritivas da propriedade e regimes de separação nos quais os cônjuges são condôminos em vasto patrimônio.[56]

---

56. Atenta às distorções que podem ocorrer diante do citado art. 1.829, inciso I, está Claudia de Almeida Nogueira. Ao discorrer sobre a sucessão do cônjuge casado pelo regime da comunhão universal de bens, a Autora assinala: "Entretanto, o falecido pode ter deixado bens incomunicáveis, compondo-se o espólio de bens comuns e particulares ou até mesmo, apenas de bens particulares. Interpretando-se textualmente a lei, o cônjuge que era casado por este regime não sucede concorrendo com os herdeiros de primeira vocação, tenha ou não o morto deixado bens particulares. Ora, se o casado pelo regime de comunhão parcial de bens que deixou bens particulares sucede, sendo irrelevante a existência de aquestos, o mesmo posicionamento deveria ser adotado para o casado pela comunhão universal que deixou bens particulares, garantindo-se ao sobrevivo o direito à herança destes bens. (...). Tivesse o falecido, que era casado pelo regime de comunhão universal, deixado apenas bens incomunicáveis, a situação do sobrevivo seria idêntica ao casado pelo regime de separação absoluta. Ambos desprovidos de meação. O casado pelo regime da separação absoluta

Melhor seria, portanto, se o Código Civil tivesse estabelecido a sucessão do cônjuge em concorrência com os descendentes com base na existência ou não de *bens comuns*. Assim era o Projeto Primitivo do Código Civil de 1916, que, em algumas hipóteses, estabelecia a concorrência do cônjuge com os descendentes e com os ascendentes na sucessão.

De fato, em seu artigo 1.774, o Projeto Primitivo do Código Civil de 1916 estabelecia o direito do cônjuge sobrevivente a uma porção de bens igual à de um filho sempre que o regime matrimonial não lhe desse direito à meação de todos os bens ou somente dos adquiridos. Não havendo descendentes, seriam chamados à sucessão os ascendentes e o cônjuge supérstite, quando o regime matrimonial não lhe desse direito à meação de todos os bens ou somente dos adquiridos (art. 1.775). Nesta última hipótese, a quota do cônjuge seria igual à de cada um dos ascendentes, salvo se houvesse desigualdade nas quotas dos últimos, quando o cônjuge sobrevivente tomaria o lugar de um deles na linha onde fosse menor o seu número.[57]

Esse sistema poderia ser aplicado satisfatoriamente, inclusive, diante de uma questão pouco aventada, a saber, aquela relativa aos regimes mistos, ou seja, casos nos quais os cônjuges não optam por regimes disciplinados na lei, valendo-se do princípio da liberdade de convenção para a celebração do pacto antenupcial.

10. CONCLUSÃO

A análise aqui empreendida demonstra que o legislador privilegia a liberdade de escolha dos nubentes quanto ao regime de bens, facultando-lhes, inclusive, a eleição de regime diverso daqueles disciplinados pela lei.

A liberdade dos nubentes quanto à escolha do regime de bens é conjugada com a necessidade de publicidade da referida escolha, uma vez que o regime de bens só valerá em face de terceiros uma vez tendo sido o pacto antenupcial devidamente registrado no Registro de Imóveis do primeiro domicílio conjugal.

O importante é realizar uma eleição consciente, elegendo aquele sistema que melhor se adeque ao perfil do casal que se formará a partir do casamento. De fato, as disputas pela divisão dos bens após a dissolução do casamento são acirradas e devastadoras, razão pela qual devem os nubentes estar devidamente informados sobre a normativa que será aplicada às suas relações patrimoniais com o consorte.

---

sucede. O casado pelo regime da comunhão universal, mesmo não sendo meeiro, não sucede". Invocando o princípio da igualdade, conclui a Autora: "Por tais motivos, deixando o falecido, casado pelo regime da comunhão universal, bens particulares deveria o sobrevivente suceder, traçando-se um paralelo, em situação idêntica, com o casado pelo regime da separação absoluta. Como regulado na lei, sem qualquer exceção legal para os casados pelo regime de comunhão universal, a norma deve ser taxada de inconstitucional". NOGUEIRA. Cláudia de Almeida. *Direito das Sucessões*: Comentários à Parte Geral e à Sucessão Legítima. Rio de Janeiro, Lúmen Júris, 2007, p. 149-150.

57. *Código Civil Brasileiro*: trabalhos relativos à sua elaboração. v. I, Rio de Janeiro, Imprensa Nacional, 1917, p. 294.

11. REFERÊNCIAS

BEVILÁQUA, Clóvis. *Código Civil dos Estados Unidos do Brasil commentado*. 5. ed. Rio de Janeiro: Francisco Alves, 1944. v. VI.

CORRÊA DE OLIVEIRA, José Lamartine; MUNIZ, Francisco José Ferreira. *Curso de Direito de Família*. Juruá: Curitiba, 1998.

GIRARDI, Viviane; MOREIRA, Luana Maniero. A previdência privada aberta como instrumento ao planejamento sucessório. In: TEIXEIRA, Daniele Chaves (Coord.). *Arquitetura do Planejamento Sucessório*. 2. ed. Belo Horizonte: Fórum, 2022.

LEITE, Eduardo de Oliveira. A "armadilha" do regime de separação de bens e a humanização do Direito de Família Brasileiro". *Revista do Ministério Público do RS*, Porto Alegre, n. 83, maio 2017 – mar. 2018.

LÔBO, Paulo. *Famílias*. 2. ed. São Paulo: Saraiva, 2009.

MEZZANOTTE, Luisa. *La successione anomala del coniuge*. Edizioni Scientifiche Italiane, 1989.

NADER, Paulo. *Curso de Direito Civil*. Rio de Janeiro: Forense, 2008. v. 6.

NOGUEIRA. Cláudia de Almeida. *Direito das sucessões*: comentários à parte geral e à sucessão legítima. Rio de Janeiro: Lúmen Júris, 2007.

SCALISI, Vincenzo. Persona Umana e Successioni: itinerari di un confronto ancora aperto. *La civilistica Italiana dagli anni '50 as oggi tra crisi dogmatica e riforme legislative,* Congresso dei Civilisti Italiani. Venezia: 23-26 Giugno 1989, Padova, Cedam, 1991.

SIMÃO, José Fernando. *Direito de família*: novas tendências e julgamentos emblemáticos. São Paulo: Atlas, 2011.

VELOSO, Zeno. Regimes Matrimoniais de Bens. In: PEREIRA. Rodrigo da Cunha (Coord.). *Direito de Família Contemporâneo*. Belo Horizonte: Del Rey, 1997.

PACTO ANTENUPCIAL: A EXPANSÃO DO CONTEÚDO CLAUSULAR ANTE A POSSÍVEL COEXISTÊNCIA DE DISPOSIÇÕES PATRIMONIAIS E EXISTENCIAIS

Lygia Maria Copi

Doutora em Direito das Relações Sociais pela Universidade Federal do Paraná – UFPR. Mestre e bacharel em Direito pela mesma Instituição. Membro do Núcleo de Estudos em Direito Civil Constitucional da UFPR. Professora universitária. Autora de livros e artigos nas áreas de Direito das Famílias, Direito da Personalidade e Direito das Infâncias. Advogada. E-mail: lygiamariacopi@gmail.com

Mariana Barsaglia Pimentel

Doutoranda e mestre em Direito das Relações Sociais pela Universidade Federal do Paraná – UFPR. Membro do Núcleo de Estudos em Direito Civil Constitucional da UFPR. Advogada. E-mail: mariana.pimentel@medina.adv.br.

Sumário: 1. Introdução – 2. Do direito de família institucional ao direito das famílias constitucionalizado e democrático: o lócus do casamento – 3. O pacto antenupcial no direito das famílias – 4. A expansão do conteúdo clausular: as disposições existenciais e patrimoniais – 5. Conclusão – 6. Referências.

1. INTRODUÇÃO

Tradicionalmente, o pacto antenupcial é compreendido como o negócio jurídico firmado entre os nubentes antes do casamento, com o objetivo de estabelecer regras específicas sobre o regime de bens e sobre o patrimônio, as quais irão regular a relação matrimonial. Trata-se, assim, de uma ferramenta legal que permite aos futuros cônjuges personalizarem as regras patrimoniais do casamento, adequando-as às suas necessidades e aos seus interesses, com fundamento na autonomia privada.

A questão que o estudo pretende responder é quanto à possibilidade de coexistirem disposições patrimoniais e extrapatrimoniais no pacto antenupcial, tendo em vista, de um lado, a literalidade do Código Civil e, de outro, os princípios do livre planejamento familiar e da intimidade previstos na Constituição Federal.

O presente estudo se justifica, em primeiro lugar, pelo crescimento do número de pactos antenupciais formalizados no Brasil na última década, que demonstra a importância e a atualidade do tema. De acordo com dados disponibilizados pelo Colégio Notarial do Brasil – Seção São Paulo (CNB-SP), entre 2012 e 2014, cresceu em 36% o número de documentos lavrados no país.[1] Em pesquisa mais recente, com dados da Central Notarial de Serviços Eletrônicos Compartilhados (CENSEC), o número de pactos antenupciais aumentou 110% entre 2006 e 2016.[2] O crescimento do número de casais interessados em formalizar o documento indica o desejo de evitar problemas futuros e de imprimir à relação os desejos e interesses próprios dos membros daquela união.

Por outro lado, a pesquisa se revela pertinente pois, no cenário atual, os princípios da autonomia privada, do livre planejamento familiar e da não intervenção estatal revestem-se de importância diante da compreensão de que a família é um lócus privilegiado de autorrealização e de promoção da dignidade humana de seus membros.

O problema jurídico que norteia o presente estudo se baseia, especialmente, na controvérsia doutrinária sobre os limites de conteúdo do pacto antenupcial. Isso porque, majoritariamente, vigora o entendimento que vincula o pacto estritamente a decisões de cunho patrimonial. Os autores e autoras que se filiam ao posicionamento restritivo partem da literalidade das disposições do Código Civil sobre o tema, que se referem exclusivamente a aspectos econômicos.[3] A despeito disso, desperta a atenção o surgimento e fortalecimento de posicionamento ampliativo acerca do conteúdo do pacto antenupcial, radicado na ideia de que o instituto também pode se voltar à regulação de aspectos extrapatrimoniais.

Em observância ao método hipotético-dedutivo, que direciona o desenvolvimento do trabalho, a questão referente às possibilidades de conteúdo do pacto antenupcial será analisada por meio de pesquisa bibliográfica. Para tanto, faz-se uso de doutrina alinhada ao Direito Civil Constitucional e ao Direito das Famílias democrático. A hipótese levantada – que, adianta-se, restou confirmada – é de que

---

1. Referida pesquisa foi publicada no Portal Migalhas, em 19.07.2015, e pode ser consultada no seguinte link: https://www.migalhas.com.br/quentes/223491/numero-de-pacto-antenupcial-lavrados-cresceu-36--no-pais. Acesso em: 18 abr. 2023.
2. Os dados podem ser consultados no seguinte link: https://www.terra.com.br/noticias/segundo-dados-pactos-antenupciais-cresceram-110-nos-ultimos-10-anos-em-no-brasil,ab6f760c4ae8a3ad16f4e0ed76a bf8e6b1k8dcm8.html. Acesso em: 18 abr. 2023.
3. A fim de ilustrar o que ora se afirma, cumpre indicar os dispositivos do Código Civil que fazem alusão ao pacto antenupcial: "Art. 1.639. É lícito aos nubentes, antes de celebrado o casamento, estipular, quanto aos seus bens, o que lhes aprouver." "Art. 1640, parágrafo único. Poderão os nubentes, no processo de habilitação, optar por qualquer dos regimes que este código regula. Quanto à forma, reduzir-se-á a termo a opção pela comunhão parcial, fazendo-se o pacto antenupcial por escritura pública, nas demais escolhas." "Art. 1.653. É nulo o pacto antenupcial se não for feito por escritura pública, e ineficaz se não lhe seguir o casamento." "Art. 1.654. A eficácia do pacto antenupcial, realizado por menor, fica condicionada à aprovação de seu representante legal, salvo as hipóteses de regime obrigatório de separação de bens." "Art. 1.655. É nula a convenção ou cláusula dela que contravenha disposição absoluta de lei." "Art. 1.656. No pacto antenupcial, que adotar o regime de participação final nos aquestos, poder-se-á convencionar a livre disposição dos bens imóveis, desde que particulares." "Art. 1.657. As convenções antenupciais não terão efeito perante terceiros senão depois de registradas, em livro especial, pelo oficial do Registro de Imóveis do domicílio dos cônjuges." "Art. 1.665. A administração e a disposição dos bens constitutivos do patrimônio particular competem ao cônjuge proprietário, salvo convenção diversa em pacto antenupcial." "Art. 1.688. Ambos os cônjuges são obrigados a contribuir para as despesas do casal na proporção dos rendimentos de seu trabalho e de seus bens, salvo estipulação em contrário no pacto antenupcial."

o pacto antenupcial, no atual cenário de democratização das relações familiares, de valorização da autonomia privada e de busca pela autorrealização, não está limitado a disposições de conteúdo patrimonial.

O trabalho se desenvolve em três pontos principais. No primeiro, discorre sobre o casamento na perspectiva contemporânea do Direito das Famílias democrático e voltado à autorrealização dos cônjuges. No segundo, analisa o instituto do pacto antenupcial, com foco em sua natureza jurídica e em seu regime legal. No terceiro e último, verifica o movimento recente – tanto doutrinário como jurisprudencial – de reconhecer a expansão de conteúdo e as potencialidades do pacto antenupcial em vistas à promoção da autonomia e da autorrealização dos cônjuges.

2. DO DIREITO DE FAMÍLIA INSTITUCIONAL AO DIREITO DAS FAMÍLIAS CONSTITUCIONALIZADO E DEMOCRÁTICO: O LÓCUS DO CASAMENTO

O Direito das Famílias brasileiro, tal como conhecido hodiernamente, é fruto da construção legislativa, doutrinária e jurisprudencial que perpassou pelo século XX e desaguou no século XXI.

O início do século XX marcou o Direito Civil brasileiro em razão da consolidação do movimento de *codificação* que ensejou a promulgação do Código Civil de 1916. Gomes, ao analisar os diferenciais da codificação brasileira de 1916 em relação às europeias oitocentistas, indica que um deles é o privatismo doméstico, decorrência da organização social do país. Explica, nesse sentido, que o Código incorporou, especialmente no Direito de Família, princípios morais revestidos de norma jurídica. O conservadorismo da sociedade brasileira repercutiu na construção de um modelo jurídico de família moralista, patriarcal e hierárquico (Gomes, 2006, p. 14). Segundo Lôbo, "é na origem e evolução histórica da família patriarcal e no predomínio da concepção do homem livre proprietário que foram assentadas as bases da legislação" (Lôbo, 2023, p. 11).

O Código de Beviláqua cristalizou o modelo institucional de família que era marcado pelo patriarcalismo, pelo patrimonialismo, pelo matrimonialismo, pela desigualdade entre filhos e pela transpessoalidade. Nesse sentido, o Código Civil de 1916 apenas considerava como lícitas e, portanto, aptas a gerar efeitos jurídicos, as famílias formadas pelo matrimônio entre homens e mulheres, de modo que as demais uniões eram consideradas ilegais ou inexistentes.[4] A existência, ou não, do matrimônio era fator determinante para que as famílias fossem classificadas como legítima ou ilegítimas, sendo assegurados às primeiras todos os direitos e deveres atinentes às relações de parentesco, ao passo que às segundas, provenientes de relações extraconjugais (pa-

---

4. "Constituíam espécie (a) as relações ditas concubinárias que, doutrinariamente, eram classificadas em (i) puras, quando nenhum dos concubinos tivesse o impedimento dirimente para casar resultante de já ser casado ou desquitado, e (ii) impuras, aquelas em que um deles (ou ambos) já fosse casado ou mesmo desquitado, ou, ainda, se entre eles houvesse parentesco em grau gerador de impedimento dirimente absoluto". (MELLO, 2020. p. 140-141).

ralelas ao casamento ou não formalizadas), era negada a produção de efeitos jurídicos, inclusive no que toca às relações de parentesco (Mello, 2020, p. 141).

À medida em que novos arranjos familiares e modos de se viver em família surgiram, o tratamento jurídico destinado às relações familiares foi sendo modificado e adaptado. Com a Constituição Federal de 1988, o Direito de Família, definitivamente, deixou de ter função meramente institucional e passou a ter função eudemonista.

É possível afirmar, nesse sentido, que a Constituição Federal de 1988 consagrou a passagem da concepção institucional de família para a perspectiva eudemonista e democrática, direcionada à promoção da personalidade dos seus membros.[5] A família – antes enclausurada em um modelo único – foi juridicamente reconhecida como lócus de pluralidade, de realização pessoal, de afeto e de igualdade entre as pessoas que a compõem (Lacerda, 2010, p. 169).

No modelo anterior – institucional – a família representava uma unidade de produção cujo principal objetivo era a aquisição e a transmissão de propriedade entre seus membros. Em vista à segurança dessas operações, a legitimidade da entidade familiar dependeria do matrimônio, caracterizado pelo objetivo de enlace patrimonial e pela indissolubilidade (Farias, 2004, p. 58).

Este outro modelo de família – constitucionalizado e democrático – não é mais constituído exclusivamente através do instituto do casamento. O artigo 226 do texto constitucional representa uma cláusula de abertura dos modos de formação da entidade familiar, permitindo o reconhecimento jurídico da união estável, das famílias recompostas, daquelas formadas por pares homoafetivos e das famílias monoparentais (Menezes, 2018, p. 02). Na medida em que o aspecto formal já não é preponderante para a formação e o reconhecimento da entidade familiar, a afetividade passa a ser identificada como o elemento principal que a caracteriza e que a torna destinatária de proteção jurídica. Implicitamente, o constituinte reconheceu que são os laços de afeto que dão origem e fundamentação à família.

Em outro giro, não se reconhece a entidade familiar como unidade econômica e, igualmente, as uniões não podem mais ser compreendidas a partir do objetivo de enlace patrimonial. Verifica-se, nesse sentido, um movimento de repersonalização das relações familiares. De acordo com Bodin de Moraes, a família não se trata de uma unidade totalizadora, em que a instituição é mais importante que seus membros. No modelo constitucional, as vulnerabilidades, os desejos e as potencialidades de cada integrante têm relevância e sua individualidade deve ser considerada e incentivada. Diante disso, família democrática "nada mais é do que a família em que a dignidade de cada membro é respeitada e tutelada" (Bodin de Moraes, 2018).

---

5. De acordo com Bodin de Moraes, "até o final da década de 1960, a comunidade familiar ainda agia como uma unidade totalizadora, a serviço da qual orbitavam seus membros; a partir de então, passa a caracterizar-se por uma nova concepção dos indivíduos em relação a seu grupo de pertencimento, na medida em que se tornam, como membros, mais importantes do que o conjunto familiar: o indivíduo único, cuja "íntima natureza" deve ser respeitada e incentivada" (BODIN DE MORAES, 2018, p. 07).

Nas palavras de Menezes, essas mudanças em relação ao modelo institucional "cunharam uma família democrática, cuja energia constitutiva é a vontade; a substância caracterizadora é a afetividade; e o perfil funcional é a promoção da pessoa de seus integrantes" (Menezes, 2018, p. 02). Cada indivíduo é um fim em si mesmo e, assim, a todos os membros é reconhecida autonomia para buscar sua felicidade e realização pessoal (Pereira; Leal, 2015, p. 211). Na lógica constitucionalizada do Direito das Famílias, o princípio da dignidade humana garante aos integrantes da família o direito à autodeterminação, que é o "motor da subjetividade", permitindo-lhes "a expressão genuína de sua personalidade pela idealização e realização de planos, projetos, escolhas, tomada de decisões etc." (Menezes, 2018, p. 05).

É nesse cenário que o casamento, que antes era autorreferente e tinha como principal função perpetuar o desempenho de papéis socialmente determinados (para além da vontade e do interesse dos cônjuges), passa a ser um espaço de autorrealização e de autonomia. Segundo Dias, o casamento é um "lugar idealizado onde é possível integrar sentimentos, esperanças e valores, permitindo, a cada um, sentir-se a caminho da realização de seu projeto pessoal de felicidade" (Dias, 2021, p. 470). Teixeira e Tepedino, em relação às alterações incidentes sobre a figura do matrimônio, destacam a sua faceta existencial, que se vincula ao projeto plural e personalista estampado na Constituição Federal. Para os autores, o casamento deve ser compreendido como resultado da comunhão plena de vida (Tepedino; Teixeira, 2022, p. 47).

A liberdade e a responsabilidade aparecem enquanto componentes indispensáveis deste projeto de vida, de forma que "cônjuges e companheiros, a partir de uma arquitetura do projeto de vida individual e familiar construído no decorrer do relacionamento é quem devem definir os rumos familiares [...]" (Teixeira; Multedo, 2019, p. IV). Devido a isso, clama-se por uma redução da intervenção estatal nas relações conjugais, em que vigoram, geralmente, a igualdade e a liberdade entre os sujeitos.

Multedo, ao enfrentar a questão da autonomia privada na esfera conjugal sinaliza que, por estar relacionado com aspectos intrínsecos da personalidade humana, o exercício da liberdade expressa-se principalmente sob o viés existencial, de modo que "a potencialização da autonomia privada nas situações subjetivas existenciais [...] é viabilizada pela não intervenção do Estado que traduz uma reserva de intimidade" (Multedo, 2016, p. 44). Nas palavras de Tepedino é necessário "assegurar a liberdade nas escolhas existenciais que, na intimidade do recesso familiar, possam propiciar o desenvolvimento pleno da personalidade de seus integrantes" (Tepedino, 2022, p. 13).

Com a valorização da autonomia e a redução da intervenção estatal, os cônjuges, no exercício das suas individualidades, podem (e, idealmente, devem) regulamentar a forma pela qual pretendem viver o seu próprio relacionamento. Um dos instrumentos jurídicos do Direito das Famílias que expressam esse poder de autorregramento (ou autorregulação) é o pacto antenupcial, através do qual os nubentes exercem a faculdade de escolher qual regime de bens incidirá no casamento. Mas, além disso, o pacto antenupcial pode servir para deliberações acerca de questões existenciais e patrimoniais que transcendem a eleição do regime de bens. Sobre este tema discorrer-se-á adiante.

3. O PACTO ANTENUPCIAL NO DIREITO DAS FAMÍLIAS

Verifica-se, no contexto contemporâneo, a tendência de *contratualização* das relações familiares, que decorre da reivindicação pela expansão dos espaços de liberdade, a fim de assegurar proteção patrimonial aos membros das famílias. Buscam os casais, com frequência, "proteger, resguardar e, até mesmo, isolar o patrimônio de cada um dos membros das entidades familiares". (Câmara; Pimentel, 2021, p. 197). Nesse cenário, ganham importância os instrumentos do pacto antenupcial, do pacto de convivência e do contrato de namoro – que têm em comum o objetivo de garantia de autonomia privada para regulação da vida em família.

Não se pode desconsiderar, todavia, que, para além de regulação patrimonial, a autonomia privada no âmbito familiar tem a relevante função de assegurar que os membros da família possam resguardar suas escolhas e seus modos de vida – indo além das questões que envolvem patrimônio – no contexto de uma sociedade plural e multifacetada (Teixeira; Bodin de Moraes, 2019, p. 17).

Especificamente aplicado às relações conjugais, o pacto antenupcial é tradicionalmente definido como o instituto pelo qual é possível a escolha, por aqueles que pretendem se casar, de um regime de bens diferente do regime legal (comunhão parcial de bens) ou de uma combinação de regimes diversos e de outras regras patrimoniais que regulamentarão a relação conjugal.

Ao se analisar conceitos de importantes doutrinadores pátrios, verifica-se a característica exclusivamente patrimonial atribuída ao pacto. A título de exemplo, cite-se o posicionamento de Lôbo (Lôbo, 2023, p. 164), para quem:

> O pacto antenupcial é o negócio jurídico bilateral de direito de família mediante o qual os nubentes têm autonomia para estruturarem, antes do casamento, o regime de bens distinto do regime da comunhão parcial. A autonomia diz respeito não apenas à escolha do regime distinto, dentre os previstos na lei (comunhão universal, separação absoluta ou participação final nos aquestos), mas o modo como serão reguladas suas relações patrimoniais, após o casamento, com liberdade, desde que não se pretenda fraudar a lei (por exemplo, o regime obrigatório) ou contra legítimos interesses de terceiros. Podem os nubentes fundir tipos de regimes, modificar regime previsto em lei, ou criar tipo de regime novo.

Tal compreensão doutrinária acerca do pacto decorre, em grande medida, do tratamento legal a ele conferido, uma vez que o Código Civil, em todos os dispositivos que se referem ao instituto, trata apenas de aspectos patrimoniais. Nesse sentido, a função primordial reconhecida ao pacto antenupcial é a de formalizar a opção por regime de bens que não seja o da comunhão parcial, uma vez que esse se trata do regime geral cuja escolha é reduzida a termo no processo de habilitação. Assim, para que os nubentes possam optar por outro regime – seja o da comunhão universal, da separação convencional ou da comunhão final de aquestos – torna-se necessária a realização de pacto antenupcial por escritura pública, nos termos do parágrafo único do art. 1.640 do Código Civil.

Ao prever no art. 1.639 que "é lícito aos nubentes, antes de celebrado o casamento, estipular, *quanto aos seus bens*, o que lhes aprouver", o Código Civil aponta para a ampla liberdade dos futuros cônjuges em relação a aspectos patrimoniais. Abre-se a eles, com isso, a possibilidade de definir, por meio do pacto, as regras patrimoniais que melhor lhes aprouver, contanto que não fraudem a legislação ou prejudiquem interesses de terceiros.

Reconhecida a ampla liberdade patrimonial conferida aos nubentes pelo Código Civil, a questão que se coloca é quanto à possibilidade de disporem, por meio de pacto antenupcial, escolhas de natureza existencial. Tal ponto, que será desenvolvido em profundidade no tópico seguinte, merece desde logo uma ressalva. É necessário considerar que o Código Civil, muito embora promulgado posteriormente à Constituição Federal, é um produto da modernidade e tem suas bases fincadas nos valores do século XIX.[6] Devido a isso, suas normas – especialmente no que atine ao Direito das Famílias – revestem-se de lógica patrimonialista e autorizam uma excessiva intervenção estatal nas relações familiares.

As normas codificadas devem, todavia, ser interpretadas e aplicadas à luz da Constituição Federal, devido ao fenômeno da constitucionalização do Direito Civil. Tal movimento tem como consequência o abandono da postura patrimonialista – herança das codificações liberais do século XIX – com a migração para uma perspectiva que enfatiza o desenvolvimento humano e a dignidade da pessoa concretamente considerada (Fachin, 2015, p. 58-59). Assim, a Constituição Federal de 1988, ao estabelecer a dignidade humana como fundamento da República, deu subsídio para a defesa da repersonalização do Direito Civil, com a consagração da "supremacia dos valores existenciais da pessoa humana sobre os aspectos patrimoniais de sua existência" (Cortiano Junior, 2002, p. 155-156).

Diante do caráter patrimonialista do Código Civil de 2002 e do consequente tratamento dado ao pacto antenupcial – voltado exclusivamente a aspectos patrimoniais – abre-se divergência na doutrina nacional quanto à natureza jurídica do instituto. Consoante se verificará na sequência, para parte dos autores trata-se de negócio jurídico de direito de família e, para outra, trata-se de contrato. Tal questão – que pode a princípio parecer sem importância – reveste-se de relevância na medida em que permite refletir sobre o próprio conteúdo do pacto antenupcial e sobre as potencialidades do instituto.

---

6. É necessário recordar que o projeto do Código Civil de 2002 remonta da década de 1970. Fachin esclarece que "O projeto do Código Civil, almejando manter a estrutura do código vigente, foi elaborado anteriormente à Constituição de 1988, datando do começo da década de 70. Sua elaboração se deu a partir de uma racionalidade herdada do Código de Napoleão e da Escola Pandectista, e, portanto, do século XIX, em que prevalecia a preocupação patrimonialista e conceitualista, expressa na existência de uma Parte Geral". (FACHIN, 2001/2002. p. 166).

Nesse ponto, a fim de compreender a controvérsia, torna-se necessário conceituar negócio jurídico, que, de acordo com Mello, trata-se de espécie de ato jurídico *lato sensu*, que tem na vontade manifestada seu elemento nuclear, ao qual o Direito reconhece, dentro de certos parâmetros, o poder de regular a amplitude, o surgimento, a permanência e a intensidade dos efeitos que constituam o conteúdo eficacial das relações jurídicas (Mello, 2008, p. 155-156).

Por certo, o pacto antenupcial se configura como negócio jurídico, uma vez que no núcleo de seu suporte fático está a manifestação de vontade dos nubentes. A questão que se coloca, no entanto, é quanto à espécie de negócio jurídico em que o pacto se enquadra: contrato ou negócio jurídico de direito de família.

De forma majoritária, a doutrina compreende que o elemento distintivo dos contratos é o seu conteúdo exclusivamente patrimonial. Nesse sentido, Roppo aponta que "as situações, as relações, os interesses que constituem a substância real de qualquer contrato podem ser resumidos na ideia de operação econômica". Isso significa, portanto, que contratos visam a regular relações patrimoniais e, nas palavras do autor, "falar de contrato significa sempre remeter – explícita ou implicitamente, direta ou indiretamente – para a ideia de operação econômica" (Roppo, 2009, p. 08).

Os negócios jurídicos de direito de família, por sua vez, não têm como elemento diferenciador a natureza econômica, mas o propósito de satisfazer um interesse – patrimonial ou não – da sociedade familiar. Ao discorrer sobre o que seria negócio jurídico de direito de família, Gozzo, partindo dos ensinamentos de Santoro-Passarelli, lista quais seriam as suas características: o *pessoalismo* (firmado visando um escopo pessoal/familiar), o *formalismo* (com forma determinada por lei), o ser *nominado* (previsto em lei) e o ser *legítimo* (com efeitos pré-determinados) (Gozzo, 1998, p. 34).

Os posicionamentos doutrinários quanto à natureza jurídica do pacto divergem. A fim de ilustrar a controvérsia, cita-se o posicionamento de Dias, para quem o pacto antenupcial deve ser entendido como contrato conjugal, de modo que "as prestações e contraprestações devem ser equivalentes" e, havendo prejuízo a um único nubente, configura-se hipótese de nulidade (Dias, 2021, p. 694). Também adotam o posicionamento contratual Rodrigues (2004) e Pereira (2012).

Em sentido diverso, Biazi sustenta a natureza de negócio jurídico de direito de família. Para o autor, o pacto antenupcial, apesar de ter conteúdo patrimonial, "tem como característica primordial definir regras que visam a atrelar os bens matrimoniais à finalidade máxima de preservação da sede familiar" (Biazi, 2016, p. 245). Lôbo (2023) e Gozzo (1998) adotam o mesmo posicionamento.

Adota-se, nesse estudo, a perspectiva do pacto antenupcial como negócio jurídico de direito de família, por dois motivos. Em primeiro lugar, porque o pacto serve a um interesse da família, qual seja, estabelecer as regras que regularão a relação. Em segundo lugar, porque, consoante será demonstrado adiante, à luz do Direito Civil Constitucional e do Direito das Famílias democrático, o pacto não se limita apenas a questões de natureza patrimonial, porquanto seu conteúdo pode incluir disposições existenciais.

Defende-se, nesse estudo, à luz da constitucionalização do Direito Civil, que a liberdade dos nubentes deve ser respeitada e reconhecida de forma ampla, de modo que a eles deve ser possível a formalização de escolhas existenciais por meio do pacto. Todavia, não se desconsidera que a autonomia dos futuros cônjuges encontra limites nas normas cogentes do ordenamento jurídico – especialmente naquelas que buscam reduzir as assimetrias entre os envolvidos. Nesse sentido, consoante afirma Barretto, muito embora o alargamento das liberdades para celebração de negócios jurídicos de Direito de Família "possa representar um ganho para a autonomia de cônjuges e companheiros, ela não pode sobrepor-se a seus direitos e garantias fundamentais" (Barretto, 2019).

4. A EXPANSÃO DO CONTEÚDO CLAUSULAR: AS DISPOSIÇÕES EXISTENCIAIS E PATRIMONIAIS

Conforme visto, o pacto antenupcial é o instrumento jurídico, por excelência, através do qual os nubentes elegem um regime de bens diferente do regime da comunhão parcial de bens (considerado como o regime legal ou supletivo). A regulamentação legal do instituto expressa tal finalidade. Os artigos 1.639 e 1.640 do Código Civil, respectivamente, preveem que "é lícito aos nubentes, antes de celebrado o casamento, estipular, quanto aos seus bens, o que lhes aprouver" e que "não havendo convenção, ou sendo ela nula ou ineficaz, vigorará, quanto aos bens entre os cônjuges, o regime da comunhão parcial".

Entretanto, debate-se na doutrina jurídica (e, também, no âmbito do Poder Judiciário) a possibilidade de expansão do conteúdo clausular. A discussão se insere no fenômeno denominado "contratualização" ou "contratualidade" do Direito das Famílias, que está intrinsecamente relacionado com a expansão da autonomia privada nesta área do Direito. Para Multedo, se a família é considerada, hoje, um instrumento para a realização da personalidade de seus componentes, é "inquestionável que os cônjuges e conviventes sejam livres para planejar, deliberar, constituir e desconstituir a forma de se relacionarem e de estruturam suas relações familiares [...]" (Multedo, 2021, p. 240).

Nesse contexto é que se defende que o pacto antenupcial pode ser utilizado, também, para que os nubentes regulamentem questões patrimoniais e existenciais que não se encerram na escolha do regime de bens. Por certo, a ampliação do escopo do pacto antenupcial permite a autorregulamentação de interesses pelos nubentes e garante que os futuros cônjuges construam os ditames de sua própria relação. A possibilidade de as partes pactuarem aspectos *patrimoniais* da relação conjugal, para além da escolha do regime de bens, é reconhecida por grande parte da doutrina brasileira, existindo poucas vozes em sentido contrário.

Em estudo recentemente publicado, que mapeou o posicionamento dos juristas brasileiros sobre a temática, Mafra e Mendonça indicam apenas dois juristas[7] que se filiam à corrente restritiva, a qual se posiciona no sentido de que a utilização do pacto antenupcial se limita à escolha do regime de bens (Mafra; Mendonça, 2021, p. 10).

Na corrente intermediária, que admite a pactuação de questões patrimoniais no pacto antenupcial que não se restringem à eleição do regime de bens, há vozes como a de Fachin, para quem "o pacto tem um conteúdo eminentemente patrimonial. Recaindo sobre o patrimônio, não apenas deve constar a escolha do regime, como pode também conter outras disposições patrimoniais" (Fachin, 2003, p. 187).

Na mesma linha de entendimento, Cardoso sinaliza que o pacto "poderá dispor de detalhes relacionados ao acervo de bens que somente ao casal dizem respeito ou possuam relevância, de modo a reconhecer, criar, modificar ou extinguir direitos entre os cônjuges" (Cardoso, 2010, p. 162). Almeida Santos posiciona-se de modo semelhante, destacando que o Código Civil prevê, textualmente, que é autorizado aos nubentes estipular o que desejarem *quanto aos seus bens* (Almeida Santos, 2005, p. 201).

A faculdade de os nubentes tratarem de questões existenciais no pacto antenupcial não é largamente reconhecida na doutrina. Contudo, há cada vez mais adeptos do que se denomina como a corrente "ampla".[8]

Matos e Teixeira, por exemplo, defendem ser possível a pactuação de matéria extrapatrimonial, pois, para as juristas, a vedação de interferência externa à família, prevista no Código Civil, deve ser interpretada de forma ampla "tanto quanto às formas de constituição da família, quanto às regras a reger a convivência das partes, sob pena de restringir as liberdades existenciais [...]" (Matos, Teixeira, 2019, p. 241).

Tepedino, ao tratar do valor jurídico do afeto sob o viés da "contratualização" do Direito das Famílias, salienta a necessidade de que seja assegurada a liberdade nas escolhas existenciais, trazendo o pacto antenupcial como exemplo de um instrumento que pode ser útil para a garantia da autonomia dos nubentes (Tepedino, 2022, p. 13-15).

Gagliano e Barreto tratam da matéria sob o viés da reestruturação do instituto "contrato", que passa a ser compreendido enquanto instrumento de realização da dignidade humana e norteado pelos princípios da boa-fé objetiva e função social. Destacam, nesse aspecto, que, se o contrato se remodelou, "com mais razão se pode cogitar do potencial desses pactos, bem como de contratos firmados durante a união conjugal, para fixarem direitos e deveres não estritamente patrimoniais [...]" (Gagliano; Barreto, 2023).

Como reflexo das discussões doutrinárias, em abril de 2018, foi aprovado o Enunciado 635 na "VIII Jornada de Direito Civil" do Conselho da Justiça Federal,

---

7. De acordo com a pesquisa das autoras, os dois juristas que se filiam à corrente restritiva são Maria Helena Diniz e Orlando Gomes.
8. Cita-se, como exemplo: Gustavo Tepedino, Maria Berenice Dias, Luciano Figueiredo, Débora Gozzo, Nelson Rosenvald, Cristiano Chaves de Farias, Rodrigo da Cunha Pereira, Pablo Stolze Gagliano e Fernanda Carvalho Leão Barreto.

que dispõe que: "O pacto antenupcial e o contrato de convivência podem conter cláusulas existenciais, desde que estas não violem os princípios da dignidade da pessoa humana, da igualdade entre os cônjuges e da solidariedade familiar".

Na justificativa do Enunciado abordou-se, por um lado, a ausência de proibição, no ordenamento jurídico, para a regulamentação de aspectos existenciais e, por outro lado, a cláusula de reserva da intimidade prevista no artigo 1.513 do Código Civil[9] e o direito ao livre planejamento familiar previsto nos artigos 226, § 7º, da Constituição Federal[10] e 1.565, §2º, do Código Civil.[11]

São exemplos de cláusulas com conteúdo patrimonial e existencial que podem constar no pacto antenupcial: ajustes que fixam indenizações ou multas para casos de infidelidade; acordos prévios de divórcio com a eleição de métodos autocompositivos; pactos atinentes à guarda dos filhos em caso de rompimento do vínculo conjugal; acordos acerca dos desdobramentos jurídicos decorrentes da utilização de técnicas de reprodução humana assistida; acordos que preveem indenizações/alimentos em caso de suspensão/interrompimento da atividade profissional de um dos cônjuges ou companheiros; ajustes que pactuem novos deveres conjugais ou afastem os deveres previstos em lei de fidelidade recíproca e de coabitação; acordos que fixam balizas para eventual dever de pagamento de alimentos após o rompimento do vínculo conjugal; ajustes que tratam da divisão de tarefas domésticas e de responsabilidades para com a prole; dentre outros (Gagliano; Barreto, 2023).

Ao tratar dos parâmetros de validades das disposições pré-nupciais, a doutrina geralmente invoca os filtros restritivos dos "bons costumes", das "disposições absolutas de lei", da "ordem pública" e dos "direitos indisponíveis". Alerta-se, nesse sentido, que as cláusulas constantes no pacto antenupcial não poderiam esbarrar em normas de natureza "pública". Há que se sopesar, entretanto, que as mudanças na estrutura e na função da família contemporânea demandam a ampliação dos espaços existentes para o exercício da autonomia privada.

A intervenção estatal na esfera íntima dos cônjuges deve ser restrita, apenas para que seja garantido o mínimo imprescindível para a manutenção da plena comunhão de vida, da igualdade e da solidariedade familiar, bem como para a tutela das vulnerabilidades. Com efeito, "o espaço de autonomia existencial não autoriza a convenção de cláusulas que possam representar a sujeição de um cônjuge em relação ao outro, sob qualquer prisma" (Matos, Teixeira, 2019, p. 241).

---

9. "É defeso a qualquer pessoa, de direito público ou privado, interferir na comunhão de vida instituída pela família".
10. "Fundado nos princípios da dignidade da pessoa humana e da paternidade responsável, o planejamento familiar é livre decisão do casal, competindo ao Estado propiciar recursos educacionais e científicos para o exercício desse direito, vedada qualquer forma coercitiva por parte de instituições oficiais ou privadas".
11. "O planejamento familiar é de livre decisão do casal, competindo ao Estado propiciar recursos educacionais e financeiros para o exercício desse direito, vedado qualquer tipo de coerção por parte de instituições privadas ou públicas".

No Poder Judiciário a questão referente aos efeitos das escolhas expressadas no pacto antenupcial havia sido enfrentada, principalmente, sob o viés sucessório. No Superior Tribunal de Justiça prevalece o entendimento de que são inválidas as cláusulas dispostas nos pactos antenupciais e de convivência que excluem o direito sucessório dos cônjuges de forma prévia. Este posicionamento vai ao encontro da tese firmada pela 2.ª Seção do Superior Tribunal de Justiça[12] no sentido de que "o cônjuge sobrevivente casado sob o regime de separação convencional de bens ostenta a condição de herdeiro necessário".[13]

Entretanto, no início do ano de 2023 a possibilidade de constar disposições existenciais no pacto antenupcial foi analisada pelo Poder Judiciário do Estado de Minas Gerais. A juíza Maria Luiza de Andrade Rangel Pires, lotada na Vara de Registros Públicos da Comarca de Belo Horizonte, após a suscitação de dúvida registral pelo oficial do Cartório de Registro Civil e Notas, entendeu ser válida cláusula disposta em pacto antenupcial que previa indenização em caso de infidelidade.[14]

Na decisão, reconheceu-se que não há óbices para que os nubentes, no exercício de sua autonomia privada, estabeleçam ajustes extrapatrimoniais que não violem a lei. Este exercício, anotou-se, seria fruto da liberdade conferida aos noivos para regular sua própria vida. Destacou-se, nesse sentido, que deve ser mínima a intervenção do Poder Público na esfera privada, de maneira que o pacto antenupcial, enquanto ferramenta de deliberação dos nubentes, serve para que o casal possa escolher o que melhor se molda para a sua relação.

A decisão, de certo modo, cristaliza a construção doutrinária contemporânea sobre o pacto antenupcial (em sua estrutura e função) e representa um avanço quanto às questões que envolvem o exercício e a expansão da autonomia privada no Direito das Famílias.

Considerando que o Direito de Família institucional cedeu espaço ao Direito das Famílias constitucionalizado e democrático e que, nesse cenário, o casamento passou a ser um espaço de autonomia e de autorrealização, a expansão do conteúdo clausular mostra-se como um importante instrumento para tutelar as escolhas individuais dos casais e, em paralelo, preservar a esfera de intimidade no âmbito das relações conjugais.

---

12. Consolidado no julgamento do Recurso Especial 1.382.170/SP.
13. "Agravo interno no recurso especial. Direito de sucessão. Cônjuge. Herdeiro necessário. Exegese dos arts. 1.845 e 1.829, II, do Código Civil/2002. Regime de separação convencional de bens. Regramento voltado para as situações de partilha em vida. Condição de herdeiro necessário indisponível por pacto antenupcial. Agravo interno desprovido. 1. Segunda Seção do STJ pacificou o entendimento de que "o cônjuge sobrevivente casado sob o regime de separação convencional de bens ostenta a condição de herdeiro necessário". Precedentes. 2. Verificada a harmonia entre o acórdão recorrido e o entendimento desta Corte Superior, tem incidência o enunciado 83/STJ, inviabilizando o provimento do recurso especial. 3. Agravo interno desprovido". (BRASIL, Superior Tribunal de Justiça. Agravo Interno no Recurso Especial 1.840.911/SP, da Terceira Turma do Superior Tribunal de Justiça. Relator Ministro Marco Aurélio Bellizze. Brasília, DF, julgado em 24 de agosto de 2020).
14. Notícia disponível em: https://www.tjmg.jus.br/portal-tjmg/noticias/justica-autoriza-pacto-antenupcial-com-multa-de-r-180-mil-em-caso-de-infidelidade.htm#.Y-jq1XbMKUl. Acesso em: 30 mar. 2023.

5. CONCLUSÃO

A pergunta que se buscou responder nesse trabalho foi: é possível que os nubentes incluam, no pacto antenupcial, disposições de natureza extrapatrimonial em concomitância com disposições de natureza patrimonial? A hipótese que se levantou inicialmente foi quanto à possibilidade de inclusão de cláusulas de conteúdo não-patrimonial no pacto. A partir de análise bibliográfica, pautada na doutrina do Direito Civil Constitucional e no Direito das Famílias democrático, confirmou-se a hipótese inicial.

O percurso traçado para responder ao problema de pesquisa partiu de análise do percurso que se deu entre o Direito de Família institucional, instituído pelo Código Civil de 1916, e o Direito das Famílias democrático – que se consolidou especialmente com a promulgação da Constituição Federal de 1988. Sobre isso, verificou-se que o Código Civil de 1916 apresentava nítido caráter patrimonial e conservador, e, em relação ao Direito de Família, cunhou um regime caracterizado pelo patriarcalismo, pelo matrimonialismo, pela transpessoalidade e pelo patrimonialismo. Nesse cenário, a família era considerada como uma instituição ou, ainda, como uma unidade de produção, e os interesses pessoais de seus membros eram desconsiderados.

Com a constitucionalização do Direito Civil emerge a ideia de democratização das relações familiares. Desde a crise do modelo jurídico familiar patriarcal, desigual e transpessoal, reconhece-se que a pessoalidade de todos os integrantes da família deve ser promovida e considerada e que é necessário respeito pelas escolhas e pelo estilo de vida de cada família. Trata-se de consequência do direito fundamental à intimação e do direito ao livre planejamento familiar.

Em tal contexto, a expansão da autonomia passa a ser reivindicada no âmbito familiar. Revestem-se de importância, então, alguns instrumentos jurídicos cuja função é assegurar a autonomia privada no cenário familiar: o pacto antenupcial, o pacto de convivência e o contrato de namoro. Tradicionalmente, no entanto, tais institutos são relacionados a uma perspectiva exclusivamente patrimonial.

Especificamente em relação ao pacto antenupcial – objeto do presente estudo – o Código Civil deu-lhe vestes de caráter apenas econômico. Isso, todavia, não significa que o pacto antenupcial não possa ser utilizado pelos nubentes a fim de estabelecerem disposições de natureza extrapatrimonial. Com a constitucionalização do Direito Civil, tem-se que as normas codificadas devem ser lidas e aplicadas à luz dos valores constitucionais e, nesse caso, à luz do livre planejamento familiar e do direito à intimidade.

A exegese das normas codificadas referentes ao pacto antenupcial justifica que majoritariamente se defenda, na doutrina nacional, o uso do instituto exclusivamente para disposições patrimoniais dos nubentes. Todavia, tem ganhado coro a corrente que defende a possibilidade de inclusão de escolhas extrapatrimoniais no pacto antenupcial. Prova disso foi a aprovação, em abril de 2018, do Enunciado 635 na VIII Jornada de Direito Civil" do Conselho da Justiça Federal, que dispõe que "O pacto antenupcial e o contrato de convivência podem conter cláusulas existenciais, desde que estas não violem os princípios da dignidade da pessoa humana, da igualdade entre os cônjuges e da solidariedade familiar".

Vê-se, ademais, que tal entendimento doutrinário tem refletido em decisões jurisprudenciais sobre o tema. No início de 2023, o Poder Judiciário do Estado de Minas Gerais entendeu ser válida cláusula disposta em pacto antenupcial que previa indenização em caso de infidelidade.

Nessa linha de expansão do conteúdo dos pactos antenupciais e de ampliação de sua função, cabe destacar possíveis cláusulas que podem ser definidas pelos nubentes: fixação de indenização ou multa para casos de infidelidade; acordos prévios de divórcio com a eleição de métodos autocompositivos; pactos referentes à guarda dos filhos em caso de rompimento do vínculo conjugal; acordos sobre os desdobramentos jurídicos decorrentes da utilização de técnicas de reprodução humana assistida; acordos que preveem indenizações/alimentos em caso de suspensão/interrupção da atividade profissional de um dos cônjuges ou companheiros; ajustes que pactuem novos deveres conjugais ou afastem os deveres previstos em lei de fidelidade recíproca e de coabitação; acordos que fixam balizas para eventual dever de pagamento de alimentos após o rompimento do vínculo conjugal; ajustes que tratam da divisão de tarefas domésticas e de responsabilidades para com a prole, dentre outros.

Concluiu-se, a partir do estudo, que o pacto antenupcial é instituto que pode ser utilizado não apenas para regular questões patrimoniais atinentes ao casal, mas também para expressar as escolhas que cunho íntimo dos nubentes. Trata-se, assim, de instituto que pode assegurar a intimidade e a liberdade do casal em um contexto de pluralidade de estilos de vida.

Dentre os limites do presente estudo, não foi possível analisar a potencialidade do pacto antenupcial como instrumento apto a promover a igualdade de gênero em relações matrimoniais. Sobre isso, é importante relembrar que temas sensíveis referentes a gênero, a exemplo da divisão das tarefas domésticas e de indenização ou alimentos pela suspensão da vida profissional em decorrência da maternidade, podem ser definidos por meio do pacto. Vê-se, com isso, que mais que um instrumento voltado à regulação de questões patrimoniais, o pacto pode assumir a função de promoção da equidade.

6. REFERÊNCIAS

ALMEIDA SANTOS, Francisco Cláudio de. O pacto antenupcial e a autonomia privada. In: FERREIRA BASTOS, Eliene; SOUZA, Asiel Henrique de (Coord.). *Família e jurisdição*. Belo Horizonte: Del Rey, 2005.

BARRETTO, Fernanda Carvalho Leão. *Função social do contrato, liberdade econômica e seus reflexos no âmbito do direito das famílias e das sucessões* – Uma análise da Medida Provisória 881-2019. IBDFAM, 2019. Disponível em: https://ibdfam.org.br/noticias/6931/Fun%C3%A7%C3%A3o+social+do+contrato,+liberdade+econ%C3%B4mica+e+seus+reflexos+no+%C3%A2mbito+do+direito+das+fam%C3%ADlias+e+das+sucess%C3%B5es+%E2%80%93+Uma+an%C3%A1lise+da+Medida+Provis%C3%B3ria+n+881-2019. Acesso em: 18 mar. 2023.

BIAZI, João Pedro de Oliveira de. Pacto antenupcial: Uma leitura à luz da teoria do negócio jurídico. *Revista Jurídica Luso-Brasileira*, Lisboa, n. 1, ano 2, p. 229-264, 2016.

BODIN DE MORAES, Maria Celina. Instrumentos para a proteção dos filhos frente aos próprios pais. *Civilista.com*, Rio de Janeiro, v. 7 n. 3. 2018. p. 07. Disponível em: http://civilistica.com/wp-content/uploads/2019/01/Bodin-de-Moraes-civilistica.com-a.7.n.3.2018.pdf. Acesso em: 16 abr. 2023.

BRASIL, Superior Tribunal de Justiça. Agravo Interno no Recurso Especial 1.840.911/SP, da Terceira Turma do Superior Tribunal de Justiça. Relator Ministro Marco Aurélio Bellizze. Brasília, DF, julgado em 24 de agosto de 2020.

CÂMARA, Hermano Victor Faustino; PIMENTEL, Mariana Barsaglia. A(s) Família(s) na Pós-Constitucionalização do Direito Civil. In: NALIN, Paulo; COPI, Lygia Maria; PAVAN, Vitor Ottoboni. (Org.). *Pós-Constitucionalização do Direito Civil*. Londrina/PR: Editora Thoth, 2021.

CARDOSO, Fabiana Domingues. *Regime de bens e pacto antenupcial*. Rio de Janeiro: Forense. São Paulo: Método, 2010.

CORTIANO JUNIOR, Eroulths. Para além das coisas: breve ensaio sobre o direito, a pessoa e o patrimônio mínimo. IN: BARBOZA, H. H. et al. (Org.). *Diálogos sobre Direito Civil*. Rio de Janeiro: Renovar, 2002.

DIAS, Maria Berenice. *Manual de Direito das Famílias*. 14. ed. rev. ampl. e atual. Salvador: JusPodivm, 2021.

FACHIN, Luiz Edson. Parecer sobre o Projeto do Novo Código Civil. *Revista da Faculdade de Direito de Campos*, Campos, n. 3, p. 161-191, 2001/2002.

FACHIN, Luiz Edson. *Direito de família*: elementos críticos à luz do Código Civil brasileiro. Rio de Janeiro: Renovar, 2003.

FACHIN, Luiz Edson. *Direito civil*: sentidos, transformações e fim. Rio de Janeiro: Renovar, 2015.

FARIAS, Cristiano Chaves de. A família da pós-modernidade: em busca da dignidade perdida da pessoa humana. *Revista de Direito Privado*, v. 19, p. 56-68, 2004.

GAGLIANO, Pablo Stolze; BARRETO, Fernanda Carvalho Leão. Multa por infidelidade: um diálogo entre o direito das famílias e o direito das obrigações. *Portal Migalhas*. 2023. Disponível em: https://www.migalhas.com.br/depeso/381524/multa-por-infidelidade-direito-das-familias-x-direito-das--obrigacoes. Acesso em: 29 mar. 2023.

GOMES, Orlando. Raízes históricas e sociológicas do Código Civil Brasileiro. São Paulo: Martins Fontes, 2006.

GOZZO, Débora. *Pacto Antenupcial*. Dissertação (Mestrado) – Faculdade de Direito da Universidade de São Paulo, 1988.

LACERDA, Carmen Sílvia Maurício de. Famílias monoparentais: conceito. composição. responsabilidade. In: ALBUQUERQUE, F. S.; EHRHART JR., M.; OLIVEIRA, C. A. de. *Família no Direito Contemporâneo*: estudos em homenagem a Paulo Luiz Netto Lôbo. Salvador: JusPodivm, 2010.

LÔBO, Paulo. *Direito civil*: famílias. São Paulo: Saraiva, 2023. v. 5. E-book. Disponível em: https://integrada.minhabiblioteca.com.br/#/books/9786553628250/. Acesso em: 19 abr. 2023.

MAFRA, Tereza Cristina Monteiro; MENDONÇA, Rafael Baeta. Os limites de conteúdo do pacto antenupcial. *civilistica.com*. a. 10. n. 3. 2021.

MATOS, Ana Carla Harmatiuk; TEIXEIRA, Ana Carolina Brochado. Disposições existenciais e patrimoniais do pacto antenupcial. In: Ana Carla Harmatiuk Matos; Ana Carolina Brochado Texeira; Gustavo Tepedino. (Org.). *Direito Civil, Constituição e Unidade do Sistema*. Belo Horizonte: Fórum, 2019. v. 1.

MELLO, Marcos Bernardes de. *Teoria do Fato Jurídico*: Plano da Existência. 15. ed. São Paulo: Saraiva, 2008.

MELLO, Marcos Bernardes de. Breves notas sobre o perfil jurídico da união estável. *Revista IBDFAM Famílias e Sucessões*, [s. l.], v. 39, p. 138-164, 2020.

MENEZES, Joyceane Bezerra de. A família e o direito de personalidade: a cláusula geral de tutela na promoção da autonomia e da vida privada. *Revista Direito UNIFACS*, Salvador, n. 218, 2018. 02. Disponível em: https://revistas.unifacs.br/index.php/redu/article/view/5456/3462. Acesso em: 03 abr. 2023.

MULTEDO, Renata Vilela. A potencialidade dos pactos consensuais no fim da conjugalidade. In: TEIXEIRA, Ana Carolina Brochado; RODRIGUES, Renata de Lima. *Contratos, Família e Sucessões*. 2. ed. Indaiatuba, SP: Editora Foco, 2021.

MULTEDO, Renata Vilela. *A intervenção do Estado nas relações de família*: limites e regulação. 2016. 231 p. Tese (Doutorado em Direito) – Universidade do Estado do Rio de Janeiro. Universidade do Estado do Rio de Janeiro, Rio de Janeiro, 2016.

PEREIRA, Caio Mário da Silva. *Instituições de Direito Civil*: direito de família. 20. ed. Rio de Janeiro: Forense, 2012.

PEREIRA, Tânia da Silva; LEAL, Livia Teixeira. Cuidado, ética, responsabilidade e compromisso: famílias possíveis. Rio de Janeiro: Freitas Bastos, 2015. *Coleção Direito UERJ 80 Anos* – v. 10: Criança e Adolescente.

RODRIGUES, Silvio. *Direito Civil*: direito de família. 28. ed. rev. atual. por Francisco José Cahali. São Paulo: Saraiva, 2004.

ROPPO, Enzo. *O contrato*. Coimbra: Almedina, 2009.

TEIXEIRA, Ana Carolina Brochado; MULTEDO, Renata Vilela. Apresentação. In: TEIXEIRA, Ana Carolina Brochado; RODRIGUES, Renata de Lima. *Contratos, Família e Sucessões*: Diálogos interdisciplinares. Indaiatuba: Editora Foco, 2019.

TEIXEIRA, Ana Carolina Brochado; BODIN DE MORAES, Maria Celina. Contratos no ambiente familiar. In: TEIXEIRA, Ana Carolina Brochado; RODRIGUES, Renata de Lima. *Contratos, Família e Sucessões*: Diálogos interdisciplinares. Indaiatuba: Editora Foco, 2019.

TEPEDINO, Gustavo. O valor jurídico do afeto e a contratualização do Direito de Família. *Revista Brasileira de Direito Civil – RBDCivil*. Belo Horizonte, v. 31, n. 4, p. 13-15, out./dez. 2022.

TEPEDINO, Gustavo; TEIXEIRA, Ana Carolina B. *Fundamentos do Direito Civil*: Direito de Família. v.6. São Paulo: Grupo GEN, 2022. E-book. ISBN 9786559643936. Disponível em: https://integrada.minhabiblioteca.com.br/#/books/9786559643936/. Acesso em: 05 abr. 2023.

BEM DE FAMÍLIA

Herika Janaynna Bezerra de Menezes

Doutora em Direito pela Universidade de Fortaleza. Doutora em Direito Civil pela Universidade de Sevilha. Professora de Direito da Família na Universidade de Fortaleza.
E-mail: herikamarques@unifor.br.

Ana Paola de Castro e Lins

Doutora em Direito Constitucional pelo Programa de Pós-Graduação Stricto Senso em Direito (PPGD) da Universidade de Fortaleza e bolsista pelo Programa de Excelência Acadêmica – PROEX/CAPES. Mestra em Direito Constitucional pela Universidade de Fortaleza. E-mail: paolaclins@gmail.com.

Sumário: 1. Introdução – 2. O bem de família como meio de promoção da dignidade da entidade familiar – 3. O respeito à autonomia privada na instituição do bem de família – bem de família voluntário ou consensual – 4. O Superior Tribunal de Justiça e as demandas sobre a impenhorabilidade do bem de família; 4.1 Precedentes do STJ sobre a impenhorabilidade do bem de família – 5. A penhora do bem de família de fiador em contrato de locação comercial e a nova tese do STF – 6. Referências.

1. INTRODUÇÃO

A partir da Constituição de 1988, muitas mudanças foram observadas no ordenamento jurídico brasileiro, sobretudo no âmbito do Direito Civil, cujo foco primordial eram as situações subjetivas patrimoniais, pertinentes ao campo do "ter". A principiologia constitucional centrada na dignidade da pessoa humana sobrelevou a disciplina das questões subjetivas existenciais, repersonalizando o Direito Civil, que passa a atribuir maior enfoque às questões pertinentes ao "ser". O fenômeno refere-se à primazia da pessoa por parte da Teoria do Direito Civil e propõe um Direito a serviço da vida, orientado por uma visão antropocêntrica.

Se a história do direito é também a história da garantia da propriedade, a disciplina atual propõe um maior foco para a pessoa e o seu desenvolvimento. As situações subjetivas patrimoniais se somam às situações subjetivas existenciais, de sorte que no trato do ter e do ser atribua-se maior valoração a este último aspecto da existência relacional do homem.

Muito presente na formação das sociedades, especialmente da ocidental, a disciplina jurídica da propriedade é extensa e se apresenta como instituto central do Direito Civil moderno, definido como o direito de gozar e dispor dos bens de maneira absoluta (Moraes, 2010, p. 5). Para o direito civil publicizado, a pessoa é o eixo temático central. E, visando à garantia do seu pleno desenvolvimento, até mesmo as situações subjetivas patrimoniais, a exemplo da propriedade, podem ser funcionalizadas.

Exemplo clássico de funcionalização da propriedade para o amparo de questões existenciais, o bem de família, caso especial de inalienabilidade voluntária, visa emparelhar materialmente a unidade familiar. A criação do bem de família, assim como a impenhorabilidade do módulo rural, ilustram a repersonalização ou despatrimonialização das relações jurídicas civis, na medida em que posicionam a pessoa e as suas necessidades fundamentais em primeiro plano (Fachin, 2006, p. 99), reconhecendo, assim, o direito ao mínimo para a garantia da dignidade. Diante disso, o estatuto jurídico dos bens deve se render aos princípios constitucionais, cujo núcleo central é a promoção da dignidade da pessoa humana.

2. O BEM DE FAMÍLIA COMO MEIO DE PROMOÇÃO DA DIGNIDADE DA ENTIDADE FAMILIAR

A dignidade é um atributo intrínseco à pessoa humana, sendo positivada como um valor supremo da ordem jurídica pela Constituição Federal, um dos alicerces do Estado Democrático de Direito e um dos fundamentos da República Federativa do Brasil (artigo 1º, inciso III, CF/88). Nas palavras de Canuto (2010, p. 174; 241), a dignidade da pessoa humana, tida como princípio fundamental da Constituição Federal, trata-se de supraprincípio, alçado à célula mater dos demais.

O conceito da dignidade,[1] constantemente ressignificado, foi desenvolvido a partir de uma construção filosófica até a compreensão atual, que reconhece o homem como centro do mundo, centrado no mundo. Além de ser um ponto de chegada, a dignidade, por ser um horizonte a se vislumbrar, é também um ponto de partida, em razão da descrição da nossa condição, e fundamento de nossa ética, que nos direciona para realizar o projeto de sermos "seres humanos".

Nessa toada, para Andrade (1988, p. 102), não importam as condições em que se encontre a pessoa, ela deve ser respeitada em função de sua dignidade. Do mesmo modo, Dworkin (2003, p. 334) afirma que o que fundamenta a dignidade é tão somente a condição humana. Isso demonstra o valor intrínseco da pessoa, derivado de características que a fazem única.

Portanto, ao compreender a dignidade como uma característica inerente à pessoa humana e o ponto de partida do ordenamento jurídico, observa-se a necessidade de

---

1. Tomásio apresentou uma distinção da ética pública e privada demonstrando a importância para a compreensão da dignidade, iniciando a reflexão sobre a composição do homem em "corpo e alma", com compreensão, querer e vontade. Não tratou diretamente da dignidade, mas nas reflexões sobre a condição humana apresentou as dimensões da dignidade; Bulamarqui acreditava que o homem era um animal dotado de inteligência e seria isso o que o distinguia dos demais animais e o que compunha a dignidade; Wol afirmava que o homem estava centrado no mundo e que era o centro do mundo, que a natureza e a essência humana eram comuns a todos os homens, sendo todo direito natural um direito universal. Pressupunha uma igualdade moral a todos os homens, por isso todo homem seria livre, de forma a considerar a liberdade (uma dimensão da dignidade), como a independência de agir dos homens em respeito a vontade de outros homens. Já para o Conde de Bufon, a dignidade do homem derivava do império dele sobre os outros animais, sendo as verdadeiras glórias do homem a paz, a ciência e sua felicidade. Para Voltaire, o primeiro traço da dignidade seria a liberdade (apud PECES BARBA, 2003).

uma tutela especial que fundamente e norteie a lei positivada. Essa tutela especial, por vezes denominada de cláusula geral de tutela,[2] passa a ser fundamento da Constituição Federal e do Estado, de forma a dirigir não só as regras do ordenamento jurídico, mas também os princípios.

Desse modo, Sarlet (2011, p. 63) orienta que a dignidade deverá ser assegurada tanto por parte do Estado como entre os particulares:

> A qualidade intrínseca e distintiva de cada ser humano que o faz merecedor do mesmo respeito e consideração por parte do Estado e da comunidade, implicando, neste sentido, um complexo de direitos e deveres fundamentais que assegurem a pessoa tanto contra todo e qualquer ato de cunho degradante e desumano, como venham a lhe garantir as condições existenciais mínimas para uma vida saudável, além de propiciar e promover sua participação ativa e corresponsável nos destinos da própria existência e da vida em comunhão com os demais seres humanos.

O Estado vincula-se, pois, ao princípio da dignidade da pessoa humana, tanto no sentido de se abster de atuar na esfera pessoal, como na determinação de algumas condutas positivas que afirmem a dignidade.

Sobre as condutas positivas do Estado que assegurem a dignidade, Dworkin (2003, p. 334) destaca que toda sociedade tem padrões e convenções temporalmente localizados daquilo que define por indignidades. Atualmente, os documentos internacionais trazem balizas para a sua qualificação, e o próprio sentimento social orienta as pessoas ao entendimento do que seria indigno.

Em suma, ao Estado não é permitido violar a dignidade e tampouco os direitos fundamentais da pessoa humana, mas há também o dever de protegê-la de lesões e ameaças, tanto de terceiros, como do próprio Estado. A proteção desses direitos envolve a atividade legislativa, administrativa e jurisdicional, que deve se nortear para a promoção dos direitos da pessoa humana (Sarmento, 2006, p. 129).

Assim, reconhecendo que o Estado é o principal garantidor dos direitos fundamentais, é imperioso que seja aparelhado a fim de que possa cumprir sua função, o que requer a formulação, a implantação e a implementação de políticas públicas necessárias.

Desse modo, o respeito à dignidade da pessoa é dever tanto do Estado como do particular, com fundamento na solidariedade. Como adverte Fachin (2006, p. 46), "o ser humano só poderá ser alcançado pelo direito em sua dimensão integral quando ressaltado o valor da solidariedade". E essa solidariedade se expressa pela dimensão intersubjetiva, no ter que ser para o outro. Nessa direção, pode-se afirmar que o princípio da solidariedade "distribui o ônus social à coletividade com a finalidade

---

2. A mencionada cláusula geral de tutela da personalidade, que decorre da dignidade da pessoa humana, possui duas dimensões: uma dimensão estática, ou seja, uma tutela negativa, a partir da qual se confere o dever de proteção e respeito a todos os bens ligados à personalidade que possam estar na base de situações jurídicas subjetivas, assim como se garante sua oponibilidade *erga omnes*; e uma dimensão dinâmica, na qual emerge a tutela positiva ou promocional, aquela que permite o exercício cotidiano destes direitos como forma de garantir o pleno desenvolvimento da pessoa, tanto na sua esfera íntima como na sua vida de relações.

de assegurar a moradia à pessoa e à sua família, uma das mais relevantes garantias constitucionais" (Tepedino; Teixeira, 2020, p. 456).

A fim de assegurar essa condição de cidadão e de pessoa dotada de dignidade, autores como Barcellos (2008) e Torres (2009) se valem da necessidade de um mínimo existencial que garanta a todos o direito subjetivo ao conjunto comum básico de prestações como corolário da dignidade da pessoa humana, podendo exigi-lo, caso não haja a prestação voluntária, do Poder Público. Quando se fala de mínimo existencial, refere-se a um mínimo que atenda às condições de existência adequadas, por isso a vinculação entre o mínimo existencial e a dignidade.

Reconhecido como um conjunto de prestações que garantem os meios necessários para que o indivíduo tenha uma vida digna, o mínimo existencial tem o condão de promover o respeito à autonomia e a afirmação da cidadania democrática. Desse modo, parte do pressuposto de que é dever do Estado a garantia de uma vida digna, de forma a oferecer condições que visem minimizar as situações de vulnerabilidade e necessidade do indivíduo, sendo fundamentos dessa obrigação estatal a garantia da promoção da autonomia, a preservação da democracia e o reconhecimento de a necessidade de proteção humana ser um fim em si mesmo (Sarmento, 2010, p. 575). Em sentido semelhante, Fachin (2006) passou a defender a necessidade de se garantir um patrimônio mínimo como afirmação da dignidade da pessoa humana, como será visto adiante.

A partir dessa perspectiva de proteção da pessoa e da personalização do direito civil, o Código Civil de 1916 estabeleceu, em seus artigos 70 a 73,[3] o procedimento para a instituição do bem de família, por meio de manifestação volitiva do chefe de família em escritura pública, denominado *bem de família consensual ou voluntário*. O objeto do bem de família correspondia ao imóvel urbano ou rural destinado à residência familiar, afetado pela finalidade precípua, que era a de garantir o abrigo da família, protegendo a casa de moradia contra a execução por dívidas, com exceção daquelas provenientes de impostos relativos ao mesmo prédio.

Àquela época, uma pessoa solteira não dispunha de legitimidade para instituir o bem de família, tampouco a mulher que convivia com o companheiro, uma vez que, para a lei, a família legítima era apenas aquela originária do matrimônio, de forma que outros arranjos familiares não gozavam da faculdade de utilização do instituto.

Ao longo do tempo, embora mantidos os princípios basilares e a formalidade de sua instituição por escritura pública, o instituto passou por várias alterações.

---

3. A figura do bem de família tem origem a partir de meados do século XIX, na República do Texas, nos Estados Unidos, quando, após uma intensa crise financeira, muitos produtores rurais e fazendeiros perderam suas propriedades em razão de débitos. O Estado, então, concedeu algumas terras para essas pessoas e, na época e em razão daquelas circunstâncias, a lei texana estabeleceu o *homestead* como sendo a moradia familiar protegida em proveito da esposa e dos filhos. Na Constituição Texana de 1845, havia a previsão de proteção contra a alienação judicial forçada. A partir do exemplo do Texas, e após o insucesso das tentativas anteriores, o instituto do *homestead* ingressa no cenário brasileiro com o advento do Código Civil de 1916.

Após inúmeras crises econômicas e problemas generalizados com a inflação, fez-se necessária a aprovação da Lei 8009, de 29 de março de 1990, que logo obteve grande repercussão prática e de notória natureza de ordem pública. Foi então instituído pelo Estado o *bem de família legal ou involuntário*, fruto desse contexto econômico nacional.

Com o advento da Lei Federal 8.009/90, a matéria do bem de família sofreu alterações mais profundas, quedando revogadas as disposições do Código Civil de 1916 e do Código de Processo Civil que se tornaram contrárias a ela. Mas apesar de ser disciplinado desde longa data, foi somente com a Constituição de 1988, quando a pessoa passou a ter uma maior importância para a ordem jurídica privada, que o bem de família adquiriu maior representatividade.

A partir de então, um novo regime jurídico foi estruturado para o bem de família, assim considerado todo imóvel residencial próprio do casal ou da entidade familiar, impenhorável e isento de responder por qualquer tipo de dívida civil, comercial, fiscal, previdenciária ou de outra natureza, contraída pelos cônjuges ou pelos pais ou, ainda, por filhos que sejam seus proprietários e nele residam, salvo nas hipóteses previstas na própria lei (art. 1º da Lei 8.009/90).

Pela nova lei, foi dispensada a exigência da escritura pública e, graças ao princípio da igualdade, a proteção legal ao bem de família foi estendida às pessoas solteiras, casadas, conviventes e aos demais arranjos familiares. A partir da vontade do legislador e para preservar a dignidade da pessoa humana e a unidade familiar, a Lei 8.009/90 estabelece os bens imunes à penhora e isentos à execução de certas dívidas do seu titular, independentemente de ato constitutivo ou de registro.

Aqui, a propriedade tem o perfil funcional de servir de abrigo para a família.[4] Constitui um meio de asilo à família, uma vez que torna impenhorável e inalienável o imóvel onde ela se instala (Azevedo, 2002, p. 25). Trata-se de patrimônio especial, instituído por ato jurídico de natureza especial, por meio do qual o proprietário do imóvel procura garantir a unidade familiar.

O bem de família é bem útil para ilustrar a proteção ao patrimônio mínimo (Fachin, 2006, p. 232), que se expressa na funcionalização da propriedade para a defesa de bens indispensáveis à subsistência. "De fato, a impenhorabilidade do bem de família resguarda um local de dignidade de indivíduos que não pode se submeter a interesses meramente creditícios e patrimoniais." Partindo dessa premissa com vistas à democratização do direito de propriedade, pautado na teoria do patrimônio mínimo e na garantia de um mínimo existencial, busca-se compreender a propriedade sob um prisma humanista e funcionalizado.

---

4. Recurso Especial 1.095.611 – SP (2008/0231628-4) relator: ministro Francisco Falcão. Ementa: execução fiscal. Impenhorabilidade do bem de família. Imóvel objeto da penhora. Residência da genitora e do irmão do executado. Entidade familiar – súmula 364 STJ O conceito de impenhorabilidade do bem de família abrange também o imóvel pertencente a pessoas solteiras, viúvas, separadas, de modo a não proteger somente a entidade familiar, mas direito inerente à pessoa humana, qual seja à moradia.

O mínimo existencial parte do pressuposto de que é dever do Estado a garantia de uma vida digna, de forma a oferecer condições que visem minimizar as situações de vulnerabilidade e necessidade do indivíduo, sendo fundamentos dessa obrigação estatal a garantia da promoção da autonomia, a preservação da democracia e o reconhecimento de a necessidade de proteção humana ser um fim em si mesmo (Sarmento, 2010. p. 575). Em sentido semelhante, Fachin (2006) passou a defender a necessidade de se garantir um patrimônio mínimo como afirmação da dignidade da pessoa humana.

Com o advento do Código Civil de 2002, houve a possibilidade de instituição voluntária do bem de família, desde que não ultrapassasse (em seu valor) a um terço do patrimônio líquido do instituidor, passando a serem previstas duas modalidades de bem de família: o voluntário, convencional ou facultativo, previsto no Código Civil de 2002; e o involuntário ou legal, que nasce por força da Lei 8.009/90.

O objetivo da lei foi a proteção do patrimônio destinado à moradia como indispensável à dignidade da pessoa, daí porque há a correlação com a teoria do patrimônio mínimo e, por conseguinte, da dignidade. Corresponde, pois, a um instrumento jurídico que se presta a realizar a determinação do art. 170 da Constituição Federal, ou seja, a de "assegurar a todos a existência digna, conforme os ditames da justiça social".

Diversamente do bem de família assegurado no antigo Código Civil, estende-se o benefício a qualquer pessoa e a todas as modalidades de arranjos familiares, sejam eles a família matrimonial, anaparental, monoparental, a união estável entre pessoas de sexo oposto ou de mesmo sexo, por contemplar a família como base da sociedade e compreender que o rol apresentado na Constituição Federal, que traz os modelos de entidade familiar, é apenas exemplificativo.

Na compreensão da lei, a proteção exarada transborda do imóvel residencial para também tornar impenhoráveis as construções, plantações, as benfeitorias de qualquer natureza e todos os equipamentos, inclusive os de uso profissional, ou móveis que guarnecem a casa, desde que quitados (art. 3º, parágrafo único). Com a maturação do instituto, outros imóveis alcançaram o *status* de impenhorabilidade a partir de decisões jurisprudenciais, que serão analisadas mais adiante.

3. **O RESPEITO À AUTONOMIA PRIVADA NA INSTITUIÇÃO DO BEM DE FAMÍLIA – BEM DE FAMÍLIA VOLUNTÁRIO OU CONSENSUAL**

Enquanto a Lei 8009/1990 dispôs sobre a impenhorabilidade do bem de família (neste caso, o legal), o Código Civil de 2002, reconhecendo a autonomia privada, previu a possibilidade de o proprietário qualificar parte do patrimônio como bem de família a ser protegido, conforme dicção dos artigos 1.711 e 1.712. Trata-se do bem de família voluntário, justamente pelo fato de o proprietário, mediante manifestação de vontade, indicar o bem que quer proteger.

Trata-se de um ato formal, que deve ser veiculado por meio de escritura pública ou de testamento, em qualquer de suas modalidades. E, para garantir sua eficácia *erga omnes*, a escritura pública que institui o bem de família deverá ser levada a registro imobiliário. O Código Civil exige, ainda, que o patrimônio a ser destinado como bem de família não ultrapasse a 1/3 (um terço) do patrimônio líquido do instituidor.

Entretanto, existem algumas impropriedades na figura do bem de família convencional, visto que demanda tempo e custas para sua instituição, em razão da necessidade de formalização por meio de escritura e registro público. Ademais, ainda há a exigência de limitação a apenas um terço do patrimônio líquido, o que acaba por destinar o instituto para pessoas mais abastadas e inviabilizar a instituição do bem de família consensual, por não ser condizente com a realidade social brasileira (Lôbo, 2020, p. 406).

Conforme o art. 1.711, são legitimados para instituir o bem de família os cônjuges ou a entidade familiar, assim como um terceiro, que também poderá instituir o bem de família, por meio da doação ou do testamento, a depender da aceitação expressa de ambos os cônjuges beneficiados ou da entidade familiar beneficiada.[5]

Nas famílias matrimonializadas, cabe aos cônjuges a legitimidade para a instituição do bem de família. Pelo princípio da igualdade entre os cônjuges, não se admitiria que essa legitimidade recaísse apenas sobre o marido, como se verificava na vigência do Código Civil de 1916. Poderia, contudo, a mulher ou o marido realizar essa afetação isoladamente, sem a conivência um do outro?

O artigo 1.711 do Código Civil dispõe que os cônjuges poderão instituir o bem de família. Entretanto, no caso de o bem pertencer a patrimônio comum do casal, ambos devem consentir na sua autorização. Além disso, ainda há a possibilidade da liberalidade de terceiro, por meio de doação ou testamento, instituir bem de família, desde que haja a concordância expressa dos beneficiários, demonstrando a necessidade do consentimento em conjunto dos cônjuges (Peluso, 2012, p. 1.968).

Na hipótese de instituição de bem de família por terceiro, vê-se que há a exigência da aceitação por parte de ambos os cônjuges, e não apenas de um deles, conforme disposto no parágrafo único do artigo 1.711. Na hipótese em que o bem é doado ou legado como um bem de família apenas a um dos cônjuges, caberia a exigência da aceitação por parte do outro?

O próprio Código Civil, no artigo 1.717, impõe a necessidade do consentimento de todos os membros da família (cônjuge, companheiro, instituidor). Entende-se que a finalidade do mencionado artigo é de tentar evitar utilização diferente daquela a que se destina.

Quando o art. 1.711 se refere à instituição do bem de família pelos outros arranjos, empregando a locução "entidades familiares", não explica quais sejam essas

---

5. Recurso Especial 1.095.611 – SP (2008/0231628-4) Relator: Ministro Francisco Falcão – Recorrente: Fazenda Nacional Procurador: Procuradoria-Geral da Fazenda Nacional Recorrido: Antenor dos Santos Advogado: Salvador Carrasco de Oliveira – Execução Fiscal. Impenhorabilidade do bem de família. Imóvel objeto da penhora. Residência da genitora e do irmão do executado. Entidade familiar.

entidades, tampouco a pessoa que teria legitimidade para a sua instituição. Sabe-se que a entidade familiar não tem personalidade jurídica e que somente o proprietário do imóvel é que poderá instituí-lo como bem de família.

A locução deixa aberta a possibilidade de instituição do bem de família a qualquer modelo de organização familiar, pois não se trata aqui de um privilégio exclusivo da família matrimonial. Assim, todos os modelos de organização familiar que se fizerem presentes no convívio social poderão fazer uso do instituto. São múltiplas as agregações convivenciais, e o rol de modelos de famílias apresentados na Constituição Federal é exemplificativo, considerando os princípios constitucionais que regem o direito das famílias, sejam elas ligadas por laços jurídicos, de sangue ou de afeto, e todas teriam, pois, acesso ao instituto do bem de família convencional (Zilvetti, 2006, p. 257).

Até mesmo a pessoa solteira e celibatária goza de autonomia para fazê-lo.[6] Portanto, qualquer modelo de entidade familiar, seja matrimonial, convivencial, anaparental, monoparental, pessoas separadas, divorciadas, solteiras, viúvas etc. poderão instituir o bem de família em benefício da unidade familiar (Madaleno, 2011, p. 1004). Os tribunais têm inclusive reconhecido como bem de família imóvel em que o devedor não tenha que, necessariamente, fazer dele sua residência.[7] Do mesmo modo, podem aceitar a instituição por terceiros.

A pergunta que se segue é: quem terá legitimidade para a sua instituição quando se trata de bem voltado à proteção das demais entidades familiares, que não a matrimonial?[8]

Os cônjuges ou conviventes, e bem assim qualquer integrante da família monoparental e, ainda, terceiros podem instituir o bem de família, por escritura pública ou testamento (Madaleno, 2011, p. 1005). Por analogia, os conviventes assinariam conjuntamente a escritura? Ou tal analogia estaria criando uma obrigação a despeito da omissão da lei e, assim, malferindo o direito geral de liberdade?

Entende-se que qualquer um que possa se beneficiar da proteção do bem de família e tenha interesse de determinar parte do seu patrimônio como bem de família

---

6. Processual – Execução – Impenhorabilidade – Imóvel – Residência – Devedor solteiro e solitário – Lei 8.009/90. – A interpretação teleológica do Art. 1º, da Lei 8.009/90, revela que a norma não se limita ao resguardo da família. Seu escopo definitivo é a proteção de um direito fundamental da pessoa humana: o direito à moradia. Se assim ocorre, não faz sentido proteger quem vive em grupo e abandonar o indivíduo que sofre o mais doloroso dos sentimentos: a solidão. – É impenhorável, por efeito do preceito contido no Art. 1º da Lei 8.009/90, o imóvel em que reside, sozinho, o devedor celibatário. (EREsp 182.223/SP, Rel. Ministro Sálvio De Figueiredo Teixeira, Rel. p/ Acórdão Ministro Humberto Gomes De Barros, Corte Especial, julgado em 06 fev. 2002, DJ 07 abr. 2003 p. 209).
7. Civil e processo civil. Afastamento da súmula 7/STJ. Desnecessidade de o imóvel ser a residência do devedor para defini-lo como bem de família. Retorno dos autos ao tribunal de origem para examinar os requisitos necessários à configuração do bem de família. (AgRg no REsp 901.881/SP, Rel. Ministro Luis Felipe Salomão, Quarta Turma, julgado em 17 mar. 2011, DJe 22 mar. 2011).
8. TJSP – Bem de família – Impenhorabilidade – Não é o estado civil do devedor que torna o bem de família, isto é, o imóvel residencial impenhorável – AgI 118.241.4/0, rel. Des Márcio Marcondes Machado, 5.10.1999.

terá legitimidade para instituí-lo, desde que tenha a propriedade do imóvel, como dispõe o artigo 1.711 (Credie, 2010, p. 28).

A pessoa capaz para instituir o bem de família é o proprietário do imóvel. Assim sendo, qualquer pessoa que deseje afetar um bem como sendo destinado à moradia e sobrevivência deverá fazê-lo por meio de escritura pública no cartório de registro de imóveis, para que aquele ato tenha eficácia perante terceiros.

A existência de dívidas no momento da instituição do bem de família não é impeditivo para que ela ocorra, uma vez que os efeitos da gravação não retroagirão a dívidas pré-existentes, embora esteja protegido de dívidas posteriores. Entretanto, exceção da norma são as obrigações contraídas em razão da propriedade do imóvel, as chamadas obrigações *propter rem*, as quais não alcançam a proteção ao bem de família.

É preciso ressaltar que esse manto protetivo do bem de família permanece enquanto existir entidade familiar. Desse modo, embora o Código cite "enquanto os cônjuges existirem ou na permanência de filhos menores", já foi amplamente discorrido que a proteção não está vinculada a matrimônio.

Tratar da extinção do bem de família é possível apenas quando está sob exame o bem de família voluntário ou convencional, pois a outra modalidade constitui norma de ordem pública, inderrogável, voltada à proteção do patrimônio mínimo e à preservação da unidade familiar e da dignidade da pessoa humana, atendendo, inclusive, ao mandamento constitucional que dispõe do direito à moradia.

A permanência da instituição do bem de família voluntário está relacionada à vontade do instituidor ou quando ocorrer a sua morte. Entretanto, no que se refere à desafetação, esta só será possível se houver a indicação de um outro bem para substituí-lo, nos casos em que ele tiver deixado de ser a residência da família, ou havendo o *animus* de vendê-la (Madaleno, 2011, p. 1062).

O Código Civil, no artigo 1.722, dispõe que a extinção só ocorrerá em caso de morte de ambos os cônjuges e, em não havendo filhos menores ou incapazes. É preciso ressaltar, contudo, mais uma vez, que, com a previsão da Súmula do STJ 364,[9] o bem de família não está limitado ao matrimônio, podendo, inclusive, os singulares indicarem um bem, caso queiram, para que sobre ele recaia a proteção da impenhorabilidade.

A morte de um dos cônjuges ou o divórcio não extinguem, automaticamente, o bem de família instituído voluntariamente, tendo em vista que o motivo de sua existência, qual seja, a proteção do lar da família, permanece. Nos casos em que há o interesse em desafetar o bem, o cônjuge sobrevivente poderá pleitear ao juiz que determine a extinção, com a necessária oitiva do membro do Ministério Público, a fim de que sejam resguardados direitos de terceiros.

---

9. Súmula 364: "O conceito de impenhorabilidade de bem de família abrange também o imóvel pertencente a pessoas solteiras, separadas e viúvas".

A finalidade do bem de família é garantir a moradia e o patrimônio mínimo do instituidor do bem de família. Desse modo, se os instituidores morrem, ou o imóvel deixa de ser o "asilo" da família, passa a ser possível o pedido de desafetação do bem.[10]

Em relação aos efeitos da instituição do bem de família, têm-se a impenhorabilidade relativa e a inalienabilidade. Quanto à inalienabilidade, esta é um efeito exclusivo do bem de família voluntário, uma vez que o bem de família legal pode ser alienado a qualquer tempo. Já o bem de família voluntário só pode ser alienado mediante autorização judicial, como prevê o art. 1.717 do Código Civil.

Desse modo, para obter a autorização judicial, é necessário o consentimento de todos os interessados e é obrigatória a oitiva do Ministério Público e, havendo incapazes, o Ministério Público participa de todo o procedimento.

Já a impenhorabilidade é relativa, e a Lei estabelece as situações em que será afastada. Salienta-se, contudo, que a legislação vem sofrendo alterações, assim como o posicionamento do Judiciário, conforme se buscará demonstrar no tópico seguinte.

4. O SUPERIOR TRIBUNAL DE JUSTIÇA E AS DEMANDAS SOBRE A IMPENHORABILIDADE DO BEM DE FAMÍLIA

Como já mencionado, a Lei 8009/90 dispõe sobre a impenhorabilidade do bem de família e inicia com a qualificação dos imóveis alcançados pelo normativo. Entretanto, tal como no Código Civil, também são apresentadas situações em que, embora preenchidos todos os requisitos do bem de família, ainda assim, em se tratando de determinados débitos, a impenhorabilidade do imóvel restará afastada.

As normas que afastam a impenhorabilidade são restritas e, portanto, não merecem interpretação ampliada, ainda que, desde a edição da Lei, muitas tenham sido as reformas no sentido de garantir uma maior eficácia da proteção constitucional, algumas por meio de outras leis, e outras em razão de posicionamento dos tribunais. Antes de avaliar o posicionamento específico do STJ no tocante à impenhorabilidade do bem de família, é importante destacar as alterações da Lei:

> Art. 3º A impenhorabilidade é oponível em qualquer processo de execução civil, fiscal, previdenciária, trabalhista ou de outra natureza, salvo se movido:
>
> I – em razão dos créditos de trabalhadores da própria residência e das respectivas contribuições previdenciárias; (Revogado pela Lei Complementar 150, de 2015)

---

10. Desafetação de bem de família. Cláusula. Cancelamento. Possibilidade. Legítimos interesses do próprio ente familiar. – Nos termos do disposto no art. 1.711, do CC/02, "podem os cônjuges ou a entidade familiar, mediante escritura pública ou testamento, destinar parte de seu patrimônio para instituir bem de família, desde que não ultrapasse um terço do patrimônio líquido existente ao tempo da instituição, mantidas as regras sobre a impenhorabilidade do imóvel residencial estabelecida em lei especial". – Certo é que a cláusula – bem de família – foi instituída para possibilitar uma base econômica e financeira segura e duradoura, no entanto, a sua existência pode, por outro lado, em excepcional circunstância, ser lesiva de legítimos interesses do próprio ente familiar que ela visa proteger, podendo mesmo chegar a lhe causar danos.

II – pelo titular do crédito decorrente do financiamento destinado à construção ou à aquisição do imóvel, no limite dos créditos e acréscimos constituídos em função do respectivo contrato;

III – pelo credor de pensão alimentícia;

III – pelo credor da pensão alimentícia, resguardados os direitos, sobre o bem, do seu coproprietário que, com o devedor, integre união estável ou conjugal, observadas as hipóteses em que ambos responderão pela dívida; (Redação dada pela Lei 13.144 de 2015)

IV – para cobrança de impostos, predial ou territorial, taxas e contribuições devidas em função do imóvel familiar;

V – para execução de hipoteca sobre o imóvel oferecido como garantia real pelo casal ou pela entidade familiar;

VI – por ter sido adquirido com produto de crime ou para execução de sentença penal condenatória a ressarcimento, indenização ou perdimento de bens.

VII – por obrigação decorrente de fiança concedida em contrato de locação;

VIII – para cobrança de crédito constituído pela Procuradoria-Geral Federal em decorrência de benefício previdenciário ou assistencial recebido indevidamente por dolo, fraude ou coação, inclusive por terceiro que sabia ou deveria saber da origem ilícita dos recursos. (Incluído pela Medida Provisória 871, de 2019).

A revogação do inciso primeiro do artigo 3º foi tema de discussão na última edição do presente livro, quando foi questionada a mantença da oposição à impenhorabilidade diante da então PEC do trabalhador doméstico, uma vez que seriam igualados os direitos daquela categoria aos dos demais trabalhadores, e que a oposição à impenhorabilidade era em razão da vulnerabilidade e da ausência de garantias que aquele tipo de vínculo teria. Assim, o legislador, sabiamente, revogou o inciso, tornando impenhorável o bem de família mesmo quando as dívidas forem oriundas de créditos trabalhistas e contribuições de trabalhadores domésticos.

O inciso II trata de dívidas relativas ao próprio imóvel, seja de financiamento para construção, ou mesmo de aquisição. Nesses casos, o legislador optou por manter a oponibilidade à impenhorabilidade, mesmo quando se tratar de único bem da família, por entender que o próprio imóvel, desde sua aquisição, é dado em garantia para contratação do negócio como forma de manter o equilíbrio contratual.

Já o inciso III foi alterado com vistas a proteger a meação do cônjuge ou companheiro do devedor de alimentos, uma vez que, por se tratar de verbas necessárias à subsistência e, igualmente, protegida em respeito à dignidade, seria oponível a impenhorabilidade. A nova redação, no entanto, limitou a impenhorabilidade à meação do cônjuge devedor.

No inciso IV, o legislador manteve o afastamento da impenhorabilidade nos casos de dívidas de tributos relacionados ao prédio e de despesas condominiais, por entender que o direito privado está limitado pelo direito coletivo.

Os incisos V e VI mantiveram a redação sem qualquer alteração e sem levantar questionamentos sobre a oposição à impenhorabilidade, assim como o inciso VIII, que teve sua redação alterada pela Lei 13.846, de 2019.

Como se verifica, a questão da impenhorabilidade do bem de família, apesar da previsão legal e de reiteradas decisões pacificadas, ainda merece discussão, considerando-se que a moradia é um direito fundamental, e a proteção do patrimônio mínimo é uma afirmação da dignidade. Assim, no sentido de orientar as demandas, o STJ estabeleceu alguns precedentes no tocante à matéria.

4.1 Precedentes do STJ sobre a impenhorabilidade do bem de família

O Código de Processo Civil, em seu art. 926, estabelece que os tribunais devem uniformizar sua jurisprudência e mantê-la estável, íntegra e coerente. Para tanto, o legislador impôs a necessidade da criação de um sistema de precedentes (súmulas e jurisprudências).

Os precedentes são decisões judiciais que funcionam como balizadores para o julgamento posterior de casos análogos já julgados. Importa destacar que os precedentes, de forma geral, são norteadores, e não necessariamente vinculantes, em razão das particularidades de cada caso concreto.

No tocante à impenhorabilidade do bem de família, o Superior Tribunal de Justiça já firmou algumas teses a partir de casos concretos que chegaram àquela corte, estabelecendo os precedentes a nortearem casos análogos.

A começar pela interpretação do inciso III do art. 3º, sobre qual dívida alimentícia afasta a impenhorabilidade do bem de família. No caso originário, um credor de alimentos decorrente de ato ilícito pleiteou pelo afastamento da impenhorabilidade com base no inciso supracitado, tendo em vista que a legislação não distingue qual a causa de alimentos que enseja o afastamento da impenhorabilidade. Em análise do caso concreto, o STJ entendeu que "a impenhorabilidade do bem de família prevista no art. 3º, III, da Lei n. 8.009/90 não pode ser oposta ao credor de pensão alimentícia decorrente de ato ilícito."[11]

Outra tese firmada diz respeito ao art. 1º da Lei 8.009/90, sobre quem tem legitimidade para opor embargos à penhora de bem considerado de família. Nesse sentido, fundado na Súmula 364, que estende o conceito de impenhorabilidade de bem de família ao imóvel pertencente a pessoas solteiras, separadas e viúvas, firmou o entendimento de que qualquer integrante da entidade familiar que resida no imó-

---

11. Precedentes: AgRg no AREsp 516272/SP, Rel. Ministro Luis Felipe Salomão, Quarta Turma, julgado em 03/06/2014, DJe 13/06/2014; AgRg no REsp 1210101/SP, Rel. Ministro Paulo De Tarso Sanseverino, Terceira Turma, julgado em 20/09/2012, DJe 26/09/2012; REsp 1186225/RS, Rel. Ministro Massami Uyeda, Terceira Turma, julgado em 04/09/2012, DJe 13/09/2012; EREsp 679456/SP, Rel. Ministro Sidnei Beneti, Segunda Seção, julgado em 08/06/2011, DJe 16/06/2011; REsp 1305090/MT (decisão monocrática), Rel. Ministro Ricardo Villas Bôas Cueva, julgado em 28/08/2015, DJe 15/09/2015; REsp 1097965/RS (decisão monocrática), Rel. Ministra Maria Isabel Gallotti, julgado em 13/08/2015, DJe 21/08/2015; AREsp 656178/MG (decisão monocrática), Rel. Ministro João Otávio De Noronha, julgado em 29/04/2015, DJe 05/05/2015; AREsp 562460/SP (decisão monocrática), Rel. Ministro Antonio Carlos Ferreira, julgado em 08/10/2014, DJe 31/10/2014; REsp 1243722/SP (decisão monocrática), Rel. Ministra Nancy Andrighi, julgado em 31/10/2012, DJe 09/11/2012. (Vide Informativo De Jurisprudência 503).

vel protegido pela legislação tem legitimidade para se manifestar contra penhora do bem de família, reforçando o entendimento de que o fundamento da legislação é a proteção da entidade familiar. Desse modo, havendo a mantença da residência daquela entidade familiar no imóvel, ainda que seu proprietário não mais exista, a impenhorabilidade permanece para os que fazem daquele imóvel seu abrigo.[12]

O STJ também entendeu que a impenhorabilidade não se limita ao imóvel, mas aos bens móveis que guarnecem a residência e que são necessários para a mantença da família. É fato que artigos suntuosos e obras de arte não são afetados por este entendimento e se mantêm passíveis de penhora, assim como os bens móveis em duplicidade.[13]

Já houve também manifestação reiterada a respeito de que os imóveis residenciais de luxo não estão excluídos, por serem de alto padrão e de valor econômico elevado, da proteção conferida aos bens de família pela lei. O que já ocorreu, apesar desse posicionamento, foi a mitigação dessa diretriz, no sentido de permitir a penhora de parte do imóvel, desde que o desmembramento não acarrete a sua descaracterização.[14]

Observe-se que essa medida, para Tepedino e Teixeira (2020, p. 462), ainda que adotada somente em casos excepcionais, deve ser estimulada, justamente por se mostrar coerente com a função do bem de família, de modo que formas abusivas de exclusão de garantias patrimoniais sejam evitadas.

---

12. Precedentes: EDcl no REsp 1084059/SP, Rel. Ministra Maria Isabel Gallotti, Quarta Turma, julgado em 11/04/2013, DJe 23/04/2013; AgRg no Ag 1249531/DF, Rel. Ministro Sidnei Beneti, Terceira Turma, julgado em 23/11/2010, DJe 07/12/2010; REsp 473984/MG, Rel. Ministro Paulo De Tarso Sanseverino, Terceira Turma, julgado em 26/10/2010, DJe 08/11/2010; REsp 971926/SP, Rel. Ministro Og Fernandes, Sexta Turma, julgado em 02/02/2010, DJe 22/02/2010; REsp 1004908/SC, Rel. Ministro José Delgado, Primeira Turma, julgado em 22/04/2008, DJe 21/05/2008; REsp 931196/RJ, Rel. Ministro Ari Pargendler, Terceira Turma, julgado em 08/04/2008, DJe 16/05/2008; REsp 511023/PA, Rel. Ministro Jorge Scartezzini, Quarta Turma, julgado em 18/08/2005, DJe 12/09/2005; REsp 436194/MG, Rel. Ministro Barros Monteiro, Quarta Turma, julgado em 05/04/2005, DJ 30/05/2005; REsp 1377344/RS (decisão monocrática), Rel. Ministro Ricardo Villas Bôas Cueva, julgado em 26/02/2015, DJe 08/04/2015; AgRg no REsp 1485397/SP (decisão monocrática), Rel. Ministro Marco Aurélio Bellizze, julgado em 05/03/2015, DJe 27/03/2015. (Vide Informativo De Jurisprudência 449).
13. Precedentes: AgRg no REsp 606301/RJ, Rel. Ministro Raul Araújo, Quarta Turma, julgado em 27/08/2013, DJe 19/09/2013; REsp 875687/RS, Rel. Ministro Luis Felipe Salomão, Quarta Turma, julgado em 09/08/2011, DJe 22/08/2011; Rcl 4374/MS, Rel. Ministro Sidnei Beneti, Segunda Seção, julgado em 23/02/2011, DJe 20/05/2011; REsp 836576/MS, Rel. Ministro Luiz Fux, Primeira Turma, julgado em 20/11/2007, DJ 03/12/2007; REsp 831157/SP, Rel. Ministro Aldir Passarinho Junior, Quarta Turma, julgado em 03/05/2007, DJe 18/06/2007; AgRg no Ag 822465/RJ, Rel. Ministro José Delgado, Primeira Turma, julgado em 17/04/2007, DJe 10/05/2007; REsp 488820/SP, Rel. Ministra Denise Arruda, Primeira Turma, julgado em 08/11/2005, DJ 28/11/2005; REsp 589849/RJ, Rel. Ministro Jorge Scartezzini, Quarta Turma, julgado em 28/06/2005, DJe 22/08/2005; AREsp 568373/RJ (decisão monocrática), Rel. Ministro Benedito Gonçalves, julgado em 02/02/2015, DJe 10/02/2015; REsp 1476258/DF (decisão monocrática), Rel. Ministra Isabel Gallotti, julgado em 21/11/2014, DJe 27/11/2014.
14. Precedentes: AgRg no REsp 1.294.441/SP, Terceira Turma, Rel. Min. Sidnei Beneti, DJ 28.06.2012; REsp 1.320.370/RJ, Segunda Turma, Rel. Min. Castro Meira, DJ 16.06.2012; REsp 715.529/SP, Quarta Turma, Rel. Min. Luis Felipe Salomão, DJ 09.09.2010; REsp 1.178.469/SP, Terceira Turma, Rel. Min. Massami Uyeda, DJ 10.12.2010; AgRg no Ag 1.13.780/RS, Quarta Turma, Rel. Min. Fernando Gonçalves, DJ 23.03.2010; REsp 624.355/SC, Rel. Min. Humberto Gomes de Barros, DJ 07.05.2007.

Reforçando o entendimento da finalidade do bem de família, qual seja, a proteção da entidade familiar decorrente da necessária promoção e proteção da pessoa, fundamento da República, o STJ firmou entendimento de que o único imóvel residencial do locador é impenhorável, ainda que locado a terceiros, desde que a renda obtida com a locação seja revertida para subsistência ou moradia de sua família (Súmula 486 do STJ).

Na Súmula 449, a corte entendeu que a vaga de garagem com matrícula individualizada não constitui bem de família para efeito de penhora. Desse modo, se a vaga de garagem possuir registro, ela pode ser penhorada sem o socorro do previsto na legislação sobre impenhorabilidade de bem de família.

Em análise, a partir de um caso concreto, o inciso VI do art. 3º da lei em comento, o qual afasta a impenhorabilidade do bem de família quando tiver sido adquirido com produto de crime ou mesmo para execução de sentença penal condenatória a ressarcimento, indenização ou perdimento de bens, o STJ, a partir do caso concreto, firmou a tese de que "a impenhorabilidade do bem de família é oponível às execuções de sentenças cíveis decorrentes de atos ilícitos, exceto nas hipóteses em houve o prévio reconhecimento do ato na esfera penal".

O caso que ensejou esse entendimento se tratava de um embargo à execução de dívida decorrente de ato ilícito (acidente de trânsito), uma vez que as partes haviam transacionado, no âmbito civil, sobre o ressarcimento do dano, entretanto o acordo não foi cumprido conforme homologado, o que motivou o pedido de penhora do bem de família considerando o disposto no inciso VI do artigo 3º, já mencionado.

O devedor recorreu arguindo que a sentença penal não havia condenado o ofensor expressamente a reparar o dano e, portanto, não caberia a aplicação do inciso. Entretanto, o STJ, sob o argumento de que são efeitos da condenação, conforme previsto no Código Penal, art. 91, inciso I, tornar certa a obrigação de indenizar o dano causado pelo crime, e defende que, no caso em tela, não havia a necessidade de expressar o dever de reparar na sentença condenatória, concluindo que a impenhorabilidade do bem de família só pode ser superada quando houver ofensa penal e civil concomitante, com trânsito em julgado reconhecendo o dever de reparar pelo prejuízo causado.

O STJ também firmou entendimento de que a exceção à impenhorabilidade prevista no artigo 3º, II, da Lei n. 8.009/90 abrange o imóvel objeto do contrato de promessa de compra e venda inadimplido. No caso em tela, foi proposta a penhora do único bem da devedora para cumprimento de dívida em razão de sinal dado em contrato de promessa de compra e venda, não cumprido, do imóvel que ensejou pedido de penhora. Por entender que o imóvel era avaliado em valor elevado e da caracterização de má-fé por parte da proprietária do imóvel, que buscou o manto da impenhorabilidade para retenção de valores pagos, a corte decidiu pela aplicação da exceção da impenhorabilidade prevista no inciso II.

Outro entendimento firmado como precedente diz respeito ao fato de que um terreno desocupado ou não edificado não é suficiente para afastar a impenhorabilidade do bem de família, destacando a necessidade de avaliar a finalidade do imóvel para afastar a impenhorabilidade.

Em âmbito genérico, o STJ firmou precedentes que reconhecem a possibilidade de a Lei n. 8.009/90 ser aplicada à penhora antes de sua vigência, que a impenhorabilidade do bem de família não impede seu arrolamento fiscal e que a impenhorabilidade do bem de família, por ser questão de ordem pública e garantidora da proteção da entidade familiar e, por conseguinte, da pessoa, não admite renúncia pelo titular. Outra tese é de que a impenhorabilidade do bem de família pode ser alegada até a arrematação do bem, ainda que por petição simples nos autos.

Em recente julgado, a 9ª Turma do Tribunal Regional do Trabalho da 1ª Região (TRT/RJ) concluiu que a impenhorabilidade do imóvel residencial não é absoluta e que depende da análise do caso concreto. A relatora do caso em comento entendeu que a penhora do imóvel em questão não seria atentatória ao direito à moradia e à dignidade do devedor, além de ser imprescindível para satisfação de crédito de natureza alimentar do exequente, que está há mais de 10 anos sem receber seus créditos trabalhistas.

O executado argumentou que possuía apenas 50% do imóvel penhorado para o pagamento da dívida trabalhista, e não possuía outros bens imóveis. Disse que extraía seu sustento da locação do bem penhorado, e o valor recebido do aluguel, de R$15 mil, se destinava a pagar despesas com a moradia e demais gastos voltados à sobrevivência. Assim, no seu entendimento, o bem seria impenhorável, por se tratar de bem de família.

No segundo grau, o caso foi analisado e se observou que a impenhorabilidade do imóvel residencial não é absoluta, podendo ser relativizada de acordo com os fatos. A penhora do imóvel não viola o direito à moradia/dignidade do devedor, bem como o direito à herança dos herdeiros, sendo certo que o valor remanescente da alienação possibilitará ao agravante adquirir outro imóvel, também de alto padrão.[15]

5. A PENHORA DO BEM DE FAMÍLIA DE FIADOR EM CONTRATO DE LOCAÇÃO COMERCIAL E A NOVA TESE DO STF

Repousam ainda muitos questionamentos a respeito do bem de família, a exemplo do inciso VII do artigo 3º, que trata da oposição à impenhorabilidade do imóvel do fiador em contrato de locação. Por interpretação literal, tem-se a oposição por qualquer contrato de locação, seja ele residencial, seja comercial. No entanto, o entendimento não foi pacífico, e a matéria chegou ao Supremo Tribunal Federal.

A 1ª Turma do Supremo Tribunal Federal entendeu que a "restrição do direito à moradia do fiador em contrato de locação comercial tampouco se justifica à luz do princípio da isonomia. Eventual bem de família de propriedade do locatário não se

---

15. PROCESSO 0010243-39.2015.5.01.0029 (AP).

sujeitará à constrição e alienação forçada, para o fim de satisfazer valores devidos ao locador." (Recurso Extraordinário 605.709, relatora para acórdão a Min. Rosa Weber, DJe de 18/2/2019). Em momento diverso, entretanto, o STJ, ao apreciar o Resp. 1363368/MS, vinculando ao Tema repetitivo n. 708/STJ, estabeleceu a seguinte tese: "é legítima a penhora de apontado bem de família pertencente ao fiador de contrato de locação como dispõe o art. 3º, inciso VII, da Lei 8.009/90".

No entanto, a tese fixada manteve a omissão do legislador, quando não descreveu se a aplicabilidade se referia a contratos de locação comercial ou residencial e que, no caso, era um contrato de locação comercial.

Houve, então, um aparente conflito de decisões entre STJ e STF, o que demandou, para o STJ, reformular a decisão ajustando a tese, esclarecendo a distinção entre locação comercial e residencial.

O STF já pacificou o tema com repercussão geral da matéria no RE 1307334/SP, nos seguintes termos:

> Recurso extraordinário. Constitucional. Civil. Processual civil. Agravo de instrumento. Cumprimento de sentença. Contrato de locação de imóvel comercial. Bem de família do fiador. Penhorabilidade. Tema 295. Re 612.360. *Distinguishing*. Fiança dada em locação residencial. Multiplicidade de recursos extraordinários. Dissenso jurisprudencial. Papel uniformizador do supremo tribunal federal. Relevância da questão constitucional. Manifestação pela existência de repercussão geral.

A distinção apresentada pelo Ministro Fux, em que defendeu não haver similitude nas matérias, foi exatamente no tocante ao tipo de locação. O STF entende que a locação comercial em que o fiador prestou garantia, nesta apenas, afasta-se a impenhorabilidade, permanecendo penhorável nos casos em que a locação for residencial.

> Embargos de declaração nos embargos de divergência nos embargos de declaração no agravo regimental no recurso extraordinário. Efeitos infringentes: conversão em agravo regimental. Processual civil. Bem de família. Contrato de locação de imóvel comercial. Fiador. Impenhorabilidade do bem de família. Ausência de similitude fática e jurídica entre o acórdão embargado e os julgados paradigmas. Agravo regimental ao qual se nega provimento. (RE 1.228.652-AgR-ED-EDv-ED, Rel. Min. Cármen Lúcia, DJe de 03 dez. 2020).

Em 2018, a Primeira Turma do STF, ao julgar o RE 605.709, entendeu pela impenhorabilidade do bem de família do fiador em contrato de locação de imóvel comercial[16] justificando que "a dignidade da pessoa humana e a proteção à família exigem que se ponham ao abrigo da constrição e da alienação forçada determinados bens. É o que ocorre com o bem de família do fiador." Embora o tema tenha sido

---

16. Recurso extraordinário manejado contra acórdão publicado em 31.8.2005. Insubmissão à sistemática da repercussão geral. Premissas distintas das verificadas em precedentes desta suprema corte, que abordaram garantia fidejussória em locação residencial. Caso concreto que envolve dívida decorrente de contrato de locação de imóvel comercial. Penhora de bem de família do fiador. Incompatibilidade com o direito à moradia e com o princípio da isonomia.

tratado com repercussão geral, ainda havia turmas no STF que divergiam sobre a impenhorabilidade do fiador em locação comercial.

Na ocasião, argumentou-se, ainda que em minoria, que a admissibilidade da execução do bem de família do fiador em razão de débitos decorrentes do contrato de locação residencial estaria igualmente justificada na locação comercial, em nome do direito à livre iniciativa.

Em março de 2022, o STF, em julgamento virtual sobre o Tema 1.127 da repercussão geral, fixou a tese, por 7 votos a 4, que "É constitucional a penhora de bem de família pertencente a fiador de contrato de locação, seja comercial, seja residencial." No julgamento, prevaleceu o entendimento do relator, ministro Alexandre de Moraes, para quem a possibilidade de penhora do bem não viola o direito à moradia do fiador, uma vez que oferecer seu imóvel como garantia contratual faz parte do exercício de seu direito de propriedade. Sustentou que se uma pessoa assina o contrato de fiança, por livre e espontânea vontade, com plena consciência dos riscos decorrentes de eventual inadimplência, renuncia à impenhorabilidade de seu bem de família, conferindo a possibilidade de constrição do imóvel em razão da dívida do locatário. Segundo ele, na fiança, em contrato escrito, que não deve deixar margem de dúvidas, o fiador oferece não só o seu bem de família, mas também todo o patrimônio que lhe pertence, em garantia de dívida de terceiro. Desse modo, Alexandre de Moraes entende que impor essa restrição representaria não só uma afronta à autonomia da vontade e à liberdade contratual, mas também, aos princípios da boa-fé objetiva e da livre iniciativa.

Ainda segundo o ministro relator, estaria configurada uma ofensa ao princípio da isonomia no caso de criação, por decisão judicial, de uma distinção entre os fiadores de locação residencial (em que se admite a penhora) e comercial. Por fim, destacou que a impenhorabilidade do bem do fiador no contrato de locação comercial poderia ser um desestímulo aos pequenos empreendedores. Acompanharam o relator os ministros Roberto Barroso, Nunes Marques, Dias Toffoli, Gilmar Mendes, André Mendonça e Luiz Fux.

Abrindo a divergência, o ministro Luiz Edson Fachin propôs a seguinte tese: "É impenhorável o bem de família do fiador de contrato de locação não residencial." De acordo com Fachin, a exclusão de proteção da moradia do fiador significaria restringir direitos sociais fundamentais e as garantias adequadas de proteção de um patrimônio mínimo, além de esvaziar o direito à moradia, que, segundo seu entendimento, deve prevalecer sobre os princípios da autonomia contratual e da livre iniciativa, "que podem ser resguardados por outros mecanismos menos gravosos".

Seguindo a mesma lógica, a ministra Rosa Weber destacou que o direito constitucional à moradia é um desdobramento de dois outros direitos constitucionais: o da dignidade da pessoa humana e o da proteção à família. Dessa forma, refuta-se a possibilidade de prevalecer eventual desestímulo à livre iniciativa decorrente da impenhorabilidade.

Os limites impostos à penhora de certos bens, segundo a ministra Rosa Weber, é uma "conquista civilizatória", cujo objetivo é assegurar o mínimo existencial. Assim, admitir a penhora do único bem do fiador em nome da promoção da livre iniciativa acarreta, em última análise, a fragilização das normas editadas com o objetivo de preservar a dignidade humana em favor da execução de dívidas. Essa corrente foi integrada, igualmente, pela ministra Cármen Lúcia e pelo ministro Ricardo Lewandowski.

Diante da análise d os precedentes e da decisão mais recente do STF, pondera-se que ainda há questões acerca da impenhorabilidade do bem de família que precisam ser revisitadas, de modo que se faz essencial uma reflexão sobre a necessidade da instituição de uma legislação para tratar do tema, ou se, seriam suficientes as decisões a partir de precedentes, tendo em vista que a legislação não consegue abarcar os casos concretos. O imperioso, sem dúvidas, é observar o fundamento da legislação, qual seja, a prote ção da entidade familiar, mediante a garantia do patrimônio mínimo, a fim de assegurar a dignidade da pessoa humana.

6. REFERÊNCIAS

AZEVEDO, Álvaro Villaça de. *Bem de família*: Comentários a Lei 8009/90. 5 ed. São Paulo: Revista dos Tribunais, 2002.

BARCELLOS, Ana Paula de. *A eficácia jurídica dos princípios constitucionais*: O princípio da dignidade da pessoa humana. 2. ed. Rio de Janeiro: Renovar, 2008.

CANUTO, Elza Maria Alves. *Direito à moradia urbana*: aspectos da dignidade da pessoa humana. Belo Horizonte: Fórum, 2010.

CREDIE, Ricardo Arcoverde. *Bem de Família*: teoria e prática. 3. ed. São Paulo: Saraiva, 2010.

DWORKIN, Ronald. *Domínio da Vida*: aborto, eutanásia e liberdades individuais. São Paulo: Martins Fontes 2003.

FACHIN, Luiz Edson. *Estatuto jurídico do patrimônio mínimo*: à luz do novo Código Civil brasileiro e da Constituição Federal. São Paulo: Renovar, 2006.

FACHIN, Luiz Edson. *Teoria crítica do direito civil*. Rio de Janeiro: Renovar, 2006.

LÔBO, Paulo. *Direito Civil*: Famílias. 4. ed. São Paulo: Saraiva, 2020.

MADALENO, Rolf. *Curso de Direito de Família*. 4. ed. Rio de Janeiro: Forense, 2011.

MORAES, Maria Celina Bodin. A caminho de um direito civil constitucional. *Direito, Estado e Sociedade*, Rio de Janeiro, v. 1, n. 1, p. 59-73, jul.-dez. 1991.

MORAES, Maria Celina Bodin. *Na medida da pessoa humana*. Rio de Janeiro: Renovar, 2010.

PELUSO, Cezar (Coord.). *Código Civil Comentado*: doutrina e jurisprudência: Lei. 10.406/2002. 6 ed. rev. e atual. São Paulo: Manole, 2012.

PEREIRA, Caio Mario. *Instituições de direito civil*. Rio de Janeiro: Forense, 2009.

SARLET, Ingo Wolfgang. *A eficácia dos direitos fundamentais*: uma teoria geral dos direitos fundamentais na perspectiva constitucional. 11. ed. rev. atual. Porto Alegre: Livraria do Advogado Editora, 2007.

SARLET, Ingo Wolfgang. *Dignidade da pessoa humana e direitos fundamentais*. Porto Alegre: Livraria do Advogado, 2011.

SARMENTO, Daniel. *A Constitucionalização do Direito*: fundamentos teóricos e aplicações específicas. Rio de Janeiro: Lumen Juris, 2006.

SARMENTO, Daniel. *Direitos fundamentais e relações privadas*. 2 ed. Rio de Janeiro: Lumen Iuris, 2010.

SILVA, José Afonso da. *Curso de Direito Constitucional Positivo*. Salvador: JusPodivm, 2007.

TEPEDINO, Gustavo; TEIXEIRA, Ana Carolina Brochado. *Fundamentos do Direito Civil*. Rio de Janeiro: Forense, 2020. v. VI.

ZILVETTI, Ana Marta Cattani de Barros. *Bem de família*. São Paulo: Quartier Latin Brasil, 2006.

USUFRUTO E ADMINISTRAÇÃO DE BENS DE FILHOS MENORES

Marklea da Cunha Ferst

Doutora em Turismo e Hotelaria pela Universidade do Vale do Itajaí. Mestre em direito das relações sociais pela Universidade Federal do Paraná. Advogada. Professora na Universidade do Estado do Amazonas – UEA.

Sumário: 1. Introdução – 2. A concepção contemporânea da autoridade parental e reflexos no direito patrimonial dos filhos menores – 3. Usufruto e administração dos bens de filhos menores – 4. Frutos do usufruto e prestação de contas pelos usufrutuários – 5. Alienação e ônus reais sobre bens imóveis – 6. Limites da administração de bens pelos pais – 7. Colisão de interesses durante a administração de bens dos filhos menores – 8. Bens dos menores excluídos do usufruto e administração dos pais – 9. Projetos de lei para alteração das disposições sobre usufruto e administração de bens de filhos menores – 10. Conclusão – 11. Referências.

1. INTRODUÇÃO

Chamado de direito real sobre coisas alheias, porque seu objeto é coisa de propriedade de outrem, o usufruto é uma espécie de direito real de uso e fruição. Trata-se, assim, de um direito real temporário.

Quando se fala na administração dos bens de filhos menores, temos uma espécie de usufruto legal de acordo com o artigo 1689, I e II do Código Civil, e que é decorrente da autoridade parental.

Este capítulo trata do usufruto e da administração do patrimônio de menores de 18 anos pelos pais. Em um primeiro momento, serão analisados os reflexos da autoridade parental no direito patrimonial dos filhos menores, uma vez que o instituto do usufruto, no direito de família, está a ele associado. Serão apontadas as noções gerais do usufruto e administração dos bens do filho menor, abordando os elementos pertinentes aos frutos e prestação de contas pelos usufrutuários; a alienação de bens e gravação de ônus reais sobre bens móveis, sua possibilidade e abrangência; os limites da administração de bens pelos pais; a colisão de interesses entre genitores e filhos e os bens excluídos do usufruto e administração pelos pais.

A partir de uma argumentação crítico-reflexiva, as questões apontadas são apresentadas trazendo-se o posicionamento doutrinário e jurisprudencial de cada tema.

O usufruto e a administração de bens dos filhos menores de idade ganharam destaque recentemente em virtude das declarações feitas pela atriz Larissa Manoela que expôs publicamente o rompimento com seus pais em virtude de suposto abuso de direito na administração dos seus bens durante o exercício da autoridade parental. Em virtude da repercussão do caso, tramitam diversos projetos de lei que serão objeto de análise nesse artigo.

2. A CONCEPÇÃO CONTEMPORÂNEA DA AUTORIDADE PARENTAL E REFLEXOS NO DIREITO PATRIMONIAL DOS FILHOS MENORES

O Código Civil em vigor, em homenagem ao princípio constitucional da igualdade entre homem e mulher, substituiu a expressão "pátrio poder", antes utilizada pelo Código Civil de 1916, para "poder familiar" e conferiu a ambos os cônjuges o dever de zelar pelo bem estar e desenvolvimento da prole.

Tal como se criticava a expressão "pátrio poder", por se referir ao poder do *pater*, que outrora detinha com exclusividade o *munus* de decisão sobre o desenvolvimento, educação, bens etc., dos filhos, a expressão "Poder Familiar" também não se coaduna com o espírito do instituto, que tem como objeto os direitos e deveres dos pais em relação aos bens e à pessoa dos filhos menores, com o escopo de conferir-lhes proteção em atenção ao princípio do melhor interesse da criança e do adolescente.

O projeto de Lei 2.285/2007, de autoria do Dep. Sérgio Barradas Carneiro, que trata do Estatuto das Famílias, fala de "autoridade parental", dispondo em seu artigo 87 que "A autoridade parental deve ser exercida no melhor interesse dos filhos", fugindo, como destaca Venosa (2020, p. 332), *"a ideia de poder que não deve existir no seio da família"*. O que deve prevalecer, quando se fala em proteção dos filhos menores, é o princípio do melhor interesse dos filhos, que decorre do princípio da proteção integral instituído pela Constituição Federal de 1988. Destaque-se que embora não tenha promovido a alteração do Código Civil, a Lei 12.318/2010, que dispõe da alienação parental, introduziu na legislação brasileira de modo permanente a expressão "autoridade parental" (Lobo, 2023), que melhor atende ao instituto legal na contemporaneidade.

Ao tratar o tema do patrimônio dos menores de idade, o intérprete da norma não deve se ater somente ao que dispõe o Código Civil sobre o assunto, e sim considerar a força da norma constitucional, haja vista a visão contemporânea do Direito Civil Constitucional ou a Constitucionalização do Direito Civil. Desta forma, conforme destaca Pietro Perlingieri (2008, p. 2):

> [...] as normas constitucionais, na verdade, têm um papel que não pode reduzir-se a representar limites e impedimentos à lei ordinária ou constituir-se em simples suportes hermenêuticos para o mais completo conhecimento do ordenamento. Elas, além de indicar os fundamentos e as justificações de normatividade de valor interdisciplinar tanto das instituições jurídicas quanto dos institutos jurídicos, apontam parâmetros de avaliação dos atos, das atividades e dos comportamentos, como princípios de relevância normativa nas relações intersubjetivas.

Nas palavras de Bonavides (2011), os princípios constitucionais foram convertidos em alicerce normativo sobre o qual assenta todo o edifício jurídico do sistema constitucional, o que implica sensível mudança na forma de se interpretar a lei. Deste modo, deve-se levar em consideração o disposto no artigo 227 da Constituição Federal que atribui à família, ao Estado e à sociedade, o dever de assegurar, com absoluta prioridade, o exercício dos direitos fundamentais das crianças e adolescentes.

É a partir da análise dos arts. 226 a 230 da Constituição Federal, que se verifica o deslocamento da tutela estatal do casamento para as relações familiares transmudando-se a tradicional proteção da "família como instituição" responsável pela produção dos valores éticos, econômicos, culturais e religiosos para uma "tutela essencialmente funcionalizada à dignidade de seus membros, em particular no que concerne ao desenvolvimento da personalidade dos filhos" (Tepedino; Teixeira, 2020).

A Constituição de 1988 albergou a doutrina da proteção integral e reconheceu a infância/adolescência como um período da vida distinto da fase adulta, no qual a pessoa está em uma situação peculiar do seu desenvolvimento que merece tutela especial. Revelou-se um novo paradigma social da condição da criança e do adolescente na política Estatal, conferindo prioridade à proteção dos seus direitos.

A vida em sociedade está sempre em construção, ante às mudanças e demandas da coletividade por mais direitos. É esta evolução da sociedade que superou a visão da criança e do adolescente como mero objeto de dominação/proteção do adulto, conferindo-lhes uma outra condição, a de cidadãos e, portanto, titulares de direitos. Não há como negar que a construção social da infância no Brasil foi secularmente reproduzida pelo olhar adulto, "geralmente elitista e reprodutor das condições de desigualdade histórica, colocando a criança no lugar específico e necessário à imposição de seu poder" (Custódio; Veronese, 2007, p. 11).

Assim, incabível na sociedade contemporânea a concepção da *pátria potestas* do Direito Romano ou do poder patriarcal, que conferia ao *pater* a exclusiva direção da entidade familiar. Hoje o que vigora é o dever/responsabilidade do pai e da mãe em relação aos filhos, impondo-lhes a desincumbência do *munus* em prol do melhor interesse dos filhos, por ser a pessoa humana, conforme destaca Tepedino (2007, p. 365), o centro do ordenamento. Tal igualdade entre os genitores ocorre tanto no casamento quanto na união estável (Pereira, 2020).

Sob essa concepção contemporânea do poder familiar, ou da autoridade parental, utilizando-se a expressão do projeto do Estatuto das Famílias, o usufruto dos pais relativamente ao bem dos filhos é um direito acompanhado do dever de administrá-lo em consonância com os interesses patrimoniais da prole.

3. USUFRUTO E ADMINISTRAÇÃO DOS BENS DE FILHOS MENORES

O artigo 1689 do Código Civil dispõe que o pai e a mãe, enquanto estiverem no exercício da autoridade parental, são usufrutuários dos bens dos filhos e têm a administração dos bens dos filhos menores sob sua autoridade. Esse usufruto independerá de registro uma vez que decorre de disposição legal expressa. Como esclarecem Tepedino e Teixeira (2020, p. 305) os pais serão os administradores e usufrutuários legais dos bens dos filhos, "salvo se o doador ou testador indicar outro administrador, no caso do bem ter sido adquirido por doação ou testamento, respectivamente".

Considerando que a criança/adolescente não possui capacidade de exercício para gerir sua pessoa e seus bens, esta gerência será realizada pelos seus pais e perdurará até que atinjam a maioridade. Os pais, na qualidade de usufrutuários, "têm direito à posse, uso, gozo, administração e percepção dos frutos dos bens dos filhos, enquanto durar a menoridade" (Leite, 2005, p. 365). Importante destacar que o objetivo da administração dos bens pelos genitores é a sua preservação enquanto viger a incapacidade ou menoridade sem autorizar a diminuição do patrimônio dos filhos, impondo, compreensivelmente, restrições ao poder de disposição dos pais, especialmente com o escopo de evitar a administração ruinosa do acervo dos menores sob a autoridade parental (Madaleno, 2020).

Os filhos são representados pelos pais até os 16 anos, visto que são absolutamente incapazes, e a partir desta idade, serão por eles assistidos até alcançarem a maioridade ou a emancipação. Na situação jurídica de relativamente incapazes, salvo quando emancipados para os atos da vida civil, caberá aos pais, no exercício da autoridade parental, o dever de administrar os seus bens. Considerando que a autoridade parental é conferida a ambos os pais, em havendo divergência destes quanto à administração dos bens dos filhos menores, poderá qualquer um deles se socorrer do juiz para a solução da controvérsia, a teor do disposto no parágrafo único do artigo 1690 do Código Civil.

Em que pese não haver nenhuma disposição expressa no Código Civil sobre a forma da administração destes bens, o desempenho desta função, adverte Comel (2003, p. 146), se submete à regra geral do exercício da autoridade parental e deve visar, precipuamente, o interesse do menor, motivo pelo qual, destaca essa autora, que os pais não poderão se apropriar de todos os rendimentos dos filhos, senão na medida do que for necessário para fazer frente às despesas comuns da família, uma vez que o usufruto é instituído no interesse do filho e não o contrário.[1] Isto porque, as novas temáticas do direito civil-constitucional, destaca Tepedino (2008, p. 321), "associam-se à reflexão acerca da eficácia da tutela da pessoa humana".

---

1. Decisão Trata-se de agravo apresentado por G V A D contra a decisão que não admitiu seu recurso especial. O apelo nobre fundamentado no artigo 105, inciso III, alínea a da CF/88, visa reformar acórdão proferido pelo Tribunal de Justiça do Estado de São Paulo, assim resumido: agravo de instrumento levantamento integral de valores pertencentes a menor depositados em conta judicial deferimento no juízo a quo do levantamento mensal de valores necessário ao custeio das despesas comprovadas da infante artigo 1689 do código civil que atribui aos pais a condição de administradores e usufrutuários dos bens dos menores mas não lhes autoriza a livre disposição do patrimônio que lhes foi confiado observância do art. 1691 do Código Civil necessidade de comprovação concreta de interesse do menor ou de necessidade urgente que demande o levantamento integral do montante depositado recurso Desprovido (STJ – AREsp: 1702017 SP 2020/0113219-5, rel. Min. João Otávio de Noronha, Data de Publicação: DJ 04 ago. 2020).

Neste sentido destacou o Ministro Massami Uyeda em Acórdão proferido nos autos de Recurso Especial 1.110.775 – RJ (2009/0014005-0)[2], ao dispor que o poder legal de administração dos bens dos filhos menores aos pais, conferido pela redação do art. 1.689, II, do Código Civil, não comporta o de disposição. O art. 1.689, II, do Código Civil, não pode ser interpretado isoladamente, mas, sim, em harmonia com outros diplomas legais, que enfrentam o exercício da autoridade parental à luz de princípios que objetivam, em última análise, a proteção integral dos interesses dos filhos menores. Destaca, ainda o Ministro que, comprovada a necessidade dos menores, é assegurado o levantamento do valor devido aos menores, a qualquer tempo, e que a cautela do Poder Judiciário em preservar o patrimônio do menor não importa em ingerência na autoridade parental, pois o direito ao levantamento permanece e poderá ser exercido sempre que circunstâncias se apresentem, bastando a devida justificação.

4. FRUTOS DO USUFRUTO E PRESTAÇÃO DE CONTAS PELOS USUFRUTUÁRIOS

Inexiste obrigação legal de prestação de contas ao filho menor pela administração do seu patrimônio. Isto porque, sendo os pais usufrutuários, por mandato legal, os rendimentos lhe pertencem (Dias, 2010, p. 425). Trata-se, segundo Gonçalves (2020, p. 429) de "uma compensação dos encargos decorrentes de sua criação e educação", conformando-se como uma das posições jurídicas da autoridade parental como salienta Venosa (2020, p. 343), nos termos do artigo 1689, I do Código Civil. Segundo o autor, na mesma obra e página:

> Sua origem histórica é encontrada no usufruto concedido ao *pater famílias*, na legislação de Justiniano. Procura-se justificar o instituto sob duas faces: esse usufruto compensaria o pai pelos encargos do múnus do poder familiar e, sob o prisma da entidade familiar, entendemos que todos os seus membros devem compartilhar dos bens. A estrutura desse usufruto aproxima-se do direito real de usufruto, disciplinado no direito das coisas, mas, como na maioria dos institutos de direito de família, tem compreensão própria. Desse modo, difere do usufruto de direito real porque não deriva de negócio jurídico, mas da lei; não necessita de inscrição imobiliária; abrange todos os bens dos filhos menores, salvo exceções previstas no Código; é irrenunciável e intransferível. Assim, os frutos e rendimentos produzidos pelos bens dos filhos menores pertencem aos pais que exercerem a administração, podendo consumi-los, sem necessidade de prestação de contas.

Sendo assim, também não haverá obrigatoriedade de prestação de caução ou qualquer modalidade de garantia. Todavia, adverte Madaleno (2020, p. 475), em que

---

2. Civil. Processual civil. Agravo em recurso especial e recurso especial manejados sob a égide do NCPC. Ação de cobrança. Perdas e danos. Indenização. Danos morais. Contrato de seguro de vida. Morte. Avó. Menor beneficiário. Cumprimento de sentença. Homologação de acordo. Livre movimentação dos valores pelos genitores. Prescindibilidade de comprovação da real vantagem ou necessidade para a criança. Preservação dos interesses do menor. Falta de impugnação específica aos fundamentos do acórdão recorrido. Súmula 283 do STF. Agravo conhecido. Recurso especial não conhecido. Publique-se. Intimem-se. Brasília (DF), 10 de junho de 2019. (STJ – AREsp: 1293918 MT 2018/0114470-4, rel. Min. Moura Ribeiro, Data de Publicação: DJ 11 jun. 2019).

pese esta ausência da obrigatoriedade de garantia e de prestação de contas do patrimônio, os pais "não estão isentos de circunstancial reparação de danos e prejuízos causados com fraude ao patrimônio de seus infantes".

É mister salientar que este posicionamento sobre o *usufruto dos bens dos filhos* como uma "compensação de encargos" que dispensa a obrigatoriedade de prestação de contas, não é compartilhado pela unanimidade da doutrina. Para Dias (2010, p. 424), "essa explicação não se harmoniza com a melhor e mais atual concepção do poder familiar", e segundo entendimento de Denise Comel (2003, p. 149) não se deve falar em compensação econômica quando se está diante de uma função que tem origem no direito natural e hoje se configura como um dever legal, de ordem pública, irrenunciável, que visa, sobretudo, ao interesse e benefício do filho.

Parece-nos mais acertado o entendimento de Denise Comel, segundo o qual o usufruto legal dos pais sobre os bens dos filhos deve se limitar ao que seja necessário para fazer frente às despesas comuns da família, pois tal usufruto é instituído no interesse dos filhos. O dever de administrar os bens dos filhos decorre da autoridade parental, devendo os titulares deste direito administrá-los de forma proba, defendendo-os e reivindicando-os daquele que injustamente os detenha.

A decisão proferida pelo STJ no RESP 1.623.098 - MG (2016/0228914-0) de relatoria do Ministro Marco Aurélio Bellizze trouxe um precedente diverso do até então reinante entendimento de impossibilidade de prestação de contas pela administração de bens de menores de idade por seus genitores.

Na acertada decisão, o STJ garantiu o direito dos filhos de exigir a prestação de contas pela administração dos seus bens em face dos seus genitores nas hipóteses em que a causa de pedir esteja relacionada o suposto abuso do direito ao usufruto legal e à administração dos bens dos filhos, em prejuízo destes.

O precedente em comento reconheceu que embora como usufrutuários dos bens dos filhos menores de idade, e, portanto, nos termos do art. 1.394 do Código Civil tenham direito à posse, uso, administração e percepção dos frutos, e não obrigatoriedade legal de prestação de contas, esse direito não é absoluto, pois, em que pese a presunção de que os pais agirão no melhor interesse do filho, na fundada suspeita de abuso de direito no exercício da autoridade parental, admite-se o ajuizamento da ação de prestação de contas em face dos pais usufrutuários.

Desta feita, o princípio do melhor interesse do menor de idade, previsto no artigo 227 da Constituição Federal, tem o condão de afastar a reconhecida presunção doutrinária de que as verbas recebidas pelos genitores usufrutuários tenham sido utilizadas em benefício do menor da idade durante o exercício da autoridade parental, e permitir a prestação de contas sempre que se demonstrar o abuso do direito da autoridade parental no usufruto e administração de bens, a fim de se garantir a proteção integral àquele que – por expressa disposição legal – não tem capacidade civil para gerenciar seus bens.

Assim, após alcançar a capacidade civil, o filho deve receber os bens com seus acrescentamentos (Pereira, 2020, p. 281), sendo "possível o ajuizamento de ação de prestação de contas pelo filho em desfavor dos pais quando a causa de pedir estiver relacionada com suposto abuso do direito ao usufruto legal e à administração dos bens dos filhos". Nesse sentido: STJ[3] – AgInt no REsp: 1811331 SP 2019/0118517-2, rel. ator: Ministro Raul Araújo, Data de Julgamento: 28/09/2020, 4ª Turma, Data de Publicação: DJe 21/10/2020). No mesmo sentido: STJ – 3ª Turma – Resp 1.623.098/MG – Rel. Min. Marco Aurélio Bellizze – Julg. 13.03.2018 – DJe 23.03.2018.

5. ALIENAÇÃO E ÔNUS REAIS SOBRE BENS IMÓVEIS

A administração dos bens dos filhos menores não é irrestrita e encontra limites na lei. É vedado aos pais alienar ou gravar de ônus real os bens dos filhos, tampouco poderão contrair obrigações que ultrapassem os limites da simples administração, conforme previsão no art. 1.691, do Código Civil vigente. Comprovada, todavia, real necessidade ou evidente o interesse do filho, o bem poderá ser objeto de alienação mediante a correspondente autorização judicial. Rodrigues (2007, p. 365) cita como exemplo, o fato de o imóvel estar em ruínas ou gerar renda pífia; impedindo a lei do inquilinato o seu aumento, poderá o juiz autorizar-lhes a venda para a aquisição de outro bem de igual ou superior valor.

Trata-se, neste caso, de procedimento especial de jurisdição voluntária, que requer a obrigatória oitiva do Ministério Público, a teor do previsto no artigo 82 do Código de Processo Civil. Neste caso, a atuação do Ministério Público é a de fiscal da lei, para proteger os interesses do menor de idade.

Quando se trata de alienação de bens de menor de idade, também é imperiosa a avaliação do bem. A autorização judicial só deve ser concedida em se comprovando que se atenderá ao melhor interesse do infante. Em havendo a autorização judicial, o juiz

---

3. Agravo interno no recurso especial. Ação de exigir contas ajuizada pelo genitor alimentante em face da genitora, relativamente à gestão de verbas alimentares. Inexistência, em princípio, do dever de prestar contas. Cabimento da ação em caráter excepcional. Pedido juridicamente possível. Improcedência do pedido. Ausência de comprovação da má gestão dos recursos. Súmula 7/STJ. Agravo interno desprovido. 1. Nos termos da jurisprudência do Superior Tribunal de Justiça, "Em regra, não existe o dever de prestar contas acerca dos valores recebidos pelos pais em nome do menor, durante o exercício do poder familiar, porquanto há presunção de que as verbas recebidas tenham sido utilizadas para a manutenção da comunidade familiar, abrangendo o custeio de moradia, alimentação, saúde, vestuário, educação, entre outros" (REsp 1.623.098/MG, rel. Min. Marco Aurélio Bellizze, Terceira Turma, julgado em 13 mar. 2018, DJe de 23 mar. 2018). 2. *Em hipóteses excepcionais, contudo, em que a causa de pedir esteja relacionada ao abuso de direito no exercício do poder de usufruto e administração dos bens de filhos menores, é possível o ajuizamento da ação de exigir contas, o que, no entanto, não importa procedência automática do pedido, que deverá ser devidamente instruído* (CPC/2015, art. 550, § 1º). Precedentes. 3. No caso dos autos, não obstante tenha o Tribunal de origem reconhecido a possibilidade jurídica do pedido, julgou-o improcedente no mérito, entendendo pela ausência de indícios de má gestão das verbas alimentares administradas pela genitora. Nesses termos, a reforma do julgado, a fim de julgar procedente a pretensão, demandaria o reexame do acervo fático-probatório dos autos, providência vedada no recurso especial, nos termos da Súmula 7 do STJ. 4. Agravo interno a que se nega provimento. (STJ – AgInt no REsp: 1811331 SP 2019/0118517-2, rel. Min. Raul Araújo, Data de Julgamento: 28 set. 2020, T4 – Quarta Turma, Data de Publicação: DJe 21 out. 2020).

emitirá alvará judicial em que deve constar, além da autorização, o valor mínimo para venda do bem. Embora não haja a necessidade de se realizar a venda por hasta pública, poderá o juiz assim determinar se houver suspeita de simulação ou qualquer outra fraude.

A ausência de autorização judicial importará na nulidade do negócio jurídico, que deverá ser judicialmente decretada. Possui legitimidade para pleitear a anulação, a teor do disposto no parágrafo único do artigo 1.691 do Código Civil, o próprio filho, seus herdeiros ou o seu representante legal. Possui igual legitimidade, na qualidade de *custus legis*, o Ministério Público. Nesse caso, destaca Dias (2010, p. 425), dada a infringência de um dever decorrente da autoridade parental, os genitores se sujeitarão à pena pecuniária a ser estabelecida de acordo com o artigo 249 do Estatuto da Criança e do Adolescente e à suspensão da autoridade parental.

Por se tratar de nulidade, o prazo para arguição da mesma é imprescritível, destacando Leite (2005, p. 372) que "atingindo a maioridade, o filho prejudicado pela prática do ato, poderá requerer a nulidade do ato, a qualquer momento. Se se tratar de filho menor, nomear-se-á curador especial para defesa de seus interesses, permanecendo os pais no exercício do poder parental já que a intervenção do curador se limita à defesa dos interesses do filho, nas matérias objeto do conflito".

Observe-se que, diferentemente dos negócios anuláveis, o ato nulo não pode ser confirmado pelas partes, tendo em vista que protege interesses de ordem pública, dispondo o artigo 169 do Código Civil que "o negócio jurídico nulo não é suscetível de confirmação, nem convalesce pelo decurso do tempo". Destaque-se que a matéria é incontroversa, entendendo parte da doutrina que se aplica o prazo prescricional de 10 anos, a contar, no caso do menor de idade, a partir dos 18 anos, uma vez que a teor do disposto no artigo 197, II e 198, I do Código Civil não corre a prescrição nestas hipóteses.

6. LIMITES DA ADMINISTRAÇÃO DE BENS PELOS PAIS

Durante a administração dos bens, os pais devem zelar pelo patrimônio da prole promovendo, se necessário, as ações para a sua efetiva proteção.

Algumas questões práticas podem suscitar alguma controvérsia: os frutos do bem do menor de idade, sob usufruto dos pais, poderão sofrer alguma constrição por dívidas destes? Nosso entendimento é o de que a dívida do genitor não pode ser satisfeita pelos bens dos filhos ou frutos desses, em que pese a sua posição de usufrutuário. Afinal, conforme já sustentamos, este usufruto decorre da autoridade parental e deve ser exercido no interesse do incapaz/relativamente incapaz proprietário. Para que se admita a penhora dos frutos de tais bens, é necessária a comprovação de que a dívida objeto da penhora foi contraída em proveito do filho. Nesse sentido, decisão proferida nos autos de Apelação Cível 0074371-41.2009.8.26.0576[4], de Relatoria do Desembargador Virgilio de Oliveira Junior:

---

4. Direito comercial e processual civil – Confissão de dívida em contratos de securitização – Menor impúbere e sócia que, representada pela mãe, celebrou disposições de devedora solidária da dívida da empresa – De-

Realmente, o legislador determinou o usufruto legal em favor dos pais. E isso porque, no entendimento de Alexandre Guedes Assunção, "A presunção é de que a utilização desse recurso se fará no proveito e interesses dos menores e da instituição familiar" [cf. Código Civil Comentado, coord. Regina Beatriz Tavares da Silva, Saraiva, 6ª edição revista e atualizada, p. 1835]. *Contudo, não se pode perder de vista as restrições existentes no art. 1691, dentre as quais a do pai de contrair "obrigações que ultrapassem os limites simples da administração", até porque não se provou nos autos de que isso tenha sido feito "por necessidade ou evidente interesse da prole, mediante prévia autorização do juiz".* Por esse enfoque, admite-se que a penhora do usufruto afronta a propriedade do menor, por restringir o seu pleno exercício de uso e gozo. (grifo proposital)

Reitere-se que a gerência dos bens dos filhos menores pelos pais não pode ultrapassar os atos de mera administração e que essa gestão está condicionada a atender o melhor interesse do filho. Assim, questiona-se se, para a constituição de advogado voltado à tutela desse patrimônio será necessária a autorização judicial ou se será possível fazê-lo como parte dos chamados atos de administração. A recente jurisprudência tem entendido que se trata de mero ato de administração, podendo o usufrutuário contratar advogado sem a prévia autorização judicial, em que pese ser prudente fazê-lo. In verbis:

Processual civil e civil. Família e sucessões. Recurso especial. Execução. Contrato de honorários advocatícios. Exceção de pré-executividade. Contratação de advogado por representante de incapaz. Inventário. Legitimidade. Poder familiar. *Ato de simples administração*. Recurso especial parcialmente provido. 1. Na espécie, a mãe dos menores, únicos herdeiros do pai falecido, representando-os contratou em nome destes os advogados ora recorrentes para defender os interesses dos menores na sucessão causa mortis do genitor, tendo pactuado, por escrito, "honorários de 3% sobre o valor real dos bens móveis e imóveis inventariados", conforme consignado no acórdão recorrido. 2. Ajuizada pelos advogados a execução do contrato de honorários advocatícios contra a representante e os filhos menores, veio a inventariante do espólio e tia paterna dos herdeiros oferecer exceção de pré-executividade em favor dos filhos do de cujus. Sustentou haver a contratação onerado indevidamente o patrimônio das crianças, sem expressa autorização da administradora do acervo hereditário, tendo, ainda, o negócio sido firmado por pessoa que não possuía ingerência sobre tais bens, dando-os em garantia de pagamento da obrigação. 3. A exceção de pré-executividade foi acolhida, com a extinção da execução em relação aos menores, ao entendimento de que a excipiente fora nomeada inventariante e administradora do patrimônio deixado pelo morto, não estando a mãe legitimada a contrair aquela obrigação contratual, sendo nulo o contrato com relação aos menores, com fulcro no artigo 618, inciso I do CPC. Interposto agravo de instrumento, o Tribunal de Justiça negou provimento ao recurso, vindo o especial. 4.

---

claratória de nulidade de ato jurídico c/c indenização por abalo de crédito e cancelamento de negativação – Procedência parcial dos pedidos no juízo a quo – Recurso da credora ré – Validade do ato jurídico ante hígida representação da sócia menor – Inacolhimento – Celebração De garantia contratual de dívida da sociedade empresarial – Liberalidade dos pais que extrapola a mera administração dos bens dos filhos – Oneração do patrimônio pessoal do filho inadmissível, mormente inocorrendo autorização judicial prévia – Separação patrimonial da pessoa jurídica e do sócio menor, que sequer tem poderes de administração societária – Nulidade caracterizada – Arts. 166, I, e 1.691 DO CC/2002 – Sentença mantida, majorados os honorários em razão da sucumbência recursal – Apelo improvido. Ocorrendo extrapolação dos poderes de administração dos bens dos filhos (art. 1.691 do CC), é nulo o ato dos pais que onera o patrimônio pessoal do menor mediante pactuação, em seu nome, de garantia solidária de dívida, ainda que o infante seja sócio da empresa devedora. (TJ-SC – AC: 00072757020138240011 Brusque 0007275-70.2013.8.24.0011, rel. Monteiro Rocha, Data de Julgamento: 12 mar. 2020, Quinta Câmara de Direito Comercial).

Afasta-se a nulidade do contrato de prestação de serviços advocatícios, em razão de vício formal, quer decorrente de ausência de legitimidade da mãe para representar os filhos menores na contratação, quer em razão de falta de prévia autorização judicial ou mesmo de outra formalidade inerente ao ato. 5. *Embora se reconheça mais prudente, sem dúvida, a prévia obtenção de autorização judicial, tem-se que a atuação da genitora ao constituir advogados para defesa dos interesses patrimoniais de seus filhos na sucessão aberta configura exercício do poder familiar, compatível com o conceito de ato de simples administração, que pode prescindir da autorização judicial* (CC/2002, arts. 1.630, 1.631, 1.634, VI e VII, 1.689, II, 1.690 e 1.691). 6. Contudo, não é possível, na hipótese, reconhecer, de imediato, a plena validade de todo o conteúdo material da contratação, a ponto de se lhe certificar os atributos de liquidez, certeza e exigibilidade em face dos contratantes, antes do exame desses aspectos substanciais pelo órgão ministerial, atuando no interesse dos incapazes, máxime quando há questionamento acerca do valor do ajuste, devendo ser mantida a exclusão dos menores do polo passivo da execução do contrato. 7. Recurso especial parcialmente provido para afastar a nulidade formal do contrato de honorários advocatícios. (STJ – REsp: 1566852 SP 2014/0047479-1, Relator: Ministro Luis Felipe Salomão, Data de Julgamento: 17.08.2021, T4 – Quarta Turma, Data de Publicação: DJe 04.10.2021).

Em sentido contrário é o entendimento jurisprudencial sobre a possibilidade de se realizar transação em negócio jurídico de interesse dos filhos sob a tutela da autoridade parental. Neste caso, por se tratar de disposição de patrimônio, deve haver a intervenção do Ministério Público, como *fiscal da lei*, uma vez que a este cabe a proteção dos direitos indisponíveis.[5]

Outra questão bastante comum é a possibilidade de se levantar valor pecuniário devido ao filho menor de idade, tais como as verbas indenizatórias, o saldo do FGTS decorrente do falecimento dos pais, os valores deixados por herança, seguro de vida etc. Nestes casos, o entendimento majoritário é o de que o valor deve ficar depositado à disposição do juízo até que o titular do direito atinja a maioridade. O levantamento imediato só será possível se comprovada a real e urgente necessidade, atendidos os ditames do melhor interesse do filho. O poder de administração conferido aos titulares da autoridade parental não é irrestrito, como adverte o Des. André Luiz Planella Villarinho, no julgamento proferido nos autos de Agravo de Instrumento 70044227155 do TJRS:

> Ainda que os genitores, no exercício do poder familiar, tenham a administração dos bens dos filhos menores, não significa que possam dispor do valor recebido por estes por herança, como lhes aprouver ou mesmo para colaborar com o sustento dos menores, sem demonstrar a efetiva necessidade de utilização do valor aos menores, ou aplicação outra que seja manifestamente do interesse dos mesmos.
>
> Como se sabe, o levantamento de valores pertencentes ao menor, depositados em conta judicial, inclusive aqueles oriundos por herança, emana comprovação da necessidade que justifique sua utilização ou, como dito, demonstrado o evidente interesse e vantagem ao incapaz.

---

5. Ementa: agravo de instrumento. Ação de reparação civil por danos morais e materiais. Homologação de acordo extrajudicial. Impossibilidade. Menor representado por genitora. Não deve ser homologado em juízo o acordo que envolve interesses de menor, mesmo que patrimoniais, quando prejudicial ao mesmo. A administração por parte dos pais de direitos, bens e valores dos filhos não é irrestrita, encontrando limites no princípio do melhor interesse da criança e do adolescente, garantindo-se sempre a proteção do menor e seu patrimônio. (TJ-MG – AI: 10024097539746005 MG, rel. Cláudia Maia, Data de Julgamento: 28 jul. 2020, Data de Publicação: 30 jul. 2020).

Quando se trata de disposição de numerário e recebimento de indenizações em favor de menores de idade, entendemos que devem ser convertidas em pecúlio para levantamento após a maioridade, salvo a comprovação da necessidade imediata. Por fim, ainda que adquiridos por direito próprio, a indenização devida aos menores de idade, submete-se, igualmente, às disposições da Lei 6.858/80. Todavia o entendimento não é unânime conforme se verifica nos Acórdãos a seguir transcritos.

> Ementa: Apelação Cível – Indenização Securitária – Administração Dos Bens – Art. 1.689, II, do CC – Levantamento de valores pela genitora – Presunção de boa-fé – Possibilidade. Os pais têm a administração dos bens dos filhos menores sob sua autoridade, enquanto no exercício do poder familiar, nos termos do artigo 1.689, inciso II, do Código Civil. A jurisprudência do Superior Tribunal de Justiça firmou-se no sentido de que os pais são administradores e usufrutuários dos bens dos filhos menores e, salvo justo motivo, não é cabível a negativa de levantamento de valores devidos aos menores a título de indenização (AgInt no REsp 1.658.645/SP, Rel. Ministro Ricardo Villas Bôas Cueva, Terceira Turma, julgado em 10/10/2017, DJe 24/10/2017). Sendo a genitora administradora e usufrutuária dos bens dos filhos menores, lhe cabe levantar os valores a estes devidos a título de indenização, presumindo-se que as quantias por ela levantadas serão destinadas à garantia de alimentação, educação e desenvolvimento dos menores. (TJ-MG – AC: 10301150149997001 MG, rel. Baeta Neves, Data de Julgamento: 11 mar. 2020, Data de Publicação: 13 mar. 2020).

> Apelação – Cumprimento De Sentença – Autor Menor Incapaz – Indenização – Depósito Em Conta Judicial Até A Maioridade – Levantamento Antecipado Mediante Prévia Comprovação Da Necessidade. 1 – Nos termos do art. 1.689 do Código Civil, o pai e a mãe, enquanto no exercício do poder familiar, são usufrutuários dos bens dos filhos e têm a administração dos bens dos filhos menores, sob sua autoridade. O artigo 1.691 do Código Civil dispõe que os pais não podem alienar ou gravar de ônus real os imóveis dos filhos, nem contrair, em nome deles, obrigações que ultrapassem os limites da simples administração, salvo por necessidade ou evidente interesse da prole, mediante prévia autorização do juiz; 2 – Indenização pertencente ao autor – menor incapaz – que deve ficar depositada em conta judicial até que ele complete dezoito anos. Excepcionalmente, poderá ser autorizado o levantamento de valores, desde que, previamente fique comprovada a sua necessidade. Recurso Provido. (TJ-SP – AC: 00003437920178260008 SP 0000343-79.2017.8.26.0008, rel. Maria Lúcia Pizzotti, Data de Julgamento: 19 fev. 2020, 30ª Câmara de Direito Privado, Data de Publicação: 20 fev. 2020).

7. COLISÃO DE INTERESSES DURANTE A ADMINISTRAÇÃO DE BENS DOS FILHOS MENORES

Em havendo colisão de interesses durante a administração de bens dos filhos menores de idade, deve ser nomeado um curador especial, com fulcro no art. 1692 do Código Civil. Essa colisão de interesses deve ser objetiva, pois conforme esclarece Gonçalves (2020, p. 500), não é razoável presumir, ordinária e genericamente, que os pais pretendam lesar os filhos. Segundo o autor importa demonstrar:

> [...] que se coloquem em situações cujos interesses são aparentemente antagônicos, como acontece na venda de ascendente a descendente, que depende do consentimento dos demais descendentes. Se um destes for menor, ser-lhe-á nomeado curador especial, para representá-lo na anuência.

Há conflito de interesses, conforme dispôs Rodrigues (2004, p. 365), quando os pais e seus respectivos filhos são coerdeiros relativamente a uma mesma sucessão e cogitam realizar uma partilha amigável. De outro modo, numa tal hipótese, um e outro podem pretender o recebimento de um mesmo bem, tornando-se manifesta a divergência de interesses. Nestes casos, com a finalidade de zelar pelo interesse do menor de idade, nos termos do artigo 1.692 do Código Civil, o juiz nomeará curador especial.

Destaque-se que sempre se deve dar prioridade ao interesse dos filhos e assim, é válido citar a fundamentação do voto proferido pelo Des. Batista de Abreu, nos autos de Apelação Cível 1.0290.03.005558-3/001[6] do TJMG:

> É bem verdade que por força do artigo 1.689, CC, os pais têm direito ao usufruto dos bens do filho menor, por ser esse direito inerente ao exercício do poder familiar. Entretanto, estamos diante de uma verdadeira colisão de interesses entre o pai e o filho. Assim o usufruto do pai não pode ultrapassar o interesse do filho.
>
> Apanhando o gancho no Parecer do Ministério Público, nas fls. 179, o direito ao usufruto do bem do filho pressupõe que a família esteja composta e íntegra, e que esse usufruto de alguma forma iria beneficiar o filho, nu proprietário que não é o caso. Aqui se verifica que o filho não mora com o pai e mais, é acusado de tirá-la do imóvel para residir com outra família,
>
> Registre-se ainda, que no presente caso, diante da existência de colisão de interesses, deveria o magistrado a quo ter nomeado curador ao menor. Todavia, tal fato será relevado neste momento tendo em vista que a mãe com o pátrio poder, representou o filho durante o pleito defendo seus interesses.

8. BENS DOS MENORES EXCLUÍDOS DO USUFRUTO E ADMINISTRAÇÃO DOS PAIS

Nem todos os bens estão sujeitos ao usufruto e administração dos pais, impondo a lei algumas exceções. Na descrição do artigo 1693 do Código Civil, excluem-se do usufruto e da administração dos pais:

I – os bens adquiridos pelo filho havido fora do casamento, antes do reconhecimento;

II – os valores auferidos pelo filho maior de dezesseis anos, no exercício da atividade profissional e os bens com tais recursos adquiridos;

III – os bens deixados ou doados ao filho, sob a condição de não serem usufruídos, ou administrados pelos pais;

IV – os bens que aos filhos couberem na herança, quando os pais forem excluídos da sucessão.

Na primeira hipótese (art. 1693, I CC), o legislador visou impedir que o reconhecimento do filho tivesse como propósito exclusivo, o usufruto e administração de seus bens.

---

6. Imissão na posse – Filho menor – Nu proprietário – Pai usufrutuário – Colisão de interesses – Proteção do menor. Existindo colisão de interesses entre o pai e o filho, o usufruto do pai não pode ultrapassar o interesse do filho. O direito ao usufruto exercido pelo pai sobre bem do filho pressupõe que a família esteja composta e íntegra, e que esse usufruto de alguma forma iria beneficiar o filho, nu proprietário, o que não é o caso. (TJMG. Apelação Cível 1.0290.03.005558-3/001. Relator Des. Batista de Abreu. P. 19 set. 2008).

Quanto ao inciso II, do art. 1.693, disposição construída sobre influência romana, tocante aos valores auferidos pelo filho maior de dezesseis e menor de dezoito e os bens adquiridos com estes recursos, também serão excluídos do domínio e interferência dos genitores. Destaca Dias (2010, p. 426) que considerando a possibilidade de o adolescente exercer atividade remunerada a partir dos 14 anos, na qualidade de menor aprendiz, os bens que vier a adquirir por meio da renda auferida também serão afastados da administração e usufruto dos genitores.

O disposto no inciso III do artigo 1693 do Código Civil ocorre geralmente na hipótese de pais separados que doam/testam bens aos filhos, com cláusula de que não serão administrados pelo progenitor sobrevivente. Também devem ser excluídos da gerência dos pais, segundo Rodrigues (2007, p. 367), os bens deixados ao filho para fim certo e determinado, como na deixa testamentária, em que os bens são destinados à educação do menor. Nesse caso, o desvio da renda pode tornar impossível a obtenção do fim almejado pelo testador. Segundo o mesmo autor, o Código Civil em vigor é omisso quanto a essa exclusão no subtítulo em exame, mas ela é decorrência natural da previsão testamentária, pela natureza do encargo imposto.

Por fim, o inciso IV do artigo 1693 do Código Civil trata da hipótese da exclusão por indignidade, aplicável ao herdeiro ingrato para privá-lo da sucessão (art. 1814 e ss., Código Civil). Nesta hipótese, sendo o genitor ou genitora excluído da sucessão, a penalidade, por ser pessoal, não atingirá os seus filhos que poderão herdar em seu lugar, por direito de representação, como se morto fosse o(a) genitor(a). Mas nessa hipótese, para que a norma alcance sua plenitude será vedado ao genitor ingrato, o usufruto e a administração desses bens que sobrevierem, por esta via, ao filho.

> Se o indigno pudesse administrar ou ter o usufruto dos bens havidos por seu filho, em sucessão de que foi excluído, a pena a ele imposta perderia parte de sua eficácia. E sua ingratidão ficaria apenas parcialmente punida. Por isso a lei tira-lhe tanto a administração como o usufruto sobre tais bens. (RODRIGUES, 2007, p. 368)

Nas hipóteses em que a lei vedar o usufruto e a administração dos bens dos filhos menores pelos pais, será nomeado um curador especial para cumprir o encargo dessa administração. Nessa hipótese, entendemos que caberá ao curador especial a prestação de contas de sua administração, não se estendendo a ele, a dispensa aplicável aos exercentes da autoridade parental.

9. PROJETOS DE LEI PARA ALTERAÇÃO DAS DISPOSIÇÕES SOBRE USUFRUTO E ADMINISTRAÇÃO DE BENS DE FILHOS MENORES

O usufruto e a administração dos bens dos filhos menores, por ser um tipo de usufruto legal que decorre da autoridade parental, nunca foi objeto de grandes debates doutrinários, especialmente em função da presunção de que os pais sempre agirão de acordo com o melhor interesse da prole. O tema, todavia, ganhou destaque e acaloradas discussões em virtude da exposição, pela atriz brasileira

Larissa Manoela, de supostos abusos na administração e usufruto de bens por seus genitores durante a sua menoridade. Em virtude disso, diversos projetos de lei estão em trâmite no legislativo a fim de conferir maior garantia legal aos bens administrados pelos pais durante o exercício da autoridade parental, conforme se verifica na tabela a seguir:

Nº do Projeto de Lei	Autoria	Ementa
3.916/2023	Marcelo Queiroz	Cria a "Lei Larissa Manoela" para regulamentar a gestão do patrimônio de menores que exerçam atividade artística.
3.917/2023	Pedro Campos e Duarte Jr	Altera a Lei 10.406, de 10 de janeiro de 2002 (Código Civil) para tratar da administração de bens dos filhos menores.
3.918/2023	Ruy Carneiro	Dispõe e regula ganhos financeiros de crianças que trabalham com audiovisual, artistas mirins, para a proteção do patrimônio e investimentos futuros.
3.938/2023	Yandra Moura	Altera a Lei 10.406, de 10 de janeiro de 2002 (Código Civil), visando a Preservação do Patrimônio dos Menores de Idade (Lei Larissa Manoela).
3.960/2023	Albuquerque	Altera a Lei 10.406, de 10 de janeiro de 2002 (Código Civil) objetivando regulamentar percentual máximo relativo à administração do patrimônio dos filhos menores.
4.053/2023	Alex Manente	Altera a Lei 8.069, de 13 de julho de 1990 – Estatuto da Criança e do Adolescente, para dispor sobre a gestão do patrimônio e a transparência no usufruto e administração dos bens dos filhos menores.

Fonte: Câmara dos deputados, 2023.

Os Projetos de Lei 3.916/23, 3.918/23 e 3.919/23 tratam especificamente da criação de nova lei que para regulamentar a administração de bens provenientes da atividade artística cultural de menores de idade. O primeiro estabelece a obrigatoriedade de registro perante a Receita Federal, no Cadastro Nacional de Pessoa Jurídica, de pais, tutores ou empresários envolvidos em trabalho cultural, artístico ou esportivo realizado por crianças e adolescentes e prevê a obrigatoriedade dos responsáveis legais em manter registros financeiros claros e transparentes, a serem disponibilizados para a realização de exame ou auditoria por profissionais externos e Ministério Público, limitando, ainda, a movimentação financeira proveniente do trabalho cultural, artístico ou esportivo, a 30%, ficando o restante reservado para acesso após o atingimento da maioridade civil.

Por outro lado, o PL 3.918/23 exige a criação de uma conta, na modalidade de renda fixa, em que seja depositado, pelo menos 30% (trinta por cento) de todo o rendimento com a atividade artística-cultural exercida pelos menores de idade, cuja movimentação só poderá ocorrer após a maioridade do titular ou mediante autorização judicial, enquanto o PL 3.919/23 visa instituir a Lei Larissa Manoela a fim de resguardar os direitos do menor de idade que desenvolva atividade laboral artística e aumentar o grau de responsabilização do gestor de seu patrimônio, priorizando sempre o melhor interesse do menor de idade.

Noutro lanço, os Projetos 3.917/23, 3.938/23, 3.960/23 visam a alteração do Código Civil e o projeto 4.053/23 a alteração do Estatuto da Criança e do Adolescentes.

Da análise dos projetos citados, percebe-se que todos buscam ampliar a proteção legal dos direitos patrimoniais dos filhos que estão sob a tutela da autoridade parental, e apresentam na justificativa o caso da atriz Larissa Manoela, amplamente divulgado na mídia televisiva e redes sociais. Contudo, observa-se a necessidade de aprofundamento dos estudos e impactos das alterações propostas.

Nos parece indiscutível a necessidade de melhor regulamentação sobre o tema, em especial para assegurar a transparência do usufruto e administração dos bens dos filhos menores de idade por seus genitores, e nesse sentido o PL 4.053/23, a princípio, é o que está mais adequado à realidade contemporânea, na medida que prevê expressamente a possibilidade da prestação de contas quando a causa de pedir estiver fundada na suspeita de abuso de direito do exercício da autoridade parental, bem como a responsabilização civil por abuso de direito do usufrutuário.

Importante ampliar os debates acerca do tema, para que se assegure os direitos daqueles que estão sob a autoridade parental. De toda sorte, as discussões são atuais e necessárias para a efetividade do princípio constitucional da proteção integral conferida aos menores de idade.

10. CONCLUSÃO

O usufruto e administração dos bens dos filhos menores é decorrente da autoridade parental. A partir do estudo realizado, vislumbrou-se que o usufruto e a administração dos bens dos filhos sujeitos a autoridade parental deve se dar em consideração ao melhor interesse do filho menor de idade. Assim, os atos de administração devem buscar a preservação do patrimônio. O usufruto dos bens dos filhos menores de idade deve ser exercido pelos pais nos limites do interesse da prole; não podendo os pais dispor desse patrimônio como se seu fosse. Para alienar ou onerar de ônus reais bens imóveis de propriedade dos filhos, os pais deverão justificar a necessidade dessa medida ao juízo competente que só concederá a autorização se comprovada a necessidade e o benefício ao titular do direito.

Havendo comprovado conflito de interesse entre os pais e os filhos menores, a administração dos bens destes será confiada a um curador especial, nomeado pelo juiz. Nessa hipótese, o curador especial terá o dever de prestação de contas de sua administração.

No tocante a prestação de contas do usufrutuário, em que pese não haver a previsão legal de fazê-lo, precedentes jurisprudenciais do STJ entendem a possibilidade da interposição da ação pelo menor de idade que se sentir lesado desde que demonstrado o abuso de direito no usufruto e administração dos bens durante o exercício da autoridade parental, sendo essa questão objeto de alteração legislativa por intermédio do PL 4.053/23.

Por fim, em qualquer hipótese relativa ao usufruto e administração dos bens dos filhos menores, deve o intérprete da norma considerar os princípios constitucionais que regem o direito de família e, especificamente, em relação à criança e ao adolescente, observar a doutrina da proteção integral, em especial, o princípio do melhor interesse do menor de idade.

11. REFERÊNCIAS

BONAVIDES, P. *Curso de Direito Constitucional*. 26. ed. São Paulo: Malheiros, 2011.

BRASIL. Câmara dos Deputados. Projeto de Lei nº 3.916, de 14 de maio de 2023. Estabelece diretrizes para a proteção patrimonial de crianças e adolescentes que desenvolvam trabalho cultural, artístico ou esportivo. Brasília: Câmara dos Deputados, 2023. Disponível em: https://www.camara.leg.br/proposicoesWeb/fichadetramitacao?idProposicao=2379223. Acesso em: 07 set. 2023.

BRASIL. Câmara dos Deputados. Projeto de Lei nº 3.917, de 14 de maio de 2023. Altera a Lei nº 10.406, de 10 de janeiro de 2002 (Código Civil) para tratar da administração de bens dos filhos menores. Brasília: Câmara dos Deputados, 2023. Disponível em: https://www.camara.leg.br/proposicoesWeb/fichadetramitacao?idProposicao=2379237. Acesso em: 07 set. 2023.

BRASIL. Câmara dos Deputados. Projeto de Lei 3.918, de 14 de maio de 2023. Dispõe e regula ganhos financeiros de crianças que trabalham com audiovisual, artistas mirins, para a proteção do patrimônio e investimentos futuros. Brasília: Câmara dos Deputados, 2023. Disponível em: https://www.camara.leg.br/proposicoesWeb/fichadetramitacao?idProposicao=2379366. Acesso em: 07 set. 2023.

BRASIL. Câmara dos Deputados. Projeto de Lei nº 3.938, de 14 de maio de 2023. Altera a Lei 10.406, de 10 de janeiro de 2002 (Código Civil), visando a Preservação do Patrimônio dos Menores de Idade (Lei Larissa Manoela). Brasília: Câmara dos Deputados, 2023. Disponível em: https://www.camara.leg.br/proposicoesWeb/fichadetramitacao?idProposicao=2379949. Acesso em: 07 set. 2023.

BRASIL. Câmara dos Deputados. Projeto de Lei nº 3.960, de 14 de maio de 2023. Altera a Lei nº 10.406, de 10 de janeiro de 2002 (Código Civil) objetivando regulamentar percentual máximo relativo à administração do patrimônio dos filhos menores. Brasília: Câmara dos Deputados, 2023. Disponível em: https://www.camara.leg.br/proposicoesWeb/fichadetramitacao?idProposicao=2380252. Acesso em: 07 set. 2023.

BRASIL. Câmara dos Deputados. Projeto de Lei nº 4.053, de 14 de maio de 2023. Altera a Lei n. 8.069, de 13 de julho de 1990 – Estatuto da Criança e do Adolescente, para dispor sobre a gestão do patrimônio e a transparência no usufruto e administração dos bens dos filhos menores. Brasília: Câmara dos Deputados, 2023. Disponível em: https://www.camara.leg.br/proposicoesWeb/fichadetramitacao?idProposicao=2381449. Acesso em: 07 set. 2023.

COMEL, D. D. *Do Poder Familiar*. São Paulo: Ed. RT, 2003.

CUSTÓDIO, A. V.; VERONESE, J. R. P. *Trabalho infantil*: a negação do ser criança e adolescente no Brasil. Florianópolis: OAB Editora, 2007.

DIAS, M. B. *Manual de direito das famílias*. 6. ed. rev. São Paulo: Ed. RT, 2010.

GONÇALVES, C. R. *Direito civil brasileiro*. v. 6. Direito de família. 17. ed. São Paulo: Saraiva Educação, 2020.

LEITE, E. DE O. *Direito Civil Aplicado*. v. 5. Direito de Família. São Paulo: Editora Revista dos Tribunais, 2005.

MADALENO, R. *Direito de Família*. 10. ed. Rio de Janeiro: Forense, 2020.

PEREIRA, C. M. DA S. *Instituições de direito civil*: direito de família 28. ed. Rio de Janeiro: Forense, 2020. v. V.

PERLINGIERI, P. A doutrina do direito civil na legalidade constitucional. In: TEPEDINO, Gustavo (Org.). *Direito Civil Contemporâneo*. Novos problemas à luz da legalidade constitucional. São Paulo: Atlas, 2008.

RODRIGUES, S. *Direito Civil*. Direito de Família. 28. ed. rev. ed. São Paulo: Saraiva, 2007. v. 6.

TEPEDINO, G. *Código civil interpretado conforme a constituição da república*. 2. ed. rev. Rio de Janeiro: Renovar, 2007.

TEPEDINO, G. O direito civil-constitucional e suas perspectivas atuais. In: TEPEDINO, Gustavo (Org.). *Direito Civil Contemporâneo*. Novos problemas à luz da legalidade constitucional. São Paulo: Atlas, 2008.

TEPEDINO, G.; TEIXEIRA, A. C. B. *Fundamentos de direito civil*. Rio de Janeiro: Forense, 2020. v. 6: Direito de Família.

VENOSA, S. DE S. *Direito Civil*: família e sucessões. 20. ed. São Paulo: Atlas, 2020.

USUCAPIÃO FAMILIAR, COMPOSSE E CONDOMÍNIO: UM COTEJO INDISPENSÁVEL

Roberta Mauro Medina Maia

Doutora e Mestre em Direito Civil pela Universidade do Estado do Rio de Janeiro (UERJ). Professora dos Cursos de Graduação e Pós-Graduação em Direito da Pontifícia Universidade Católica do Rio de Janeiro (PUC-Rio). Advogada.

Sumário: Introdução – 1. A usucapião familiar e a compreensão prévia de alguns conceitos relevantes: composse, posse direta e posse indireta – 2. O conceito de abandono fornecido pelo art. 1.276 do Código Civil – 3. A usucapião de bens havidos em condomínio – 4. Termo inicial da contagem do prazo de prescrição aquisitiva – 5. Notas conclusivas – 6. Referências.

INTRODUÇÃO

A Lei 12.424/2011 instituiu em nosso ordenamento jurídico mais uma modalidade de usucapião, inserindo, no Código Civil, o art. 1.240-A, assim redigido:

> Aquele que exercer, por dois anos ininterruptamente e sem oposição, posse direta, com exclusividade, sobre imóvel urbano de até 250 m² (duzentos e cinquenta metros quadrados) cuja propriedade divida com ex-cônjuge ou ex-companheiro que abandonou o lar, utilizando-o para sua moradia ou de sua família, adquirir-lhe-á o domínio integral, desde que não seja proprietário de outro imóvel urbano ou rural.

Em que pese tenha se passado algum tempo desde a entrada em vigor da referida norma, a sua aplicação segue dando margem a algumas dúvidas, sobretudo por não ter ainda sido enfrentada de modo aprofundado pelas instâncias superiores. O lamentável aumento dos casos de violência doméstica durante a quarentena imposta pelas autoridades públicas em razão pandemia de Covid-19, por acarretar, eventualmente, o afastamento compulsório de agressores da residência comum ou aumentar o número de divórcios, poderá impor ao Poder Judiciário que venha a se debruçar sobre o tema com frequência maior nos próximos anos.

Talvez o ponto de maior dificuldade para a correta interpretação desse dispositivo legal resida no emprego da expressão "abandono do lar", quando o legislador poderia ter feito referência ao "abandono da residência comum". Apesar do acerto dos que enxergam no exíguo prazo de dois anos relevante preocupação legislativa com a preservação dos interesses existenciais de todos os integrantes da família,[1] a expressão "abandono do lar" impôs o risco de se ver ressurgir o questionamento sobre

---

1. PEREIRA, Caio Mario da Silva. *Instituições de Direito Civil*. 25. ed. Rio de Janeiro: Forense, 2017. v. IV. p. 134.

a culpa no desenlace das relações familiares, "em evidente retrocesso na disciplina do tema", conforme já pontuado por abalizada doutrina.[2]

Diante de tais circunstâncias, o presente artigo destina-se ao enquadramento da usucapião familiar na disciplina proposta pelo legislador codificado para a aquisição do direito de propriedade por meio da usucapião de um modo geral. Para tanto, serão esmiuçados conceitos cuja compreensão prévia é imprescindível ao estudo dessa hipótese mais recente de prescrição aquisitiva, tais como a composse, a caracterização do abandono como espécie de perda do direito de propriedade e a usucapião de bens havidos em condomínio. Por fim, serão tecidas considerações a respeito do termo inicial do prazo de prescrição aquisitiva, considerando-se decisões já proferidas pelo Superior Tribunal de Justiça sobre o tema.

1. A USUCAPIÃO FAMILIAR E A COMPREENSÃO PRÉVIA DE ALGUNS CONCEITOS RELEVANTES: COMPOSSE, POSSE DIRETA E POSSE INDIRETA

Definida como "um dos modos de aquisição do direito de propriedade e de outros direitos reais",[3] a usucapião consuma-se por meio do exercício da posse prolongada sobre um bem, com ânimo de dono, mansa e pacificamente e sem qualquer oposição. Premia-se, na lição de Silvio de Salvo Venosa, quem o utiliza de modo reiterado, "em detrimento daquele que deixa escoar o tempo, sem dele utilizar-se ou não se insurgindo que o outro o faça, como se dono fosse".[4]

O mesmo autor preocupou-se em explicar a identidade, proposta em sede doutrinária e aparentemente adotada pelo legislador, entre a usucapião e a prescrição aquisitiva: no Direito de Justiniano, a usucapião teria resultado da fusão de dois institutos de mesma índole, mas com esferas diversas de atuação, que seriam a *usucapio* e a *longi temporis praescriptio*. A primeira deriva, na lição do autor, das expressões *capere* (tomar) e de *usus* (uso). Desse modo, a Lei das XII Tábuas estipulava que quem possuísse um imóvel por dois anos tornar-se-ia proprietário, e, tratando-se de modalidade de aquisição do *ius civile*, destinava-se exclusivamente aos cidadãos romanos.[5]

A *praescriptio*, por sua vez, "era modalidade de exceção, meio de defesa, surgido posteriormente à *usucapio,* no Direito clássico".[6] Quem exercesse a posse sobre terreno provincial por certo tempo poderia repelir qualquer ameaça à titularidade da coisa por meio da *longi temporis praescriptio*, cabendo tal prerrogativa tanto aos cidadãos romanos quanto aos estrangeiros. A prescrição se consumaria em dez anos contra presentes (os que residiam na mesma cidade) e em vinte anos entre ausentes (residentes em cidades diversas). Durante o período clássico, os dois institutos coexistiram,

---

2. TEPEDINO, Gustavo; MONTEIRO FILHO, Carlos Edison do Rêgo; RENTERIA, Pablo. *Fundamentos do Direito Privado*. Rio de Janeiro: Forense, 2020. v. 5. Direitos Reais, p. 141.
3. GOMES, Orlando. *Direitos Reais*. 20. ed. Rio de Janeiro: Forense, 2010. p. 180.
4. VENOSA, Sílvio de Salvo. *Direito Civil*. 18. ed. São Paulo: Atlas, 2018. v. 4, Reais, p. 225.
5. Idem, p. 224.
6. Ibidem, p. 224.

sendo que no período pós-clássico introduziu-se a *longissimi temporis praescriptio*, exceção atribuída a quem possuísse a coisa por quarenta anos, sem justa causa. Tal modalidade foi assimilada pelos juristas modernos como usucapião extraordinária e, finda a distinção entre terrenos itálicos e provinciais, os dois institutos foram unificados na codificação de Justiniano, sob o nome de usucapião. Daí o emprego frequente dessa expressão como sinônimo de prescrição aquisitiva.[7]

E embora alguns considerassem tal opção um equívoco, sobretudo em razão de uma suposta mistura de temas atrelados a campos muito distintos – as obrigações e os direitos reais[8] – o Código Civil de 2002 contribuiu para que a doutrina brasileira empregue, atualmente, as expressões usucapião e prescrição aquisitiva de maneira indistinta.[9] Com efeito, o art. 1.244 estipula estender-se ao possuidor o disposto quanto ao devedor acerca das causas que obstam, suspendem ou interrompem a prescrição, as quais também se aplicam à usucapião.

A usucapião familiar, tema do presente estudo, foi positivada como nova espécie de usucapião especial urbana, cujos requisitos legais são o exercício da posse de área urbana de até duzentos e cinquenta metros quadrados durante cinco anos, ininterruptamente e sem oposição, utilizando-o para sua moradia ou de sua família, contanto que não seja proprietário de outro imóvel urbano ou rural, nos termos originalmente contemplados pelo art. 183 da Constituição Federal.

Exigindo os mesmos requisitos, o art. 1.240 reproduz a previsão constitucional acerca da usucapião especial urbana, que deve ser definida como hipótese de usucapião extraordinária, já que o legislador dispensou, nessa seara, a presença de justo título e boa-fé. Por se tratar de nova espécie do referido instituto, a usucapião familiar não poderá ser pleiteada quando o ex-cônjuge que segue residindo sozinho no imóvel cuja titularidade dividia com o que abandonou o lar for proprietário de outros bens de igual natureza.

Quando de sua inserção no tecido normativo brasileiro, o art. 1.240-A causou certa perplexidade nos estudiosos do direito de família por supostamente resgatar a discussão acerca "da infração aos deveres do casamento ou união estável".[10] Com efeito, a referência ao "abandono do lar" contribui para que o foco seja desviado do que realmente se tem, de concreto, em tais situações: para além do rompimento da relação conjugal, ter-se-á o fim da composse até então exercida por ambos os cônjuges ou companheiros, relativamente ao imóvel onde juntos residiam e cuja propriedade compartilham.

---

7. Ibidem, p. 224.
8. É bastante conhecida, em sede doutrinária, a contundente crítica formulada a respeito por GOMES, Orlando. Op. cit., p. 179-180.
9. Exemplificativamente, v. TEPEDINO, Gustavo; MONTEIRO FILHO, Carlos Edison do Rêgo; RENTERIA, Pablo. Op. cit., p. 129.
10. FARIAS, Cristiano Chaves; ROSENVALD, Nelson. *Curso de Direito Civil*. 15. ed. Salvador: JusPodivm, 2019. v. 5. Reais, p. 501.

Esse instituto reflete, na lição de Orlando Gomes, a "posse em comum da mesma coisa, no mesmo grau".[11] Durante sua vigência, excepciona-se, portanto, a regra geral de exercício da posse em caráter exclusivo – também excepcionada relativamente ao direito de propriedade por se ter aí um condomínio –, sendo essa exercida indistinta e simultaneamente por todos os compossuidores sobre a coisa indivisa, por meio de frações ideais. E, enquanto durar a composse, nenhum desses poderá interferir ou impor obstáculos ao exercício, pelos demais, das mesmas faculdades,[12] conforme disposto no art. 1.199 do CC2002.

Embora apresente relação histórica com o condomínio, a composse traduz, atualmente, estado de fato no qual se admite "o exercício simultâneo da posse por mais de uma pessoa, com iguais faculdades, sobre a mesma coisa tomada em sua integralidade – e por isso mesmo, tecnicamente reputada indivisa".[13] Tal configuração permite que se prescinda, eventualmente, da existência de relação condominial por trás de tal exteriorização, por mais de uma pessoa, simultaneamente, dos poderes inerentes ao domínio. Todavia, no âmbito da espécie de usucapião especial urbana contemplada no art. 1.240-A, a cotitularidade do imóvel pelos até então cônjuges ou companheiros é premissa indispensável à incidência da referida norma. Mantém-se especificamente nessa seara, portanto, o vínculo entre composse e condomínio.

Uma vez que tenha o cônjuge abandonado o lar, nos termos descritos no art. 1.240-A, cessará a composse, tendo início, nesse caso, relação possessória exercida em regime de exclusividade pelo cônjuge ou companheiro que continua a residir no imóvel. Em virtude de tal aspecto, é forçoso concluir que o abandono mencionado pelo legislador se caracterizará apenas nas hipóteses nas quais, uma vez findo o poder físico exercido diretamente sobre o bem, o antigo compossuidor deixar de exercer sobre ele qualquer ato possessório. Para fins de aquisição de sua fração ideal por usucapião pelo possuidor que segue residindo no local, é irrelevante, portanto, se esse ex-cônjuge arca com o dever de sustento dos filhos.

No que diz respeito a esse modo originário de aquisição da propriedade, releva saber, somente, se os atos possessórios antes praticados relativamente ao imóvel cessaram em definitivo por parte do cônjuge que deixou o local, pois somente em tal caso a prescrição aquisitiva iniciará seu curso. Aparentemente, seria essa a interpretação mais correta da norma porque, se o antigo compossuidor, embora afastado do lar, seguir arcando com o condomínio, os tributos incidentes sobre o bem ou efetuando despesas destinadas à sua manutenção, o vínculo possessório persiste, tratando-se, agora, de posse desdobrada entre direta e indireta, sendo a primeira exercida por quem diretamente faz uso do imóvel e a segunda por quem, mesmo sem ter contato

---

11. GOMES, Orlando. Op. cit., p. 46.
12. PEREIRA, Caio Mario da Silva. Op. cit., p. 28.
13. TEPEDINO, Gustavo; MONTEIRO FILHO, Carlos Edison do Rêgo; RENTERIA, Pablo. Op. cit., p. 38.

físico com o imóvel, continua a exercer sobre ele poderes inerentes ao domínio.[14] Seria o caso, *e.g.*, de custear a realização de benfeitorias necessárias, ou decidir sobre a realização daquelas de natureza útil.

Ressalte-se que o desdobramento da posse entre posse direta e indireta é inconfundível com a composse. Relativamente ao primeiro caso, dispõe o art. 1.197 do Código Civil que "A posse direta, de pessoa que tem a coisa em seu poder, temporariamente, em virtude de direito pessoal, ou real, não anula a indireta de quem aquela foi havida, podendo o possuidor direto defender a sua posse contra o indireto". Nesse sentido, o possuidor indireto seria o dono ou assemelhado que entrega seu bem a outrem, enquanto o possuidor direto ou imediato é quem "tem o contato, a bem dizer, físico com a coisa".[15] Tal desdobramento da posse, idealizado por Rudolf Von Ihering, foi assim descrito por Caio Mario da Silva Pereira:

> Como temos exposto, a posse, como visibilidade do domínio, traduz a conduta normal externa de pessoa em relação à coisa, numa aparência de comportamento como se fosse proprietário, com o fito de lograr seu aproveitamento econômico. Este, muitas vezes, tem lugar com a utilização da coisa por *outrem*. Ocorre assim, para que a coisa possuída cumpra sua finalidade, um deslocamento a título convencional, e, então, uma outra pessoa, fundada no contrato, tem a sua posse sem afetar a condição jurídica do proprietário, ou do possuidor antecedente. Somente a teoria de Ihering o comporta, pois que basta à determinação da posse que se proceda em relação à coisa como o faz o proprietário (*posse = visibilidade do domínio*), e aquele que a recebe numa destinação econômica usa-a como o faria o proprietário. O que é importante é que este possuidor não anula a condição jurídica do dono, de quem recebe o seu título. E é relevante acentuar, também, que tal desdobramento pressupõe uma certa *relação jurídica* entre o possuidor indireto e o direto".[16]

Transpondo-se a distinção entre tais conceitos para as hipóteses nas quais a usucapião familiar poderá restar consumada, percebe-se, portanto, que a composse não cessará quando o ex-cônjuge que deixa de residir no imóvel continua a ratear as despesas incidentes sobre ele. Também manter-se-ia viva a relação possessória, inviabilizando o decurso da prescrição aquisitiva, se o possuidor que deixou de habitar o imóvel cedesse integralmente a posse direta de sua fração ideal por meio da celebração de contrato de comodato com o ex-cônjuge. Em tais casos, por restar mantida a composse, ainda que desdobrada entre posses exercidas direta e indiretamente, a usucapião familiar não se consumaria.

2. O CONCEITO DE ABANDONO FORNECIDO PELO ART. 1.276 DO CÓDIGO CIVIL

Levando-se em consideração também o sentido jurídico da palavra abandono, vê-se que este é descrito como hipótese de perda do direito de propriedade no art.

---
14. Idem, p. 40.
15. VENOSA, Sílvio de Salvo. Op. cit., p. 58.
16. PEREIRA, Caio Mario da Silva. Op. cit., p. 26.

1.276, sendo que o § 2º do mesmo dispositivo legal estipula presunção absoluta de sua caracterização quando, além de cessar os atos possessórios, o proprietário deixa de arcar com os ônus fiscais.[17] Quando lido em conjunto com o referido dispositivo legal, é possível extrair do art. 1.240-A que este se destina a regularizar a aquisição do direito de propriedade da fração ideal até então pertencente ao ex-cônjuge, por meio da usucapião: diante da caracterização do abandono, a prescrição aquisitiva se consumará em favor de quem se torna possuidor em regime de exclusividade, com *animus domini* e sem oposição, durante o período de dois anos.

O abandono ocorre quando o proprietário se despoja do bem sem manifestar *expressamente* sua intenção, ao contrário da hipótese de perda da propriedade identificada como renúncia. Trata-se, portanto, de hipótese na qual o titular se afasta do exercício das faculdades inerentes ao domínio: "desviriliza-se da posse, deixa-se de pagar os tributos que incidem sobre a coisa (§ 2º, art. 1.276, CC). Pode-se afirmar, portanto, que o abandono resulta de condutas que o indicam de maneira positiva".[18] A partir disso, observa-se que seria ato de disposição percebido por meio do comportamento do titular, daí autores como Silvio de Salvo Venosa observarem a indispensável presença da voluntariedade para a sua caracterização, pois "o singelo não uso não implica perda da propriedade".[19]

Como se vê, a efetiva caracterização do abandono remete, inclusive, a um dos aspectos mais controvertidos da estrutura originalmente proposta pela doutrina para os direitos reais, que é a impossibilidade de perdê-los pelo não uso. Conforme observava Caio Mario da Silva Pereira, relativamente aos imóveis, o momento em que se opera o abandono é mais difícil de precisar: "Uma pessoa pode, na verdade, deixar de exercer qualquer ato em relação à coisa, sem perda do domínio. Temos dito e repetido que o não uso é uma forma de sua utilização. A casa pode permanecer fechada, o terreno inculto, e nem por isso o dono deixa de sê-lo. Para que se dê o *abandono* do imóvel, como causa da perda do direito, é mister se faça acompanhar da *intenção abdicativa*"[20] (voluntariedade).

Tal perspectiva tem sido rechaçada pela doutrina mais recente, a qual sugere que a inércia do proprietário só mereceria tutela do ordenamento jurídico se e enquanto atendesse à função econômica e social da propriedade.[21] Com efeito, o dogma da imprescritibilidade dos direitos reais ou da impossibilidade de sua extinção pelo não

---

17. Sobre o tema, vale transcrever as observações de Gustavo Tepedino: "Teoricamente, parece simples a configuração do abandono. Na prática, todavia, a questão torna-se complexa, dando azo a controvérsias (v. comentários ao art. 1.275, *supra*). Com o objetivo de definir critério pragmático para a matéria, o § 2º do art. 1.276 estabelece presunção absoluta de abandono diante de dois requisitos objetivos: cessação dos atos de posse e ausência de pagamento dos ônus fiscais relativos ao imóvel" (TEPEDINO, Gustavo. *Comentários ao Código Civil*. São Paulo: Saraiva, 2011. v. 14. Direito das Coisas, p. 483).
18. TEPEDINO, Gustavo; MONTEIRO FILHO, Carlos Edison do Rêgo; RENTERIA, Pablo. Op. cit., p. 190.
19. VENOSA, Sílvio de Salvo. Op. cit., p. 287.
20. PEREIRA, Caio Mario da Silva. Op. cit., p. 206. Grifos no original.
21. TEPEDINO, Gustavo; MONTEIRO FILHO, Carlos Edison do Rêgo; RENTERIA, Pablo. Op. cit., p. 193.

uso já foi posto à prova tanto em sede legislativa (v. art. 1.228, § § 4º e 5º) quanto em sede jurisprudencial.[22]

De todo modo, em que pese o abandono, na esfera dos bens móveis, possa se caracterizar em um único ato – como jogar um objeto na lata de lixo, por exemplo –, a sua consumação, no âmbito dos bens imóveis, dependerá de condutas reiteradas. Trata-se de comportamento continuado que, independentemente da motivação, afasta o exercício do direito de propriedade de sua função social, podendo acarretar problemas de "ordem ecológica, estética, sanitária e de segurança".[23] É, portanto, um desuso reiterado, que tem como efeito jurídico a perda do direito de propriedade.

Transpondo tal conceito para o art. 1.240-A do Código Civil, não nos parece razoável concordar com o Enunciado 595 da VII Jornada de Direito Civil, aprovado nos seguintes termos: "O requisito 'abandono do lar' deve ser interpretado na ótica do instituto da usucapião familiar como abandono voluntário da posse do imóvel somado à ausência da tutela da família, não importando em averiguação da culpa pelo fim do casamento ou união estável. Revogado o Enunciado 499". Ora, considerando-se que aqui se tem nova modalidade de usucapião especial urbana, exigir tal "somatório" seria conferir ao instituto caráter coativo que jamais lhe foi atribuído pelo legislador, havendo outras formas – até bastante consistentes – de compelir o devedor de alimentos a adimplir suas obrigações. Ademais, se o intuito é proteger o direito à moradia do cônjuge abandonado e sua família, seria incoerente exigir que, além da cessação dos atos possessórios, o ex-cônjuge devesse, ainda, descumprir seu dever de alimentos para que a prescrição aquisitiva iniciasse seu curso.

Ao contrário do que possa parecer, a previsão, pelo legislador, de prazo bastante exíguo para que quem segue exercendo sozinho a posse adquira a propriedade da fração ideal pertencente ao ex-cônjuge não ostenta caráter punitivo. Na lição de Norberto Bobbio, além da imagem tradicional do Direito como "ordenamento protetor-repressivo",[24] no Estado contemporâneo

> [...] torna-se cada vez mais frequente o uso das técnicas de encorajamento. Tão logo comecemos a nos dar conta do uso dessas técnicas, seremos obrigados a abandonar a imagem tradicional do direito como ordenamento protetor-repressivo. Ao lado desta, uma nova imagem toma forma: a do ordenamento jurídico como ordenamento com função *promocional*.[25]

Na sequência, o autor explica a diferença entre um e outro:

> Em poucas palavras, é possível distinguir, de modo útil, um ordenamento protetivo-repressivo de um promocional com a afirmação de que, ao primeiro, interessam, sobretudo, os comportamentos

---

22. O acórdão pioneiro é frequentemente citado como "o caso da Favela Pulmann", no qual se reconheceu a demora do proprietário em exercer o direito de sequela por meio da propositura de ação reivindicatória (TJSP, 8ª Câmara Cível, Ap. Civ 212.726-1, v.u., rel. Des. José Osório de Azevedo Junior, j. 16.12.1994).
23. FARIAS, Cristiano Chaves; ROSENVALD, Nelson. Op. cit., p. 540.
24. BOBBIO, Norberto. *Da estrutura à função*: novos estudos de teoria do Direito. Trad. Daniela Beccaccia Versiani. Barueri: Manole, 2007. p. 13.
25. Idem, p. 13.

socialmente não desejados, sendo seu fim precípuo impedir o máximo possível a sua prática; ao segundo, interessam, principalmente, os comportamentos socialmente desejáveis, sendo seu fim levar a realização destes até mesmo aos recalcitrantes.[26]

Na usucapião familiar, o foco não é, portanto, punir o cônjuge que abandona a família e o exercício da copropriedade do imóvel, mas sim reconhecer a função social da posse que começa a ser exercida em caráter exclusivo por quem segue residindo no local com a família a partir de então, arcando sozinho com os seus custos. Daí a previsão de prazo tão exíguo para que a prescrição aquisitiva reste consumada: trata-se de um mecanismo de tutela da família, destinado a promover e facilitar a aquisição, pelo cotitular que custeia integralmente as despesas decorrentes do imóvel, da fração ideal pertencente a quem abandonou o bem, deixando de exercer a composse. O que releva, aqui não é, consequentemente, o rompimento do vínculo conjugal, mas sim a ruptura de uma relação condominial, com o descumprimento de deveres que dela decorrem, a serem analisados a seguir.

3. A USUCAPIÃO DE BENS HAVIDOS EM CONDOMÍNIO

Muito embora a mistura de aspectos afetivos e patrimoniais imposta pelo casamento possa, eventualmente, ofuscar a rigorosa aplicação da regra, o art. 1.315 do Código Civil determina que "O condômino é obrigado, na proporção de sua parte, a concorrer para as despesas de conservação ou divisão da coisa, e a suportar os ônus a que estiver sujeita". A divisão da propriedade de casa ou apartamento pelos cônjuges caracteriza hipótese de condomínio ordinário, aplicando-se, à hipótese, a regra contida no artigo acima transcrito, o qual impõe o rateio das despesas com a conservação da coisa comum: "Se elas aproveitam a todos, é justo equitativo que a comunidade contribua para elas, na proporção da parte ideal de cada um".[27]

É exatamente o descumprimento reiterado desse dever que poderá caracterizar o abandono e o fim da composse, dando margem à possibilidade de um dos condôminos usucapir a fração ideal até então atribuída ao outro. No entanto, alguns se opunham à usucapião da coisa comum por considerarem que nenhum dos condôminos poderia exercer a posse com exclusividade se não tivesse sido autorizado implicitamente pelos demais.[28] Por outro lado, tem-se admitido que o condômino se beneficie da usucapião em caráter excepcional, "desde que sua posse exclua efetivamente a dos demais, em exercício possessório que desafia a posse dos consortes, pelo tempo necessário exigido por lei".[29]

---

26. Ibidem, p. 15.
27. VIANA, Marco Aurélio S. *Comentários ao novo Código Civil*. Rio de Janeiro: Forense, 2004. v. XVI. Dos Direitos Reais, p. 333.
28. A respeito dos autores que esposavam tal orientação doutrinária, v. TEPEDINO, Gustavo; MONTEIRO FILHO, Carlos Edison do Rêgo; RENTERIA, Pablo. Op. cit., p. 120.
29. Idem, p. 120.

Nesse contexto, o art. 1.240-A serviu para pacificar a controvérsia acerca da possibilidade de um dos condôminos vir a usucapir a coisa comum, já rechaçada no passado, conforme se extrai das lições de Caio Mario da Silva Pereira: "em nosso direito, assim antigo quanto moderno, não tem cabida a usucapião entre condôminos; uma vez que não é lícito a um excluir da posse os demais, mostra-se incompatível com esta modalidade aquisitiva a condição condominial, que por natureza exclui a posse *cum animo domini*".[30]

O referido posicionamento já não encontra respaldo jurisprudencial, pois, conforme decidido em mais de uma oportunidade pelo Superior Tribunal de Justiça,

> [...] o condômino tem legitimidade para usucapir em nome próprio, desde que exerça a posse por si mesmo, ou seja, desde que comprovados os requisitos legais atinentes à usucapião, bem como tenha sido exercida a posse exclusiva com efetivo *animus domini* pelo prazo determinado em lei, sem qualquer oposição dos demais proprietários.[31]

Essa possibilidade é hoje corroborada, em sede legislativa, pelo art. 1.240-A, que versa exatamente sobre a hipótese na qual um dos condôminos assume o exercício da posse em regime de exclusividade. O escopo da norma é, portanto, permitir ao cônjuge que permaneceu no imóvel a aquisição da propriedade da fração ideal pertencente ao outro, após o decurso de apenas dois anos, por ter mantido relação direta e exclusiva com o bem e assumido integralmente as despesas com a sua conservação.

A aquisição do domínio na íntegra não tem, portanto, qualquer caráter de punição imposta ao cônjuge que abandona o lar, independendo "do motivo e das razões que deram causa ao suposto abandono".[32] A atenção do intérprete deve circunscrever-se ao aspecto patrimonial,[33] valendo ressaltar que o termo inicial da contagem do prazo de prescrição aquisitiva não necessariamente será a data em que o cônjuge, condômino e compossuidor deixou de ocupar o imóvel, mas sim o momento em que efetivamente cessaram os atos possessórios por ele praticados.

Portanto se, mesmo afastado do lar, esse segue arcando com as despesas de IPTU, condomínio ou benfeitorias necessárias, não será possível concluir que seu ex-cônjuge tornou-se possuidor em caráter exclusivo apenas porque continuou sendo o único a ter contato físico com o imóvel.

---

30. PEREIRA, Caio Mario da Silva. Op. cit., p. 131.
31. STJ, Terceira Turma, REsp 1.631.859/SP, Rel. Min. Nancy Andrighi, *DJe* 29.05.2018. No mesmo sentido, v. STJ, Terceira Turma, AgInt no AREsp 1.472.974/RS, Rel. Min. Moura Ribeiro, *DJe* 19.02.2020. O posicionamento da Corte é coerente com o entendimento da própria a respeito da possibilidade de a posse não própria converter-se em posse própria, com *animus domini* (a esse respeito, v., exemplificativamente, STJ, Quarta Turma, REsp 143.976/GO, Rel. Min. Barros Monteiro, *DJ* 14.06.2004, p. 221: "O fato de ser possuidor direto na condição de promitente-comprador de imóvel, em princípio, não impede que este adquira a propriedade do bem por usucapião, uma vez que é possível a transformação do caráter originário daquela posse, de não própria, para própria").
32. PEREIRA, Caio Mario da Silva. Op. cit. p. 134.
33. TEPEDINO, Gustavo; MONTEIRO FILHO, Carlos Edison do Rêgo; RENTERIA, Pablo. Op. cit., p. 140.

Hipótese na qual "duas ou mais pessoas, simultaneamente, detêm idênticos direitos e deveres proprietários sobre o mesmo bem",[34] o condomínio pressupõe a atribuição de coisa indivisa a mais de uma pessoa por meio de cotas abstratas, as frações ideais. Por isso, cada condômino possuirá "atributos qualitativamente idênticos sobre a totalidade da coisa", sofrendo, no entanto, limitações na proporção quantitativa na qual concorrem com os demais comunheiros.[35]

Tal instituto, representa, portanto, "modalidade de comunhão específica do direito das coisas",[36] sendo que seu exercício pressupõe a observância de certos deveres, tais como o rateio das despesas com a coisa comum. A cada condômino são atribuídos os direitos dispostos no art. 1.314 do Código Civil de 2002: usar da coisa conforme sua destinação, exercer sobre ela todos os direitos compatíveis com a indivisão, reivindicá-la de terceiro, defender a sua posse e alhear a respectiva parte ideal, ou gravá-la.

Quando um dos condôminos pretende eximir-se da obrigação de arcar com as despesas decorrentes da conservação do imóvel ou de dívidas contraídas em virtude dele, o art. 1.316 dá-lhe a alternativa de renunciar à sua parte ideal, sendo que tal renúncia beneficiará o condômino que tenha eventualmente assumido tais despesas e dívidas. Nesse caso, ter-se-á a perda da propriedade da fração ideal por meio de "uma declaração de vontade abdicativa, pela qual demite de si o direito sobre a coisa".[37] Haverá, aqui, manifestação volitiva expressa, sendo que, na esfera dos bens móveis, renúncia e abandono equivalem-se.[38]

No entanto, como se viu anteriormente, tal equivalência não terá lugar na seara dos bens imóveis, pois a caracterização do abandono, em tais hipóteses, pressuporá conduta reiterada, que evidencie a intenção de não mais ter a coisa para si. O que releva, a respeito da usucapião familiar, é a intenção de facilitar a regularização da titularidade integral do imóvel por parte do cônjuge que, após o fim da composse, segue arcando sozinho com as despesas da coisa.

Daí se afirmar, em sede doutrinária que, por cautela, "o cônjuge que deseja evitar a perda da parte que lhe caberia na partilha do imóvel deve providenciar a partilha de bens do casal antes do transcurso do lapso temporal de 2 (dois) anos".[39] O mais importante, no entanto, é a capacidade de demonstrar que a composse persiste mesmo após o fim da convivência comum, devendo o ex-cônjuge comprovar o efetivo rateio das despesas com a coisa ainda que não mais resida no local, sendo recomendável, também, a celebração de contrato de comodato com quem segue exercendo a posse direta, regularizando assim o uso da fração ideal pertencente a quem se torna possuidor indireto.

---

34. FARIAS, Cristiano Chaves; ROSENVALD, Nelson. Op. cit., p. 767.
35. Idem, p. 767.
36. VENOSA, Sílvio de Salvo. Op. cit., p. 362.
37. PEREIRA, Caio Mario da Silva. Op. cit., p. 206.
38. Idem, p. 206.
39. TEPEDINO, Gustavo; MONTEIRO FILHO, Carlos Edison do Rêgo RENTERIA, Pablo. Op. cit., p. 141.

A tal respeito, o Superior Tribunal de Justiça já entendeu que uma vez dissolvida a sociedade conjugal, o imóvel comum do casal será regido pelas regras pertinentes ao condomínio, mesmo quando não realizada a partilha de bens:

> A posse de um condômino sobre bem imóvel exercida por si mesma, com ânimo de dono, ainda que na qualidade de possuidor indireto, sem nenhuma oposição dos demais coproprietários, nem reivindicação dos frutos e direitos que lhes são inerentes, confere à posse o caráter de *ad usucapionem*, a legitimar a procedência da usucapião em face dos demais condôminos que resignaram do seu direito sobre o bem, desde que preenchidos os demais requisitos legais. No caso, após o fim do matrimônio houve completo abandono pelo cônjuge da fração ideal pertencente ao casal dos imóveis usucapidos pela ex-esposa, sendo que essa não lhe repassou nenhum valor proveniente de aluguel nem o recorrente o exigiu, além de não ter prestado conta nenhuma por todo o período antecedente ao ajuizamento da referida ação.[40]

4. TERMO INICIAL DA CONTAGEM DO PRAZO DE PRESCRIÇÃO AQUISITIVA

Relativamente ao momento em que se inicia o decurso do prazo para usucapir a fração ideal do ex-cônjuge ou companheiro, é imperioso lembrar que as mesmas causas que obstam, suspendem ou interrompem a prescrição extintiva aplicam-se à prescrição aquisitiva, nos termos do art. 1.244 do CC2002. Assim, no que concerne à usucapião familiar, deve ser dada especial atenção ao art. 197, I do CC2002, segundo o qual não corre prescrição entre os cônjuges, na constância da sociedade conjugal. Portanto, relativamente ao tema aqui enfrentado, é oportuno avaliar se, para que a prescrição aquisitiva inicie seu curso, é necessária a ocorrência prévia do divórcio. A questão é relevante porque, no passado, o Superior Tribunal de Justiça já decidiu que a causa impeditiva da prescrição só cessaria com a efetivação do divórcio, como se extrai do trecho de ementa a seguir transcrito:

> O que faz com que entre os cônjuges não corra o prazo prescricional é a natureza da relação que os liga entre si. Enquanto esse vínculo perdura, subsiste igualmente a causa impeditiva da prescrição. Na hipótese dos autos, o curso do prazo sequer teve início, porque o ato jurídico – outorga de procuração – levado a efeito com eiva de consentimento, deu-se na constância do casamento, por meio do qual se valeu o ex-marido para esvaziar o patrimônio comum, mediante, transferência fraudulenta de bens.
>
> Conquanto tenham as partes posto fim à sociedade conjugal mediante a separação judicial, ao não postularem sua conversão em divórcio, permitiram que remanescesse íntegro o casamento válido, que 'somente se dissolve pela morte de um dos cônjuges ou pelo divórcio' (art. 2º, parágrafo único, da Lei 6.515, de 1977, reproduzido no art. 1.571, § 1º, do CC/02).
>
> A razão legal da subsistência da causa de impedimento da prescrição, enquanto não dissolvido o vínculo conjugal, reside na possibilidade reconciliatória do casal, que restaria minada ante o dilema do cônjuge detentor de um direito subjetivo patrimonial em face do outro.[41]

---

40. STJ, Terceira Turma, Resp 1.840.561/SP, Rel. Min. Marco Aurélio Bellizze, julg. 03.05.2022.
41. STJ, Terceira Turma, REsp 1.202.691/MG, Rel. Min. Nancy Andrighi, *DJe* 14.04.2011.

A despeito de o entendimento então esposado pelo Superior Tribunal de Justiça ser absolutamente coerente com as normas hoje em vigor, a exigência da efetiva consumação do divórcio para que a prescrição aquisitiva inicie, nesse caso, o seu curso, poderá beneficiar indevidamente o ex-cônjuge e ex-compossuidor, por ser fatalmente postergada a aquisição de sua fração ideal por usucapião. Tal benefício decorrerá do fato de que, caso prevalecesse esse entendimento da Corte, não correria prescrição aquisitiva enquanto o divórcio não fosse consumado, muito embora os atos possessórios – aí incluído o custeio de despesas com a manutenção do imóvel – tivessem cessado, eventualmente, desde o momento em que o antigo compossuidor deixou de residir no local.

E apesar do precedente acima transcrito, o próprio Superior Tribunal de Justiça já entendeu, em mais de uma oportunidade, que "constatada a separação de fato, cessam os deveres conjugais e os efeitos da comunhão de bens".[42] Portanto, no que diz respeito à aplicação do art. 1.240-A, é possível concluir que o prazo de prescrição aquisitiva iniciaria seu curso com a separação de fato, contanto que os atos possessórios até então praticados pelo ex-cônjuge ou ex-companheiro cessem efetivamente, tendo fim a composse.

A esse respeito, vale ressaltar, porém, o fato de o Superior Tribunal de Justiça, em decisão proferida durante o ano de 2020, ter entendido que a causa obstativa que impede o decurso do prazo prescricional entre os cônjuges cessaria com a separação judicial, com o divórcio e também com a separação de fato por longo período, como se pode extrair do acórdão abaixo citado:

> Civil. Processual civil. Usucapião especial urbana. Prescrição extintiva. Escoamento do prazo para dedução de pretensão. Prescrição aquisitiva. Forma de aquisição da propriedade. Distinções. Causa impeditiva de fluência da prescrição. Aplicabilidade às prescrições extintivas e aquisitivas. Constância da sociedade conjugal e fluência do prazo prescricional. Causa impeditiva da prescrição que cessa com a separação judicial, com o divórcio e também com a separação de fato por longo período. Tratamento isonômico para situações demasiadamente semelhantes. Prescrição aquisitiva configurada. Apuração dos demais requisitos configuradores da usucapião especial urbana. Necessidade de rejulgamento da apelação.
>
> 1 Ação distribuída em 31.07.2014. Recurso especial interposto em 31/03/2017 e atribuído à Relatora em 15.09.2017.
>
> 2 O propósito recursal consiste em definir se a separação de fato do casal é suficiente para cessar a causa impeditiva da fluência do prazo prescricional previsto no art. 197, I, do CC/2002, e, assim, para deflagrar o cômputo do prazo para a prescrição aquisitiva do imóvel previsto no art. 1.240 do CC/2002.
>
> 3 Duas espécies distintas de prescrição são reguladas pelo CC/2002: a extintiva, relacionada ao escoamento do lapso temporal para que se deduza judicialmente pretensão decorrente de violação

---

42. STJ, Quarta Turma, AgRg no REsp 880.229/CE, Rel. Min. Isabel Galotti, j. 07.03.2013, *DJe* 20.03.2013. No mesmo sentido, v. o seguinte trecho de Ementa de Acórdão: "2 Na data em que se concede a separação de corpos, desfazem-se os deveres conjugais, bem como o regime matrimonial de bens; e a essa data retroagem os efeitos da sentença de separação judicial ou divórcio" (STJ, Quarta Turma, REsp 1.065.209/SP, Rel. Min. João Otávio de Noronha, *DJe* 16.06.2010, p. 502).

de direito (arts. 189 e 206) e a aquisitiva, relacionada a forma de aquisição da propriedade pela usucapião (art. 1.238 a 1.244). Precedente.

4 A causa impeditiva de fluência do prazo prescricional prevista no art. 197, I do CC/2002, conquanto topologicamente inserida no capítulo da prescrição extintiva, também se aplica às prescrições aquisitivas, na forma do art. 1.244 do CC/2002.

5 A constância da sociedade conjugal, exigida para a incidência da causa impeditiva da prescrição extintiva ou aquisitiva (art. 197, I, do CC/2002), cessará não apenas nas hipóteses de divórcio ou de separação judicial, mas também na hipótese de separação de fato por longo período, tendo em vista igualmente não subsistem, nessa hipótese, as razões de ordem moral que justificam a existência da referida norma. Precedente.

6 Sendo incontroverso o transcurso do lapso temporal quinquenal entre a separação de fato e o ajuizamento da ação de usucapião, mas não tendo havido a apuração, pelas instâncias ordinárias, acerca da presença dos demais pressupostos configuradores da usucapião, impõe-se a devolução do processo para rejulgamento da apelação, afastada a discussão acerca da prescrição aquisitiva.

7 Recurso especial conhecido e provido, para determinar que seja rejulgada a apelação e examinada a eventual presença dos demais requisitos da usucapião especial urbana.[43]

Partindo-se da leitura do precedente acima, é importante observar que o emprego da expressão "separação de fato por longo período" acaba por prejudicar o ex-cônjuge que segue arcando sozinho com as despesas de manutenção do ativo havido em condomínio tanto quanto o entendimento de que só correria prescrição entre os cônjuges após o divórcio já prejudicava. Quando um dos condôminos deixou o imóvel, pondo fim à convivência afetiva e à composse, não mais arcando com as despesas incidentes sobre o bem, seria razoável exigir uma separação de fato que já dure por longo período ?

Considerando-se que o prazo de prescrição aquisitiva previsto no art. 1.240-A consuma-se em apenas dois anos, a exigência proposta pelo Superior Tribunal de Justiça para que reste superada a causa obstativa do prazo prescricional poderá impor ao ex-cônjuge que segue residindo no imóvel após o fim da composse que arque sozinho com as despesas dele decorrentes para além do previsto em lei. A prevalecer a exigência de "longo período" de separação de fato para que a causa obstativa reste superada, a vagueza indiscutível da expressão utilizada pela referida Corte poderá esvaziar a aplicação da norma contida no art. 1.240-A de modo inequívoco.

Por tal motivo, é forçoso observar a necessidade de se conjugar dois aspectos distintos para que a usucapião familiar reste consumada. Primeiramente, se os deveres conjugais e os efeitos da comunhão cessam com a separação de fato, conforme anteriormente decidido pelo Superior Tribunal de Justiça, admitir que de tal momento em diante resta superada a causa impeditiva do decurso do prazo prescricional é uma questão de coerência.

Porém, além disso, para que a usucapião reste consumada, é necessário verificar-se, no caso concreto, o efetivo fim da composse, com a assunção, por apenas um

---

43. STJ, Terceira Turma, REsp 1.693.732/MG, Rel. Min. Nancy Andrighi, j. 05.05.2020, *DJe* 11.05.2020.

dos até então cônjuges, de todas as despesas incidentes sobre o imóvel, e do exercício, em regime de exclusividade, de todos os poderes inerentes ao domínio. É esse, inclusive, o entendimento cristalizado no Enunciado 664, aprovado na IX Jornada de Direito Civil: "O prazo da usucapião contemplada no art. 1.240-A só iniciará seu curso caso a composse tenha cessado de forma efetiva, não sendo suficiente, para tanto, apenas o fim do contato físico com o imóvel".

Diante dos casos de violência doméstica, é importante observar, ainda, que quando a mulher se afasta da residência comum por ter sido agredida, o agressor, embora siga residindo com os filhos no imóvel e arque, sozinho, com as despesas dele decorrentes, não poderá fazer jus ao benefício disposto no art. 1.240-A. Enquanto perdurar a ameaça à integridade física da mulher, ex-compossuidora, a hipótese enquadrar-se-á no disposto no art. 1.208 do Código Civil, segundo o qual "Não induzem posse os atos de mera permissão ou tolerância assim como não autorizam a sua aquisição os atos violentos ou clandestinos, senão depois de cessar a violência ou a clandestinidade". Consequentemente, persistindo o risco de agressão, resta pendente o vício da violência, o que atribuirá ao agressor o *status* de detentor – e não possuidor – da fração ideal pertencente à ex-esposa, inviabilizando-se, com isso, a usucapião.

Por fim, é relevante pontuar a desnecessidade de recurso à usucapião familiar nas hipóteses nas quais o imóvel tenha sido adquirido por meio do Programa Minha Casa Minha Vida. Tal conclusão decorre da leitura do art. 35-A da lei que o descreve (Lei 11.977/2009), o qual atribui à mulher o título de propriedade do imóvel adquirido no âmbito do PMCMV em caso de dissolução de união estável, separação ou divórcio independentemente do regime de casamento, ressalvando-se apenas os casos que envolvam o uso de recursos do FGTS do cônjuge. Nas demais hipóteses, tratando-se de imóvel urbano de até 250 m², será possível recorrer à usucapião disposta no art. 1.240-A.

É de se lamentar, no entanto, a omissão legislativa a respeito dos imóveis rurais, pois, muito embora, segundo as estatísticas, as mulheres chefiem famílias com mais frequência nos centros urbanos que no campo,[44] não parece razoável negligenciar formações familiares que enfrentam dificuldades semelhantes apenas por uma questão geográfica. Afinal de contas, muito embora nada impeça que a usucapião prevista no art. 1.240-A possa, eventualmente, beneficiar ex-compossuidores do sexo masculino, no curso do século XXI, em muitos lares do país, dentro ou fora do perímetro urbano, o "homem da casa" será a mulher.

5. NOTAS CONCLUSIVAS

Positivada como nova espécie de usucapião especial urbana, a usucapião familiar recebeu críticas de autores que enxergavam em tal previsão legislativa uma possível reto-

---

44. ALVES, Cida. Mais mulheres são chefes de família e jovens optam por ser mãe mais tarde. *G1*, em 31.10.2014. Disponível em: https://g1.globo.com/economia/noticia/2014/10/mais-mulheres-sao-chefes-de-familia-e-jovens-optam-por-ser-mae-mais-tarde.html. Acesso em: 16 abr. 2020.

mada de discussões relativas à culpa no fim da relação conjugal. Todavia, não é possível analisar o instituto prescindindo-se das lições fornecidas pelo Livro de Direito das Coisas do Código Civil de 2002, por se tratar, justamente, de mais uma espécie de usucapião.

Com isso, é possível perceber que se tem, aqui, hipótese de prescrição aquisitiva decorrente do fim da composse até então exercida por ambos os cônjuges ou companheiros, pois, a partir do momento em que um deles abandona o imóvel, o outro segue residindo com a família no local e arcando sozinho com despesas que, por força de lei, deveriam ser partilhadas entre os dois condôminos. A usucapião familiar terá, portanto, o condão de extinguir a relação condominial, permitindo a quem segue possuindo o imóvel exclusivamente que se torne o seu único proprietário, adquirindo a titularidade da fração ideal até então pertencente ao outro.

Como se viu, a expressão "abandono do lar" deve ser interpretada de modo sistemático, coerente com as diretrizes fornecidas pelo Código Civil na passagem sobre as causas de perda do direito de propriedade. Assim, é irrelevante se o ex-cônjuge ou companheiro está ou não adimplente com obrigações de caráter alimentar. Para que a prescrição aquisitiva inicie seu curso, basta caracterizar-se o abandono do imóvel, cessando os atos possessórios até então praticados pelo ex-cônjuge ou companheiro, que não mais rateia com o outro condômino as despesas com o bem, em afronta ao art. 1.315 do Código Civil.

Tem-se, portanto, o reconhecimento legislativo de hipótese de aquisição de bem havido em condomínio, já refutada no passado em sede doutrinária e hoje admitida pelo Superior Tribunal de Justiça. Na usucapião familiar, o exíguo prazo de dois anos estipulado para que se consume a prescrição aquisitiva revela a intenção de proteger a entidade familiar, facilitando a aquisição da propriedade integral por aquele que a conduz, arcando sozinho com as despesas do imóvel.

Por fim, discute-se, diante do disposto no art. 197, I do Código Civil, se a causa obstativa do decurso do prazo prescricional restaria superada apenas com a separação de fato ou se o divórcio seria indispensável. O tema foi abordado pelo Superior Tribunal de Justiça em mais de uma oportunidade, ora exigindo-se a consumação do divórcio para tanto, ora admitindo-se que a separação de fato bastaria para pôr fim aos deveres conjugais e à comunhão de bens. Mais recentemente, a mesma Corte decidiu que a separação judicial, o divórcio ou a separação de fato por longo período bastariam, alternativamente, para fazer cessar tal causa obstativa.

No entanto, dada a vagueza da expressão "por longo período", o correto seria entender que, uma vez consumada a separação de fato, findar-se-ia a composse, no intuito de evitar que quem segue arcando sozinho com as despesas decorrentes do imóvel acabe sendo obrigado a fazê-lo por prazo superior aos dois anos previstos no art. 1.240-A. Assim, restando caracterizado o abandono, uma vez cessados os atos possessórios e sendo todas as despesas com o bem assumidas por apenas um dos dois condôminos, restará superada a causa obstativa que impede o decurso da prescrição aquisitiva entre os cônjuges.

6. REFERÊNCIAS

ALVES, Cida. Mais mulheres são chefes de família e jovens optam por ser mãe mais tarde. *G1*, em 31/10/2014. Disponível em: https://g1.globo.com/economia/noticia/2014/10/mais-mulheres-sao--chefes-de-familia-e-jovens-optam-por-ser-mae-mais-tarde.html. Acesso em: 16 abr. 2020.

BOBBIO, Norberto. *Da estrutura à função:* novos estudos de teoria do Direito. Trad. Daniela Beccaccia Versiani. Barueri: Manole, 2007.

FARIAS, Cristiano Chaves; ROSENVALD, Nelson. *Curso de Direito Civil*. 15. ed. Salvador: JusPodivm, 2019. v. 5: Reais.

GOMES, Orlando. *Direitos Reais*. 20. ed. Rio de Janeiro: Forense, 2010.

PEREIRA, Caio Mario da Silva. *Instituições de Direito Civil*. 25. ed. Rio de Janeiro: Forense, 2017. v. IV.

TEPEDINO, Gustavo. *Comentários ao Código Civil*. São Paulo: Saraiva, 2011. v. 14, Direito das Coisas.

TEPEDINO, Gustavo; MONTEIRO FILHO, Carlos Edison do Rêgo; RENTERIA, Pablo. *Fundamentos do Direito Privado*. Rio de Janeiro: Forense, 2020. v. 5. Direitos Reais.

VENOSA, Sílvio de Salvo. *Direito Civil*. 18. ed. São Paulo: Atlas, 2018., vol. 4. Reais.

VIANA, Marco Aurélio S. *Comentários ao novo Código Civil*. Rio de Janeiro: Forense, 2004. , vol. XVI. Dos Direitos Reais.

Parte IV
RELAÇÕES DE PARENTESCO

ASPECTOS INTRODUTÓRIOS ÀS RELAÇÕES DE PARENTESCO

Fabíola Albuquerque Lobo

Professora Titular em Direito Civil da Faculdade de Direito do Centro de Ciências Jurídicas / UFPE. Professora dos Cursos de Mestrado e Doutorado do Centro de Ciências Jurídicas / UFPE. Vice-líder do grupo de pesquisa Constitucionalização das Relações Privadas (CONREP – CNPq/ UFPE).

Sumário: 1. Introdução – 2. O parentesco na linha do tempo – 3. Espécies de parentesco no direito brasileiro – 4. Graus de parentesco e sua contagem – 5. Conclusão – 6. Referências.

1. INTRODUÇÃO

Compreender a importância das relações de parentesco e as vicissitudes sofridas com o transpor dos tempos não é uma preocupação ínsita ao Direito. A investigação deste vínculo importa a várias searas do conhecimento humano, a exemplo da Antropologia, da Sociologia e da Psicanálise, em vieses e enfoques distintos.

Sem desmerecer a rica contribuição de um estudo interdisciplinar, mas a investigação da relação de parentesco, cingir-se-á a abordagem jurídica. Sem dúvida é uma matéria com grande repercussão prática, o que denota a atualidade do tema e sua importância para a compreensão dos seus desmembramentos, como bem diz Paulo Lobo:

> A relação de parentesco identifica as pessoas como pertencentes a um grupo social que as enlaça num conjunto de direitos e deveres. Para além do direito, o parentesco funda-se em sentimentos de pertencimento a determinado grupo familiar, em valores e costumes cultuados pela sociedade, independentemente do que se considere tal.[1]

O vínculo de parentesco decorre da lei ou por decisão judicial. Estabelecido este vínculo de parentesco, seja em linha reta ou colateral, é imprescindível estabelecer a correlação com os comandos legais pertinentes aos impedimentos matrimoniais (art. 1.521), com as hipóteses de presunções de filiação (art. 1.597), com o reconhecimento dos filhos (arts. 1.607 e seguintes), com a adoção (art. 1.626) e com a obrigação alimentar (arts. 1.694 e seguintes). E diante da aproximação entre o direito de família e o sucessório, oportuno ressaltar as implicações das relações de parentesco no estabelecimento da ordem da vocação hereditária (art. 1.829 e seguintes) e dos chamados herdeiros necessários (art. 1.845 e seguintes).

---

1. LÔBO, Paulo. *Direito civil:* famílias. São Paulo: Saraiva, 2021.

As relações de parentesco, apesar de aparentemente estáticas, mas ao longo do tempo também foram objeto de transformações, de tal sorte que, sua compreensão atual se encontra conformado ao direito de família constitucionalizado. Em outras palavras, a clássica estruturação de parentesco natural e civil (adoção), foi impactada pelos princípios constitucionais aplicáveis às relações de família, em especial pelo princípio da afetividade. Princípio este, que, na condição de princípio norteador das relações de família reverberou positivamente no campo da filiação, ao promover a ruptura com o modelo estratificado de filiação legítima e ilegítima, inserto na codificação civil de 1916.

Esta quebra de paradigmas também impulsionou a doutrina e a jurisprudência darem um "giro copernicano" na compreensão e no enfrentamento desta nova realidade, que se descortinava sob o manto da filiação socioafetiva. Caminho que também foi seguido pelo Código Civil/2002, ao dispor que o parentesco é natural ou civil, conforme resulte de consanguinidade ou outra origem (art. 1.593).

Neste sentido Paulo Lobo afirma que "as pessoas se vinculam umas às outras, de modo relacional e recíproco, em grande medida pela afetividade e não necessariamente apenas pelo critério do sangue".[2]

Para fins didáticos, o presente capítulo encontra-se estruturado em três partes. Sendo a primeira voltada ao delineamento do tema na perspectiva histórica até os dias atuais. A segunda destina-se a análise das espécies de parentesco e a última compreendendo os graus de parentesco e sua contagem.

2. O PARENTESCO NA LINHA DO TEMPO

Entre os antigos, o critério determinante para a atribuição do parentesco era a religião doméstica, que por sua vez, somente se transmitia na linhagem masculina. Com efeito, de acordo com Fustel de Coulanges, prevalecia o seguinte entendimento:

> Dois homens poderiam dizer-se parentes se tivessem os mesmos deuses, o mesmo lar e as mesmas oferendas fúnebres. Deste modo, não se podia ser parente por parte de mulher. No entender dessas antigas gerações, a mulher não transmitia nem a vida e nem o culto. O filho pertencia exclusivamente ao pai. Com o casamento a mulher quebrava por completo todo vínculo religioso e de direito que tivera na família em que nasceu. Com maior razão, seu filho nada terá em comum com essa família. O princípio do parentesco não estava no ato material do nascimento, mas no culto. Com o passar dos tempos chegou-se a uma época em que o parentesco pelo culto não era mais o único admitido. À medida que esta antiga religião perde o vigor, a voz do sangue fala mais alto e o parentesco pelo nascimento surge reconhecido em direito.[3]

Percebe-se que, no transcurso da história, a mulher sempre foi vista numa condição de inferioridade frente ao homem, independentemente, se o pai ou o marido.

---

2. LÔBO, Paulo. Direito ao estado de filiação e direito à origem genética: uma distinção necessária. In: PEREIRA, Rodrigo da Cunha (Coord.). *Afeto, ética, família e o novo Código Civil*. Belo Horizonte: Del Rey, 2004.
3. COULANGES, Fustel de. *A cidade antiga*. São Paulo: Martin Claret, 2002.

Esta realidade da desigualdade de direitos entre homens e mulheres, bem como da desigualdade entre os filhos foi a tônica da codificação civil de 1916. De acordo com esta legislação, o casamento legitimava a família e, por extensão os filhos provenientes das justas núpcias. Emergia daí o dever de fidelidade absoluto da mulher, em contraposição ao dever relativo para o homem e a presunção da legitimidade dos filhos.[4]

Aos filhos tidos por natural, ilegítimos naturais ou legitimados[5], a lei conferia a possibilidade de reconhecimento.[6] Quanto aos filhos adulterinos e incestuosos recaia sobre eles a restrição legal, que não podiam ser reconhecidos.[7]

> Da proibição do art. 358 resultava que o reconhecimento, ainda que se fizesse com os requisitos legais de forma, seria considerado nulo desde o momento em que se provasse, quando possível, a filiação adulterina ou incestuosa do reconhecido. Não produziria, portanto, nenhum efeito, nem contra o filho, nem a seu favor.[8]

Portanto, a não produção de efeitos também repercutia na não formação da relação de parentesco, nomeadamente, o parentesco paterno na linha reta, bem como, com os outros parentes da linha na colateral.

Segundo Pontes de Miranda, o artigo 358 foi tisnado de inconstitucionalidade, diante da previsão do artigo 126 da Constituição de 1937, a qual regulou a efetiva facilitação ao reconhecimento e a igualdade de direitos.[9] "A revogação expressa pela Lei n. 883, de 21 de outubro de 1949, art. 6°, somente teve significação de explicitude".[10]

No tocante à adoção, as regras previstas na codificação de 1916, também restringiam a relação de parentesco, conforme se observa da dicção dos seguintes dispositivos:

> Art. 376. O parentesco resultante da adoção (art. 336) limita-se ao adotante e ao adotado, salvo quanto aos impedimentos matrimoniais;
>
> Art. 378. Os direitos e deveres que resultam do parentesco natural não se extinguem pela adoção, exceto o pátrio poder, que será transferido do pai natural para o adotivo.

Da codificação civil (1916) até Constituição Federal (1988), a trajetória foi longa, mas indiscutivelmente marca um processo disruptivo, principalmente com a consolidação da constitucionalização do direito civil, mediante a elevação dos ins-

---

4. CC/16 – Art. 337. São legítimos os filhos concebidos na constância do casamento, ainda que anulado, ou nulo, se contraiu de boa fé.
5. CC/16 – Art. 353. A legitimação resulta do casamento dos pais, estando concebido, ou depois de havido o filho (art. 229).
6. CC/16. art. 355. O filho ilegítimo pode ser reconhecido pelos pais, conjuntas ou separadamente.
7. CC/16 – Art. 358. Os filhos incestuosos e os adulterinos não podem ser reconhecidos.
8. MIRANDA, Pontes. *Tratado de Direito Privado*, 1974, T. IX.
9. CF de 1937. art. 126. Aos filhos naturais, facilitando-lhes o reconhecimento, a lei assegurará igualdade com os legítimos, extensivos àqueles os direitos e deveres que em relação a estes incumbem aos pais.
10. MIRANDA, Pontes. *Tratado de Direito Privado*, 1974, T. IX, p. 81.
    Lei 883/49. art. 6° Esta Lei não altera os Capítulos II, III e IV do Título V, do Livro I, parte especial do Código Civil (arts. 337 a 367), salvo o artigo 358.

titutos da civilística clássica, quais sejam: propriedade, contratos e família à esfera constitucional.

Para o texto constitucional, família é a base da sociedade. O termo é destituído de qualquer predicativo, portanto esta inclusão contempla todos os tipos de família como destinatária da tutela legal. Estamos diante do reconhecimento jurídico da pluralidade das entidades familiares. Neste processo de oxigenação, o casamento que criava a família legítima e legitimava os filhos comuns[11] perdeu sua centralidade, para o reconhecimento da pluralidade das entidades familiares. Importante destacar que o rol previsto no art. 226 da normativa constitucional é exemplificativo.[12]

A aplicação direta dos princípios constitucionais da dignidade da pessoa humana, da plena igualdade entre os cônjuges e entre os filhos, do planejamento familiar e da paternidade responsável fomentou uma hermenêutica interpretativa diferenciada às relações jurídicas familiares.

O princípio da dignidade da pessoa humana, nas relações de família, deve ser o fio condutor do respeito aos direitos da personalidade, de cada uma das pessoas integrantes daquele núcleo familiar.

Neste sentido, destacamos as observações de Caio Mário:

> A família passou a ser funcional, de servir de instrumento de promoção da dignidade da pessoa humana. Não é mais protegida como instituição, titular de interesse transpessoal, superior aos interesses de seus membros; passou a ser tutelada como instrumento de estruturação e desenvolvimento da personalidade dos sujeitos que a integram.[13]

A conquista da igualdade de direitos entre os cônjuges, representa a quebra de paradigmas, em relação a toda estruturação do direito de família codificado, matizado no patriarcalismo, nas relações matrimonializadas e hierárquicas.[14] No tocante a filiação, o reconhecimento jurídico da igualdade entre os filhos, independentemente da origem, com a proibição de quaisquer designações discriminatórias,[15] joga para a história o estatuto jurídico da desigualdade de filiação.

O princípio da paternidade responsável está intrinsecamente relacionado ao planejamento familiar. Conforme a Lei 9.263/96 reguladora da matéria, por pla-

---

11. CC/1916- Art. 229.
12. A propósito ver LOBO, Paulo Luiz Netto. Entidades familiares constitucionalizadas: para além do numerus clausus. *Revista Brasileira de Direito de Família*, n. 12, 2002.
13. PEREIRA, Caio Mário da Silva. *Instituições de Direito Civil*: Direito de Família. Tânia da Silva Pereira (atualizadora). Rio de Janeiro: Forense, 2020.
14. CF/88. Art. 226 § 5º Os direitos e deveres referentes à sociedade conjugal são exercidos igualmente pelo homem e pela mulher.
    A respeito ver a obra "A sujeição das mulheres" (1869) de Stuart Mill, que desde então defendia "uma forma de amizade conjugal baseada na igualdade, não apenas por uma questão de justiça e liberdade, mas pelo fato de compreender a emancipação feminina como condição necessária para o progresso e aprimoramento da humanidade".
15. CF/88. Art. 227 § 6º Os filhos, havidos ou não da relação do casamento, ou por adoção, terão os mesmos direitos e qualificações, proibidas quaisquer designações discriminatórias relativas à filiação.

nejamento familiar tem-se "o conjunto de ações de regulação da fecundidade que garanta direitos iguais de constituição, limitação ou aumento da prole pela mulher, pelo homem ou pelo casal." (art. 2º). Reconhece o planejamento familiar como sendo um direito de todo cidadão (art. 1º) e veda qualquer tipo de controle demográfico (art. 2º, § único). Na mesma linha, o Código Civil de 2002 ressalta a liberdade de decisão do casal, quanto ao planejamento familiar e veda qualquer tipo de coerção por parte de instituições privadas ou públicas (art. 1565, § 2º).

Entretanto, a liberdade garantida ao exercício do planejamento familiar, necessariamente encontra-se conformada ao princípio da paternidade responsável, no que diz respeito a imposição e assunção automática dos deveres jurídicos parentais, decorrentes da filiação.

3. ESPÉCIES DE PARENTESCO NO DIREITO BRASILEIRO

> O sangue identifica o tronco ancestral e sela, por linhas e graus, uma relação juridicamente relevante que trama os laços componentes da família. Linha reta ou colateral, parente próximo ou distante, o ancestral se projeta nas ramificações da descendência.[16]

Com base na citação acima, fica evidenciado o vínculo de parentesco ancorado na consanguinidade. Como dito anteriormente, a correlação família-casamento--parentesco consanguíneo-filiação legítima não representa mais o modelo para a compreensão das relações de parentesco, na contemporaneidade.

Segundo Paulo Lobo, entre as características das entidades familiares constitucionalizadas "a afetividade se revela como fundamento e finalidade da entidade, com desconsideração do móvel econômico e escopo indiscutível de constituição de família e não mais a consaguinidade".[17]

Esta compreensão da afetividade como base estruturante da família, guarda relação direta com as considerações de João Baptista Villela, ao se manifestar nos seguintes termos:

> As transformações mais recentes por que passou a família, deixando de ser unidade de caráter econômico, social e religioso para se a firmar fundamentalmente como grupo de afetividade e companheirismo, imprimiram considerável reforço ao esvaziamento biológico da paternidade. A paternidade em si mesma não é um fato da natureza, mas um fato cultural, que reside antes no serviço e no amor que na procriação.[18]

A filiação, no comando constitucional independe da origem matrimonial ou não, consanguíneo ou não da filiação. A socioafetividade relaciona-se intrinsecamente

---

16. FACHIN, Luiz Edson. *Direito de família*: elementos críticos à luz do novo código civil brasileiro. Rio de Janeiro: Renovar, 2003.
17. LÔBO, Paulo. Entidades familiares constitucionalizadas: para além do numerus clausus. *Revista Brasileira de Direito de Família*, n. 12, 2002.
18. Villela, João Baptista. Desbiologização da paternidade. *https://www.direito.ufmg.br/revista/index.php/revista/issue/view/62*, n. 21, 1979.

com a desbiologização da paternidade. Deste contexto exsurge o reconhecimento da família socioafetiva, com a respectiva formação do parentesco socioafetivo, com todos os consectários jurídicos, nos mesmos moldes do que ocorre na família consanguínea, que dá origem ao parentesco natural.

Posteriormente, a codificação civil de 2002 ratifica a socioafetividade, ao dispor que o parentesco é natural ou civil, conforme resulte de consanguinidade ou outra origem (art. 1.593 CC). Este dispositivo inovador revela dois tipos de parentesco: o consanguíneo (biológico) e o civil associado à outra origem, que segundo a melhor doutrina é a expressão da socioafetividade.

O vínculo socioafetivo, por sua vez, se manifesta em três espécies, quais sejam: filhos provenientes da adoção, filhos provenientes das técnicas de reprodução assistida heteróloga (cuja característica é a utilização de material genético de doador anônimo – art. 1.597, V) e a filiação proveniente da posse de estado. Em comum, entre as espécies socioafetivas têm-se a formação da relação paterno filial e do consequente parentesco destituído do critério biológico.

Repisando o que fora referido anteriormente, o vínculo de parentesco formado pela adoção era limitado, porém esta orientação legal foi totalmente modificada, a partir da CF/88 com o reconhecimento da igualdade da filiação e posteriormente, seguida pelo Estatuto da Criança e do Adolescente ao prescrever que " a adoção atribui a condição de filho ao adotado, com os mesmos direitos e deveres, inclusive sucessórios, desligando-o de qualquer vínculo com pais e parentes, salvo os impedimentos matrimoniais." (art. 41).[19] Portanto há a integração plena do adotado, com os demais parentes, sejam em linha reta ou em linha colateral.

Defendemos que todos os efeitos da adoção regular são aplicáveis também aos casos de adoção à brasileira. Argumento fundado no direito de garantir à criança o direito ao seu desenvolvimento físico, mental, moral, espiritual e social em condições de liberdade e de dignidade [20] no seio de uma família (convivência familiar).[21] Ademais, qualquer entendimento contrário colide com os princípios constitucionais da dignidade da pessoa humana, da igualdade da filiação e da proteção integral da criança/adolescente.[22]

---

19. ECA. Art. 41 § 1º Se um dos cônjuges ou concubinos adota o filho do outro, mantêm-se os vínculos de filiação entre o adotado e o cônjuge ou concubino do adotante e os respectivos parentes.
    § 2º É recíproco o direito sucessório entre o adotado, seus descendentes, o adotante, seus ascendentes, descendentes e colaterais até o 4º grau, observada a ordem de vocação hereditária.
20. CF/88, art. 227 e ECA, art. 4º.
21. Lei 12.010/2009.
22. BRASIL – TJPR – AC 108.417-9 – Rel. Des. Accácio Cambi – J. 12.12.2001 – DJPR 04.02.200202.04.2002). Negatória de paternidade – "Adoção à brasileira" – Confronto entre a verdade biológica e a socioafetiva – Tutela da dignidade da pessoa humana – Procedência – Decisão reformada – 1. A ação negatória de paternidade é imprescritível, na esteira do entendimento consagrado pela Súmula 148/STF, já que a demanda versa sobre o estado da pessoa, que é emanação do direito de personalidade. 2. No confronto entre a verdade biológica, atestada em exame de DNA, e a verdade socioafetiva, decorrente da denominada "adoção à brasileira" (isto é, da situação de um casal ter registrado, com outro nome, menor como se deles filho fosse) e que perdura

Não há guarida no sistema jurídico brasileiro, após o reconhecimento da filiação socioafetiva como espécie protegida, para a distinção dos efeitos entre a adoção regular e a adoção de fato (à brasileira). A esse respeito as considerações de Paulo Lobo:

> A origem apaga-se no momento da adoção. O filho integra-se à nova família total e definitivamente. Por consequência, o filho que foi adotado não poderá promover investigação de paternidade ou maternidade biológicos, a fim de promover alteração no seu estado de filiação, quando muito pleitear o conhecimento da origem genética para realização do direito da personalidade.[23]

Nesse mesmo diapasão, Rolf Madaleno não admite se dar tratamento distinto à adoção (estatutária ou à brasileira). Segundo ele "conforme o direito constitucional em vigor, entre filhos descabe qualquer forma de discriminação".[24] Quanto à filiação proveniente da técnica de reprodução assistida heteróloga a lei estabeleceu um condicionante para sua utilização que é a autorização do marido, para que sua mulher receba o material genético de doador anônimo (art. 1597, V do CC/2002). Esta autorização demanda dois aspectos que ratificam e sobrelevam os vínculos afetivos da relação paterno-filial, quais sejam: o marido da mulher embora não seja o pai biológico da criança que nascerá, mas incidirá a presunção da filiação na constância do casamento, portanto será o pai com a responsabilidade jurídica de cumprir todos os deveres correlatos à filiação. O segundo é decorrente da autorização que é dada pelo marido à sua mulher para utilização da técnica, o impedirá (a priori) de ingressar com ação negatória de paternidade, pois incidirá no *venire contra factum proprium*.

No que toca ao parentesco estabelecido com base na posse de estado de filho, em grande medida relaciona-se com as chamadas famílias recompostas. Via de regra, arranjo proveniente da dissolução da união estável ou do casamento, no qual casais que se unem, já tendo filhos das relações anteriores respectivas e desta nova união resulte prole comum. É o popular "os seus, os meus e os nossos filhos."

Paulo Lobo citando Pontes de Miranda, "ressalta que família e parentesco são categorias distintas. O cônjuge pertence à família, e não é parente do outro cônjuge, posto que seja parente afim dos parentes consanguíneos do outro cônjuge".[25]

A previsão legal, para este tipo de vínculo é a seguinte: Art. 1.595. Cada cônjuge ou companheiro é aliado aos parentes do outro pelo vínculo da afinidade.

---

por quase quarenta anos, há de prevalecer a solução que melhor tutele a dignidade da pessoa humana. 3. A paternidade socioafetiva, estando baseada na tendência de personificação do direito civil, vê a família como instrumento de realização do ser humano; aniquilar a pessoa do apelante, apagando-lhe todo o histórico de vida e condição social, em razão de aspectos formais inerentes à irregular "adoção à brasileira", não tutelaria a dignidade humana, nem faria justiça ao caso concreto, mas, ao contrário, por critérios meramente formais, proteger-se-ia as artimanhas, os ilícitos e as negligências utilizadas em benefício do próprio apelado.

23. LOBO, Paulo. *Código civil comentado: direito de família, relações de parentesco, direito patrimonial*. 2003, v. XVI, p. 144.
24. MADALENO, Rolf. Filhos adotados em confronto com os filhos destoados do recurso extraordinário 898.060 do STF. *Revista IBDFAM*, 2016, p. 13.
25. LOBO, Paulo. *Direito civil: famílias*. São Paulo: Saraiva, 2022.

Assim como as espécies anteriores de parentesco, o parentesco por afinidade também detém características próprias, mas suas incidências dependerão de qual dos enfoques pretendido, quer dizer, o enfoque da linha reta por afinidade ou o enfoque da linha colateral por afinidade. Vejam-se as hipóteses contempladas no art. 1.595 do CC/02.

> § 1º O parentesco por afinidade limita-se aos ascendentes, aos descendentes e aos irmãos do cônjuge ou companheiro.
> § 2º Na linha reta, a afinidade não se extingue com a dissolução do casamento ou da união estável.

A relação de parentesco na linha reta por afinidade restringe-se aos ascendentes e aos descendentes e, mesmo na hipótese de dissolução do casamento ou de união estável, a afinidade não se extingue. Logo, embora comumente se utilize a expressão ex-sogro (a), ex genro e ex nora, juridicamente falando isto é uma impropriedade, pois como visto o vínculo na linha reta por afinidade não se extingue.

Já a relação de parentesco na linha colateral por afinidade se limita apenas aos irmãos do cônjuge ou companheiro, quer dizer, não ultrapassa o segundo grau e, ao contrário do que acontece na linha reta por afinidade, se extingue com a dissolução do casamento ou da união estável. Portanto não há impedimentos jurídicos matrimoniais em relação aos ex-cunhados (as).

Enquanto, padrasto e madrasta, em relação ao enteado/a, o parentesco que se estabelece é o da afinidade, cujas responsabilidades, não se confundem com as responsabilidades decorrentes do poder familiar (art. 1634 CC/2002).

Até este momento, o vínculo de afinidade resta muito claro. As inquietações começam quando da passagem da afinidade, para a formação da socioafetividade. Para tanto, toma-se por empréstimo os elementos utilizados para provar a situação da posse de casamento, para a configuração da posse de estado de filho, quais sejam: o nome, a fama e o tratamento. Quer dizer, como esta dinâmica recíproca de cuidado, afeto e assunção de responsabilidades jurídicas passa a ser compreendida no contexto social daquelas pessoas.

Desta maneira, o parentesco socioafetivo do qual emerge a filiação proveniente da posse de estado, pode ser compreendida como sendo o reconhecimento de efeitos jurídicos a uma situação fática consolidada no tempo. Segundo Paulo Lobo trata-se de conferir à aparência os efeitos da verossimilhança, que o direito considera satisfatória.

A codificação civil é silente, quanto aos critérios de configuração da formação socioafetividade, em geral a doutrina se vale da previsão do art. 1605, II. Entretanto, o CNJ através do Provimento 63/ 2017, permitiu o reconhecimento extrajudicial da paternidade socioafetiva nos seguintes termos:

> Art. 10. O reconhecimento voluntário da paternidade ou da maternidade socioafetiva de pessoas acima de 12 anos será autorizado perante os oficiais de registro civil das pessoas naturais. (Redação dada pelo Provimento n. 83, de 14.8.19)

§ 1º O reconhecimento voluntário da paternidade ou maternidade será irrevogável, somente podendo ser desconstituído pela via judicial, nas hipóteses de vício de vontade, fraude ou simulação.

§ 2º Poderão requerer o reconhecimento da paternidade ou maternidade socioafetiva de filho os maiores de dezoito anos de idade, independentemente do estado civil.

§ 3º Não poderão reconhecer a paternidade ou maternidade socioafetiva os irmãos entre si nem os ascendentes.

§ 4º O pretenso pai ou mãe será pelo menos dezesseis anos mais velho que o filho a ser reconhecido.

Art. 10-A. A paternidade ou a maternidade socioafetiva deve ser estável e deve estar exteriorizada socialmente. (Incluído pelo Provimento n. 83, de 14.8.19)

§ 1º O registrador deverá atestar a existência do vínculo afetivo da paternidade ou maternidade socioafetiva mediante apuração objetiva por intermédio da verificação de elementos concretos. (Incluído pelo Provimento n. 83, de 14.8.19)

§ 2º O requerente demonstrará a afetividade por todos os meios em direito admitidos, bem como por documentos, tais como: apontamento escolar como responsável ou representante do aluno; inscrição do pretenso filho em plano de saúde ou em órgão de previdência; registro oficial de que residem na mesma unidade domiciliar; vínculo de conjugalidade – casamento ou união estável - com o ascendente biológico; inscrição como dependente do requerente em entidades associativas; fotografias em celebrações relevantes; declaração de testemunhas com firma reconhecida. (Incluído pelo Provimento n. 83, de 14.8.19)

§ 3º A ausência destes documentos não impede o registro, desde que justificada a impossibilidade, no entanto, o registrador deverá atestar como apurou o vínculo socioafetivo. (Incluído pelo Provimento n. 83, de 14.8.19)

Esta realidade impõe enxergar a família com várias configurações, de modo que se deve privilegiar a dimensão fática/socioafetiva, cuja moldura capta com maior acuidade as filigranas dos novos contornos familiares. Indiscutivelmente há um universo de novos vínculos que se estabelecem, a despeito das figuras dos pais socioafetivos, novos irmãos, novos tios e novos avôs.

Mas, se até então a relação paterno-filial se expressava juridicamente em torno de vínculos biparentais, esta realidade mudou a partir do julgamento, pelo STF, do RE 898060/SC, em 22.09.2016, o qual resultou na fixação da Tese de Repercussão Geral 622 de seguinte teor: "A paternidade socioafetiva, declarada ou não em registro público, não impede o reconhecimento do vínculo de filiação concomitante baseado na origem biológica, com os efeitos jurídicos próprios".

Quer dizer, um dos principais efeitos da a multiparentalidade é o reconhecimento jurídica que não há prevalência entre a paternidade socioafetiva e a biológica e, a depender do caso concreto, uma pessoa pode portar na sua certidão de nascimento ou casamento a parentalidade consanguínea e socioafetiva simultaneamente, com os consectários jurídicos próprios da relação paterno-filial.

4. GRAUS DE PARENTESCO E SUA CONTAGEM

O parentesco (consanguíneo ou socioafetivo) se organiza por linhas e graus, conforme se depreende das disposições gerais da lei civil.

Art. 1.591. São parentes em linha reta as pessoas que estão umas para com as outras na relação de ascendentes e descendentes.

O parentesco em linha reta possui algumas características, quais sejam: o parentesco não se extingue (perpétuo) e é ilimitado.

Na linha reta, não há dificuldade na contagem do grau sempre se toma como referência a contagem a partir de uma determinada pessoa. Na direção ascendente, encontra-se a relação de ancestralidade e na direção oposta à de descendência ou se outra origem (socioafetiva). Lembrando ainda que a linha de ascendência se bifurca sucessivamente entre os ascendentes paternos (patrilineares) e maternos (matrilineares).

O parentesco em linha colateral também detém peculiaridades que o identificam, quais sejam: o parentesco colateral limita-se ao quarto grau (finito). Supõe ancestrais comuns, ou seja, um tronco comum. Por lógico, os parentes colaterais não descendem uns dos outros.

> No Brasil, adota-se o sistema da *computatio civilis* para efeito da contagem de graus, por geração ou por pessoa. Do ponto de vista das relações parentais é possível dizer que, na linha reta, o parentesco se inicia no primeiro grau e vai ao infinito. O parentesco de primeiro grau será sempre entre pai e filho. Na linha colateral não há parentesco de primeiro grau. Para que se estabeleça a linha transversal é necessário contar um ancestral comum. Os irmãos são os primeiros parentes colaterais. E entre irmãos há um parentesco colateral de segundo grau.[26]

Importante demarcar que ao longo da história, o alcance do parentesco variou bastante, a fim de atender às vicissitudes sociais de cada época. A título exemplificativo, nas Ordenações Filipinas chegava-se ao décimo grau e no Código de 1916 foi reduzido ao sexto grau. Atualmente, a codificação civil associa família ao parentesco colateral até o quarto grau (art. 1.592), para fins de repercussões jurídicas. Lembrando que a depender da situação contemplada o parentesco pode gerar impedimentos matrimoniais, limitar direito a alimentos e ao direito sucessório.

A regra da contagem é a prevista no art. 1.594: Contam-se, na linha reta, os graus de parentesco pelo número de gerações, e, na colateral, também pelo número delas, subindo de um dos parentes até o ascendente comum, e descendo até encontrar o outro parente.

Sempre, no direito brasileiro, a contagem dos graus de parentesco em linha reta e colateral se fez levando em consideração as gerações que ligam um parente e outro. Logo o grau é a distância que separa um parente do outro. A propósito, Paulo Lobo[27] destaca: "por extensão de sentido, o direito considera geração a relação de uma pessoa com seus pais, e dele com seus filhos, e assim por diante.".

---

26. FACHIN, Luiz Edson. *Direito de família*: elementos críticos à luz do novo código civil brasileiro. Rio de Janeiro: Renovar, 2003. p. 221.
27. LÔBO, Paulo. *Direito civil*: famílias. São Paulo: Saraiva, 2022.

A linha colateral exige um pouco mais de atenção na contagem. Da mesma forma da linha reta, a contagem se inicia a partir de uma determinada pessoa, porém para se contar e determinar o parentesco na linha colateral em relação ao outro parente (quarto grau), conta-se na direção ascendente, até o ascendente comum e, quando este for encontrado, descer até encontrar o parente pretendido.

Paulo Lobo[28] esquematicamente traz os seguintes exemplos, para cálculo dos graus de parentesco na linha patrilinear:

> São parentes em terceiro grau o tio ou a tia e o sobrinho ou a sobrinha. Nesse parentesco, o ascendente comum é o avô, de onde se desce apenas um grau, para encontrar-se o tio.
>
> Primeiro grau: de determinada pessoa para seu pai (linha reta).
>
> Segundo grau: do pai para o avô – ascendente comum (linha reta).
>
> Terceiro grau: do avô para o tio (linha colateral).
>
> Vejamos agora a contagem dos graus do parentesco matrilinear da sobrinha, em que se descem dois graus do ascendente comum:
>
> Primeiro grau: de determinada pessoa para sua mãe (linha reta).
>
> Segundo grau: da mãe (ascendente comum) para o irmão da determinada pessoa (linha colateral).
>
> Terceiro grau: do irmão para a sobrinha – filha deste (linha colateral).
>
> No quarto grau do parentesco colateral são parentes o tio-avô, o sobrinho-neto e o primo (filho do tio), e suas correspondentes femininas. Dispensando-nos dos cálculos dos demais tipos, vejamos o do primo:
>
> Primeiro grau: de determinada pessoa para seu pai – ou mãe (linha reta).
>
> Segundo grau: de seu pai para seu avô (linha reta).
>
> Terceiro grau: de seu avô (ascendente comum) para seu tio (linha colateral).
>
> Quarto grau: de seu tio para seu primo (linha colateral).

5. CONCLUSÃO

Após todas as considerações estabelecidas, mais uma vez salienta-se a importância do estudo das relações de parentesco e sua implicação prática para diversos enfoques do direito.

O processo de constitucionalização das relações civis privadas foi a pedra de toque consagradora de necessidade de um novo olhar no enfrentamento das demandas sociais e, em especial, as questões pertinentes ao direito de família, relacionadas a pluralidade das entidades familiares e dos vínculos socioafetivos daí derivados.

O expurgo da desigualdade entre cônjuges e entre filhos, a partir da nova ordem jurídica encartada sob os auspícios principiológicos e no reconhecimento da plenitude da igualdade de direitos, propiciou um direito de família humanizado e humanizante, voltado à resolução de demandas do cidadão concreto, real e situado na ambiência social.

---

28. Ibidem.

Busca-se um direito de família harmonizado com doutrina, jurisprudência e legislação, que fará a diferença no enfrentamento de questões, cada vez mais complexas e sofisticadas, máxime nas questões pertinentes à socioafetividade, das famílias recompostas e dos vínculos estabelecidos entre padrasto – madrasta e enteados, genuinamente, afetivos e na desbiologização da parentalidade.

Neste diapasão, uma compreensão plural, sob o prestígio da verdade afetiva em que as pessoas se enlacem num *lócus* privilegiado de realização e num feixe de direitos e deveres, a fim de estabelecer relações de parentesco.

6. REFERÊNCIAS

COULANGES, Fustel de. *A cidade antiga*. São Paulo: Martin Claret, 2002.

FACHIN, Luiz Edson. *Direito de família: elementos críticos à luz do novo código civil brasileiro*. Rio de Janeiro: Renovar, 2003.

LOBO, Paulo. *Direito civil*: famílias. 12 ed. São Paulo: SaraivaJur, 2022.

LOBO, Paulo. *Código civil comentado*: direito de família, relações de parentesco, direito patrimonial. São Paulo: Atlas, 2003. v. XVI.

LÔBO, Paulo. Entidades familiares constitucionalizadas: para além do numerus clausus. *Revista Brasileira de Direito de Família*, n. 12, 2002.

LÔBO, Paulo. Direito ao estado de filiação e direito à origem genética: uma distinção necessária. In: PEREIRA, Rodrigo da Cunha (Coord.). *Afeto, ética, família e o novo Código Civil*. Belo Horizonte: Del Rey, 2004.

MADALENO, Rolf. Filhos adotados em confronto com os filhos destoados do recurso extraordinário 898.060 do STF. *Revista IBDFAM*, 2016, p. 13.

MILL, Stuart. *A sujeição das mulheres*. Trad. Débora Ginza. São Paulo: Escala, 2006.

MIRANDA, Francisco Cavalcanti Pontes. *Tratado de Direito Privado*. 4. ed. São Paulo: Ed. RT, 1974. t. IX.

PEREIRA, Caio Mário da Silva. *Instituições de Direito Civil*: direito de Família. Tânia da Silva Pereira (atualizadora). Rio de Janeiro: Forense, 2009, p. 50.

VILLELA, João Baptista. Desbiologização da paternidade. Disponível em: https://www.direito.ufmg.br/revista/index.php/revista/issue/view/62, n. 21, 1979.

FILIAÇÃO BIOLÓGICA, SOCIOAFETIVA E REGISTRAL

Rose Melo Vencelau Meireles

Professora Adjunta de Direito Civil da UERJ. Procuradora da UERJ. Mestre (2003) e Doutora (2008) em Direito Civil pela UERJ. Advogada e Mediadora.

> A porta da verdade estava aberta,
> mas só deixava passar
> meia pessoa de cada vez.
> Assim não era possível atingir toda a verdade,
> porque a meia pessoa que entrava
> só trazia o perfil da meia verdade.
>
> - Carlos Drummond de Andrade. *Verdade. Corpo.*

Sumário: 1. Filiação: uma introdução necessária – 2. A filiação na constituição – 3. Critérios da filiação: jurídico, biológico, socioafetivo; 3.1 Conflito entre os critérios da filiação e multiparentalidade – 4. Conclusão – 5. Referências.

1. FILIAÇÃO: UMA INTRODUÇÃO NECESSÁRIA

A filiação ingressa no Direito como espécie de parentesco. Como se sabe, o parentesco pode ser natural ou civil. Diz-se natural o parentesco resultante da consanguinidade. Nesse sentido, filhos são os parentes de 1º grau na linha reta descendente, nos termos dos arts. 1.591 e 1.594 do Código Civil. Desde a redação originária do Código Civil de 1916, entretanto, admite-se também o parentesco civil derivado da adoção,[1] aceito inicialmente apenas como alternativa a quem não tinha prole biológica.[2]

Contudo, muitas foram as transformações sociais e tecnológicas que repercutiram na atual concepção da filiação, deveras mais ampla que outrora. Paradigma do que se afirma é a redação do art. 1.593 do Código Civil, segundo a qual o parentesco natural resulta da consanguinidade e o civil de outra origem. Diversamente da legislação anterior, o parentesco civil não mais se limita à hipótese de adoção. Assim, para definição do parentesco civil o legislador passou do conceito técnico de "adoção"

---

1. CC16, Art. 332. O parentesco é legítimo, ou ilegítimo, segundo procede, ou não de casamento; natural, ou civil, conforme resultar de consanguinidade, ou adoção (Revogado pela Lei 8.560, de 1992).
2. CC16, Art. 368. Só os maiores de cinqüenta anos, sem prole legítima, ou legitimada, podem adotar.

para o conceito indeterminado de "outra origem". De fato, a adoção não é, e nunca foi, a única origem não biológica do parentesco e, por assim dizer, da filiação.[3]

O casal que utiliza material genético de terceiro para se submeter à reprodução humana assistida. A mulher que cede o útero para a gerar o filho de outrem. O homem que se casa com mulher que possui prole da união anterior e registra esta como se pertencente ao casal. A mulher que adota o filho da mulher ou homem com quem constitui união estável. Essas são algumas das situações que podem resultar na filiação registral, ainda que não esteja presente o vínculo biológico.

A origem da filiação, isto é, os critérios ou verdades que podem fundar o vínculo jurídico registral, pode ser: i) a jurídica, pautada em presunções; ii) a biológica, comprovada pelo exame de DNA; e a iii) socioafetiva, baseada na posse de estado de filho. Nem sempre, porém, na mesma relação de filiação reúnem-se todos os critérios: o pai presumido pode não ser o biológico e o biológico não ser o socioafetivo e sim o registral, que não é nem o presumido, nem o biológico.

Há de se questionar, então, "onde está a verdade na filiação se *verdade* é parte de um todo ambivalente?"[4]. Com efeito, os critérios jurídico, biológico e socioafetivo constituem, cada um, apenas meias verdades sobre a filiação. E, assim, a porta da verdade continua aberta.

2. A FILIAÇÃO NA CONSTITUIÇÃO

A nova ordem constitucional trouxe para o centro das preocupações a proteção da pessoa humana (CR, art. 1º, III). A família, como formação social, base da sociedade, goza de especial proteção do Estado (CR, art. 226, *caput*), não por possuir um interesse superior e supraindividual, mas sim em função do desenvolvimento da personalidade dos seus membros.[5]

Nessa direção, o art. 227, *caput*, da Constituição define como direito fundamental da criança, do adolescente e do jovem, consideradas pessoas em desenvolvimento, a garantia à dignidade e à convivência familiar.[6] Independentemente da estrutura que

---

3. Vale salientar que a presunção de legitimidade dos filhos matrimoniais, vigente no Código Civil de 1916 até a promulgação da Constituição de 1988, dificultava a negatória dessa presunção com limites temporais, materiais e também de legitimidade; sendo pouco importante o vínculo biológico entre pai e filho, devido à superior importância da preservação do casamento.
4. FACHIN, Luiz Edson. Paternidade e ascendência genética. In: LEITE, Eduardo de Oliveira (Coord.). *Grandes temas da atualidade*. DNA como meio de prova da filiação. Rio de Janeiro: Forense, 2000, p. 168.
5. PERLINGIERI, Pietro. *Il diritto civile nella legalittà costituzionale*. 2. ed. Napoli: Edizione Scientifiche Italiane, 1991, p. 474. Não é outra a lição de Maria Celina B. M. TEPEDINO, para quem "Em conseqüência, transforma-se o direito civil: de regulamentação da atividade econômica individual, entre homens livres e iguais, para regulamentação da vida social na família, nas associações, nos grupos comunitários, onde quer que a personalidade humana melhor se desenvolva e sua dignidade seja mais amplamente tutelada" (A caminho de um direito civil constitucional. *Revista de Direito Civil, Imobiliário, Agrário e Empresarial*, v. 65, jul.-set. 1993, p. 28).
6. Art. 227. É dever da família, da sociedade e do Estado assegurar à criança e ao adolescente, com absoluta prioridade, o direito à vida, à saúde, à alimentação, à educação, ao lazer, à profissionalização, à cultura, à

assuma, a família constitucionalizada passa a ser entendida como meio assecuratório de direitos, por isso chamada "família-instrumento".[7]

Ao fato da procriação nem sempre o Direito atribuiu efeitos jurídicos, basta recordar a situação dos filhos espúrios, que não encontravam qualquer proteção jurídica.[8] A noção de paternidade responsável, consagrada no art. 226, § 7º, da Constituição da República, desenvolveu-se recentemente. Refere-se, mais propriamente, à procriação responsável, não podendo haver relação biológica entre pai e filho, sem a possibilidade do estabelecimento do respectivo *status*, o que foi consagrado na Constituição de 1988.[9] Vale dizer, sob essa perspectiva, que "os homens nunca foram tão responsáveis por sua reprodução biológica como no presente momento de nossa história".[10]

Para completar o quadro constitucional da filiação, o § 6º do art. 227 institui o princípio da unidade, proibindo quaisquer designações discriminatórias e assegurando a igualdade de direitos e entre os filhos, independentemente da sua origem. Com isso, finda definitivamente a classificação dos filhos em *legítimos* – havidos no casamento – e *ilegítimos* – havidos fora do casamento –, acarretando a unificação do *status* de filho. O princípio da unidade da filiação se dirige especialmente a duas funções: i) para garantir que todos os filhos possam ter seu *status* de filiação estabelecido; ii) e uma vez estabelecida juridicamente a filiação, todos os filhos tenham os mesmos direitos.

Ao se referir, portanto, ao filho presumido, biológico ou socioafetivo, impõe-se a igualdade no acesso ao *status* de filiação, bem como nos direitos atribuídos em decorrência dele, independentemente da origem do parentesco. A despeito da festejada igualdade entre os filhos, contudo, trata-se de critérios distintos, a demandar o estudo individual, na medida em que nem sempre convergem em uma única relação.

3. CRITÉRIOS DA FILIAÇÃO: JURÍDICO, BIOLÓGICO, SOCIOAFETIVO

O critério jurídico diz respeito às presunções legais que permitem o estabelecimento do vínculo registral, seja da mãe, seja do pai.

---

dignidade, ao respeito, à liberdade, à convivência familiar e comunitária, além de colocá-los a salvo de toda forma de negligência, discriminação, exploração, violência, crueldade e opressão.

7. TEPEDINO, Maria Celina Bodin de Moraes. *A caminho de um direito civil constitucional...* cit., p. 31.
8. Consideravam-se espúrios os filhos havidos fora do casamento, quando os pais tinham impedimento matrimonial entre si. Classificavam-se em adulterinos, se um dos pais, pelo menos, fosse casado com outrem; ou em incestuosos, se o impedimento resultava de parentesco. Os adulterinos receberam proteção paulatina na legislação extravagante, mas os incestuosos obtiveram direito ao reconhecimento apenas com a Constituição de 1988.
9. A afirmação não é absoluta, cabendo a ressalva a respeito da vontade de ser pai – que não existe – no caso da reprodução humana assistida heteróloga e da adoção, em que se defende a distinção entre *genitor* e *pai*, de maneira que em tais hipóteses os genitores não poderiam ter o vínculo paterno-filial forçado (V. VENCELAU, Rose Melo. *Status* de filho e direito ao conhecimento da origem biológica. In: BARBOZA, Heloisa Helena et al (Org.). *Diálogos sobre direito civil*: Construindo a racionalidade contemporânea. Rio de Janeiro: Renovar, 2002).
10. BILAC, Elisabete Doria. Mãe certa, pai incerto: da construção social à normatização jurídica da paternidade e da filiação. In SILVA, Reinaldo Pereira e; AZEVÊDO, Jackson Chaves de (Coords.). *Direito da família*: Uma abordagem interdisciplinar. São Paulo: LTr, 1999, p. 27.

A maternidade sempre foi considerada certa (*mater semper certa est*) em razão da ostensividade da gravidez e do parto. Presume-se, desse modo, ser a mãe a parturiente. A declaração de nascido vivo, desse modo, autoriza que a maternidade seja estabelecida juridicamente no registro de nascimento, independentemente da declaração de vontade materna. Já não se pode dizer que se trata de presunção absoluta, pois a maternidade de substituição, quando a mulher cede o útero para gerar o embrião de terceiros, permite que a parturiente não seja a mãe registral.[11] Nesses casos, o critério biológico tem prevalecido, a permitir o registro do filho havido de parto alheio, sendo afastada judicialmente a presunção da maternidade mediante a prova do DNA.

A maternidade que conste no registro do filho, de acordo com o art. 1.608 do Código Civil, somente pode ser contestada com a prova da falsidade ou das declarações contidas no termo de nascimento. A regra legal, porém, não abarca a maternidade de substituição, pois a parturiente que registra o filho que pariu, mesmo inexistindo vínculo genético entre eles, também é a mãe sob o ponto de vista biológico, de modo que não se pode afirmar a completa falsidade das declarações contidas no registro realizado pela cedente do útero.[12]

Já a presunção de paternidade, segundo a qual pai é o marido da mãe (*pater is est quem nuptie demonstrant*), foi construída com base no que normalmente acontece, em virtude da inexistência de prova direta da filiação,[13] que se tornou possível apenas com o exame de DNA.

Não obstante a igualdade da filiação, mantém-se no sistema jurídico a presunção de paternidade, aplicável somente aos filhos havidos da mulher casada.[14] Justifica-se a distinção, sem atentar contra a igualdade dos filhos, por operar a partir da certidão de casamento, que permite o registro da filiação paterna sem a manifestação de vontade do pai.[15]

Segundo o critério jurídico, mantendo a tradição do direito brasileiro, presumem-se concebidos na constância do casamento os filhos nascidos 180 (cento e oitenta)

---

11. Sobre o tema, vide OLIVEIRA, Guilherme Freire Falcão de. *Mãe há só uma (duas)! O contrato de gestação*. Coimbra: Coimbra, 1992.
12. O Provimento 63/2017 do CNJ estabelece no art. 16, § 1º que na hipótese de gestação por substituição, não constará do registro o nome da parturiente, informado na declaração de nascido vivo, devendo ser apresentado termo de compromisso firmado pela doadora temporária do útero, esclarecendo a questão da filiação.
13. Cabe ressaltar que a presunção *pater is est* também serviu ao modelo de família matrimonializada então vigente no ordenamento brasileiro até a Constituição de 1988, a proteger tão-só os chamados filhos legítimos, isto é, filhos havidos de pais casados, independentemente de serem filhos biológicos, o que era corroborado pela falta de prova direta da filiação segura, excluindo ou diminuindo a tutela dos filhos ilegítimos, mesmo que reconhecidos como filhos biológicos.
14. Em sentido diverso, na defesa da presunção também para os filhos havidos durante a união estável, vide PEREIRA, Caio Mário da Silva. *Instituições de Direito Civil*, v. V (atualizado por Tânia da Silva Pereira). Rio de Janeiro: Forense, 2011, p. 323.
15. Lei de Registros Públicos, Lei 6.015/1973, Art. 59. Quando se tratar de filho *ilegítimo* [leia-se: havido fora a do casamento], não será declarado o nome do pai sem que este expressamente o autorize e compareça, por si ou por procurador especial, para, reconhecendo-o, assinar, ou não sabendo ou não podendo, mandar assinar a seu rogo o respectivo assento com duas testemunhas. (Renumerado do art. 60, pela Lei 6.216, de 1975).

dias, pelo menos, depois de estabelecida a convivência conjugal e os nascidos nos 300 (trezentos) dias subsequentes à dissolução da sociedade conjugal, por morte, separação judicial, divórcio, nulidade e anulação do casamento.[16]

O art. 1.523, II prevê como causa suspensiva do casamento para a mulher 10 (dez) meses depois da dissolução da sociedade conjugal, podendo lhe ser permitido o casamento pelo juiz com a demonstração de nascimento do filho ou de inexistência de gravidez. O descumprimento deste preceito não prejudica o casamento, senão para impor o regime da separação obrigatória de bens.[17] O legislador intenciona evitar a *turbatio sanguinis*, possível confusão em saber se o pai é o anterior ou novo marido e sobre quem recairá a presunção. Se, não obstante isto, houver casamento, a norma inédita do art. 1.598 procura solver o problema, estabelecendo a presunção para o primeiro marido se o filho nascer no prazo de 300 (trezentos) dias a contar da dissolução e do segundo se nascer após esse prazo.

Além dessas hipóteses, há outras relativas à reprodução humana assistida: presumem-se concebidos na constância do casamento, os filhos havidos por reprodução assistida homóloga, mesmo que falecido o marido; havidos, a qualquer tempo, quando se tratar de embriões excedentários, decorrentes de reprodução assistida homóloga; havidos por reprodução assistida heteróloga, desde que tenha prévia autorização do marido.[18]

Resta evidente que, em geral, o critério jurídico atribui responsabilidade ao suposto pai biológico, apenas facilitando o estabelecimento do vínculo jurídico por meio da presunção. Dessa forma, o exame de DNA negativo pode se mostrar suficiente para afastar a presunção e desconstituir a paternidade, vez que é livre o sistema de provas nessa matéria.[19] Contribui para esse entendimento a imprescritibilidade da ação negatória prevista no art. 1.601, a autorizar que a qualquer tempo a presunção venha a ser discutida.[20]

Apenas na hipótese de reprodução assistida heteróloga, que utiliza o sêmen de um doador, tem-se a autonomia privada como fonte de responsabilidade parental, resultante do livre exercício do planejamento familiar. Note-se que, para tanto, a filiação há de ser resultado de um projeto conjunto, no qual o marido assume a paternidade

---

16. Art. 1.597, I e II. Mesma regra do art. 338 do CC1916.
17. Art. 1.641, I. Mesma regra do art. 258, parágrafo único, inciso I do CC1916.
18. Art. 1.597, III, IV e V.
19. O art. 340 do Código Civil de 1916 limitava a matéria de prova cabível na negatória de paternidade. Segundo os incisos deste artigo, a paternidade do filho havido no casamento ou presumido como tal (art. 338) só se podia contestar provando-se que o marido se achava fisicamente impossibilitado de coabitar com a mulher nos primeiros 121 dias, ou mais, dos 300 que houverem precedido ao nascimento do filho ou que há esse tempo estavam os cônjuges legalmente separados. O Código Civil de 2002 não discrimina as espécies de prova hábeis para o pai negar a paternidade.
20. Sobre a aplicação da vedação ao *venire contra factum proprium* nesse caso, fulminando com a imprescritibilidade, uma vez configurada a posse de estado de filho com a participação (por ação ou omissão) paterna, vide VENCELAU, Rose Melo. *O Elo Perdido da Filiação*. Rio de Janeiro: Renovar, 2004, p. 155 e ss.

do filho da sua mulher por ato de vontade, mesmo inexistindo consanguinidade entre pai e filho. Trata-se de parentesco civil, mas protegido pela presunção de paternidade.

Sem casamento, todavia, não há presunção de paternidade[21]. A constituição do vínculo jurídico, nesse caso, depende do reconhecimento voluntário ou forçado. Também nessas hipóteses o registro visa a retratar o vínculo biológico preexistente. Nesse sentido, quanto ao reconhecimento voluntário, a lei penal criminaliza o parto suposto e o registro como seu do filho de outrem,[22] embora com a possibilidade de o juiz deixar de aplicar a pena se o motivo for de reconhecida nobreza. Quanto ao reconhecimento forçado do *status* de filiação, trata-se de direito personalíssimo, indisponível e imprescritível do filho no âmbito da família natural, portanto, com base na consanguinidade.[23]

O reconhecimento voluntário se apresenta como ato jurídico no qual o pai ou a mãe, conjunta ou separadamente, declara no próprio termo de nascimento, em testamento ou qualquer documento público a existência de um vínculo biológico entre eles e o filho em questão. O critério biológico, assim, mostra-se subjacente ao ato da perfilhação[24]. Apesar disso, ainda não é praxe a realização do exame genético

---

21. Cabe ressaltar que na hipótese de reprodução humana assistida, não há distinção entre casamento e união estável para o fim de registro por apenas um dos pais, consoante dispõe o art. 16 do Provimento 63/2017 do CNJ: "Art. 16. O assento de nascimento de filho havido por técnicas de reprodução assistida será inscrito no Livro A, independentemente de prévia autorização judicial e observada a legislação em vigor no que for pertinente, mediante o comparecimento de ambos os pais, munidos de documentação exigida por este provimento.§ 1º Se os pais forem casados ou conviverem em união estável, poderá somente um deles comparecer ao ato de registro, desde que apresente a documentação referida no art. 17, III, deste provimento".
22. CP, Art. 242 – Dar parto alheio como próprio; registrar como seu o filho de outrem; ocultar recém-nascido ou substituí-lo, suprimindo ou alterando direito inerente ao estado civil: (Redação dada pela Lei 6.898, de 1981)
    Pena – reclusão, de dois a seis anos. (Redação dada pela Lei 6.898, de 1981)
    Parágrafo único – Se o crime é praticado por motivo de reconhecida nobreza: (Redação dada pela Lei 6.898, de 1981)
    Pena – detenção, de um a dois anos, podendo o juiz deixar de aplicar a pena. (Redação dada pela Lei 6.898, de 1981)
23. Esse entendimento é corroborado com a sistemática do Estatuto da Criança e do Adolescente, Lei 8.078/91, que classificou a família em natural ou substituta, entendida aquela como a comunidade formada por qualquer dos pais e seus descendentes (art. 25) enquanto a família substituta se dá com a guarda, tutela ou adoção (art. 28).
24. Vale ressaltar que o critério socioafetivo passou a ser admitido para efeito de reconhecimento voluntário da filiação no Provimento CNJ 63/2017, de pessoas acima de 12 anos, com algumas condições: i) poderão requerer o reconhecimento da paternidade ou maternidade socioafetiva de filho os maiores de dezoito anos de idade, independentemente do estado civil; ii) não poderão reconhecer a paternidade ou maternidade socioafetiva os irmãos entre si nem os ascendentes; iii) o pretenso pai ou mãe será pelo menos dezesseis anos mais velho que o filho a ser reconhecido; iv) paternidade ou a maternidade socioafetiva deve ser estável e deve estar exteriorizada socialmente (fama), conforme apurado objetivamente pelo registrador; v) o consentimento do filho quando maior; vi) anuência do pai e da mãe do menor a ser reconhecido; vii) somente é permitida na via administrativa a inclusão de um ascendente socioafetivo, seja do lado paterno ou do materno; viii) somente poderá ser realizado de forma unilateral e não implicará o registro de mais de dois pais e de duas mães no campo filiação no assento de nascimento e ix) parecer favorável do Ministério Público. O reconhecimento da paternidade ou da maternidade socioafetiva poderá ocorrer por meio de documento público ou particular de disposição de última vontade, desde que seguidos os demais trâmites previstos no provimento.

antes do reconhecimento e tampouco se trata de exigência cartorária prévia ao registro civil. Por conseguinte, não raro a filiação registral não retrata a filiação biológica, seja por desconhecimento, seja conscientemente.[25]

O reconhecimento forçado da filiação, obtido por meio da ação de investigação de paternidade, traz como critério central também o vínculo biológico. Principalmente nesta seara, os avanços científicos em torno da prova da paternidade causaram verdadeira revolução.

Após passar por vários sistemas, tais como ABO, RH e HLA, o DNA (ADN – ácido desoxirribonucléico) trouxe a certeza definitiva quanto ao liame biológico, uma vez que não tem apenas poder de exclusão, mas, também, pode identificar precisamente se dada pessoa é ascendente de outra. Atualmente, pode-se afirmar que um resultado de exclusão significa 100% de certeza que o suposto pai não é o biológico, enquanto um resultado de inclusão varia 99% a 99,99999%, de caso para caso. "No limiar do século XXI, não existe absolutamente nenhuma dúvida entre os cientistas quanto a extrema segurança e eficiência da análise de DNA para Determinação da Paternidade".[26] Cabe ainda esclarecer que o resultado de inclusão não chega a 100% por uma simples questão matemática decorrente da forma utilizada para o cálculo da probabilidade de paternidade calculada a partir do índice de paternidade (Teorema de Bays).[27]

De presunções que se justificavam pela impossibilidade da certeza biológica quanto à filiação, passa-se à presunção *pater is est quem sanguis demonstrant*, ou seja, pai é aquele de quem se demonstrar o vínculo consanguíneo. Nesse sentido, o critério biológico tem sido utilizado constantemente para alterar a filiação registral, quer seja obtida por meio da presunção,[28] quer seja obtida por meio do reconhecimento.[29]

O movimento de biologização da paternidade, contudo, foi seguido rapidamente de um processo de desbiologização, para atentar que a filiação também se define como relação afetiva solidamente construída. Sobre o processo de *desbiologização da paternidade*, pioneiro no tema, João Baptista Villela afirmou que "as transformações mais recentes por que passou a família, deixando de ser unidade de caráter econômico, social e religioso para se afirmar fundamentalmente como grupo de afetividade e companheirismo, imprimiram considerável reforço ao esvaziamento biológico da paternidade".[30]

É preciso, então, distinguir os pais dos genitores. Enquanto o vínculo biológico mostra-se determinante na definição da origem genética; a paternidade e maternidade

---

25. O registro consciente do filho biológico de outrem com objetivo de constituir família é reconhecido como "adoção à brasileira".
26. RASKIN, Salmo. A análise do DNA na determinação da paternidade: mitos e verdades no limiar do século XXI. In: LEITE, Eduardo de Oliveira Leite (Coord.). *Grandes temas da atualidade*. Rio de Janeiro: Forense, 2000, p. 319.
27. Ibidem, mesma página.
28. STJ, REsp. 4.987/RJ, 4ª T., Rel. Min. Sálvio de Figueiredo, julg. 04 jun. 1991.
29. TJRJ, Ap. Cív. 0004380-85.2005.8.19.0002, 1ª CC, Rel. Des. Camilo Ribeiro Ruliere, DJ 07 fev. 2012; TJMG, Ap. Cív. 1.0079.09.962219-7/001, 4ª CC, Rel. Des. Dárcio Lopardi Mendes, DJ 28 mar. 2011
30. VILLELA, João Baptista. Desbiologização da paternidade. *Revista Forense*, v. 271, jul./set. 1980, p. 49.

relacionam-se mais estreitamente à convivência familiar capaz de transmitir ao filho todo o espaço necessário ao seu livre desenvolvimento.[31]

A distinção entre filiação e origem biológica apresentava-se marcante no Código Civil de 1916, ao proibir o reconhecimento dos filhos chamados espúrios, concebidos fora do casamento por pessoas com impedimento para casar-se.[32] Isso demonstra que nem sempre o Direito atribuiu efeitos à filiação biológica, pois a definição jurídica de filho está ligada aos valores que circundam a família. Enquanto perdurou a família matrimonializada, patriarcal e hierarquizada, a tutela do casamento e da honra do marido prevaleceu sobre a proteção do filho.

A Constituição de 1988 trouxe outro arcabouço valorativo, introduzindo a pluralidade das entidades familiares protegidas pelo Estado, a igualdade do homem e da mulher na direção da família, a igualdade dos filhos, o melhor interesse da criança como valores aptos a promover a dignidade da pessoa humana no interior da família. A filiação passou a ser direito do filho, a integrar seu *status* pessoal, não podendo sofrer restrição de qualquer sorte. Atrelado a isso, o exame de DNA promoveu o primeiro giro conceitual da filiação, que passou a ser identificada com o vínculo biológico. Passado o deslumbramento da certeza quanto à origem genética, caminha-se para um novo giro conceitual, desta vez em razão do critério socioafetivo.

A afetividade, sob o ponto de vista jurídico, fundamenta o reconhecimento de várias relações familiares, inclusive, de filiação. É o caso da adoção, do registro de filho de outrem, conhecido vulgarmente como "adoção à brasileira", do filho havido de reprodução assistida heteróloga etc. A afetividade, nesse sentido, tem função promocional, na medida em que constitui base jurídica para novas formações familiares. Na relação entre pais e filhos a afetividade se expressa no exercício cotidiano do cuidado, conforme preceituam os arts. 226, § 7º e 227, *caput* da Constituição, atribuindo aos pais o dever de assegurar à criança e ao adolescente, com a absoluta prioridade, o direito à vida, à saúde, à alimentação, à educação, ao lazer, à profissionalização, à cultura, à dignidade, ao respeito, à liberdade e à convivência familiar e comunitária. O exercício da função paterna ou materna se realiza, assim, na concreção desse ditame. Em outras palavras, "a paternidade construída se espelha na posse de estado de filho, apta a representar o afeto".[33]

---

31. Na mesma direção cf. LÔBO, Paulo Luiz Netto. Princípio jurídico da afetividade na filiação. *Anais do II Congresso Brasileiro de Direito de Família*. Belo Horizonte: Del Rey, 2000, p. 252; PEREIRA, Rodrigo da Cunha. *Direito de família*: uma abordagem psicanalítica. Belo Horizonte: Del Rey, 1997, p. 134; LEITE, Eduardo de Oliveira. Exame de DNA, ou, o limite entre o genitor e o pai. In: *Grandes temas da atualidade* – DNA como meio de prova da filiação. Rio de Janeiro: Forense, 2000, p. 77; ASCENSÃO, José de Oliveira. Problemas jurídicos da procriação assistida. *Revista Forense*, v. 328, out./dez. 1994, p. 79.
32. Os filhos adulterinos puderam ser reconhecidos a partir do Decreto-Lei 4.737/42 e, após, pela Lei 883/1949, mas os incestuosos somente alcançaram esse direito com a Constituição de 1988 com o princípio da unidade da filiação.
33. FACHIN, Luiz Edson. Paternidade e ascendência genética. In LEITE, Eduardo de Oliveira (Coord.). *Temas da atualidade*. DNA como meio de prova da filiação. Rio de janeiro: Forense, 2000, p. 165.

A posse de estado se caracteriza pela integração de três elementos: *nomen, tractatus* e *reputatio*. O *nomen* é a utilização do nome de família de quem se pretende ser filho. O *tractatus* resulta da situação em que uma pessoa é cuidada, tratada e apresentada como filho. A *reputatio* decorre da consideração da família e da sociedade em relação a uma pessoa como filha de alguém, o pai socioafetivo. Nem sempre todos esses elementos estão presentes para demonstrar a posse de estado de filho, nem são eles taxativos.[34] Dessa forma, a afetividade não se confunde com o sentimento de afeto que, muitas vezes, inexiste entre pais e filho. Convém, portanto, utilizar o termo socioafetividade, para destacar o elemento social,[35] que se caracteriza pela notoriedade com a qual uma pessoa é tida como filho de outra por determinado período de tempo, ainda que não atual,[36] suficiente para a construção da sua identidade com base nessa relação. A posse de estado de filho aproxima a realidade dos fatos do plano jurídico. Diante disso, o critério socioafetivo tem sido aceito como origem do parentesco civil,[37] apto a produzir todos os efeitos pertinentes:

> O parentesco socioafetivo produz todos e os mesmos efeitos do parentesco natural. São efeitos pessoais: a) a criação de vínculo de parentesco na linha reta e na colateral (até o 4º grau), permitindo a adoção do nome da família e gerando impedimentos na órbita civil, como os impedimentos na órbita civil, como os impedimentos para casamento, e pública, como os impedimentos para assunção de determinados cargos públicos; b) criação do vínculo de afinidade.[38]

Na medida em que a filiação decorre também da socioafetividade, consequência obrigatória diz respeito à possibilidade do reconhecimento voluntário ou judicial. O reconhecimento voluntário da paternidade ou da maternidade socioafetiva de pessoas acima de 12 anos será autorizado perante os oficiais de registro civil das pessoas naturais.[39] O reconhecimento judicial requer cautela,[40] a fim de atribuir forçosamente

---

34. Vide DELINSKI, Julie Cristine. *O novo direito da filiação*. São Paulo: Dialética, 1997.
35. "A socioafetividade é um fato onde se constatam dois aspectos (sócio + afetivo)". (BARBOZA, Heloisa Helena. Efeitos jurídicos do parentesco socioafetivo. *Revista Brasileira de Direito das Famílias e Sucessões*, n. 9. Porto Alegre: Magister, abr.-maio. 2009, p. 31.
36. FACHIN, Luiz Edson. *Da paternidade*. Relação biológica e afetiva. Belo Horizonte: Del Rey, 1996, p. 70.
37. Jacqueline Filgueras NOGUEIRA sustenta a posse de estado de filho como constitutiva do vínculo jurídico paterno-filial (*A filiação que se constrói*. São Paulo: Memória Jurídica, p. 187). Mais cauteloso, Luiz Edson FACHIN aduz que "Ainda que venha numa extensão discutível essa função criadora da posse de estado, é unânime o reconhecimento de que a posse de estado constitui realidade sociológica tida em alta conta pelo legislador das reformas e que, em verdade, ela tem mesmo uma incidência de fundo: torna inatacável a filiação havida dentro do casamento quando coincide com o título de nascimento, ou, ao contrário, quando a torna, pela sua ausência, extremamente frágil". (*Estabelecimento da filiação e paternidade presumida*. Porto Alegre: Sérgio Fabris, 1992, p. 159-160).
38. BARBOZA, Heloisa Helena. *Efeitos jurídicos do parentesco socioafetivo*... cit., p. 33.
39. Provimento 63/2017 do CNJ regula o registro civil da paternidade ou maternidade socioafetiva, que teria que ser provada a partir da exteriorização social com elementos concretos, por exemplo: "apontamento escolar como responsável ou representante do aluno; inscrição do pretenso filho em plano de saúde ou em órgão de previdência; registro oficial de que residem na mesma unidade domiciliar; vínculo de conjugalidade – casamento ou união estável - com o ascendente biológico; inscrição como dependente do requerente em entidades associativas; fotografias em celebrações relevantes; declaração de testemunhas com firma reconhecida".
40. v., por todos, STJ, REsp 1189663/RS, 3ª T., Rel. Ministra Nancy Andrighi, julg. 06 set. 2011, em acórdão que prestigia o critério socioafetivo: "a construção de uma relação socioafetiva, na qual se encontre carac-

a paternidade ou maternidade apenas em casos excepcionais, nos quais a vontade do perfilhante, mesmo a tácita, revela-se inequívoca no sentido de assumir o parentesco.

A relação entre madrasta ou padrasto e enteados é particularmente interessante. Os enteados são parentes afins do cônjuge ou companheiro dos seus pais (CC, art. 1.595). A socioafetividade tem ampliado os efeitos desse vínculo, a autorizar por via legislativa o acréscimo do nome de família dos padrastos ou madrastas, sem que tal importe necessariamente em parentesco civil.[41] A convivência também se mostra possível na hipótese de rompimento do casal, em favor do melhor interesse da criança.[42] Deve-se notar, entretanto, que a família importa em comunhão de vida, inclusive no que toca à assistência mútua na educação dos filhos comuns e unilaterais. Isso não significa que a participação na educação do filho do consorte sempre representará filiação socioafetiva, sob pena de o temor à imposição de uma responsabilidade ser causa de distanciamento entre eles.

Uma vez configurada a filiação socioafetiva, sendo direito do filho o reconhecimento desse *status*, ainda que ausente o vínculo biológico, em razão do princípio constitucional da unidade, alguns conflitos podem surtir. Em outro estudo, denominou-se *elo perdido da filiação* o critério que, à luz do caso concreto, haveria de prevalecer de acordo com o melhor interesse do filho.[43] Cabe, assim, perquirir as hipóteses de conflito e os possíveis parâmetros para sua solução.

3.1 Conflito entre os critérios da filiação e multiparentalidade

Com efeito, a existência de vários critérios constitutivos da filiação torna suscetível o surgimento de conflito entre eles. Assim, a filiação registral pode retratar o critério biológico, o socioafetivo, ou nenhum deles. Se todos eles retratam um aspecto da filiação, releva saber o parâmetro a ser utilizado para a escolha entre eles. Ou mesmo se necessária a escolha.

Segundo Luiz Edson Fachin, a posse de estado possui função probatória, imprimindo caráter inatacável à filiação, se acompanhada do ato registral.[44] Assim, a filiação registral se combinada com a filiação socioafetiva não poderia ser discutida ainda que ausente o vínculo biológico. Tal assertiva, entretanto, há de ser compreendida com uma ressalva. O reconhecimento do estado de filiação é direito do filho e sobre ele não podem recair restrições. Desse modo, se nas demandas negativas propostas em face do filho, pelo próprio pai registral ou terceiros, a filiação socioafetiva pode

---

terizada, de maneira indelével, a posse do estado de filho, dá a esse o direito subjetivo de pleitear, em juízo, o reconhecimento desse vínculo, mesmo por meio de ação de investigação de paternidade, a priori, restrita ao reconhecimento forçado de vínculo biológico".

41. TJRJ, AC 0003314-47.2010.8.19.0050, TJRJ, Des. Fernando Cequeira, 11ª Câmara Cível, DJ 20 set. 11; TJMG, Apelação Civil 1.0024.09.590426-4/001, 8ª Câmara Cível rel. Des. Fernando Botelho, DJ 24 jun. 2010.
42. TJRJ, Agravo de Instrumento 0019872-55.2007.8.19.0000, 5ª Câmara Cível, rel. Des. Cherubin Helcias Schwartz, DJ 27 maio 2008.
43. VENCELAU, Rose Melo. *O Elo Perdido da Filiação*. Rio de Janeiro: Renovar, 2003, passim.
44. FACHIN, Luiz Edson. *Estabelecimento da filiação e paternidade presumida*... cit., p. 159.

prevalecer mesmo ausente o laço biológico; nas demandas positivas movidas pelo filho para reconhecimento da filiação biológica, a existência da filiação socioafetiva não pode ser obstáculo, sob pena de se impor restrição vedada pela lei.

Situação inversa dar-se-ia se o registro tivesse lastro na filiação biológica, mas a socioafetividade tivesse sido construída com terceiro. Nessa hipótese, somente com a anulação do registro ou por adoção, a filiação socioafetiva coincidiria com a registral.

O conflito entre os critérios pode surgir ainda em hipóteses concernentes à reprodução humana assistida que dissociem a paternidade ou maternidade da origem biológica. No caso da gestação de substituição, o possível conflito adviria dos critérios jurídico e biológico. Do mesmo modo, na reprodução assistida heteróloga pode-se antever um conflito entre a filiação presumida e a biológica.[45] Na primeira hipótese, há uma tendência no sentido de atribuir a filiação jurídica à mãe genética ao revés da gestatriz. No segundo caso, diversamente, entende-se que falta ao doador do material genético a intenção de estabelecimento de qualquer vínculo jurídico com o filho biológico, de modo que a consanguinidade não se apresenta relevante, inclusive, porque o anonimato é uma das garantias da viabilidade desse tipo de tratamento reprodutivo. Haveria de se aplicar, entretanto, os impedimentos matrimoniais entre os irmãos biológicos, como ocorre na adoção,[46] por razões de ordem médica.

A necessidade de escolha entre o pai biológico e socioafetivo decorre do paradigma binário na filiação. A existência humana depende da união de gametas feminino e masculino. E esse é o modelo no qual a filiação se ampara: não é possível ser filho genético de três pessoas. Entretanto, quando o estudo da filiação ultrapassa as fronteiras da genética, alcança sentido diverso. Na codificação de 1916, mesmo o filho genético não poderia obter o status de filiação se ilegítimo, considerando a centralidade do casamento nas relações familiares. Hodiernamente, com a centralidade da pessoa humana, e nas relações de parentalidade, do filho, o modelo binário pode não atender seu melhor interesse.

Desse modo, uma vez identificado no caso concreto que uma pessoa possui relação de descendência consanguínea com um pai ou mãe e vínculo socioafetivo com outro pai ou mãe, na medida em que ambos continuem parentesco, não há óbice ao reconhecimento de ambos. Inicialmente, a possibilidade da inclusão no registro de dois pais ou duas mães ocorreu no âmbito das famílias homoafetivas.[47] A multiparentalidade vai um pouco adiante, pois admite a tripla parentalidade, a depender dos contornos fáticos do caso concreto. O STF reconheceu a multiparentalidade em

---

45. O doador dos gametas, a princípio, é preservado com o anonimato, a obstar que a relação biológica venha à tona. No entanto, se o anonimato vem a ser rompido e se pais biológicos ou filhos pretenderem transformar essa relação em parentesco, com o competente registro, surgirá conflito a ser resolvido.
46. Lei 8.069/90 (ECA), art. 41.
47. Em 2013, o CFM assegurou o uso das técnicas de reprodução assistidas aos casais homoafetivos (Resolução 2.013/2013), atualmente regulado pela Resolução 2.294/2021. Desse modo, ao assegurar-se a constituição da família por pessoas do mesmo sexo e a homoparentalidade, é preciso admitir dois pais ou duas mães no registro de filiação.

ação de investigação de paternidade, na qual o vínculo biológico do investigado foi comprovado por exame de DNA, bem como o vínculo socioafetivo com o pai registral foi comprovado por testemunhas e depoimento pessoal. O cancelamento do registro não foi consequência lógica da declaração do novo status de filho.[48]

Nessa toada, o Provimento CNJ 63/2017, ao permitir o reconhecimento voluntário da paternidade ou maternidade socioafetiva, acaba por autorizar o registro civil da multiparentalidade, quando o filho reconhecido já possui pai e mãe registrais.[49]

4. CONCLUSÃO

A filiação registral nem sempre reúne em si os critérios jurídico, biológico e socioafetivo que podem dar origem ao parentesco. O critério jurídico, que impõe a paternidade ao marido dos filhos concebidos durante o casamento, superada a distinção entre filhos legítimos e ilegítimos, configura-se atualmente apenas como um dos sistemas de atribuição da paternidade.

Os sistemas de determinação do parentesco, por meio de presunções, do reconhecimento voluntário, do reconhecimento forçado e da adoção vinculam-se ora ao critério biológico, ora ao critério socioafetivo. A presunção de paternidade na hipótese de reprodução assistida heteróloga e a adoção certamente se fundam no critério socioafetivo, de modo que a ausência de consanguinidade não se mostra relevante para afastar a responsabilidade parental livremente assumida. Esta não é a regra, pois o parentesco civil imita o parentesco natural. Sendo assim, o critério biológico possui destaque central na definição do parentesco. A filiação, entretanto, tornou-se tema complexo, a desafiar o que antes podia ser resolvido a partir da relação oriunda do ato de procriar.

A escolha dentre a mais verdadeira entre as verdades da filiação deve, primeiramente, considerar se o conflito ocorre no âmbito de ações negativas ou positivas. A ação negativa visa a retirar o estado de filiação, por ausência de vínculo biológico, sendo movida pelo pai, mãe ou terceiro. O critério socioafetivo aqui prevalece, porque o *status* de filiação integra a personalidade, de maneira que a situação de fato subjacente obsta a sua negativa. A ação positiva pode ser movida pelo próprio filho ou pelo pai que visa a estabelecer o vínculo jurídico, quando este já foi constituído com outrem. Nas ações de estado de filiação, o cancelamento do registro anterior era entendido como corolário lógico da declaração de um novo *status* de filho.[50]

---

48. No julgamento, o STF fixou a seguinte tese jurídica (Repercussão Geral 622) para aplicação a casos semelhantes: "A paternidade socioafetiva, declarada ou não em registro público, não impede o reconhecimento do vínculo de filiação concomitante baseado na origem biológica, com os efeitos jurídicos próprios". (STF, REx 898.060, Rel. Min. Luiz Fux, Plenário, pub. 24 ago. 2017).
49. Vale transcrever o disposto no Provimento 63/2017: "Art. 14. O reconhecimento da paternidade ou maternidade socioafetiva somente poderá ser realizado de forma unilateral e não implicará o registro de mais de dois pais e de duas mães no campo Filiação no assento de nascimento. § 1º Somente é permitida a inclusão de um ascendente socioafetivo, seja do lado paterno ou do materno. § 2º A inclusão de mais de um ascendente socioafetivo deverá tramitar pela via judicial".
50. O entendimento jurisprudencial do STJ considera desnecessária a cumulação do pedido de cancelamento do assento de nascimento com a investigatória, consoante exemplifica-se com esta decisão: "AÇÃO DE

A legislação civil aponta a vontade do filho como determinante no reconhecimento da filiação. O art. 1.614 do Código Civil prevê que o filho maior não pode ser reconhecido sem o seu consentimento, e o menor pode impugnar o reconhecimento, nos 4 (quatro) anos que se seguirem à maioridade, ou à emancipação; e a mesma regra foi reproduzida no art. 4º da Lei 8.560/1992. No caso de reconhecimento judicial que importe em anulação do registro existente, baseado na socioafetividade, sendo o filho menor, prudente a improcedência do pedido, a permitir que o filho possa fazer a opção posteriormente, em ação movida por ele.

A necessidade de escolha entre a filiação socioafetiva ou biológica explica-se por que a biologia não permite que existam dois pais ou duas mães. No entanto, o resultado da escolha pode ser o desamparo do pai preterido. O art. 229 da Constituição da República demonstra que o dever de cuidado é recíproco, na medida em que os filhos maiores têm o dever de ajudar e amparar os pais na velhice, carência ou enfermidade. Dessa forma, ainda que a filiação integre o *status* do filho e, portanto, contribua para o desenvolvimento da sua personalidade, a manutenção dessa relação importa também aos pais, sobretudo, quando estes vivenciarem alguma das situações de vulnerabilidade mencionadas pelo constituinte.

As novas conformações familiares têm distanciado o parentesco civil do parentesco natural, rompendo com o paradigma da biparentalidade. O reconhecimento da família entre pessoas do mesmo sexo tem permitido que a filiação registral apresente duas mães ou dois pais.[51] A chamada família mosaico permite a convivência familiar com pai e padrasto, mãe e madrasta, cuja importância foi ressaltada pela Lei 9.224/2009, que autorizou a adoção do sobrenome do padrasto ou madrasta, e muitas vezes o parentesco por afinidade ganha contornos de parentesco civil por socioafetividade. Como dito na primeira versão deste texto, tais situações comprovam que a pluriparentalidade (ou multiparentalidade) pode apresentar-se como forma de melhor proteção da pessoa humana. Esse entendimento restou consignado na Tese de Repercussão Geral 662 do STF, segundo a qual a paternidade socioafetiva, declarada ou não em registro público, não impede o reconhecimento do vínculo de filiação concomitante baseado na origem biológica, com os efeitos jurídicos próprios. E nesse sentido, caso existam de fato concomitantes vínculos parentais, dado que o registro civil deve-se ater à realidade, não é preciso optar entre a filiação biológica e socioafetiva.

INVESTIGAÇÃO DE PATERNIDADE. Cancelamento do assento de nascimento. A ação de investigação de paternidade pode ser proposta independentemente da ação de anulação do registro de nascimento do investigante, cujo cancelamento é simples consequência da ação que julga procedente a investigatória, sem necessidade de expresso pedido de cumulação. Precedentes. Recurso não conhecido" (STJ, REsp. n. 203208/SP, 4ª Turma, Rel. Min. Ruy Rosado de Aguiar, julg. 26 jun. 2001. Disponível em: www.stj.gov.br Acesso em: 28 out. 2002).

51. STJ, REsp 889852, 4ª T., Rel. Min. Luis Felipe Salomão, julg. 27 abr. 2010; TJRS, 8ª Vara de Família e Sucessões da comarca de Porto Alegre, Proc. 10802177836, Juiz de Direito Cairo Roberto Rodrigues Madruga, j. 12 dez. 2008.

5. REFERÊNCIAS

ASCENSÃO, José de Oliveira. Problemas jurídicos da procriação assistida. *Revista Forense*, v. 328, out.--dez. 1994.

ANDRADE, Carlos Drummond de. *Verdade*. Corpo. 10. ed. Rio de Janeiro: Record, 1987.

BARBOZA, Heloisa Helena. Efeitos jurídicos do parentesco socioafetivo. *Revista Brasileira de Direito das Famílias e Sucessões*, n. 9. Porto Alegre: Magister, abr.-maio. 2009.

BILAC, Elisabete Doria. Mãe certa, pai incerto: da construção social à normatização jurídica da paternidade e da filiação. In: SILVA, Reinaldo Pereira e; AZEVÊDO, Jackson Chaves de (Coord). *Direito da família*: uma abordagem interdisciplinar. São Paulo: LTr, 1999.

DELINSKI, Julie Cristine. *O novo direito da filiação*. São Paulo: Dialética, 1997.

FACHIN, Luiz Edson. *Da paternidade*: relação biológica e afetiva. Belo Horizonte: Del Rey, 1996.

FACHIN, Luiz Edson. *Estabelecimento da filiação e paternidade presumida*. Porto Alegre: Sérgio Fabris, 1992.

FACHIN, Luiz Edson. Paternidade e ascendência genética. In: LEITE, Eduardo de Oliveira (Coord.). *Temas da atualidade*: DNA como meio de prova da filiação. Rio de janeiro: Forense, 2000.

LEITE, Eduardo de Oliveira. Exame de DNA, ou, o limite entre o genitor e o pai. In: *Grandes temas da atualidade*: DNA como meio de prova da filiação. Rio de Janeiro: Forense, 2000.

LÔBO, Paulo Luiz Netto. Princípio jurídico da afetividade na filiação. In: *Anais do II Congresso Brasileiro de Direito de Família*. Belo Horizonte: Del Rey, 2000.

OLIVEIRA, Guilherme Freire Falcão de. *Mãe há só uma (duas)! O contrato de gestação*. Coimbra: Coimbra, 1992.

PEREIRA, Caio Mário da Silva. *Instituições de Direito Civil*. (atualizado por Tânia da Silva Pereira). Rio de Janeiro: Forense, 2011. v. V.

PEREIRA, Rodrigo da Cunha. *Direito de família*: uma abordagem psicanalítica. Belo Horizonte: Del Rey, 1997.

PERLINGIERI, Pietro. *Il diritto civile nella legalittà costituzionale*. 2. ed. Napoli: Edizione Scientifiche Italiane, 1991.

RASKIN, Salmo. A análise do DNA na determinação da paternidade: mitos e verdades no limiar do século XXI. In: LEITE, Eduardo de Oliveira Leite (Coord.). *Grandes temas da atualidade*. Rio de Janeiro: Forense, 2000.

TEPEDINO, Maria Celina Bodin de Moraes. A caminho de um direito civil constitucional. *Revista de Direito Civil, Imobiliário, Agrário e Empresarial*, v. 65, jul.-set. 1993.

VENCELAU, Rose Melo. *O Elo Perdido da Filiação*. Rio de Janeiro: Renovar, 2004.

VENCELAU, Rose Melo. Status de filho e direito ao conhecimento da origem biológica. In: BARBOZA, Heloisa Helena et al (org.). *Diálogos sobre direito civil*: construindo a racionalidade contemporânea. Rio de Janeiro: Renovar, 2002.

VILLELA, João Baptista. Desbiologização da paternidade. *Revista Forense*, v. 271, jul.-set. 1980.

MULTIPARENTALIDADE

Catarina Oliveira

Doutora e Mestra pela UFPE. Professora de Direito Civil na UNICAP/PE. Pesquisadora do Grupo de Pesquisa Constitucionalização das Relações Privadas (CONREP/UFPE) e do Grupo de Pesquisa Direito Civil e Ação (UNICAP). Advogada e ex-vice-presidente da OAB/Pernambuco. *E-mail*: cataoliveira71@gmail.com.

Patrícia Ferreira Rocha

Doutoranda na Universidade do Minho, Portugal. Mestra pela UFPE. Professora de Direito das Famílias e Sucessões. Pesquisadora do Grupo de Pesquisa Constitucionalização das Relações Privadas (CONREP/UFPE). Vice-Presidente do IBDFAM/AL. Advogada e conselheira seccional da OAB/Alagoas. *E-mail*: patriciarochamcz@hotmail.com

Sumário: 1. Novas estruturas parentais: do biologismo presumido à socioafetividade – 2. O RE 898.060/SC e a quebra do modelo biparental na filiação – 3. A necessária delimitação da configuração da multiparentalidade – 4. Efeitos da multiparentalidade; 4.1 Alteração do registro. Nome e campo de filiação; 4.2 Efeitos quanto ao parentesco; 4.3 Efeitos quanto aos alimentos; 4.4 Exercício do poder familiar e direito de convivência – 5. Referências – Jurisprudência – Legislação.

1. NOVAS ESTRUTURAS PARENTAIS: DO BIOLOGISMO PRESUMIDO À SOCIOAFETIVIDADE

De acordo com o texto constitucional, a família é considerada base da sociedade e merece proteção especial do Estado (art. 226, *caput*, CF), porquanto é o primeiro núcleo social onde o ser humano é inserido e a partir do qual ele forma e desenvolve sua personalidade. Seu conceito e organização se veem constantemente alterados, sofrendo influências do momento histórico, cultural e social de determinada época. Neste contexto, as estruturas parentais e conjugais vão sendo reiteradamente reconstruídas, exigindo-se uma nova delimitação dos seus institutos, como ocorreu com a filiação.

A filiação pode ser compreendida como o liame jurídico decorrente do parentesco, estabelecida especificamente entre o ascendente e seu descendente imediato, do qual resulta a atribuição de direitos e deveres recíprocos, além de um *status* familiar. O instituto é caracterizado, assim, pela sua natureza relacional, pois, através dele, o filho passa a ser titular do estado de filiação, ao tempo que o pai e a mãe são titulares dos estados de paternidade e maternidade, respectivamente, em relação àquele (Lôbo, 2004, p. 325).

Sob a égide do Código Civil de 1916, a noção de família foi alicerçada exclusivamente a partir do casamento, considerado como fonte da legitimação das relações sexuais entre os cônjuges e dos filhos que desta união viessem a nascer. Era a situação conjugal dos pais, portanto, que promovia o seu reconhecimento ou a sua invisibilidade jurídica, fazendo com que, por uma ficção legal, toda criança nascida de uma relação matrimonial fosse considerada como sendo filha do marido da mãe, até prova em contrário.

Explicando a dinâmica da parentalidade por presunção, Cristiano Chaves de Farias e Nelson Rosenvald (2023, p. 626) ensinam que

> É um verdadeiro exercício de lógica aplicada: considerando que as pessoas casadas mantêm relações sexuais entre si, bem como admitindo a exclusividade (decorrente da fidelidade existente entre elas) dessas conjunções carnais entre o casal, infere-se que o filho nascido de uma mulher casada, na constância das núpcias, por presunção, é do seu marido.

Esta parentalidade decorrente da mera demonstração do estado de casado foi perdendo sua relevância com as descobertas médico-científicas relacionadas ao sequenciamento do código genético, através do exame de DNA, o que veio a permitir o estabelecimento da certeza da relação parental. De acordo com o critério biológico, pois, a parentalidade é constituída pela transmissão da carga genética dos genitores ao fruto da concepção, fazendo com que a relação familiar fosse determinada também pelo exercício da sexualidade.

Acontece que, com o desenvolvimento das técnicas de reprodução assistida, operou-se uma nova mudança de paradigma nas relações parentais, já que a procriação se desvencilhou da sexualidade, permitindo que um filho venha a ser gerado a partir de um procedimento médico-laboratorial, com uso do material genético do próprio casal ou de um terceiro, inclusive dissociando a maternidade da gestação com o instituto da cessão temporária de útero.

O vínculo de filiação, então, deixou de ser decorrente tão somente de um ato físico, por presunção ou cientificamente comprovado, para se tornar igualmente um ato de vontade, em que uma pessoa pode se tornar pai e/ou mãe simplesmente por assumir esse papel, exercendo uma função parental perante o filho, independentemente da existência de vínculos consanguíneos entre eles. Neste sentido, João Baptista Villela (1979, p. 415) publicou artigo precursor, cuja abordagem tratava justamente da desbiologização da paternidade a partir do reconhecimento da afetividade, o que acarretou a dissociação das figuras do pai e do genitor.

Este critério de estabelecimento da filiação, denominado socioafetivo, compreende a apreensão pelo Direito do exercício fático da parentalidade, o qual as pessoas vivenciam em suas relações familiares privadas e se apresentam socialmente como se pai e/ou mãe e filho fossem, a despeito de qualquer vínculo biológico ou presuntivo (Rocha, 2019, p. 216).

Como explica Maria Celina Bodin (2016),

> o que realmente cria o liame civil entre pais e filhos é o exercício da autoridade parental, ou seja, a real e efetiva prática das condutas necessárias para criar, sustentar e educar os filhos menores, nos exatos termos do art. 229, primeira parte, da CF, com o escopo de edificar sua personalidade, independentemente de vínculos consanguíneos que geram essa obrigação.

Não é qualquer relação afetiva, entretanto, que se torna capaz de estabelecer a parentalidade socioafetiva, alterando o estado de filiação de alguém, até porque o Direito não identificará na configuração dessas relações a mera expressão de um estado anímico, mas condutas objetivas de cuidado, solidariedade e responsabilidade exercidas e consolidadas durante uma convivência familiar. Nesse sentido, aduz Pietro Perlingieri (2002, p. 244) que o merecimento da tutela da família diz respeito, sobretudo, às relações afetivas "que se traduzem em comunhão espiritual e de vida".

A constatação da concorrência dos critérios biológico e socioafetivo acabou por levar à discussão acerca da preponderância de um vínculo sobre o outro em caso de conflito de parentalidades, tendo os Tribunais brasileiros, de início, dado primazia ao liame biológico e, posteriormente, fazendo prevalecer a parentalidade socioafetiva. A doutrina, contudo, começou a questionar se seria sempre necessário que o tema da filiação fosse determinado por uma lógica excludente, reconhecendo apenas o vínculo biológico ou o socioafetivo, limitando a família numericamente a um modelo biparental (Chaves, 2014, p. 151).

A primeira decisão que admitiu um modelo parental plural foi proferida por uma juíza de Direito da Comarca de Ariquemes, no Estado de Rondônia, em março de 2012, ocasião em que se permitiu o acréscimo, na certidão de nascimento da filha, do pai biológico, sem desconstituir a paternidade do pai socioafetivo registral. A ação, proposta pela genitora da criança, buscava a investigação da parentalidade biológica e, ao mesmo tempo, a anulação do registro civil em desfavor do pai socioafetivo, sob a alegação de tentar "corrigir os erros do passado" após 11 anos do nascimento da filha. Acontece que o pai socioafetivo tinha conhecimento de que a criança não era sua filha biológica quando a registrou e não manifestou interesse de negar esta paternidade no curso da ação, ao passo que o pai biológico, após o resultado positivo do exame de DNA, também passou a conviver com a filha e expressou seu desejo de reconhecer o liame consanguíneo. Na sentença, a magistrada considerou a vontade da filha no sentido de reconhecer a importância das duas figuras paternas na sua vida, consignando que não havia motivos para ignorar o liame socioafetivo estabelecido durante anos na vida da criança e, tampouco, a recente aproximação e comprovação do vínculo genético com o pai biológico (RONDÔNIA, 2012).

Em agosto do mesmo ano, o Tribunal de Justiça do Estado de São Paulo, no julgamento da Apelação Cível 0006422-26.2011.8.26.0286, também reconheceu uma situação de multiparentalidade, quando declarou a maternidade socioafetiva de uma criança, sem prejuízo da manutenção concomitante da maternidade biológica já registrada. No caso, a mãe biológica da criança havia falecido três dias após o parto, mas sua maternidade constou no registro de nascimento do filho. Acontece que, alguns meses após sua morte, o pai da criança passou a se relacionar com outra mulher, com quem veio a contrair matrimônio quando ele tinha dois anos, passando a criá-lo como filho. O Tribunal declarou que a mãe socioafetiva poderia simplesmente adotar o enteado, mas optou pelo pedido de multiparentalidade em respeito à memória da mãe biológica e de sua família, reconhecendo a sua posse de estado de filho com a criança, fruto de uma longa e estável convivência familiar (SÃO PAULO, 2012).

Foi somente em setembro de 2016, contudo, que este novo capítulo da filiação ganhou contornos definitivos no direito brasileiro, quando o Supremo Tribunal Federal, nos autos do RE 898.060/SC, consagrou o entendimento, com repercussão geral reconhecida (622), acerca da possibilidade de coexistência da filiação por diversas origens, admitindo expressamente a multiparentalidade, situação em que duas ou mais pessoas podem exercer, simultânea ou sucessivamente, a função de pai e/ou de mãe de outrem, que será considerado filho de todos eles.

2. O RE 898.060/SC E A QUEBRA DO MODELO BIPARENTAL NA FILIAÇÃO

O *leading case* que deu origem ao RE 898.060/SC tratava do pedido de reconhecimento jurídico de filiação biológica de uma filha que, somente na adolescência, descobriu que seu pai registral não era seu pai biológico, havendo sido voluntariamente registrada por um pai socioafetivo, que também ignorava a ausência de vínculos consanguíneos com a filha, pois conheceu a mãe da autora no início do seu período gestacional e esta ocultou sua condição, após ter rompido o relacionamento com o genitor. Acontece que, após 14 anos do seu nascimento, a mãe resolveu revelar à filha a sua verdadeira parentalidade biológica, ocasião em que esta conheceu e passou a ter contato com seu genitor, sem, contudo, nunca ter deixado de conviver com o pai socioafetivo. A filha, então, ingressou com uma ação visando ao reconhecimento de sua filiação biológica, com a consequente retificação de seu registro civil para substituir o nome de seu pai socioafetivo pelo do genitor, assim como a fixação de verba alimentar e a condenação deste ao pagamento de dívidas no montante de R$ 4.285,52 (quatro mil, duzentos e oitenta e cinco reais e cinquenta e dois centavos). Em primeiro grau, o genitor arguiu em sua defesa, entre outros pontos, a ausência de interesse na busca da paternidade biológica, que não deveria prevalecer sobre a paternidade socioafetiva já formalmente reconhecida e consolidada. Durante a instrução probatória, não obstante, as partes concordaram em se submeter à realização do exame de DNA, quando foi confirmada a identidade genética investigada. O pai socioafetivo, em que pese não tenha apresentado manifestação escrita nos autos, declarou, em audiência de instrução e julgamento, também ter sido surpreendido com a notícia de não ser o pai biológico da autora, mas que o conhecimento tardio daquela situação não iria alterar o seu relacionamento com a filha, ao tempo que concordava e considerava justa a reivindicação de mudança no registro de nascimento por ela proposta. A filha, por sua vez, também ouvida em audiência, declarou que, apesar de ter descoberto que seu pai registral não é seu pai biológico, que o considera e vai sempre considerá-lo efetivamente como seu pai, reconhecendo a força do vínculo afetivo decorrente daquela convivência familiar.

Proferida a sentença, o magistrado julgou procedente o pedido formulado pela filha quanto à retificação de seu registro de nascimento, determinando a exclusão da paternidade socioafetiva e a inclusão, em seu lugar, da biológica, além de determinar o pagamento pelo último de pensão alimentícia equivalente a quatro salários mínimos mensais, desde a citação inicial até a conclusão do curso universitário pela demandante, restando improcedente a reparação material pretendida.

Em sede de apelação proposta pelo genitor, a 4ª Câmara de Direito Civil do Tribunal de Justiça do Estado de Santa Catarina modificou parcialmente a decisão, sob o argumento de que o reconhecimento da paternidade no registro seguido de afetividade verdadeira, mantida a posse do estado de filho desde o nascimento da registrada, aponta para a irreversibilidade dessa situação, razão pela qual deveria prevalecer a paternidade socioafetiva. Merece ainda destaque um trecho do referido acórdão, em que a Corte consignou a *"flagrante rejeição e desinteresse do requerido em se relacionar com a autora"*, o que demonstraria que a sua pretensão *"apenas poderia lhe conferir benefícios de ordem material, visto que a prestação de amor, carinho e afeto, esta não se pode impor àquele que, pela vontade própria, a recusa"* (BRASIL, 2016). Tal decisão, contudo, veio a ser modificada ainda no Tribunal de Justiça Estadual, quando o Grupo de Câmaras de Direito Civil daquela Corte deu provimento aos embargos infringentes interpostos pela filha, para declarar a paternidade do genitor, com todas as repercussões geradas pelo vínculo genético, especialmente o nome, os alimentos e a herança.

Inconformado com tal entendimento, o genitor interpôs recurso extraordinário, salientando mais uma vez a existência de forte relação socioafetiva entre a filha e seu pai registral, que deveria preponderar no estabelecimento de relações de parentesco sobre o vínculo biológico tardiamente descoberto, ressaltando que não mantinha e não tinha nenhuma intenção de construir qualquer relação afetiva com a filha, inclusive por acreditar que a propositura da ação visava tão somente a obter os *"mesmos direitos dos outros filhos registrados"* pelo recorrente, ou seja, uma finalidade exclusivamente patrimonial. De outro norte, a filha continuou a defender a tese de que o não provimento do seu pedido importaria na deturpação do conceito de paternidade socioafetiva, na medida em que esta se fundou em erro substancial, acrescida pelo fato de o genitor ter se omitido deliberadamente da sua responsabilidade parental, mesmo ciente da sua existência.

O processo chegou ao Supremo Tribunal Federal em julho de 2015 e, em outubro do mesmo ano, o Ministro Luiz Fux, relator do recurso, reconheceu a Repercussão Geral da demanda, determinando a substituição do RE 841.528/PB, até então designado como caso paradigma para o Tema de 622, que tinha por objetivo uniformizar o entendimento acerca da preponderância de uma das modalidades de estabelecimento da filiação, ou seja, a prioridade do vínculo biológico ou do socioafetivo.

Em seu voto, o Ministro Luiz Fux ressaltou a importância de não se reduzir o conceito de família a modelos padronizados, além de afirmar a ilicitude da hierarquização entre as diversas formas de filiação, acentuando a necessidade de se contemplar, sob o âmbito jurídico, as variadas formas pelas quais a parentalidade pode se manifestar. Nesse sentido, ao tempo que reconheceu o vínculo de filiação construído pela relação afetiva entre a filha e seu pai registral, destacou a importância da relação originada a partir da ascendência genética como decorrência do princípio constitucional da paternidade responsável. Diante dessa realidade, o entendimento exposto pelo relator, o qual fora acompanhado pela maioria dos demais ministros daquela Corte, foi no sentido de que, sendo diversos os critérios para o estabelecimento da filiação, é possível atribuir a uma mesma pessoa múltiplos vínculos parentais, ou seja, esta pode possuir mais de um pai e/ou mais de uma mãe em seu registro de nascimento, com todas as repercussões existenciais e patrimoniais decorrentes do estado de filiação, fixando-se a seguinte tese (622): "*A paternidade socioafetiva, declarada ou não em registro público, não impede o reconhecimento do vínculo de filiação concomitante baseado na origem biológica, com os efeitos jurídicos próprios*" (BRASIL, 2016).

Para que haja multiparentalidade, é preciso, portanto, que seja estabelecido, ao menos, um terceiro elo no parentesco da linha ascendente de 1º grau, seja ele biológico ou socioafetivo. Em outras palavras, a multiparentalidade pode decorrer da somatória de um vínculo registral, biológico ou não, acrescido de um ou mais vínculos socioafetivos. A multiplicidade de tais vínculos não precisa ser necessariamente simultânea, caso em que o exercício conjunto das funções parentais por mais de um pai e/ou de uma mãe se dá ao mesmo tempo, podendo ser também sucessiva, ocorrendo em momentos distintos, um após o outro, desde que não se desconstitua o vínculo anteriormente estabelecido.

Para Gustavo Tepedino e Ana Carolina Brochado Teixeira (2020, p. 234):

> As relações não são excludentes ou mutuamente impeditivas, mas se complementam; mesmo porque o paradigma plural contemporâneo abandonou a perspectiva de exclusão, abrangendo a multiplicidade de papéis cabíveis em relações parentais, inclusive de paternidade e/ou maternidade.

Ao não implicar a escolha de apenas um modelo de estabelecimento da filiação, a multiparentalidade acaba por permitir a adequação de um fato social ao jurídico, possibilitando que todos aqueles que assumam o papel de pais do mesmo filho, seja a origem dessa relação afetiva ou biológica, sejam reconhecidos como tais pelo ordenamento jurídico. Não reconhecer ambos os vínculos, quando concretamente presentes na trajetória da vida humana, significaria negar a própria existência tridimensional do ser humano (Welter, 2009, p. 230).

Em que pese esta decisão do Supremo Tribunal Federal haja sido bastante festejada pela doutrina por provocar uma ruptura ao paradigma da biparentalidade, reconhecer expressamente o valor jurídico do afeto e não hierarquizar as formas de estabelecimento da filiação, não restou imune às críticas, especialmente no que diz respeito à aplicação indistinta e generalizada da multiparentalidade, ou seja, quanto à ausência da delimitação de critérios para o reconhecimento dos múltiplos vínculos paternos e/ou maternos.

3. A NECESSÁRIA DELIMITAÇÃO DA CONFIGURAÇÃO DA MULTIPARENTALIDADE

Importante consignar que, de início, a ideia de multiparentalidade foi atrelada ao reconhecimento das famílias homoafetivas, ao se permitir que uma pessoa tivesse mais de um vínculo parental paterno ou materno em seu assento de nascimento. Tal estrutura, contudo, não traduz a verdadeira abrangência do seu conceito, já que a família homoparental continua assentada num modelo biparental, formado por dois pais ou por duas mães, admitindo-se, tão somente, a ausência de distinção de gênero no registro civil. Nesse sentido, aduz Anderson Schreiber (2016, p. 851) que os prefixos das expressões *multi*parentalidade e *pluri*parentalidade "exprimem noção de muitos, em contraposição à *biparentalidade*".

Tomando como referência o próprio caso paradigma da Tese 622, restou claro que, segundo entendimento da maioria dos ministros daquela Corte Superior, a parentalidade biológica foi estabelecida tão somente em função da comprovação do vínculo genético que unia o genitor à sua filha, como corolário da incidência do princípio constitucional da paternidade responsável. Merece destaque, no entanto, o voto divergente do Ministro Luiz Edson Fachin, que sustentava ter aquela ação por objeto não um conflito de paternidades, mas tão somente a pretensão de revelação de uma ascendência genética. De acordo com o referido Ministro, o parentesco parte da realidade da vida, mas não deixa de ser conceito jurídico, avultando uma expressão relacional, razão pela qual não se confunde exclusivamente com o liame biológico, que somente seria hábil, por si só, para determinar o parentesco jurídico quando ausente uma dimensão relacional que a ele se sobreponha. Embora o Ministro não rechace o reconhecimento jurídico da multiparentalidade, defende que esta deve ser medida excepcional, estabelecida dentro de parâmetros congruentes com a realidade das relações concretas, não devendo confundir-se o direito de conhecer a própria origem, como direito da personalidade que é, com os vínculos parentais (BRASIL, 2016).

Na esteira dessa interpretação, doutrina o prof. Paulo Lôbo (2008) que

> a complexidade da vida familiar é insuscetível de ser apreendida em um exame laboratorial, porque nem sempre a origem genética é suficiente para fixar o estado de filiação de alguém. Pai, com todas as dimensões sociais, afetivas e jurídicas que o envolvem, não se confunde com genitor biológico; é mais que este.[1]

Desta forma, a identidade genética não deveria se confundir com a identidade da filiação, razão pela qual não cabe a coexistência da parentalidade socioafetiva em todos os casos com a parentalidade biológica, somente havendo justificativa para o reconhecimento de multiparentalidade quando a convivência familiar e a afetividade consolidarem o estado de filiação, inclusive em relação ao ascendente biológico. O

---
1. NETTO LÔBO, Paulo Luiz. Socioafetividade no direito de família: a persistente trajetória de um conceito fundamental. In: *Revista Brasileira de Direito das Famílias e Sucessões*, v. 5, ago.-set. 2008.

vínculo meramente biológico em sede de multiparentalidade, portanto, não deve ser "capaz de produzir os efeitos decorrentes da relação de parentesco, em razão da ausência da afetividade, mas será capaz de garantir o exercício do direito à identidade" (Aguirre, 2017). Pensar o contrário seria permitir uma fragilização da relação paterno-filial, reduzindo o vínculo biológico "a um tema de patrimônio ou herança" (Fachin, 1996, p. 29-30).

Nesse sentido, a sugestão do Ministro Luiz Edson Fachin para a tese a ser fixada no RE 898.060/SC era a seguinte:

> Diante da existência de vínculo socioafetivo com um pai e vínculo apenas biológico com outro genitor, ambos devidamente comprovados, somente o vínculo socioafetivo se impõe juridicamente, gerando o vínculo parental os efeitos dele decorrentes, assegurado o direito personalíssimo à revelação da ascendência genética (BRASIL, 2016).

Isso não significaria, como receou o Ministro Gilmar Mendes durante as discussões em Plenário no julgamento do citado recurso, em uma chancela à paternidade irresponsável, mas apenas a distinção entre a responsabilidade econômica da geração do filho e a responsabilidade social decorrente do *status* de pai/mãe. Nesse sentido, João Baptista Villela (1979, p. 404) já fazia referência a uma ação de origem francesa denominada "ação para fins de subsídios", que permitiria a todo descendente natural cuja filiação paterna não estivesse legalmente estabelecida, a reclamação de subsídios daquele que manteve relações sexuais com sua mãe durante o período legal da concepção, exercitando em face deste a responsabilidade que havia assumido diante do risco de ser pai, possuindo tal demanda um caráter indenizatório. Atualmente, Paulo Lôbo (2008) defende que eventual pretensão patrimonial em face do genitor que não adimpliu com os deveres parentais poderia ser solucionada no âmbito do direito das obrigações, como decorrência de um dano causado pela irresponsabilidade paterna e/ou materna.

Em resumo, não havendo relação parental constituída, caberia ao indivíduo o direito à investigação de seu estado de filiação, imputando a paternidade e/ou maternidade a quem o gerou, justificando-se a situação tão somente pelo vínculo consanguíneo que os une. Por outro lado, se a autoridade parental já estiver sendo exercida por um pai e/ou mãe socioafetiva, a ausência de laços afetivos com o ascendente biológico deveria constituir um impedimento ao estabelecimento da multiparentalidade, restando ao filho o direito ao conhecimento da sua história, através da investigação a respeito de quem forneceu o material genético que lhe deu origem e existência, aplicando por analogia o artigo 48 do Estatuto da Criança e do Adolescente, o que não modificará as relações familiares onde estiver inserido (Madaleno, 2017, p. 514-519).

A 3ª Turma do Superior Tribunal de Justiça, no julgamento do REsp 1.674.849, sob a relatoria do Ministro Marco Aurélio Bellizze, adotou tal posicionamento quando reconheceu a inviabilidade "da simultaneidade de paternidade socioafetiva e biológica, pois os autos demonstram que o pai biológico não manifestava qualquer interesse na criação da filha, enquanto o pai socioafetivo a assistia material e afetivamente", ressalvando, contudo, o direito de a criança buscar a verdade biológica depois de atingida a maioridade, como corolário do seu melhor interesse (BRASIL, 2018).

Outra situação que é importante observar com cuidado diz respeito às famílias recompostas ou reconstituídas, em que o parentesco por afinidade pode ou não implicar o reconhecimento de multiparentalidade, afinal, parentes afins não são iguais ou equiparados aos parentes consanguíneos ou civis. Esclarece Paulo Lôbo (2020, p. 222) que "enteado não é igual ao filho, jamais nascendo para o primeiro, em virtude de tal situação, direitos e deveres próprios do estado de filiação".

Nesse sentido, ensina Hilda Ledoux Vargas (2017, p. 246):

> Afinal, a afetividade não nasce entre o enteado e o padrasto ou madrasta como uma imposição em decorrência direta do casamento ou união entre ele (a) e um de seus pais biológicos. Surge espontaneamente na convivência, no estabelecimento de vínculos parentais que se constituem nas dimensões do cuidado, assistência, bem como pelo exercício de funções parentais que se verificam no dia a dia e espelham as circunstâncias da vida em família, em suas formas múltiplas de se expressar.

Situação semelhante pode ser observada em um núcleo familiar poliafetivo, compreendido como um relacionamento afetivo constituído por mais de duas pessoas, no qual há mútua integração e comunhão de vidas entre seus múltiplos componentes numa convivência plural consentida. Nesta situação, seria possível o estabelecimento da multiparentalidade, pois, "concomitantemente à presença dos genitores biológicos, os demais conviventes podem exercer funções parentais nas dimensões do cuidado e educação com os filhos daqueles, tratando-os como se filhos deles fossem, em clara posse do estado de filho" (Rocha, 2019, p. 60).

Havendo, portanto, conversão fática para posse de estado de filho, em virtude da convivência familiar nos núcleos reconstituídos e poliafetivos, entendemos ser possível o reconhecimento da respectiva parentalidade socioafetiva, e, por consequência, a sua cumulação com outros vínculos familiares preexistentes, biológicos ou socioafetivos.

Já em se tratando de adoção, não deveria ser possível o estabelecimento de multiparentalidade, uma vez que o instituto promove a desconstituição irrevogável do vínculo de parentesco biológico, inserindo a pessoa adotada em família substituta. De acordo com o artigo 41 do referido Estatuto, "A adoção atribui a condição de filho ao adotado, com os mesmos direitos e deveres, inclusive sucessórios, desligando-o de qualquer vínculo com pais e parentes, salvo os impedimentos matrimoniais" (BRASIL, 1990). Diante da adoção, portanto, há um rompimento definitivo na relação de parentesco natural, que não se restabelece nem em função da morte dos adotantes, já que o adotado é transferido permanentemente de família.

Merecem referência duas decisões acolhendo a tese de multiparentalidade em hipótese de adoção. A primeira é o Acórdão da Apelação Cível 00000589-

92.2016.8.25.0055, proveniente da 2ª Câmara Cível do Tribunal de Justiça do Estado de Sergipe, no qual esta Corte reconheceu que, a despeito do pedido de adoção dos tios paternos de uma criança, que vivia sob seus cuidados há nove anos em razão do encarceramento da mãe biológica, não restou comprovado o alegado abandono familiar pela genitora, determinando-se apenas o acréscimo do nome dos tios ao registro, sem excluir o daquela. Neste caso, o processo de adoção ainda estava em tramitação, não tendo sido reconhecida a desconstituição do vínculo parental com a família natural, razão pela qual restaria possível o reconhecimento da relação afetiva consolidada na convivência familiar com os tios paternos, cumulando-a à anotação registral biológica preexistente (SERGIPE, 2019).

De outro norte, no processo de 0034634-20.2013.8.17.0001, julgado procedente pela 1ª Vara de Família do Recife, fora proposta uma ação de investigação de paternidade por uma pessoa já formalmente adotada, visando à admissão da multiparentalidade, pedido que contava com a anuência expressa tanto dos pais adotivos quanto do próprio investigado. No caso, o magistrado levou em consideração o fato de a criança nunca ter deixado de manter laços de convivência com aquele que indicou depois ser seu pai biológico, reconhecendo o liame de afeto para além de um mero vínculo biológico entre eles (RECIFE, 2013). Parece amoldar-se a este entendimento o que defendem Gustavo Tepedino e Ana Carolina Brochado Teixeira (2020, p. 237), para quem "há norma expressa no sentido de impossibilitar o restabelecimento parental pela via biológica, não havendo, no entanto, impedimento para a constituição do parentesco por meio de outra fonte, como a socioafetiva, por exemplo". Em sentido contrário, Paulo Lôbo (2020, p. 254) defende que em nenhuma hipótese de filiação decorrente de adoção deve ser aplicada a multiparentalidade, em função do artigo 41 do Estatuto da Criança e do Adolescente, já citado.

Tratando-se de adoção à brasileira, em que uma pessoa registra como seu o filho de outrem, a doutrina tende a aceitar a configuração de multiparentalidade, fazendo incluir o "novo(a)" pai e/ou mãe, sem exclusão do já existente, a despeito da fraude registral por este perpetrada. Neste sentido, o magistrado da 5ª Vara de Família de Belo Horizonte, ao se deparar com um pedido de reconhecimento de paternidade cumulado com retificação de registro civil formulado pelo pai biológico em face do pai socioafetivo que promoveu a adoção à brasileira, determinou apenas a inclusão do pai biológico na certidão de nascimento, com a manutenção do socioafetivo, por entender que o filho continuaria convivendo e mantendo relações de afeto com os dois pais.

Rolf Madaleno (2020, p. 409) aponta ser um contrassenso jurídico, que beira o tratamento inconstitucional, tratar com dois pesos e duas medidas a adoção formal e a adoção à brasileira no trato da multiparentalidade, já que em ambas haveria idêntica assunção de vínculos socioafetivos. Para o autor, a adoção à brasileira poderá ser reversível ou cumulativa, ao contrário do que acontece na adoção estatutária, que jamais retomará a ascendência genética, salvo para conhecimento da origem natural da filiação. Diante dessa situação, defende que todas as formas de adoções, sejam elas estatutárias ou provenientes de ação à brasileira, não deveriam permitir o estabelecimento de qualquer outro efeito jurídico que não a investigação da identidade biológica, sendo vedada, portanto, a atribuição de multiparentalidade nestas relações, posicionamento ao qual nos filiamos

Na coparentalidade, compreendida como a relação estabelecida entre duas ou mais pessoas que buscam concretizar um projeto parental recíproco, a despeito da ausência de relacionamento afetivo e/ou sexual entre elas, seja ela efetivada por meio de submissão às técnicas de reprodução humana assistida ou por inseminação caseira, será possível a configuração de multiparentalidade, desde que seja acordada acerca da geração de filhos e a divisão das responsabilidades parentais comuns. Neste caso, haverá o "estabelecimento de uma coparentalidade plúrima, com dois pais e uma mãe ou vice-versa (duas mães e um pai)" (Farias; Rosenvald, 2023, p. 663). O Tribunal de Justiça do Estado do Rio Grande do Sul já teve a oportunidade de se manifestar sobre o assunto, ocasião em que consignou que, diante do plano fático, "sendo flagrante o ânimo de paternidade e maternidade, em conjunto, entre o casal formado pelas mães e pelo pai, em relação a menor", seria cabível o reconhecimento judicial da multiparentalidade, com a devida publicidade decorrente do registro público de nascimento (RIO GRANDE DO SUL, 2015).

A situação da coparentalidade com uso de material genético de terceiro que não faz parte do casal não se confunde, por outro lado, com a reprodução humana assistida heteróloga, pois na primeira o terceiro participa não apenas biologicamente do projeto parental, enquanto nesta o doador não tem interesse ou pretensão de constituir família com aqueles que recebem seu material genético, razão pela qual há consenso quanto à impossibilidade do estabelecimento de multiparentalidade em caso de reprodução humana assistida heteróloga. Nesta situação, a investidura na condição jurídica de pai e/ou de mãe se dá pela adesão a um projeto familiar, por ato de vontade, e não em função da identidade genética. É de se destacar, por oportuno, ser vedado o conhecimento da identidade do doador pelos receptores e a informação sobre a identidade dos receptores pelo doador, o que expressa uma política de supressão deliberada das eventuais relações entre doador e receptor, denotando a nítida distinção entre o(s) ascendente(s) genético(s) e os pais. O anonimato implica, em última análise, o reconhecimento da primazia dos laços afetivos sobre os biológicos, em que pese se reconheça ao filho assim gerado o direito ao conhecimento da sua ascendência genética. Acrescente-se, por fim, que o Provimento nº 63 do Conselho Nacional de Justiça, dispõe em seu art. 17, § 4º que "O conhecimento da ascendência biológica não importará no reconhecimento do vínculo de parentesco e dos respectivos efeitos jurídicos entre o doador ou doadora e o filho gerado por meio da reprodução assistida" (BRASIL, 2017).

Cumpre, por derradeiro, mencionar um curioso caso de multiparentalidade julgado em março de 2019, quando um magistrado da Comarca de Cachoeira Alta, no Estado de Goiás, atribuiu uma multiparentalidade genética a dois irmãos gêmeos univitelinos. No caso, a criança, representada por sua genitora, ajuizou uma ação de investigação de paternidade cumulada com pedido de alimentos em face de um dos irmãos, com quem a mãe da criança afirmava ter tido um relacionamento afetivo e do qual adveio o nascimento do filho. Antes mesmo da propositura da demanda, as partes já haviam se submetido a um exame de DNA, cujo resultado tinha sido positivo. Ocorre que, em sede de contestação, o alegado pai aduziu uma suposta ilegitimidade passiva, sob o argumento de não ter mantido relações sexuais com a genitora da criança, ao tempo que solicitou a inclusão do seu irmão gêmeo no polo passivo da ação. Após a realização de novo exame de DNA, o resultado mostrou-se igualmente positivo. Mesmo diante da prova da identidade genética, os dois irmãos se recusavam a assumir a responsabilidade parental em relação ao filho, razão pela qual o magistrado acabou por reconhecer a dupla paternidade, com vistas a contemplar a garantia dos direitos fundamentais da criança. Na sentença, o magistrado considerou que os irmãos se valiam dolosamente do fato de serem gêmeos idênticos para angariar o maior número de mulheres e para ocultar a traição em seus relacionamentos, utilizando aleatoriamente os seus nomes, além de reconhecer a má-fé de um dos irmãos que buscava ocultar a verdadeira paternidade.

Livia Leal (2019, p. 149) adverte, contudo, para a necessidade de considerar que na situação exposta há a atribuição equivocada de uma das paternidades, "na medida em que apenas um dos réus contribuiu com seu material genético (gameta) para que houvesse a fecundação do óvulo, não havendo que se falar propriamente em contribuição genética por parte de ambos em relação ao gameta masculino (espermatozoide)". Assim, embora houvesse correspondência do código genético, tecnicamente não haveria multiparentalidade biológica ou genética, o que, segundo a autora, acaba por reforçar a "concepção de que o exame de DNA, apesar de ser considerado prova central na investigação de paternidade, não é o único meio de prova, devendo o magistrado analisar as demais provas no processo para formar a sua convicção acerca da paternidade". Estaríamos, então, diante de uma nova hipótese de paternidade biológica por presunção, já que não houve o estabelecimento de qualquer vínculo de socioafetividade entre a criança e seus possíveis genitores?

Estabelecidas essas premissas, cumpre agora analisar as repercussões que a atribuição de múltiplos vínculos parentais causará nas relações familiares.

4. EFEITOS DA MULTIPARENTALIDADE

Ao definir a tese em Repercussão Geral, restou claro que o Supremo Tribunal Federal reconheceu, ao mesmo tempo, tanto a parentalidade socioafetiva como a multiparentalidade. A socioafetividade, no caso, compreendida como a conexão sólida, sedimentada, que não se limita, apenas, ao sentimento de afeto que pode vincular pessoas de diversas maneiras, com ou sem repercussões jurídicas. É a forma de gerar laços familiares, pela experiência prática de família, com responsabilidades e cuidados em comportamentos que poderiam ser exigidos para o parentesco que performa, mas que são espontaneamente oferecidos, culminando no reconhecimento social e, por fim, jurídico.

A doutrina e a jurisprudência há muito já vinham buscando esse reconhecimento que restou consolidado pela possibilidade de concomitância dos vínculos socioafetivos e biológicos, acarretando efeitos próprios à parentalidade, fazendo-se necessário, portanto, lançar luz sobre tais repercussões, tendo em vista que a legislação continua posta para um sistema binário que não é mais a realidade brasileira.

Como se está diante de um duplo reconhecimento jurídico para a pluralidade de vínculos paternos e maternos, a interpretação das regras de direito de família necessita de uma ressignificação adequada, tomando como referência, especialmente, os princípios jurídicos, que são normas que também obrigam e que alicerçaram a fundamentação da decisão do Supremo Tribunal Federal em Repercussão Geral, sobretudo o princípio do melhor interesse da criança e do adolescente.

O reconhecimento de uma parentalidade socioafetiva, por si só, não parece ser gerador de celeumas quanto aos papéis jurídicos que resultam, visto que a Constituição Federal de 1988 afastou qualquer distinção entre filhos havidos ou não, do casamento, de origem biológica ou de adoção, regra também constante do Código Civil, no artigo 1.596. Assim, não será o tipo de vínculo existente entre seus pais ou a origem da filiação que apontará este ou aquele caminho na atribuição de direitos, mas, tão somente, a situação jurídica que enlaça diretamente um pai ou uma mãe e seu filho.

Em que pese o artigo 227, § 6º, da Constituição Federal indicar que a filiação tem duas origens, casamento e adoção, a situação jurídica de parentalidade já não restringia a condição de filho à sua origem biológica, ainda que por presunção, ou ao processo formal de adoção, "ou isto ou aquilo". Assim, pensar na parentalidade socioafetiva não será diferente de refletir os efeitos de uma parentalidade biológica ou por adoção, sem distinção.

As questões mais complexas são as que concernem à multiparentalidade, já que contemplam a possibilidade de manter uma parentalidade socioafetiva concomitantemente à outra parentalidade biológica ou socioafetiva.[2]

---

2. Ressalta-se que nem toda relação afetiva nem toda origem biológica ensejarão o reconhecimento jurídico de parentalidade, como afirma Paulo Lôbo: "A decisão do STF, portanto, tanto no que concerne à socioafetividade quanto à multiparentalidade, não se aplica: a) às hipóteses de filiação decorrente de adoção, pois a lei determina a extinção dos vínculos com a família de origem, exceto para impedimento matrimonial (ECA, art. 41); b) à inseminação artificial heteróloga, com autorização expressiva do marido, em virtude de atribuição legal de paternidade a este (CC, art. 1.597, V); c) ao parentesco por afinidade (padrasto, madrasta e enteados), que tem natureza e efeitos jurídicos próprios, salvo se tiver havido conversão fática para posse de estado de filiação, o que permitirá multiparentalidade; d) ao namoro e outros relacionamentos afetivos, sem constituição de família socioafetiva (amizade, compadrio); e) se a técnica de reprodução assistida utilizar materiais genéticos de doador anônimo, crioconservados em estabelecimentos especializados para inseminação artificial. Se o doador de material genético o fizer conscientemente, é alcançado pela multiparentalidade. É hipótese de dação *intuito personae* de material genético para atender a pedido de pessoa amiga ou de parente". LÔBO, Paulo. *Direito Civil. Famílias*. 9. ed. São Paulo: Saraiva, 2019. v. 5, p. 248.

As regras postas no Código Civil e no Estatuto da Criança e do Adolescente, sobretudo, traduzem relações parentais binárias, estando dirigidas para apenas um par de pais, na triangulação pai, mãe, filho, razão pela qual a responsabilidade atual da doutrina e da jurisprudência está em buscar a interpretação que não viole os institutos jurídicos e ainda promova a dignidade humana e o melhor interesse da criança e do adolescente do perfilhado que tenha três ou quatro ascendentes diretos.

Com a pluriparentalidade, é importante refletir sobre alguns dos principais efeitos jurídicos da relação pais e filhos, mormente por dizerem respeito aos interesses existenciais que lastreiam os direitos fundamentais mais relevantes, pois são o cerne da noção de personalidade e, portanto, justificadores do princípio da dignidade humana.

4.1 Alteração do registro. Nome e campo de filiação

Não obstante a possibilidade de ser filho de alguém, de fato, não prescindir de formalização, para o direito, o registro situará, publicamente, o indivíduo na família, viabilizando o exercício de direitos patrimoniais e existenciais próprios de tal condição.

Ser filho de alguém que, por isso, assuma responsabilidades na construção e realização de sua personalidade, sobretudo na infância e adolescência, é direito fundamental[3] que se estende para a vida adulta, já que a família é a base da sociedade e é possível dizer que integrar uma família é a primeira forma de inclusão social.

Embora o registro civil não seja a única maneira de se reconhecer alguém como filho, é por meio deste que se confere a publicidade oficial da relação. Sobre o assunto, leciona Cassetari (2014, p. 121):

> O sistema de registro civil constitui matéria de ordem pública e, no que diz respeito precisamente ao nascimento, representa o reconhecimento do *status civitatis* do indivíduo, o qual somente se encerra com sua morte, conferindo-lhe a identidade que o distingue dos demais integrantes da sociedade.

A partir do Provimento 63/2017 do Conselho Nacional de Justiça, em seus artigos 10 a 15, restou autorizado o reconhecimento voluntário da parentalidade (pai ou mãe) socioafetivos, por declaração direta, sem necessidade de provocação do Poder Judiciário.

Inicialmente, o reconhecimento voluntário da parentalidade socioafetiva não possuía nenhuma restrição quanto à idade do perfilhado, facultando-o a qualquer pessoa maior de 18 anos, independentemente do seu estado civil, desde que não fosse seu ascendente ou irmão e se respeitasse a diferença de idade de 16 anos entre o pretenso pai/mãe e o filho. Com a edição do Provimento 83/2019, o Conselho

---

3. "Es que el hijo tiene un derecho constitucional y supra nacional, otorgado por la convención sobre los Derechos del Niño, a conocer su realidad biológica, a tener una filiación, y para tener una filiación paterna extramatrimonial requiere del reconocimiento del progenitor varón, ya que la madre no puede atribuirle la paternidad". MEDINA, Graciela. *Daños em el Derecho de Familia*. 2. ed. Santa Fe: Rubinzal-Culzoni, 2008, p. 151.

Nacional de Justiça passou a exigir a idade mínima de 12 anos ao perfilhado, sendo mantida a necessidade de seu consentimento.

Dúvidas, porém, foram levantadas quanto à interpretação do artigo 14 do Provimento 63/2017 do Conselho Nacional de Justiça, no que diz respeito à possibilidade de reconhecimento extrajudicial da multiparentalidade, pois estava assim redigido: "O reconhecimento da paternidade ou maternidade socioafetiva somente poderá ser realizado de forma unilateral e não implicará o registro de mais de dois pais e de duas mães no campo FILIAÇÃO no assento de nascimento" (CONSELHO NACIONAL DE JUSTIÇA, 2017).

A princípio, parece que o dispositivo exigia apenas o respeito ao limite registral de até dois pais e de duas mães no campo da filiação, adotando modelo pluriparental, porém adstrito àquele limite. Quando o dispositivo trata da unilateralidade do reconhecimento, busca estabelecer tão somente que não pode ser realizado de forma simultânea pelo pai e pela mãe socioafetivos, mas individualmente por cada um, havendo o registrador de praticar dois atos isoladamente. Ademais, o artigo 11 deste Provimento, em seu § 3º, ainda impunha a coleta da *"assinatura do pai e da mãe do reconhecido, caso este seja menor"* e, em seu § 5º, a necessidade da *"coleta da anuência tanto do pai quanto da mãe e do filho maior de 12 anos"* (CONSELHO NACIONAL DE JUSTIÇA, 2017). Os citados parágrafos não determinam a coleta da anuência do pai "OU" da mãe registral, mas de ambos quando utiliza a conjunção "E", o que indicaria a possibilidade de reconhecimento de multiparentalidade em caso de preexistência de pai "e" mãe registral.

Este, contudo, não foi o posicionamento adotado pelo Conselho Nacional de Justiça ao responder ao pedido de providências 0003325-80.2018.2.00.0000, que entendeu não haver amparo legal para a averbação em registro civil de múltiplos vínculos parentais por meio de procedimento administrativo, apenas pela via judicial. Em crítica a esse entendimento, cumpre referenciar a opinião de uma das autoras em publicação anterior:

> Ora, se não há categorização da filiação e sendo vedado qualquer tipo de tratamento discriminatório entre os filhos, qualquer que seja sua origem, a simples presença de um vínculo biparental registral não deveria excluir, por si só, a possibilidade do reconhecimento extrajudicial de outro vínculo paterno e/ou materno concomitante ou posterior (Rocha, 2019, p. 225).

Outra questão correlata ao registro, trata do nome que o filho poderá passar a ter. O nome é direito de personalidade, expressamente previsto no Código Civil em seu artigo 16; por ele compreendem-se o prenome e o sobrenome. O nome é o sinal distintivo pelo qual uma pessoa é identificada nas suas diversas relações e, talvez, seja o direito que mais exteriorize a personalidade de alguém.

Se a personalidade é o que lança os sujeitos no palco da vida em sociedade, e sendo a família considerada a base da sociedade civil, não haveria razão alguma em proibir a averbação dos nomes de família do pai e/ou da mãe socioafetivos ou dos pais biológicos que tenham sido reconhecidos posteriormente.

No caso de parentesco por afinidade, a Lei 6.015/73 (Lei de Registros Públicos), em seu artigo 8°, já autoriza que o enteado ou a enteada requeira em juízo a averbação dos nomes de família do padrasto ou da madrasta em seu registro de nascimento, desde que haja concordância e não ocorra prejuízo de seus apelidos de família. A autorização legal reconhece a importância de exteriorizar o pertencimento familiar pelo acréscimo do sobrenome, ainda que, no caso de enteado e enteada, não se produzam efeitos jurídicos de filiação, pois o *status* de família é outro.

O registro ou a averbação (não se trata de cancelamento do registro anterior) que acresce os sobrenomes de pai e mãe em multiparentalidade, então, é também direito do filho para estampar em sua personalidade, social e juridicamente apresentada, o núcleo familiar em que se insere, no caso, na posição de filho e com todos os direitos e deveres que isso implique.

4.2 Efeitos quanto ao parentesco

Se a multiparentalidade é reconhecida para produzir todos os efeitos jurídicos, então, por óbvio, os laços de parentesco com a família estendida também existem. Ao posicionar alguém em família, na situação de filho, origina-se uma série de outras relações daquele com seus avós, primos, irmãos, tios e sobrinhos.

Não poderia ser diferente, já que não existe hierarquia entre os pais, seja a parentalidade biológica, seja a socioafetiva. Portanto, não faria sentido restringir os efeitos jurídicos do reconhecimento para criar relações jurídicas entre pais e filhos e desconsiderar os descendentes, ascendentes e colaterais do pai ou mãe socioafetivos. Assim, do múltiplo registro, constarão também os nomes dos avós, que poderão ser até oito e, futuramente, até mais, considerando que os pais também poderão ter, cada um, mais que um par binário de ascendentes.

Dessa forma, todos os direitos e deveres relativos ao estado de família farão parte da situação jurídica daquele indivíduo. Assim, impedimentos matrimoniais, alimentos, direitos sucessórios, entre outros efeitos jurídicos, estarão no seu contexto, ainda que nunca tenha existido alguma afetividade entre eles, sendo o vínculo jurídico com os parentes conservado em razão da irrevogabilidade do reconhecimento da paternidade e da maternidade.

Vale salientar, como faz Rolf Madaleno (2004, p. 18), que o parentesco não é um fato da natureza, mas uma construção social que varia de acordo com a cultura. Assim, o Direito das Famílias no Brasil de hoje percebe as famílias como agrupamentos necessários à concretização de princípios constitucionais, sobretudo a dignidade humana, a solidariedade e o melhor interesse da criança e do adolescente, situando cada pessoa, para integrar sua família verdadeiramente, com direitos e deveres que transcendem as relações entre pais e filhos e abarquem todos os que compõem sua família estendida.

E assim é com relação às situações de multiparentalidade, pois, assim como um filho biológico ou adotivo passa a integrar a família natural ou a substituta em laços de parentesco com cada um de seus ascendentes, o filho de múltipla ascendência, da mesma forma, será integrado à universalidade dos parentes ligados a todos os seus ascendentes imediatos, tendo por diferença apenas o aspecto quantitativo.

4.3 Efeitos quanto aos alimentos

Alimentos expressam o dever de solidariedade familiar e se justificam na obrigação de sustento que os pais têm quanto aos filhos em relação ao exercício do poder familiar; e depois que estes são maiores e capazes, na reciprocidade familiar, que remete também aos filhos as obrigações de amparo aos pais idosos.

Nem a multiparentalidade nem a origem socioafetiva da parentalidade alteram, qualitativamente, os direitos e deveres de alimentos entre pais e filhos, razão pela qual a incidência das regras de Direito de Família acontecerá do mesmo jeito, apenas considerando uma quantidade maior de sujeitos passivos envolvidos, porquanto inexiste no ordenamento jurídico norma que justifique uma interpretação que diminua a função do pai e mãe socioafetivos ante uma parentalidade biológica, ou vice-versa.

Dessa forma, não há que se falar em caráter subsidiário ou residual para obrigar pai e mãe socioafetivos, nesta condição, em multiparentalidade. Para Lucas Silva (2020, p. 24), tal compreensão imputaria uma inferiorização do parentesco socioafetivo que contraria frontalmente a isonomia constitucional entre filhos biológicos e socioafetivos.

O Código Civil, em seu artigo 1.696, prescreve a obrigação de prestar alimentos de forma recíproca entre pais e filhos, sem distinguir o parentesco por nenhum critério de origem, estendendo-a ainda a todos os ascendentes. O critério normativo para estabelecer a ordem de chamamento à obrigação está tão somente no grau de parentesco, recaindo primeiro nos de grau mais próximo, fazendo com que o dever de prestar alimentos atinja igualmente todos os ascendentes de mesmo grau, que deverão contribuir de acordo com seus recursos (artigo 1.694, § 1º) e, apenas na falta ou impossibilidade dos ascendentes de grau mais próximo, subsidiária e complementarmente, recairá sobre aqueles de grau mais distante, no caso, os avós biológicos e socioafetivos.

Paulo Lôbo (2020, p. 256) faz a ressalva quanto ao valor devido a título de alimentos, para que sejam fixados em valor único, partilhado entre os pais conforme as suas respectivas capacidades contributivas (possibilidades), tendo em vista que as necessidades do filho não irão variar pela quantidade de ascendentes, afastando, com isso, qualquer alegação de enriquecimento indevido por parte do alimentando.

Não há dúvidas de que o reconhecimento pelo Supremo Tribunal Federal, atendendo a uma doutrina atenta aos eventos sociais, tanto da parentalidade socioafetiva como da multiparentalidade, está fundamentado no princípio do melhor interesse da criança e do adolescente, bem como na dignidade humana; no entanto, é preciso refletir sobre o futuro dessas famílias, já que implicará a reciprocidade prevista no artigo 229 da Constituição Federal.[4]

Parece mesquinho levantar essa reflexão quando já temos sedimentado o valor posto no princípio da solidariedade, mas cumpre atentar que durante a infância e a adolescência poderá existir o dobro de ascendentes diretos, acrescidos de uma quantidade também maior de avós, em caráter complementar, para garantir os cuidados com os pequenos; no entanto, para frente, sendo via de mão dupla, o filho maior restará responsável por múltiplos ascendentes em situação, possivelmente, muito mais onerosa para ele, sobretudo se se considerar a longevidade somada com a falta de perspectiva de muitos idosos numa sociedade que os invisibiliza.

4.4 Exercício do poder familiar e direito de convivência

O reconhecimento da parentalidade é essencial para que as normas jurídicas do poder familiar incidam sobre as relações entre pais e filhos. O artigo 1.633 do Código Civil, ao atribuir a exclusividade do poder familiar para a mãe de filho não reconhecido pelo pai, deixa claro que as responsabilidades parentais dependem da formalização do vínculo parental, ou seja, o direito ao registro já mencionado anteriormente, não importando a origem biológica ou socioafetiva da filiação.

É consenso, atualmente, que a família é local de realização da personalidade de seus membros. Para Perlingieri (2002, p. 243), enquanto instituição, não é portadora de um interesse superior e superindividual, mas, sim, em função da realização das exigências humanas, como lugar onde se desenvolve a pessoa". Para crianças e adolescentes, a família, além de local de realização, é também local de construção de suas personalidades, daí a relevância do exercício do poder familiar e a sua melhor interpretação a partir do princípio do melhor interesse de crianças e adolescentes, no sentido de significar concretamente a assunção das responsabilidades parentais. É, portanto, *múnus*, fundado na legitimidade e no interesse do outro, "além de expressar uma simples superioridade hierárquica análoga à que se exerce em toda organização, pública ou privada" (Lôbo, 2020, p. 311).

Na multiparentalidade, quanto ao instituto e à incidência das regras relativas ao poder familiar, não haverá diferença do que é para um sistema binário de parentalidade, exceto no aspecto quantitativo, ou seja, os atributos do poder familiar que eram responsabilidade de uma mãe e um pai recairão sobre até dois pares de pais e mães enquanto titulares da autoridade parental.

Havendo conflito entre pais biológicos e socioafetivos, o juiz deverá decidir com base no princípio do melhor interesse do filho, já que não há primazia entre eles, uma vez que se entende que o exercício do poder familiar entre os múltiplos pais e/ou mães é compartilhado (Lôbo, 2020, p. 255).

---

[4]. Artigo 229. Os pais têm o dever de assistir, criar e educar os filhos menores, e os filhos maiores têm o dever de ajudar e amparar os pais na velhice, carência ou enfermidade.

Acrescente-se que a convivência familiar, como direito fundamental da criança e do adolescente, a ponto de merecer um capítulo próprio (capítulo III do título II – dos Direitos Fundamentais) no Estatuto da Criança e do Adolescente, deve ser viabilizada e estimulada tanto com relação aos pais biológicos e socioafetivos como com todos os parentes que integram a família estendida. Nesse sentido, aponta Paulo Lôbo (2020, p. 256) que "O conflito deve ser arbitrado pelo juiz, de modo que assegure o contato do filho com seus pais socioafetivos e biológicos e com os parentes de cada linhagem, especialmente os avós".

Questão relevante para o exercício do poder familiar e do direito à convivência familiar diz respeito à guarda. Nosso ordenamento contempla dois tipos de guarda: a guarda compartilhada e a guarda unilateral, sendo a primeira considerada a regra, inclusive para viabilizar um tempo de convivência mais equilibrada com os pais, não obstante o filho possa contar com uma residência fixa. Compartilha-se, então, a autoridade parental e a convivência que propicia o exercício das responsabilidades, visando ao melhor interesse da criança. Mesmo que não exista consenso entre os pais, caso o juiz perceba aptidão para o exercício do poder familiar, decidirá pelo compartilhamento da guarda, que só não será estabelecida quando o pai ou a mãe declarar que não a deseja (artigo 1.584, § 2º). A guarda unilateral, assim, será excepcional quando houver requerimento dos pais, unilateralmente ou em conjunto, bem como por decisão judicial, desde que exista razão que a justifique para o melhor interesse do filho.

De acordo com Lucas Silva (2020, p. 23), a multiparentalidade não será geradora de conflitos que não possam ser solucionados pela simples equiparação das relações multipaternais às demais relações de paternidade e filiação. Para o autor, as mesmas soluções de guarda e mediações de conflitos de convivência, que se encontram no Código Civil e que sejam suficientes para as relações de biparentalidade, também serão para as relações multiparentais, pois a diferença está apenas no viés quantitativo.

A questão, contudo, não é tão simples assim. As regras do Código Civil foram pensadas para um sistema binário; assim, se a guarda não fosse compartilhada, seria unilateral. No caso da multiparentalidade, será possível se deparar com a situação em que dois ou três dos pais apresentem aptidão para o exercício da guarda compartilhada e o terceiro ou quarto manifeste o desejo de não compartilhar ou não tenha condições comprovadas para o seu exercício. A solução, então, deverá ser a criação, não prevista expressamente no ordenamento, de um modelo híbrido de guarda em que alguns pais terão a guarda compartilhada e outro (ou outros) serão "não guardiões", convivendo com o filho em regime de visita.

Se o ordenamento jurídico prevê dois tipos de guarda, sendo compartilhada ou unilateral, até para considerar uma modalidade híbrida, ainda assim haveria uma ressignificação da guarda unilateral. Imagine a hipótese de haver um filho com dois pais e uma mãe, não ocorrendo relacionamento conjugal entre nenhum deles. Imagine ainda que seja decretada a guarda compartilhada desse filho entre um pai e a mãe, mas o outro pai declara não querer dessa forma, assumindo a convivência por meio de visitas. Para um dos pais e a mãe, aplica-se a guarda compartilhada, e para o outro, a modalidade que se assemelha à guarda unilateral, embora nem o nome do instituto comporte, porque não haverá unilateralidade para o polo guardião, e sim, compartilhamento.

Talvez esse não seja um problema de difícil solução, mas haverá de ser pensado, nem que seja para traduzir a possibilidade de convivência familiar e guarda em regras mais claras e que considerem a mudança quantitativa.

5. REFERÊNCIAS

AGUIRRE, João. Reflexões sobre a multiparentalidade e a repercussão geral 622 do STF. In: *Revista Eletrônica Direito e Sociedade*, vol. 5, n. 1, 2017.

BUNAZAR, Maurício. Pelas portas de Villela: um ensaio sobre a pluriparentalidade como realidade sociojurídica. In: *Revista Direito UNIFACS*, n. 151, 2013. Disponível em: 2458-9451-1-PB.pdf. Acesso em: 20 jan. 2021.

CASSETARI, Christiano. *Multiparentalidade e parentalidade socioafetiva*: efeitos jurídicos. São Paulo: Atlas, 2014.

CHAVES, Marianna. Famílias mosaico, socioafetividade e multiparentalidade: breve ensaio sobre as relações parentais na pós-modernidade. In: *Anais do IX Congresso Brasileiro de Direito de Família: Famílias: Pluralidade e Felicidade*. 2014. Disponível em: http://www.academia.edu/27361988/FAM%C3%8DLIAS_MOSAICO_SOCIOAFETIVIDADE_E_MULTIPARENTALIDADE_BREVE_ENSAIO_SOBRE_AS_RELA%C3%87%C3%95ES_PARENTAIS_NA_P%C3%93S-MODERNIDADE. Acesso em: 20 jan. 2021.

FACHIN, Luís Edson. *Da paternidade*: relação biológica e socioafetiva. Belo Horizonte: Del Rey, 1996.

FARIAS, Cristiano Chaves de; ROSENVALD, Nelson. *Curso de direito civil*: famílias. – 15 ed. rev. e atual. – Salvador: JusPodivm, 2023.

MADALENO, Rolf. *Direito de família*. 7. ed. rev., atual. e ampl. Rio de Janeiro: Forense, 2017.

MADALENO, Rolf. *Direito de Família em Pauta*. Porto Alegre: Livraria do Advogado, 2004.

MADALENO, Rolf. *Sucessão legítima*. 2 ed. Rio de Janeiro: Forense, 2020.

MORAIS, Maria Celina Bodin de. *Um ano histórico para o Direito de Família*, Editorial, Civilistica.com, a. 5, n. 2, 2016, Rio de Janeiro. Disponível em: http://civilistica.com/um-ano-historico-para-o-direito-de-familia/. Acesso em: 20 jan. 2021.

NETTO LÔBO, Paulo Luiz. Direito ao estado de filiação e direito à origem genética: uma distinção necessária. In: FARIAS, Cristiano Chaves de (Coord.). *Temas atuais de direito e processo de família*. Rio de Janeiro: Lumén Juris, 2004.

NETTO LÔBO, Paulo Luiz. Socioafetividade no direito de família: a persistente trajetória de um conceito fundamental. In: *Revista Brasileira de Direito das Famílias e Sucessões*, v. 5, p. 5-22, ago.-set. 2008.

NETTO LÔBO, Paulo Luiz. *Direito civil*: volume 5: famílias. 10 ed. São Paulo: Saraiva Educação, 2020.

PERLINGIERI, Pietro. *Perfis do direito civil*: introdução ao direito civil-constitucional. Tradução de Maria Cristina de Cicco. 3 ed. Rio de Janeiro: Renovar, 2002.

ROCHA, Patricia Ferreira. A desjudicialização da multiparentalidade. In: EHRHARDT JÚNIOR, Marcos; LÔBO, Fabíola Albuquerque; ANDRADE, Gustavo (Coord.). *Direito das relações familiares contemporâneas*: estudos em homenagem a Paulo Luiz Netto Lôbo. Belo Horizonte: Fórum, 2019. P. 213-235.

ROCHA, Patricia Ferreira. As repercussões pessoais e patrimoniais na esfera familiar e sucessória do reconhecimento jurídico da poliafetividade convivencial. In: CABRAL, Marcelo Marques; ALVES, Jones Figueirêdo Alves; MERGULHÃO, Danilo Rafael da Silva. *Direito privado e constituição*: a pavimentação de um direito privado solidário sob a ótica constitucional. São Paulo: Thomson Reuters Brasil, 2019, p. 49-70.

SCHREIBER, Anderson; LUSTOSA, Paulo Franco. Efeitos jurídicos da multiparentalidade. *Pensar – Revista de Ciências Jurídicas*, Fortaleza, v. 21, n. 3, set.-dez. 2016, p. 847-873. Disponível em: http://periodicos.unifor.br/rpen/article/view/5824. Acesso em: 20 jan. 2021.

SILVA, Lucas de Castro Oliveira e. *Parentalidade Socioafetiva e Multiparentalidade*: Análise Civil-Constitucional a partir do RE n. 898.060/SC, 2020. Disponível em: http://civilistica.com/parentalidade-socioafetiva-e-multiparentalidade/. Acesso em: 20 jan. 2021.

TEPEDINO, Gustavo; TEIXEIRA, Ana Carolina Brochado. *Fundamentos do direito civil*: direito de família, v. 6. Rio de Janeiro: Forense, 2020.

VALADARES, Maria Goreth Macedo. *Multiparentalidade e as novas relações de parentesco*. Rio de Janeiro: Lumen Juris, 2016.

VARGAS, Hilda Ledoux. *Parentalidade nas famílias neoconfiguradas*: as famílias com padrastos, madrastas e enteados. Curitiba: Juruá, 2017.

VILLELA, João Baptista. Desbiologização da paternidade. *Revista da Faculdade de Direito da UFMG*, 21, 1979, p. 400-418. Disponível em: https://www.direito.ufmg.br/revista/index.php/revista/article/view/1156/1089. Acesso em: 20 jan. 2021.

WELTER, Belmiro Pedro. *Teoria Tridimensional do direito de família*. Porto Alegre: Livraria do Advogado Editora, 2009.

Jurisprudência

BELO HORIZONTE. 5ª Vara de Família da Comarca de Belo Horizonte. Processo 0024.11.113.362-5. Juiz Clayton Rosa. Disponível em: bh_Multiparentalidade_2_95.pdf (esamg.org.br). Acesso: 20 jan. 2021.

BRASIL. Conselho Nacional de Justiça. Pedido de providências 0003325-80.2018.2.00.0000. Disponível em: Oficial de RCPN se limita anotar apenas pai ou mãe socioafetivos – Notícias – ARPEN-SC (arpen-sc.org.br). Acesso em: 20 jan. 2021.

BRASIL. Supremo Tribunal Federal. RE 898.060/SC. Disponível em: http://www.stf.jus.br/arquivo/cms/noticiaNoticiaStf/anexo/RE898060.pdf. Acesso em: 20 jan. 2021.

RECIFE. 1ª Vara de Família da Comarca de Recife. Processo de 0034634-20.2013.8.17.0001. Juiz Clicério Bezerra e Silva. Julgado em 1º out. 2013. Disponível em: IBDFAM: Adoção multiparental. Acesso em: 20 jan. 2021.

RORAIMA. 1ª Vara Cível da Comarca de Ariquemes/RO. Processo 0012530-95.2010.8.22.0002. Juíza Deisy Cristhian Lorena de Oliveira Ferraz, julgado em 13 mar. 2012. Disponível em: www.flaviotartuce.adv.br/assets/uploads/jurisprudencias/201204031216120.MULTIPARENTALIDADE_SENTENCARO.PDF. Acesso em: 20 jan. 2021.

SÃO PAULO. Tribunal de Justiça do Estado de São Paulo. Apelação Cível 0006422-26.2011.8.26.0286. 1ª Câmara de Direito Privado. Rel. Des. Alcides Leopoldo e Silva Júnior. Julgado em 14 ago. 2012. Disponível em: Tribunal de Justiça de São Paulo TJ-SP – Apelação: APL 0006422-26.2011.8.26.0286 SP 0006422-26.2011.8.26.0286 (jusbrasil.com.br). Acesso em: 20 jan. 2021.

SERGIPE. Tribunal de Justiça do Estado de Sergipe. Apelação Cível 00000589-92.2016.8.25.0055. 2ª Câmara Cível. Rel. Des. José dos Anjos. Julgado em 1º out. 2019. Disponível em: Tribunal de Justiça de Sergipe TJ-SE – Apelação Cível: AC 0000589-92.2016.8.25.0055 (jusbrasil.com.br). Acesso em: 20 jan. 2021.

Legislação

BRASIL. *Constituição da República Federativa do Brasil*. Disponível em: Constituicao-Compilado (planalto.gov.br). Acesso em: 20 jan. 2021.

BRASIL. *Lei 8.069/1990 (Estatuto da Criança e do Adolescente)*. Disponível em: http://www.planalto.gov.br/ccivil_03/Leis/L8069.htm. Acesso em: 20 jan. 2021.

BRASIL. Conselho Nacional de Justiça. *Provimento 63/2017 do CNJ*. Disponível em: http://www.cnj.jus.br/busca-atos-adm?documento=3380. Acesso: 20 jan. 2021.

EFEITOS DA MULTIPARENTALIDADE NA FILIAÇÃO

Fabíola Albuquerque Lobo

Professora Titular de Direito Civil do Centro de Ciências Jurídicas da UFPE. Doutora em Direito Civil pela UFPE. Professora do PPGD/UFPE. Vice-líder do Grupo de Pesquisa Constitucionalização das Relações Privadas (CONREP/UFPE/CNPq).

Sumário: 1. Introdução – 2. Argumentos favoráveis à multiparentalidade anterior a tese do STF – 3. Argumentos contrários a multiparentalidade anterior a tese do STF – 4. Afirmação da multiparentalidade com base na tese do STF – 5. Fundamentos do voto condutor e do voto divergente – 6. Efeitos decorrentes da multiparentalidade – 7. Conclusão – 8. Referências.

1. INTRODUÇÃO

O presente artigo tem por objetivo analisar os efeitos da multiparentalidade e suas repercussões na filiação.

Todavia, antes de ingressar no tema da multiparentalidade é imperioso revisitar a Constituição Federal/1988 que instituiu intensas e inúmeras transformações ao direito de família, principalmente no campo da filiação mediante a aplicação direta dos princípios constitucionais, em particular a incidência do princípio da afetividade às relações jurídicas de família.

Embora implícito, o reconhecimento jurídico da afetividade como princípio norteador das relações de família reverberou positivamente no campo da filiação, com a conquista da igualdade jurídica da filiação, independente da origem biológica ou socioafetiva da parentalidade. Conquista esta que demarca a ruptura definitiva com o modelo de filiação inserto na codificação civil de 1916, estruturado em filiação legítima e ilegítima.

Na esteira constitucional, o princípio da afetividade foi recepcionado pelo Código Civil/2002, nas disposições relativas às relações de parentesco ao reconhecer o parentesco natural ou civil, conforme resulte de consanguinidade ou outra origem (art. 1593). É exatamente do reconhecimento jurídico do parentesco resultante de outra origem, que se extrai o parentesco socioafetivo, o qual por sua vez impulsionou doutrina e jurisprudência dar um "giro copernicano" na compreensão e no enfrentamento desta nova realidade da filiação matizada na socioafetividade.

Dessarte, a compreensão que se impõe à filiação é a da filiação biológica ladeada pela filiação socioafetiva, a qual se materializa nas seguintes espécies, quais sejam: filiação proveniente da adoção, filiação proveniente das técnicas de reprodução assistida heteróloga e a filiação proveniente da posse de estado.

O fato é que ao imaginarmos que as bases da socioafetividade na filiação mostravam-se assentadas, nos deparamos com um outro desafio, incorporado pelo Supremo Tribunal Federal (STF). Neste sentido, entendemos que a afirmação da multiparentalidade no direito brasileiro, se deu pela via jurisprudencial, a partir do julgamento, pelo STF, do RE 898060/SC, em 22.09.2016, o qual resultou na fixação da Tese de Repercussão Geral 622 de seguinte teor: "A paternidade socioafetiva, declarada ou não em registro público, não impede o reconhecimento do vínculo de filiação concomitante baseado na origem biológica, com os efeitos jurídicos próprios". Ou seja, a aceitação da coexistência das parentalidades simultâneas, ou simplesmente multiparentalidade é carreada dos consectários jurídicos existenciais e patrimoniais ínsitos às relações de filiação.

Apesar deste nosso entendimento há doutrinadores que enxergavam a manifestação fática da multiparentalidade, muito antes do julgamento pelo STF. É o que demonstraremos na sequência.

2. ARGUMENTOS FAVORÁVEIS À MULTIPARENTALIDADE ANTERIOR A TESE DO STF

A respeito da multiparentalidade nos deparamos com uma pequena produção doutrinária anterior à Tese de Repercussão Geral 622 do STF, sugerindo que esse instituto já ocorria na realidade fática das famílias e do direito brasileiro.

Nessa direção a família homoafetiva, a filiação proveniente das técnicas de reprodução assistida heteróloga e a alteração na Lei de Registro Público 6.015/73, alterada pela Lei 11.924/2009 (Lei Clodovil), constituiriam exemplos de relações marcadas por vínculos múltiplos e que teriam servido, segundo esse entendimento, para indicar o surgimento da multiparentalidade.

Entre nós, um dos primeiros autores a escrever sobre o instituto foi Marcos Catalan. O autor, em 2012, chamou atenção para o que denominou de fenômeno da multiparentalidade. Através de uma metáfora, nos transportou no tempo, para situar no anteontem, do direito de família a discussão da legitimidade e ilegitimidade da filiação, no ontem, no direito de ter um pai, hoje, e no porvir as preocupações relativas ao fenômeno da multiparentalidade.

O autor afirma que:

> O desafio está posto: ele consiste em ultrapassar o legado reducionista que contamina o direito codificado – um pai, uma mãe – e a redimensionar as possibilidades normativas contidas no universo das relações pluriparentais, fortalecendo as realidades familiares [...]. Infira-se, ademais, que é factível conceber que a aceitação pelo Direito do fenômeno da multiparentalidade promoverá a imposição e o delineamento – tão importante – de deveres como os de sustento e de cuidado, a cogestão no exercício das autoridades parentais, conformando, ainda, aspectos atados à guarda compartilhada (ou não) e ao exercício do dever de visitas (Catalan, 2012).

Christiano Cassetari também aparece entre os doutrinadores dedicados ao estudo da multiparentalidade. Segundo o autor, a alteração na Lei de Registros Públicos inaugurou a multiparentalidade no direito brasileiro, com todos os efeitos jurídicos correspondentes a parentalidade (Cassetari, 2014).

Em outro trabalho Marcos Catalan reafirmou que os contornos jurídicos das famílias contemporâneas apontaram para uma miríade de brasileiros imersos em arranjos familiares multiparentais. Realidade social que, segundo ele, aos poucos bateu às portas do judiciário brasileiro, a exemplo dos Tribunais de Minas Gerais, Santa Catarina e São Paulo que, timidamente, acolheram a multiparentalidade nos julgados.

Quanto ao STJ, o autor percebeu que a orientação majoritária era pelo não cabimento da multiparentalidade, embora numa das últimas decisões da Corte, antes da decisão do STF sobre a Tese 622, em 2016, constatou uma mudança na direção de entendimentos favoráveis a multiparentalidade. Concluiu que aos poucos os Tribunais Brasileiros se renderiam, ao que chamou de admirável mundo novo, onde as escolhas de Sofia, talvez não fossem mais necessárias, ou seja, a desnecessidade de se escolher entre a paternidade biológica ou socioafetiva (Catalan, 2015).

Em abril de 2009 foram lançados pela Corregedoria Nacional de Justiça, órgão vinculado ao Conselho Nacional de Justiça (CNJ), modelos únicos de certidões de nascimento, casamento e óbito. No caso da certidão de nascimento, o campo onde constava o nome do pai e da mãe foi substituído pelo campo filiação, abrindo a possibilidade de registro de crianças, por casal do mesmo sexo. Trata-se da hipótese do reconhecimento jurídico da dupla parentalidade (feminina ou masculina), ou seja, no registro passou a constar o nome do casal parental (masculino ou feminino).

Estes são os principais argumentos quanto a presença da multiparentalidade, anterior à Tese 622 do STF.

3. ARGUMENTOS CONTRÁRIOS A MULTIPARENTALIDADE ANTERIOR A TESE DO STF

Sem embargo, das relevantes contribuições ao tema trazidas acima, não obstante vislumbramos que o ingresso da multiparentalidade no direito brasileiro, somente se deu pela via jurisprudencial, com o julgamento da Tese 622 pelo STF. Posicionamento lastreado nas razões apresentadas abaixo:

A Lei de Registros Públicos (6.015/73), alterada pela Lei 11.924/2009 (Lei Clodovil), incluiu o § 8º ao art. 57, com a seguinte redação: "O enteado ou a enteada, havendo motivo ponderável e na forma dos §§ 2º e 7º deste artigo, poderá requerer ao juiz competente que, no registro de nascimento, seja averbado o nome de família de seu padrasto ou de sua madrasta, desde que haja expressa concordância destes, sem prejuízo de seus apelidos de família." Assim, contemplou a possibilidade da coexistência de dois vínculos, mas sem enunciar os consectários jurídicos decorrentes.

Repisamos que a inscrição do sobrenome do padrasto e/ou madrasta no registro de nascimento do enteado é destituída de força de constituição de parentalidade socioafetiva, pois em momento algum a lei faz qualquer remissão à constituição da posse de estado de filho. O intuito é meramente uma "finalidade simbólica existencial".

A respeito, nos valemos das considerações de Paulo Lobo:

> O acréscimo de sobrenome não altera a relação de parentesco por afinidade como o padrasto ou madrasta, cujo vínculo assim permanece sem repercussão patrimonial, uma vez que tem finalidade simbólica existencial. Consequentemente, não são cabíveis pretensões a alimentos ou sucessão hereditária, em razão desse fato (Lobo, 2020).

Em relação ao fato da certidão de nascimento ter sofrido alteração no sentido de constar a dupla parentalidade (feminina ou masculina), ou o nome do casal parental do mesmo sexo é a hipótese de identidade de gênero, mas o critério binário da filiação, não e alterado, o que afasta a incidência da multiparentalidade.

Vale ressaltar que, a Lei dos Registros Públicos foi recentemente alterada pela Lei nº 14.382/2022, inclusive modificou o artigo 57, § 8º, acima referido, passando a ter a seguinte redação:

> O enteado ou a enteada, se houver motivo justificável, poderá requerer ao oficial de registro civil que, nos registros de nascimento e de casamento, seja averbado o nome de família de seu padrasto ou de sua madrasta, desde que haja expressa concordância destes, sem prejuízo de seus sobrenomes de família.

A observação anteriormente feita que, o artigo em comento se refere a padrasto e madrasta continua válida, pois mesmo com a recente alteração da Lei, não houve nenhuma modificação neste sentido, ou seja, não prevê a hipótese de filiação.

Os termos utilizados na Lei de Registro Público são madrasta, padrasto e enteado. Daí o porquê de a hipótese em comento não tratar de multiparentalidade. Guarda razão Paulo Lobo, ao afirmar que, nesse caso, a paternidade biológica não é desafiada pelo parentesco por afinidade (Lobo, 2020).

No tocante à filiação proveniente das técnicas de reprodução assistida heteróloga o CNJ a regulou no Provimento 63/2017, nos seguintes termos:

> Art. 16 [...], § 3º O conhecimento da ascendência biológica não importará no reconhecimento do vínculo de parentesco e dos respectivos efeitos jurídicos entre o doador ou a doadora e o filho gerado por meio da reprodução assistida.

Como se percebe a linha seguida pelo Provimento foi no sentido de manter a distinção entre estado de filiação e origem genética, ou seja, os múltiplos vínculos presentes, por ocasião da utilização da técnica de reprodução assistida heteróloga, não reverberam nos efeitos jurídicos da filiação, o que afasta a multiparentalidade.

4. AFIRMAÇÃO DA MULTIPARENTALIDADE COM BASE NA TESE DO STF

As questões envolvendo o conflito entre a paternidade socioafetiva desafiando a paternidade biológica e vice-versa, diante da complexidade de seus efeitos, inevitavelmente bateram às portas do STF.

Em meio às controvérsias doutrinárias e jurisprudenciais, em relação a multiparentalidade, chegamos ao mês de outubro de 2015, quando o Min. Luiz Fux determinou que houvesse a substituição do RE 841.528 (oriundo da conversão do ARE 692.186 em recurso extraordinário – DJe de 9/9/2014) pelo recurso extraordinário (898.060/SC), como paradigma do Tema 622, que reconheceu a existência de repercussão geral da controvérsia relativa à prevalência ou não da paternidade socioafetiva em detrimento da biológica.

O caso paradigma se revela, nos seguintes termos, conforme se extrai do relatório proferido pelo Ministro Relator Luiz Fux.

Em 2003, F.G (19 anos) ingressou com ação de investigação de paternidade cumulada com a retificação de registro civil, e a fixação de alimentos, em face de A.N. Segundo historiou a autora, na petição inicial A.N e sua mãe S.G se relacionaram por aproximadamente quatro anos. Antes do término daquela relação S.G engravidou, mas foi abandonada por A.N. Neste ínterim S.G conheceu I.G e pouco tempo depois casaram-se. Quando F.G nasceu foi registrada como filha de I.G. Durante 14 anos, esta realidade fez parte das vidas de F.G e I.G, que também supunha sua paternidade biológica, em relação àquela. Crença que foi desfeita quando tomaram conhecimento, através da sua mãe e, na ocasião ex-mulher, respectivamente, que F.G era filha biológica de A.N. Ocasião, em que entabulou contatos preliminares com A.N, embora mantendo o relacionamento afetivo com I.G.

Citado, A.N contestou com algumas preliminares, "bem como a falta de interesse moral na busca da paternidade biológica, a qual não prepondera sobre a paternidade reconhecida". No mérito negou o relacionamento com S.G e por extensão a paternidade de F.G. I.G. embora citado, não apresentou defesa.

Realizado exame de DNA restou comprovada a paternidade biológica de A.N, em relação a F.G. Na audiência de instrução, todavia a magistrada constatou a existência e a permanência do vínculo afetivo entre F.G e I.G. Sem embargo do reconhecimento da paternidade socioafetiva consolidada, a fundamentação da sentença ingressou por caminhos distintos:

> a sobreposição da verdade socioafetiva à genética não se sustenta, porquanto "a descoberta posterior, em casos como o presente, acerca do vínculo biológico traz consigo a ciência da falsidade ideológica existente no registro público de nascimento" e "o conhecimento acerca da sua história de vida e de saúde (obtidos por meio dos dados genéticos), a verdadeira identidade pessoal e biológica, constituem direitos garantidos pela Legislação Brasileira e inseridos no conceito da dignidade da pessoa humana, princípio albergado pela nossa Constituição". Por tais motivos, julgo procedente o pedido formulado por F. G. de retificação de seu registro de nascimento, excluindo-se a paternidade de I. G. e incluindo-se a de A. N., além de determinar o pagamento pelo último de

pensão alimentícia equivalente a quatro salários mínimos mensais, desde a citação inicial até a conclusão do curso universitário pela demandante.

A.N recorreu da decisão e a Quarta Câmara de Direito Civil do Tribunal de Justiça do Estado de Santa Catarina, por maioria de votos, deu parcial provimento à apelação. O Relator, no acórdão, adotou entendimento oposto ao tomado pela instância monocrática. Vejamos uma parte da ementa:

> [...]
> O demandado é, de fato, pai biológico da postulante – Forte vínculo de afetividade entre esta e o pai registral, contudo, a caracterizar situação de paternidade socioafetiva, havendo, até mesmo, manifestação expressa por parte desses dois indivíduos, no sentido de que continuarão a se reconhecer como pai e filha independentemente do resultado do processo judicial – Estado de filiação preexistente que impede o reconhecimento daquele reclamado em relação ao requerido/apelante – improcedência do pedido, neste ponto, que orienta para a mesma solução quanto à alteração do registro civil de nascimento e condenação do recorrente ao pagamento de alimentos em favor da autora – Provimento parcial do recurso, com a manutenção da sentença apenas no que tange à declaração de origem biológica da postulante. se os elementos de convicção constantes dos autos não evidenciam o suposto vício de consentimento por erro quanto ao reconhecimento da paternidade, estando demonstrado, ademais, que tal ato se fez seguir e acompanhar de afetividade verdadeira, mantida a posse do estado de filho desde o nascimento da registrada, e que, passadas quase 3 (três) décadas, todos os indicativos existentes apontam para a irreversibilidade dessa situação, deve prevalecer a paternidade socioafetiva, baseada na convivência duradoura, no cultivo do afeto e na plena assistência, elementos que melhor identificam uma relação parental entre pais e filhos de que o mero vínculo genético. O estado de filiação, em hipóteses tais, já se estabeleceu previamente em relação ao pai afetivo e, portanto, não deverá ser reconhecido em sede de ação investigatória, proposta pelo filho contra o suposto pai biológico.
>
> Na espécie, ainda, a flagrante rejeição e desinteresse do requerido em se relacionar com a autora mostra que o atendimento da pretensão por ela deduzida, neste particular, apenas poderia lhe conferir benefícios de ordem material, visto que a prestação de amor, carinho e afeto, esta não se pode impor àquele que, pela vontade própria, a recusa.

F.G, inconformada, ingressou com Embargos Infringentes, os quais foram providos à unanimidade de votos, pelo Grupo de Câmaras de Direito Civil do Tribunal de Justiça do Estado de Santa Catarina, "para nos termos da sentença e do voto vencido declarar a paternidade de A.N em relação a F.G. Assentou o acórdão que:

> [...]
> Direito à paternidade biológica. Princípios da dignidade da pessoa humana (art. 1°, inciso III, da CF) E Da Igualdade Entre Os Filhos (Art. 227, § 6°, DA CF). Exame de DNA positivo. Filiação comprovada. Paternidade registral-afetiva concedida em erro que não afasta o reconhecimento do vínculo genético, o qual gera, indubitavelmente, efeitos jurídicos relativos ao nome, alimentos e herança. Alteração do registro de nascimento. Reflexos patrimoniais inafastáveis. [...].

Analisando os variados argumentos utilizados, durante o curso processual constata-se a ausência de uniformidade e as dificuldades provenientes do conflito resultante entre as paternidades socioafetiva e biológica. A Quarta Câmara de Direito Civil do Tribunal de Justiça do Estado de Santa Catarina, por maioria de votos, em entendimento oposto ao adotado, pelas instâncias acima referidas, reconheceu que o estado de filiação socioafetiva estava consolidado. Fato impeditivo de qualquer alteração do registro civil da autora, no âmbito do direito de família, mas manteve a declaração de origem biológica da postulante, em atenção ao seu direito de personalidade. Ou seja, o acórdão, em nossa opinião, adotou a escorreita orientação de que estado de filiação e origem genética constituem dimensões distintas, cujos efeitos jurídicos também são distintos.

Por outro lado, a tônica da sentença monocrática e do acórdão proferido pelo Grupo de Câmaras de Direito Civil do Tribunal de Justiça do Estado de Santa Catarina privilegiaram a paternidade biológica, em detrimento da incontrastável paternidade socioafetiva. A rendição ao critério biológico revela desprezo à história de vida e a manifestação genuína da afetividade entre F.G e I.G. Esse aspecto está claramente aludido no acórdão da Apelação.

> Na espécie, ainda, a flagrante rejeição e desinteresse do requerido em se relacionar com a autora mostra que o atendimento da pretensão por ela deduzida, neste particular, apenas poderia lhe conferir benefícios de ordem material, visto que a prestação de amor, carinho e afeto, esta não se pode impor àquele que, pela vontade própria, a recusa.

A.N irresignado, com o julgamento proferido pelo Grupo de Câmaras de Direito Civil do Tribunal de Justiça do Estado de Santa Catarina, interpôs Recurso Extraordinário. F.G apresentou contrarrazões ao Recurso Extraordinário.

Após minucioso relatório, o Ministro Relator Luiz Fux constatando a superação de todos os óbices processuais e preenchimento dos requisitos de admissibilidade do Recurso Extraordinário inicia seu voto conhecendo do recurso extraordinário e, no mérito, limitando-o à questão constitucional de repercussão geral reconhecida pelo Plenário Virtual, sintetizado na ementa transcrita abaixo:

> Recurso extraordinário com agravo. Direito civil. Ação de anulação de assento de nascimento. Investigação de paternidade. Imprescritibilidade. Retificação de registro. Paternidade biológica. Paternidade socioafetiva. Controvérsia gravitante em torno da prevalência da paternidade socioafetiva em detrimento da paternidade biológica. Art. 226, caput, da constituição federal. Plenário virtual. Repercussão geral (ARE 692.186 RG, Rel. Min. Luiz Fux, Plenário Virtual, DJe de 21 fev. 2013).

Importante ressaltar que em momento algum do pleito autoral, se extrai qualquer referência à multiparentalidade, não tendo sido esse objeto do pedido ou dos recursos.

5. FUNDAMENTOS DO VOTO CONDUTOR E DO VOTO DIVERGENTE

O Ministro Relator inicia suas considerações localizando a filiação, como um dos elementos integrantes dos direitos da personalidade. No caso dos autos cumpre definir os efeitos jurídicos da paternidade biológica, antecedida por um vínculo socioafetivo.

A fundamentação do voto centra-se precipuamente no princípio da dignidade humana, na dimensão de tutela da felicidade e sua estreita vinculação com a concepção da família eudemonista, no princípio do melhor interesse do descendente, no direito ao conhecimento da origem biológica e no princípio da paternidade responsável.

Nessa linha, o Ministro Relator constrói seu voto afirmando que: "é imperioso o reconhecimento, para todos os fins de direito, dos vínculos parentais de origem afetiva e biológica, a fim de prover a mais completa e adequada tutela aos sujeitos envolvidos". Nesta altura, apesar do Ministro Relator referenciar as diversas formas de parentesco, a igualdade entre eles e o princípio da afetividade, mas mostrava-se convencido que a solução mais apropriada para responsabilizar o pai biológico dos seus deveres parentais era mediante a aplicação da dupla paternidade.

Nestes termos, consignou seu voto, no sentido de negar provimento ao Recurso Extraordinário e propôs a fixação da seguinte tese para aplicação a casos semelhantes: "A paternidade socioafetiva, declarada ou não em registro público, não impede o reconhecimento do vínculo de filiação concomitante baseado na origem biológica, com os efeitos jurídicos próprios".

Inaugurando a divergência de fundo, o Ministro Edson Fachin inicia seu voto demarcando que o caso concreto encontra resposta na normativa constitucional, em especial com o reconhecimento da igualdade jurídica da filiação, independente da origem (biológica ou socioafetiva). Se manifesta pela inexistência, no caso concreto, de um conflito de paternidade, porém a controvérsia sobre qual das paternidades socioafetiva ou biológica deve prevalecer.

De um lado, o vínculo socioafetivo consolidado no tempo, com os requisitos da posse de estado de filiação preenchidos e, de outro, o vínculo biológico da autora, devidamente comprovado. Percebe-se que o voto é permeado pelo enaltecimento da relevância do princípio constitucional implícito da socioafetividade e seus impactos no direito de família brasileiro vanguardista, principiando com o reconhecimento jurídico do estado de filiação matizado, na mais genuína realidade afetiva relacional entre pai e filho. Situação que instiga o seguinte questionamento, por parte do Ministro: "qual espécie de vínculo tem a aptidão para determinar a relação parental"?

Neste primeiro momento, a reflexão do ministro visa estabelecer com precisão a necessária distinção entre estado de filiação e origem genética. Segundo ele, o estado de filiação enquanto categoria jurídica é aquele cuja aferição retrata uma situação relacional objetiva, pautada na riqueza e na realidade fática dos vínculos afetivos entre pais e filhos. Enquanto a origem genética diz respeito ao direito do filho de conhecer seus vínculos biológicos, na dimensão dos direitos da personalidade, a exemplo da adoção.

Relação de parentalidade não se confunde com relação de conjugalidade, por esta razão, *a priori* não há prevalência de uma espécie de vínculo, em detrimento do outro. Se o vínculo socioafetivo antecede o vínculo biológico, este não deve prevalecer sobre àquele, em razão apenas de resultados genéticos. Sua incidência se dará, se não houver uma paternidade e um estado de filiação socioafetiva estabelecidos.

O Ministro ratifica a efetiva viabilidade jurídica da multiparentalidade, porém em caráter excepcional e dentro de parâmetros congruentes à realidade do caso concreto. Deste modo afirma que:

> A multiparentalidade só pode ser reconhecida quando se expressa na realidade da socioafetividade (o pai biológico quer ser pai, o pai socioafetivo não quer deixar de sê-lo, e isso atende ao melhor interesse da criança – ou é consentido pelo adolescente.

Sem embargo, de multiparentalidade não se trata a hipótese contemplada no caso concreto, cuja solução encontra-se na necessária distinção entre estado de filiação e origem genética.

Por fim, o Ministro propôs a seguinte tese:

> Diante da existência de comprovado vínculo socioafetivo com um pai, demonstrado pela posse de estado de filho reforçada por registro civil, e de vínculo apenas biológico com outro genitor, ambos devidamente evidenciados, somente o vínculo socioafetivo impõe juridicamente efeitos materiais, gerando vínculo parental e direitos dele decorrentes, assegurado o direito personalíssimo à revelação da ascendência genética.

Na sequência do julgamento destacamos o pronunciamento do Ministro Ricardo Lewandowski, que embora tenha acompanhado integralmente o voto do Ministro Relator, mas cujo voto não escondeu a surpresa da tese da multiparentalidade, quando afirmou:

> Portanto, é um precedente importante, já que não há, na jurisprudência pátria, nenhum paradigma em que nós possamos nos inspirar. [...]. Não temos nenhum precedente sobra essa questão e a Suprema Corte agora está se pronunciando sobre essa matéria.

A decisão de mérito do tema com repercussão geral foi no sentido que o Tribunal, por maioria, vencidos em parte os Ministros Edson Fachin e Teori Zavasck, e nos termos do voto do Relator, apreciando o tema 622 da repercussão geral, negou provimento ao recurso extraordinário fixando a seguinte tese:

"A paternidade socioafetiva, declarada ou não em registro público, não impede o reconhecimento do vínculo de filiação concomitante baseado na origem biológica, com os efeitos jurídicos próprios", vencidos em parte, os Ministros Dias Toffoli e Marco Aurélio.

6. EFEITOS DECORRENTES DA MULTIPARENTALIDADE

A realidade da multiparentalidade denota complexidade ímpar e seus efeitos se espraiam por variados ramos do direito, a exemplo do direito sucessório, previdenciário e eleitoral. Razão pela qual, a demarcação dos efeitos encontra-se restrita ao Direito de Família.

E quais os efeitos imediatos da tese de Repercussão Geral, para o Direito de Família?

*Reconhecimento jurídico que não há prevalência entre a paternidade socioafetiva e a biológica.

Em corroboração, colacionamos o Resp. 1.487.596-MG, Rel. Min. Antônio Carlos Ferreira, Quarta Turma STJ, por unanimidade, julgado em 28.09.2021, DJe 1º.10.2021:

> Multiparentalidade. Pais biológico e socioafetivo. Efeitos patrimoniais e sucessórios. Tratamento jurídico diferenciado. Impossibilidade. Na multiparentalidade deve ser reconhecida a equivalência de tratamento e de efeitos jurídicos entre as paternidades biológica e socioafetiva.

*A materialização do princípio da pluralidade das entidades familiares;

*Quebra da relação binária da paternidade para multiparentalidade.

A partir dos efeitos, quais os problemas de ordem prática que, o cotidiano da multiparentalidade pode ensejar?

O primeiro dele relaciona-se com o exercício do poder familiar, na ambiência da multiparentalidade e aos deveres correspondentes, conforme preceito do art. 1634 do CC/02.

> I – Dirigir-lhes a criação e a educação; (Redação dada pela Lei 13.058, de 2014)
>
> III – conceder-lhes ou negar-lhes consentimento para casarem; (Redação dada pela Lei 13.058, de 2014)
>
> IV – Conceder-lhes ou negar-lhes consentimento para viajarem ao exterior; (Redação dada pela Lei 13.058, de 2014)
>
> V – Conceder-lhes ou negar-lhes consentimento para mudarem sua residência permanente para outro Município; (Redação dada pela Lei 13.058, de 2014)
>
> VI – Nomear-lhes tutor por testamento ou documento autêntico, se o outro dos pais não lhe sobreviver, ou o sobrevivo não puder exercer o poder familiar; (Redação dada pela Lei 13.058, de 2014)
>
> VII – representá-los judicial e extrajudicialmente até os 16 (dezesseis) anos, nos atos da vida civil, e assisti-los, após essa idade, nos atos em que forem partes, suprindo-lhes o consentimento; (Redação dada pela Lei 13.058, de 2014)
>
> VIII – reclamá-los de quem ilegalmente os detenha; (Incluído pela Lei nº 13.058, de 2014)

Adite-se ainda as decisões relacionadas ao usufruto e da administração dos bens dos filhos menores, incluindo-se a administração das redes sociais e perfis. (arts. 1689- 1693 do CC).

A quem caberá a tomada de decisões relativas ao poder familiar, inclusive no que diz respeito ao tratamento de dados pessoais de crianças e de adolescentes, de acordo com a Lei Geral de Proteção de Dados (Lei 13.709/2018, art. 14)? Haverá algum tipo de primazia, entre os vínculos biológico e socioafetivo? Será utilizado o critério do primeiro vínculo parental estabelecido no registro? Por outro lado, esta opção não colide com o reconhecimento jurídico da igualdade dos vínculos?

Na hipótese de um conflito de interesses entre os pais biológicos e socioafetivos, em situações comezinhas: escolha da escola, atividades extracurriculares, orientação religiosa, modalidade esportiva, tipo de alimentação e tantas outras questões cotidianas. No tocante às datas e festas comemorativas, a exemplo de aniversário do filho, dia das mães, dia dos pais, férias escolares, Natal, Réveillon, entre outros eventos sociais. Como viabilizar na prática a regra que "o tempo de convívio com os filhos deve ser dividido de forma equilibrada, com a mãe e com o pai" (CC/02 art. 1.583 § 2º)?

Como garantir o tempo de convivência com os avós, segundo dispõe o CC/02 art. 1589, § único? Lembrando que no cenário de multiparentalidade serão em situação regular, no mínimo 6 avós (um casal pelo lado materno e dois casais – um do lado paterno biológico e outro do paterno socioafetivo).

O mesmo questionamento também é extensivo na hipótese de divórcio dos pais biológicos e/ou dos pais socioafetivos. Como será o arranjo da convivência familiar, ante a pluralidade vínculos fragmentados?

A modalidade da guarda compartilhada detém primazia no ordenamento jurídico brasileiro, como uma medida eficaz na diluição das tensões, mediante a instrumentalização da convivência familiar e a manutenção dos vínculos afetivos entre pais e filhos. Consequentemente, o modelo unilateral de guarda constitui uma exceção, bem como a possibilidade de um dos genitores declarar ao magistrado que não deseja a guarda do menor (CC/02 art. 1584, § 2º).

Se o número de litígios biparentais abarrotam às varas de família, imagine-se a potencialização de demandas judiciais, provenientes dos vínculos pluriparentais concorrentes.

No que diz respeito aos alimentos, o princípio que preside é o da solidariedade familiar presente no art. 229 da CF/88 e na legislação civil, ao dispor que: o direito à prestação de alimentos é recíproco entre pais e filhos, e extensivo a todos os ascendentes (art. 1696.)

Em relação ao direito do filho à prestação de alimentos pelos pais biológico e socioafetivo e diante da comprovada impossibilidade financeira, como se dará o cumprimento da obrigação? Na impossibilidade de um deles, a obrigação recairá exclusivamente no outro? O binômio necessidade – possibilidade sofrerá alguma repercussão? Ou a prestação de alimentos se dará entre o pai e o avô (pai daquele que estar impossibilitado de pagar)?

Se ambos os pais (biológico e socioafetivo) estiverem impossibilitados de prestar alimentos, a obrigação passará aos avós? E o limite da prestação será em conformidade com a Súmula 596 do STJ, a qual preceitua que: "a obrigação alimentar dos avós tem natureza complementar e subsidiária, somente se configurando no caso da impossibilidade total ou parcial de seu cumprimento pelos pais".

Ainda com base na reciprocidade alimentar, não podemos deixar de analisar o disposto no Estatuto da Pessoa Idosa (Lei 14.423, de 22.7.2022), a qual assegura que a obrigação alimentar é solidária, podendo a pessoa idosa optar entre os prestadores (art. 12).

Ressaltando ainda que, a cessação da obrigação alimentar, não coincide necessariamente com a extinção do poder familiar (art. 1.635). Realidade também persistente na ambiência da multiparentalidade.

Para além de todos os efeitos acima mencionados, Anderson Schreiber ainda chama atenção da repercussão da multiparentalidade nos impedimentos matrimoniais.[1]

Como se percebe, a legislação em vigor, sobre a matéria volta-se a regular conflitos dentro do modelo binário de parentalidade. Diante da realidade da multiparentalidade, o arcabouço legislativo responde satisfatoriamente às demandas?

Cabe a reversão da multiparentalidade, na hipótese de cometimento de atos que ensejem a perda do poder familiar? (art. 1638 caput e parágrafo único).

Verifica-se que são questionamentos e problemas de difíceis soluções, mas a decisão no caso concreto há de buscar interpretação coerente e inserta no sistema, a fim de evitar conclusões atropeladas e contraditórias.

Irmanada na mesma ordem de preocupação, quanto aos efeitos subjacentes à multiparentalidade, Maria Rita Oliveira adverte sobre:

a) A potencialização dos conflitos familiares na configuração tripartida do Poder Familiar;

b) A exigência de novos critérios para o direito sucessório, com as respectivas linhas de ascendência (paterna e materna, ou paternas e maternas);

c) A manipulação do *status filiae* pela vontade, com objetivo exclusivamente patrimonial, na medida em que a inclusão de terceira figura paterna ou materna por trazer maior vantagem financeira;

d) As soluções jurídicas para os conflitos familiares teriam que ser desmembradas e criadas pelo aplicador do direito em caráter subjetivo, e embora querendo gerar o sentido máximo da justiça na decisão, terminaria por comprometer a própria segurança jurídica das relações.

A partir das inquietações acima, a autora conclui nos seguintes termos:

a permissibilidade da multiparentalidade anunciada pelo STF, o ordenamento jurídico brasileiro não Comporta a variação da binariedade na filiação em regra, devendo ser observado, portanto o seu caráter excepcionalíssimo. Da mesma forma, a multiparentalidade possui um outro sentido, ligado a funções que são exercidas em prol da criança e do adolescente, com significativo aumento da responsabilidade parental para atendimento desse interesse, mas não de mudança da situação jurídica de filiação, muito menos para atender interesses individuais (Oliveira, 2018).

Paulo Lobo, analisando os efeitos da tese de repercussão geral, extraiu em relação aos filhos com múltiplas parentalidades, a incidência dos efeitos relativos ao poder familiar ou autoridade familiar, guarda compartilhada, alimentos e sucessão

---

1. SCHREIBER, Anderson & LUSTOSA, Paulo Franco. Efeitos jurídicos da Multiparentalidade. *Revista Pensar.* 2016, p. 847.

hereditária. E considera inegável se verificar "o agravamento de litigiosidade, notadamente por motivações patrimoniais" (Lobo, 2017).

João Aguirre vislumbra a multiparentalidade como meio de reconhecimento das variadas e novas estruturas familiares decorrentes do convívio humano, "bastante apartadas das molduras de secessão características de vetustos sistemas". Entretanto, não deixa de estabelecer a crítica quando a busca pela multiparentalidade encontrar-se distorcida de suas finalidades.

> Se o objetivo for eminentemente patrimonial, com vistas somente à obtenção de benefícios econômicos, tais como um pleito sucessório ou de alimentos em que não tenha existido o vínculo afetivo e represente apenas a busca pelo ganho fácil, a multiparentalidade não se consolidará, eis que o código genético por si só não é capaz de concretizá-la, sob pena de se retornar ao vetusto paradigma patrimonialista característico do sistema jurídico de direito privado anterior à Constituição de 1988 (Aguirre, 2017).

7. CONCLUSÃO

Como principal efeito da Tese 622 do STF temos o reconhecimento jurídico de que a filiação biológica e a filiação socioafetiva são iguais em direitos e deveres jurídicos, sem primazia de uma sobre a outra.

Diante da complexidade introduzida às relações de parentalidade proveniente da multiparentalidade, defendemos a aplicação restrita do instituto apenas às hipóteses de parentalidade proveniente da posse de estado. Portanto a parentalidade proveniente da adoção e das técnicas de reprodução assistida heteróloga, ao nosso ver se inserem nos moldes de relação binária, rompendo com o elemento estruturante da multiparentalidade caracterizado pela coexistência de relações parentais (biológica e socioafetiva), o que envolve no mínimo três ascendentes vinculados ao filho.

Neste sentido, na adoção há a desvinculação com a família de origem, pois o filho adotado integra-se exclusiva e inteiramente na nova família por força expressa da norma legal (art. 41 do ECA). E no caso da inseminação artificial heteróloga apenas ocorre com o expresso consentimento do marido ou companheiro da mãe biológica, assumindo definitivamente a paternidade do filho havido com material genético de terceiro, por presunção legal absoluta, conforme artigo 1597, V do Código Civil. Como os respectivos artigos não foram declarados inconstitucionais ou incompatíveis com a Tese 622 do STF permanecem em vigor.

Sendo assim, a multiparentalidade não passou a ser regra nas relações de parentalidade, ou seja, a multiparentalidade é exceção, diferentemente da exclusiva parentalidade socioafetiva ou da exclusiva parentalidade biológica, as quais permanecem como regras de atribuição da filiação, no direito brasileiro. O que nos faz crer que a aplicação da multiparentalidade, além de restrita, encontra-se condicionada aos requisitos do melhor interesse da filiação e do consentimento ou vontade presumida da pessoa que passa a ter pais ou mães plúrimos.

Da multiparentalidade, no âmbito do direito de família, emergem os efeitos pessoais (nome, parentesco), patrimoniais (alimentos), e relacionais (compartilhamento do poder familiar, se se tratar de criança ou adolescente, modalidade da guarda – compartilhada ou exclusiva -, convivência familiar e com os parentes de cada um dos pais e ou mães). A multiplicidade de titulares no exercício dos deveres parentais apresenta evidente complexidade, principalmente para realização da solidariedade familiar. Desses múltiplos interesses, a probabilidade de emergir um conflito é forte. Portanto, o compartilhamento dos direitos e deveres paterno-filiais entre os diversos pais e ou mães, na multiparentalidade, terá de contemplar o melhor interesse do filho.

A multiparentalidade é um direito primaz do filho, enquanto principal interessado no estado de filiação, mas também não descartamos a hipótese, em segundo plano, de pedido de multiparentalidade consensuada entre todos os interessados, principalmente naqueles casos em que há o compartilhamento do poder familiar, até o filho atingir a maioridade civil ou nas hipóteses de cessação da incapacidade (art. 5º). Por outro lado, torna-se indispensável o consentimento do representante legal da criança ou adolescente de até dezesseis anos, ou o consentimento assistido do adolescente entre dezesseis a dezoito anos, ou o consentimento do pretenso filho maior de dezoito anos. Na sequência a concorrência das parentalidades biológica e socioafetiva para fins de multiparentalidade, ainda que comprovada, tem natureza de reconhecimento de filiação, o que provoca a incidência do art. 1.614 do CC, o qual faculta ao filho rejeitar tal reconhecimento após completar a maioridade, dentro do prazo decadencial de quatro anos, e determina o prévio consentimento do filho a ser reconhecido, se maior.

Entendemos que a multiparentalidade consensuada, repercutirá inevitavelmente no melhor interesse do filho. Essa circunstância facilitará imensamente a eficácia real da multiparentalidade, pois ter mais de um pai ou mais de uma mãe nem sempre significa a realização do melhor interesse da pessoa, nas suas relações existenciais, afetivas, sociais e patrimoniais.

Tendo em vista as graves consequências da multiparentalidade entendemos também que a multiparentalidade deve ser objeto de decisão judicial especificamente fundamentada em provas e em estudos psicossociais que o demonstrem, inclusive no que concerne ao compartilhamento da autoridade parental e da convivência.

Mesmo havendo o consentimento de todos os envolvidos não é possível que a multiparentalidade se dê mediante ato extrajudicial perante o registrador civil, refutando-se a autorização a tal procedimento por provimento ou resolução do CNJ. Reconhecemos que este caminho pode burocratizar o procedimento, mas por outro lado matéria, que redunda em atribuições, modificações ou restrições de direitos e deveres recíprocos está contida em reserva legal.

8. REFERÊNCIAS

AGUIRRE, João Ricardo Brandão. Reflexões sobre a multiparentalidade e a repercussão geral 622 do STF. Redes: R. Eletr. Dir. Soc., Canoas: *UNILASALLE*, v. 5, n. 1, maio, 2017. p. 269-291. Disponível em: https://revistas.unilasalle.edu.br/index.php/redes/article/view/3670.

CASSETTARI, Christiano. *Multiparentalidade e parentalidade socioafetiva*. São Paulo: Atlas, 2014.

CATALAN, Marcos. Um ensaio sobre a multiparentalidade: explorando no ontem pegadas que levarão ao amanhã. *Revista da Faculdade de Direito – UFPR*, Curitiba: UFPR, n. 55, p. 143-163. 2012.

CATALAN, Marcos. La multiparentalidad bajo el lente de los Tribunales Brasileños: hoy, tal vez, la elección de Sofía habria sido outra. *Revista de Derecho da Universidad de Concepción*, n. 238, a. LXXXIII, jul.-dic. 2015, p. 207-226. Disponível em: http://www.revistadederecho.com/main.php.

CONSELHO NACIONAL DE JUSTIÇA (CNJ). *Novos modelos de certidões de nascimento, casamento e óbito passam a vigorar nesta sexta-feira*. 2009. Disponível em: https://www.cnj.jus.br/novos-modelos-de--certidoes-de-nascimento-casamento-e-obito-pass am-a-vigorar-nesta-sexta-feira.

GONZAGA, Daniele de Faria Ribeiro. *STJ decide pela prisão domiciliar para devedores de pensão alimentícia, em razão da pandemia de covid-19*. 2020. Disponível em: https://www.migalhas.com.br/depeso/323757/stj-decide-pela-prisao-domiciliar-para-devedo res-de-pensao-alimenticia-em-razao-da-pandemia-de-covid-19.

INSTITUTO BRASILEIRO DE DIREITO DE FAMÍLIA (IBDFAM). *Justiça de São Paulo reduz valor de pensão alimentícia por causa da pandemia do coronavírus*. 2020. Disponível em: http://www.ibdfam.org.br/noticias/7201/Justi%C3%A7a+de+S%C3%A3o+Paulo+reduz+va lor+de+pens%C3%A3o+a-liment%C3%ADcia+por+causa+da+pandemia+do+coronav%C3%ADrus.

INSTITUTO BRASILEIRO DE DIREITO DE FAMÍLIA (IBDFAM). *Pandemia do coronavírus não pode ser usada para rompimento do convívio parental*. 2020. Disponível em: https://ibdfam.org.br/noticias/7242/Pandemia+do+coronav%c3%adrus+n%c3%a3o+pode+ ser+usada+para+rompimento+do+conv%-c3%advio+parental.

LOBO, Fabíola Albuquerque e BRITTO, Geni Cristina Xavier de. Convivência familiar em tempos de pandemia e os reflexos na alienação parental. Projeto de Iniciação Científica (IC) *PIBIC/UFPE/CNPq* (2020-2021). Escorço.

LÔBO, Paulo. *Direito Civil*: famílias. 10. ed. São Paulo: Saraiva Educação, 2020, v. 5.

LÔBO, Paulo. Quais os limites e a extensão da tese de repercussão geral do STF sobre socioafetividade e multiparentalidade? *Revista IBDFAM: Famílias e Sucessões*. 2017, p. 25-26.

OLIVEIRA, Maria Rita de Holanda Silva. Os Limites Jurídicos do Projeto Parental no Brasil: Crítica Estrutural à Multiparentalidade. *Direito Civil*: Estudos – Coletânea do XV Encontro dos Grupos de Pesquisa – IBDCIVIL, 2018, p. 410-411. Disponível em: https://openaccess.blucher.com.br/article-details/18-21247.

SCHREIBER, Anderson & LUSTOSA, Paulo Franco. Efeitos jurídicos da Multiparentalidade. *Revista Pensar*, 2016, p. 847.

SIC notícias. *Médica perde a guarda da filha por causa do coronavírus nos EUA*. Disponível em: https://sicnoticias.pt/especiais/coronavirus/2020-04-15-Medica-perde-guarda-da-filha-de-quatro-anos-por--causa-do-coronavirus.

SUPREMO TRIBUNAL FEDERAL (STF). *Tema: 0622*. Prevalência da paternidade socioafetiva em detrimento da paternidade biológica. 2016. Disponível em: https://portal.stf.jus.br/jurisprudenciaRepercussao/verAndamentoProcesso.asp?incidente=4 803092&numeroProcesso=898060&-classeProcesso=RE&numeroTema=622.

UNIVERSA, Marcos Candido de. *Por coronavírus, Justiça ordena que pai se afaste da filha após viagem*. 2020. Disponível em: https://www.uol.com.br/universa/noticias/redacao/2020/03/13/por-coronavirus-justica-ordena-que-pai-se-afaste-da-filha-apos-viagem.htm.

AUTORIDADE PARENTAL E O ASPECTO FINALÍSTICO DE PROMOVER O DESENVOLVIMENTO E BEM-ESTAR DA CRIANÇA E DO ADOLESCENTE

Ana Carolina Brochado Teixeira

Doutora em Direito Civil pela UERJ. Mestre em Direito Civil pela PUC Minas. Professora de Direito de Família e Sucessões do Centro Universitário UNA. Coordenadora editorial da Revista Brasileira de Direito Civil – RBDCivil. Advogada.

Sumário: 1. Introdução – 2. Autoridade parental: uma questão de ordem pública ou de autonomia privada? – 3. O conteúdo constitucional da autoridade parental – 4. Conteúdo codificado e estatutário da autoridade parental – 5. Autoridade parental e guarda compartilhada – 6. Conclusão – 7. Referências.

1. INTRODUÇÃO

Neste capítulo, aprofundaremos o instituto do poder familiar – também conhecido como autoridade parental,[1] denominação que se adotou nesse artigo – que se constitui no mais importante vínculo jurídico entre pais e filhos, cujo escopo é proporcionar o exercício do estado de filiação aos filhos menores. Com a mudança nas relações humanas e as transformações havidas e em curso no Direito das Famílias, as relações parentais não lhes passaram imunes, razão pela qual se faz necessário aprofundar no atual perfil da autoridade parental, a partir de um diálogo das fontes normativas unificadas pela Constituição.

A autoridade parental modificou sua estrutura e sua função com o passar dos tempos, já que o foco de tutela constitucional passou a ser os filhos menores, pessoas em desenvolvimento que merecem diferenciada proteção do Estado, da família e da sociedade. Por isso, o que se busca é um cotejo teórico-prático do instituto, com enfoque privilegiado na análise funcional, a fim de se constatar se o tratamento do

---

1. Em estudo outrora feito, preferimos a nomenclatura autoridade parental a poder familiar, por ser mais adequada ao perfil contemporâneo da família democrática: "Decerto, poder familiar é mais adequado que pátrio poder, embora ainda não seja a expressão mais recomendável. Poder sugere autoritarismo, supremacia e comando, ou seja, uma concepção diferente do que o ordenamento jurídico pretende para as relações parentais. Já familiar não sugere que sua titularidade caiba apenas aos pais, mas que seja extensivo a toda a família. Não obstante autoridade também contenha traços de poder, traduz, de forma preponderante, uma relação de ascendência; é a força da personalidade de alguém que lhe permite exercer influências sobre os demais, sua conduta e reflexões." (TEIXEIRA, Ana Carolina Brochado. *Família, guarda e autoridade parental*. 2. ed. Rio de Janeiro: Renovar, 2009, p. 5). Não obstante tal preferência, utilizaremos ora uma ora outra expressão, vez que não é possível simplesmente desprezar a nomenclatura *poder familiar*, por ser ela a utilizada pelo Código Civil de 2002.

referido instituto, na prática, tem sido satisfatório e adequado à realização da sua precípua finalidade que é a contribuição ao livre desenvolvimento da personalidade dos filhos no âmbito de uma família democrática.[2]

2. AUTORIDADE PARENTAL: UMA QUESTÃO DE ORDEM PÚBLICA OU DE AUTONOMIA PRIVADA?

Discussão muito interessante e necessária versa sobre a forma de exercício da autoridade parental. Ou seja, cabe exclusivamente aos pais a decisão sobre o modo de educar e criar os filhos, independente dos padrões sociais e jurídicos vigentes? Ou os pais teriam seu círculo de ação delimitado pelo Estado que ditaria algumas regras acerca da forma de educar os filhos?

Esses questionamentos têm como pano de fundo a possibilidade do exercício plural da autoridade parental, já que o pluralismo jurídico é um marco do Estado Democrático de Direito. Por isso, faz-se necessário refletir se os pais podem criar e educar seus filhos segundo as próprias concepções pessoais e valores que elegeram como prioritários para a família ou se devem seguir padrões sociais vigentes. Entende-se que facultam aos pais a escolha da forma como pretendem viver e educar seus filhos, desde que garantam o exercício dos seus direitos fundamentais. É nessa situação que se faz relevante o papel garantidor do Estado, deixando a critério da família o *modus operandi* de condução da criação dos filhos.

Esse é o pano de fundo do debate travado pelo Supremo Tribunal Federal, na Ação Direta de Inconstitucionalidade n. 2.404/DF, de relatoria do Min. Toffoli.[3] O cerne da ação objetivou declarar se é dever dos veículos de imprensa de classificar a faixa etária referente aos programas de televisão ou rádio, ou se seria uma incumbência dos pais a verificação do conteúdo apropriado para os filhos. Em termos concretos, busca-se "a declaração de inconstitucionalidade da norma de proibição contida no art. 254 do Estatuto da Criança e do Adolescente, que tipifica como infração administrativa a transmissão, via rádio ou televisão, de programação em horário diverso do autorizado, com pena de multa e suspensão da programação da emissora por até dois dias, no caso de reincidência."[4]

A questão é: a decisão sobre o que permitir aos filhos assistir cabe aos pais ou é necessário a manutenção da indicação pelo Poder Público? Na síntese do referido

---

2. De acordo com Maria Celina Bodin de Moraes: "Visa-se, agora, a satisfação de exigências pessoais, capazes de proporcionar o livre e pleno desenvolvimento da personalidade de cada um dos membros da família, vista esta como uma formação social de natureza instrumental, aberta e democrática." (MORAES, Maria Celina Bodin de. A família democrática. *Anais do V Congresso Brasileiro de Direito de Família*. São Paulo: IOB Thomson, IBDFAM, 2006, p. 624).
3. STF, ADI 2404/DF, Rel. Min. Dias Toffoli, julg. 31 ago. 2016, DJ 1º ago. 2017.
4. Segundo o relator, estão em jogo "(i) o direito fundamental à liberdade de expressão, livre de censura ou licença; e (ii) a possibilidade de o Poder Público efetuar a classificação indicativa dos espetáculos e diversões públicas, inclusive as transmitidas por rádio ou televisão, e de informar sobre a natureza deles, as faixas etárias a que não se recomendem e os locais e os horários em que sua apresentação se mostre inadequada."

ministro, "buscou a Constituição, em última *ratio*, conferir aos pais, como reflexo do exercício do poder familiar, o papel de supervisão efetiva sobre o conteúdo acessível aos filhos, enquanto não plenamente aptos a conviver com os influxos prejudiciais do meio social". Assim, a ação dos veículos de imprensa é um suporte indicativo, informativo aos pais sobre a "existência de conteúdo inadequado para as crianças e os adolescentes", para que os pais decidam se a criança ou o adolescente pode ou não assistir a determinado programa, de acordo com o *modus vivendi* de determinada família.

Para os fins desse artigo, importa a seguinte reflexão: "Não há, sequer, como defender a ideia paternalista de que, no caso da televisão aberta, e diante da dificuldade em se ter a presença dos pais o tempo todo ao lado dos filhos, se justificaria a proibição de transmitir a programação em horário diverso do classificado. Ora, não é esse o sentido constitucional da classificação indicativa e não é esse o papel do Estado, que não deve atuar como protagonista na escolha do que deve ou não ser veiculado em determinado horário na televisão. Não deve o Poder Público, no afã de proteger *suposto* bem jurídico maior, intervir, censurar, ou dizer aos pais e aos responsáveis se determinada programação alcança ou não os padrões de moralidade." E acrescenta o relator: "Não deve o Estado substituir os pais na decisão sobre o que podem ou não os filhos assistir na televisão ou ouvir no rádio. Deve, sim, o Estado dotar os pais, as famílias, a sociedade como um todo, dos meios eficazes para o exercício desse controle, para que eles possam, inclusive, se envolver na discussão e na decisão sobre o que é veiculado (...)". Assim, deve-se manter a indicação da faixa etária para assistir/ouvir à programação; mas cabem aos pais seguir ou não tal orientação, pois são eles quem mais conhecem os filhos, sabem o grau de maturidade que os mesmos detêm para assimilar corretamente as informações daquele programa.

Outra questão tormentosa e bem mais delicada refere-se à possibilidade da educação domiciliar dos filhos menores ou, em outras palavras, podem os pais definir que o melhor para seus filhos é ser educados por eles, em casa? A Declaração Universal de Direitos Humanos – da qual o Brasil é subscritor – é peremptória ao dizer que "os pais têm, prioritariamente, o direito de escolher o tipo de educação que querem dar a seus filhos", o que dialoga com a ideia de pluralismo. O que importaria é a garantia dos direitos fundamentais dos mesmos.

O Superior Tribunal de Justiça entendeu, por maioria – mas não por unanimidade – que o círculo de ação dos pais é limitado nesse caso:

> Mandado de segurança. Ensino fundamental. Currículo ministrado pelos pais independente da frequência à escola. Impossibilidade. Ausência de direito líquido e certo. Ilegalidade e/ou abusividade do ato impugnado. Inocorrência. Lei 1.533/51, Art. 1º, CF, Arts. 205 E 208, § 3º; Lei 9.394/60, Art. 24, VI e Lei 8.096/90, Arts. 5º, 53 e 129.
>
> 1. Direito líquido e certo é o expresso em lei, que se manifesta inconcusso e insuscetível de dúvidas.
>
> 2. Inexiste previsão constitucional e legal, como reconhecido pelos impetrantes, que autorizem os pais ministrarem aos filhos as disciplinas do ensino fundamental, no recesso do lar, sem controle

do poder público mormente quanto à frequência no estabelecimento de ensino e ao total de horas letivas indispensáveis à aprovação do aluno.

3. Segurança denegada à míngua da existência de direito líquido e certo.[5]

O relator, seguido pela maioria dos ministros, assim decidiu:

> Os filhos não são dos pais, como pensam os Autores. São pessoas com direitos e deveres, cujas personalidades se devem forjar desde a adolescência em meio a iguais, no convívio social formador da cidadania. Aos pais cabem, sim, as obrigações de manter e educar os filhos consoante a Constituição e as leis do País, asseguradoras do direito do menor à escola (art. 5º e 53, I, da Lei nº 8.096/90) e impositivas de providências e sanções voltadas à educação dos jovens como se observa no art. 129, e incisos, da Lei nº 8.096/90 supra transcritos, e art. 246, do Código Penal, que define como crime contra a assistência familiar "deixar, sem justa causa, de prover à instrução primária de filho em idade escolar", cominando a pena de "detenção de quinze dias a um mês, ou multa, de vinte centavos a cinquenta centavos".

O Min. Franciulli Netto, por seu turno, votou pela possibilidade dos pais optarem pela educação domiciliar. Seu argumento principal é no sentido de que, uma vez que se vive uma época da terceirização da educação, é uma opção viável que os pais se dediquem aos seus filhos na seara educacional. O papel do Estado seria de "proteger a integridade psicológica, emocional e até mesmo física das crianças", "de fiscalizar o pátrio poder para coibir abusos, mas sempre tendo em vista a liberdade da família de traçar seus próprios caminhos". O Estado teria um papel de fiscalizar e acompanhar a educação dada pelos pais – que, obviamente, devem ter condições para o exercício de tal múnus –, para se verificar se o direito à educação está sendo cumprido, se o conhecimento está sendo transmitido.[6] O voto vencido avulta a liberdade responsável dos pais, já que cabe à família essa opção pela forma de educar suas crianças.[7]

Essa controvérsia também foi objeto de decisão do Supremo Tribunal Federal, por meio do RE 888.815, julgado pelo plenário em setembro de 2018.[8] Os recorrentes

---

5. STJ, MS 7407 / DF, Rel. Min. Francisco Peçanha Martins, S1, J. 24/4/2002, DJ 21/3/2005, pág. 203.
6. O efetivo obstáculo da educação domiciliar é a socialização da criança. No caso levado à apreciação do STJ, as crianças frequentavam várias aulas fora do ambiente doméstico, além de ter médias superiores a 8.
7. "Impende realçar que o importante é o respeito à liberdade de escolha dos pais. Se a eles é dado o direito de escolher entre escolas públicas e particulares, por que privá-los do direito de educar seus próprios filhos, submetendo essa educação às avaliações oficiais de suficiência? (...) O fundamental é aceitar-se o princípio do primado da família em tema dessa natureza, mormente em Estado Democrático de Direito, que deve, por excelência, adotar o pluralismo em função da cidadania e da dignidade da pessoa humana. Levada a obrigatoriedade de imposição da vontade do Estado sobre a dos cidadãos e da família, menos não fora do que copiar modelos fascistas, nazistas ou totalitários." Acompanhou o voto vencido o do Min. Paulo Medina, que reafirma o papel subsidiário do Estado, já que são os membros da família os protagonistas de tais opções: "Nesse contexto, o Estado deve respeitar os indivíduos e as sociedades intermediárias no exercício dos seus direitos, no cumprimento dos seus deveres e obrigações, sem suplantá-los ou fazer as suas vezes, a menos que isso se faça necessário por circunstâncias excepcionais. Visa-se com isso ao desenvolvimento das potencialidades e do exercício efetivo da liberdade, com a assunção das correspondentes responsabilidades, por parte das sociedades menores e dos indivíduos."
8. Os pais de uma criança, à época com 11 anos, impetraram mandado de segurança contra ato da Secretária de Educação do Município de Canela (RS) que negou pedido para que a menina fosse educada em casa, orientando-os a fazer matrícula na rede regular de ensino, na qual a menor havia estudado até então. Tanto em

fundamentaram seu pedido na amplitude da educação, que não pode se restringir à instrução formal numa instituição convencional de ensino, bem como nos princípios da liberdade de ensino e do pluralismo de ideias e de concepções pedagógicas (art. 206, incisos II e III), cabendo tal escolha aos pais, no âmbito da autonomia familiar assegurada pela Constituição.[9] Por ocasião do julgamento, foi decidido que o ensino domiciliar não é proibido pela Constituição, mas só pode ser exercido conforme futura regulamentação legal que preveja requisitos mínimos, tais como frequência e avaliação pedagógica, a fim de que a criança e o adolescente não fiquem completamente alijados dos parâmetros coletivos de ensino.[10] O aspecto da convivência dos filhos com outros valores e ideologias diferentes das dos pais, com outras crianças, também é bastante importante, para que eles possam ir aprendendo a conviver na diversidade, sem uma visão monolítica apresentada pelos pais. A pandemia da Covid-19 mostrou quão importante é a socialização.

Outro exemplo bastante atual se refere à liberdade de exposição dos filhos pelos pais na internet: qual o limite da liberdade de expressão dos pais? É admissível eventual sacrifício ao direito à imagem dos filhos, com previsão específica no art. 20 do Código Civil? A decisão de exibir ou não a imagem dos filhos não está sendo tomada por eles – mesmo porque, na maioria das vezes, falta discernimento em razão da idade – mas sim pelos pais, os responsáveis pela proteção das suas crianças e adolescentes, pela condução do processo educacional e pelo zelo da sua imagem, enquanto não puderem fazê-lo. Na verdade, trata-se de ação naturalizada nos dias de hoje. É comum que a exposição nas redes sociais englobe os filhos, o quotidiano, viagens etc. Não se ignora que manifestação nas redes sociais configura-se exercício do direito dos pais à liberdade de expressão, que engloba, inclusive, aspectos da parentalidade.[11]

O grande problema é quando essa exposição se torna excessiva, configurando o fenômeno conhecido como *sharenting*. Há casos de artistas que, mesmo antes dos filhos nascerem, criaram contas no Instagram para eles, nas quais são compartilhadas fotos do enxoval, ultrassom, nascimento e a rotina da criança. Há outros casos que influenciadores digitais também expõem seus filhos como parte importante do seu cotidiano, o que faz com que ganhem ainda mais seguidores, novos contratos, mais engajamento - situação ainda mais peculiar, tendo em vista o escopo financeiro da utilização das mídias. Além disso, há ainda o problema da discordância da exposição

---

primeira quanto em segunda instância (TJRS), houve negativa do pleito dos pais, sob o fundamento de não haver previsão legal de ensino nessa modalidade, razão pela qual inexiste direito líquido e certo a ser amparado.

9. STF, RE 888.815, Rel. Min. Luís Roberto Barroso, repercussão geral julgada em 04 jun. 2015, com a seguinte ementa: "1. Constitui questão constitucional saber se o ensino domiciliar (*homeschooling*) pode ser proibido pelo Estado ou viabilizado como meio lícito de cumprimento, pela família, do dever de prover educação, tal como previsto no art. 205 da CRFB/1988. 2. Repercussão geral reconhecida".

10. Sobre o tema: BODIN DE MORAES, Maria Celina; SOUZA, Eduardo Nunes de. Educação e cultura no Brasil: a questão do ensino domiciliar. In: Ana Carolina Brochado Teixeira; Luciana Dadalto (Org.). *Autoridade parental*: dilemas e desafios contemporâneos. Indaiatuba: Foco, 2019, pp. 93-124.

11. Sobre o tema, recomendamos: AFFONSO, Filipe José Medon. Influenciadores digitais e o direito à imagem de seus filhos: uma análise a partir do melhor interesse da criança. Revista Eletrônica da Procuradoria Geral do Estado do Rio de Janeiro – PGE-RJ, Rio de Janeiro, v. 2 n. 2, maio/ago. 2019, p. 1-26.

dos filhos pelos pais, como foi o caso ocorrido com a atriz Gwyneth Paltrow, que publicou uma selfie ao lado de sua filha, Apple Martin (14 anos) em seu perfil no Instagram. A reação da filha chamou atenção: "Mãe, já conversamos sobre isso. Não poste nada sem o meu consentimento".[12] Ou seja, a adolescente chama a atenção para a necessidade de respeitar o exercício do seu direito de imagem.[13] É necessário, portanto, estabelecer critérios para o exercício da liberdade de expressão dos pais que respeite os direitos da personalidade dos filhos, de modo a evitar que os pais criem rastros digitais para eles que podem lhes prejudicar sobremaneira no futuro.[14]

Tais situações aqui relacionadas reafirmam o quão delicado é o exercício da autoridade parental e a realização da sua função. Não obstante tal premissa, reafirma-se que, conquanto seu exercício seja uma questão atrelada à autonomia privada dos pais, que devem manejá-la segundo as concepções axiológicas que elegeram como prioritárias para a sua família, essa liberdade não é absoluta, posto que limitada quando ameaça ou ofende os direitos fundamentais dos filhos, pessoas vulneráveis que, por isso, merecem proteção diferenciada do Estado e interferência deste, quando necessário.

3. O CONTEÚDO CONSTITUCIONAL DA AUTORIDADE PARENTAL

Quais são, afinal, os deveres parentais? A Constituição dá algumas diretrizes, que foram esmiuçadas no ordenamento infraconstitucional.

Em face da centralidade da pessoa humana no Direito Civil, o Direito das Famílias teve que se adequar a tal imperativo, de modo que "velhos" institutos ganharam novo conteúdo, mais adequado às relações intersubjetivas da contemporaneidade. Assim, a autoridade parental deve ser relida à luz da principiologia constitucional, principalmente sob a ótica dos Princípios da Dignidade da Pessoa Humana e da Solidariedade, previstos nos arts. 1º, III e 3º, I, da Constituição Federal, respectivamente.

No âmbito da família, além de se valorizar a pessoa humana, relevou-se, também, a coexistência, reforçada pela preponderância da afetividade no "mundo da vida". O Direito acolheu tais manifestações de variadas formas: por meio da mudança no perfil da família, do exercício da posse de estado de filho, entre outras. É nessa perspectiva que se insere a autoridade parental: antes preponderantemente hierárquica e patriarcal, a relação paterno/materno-filial transmuta-se para uma perspectiva dia-

---

12. Disponível em: http://emais.estadao.com.br/noticias/gente,gwyneth-paltrow-leva-bronca-da-filha-apos-postar-foto-com-a-jovem-no-instagram,70002769775. Acesso em: 21 fev. 2021.
13. MULTEDO, Renata Vilela; TEIXEIRA, Ana Carolina Brochado. A responsabilidade civil dos pais pela exposição excessiva dos filhos menores nas redes sociais: o fenômeno do *sharenting*. In: ROSENVALD, Nelson; MULTEDO, Renata Vilela; TEIXEIRA, Ana Carolina Brochado (Coords.). *Responsabilidade civil e direito de família:* O direito de danos na parentalidade e conjugalidade. Indaiatuba: Foco, 2021, p. 3-19.
14. TEIXEIRA, Ana Carolina Brochado; RETTORE, Anna Cristina de Carvalho. A autoridade parental e o tratamento de dados pessoais de crianças e adolescentes. In: TEPEDINO, Gustavo; FRAZÃO, Ana; OLIVA, Milena Donato (Coord.). *Lei Geral de Proteção de Dados Pessoais e suas repercussões no Direito Brasileiro.* São Paulo: Thomson Reuters Brasil, 2019, p. 505-530.

logal, pois perpassada pela compreensão mútua e pelo diálogo, uma vez que criança e adolescente – valorizados como seres de grande importância no âmbito da família, em face da vulnerabilidade que enseja deveres de cuidado e proteção – também se tornaram sujeitos ativos no âmbito da própria educação.[15]

Por isso, além do Princípio da Dignidade Humana, ganha relevância, também, o Princípio da Solidariedade, como fonte de deveres no âmbito da própria família, de modo a potencializar a realização da pessoa neste âmbito. Isso porque a autoridade parental é fonte de deveres dos pais e deve ser exercida exclusivamente em prol do interesse dos filhos com a finalidade de promover seu desenvolvimento como pessoa, razão pela qual se caracteriza como poder jurídico. A liberdade – realizada no Direito através do Princípio da Autonomia – deve ser cotejada com a corresponsabilidade entre os membros da família, principalmente, em relação àqueles que têm algum tipo de vulnerabilidade, tal como a pessoa com deficiência, a criança e o adolescente, o idoso, entre outros. Para estes, a existência dos deveres é de grande relevância, pois é sua efetividade garantirá a dignidade e a minoração da sua posição de vulnerabilidade.

No caso da criança e do adolescente, detentores de direitos fundamentais, a autoridade parental exerce um papel essencial para a realização do projeto constitucional, pois a Constituição entendeu serem eles merecedores de tutela especial, o que foi corroborado, também, pelo art. 6º do ECA. Seu melhor interesse, nesse sentido, deve ser protegido, promovido e potencializado.

Por isso, na autoridade parental é mais relevante sua função educativa do que a de administração patrimonial. Sobressai, desta forma, sua função existencial, visto que se configura em ofício cujo escopo é a promoção das potencialidades criativas e humanas dos filhos. Tradicionalmente, as relações parentais são consideradas como uma soma de direitos, poderes e deveres que se penetram entre si – razão pela qual a denominamos de situação jurídica complexa – e que determinam aos genitores uma atuação referente à educação, representação e administração dos bens dos filhos: subsistência, instrução e educação seriam assim, elementos de uma função[16]. Portanto, a autoridade parental não é mais uma relação que envolve o esquema poder-sujeição, não mais bipolarizada em poderes e deveres. Trata-se de um poder jurídico, outorgado pelo Direito aos pais, para que seja exercido no interesse dos filhos[17]. Por esta razão, perdeu completamente sua feição de direito subjetivo para assumir o perfil de poder jurídico.

---

15. Sobre o tema, permita remeter a RODRIGUES, Renata de Lima; TEIXEIRA, Ana Carolina Brochado. Relevância da autonomia privada das crianças e adolescentes: há o direito infantil à autodeterminação?. In: RODRIGUES, Renata de Lima; TEIXEIRA, Ana Carolina Brochado (Coord.). *O direito das famílias entre a norma e a realidade*. São Paulo: Atlas, 2010, p. 45-66.
16. IANNI, Paolo. Potestà dei genitori e libertà dei figli. In: LOJACONO, Vincenzo (Coord.). *Il diritto di famiglia e delle persone*. Ano VI. Milano: Giuffrè, 1977, p. 867.
17. TEPEDINO, Gustavo. A disciplina da guarda e a autoridade parental na ordem civil-constitucional. *Anais do IV Congresso Brasileiro de Direito de Família*. Belo Horizonte: Del Rey, IBDFAM, 2004, p. 305-324.

De acordo com o art. 229, Constituição Federal, "cabe aos pais criar, educar e assistir seus filhos enquanto menores de idade". Eis aí a função constitucional desse instituto, que merece uma rápida reflexão.[18]

O dever de criar começa com a concepção, pois tem sua gênese no início da existência da criança. A partir daí, dura enquanto obrigação jurídica até que o filho alcance a maioridade. A criação está diretamente ligada ao suprimento de suas necessidades biopsíquicas, o que atrela à assistência, ou seja, à satisfação das necessidades básicas, tais como, cuidados na enfermidade, orientação moral, o apoio psicológico, as manifestações de afeto, o vestir, o abrigar, o alimentar, o acompanhar física e espiritualmente[19].

Está embutido no dever de assistência o dever de sustento, sendo este, portanto, inerente à autoridade parental. É tal a relevância do dever de sustento que constitui crime de abandono material deixar, sem justa causa, de prover a subsistência de filho menor de 18 anos, não lhe proporcionando recursos necessários ou faltando ao pagamento de pensão alimentícia judicialmente acordada, conforme se constata do art. 244 do Código Penal.

Na verdade, assistência, criação e educação estão diretamente atrelados à formação da personalidade da criança e do adolescente bem como ao escopo de realizar seus direitos fundamentais, seja em que seara for. O direito à educação, além deste aspecto geral, também se reporta ao incentivo intelectual, para que criança e adolescente tenham condições de alcançar sua autonomia, pessoal e profissional.

Entretanto, são omitidas pela doutrina as várias dimensões da educação. Educar um filho menor, dando-lhe condições de desenvolver sua personalidade, para que ele possa se construir como sujeito, revela-se um processo dialógico permanente, através do qual quem educa é também educado, edificando-se mutuamente a dignidade dos sujeitos envolvidos nesse processo. O respeito é fundamental nesse relacionamento, como faz antever o Direito italiano, através do art. 147 do Código Civil, ao impor, como limite ao dever de educação, a capacidade, as inclinações naturais e as aspirações dos filhos. Compõem a atividade educativa o diálogo com o menor e o confronto com sua individualidade,[20] não sendo um processo unilateral de imposições e autoritarismos parentais.

No dever de educar está implícita a obrigação de promover no filho o desenvolvimento pleno de todos os aspectos da sua personalidade, de modo a prepará-lo para

---

18. Quanto à função e aos limites da autoridade parental, seja consentido remeter ao nosso A disciplina jurídica da autoridade parental. *Anais do V Congresso Brasileiro de Direito de Família*. São Paulo: IOB Thomson, IBDFAM, 2006, p. 103-123 e Autoridade parental. In: RIBEIRO, Gustavo Pereira Leite; TEIXEIRA, Ana Carolina Brochado (Coord.). *Manual de Direito das Famílias e Sucessões*. 3. ed. Rio de Janeiro: Processo, 2017, p. 225-248.
19. LIMA, Taísa Maria Macena. Guarda de fato: tipo sociológico em busca de um tipo jurídico. In: FERNANDES, Milton (orientador). *Controvérsias no sistema de filiação*. Belo Horizonte: Universidade Federal de Minas Gerais, 1984, p. 31.
20. CERATO, Maristella. La potestá dei genitori: i modi di esercizio, la decadenza e l'affievolimento. *Il diritto privato oggi* – serie a cura di Paolo Cendon. Milano: Giuffrè, 2000, p. 113.

o exercício da cidadania e qualificá-lo para o trabalho, mediante a educação formal e informal, o que atende aos arts. 3º e 53 do ECA[21].

No âmbito de um mundo extremamente conectado, o dever de educação deve abranger o que se denomina "educação digital". Trata-se de atuação dos pais para orientar seus filhos, crianças e adolescentes, para a compreensão da importância da segurança na Rede, navegando de forma saudável e segura no ambiente virtual. São condutas dos pais para preparação dos filhos para o mundo tecnológico. O monitoramento de uso do perfil em redes sociais, *WhatsApp*, jogos *online* são alguns exemplos do que deve ser objeto da educação digital, e que deve ser modulado a partir da aquisição de autonomia e discernimento por parte dos filhos, pois o processo educacional engloba conjugar autonomia e vulnerabilidade também no ambiente digital. A assistência parental deve ser segura e permanente, a respeito do uso e limites dos equipamentos e dos riscos em potencial, além de os pais respeitarem as normas de idade das próprias redes sociais.

Criação e educação, principalmente, devem ser feitas de forma a viabilizar aos filhos o alcance da autonomia responsável, através da efetivação do processo educacional. Por ter este perfil dinâmico, que permite gradações, deve se adequar às vicissitudes, às peculiaridades da personalidade dos filhos, de modo a verificar a necessidade da intensificação ou do recuo dos múnus da autoridade parental. Propiciar ao filho sua autonomia de forma responsável equivale exatamente a respeitar o processo de aquisição de discernimento e de maturação do filho menor, de modo que, paulatinamente, ele tenha condições de fazer suas escolhas sozinho, com a correlata responsabilidade. A autoridade parental deve ser interpretada, portanto, como processo gradual, que se desenvolve com base no diálogo e de acordo com a aquisição de discernimento dos filhos menores. Isso porque é indissociável aquisição da autonomia responsável da criança e do adolescente e concretização da sua dignidade.

Assim, na medida em que este processo se intensifica, é possível o exercício dos direitos fundamentais de forma mais ampla, de modo a diminuir, proporcionalmente, o raio de aplicação da autoridade parental – o que também faz parte do seu conteúdo constitucional, pois ela se faz tanto mais necessária quando o filho não é capaz de responsabilizar-se pelos seus atos. Por isso, criança e adolescente não são, *a priori*, detentores de autonomia. Essa é a razão maior da autoridade parental: conduzir a criança e o adolescente por caminhos que eles ainda desconhecem. Por estarem construindo sua maturidade, não podem usufruir completamente de seu direito fundamental à liberdade, pois ainda não têm condições psíquicas de exercê-la. Para seu bem-estar, vivem uma fase de "liberdade orientada", cujo raio de amplitude de seu exercício aumenta à medida que aumenta seu discernimento.

---

21. COMEL, Denise Damo. Do poder familiar. São Paulo: *Revista dos Tribunais*, 2003, p. 102.

4. CONTEÚDO CODIFICADO E ESTATUTÁRIO DA AUTORIDADE PARENTAL

A autoridade parental deve ser exercida em conjunto pelos pais, não mais havendo nenhum tipo de prevalência de um dos genitores sobre o outro, como existia quando da vigência do Código Civil de 1916, que instituiu o pátrio poder, como exclusividade do homem, em decorrência do patriarcado. Diante da normatividade do Princípio da Igualdade, ambos os pais passaram a exercer em igualdade de condições o *múnus* determinado pela lei. Caso um dos dois faleça, seja suspenso ou perca o poder familiar, o outro o exercerá de forma exclusiva, conforme determina o art. 1.631, CC. Caso isso ocorra com os dois, a criança será colocada sob a tutela de um terceiro, que pode ser testamentária, legítima ou dativa, de acordo com o art. 1.633, CC.

Se, porventura, houver divergência entre os pais quanto ao exercício da autoridade parental, eles devem recorrer ao juiz, para que este resolva a controvérsia, uma vez que, como os genitores têm igualdade de condições decisórias, nenhum deles tem preponderância sobre a do outro, conforme arts. 21, Estatuto da Criança e do Adolescente – ECA e 1.631, parágrafo único, CC.

O Código Civil estabelece que decorre dos deveres constitucionais os contidos no art. 1.634, competindo a ambos os pais, qualquer que seja sua situação conjugal, o pleno exercício da autoridade parental consistente em:

I – dirigir-lhes a criação e educação;

II – exercer a guarda unilateral ou compartilhada nos termos do art. 1.584;

III – conceder-lhes ou negar-lhes consentimento para casarem;

IV – conceder-lhes ou negar-lhes consentimento para viajarem ao exterior

V – conceder-lhes ou negar-lhes consentimento para mudarem sua residência permanente para outro Município;

VI – nomear-lhes tutor por testamento ou documento autêntico, se o outro dos pais não lhe sobreviver, ou o sobrevivo não puder exercer o poder familiar;

VII – representá-los judicial e extrajudicialmente até os 16 (dezesseis) anos, nos atos da vida civil, e assisti-los, após essa idade, nos atos em que forem partes, suprindo-lhes o consentimento;

VIII – reclamá-los de quem ilegalmente os detenha;

IX – exigir que lhes prestem obediência, respeito e os serviços próprios de sua idade e condição.

De forma semelhante, o ECA dispõe, em seu art. 22, que incumbe aos pais o "dever de sustento, guarda e educação dos filhos menores, cabendo-lhes, ainda, no interesse destes, a obrigação de cumprir e fazer cumprir as determinações judiciais".

Todas essas hipóteses são manifestações do Princípio da Solidariedade, que imputa aos pais deveres de cuidado em relação aos filhos menores, ou seja, o período da menoridade faz presumir que os filhos precisam de cuidados especiais, visto que estão em fase de desenvolvimento, o que justifica a conduta protetiva dos pais para lhes ajudarem a construir sua personalidade. O objetivo deste dispositivo é a tutela do interesse dos filhos, o que demanda ações dos pais, para que esse "melhor interesse" possa ser implementado, com a mais ampla participação parental.

Algumas questões não previstas expressamente em lei vêm aguçar a reflexão, para saber se estão ou não na seara do poder familiar, tais como a escolha da pessoa para quem dar o filho em adoção e a emancipação voluntária.

A adoção *intuitu personae* caracteriza-se pela escolha dos pais – em sua maioria, da mãe – da pessoa para quem entregará seu filho em adoção, por entender que ela sabe o que será melhor para seu filho. Tal modalidade de adoção é criticada porque muitas vezes implica em exceção à regra do art. 50 do ECA, que estabelece uma fila por ordem cronológica no Cadastro Nacional de Adoção para o recebimento de crianças. Tal modalidade seria possível como exercício do poder familiar, vez que o próprio Código estabeleceu que são os pais quem devem escolher a pessoa a cuidar dos filhos em sua falta, como no caso da tutela testamentária prevista no art. 1.729 do Código Civil.[22] Nesse sentido manifesta a doutrina especializada sobre o tema:

> Assim, não estando os filhos abandonados, entregues pelos genitores ao Conselho Tutelar ou sem situação de risco para exigir da Justiça da Infância e da Juventude e, se for o caso, serem inscritos nos cadastros de crianças e adolescentes em condições de serem adotados, não se verifica nenhum impedimento aos próprios pais escolherem os adotantes e entregarem seus filhos para adoção direta, permitindo-se aos pretensos adotantes, preliminarmente requerer a guarda para regularizar a posse de fato, nos termos do art. 33 do ECA, e, após, conforme art. 50, § 13, III, requerer a adoção.
>
> Evidentemente que ninguém é melhor que pais conscientes para escolherem aqueles que consideram ideal para tornarem-se pais afetivos de seus filhos biológicos, pois o consentimento para adoção, na maioria das vezes, é um ato de amor extremo, buscando o melhor par aos filhos que não podem cuidar.[23]

Outra situação que se discute estar na seara dispositiva do poder familiar é a emancipação voluntária. A emancipação constitui-se em direito potestativo dos pais ou de situação jurídica que deve estar condicionada ao melhor interesse do filho? Em face do que dispõe o art. 227 da Constituição Federal, o Estatuto da Criança e do Adolescente e a Convenção Internacional dos Direitos da Criança, esse é um ato que deve ser instrumento de realização do melhor interesse, não sendo um genuíno direito potestativo dos pais, vez que esses não podem fazê-lo por sua conveniência.[24] Esse ato deve realizar o melhor interesse do adolescente para que esteja em conformidade com os instrumentos legislativos supramencionados, razão pela qual Paulo Luiz Netto Lobo sugere:

---

22. "Não obstante a controvérsia, encontramos vários julgados favoráveis ao tema: Ademais, nos termos da jurisprudência do STJ, a ordem cronológica de preferência das pessoas previamente cadastradas para adoção não tem um caráter absoluto, devendo ceder ao princípio do melhor interesse da criança e do adolescente, razão de ser de todo o sistema de defesa erigido pelo Estatuto da Criança e do Adolescente, que tem na doutrina da proteção integral sua pedra basilar". (HC 468.691/SC, 4ª T., Rel. Min. Luis Felipe Salomão, DJe de 11 mar. 2019).
23. CARVALHO, Dimas Messias de. *Adoção e guarda*. Belo Horizonte: Del Rey, 2010, p. 22-23.
24. "Os pais que perderam o interesse afetivo pelo filho podem valer-se da emancipação, por ato exclusivo deles, sem homologação judicial ou audiência do filho, para desobrigar-se dele e libertar-se dos deveres materiais e morais do poder familiar (guarda, educação, sustento)." (LÔBO, Paulo Luiz Netto. *Direito Civil*: Parte Geral. São Paulo: Saraiva, 2009, p. 127).

Assim, cabe ao tabelião anotar na escritura a justificativa dos pais, para eventual averiguação judicial, inclusive por iniciativa do Ministério Público, que tem o dever constitucional de zelar pelos direitos indisponíveis das crianças e adolescentes; se a justificativa não for razoável, deve suscitar a dúvida ao juiz competente, antes da lavratura da escritura de emancipação. Não pode haver concessão desmotivada.[25]

Note-se que sempre haverá situações não expressamente previstas em lei, sendo necessária a busca pela concretização do princípio do melhor interesse como forma de dirimir a controvérsia.

5. AUTORIDADE PARENTAL E GUARDA COMPARTILHADA

Após analisado o conteúdo constitucional da autoridade parental, mister estudar sua duração, conforme estabelecido pelo Código Civil, o que gera inegáveis repercussões na disciplina jurídica da guarda compartilhada. O CC cuida de estabelecer disposições que estejam em consonância com os macrodeveres constitucionais, de modo a ratificar que a incidência da autoridade parental tem seu limite na maioridade dos filhos, conforme art. 1.630, CC.[26] Contudo, muito se questiona se este de fato permanece após o fim da conjugalidade dos pais.

Diferentemente do que ocorre na Itália e na França, quando os pais se separam, se divorciam ou têm seu casamento anulado ou declarado nulo no Brasil, continuam detentores da autoridade parental, conforme art. 1.632, CC. O art. 1.579 do mesmo diploma, em sentido similar ao dispositivo supracitado, estabelece que o divórcio não modifica os direitos e deveres dos pais em relação aos filhos. Da mesma forma, o parágrafo único do art. 1.579, bem como os arts. 1.588 e 1.636, fazem expressa referência à relação parental, ao disporem que os genitores que contraírem novas núpcias não perdem a titularidade do poder familiar.[27]

O que mudará na relação dos pais com os filhos após o fim da conjugalidade será o direito de tê-los em sua companhia, já que o guardião será o genitor incumbido

---

25. LÔBO, Paulo Luiz Netto, op. cit., 2009, p. 127.
26. Paolo Ianni afirma que a Corte de Cassação italiana já decidiu que os deveres atrelados ao seu conteúdo podem não cessar com o maioridade, ou seja, com o fim da *potestà*: "Affermando che 'il mantenimento del figlio non cessa col raggiungimento della maggiore età', ma quando ha 'ultimati gli studi' o comunque quando ha 'ricevuto una conveniente educazione e istruzione', la Corte di Cassazione presuppone già che l'educazione e l'istruzione non cessino con il ragiungimento della maggiore età, cioè con la patria potestà" (IANNI, Paolo. Potestà dei genitori e libertà dei figli. In: LOJACONO, Vincenzo (Coord.). *Il diritto di famiglia e delle persone*. Ano VI. Milano: Giuffrè, 1977, p. 868). Tradução livre: Afirmando que a manutenção do filho não cessa com o alcance da maioridade, mas quando terminou os estudos ou quando tenha recebido uma conveniente educação e instrução, a Corte de Cassação pressupõe já que a educação e a instrução não cessam com a maioridade, isto é, com o poder familiar.
27. Sobre tais dispositivos, embora se pretenda preservar a relação dos pais com os filhos, é inegável que o novo cônjuge ou companheiro do genitor acabe influenciando nessa relação, na medida em que participa da nova dinâmica doméstica. Tal vinculação pode, inclusive, gerar vínculos de socioafetividade, por meio da posse de estado de filho, apto a resultar em vínculos multiparentais. Tal ideia foi outrora desenvolvida em RODRIGUES, Renata de Lima; TEIXEIRA, Ana Carolina Brochado. Multiparentalidade como efeito da socioafetividade nas famílias reconstituídas. *O Direito das Famílias entre a norma e a realidade*. In: RODRIGUES, Renata de Lima; TEIXEIRA, Ana Carolina Brochado (Coords.). São Paulo: Atlas, 2010, p. 190-218.

dos cuidados quotidianos com os filhos menores. Contudo, as decisões relevantes para sua vida deverão ser tomadas por ambos, em conjunto, vez que afetas à autoridade parental, e não à guarda. É por esta razão que a guarda compartilhada não era necessária no Brasil, vez que sempre existiu a possibilidade – ao menos teórica – de efetivação de seus atributos pela via da autoridade parental. Ela é necessária naqueles ordenamentos jurídicos que, com o fim da sociedade conjugal, o genitor não guardião perde também a autoridade parental. Nestes casos, é preciso uma norma que determine que a guarda será compartilhada, para que haja, por via de consequência, o compartilhamento do poder familiar.[28]

Um diferenciador desses conceitos é que a autoridade parental se mede na tutela da pessoa, a qual não tem apenas escopo protetivo, mas, principalmente, promocional da personalidade. Por isso, abarca maior aglomerado de funções. Diferentemente do que é proposto pela maioria da doutrina, o poder-dever de proteção e provimento das necessidades, sejam elas materiais ou espirituais, encontram abrigo muito mais na autoridade parental do que na guarda, pois ambos os pais têm a função promocional da educação dos filhos, em sentido amplo, que envolve criação, orientação e acompanhamento. Tais tarefas não incumbem apenas ao genitor guardião, mas aos titulares da autoridade parental.

É por isso que já questionamos a necessidade e a real utilidade da guarda compartilhada no ordenamento jurídico brasileiro. A doutrina define guarda compartilhada como "um plano de guarda onde ambos os genitores dividem a responsabilidade legal pela tomada de decisões importantes relativas aos filhos menores, conjunta e igualitariamente. Significa que ambos os pais possuem exatamente os mesmos direitos e as mesmas obrigações em relação aos filhos menores. Por outro lado, é um tipo de guarda em que os filhos do divórcio recebem dos tribunais o direito de terem ambos os pais, dividindo de forma mais equitativa possível, as responsabilidades de criar e cuidar dos filhos. Guarda jurídica compartilhada define os dois genitores, do ponto de vista legal, "como iguais detentores da autoridade parental para tomar todas as decisões que afetem os filhos."[29].

O que se constata é a presença marcante no conceito ora esboçado da possibilidade do exercício conjunto da autoridade parental, como aspecto definidor da guarda compartilhada, pois possibilita que os genitores compartilhem as decisões mais relevantes da vida dos filhos. Diante disso, tal instituto era desnecessário, em face do que dispõe o art. 1.632 do CC. A relação parental é desatrelada da definição dos rumos da conjugalidade dos pais, garantindo aos filhos a vinculação do laço afetivo com ambos os genitores, mesmo após o esfacelamento da vida em comum.

Em verdade, o real mérito da guarda compartilhada tem sido popularizar a discussão da coparticipação parental na vida dos filhos. Isso porque, com a clássica divisão

---

28. A referida norma italiana é a Lei n. 54, de 8.2.2006, que modificou o art. 155 do Código Civil Italiano, ao determinar que a regra geral é a guarda compartilhada, com o exercício conjunto do poder familiar.
29. GRISARD FILHO, Waldyr. *Guarda compartilhada*: um novo modelo de responsabilidade parental. 2. ed. São Paulo: *Revista dos Tribunais*, 2002, p. 79.

sexual do trabalho, sempre coube à mulher os cuidados domésticos e ao homem, o papel de provedor da família. Com a revolução feminista que impulsionou a mulher para fora dos limites privados do lar conjugal, esta também passou a participar do custeio das despesas da família, o que a livrou das amarras da dependência marital. Por conseguinte, passou-se a valorizar a liberdade dos vínculos afetivos, que não mais eram mantidos por razões financeiras. A direção da sociedade conjugal passou a ser diárquica, da mesma forma que o homem também passou a participar de forma mais ativa das atribuições domésticas, inclusive no cuidado dos filhos. Construiu-se um novo conceito de paternidade, mediante o qual o homem não se satisfaz em cumprir papel periférico na vida do filho, ou seja, quer participar e ser pai, em todos os aspectos e momentos da existência da prole.

Cresce, portanto, o desejo de ambos os genitores participarem da vida dos filhos, durante a conjugalidade e após o fim dela. O mérito da guarda compartilhada tem sido muito mais social do que jurídico, pois vem ao encontro do novo conceito de paternidade. A discussão em torno do assunto tem feito com que os pais busquem a implantação do modelo por meio de maior equilíbrio no exercício da parentalidade. Quando efetivada, porém, seus efeitos abrangem a experiência do pleno exercício da autoridade parental, nos exatos moldes do art. 1.632 CC.

Diante de todas essas questões, o mais relevante é admitir que a autoridade parental atribui a ambos os pais a titularidade, o exercício, o poder e o dever de gerenciar a educação dos filhos, de modo a moldar-lhes a personalidade, a proporcionar-lhes um crescimento com liberdade e responsabilidade, sem falar no dever de zelo do seu patrimônio. O que importa é delimitar o significado do poder/dever dos genitores de participar na educação dos filhos, cuja função é, evidentemente, promocional ao seu melhor interesse. E tal binômio está desvinculado da circunstância de ter ou não o filho em sua companhia. Ele decorre tão somente da parentalidade.

A opção sistemática do Código Civil privilegiou o poder parental em detrimento da guarda, o que reforça, mais uma vez, a afirmação de que a guarda implica na efetivação de parcelas do poder familiar, se comparados ambos os institutos, principalmente a missão desvelada por este último. É que o instituto da guarda recebe referência legislativa incidental, na seara da separação e do divórcio, sem disciplinar em que consiste seu conteúdo. No que tange à autoridade parental, por seu turno, esta recebe tratamento específico ao tratar da filiação, consagrando-lhe o Código Civil seção específica.

A guarda compartilhada é um modelo importado de outros países, em que o poder familiar se finda com a separação, divórcio ou dissolução da união estável dos genitores. Sua implementação ocorreu no direito pátrio sem avaliar seu real cabimento. Contudo, após o advento da lei 11.698/2008 que instituiu a guarda compartilhada, e, sobretudo da lei 13.058/2014, que tornou o modelo a ser aplicado quando não houver acordo entre os pais, parece que esse modelo entrou no quotidiano dos pais em processo de divórcio de forma mais definitiva.

A mudança do modelo preferencial da lei 11.698/2008 para o modelo (praticamente) obrigatório da lei 13.058/2014[30] foi influenciada por uma decisão do STJ, por entender ser esse modelo de guarda um meio de efetivar o bem-estar da criança ou do adolescente, inclusive, compartilhando também a guarda física da criança:

> Civil e processual civil. Recurso especial. Direito civil e processual civil. Família. Guarda compartilhada. Consenso. Necessidade. Alternância de residência do menor. Possibilidade.
>
> 1. Ausente qualquer um dos vícios assinalados no art. 535 do CPC, inviável a alegada violação de dispositivo de lei.
>
> 2. A guarda compartilhada busca a plena proteção do melhor interesse dos filhos, pois reflete, com muito mais acuidade, a realidade da organização social atual que caminha para o fim das rígidas divisões de papéis sociais definidas pelo gênero dos pais.
>
> 3. A guarda compartilhada é o ideal a ser buscado no exercício do Poder Familiar entre pais separados, mesmo que demandem deles reestruturações, concessões e adequações diversas, para que seus filhos possam usufruir, durante sua formação, do ideal psicológico de duplo referencial.
>
> 4. Apesar de a separação ou do divórcio usualmente coincidirem com o ápice do distanciamento do antigo casal e com a maior evidenciação das diferenças existentes, o melhor interesse do menor, ainda assim, dita a aplicação da guarda compartilhada como regra, mesmo na hipótese de ausência de consenso.
>
> 5. A inviabilidade da guarda compartilhada, por ausência de consenso, faria prevalecer o exercício de uma potestade inexistente por um dos pais. E diz-se inexistente, porque contrária ao escopo do Poder Familiar que existe para a proteção da prole.
>
> 6. A imposição judicial das atribuições de cada um dos pais, e o período de convivência da criança sob guarda compartilhada, quando não houver consenso, é medida extrema, porém necessária à implementação dessa nova visão, para que não se faça do texto legal, letra morta.
>
> 7. A custódia física conjunta é o ideal a ser buscado na fixação da guarda compartilhada, porque sua implementação quebra a monoparentalidade na criação dos filhos, fato corriqueiro na guarda unilateral, que é substituída pela implementação de condições propícias à continuidade da existência de fontes bifrontais de exercício do Poder Familiar.
>
> 8. A fixação de um lapso temporal qualquer, em que a custódia física ficará com um dos pais, permite que a mesma rotina do filho seja vivenciada à luz do contato materno e paterno, além de habilitar a criança a ter uma visão tridimensional da realidade, apurada a partir da síntese dessas isoladas experiências interativas.
>
> 9. O estabelecimento da custódia física conjunta, sujeita-se, contudo, à possibilidade prática de sua implementação, devendo ser observada as peculiaridades fáticas que envolvem pais e filho, como a localização das residências, capacidade financeira das partes, disponibilidade de tempo e rotinas do menor, além de outras circunstâncias que devem ser observadas.

---

30. Também deve-se atentar para a Resolução 25/2016 do CNJ, que diz que: "Art. 1º Recomendar aos Juízes das Varas de Família que, ao decidirem sobre a guarda dos filhos, nas ações de separação, de divórcio, de dissolução de união estável ou em medida cautelar, quando não houver acordo entre os ascendentes, considerem a guarda compartilhada como regra, segundo prevê o § 2º do art. 1.584 do Código Civil.
§ 1º Ao decretar a guarda unilateral, o juiz deverá justificar a impossibilidade de aplicação da guarda compartilhada, no caso concreto, levando em consideração os critérios estabelecidos no § 2º do art. 1.584 do Código Civil."

10. A guarda compartilhada deve ser tida como regra, e a custódia física conjunta – sempre que possível – como sua efetiva expressão.

11. Recurso especial não provido.[31]

Não obstante as críticas cabíveis a tal decisão, em razão do pressuposto de que a guarda compartilhada engloba a guarda física, constata-se que a interpretação da lei da guarda compartilhada é a de que esse instituto busca a efetivação da autoridade parental. A situação da guarda compartilhada hoje é posta, já que é uma realidade concretizada por meio das referidas leis; por isso, deve-se buscar a forma de efetivá-la mais adequada e coerente com o melhor interesse da criança e do adolescente, a fim de que sua *ratio* possa ser alcançada: a maior participação e compromisso dos pais com a criação, educação e assistência aos filhos, para que seu processo de desenvolvimento possa ser o mais saudável possível. "Trata-se de mudança valorativa profunda, que importa reconstrução do tratamento teórico reservado à disciplina jurídica da filiação, na medida em que, a fim de dar efetividade ao Princípio do Melhor Interesse, busca-se ressignificar o conteúdo das relações parentais.[32]

6. CONCLUSÃO

A autoridade parental, incidente no âmbito de uma família solidarista, tem como principal finalidade proporcionar ao filho um crescimento biopsiquicamente saudável, para que possa se estruturar como sujeito, dotado de autonomia responsável. Por isso, a autoridade parental é forma de concretização do princípio da dignidade da pessoa humana e da solidariedade, pois é fonte de deveres imputados aos pais, que devem ser exercidos em benefício dos filhos.

Prioriza-se na autoridade parental seu conteúdo constitucional, que imputa aos pais os deveres de criação, educação e assistência aos filhos menores de idade. Deve, portanto, ser vista no contexto de um processo educacional, cuja intensidade será inversamente proporcional ao grau de maturidade do filho, para que suas escolhas possam ser respeitadas pelos pais, por meio de um processo dialógico que contribua para a construção da dignidade e da personalidade do filho.

As atribuições estabelecidas aos pais no Código Civil e no Estatuto da Criança e do Adolescente devem estar legitimadas pelas diretrizes constitucionais, que determinam o respeito aos direitos fundamentais dos filhos, além de prever que a pessoa menor de idade deve ter proteção especial, por estar em fase de desenvolvimento da sua personalidade, de assimilação de valores e da construção do caráter. Por esta razão, nesta relação de poder jurídico, os deveres devem ser exercidos em benefício dos filhos, e não dos pais, vez que não se trata de uma situação jurídica de direito subjetivo.

---

31. STJ, REsp 1.251.000/MG, Rel. Min. Nancy Andrighi, 3ª T., julg. 23 ago. 2011, DJe 31 ago. 2011. Nessa mesma linha: STJ, REsp 1.428.596/RS, Rel. Min. Nancy Andrighi, 3ª T., julg. 03 jun. 2014, DJe 25 jun. 2014.
32. TEPEDINO, Gustavo; TEIXEIRA, Ana Carolina Brochado. *Fundamentos do direito civil*: Direito de família. v. 6. 2. ed. Rio de Janeiro: Forense, 2021, p. 328.

São os pais os responsáveis por delinear a educação que os filhos receberão, cabendo ao Estado atuar subsidiariamente para garantir-lhes o exercício de seus direitos fundamentais, caso os pais falhem em seu intento. Num mundo plural, cuja diversidade é garantida pela Constituição Federal, a escolha do modo de educar pertence aos pais, desde que a forma de educação potencialize o bem-estar de seus filhos e realize sua personalidade... A priori, ninguém melhor do que eles para saberem das necessidades e das peculiaridades de seus filhos, para que eles sejam sujeitos autônomos e responsáveis.

Essa tarefa se torna mais facilmente viável quando inserida numa relação de afetividade entre pais e filhos, pautada no respeito mútuo. No âmbito da família democrática, é preciso "inserir o filho, com os seus sentimentos e personalidade em desenvolvimento, no cenário das decisões que lhe dizem respeito, sob a evidente responsabilidade dos pais e educadores"[33]. É a gradação da autoridade parental, vista como processo, com o respeito à opinião da criança ou do adolescente, fruto de sua participação na vida familiar e comunitária, mas que a ele também sejam impostos os limites necessários, para que saiba se situar de forma consciente nos espaços públicos e privados.

7. REFERÊNCIAS

AFFONSO, Filipe José Medon. Influenciadores digitais e o direito à imagem de seus filhos: uma análise a partir do melhor interesse da criança. *Revista Eletrônica da Procuradoria Geral do Estado do Rio de Janeiro* – PGE-RJ, Rio de Janeiro, v. 2 n. 2, maio-ago. 2019, p. 1-26.

BODIN DE MORAES, Maria Celina; SOUZA, Eduardo Nunes de. Educação e cultura no Brasil: a questão do ensino domiciliar. In: TEIXEIRA, Ana Carolina Brochado; DADALTO, Luciana (Org.). *Autoridade parental*: dilemas e desafios contemporâneos. Indaiatuba: Foco, 2019, p. 93-124.

CARVALHO, Dimas Messias de. *Adoção e guarda*. Belo Horizonte: Del Rey, 2010.

CERATO, Maristella. La potestá dei genitori: i modi di esercizio, la decadenza e l'affievolimento. *Il diritto privato oggi* – serie a cura di Paolo Cendon. Milano: Giuffrè, 2000.

COMEL, Denise Damo. *Do poder familiar*. São Paulo: Revista dos Tribunais, 2003.

GRISARD FILHO, Waldyr. *Guarda compartilhada*: um novo modelo de responsabilidade parental. 2. ed. São Paulo: Revista dos Tribunais, 2002.

IANNI, Paolo. Potestà dei genitori e libertà dei figli. In: LOJACONO, Vincenzo (Coord.). *Il diritto di famiglia e delle persone*. Ano VI. Milano: Giuffrè, 1977.

LIMA, Taísa Maria Macena. Guarda de fato: tipo sociológico em busca de um tipo jurídico. In: FERNANDES, Milton (orientador). *Controvérsias no sistema de filiação*. Belo Horizonte: Universidade Federal de Minas Gerais, 1984.

LÔBO, Paulo Luiz Netto. *Direito Civil*: Parte Geral. São Paulo: Saraiva, 2009.

MULTEDO, Renata Vilela; TEIXEIRA, Ana Carolina Brochado. A responsabilidade civil dos pais pela exposição excessiva dos filhos menores nas redes sociais: o fenômeno do *sharenting*. In: ROSENVALD, Nelson; MULTEDO, Renata Vilela; TEIXEIRA, Ana Carolina Brochado (Coord.). *Responsabilidade civil e direito de família:* O direito de danos na parentalidade e conjugalidade. Indaiatuba: Foco, 2021, p. 3-19.

---

33. TEPEDINO, Gustavo. *Temas de direito civil*. 3. ed. Rio de Janeiro: Renovar, 2004.

RODRIGUES, Renata de Lima; TEIXEIRA, Ana Carolina Brochado. *O Direito das Famílias entre a norma e a realidade*. São Paulo: Atlas, 2010.

TEIXEIRA, Ana Carolina Brochado. *Família, guarda e autoridade parental*. 2. ed. Rio de Janeiro: Renovar, 2009.

TEIXEIRA, Ana Carolina Brochado. A disciplina jurídica da autoridade parental. *Anais do V Congresso Brasileiro de Direito de Família*. São Paulo: IOB Thomson, IBDFAM, 2006, p. 103-123.

TEIXEIRA, Ana Carolina Brochado. Autoridade parental. *In*: RIBEIRO, Gustavo Pereira Leite; TEIXEIRA, Ana Carolina Brochado. *Manual de Direito das Famílias e Sucessões*. 3. ed. Rio de Janeiro: Processo, 2017, p. 225-248.

TEIXEIRA, Ana Carolina Brochado; RETTORE, Anna Cristina de Carvalho. A autoridade parental e o tratamento de dados pessoais de crianças e adolescentes. In: TEPEDINO, Gustavo; FRAZÃO, Ana; OLIVA, Milena Donato (Coords.). *Lei Geral de Proteção de Dados Pessoais e suas repercussões no Direito Brasileiro*. São Paulo: Thomson Reuters Brasil, 2019, p. 505-530.

TEPEDINO, Gustavo. A disciplina da guarda e a autoridade parental na ordem civil-constitucional. *Anais do IV Congresso Brasileiro de Direito de Família*. Belo Horizonte: Del Rey, IBDFAM, 2004, p. 305-324.

TEPEDINO, Gustavo. *Temas de direito civil*. 3. ed. Rio de Janeiro: Renovar, 2004.

TEPEDINO, Gustavo; TEIXEIRA, Ana Carolina Brochado. *Fundamentos do direito civil*: Direito de família. Vol. 6. 2. ed. Rio de Janeiro: Forense, 2021.

ZAGURY, Tânia. *Sem padecer no paraíso*: em defesa dos pais ou sobre a tirania dos filhos. 11. ed. Rio de Janeiro: Record, 1994.

RELAÇÕES DE COPARENTALIDADE: AUTONOMIA E RESPONSABILIDADE EM FAMÍLIA

Simone Tassinari Cardoso Fleischmann

Professora da graduação e pós-graduação da Universidade Federal do Rio Grande do Sul, mediadora de conflitos, membro do IBDCIVIL e Secretária Geral Adjunta do IBDFAM-RS. Mediadora de Conflitos.

Sumário: 1. Introdução e apresentação das noções fundamentais – 2. Da vinculação jurídica tradicional entre conjugalidade e parentalidade – 3. Reflexões sobre coparentalidade e seus efeitos: autonomia e responsabilidade familiar – 4. Conclusões e desafios para o futuro – 5. Referências.

1. INTRODUÇÃO E APRESENTAÇÃO DAS NOÇÕES FUNDAMENTAIS

A expressão coparentalidade advém da junção do prefixo "co" que significa companhia, simultaneidade, possuindo o sentido de par[1] com a expressão "parentalidade", reconhecida como uma derivação do termo original em inglês *"parenting"*[2]. Embora toda a relação de parentalidade que esteja a envolver um projeto parental comum pudesse ser identificada como relação em coparentalidade, tem-se dois significados mais destacados para ela. Nos países de língua inglesa, possui um significado genérico relacionado às responsabilidades parentais após o rompimento do vínculo de casamento, ou família civil.[3] (MATTHEW, 2013, p. 18) Recentemente, tem ganhado espaço para caracterizar um outro modelo familiar, fundado no projeto parental

---

1. "Elemento com o sentido de companhia, concomitância, simultaneidade (ex.: coadjuvar, co-herdeiro). Nota: quando possui o sentido de a par e o segundo elemento tem vida autônoma, é seguido de hífen (ex.: co-administração, co-administrador)." Dicionário Priberam de Língua Portuguesa.
2. Segundo o dicionário de ideias afins Thessaurus.com, a expressão *parenting* refere-se a: "1.the rearing of children. 2. the methods, techniques, etc., used or required in the rearing of children. 3.the state of being a parent; parenthood. 4.of or concerned with the rearing of children: good parenting skills." (http://www.dictionary.com/browse/parenting, Thesaurus.com, acesso em 29 abr. 2018, às 21h47min.) Em tradução livre da autora: "1. criação de filhos. 2. os métodos, técnicas etc., usados ou requeridos na criação de crianças. 3. o estado de ser pai ou mãe; parentalidade. 4. ou preocupado com a criação de filhos: boas habilidades parentais."
3. "Regardless of the challenges that may impact the parents during these life transitions, the continuation of functional coparenting is essential. After separation and divorce, coparents can and should choose a strucrure of coparenting thar meers the demands and needs of cheir shared-custody situation. They cannot, however, opt out of this coparenting partnership without compromising the long-term adjustment of their children." Em tradução livre da autora: Independentemente dos desafios que podem impactar os pais durante essas transições de vida, a continuação da coparentalidade funcional é essencial. Após a separação e o divórcio, os coparentes podem e devem escolher uma estrutura de coparentalidade que atenda às demandas e as necessidades de manter a situação de guarda/custódia compartilhada. Eles não podem, no entanto, optar por sair desta parceria de coparentalidade sem comprometer o longo prazo adaptação de seus filhos. In: MATTHEW, Sullivan. *Coparenting*: A Lifelong Partnership Family Advocate, v. 36, n. 1, Summer 2013, p. 18-20. HeinOnline, p. 18.

conjunto, sem implicações de amor romântico ou vínculo afetivo-sexual para conjugalidades. Tradicionalmente, embora a expressão em inglês tenha o mesmo radical da expressão em português "parentesco", significa mais do que isso, pois envolve atitudes que os adultos de referência de uma criança – aqueles que convivem com ela no dia a dia e que desenvolvem os vínculos afetivos mais próximos durante os seus primeiros anos de vida têm. Abrange as atitudes de cuidar, fortalecer a autonomia, oferecer estímulos, amar, educar, impor limites, enfim, preparar a criança para os desafios e oportunidades da vida atual e adulta.

Há uma expectativa social e jurídica que atribui, primeiramente, aos pais biológicos as responsabilidades por facilitar o desenvolvimento de seus filhos nos níveis social, intelectual, físico e psicológico, entretanto a parentalidade pode ser desempenhada por outros adultos que sejam responsáveis pela criança. Embora se constate que há variações culturais decorrentes do exercício da parentalidade, podem-se destacar duas dimensões para esta noção, uma relacionada às atividades e outra, às áreas funcionais. Quanto às atividades, destacam-se aquelas realizadas pelo adulto de referência relacionadas aos cuidados físicos, emocionais, sociais, a educação, a disciplina e o desenvolvimento da criança. Nas áreas funcionais estão os aspectos relacionados à saúde física, saúde mental, ao comportamento social, funcionamento cognitivo tanto do adulto de referência quanto da criança. (BARROSO; MACHADO, 2015, p. 25).

Para o desenvolvimento saudável de uma criança ou um adolescente são essenciais as interações de parentalidade. Na psicologia define-se como parentalidade "um conjunto de atividades propostas no sentido de assegurar a sobrevivência e o desenvolvimento da criança, num ambiente seguro, de modo a socializar a criança e atingir o objetivo de torná-la progressivamente mais autônoma." (BARROSO; MACHADO, 2015, p. 17).

Constatada a relação entre o exercício da parentalidade e crescimento saudável, muitos autores procuraram investigar quais seriam os fatores a serem considerados como positivos ou negativos neste aspecto. (MOSMANN, COSTA, EINSFELD, SILVA, KOCH, 2017, sem página)[4] E, em alguns modelos, já se podem apresentar alguns fatores significativos desta relação.

---

4. Nesse sentido, é consenso entre os pesquisadores que o conflito conjugal pode se expressar em problemas no desenvolvimento saudável dos filhos (Gerard, Krishnakumar, & Buheler, 2006; Margolin, Gordis, & Oliver, 2004). Igualmente, estudos têm documentado as associações entre a qualidade do relacionamento conjugal e a relação parental (Mosmann, Zordan, & Wagner, 2011) e, apesar de as variáveis da conjugalidade e da parentalidade atuarem de forma interdependente, aquelas do subsistema conjugal são preditoras de consequências no subsistema parental. Entre as variáveis preditoras, alguns autores destacam a adaptabilidade e a coesão (Davies, Cummings, & Winter, 2004a; Olson, 2000) e a satisfação conjugal (Mosmann et al., 2011).
Uma pesquisa realizada em 2008, com 149 casais com filhos adolescentes, traçou um perfil discriminante entre variáveis da relação conjugal e os estilos educativos parentais. Os resultados obtidos comprovaram que os casais com maiores níveis de coesão, adaptabilidade e satisfação conjugal caracterizam o estilo educativo parental autorizante, altamente responsivo e exigente, e o estilo indulgente, em que existe proximidade afetiva, porém, não se consegue monitorar e estabelecer limites aos filhos (Mosmann, Wagner, & Sarriera,

No modelo proposto por Barroso e Machado (2015, p. 16-33), adaptado de Belsky, encontram-se presentes os seguintes determinantes para exercício da parentalidade: a personalidade e as psicopatologias parentais, o trabalho e a qualidade relação marital, rede social, vizinhança, além das próprias características das crianças. Ou seja, segundo os autores há fatores que determinam significativamente o exercício da parentalidade, e que, portanto, influenciam no desenvolvimento infantil.

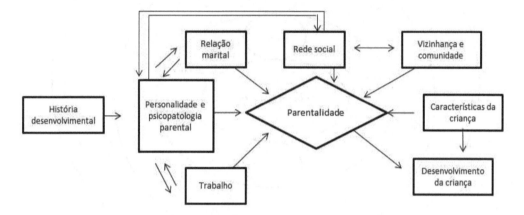

Modelo de Belsky: determinantes da parentalidade. Adaptado de Beslki (1984), Belsky e Vonfra (1989) e Belsky e Jafee (2006)

Figura 1: determinantes de parentalidade. (BARROSO; MACHADO, 2015, p. 23)

Em um modelo mais contemporâneo de investigação, desenvolveu-se o conceito ecológico de parentalidade proposto por Kotchick e Forehand (2002) e Luster e Okagaki (2005), apresentado pelos mesmos autores. Nele, verifica-se uma maior complexidade nas redes de relações de parentalidade e, portanto, uma maior rede de abrangências capazes de influenciar significativamente o desenvolvimento infantil.

O mapa procura apresentar contexto social, rede familiar, as questões relacionadas à própria criança, o exercício efetivo da parentalidade e também os próprios pais. Destacam-se como conteúdo relevante para reflexões neste artigo, as situações atinentes aos pais: o relacionamento marital, a história de vinculação dos mesmos, os eventos da vida, os locais de trabalho, equilíbrio financeiro, crenças sobre educação infantil, bem-estar psicológico em geral, habilitações educacionais, o stress familiar, além das doenças e da rede de suporte.

2008). Esses resultados evidenciam que o equilíbrio entre coesão e adaptabilidade conjugal e a resolução satisfatória dos conflitos conjugais podem estar associadas ao estilo educativo autorizante. Nesse sentido, o estudo corrobora o que a literatura tem apontado sobre as características da interação entre o casal de cônjuges perpassar a relação entre pais e filhos (Gerard et al., 2006; Margolin et al. 2004). (MOSMANN, COSTA, EINSFELD, SILVA, KOCH, 2017, sem página).

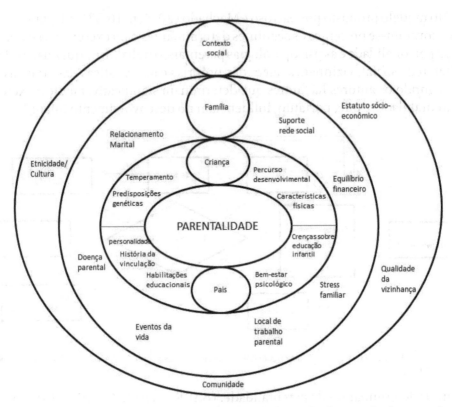

Figura 2: Modelo Ecológico de parentalidade adaptado de Kotchick e Forehand (2002) e Luster e Okagaki (2005). (BARROSO; MACHADO, 2015, p. 25).

Os esquemas destinam-se a investigar a parentalidade em geral, entretanto, ganham maior complexidade no momento da ruptura conjugal, pois além do exercício da parentalidade individual, há necessidade de acomodar as relações conjuntas relacionadas ao exercício parental, em seres humanos com memórias de falência conjugal, raivas mútuas, ou, no mínimo, sensação de falência conjugal.

Este exercício de parentalidade conjunta após o encerramento do vínculo conjugal recebeu a designação de coparentalidade. Tradicionalmente, o termo coparentalidade esteve destinado a designar o vínculo que subsiste após a dissolução de uma sociedade marital,[5] ou família civil[6]. Trata-se do momento em que os pais deixam de ser cônjuges ou companheiros para dedicar-se à parentalidade conjunta com relação aos seus próprios filhos.

---

5. Entende-se como tal o vínculo afetivo-sexual que originou o grupamento familiar, esteja ele enquadrado no *staus* jurídico de casamento, união estável, família simultânea, poliafetiva, ou outra.
6. Exemplo disso é a publicação específica: MSW, Peter K. Gerlach, MSW, Peter K. Build a Co-Parenting Team: After Divorce Or Remarriage. USA: Xlibreis Corporation, 2002.

As noções de parentalidade e a própria coparentalidade também foram apresentadas em sua dimensão ecológica (FEINBERG, 2003). Segundo o autor, esta última pode ser definida como a relação entre os genitores na partilha de deveres e cuidados com os filhos. Essa relação coparental está associada ao manejo e suporte em relação aos cuidados para com o filho que os genitores têm entre si na díade coparental, sem envolver dimensões da conjugalidade e da parentalidade individual. (2003)[7] O termo também tem origem na língua inglesa no vocábulo *co-parenting*.[8]

Entretanto, o desenvolvimento da sociedade apresenta outro sentido para o termo, pois o relaciona às escolhas de procriação conjunta sem vínculo afetivo ou amoroso. Em 2013 o New York Times apresentou reportagem intitulada "Making a Child, Minus the Couple",[9] que apresentou o desejo de procriação de dois seres humanos – um homem e uma mulher – ele, homossexual e ela heterossexual. Esta modalidade familiar vem sendo nominada de *Family by design*, ou, simplesmente famílias Coparentais.[10] Em síntese, pessoas que desejam procriar, mas que refutam um elo afetivo de caráter amoroso, disponibilizam-se na *internet*, em bancos de dados específicos para esta finalidade[11], preenchendo formulários que contêm informações amplas com características, predileções, desejos e disponibilidades. O banco de dados, por meio de um algoritmo realiza o cruzamento destas informações, oferecendo a cada um perfis que seriam considerados "compatíveis" com a proposta inicial. Afasta-se a tradicional correlação entre vínculo de conjugalidade e vínculo de parentalidade.

---

7. Feinberg, M. E. (2003). The internal structure and ecological context of coparenting: A framework for research and intervention. Parenting: Science and Practice, 3(2), 95-131. https://doi.org/10.1207/S15327922PAR0302_01 [Links].
8. Tal qual utilizado pela autora a fim de apresentar as relações e combinações referentes à dinâmica pós-ruptura de conjugalidade. PAINE, Jamie. Types of Parenting Plans & Custody Schedules in 2021. Disponível em https://www.griffithslawpc.com/blog-articles/types-of-parenting-plans-custody-schedules-in-2021/, acesso em 09 fev. 2021, às 10h32min.
9. Disponível em: https://www.nytimes.com/2013/02/10/fashion/seeking-to-reproduce-without-a-romantic-partnership.html, acesso em: 22 maio 2016.
10. Em estudo recente, o pesquisador Guilherme Wusch apresentou a tese "Do suporte fático ao suporte constitucional como fundamento para o desvelar biotecnológico das famílias contemporâneas: os contratos de co-parentalidade nas famílias design entre a estirpe tradicional e a façanha internética." No programa de pós-graduação da Universidade Vale do Rio dos Sinos – UNISINOS, em 2017. A tese está disponível na íntegra em http://www.repositorio.jesuita.org.br/bitstream/handle/UNISINOS/6258/Guilherme+W%C3%BCnsch_.pdf?sequence=1, acesso em 30 abr. 2018.
11. Nos Estados Unidos existem muitas plataformas especializadas nesta vinculação, como exemplos: PollenTree.com, Coparents.com, Co-ParentMatch.com, MyAlternativeFamily.com, Modamily.com. Com abrangência nos Estados Unidos, Canadá, Austrália, Nova Zelândia e sul da África, destaca-se a plataforma https://www.coparents.com/. No Brasil, há cerca de 12 comunidades no Facebook destinadas a esta finalidade, as maiores com 1.826, 1.774 e 904 membros. Além disso, é possível encontrar esta modalidade familiar em comunidades de Portugal, Barcelona, Chile, Equador, com a simples busca pela expressão "coparentalidade." Em 09.02.2021 a comunidade Pais Amigos no facebook – totalmente em língua portuguesa – tem 7.690 pessoas que seguem o perfil. Disponível em https://www.facebook.com/fazumfilhocomigo, acesso em 09.02.2021, às 8h58 min).

2. DA VINCULAÇÃO JURÍDICA TRADICIONAL ENTRE CONJUGALIDADE E PARENTALIDADE

Historicamente, na Grécia antiga, a noção de família esteve ligada à sobrevivência, à satisfação das necessidades mais básicas humanas, sendo esta tarefa a que reinava sobre todas as atividades do lar, (ARENDT, 1997, p. 40) a família do século XIX teve na função procriacional seu objetivo principal (PERROT, 1993, p. 76). No Brasil, cumprindo os desígnios do Código Canônico,[12] sob a máxima do "crescei-vos e multiplicai-vos," a família encontrava nos filhos a tarefa de apresentar-se como núcleo de representação social, sendo responsabilidade familiar a formação de bons cidadãos e patriotas conscientes. Nela as funções do feminino e masculino estavam bem definidas e, não raras vezes, a escolha do parceiro era realizada pelos pais, representando muito mais uma aliança do que vínculo afetivo amoroso. (PERROT, 1993, p 77-78) Seguramente, (...) não se pensava em termos de amor, de escolhas movidas por reciprocidades afetivas. Interesses econômicos, envolvendo sobrevivência, conforto e riquezas, justificavam tais transações. A ninguém era dado se rebelar. (ANTON, 2012, p. 30).

O final do século XIX assistiu a uma culminação de um processo de dissociação ligado à noção de felicidade. Ideias "como ser a gente mesmo", "escolher a profissão, os amores", resistir às decisões paternas, desejos de casar por amor, ser independente e criar passaram a povoar o imaginário social. (PERROT, 1993, p 78-79) E, no século XX, a partir das percepções de felicidade individual, com a retomada paulatina do hedonismo, desenvolveu-se o que se concebe, hoje, como família formada a partir amor romântico, do vínculo de amor e da autossatisfação.[13]

No sistema jurídico brasileiro, a codificação civil de 1916, embora não fizesse referência às escolhas individuais, solidificou seu Direito de Família sobre as bases da legitimação do matrimônio. Nuclear, heterossexual, monogâmica, hierarquizada, patriarcal e essencialmente matrimonializada e indissolúvel, a família burguesa estendia legitimação à prole oriunda do casamento e deixava fora de tutela quem não satisfizesse a unicidade de formação familiar esperada pela legislação. A distinção entre os filhos assegurava direitos somente aos filhos oriundos do matrimônio. Ou

---

12. Esse direito é reconhecido explicitamente no Cânon 1058, fazendo cumprir a missão estabelecida no livro dos Gênesis 1,28 e 2,24. (Vide HORTAL, Jesús. O que Deus Uniu: Lições e Direito Matrimonial Canônico. São Paulo: Edições Loyola, 2006. p. 69).
13. Evidentemente, o amor enquanto tal não é um princípio novo – ele habita a humanidade desde que ela existe. O que é novo, como dissemos, é sua introdução, sob a forma de paixão como ideal, na vida cotidiana da família, na qual, antigamente, ele não era bem-vindo. (...) Inicialmente, trata-se de um sentimento que tende a se tornar universal, pelo menos nas civilizações que se afastaram da lógica tradicional do casamento por conveniência. (...) talvez o essencial seja o seguinte: quando instalado, mesmo que apenas como ideal, ou realidade, na vida cotidiana e familiar, o amor compromete a totalidade do ser humano. Como a água ou o ar que se respira, ele se infiltra por toda a parte, ele irriga a todos os compartimentos do jogo da existência, ele toma conta de todas as dimensões. (...) O amor, pelo menos quando ele toma conta de nós, nos acompanha por toda a parte. Onde quer que estejamos e não importa o que façamos, acontece de pensarmos naqueles que amamos, em nossos filhos, em nossos parentes, nas paixões que nos habitam e nos levam a refletir na construção de nossa vida. (FERRY, 2012, p. 248 – 249).

seja, havia uma indissociável conexão entre o vínculo de conjugalidade e o de parentalidade. Para ter acesso aos direitos, os filhos deveriam vir concebidos na constância das justas núpcias, ou pelo menos, deveriam ser legitimados por elas.

De certa forma o conjunto de direitos da filiação era deferido e ampliado não por sua própria definição, mas por vir fixado a partir de uma "escolha" realizada pelos pais. Cada um dos filhos não poderia optar pela gama de proteção legislativa. Estas estavam prefixadas a partir do conjunto de relações jurídicas realizadas pelos genitores. Se casados os pais, filhos legítimos ou legitimados *a posteriori*. Se não, apenas filhos *naturaes.(sic)*.

Exemplo disso pode ser dado a partir de decisão interessante do Supremo Tribunal Federal sobre a legitimidade ou não de filho nascido de mulher divorciada com homem solteiro.

> Recurso Extraordinário 2323
> Ementa: Casamento; indissolubilidade do vínculo matrimonial. – Filhos adulterinos; sua filiação – Sendo indissolúvel, segundo o nosso direito, o vínculo matrimonial, são adulterinos os filhos de mulher desquitada e como tal, ficam desprovidos de acção contra o pae (sic) ou seus herdeiros para pleitear o reconhecimento de filiação. (...) o desquite não faz cessar o vínculo matrimonial, apenas separa pessoas e bens, mantido o dever de fidelidade. (...) O Código Civil Brasileiro, a exemplo de outras legislações separou nitidamente os filhos simplesmente naturaes (sic) dos filhos espúrios, comprehendendo (sic) nestes os adulterinos e os incestuosos. (REVISTA JUSTIÇA, 1933, Rex 2323).

Ou seja, o filho não tem qualquer responsabilidade no que tange a sua condição jurídica. O fato de um de seus pais ter sido casado anteriormente envenena sua legitimidade, contamina seu *status* perante o Direito para sempre. E, naquela época, restava sem ação para reconhecimento. Paulatinamente, a legislação foi abandonando o regime distintivo de filiação até suprimir absolutamente todas as distinções, com a disciplina jurídica da Carta Constitucional de 1988. Entretanto, embora a Constituição tenha determinado a igualdade plena entre os filhos e a liberdade para constituição familiar, foi somente em 2010, a partir de uma leitura prospectiva da mesma que o rol do art. 226 foi lido de forma exemplificativa e que o Supremo Tribunal Federal pacificou entendimento de que há norma geral inclusiva e não exclusiva em tal dispositivo.

No que tange às mudanças, podem-se identificar três grandes grupos: (a) um que atinge a formação familiar no ambiente das opções de auto realização, pois diz respeito às escolhas relacionadas à sexualidade, desenvolvimento de vida em par, em conjunto, com conjugalidade, companheirismo, ou mesmo sem eles. Este primeiro grupo vem pautado por, pelo menos, dois princípios basilares, o da liberdade de constituição e desconstituição familiar e o do livre desenvolvimento da personalidade. Para facilitar a compreensão, opta-se por denominar de conjugalidade este vínculo que une relações afetivo-sexuais de família, seja ele unido ou não pelo matrimônio, nas mais plurais formas que a contemporaneidade admite. (b) O segundo grupo de mudanças diz respeito aos vínculos de parentesco. Neste aspecto, a liberdade diz respeito ao planejamento familiar e às escolhas familiares, todavia, uma vez tendo realizado a opção pelo estabelecimento de vínculo parental – no sentido de ser pai e mãe – tem-se um vínculo perene, por conta do princípio da maternidade e paternidade responsáveis, aliados ao princípio da prioridade absoluta das crianças e dos adolescentes. Esta vinculação receberá, para fins deste artigo, a denominação genérica de vínculo parental. Já o (c) terceiro grupo de alterações importa na mudança de paradigma que pode atingir tanto os vínculos de conjugalidades, quanto o de parentalidade, com propostas, eventualmente, ainda nem apresentadas à sociedade, ou mesmo com opções de não procriação, e grupamentos solidários de convivência comunitária, sem relações amorosas.

Este entendimento abriu espaço para afirmar o livre desenvolvimento da personalidade individual e na família. Desta forma, nas últimas décadas, o vínculo afetivo é o que tem recebido atenção jurídica no Direito brasileiro, a ponto de afirmar-se a afetividade como valor jurídico relevante e fundamental para a formação familiar. Neste sentido, estudos sobre afetividade desenvolvem-se afirmando a singular a alteração do enfoque que se exige do direito de família: que sua centralidade vá da família como instituição, para o sujeito, como pessoa (o interesse primordial deve ser a realização existencial de cada um dos integrantes da família). (TEPEDINO e TEIXEIRA, 2020, p. 14-28) Afirma-se que a família deve ser plural e eudemonista, um verdadeiro instrumento para satisfação afetiva das pessoas." (CALDERÓN, 2017, p. 8) No seio da família "são os integrantes que devem ditar o regramento próprio de convivência (TEPEDINO e TEIXEIRA, 2020, p. 15).

Não mais parece possível a concessão de legitimidades aprioristicas aos seres humanos por elementos externos a eles e vinculados a outros sujeitos. Escolher qual modalidade familiar satisfaz a noção de felicidade individualmente perseguida por cada um dos seres passa a ser núcleo central do Direito de Família brasileiro. Trata-se da liberdade de escolha. Outros princípios regem esta relação que não o da exclusão. Diante da mudança de paradigma, houve necessidade de uma concepção instrumental da comunidade familiar, um novo cenário axiológico é redesenhado pelo texto constitucional, firmando-se o direito de família brasileiro sob um robusto tripé composto pelos princípios da dignidade da pessoa humana, da igualdade substancial e da solidariedade familiar." (MULTEDO, 2017, p. 35-36).

Afirmou-se na afetividade um sentido objetivo capaz de construir significados na contemporaneidade. A jurisprudência tem se dedicado a este tema e, por vezes, não encontra sentido uniforme. Guilherme Wunsh (2017, p. 289) realizou pesquisa de fôlego procurando encontrar no Tribunal de Justiça do Rio Grande do Sul, Superior Tribunal de Justiça e Supremo Tribunal Federal, os usos para a afetividade e em quadro esquemático resumiu, que segundo os dados levantados na modalidade de censo, a afetividade apresenta-se "como o centro de realização humana na família (proposição), em que "não seria possível de se reconhecer família sem afeto (garantia)."

Entretanto, ao tratar do tema da família coparental – que o autor preferiu intitular como família biotecnológica (WUNSCH, 2017, p. 289), resta a pergunta sobre quais sejam os limites interpretativos da questão da afetividade, uma vez que na formação, a família coparental parece estar mais vinculada às relações contratuais?

Pietro Perlingieri parece oferecer reflexão vantajosa ao tema, ao apresentar a noção da família instrumento, vinculando livre desenvolvimento individual e reciprocidade de interesses dos demais conviventes.

> "A unidade da família exprime o momento essencial da comunidade, é que torna 'comum' (justamente, no sentido de 'unitária', não certo de 'ordinária') a vida de cada componente do grupo familiar. Desse modo não se corrói a função serviente da formação social, mas antes se evidencia o momento da responsabilidade, o fato que o interesse individual de cada um, encontre o fundamento no próprio livre desenvolvimento, em constante reciprocidade com os interesses dos outros conviventes. (...) que deve perseguir a função social à qual é destinada (o desenvolvimento da personalidade dos componentes que ficaram unidos), ainda que de forma reduzida. A unidade torna-se o mais genuíno instrumento para a atuação do respeito, pleno e integral, da personalidade dos cônjuges e da prole: o fundamento no qual se inspirar para uma interpretação moderna das exigências da tutela do sujeito no âmbito da comunidade familiar." (PERLINGIERI, 1999, p. 251-252).

Assim, a sistemática da família coparental contemporânea parece alinhar-se a outros princípios tão dignos quanto o da afetividade. De modo prático, a formação da família coparental exige dois projetos individuais de procriação, com disponibilidade de participação parental e planejamento de coparentalidade, na via pactual. O sistema de busca de alguém compatível para este projeto parental específico é o tecnológico, pois se utiliza do ferramental altamente pulverizado e impactante que é a internet – entretanto, poderia utilizar outro – como a proposta entre amigos e o seu círculo de relações. Cada um dos proponentes a pais (pai e mãe) busca outro ser humano que tenha os mesmos interesses, pois declinam o relacionamento padrão afetivo-amoroso com aquele par específico e da mesma forma rechaçam qualquer espécie de "produção independente". Ao colocar-se disponível para criação da família coparental, aceita-se a parentalidade (no sentido como trabalhado no item 1 deste artigo) do outro. E, por via pactual, refletem e densificam juridicamente suas expectativas.

Pietro Perlingieri reafirma a situação múltipla familiar, a partir dos seus próprios vínculos. Para ele, "a situação do indivíduo é complexa, comporta tanto direitos como deveres em relação aos componentes do núcleo familiar, uns e outros fundados na unidade e na solidariedade familiar e nas obrigações juridicamente relevantes." (PERLINGIERI, 2008, p. 849). E, ao afirmar o espaço de atuação em que estes deveres e direitos se impõem, afirma ser "nas especiais relações (de cônjuge, de filiação) reforçadas pela convivência." (PERLINGIERI, 2008, p. 849). Ou seja, se outrora a legitimação jurídica da filiação esteve totalmente conectada com a conjugalidade, os dias contemporâneos destacam tais vínculos. Um feixe de direito e deveres decorre o vínculo de conjugalidades e outro feixe decorre da filiação. Esta separação abre espaço para modelos familiares anteriormente não pensados pelos juristas.

Destacam-se, portanto, dois momentos significativos da história familiar, o primeiro em que as pessoas serviam à instituição e o segundo, no qual a função *serviente* é da família para com seus indivíduos e de cada um para com os demais. Houve alteração nos modelos familiares, isso é fato. E, a partir deles, também se constatam mudanças nas funções tradicionais dentro da família, assim como na forma de interação entre os membros. Isso sem referir às alterações trazidas pelo desenvolvimento tecnológico, que relativizam o tempo e o espaço familiar.[14] É este o caso da família com parentalidade conjunta e sem vínculo afetivo-sexual.

Entretanto, se no âmbito da vinculação inicial a família coparental apresenta-se embasada nos princípios da autodeterminação, decorrente de autonomia privada, com interesse na auto satisfação existencial de cada um dos membros, também é fato que a pactuação para procriação tem por objetivo final a existência humana de um terceiro. Neste sentido, cumpre refletir quais os limites e possibilidades desta modalidade familiar no que tange a estes vínculos.

3. REFLEXÕES SOBRE COPARENTALIDADE E SEUS EFEITOS: AUTONOMIA E RESPONSABILIDADE FAMILIAR

A família coparental propõe-se à procriação mediante combinados prévios – devidamente instrumentalizados ou não por pacto jurídico. Nas plataformas que intermediam as relações coparentais há destaques sobre as vantagens deste vínculo. São elas:

– Seu filho pode crescer ao lado de seus pais biológicos. Ao contrário da adoção ou da doação anônima de esperma, ele ou ela sabe de onde vêm, o que os ajuda a construir sua própria identidade.

– Ter um filho com um co-parente reduz os encargos legais e administrativos, já que este é um arranjo particular.

– Você pode realmente ter tempo para encontrar um co-pai com a mesma mentalidade e confiança e, portanto, oferecer um ambiente estável e amoroso ao seu filho.

– Se você estiver procurando por um pai / mãe, é essencial que você reserve um tempo para selecionar a pessoa com quem você terá um filho. Seu pai deve ser confiável e responsável. Eles devem ser alguém que você respeita e aprecia, alguém que você seria feliz em ter e criar um filho com, pelo menos durante a infância.[15]

---

14. Hoje é possível afirmar família com convivência estreita em locais completamente distintos do globo terrestre e vivendo em horários também diferentes, uma vez que a conexão síncrona por meio da internet torna isso possível. Não há mais temporalidades fixas e nem grupos espaciais fixados. Tem-se, portanto, uma das reflexões trazidas na obra I-family de Conrado Paulino da Rosa. São Paulo: Saraiva, 2013.

15. No original: "There are many advantages to co-parenting: – Your child can grow up alongside each of their biological parents. Unlike with adoption or anonymous sperm donation, he or she knows where they come from, which helps them to build their own identity. – Having a child with a co-parent reduces legal and administrative burdens, as this is a private arrangement. The opposite is true with adoption or surrogacy. – You can really take the time to find a like-minded and reliable co-parent and, therefore, offer a stable and loving environment to your child. If you are looking for a co-parent, it's essential that you take the time to select the person with whom you will have a child. Your co-parent should be trustworthy and responsible. They should be someone you respect and appreciate, someone you would be happy to have and raise a child with, for at least the duration of their childhood." (Disponível em https://www.coparents.com/, acesso em: 09 fev. 2021, às 10h12min.).

Sobre os combinados jurídicos, as plataformas americanas apresentam modelos de contratos parentais, com elementos significativos para o acordo, até mesmo na modalidade de *template*.[16] De acordo com o modelo originado na plataforma *Family by design*, são dados importantes de discussão e devem integrar o pacto os seguintes elementos: dados das partes, história dos mesmos relacionados à coparentalidade, cláusulas para estabelecer a substância do acordo, as intenções com relação ao resguardo dos direitos em relação ao filho, se serão direitos iguais ou distintos, as obrigações para com o filho, a declaração de parentesco legal, ou não, o espírito a partir do qual se relacionam, tais quais mútuo respeito, honestidade, comunicação aberta, cooperação dentre outros, objetivos comuns para os filhos, funcionamento da coparentalidade, nome da criança, certidão de nascimento, residência (inicial, após infância, se permanecerão na mesma cidade, ou não), direito de visitas e compartilhamento do tempo, tempo de férias, aniversários e feriados, questões de cuidados, doenças e situações operacionais em dias de emergências, tempo com a família extensa, autoridade para decisão sobre saúde, hábitos de televisão, maneiras à mesa, dentre outros.

Também devem estar no pacto as questões relacionadas às finanças e gastos – divididos em geral, cuidados, educação, saúde, atividades extraclasse, contribuições para poupanças futuras, deduções de impostos e reembolsos. As expectativas relacionadas à religião, educação, uso de disciplina, dieta, animais de estimação, promoção de estabilidade na vida do filho (tema de casa, inclusão com relação aos pares afetivos dos pais. Planos de contingência, situação de morte ou incapacidade de um dos coparentes. Com relação à vida futura dos pais, como relacionamentos amorosos, situações financeiras, mudanças para lugares distantes, novas paternidades/maternidades. Reuniões regulares para revisão do acordo, por entender que o instrumento é mutável e deve haver uma definição de revisão conjunta do acordo.

Ao final, apresentam a necessidade de oferecerem formas de resolução de conflitos futuros, como intervenção de conselheiros, mediadores, ou advocacia colaborativa, arbitragem e os custos para estas disputas. Por fim, informam as opções legislativas elencadas para o acordo especificamente, com ou sem homologação judicial.

Tem-se, como se vê, uma ampla gama de liberdade de ajuste decorrente da autonomia privada das partes. Entretanto, destaca-se que o modelo americano comporta ajuste de vontade relacionado aos mais variados termos de parentalidade. A liberdade de contratação na coparentalidade é inversamente proporcional ao modelo de intervenção estatal para este tema. Se a Ordem Jurídica americana respeita e assegura pactos desta natureza com tamanha dimensão de tratativas, o mesmo não se pode dizer do Direito brasileiro. Questiona-se, portanto, quais os limites deste pacto com relação à ordem jurídica nacional?

---

16. http://familybydesign.com/content/wp-content/uploads/2012/10/FBD-Co-Parenting-Agreement.pdf, acesso em: 09 fev. 2021, às 10h11min.

Em um primeiro momento destaca-se que o pacto de coparentalidade não apresenta a mesma natureza jurídica de um contrato negocial, posto que trabalha com bens jurídicos outros que precisam ser interpretados na lógica familiarista e não do direito obrigacional puro. Por esta razão, optou-se pela expressão pacto e não contrato.

Se com relação ao ajuste de formação familiar, a ordem jurídica brasileira adere ao princípio da liberdade aliado à dignidade (TEPEDINO, 2015), o que concretiza a noção de que neste especial, a intervenção estatal deve ser subsidiária à vontade dos integrantes da família, o mesmo não se pode afirmar com relação à parentalidade. O princípio basilar desta disciplina é o do melhor interesse da criança e do adolescente, O legislador brasileiro dispôs que cabe aos pais o exercício do poder familiar, podendo exigir-lhes respeito, obediência e até mesmo restringir-lhes liberdade, com a finalidade de atender ao seu melhor interesse. (TEPEDINO, 2004; (TEPEDINO e TEIXEIRA, 2020, p. 287-288).

Aqui, tem-se um hábito estatal interventivo.[17] Não raramente o Estado evoca para si, por meio de disciplina legal, ou mesmo decisões judiciais, o direito de decidir sobre certas questões, principalmente, no que toca a tutelar situações de vulnerabilidade, decidindo sobre a permanência ou não na companhia dos pais, o tempo de convivência com cada um, o *quantum* devido de alimentos, dentre outros. Se por um lado isso se justifica pela função promocional de proteção à infância e à adolescência, de outro, a heteronomia na autoridade parental deve ser exceção. Entende-se que o melhor interesse da criança esteja inteiramente imbricado à garantia do desenvolvimento da pessoa e, o consequente respeito a sua dignidade. (MULTEDO, 2017, p. 121). Não há como justificar o hábito interventivo, como se o Estado sempre soubesse o que é melhor para os infantes.

Tem-se, portanto, uma importante conclusão de que nem sempre o melhor interesse da criança coincidirá com a vontade estatal, ou mesmo com a vontade do infante ou adolescente. A análise necessita ser tópica e calcada nas vicissitudes de cada caso. (MULTEDO, 2017, p. 122).

Sob este ponto de vista, as implicações jurídicas atinentes à parentalidade ora estarão mais vulneráveis à autonomia privada, ora não. Por vezes, os Estado fixou limites claros de autonomia sobre os quais as opções podem ocorrer[18], outras, afirmou a garantia pontualmente.[19] E isso não diz respeito à forma como os pais se conheceram – se por coparentalidade ou não – ao contrário – destina-se a tutela do melhor interesse da criança e do adolescente e este segue sendo o princípio fundamental para nortear estas questões.

---

17. Em pesquisa em desenvolvimento, destaca-se o volume de decisões interventivas nesta área. No prelo.
18. Tem-se como exemplo as modalidades de guarda que podem ser definidas pelos pais para concretizar as melhores opções para os filhos.
19. Com relação à existência do vínculo de filiação, não cabe à vontade privada renúncia ou mesmo redução de conceito. Uma vez que filho é, mesmo que se discipline por contrato o "abrir mão da paternidade ou maternidade," isso não é possível na Ordem Jurídica pátria. A garantia constitucional prevista no artigo 227 CF assegura prioridade absoluta e com isso, proteção especial à infância e adolescência.

Há recentes reflexões acerca da contratualização das relações familiares em geral, o que questiona a base do sistema familiar em geral, colocando o foco na autonomia privada e na responsabilização. Dimitre Braga Soares de Carvalho apresenta 5 possibilidades de pactos: os prenupciais, os intramatrimoniais ou repactuação da convivência, os pré-divórcio ou predissoluções de união estável, os pós-divórcio ou pós-dissolução de união estável, dentre outros. (2020, sem página).

Os principais efeitos decorrentes das responsabilidades parentais dizem respeito à fixação do poder familiar/autoridade parental (TEPEDINO e TEIXEIRA, 2020, p. 287 e ss) e suas consequências, como sustento, guarda e educação, o direito das crianças e adolescentes à convivência familiar e comunitária, fixação da base de residência se os pais não vivem sob o mesmo teto, fixação do regime de guarda. E, especificamente, fixação do regime de convivência familiar, incluindo-se a família estendida, fixação dos alimentos e a forma como serão prestados. Com relação a estes direitos tem-se que são relacionados à titularidade das crianças e adolescentes e eventual pacto de coparentalidade pode disciplinar exatamente o mesmo que uma família tradicional poderia.

Ao se pensar na coparentalidade, entende-se ser possível liberdade ampla com relação aos vínculos entre adultos. Estes decidem como vai se dar a procriação, de que forma, em que momento, qual o método a ser utilizado e opções gerais de sua própria convivência. A ampla autonomia privada é assegurada na formação familiar. Todavia, o mesmo não pode ser afirmado com relação às possibilidades de pactuação relacionadas ao filho. Da mesma forma, não está nos ditames de autonomia individual a possibilidade de renúncia à parentalidade. Não encontra-se ao arbítrio das partes a disposição dos direitos dos infantes e adolescentes nem na família coparental, nem na família tradicional. Aqui o Estado brasileiro é interventor,[20] pois atua como garante na concretização do melhor interesse.

Logo, duas opções de interpretações são possíveis para a família coparental. Ou a reconhecemos como um novo modelo de família, que tem a mesma dignidade que as demais, e deve submeter-se, como todas as outras às relações de parentalidade exigidas pela legislação, ou a entendemos como uma nova modalidade de encontro dos seres humanos que desejam procriar, não tão distinta em efeitos práticos de uma relação sexual eventual da qual se originaram filhos sem relacionamento amoroso. A partir disso, a regra geral de que, mesmo que os pais tenham vontade de renunciar aos direitos dos filhos, encontrarão limites na ordem pública e nos direitos dos próprios filhos também é válida para a família coparental. Assim, eventual pacto de coparentalidade que limite direitos das crianças e adolescentes, com cláusulas de renúncia a alimentos, ou à convivência, por exemplo, deve ser considerado antijurídico. Em conteúdo, a autonomia privada dos adultos é plena, enquanto a proteção jurídica da infância e da adolescência ainda obedece aos ditames da prioridade absoluta.

---

20. Embora seja necessário repisar a necessidade de ponderação desta intervenção, como já foi referido anteriormente.

Retomando-se as noções trazidas no tópico 1 deste escrito, tem-se que a relação marital e a forma como os pais se conheceram atuam de forma significativa no desenvolvimento infanto-juvenil, assim como as dificuldades na ruptura do vínculo são elementos estressores de ordem muito impactante na vivência dos filhos. Considerando-se a família coparental como a família em que as propostas de paternidade e maternidade serão discutidas antecipadamente, tem-se um comportamento importante para a preservação da saúde do filho. Longe das idiossincrasias dos desejos humanos nos relacionamentos, talvez os coparentes apresentem maior maturidade no enfrentamento prévio dos temas que poderiam ser conflitivos em procriações tradicionais. Da mesma forma, jamais existiria ruptura afetivo-amorosa para complexificar a relação parental, o que pode ser uma vantagem. Entretanto, o fato de discutir antecipadamente sobre temas relacionados aos filhos não traz segurança de que conflitos não existirão. Ao contrário, considerada a condição de humanidade que nos acompanha enquanto seres, novos desafios serão propostos nesta forma familiar.

4. CONCLUSÕES E DESAFIOS PARA O FUTURO

Embora as implicações jurídicas pareçam ser as mesmas na família coparental e na família tradicional, há de se reconhecer um certo hábito social em aliar conjugalidade à parentalidade, assim, tem-se, de fato, um jeito diferente de ser família, que vai necessitar ajustes de convivências sociais e jurídicas. Neste sentido são importantes algumas considerações.

I. Vive-se em uma sociedade de polarizações, como se existisse um "nós" compartilhado e um "eles" dedicados àqueles que não compartilham de ideias comuns. Assim, um modelo de encontro diferente, com objetivo de procriação pode levar os seres humanos à adesão ao rechaço completo, atitudes que polarizam o discurso jurídico e não contribuem para o respeito das escolhas individuais e plurais;

II. Do mesmo modo como o discurso do "nós" e "eles" se apresenta, cada vez mais assume-se o convite do exercício da alteridade. Este exercício procura fazer perceber o mundo sob as vestes do outro, e a partir de suas virtudes e dissabores. Para nortear a discussão sobre novos modelos familiares é essencial o manejo de alteridade;

III. Relacionada à noção de alteridade resta o convite para o afastamento das dimensões individuais dos valores próprios e a tentativa de democratização do significado social solidarizante que a Constituição ofereceu ao Direito de Família. Individualidade, alteridade, solidariedade e compromisso ético no sentido da construção do coletivo, plural e includente.

IV. A família coparental pode ser entendida como uma modalidade de encontro familiar, a partir das redes sociais, a partir das quais eleger-se-á um núcleo familiar serviente a cada um dos membros e colaborativo e cooperativo com cada um. Trata-se de um fenômeno de auto realização de projeto parental. Ou pode ser reconhecido como um novo modelo familiar, sem, contudo, abandonar a dimensão da cooperação e da solidariedade.

V. Embora possa se reconhecer como modelo diferente, é de se reconhecer que os filhos podem ter vantagens de saúde e desenvolvimento neste modelo familiar, pois não estarão desafiados aos limites dos relacionamentos amorosos e das tríades psíquicas trabalhosas de ajustamento, além disso, os genitores terão pensado previamente em variáveis que os pais das famílias tradicionais não costumam pensar. Entretanto, isso não os afasta dos conflitos, pois estes são essenciais a humanidade e resta indagar quais serão estes?

VI. É tradicional nas famílias coparentais a existência de pactuação escrita relacionada a detalhes pormenorizados dos relacionamentos. Esta possibilidade existe no Brasil, entretanto, enquanto o vínculo familiar em formação atenta à autonomia privada, as consequências jurídicas da parentalidade obedecem a ditames de ordem pública e estão implicados no princípio do melhor interesse das crianças e adolescentes. Assim, o pacto de coparentalidade deve obedecer a estes ditames.

VII. Os limites de pactuação encontram-se nos princípios constitucionais, sobretudo com relação ao próprio filho e também nos direitos de terceiros, a saber a família estendida. Ou seja, as implicações da paternidade e maternidade na família coparental também geram efeitos gerais das relações de parentesco e não podem ser afastadas pela autonomia privada.

VIII. A disciplina pactual de conteúdo existencial e patrimonial deve estar alinhada aos demais princípios da legalidade constitucional, a saber: Melhor Interesse das Crianças e Adolescentes, Prioridade Absoluta das Crianças e Adolescentes e Paternidade e Maternidade Responsáveis, além, é claro, da Liberdade de Planejamento Familiar.

IX. A existência e o reconhecimento da possibilidade de famílias coparentais na Ordem Jurídica brasileira reafirma a dinâmica do respeito à autonomia e ao princípio do livre desenvolvimento da personalidade em sua dimensão familiar– que é o livre planejamento familiar. Envolve constituição, permanência e projetos parentais futuros. Entretanto, longe de afirmar-se como meio de isenção de deveres, deve afirmar-se como projeto de responsabilidade presente e futura.

5. REFERÊNCIAS

ANTON, Iara L. Camaratta. *A escolha do cônjuge*. Porto Alegre: Artmed, 2012.

ARENDT, Hannah. A Condição Humana. 8. ed. Rio de Janeiro: Forense Universitária, 1997.

BARROSO, Ricardo; MACHADO, Carla. Definições, dimensões e determinantes da parentalidade. *Fundamentos da família como promotora do desenvolvimento infantil*: parentalidade em foco. PLUCLIENNIK, Gabriela Aratang; LAZZARI, Marcia Cristina; CHICARO, Marina Fragata. São Paulo: Fundação Maria Cecília Souto Vidigal – FMCSV, 2015. p. 16-33.

CALDERÓN, Ricardo. *Princípio da Afetividade no Direito de Família*. Rio de Janeiro: Forense, 2017.

CARVALHO, Dimitre Braga Soares de. *Contratos familiares*: cada família pode criar seu próprio Direito de Família. IBDFAM, Belo Horizonte, 01 de jul. 2020. Artigos. Disponível em: https://www.ibdfam.org.br/artigos/1498/Contratos+familiares/3A+cada+fam%C3%ADlia+pode+criar+seu+pr%C3%B3prio+-Direito+de+Fam%C3%ADlia. Acesso em: 09 fev. 2021, às 10h25min.

FEINBERG, M. E. The internal structure and ecological context of coparenting: A framework for research and intervention. In: *Parenting*: Science and Practice, n. 3(2). 2003, p. 95-131. Disponível em https://doi.org/10.1207/S15327922PAR0302_01, acesso em: 01 mar. 2016.

FERRY, Luc. *A revolução do amor*. Rio de Janeiro: Objetiva, 2012.

HIRONAKA, Giselda Maria Fernandes Novaes. *Responsabilidades civil na relação paterno-filial*. Congresso Brasileiro de Direito de Família. Família e Cidadania. Belo Horizonte: IBDFAM – Del Rey, 2002. p. 403-432.

HORTAL, Jesús. *O que Deus Uniu*: Lições e Direito Matrimonial Canônico. São Paulo: Edições Loyola, 2006.

LÔBO, Paulo. *Famílias*. 4. ed. São Paulo: Saraiva, 2015.

MOSMANN, Clarisse Pereira; COSTA, Crístofer Batista da; EINSFELD, Priscila; SILVA, Allana Gessiele Mello da; KOCH Cristiane. Conjugalidade, parentalidade e coparentalidade: associações com sintomas externalizantes e internalizantes em crianças e adolescentes. In: *Estudos de Psicologia*. v. 34 n. 4, Campinas, out.-dez. 2017.

MSW, Peter K. Gerlach, MSW, Peter K. *Build a Co-Parenting Team*: After Divorce Or Remarriage. USA: Xlibreis Corporation, 2002.

MENEZES, Joyceane Bezerra de; BODIN DE MORAES, Maria Celina. Autoridade Parental e privacidade do filho menor: o desafio de cuidar para emancipar. *Novos Estudos Jurídicos*, v. 20, n. 2, p. 501-532, 2015.

MULTEDO, Renata Vilela. *Liberdade e Família*: limites para a intervenção do Estado nas relações conjugais e parentais. Rio de Janeiro: Editora Processo, 2017.

NUSO, Mário. *Potere di autoregolamentazione e sistema delle fonti*. Autonomia privata e diritto di famiglia. Attività negoziale e composizione alternativa delle liti. Il principio di sussidiarietà nel diritto privato. Turino: Giappichelli, 2015.

PAINE, Jamie. *Types of Parenting Plans & Custody Schedules in 2021*. Disponível em: https://www.griffithslawpc.com/blog-articles/types-of-parenting-plans-custody-schedules-in-2021/, acesso em: 09 fev. 2021, às 10h32min.

PERLINGIERI, Pietro. *O Direito Civil na legalidade constitucional*. Rio de Janeiro: Renovar, 2008.

PERLINGIERI, Pietro. *Perfis do Direito Civil*. Rio de Janeiro: Renovar, 1999.

PERROT, Michelle. O nó e o ninho. In: *Veja*: 25 anos reflexões para o futuro. Freguesia do Ó: Gráfica da Editora Abril, 1993. P. 74-81.

TEIXEIRA, Ana Carolina Brochado; RODRIGUES, Renata de Lima. A multiparentalidade como nova estrutura de parentesco na contemporaneidade. *Revista Brasileira de Direito Civil*, v. 4, p. 9-36, abr.-jun. 2015.

TEIXEIRA, Ana Carolina Brochado. *O direito das famílias entre a norma e a realidade*. São Paulo: Atlas, 2010.

TEPEDINO, Gustavo. A disciplina da guarda e da autoridade parental na ordem civil-constitucional. *Revista Trimestral de Direito Civil*, v. 17, n. 5, jan.-mar. 2004.

TEPEDINO, Gustavo. Contratos em Direito de Família. *In*. PEREIRA, Rodrigo da Cunha. (Org) *Tratado do Direito das Famílias*. Belo Horizonte: IBDFAM, 2015. p. 475-501.

TEPEDINO, Gustavo; TEIXEIRA, Ana Carolina Brochado. *Fundamentos do Direito Civil*. Direito de Família, Rio de Janeiro: Forense, 2020.

ADOÇÃO: O PRIORITÁRIO DIREITO A UM LAR

Maria Berenice Dias

Advogada especialista em Direito das Famílias e das Sucessões. Vice-Presidente Nacional do Instituto Brasileiro de Direito das Famílias – IBDFAM.

Marta Cauduro Oppermann

Advogada especialista em Direito das Famílias e das Sucessões. Membro do Instituto Brasileiro de Direito das Famílias – IBDFAM.

Sumário: 1. O prioritário direito a um lar – 2. Evolução legislativa – 3. A nova concepção da adoção – 4. Adoção unilateral, possibilidades registrais e multiparentalidade – 5. Adoção internacional – 6. Adoção póstuma – 7. Adoção "à brasileira" ou afetiva – 8. Adoção dirigida ou *intuitu personae* – 9. Adoção homoparental – 10. Requisitos, exigências e consequências da adoção – 11. Processo de adoção; 11.1 Habilitação; 11.2 O Sistema Nacional de Adoção e Acolhimento – SNA; 11.3 Destituição do poder familiar; 11.4 Ação de adoção – 12. As soluções que não estão na legislação – 13. A opção dos que não podem esperar – 14. Conclusão – 15. Referências.

1. O PRIORITÁRIO DIREITO A UM LAR

Crianças e adolescentes devem receber tratamento prioritário em tudo o que diz respeito ao seu bem-estar e à sua felicidade. Para garantir que sejam felizes, não há como pensar em uma vida sem o afeto da família.

No Brasil, o instituto da adoção é regulado pelo Código Civil e pelo Estatuto da Criança e do Adolescente, que no ano de 2009 foram alterados pela chamada Lei Nacional de Adoção – Lei 12.010 e no ano de 2017 pela Lei 13.509.

Por meio da Resolução 289/2019 do Conselho Nacional de Justiça, instituiu-se o Sistema Nacional de Adoção e Acolhimento – SNA, um conjunto dinâmico de informações fornecidas pelos Tribunais de Justiça, para atender as demandas que versem sobre acolhimento institucional e familiar, adoção e outras modalidades de colocação em família substituta, bem como sobre pretendentes nacionais e estrangeiros habilitados à adoção.

Outra feliz tentativa para propiciar a adoção de crianças e adolescentes que tiverem esgotadas todas as possibilidades de buscas nacionais e internacionais de pretendentes compatíveis com seu perfil foi lançada em 2022 pelo Conselho Nacional de Justiça (CNJ – Portaria 114/2022). Chamada de "Busca Ativa", a ferramenta autoriza os pretendentes a terem acesso ao nome, foto, idade e a uma mensagem da criança ou adolescente. Talvez a única oportunidade de serem adotados seja oportunizar que as pessoas os conheçam e possam se encantar com eles. Caso contrário, vão permanecer abrigados até serem despejados aos 18 anos de idade.

Embora todas as medidas tenham buscando aprimorar o processo de adoção no Brasil, a fim de reduzir o tempo de permanência de crianças e adolescentes em instituições, ainda persiste a arraigada concepção de que a adoção é medida excepcional a ser implementada apenas quando esgotados os recursos de manutenção do filho junto à família natural.

Nesta luta contra o tempo, infelizmente nem a legislação, nem todos os esforços do Conselho Nacional de Justiça mostram-se suficientes para garantir a celeridade do processo de adoção, deixando-se de assegurar o que a Constituição da República determina: que crianças e adolescentes tenham garantidos com absoluta prioridade todos os direitos essenciais a uma vida feliz.

Na falta de uma sistemática mais desburocratizada, indispensável que os operadores do direito, os profissionais do ramo da psicologia, da assistência social, da sociologia e todos aqueles que participam direta ou indiretamente do processo de adoção atentem para a realidade: há milhares de crianças e adolescentes ávidos para serem adotados; e eles não podem esperar até que todas as tortuosas etapas dos processos de destituição do poder familiar e de adoção sejam finalizadas.

2. EVOLUÇÃO LEGISLATIVA

O instituto da adoção passou por muitas e significativas mudanças no ordenamento jurídico pátrio.

Segundo o Código Civil de 1916, só podia adotar quem não tivesse filhos e, para tanto, era exigida a idade mínima de 50 anos para o adotante e a diferença de 18 anos entre ele e o adotado. Chamada de simples a adoção tanto de maiores como de menores, era levada a efeito por escritura pública e o vínculo de parentesco limitava-se ao adotante e ao adotado.

Em 1957, a Lei 3.133 reduziu o limite mínimo de idade do adotante para 30 anos, diminuindo a diferença etária entre adotante e adotado para 16 anos. A Lei 4.655, no ano de 1965, admitiu mais uma modalidade de adoção, a chamada legitimação adotiva, que dependia de decisão judicial, era irrevogável e fazia cessar o vínculo de parentesco com a família natural. Segundo Artur Marques da Silva Filho,[1] a legitimação adotiva permitia a perfilhação de menores expostos e abandonados, de idade não superior a sete anos, por casais com mais de cinco anos de casamento, sem filhos e dos quais pelo menos um dos cônjuges tivesse mais de 30 anos. Por meio dessa adoção era atribuída a condição de filho para todos os efeitos legais, exceto sucessório, no caso da existência de filho legítimo superveniente.

O Código de Menores (Lei 6.697/79) substituiu a legitimação adotiva pela adoção plena, mas manteve o mesmo espírito.[2] O vínculo de parentesco foi estendido à família

---

1. SILVA FILHO, Artur Marques da. *Adoção*. 4. ed. São Paulo: RT, 2019, p. 36-37.
2. PEREIRA, Tânia da Silva. Da adoção. In: DIAS, Maria Berenice; PEREIRA, Rodrigo da Cunha (Coords.). *Direito de família e o novo Código Civil*. 3. ed. Belo Horizonte: Del Rey, 2003. p. 158.

dos adotantes, de modo que o nome dos avós passou a constar no registro de nascimento do adotado, independentemente de consentimento expresso dos ascendentes.

A Constituição de 1988 eliminou a distinção entre adoção e filiação ao deferir idênticos direitos e qualificações aos filhos, proibindo quaisquer designações discriminatórias (CF 227 § 6.º). A partir de então, não cabe mais falar em "filho adotivo".[3] Consagrou-se o princípio da proteção integral, responsável pela inversão do enfoque dado à infância e à adolescência: passava-se a privilegiar o interesse do adotando, rompendo-se a ideologia do assistencialismo e da institucionalização.

O Estatuto da Criança e do Adolescente – ECA (Lei 8.069/90), buscando dar efetividade ao comando constitucional, passou a regular a adoção dos menores de 18 anos,[4] assegurando-lhes todos os direitos, inclusive sucessórios. Trata-se de um microssistema,[5] que dispõe, com prevalência, de regras especiais que atendem, de forma criteriosa, ao melhor interesse de quem necessita de proteção integral.

No ano de 2002, quando do advento do atual Código Civil, grande polêmica instaurou-se em sede doutrinária. O ECA regulava de forma exclusiva a adoção de crianças e adolescentes, mas a lei civil trazia dispositivos que faziam referência à adoção de menores de idade. Esta superposição foi corrigida pela Lei Nacional da Adoção (Lei 12.010/09), que determinou a observância dos preceitos do ECA na adoção de crianças e adolescentes, bem como a aplicação dos seus princípios à adoção dos maiores de idade (CC 1.619).

A Lei 12.010/09 objetivou agilizar o processo de adoção e, para tanto, estabeleceu significativas alterações no Estatuto da Criança e do Adolescente, no Código Civil e na Consolidação das Leis do Trabalho – CLT, reduzindo o tempo de permanência de crianças e adolescentes em instituições; eliminando prazos diferenciados da licença--maternidade;[6] assegurando ao adotado o direito de conhecer sua origem biológica e de ter acesso ao processo de adoção; criando cadastros estaduais e nacional, tanto de adotantes, quanto de crianças aptas à adoção; garantindo aos pais o direito de visitas e a mantença do dever de prestar alimentos aos filhos quando colocados sob a guarda de terceiros; obstaculizando a separação de grupos de irmãos quando colocados sob adoção, tutela ou guarda, dentre tantas outras inovações.

No ano de 2017 a Lei 13.509 estabeleceu novos critérios e prazos ao processo de adoção e de destituição de poder familiar,[7] além de priorizar a adoção de grupos de

---

3. LÔBO. Paulo. *Código Civil Comentado. Famílias*. 7. ed. São Paulo: Saraiva, 2017, p. 153.
4. A adoção dos maiores de idade permaneceu regulamentada pelo Código Civil de 1916, que estabelecia diferenciações em sede de direitos sucessórios. No entanto, a partir da vigência da Constituição Federal de 1988, a jurisprudência passou a considerá-las inconstitucionais.
5. TEPEDINO, Gustavo. O Código Civil, os chamados microssistemas e a Constituição: premissas para uma reforma legislativa. In: TEPEDINO, Gustavo (Coord.). *Problemas de direito civil-constitucional*. Rio de Janeiro: Renovar, 2000. p. 5.
6. A Lei da Adoção revogou os §§ 1.º, 2.º e 3.º da Consolidação das Leis do Trabalho – CLT, eliminando os prazos diferenciados de licença-maternidade, a depender da idade do adotado.
7. Visando a dar celeridade à concretização da adoção, os prazos passaram a ser contatos em dias corridos, excluído o dia do começo e incluído o dia do vencimento e vedado o prazo em dobro para a Fazenda

irmãos e crianças e adolescentes com deficiência, doença crônica ou com necessidades específicas de saúde. Mas talvez a mais significativa contribuição seja a determinação de que, em caso de conflito entre direitos e interesses do adotando e de outras pessoas, inclusive seus pais biológicos, devem prevalecer os direitos e os interesses do adotando (ECA 39 §3º). Cuida-se de uma importante orientação interpretativa, que deve nortear toda e qualquer decisão.

Em 2019 foi instituído o Sistema Nacional de Adoção e Acolhimento – SNA, com a finalidade de consolidar dados fornecidos pelos Tribunais de Justiça referentes ao acolhimento institucional e familiar, à adoção, incluindo as *intuitu personae*, e a outras modalidades de colocação em família substituta, bem como sobre pretendentes nacionais e estrangeiros habilitados à adoção. Este novo conjunto de informações substituiu os antigos Cadastro Nacional de Adoção – CNA e Cadastro Nacional de Crianças de Adolescentes Acolhidos – CNCA, que foram extintos.

3. A NOVA CONCEPÇÃO DA ADOÇÃO

O princípio da proteção integral alterou profundamente a concepção da adoção. Inverteu-se o enfoque dado à infância e à adolescência, rompendo a ideologia do assistencialismo e da institucionalização. Foi abandonado o conceito tradicional, em que prevalecia a natureza contratual e na qual se privilegiavam o interesse e a vontade dos adotantes.[8]

A nova concepção da adoção funda-se no desejo de amar e de ser amado e consagra a paternidade socioafetiva, baseando-se não em fator biológico, mas em fator sociológico. Trata-se de modalidade de filiação *construída no amor*, na feliz expressão de Luiz Edson Fachin.[9]

Conceitualmente, o estado de filiação decorre de um fato (nascimento) ou de um ato jurídico: a adoção – ato jurídico em sentido estrito, cuja eficácia está condicionada à chancela judicial[10] – ou, ainda, do reconhecimento da filiação socioafetiva – ato fato jurídico, cuja sentença tem eficácia declaratória.

A adoção cria um vínculo fictício de paternidade-maternidade-filiação entre pessoas estranhas, análogo ao que resulta da filiação biológica. Ressalta Waldyr

---

Pública e para o Ministério Público (ECA 152 § 2º), foram previstos prazos máximos para o estágio de convivência (ECA 46) e para buscas por família extensa (ECA 19-A § 3º), bem como se estabeleceu pela primeira vez o prazo máximo para conclusão da adoção, qual seja, de 120 dias, prorrogáveis por igual período (ECA 47 §10).

8. AZAMBUJA, Maria Regina Fay de; BRAUNER, Maria Claudia Crespo. A releitura da adoção sob a perspectiva da doutrina da proteção integral à infância e adolescência. *Revista Brasileira de Direito de Família*, Porto Alegre, IBDFAM/Síntese, n. 18, p. 31, jun.-jul. 2003.
9. . FACHIN, Luiz Edson. *Elementos críticos do Direito de Família*. 3. ed. Rio de Janeiro: Renovar, 2012. p. 219.
10. BIRCHAL, Alice de Souza. A relação processual dos avós no direito de família: direito à busca da ancestralidade, convivência familiar e alimentos. In: PEREIRA, Rodrigo da Cunha (Coord.). *Anais do IV Congresso Brasileiro de Direito de Família. Afeto, ética, família e o novo Código Civil*. Belo Horizonte: Del Rey, 2004. p. 41.

Grisard que esse conceito persegue as razões legais e seus efeitos, mas representa somente uma face do instituto.[11]

A filiação não é um dado da natureza, mas uma construção cultural, fortificada na convivência, no entrelaçamento dos afetos, pouco importando sua origem. Por isso é correto afirmar que o filho biológico é também adotado pelos pais no cotidiano de suas vidas.[12]

Nesta perspectiva mais atenta à realidade da vida, o Superior Tribunal de Justiça já se posicionou no sentido de que a inequívoca vontade em adotar possa ser aferida pelos mesmos critérios empregados no reconhecimento da filiação socioafetiva: tratamento como se filho fosse e conhecimento público dessa condição,[13] com inequívocos reflexos no que diz com a distinção entre os institutos da adoção póstuma e da declaração *post mortem* de filiação socioafetiva.

Foi no ano de 2004 que, pela primeira vez, a justiça brasileira, ao identificar a "posse de estado de filho", chancelou o reconhecimento após a morte da parentalidade socioafetiva.[14]

De lá para cá, a posse de estado de filho passou a ser um importante balizador na identificação dos vínculos de parentalidade, tendo o Instituto Brasileiro de Direito de Família – IBDFAM contribuído significativamente neste processo de edificação dos pilares constitucionais da filiação, emitido o Enunciado 7, que assim dispõe: "A posse de estado de filho pode constituir a paternidade e maternidade."

O instituto da parentalidade/filiação socioafetiva *post mortem* não encontra expressa previsão legal, muito embora seja amplamente acolhido na jurisprudência. Ele

---

11. GRISARD FILHO, Waldyr. Será verdadeiramente plena a adoção unilateral? *Revista Brasileira de Direito de Família*, Porto Alegre, IBDFAM/Síntese, n. 11, p. 39, out.-dez. 2001.
12. LÔBO, Paulo. *Código Civil Comentado*, 144.
13. STJ: REsp 1217415/RS, 3ª Turma, Relatora: Ministra Nancy Andrighi, julgado em 19 jun. 2012, DJe 28 jun. 2012.
14. AÇÃO DECLARATÓRIA. ADOÇÃO INFORMAL. PRETENSÃO AO RECONHECIMENTO. PATERNIDADE AFETIVA. POSSE DO ESTADO DE FILHO. PRINCÍPIO DA APARÊNCIA. ESTADO DE FILHO AFETIVO. INVESTIGAÇÃO DE PATERNIDADE SOCIOAFETIVA. PRINCÍPIOS DA SOLIDARIEDADE HUMANA E DIGNIDADE DA PESSOA HUMANA. ATIVISMO JUDICIAL. JUIZ DE FAMÍLIA. DECLARAÇÃO DA PATERNIDADE. REGISTRO. A paternidade sociológica é um ato de opção, fundando-se na liberdade de escolha de quem ama e tem afeto, o que não acontece, às vezes, com quem apenas é a fonte geratriz. Embora o ideal seja a concentração entre as paternidades jurídica, biológica e socioafetiva, o reconhecimento da última não significa o desapreço à biologização, mas atenção aos novos paradigmas oriundos da instituição das entidades familiares. Uma de suas formas é a "posse do estado de filho", que é a exteriorização da condição filial, seja por levar o nome, seja por ser aceito como tal pela sociedade, com visibilidade notória e pública. Liga-se ao princípio da aparência, que corresponde a uma situação que se associa a um direito ou estado, e que dá segurança jurídica, imprimindo um caráter de seriedade à relação aparente. Isso ainda ocorre com o "estado de filho afetivo", que além do nome, que não é decisivo, ressalta o tratamento e a reputação, eis que a pessoa é amparada, cuidada e atendida pelo indigitado pai, como se filho fosse. O ativismo judicial e a peculiar atuação do juiz de família impõe, em afago à solidariedade humana e veneração respeitosa ao princípio da dignidade da pessoa, que se supere a formalidade processual, determinando o registro da filiação do autor, com veredicto declaratório nesta investigação de paternidade socioafetiva, e todos os seus consectários. Apelação provida, por maioria. (TJRS, AC 70008795775, 7ª C. Cív. Rel. Des. José Carlos Teixeira Giorgis, j. 23/06/2004).

resulta de construção doutrinária e pretoriana com fundamento mediato em diversas cláusulas constitucionais garantidoras de direitos fundamentais e dispositivos legais como o artigo 1.593 do Código Civil, segundo o qual o parentesco é natural ou civil, conforme resulte de consanguinidade ou outra origem.

A partir desta concepção, a filiação socioafetiva é conceituada como verdadeiro ato-fato jurídico, aquele ato da vida real que, independentemente de estar permeado por manifestação de vontade, terá seu resultado fático revestido de consequências jurídicas.[15]

Nesta tentativa conceitual, construída especialmente pela sensibilidade da justiça, o elo afetivo revela-se elemento estrutural do vínculo jurídico da filiação, que se define não pela verdade biológica ou legal, mas, sim, pela verdade do coração.

4. ADOÇÃO UNILATERAL, POSSIBILIDADES REGISTRAIS E MULTIPARENTALIDADE

Solvidos os vínculos afetivos, a tendência de todos é buscar novos amores. Quando um ou ambos possuem filhos de uniões anteriores, há a possibilidade de o novo parceiro adotá-los.

Formando-se um novo núcleo familiar, é natural o desejo de consolidar os laços afetivos não só com o par, mas também com os respectivos filhos. Por isso, admite a lei que o cônjuge ou companheiro adote a prole do outro. Ocorre a destituição do poder familiar do genitor, que é substituído pelo padrasto ou madrasta (ECA 41 § 1°).

Muitas vezes abandonado pelo genitor, o filho passa a ter estreita vinculação com o companheiro ou marido da mãe, cujo interesse de ter esta relação paterno-filial consolidada reconhecida é claramente legítima. Neste cenário de abandono, desarrazoado exigir a lei a concordância do genitor com a adoção, até porque sua postura enseja a perda do poder familiar (CC 1.638 II).

Há também a possibilidade de o enteado acrescentar o sobrenome do padrasto ou madrasta, sem que, para isso, seja necessária a autorização do genitor (LRP 57 § 8.°). Como não há alteração do nome do pai registral pelo nome do padrasto, nestas situações a inclusão não subtrai do pai biológico os deveres decorrentes do poder familiar. Cuida-se de prova para o filho buscar o reconhecimento da filiação afetiva frente àquele que já lhe concedeu o direito ao uso do nome.[16]

Por meio do Provimento 83/2019 o Conselho Nacional de Justiça passou a autorizar o reconhecimento voluntário da paternidade ou maternidade socioafetiva das pessoas acima de doze anos de idade, diretamente perante os oficiais de registro

---

15. PONTES DE MIRANDA, Francisco Cavalcanti. *Tratado de Direito Privado*. T. II. 3. ed., Rio de Janeiro: Borsoi, 1955, p. 172.
16. Ocorrendo o falecimento do padrasto, o enteado é equiparado ao filho e tem direito aos benefícios previdenciários, uma vez evidenciada a dependência econômica (Lei 8.213/1991, art. 16, § 2°).

civil, com base do princípio da igualdade jurídica de filiação, independentemente de concomitância ou não à filiação biológica (STF, RE 898.060/SC).

Reconhecida a multiparentalidade pela justiça, uma vez constatados os benefícios advindos da soma de vínculos afetivos, quer com o genitor ou genitora biológico(a), quer com o pai ou mãe socioafetiva, em vez de ser deferida a adoção unilateral, se acrescenta mais um pai ou mãe e os respectivos avós na certidão de nascimento; solução para lá de salutar, pois além de ser amado por um maior número de pessoas, o filho também terá um número maior de direitos, como alimentares, sucessórios e previdenciários.

5. ADOÇÃO INTERNACIONAL

Em que pese polêmica, sob o enfoque dos que temem o tráfico internacional de crianças e adolescentes, a adoção internacional tem como finalidade primordial amenizar os aflitivos problemas sociais.

Trata-se de adoção admitida constitucionalmente e regulamentada a partir da Lei de Adoção (ECA 50 a 52-D). Ocorre que foram tantas as exigências e entraves originados pela lei, que praticamente se tornou um instituto inócuo. Os labirintos que foram impostos transformaram-se em barreira intransponível para que desafortunados brasileirinhos tenham a chance de encontrar um futuro melhor fora do país.[17] Basta atentar que somente se dará a adoção internacional quando consultados os cadastros e verificada a ausência de pretendentes habilitados residentes no País com perfil compatível e interesse manifesto pela adoção de criança ou adolescente inscrito nos cadastros existentes (ECA 50 § 10), o que deverá ser comprovado e certificado nos autos (ECA 51 § 1º II).

A sentença concessiva da adoção internacional está sujeita a apelação a ser recebida no duplo efeito (ECA 199-A). Antes do trânsito em julgado da sentença não é permitida a saída do adotando do território nacional (ECA 52 § 8.º). Após, a autoridade judiciária determina a expedição de alvará com autorização de viagem, bem como para obtenção de passaporte. A qualquer momento, a Autoridade Central Federal brasileira pode solicitar informações sobre a situação das crianças e dos adolescentes adotados (ECA 52 § 10).

6. ADOÇÃO PÓSTUMA

Em regra, a sentença de adoção possui eficácia constitutiva e seus efeitos começam a fluir apenas a partir do trânsito em julgado da sentença (*ex nunc*), não produzindo efeito retroativo (ECA 47 § 7.º). No entanto, a lei abre uma exceção na hipótese de falecimento do adotante no curso do processo.

---

17. O pretendente à adoção internacional deve possuir residência habitual em país-parte da Convenção de Haia (ECA 51).

Nesses casos o efeito da sentença retroage à data do falecimento. Paulo Lôbo justifica: o óbito faz cessar a personalidade e nenhum direito pode ser atribuído ao morto, sendo a retroatividade excepcional, no interesse do adotando.[18]

A exigência de que o procedimento judicial de adoção já tenha iniciado (ECA 42 § 6º) há muito vem sendo afastada pela jurisprudência.[19] Basta que seja comprovada a inequívoca manifestação de vontade do adotante, tratando-se, assim, de um processo socioafetivo de adoção.[20]

Adoção póstuma, no entanto, não pode ser confundida com ação de reconhecimento *post mortem* de filiação socioafetiva.[21] A adoção dispõe de efeito constitutivo, enquanto na filiação socioafetiva é declarada a existência do vínculo parental preexistente, ainda que não formalizado. Flagrada a existência da posse do estado de filho é declarada a paternidade. Ainda que conste do registro de nascimento o nome do pai registral, a declaração da filiação socioafetiva não impõe a exclusão da filiação biológica. É inserido o nome do outro genitor, a configurar uma multiparentalidade.

A filiação socioafetiva assenta-se no reconhecimento da posse de estado de filho, que consiste em um ato fato jurídico. Cuida-se da expressão mais exuberante do parentesco psicológico, da filiação pelo amor.

Hoje, ninguém duvida que a afeição tenha valor jurídico. A maternidade e paternidade biológica nada valem frente ao vínculo afetivo que se forma entre a criança e aquele que a cuida, lhe dá amor, se responsabiliza por ela, exercendo diuturnamente funções parentais.

---

18. LÔBO. Paulo. *Código Civil Comentado*, p. 181.
19. ADOÇÃO PÓSTUMA. Prova inequívoca. O reconhecimento da filiação na certidão de batismo, a que se conjugam outros elementos de prova, demonstra a inequívoca intenção de adotar, o que pode ser declarado ainda que ao tempo da morte não tenha tido início o procedimento para a formalização da adoção. Procedência da ação proposta pela mulher para que fosse decretada em nome dela e do marido pré-morto a adoção de menino criado pelo casal desde os primeiros dias de vida. Interpretação extensiva do art. 42, § 5º, do ECA. Recurso conhecido e provido. (STJ, REsp 457.635/PB, 4ª T., Rel. Min. RUY ROSADO DE AGUIAR, j. 12 out. 2002).
20. GIORGIS, José Carlos Teixeira. Notas sobre adoção póstuma. *In:* Azambuja, Maria Regina Fay de al. (Coord.). *Infância em família: um compromisso de todos*. Porto Alegre: IBDFAM, 2004, p. 205.
21. Ação de reconhecimento de paternidade socioafetiva *post mortem*. Vínculo socioafetivo configurado. 1. Na esteira da evolução do Direito de Família, a doutrina e jurisprudência reconhecem a possibilidade do reconhecimento da parentalidade socioafetiva, consubstanciado no princípio da dignidade da pessoa humana e proteção à família. 2. Da análise dos elementos probatórios, restou demonstrado nos autos que os falecidos não apenas tratavam a autora publicamente como filha, como externavam a condição de pais e filha, sendo possível o reconhecimento da paternidade/maternidade socioafetiva *post mortem*. 3. A genitora registral da autora declarou que esta foi adotada pelos *de cujus*, pais do requerido/apelante, e que o requerido/apelante nunca exerceu o papel de genitor. Informou, ainda, que não tinha conhecimento do registro de nascimento lavrado, em que constava como genitora da autora/apelada, o que corrobora a tese autoral de que o réu/apelante registrou a autora/apelada como filha de forma ardilosa, a fim de retirar-lhe a condição de filha dos falecidos. [...] Apelação cível conhecida e desprovida. (TJGO - AC 03552399520158090087, 6ª C. Cív., Rel. Sandra Regina Teodoro Reis, j. 03 abr. 2019).

Ao compreenderem que quem age como pai e mãe tem responsabilidade e quem ostenta a posse de estado de filho tem direitos, a justiça passou a reconhecer relações parentais independentemente da expressa manifestação de vontade dos envolvidos.

Este instituto não se confunde com a doção póstuma, que exige a manifestação de vontade daquele que desempenha as funções parentais. Apesar da clara distinção dessas duas figuras, a jurisprudência ainda, vez por outra, tem baralhado os seus requisitos.

Sendo demandas distintas, os requisitos de uma não podem ser exigidos para a outra. Para o reconhecimento da filiação socioafetiva é necessária a prova da posse de estado de filiação, que é mais do que uma simples manifestação escrita feita pelo de cujus, porque o seu reconhecimento não está ligado a um único ato, mas a uma ampla gama de acontecimentos que se prolongam no tempo e que perfeitamente servem de sustentáculo para o deferimento da adoção.[22] Mesmo que a ação seja nominada como de adoção, é possível aceitá-la como ação de filiação.[23]

7. ADOÇÃO "À BRASILEIRA" OU AFETIVA

A adoção "à brasileira" ou afetiva é prática antiga e comum no Brasil, por meio da qual o companheiro de uma mulher registra o seu filho como se seu descendente fosse. Conquanto este agir constitua crime contra o estado de filiação (CP 242), não tem gerado denúncias ou condenações, justamente pela motivação afetiva que envolve essa forma de agir.

---

22. . SANTOS, Caio Augusto dos; Bahia, Cláudio José Amaral, Da possibilidade de adoção após o falecimento do adotante sem que este tenha iniciado o procedimento judicial. In: PEREIRA, Tânia da Silva; PEREIRA, Rodrigo da Cunha (Coords.). *A ética da convivência familiar e a sua efetividade no cotidiano dos tribunais*. Rio de Janeiro: Forense, 2006. p. 488.
23. Ação filiação proposta pelos avós paternos. Natureza da ação: adoção ou filiação socioafetiva. Possibilidade jurídica. Coisa julgada. Ação de filiação *post mortem*. Destituição do poder familiar. 1) Natureza desta ação (adoção ou filiação socioafetiva): ainda que a parte autora tenha nominado a ação de adoção, as situações fática e jurídica narradas amoldam-se à ação de reconhecimento de filiação socioafetiva e, como tal, deve ser tratada. 2) Possibilidade jurídica do reconhecimento de uma filiação avoenga: a vedação à adoção de descendente por ascendente prevista no Estatuto da Criança e do Adolescente não se aplica aos casos de reconhecimento de filiação socioafetiva de avós. [...] 4) Ação de filiação post mortem de quem já era falecido ao tempo do ajuizamento da demanda: comprovado que o falecido avô por afinidade tinha o interesse em ter a neta como sua filha, e que assim a criou enquanto viveu, é possível a propositura de ação de filiação pela avó, por si, e também em nome do avô falecido. 5) A relação de filiação socioafetiva entre os autores e a neta: ficou demonstrado pelos laudos sociais e psicológico, bem assim pelas demais provas dos autos, que os avós paternos sempre desempenharam o papel de pai e mãe da neta, e que ela os vê como pais, não mantendo relação de afeto paternal ou maternal com os genitores. Logo, é de rigor a declaração dessa situação de fato já consolidada e que reflete a filiação socioafetiva construída entre neta e avós. 6) A destituição do poder familiar: demonstrado que os genitores nunca desempenharam adequadamente o poder familiar sobre a filha, que hoje está com dez anos de idade, a destituição do poder familiar materno e paterno é a medida cabível. Negaram provimento ao apelo dos réus e deram provimento ao apelo dos autores. (TJRS – AC 70081327611, 8ª C. Cív., Rel. Rui Portanova, j. 28 maio 2020).

Ocorre que, em muitos casos, rompido o vínculo afetivo do casal, ante a obrigatoriedade de arcar com alimentos a favor do filho, o pai busca a desconstituição do registro por meio de ação anulatória ou negatória de paternidade.

A jurisprudência nesses casos reconhece que a voluntariedade do ato impede a anulação do registro de nascimento, considerando-o irreversível.[24] Não tendo havido vício de vontade, não cabe a anulação, sob o fundamento de que a lei não autoriza a ninguém vindicar estado contrário ao que resulta do registro de nascimento (CC 1.604).

Ainda que dito dispositivo legal excepcione a possibilidade de anulação por erro ou falsidade, não se pode aceitar a alegação de falsidade do registro levada a efeito pelo autor do delito. Assim, registrar filho alheio como próprio, sabendo não ser verdadeira filiação, impede posterior pedido de anulação. O registro não revela nada mais do que aquilo que foi declarado – por conseguinte, corresponde à realidade do fato jurídico.

Tampouco a ausência de vínculo biológico e a presença de vício de vontade são suficientes para a anulação do registro, sendo necessário perquirir acerca da solidifica-

---

24. Civil. Processual civil. Ação de retificação de registro civil. Omissões e contradições. Inocorrência. Emenda à inicial após citação. Possibilidade, desde que inexistente alteração do pedido ou da causa de pedir. Admissibilidade de simples modificação do nomen juris da ação e do fundamento legal. Observância, ademais, do contraditório, com a possibilidade de aditamento à contestação. Registro civil de filho com a ciência de que inexistia vínculo biológico. Ato voluntário e consciente. Registro imodificável. Ausência de erro ou de vício de consentimento. Registro civil de filha sob a convicção de que existia vínculo biológico. Configuração de erro substancial. Registro imodificável, todavia, diante da configuração de relação paterno-filial socioafetiva. Relação amorosa e afetuosa. Convivência pública e duradoura por longo período. 1- Ação distribuída em 11/03/2004. Recurso especial interposto em 27/09/2013 e atribuídos à Relatora em 25/08/2016. 2- Os propósitos recursais consistem em definir se a ação de retificação de registro civil deverá ser extinta sem resolução de mérito e, ainda, se estão presentes os vícios que autorizam a retificação do registro civil dos dois filhos diante do reconhecimento da paternidade inicialmente realizado pelo pai registral. 3- Ausentes os vícios de omissão e de contradição elencados no art. 535, II, do CPC/73, e tendo o acórdão recorrido enfrentado todas as questões relevantes para o desfecho da controvérsia, não há que se falar em negativa de prestação jurisdicional, nem tampouco em vício de fundamentação na decisão judicial. 4- É admissível a determinação de emenda à petição inicial, mesmo após a citação do réu e a apresentação de defesa, quando não houver alteração no pedido ou na causa de pedir. Precedentes. 5- A mera retificação do nomen juris da ação judicial e a alteração do fundamento legal em que se assenta a pretensão não implicam em modificação das causas de pedir remota ou próxima, de modo que é válida a determinação de emenda à inicial quando não são acrescentadas à petição inicial novos fatos ou novos fundamentos jurídicos da pretensão, inclusive porque observado o contraditório com a possibilidade de aditamento à contestação inicialmente apresentada pelos réus.
6- A ciência prévia e inequívoca acerca da inexistência de vínculo biológico entre o pai e filho impede a modificação posterior do registro civil do menor, por se tratar de ato realizado de forma voluntária, livre e consciente, inexistente qualquer espécie de erro ou de vício de consentimento apto a macular a declaração de vontade inicialmente manifestada. Inteligência do art. 1.604 do CC/2002. 7- O registro civil de nascimento de filha realizado com a firme convicção de que existia vínculo biológico com o genitor, o que posteriormente não se confirmou em exame de DNA, configura erro substancial apto a, em tese, modificar o registro de nascimento, desde que inexista paternidade socioafetiva, que prepondera sobre a paternidade registral em atenção à adequada tutela dos direitos da personalidade dos filhos. 8- Hipótese em que, a despeito do erro por ocasião do registro, houve a suficiente demonstração de que o genitor e a filha mantiveram relação afetuosa e amorosa, convivendo, em ambiente familiar, por longo período de tempo, inviabilizando a pretendida modificação do registro de nascimento. 9- Recurso especial conhecido e parcialmente provido. (STJ, REsp 1698716/GO, Rel. Min. Nancy Andrighi, 3ª T., j. 11 set. 2018).

ção de uma situação perene de afetividade após a descoberta da realidade biológica,[25] o que mantém hígido o vínculo advindo da consolidação da paternidade socioafetiva.

8. ADOÇÃO DIRIGIDA OU *INTUITU PERSONAE*

Chama-se de adoção *intuitu personae* quando presente o desejo da mãe de entregar o filho a determinada pessoa. As circunstâncias são variadas. Também há esse desejo quando surge um vínculo afetivo entre quem trabalha ou desenvolve serviço voluntário com uma criança abrigada na instituição. Em muitos casos, a própria mãe entrega o filho ao pretenso adotante.

A tendência, contudo, não é admitir o direito de a mãe escolher os pais do seu filho. Aliás, dar um filho à adoção é o maior gesto de amor que existe: sabendo que não poderá criá-lo, renunciar ao filho, para assegurar-lhe uma vida melhor é atitude que só o amor justifica.

Existe uma exacerbada inclinação de sacralizar a lista e não admitir, em hipótese alguma, a adoção por pessoas não inscritas. É tal a intransigência e a cega obediência à ordem de preferência, que se deixa de atender a situações em que, mais do que necessário, é recomendável deferir a adoção sem atentar à listagem.

E nada, absolutamente nada, deveria impedir a mãe de escolher a quem entregar o seu filho. Às vezes é a patroa, às vezes uma vizinha, em outros casos é um casal de amigos que têm certa maneira de ver a vida, ou uma retidão de caráter. Basta lembrar

---

25. Civil. Processual civil. Ação negatória de paternidade cumulada com exoneração de alimentos. Erro substancial no registro civil configurado. Filhos concebidos na constância de vínculo conjugal com posterior descoberta, por exame de DNA, da ausência de vínculo biológico em relação aos filhos. Presunção de erro quando ausente dúvida séria ou razoável acerca do desconhecimento da inexistência de vínculo genético. Erro substancial no registro civil que não exclui a necessidade de investigação dos vínculos socioafetivos. Longa convivência entre pais e filhos que deve ser sopesada com a superveniente ausência de socioafetiva por longo período, em decorrência do rompimento abrupto e definitivo da relação paterno-filial. Paternidade socioafetiva ficcional de parte a parte. Impossibilidade. Necessidade de aderência das relações jurídicas às relações humanas e sociais. 1- Ação proposta em 30/10/2013. Recurso especial interposto em 22/09/2016 e atribuído à Relatora em 21/05/2018. 2- O propósito recursal é definir se o genitor biológico foi induzido em erro ao tempo do registro civil de sua prole e se, a despeito da configuração da relação paterno-filial socioafetiva por longo período, é admissível o desfazimento do vínculo registral na hipótese de ruptura superveniente dos vínculos afetivos. 3- É admissível presumir que os filhos concebidos na constância de um vínculo conjugal estável foram registrados pelo genitor convicto de que realmente existiria vínculo de natureza genética com a prole e, portanto, em situação de erro substancial, especialmente na hipótese em que não se suscitam dúvidas sérias ou razoáveis acerca do desconhecimento da inexistência de relação biológica pelo genitor ao tempo da realização do registro civil. 4- Mesmo quando configurado o erro substancial no registro civil, é relevante investigar a eventual existência de vínculos socioafetivos entre o genitor e a prole, na medida em que a inexistência de vínculo paterno-filial de natureza biológica deve, por vezes, ceder à existência de vínculo paterno-filial de índole socioafetiva. Precedente. 5- Hipótese em que, conquanto tenha havido um longo período de convivência e relação filial socioafetiva entre as partes, é incontroverso o fato de que, após a realização do exame de DNA, todos os laços mantidos entre pai registral e filhas foram abrupta e definitivamente rompidos, situação que igualmente se mantém pelo longo período de mais de 06 anos, situação em que a manutenção da paternidade registral com todos os seus consectários legais (alimentos, dever de cuidado, criação e educação, guarda, representação judicial ou extrajudicial etc.) seria um ato unicamente ficcional diante da realidade. 6- Recurso especial conhecido e provido. (STJ, REsp 1.741.849, 3ª T., Rel. Min. Nancy Andrighi, j. 20 out. 2020).

que a lei assegura aos pais o direito de nomear tutor ao filho (CC 1.729). E, se há a possibilidade de eleger quem vai ficar com o filho depois da morte, não se justifica negar o direito de escolha a quem dar em adoção. Aliás, não se pode olvidar que o encaminhamento de crianças à adoção requer o consentimento dos genitores (ECA 166).

Segundo o ECA, apenas quem detém a guarda legal de criança maior de três anos ou adolescente pode adotar mesmo que não esteja cadastrado à adoção. Basta a presença de laços de afinidade e afetividade e a inexistência de má-fé (ECA 50 § 13 III).

Conquanto a legislação não preveja outras hipóteses de exceção à ordem de preferência de habilitados, o STJ tem prestigiado o vínculo de convivência já consolidado.[26] Mesmo assim, o Ministério Público recorrentemente pleiteia a busca e apreensão e posterior institucionalização de crianças, independentemente do tempo de convívio e da sedimentação de laços socioafetivos. Não raras vezes, juízes determinam o seu recolhimento a um abrigo, sem sequer avaliar previamente se a situação em que elas se encontram atende ao seu melhor interesse.[27]

Este tipo de proceder acaba incentivando a mantença irregular da guarda de fato, por medo de buscar a justiça e perder o filho. Claro que isso não resguarda o melhor interesse de quem veio ao mundo sem querer e encontrou alguém que o quis.

Felizmente a jurisprudência vem se mostrando mais sensível, não determinando a institucionalização, mesmo quando reconhecida a ocorrência de adoção *intuito personae*. O STJ, atentando ao princípio do melhor interesse, tem aceitado o uso de *habeas* corpus para revogar ordem de apreensão, mesmo quando há indícios de burla ao cadastro.[28]

---

26. Ordem cronológica em fila de adoção não tem caráter absoluto. Recém-nascida deve permanecer com família substituta. Melhor interesse da criança. Pandemia. (STJ - HC 574.439/SP (2020/0090310-0), Rel. Min. Moura Ribeiro, j. 14 maio 2020).
27. IBDFAM - Enunciado 35: Nas hipóteses em que o processo de adoção não observar o prévio cadastro, e sempre que possível, não deve a criança ser afastada do lar em que se encontra sem a realização de prévio estudo psicossocial que constate a existência, ou não, de vínculos de socioafetividade.
28. Recurso ordinário em *habeas corpus*. Ação de adoção cumulada com destituição de poder familiar. Habeas corpus contra decisão de relator de corte da origem. Possibilidade de concessão da ordem de ofício. Determinação judicial de busca e apreensão de criança para posterior abrigamento institucional. Formação de vínculo afetivo entre a menor e a pretensa família adotante, já inscrita no cadastro nacional de adotantes. Primazia do acolhimento familiar em detrimento de colocação em abrigo institucional. Precedentes. O cadastro nacional de adoção deve ser sopesado com o princípio do melhor interesse do menor. Recurso ordinário não conhecido. Ordem de habeas corpus concedida de ofício. 1. Nos termos do art. 105, III, c, da CF, compete ao Superior Tribunal de Justiça processar e julgar, originariamente, o habeas corpus quando o coator for tribunal sujeito à sua jurisdição. 1.1. Embora não tenha inaugurado a competência constitucional desta eg. Corte Superior, existe, excepcionalmente, a possibilidade de concessão da ordem de ofício, na hipótese em que se verificar que algúem sofre ou está sofrendo constrangimento em sua liberdade de locomoção em razão de decisão manifestamente ilegal ou teratológica da autoridade apontada como coatora, o que se verifica no caso. 2. A jurisprudência desta eg. Corte Superior tem decidido que não é do melhor interesse da criança o acolhimento temporário em abrigo, quando não há evidente risco à sua integridade física e psíquica, com a preservação dos laços afetivos eventualmente configurados entre a família substituta e o adotado ilegalmente. Precedentes. 3. A ordem cronológica de preferência das pessoas previamente cadastradas para adoção não tem um caráter absoluto, devendo ceder ao princípio do melhor interesse da criança e

9. ADOÇÃO HOMOPARENTAL

O tema é tormentoso e divide opiniões. No entanto, não existe obstáculo à adoção homossexual. As únicas exigências para o deferimento da adoção são as reais vantagens para o adotado (ECA 43).

Na esfera dos avanços jurídico-científicos em torno da homossexualidade e das uniões homoafetivas, não perceber a viabilidade de ser deferido pedido de adoção de um menor a dois conviventes do mesmo sexo demonstra preconceito ou, no mínimo, falta de informações adequadas.

Negar a possibilidade do reconhecimento da filiação quando os pais ou as mães são do mesmo sexo significa discriminar e punir. Há uma legião de filhos esperando alguém para chamar de mãe ou pai. Se forem dois pais ou duas mães não importa, mais amor irão receber.

O grande tabu foi rompido pelo Tribunal de Justiça do Estado do Rio Grande do Sul no ano de 2006.[29] Por decisão unânime, reconheceu o direito à adoção a um casal formado de pessoas do mesmo sexo. A decisão foi confirmada pelo STJ.[30]

No ano de 2010, o Supremo Tribunal Federal[31] apreciou pela primeira vez a adoção por um casal homoafetivo. O Ministério Público do Estado do Paraná pretendia impedir que um casal gay adotasse filhos em conjunto, sem qualquer restrição quanto à idade e sexo dos adotandos. Na decisão, o relator, Ministro Marco Aurélio, negou

---

do adolescente, razão de ser de todo o sistema de defesa erigido pelo Estatuto da Criança e do Adolescente, que tem na doutrina da proteção integral sua pedra basilar (HC nº 468.691/SC). 4. Recurso ordinário não conhecido. Ordem de habeas corpus concedida de ofício. (STJ - RHC 106.091/GO (2018/0322237-0), 3ª T., Rel. Moura Ribeiro, j. 09 abr. 2019).

29. TJRS, AC 70013801592, 7ª Câm. Civ., Rel. Luiz Felipe Brasil Santos, j. 05 maio 2006.
30. Adoção De Menores Por Casal Homossexual. (...) O artigo 1º da Lei 12.010/09 prevê a "garantia do direito à convivência familiar a todas e crianças e adolescentes". Por sua vez, o artigo 43 do ECA estabelece que "a adoção será deferida quando apresentar reais vantagens para o adotando e fundar-se em motivos legítimos". 4. Mister observar a imprescindibilidade da prevalência dos interesses dos menores sobre quaisquer outros, até porque está em jogo o próprio direito de filiação, do qual decorrem as mais diversas consequências que refletem por toda a vida de qualquer indivíduo. 5. A matéria relativa à possibilidade de adoção de menores por casais homossexuais vincula-se obrigatoriamente à necessidade de verificar qual é a melhor solução a ser dada para a proteção dos direitos das crianças, pois são questões indissociáveis entre si. 6. Os diversos e respeitados estudos especializados sobre o tema, fundados em fortes bases científicas (realizados na Universidade de Virgínia, na Universidade de Valência, na Academia Americana de Pediatria), "não indicam qualquer inconveniente em que crianças sejam adotadas por casais homossexuais, mais importando a qualidade do vínculo e do afeto que permeia o meio familiar em que serão inseridas e que as liga a seus cuidadores". (...) Se os estudos científicos não sinalizam qualquer prejuízo de qualquer natureza para as crianças, se elas vêm sendo criadas com amor e se cabe ao Estado, ao mesmo tempo, assegurar seus direitos, o deferimento da adoção é medida que se impõe. 10. O Judiciário não pode fechar os olhos para a realidade fenomênica. Vale dizer, no plano da "realidade", são ambas, a requerente e sua companheira, responsáveis pela criação e educação dos dois infantes, de modo que a elas, solidariamente, compete a responsabilidade. (...) Por qualquer ângulo que se analise a questão, seja em relação à situação fática consolidada, seja no tocante à expressa previsão legal de primazia à proteção integral das crianças, chega-se à conclusão de que, no caso dos autos, há mais do que reais vantagens para os adotandos, conforme preceitua o artigo 43 do ECA. Na verdade, ocorrerá verdadeiro prejuízo aos menores caso não deferida a medida. 15. Recurso especial improvido. (STJ, REsp 889.852/RS, 4ª T. Rel. Min. Luis Felipe Salomão, j. 27 abr. 2010).
31. STF, RE 615261/PR, Rel. Min. Marco Aurélio, j. 16 ago. 2010.

seguimento ao recurso extraordinário, mantendo o acórdão de origem, segundo o qual delimitar o sexo e a idade da criança a ser adotada por casal homoafetivo significa transformar a sublime relação de filiação, sem vínculo biológico, em ato de caridade provido de obrigações sociais e totalmente desprovido de amor e comprometimento.

Em maio de 2011, a mais alta corte do Poder Judiciário brasileiro sedimentou, de forma unânime,[32] o entendimento de que as uniões homoafetivas constituem entidades familiares. Nada, portanto, justifica qualquer tratamento discriminatório em relação às uniões homoafetivas, inclusive no que diz respeito à pretensão de adoção.

10. REQUISITOS, EXIGÊNCIAS E CONSEQUÊNCIAS DA ADOÇÃO

A adoção atribui ao adotado a condição de filho para todos os efeitos, desligando-o de qualquer vínculo com os pais biológicos (ECA 41), salvo quanto aos impedimentos para o casamento. É irrevogável (ECA 39 § 1º), estabelecendo relação de parentesco entre o adotado e toda a família do adotante. Os seus parentes tornam-se parentes do adotado, tanto em linha reta, como em linha colateral. O adotado adquire os mesmos direitos e obrigações de qualquer filho: nome, parentesco, alimentos e sucessão. Também correspondem ao adotado os deveres de respeito e de obediência. Os pais, por sua vez, têm os deveres de guarda, criação, educação e fiscalização.

Apesar de ser priorizada e incentivada a permanência de crianças e adolescentes no âmbito da família extensa (ECA 19 § 3.º e 39 § 1º), ou seja, com parentes próximos com os quais a criança ou adolescente convive e mantém vínculos de afinidade e afetividade (ECA 25 parágrafo único), é vedada a adoção por ascendentes ou entre irmãos (ECA 42 § 1º). Com relação a esses, a preferência é a concessão da guarda, o que enseja uma condição jurídica das mais precárias. Em casos muito especiais, de forma sensível o STJ tem admitido a adoção pelos avós, quando consolidada esta configuração familiar.[33]

---

32. STF, ADI 4.277 e ADPF 132, Pleno, Rel. Min. Ayres Brito, j. 05 maio 2011.
33. Adoção por avós. Possibilidade. Princípio do melhor interesse do menor. Padrão hermenêutico do ECA. 01. Pedido de adoção deduzido por avós que criaram o neto desde o seu nascimento, por impossibilidade psicológica da mãe biológica, vítima de agressão sexual. 02 – O princípio do melhor interesse da criança é o critério primário para a interpretação de toda a legislação atinente a menores, sendo capaz, inclusive, de retirar a peremptoriedade de qualquer texto legal atinente aos interesses da criança ou do adolescente, submetendo-o a um crivo objetivo de apreciação judicial da situação específica que é analisada. 03. Os elementos usualmente elencados como justificadores da vedação à adoção por ascendentes são: i) a possível confusão na estrutura familiar; ii) problemas decorrentes de questões hereditárias; iii) fraudes previdenciárias e, iv) a inocuidade da medida em termos de transferência de amor/afeto para o adotando. 04. Tangenciando à questão previdenciária e às questões hereditárias, diante das circunstâncias fática presentes – idade do adotando e anuência dos demais herdeiros com a adoção, circunscreve-se a questão posta a deslate em dizer se a adoção conspira contra a proteção do menor, ou ao revés, vai ao encontro de seus interesses. 05. Tirado do substrato fático disponível, que a família resultante desse singular arranjo, contempla, hoje, como filho e irmão, a pessoa do adotante, a aplicação simplista da norma prevista no art. 42, § 1º, do ECA, sem as ponderações do "prumo hermenêutico" do art. 6º do ECA, criaria a extravagante situação da própria lei estar ratificando a ruptura de uma família socioafetiva, construída ao longo de quase duas décadas com o adotante vivendo, plenamente, esses papéis intrafamiliares. 06. Recurso especial conhecido e provido. (STJ - REsp 1.635.649/SP (2016/0273312-3), 3ª T., Rel. Min. Nancy Andrighi, j. 27 fev. 2018).

Em face da adoção, a alteração do sobrenome do adotado é obrigatória. Constarão no registro de nascimento os adotantes como pais e seus ascendentes como avós. Os vínculos familiares estendem-se a todos que a lei considera parentes em razão do casamento ou da união estável, inclusive no que diz com os vínculos de afinidade.

Quando se tratar de adoção de criança ou adolescente, pode haver a alteração do prenome se este for o desejo do adotante ou do adotado (ECA 47 § 5º). Se a modificação for requerida pelo adotante, a vontade do adotado precisa ser respeitada. Caso tenha ele mais de 12 anos de idade, o seu consentimento precisa ser colhido em audiência (ECA 47 § 6º).

A idade mínima para alguém adotar é de 18 anos (ECA 42). Outro requisito diz respeito à diferença de 16 anos de idade entre adotante e adotado (ECA 42 § 3º), regra que admite flexibilização sempre que a adoção atender ao melhor interesse do adotando.[34]

Qualquer pessoa pode adotar. Pessoas sozinhas: solteiros, divorciados, viúvos. A lei não faz qualquer restrição quanto à orientação sexual do adotante, nem poderia

---

34. Recurso especial. Ação de adoção unilateral de maior ajuizada pelo companheiro da genitora. Diferença mínima de idade entre adotante e adotando. Mitigação. Possibilidade. 1. Nos termos do § 1º do artigo 41 do ECA, o padrasto (ou a madrasta) pode adotar o enteado durante a constância do casamento ou da união estável (ou até mesmo após), uma vez demonstrada a existência de liame socioafetivo consubstanciador de relação parental concretamente vivenciada pelas partes envolvidas, de forma pública, contínua, estável e duradoura. 2. Hipótese em que o padrasto (nascido em 20.3.1980) requer a adoção de sua enteada (nascida em 3.9.1992, contando, atualmente, com vinte e sete anos de idade), alegando exercer a paternidade afetiva desde os treze anos da adotanda, momento em que iniciada a união estável com sua mãe biológica (2.9.2006), pleito que se enquadra, portanto, na norma especial supracitada. 3. Nada obstante, é certo que o deferimento da adoção reclama o atendimento a requisitos pessoais - relativos ao adotante e ao adotando - e formais. Entre os requisitos pessoais, insere-se a exigência de o adotante ser, pelo menos, dezesseis anos mais velho que o adotando (§ 3º do artigo 42 do ECA).
4. A ratio essendi da referida imposição legal tem por base o princípio de que a adoção deve imitar a natureza (adoptio natura imitatur). Ou seja: a diferença de idade na adoção tem por escopo, principalmente, assegurar a semelhança com a filiação biológica, viabilizando o pleno desenvolvimento do afeto estritamente maternal ou paternal e, de outro lado, dificultando a utilização do instituto para motivos escusos, a exemplo da dissimulação de interesse sexual por menor de idade. 5. Extraindo-se o citado conteúdo social da norma e tendo em vista as peculiaridades do caso concreto, revela-se possível mitigar o requisito de diferença etária entre adotante e adotanda maior de idade, que defendem a existência de vínculo de paternidade socioafetiva consolidado há anos entre ambos, em decorrência de união estável estabelecida entre o autor e a mãe biológica, que inclusive concorda com a adoção unilateral. 6. Apesar de o adotante ser apenas doze anos mais velho que a adotanda, verifica-se que a hipótese não corresponde a pedido de adoção anterior à consolidação de uma relação paterno-filial, o que, em linha de princípio, justificaria a observância rigorosa do requisito legal. 7. À luz da causa de pedir deduzida na inicial de adoção, não se constata o objetivo de se instituir uma família artificial - mediante o desvirtuamento da ordem natural das coisas -, tampouco de se criar situação jurídica capaz de causar prejuízo psicológico à adotanda, mas sim o intuito de tornar oficial a filiação baseada no afeto emanado da convivência familiar estável e qualificada. 8. Nesse quadro, uma vez concebido o afeto como o elemento relevante para o estabelecimento da parentalidade e à luz das especificidades narradas na exordial, o pedido de adoção deduzido pelo padrasto - com o consentimento da adotanda e de sua mãe biológica (atualmente, esposa do autor) - não poderia ter sido indeferido sem a devida instrução probatória (voltada à demonstração da existência ou não de relação paterno-filial socioafetiva no caso), revelando-se cabível, portanto, a mitigação do requisito de diferença mínima de idade previsto no § 3º do artigo 42 do ECA. 9. Recurso especial provido. (STJ, REsp 1717167/DF, Rel. Min. Luis Felipe Salomão, 4ª T., j. 11 fev. 2020).

fazê-lo. Também independe do estado civil do adotante (ECA 42). Quem é casado ou vive em união estável também pode adotar, sendo que a adoção não precisa ser levada a efeito pelo casal. Como a lei não proíbe que somente uma pessoa adote, o que não é proibido é permitido. Basta haver a concordância do cônjuge ou companheiro – essa é a única exigência para a colocação em família substituta (ECA 165 I), norma que se aplica também à adoção (ECA 165 parágrafo único).

O consentimento dos pais ou do representante legal do adotando é dispensado se os pais forem desconhecidos ou destituídos do poder familiar (ECA 45 § 1º). Também descabida a indispensabilidade da expressa manifestação dos pais registrais para a adoção, quando já existe o vínculo de filiação afetiva: estando o adotando convivendo com os adotantes, nada justifica exigir a concordância dos genitores. De qualquer modo, a eventual recusa de qualquer dos genitores precisa ser justificada.

Deferida a adoção, se estabelece o vínculo de filiação com um dos genitores biológicos e com o adotante. É o que se chama de adoção híbrida ou unilateral. Sendo alguém adotado por uma única pessoa, não há qualquer impedimento a que permaneça o registro com relação a um dos pais biológicos. A requerimento do adotante, porém, é possível excluir do registro de nascimento o nome de ambos os genitores.

A adoção pode ser concedida aos divorciados, aos juridicamente separados e aos ex-companheiros, desde que o estágio de convivência tenha iniciado na constância da união e haja acordo sobre a guarda e o regime de visitas (ECA 42 § 4º). Demonstrado o efetivo benefício ao adotando, é assegurada a guarda compartilhada (ECA 42 § 5º).

Admite o ECA a possibilidade de o adotado, a partir dos 18 anos, investigar – ou melhor, ver declarada – sua origem biológica, bem como obter acesso irrestrito ao processo de adoção (ECA 48). Por isso, o processo deve ficar arquivado, garantida sua conservação (ECA 47 § 8º). Antes dessa idade, o adotado precisa receber assistência jurídica e psicológica para promover a busca (ECA 48 parágrafo único).

11. PROCESSO DE ADOÇÃO

Toda adoção, seja de maior (CC 1.619), seja de menor de idade (ECA 47), é feita mediante uma ação judicial, respectivamente perante a Vara de Família e o Juizado da Infância e da Juventude (ECA 148 III). Em ambos os casos a competência é do juízo onde se encontra o adotando.

11.1 Habilitação

A adoção de menores de idade é iniciada pela habilitação: mediante o preenchimento de um documento chamado de petição inicial, os candidatos se habilitam à adoção, colacionando uma série de documentos: cópias da cédula de identidade e da inscrição no Cadastro de Pessoas Físicas, comprovante de renda e de domicílio; atestado de sanidade física e mental; certidão de antecedentes criminais e negativa de distribuição cível, cópias autenticadas de certidão de nascimento ou casamento ou, ainda, declaração relativa ao período de união estável (ECA 197-A). Paralelamente, os candidatos indicam o perfil de quem desejam adotar.

A inscrição dos candidatos está condicionada a um período de preparação psicossocial e jurídica (ECA 50 § 3.º), mediante frequência obrigatória a programa de preparação psicológica, orientação e estímulo à adoção interracial, de crianças ou adolescentes com deficiência, doenças crônicas ou com necessidades específicas de saúde, e de grupos de irmãos (ECA 197-C § 1º).

Antagonicamente, neste momento recomenda-se que os candidatos devam manter contato com crianças e adolescentes institucionalizados (ECA 197-C § 2º), mas após a sua habilitação não podem frequentar abrigos, fazer trabalhos voluntários ou se candidatarem aos programas de acolhimento familiar e apadrinhamento.

O Ministério Público pode requerer a designação de audiência para a ouvida de habilitantes e de testemunhas (ECA 197-B II). Deferida a habilitação, o postulante é inscrito no Cadastro Nacional de Adoção (ECA 50), cuja ordem cronológica é obedecida quase cegamente (ECA 197-E § 1º).

O prazo para conclusão do procedimento é de 120 dias, prorrogável por igual período (ECA 197-F).

A habilitação deve ser renovada a cada três anos mediante avaliação de equipe interprofissional (ECA 197 § 2º). Este mesmo procedimento é o que basta quando o adotante se candidatar a nova adoção (ECA 197 § 3º).

11.2 O Sistema Nacional de Adoção e Acolhimento – SNA

Em cada comarca ou foro regional é mantido um duplo registro: de crianças e adolescentes em condições de serem adotados e de candidatos habilitados à adoção (ECA 50). Todas as informações acabam interligadas a cadastros estaduais e a um cadastro nacional (ECA 50 § 5.º).

Com o objetivo de dinamizar o acesso a tais dados, o Conselho Nacional de Justiça implantou o Sistema Nacional de Adoção e Acolhimento – SNA, incluindo também informações sobre pretendentes estrangeiros habilitados à adoção. O sistema é alimentado e administrado pelas corregedorias dos Tribunais de Justiça ou pelas coordenadorias da infância e da juventude, competindo-lhes cadastrar e liberar o acesso ao usuário (Resolução 289/2019).

A lei condiciona a adoção ao prévio cadastro dos candidatos, mas admite exceções (ECA 50 § 13): I – a adoção unilateral; II – formulada por parente com o qual a criança ou adolescente mantenha vínculos de afinidade e afetividade; III – se o pedido é formulado por quem detém a tutela ou guarda legal de criança maior de 3 (três) anos ou adolescente, desde que o lapso de tempo de convivência comprove a fixação de laços de afinidade e afetividade, e não seja constatada a ocorrência de má-fé. Também é indispensável que fique comprovado que a solução é a que melhor atende ao interesse do adotando (ECA 197-E § 1º).

Ainda que haja a determinação de que sejam elaboradas as listas, deve-se atentar ao direito da criança de ser adotada por quem já lhe dedica carinho diferenciado, em vez de priorizar os adultos pelo só fato de estarem incluídos no registro de adoção.[35] Não sendo a pretensão contrária ao interesse da criança, injustificável negar a adoção por ausência de prévia inscrição dos interessados.

Caso as listas não sejam flexibilizadas em atenção ao melhor interesse de crianças e adolescentes, a sua finalidade, qual seja, de agilização, restará prejudicada. Os cadastros servem, tão só, para organizar os pretendentes à adoção, isto é, para facilitar a concessão da medida, e não para obstaculizá-la. Estabelecido vínculo afetivo com a criança, é perverso negar o pedido e entregá-la ao primeiro inscrito. Tal postura desatende aos interesses prioritários de quem goza da especial proteção constitucional.[36]

---

35. Habeas corpus. Direito da infância e juventude. Acolhimento institucional. Exceção. Risco à integridade física e psíquica do menor. Inexistência. Melhor interesse da criança. 1. O Estatuto da Criança e do Adolescente - ECA -, ao preconizar a doutrina da proteção integral (art. 1º da Lei nº 8.069/1990), torna imperativa a observância do melhor interesse da criança. 2. Ressalvado o risco evidente à integridade física e psíquica, que não é a hipótese dos autos, o acolhimento institucional não representa o melhor interesse da criança. 3. A observância do cadastro de adotantes não é absoluta porque deve ser sopesada com o princípio do melhor interesse da criança, fundamento de todo o sistema de proteção ao menor. 4. Ordem concedida. (STJ, HC 564.961/SP, Rel. Min. Ricardo Villas Bôas Cueva, 3ª T. j. 19 maio 2020).

36. CIVIL. HABEAS CORPUS. MEDIDA PROTETIVA PROMOVIDA EM FAVOR DE MENOR EM SITUAÇÃO DE GUARDA DE FATO E DE POSSÍVEL ADOÇÃO INTUITU PERSONAE. WRIT IMPETRADO CONTRA DECISÃO LIMINAR DE DESEMBARGADOR RELATOR DE TRIBUNAL DE JUSTIÇA. INCIDÊNCIA, POR ANALOGIA, DA SÚMULA N. 691 DO STF. INVIABILIDADE. POSSIBILIDADE DE CONCESSÃO DA ORDEM DE OFÍCIO. EXAME. DETERMINAÇÃO JUDICIAL DE ACOLHIMENTO DE CRIANÇA DE TENRA IDADE EM VIRTUDE DE BURLA AO CADASTRO DO SISTEMA NACIONAL DE ADOÇÃO E DE INOBSERVÂNCIA DO PROCESSO DE ADOÇÃO. INEXISTÊNCIA DE INDÍCIOS DE RISCO À INTEGRIDADE FÍSICA E PSÍQUICA DA INFANTE SOB OS CUIDADOS DA FAMÍLIA ACOLHEDORA. CADASTRO DE ADOTANTES DEVE SER SOPESADO COM O PRINCÍPIO DO MELHOR INTERESSE DO MENOR. FORMAÇÃO DE SUFICIENTE VÍNCULO AFETIVO ENTRE A RECÉM-NASCIDA E A FAMÍLIA SUBSTITUTA. PRIMAZIA DO ACOLHIMENTO FAMILIAR EM DETRIMENTO DA COLOCAÇÃO EM ABRIGO INSTITUCIONAL. PRECEDENTES DO STJ. ILEGALIDADE DA DECISÃO DE ACOLHIMENTO INSTITUCIONAL. PERIGO DE CONTÁGIO PELO CORONAVÍRUS (COVID-19) DE CRIANÇA QUE AINDA NÃO PODE RECEBER A VACINA. ORDEM DE "HABEAS CORPUS" CONCEDIDA DE OFÍCIO, EXCEPCIONALMENTE, CONFIRMANDO A LIMINAR JÁ DEFERIDA, COM DETERMINAÇÃO DE EXPEDIÇÃO DE OFÍCIOS. 1. A teor da Súmula 691 do STF, não se conhece de "habeas corpus" impetrado contra decisão liminar de relator proferida em outro "writ", ou impugnando decisão provisória de Desembargador de Tribunal de Justiça, exceto na hipótese de decisão teratológica ou manifestamente ilegal. Possibilidade, contudo, de concessão da ordem de ofício. Precedentes. 2. A jurisprudência desta eg. Corte Superior já decidiu que não é do melhor interesse da criança ou do adolescente o acolhimento temporário em abrigo institucional em detrimento do familiar, salvo quando houver evidente risco concreto à sua integridade física e psíquica, de modo a se preservar os laços afetivos eventualmente configurados com a família substituta. Precedentes. 3. A ordem cronológica de preferência das pessoas previamente cadastradas para adoção não tem um caráter absoluto, devendo ceder ao princípio do melhor interesse da criança ou do adolescente, razão de ser de todo o sistema de defesa erigido pelo Estatuto da Criança e do Adolescente, que tem na doutrina da proteção integral sua pedra basilar (HC nº 468.691/SC, Rel. Ministro LUIS FELIPE SALOMÃO, Quarta Turma, DJe de 11/3/2019). 4. O potencial risco de contaminação pelo coronavírus (Covid-19) em casa de abrigo institucional, somado a circunstância da impossibilidade de vacinação da recém-nascida, também justificam a manutenção da paciente com a família substituta, onde se encontra bem acudida. 5. Ordem de habeas corpus, excepcionalmente, concedida de ofício, confirmando a liminar já deferida.(STJ, HC 747.318/RS, Rel. Min. Moura Ribeiro, 3ª T., j. 2/8/2022).

O que era para ser simples mecanismo, singelo instrumento agilizador de um procedimento, transformou-se em um fator inibitório e limitativo da adoção. Com isso, olvida-se tudo que vem sendo construído pela doutrina e já é aceito pela jurisprudência, quando se fala em vínculos familiares.[37]

11.3 Destituição do poder familiar

Dispõe de legitimidade para a ação de destituição do poder familiar o Ministério Público ou quem tenha legítimo interesse (ECA 155). Pode ser identificado como terceiro o detentor da guarda de alguma criança ou adolescente e que deseja adotá-la, hipótese em que podem ser cumuladas ambas as ações: destituição do poder familiar e adoção.[38]

Promovida a ação de destituição pelo agente ministerial, o terceiro pode participar do processo como assistente simples (CPC 121).

Em sendo constatada a impossibilidade de reintegração da criança ou do adolescente à família de origem, após seu encaminhamento a programas oficiais ou comunitários de orientação, apoio e promoção social (ECA 101 §.9), será enviado relatório do Plano Individual de Atendimento ao Ministério Público (ECA 101 § 4º), no qual conste a descrição pormenorizada das providências tomadas e a expressa recomendação para a destituição do poder familiar, ou destituição de tutela ou guarda. O Ministério Público terá o prazo de quinze dias para o ingresso com a ação de destituição do poder familiar, salvo se entender necessária a realização de estudos complementares ou de outras providências indispensáveis ao ajuizamento da demanda (ECA, 101 § 10).

---

37. DIAS, Maria Berenice. *Manual de Direito das Famílias*, 15. ed. Salvador: JusPodivm, 2022, p. 356.
38. Recurso especial. Ação de adoção c/c pedido de extinção do poder familiar. Magistrado singular que julgou procedentes os pedidos. Tribunal de origem que, de ofício, extinguiu a demanda por ilegitimidade ativa da autora. A controvérsia reside em saber se, nos termos do art. 155 do Estatuto da Criança e do Adolescente, constitui requisito para o pedido de adoção cumulada com pedido de destituição do poder familiar que o interessado ostente algum laço familiar com o adotando. 1. O art. 155 do ECA estabelece hipótese de legitimação ativa concorrente para o procedimento de perda ou suspensão do poder familiar, atribuindo a iniciativa tanto ao Ministério Público como a quem tenha o legítimo interesse, esse caracterizado pela estreita relação/vínculo pessoal do sujeito ativo e o bem-estar da criança ou adolescente. 2. O legislador não definiu quem teria, em tese, o "legítimo interesse" para pleitear a medida, tampouco fixou requisitos estanques para a legitimação ativa, tratando-se de efetivo conceito jurídico indeterminado. A omissão, longe de ser considerada um esquecimento ou displicência, constitui uma consciente opção legislativa derivada do sistema normativo protetivo estatuído pelo Estatuto da Criança e do Adolescente, que tem como baliza central os princípios do melhor interesse da criança e da proteção integral. Eventuais limitações e recrudescimento aos procedimentos de proteção e garantia de direitos previstos no ECA são evitados para abarcar, na prática, um maior número de hipóteses benéficas aos seus destinatários. 3. A existência de vínculo familiar ou de parentesco não constitui requisito para a legitimidade ativa do interessado na requisição da medida de perda ou suspensão do poder familiar, devendo a aferição do legítimo interesse ocorrer na análise do caso concreto, a fim de se perquirir acerca do vínculo pessoal do sujeito ativo com o menor em estado de vulnerabilidade. 4. Recurso especial parcialmente provido. (STJ - REsp 1.203.968/MG, 4ª T., Rel. Min. Marco Buzzi, j. 10 out. 2019).

De modo geral, justamente neste momento em que a agilidade se faz mais necessária, deixa-se de requer, a título de antecipação de tutela, que a criança ou o adolescente seja entregue à guarda provisória de quem está apto a adotá-lo. Fundamentos legais para o pedido de tutela de urgência não faltam: probabilidade de procedência da ação; perigo de dano pelo prolongado tempo de institucionalização, havendo o risco de o processo não alcançar resultado útil, qual seja, que não venha a acontecer a adoção (CPC 300).

Omisso o agente ministerial, a determinação de colocação em família adotiva deve ocorrer de ofício.[39] Até porque, a qualquer tempo pode o juiz, em face do relatório da equipe interdisciplinar, determinar a colocação em família substituta (ECA, art. 19, § 1º).

Absolutamente descabido que, instruído o processo com relatório subscrito pelos técnicos da entidade, afirmando a impossibilidade de reintegração da criança ou do adolescente à família de origem, sejam realizados, em juízo, novos laudos ou perícias. Mas é o que ocorre corriqueiramente. Também retardam enormemente a finalização da destituição os desarrazoados recursos interpostos pela Defensoria Pública, mesmo quando os genitores são revéis.

Comprovado nos autos que os genitores não têm como desempenhar os deveres inerentes ao poder familiar, impedir a destituição subtrai do filho o direito de ser adotado. Ele permanecerá institucionalizado até ser despejado para a vida, ao completar a maioridade.

Como há a garantia constitucional de convivência familiar, o recurso sequer deveria ser admitido por falta de interesse recursal. Ainda que o juízo de admissibilidade esteja a cargo do relator (CPC, art. 1.010, § 3º), a apelação não dispõe de efeito suspensivo (ECA, art. 199-B). Como a previsão é de lei especial, o recurso é sujeito à reconsideração do juiz (ECA, art. 198, VII).

A ação de perda ou de suspensão do poder familiar precisa estar concluída no prazo máximo de 120 dias (ECA 163). Como não há qualquer sanção, claro que os prazos nunca são atendidos.

11.4 Ação de adoção

Finalizada a etapa de habilitação e chegada a ordem de preferência do cadastro de adotantes, passa-se à tão sonhada concretização da adoção.

O estágio de convivência é necessário (ECA 46) na maioria dos casos, havendo a possibilidade de o juiz dispensá-lo quando o adotando já estiver sob tutela ou guarda por tempo suficiente para avaliar a conveniência da constituição do vínculo (ECA 46

---

39. FONAJUP – Enunciado 01: Poderá o magistrado, liminarmente, suspender o poder familiar e determinar a colocação em família substituta, devendo ser informado aos pretensos adotantes, expressamente, o caráter liminar das decisões.

§ 1º). A guarda de fato não autoriza a dispensa do estágio (ECA 46 § 2º), que precisa ser acompanhado por equipe interprofissional, preferencialmente com apoio de técnicos responsáveis pela execução da política de garantia do direito à convivência familiar, os quais deverão apresentar relatório minucioso (ECA 46 § 4º).

Quando o adotando contar mais de 12 anos, é indispensável sua oitiva (ECA 28 § 2º). Antes dessa idade, deve ser ouvido por equipe interprofissional e, sempre que possível, a sua opinião devidamente considerada (ECA 28 § 1º).[40]

O vínculo da adoção é estabelecido por sentença judicial, que dispõe de eficácia constitutiva e produz efeitos a partir de seu trânsito em julgado. Há uma exceção a essa regra. Na hipótese de ocorrer o falecimento do adotante no curso do processo de adoção, a sentença dispõe de efeito retroativo à data do óbito (ECA 47 § 7º), desde que já tenha havido inequívoca manifestação de vontade (ECA 42 § 6º).

Apesar de os efeitos da adoção só terem início a partir do trânsito em julgado da sentença (ECA 199-A), até a data de publicação o consentimento é retratável (ECA166 § 5º). No entanto, a simples discordância dos pais biológicos não leva ao desacolhimento do pedido de adoção. E eventual arrependimento posterior à sentença é ineficaz, eis que a decisão é constitutiva da adoção.

A sentença é averbada, mediante mandado judicial, no registro civil, sem qualquer referência à origem do ato (LRP 102 3º). É tal o interesse em que a natureza do vínculo não seja revelada que na inscrição no registro de nascimento do adotado não deve constar nenhuma observação, sendo vedado o fornecimento de certidão.

12. AS SOLUÇÕES QUE NÃO ESTÃO NA LEGISLAÇÃO

A consciência de que crianças e adolescentes têm o direito constitucional de participar de uma família na qual encontrem afeto e felicidade torna imprescindível a busca por soluções, que infelizmente não estão na legislação atualmente em vigor.

Investir na manutenção de crianças e adolescentes em situação de risco com a família biológica nem sempre é a melhor opção. Mas até quando se deve insistir na mantença da criança na família natural ou extensa? Quando serão considerados esgotados todos os recursos impostos pela Lei?

Cada situação deve ser analisada com cautela e singularmente, mas não há dúvidas de que em certos casos este processo deve ser abreviado.

Basta pensar o que justificaria, por exemplo, manter dois irmãos junto aos genitores que comprovadamente os abusaram sexualmente? Seria o caso de manter os filhos abrigados na tentativa de auxiliar os pais para que não mais os violentassem?

---

40. A Convenção sobre os Direitos da Criança (CDC) determina que as opiniões das crianças sejam levadas em consideração segundo a sua idade e maturidade (art. 12, I).

A resposta não pode ser outra, senão a de que, certos casos não possuem solução melhor do que a imediata entrega das crianças e adolescente a famílias habilitadas para exercer o poder familiar, as quais certamente procurarão, com afeto, contornar os problemas de ordem física e psicológica originados pelos abusos e maus tratos sofridos.

Essa solução não autoriza o esquecimento dos genitores, que deverão receber auxílio e proteção. O que não se pode aceitar é que crianças e adolescentes sejam submetidos a esperar por uma mudança, que infelizmente não tem se mostrado viável na quase totalidade dos casos. Lamentável, é que em todos os abrigos deste país existem inúmeras crianças nessa situação, condenadas a perder sua juventude, sem a chance sequer de receberem o devido amparo para contornar a realidade cruel por que passaram.

Outro ponto sobre o qual a Lei poderia ter avançado diz respeito a situações em que a prévia habilitação ou a ordem de classificação na lista deve ser excepcionada. A Lei apenas admite exceção à habilitação ou à lista nos casos de adoção unilateral, quando houver parentesco entre adotando e adotante ou quando se tratar de criança maior de três anos ou adolescente. É omissa quanto a crianças menores de três anos de idade, que convivem com aqueles que conhecem como pais por tempo suficiente para os laços de afinidade e afetividade serem estabelecidos.

Neste ponto, deveria ter a Lei atentado ao direito da criança ser adotada por quem já lhe dedica carinho parental, em vez de priorizar adultos pelo só fato de estarem incluídos no registro de adotantes.

Basta pensar que o melhor interesse de crianças e adolescentes sempre estará preservado quando os laços parentais formados forem preservados. Em outras palavras, sempre que os filhos adotivos reconhecerem como pai ou mãe aquele não habilitado, não cadastrado ou não tão bem colocado na lista, não se poderá cogitar na quebra de vínculos parentais, sob pena de se criar um novo trauma àquele que já experimentou a rejeição.

Os cadastros servem, tão só, para organizar os pretendentes à adoção, isto é, para agilizar e facilitar a concessão da medida, e não para a obstaculizar. Estabelecido vínculo afetivo com a criança, é perverso negar o pedido realizado por parte dos verdadeiros pais, para entregá-la ao primeiro inscrito.

Impossível ignorar o vínculo de afeto já desenvolvido entre adotando e adotante. Deve-se atender toda a legislação familista, cujo desiderato é exatamente a manutenção da família e a proteção integral da criança e do adolescente.

13. A OPÇÃO DOS QUE NÃO PODEM ESPERAR

Os enormes percalços impostos à adoção vêm fazendo com que adotantes em potencial busquem outras soluções. Ao invés de se sujeitarem a anos de espera, quem deseja ter filhos está buscando as modernas técnicas de reprodução assistida.

O nascimento do filho do cantor Elton John e de seu marido David Furnish é um exemplo emblemático. Depois de terem tentado, sem sucesso, adotar um órfão ucraniano, portador do vírus HIV, fizeram uso da gestação por substituição – a chamada barriga de aluguel – que ocorreu nos Estados Unidos, por ser procedimento não aceito na Inglaterra.

Não tivesse o governo da Ucrânia, de forma para lá de preconceituosa, impedido a adoção homoparental, certamente a criança que o casal britânico havia escolhido estaria a salvo da morte por inanição, destino mais provável de milhões de crianças dos chamados países do terceiro mundo.

Aliás, o documentário da HBO denominado "Google Baby" mostra a existência de uma verdadeira indústria que comercializa fertilizações e está sendo utilizada com enorme desenvoltura. Os candidatos escolhem via *internet* a mulher que se dispõe a vender seus óvulos. Ela se submete a um tratamento que multiplica o número de óvulos, que são extraídos, congelados e transportados para que a inseminação seja feita no país onde os contratantes residem. Depois da fecundação, o embrião é levado para a Índia, onde o procedimento é permitido e os custos são baixos. Implantado em mães gestacionais, elas ficam confinadas durante a gravidez. Após o nascimento, o filho é entregue a quem contratou o serviço, que o registra em seu nome.

Apesar de esta ser uma prática legítima, tem um efeito assustador, pois impede que as crianças abandonadas que se encontram espalhadas pelo mundo tenham a chance de conseguirem uma família. Muitas vezes perdem a única possibilidade que teriam de sobreviver.

A solução que vem sendo encontrada por quem só deseja concretizar o sonho de ter uma família com filhos é simplesmente gestá-los. Se seus, se adotados ou fertilizados em laboratório, não importa, apenas querem ter direito à convivência familiar.

14. CONCLUSÃO

Quando não é possível assegurar o bem-estar de uma criança ou adolescente junto da família biológica, nada justifica não colocá-la o quanto antes em adoção.

Infelizmente, por mais que medidas venham sendo tomadas para agilizar o processo de adoção, a primazia pela mantença de crianças e adolescentes junto à família natural acarreta uma injustificável morosidade processual e descabida permanência institucional: os filhos aguardam abrigados, enquanto é dada aos genitores a chance de receberem orientação e assistência por equipe técnica interprofissional (ECA 166 § 7º).

O fato é que, como as coisas estão, não podem continuar. Está na hora de mudar essa realidade. É urgente encontrar um meio de reduzir o tempo de espera por um filho e o tempo de crianças e adolescentes que anseiam por uma família. É necessário eliminar os berçários dos abrigos, os quais devem se tornar simples casas de passagem, e não depósitos permanentes de crianças.

O Estado não pode esquecer que tem o dever de cumprir o preceito constitucional de dar proteção especial, com absoluta prioridade, a crianças e adolescentes. E, se o caminho da adoção é obstaculizado, sobra um contingente de futuros cidadãos a quem é negada a felicidade almejada por todos: o direito a um lar, doce lar.

15. REFERÊNCIAS

AZAMBUJA, Maria Regina Fay de; BRAUNER, Maria Claudia Crespo. A releitura da adoção sob a perspectiva da doutrina da proteção integral à infância e adolescência. *Revista brasileira de direito de família*, Porto Alegre, IBDFAM/Síntese, n. 18, p. 30-48, jun.-jul. 2003.

BIRCHAL, Alice de Souza. A relação processual dos avós no direito de família: direito à busca da ancestralidade, convivência familiar e alimentos. In: PEREIRA, Rodrigo da Cunha (Coord.). *Anais do IV Congresso Brasileiro de Direito de Família. Afeto, ética, família e o novo Código Civil*. Belo Horizonte: Del Rey, 2004.

DIAS, Maria Berenice. *Manual de Direito das Famílias*, 14. ed. Salvador: JusPodivm, 2021.

GIORGIS, José Carlos Teixeira. Notas sobre adoção póstuma. In: AZAMBUJA, Maria Regina Fay de et al. (Coord.). *Infância em família*: um compromisso de todos. Porto Alegre: IBDFAM, 2004.

GRISARD FILHO, Waldyr. Será verdadeiramente plena a adoção unilateral? *Revista Brasileira de Direito de Família*, Porto Alegre, IBDFAM/Síntese, n. 11, p. 31-45, out.-dez. 2001.

LÔBO, Paulo. *Código Civil Comentado. Famílias*. 7. ed. São Paulo: Saraiva, 2017.

PEREIRA, Tânia da Silva. Da adoção. In: DIAS, Maria Berenice; PEREIRA, Rodrigo da Cunha (Coords.). *Direito de família e o novo Código Civil*. 3. ed. Belo Horizonte: Del Rey, 2003.

PONTES DE MIRANDA, Francisco Cavalcanti. *Tratado de Direito Privado*. T. II. 3. ed., Rio de Janeiro: Borsoi, 1955.

SILVA FILHO, Artur Marques da. *Adoção*. 4. ed. São Paulo: RT, 2019.

TEPEDINO, Gustavo. O Código Civil, os chamados microssistemas e a Constituição: premissas para uma reforma legislativa. In: TEPEDINO, Gustavo (Coord.). *Problemas de direito civil-constitucional*. Rio de Janeiro: Renovar, 2000.

OS IMPACTOS DO MATERNAR NAS RELAÇÕES FAMILIARES

Joyceane Bezerra de Menezes

Doutora em Direito pela Universidade Federal de Pernambuco. Mestre em Direito pela Universidade Federal do Ceará. Pós-doutorado em "Novas Tecnologias e Direito" na Mediterranea Internacional Centre for Human Rights Research (MICHR), na Universidade Reggio Calabria (Itália). Professora Titular no Programa de Pós-Graduação Stricto Sensu em Direito da Universidade de Fortaleza. Professora associado IV da Universidade Federal do Ceará. Coordenadora do Grupo de Pesquisa CNPQ: Direito civil na legalidade constitucional. Editora da Pensar, Revista de Ciências Jurídicas, da Universidade de Fortaleza. Advogada.

Ana Beatriz Lima Pimentel

Doutora em Direito Constitucional pela Universidade de Fortaleza. Mestre em Direito Público - Ordem Jurídica Constitucional pela Universidade Federal do Ceará. Especialista em Direito Privado pela Universidade de Fortaleza. Professora de Direito Civil do Curso de Direito da Universidade de Fortaleza e do Centro Universitário Christus. Membro do Grupo de Pesquisa CNPQ: Direito civil na legalidade constitucional do PPGD/UNIFOR.

Ana Paola de Castro e Lins

Doutora em Direito Constitucional pelo Programa de Pós-Graduação em Direito da Universidade de Fortaleza. Mestra em Direito Constitucional pela Universidade de Fortaleza. Membro do Grupo de Pesquisa CNPQ: Direito civil na legalidade constitucional do PPGD/UNIFOR. Professora da Graduação nos Cursos de Direito do Centro Universitário Farias Brito e do Centro Universitário Christus.

Sumário: 1. Introdução – 2. Notas iniciais: maternidade, *maternar*, mãe – 3. A titularidade da maternidade no direito brasileiro – 4. O exercício do maternar no cotidiano da família – 5. Considerações finais – 6. Referências.

1. INTRODUÇÃO

Matéria assinada por Cristiane Gercina (2022), na *Folha de São Paulo*, no final do mês de maio, o "mês das mães", narra a história de uma brasileira de 39 anos, que morreu em casa e só foi encontrada 12 dias depois. O filho dela, de apenas seis anos, diagnosticado no espectro autista, conviveu com a mãe morta durante esse tempo, enquanto o corpo estava em estágio avançado de decomposição. O relato nos alerta para a invisibilidade da mãe, em especial, das mães de crianças atípicas. Como todas as pessoas, essa mulher também precisava de apoio, de cuidados, de afeto, de acolhimento. A notícia nos convida, portanto, a refletir sobre a solidão do processo de gerar, parir, amamentar... de cuidar. Qual proteção, afinal, a sociedade oferece a quem decide ter filhos ou é levado ao exercício da maternagem por circunstâncias diversas?

Nos anos que se seguiram à promulgação e vigência do Código Civil brasileiro, o Direito de Família sofreu significativas alterações para acompanhar as mudanças ocorridas na sociedade. Na unidade do ordenamento jurídico e, sobretudo, conforme a legalidade constitucional, cunhou-se a chamada família democrática, caracterizada pela pluralidade dos arranjos, pela horizontalidade das relações e pelo respeito aos direitos fundamentais de todos os membros. Trata-se de uma família instrumental, dedicada à promoção do desenvolvimento da personalidade de cada um dos seus integrantes, especialmente, as crianças e os adolescentes.

No plano da filiação e parentalidade, as técnicas de reprodução medicamente assistida permitiram a emergência da maternidade de substituição, desvinculando a figura materna da parturiente. A socioafetividade foi alçada como critério legítimo para fixação do parentesco, com a mesma hierarquia do critério biológico da consanguinidade, ao tempo em que se admitiu a possibilidade da multiparentalidade, nos moldes da tese 622, fixada pelo Supremo Tribunal Federal, em sede de repercussão geral (RE 898.060/SC).

Além dessas alterações, a conformação atual dos arranjos familiares e da distribuição dos cuidados na experiência social tem sido contemplada pelo Direito de Família. Assim, não se desconsideram as situações nas quais a maternagem passa a ser desenvolvida por outras mulheres, como a avó, a tia ou a madrasta, sem esquecer as situações nas quais as pessoas trans são as agentes do maternar. A bem da verdade, como diz o provérbio africano, "é preciso uma aldeia inteira para educar uma criança".

Em todos os casos, cumpre observar que o ato de cuidar não pode solapar a autonomia do ente a quem se dedica o cuidado. Sua dependência e/ou necessidade de assistência coexistem com a autonomia que lhe é reconhecida como um corolário da própria dignidade. Até mesmo as crianças, como sujeito de direitos que são, não estão sob uma heteronomia paterno/materna absoluta. Se a primeira infância requer maior cuidado e implica menor espaço de liberdade, à medida que se desenvolvem, encontram mais espaço para a sua autonomia, em retração à heteronomia dos pais.

À vista dessas observações, o texto se subdivide em três partes. Na primeira, traçam-se notas sobre o maternar e a maternidade, cuja certeza historicamente esteve atrelada ao ato de parir, sob o prisma do direito de família; na segunda, abordam-se os aspectos jurídicos determinantes da maternidade na legislação civil para identificar os critérios normativos que definem quem seja a mãe. Por fim, é analisado o exercício do maternar no seio da família contemporânea, indicando os casos nos quais até mesmo a avó é chamada a esse desiderato.

2. NOTAS INICIAIS: MATERNIDADE, *MATERNAR*, MÃE

O termo maternar vem da tradução de *motherhood*, da língua inglesa, que implica o conjunto de cuidados maternos para com os filhos, ou seja, é a "forma mais direcionada" da atividade de cuidar, gênero mais abrangente (Echazú et al., 2022, p. 218). Conquanto, entre nós, o maternar possa implicar a própria maternidade, há de se ressaltar a possibilidade da dissociação dessas expressões.

Enquanto a maternidade evoca o *status familiae* de quem é mãe – o parente em linha reta ascendente, de primeiro grau, que inaugura a linha materna mediante o parentesco natural ou civil; no contexto da família contemporânea, o maternar é o ato de cuidado que pode ser desenvolvido de variadas formas e por figuras igualmente distintas, demonstrando a diversidade e pluralidade das relações familiares. O agente da maternagem pode ser a avó, uma tia, ou mesmo pessoa estranha ao quadro parental biológico que passa a assumir o papel e a fala da mãe (Bowlby, 2006). Importante para o desenvolvimento da criança é o cuidado amoroso que lhe permita um desenvolvimento junto àquele em quem confia. Na construção de Bowlby (2006, p. 4), a "privação da mãe" para uma criança pequena, imatura na sua compleição corporal e emocional, pode ocasionar perturbações severas, que seguem de episódios de depressão a distúrbios nervosos, contributivos de uma personalidade instável até a vida adulta. A privação total desse tipo de cuidado pode, inclusive, mutilar integralmente a sua capacidade de estabelecer relações com as demais pessoas, prejudicando, indiscutivelmente, toda a sua trajetória de vida.

Historicamente, a maternidade era consequência do ato de parir, forma mais visível de estabelecer a relação materno-filial, ou da adoção.[1] Embora o princípio da maternidade sempre certa siga forte nos dias atuais, foi mitigado pelo advento das técnicas de reprodução assistida, notadamente, a gestação de substituição, e pela emergência da socioafetividade.

A maternidade é decorrente de fatores biológicos ou de reconhecimento de vínculo jurídico civil, enquanto o maternar se reporta ao exercício especializado do cuidado. Para Santos (1998), o maternar é construído no processo de criação dos filhos e evoca a socioafetividade – o cuidado amoroso citado por Bowlby (2006) – como essencial ao estabelecimento dos vínculos de confiança. Assim é que o maternar se concretiza no cuidar continuado pelo compromisso permanente de responder por alguém; "cuidar é assumir uma carga" (Tronto, 1997, p. 188). Em comum, as duas acepções estão centradas na figura feminina, como se fossem, uma e outra, inatas ao fato de *ser* mulher.

Embora a maternidade e o maternar não sejam *status* ou ação exclusiva das mulheres, o cuidado tem sido culturalmente atribuído a elas, especialmente, no espaço da casa, *locus* do protagonismo feminino. Como a esfera privada do espaço doméstico é também o lugar para a expansão dos sentimentos, das emoções, das fragilidades e vulnerabilidades, coube ao feminino a personificação de todos esses elementos mais afeitos ao cuidado e à proteção; enquanto o homem, na sua preponderante dominação

---

1. Uma das adoções mais conhecidas mundialmente decorre da história de Moisés, acolhido pela filha do faraó das águas do rio Nilo.

do espaço público, corporificava qualificativos mais objetivos, funcionando como a força provedora (Tronto, 1997, p. 186). Essa demarcação dos papéis não é mais tão decisiva – haja vista a relevância da força de trabalho da mulher na composição da renda doméstica e o crescente, ainda que tímido, avanço do cuidado protagonizado pelos homens.

Independentemente de quem o promova, o ato de cuidar pressupõe o respeito e a promoção da autonomia da pessoa de quem se cuida, independentemente de sua condição/situação de dependência. Até mesmo a criança e o adolescente, que não alcançaram a plena capacidade civil e ostentam uma maior ou menor dependência dos pais, são sujeitos dotados de autonomia. Conquanto devam obediência aos pais, cabe a estes promover e respeitar a autonomia que vierem a conquistar, ao longo do seu desenvolvimento. Cita-se a Convenção sobre os Direitos da Criança e do Adolescente, nos arts. 12, 13 e 14, que asseguram o direito de ser ouvido, a liberdade de opinião e expressão às crianças/adolescentes, impondo aos pais ou tutores o dever de orientá-los quanto ao exercício dos seus direitos, de maneira compatível com sua capacidade e desenvolvimento. Em suma, a autoridade parental transita do cuidado à emancipação completa dos filhos:

> Na medida do discernimento alcançado, o adolescente deve ser estimulado a realizar suas próprias escolhas, especialmente aquelas que impactam na sua esfera existencial. O exercício da autonomia pela autodeterminação existencial é inexorável ao desenvolvimento da pessoa, enquanto sujeito independente, e, portanto, expressão material do princípio da dignidade da pessoa humana considerada in concreto. É nesse aspecto que Rodotà defende que a dignidade da pessoa humana não pode ser utilizada como um veículo de imposição autoritária capaz de apagar as chances do exercício de uma autonomia responsável (Menezes; Vilela, 2016, p. 191-192).

Embora a figura materna seja bastante representativa na nossa trajetória histórico-cultural, a lei não é clara em informar quem seja a mãe. O Código Civil atribui o poder familiar ao pai e à mãe, mas os artigos 1.598 e seguintes, que tratam sobre o critério presuntivo de filiação pelo casamento, só fazem referência expressa à paternidade, induzindo à crença no antigo brocardo *mater semper certa est*. Sob os contornos da família democrática, a corresponsabilidade evoca a postura colaborativa dos membros da família quanto aos cuidados recíprocos e quanto aos deveres para com os vulneráveis, notadamente as crianças e os idosos (Moraes, 2013, p. 609).

Os cônjuges/companheiros assumem posição hierárquica idêntica, assim como os pais exercem igualitariamente a autoridade parental sobre os filhos menores. Desvanece a rigidez dos papéis de provedor e cuidador, pois, na gestão dos assuntos da família matrimonial ou convivencial, cada um colabora para os custos domésticos na proporção dos seus bens e rendimentos (art. 1.568, CC), assim como os pais (casados ou não) respondem proporcionalmente pelas necessidades dos filhos menores (art. 1.703, CC). Sob a mesma lógica, cabe aos pais, com o mesmo afinco, a desincumbência dos deveres não patrimoniais que são inexoráveis à formação da personalidade dos filhos (art. 1.634, CC). Não sem razão, a legislação passou a optar pela preferência da guarda compartilhada com distribuição equilibrada do convívio da criança entre ambos os genitores guardiões (art. 1.884, § 2º, CC).

Segundo o novo modelo de Certidão de Nascimento instituído pelo Provimento 63/2017 do Conselho Nacional de Justiça, não há mais um campo específico para a indicação de pai, avós paternos, e mãe e avós maternos (art. 1º e Anexo I). Constam apenas dois campos: filiação e avós. A mudança visa conformar um pouco melhor aquelas famílias compostas por pessoas do mesmo sexo que desenvolvem parentalidade, ou mesmo para albergar os vínculos multiparentais.

Feita essa contextualização acerca da disciplina civil-constitucional da família no Brasil, passemos a observar, especificamente, a figura da "mãe" na legislação. O Código Civil repete a palavra "mãe" vinte e cinco vezes, sem fazer qualquer alusão à forma como esse *status familiae* se constitui. O radical "matern", relacionado ao materno ou à maternidade, aparece somente cinco vezes.[2] No Código Civil, a maternidade está, em princípio, imbricada à presunção de veracidade do registro público, uma vez que, pelo texto legal, ocorrendo o registro, somente poderá ser contestada se houver prova da falsidade do documento ou das declarações nele apostas (art. 1.608, CC).

A Lei 12.662/2012, que assegura validade à Declaração de Nascido Vivo (DNV), documento a ser emitido para todos os nascimentos com vida ocorridos no País, para fins de elaboração de políticas públicas e lavratura do assento de nascimento, associa a figura da mãe à parturiente. O preenchimento desse documento requer a informação sobre o nome e prenome, naturalidade, profissão, endereço de residência da mãe e sua "idade na ocasião do parto" (art. 4º, V, Lei 12.662/2012), associando a identidade da mãe à da parturiente, o que não corresponde, necessariamente, à verdade.

Mas quem é a mãe, afinal?

3. A TITULARIDADE DA MATERNIDADE NO DIREITO BRASILEIRO

É indubitável o papel materno no seio da família brasileira, ainda que o maternar possa assumir uma diversidade de sujeitos e formas que, certamente, não estão circunscritas à parturiente. O maternar pode ser realizado individualmente ou em parceria, conforme prévio planejamento ou não. Dentre aquelas que desenvolvem um

---

2. Artigos do Código Civil/2002:
"Art. 1.602. Não basta a confissão materna para excluir a paternidade."
"Art. 1.608. Quando a maternidade constar do termo do nascimento do filho, a mãe só poderá contestá-la, provando a falsidade do termo, ou das declarações nele contidas."
"Art. 1.615. Qualquer pessoa, que justo interesse tenha, pode contestar a ação de investigação de paternidade, ou maternidade."
"Art. 1.617. A filiação materna ou paterna pode resultar de casamento declarado nulo, ainda mesmo sem as condições do putativo."
"Art.1.633. O filho, não reconhecido pelo pai, fica sob poder familiar exclusivo da mãe; se a mãe não for conhecida ou capaz de exercê-lo, dar-se-á tutor ao menor."
"Art. 1.836, § 2º Havendo igualdade em grau e diversidade em linha, os ascendentes da linha paterna herdam a metade, cabendo a outra aos da linha materna."

projeto parental planejado, há as mães solo e as que vivem conjugalidade e convivencialidade, dividindo a parentalidade com os respectivos cônjuges ou companheiros. Sob o prisma dos cuidados, essa divisão nem sempre é concretizada de modo igualitário, justamente pela força do mito de que o cuidar é uma função naturalmente atribuída à mãe. Há também aquelas que realizam o maternar com o apoio de parentes ou sem apoio nenhum, ressaltando a ausência do cuidador de quem cuida – como no exemplo citado na abertura deste texto.

Considerando os diversos critérios possíveis de parentesco, a maternidade pode ser reconhecida a partir do vínculo biológico (consanguíneo) ou exsurgir do vínculo civil, que engloba a adoção, a socioafetividade, a multiparentalidade[3] e a reprodução assistida. Em todas essas quatro hipóteses, a maternidade pode ser reconhecida pelo Direito. Excepcionalmente, o vínculo materno também poderá ser reconhecido, na via judicial, quando a criança for gerada por reprodução caseira, como têm decidido alguns Tribunais no país,[4] apesar da ausência de lei específica. Esclareça-se que a inseminação artificial caseira é uma prática relativamente comum entre os casais que não podem arcar com o alto custo da reprodução assistida. Nesses casos, o reconhecimento da filiação dependerá de decisão judicial, uma vez que a instrução legal sobre o preenchimento da DNV só permite a indicação da parturiente como a mãe do recém-nascido,[5] com a ressalva das hipóteses de gestação de substituição.

---

3. Supremo Tribunal Federal Tese 622 – "A paternidade socioafetiva, declarada ou não em registro público, não impede o reconhecimento do vínculo de filiação concomitante baseado na origem biológica, com os efeitos jurídicos próprios" (RE 898060, Relator(a): Luiz Fux, Tribunal Pleno, julgado em 21.09.2016, Processo Eletrônico Repercussão Geral – Mérito DJe-187 Divulg 23.08.2017 Public 24.08.2017).
4. Ementa: Apelação Cível – direito de família – Dupla maternidade afetiva – Casal homoafetivo – União estável configurada – Conceito expandido de família – ADI 4.277 – Reprodução assistida caseira – Provimento 63/2017 do CNJ – Exigência de declaração de clínica – Violação ao princípio da isonomia – Requisitos para a filiação socioafetiva – Configurados – Melhor interesse do menor – Como bem sabido, com fundamento na dignidade da pessoa humana e no princípio do pluralismo das entidades familiares, o conceito de família tem sido expandido para abranger, também, as relações homoafetivas. Precedente do STF – Nos termos do artigo 1.593 do Código Civil, a relação de parentesco é natural ou civil, podendo decorrer de consanguinidade ou socioafetiva, sendo que para o reconhecimento desta última hipótese, exige-se a presença de estado de posse de filho e a vontade hígida em exercer a maternidade – Nos casos de reprodução assistida caseira, estando demonstrado o preenchimento dos requisitos para o reconhecimento da maternidade socioafetiva, deve esta ser reconhecida, em atenção ao melhor interesse do menor, ainda que inexista regulamentação para tanto, haja vista que condicioná-la à observância do procedimento extremamente oneroso previsto no Provimento 63/2017 do CNJ é incompatível com o princípio da isonomia. (TJ-MG – AC: 10000211059365001 MG, Relator: Versiani Penna, Data de Julgamento: 30.09.2021, Câmaras Cíveis / 19ª Câmara Cível, Data de Publicação: 06.10.2021).
5. Apelação cível. Ação de registro civil de nascimento com dupla maternidade. Indeferimento da petição inicial por falta de interesse processual, visto que ajuizada a ação anteriormente ao nascimento da filha e à negativa registral. Provimento 63 do CNJ que regula o registro de nascimento e emissão da respectiva certidão dos filhos havidos por reprodução assistida. Provimento que não contém qualquer disposição sobre a autoinseminação (inseminação caseira). Imposição, pelo provimento, de requisito insuperável na hipótese de autoinseminação, que inviabiliza o registro na via administrativa. Configurado o interesse processual das autoras, ante a necessidade de pronunciamento do judiciário, sob pena de omissão da prestação jurisdicional. Deferimento da petição inicial que se impõe, ainda que mediante aditamento/emenda, ante a notícia do nascimento da filha e da negativa registral posteriores à sentença. Observância aos princípios da economia e celeridade processuais. Recurso conhecido e provido. (TJ-PR – APL: 00011781320208160179 PR 0001178-13.2020.8.16.0179 (Acórdão), Relator: Juiz Alexandre Gomes Gonçalves, Data de Julgamento: 21.09.2020, 17ª Câmara Cível, Data de Publicação: 21.09.2020).

Embora não haja regulamentação legal específica sobre a gestação de substituição, essa técnica de reprodução assistida é disciplinada pelo Conselho Federal de Medicina, por meio da Resolução 2294/2021, como uma alternativa técnica adequada à Lei do Planejamento Familiar (Lei 9.263/1996, art. 9º). Assim é que, por meio do art. 17 do Provimento 63/2017 do Conselho Nacional de Justiça (CNJ), o oficial de registro civil poderá acolher as informações sobre a filiação contidas no termo de assentimento assinado pela gestante de substituição, para identificar a figura da mãe. Diz o artigo:

> Art. 17. Será indispensável, para fins de registro e de emissão da certidão de nascimento, a apresentação dos seguintes documentos:
>
> (...)
>
> § 1º Na hipótese de gestação por substituição, não constará do registro o nome da parturiente, informado na declaração de nascido vivo, devendo ser apresentado termo de compromisso firmado pela doadora temporária do útero, esclarecendo a questão da filiação.

Além da mãe, a madrasta também poderá assumir um papel relevante no cuidado com a criança/adolescente, desenvolvendo um maternar de forma periódica ou contínua, a depender do tempo e modo como a convivência é estabelecida. Na ciranda dos papéis, poderá forjar-se como mãe, quando (e se) forem estabelecidos os laços de socioafetividade com a criança/adolescente, dando ensejo ao reconhecimento do vínculo de parentesco socioafetivo com ou sem multiparentalidade.

Independentemente de ocupar o papel de mãe e de pai, o madrastio e o padrastio podem representar um importante fator na formação da personalidade da criança, à revelia da indiferença do legislador, que ignorou a representatividade social das famílias compostas e recompostas. Segundo o art. 1.636 do Código Civil, o poder familiar se exercerá sem a influência do novo cônjuge do pai ou da mãe da criança.[6]

A maternidade pode surgir sem um prévio planejamento e fora das conjugalidades, hipóteses nas quais as mulheres seguirão, não raro, sozinhas, no exercício do cuidado e na criação dos filhos. Por vezes, as gestações são consequência de estupro e, a despeito da previsão no Código Penal, o aborto legal não é uma solução de fácil acesso. A pressão social sobre a mulher transborda para pesar severamente sobre crianças e adolescentes que engravidam em decorrência do crime de estupro. Meninas que têm a sua infância interrompida pela violência do crime são revitimizadas pela violência institucional do Judiciário quando requerem a autorização para o aborto legal. A demora na prestação jurisdicional e/ou a inabilidade dos atores institucionais, igualmente perniciosas, agudizam o dano e ressaltam uma espécie de "apropriação pública" da subjetividade feminina. É sempre importante lembrar que *criança não pode ser mãe.*[7]

---

6. "Art 1.636, CC. O pai ou a mãe que contrai novas núpcias, ou estabelece união estável, não perde, quanto aos filhos do relacionamento anterior, os direitos ao poder familiar, exercendo-os sem qualquer interferência do novo cônjuge ou companheiro. Parágrafo único. Igual preceito ao estabelecido neste artigo aplica-se ao pai ou à mãe solteiros que casarem ou estabelecerem união estável."

7. Em Santa Catarina, uma criança vítima de estupro aos 10 anos de idade engravidou e passou a peregrinar nas diversas instâncias institucionais para ter acesso ao aborto legal. A menina foi atendida por uma equipe médica no início de maio de 2022, mas o hospital teria negado o aborto alegando que ela estava na 22ª semana

Se engravidam e desejam entregar o filho voluntariamente para a adoção, nos termos do art. 19 do Estatuto da Criança e do Adolescente, essas meninas ou mulheres são julgadas e condenadas pelos segmentos mais conservadores da mídia, não importando, sequer, se a gravidez foi decorrente de estupro.[8] Nas duas situações, há um silenciamento imperativo da figura feminina, inclusive, quando lhe importa denunciar a violência da qual foram vítimas – fazendo supor que lhe cai melhor suportar o peso do destino. No conto Metamorfose (de Ovídio), a princesa Filomela é estuprada e tem sua língua arrancada para lhe impedir a possibilidade da denúncia. Em Tito Andrônico, de Shakespeare, a língua de Lavínia também foi arrancada pelo seu estuprador com o mesmo propósito.

Ainda há aquelas "mães" que foram surpreendidas pelo dever de substituir suas filhas mortas em virtude da endêmica violência doméstica, que gera a perda de

---

de gravidez, e as regras da instituição somente permitiam o procedimento até a 20ª semana. O caso, então, foi parar na Justiça. A criança chegou a ser afastada da família e mantida em um abrigo após a negativa da juíza Joana Ribeiro Zimmer e da promotora Mirela Dutra Alberton, as quais se posicionaram contra o aborto e em favor da vida do feto durante a audiência judicial. No ato, a juíza e a promotora tentaram induzir a menina a não realizar o aborto. O diálogo foi publicizado nos meios de comunicação:

"Você suportaria ficar mais um pouquinho?", questiona a juíza. A promotora Alberton completa: "A gente mantinha mais uma ou duas semanas apenas a tua barriga, porque, para ele ter a chance de sobreviver mais, ele precisa tomar os medicamentos para o pulmão se formar completamente". Ela continua e sugere que o aborto faria a criança de 11 anos ver o bebê agonizar até a morte: "Em vez de deixar ele morrer – porque já é um bebê, já é uma criança –, em vez de a gente tirar da tua barriga e ver ele morrendo e agonizando, é isso que acontece, porque o Brasil não concorda com a eutanásia, o Brasil não tem, não vai dar medicamento para ele... Ele vai nascer chorando, não [inaudível] medicamento para ele morrer".

Na audiência, a juíza defende a tese de que o aborto não pode ser realizado após o prazo de 22 semanas de gravidez já ter passado. O procedimento depois desse período, defende Zimmer, "seria uma autorização para o homicídio". A juíza insiste na questão e tem o seguinte diálogo com a vítima de estupro:

"Qual é a expectativa que você tem em relação ao bebê? Você quer ver ele nascer?", pergunta a juíza.

"Não", responde a criança.

"Você gosta de estudar?"

"Gosto."

"Você acha que a tua condição atrapalha o teu estudo?"

"Sim."

"Você tem algum pedido especial de aniversário? Se tiver, é só pedir. Quer escolher o nome do bebê?"

"Não."

"Você acha que o pai do bebê concordaria pra entrega para adoção?", pergunta, referindo-se ao estuprador.

"Não sei", diz a menina.

(Disponível em: https://noticias.r7.com/cidades/menina-de-11-anos-gravida-apos-estupro-e-liberada-de--abrigo-em-sc-21062022. Acesso em: 29 jun. 2022).

8. No dia 25 de junho de 2022, a atriz Klara Castanho publicou, em sua conta no *Instagram*, uma carta aberta narrando os sucessivos atos de violência dos quais foi vítima. A jovem narrou que engravidou em decorrência de um estupro e que somente próximo ao fim da gestação descobriu a gravidez. Não bastasse a violência física e emocional já sofrida, enfrentou a falta de sensibilidade do médico, que a obrigou a ouvir os batimentos cardíacos da criança e, ao afirmar que metade do DNA do feto seria de Klara, ela teria que amar a criança, obrigatoriamente. Com a constatação da gravidez, a atriz decidiu entregar a criança para adoção após o parto, tudo feito em conformidade com o devido processo legal. Nascida a criança, a jovem ainda teve que enfrentar a ameaça de uma enfermeira sobre o vazamento do caso e a repercussão da publicidade do ocorrido por diversos meios de comunicação (Disponível em: https://www.opovo.com.br/noticias/brasil/2022/06/28/klara-castanho-veja-o-que-se-sabe-sobre-o-caso.html. Acesso em: 29 jun. 2022).

ambos os genitores, pela morte de um, e pelo encarceramento do outro. Pesquisa realizada em 2017, pelo Laboratório de Economia e Otimização, da Universidade Federal do Ceará, em parceria com o Instituto Maria da Penha, mostrou que cerca de ⅔ (dois terços) das vítimas de feminicídio deixaram filhos. O estudo acompanhou um grupo de 10 mil famílias vítimas de violência, em nove Estados do Nordeste, constatando que a maioria dos órfãos ficou com a família dos assassinos, em geral, as avós (Pereira, 2017).

Na atualidade, outra situação a merecer destaque é a orfandade associada à Covid-19. No período inicial da pandemia no Brasil, com o isolamento social, o desencontro de informações sobre a doença, o medo constante de perder pessoas próximas ou o próprio emprego, muitas famílias se fecharam em suas casas e tentaram equilibrar todas as suas funções no estado de confinamento. A par disso, os óbitos pela doença cresciam, ultrapassando a marca de 600 mil mortos em outubro de 2021, o que gerou um vácuo da posição de cuidado em muitos lares. Impôs-se, não raro, a assunção do cuidado pelas avós, que retornaram à maternagem pela circunstância dramática, comprometendo o próprio direito ao envelhecimento saudável. Se o convívio com crianças pode ser um lenitivo na ancianidade, as famílias em situação de extrema pobreza agudizam a situação de precariedade quando são chamadas a prover as necessidades de outros membros.[9]

No tocante aos órfãos, as estimativas apontam um total de 113 mil crianças/adolescentes que perderam o pai, a mãe ou ambos para a Covid-19, entre março de 2020 e abril de 2021. Se consideradas as crianças e os adolescentes que tinham como principal cuidador os avós/avôs, esse número salta para 130 mil no país.[10] Os dados constam no relatório "Denúncia de Violações dos Direitos à Vida e à Saúde no contexto da pandemia da Covid-19 no Brasil", do Conselho Nacional de Saúde (CNS) e do Conselho Nacional de Direitos Humanos (CNDH). Segundo o relatório, a maioria das crianças não foram para adoção, porque podiam ser acolhidas pela família estendida (em geral, suas avós, que, não raro, vivem uma situação econômica precária).[11]

Nesses casos, as crianças ficaram sob a guarda dos parentes da família estendida, como mostram os dados. Mas as avós e os irmãos continuam impedidos de adotar (art. 42, § 1º, do Estatuto da Criança e do Adolescente – ECA), exercendo apenas a mera

---

9. Situação delicada foi relatada pelas mães solo durante o período de isolamento social mais rígido. Totalizando mais de 11 milhões de brasileiras, únicas ou principais responsáveis pelos filhos, essas mulheres ficaram em um cenário ainda mais crítico de vulnerabilidade. Sozinhas com os filhos, sem ter com quem deixá-los e, ao mesmo tempo, precisando trabalhar, sob o constante temor de adoecerem e não restar outra pessoa para suprir as necessidades do sustento de casa (SILVA, 2020).
10. "Denúncia de Violações dos Direitos à Vida e à Saúde no contexto da pandemia da Covid-19 no Brasil. Disponível em: http://conselho.saude.gov.br/ultimas-noticias-cns/2235-orfaos-da-covid-19-mais-de-113-mil-menores-de-idade-perderam-os-pais-na-pandemia-denuncia-relatorio-do-cns-e-cndh#:~:text=Segundo%20estimativas%2C%20mais%20de%20113,para%20130%20mil%20no%20pa%C3%ADs.
11. Disponível em: https://sr-upsd-savein.cdn.edgeport.net/wp-content/uploads/sites/120/2021/11/denuncia--de-violacoes-dos-direitos-a-vida-e-a-saude-no-contexto-da-pandemia-da-covid-19-no-brasil-documento-denuncia-final-19-11-2021.pdf.

guarda, que não garante direitos mais amplos à criança e ao adolescente. A morte do guardião, por exemplo, não lhe permitirá o acesso à pensão por morte (Lei 8.213/91, art. 16, §§ 1º e 2º). Na dicção da lei, somente o enteado e o menor tutelado se equiparam a filho, quando demonstrada a dependência econômica, inexistindo previsão específica sobre o mesmo direito para o menor de idade sob guarda do segurado que vier a falecer. Disso resulta que, administrativamente, a criança e/ou o adolescente sob a guarda dos avós não terão acesso ao pensionamento pela morte destes.

Decisões judiciais excepcionais já permitiram a adoção por avós, a exemplo do REsp 1587477 SC, do STJ,[12] mitigando a vedação prevista no art. 42, § 1º, do ECA, em especial, quando a idade do pai/mãe biológico era impeditiva à assumpção do

---

12. Recurso especial. Adoção de menor pleiteada pela avó paterna e seu companheiro (avô por afinidade). Mitigação da vedação prevista no § 1º do artigo 42 do ECA. Possibilidade. 1. A Constituição da República de 1988 consagrou a doutrina da proteção integral e prioritária das crianças e dos adolescentes, segundo a qual tais "pessoas em desenvolvimento" devem receber total amparo e proteção das normas jurídicas, da doutrina, jurisprudência, enfim de todo o sistema jurídico. 2. Em cumprimento ao comando constitucional, sobreveio a Lei 8.069/90 – reconhecida internacionalmente como um dos textos normativos mais avançados do mundo –, que adotou a doutrina da proteção integral e prioritária como vetor hermenêutico para aplicação de suas normas jurídicas, a qual, sabidamente, guarda relação com o princípio do melhor interesse da criança e do adolescente, que significa a opção por medidas que, concretamente, venham a preservar sua saúde mental, estrutura emocional e convívio social. 3. O princípio do melhor interesse da criança e do adolescente tem por escopo salvaguardar "uma decisão judicial do maniqueísmo ou do dogmatismo da regra, que traz sempre consigo a ideia do tudo ou nada" (PEREIRA, Rodrigo da Cunha. *Dicionário de direito de família e sucessões*. São Paulo: Saraiva, 2015, p. 588-589). 4. É certo que o § 1º do artigo 42 do ECA estabeleceu, como regra, a impossibilidade da adoção dos netos pelos avós, a fim de evitar inversões e confusões (tumulto) nas relações familiares - em decorrência da alteração dos graus de parentesco –, bem como a utilização do instituto com finalidade meramente patrimonial. 5. Nada obstante, sem descurar do relevante escopo social da norma proibitiva da chamada adoção avoenga, revela-se cabida sua mitigação excepcional quando: (i) o pretenso adotando seja menor de idade; (ii) os avós (pretensos adotantes) exerçam, com exclusividade, as funções de mãe e pai do neto desde o seu nascimento; (iii) a parentalidade socioafetiva tenha sido devidamente atestada por estudo psicossocial; (iv) o adotando reconheça os – adotantes como seus genitores e seu pai (ou sua mãe) como irmão; (v) inexista conflito familiar a respeito da adoção; (vi) não se constate perigo de confusão mental e emocional a ser gerada no adotando; (vii) não se funde a pretensão de adoção em motivos ilegítimos, a exemplo da predominância de interesses econômicos; e (viii) a adoção apresente reais vantagens para o adotando. Precedentes da Terceira Turma. 6. Na hipótese dos autos, consoante devidamente delineado pelo Tribunal de origem: (i) cuida-se de pedido de adoção de criança nascida em 17.03.2012, contando, atualmente, com sete anos de idade; (ii) a pretensão é deduzida por sua avó paterna e seu avô por afinidade (companheiro da avó há mais de trinta anos); (iii) os adotantes detêm a guarda do adotando desde o seu décimo dia de vida, exercendo, com exclusividade, as funções de mãe e pai da criança; (iv) a mãe biológica padece com o vício de drogas, encontrando-se presa em razão da prática do crime de tráfico de entorpecentes, não tendo contato com o filho desde sua tenra idade; (v) há estudo psicossocial nos autos, atestando a parentalidade socioafetiva entre os adotantes e o adotando; (vi) o lar construído pelos adotantes reúne as condições necessárias ao pleno desenvolvimento do menor; (vii) o adotando reconhece os autores como seus genitores e seu pai (filho da avó/adotante) como irmão; (viii) inexiste conflito familiar a respeito da adoção, contra qual se insurge apenas o Ministério Público estadual (ora recorrente); (ix) o menor encontra-se perfeitamente adaptado à relação de filiação de fato com seus avós; (x) a pretensão de adoção funda-se em motivo mais que legítimo, qual seja, desvincular a criança da família materna, notoriamente envolvida em criminalidade na comarca apontada, o que já resultou nos homicídios de seu irmão biológico de apenas nove anos de idade e de primos adolescentes na guerra do tráfico de entorpecentes; e (xi) a adoção apresenta reais vantagens para o adotando, que poderá se ver livre de crimes de delinquentes rivais de seus parentes maternos. 7. Recurso especial a que se nega provimento. (STJ – REsp: 1587477 SC 2016/0051218-8, Relator: Ministro Luis Felipe Salomão, Data de Julgamento: 10.03.2020, T4 – Quarta Turma, Data de Publicação: DJe 27.08.2020).

papel paterno/materno, e os avós exerciam, com exclusividade, a função de pai e/ou mãe, dando ensejo ao liame socioafetivo.

Como se vê, apesar de toda a abertura do direito aos novos arranjos familiares que despontaram no cenário social, ainda há situações excepcionais que fogem à tutela prevista em lei, requerendo um olhar igualmente excepcional do Judiciário.

4. O EXERCÍCIO DO MATERNAR NO COTIDIANO DA FAMÍLIA

A construção equivocada da sinonímia entre maternidade e maternar decorre da premissa do modelo patriarcal, igualmente obtusa, de que somente a mulher está vinculada ao cuidado com os filhos. O seu ingresso no mercado de trabalho não a libertou das excessivas demandas do espaço doméstico, impondo-lhe o esforço de, com a mesma excelência, desenvolver suas atividades no âmbito do espaço público. Curioso é que, nos dias atuais, a mulher que exerce autoridade no espaço público tende a se apresentar com algum tipo de atitude andrógina, materializada no timbre da voz, na forma de se expressar ou de se vestir, a exemplo dos ternos neutros de Angela Merkel e Hillary Clinton (BEARD, 2018, p. 48). E quando ousa a se apresentar publicamente, realizando uma atividade de cuidado materno, isso soa como algo extraordinário, a exemplo do episódio protagonizado pela Primeira Ministra da Nova Zelândia, Jacinda Ardern, que compareceu a uma reunião da Assembleia Geral da ONU, com a filha de 03 meses em seu colo.[13]

No esquema de malabares, em algum momento, a mulher pode comprometer a excelência no desempenho de uma das suas funções e se deparar com o julgamento coletivo de um suposto *"des"compromisso* e, consequentemente, *"des"valor de sua força de trabalho*. Ainda hoje, a licença maternidade continua sendo um fator de desestímulo para contratação da mulher em idade fértil (Teixeira; Noleto, 2019, p. 11). São as mães que, majoritariamente, sacrificam seu horário de trabalho para a tarefa de levar os filhos ao médico, realizar os cuidados mais imediatos em caso de doença ou de chamados da escola. No cômputo das famílias monoparentais, as matrilineares são em maioria (87,4%), o que induz a preponderância do cuidado materno (IBGE, 2010).

A despeito de toda essa narrativa, o poder familiar não é exclusivo delas ou de um guardião unilateral – recaindo igualitariamente sobre os pais registrais, independentemente do exercício da guarda. Nesse particular, vale rememorar a Constituição Federal:

> Art. 227. É dever da família, da sociedade e do Estado assegurar à criança, ao adolescente e ao jovem, com absoluta prioridade, o direito à vida, à saúde, à alimentação, à educação, ao lazer, à profissionalização, à cultura, à dignidade, ao respeito, à liberdade e à convivência familiar e

---

13. Notícia disponível em: https://g1.globo.com/mundo/noticia/2018/09/25/primeira-ministra-da-nova-zelandia-leva-seu-bebe-para-assembleia-da-onu.ghtml. Acesso em: 12 jul. 2022.

comunitária, além de colocá-los a salvo de toda forma de negligência, discriminação, exploração, violência, crueldade e opressão.

Mesmo assim, não se pode negar, como repisado ao longo do texto, o maior protagonismo das mães na tarefa de criação dos filhos. Em 2019, antes mesmo da pandemia do novo coronavírus, as mulheres dedicaram aos cuidados de pessoas ou afazeres domésticos quase o dobro de tempo que os homens (21,4 horas contra 11,0 horas).[14]

Durante a pandemia, a preponderância feminina no exercício do cuidado foi exacerbada. Pesquisa realizada pela Sempreviva Organização Feminista, com 2.600 mulheres, demonstrou que 47% das entrevistadas eram responsáveis por cuidar de alguma pessoa. Dentre elas, 57% eram responsáveis pelo cuidado com filhos de até 12 anos, sendo que 42% desempenhavam essa tarefa sem apoio externo. Mulheres pretas e de renda mais baixa se ocupam ainda mais nas tarefas do cuidado, inclusive, de pessoas de outro círculo familiar. Na maior parte dos casos, desenvolvem o maternar sem apoio externo, o que mostra baixa condição econômica para pagar pelos serviços de um auxiliar – em geral, do sexo feminino.

"A desigualdade de gênero implica que mulheres tenham a responsabilidade sobre o trabalho doméstico e outras atividades também não remuneradas, produzindo acúmulo com as atividades profissionais delas e uma sobrecarga maior comparadas com os homens (...)", alerta Sheila Alvim, professora do Instituto de Saúde Coletiva da UFBA e coordenadora local do ELSA-Brasil (2021).

Estatísticas do IBGE, relativas ao ano de 2020, mostram que, no universo de 140.218 divórcios judiciais de casais com filhos menores, foram fixadas 80.315 guardas unilaterais maternas; 5.767 guardas unilaterais paternas; e 43.934 guardas compartilhadas, sendo que, neste último caso, correspondente a quase um terço dos divórcios brasileiros, a maioria das crianças ficaram sob referência domiciliar das mães. Em 2014, pouco antes da Lei 13.058, de 2014, predominava a guarda unilateral materna em cerca de 80% dos casos. A mudança legislativa não alterou muito a realidade fática das famílias, marcadas pela presença da mãe na desincumbência do cuidado, mesmo quando houve a opção pela guarda compartilhada (Carneiro, 2022).

Ordinariamente se pode observar que o tempo de convívio dos filhos com a mãe é bem superior, embora a lei disponha, no art. 1.584, § 2º, do Código Civil, que, na "guarda compartilhada, o tempo de convívio com os filhos deve ser dividido de forma equilibrada com a mãe e com o pai, sempre tendo em vista as condições fáticas e os interesses dos filhos".[15]

---

14. Estatísticas de Gênero Indicadores sociais das mulheres no Brasil. Disponível em: https://biblioteca.ibge.gov.br/visualizacao/livros/liv101784_informativo.pdf.
15. Enunciado 671, IX Jornada de Direito Civil: Art. 1.583, § 2º: "A tenra idade da criança não impede a fixação de convivência equilibrada com ambos os pais".

A força dos papéis social e culturalmente atribuídos ao homem e à mulher nas atividades da família ainda contribuem para esse resultado. Muitas mulheres seguem desenvolvendo os cuidados para com os filhos sem a presença dos pais ou, quando muito, com "alguma ajuda" deles, como se o cumprimento do poder familiar fosse uma espécie de favor. Paradoxalmente, em casos específicos, há pais comprometidos com o ato de cuidar e o exercício efetivo da paternidade que sofrem a resistência de mulheres que pretendem concentrar o domínio sobre os filhos. Talvez isso se explique, em parte, pela licença histórica que lhes foi atribuída para o exercício da fala na defesa do "seu lar" – eis uma histórica exceção ao silêncio feminino, explicada por Mary Beard (2018).

Atualmente, não há na legislação qualquer amparo a um suposto princípio da primazia do convívio materno. Prioritário é o melhor interesse da criança – fiel da balança para a solução de conflitos intrafamiliares com crianças/adolescentes. Certo é que as crianças lactantes, por necessitarem do leite materno, devem conviver diretamente com as suas mães, sem implicar prejuízo ao convívio com os pais. A IX Jornada de Direito Civil, promovida pelo Conselho de Justiça Federal, aprovou enunciado sobre o tema, com o seguinte teor: *"A tenra idade da criança não impede a fixação de convivência equilibrada com ambos os pais."*

Respeitadas a lógica e a organização da família e sob o pálio do melhor interesse da criança, deve-se priorizar a guarda compartilhada entre os genitores, com a distribuição equilibrada do tempo de convívio com o filho. Os casos em que o conflito exacerbado entre os genitores inviabiliza a concretização prática desse compartilhamento têm justificado a fixação da guarda unilateral, nos moldes do art. 1.584, II, do Código Civil, como uma forma de atender melhor às necessidades do filho. Isso ocorre quando a animosidade entre os pais é tamanha, a ponto de dificultar ou impedir a tomada de decisão sobre a condução dos cuidados gerais para com o filho menor de idade.[16]

---

16. Recurso especial. Ação de reconhecimento e dissolução de união estável c.c. Guarda dos filhos e partilha de bens. Sentença de parcial procedência. Guarda compartilhada deferida. Regra no ordenamento jurídico brasileiro. Revelia. Efeitos que não se operam no caso. Impossibilidade de se presumir que o requerido tenha renunciado tacitamente à guarda dos menores. Direito indisponível. Necessidade, porém, de análise da guarda com base no melhor interesse dos menores. Particularidades do caso que recomendam o deferimento da guarda unilateral para a genitora. Decisão que pode ser alterada posteriormente, dado o seu caráter *rebus sic stantibus*. Recurso provido. (...) 2. Após a edição da Lei 13.058/2014, a regra no ordenamento jurídico pátrio passou a ser a adoção da guarda compartilhada, ainda que haja discordância entre o pai e a mãe em relação à guarda do filho, permitindo-se, assim, uma participação mais ativa de ambos os pais na criação dos filhos. 3. A guarda unilateral, por sua vez, somente será fixada se um dos genitores declarar que não deseja a guarda do menor ou se o Juiz entender que um deles não está apto a exercer o poder familiar, nos termos do que dispõe o art. 1584, § 2º, do Código Civil, sem contar, também, com a possibilidade de afastar a guarda compartilhada diante de situações excepcionais, em observância ao princípio do melhor interesse da criança e do adolescente. (...) 6.1. Nessa linha de entendimento, independentemente da decretação da revelia, a questão sobre a guarda dos filhos deve ser apreciada com base nas peculiaridades do caso em análise, observando-se se realmente será do melhor interesse do menor a fixação da guarda compartilhada. (REsp 1.773.290/MT, relator Ministro Marco Aurélio Bellizze, Terceira Turma, julgado em 21.05.2019, DJe de 24.05.2019.).

Mas, considerando a predominância dos arranjos nos quais a presença materna sobressai, como esse maternar é desenvolvido? E a que custo? Para além do direito de família, no âmbito da economia e na seara do trabalho, o cuidado também é uma atividade que pouco se contabiliza. Só muito recentemente, a Argentina decidiu considerar as horas de cuidado materno para fins da previdência social.[17] Entre nós, não houve a mesma providência.

Urge o reconhecimento do cuidado como uma atividade de impacto econômico, uma vez que se trata de um investimento indispensável à promoção da personalidade do cidadão, da infância à ancianidade e, nessa medida, importa à estabilidade das relações sociais, justificando a sua abordagem por meio de políticas públicas. O cuidado importa a homens e a mulheres, como imperativo da solidariedade familiar, inclusive. E o tempo a ele dedicado deve ser contabilizado de algum modo, inclusive, pelo mercado, porque é uma forma de garantir o bem-estar da pessoa do cidadão e atual ou futuro trabalhador/consumidor. Contudo, ao redor do mundo, a grande parte do exercício do cuidar se faz de maneira informal e, em geral, por uma mulher próxima daquele a quem o cuidado se destina.

No Brasil, há algumas leis esparsas, como a Lei 13.370/2016, que altera o regime dos servidores civis da União (Lei 8.112/1990), para estender o direito a horário especial ao servidor público federal que tenha cônjuge, filho ou dependente com deficiência de qualquer natureza. O mesmo direito tem sido reconhecido a outras categorias, como a de empregados públicos.[18] Embora não haja previsão expressa na

---

17. O benefício se dirige a mulheres que estão em idade de aposentadoria (60 anos ou mais) e que não possuam os 30 anos mínimos exigidos de contribuição. Segundo matéria veiculada na *Folha*, estima-se que 155 mil mulheres sejam atingidas pela medida, que prevê, ainda, o adicional de dois anos por filho adotado, e um ano para cada filho com deficiência (ARCANJO, 2021).
18. Agravo em agravo de instrumento em recurso de revista interposto pela EBSERH. Lei 13.467/2017. Rito sumaríssimo. Jornada de trabalho. Redução para cuidado de filho portador de deficiência (autismo). Empregado público. Analogia. Art. 98, § 3º, da Lei 8.112/90. 1. O Tribunal Regional deferiu ao reclamante, empregado público, redução de jornada (25%, para 30h), sem diminuição salarial e sem compensação "para que o autor acompanhe sua filha, com diagnóstico de Transtorno do Espectro do Autismo, nas atividades relacionadas com o respectivo tratamento", tudo nos termos da aplicação analógica do art. 98, §§ 2º e 3º, da Lei 8.112/90, com redação da Lei 13.370/2016. 2. No contexto do processo de constitucionalização do Direito Administrativo, a utilização da analogia a fim de realizar a integração da lacuna normativa do regime jurídico aplicável ao reclamante encontra amparo na leitura contemporânea do princípio da legalidade administrativa, à luz do primado da juridicidade, de modo a não vincular o administrador público exclusivamente às diretrizes oriundas do Poder Legislativo, mas também para balizar sua atividade pelos valores e princípios constitucionais. 3. O caso dos autos abrange a tutela de bens jurídicos destacados na ordem constitucional de 1988, notadamente, o direito da pessoa com deficiência, alçado à categoria de direito fundamental, sobretudo em face da internalização, com status de emenda constitucional (art. 5º, § 3º, da CF), da Convenção Internacional sobre os Direitos da Pessoa com Deficiência pelo Decreto 6.949/2009. 4. Desse modo, a aplicação analógica do art. 98, §§ 2º e 3º, da Lei 8.112/90 à situação dos autos, envolvendo empregado público, decorre da incidência de princípios oriundos dos arts. 1º, III, 5º, 6º, 7º, 227 da CF e 3º do Estatuto da Criança e do Adolescente (Lei 8.069/90), além da destacada Convenção Internacional sobre os Direitos da Pessoa com Deficiência, não se vislumbrando qualquer ofensa ao primado da legalidade ou aos demais princípios que regem a Administração Pública. Precedentes. Agravo não provido. (TST – Ag: 249276620195240003, Relator: Delaide Alves Miranda Arantes, Data de Julgamento: 14.12.2021, 8ª Turma, Data de Publicação: 17.12.2021).

CLT, a jurisprudência ilustra casos em que se defere redução da jornada de trabalho.[19] Lei municipal de Canoinhas – Santa Catarina autoriza a redução de até 50% da jornada de trabalho, sem diminuição de remuneração, ao servidor que for responsável pelos cuidados com filho(a) com deficiência.[20]

Enquanto o servidor ou empregado público possui alguma vantagem no desempenho do cuidado, o trabalhador da iniciativa privada não é tão beneficiado. Nem mesmo as gestantes e parturientes. O artigo 396 da CLT estabelece que para amamentar o próprio filho até que este complete seis meses de idade, a mulher terá direito, durante a jornada de trabalho, a 2 (dois) descansos especiais, de meia hora cada. A disposição não parece gozar de plena eficácia, pois, se consideradas a rotina de um bebê e a distância entre trabalho e domicílio da família, esses intervalos seriam insuficientes. Por esta razão, muitas mulheres interrompem a amamentação quando precisam retornar ao trabalho antes de a criança alcançar os seis meses de idade.

No tocante à inserção das mães no mercado formal de trabalho, há dados de uma pesquisa, realizada pela Fundação Getúlio Vargas, indicando que após dois anos, quase 50% das mulheres que saíram de licença-maternidade não fazem mais parte do mercado de trabalho. De um universo de 247 mil mães, metade foi demitida, a despeito de a legislação garantir a estabilidade do emprego da mulher desde a confirmação da gravidez até 5 meses após o parto. Recortes sociais, sobretudo de escolaridade, contribuem para diferenciar o resultado dessas quedas de emprego. Enquanto as mulheres com curso superior correspondem a um decréscimo de 35%

---

19. Ementa: servidor Público celetista. Redução da jornada de trabalho. Manutenção da remuneração. Filho com deficiência. Possibilidade – Inexiste legislação específica que garanta à reclamante, servidora pública celetista, o direito de redução da carga horária de trabalho, sem redução proporcional da remuneração, para acompanhar filho com deficiência. No entanto, o ordenamento jurídico nacional e internacional convergem no sentido de inclusão das pessoas portadoras de necessidades especiais, mormente quanto se tratam de crianças e adolescentes. Recurso parcialmente conhecido e não provido. (TRT-16 00173707920175160016 0017370-79.2017.5.16.0016, Relator: Ilka Esdra Silva Araujo, Data de Publicação: 04.06.2019).
20. Recurso inominado. Juizado especial da fazenda pública. Servidor municipal de canoinhas. Pleito de redução da jornada de trabalho à ordem de 50% (cinquenta por cento), sem prejuízo da remuneração. Filho portador de Distrofia Miotônica de Steinert. Necessidade de acompanhamento e supervisão permanente. Sentença de procedência. Irresignação do Município. Tese de que a Lei Municipal 6.245/2018 prevê a garantia da benesse tão somente aos servidores que não mantém outro vínculo funcional e tem jornada de 40 horas semanais. Não cumprimento no caso concreto. Irrelevância. Comando legal que esvazia o imperativo previsto no art. 1º da Lei: ""ao servidor público municipal que tenha como dependente, sob a sua guarda e/ou cuidados, pessoa com deficiência de qualquer natureza, que necessite de cuidados especiais, fica assegurado o direito de licenciar-se de parte de 50% (cinquenta por cento) da jornada de trabalho, sem prejuízo de sua remuneração." Aparente conflito de princípios. Primazia da dignidade da pessoa com deficiência. Proteção à maternidade e infância (art. 6º, caput da CFRB/1988). Convenção sobre os direitos da pessoa com deficiência. Exercício pleno e equitativo de todos os direitos humanos e liberdades fundamentais de todas as pessoas com deficiência. Interpretação sistemática do ordenamento jurídico. Clarividente necessidade de afastamento. Circunstância nem sequer impugnada pelo município. Limitação prevista em lei que fere os princípios estabelecidos na Convenção sobre os Direitos da Pessoa com Deficiência e no Estatuto da Pessoa com Deficiência (Lei 13.146/2015). Hipótese de afastamento que dependeria nem sequer de expressa previsão em lei. Precedentes. Recurso conhecido e desprovido. Sentença mantida. (TJSC, Recurso Cível 0300353-15.2019.8.24.0015, do Tribunal de Justiça de Santa Catarina, rel. Marcio Rocha Cardoso, Primeira Turma Recursal – Florianópolis (Capital), j. Thu Apr 07 00:00:00 GMT-03:00 2022).

após 12 meses da licença; aquelas com níveis mais baixos de escolaridade alcançam até 51% (Machado, 2016).

E o que dizer das mães que são profissionais liberais, como as advogadas? A dificuldade desse público começa na própria suspensão do prazo processual. Em se tratando de advogada que exerce a profissão por sua conta, terá a suspensão de apenas um mês, a contar o parto ou da adoção (art. 313, incisos IX e X, do CPC).

A maior desvantagem é a da mulher que se soma entre os trabalhadores informais, pois um dia sem trabalho é um dia sem remuneração e, provavelmente, sem comida. E assim, o desenvolvimento de sua maternagem se dá nas circunstâncias possíveis, sub-rogando a tarefa de cuidado para outras mulheres de vida igualmente precária. Ainda que essa mulher seja, muitas vezes, a cuidadora nas casas de outras mais favorecidas pela renda, ela não encontra o suporte ou a empatia que lhe permitam exercer dignamente o cuidado com os seus.

Portanto, além da questão de gênero, as dificuldades enfrentadas pela mulher branca são diversas das que assolam a mulher preta, que, como referido, está entre os 60% dos trabalhadores informais. Segundo dados do IBGE (2019), a maior parte das mães solo no Brasil são pretas, e as famílias chefiadas por mulheres pretas, em sua maioria (63%), estão abaixo da linha da pobreza (Silva, 2020). A mesma pesquisa revela que as atividades econômicas cujos rendimentos médios são menores são ocupadas, preponderantemente, por mulheres pretas ou pardas. Tais desigualdades são obstáculos à plena democratização da família (Moraes, 2013, p. 160-161).

A despeito da configuração jurídica da família na legalidade constitucional, a força da tradição é eloquente na experiência social e continua influenciando o Direito, como um instrumento de legitimação das relações de poder (Lopes; Miranda, 2013, p. 139). Se houve uma oxigenação do direito de família a partir da hermenêutica civil-constitucional, ainda se acham decisões que refletem uma visão extremamente conservadora e patriarcal, a exemplo da sentença proferida na 4ª Vara de Família da Comarca do Rio de Janeiro (reformada pelo Tribunal de Justiça do Estado do Rio de Janeiro), que inverteu a guarda de um menino de 08 anos que sempre morou com a mãe, na comunidade Manguinhos, em favor do pai, que residia em Joinvile (SC), sob a alegativa de que a cidade do domicílio paterno era menos perigosa e que, sendo a criança do sexo masculino, seria mais bem educada pelo pai – desconsiderando o fato de que ele não via o filho há quatro anos (Boeckel; Coelho, 2019).[21]

Quanto a essas decisões machistas, a jornalista Adriana Mendes (2017) destaca: "Quem nunca viu mãe perder a guarda de filho é porque viu poucos pais entrarem na Justiça para pedi-la". Atribui-se o fato ao machismo institucional impetrado nas famílias e no sistema judiciário, que, conjugado à morosidade dos processos e ao

---

21. Trecho da sentença: "Necessita de exemplo paterno, por ser criança do sexo masculino. Isto é tanto mais verdadeiro, se levarmos em conta a gravidade da constatação de que o menino "...sequer se lembra do pai" (fl. 408). Já ficou Wellington tempo demais com a mãe."

poder econômico de algumas famílias, pode resultar em tristes histórias de mães que perdem a guarda de seus filhos.

Por fim, o maternar traz impactos de variadas ordens nas relações familiares. Representa parte significativa do cuidado e da promoção da pessoa dos filhos, mesmo quando o papel do pai é de igual destaque na legislação. A maternagem, como vimos, não é uniforme para todos os grupos de mulheres, e há fatores que tornam o ofício do cuidado ainda mais difícil, como a insuficiência de recursos materiais e a falta de um apoio conjugal ou social.

Importante destacar que por trás de uma mãe que não conseguiu atender alguma tarefa, há um contexto social repleto de discursos científicos que historicamente isentaram os homens, o Estado e a comunidade de sua responsabilidade social, estruturados em uma sociedade desigual e sexista (Narvaz; Koller, 2006, s.p.). Dessa forma, concluímos que para além de todos os desafios de ordem prática, há ainda a demanda de natureza psicológica a que as mulheres são submetidas. Desde cedo escutamos "quando nasce uma mãe, nasce a culpa". Quanto dessa culpa é permeada por questões impostas por um discurso patriarcal normativo que regula a vida das mulheres e a forma de desempenhar os papéis a ela atribuídos? Em suma, o cuidado é algo inexorável à vida e à estabilidade na família, nos grupos e na própria sociedade, cumprindo a todos e a cada um, o seu exercício. Na família, aos pais se confia o cuidado para os filhos e, reciprocamente a estes, cumpre o dever de cuidar daqueles, sobretudo, quando alcançados pela ancianidade. Ressalta-se que o cuidar transborda aspectos patrimoniais e, como bem se destacou ao longo do texto, implica a atenção zelosa às demandas existenciais, que podem ser mais ou menos extensas, a depender da fase da vida e da situação de vulnerabilidade daquele que necessita do cuidado.

5. CONSIDERAÇÕES FINAIS

1. Há certa confusão na utilização dos termos maternidade e maternagem, embora sejam referentes a duas situações jurídicas diferenciadas. A maternidade é a expressão da relação de filiação entre uma mulher e seus filhos. A maternagem é o exercício do cuidado, o qual é construído por meio de vínculo socioafetivo e/ou obrigacional.

2. A maternidade pode inaugurar-se a partir do vínculo consanguíneo (parentesco natural) ou do reconhecimento jurídico de relações construídas civilmente, como a adoção, a socioafetividade, a gestação por substituição e a inseminação artificial caseira. Pode ser titularizada por única pessoa ou mais, a exemplo dos casos de multiparentalidade.

3. O maternar, enquanto exercício do cuidar, comumente é exercido pela mãe (titular da maternidade) ou, em caso de ausência/impossibilidade dela, por outra mulher integrante da família, natural ou estendida. Mas, em geral, uma mulher está à frente e, na maior parte das vezes, sozinha. Tem-se, assim, o exercício realizado por avós, tias e irmãs, por exemplo, em casos de orfandade decorrente da violência

doméstica contra a mulher ou, mais recentemente, das mortes causadas pela pandemia da Covid-19. Nessas hipóteses, nem sempre a maternagem é reconhecida integralmente pelo Direito, em prejuízo das próprias crianças.

4. Tradicionalmente, o cuidado está vinculado à esfera privada do ambiente doméstico, o que torna o maternar uma atividade invisibilizada e desvalorizada em todo o mundo. Mais que isso. Impõe-se a excelência do trabalho interno da mulher como requisito de competência para o exercício de sua atividade externa no ambiente de trabalho (como se o cuidado já não o fosse) ou no âmbito de suas escolhas pessoais.

5. Há uma sobrecarga desigual do papel da mulher no cuidar da prole, atuando como protagonista nesse papel, a par do comando constitucional que prevê a tríade família-sociedade-Estado no dever de cuidado de crianças e adolescentes, além do próprio poder familiar a ser desempenhado por ambos os pais, quando houver.

6. Verifica-se, contudo, que mesmo quando existe um projeto parental envolvendo duas pessoas – pai e mãe –, o cuidar é feito, precipuamente, pelo exercício da maternagem. Outra opção não há, por óbvio, quando se trata da maternidade solo, seja planejada ou não. Revela-se, inequivocamente, desvantagem feminina nesse exercício, em decorrência de gênero, e que piora quando se confronta a questão racial. Ressalte-se que a falta de apoio é, também, percebida fora do lar, dada a ausência de legislação protetiva e promocional do maternar.

7. A democratização da família com equitativa distribuição da prática das inúmeras funções a serem cumpridas no âmbito interno, a valorização e promoção da maternagem como exercício do cuidado são meios de garantir a concretização da norma constitucional de proteção e promoção da pessoa humana em todas as fases de sua vida, independentemente de gênero, raça e idade. A participação deve ser coletiva. Repita-se: para educar uma criança, é necessária uma aldeia inteira.

6. REFERÊNCIAS

ALVIM, Sheila. *Sobrecarga de trabalho na pandemia é maior para as mulheres, aponta estudo ELSA-Brasil*. Disponível em: https://www.edgardigital.ufba.br/?p=22522. Acesso em: 10 maio 2022.

ARCANJO, Daniela. Argentina reconhece o cuidado materno como trabalho para aposentadoria. *Folha de São Paulo*, São Paulo, 23 de julho de 2021. Disponível em: https://www1.folha.uol.com.br/mercado/2021/07/argentina-reconhece-cuidado-materno-como-trabalho-para-aposentadoria-entenda.shtml. Acesso em: 10 jun. 2022.

BEARD, Mary. *Mulheres e poder*: um manifesto. Trad. Celina Portocarrero. São Paulo: Planeta do Brasil, 2018.

BOECKEL, Cristina; COELHO, Henrique. Mãe perde guarda de filho no RJ por morar em área considerada de risco. *G1*, Rio de Janeiro, 22 de julho de 2019. Disponível em: https://g1.globo.com/rj/rio-de-janeiro/noticia/2019/07/22/mae-perde-guarda-de-filho-no-rio-por-morar-em-manguinhos.ghtml. Acesso em: 29 jun. 2022.

BOWLBY, John. *Cuidados maternos e saúde mental*. São Paulo: Martins Fontes, 2006.

CARNEIRO, Luciane. Guarda compartilhada dos filhos já chega a quase um terço dos casos de divórcio no país. *Valor Econômico*, Rio de Janeiro, 18 de fevereiro de 2022. Disponível em: https://valor.globo.

com/brasil/noticia/2022/02/18/guarda-compartilhada-dos-filhos-j-chega-a-quase-um-tero-dos-casos-de-divrcio-no-pas-diz-ibge.ghtml. Acesso em: 27 jun. 2022.

DADALTO, Luciana; BORENSZTEIN, Rafaela. Desigualdade de Gênero nos cuidados de fim de vida. In: TEIXEIRA, Ana Carolina Brochado; MENEZES, Joyceane Bezerra de (Org.). *Gênero, vulnerabilidade e autonomia*. Repercussões jurídicas. Indaiatuba, SP: Foco, 2020.

ECHAZÚ, Ana Gretel et al. Abordaje crítico de los resultados del proyecto de investigación "Maternajes desde una perspectiva interseccional". *Memorias del VI Congreso de la Asociación Latinoamericana de Antropología*, 2022 Desafíos emergentes. Antropologías desde América Latina y el Caribe 2022. v. 3. Disponível em: https://www.asociacionlatinoamericanadeantropologia.net/images/LibrosMemoriasCongresoALA/ALA_ACTAS_DEL_CONGRESO_III_22_Feb_2022.pdf. p. 215-224.

INSTITUTO BRASILEIRO DE GEOGRAFIA E ESTATÍSTICA – IBGE. Síntese de indicadores sociais: uma análise das condições de vida da população brasileira. Coordenação de População e Indicadores Sociais. Rio de Janeiro: IBGE, 2019.

INSTITUTO BRASILEIRO DE GEOGRAFIA E ESTATÍSTICA – IBGE. Percentual de famílias em que a mulher era responsável pela família, nas famílias únicas e conviventes principais, residentes em domicílios particulares. Disponível em: https://www.ibge.gov.br/apps/snig/v1/?loc=0&cat=-15,-16,53,54,55,-17,-18,128&ind=4704. Acesso em: 25 jun. 2022.

LOPES, Ana Maria D'Ávila; MIRANDA, Sérgia Maria Mendonça. A discriminação de gênero no direito de família. In: MENEZES, Joyceane Bezerra de; MATOS, Ana Carla Harmatiuk. *Direito das Famílias por Juristas Brasileiras*. São Paulo: Saraiva, 2013.

MACHADO, Cecília. *The labor market consequences of maternity leave policies: evidence from Brazil*. Fundação Getúlio Vargas. 2016. Disponível em: https://portal.fgv.br/sites/portal.fgv.br/files/the_labor_market_consequences_of_maternity_leave_policies_evidence_from_brazil.pdf. Acesso em: 09 jun. 2022.

MENEZES, Joyceane Bezerra de; MULTEDO, Renata Vilela. A autonomia ético-existencial do adolescente nas decisões sobre o próprio corpo e a heteronomia dos pais e do Estado no Brasil. *A&C – R. de Dir. Administrativo & Constitucional*. Belo Horizonte, ano 16, n. 63, p. 187-210, jan./mar. 2016. Disponível em: http://www.revistaaec.com/index.php/revistaaec/article/view/48/523. Acesso em: 28 jun. 2022.

MORAES, Maria Celina Bodin de. A nova família, de novo. *Pensar – Revista de Ciências Jurídicas*. Fortaleza, v. 18, n. 2, p. 587-628, maio/ago. 2013.

MORAES, Maria Celina Bodin de. Vulnerabilidades nas relações de família: o problema da desigualdade de gênero. In: MENEZES, Joyceane Bezerra de; MATOS, Ana Carla Harmatiuk. *Direito das Famílias por Juristas Brasileiras*. São Paulo: Saraiva, 2013.

NARVAZ, Martha Giudice; KOLLER, Sílvia Helena. Famílias e patriarcado: da prescrição normativa à subversão criativa. *Psicologia e Sociedade*, v. 18, n. 1, abr. 2006. Disponível em: https://www.scielo.br/j/psoc/a/VwnvSnb886frZVkPBDpL4Xn/?lang=pt. Acesso em: 29 jun. 2022.

PEREIRA, Pablo. Em pelo menos dois terços de casos de feminicídio, mulher assassinada é mãe. *O Estado de São Paulo*, São Paulo, 14 de outubro de 2017. Disponível em: http://www.leco.ufc.br/2017/10/16/dados-ineditos-de-pesquisa-leco-sobre-orfaos-da-violencia-foram-evidenciados. Acesso em: 15 jun. 2022.

SÁ, Érica Cristina de. Ao fogão: (re)valorização da maternidade intensiva e do trabalho doméstico. Fazendo Gênero, 09, 2010. Universidade Federal de Santa Catarina. Anais... Florianópolis, 2010, p. 01-08. Disponível em: http://www.fazendogenero.ufsc.br/9/resources/anais/1277348275_ARQUIVO_Trabalhocompleto.pdf. Acesso em: 15 maio 20202.

SILVA, Vitória Régia da. Um retrato das mães solo na pandemia. *Gênero e número*. 18 de junho de 2020. Disponível em: https://www.generonumero.media/retrato-das-maes-solo-na-pandemia/. Acesso em: 8 jun. 2022.

TEIXEIRA, Luciana da Silva; NOLETO, Eliezer de Queiroz. Desigualdades de gênero: impacto econômico da alteração da licença paternidade e da criação de licença parental. Consultoria Legislativa. *Câmara dos Deputados*. Estudo Técnico, março de 2019.

TRONTO, J. Mulheres e cuidados: o que as feministas podem aprender sobre a moralidade a partir disso? In: BORDO SR, Jaggar AM. *Gênero, corpo, conhecimento*. Rio de Janeiro: Rosa dos Tempos, 1997.

ZANELLO, Valeska; FIUZA, Gabriela; COSTA, Humberto S. Saúde Mental e Gênero: Facetas Gendradas do Sofrimento Psíquico. *Revista da Psicologia*, p. 238-246, 2015.

OS DIREITOS E DEVERES DOS AVÓS

Daniele Chaves Teixeira

Doutora e Mestre em Direito Civil pela Universidade do Estado do Rio de Janeiro-UERJ. Pesquisadora Bolsista no *Max Planck Institut für Ausländisches und Internationales Privatrecht*, na Alemanha. Especialista em Direito Civil pela *Università degli Studi di Camerino*, na Itália. Especialista em Direito Privado pela Pontifícia Universidade Católica do Rio de Janeiro – Puc-Rio. Professora de cursos de pós-graduação de Direito. Advogada e Parecerista.

Caroline Pomjé

Doutoranda em Direito Processual Civil pela Universidade de São Paulo (USP). Mestra em Direito pela Universidade Federal do Rio Grande do Sul (UFRGS). Pesquisadora e advogada.

Sumário: 1. Introdução – 2. Direito de família contemporâneo – 3. Princípios de direito de família de maior aplicabilidade; 3.1 Princípio da dignidade da pessoa humana; 3.2 Princípio do melhor interesse da criança e do adolescente; 3.3 Princípio da convivência familiar; 3.4 Princípio da solidariedade familiar; 3.5 Princípio jurídico da afetividade – 4. Direitos dos avós – 5. Deveres dos avós – 6. Relevância do papel dos avós no desenvolvimento da personalidade dos netos – 7. Conclusão – 8. Referências.

1. INTRODUÇÃO

O presente capítulo tem por escopo analisar os direitos e deveres dos avós, a partir das diretrizes previstas na Constituição Federal. Com sua promulgação, em 1988, seus art. 226 a 230 tornaram-se norte de um novo Direito de Família, trazendo consigo a necessidade de que, subsequentemente, o Código Civil de 2002 fosse lido e interpretado à luz dos valores e princípios constitucionais. As crianças e os adolescentes passaram a ser o centro deste novo Direito de Família, ensejando a modificação na aplicação dos direitos e deveres dos avós.

Neste cenário, o objetivo do estudo é verificar as situações em que os avós precisam exercer seus direitos e deveres perante seus netos, sempre no intuito de tutelar e proteger integralmente a criança e o adolescente. A família brasileira se transformou da tradicional família instituição para a família instrumento, ou seja, ocorreu uma mudança na sua finalidade. Assim, a relevância do tema vincula-se com a observância da aplicabilidade dos direitos e deveres dos avós perante esta nova família brasileira com análise da doutrina, jurisprudência e legalidade a partir de um diálogo das fontes normativas unificadas pela Constituição.

2. DIREITO DE FAMÍLIA CONTEMPORÂNEO

As transformações que ocorreram nas últimas décadas no Direito de Família revelam uma inegável modificação da estrutura familiar. Contudo, é no ponto de vista axiológico que ocorreram as mais profundas alterações. A Constituição Federal, centro reunificador do direito privado, consagrou novos valores ao ordenamento brasileiro.[1] Pode-se afirmar que três diferentes vértices revolucionaram o Direito de Família: a pluralidade das entidades familiares, a igualdade entre os cônjuges e a igualdade entre os filhos. A consagração de tais eixos se deu com a promulgação da Constituição Federal de 1998, ensejando o estabelecimento de marco fundamental do novo modelo familiar.

> Altera-se o conceito de unidade familiar, antes delineado como aglutinação formal de pais e filhos legítimos baseada no casamento, para um conceito flexível e instrumental, que tem em mira o liame substancial de pelo menos um dos genitores com seus filhos – tendo por origem não apenas o casamento – e inteiramente voltado para a realização espiritual e o desenvolvimento da personalidade de seus membros.[2]

Constata-se, assim, "a passagem da família como instituição, protegida em si mesma, à família-instrumento, isto é, aquela que propicia um ambiente adequado ao desenvolvimento da personalidade de todos e de cada um de seus membros".[3] Comprova-se que o texto Constitucional de 1988 trouxe ao Direito Civil e, especialmente, ao Direito de Família, uma nova tábua axiológica, pautada na preservação e na valorização da pessoa.

Com o desenvolvimento dessa interpretação e com a aplicação de princípios constitucionais, as crianças e os adolescentes tornam-se o novo centro do Direito de Família, estabelecendo-se direitos fundamentais no art. 227, da CRFB/88,[4] e no Estatuto da Criança e do Adolescente – ECA.[5] Dentre tais direitos, interessa ao presente estudo especialmente a convivência familiar e comunitária, entendida a convivência social "um dos pilares estruturadores da personalidade e centro de exercício de cidadania".[6] No art. 6º, do Estatuto da Criança e do Adolescente[7], por exemplo, as crianças e os adolescentes são privilegiados por meio de seu reconhecimento como pessoas em desenvolvimento, consagrando-se com isso o princípio do melhor interesse.

---

1. TEPEDINO, Gustavo; TEIXEIRA, Ana Carolina Brochado. *Direito de Família*. Rio de Janeiro: Forense, 2020, p. 01-02.
2. TEPEDINO, Gustavo. *Temas de direito civil*. 3. ed. rev. e atual. Rio de Janeiro: Renovar, 2004, p. 398.
3. MORAES, Maria Celina Bodin de. *Na medida da pessoa humana*: estudos de direito civil. Rio de Janeiro: Renovar, 2010, p. 216.
4. Art. 227, da CRFB/88. É dever da família, da sociedade e do Estado assegurar à criança, ao adolescente e ao jovem, com absoluta prioridade, o direito à vida, à saúde, à alimentação, à educação, ao lazer, à profissionalização, à cultura, à dignidade, ao respeito, à liberdade e à convivência familiar e comunitária, além de colocá-los a salvo de toda forma de negligência, discriminação, exploração, violência, crueldade e opressão.
5. O Estatuto da Criança e do Adolescente foi sistematizado na Lei 8.069 de 13 de julho de 1990. Não se trata de um fenômeno desarticulado das mudanças nas relações familiares, representando uma transformação atenta à vulnerabilidade das crianças e dos adolescentes.
6. TEIXEIRA, Ana Carolina Brochado. Direito de visita dos avós. *Revista Trimestral de Direito Civil*. Rio de Janeiro, a. 3, v. 10, abr.-jun. de 2002, p. 62.
7. Art. 6º, do Estatuto da Criança e do Adolescente. Na interpretação desta Lei levar-se-ão em conta os fins sociais a que ela se dirige, as exigências do bem comum, os direitos e deveres individuais e coletivos, e a condição peculiar da criança e do adolescente como pessoas em desenvolvimento.

Ao longo do século XX, diversas vezes a família foi considerada "uma instituição em crise, decadente e destinada a desaparecer".[8] Referida crise não foi uma particularidade do século XX; de acordo com Michelle Perrot, "não é a família em si que nossos contemporâneos recusam, mas o modelo excessivamente rígido e normativo que assumiu no século XIX. Eles rejeitam o nó, não o ninho. A casa é, cada vez mais, o centro da existência".[9] Consequentemente, tem-se que na realidade o que estava em crise não era a família, mas, sim, o formato de família que existia. As dificuldades inerentes à organização familiar subsistem, podendo-se afirmar que as famílias contemporâneas permanecem em constante modificação.

Apesar de todas as mudanças, as relações entre pais e filhos continuam com seu caráter de relevância, sendo essencial a garantia de desenvolvimento psicofísico saudável às crianças e adolescentes, atento às particularidades daquela realidade em que se situa. Afinal, segundo Elizabeth Roudinesco a família "é reivindicada como o único valor seguro ao qual ninguém quer renunciar. Ela é amada, sonhada e desejada por homens, mulheres e crianças de todas as idades, de todas as orientações sexuais e de todas as condições".[10]

3. PRINCÍPIOS DE DIREITO DE FAMÍLIA DE MAIOR APLICABILIDADE

Reconhecida a relevância das famílias no desenvolvimento da personalidade de seus membros, cabe analisar o modo de estabelecimento da relação de parentesco entre os sujeitos cujos vínculos são objetos de estudo: avós e netos. Logo após se desenvolverá a análise de alguns princípios constitucionais que são os alicerces para que possam ser aplicados os direitos e os deveres dos avós.

Inicialmente, para se falar da relação de parentesco entre os avós e os netos, devemos verificar algumas distinções entre parentesco em linha reta e em linha colateral. Estas diferenças são importantes na medida em que em decorrência de suas naturezas, aliadas aos princípios de Direito de Família, são estabelecidos os direitos e deveres dos avós.

Uma das principais características do parentesco em linha reta[11] é a vinculada ao fato de que os parentes descendem uns dos outros de forma ilimitada e perpétua. O parentesco em linha reta é "infinito, nos limites que a natureza impõe à sobrevivência dos seres humanos".[12] Já os parentes em linha colateral, conforme o artigo 1.592, do CCB/2002,[13] têm somente um ascendente em comum; limita-se ao quarto grau,

---

8. MORAES, Maria Celina Bodin de. *Na medida da pessoa humana*: estudos de direito civil. Rio de Janeiro: Renovar, 2010, p. 208.
9. PERROT, Michelle. O nó e o ninho. *Veja 25 anos*: Reflexões para o futuro. São Paulo: Abril, 1993, p. 75-81, p. 81.
10. ROUDINESCO, Elisabeth. *A família em desordem*. Rio de Janeiro: Zahar, 2003, p. 198.
11. Art. 1.591, Código Civil Brasileiro. São parentes em linha reta as pessoas que estão umas para com as outras na relação de ascendentes e descendentes.
12. LÔBO, Paulo. *Direito Civil*: famílias. 7. ed. São Paulo: Saraiva, 2017, p. 203.
13. Art. 1.592, Código Civil Brasileiro. São parentes em linha colateral ou transversal, até o quarto grau, as pessoas provenientes de um só tronco, sem descenderem uma da outra.

ao menos para efeitos jurídicos. Quanto aos vínculos, "se a relação é por consanguinidade, o parentesco se estende até o quarto grau e, em se tratando de afinidade, o limite é o segundo grau. Ambos terminam quando findam o relacionamento".[14]

O relacionamento dos avós com os netos corresponde a um parentesco em linha reta de segundo grau e que nunca se rompe, sendo esta característica em especial que enseja os direitos e deveres dos avós com seus descendentes. Para solidificar esses direitos e deveres, parte-se à análise dos princípios que norteiam tais especificações.

3.1 Princípio da dignidade da pessoa humana

O princípio da dignidade humana, conforme o art. 1°, III, da CRFB/88,[15] é elencado como fundamento da República. Compreende-se que este princípio é inerente ao ser humano, sendo "recebido pelo conjunto de leis regedoras de uma sociedade, transformando-o em um valor supremo. É um dos princípios constitucionais que orientam a construção e interpretação do sistema jurídico brasileiro, conferindo-lhe suporte axiológico".[16]

Os operadores do direito devem se orientar por referido princípio, sob pena de qualquer interpretação que não tutele integralmente a dignidade humana ser considerada inconstitucional. Vale ressaltar que embora o princípio não esteja incluso no capítulo dos direitos fundamentais – mas como fundamento da República –, não existe qualquer dúvida de que se trata de direito fundamental aplicável também às crianças e adolescentes.

Contudo, é necessária uma conceituação jurídica ao princípio, o qual não pode ser simplesmente elencado sem uma fundamentação, com o risco de ocorrer sua banalização. Ademais, em muitas circunstâncias jurídicas são identificados direitos fundamentais em polos contrários, sendo indispensável adequar tais situações problemas. É principalmente para estes casos que se constata a necessidade de aprofundamento da expressão jurídica da dignidade humana, apesar da dificuldade de tal delimitação do ponto de vista hermenêutico.

É necessário retornar aos postulados filosóficos para que seja possível a extração das consequências jurídicas; assim, a partir da construção kantiana que norteou o conceito de dignidade como valor intrínseco às pessoas humanas.[17] Maria Celina Bodin de Moraes pontua que o substrato material da dignidade pode ser compreendido e desdobrado em quatro postulados:

---

14. DIAS, Maria Berenice. *Manual de direito das famílias*. 11. ed. rev., atual. e ampl. São Paulo: Editora Revista dos Tribunais, 2016, p. 375.
15. Art. 1°, CRFB/88. A República Federativa do Brasil, formada pela união indissolúvel dos Estados e Municípios e do Distrito Federal, constitui-se em Estado Democrático de Direito e tem como fundamentos: (...). III – a dignidade da pessoa humana.
16. TEIXEIRA, Ana Carolina Brochado. Direito de visita dos avós. *Revista Trimestral de Direito Civil*. Rio de Janeiro, a. 3, v. 10, abr.-jun. de 2002, p. 73.
17. MORAES, Maria Celina Bodin de. *Na medida da pessoa humana*: estudos de direito civil. Rio de Janeiro: Renovar, 2010, p. 84.

i) o sujeito moral (ético) reconhece a existência dos outros como sujeitos iguais a ele; ii) merecedores do mesmo respeito à integridade psicofísica de que é titular; iii) é dotado de vontade livre, de autodeterminação; iv) é parte do grupo social, em relação ao qual tem garantia de não vir a ser marginalizado.[18]

Extraem-se desta interpretação os quatro corolários de princípios jurídicos: a igualdade, a integridade psicofísica, a liberdade e a solidariedade. Esta decomposição serve para demonstrar que em determinadas situações podem ocorrer conflitos entre os princípios; contudo, a medida de ponderação já está determinada previamente, sendo necessário seu deslocamento em favor do conceito da dignidade humana. Em termos mais específicos, pode-se afirmar que:

> O princípio da dignidade da pessoa humana impede que se admita a superposição de qualquer estrutura institucional à tutela de seus integrantes, mesmo em se tratando de instituições com *status* constitucional, como é o caso da empresa, da propriedade e da família. Assim sendo, a família deixa de ter valor intrínseco, como instituição capaz de merecer tutela jurídica pelo simples fato de existir, passando a ser valorada de maneira instrumental, protegida à medida que se constitua em um núcleo intermediário de autonomia existencial e de desenvolvimento da personalidade dos filhos, com a promoção isonômica e democrática da dignidade de seus integrantes na solidariedade constitucional.[19]

Vale relembrar que as mudanças de paradigmas que ocorreram e que continuam acontecendo no Direito de Família decorrem em muito do advento da Constituição Federal de 1988, que impôs a defesa dos componentes das entidades familiares e a prevalência dos interesses existenciais dos seus membros.

3.2 Princípio do melhor interesse da criança e do adolescente

A origem da proteção integral e do melhor interesse da criança e do adolescente vincula-se a instrumentos de direito internacional, em especial, à Convenção Internacional sobre os Direitos da Criança de 1989[20], ratificada pelo governo brasileiro por meio do Decreto 99.710, de 21 de novembro de 1990, cuidando-se de princípio vigente no ordenamento jurídico nacional em virtude do disposto no art. 5º, § 2º, da Constituição Federal de 1988.[21]

---

18. MORAES, Maria Celina Bodin de. *Na medida da pessoa humana*: estudos de direito civil. Rio de Janeiro: Renovar, 2010, p. 85.
19. TEPEDINO, Gustavo; TEIXEIRA, Ana Carolina Brochado. *Direito de Família*. Rio de Janeiro: Forense, 2020, p. 13.
20. A Convenção tutela que a criança deve ter seus interesses tratados com prioridade, pelo Estado, pela sociedade e pela família, tanto na elaboração quanto na aplicação dos direitos que lhe digam respeito, notadamente nas relações familiares, como pessoa em desenvolvimento e dotada de dignidade. (LÔBO, Paulo. *Direito Civil*: famílias. 7. ed. São Paulo: Saraiva, 2017, p. 72-73).
21. Art. 5º, CRFB/88. Todos são iguais perante a lei, sem distinção de qualquer natureza, garantindo-se aos brasileiros e aos estrangeiros residentes no País a inviolabilidade do direito à vida, à liberdade, à igualdade, à segurança e à propriedade, nos termos seguintes:
§ 2º – Os direitos e garantias expressos nesta Constituição não excluem outros decorrentes do regime e dos princípios por ela adotados, ou dos tratados internacionais em que a República Federativa do Brasil seja parte.

A Convenção Internacional sobre os Direitos da Criança de 1989 destaca, como forma de preservar o melhor interesse das crianças e adolescentes, a relevância da manutenção e continuidade dos laços da criança com a família, seja materna ou paterna[22], reconhecendo, ainda, que a família é o primeiro grupo social para o desenvolvimento de seus membros, em especial das crianças.

Como já se viu anteriormente, houve uma completa modificação de prioridades nas relações entre pais e filhos, tanto em situações de conflitos como na convivência familiar. No Código Civil de 1916, a realidade vigente era a do pátrio poder que existia em favor do genitor. Já com o advento da Constituição, a figura do pátrio poder se transforma em poder familiar, sendo que parte da doutrina utiliza o termo "autoridade parental" ou mesmo "função parental", afastando-se, nessa última hipótese, de uma noção de poder sobre outro sujeito[23]. A modificação da expressão, mais do que um avanço terminológico, traz consigo a necessidade de percepção de que, atualmente, a autoridade parental tem como foco a criança e o adolescente, estabelecendo-se, portanto, em função e no interesse do filho.

Vale destacar que além dos direitos e garantias especiais, as crianças e os adolescentes são tutelados por todos os direitos inerentes à pessoa humana, conforme o art. 3º, do Estatuto da Criança e do Adolescente. Assim, os "direitos" dos pais e responsáveis são limitados por tais princípios.[24]

Os protagonistas, na atualidade, são as crianças e os adolescentes.

O princípio do melhor interesse da criança e do adolescente encontra fundamento essencial no art. 227, da CRFB/88, que estabelece como dever da família, da sociedade e do Estado assegurar com absoluta prioridade seus direitos. A Convenção Internacional dos Direitos da Criança, em vigor no Brasil desde 1990, em seu artigo 3.1, estabelece que todas as ações relativas às crianças e aos adolescentes devem ser, primordialmente, consideradas. Além disso, deve ser garantida uma extensa proteção às crianças e adolescentes em escala mundial.[25] O princípio está disposto nos arts. 4º e 6º, do Estatuto da Criança e do Adolescente[26], tendo se tornado um novo

---

22. TEPEDINO, Gustavo. *Temas de Direito Civil*. Tomo III. Rio de Janeiro: Renovar, 2009, p. 224.
23. "Atentos à realidade do direito de família contemporâneo e comungando do entendimento de que nem a expressão 'poder familiar', muito menos 'autoridade parental' representam a melhor designação para o instituto, defendemos doutrinariamente a ideia de que o instituto seja denominado como 'função parental'. Ele não se limita à educação ou a cuidados físicos, mas se estende para proporcionar um desenvolvimento integral de todas as potencialidades das crianças e adolescentes. Assim, o poder familiar, sendo menos poder e mais dever, converteu-se em múnus, concebido como encargo legalmente atribuído a alguém, em virtude de certas circunstâncias, a que se pode negar". (ROSA, Conrado Paulino da. *Guarda compartilhada coativa*. A efetivação dos direitos da criança e adolescentes. Salvador: Editora JusPodivm, 2018, p. 47-48).
24. TEIXEIRA, Ana Carolina Brochado. Direito de visita dos avós. *Revista Trimestral de Direito Civil*. Rio de Janeiro, a. 3, v. 10, abr./jun. de 2002, p. 59-77, p. 64.
25. LÔBO, Paulo. *Direito Civil*: famílias. 7. ed. São Paulo: Saraiva, 2017, p. 74.
26. Art. 4º, ECA. É dever da família, da comunidade, da sociedade em geral e do poder público assegurar, com absoluta prioridade, a efetivação dos direitos referentes à vida, à saúde, à alimentação, à educação, ao esporte, ao lazer, à profissionalização, à cultura, à dignidade, ao respeito, à liberdade e à convivência familiar e comunitária.

marco axiológico no Direito de Família e nas questões que envolvem interesses de crianças e adolescentes.

3.3 Princípio da convivência familiar

A convivência familiar é muito mais ampla que o simples direito de visita, pois por meio dela se constitui um relevante instrumento de concretização dos princípios da solidariedade e da igualdade. O princípio ora analisado consolida a convivência entre pais e filhos quando do término do vínculo de conjugalidade até então mantido pelos genitores.

Com a aplicação da função parental, os pais devem dar continuidade ao exercício dos deveres inerentes, conforme o art. 1.632, do Código Civil[27]. Já que convivência entre pais e filhos não é interrompida, mas somente a relação conjugal entre os genitores, tem-se a manutenção do vínculo de parentalidade, independentemente do tipo de guarda. Os pais permanecem com o dever de proporcionar às crianças e adolescentes a convivência familiar, entendida como um direito dos próprios filhos: "a convivência familiar não deve ser compreendida como prerrogativa ou direito dos pais que não exercem o *múnus* da guarda, mas configura direito fundamental dos filhos, previsto pelo art. 227, da Constituição da República, e pelos arts. 16, V, e 19 do Estatuto da Criança e do Adolescente".[28] O direito à convivência familiar, assim, foi "pensado para assegurar às crianças e aos adolescentes o direito à proximidade física geradora de uma ambiência apta a propiciar a criação e manutenção de vínculos afetivos saudáveis e necessários ao seu desenvolvimento, em especial os laços familiares"[29].

Entende-se que uma das melhores formas de manter o bem-estar da criança e do adolescente se dá por meio da convivência familiar, devendo-se prezar pela sua preservação tanto com a linhagem materna e quanto com os familiares paternos; além disso, a manutenção de vínculos entre a criança/o adolescente e familiares – ainda que mais distantes – que lhe propiciem um ambiente de afeto e de cuidado, também deve ser estimulada. Nesse sentido, Pietro Perlingieri afirma que "o merecimento de tutela da família não diz respeito exclusivamente às relações de sangue, mas, sobretudo, àquelas afetivas que se traduzem em uma comunhão espiritual e de vida".[30]

Art. 6º, ECA. Na interpretação desta Lei levar-se-ão em conta os fins sociais a que ela se dirige, as exigências do bem comum, os direitos e deveres individuais e coletivos, e a condição peculiar da criança e do adolescente como pessoas em desenvolvimento.

27. Art. 1.632, CCB/2002. A separação judicial, o divórcio e a dissolução da união estável não alteram as relações entre pais e filhos senão quanto ao direito, que aos primeiros cabe, de terem em sua companhia os segundos.
28. TEPEDINO, Gustavo. *Temas de Direito Civil*. Tomo III. Rio de Janeiro: Renovar, 2009, p. 223.
29. TEIXEIRA, Ana Carolina Brochado; VIEIRA, Marcelo de Mello. Construindo o direito à convivência familiar de crianças e adolescentes no Brasil: um diálogo entre as normas constitucionais e a Lei 8.069/1990. *Civilistica.com*. Rio de Janeiro, a. 4, n. 2, 2015. Disponível em: http://civilistica.com/construindo-o-direito-a-convivencia-familiar/. Acesso em 31 jan. 2021, p. 03.
30. PERLINGIERI, Pietro. *Perfis de Direito Civil*. Trad. Maria Cristina de Cicco. 3. ed. rev. e ampl. Rio de Janeiro: Renovar, 1997, p. 244.

Alinha-se tal entendimento ao próprio conceito da convivência familiar, entendida como "a relação afetiva diuturna e duradoura entretecida pelas pessoas que compõem o grupo familiar, em virtude de laços de parentesco ou não, no ambiente comum.[31] Nesse sentido, a Convenção dos Direitos da Criança de 1989, em seu art. 9.3, determina que a criança tem direito de manter com regularidade contato direto com ambos, no caso de pais separados, a menos que isso venha a ser contrário ao interesse maior da criança. A convivência familiar com os avós é um direito inquestionável das crianças e adolescentes, especialmente considerando que o convívio atende às necessidades afetivas, como ser social[32], devendo ser preservado pelo Direito.

3.4 Princípio da solidariedade familiar

O princípio jurídico da solidariedade é consequência da superação do individualismo jurídico, modo de viver e de pensar a sociedade a partir do domínio dos interesses individuais – modelo que marcou os primeiros séculos da modernidade, que se refletem até os dias de hoje.[33] Atualmente, porém, almeja-se o equilíbrio entre os espaços públicos e privados e a interação entre os sujeitos, de modo que o princípio da solidariedade é essencial para que isso se efetue.

A Constituição Federal de 1988, ao estatuir os objetivos da República no art. 3º, incisos I[34] e III[35], estabelece, entre outros fins, a construção de uma sociedade livre, justa e solidária. Indica como finalidade, ainda, a erradicação da pobreza e da marginalização social e a redução das desigualdades sociais e regionais. A expressa referência à solidariedade estabelece no ordenamento jurídico brasileiro um princípio inovador, que deve ser considerado tanto na elaboração da legislação ordinária e na execução de medidas públicas, mas, principalmente, nos momentos de interpretação e aplicação do direito.[36] O princípio da solidariedade também está incluso entre os princípios a serem observados pela Convenção Internacional sobre os Direitos da Criança e que está reproduzido no art. 4º, do Estatuto da Criança e do Adolescente.

---

31. LÔBO, Paulo. *Direito Civil*: famílias. 7. ed. São Paulo: Saraiva, 2017, p. 71.
32. Nesse sentido, Ana Carolina Brochado Teixeira e Anna Cristina de Carvalho Rettore destacam: "(...) o direito à convivência familiar é relevante na medida em que a convivência com outras pessoas, para além da família nuclear, influencia diretamente a formação da criança – o que justifica a inserção do instituto da família extensa no mundo jurídico. A convivência intergeracional e a transmissão da experiência vivida constituem inegáveis benefícios que repercutem no fortalecimento dos vínculos entre as gerações". (TEIXEIRA, Ana Carolina Brochado; RETTORE, Anna Cristina de Carvalho. Os reflexos do conceito de família extensa no direito de convivência e no direito de visitas. *Civilistica.com*. Rio de Janeiro, a. 6, n. 2, 2017. Disponível em: http://civilistica.com/os-reflexos-do-conceito-de-familia-extensa/. Acesso em 31 jan. 2021. p. 12).
33. LÔBO, Paulo. *Direito Civil*: famílias. 7. ed. São Paulo: Saraiva, 2017, p. 56.
34. Art. 3º, CRFB/88. Constituem objetivos fundamentais da República Federativa do Brasil: (...). III – erradicar a pobreza e a marginalização e reduzir as desigualdades sociais e regionais.
35. Art. 3º, CRFB/88. Constituem objetivos fundamentais da República Federativa do Brasil: I – construir uma sociedade livre, justa e solidária.
36. MORAES, Maria Celina Bodin de. *Na medida da pessoa humana*: estudos de direito civil. Rio de Janeiro: Renovar, 2010, p. 239 e ss.

No Código Civil Brasileiro, a solidariedade familiar em algumas de suas formas pode ser percebida expressamente na redação do artigo 1.511[37], quando afirma importar o casamento na "comunhão plena de vida". Na ausência da comunhão plena de vida, desaparece a *ratio* de qualquer associação familiar ou afetiva. O princípio da solidariedade é essencial em todas as relações referidas, porque esses vínculos só podem existir e desenvolver em ambiente recíproco de compreensão e cooperação.[38]

O princípio ora analisado considera que o homem não existe: ele coexiste. Ainda, entende o sujeito como um ser social, de modo que "somente se pode pensar o indivíduo como inserido na sociedade, isto é, como parte de um tecido social mais ou menos coeso em que a interdependência é a regra e, portanto, a abertura em direção ao outro, uma necessidade".[39]

Existem várias formas de solidariedade em um núcleo familiar, cabendo avaliar especificamente as relações de solidariedade estabelecidas com os avós. Os Tribunais brasileiros, antes da promulgação da Lei 12.398, de 28 de março de 2011 – que acrescentou o parágrafo único ao art. 1.589, do CCB/88, para estender aos avós o direito de visita aos netos – já com fundamento explícito ou implícito no princípio da solidariedade asseguravam aos avós, aos tios, aos ex-companheiros homossexuais, aos padrastos e madrastas, o direito de visita (ou, melhor, de convivência) de referidos sujeitos com as crianças e os adolescentes. A justificativa para tal entendimento situava-se na necessidade de manutenção dos laços de parentesco e das relações construídas durante a vigência da sociedade conjugal.[40]

3.5 Princípio jurídico da afetividade

O princípio jurídico da afetividade "fundamenta o direito de família na estabilidade das relações socioafetivas e na comunhão de vida, com primazia sobre as considerações de caráter patrimonial ou biológico".[41] Na verdade, este princípio emerge com os valores consagrados na Constituição de 1988 e que resultou nas grandes transformações pelas quais passou o Direito de Família brasileiro nas últimas décadas do século XX, momento em que "realidade e percepção da realidade se tornam para o direito de família indispensáveis para a superação de paradigmas formalistas e patrimonialistas".[42] Estas mudanças refletem-se na doutrina e na jurisprudência dos Tribunais.

---

37. Art. 1.511, CCB/2002. O casamento estabelece comunhão plena de vida, com base na igualdade de direitos e deveres dos cônjuges.
38. MADALENO, Rolf. *Curso de direito de família*. Rio de Janeiro: Forense, 2009, p. 63.
39. MORAES, Maria Celina Bodin de. *Na medida da pessoa humana*: estudos de direito civil. Rio de Janeiro: Renovar, 2010, p. 241.
40. LÔBO, Paulo. *Direito Civil*: famílias. 7. ed. São Paulo: Saraiva, 2017, p. 57-58.
41. LÔBO, Paulo. *Direito Civil*: famílias. 7. ed. São Paulo: Saraiva, 2017, p. 68.
42. TEPEDINO, Gustavo; TEIXEIRA, Ana Carolina Brochado. *Direito de Família*. Rio de Janeiro: Forense, 2020, p. 28.

O princípio da afetividade jurídica não se confunde com o afeto, como fato psicológico ou anímico – o afeto decorre da liberdade que todo indivíduo deve ter de afeiçoar-se um ao outro.[43] O princípio da afetividade "é dever imposto aos pais em relação aos filhos e destes em relação àqueles, ainda que haja desamor ou desafeição entre eles. O princípio jurídico da afetividade entre pais e filhos apenas deixa de incidir com o falecimento de um dos sujeitos ou se houver perda da autoridade parental";[44] nas relações conjugais, "o afeto é entendido como o fator que une as pessoas com o objetivo de constituição de família".[45]

No âmbito familiar, o princípio da afetividade é composto pelos princípios da dignidade da pessoa humana (art. 1º, III, CRFB/88), da solidariedade (art. 3º, III, CRFB/88) entrelaçando-se com "os princípios da convivência familiar e da igualdade entre cônjuges, companheiros e filhos, que ressaltam a natureza cultural e não exclusivamente biológica da família.[46] Os familiares "são os principais e primeiros centros de afetividade para a criança e o adolescente".[47] No entanto:

> (...) há de se cuidar para que não se banalizem os sentimentos e o afeto, submetidos à percepção valorativa de cada magistrado ou, piro, às pretensões egoístas e patrimonialistas de protagonistas de conflitos de interesses. E o melhor antídoto para tais riscos mostra-se o balizamento do merecimento de tutela das relações afetivas pelos valores normativos constitucionais (democracia, igualdade, solidariedade, dignidade) que permeiam toda a legislação infraconstitucional.
>
> É especialmente relevante delimitar a natureza jurídica do afeto a fim de que se estabeleça firmemente que o direito de família não está a tratar de sentimentos e que, por isso, o afeto não é um direito. Não obstante tais sentimentos sejam a mola propulsora dos comportamentos tutelados pelo ordenamento, a sua existência ou ausência não deve ser perquirida pelo intérprete, mas sim as condutas objetivamente verificáveis, solidárias e responsáveis, propulsora de direitos e deveres decorrentes do afeto. Este só se torna juridicamente relevante quando externado pelos membros das entidades familiares por meio de condutas objetivas visualizadas na convivência familiar – tal qual a posse de estado –, e, por isso, condicionam comportamentos e expectativas recíprocas e, consequentemente, o desenvolvimento da personalidade dos integrantes da família.[48]

---

43. "De todo modo, a importância do afeto é inegável, na medida em que ultrapassa os confins do sentimento para se tornar comportamento; ou seja, desde que saia dos limites da intimidade familiar para dar publicidade à qualidade da convivência familiar. Mas isso pode ou não acontecer, uma vez que não se trata de comportamento exigível. Por isso, repita-se, não há direito ou dever de afeto, mas a valorização das manifestações exteriores – condutas e comportamentos – que traduzam a existência do afeto em determinadas relações". (TEPEDINO, Gustavo; TEIXEIRA, Ana Carolina Brochado. *Direito de Família*. Rio de Janeiro: Forense, 2020, p. 29).
44. LÔBO, Paulo. *Direito Civil*: famílias. 7. ed. São Paulo: Saraiva, 2017, p. 69.
45. MADALENO, Ana Carolina Carpes; MADALENO, Rolf. *Alienação parental*. Importância da detecção. Aspectos legais e processuais. 7. ed. rev. e atual. Rio de Janeiro: Forense, 2021, p. 13.
46. LÔBO, Paulo. *Direito Civil*: famílias. 7. ed. São Paulo: Saraiva, 2017, p. 68-69.
47. TEIXEIRA, Ana Carolina Brochado. Direito de visita dos avós. *Revista Trimestral de Direito Civil*. Rio de Janeiro, a. 3, v. 10, abr.-jun. de 2002, p. 66.
48. TEPEDINO, Gustavo; TEIXEIRA, Ana Carolina Brochado. *Direito de Família*. Rio de Janeiro: Forense, 2020, p. 28.

Vale destacar que a importância do afeto nas relações familiares projeta-se sobre a igualdade entre filhos (art. 1.596, CCB/2002)[49], na maternidade e paternidade socioafetivas e nos vínculos de adoção, uma vez que o ordenamento jurídico consagra esse valor ao admitir outra origem de filiação distinta da consanguínea (art. 1.593, CCB/2002)[50], na inseminação artificial heteróloga (art. 1.597, V, CCB/2002).[51]

4. DIREITOS DOS AVÓS

A família composta por um dos avós e seus netos é denominada de "família monoparental", que tem sua natureza inicial de família constituída por um dos pais e seus descendentes; contudo, a expressão é a mesma para a relação de quando um tio ou um dos avós passa a conviver com os sobrinhos ou netos.[52]

Especificamente em relação ao vínculo entre avós e netos, tem-se a inquestionável importância dos ascendentes na vida de seus descendentes, contribuindo definitivamente para a formação e para o desenvolvimento da personalidade e da integridade psicofísica das crianças e adolescentes que com eles convivem. Na maioria dos casos, na memória afetiva das pessoas, as figuras dos avós significam lembranças de carinho e apoio. No senso comum, afirma-se que "os avós são pais duas vezes", ou que "é uma delícia, pois é como se pais fossem, sem as responsabilidades deles". Entretanto, fato é que o vínculo avoengo é composto por direitos e por deveres, cabendo analisar quais são as responsabilidades vinculadas ao exercício de tais direitos e à observância dos deveres.

Os direitos dos avós em relação aos seus netos compreendem o direito de visita e de convivência. O reconhecimento do direito de visitas entre avós e netos teve como marco inicial sentença da Corte de Cassação Francesa, de 8 de julho de 1857. O fundamento utilizado na decisão foi no sentido da "existência da reciprocidade de interesses e laços entre os ascendentes e descendentes, é de direitos e deveres".[53] A partir de então, diferentes gradações de referido direito passaram a ser verificadas.

Primeiramente, o direito de convivência foi aplicado com a possibilidade restrita das visitas ocorrerem na casa do genitor guardião; gradualmente foi sendo estendido para: a) a possibilidade de os avós receberem seus netos em sua casa; b) as visitas da criança ou do adolescente ao beneficiário se estenderem por vários dias; c) viabili-

---

49. Art. 1.596, CCB/2002. Os filhos, havidos ou não da relação de casamento, ou por adoção, terão os mesmos direitos e qualificações, proibidas quaisquer designações discriminatórias relativas à filiação.
50. Art. 1.593, CCB/2002. O parentesco é natural ou civil, conforme resulte de consanguinidade ou outra origem.
51. Art. 1.597, CCB/2002. Presumem-se concebidos na constância do casamento os filhos: (...). V – havidos por inseminação artificial heteróloga, desde que tenha prévia autorização do marido.
52. "Em 1988 reconhece-se a família monoparental, como tal formada por um dos progenitores, ou alguém com vínculo paterno-afetivo, e a prole". (CARDOSO, Simone Tassinari. Do Contrato parental à socioafetividade. In: ARONNE, Ricardo (Org.). *Estudos de Direito Civil-Constitucional*. Porto Alegre: Livraria do Advogado Editora, 2004, p. 94).
53. TEIXEIRA, Ana Carolina Brochado. Direito de visita dos avós. In: *Revista Trimestral de Direito Civil*. Rio de Janeiro, a. 3, v. 10, abr./jun. de 2002, p. 68.

dade de exercício normal de visitas; d) a impossibilidade dos genitores impedirem, sem justa causa, as relações pessoais entre o filho e os outros parentes – regra geral reconhecendo aos avós e aos netos o direito à convivência familiar; por fim, e) o reconhecimento de que o direito de convivência dos avós é em muito semelhante ao dos pais – consistindo em visitas, *stricto sensu,* ou comunicação telefônica até mesmo tendo dias ou parte das férias dos netos.[54]

No ordenamento jurídico brasileiro não havia regulamentação expressa sobre a matéria até o advento da Lei 12.398, de 28 de março de 2011.[55] Contudo, como já referido alhures, mesmo antes da superveniência da legislação específica, a doutrina e a jurisprudência realizavam interpretação extensiva aos avós quanto ao direito de visitas e convivência, caso fosse no melhor interesse da criança e do adolescente. O fundamento utilizado era de que além da importância para o desenvolvimento psicofísico dos netos e da relevância da relação de afeto, o direito de convivência avoengo representaria "uma contrapartida das obrigações, oriundas do parentesco, determinadas aos avós"[56] pelo Código Civil Brasileiro em seu artigo 1.696.[57] Mencionado dispositivo estabelece, subsidiariamente, a obrigação dos alimentos dos avós, conforme o binômio necessidade/possibilidade, no caso dos pais não estarem aptos a arcar com o sustento dos filhos. Vale destacar que quem tem tinha o ônus (vincu-

---

54. Análise comparada efetuada pela autora sobre o nível dos direitos de visita dos avós aos netos em outros países continentais europeu e o Estados Unidos. No estudo de Ana Carolina Brochado Teixeira: a) Portugal: no Código Civil Português, aprovado pelo Decreto-Lei 47.344, datado de 15.11.1966, semelhante ao sistema francês, em 31.08.1995, aditado pela Lei 84, n. 1887-A "*Os pais não podem injustificadamente privar os filhos do convívio com os irmãos e ascendentes*"; b) O Direito Espanhol tem o mesmo entendimento, a jurisprudência foi o berço do direito à convivência familiar, com evolução dos anos de 1939 a 1994; c) No Direito italiano o direito à convivência familiar dos avós e netos não é regulada, em 17 de outubro de 1957, a *Corte Cassazione* negou a existência desse direito, já em 24 de fevereiro de 1981, que o genitor não pode negar a convivência do menor com parentes próximos como os avós; d) Na Bélgica esse direito não se encontra positivado; e) No Direito Alemão caminha em sentido contrário, a partir da sentença de 31 de maio de 1921, os avós não tem esse direito reconhecido de conviver com seus netos, contudo, esse entendimento recebe críticas da doutrina, que entende ser possível tal direito, inclusive fundamentar em conceito de família § 6º da Constituição Alemã; f) No Direito dos Estados Unidos todos os seus estados reconhecem as *visitation rights* dos avós, decorrente do Princípio do *Best of the children*. (TEIXEIRA, Ana Carolina Brochado. Direito de visita dos avós. In: *Revista Trimestral de Direito Civil*. Rio de Janeiro, a. 3, v. 10, abr./jun. de 2002, p. 68 e ss.).
55. No ponto, cabe destacar que "não obstante a alteração legislativa trazida pela lei 12.398/11 se refira apenas aos avós, sendo a ratio normativa a tutela do menor, é possível *estender as prerrogativas ali estabelecidas a outros parentes com os quais a criança tenha uma convivência familiar significativa, pelo fato de eles comporem a família extensa*. É possível concluir, portanto, que o ordenamento jurídico brasileiro – visto por uma perspectiva sistemática, como não pode deixar de ser – garante, ainda que implicitamente, direito de convivência a todos os membros da família extensa, isto é, a todos os parentes próximos da criança, principalmente se já estabelecidos vínculos de afetividade". (TEIXEIRA, Ana Carolina Brochado; RETTORE, Anna Cristina de Carvalho. Os reflexos do conceito de família extensa no direito de convivência e no direito de visitas. Civilistica.com. Rio de Janeiro, a. 6, n. 2, 2017. Disponível em: http://civilistica.com/os-reflexos-do-conceito-de-familia-extensa/. Acesso em 31 jan. 2021. p. 15-16).
56. TEIXEIRA, Ana Carolina Brochado. Direito de visita dos avós. In: *Revista Trimestral de Direito Civil*. Rio de Janeiro, a. 3, v. 10, abr.-jun. de 2002, p. 70.
57. Art. 1.696, CCB/2002. O direito à prestação de alimentos é recíproco entre pais e filhos, e extensivo a todos os ascendentes, recaindo a obrigação nos mais próximos em grau, uns em falta de outro.

lado à obrigação de prestar alimentos), até a publicação da Lei 12.398 não possuía o bônus (relacionado ao exercício de direito de convivência).[58]

A doutrina brasileira, anteriormente à Lei 12.398, de 2011, já possuía entendimento no sentido que veio a ser consagrado pela legislação. A título exemplificativo, Gustavo Tepedino afirmava:

> A possibilidade de convivência familiar, assim compreendida, não se esgota na relação entre pais e filhos. Em razão de seu fundamento solidarista, estende-se a outros parentes, desde que de modo consentâneo com o princípio do melhor interesse da criança e do adolescente, na medida em que a integração familiar possibilita o desenvolvimento do menor e sua inserção social. A singularidade da criança como pessoa em desenvolvimento só pode ser suficientemente tutelada por meio da convivência com os pais e os demais familiares.[59]

No mesmo sentido, Tânia da Silva Pereira:

> Discute-se hoje, nos tribunais, o direito de visita dos avós, dentro de um contexto maior de fortalecimento das relações familiares, na solidariedade que deve existir entre seus membros. Não há lei que conceda o direito em questão de modo expresso; contudo, já é amplamente reconhecido em nossa sistemática jurídica, existindo várias decisões neste sentido, nas quais, aliás, os julgadores se utilizam do Direito Natural como fundamento.[60]

A doutrina, ainda na mesma linha, destacava a necessidade de se assegurar o direito de convivência de parentes, conferindo prioridade ao direito de convivência dos avós "dentro de um contexto maior de fortalecimento das relações familiares, na solidariedade que deve existir entre seus membros".[61] Outro argumento doutrinário para que fosse possível a convivência familiar era de que o término do relacionamento conjugal não romperia o vínculo de afinidade (e, obviamente, o parentesco entre avós e netos), sendo viável o reconhecimento do direito de visita dos avós aos netos.[62-63]

---

58. Cabe destacar que o exercício do direito de visitas – ou, mais adequadamente, de convivência – entre os avós e os netos não depende da prestação alimentícia. Nesse sentido, Renata Vilela Multedo destaca: "Uma vez que se tornou corriqueiro falar em direito de visita dos avós, faz-se ainda necessário refletir sobre a interpretação equivocada desse direito, como se ele fosse um direito em contrapartida ao dever subsidiário de alimentos, o que se opõe a todos os princípios que regem a doutrina da proteção integral. E, mais grave, essa ideia – sustentada muitas vezes em iniciais propostas por avós que pleiteiam o direito de visitação – poderia disseminar a falsa crença de que a obrigação subsidiária de prestar alimentos, disposta pelo legislador de 2002, poderia ter, como contrapartida, o direito de visitação dos avós. A interpretação é claramente equivocada, uma vez que o direito à convivência familiar é essencialmente existencial e ligado à proteção e ao desenvolvimento da criança e do adolescente". (MULTEDO, Renata Vilela. *Liberdade e família*. Limites para a intervenção do Estado nas relações conjugais e parentais. Rio de Janeiro: Processo, 2017, p. 164-165).
59. TEPEDINO, Gustavo. *Temas de Direito Civil*. Tomo III. Rio de Janeiro: Renovar, 2009, p. 224.
60. PEREIRA, Tânia da Silva. *Direito da Criança e do Adolescente*: uma proposta interdisciplinar. Rio de Janeiro: Renovar, 2008, p. 159.
61. PEREIRA, Tânia da Silva. *Direito da Criança e do Adolescente*: uma proposta interdisciplinar. Rio de Janeiro: Renovar, 2008, p. 285.
62. DIAS, Maria Berenice. *Manual de direito das famílias*. 11. ed. rev., atual. e ampl. São Paulo: Editora Revista dos Tribunais, 2016, p. 380.
63. Interessante destacar o entendimento de Maria Goreth Macedo Valadares e Isadora Costa Ferreira no sentido da importância de que a criança mantenha "os vínculos e a convivência com seus avós, que são figuras também responsáveis pelo desenvolvimento e crescimento de seus netos, mesmo diante de uma adoção unilateral". (VALADARES, Maria Goreth Macedo; FERREIRA, Isadora Costa. Multiparentalidade: uma

Atualmente, a jurisprudência reconhece expressamente o direito das crianças e dos adolescentes à convivência com os avós quando tal convívio não trouxer prejuízos ao seu desenvolvimento. O ponto de maior questionamento vincula-se com a definição da periodicidade e do modo pelo qual tal convívio será realizado, tratando-se de estipulação a ser realizada considerando as peculiaridades do caso (como idade da criança/do adolescente, idade dos avós, local em que cada uma das partes reside, disponibilidade para fins de realização das visitas, necessidade ou não de acompanhamento dos períodos de convivência, nível de animosidade entre as partes etc.):

Ação De Regulamentação De Visitas Avoengas – Ação julgada procedente com a fixação de regime de visitas em favor dos avós paternos – Insurgência da genitora – Prova pericial que recomenda a manutenção dos vínculos com os avós – Art. 1.589, parágrafo único, do CPC prevê as visitas avoengas – Ausência de motivos que justifiquem a proibição das visitas – Visitas fixadas em finais de semana alternados, sem pernoite, no período das 9h às 18h, do sábado e do domingo – Sentença mantida – Recurso desprovido.[64]

Apelação cível. Ação de regulamentação de visitas avoengas. Desconstituição da sentença para reabertura da fase instrutória. Descabimento. Cerceamento de defesa. Inocorrência. Estipulação de visitas livres, a serem combinadas entre as partes. Inadequação, no caso. 1. Considerando que, intimada a recorrente para manifestar interesse na produção de provas, nada requereu, sendo descabida a pretensão de desconstituição da sentença para reabertura da fase instrutória e realização de avaliação psicológica, não havendo que se falar, portanto, em cerceamento de defesa a ser reconhecido. 2. Todas as crianças e adolescentes têm direito a serem criados e educados no seio da sua família, no que se insere a convivência com os avós, devendo ser assegurada, na medida do possível, a preservação e o fortalecimento de vínculos afetivos saudáveis. 3. No caso, a despeito da animosidade havida entre as partes (genitora do infante e avó paterna), não foi apurada qualquer situação que pudesse contraindicar o convívio da avó com o neto, com o que deve ser mantida a procedência do pedido de regulamentação das visitas. 4. Contudo, o estabelecimento de visitas livres, mediante prévia combinação das partes, não se afigura ajustado, diante da desinteligência e do distanciamento familiar, sendo adequado, neste momento, estabelecer que as visitas avoengas ocorram quinzenalmente, aos sábados, das 14h às 18h, com acompanhamento de pessoa de confiança da criança e na cidade de seu domicílio, sem prejuízo de ampliação em caso de consenso, em atenção aos interesses do infante, que devem ser prioritariamente resguardados. APELO PARCIALMENTE PROVIDO.[65]

Agravo de instrumento. Ação de regulamentação de visitas avoengas. Revisão do regime estipulado na origem. Cabimento, em extensão diversa da pretendida. 1. Toda criança ou adolescente tem direito a ser criado e educado no seio da sua família, no que se insere a convivência com os avós, devendo ser assegurada, na medida do possível, a preservação de vínculos afetivos saudáveis, especialmente no caso dos autos, em que falecido o genitor da infante. 2. Contudo, o recente nascimento do irmão representa motivo mais do que plausível para que a menina passe a apresentar certa resistência em acompanhar os avós paternos no período da visitação, ocorrência que, no entanto, não justifica a restrição das visitas na extensão pretendida, de exclusão de

---

forma de respeito à convivência avoenga nas adoções unilaterais. *Revista Brasileira de Direito Civil*, v. 8, Rio de Janeiro, abr./jun. 2016, p. 87).
64. TRIBUNAL DE JUSTIÇA DO ESTADO DE SÃO PAULO, Apelação Cível 1000490-32.2018.8.26.0565, 6ª Câmara de Direito Privado, Relator Desembargador Costa Netto, data do julgamento: 29.01.2021, data de registro: 29.01.2021.
65. TRIBUNAL DE JUSTIÇA DO ESTADO DO RIO GRANDE DO SUL, Apelação Cível 70083235606, Oitava Câmara Cível, Relator Desembargador Ricardo Moreira Lins Pastl, julgado em 16.12.2019.

pernoites. 3. Em atenção aos interesses da neta, que devem ser prioritariamente resguardados, é razoável estabelecer que as visitas avoengas ocorram apenas no segundo final de semana de cada mês (e não em finais de semana alternados, como estipulado na origem), sem prejuízo, no entanto, de posterior ampliação, a depender do consenso e do bom senso dos envolvidos. AGRAVO DE INSTRUMENTO PARCIALMENTE PROVIMENTO.[66]

AGRAVO DE INSTRUMENTO. Regulamentação de visitas. Insurgência contra decisão que deferiu tutela provisória de urgência para prestigiar o direito de visitas das crianças pelos avós paternos (após o falecimento do genitor dos infantes). Triste cenário de animosidade entre avós e genitora, cumulado com troca de acusações, que autoriza modificar a periodicidade das visitas de "QUINZENAL" para "MENSAL". Minoração de risco ao desenvolvimento das crianças que se impõe - Sem prejuízo de entendimento em sentido diverso após estudo psicossocial e/ou cognição exauriente. Adoção parcial do art. 252 do RITJ. RECURSO PARCIALMENTE PROVIDO COM DETERMINAÇÃO (Apuração da acusação de contaminação por covid-19, supostamente perpetrada entre parentes NA FRENTE DOS MENORES).[67]

É possível questionar, no entanto, como se dá a compatibilização de tal direito dos avós na hipótese de o convívio com os netos ser rechaçado por ambos os genitores. Ou seja, como compatibilizar o direito dos avós de convívio com seus netos quando "ambos os pais se posicionam de comum acordo no sentido de que ela não é benéfica para seu filho".[68] Em tal circunstância, como bem pontuado por Renata Vilela Multedo, estando os pais em consenso e no exercício da função parental, deve-se dar maior importância ao entendimento dos genitores, prevalecendo sobre o intervencionismo legal. Consequentemente, "resta, portanto, aos avós o ônus da prova de desqualificar o motivo pelo qual ambos os pais de seu neto compreendem como nociva a convivência com os avós"[69].

Assim, pode-se constatar a vigência do entendimento segundo o qual é possível a extensão do direito de visita e de convivência aos avós em relação aos seus netos. Tal direito corresponde à solidificação de um direito das crianças e adolescentes na medida em que se prioriza seus melhores interesses. A jurisprudência também acompanhou a doutrina e dessa forma foi solidificando o mesmo entendimento, conforme se observou nas decisões exemplificadas anteriormente, possibilitando com isso a concretização dos princípios e valores extraídos da Constituição Federal de 1988.

5. DEVERES DOS AVÓS

Após a análise dos direitos dos avós, passa-se ao estudo sobre os deveres que lhes são atribuídos. Como já referido, a obrigação alimentar insere-se no contexto de

---

66. TRIBUNAL DE JUSTIÇA DO ESTADO DO RIO GRANDE DO SUL, Agravo de Instrumento 70083471094, Oitava Câmara Cível, Relator Desembargador Ricardo Moreira Lins Pastl, julgado em 14.08.2020.
67. TRIBUNAL DE JUSTIÇA DO ESTADO DE SÃO PAULO, Agravo de Instrumento 2180418-30.2022.8.26.0000, 10ª Câmara de Direito Privado, Relator Desembargador Jair de Souza, data do julgamento: 27.09.2022, data de registro: 27.09.2022.
68. MULTEDO, Renata Vilela. *Liberdade e família*. Limites para a intervenção do Estado nas relações conjugais e parentais. Rio de Janeiro: Processo, 2017, p. 166.
69. MULTEDO, Renata Vilela. *Liberdade e família*. Limites para a intervenção do Estado nas relações conjugais e parentais. Rio de Janeiro: Processo, 2017, p. 169-170.

deveres vinculados à posição dos avós em relação aos netos, correspondendo a "uma das finalidades da perfeita identificação dos vínculos de parentesco"[70] e se vinculando não apenas a garantir direitos, mas também atribuir obrigações.[71]

O art. 1698, do CCB/2002, determina ser recíproco o direito de alimentar entre pais e filhos e extensivo a todos os ascendentes, recaindo a obrigação nos mais próximos em grau:

> Para que os filhos possam reclamar alimentos dos avós, seria em princípio, necessário que faltassem os pais, ou que estes estivessem impossibilitados de cumprirem com a sua obrigação. Os avós também podem ser chamados para completarem a necessidade de alimentar dos netos, sendo recíproco o direito de alimentar, apenas que, que de acordo com o Estatuto do Idoso, incide o dever de solidariedade os alimentos, no caso de os avós pedirem alimentos para os netos[72].

O fundamento desta obrigação deriva do princípio da solidariedade familiar, "diante da necessidade das pessoas ligadas entre si por laços de parentesco, conforme a ordem vocatória parental, concorrem para atender aos componentes da unidade familiar".[73] Para Caio Mario da Silva Pereira, no momento em que restar demonstrada a insuficiência de recursos dos genitores, caberá aos avós a responsabilidade de prestar alimentos aos netos, tanto de forma complementar como sucessiva.[74] Nesse mesmo sentido, Gustavo Tepedino e Ana Carolina Brochado Teixeira lecionam:

> A sucessividade evita que se deduza arbitrariamente pretensão judicial alimentar contra os avós. Afinal, o dever de alimentos recai precedentemente sobre os pais, principalmente quando os filhos ainda são menores, como consequência da autoridade parental, conforme dispõe o art. 229, C. R., em cujo conteúdo se insere o dever de assistência. Nessa perspectiva, a responsabilidade dos avós de prestar alimentos ao neto surge somente quando os genitores não têm condições de suprir as necessidades do menor[75].

Maria Aracy Menezes da Costa, por sua vez, afirma que os alimentos avoengos, diversamente da obrigação parental, limitam-se aos alimentos naturais;[76] além disso, prossegue mencionando que:

---

70. DIAS, Maria Berenice. *Manual de direito das famílias*. 11. ed. rev., atual. e ampl. São Paulo: Editora Revista dos Tribunais, 2016, p. 380.
71. DIAS, Maria Berenice. *Manual de direito das famílias*. 11. ed. rev., atual. e ampl. São Paulo: Editora Revista dos Tribunais, 2016, p. 380.
72. MADALENO, Rolf. O filho do avô. In: HIRONAKA, Giselda Maria Fernandes Novas (Coord.). *A outra face do poder judiciário*: decisões inovadoras e mudanças de paradigmas. v. 2. Belo Horizonte: Del Rey, 2007, p. 231.
73. MADALENO, Rolf. O filho do avô. In: HIRONAKA, Giselda Maria Fernandes Novas (Coord.). *A outra face do poder judiciário*: decisões inovadoras e mudanças de paradigmas. v. 2. Belo Horizonte: Del Rey, 2007, p. 407.
74. PEREIRA, Caio Mário da Silva. *Instituições de Direito Civil*. Direito de Família. v. 5. 18ed. rev. e atual. por Tânia da Silva Pereira. Rio de Janeiro: Forense, 2010, p. 542.
75. TEPEDINO, Gustavo; TEIXEIRA, Ana Carolina Brochado. *Direito de Família*. Rio de Janeiro: Forense, 2020, p. 363.
76. No mesmo sentido: "Tendo em vista que os avós não têm o dever de sustento, a obrigação alimentar limita-se aos alimentos naturais, evitando-se assim pleitos abusivos. A responsabilidade imputada aos pais é qualitativa e quantitativamente maior do que a responsabilidade dos avós. O dever de assistência entre parentes tem,

não consta nem da Constituição nem do ordenamento civil brasileiro a determinação de que os avós tenham idêntica obrigação dos pais; pelo contrário, os elementos analisados demonstram a clara distinção entre responsabilidades, que não são apontadas adequadamente pela doutrina, nem observadas a contento pelo Judiciário [....] A responsabilidade parental vem sendo estendida indiscriminadamente aos avós de forma ilegítima e ilegal, e os motivos dessa reincidência são preocupantes e inexplicáveis.[77]

Em 08 de outubro de 2017 foi divulgada a Súmula 596, do Superior Tribunal de Justiça, de acordo com a qual "a obrigação alimentar dos avós tem natureza complementar e subsidiária, somente se configurando no caso de impossibilidade total ou parcial de seu cumprimento pelos pais". Antes disso, o STJ já aplicava o entendimento no sentido da possibilidade de transferência da responsabilidade pelo adimplemento de alimentos pelos avós quando os genitores não dispusessem de meios para promover as necessidades básicas dos filhos. Em decisão proferida em 24 de novembro de 2015, quando do julgamento do Recurso Especial 1.415.753/MS, a Terceira Turma do STJ expressamente consignou a "necessidade de demonstração da impossibilidade de os dois genitores proverem os alimentos de seus filhos" para que fosse possível a responsabilização dos avós pelo adimplemento da obrigação alimentar.[78] Tal entendimento foi reforçado em julgamentos posteriores realizados pela Corte, sendo exemplos o Agravo Interno no Agravo em Recurso Especial 1.223.379/BA, julgado pela Quarta Turma do STJ em 26.06.2018, e o Agravo Interno no Agravo em Recurso Especial 2.047.200/AL, também julgado pela Quarta Turma em 13.02.2023.

Ainda no que se refere à obrigação alimentar avoenga, muito se discute sobre os reflexos processuais do reconhecimento de tal encargo. Isso porque o art. 1.698, do Código Civil, estabelece que "se o parente, que deve alimentos em primeiro lugar, não estiver em condições de suportar totalmente o encargo, serão chamados a concorrer os de grau imediato; sendo várias as pessoas obrigadas a prestar alimentos, todas devem concorrer na proporção dos respectivos recursos, e, intentada ação contra uma delas, poderão as demais ser chamadas a integrar a lide". A partir de tal disposição, questiona-se se haveria a necessidade de formação de um litisconsórcio passivo necessário entre todos os avós (maternos e paternos).

De acordo com Gustavo Tepedino e Ana Carolina Brochado Teixeira, a possibilidade ou não de inclusão de todos os avós no polo passivo de uma demanda alimentar corresponderia a direito potestativo do neto, que teria a "faculdade de escolher

---

portanto, amplitude mais reduzida, que deve ser compatibilizada com a solidariedade familiar. Assim, a forma de garantir a subsistência dos netos é a fixação de alimentos naturais. Já os alimentos civis, que têm por escopo a garantia do padrão de vida antes desfrutado, extrapolam os limites de exigibilidade jurídica, mesmo porque a condição social dos filhos é a de seus pais, não a dos avós". (TEPEDINO, Gustavo; TEIXEIRA, Ana Carolina Brochado. *Direito de Família*. Rio de Janeiro: Forense, 2020, p. 364).

77. COSTA, Aracy Menezes da. *Os limites da obrigação alimentar dos avós*. Porto Alegre: Livraria do Advogado, 2011, p. 160.
78. SUPERIOR TRIBUNAL DE JUSTIÇA, REsp 1415753/MS, Relator Ministro Paulo de Tarso Sanseverino, Terceira Turma, julgado em 24.11.2015, DJe 27.11.2015.

contra quem propor o pedido de alimentos complementares".[79] Consequentemente, proposta a ação somente contra os avós paternos, por exemplo, não caberia ao juiz proceder, de ofício, à inclusão dos avós maternos; no entanto, "poderá o demandado chamar os demais avós, caso não queira suportar sozinho o encargo, uma vez que a obrigação é de todos do mesmo grau. Assim, caso o réu citado entenda necessária a ampliação do polo subjetivo passivo da lide, o juiz deve acatar o pleito"[80]. Haveria, por conseguinte, a formação de um litisconsórcio necessário a partir "dessa escolha exteriorizada no processo uma vez que não há a obrigatoriedade inicial da inclusão de todos os avós".[81]

Apesar de tal entendimento ser encampado em diversas decisões judiciais – as quais destacam que haveria a formação de um litisconsórcio passivo necessário entre todos os avós daquele que pleiteia os alimentos[82] –, Daniel Ustárroz destaca que a inclusão de todos os avós (maternos e paternos) no polo passivo da demanda corresponde a uma *possibilidade*, não havendo óbice à inclusão apenas dos genitores do pai ou da mãe. Ou seja, haveria uma facultatividade na formação do polo passivo, de modo que o litisconsórcio a ser estabelecido seria "de natureza facultativa, pois a ausência deste parente preterido na relação processual em nada atrapalha o processo, sendo desnecessária sua citação, quando não requerida pelas partes ou pelo MP".[83]

Nesse sentido, a Sétima Câmara Cível do Tribunal de Justiça do Estado do Rio Grande do Sul tem aplicado entendimento pela ausência de litisconsórcio

---

79. TEPEDINO, Gustavo; TEIXEIRA, Ana Carolina Brochado. *Direito de Família*. Rio de Janeiro: Forense, 2020, p. 364.
80. TEPEDINO, Gustavo; TEIXEIRA, Ana Carolina Brochado. *Direito de Família*. Rio de Janeiro: Forense, 2020, p. 364-365.
81. TEPEDINO, Gustavo; TEIXEIRA, Ana Carolina Brochado. *Direito de Família*. Rio de Janeiro: Forense, 2020, p. 365.
82. "Civil e processual. Recurso especial. Família. Alimentos. Insuficiência dos alimentos prestados pelo genitor. Complementação. Avós paternos demandados. Pedido de litisconsórcio necessário entre avós paternos e maternos. Cabimento, nos termos do art. 1.698 do novo Código Civil. Precedentes. I. Nos termos da mais recente jurisprudência do STJ, à luz do Novo Código Civil, há litisconsórcio necessário entre os avós paternos e maternos na ação de alimentos complementares. Precedentes. II. Recurso especial provido". (SUPERIOR TRIBUNAL DE JUSTIÇA, REsp 958.513/SP, Relator Ministro Aldir Passarinho Junior, Quarta Turma, julgado em 22.02.2011, DJe 1º.03.2011).
    "Processual civil. Agravo interno. Agravo em recurso especial. Alimentos subsidiários. Avós. Inclusão dos avós maternos. Precedentes. Alegação de ilegitimidade. Improcedência. Alegação de reexame de provas. Inexistência. Matéria exclusivamente de direito relativa à legitimidade. 1. Não há que se declarar ilegitimidade de parte ou vício de representação se uma das partes que apresentou o recurso especial se encontrava regularmente representada e o provimento de sua pretensão aproveita ao colitigante. Não se revela o interesse em recorrer no ponto. 2. Não há que se falar em aplicação do verbete 7 da Súmula do Superior Tribunal de Justiça se não houve pronunciamento ou análise de qualquer questão fática da lide, tendo a decisão agravada incursionado unicamente em tema de direito, de forma abstrata. 3. Nos termos do Código Civil e da mais recente jurisprudência do STJ, há litisconsórcio necessário entre os avós paternos e maternos na ação de alimentos complementares. Precedentes. 4. Agravo interno a que se nega provimento". (SUPERIOR TRIBUNAL DE JUSTIÇA, AgInt nos EDcl no AREsp 1073088/SP, Relatora Ministra Maria Isabel Gallotti, Quarta Turma, julgado em 25.09.2018, DJe 05.10.2018).
83. USTÁRROZ, Daniel. *O chamamento atípico dos codevedores de alimentos* (interpretação do art. 1.698, Código Civil). Disponível em: danielustarroz.com.br/wp-content/uploads/2019/04/chamamento-atipico-1698.pdf. Acesso em 31 jan. 2021. p. 02.

passivo necessário.[84] Em julgamento realizado pela Oitava Câmara Cível de referido Tribunal de Justiça, em 28 de fevereiro de 2019, consignou-se o posicionamento de que:

> (...) de acordo com o entendimento sufragado pelo STJ, embora não seja solidária a obrigação alimentar avoenga, o art. 1.698 do Código Civil permite que haja o chamamento dos avós não demandados para integrar o feito, a pedido daquele(s) coobrigado(s) que já figura(m) do polo passivo. Não se trata de litisconsórcio necessário, mas da formação de um litisconsórcio facultativo ulterior simples, forma especial de intervenção de terceiro não prevista na legislação processual, criada no atual Código Civil como meio de tornar mais efetiva a prestação jurisdicional em situações como esta, em que, embora não havendo solidariedade, há uma obrigação conjunta que deve ser rateada entre os coobrigados, na proporção de suas possibilidades.[85]

Verifica-se, assim uma constante tentativa de justificar uma modalidade de intervenção de terceiros não prevista na legislação processual, com fundamento em peculiaridades do direito material objeto de tutela. Não há, ainda, consenso doutrinário e jurisprudencial sobre a caracterização dessa inclusão dos avós pertencentes ao outro "tronco" no pó lo passivo da ação de alimentos avoengos. Tem-se, no entanto, a concordância quanto à necessidade de que eventual condenação leve em consideração as peculiaridades de cada um dos integrantes daquele polo passivo, em atenção ao item "possibilidade" integrante do binômio considerado para fins de fixação alimentar.

Os avós, além de ligados aos netos por laços de parentesco, mantêm com eles liames jurídicos de grande relevância e por expressa determinação legal. Com efeito, "é que a lei dispõe sobre certas obrigações e encargos dos avós, significando que são importantes e têm atuação de relevo no círculo familiar"[86]; assim, os avós podem requerer ao juiz medidas de proteção dos netos no caso de abuso de poder por parte

---

84. A título exemplificativo, veja-se o seguinte julgado: "Apelações cíveis. Ação de alimentos avoengos. 1. Preliminar. Inclusão dos avós maternos no polo passivo da ação. Descabimento. Inexistência de litisconsórcio passivo necessário. Obrigação divisível e não solidária. A obrigação alimentar avoenga é subsidiária ou complementar à prestação alimentar devida pelos genitores aos filhos, facultado ao alimentando ajuizar a demanda contra um ou mais de um devedor. Trata-se de litisconsórcio facultativo e não obrigatório. Art. 1.696 do Código Civil. Caso dos autos em que a obrigação alimentar foi postulada ao avô paterno, não havendo possibilidade de a avó materna ser incluída no polo passivo. 2. Alimentos provisórios. Obrigação avoenga. Possibilidade, considerando as peculiaridades do caso em apreço. Caráter subsidiário ou complementar da obrigação avoenga, porquanto aos pais incumbe o dever de sustento, guarda e educação dos filhos, decorrente do poder familiar (arts. 1.566, IV e 1.698 do Código Civil), só se justificando a condenação do avô em face da manifesta impossibilidade dos pais proverem os filhos. Situação excepcional verificada no caso concreto. Menor que possui gastos extraordinários e sua genitora está impossibilitada de trabalhar, em razão dos problemas de saúde que está enfrentando. 3. Honorários advocatícios. Majoração. Cabimento. 1ª Apelação desprovida e 2º recurso parcialmente provido. (Tribunal de Justiça Do Estado Do Rio Grande Do Sul, Apelação Cível 70081036451, Sétima Câmara Cível, Relator Desembargador Jorge Luís Dall'Agnol, Julgado em: 31.07.2019).
85. TRIBUNAL DE JUSTIÇA DO ESTADO DO RIO GRANDE DO SUL, Agravo de Instrumento 70079189585, Oitava Câmara Cível, Relator Desembargador Luiz Felipe Brasil Santos, Julgado em: 28.02.2019.
86. OLIVEIRA, Euclides de. Direito de visita e direito à visita. Integração dos filhos na comunidade familiar. *Revista do Advogado* – Família e Sucessões. Ano XXXI, n. 122, jul. de 2011. São Paulo. Associação dos Advogados de São Paulo-AASP, 2011, p. 50.

dos pais (CCB/2002, art. 1.637[87]); Obrigam-se à prestação de alimentos ao neto, sempre que falte o genitor (CCB/2002, art. 1.696[88]); são tutores legítimos preferenciais (CCB/2002, art. 1.731[89]); posicionam-se na linha da vocação hereditária entre si, qualificando-se como sucessores legítimos necessários (CCB/2002, arts. 1.829, inciso II[90]; 1.836[91]; e 1.845[92]); e colocam-se em posição de responsabilidade por atos de alienação parental, dentro dos litígios familiares (Lei 12.3128, de 26 de agosto de 2010). Evidenciam-se, assim, os deveres dos avós e as consequentes responsabilidades assumidas perante seu núcleo familiar.

6. RELEVÂNCIA DO PAPEL DOS AVÓS NO DESENVOLVIMENTO DA PERSONALIDADE DOS NETOS

Após analisar os temas específicos do objeto deste capítulo – direitos e deveres dos avós –, são importantes algumas pontuações na relação dos avós em seus núcleos familiares, vinculadas à guarda, tutela, curatela, alienação parental e violências nas relações familiares.

Em relação ao direito da guarda dos filhos, é de responsabilidade dos pais o exercício da autoridade parental, conforme art. 1.634, II, do CCB/2002.[93] Contudo, existem circunstâncias que podem levar à suspensão (art. 1.637, CCB/2002[94]) ou à perda do poder familiar (art. 1.638, CCB/2002[95]) de ambos os genitores. Nessas situações cabe ao juiz deferir a guarda a quem revele compatibilidade com a natureza da

---

87. Art. 1637, CCB/2002. Se o pai, ou a mãe, abusar de sua autoridade, faltando aos deveres a eles inerentes ou arruinando os bens dos filhos, cabe ao juiz, requerendo algum parente, ou o Ministério Público, adotar a medida que lhe pareça reclamada pela segurança do menor e seus haveres, até suspendendo o poder familiar, quando convenha.
88. Art. 1.696, CCB/2002. O direito à prestação de alimentos é recíproco entre pais e filhos, e extensivo a todos os ascendentes, recaindo a obrigação nos mais próximos em grau, uns em falta de outros.
89. Art. 1.731, CCB/2002. Em falta de tutor nomeado pelos pais incumbe a tutela aos parentes consanguíneos do menor, por esta ordem: I – aos ascendentes, preferindo o de grau mais próximo ao mais remoto.
90. Art. 1.829, CCB/2002. A sucessão legítima defere-se na ordem seguinte: (...). II – aos ascendentes, em concorrência com o cônjuge.
91. Art. 1.836, CCB/2002. Na falta de descendentes, são chamados à sucessão os ascendentes, em concorrência com o cônjuge sobrevivente.
92. Art. 1.845, CCB/2002. São herdeiros necessários os descendentes, os ascendentes e o cônjuge.
93. Art. 1.634, CCB/2002. Compete aos pais, quanto à pessoa dos filhos menores: I – dirigir-lhes a criação e educação; II – tê-los em sua companhia e guarda; III – conceder-lhes ou negar-lhes consentimento para casarem; IV – nomear-lhes tutor por testamento ou documento autêntico, se o outro dos pais não lhe sobreviver, ou o sobrevivo não puder exercer o poder familiar; V – representá-los, até aos dezesseis anos, nos atos da vida civil, e assisti-los, após essa idade, nos atos em que forem partes, suprindo-lhes o consentimento; VI – reclamá-los de quem ilegalmente os detenha; VII – exigir que lhes prestem obediência, respeito e os serviços próprios de sua idade e condição.
94. Art. 1.637, CCB/2002. Se o pai, ou a mãe, abusar de sua autoridade, faltando aos deveres a eles inerentes ou arruinando os bens dos filhos, cabe ao juiz, requerendo algum parente, ou o Ministério Público, adotar a medida que lhe pareça reclamada pela segurança do menor e seus haveres, até suspendendo o poder familiar, quando convenha.
95. Art. 1.638, CCB/2002. Perderá por ato judicial o poder familiar o pai ou a mãe que: I – castigar imoderadamente o filho; II – deixar o filho em abandono; III – praticar atos contrários à moral e aos bons costumes; IV – incidir, reiteradamente, nas faltas previstas no artigo antecedente.

questão, devendo o julgador levar em consideração o grau de parentesco e a relação de afinidade e de afetividade com a criança ou adolescente.[96]

O Estatuto da Criança e do Adolescente apresenta o conceito de família ampliada, que é exatamente quando existem vínculos de afinidade e afetividade (art. 25, parágrafo único, do ECA[97]). Além disso, prevê também a possibilidade de a guarda ser deferida a outras pessoas na falta eventual dos pais (art. 33, § 2º, do ECA[98]). Assim, como caminho natural são os avós os primeiros convocados, pela proximidade do parentesco, afinidade e afetividade. No entanto, deve-se sempre analisar a situação fática na medida em que a regra é não conceder a guarda da criança ou do adolescente aos avós ou a outro sujeito enquanto os genitores exercerem a autoridade parental.

Os casos de tutela e curatela são disciplinados em artigos específicos, cabendo ressaltar as modificações empreendidas no Código Civil a partir da superveniência da Lei 13.146, de 06 de julho de 2015, que instituiu o Estatuto da Pessoa com Deficiência. No art. 1.731, do Código Civil, de forma expressa, os ascendentes são elencados como os primeiros legitimados para o exercício da tutela, no caso de os pais não terem nomeado um tutor, cuidando-se de preferência, e não de ordem peremptória e inafastável.[99]

Relevante mencionar que os avós igualmente desempenham importante papel no que se refere aos casos de alienação parental. Nesses casos, os avós têm dupla responsabilidade. Em primeiro lugar, no sentido de evitarem a prática de atos elencados pela legislação como passíveis de caracterização como alienação parental; e, ainda, no sentido de evitarem a omissão diante de um cenário em que atos de alienação estejam sendo praticados, efetivando com isso a aplicação do princípio da solidariedade familiar.[100] Isso porque os avós podem requerer ao Judiciário medidas de proteção à criança ou ao adolescente no caso de abuso de poder por parte dos pais, conforme o art. 1.637. Logo, tem-se a possibilidade de que avós acompanhem plenamente o desenvolvimento físico e moral dos netos.

---

96. DIAS, Maria Berenice. *Manual de direito das famílias*. 7. ed. rev., atual. e ampl. São Paulo: Editora Revista dos Tribunais, 2010, p. 468.
97. Art. 25, ECA. Entende-se por família natural a comunidade formada pelos pais ou qualquer deles e seus descendentes.
    Parágrafo único. Entende-se por família extensa ou ampliada aquela que se estende para além da unidade pais e filhos ou da unidade do casal, formada por parentes próximos com os quais a criança ou adolescente convive e mantém vínculos de afinidade e afetividade.
98. Art. 33, § 2º, ECA. A guarda obriga a prestação de assistência material, moral e educacional à criança ou adolescente, conferindo a seu detentor o direito de opor-se a terceiros, inclusive aos pais. (...). § 3º A guarda confere à criança ou adolescente a condição de dependente, para todos os fins e efeitos de direito, inclusive previdenciários.
99. SCHREIBER, Anderson; TARTUCE, Flávio; *et al. Código Civil Comentado*. Doutrina e jurisprudência. Rio de Janeiro: Forense, 2019, p. 1375.
100. "(...) a família ultrapassa o seu perfil eudemonista, para se tornar, também, solidarista, vez que os membros se corresponsabilizam uns pelos outros, principalmente quando existir algum tipo de vulnerabilidade". (TEPEDINO, Gustavo; TEIXEIRA, Ana Carolina Brochado. *Direito de Família*. Rio de Janeiro: Forense, 2020, p. 16).

Considerando, então, que os avós exercem importante papel de proteção no melhor interesse da criança e do adolescente, tem-se que a intervenção dos avós deve ocorrer em situações nas quais o neto esteja sofrendo abusos de qualquer natureza, seja de violências física, psicológica, sexual, patrimonial e moral, ou seja, em situações como a do cenário em que se desenvolve a violência doméstica. Para a conceituação de "violência doméstica", faz-se necessária a conjugação dos artigos 5º e 7º da Lei Maria da Penha (Lei 11.340/2006).

Segundo Maria Berenice Dias, a interpretação da conjugalidade dos dois artigos se faz necessária, pois a leitura destes isoladamente seria insuficiente, devido a algumas expressões vagas. Dessa forma, a autora considera que violência doméstica é "qualquer das ações elencadas no art. 7º (violência física, psicológica, sexual, patrimonial ou moral) praticada contra a mulher em razão de vínculo de natureza familiar ou afetiva."[101]

A Lei Maria da Penha é direcionada essencialmente ao combate da violência doméstica e familiar contra a mulher. No art. 13, porém, resta estabelecida a aplicação das disposições dos Códigos de Processo Penal e Processo Civil e da legislação específica relativa à criança, ao adolescente e ao idoso que não conflitarem com o estabelecido na Lei Maria da Penha. Isso porque todos os integrantes de um núcleo familiar são passíveis de serem vítimas de violência de várias ordens, sejam, crianças, adolescentes, mulheres, homens e idosos.

Após as circunstâncias tratadas neste item, solidifica-se a importância que os avós podem e devem exercer nas relações familiares, sempre com consciência da mudança do eixo axiomático que ocorreu com a constitucionalização do Direito Civil.

7. CONCLUSÃO

O presente estudo teve por objetivo analisar os direitos e os deveres dos avós no ordenamento jurídico brasileiro, considerando a mudança axiomática propiciada no Direito de Família pelo advento da Constituição Federal de 1988 e a necessidade de salvaguarda do melhor interesse da criança e do adolescente.

Os princípios constitucionais se tornaram norteadores deste novo Direito de Família, destacando-se, com isso, a importância de cinco princípios: princípio da dignidade da pessoa humana; princípio do melhor interesse da criança e do adolescente; princípio da convivência familiar; princípio da solidariedade familiar; e princípio da afetividade.

A Lei 12.398/2011 trouxe para o ordenamento jurídico, a extensão do direito de visita aos avós, de modo que, contemporaneamente, o direito de convivência entre avós e netos corresponde ao principal direito avoengo cujo exercício costuma ser almejado judicialmente. Em relação aos deveres, a obrigação alimentar assume

---

101. DIAS, Maria Berenice. *A Lei Maria da Penha na Justiça* – a efetividade da Lei 11.340/2006 de combate à violência doméstica e familiar contra a mulher. São Paulo: Editora Revista dos Tribunais, 2007, p. 40.

papel de destaque, admitindo-se a prestação de alimentos avoengos com caráter complementar, entre avós e netos, desde que reste comprovado que os alimentos originalmente fixados não atendem integralmente às necessidades do credor. Além disso, pode-se afirmar que os avós são tutores legítimos preferenciais, podendo vir a exercer a guarda no caso de impossibilidade por ambos os genitores.

Por fim, destaca-se a importância do papel dos avós em vários pontos das relações familiares, principalmente no exercício de um papel fiscalizador da autoridade parental, podendo requerer judicialmente medidas de proteção à criança e ao adolescente no caso de abuso do poder familiar por parte dos pais. Assim, contata-se a relevância do papel dos avós em seus núcleos familiares, quando no exercício de seus direitos e deveres no atual Direito de Família brasileiro.

8. REFERÊNCIAS

CARDOSO, Simone Tassinari. Do Contrato parental à socioafetividade. In: ARONNE, Ricardo (Org.). *Estudos de Direito Civil-Constitucional*. Porto Alegre: Livraria do Advogado Editora, 2004.

CHAKIAN, Silvia. *A Construção dos Direitos das Mulheres*. Histórico, limites e diretrizes para uma proteção penal eficiente. 2. ed. rev. e atual. Rio de Janeiro: Lumen Juris Ltda.

COSTA, Aracy Menezes da. *Os limites da obrigação alimentar dos avós*. Porto Alegre: Livraria do Advogado, 2011.

DIAS, Maria Berenice. *A Lei Maria da Penha na Justiça* – a efetividade da Lei 11.340/2006 de combate à violência doméstica e familiar contra a mulher. São Paulo: Ed. RT, 2007.

DIAS, Maria Berenice. *Manual de direito das famílias*. 11. ed. rev., atual. e ampl. São Paulo: Ed. RT, 2016.

DIAS, Maria Berenice. *Manual de direito das famílias*. 7. ed. rev., atual. e ampl. São Paulo: Ed. RT, 2010.

LÔBO, Paulo. *Direito Civil*: famílias. 7. ed. São Paulo: Saraiva, 2017.

MADALENO, Ana Carolina Carpes; MADALENO, Rolf. *Alienação parental*. Importância da detecção. Aspectos legais e processuais. 7. ed. rev. e atual. Rio de Janeiro: Forense, 2021.

MADALENO, Rolf. *Curso de direito de família*. Rio de Janeiro: Forense, 2009.

MADALENO, Rolf. O filho do avô. In: HIRONAKA, Giselda Maria Fernandes Novaes (Coord.). *A outra face do poder judiciário*: decisões inovadoras e mudanças de paradigmas. v. 2. Belo Horizonte: Del Rey, 2007.

MORAES, Maria Celina Bodin de. *Na medida da pessoa humana*: estudos de direito civil. Rio de Janeiro: Renovar, 2010.

MULTEDO, Renata Vilela. *Liberdade e família*. Limites para a intervenção do Estado nas relações conjugais e parentais. Rio de Janeiro: Processo, 2017.

OLIVEIRA, Euclides de. Direito de visita e direito à visita. Integração dos filhos na comunidade familiar. *Revista do Advogado* – Família e Sucessões. Ano XXXI, n. 122, jul. de 2011. São Paulo. Associação dos Advogados de São Paulo-AASP, 2011.

PEREIRA, Caio Mário da Silva. *Instituições de Direito Civil*. Direito de Família. 18 ed. rev. e atual. por Tânia da Silva Pereira. Rio de Janeiro: Forense, 2010. v. 5.

PEREIRA, Tânia da Silva. *Direito da Criança e do Adolescente:* uma proposta interdisciplinar. Rio de Janeiro: Renovar, 2008.

PERLINGIERI, Pietro. *Perfis de Direito Civil*. Trad. Maria Cristina de Cicco. 3. ed. rev. e ampl. Rio de Janeiro: Renovar, 1997.

PERROT, Michelle. O nó e o ninho. *Veja 25 anos*: Reflexões para o futuro. São Paulo: Abril, 1993.

ROSA, Conrado Paulino da. *Guarda compartilhada coativa*. A efetivação dos direitos de crianças e adolescentes. Salvador: Editora JusPodivm, 2018.

ROUDINESCO, Elisabeth. *A família em desordem*. Rio de Janeiro: Zahar, 2003.

SCHREIBER, Anderson; TARTUCE, Flávio et. al. *Código Civil Comentado*. Doutrina e jurisprudência. Rio de Janeiro: Forense, 2019.

SUPERIOR TRIBUNAL DE JUSTIÇA, AgInt no AREsp 1223379/BA, Relator Ministro Lázaro Guimarães, Quarta Turma, julgado em 26.06.2018, DJe 29.06.12018.

SUPERIOR TRIBUNAL DE JUSTIÇA, AgInt no AREsp 2047200/AL, Relator Ministro Raul Araújo, Quarta Turma, julgado em 13.02.2023, DJe 24.02.2023.

SUPERIOR TRIBUNAL DE JUSTIÇA, AgInt nos EDcl no AREsp 1073088/SP, Relatora Ministra Maria Isabel Gallotti, Quarta Turma, julgado em 25.09.2018, DJe 05.10.2018.

SUPERIOR TRIBUNAL DE JUSTIÇA, REsp 1415753/MS, Relator Ministro Paulo de Tarso Sanseverino, Terceira Turma, julgado em 24.11.2015, DJe 27.11.2015.

SUPERIOR TRIBUNAL DE JUSTIÇA, REsp 958.513/SP, Relator Ministro Aldir Passarinho Junior, Quarta Turma, julgado em 22.02.2011, DJe 1º.03.2011.

TEIXEIRA, Ana Carolina Brochado. Direito de visita dos avós. *Revista Trimestral de Direito Civil*, Rio de Janeiro, a. 3, v. 10, p. 59-77. abr./jun. de 2002.

TEIXEIRA, Ana Carolina Brochado; RETTORE, Anna Cristina de Carvalho. Os reflexos do conceito de família extensa no direito de convivência e no direito de visitas. *Civilistica.com*. Rio de Janeiro, a. 6, n. 2, 2017. Disponível em: http://civilistica.com/os-reflexos-do-conceito-de-familia-extensa/. Acesso em: 31 jan. 2021.

TEIXEIRA, Ana Carolina Brochado; VIEIRA, Marcelo de Mello. Construindo o direito à convivência familiar de crianças e adolescentes no Brasil: um diálogo entre as normas constitucionais e a Lei n. 8.069/1990. *Civilistica.com*. Rio de Janeiro, a. 4, n. 2, 2015. Disponível em: http://civilistica.com/construindo-o-direito-a-convivencia-familiar/. Acesso em: 31 jan. 2021.

TEPEDINO, Gustavo. *Temas de direito civil*. 3. ed. rev. e atual. Rio de Janeiro: Renovar, 2004.

TEPEDINO, Gustavo; TEIXEIRA, Ana Carolina Brochado. *Direito de Família*. Rio de Janeiro: Forense, 2020.

TRIBUNAL DE JUSTIÇA DO ESTADO DE SÃO PAULO, Agravo de Instrumento 2180418-30.2022.8.26.0000, 10ª Câmara de Direito Privado, Relator Desembargador Jair de Souza, data do julgamento: 27.09.2022, data de registro: 27.09.2022.

TRIBUNAL DE JUSTIÇA DO ESTADO DE SÃO PAULO, Apelação Cível 1000490-32.2018.8.26.0565, 6ª Câmara de Direito Privado, Relator Desembargador Costa Netto, data do julgamento: 29.01.2021, data de registro: 29.01.2021.

TRIBUNAL DE JUSTIÇA DO ESTADO DO RIO GRANDE DO SUL, Agravo de Instrumento 70083471094, Oitava Câmara Cível, Relator Desembargador Ricardo Moreira Lins Pastl, julgado em 14.08.2020.

TRIBUNAL DE JUSTIÇA DO ESTADO DO RIO GRANDE DO SUL, Agravo de Instrumento 70079189585, Oitava Câmara Cível, Relator Desembargador Luiz Felipe Brasil Santos, Julgado em: 28.02.2019.

TRIBUNAL DE JUSTIÇA DO ESTADO DO RIO GRANDE DO SUL, Apelação Cível 70083235606, Oitava Câmara Cível, Relator Desembargador Ricardo Moreira Lins Pastl, julgado em 16.12.2019.

TRIBUNAL DE JUSTIÇA DO ESTADO DO RIO GRANDE DO SUL, Apelação Cível 70081036451, Sétima Câmara Cível, Relator Desembargador Jorge Luís Dall'Agnol, Julgado em: 31.07.2019.

USTÁRROZ, Daniel. *O chamamento atípico dos codevedores de alimentos* (interpretação do art. 1.698, Código Civil). Disponível em: danielustarroz.com.br/wp-content/uploads/2019/04/chamamento--atipico-1698.pdf. Acesso em: 31 jan. 2021.

VALADARES, Maria Goreth Macedo; FERREIRA, Isadora Costa. Multiparentalidade: uma forma de respeito à convivência avoenga nas adoções unilaterais. *Revista Brasileira de Direito Civil*, Rio de Janeiro, v. 8, p. 81-98, abr./jun. 2016.

Parte V
ALIMENTOS

ALIMENTOS

Joyceane Bezerra de Menezes

Doutora em Direito pela Universidade Federal de Pernambuco. Mestre em Direito pela Universidade Federal do Ceará. Pós-doutorado em "Novas Tecnologias e Direito" na Mediterranea Internacional Centre for Human Rights Research (MICHR), Departamento de Direito, Economia e Humanidades – Universidade Reggio Calabria (Itália). Professora Titular da Universidade de Fortaleza – Programa de Pós-Graduação Stricto Sensu em Direito (Mestrado/Doutorado) da Universidade de Fortaleza, na Disciplina de Direitos de Personalidade. Professora associado IV, da Universidade Federal do Ceará. Coordenadora do Grupo de Pesquisa CNPQ: Direito civil na legalidade constitucional. Fortaleza, Ceará, Brasil. Editora da Pensar, Revista de Ciências Jurídicas – Universidade de Fortaleza. Advogada.

E-mail: joyceane@unifor.br.

Márcia Correia Chagas

Doutora em Direito pela Universidade Federal de Pernambuco – UFPE; Mestre em Direito pela Universidade Federal do Ceará – UFC, Pesquisadora na área de Biodireito e Bioética (PIBIC/CNPq – FUNCAP – PAVIC). Ex-Professora de Direito das Famílias e Direito de Sucessões na Universidade de Fortaleza – UNIFOR. Professora de Graduação da Faculdade de Direito da Universidade Federal do Ceará – UFC.

Amanda Florêncio Melo

Graduada em Direito pela Universidade Federal do Ceará. Advogada.

Sumário: 1. Introdução – 2. Princípios constitucionais do direito das famílias; 2.1 Princípio da dignidade da pessoa humana; 2.2 Princípio da solidariedade ou do cuidado; 2.3 Princípio da afetividade – 3. Alimentos: função, pressupostos, características, sujeitos, momento de sua fixação e causas de extinção; 3.1 Função dos alimentos; 3.2 Pressupostos da obrigação/dever de alimentar no direito das famílias; 3.2.1 Relação de parentesco – conjugalidade – convivencialidade; 3.2.2 Necessidade de quem os pleiteia; 3.2.3 Possibilidade de quem os presta; 3.2.4 Proporcionalidade – entre necessidade de quem pede e possibilidade de quem presta alimentos; 3.3 Características dos alimentos no direito das famílias; 3.3.1 Direito personalíssimo – intransmissibilidade – indisponibilidade – incompensabilidade – impenhorabilidade; 3.3.2 Reciprocidade; 3.3.3 Atualidade; 3.3.4 Imprescritibilidade; 3.3.5 Irrepetibilidade; 3.3.6 Irrenunciabilidade; 3.3.7 Subsidiariedade e divisibilidade da obrigação; 3.3.8 Alternatividade; 3.4 Sujeitos passíveis de prestar e de receber alimentos; 3.4.1 Pais e filhos; 3.4.2 Avós e netos; 3.4.3 Irmãos bilaterais e unilaterais; 3.4.4 Tios, sobrinhos e primos; 3.4.5 Cônjuges e companheiros: alimentos definitivos, temporários e compensatórios; 3.5 Quanto ao momento processual de sua fixação: antecipados (provisórios e provisionais) e definitivos; 3.6 Causas de extinção da obrigação/dever de alimentar – 4. Alimentos gravídicos: livre exercício da sexualidade x planejamento familiar e suas consequências – 5. Referências.

1. INTRODUÇÃO

Ao longo da história das civilizações, observou-se a modificação dos aspectos funcional e organizacional da família, bem como das relações intersubjetivas entre os seus membros.

No Brasil, especificamente, assistiu-se à transição da família de modelo patriarcal, patrimonialista, hierarquizada e matrimonializada (com vínculo indissolúvel), cuja regulamentação sofreu influências predominantes das Ordenações do Reino de Portugal, calcada no Direito Canônico, bem como da Revolução Francesa sobre o Código Civil Brasileiro de 1916, para a família nuclear, plural, democrática, repersonalizada, fundada no afeto, com a função primordial de realização e promoção do desenvolvimento da personalidade de cada um dos que a compõem.

Em atenção a essas modificações, também se observaram alterações na sistemática do pensionamento alimentar, cuja fundamentação última se extrai do princípio da solidariedade incidente nas relações intrafamiliares e do princípio da dignidade da pessoa, imbricados no perfil funcional da entidade familiar. Para tratar os alimentos, o presente capítulo enfoca os perfis funcional e estrutural do instituto, apontando a sua finalidade e os elementos que integram o suporte fático normativo quanto aos pressupostos, características e sujeitos envolvidos como credor e devedor, além das hipóteses extintivas da obrigação alimentar. Dentre os alimentandos, observam-se aqueles marcados por alguma vulnerabilidade que justifica uma proteção especial, como as crianças/adolescentes, idosos e pessoas com deficiências. Adicionalmente, serão analisados se os chamados alimentos transitórios, compensatórios e gravídicos, figuras emergentes mais recentemente que se mantêm aneladas aos elementos funcionais da família – marcada pela corresponsabilidade e pelo cuidado mútuo entre os seus membros. Toda a análise segue as premissas da metodologia civil-constitucional, buscando ressaltar a unidade do ordenamento a partir da força integrativa das normas constitucionais, sem perder a influência da realidade fática.

2. PRINCÍPIOS CONSTITUCIONAIS DO DIREITO DAS FAMÍLIAS

A evolução conceitual da família ao longo das civilizações se refletiu nas suas funções e em seus objetivos. No livro "A Cidade Antiga", Fustel de Coulanges (2000, p. 44-45) demonstra que o principal eixo da família antiga era a religião, elemento basilar de sua constituição. A "nova" família, também chamada família democrática, é marcada pela função instrumental de promover o desenvolvimento da pessoa dos seus membros. Nessa medida, todos os princípios constitucionais da dignidade da pessoa humana e seus corolários: igualdade, liberdade e integridade psicofísica, além do princípio solidariedade são o seu substrato axiológico (Bodin de Moraes, 2010, p. 207). O princípio da afetividade, que foi incorporado, sob esse termo, pela doutrina e jurisprudência, espelha a corresponsabilidade, o cuidado mútuo e, em última análise, uma expressão da solidariedade. A despeito da importância desses princípios e de tantos direitos fundamentais que importam à família, sob a óptica da função promotora da pessoa dos seus membros, três deles serão tratados mais especificamente, dada a sua imediata influência em relação à matéria dos alimentos: dignidade da pessoa humana, solidariedade e afetividade.

2.1 Princípio da Dignidade da Pessoa Humana

A dignidade da pessoa humana é o princípio norteador de todo o Ordenamento Jurídico. É, portanto, tal princípio o "epicentro axiológico da ordem constitucional" (SARMENTO, 2000, p. 60). Exerce importante papel na interpretação e aplicação de normas de direito público e privado, haja vista que também se impõe entre os membros da comunidade para o fim de assegurar o pleno respeito à pessoa humana. Por seu intermédio, o direito é chamado a garantir e a promover os atributos intrínsecos à pessoa, a sua autonomia e a condução de sua vida privada (Bodin de Moraes, 2010, p. 75). Na dicção de Sarlet (2007, p. 62):

> [...] temos por dignidade da pessoa humana a qualidade intrínseca e distintiva de cada ser humano que o faz merecedor do mesmo respeito e consideração por parte do Estado e da comunidade, implicando, neste sentido, um complexo de direitos e deveres fundamentais que asseguram a pessoa tanto contra todo e qualquer ato de cunho degradante e desumano, como venham a lhe garantir as condições existenciais mínimas para uma vida saudável, além de propiciar e promover sua participação ativa e corresponsável nos destinos da própria existência e da vida em comunhão com os demais seres humanos.

Espraia-se, igualmente, sobre as relações privadas e nas relações familiaristas, impõe o respeito e a promoção à pessoa dos seus membros, em especial, àqueles mais expostos à vulnerabilidade, que têm prioridade e prerrogativas especiais reservadas por lei, como as crianças, as mulheres vítimas de violência, os idosos e as pessoas com deficiência, dentre outros.[1]

A vulnerabilidade não necessariamente requererá o reconhecimento legal para justificar um tratamento especial que pode ser, em alguns casos, assegurado por meio das cláusulas gerais. Fatores de ordens variadas – sociais, pessoais, culturais e econômicas etc. – podem impingir uma vulnerabilidade ou múltiplas vulnerabilidades à pessoa, expondo-a à precariedade ou à situação de desigualdade, no gozo dos seus direitos, como é o caso de muitos órfãos da COVID-19.[2] Segundo pesquisa publicada em novembro de 2021 e acolhida pelo Conselho Nacional de Saúde e pelo Conselho Nacional de Direitos Humanos, um contingente aproximado de 113 mil de crianças e adolescentes perderam os pais entre março de 2020 e abril de 2021 por motivo da doença. Passaram a viver sob os domínios da família estendida, em geral, os avós, sofrendo maior empobrecimento.[3] A pesquisa estima que, se o Brasil houvesse seguido

---

1. "Neste ambiente, de um renovado humanismo, a vulnerabilidade humana será tutelada, prioritariamente, onde quer que se manifeste. Terão precedência os direitos e as prerrogativas de determinados grupos considerados, de uma maneira ou de outra, frágeis, e que estão a exigir, por conseguinte, a especial proteção da lei. Nesses casos estão as crianças, os adolescentes, os idosos, os portadores de deficiências físicas e mentais, os não proprietários, os consumidores, os contratantes em situação de inferioridade, as vítimas de acidentes anônimos e de atentados a direitos de personalidade, os membros da família, os membros de minorias, entre outros" (BODIN DE MORAES, 2010, p. 84).
2. Quanto ao impacto da Covid-19 no Direito de Família, como um todo, vale a leitura da obra organizada por Nevares e Xavier (2020).
3. Denúncia coordenada pela Articulação para o Monitoramento dos Direitos Humanos no Brasil (AMDH), que reúne o Movimento Nacional de Direitos Humanos (MNDH), o Processo de Articulação e Diálogo

as regras de enfrentamento comuns à média mundial, quatro em cada cinco mortes teriam sido evitadas (Sociedade Maranhense de Direitos Humanos (SMDH, 2021, p. 8). Nesse tocante, observa-se a urgência do papel do Estado para assistir essas famílias prejudicadas existencial e materialmente pela pandemia. É indubitável a força do princípio da dignidade da pessoa humana para fundamentar reivindicações por prestações positivas do poder público voltadas à garantia da igualdade material e a minoração das situações de vulnerabilidade, como no exemplo do art. 5º., parágrafo único c/c art. 8º da Lei Brasileira de Inclusão e do art. 14 do Estatuto do Idoso.

Família, sociedade e Estado são anelados ao objetivo da República brasileira em construir uma sociedade justa e solidária (art. 3º., I, CF). Mais imediatamente, é válido que certos deveres e obrigações se confiarão à família, a exemplo dos alimentos. São eles as condições materiais indispensáveis ao desenvolvimento da personalidade e à concretização da dignidade – "[...] tendem a proporcionar vida de acordo com a dignidade de quem os recebe (alimentando) e de quem os presta (alimentante), pois nenhuma delas é superior, nem inferior" (Farias; Rosenvald, 2022, p. 756).

Em alguns países da Europa, como França, Bulgária, Bélgica, Espanha e Portugal, foram instituídos mecanismos para garantir aos alimentandos uma quantia voltada à satisfação de suas necessidades, na hipótese de inadimplemento do devedor, se sub-rogando do direito de cobrar deste a quantia antecipada. Na Espanha, a Lei 42/2006 instituiu o *Fondo de Garantía del Pago de Alimentos*, e em Portugal, o Fundo de Garantia de Alimentos devidos a Menores (Lei 75/1998).

2.2 Princípio da Solidariedade ou do Cuidado

A corresponsabilidade e comunhão são os elementos inexoravelmente aliados à ideia de solidariedade e também se subjazem no princípio da afetividade que tem sido considerado o cerne das relações intrafamiliares.

O princípio da solidariedade interfere diretamente nas relações privadas pertinentes à família, à vista dos imperativos de cooperação e corresponsabilidade que recaem sobre a pessoa dos seus membros, em especial, para favorecer os mais vulneráveis. Implica a consciência racional dos interesses comuns e da reciprocidade presentes em toda a comunidade e, mais especificamente, no âmbito da família – es-

---

Internacional (PAD) e o Fórum Ecumênico Act Brasil (FeAct), o Fórum Nacional de Defesa do Direito Humano à Saúde, com a cooperação e parceria da Organização Pan-Americana da Saúde (OPAS) apresentou o relatório, publicado em novembro de 2021, intitulado "Denúncia de Violações dos Direitos à Vida e à Saúde no contexto da pandemia da covid-19 no Brasil". A pesquisa e relatório foram acolhidos pelo Conselho Nacional de Saúde (CNS) e Conselho Nacional de Direitos Humanos (CNDH), e apresentam dados alarmantes que mostram, em números, a dramática situação de vulnerabilidade econômica e social de parte da população após os estragos da COVID-19. Nesse contingente, estima-se que aproximadamente 113 mil crianças e adolescentes perderam um ou ambos os pais pela doença entre março de 2020 a abril de 2021. Passaram a viver em famílias reorganizadas, em geral, sob os cuidados dos avós, potencializando a situação de pobreza na qual muitos já estavam imersos. Disponível em: https://dhsaude.org/wp-content/uploads/sites/120/2021/11/denuncia-de-violacoes-dos-direitos-a-vida-e-a-saude-no-contexto-da-pandemia-da-covid-19-no-brasil-documento-denuncia-final-19-11-2021.pdf. Acesso em: 08 fev. 2022.

paço de convívio e realização pessoal dos seus integrantes (Bodin de Moraes, 2010, p. 237). Não é fim do princípio da solidariedade instituir uma obrigação solidária, tal como pressuposto do direito obrigacional (art. 264, CC), mas serve para realçar os fins da entidade familiar.

Estabelecida na Constituição como um dos objetivos da República Federativa do Brasil (art. 3º, I), a solidariedade, no âmbito familiar, tem sido convencionalmente relacionada à prestação de alimentos, voltada a atender as necessidades de sustento daqueles que não podem se automanter. Solidariedade, neste sentido, corresponde à coexistência, ao cuidado, ao amparo e ao socorro, no curso da vida inteira e, mais diretamente, nos reveses. São, portanto, os alimentos uma franca expressão da solidariedade familiar. A liberdade se contrapõe à solidariedade social – uma vez que a autonomia é refreada para assegurar ou não lesionar interesses que merecem tutela do ordenamento (Bodin de Moraes, 2010, p. 249). Assim sendo, caberá aos parentes, aos pais, aos cônjuges e aos companheiros a obrigação recíproca de sustentar aqueles que estiverem em situação de necessidade, conforme os pressupostos da lei.

2.3 Princípio da Afetividade

Trata-se do princípio que "fundamenta o direito de família na estabilidade das relações socioafetivas e na comunhão de vida" (Lobo, 2022, p. 72). Longe de se confundir com o substantivo afeto, "fato psicológico ou anímico" que evoca sentimento de bem-querer, o princípio da afetividade se articula com a solidariedade, para justificar o vínculo que une os integrantes da família para lhes impor deveres e obrigações específicos".

Farias e Rosa (2020, p. 45-54) ressaltam que afeto e afetividade são termos polissêmicos na literatura jurídica brasileira, embora um e outro sejam relevantes para o direito de família. Questionam as elaborações propositivas sobre o afeto/afetividade como um valor jurídico, utilizando um conteúdo distinto do seu sentido linguístico. Afeto é um sentimento de bem querer, enquanto a afetividade é a qualidade de quem tem afeto. Pretendem, portanto, uma maior segurança quanto à tessitura do que sejam afeto e afetividade e sua importância para o direito de família. Rejeitam, porém, a sua configuração enquanto princípios, admitindo-os como postulados de fundamental importância para orientar a estruturação, interpretação e aplicação dos princípios que transitam ou constituem o direito das famílias. Ambos os pressupostos cumprem, no âmbito desse ramo do direito, como todo postulado, a tarefa de favorecer a aplicabilidade das suas normas (Farias; Rosa, 2020, p. 142-145).

De outra banda, Ricardo Calderón (2013, p. 247-248) sustenta a afetividade como princípio constitucional implícito que emerge da articulação entre os princípios da dignidade e da solidariedade, o que, nesse aspecto, segue o entendimento de Paulo Lobo (2022). Embora sustente que a afetividade também não foi definida expressamente pelo Código Civil de 2002 como um princípio, é utilizada direta ou indiretamente para o trato das relações intrafamiliares, a exemplo do art. 1.584, §

5º, sobre a fixação da guarda. O próprio parentesco da *socioafetividade* que vinha sendo reiterado pela doutrina (Fachin, 2011) teve ultimado o seu reconhecimento jurídico com a tese de repercussão geral 622 (STF, REx 898.060, Rel. Min. Luiz Fux, Plenário, pub. 24 ago. 2017).

Calderón (2017, p. 516) utiliza o termo afetividade em duas dimensões: objetiva e subjetiva. A dimensão objetiva, decorre dos eventos exteriorizados pelas "manifestações especiais de cuidado, entreajuda, afeição explícita, comunhão de vida, convivência mútua, mantença alheia, coabitação, projeto de vida em conjunto, existência ou planejamento de prole, comum, proteção recíproca, acumulação patrimonial compartilhada, dentre outros"; enquanto a dimensão subjetiva é o afeto como o sentimento propriamente dito.

Entre os civilistas, em geral, pacificou-se uma compreensão mais objetiva da afetividade, expressa nas condutas objetivas de cuidado próprias daquele que tem afeto. Para Paulo Lôbo (2022, p. 73), a afetividade emerge do entrelaçamento entre a convivência e a igualdade, demarcando a mudança da família enquanto comunidade de sujeitos vinculados pelo sangue para encampar como tal a comunidade de sujeitos ligados pela afinidade (no sentido de afetividade). Sustenta, nesse sentido, que a afetividade não se confunde com o sentimento de afeto, constituindo o princípio jurídico que impõe deveres recíprocos entre pais e filhos, mesmo quando entre eles imperar o desamor.

Por sua vez, Ana Carolina Brochado Teixeira (2010, p. 176) assevera que o princípio da afetividade não é um dever de afeto, posto que este, como um valor social, não se impõe como conduta coercitível pelo Direito. Entende a afetividade como um corolário da dignidade da pessoa humana que reestrutura a tutela jurídica do direito de família. Afeto, segundo ela, alcança a relevância jurídica quando externalizado por condutas objetivas e voluntárias – o que se dá nas relações convivenciais para estabelecer a união estável; na socioafetividade que justifica a filiação, inclusive, a multiparental. Já Helena Barboza (2011, p. 88 e 93) diz que o cuidado se vincula às relações de afeto, de solidariedade, de responsabilidade, destacando que, em relação aos filhos, manifesta-se como aquelas ações concretas, atitudes e valores que visam ao seu bem-estar, ao conforto psicofísico, à proteção, à segurança e ao apoio material e imaterial.

Ousa-se dizer que o afeto sentimento também se imbrica no grande e vasto rio que é o direito de família. Não como norma, mas como elemento primordial que une as pessoas e permite o desejo e a efetiva prestação do cuidado para a promoção do desenvolvimento das outras. É própria do ser humano a necessidade de ser aceito, de querido e amado. Pelo afeto, estabelecem-se os liames a que Bowlby (2006) chamou *elo de confiança*, fundamental à vida plena. Como não cabe ao Direito a garantia efetiva desse *bem-querer comprometido*, que nasce do convívio, cumpre-lhe estimular e garantir a unidade familiar, a convivência, a distribuição equilibrada do tempo de convívio dos genitores que compartilham a guarda com os filhos etc.

De toda sorte, a afetividade (como princípio ou postulado) se impõe, sob o pálio da solidariedade e da dignidade, para justificar o dever ou a obrigação de alimentar. No que tange aos alimentos, resta claro quando, mesmo havendo a suspensão ou destituição do poder familiar, subsiste para o genitor suspenso ou destituído a obrigação de prestar alimentos ao(s) filho(s).[4]

Deve-se, contudo, salientar que, levando-se em conta o prioritário interesse da criança e/ou do adolescente, o descompromisso patrimonial do genitor sancionado com a perda do poder familiar pode, em algumas circunstâncias, resultar em um "bônus" para este, e em situações de privação material para os filhos. Farias e Rosenvald (2022, p. 798) assim se posicionam:

> Aliás, registre-se que nem mesmo a destituição do poder familiar extinguirá a obrigação alimentícia, evitando, assim, a premiação daquele genitor desidioso que coloca em xeque a própria integridade do filho. Por isso, mesmo suspenso ou destituído do poder familiar, continua o pai obrigado a contribuir para o sustento do filho (ainda que em concorrência com o tutor ou guardião).

Ressalte-se ainda que, muitas vezes, quando o(a) genitor(a) agente dos atos que ensejam tal destituição são os provedores da família, tal circunstância pode chegar a inibir a denúncia que ensejaria aquela sanção, por insuficiência de recursos materiais para a subsistência dos infantes. Daí porque deve-se, privilegiando o melhor interesse da criança e/ou adolescente, optar, a depender do caso concreto, pela continuidade de tal obrigação.

Todavia, quando se trata de destituição do poder familiar com posterior adoção, dá-se a ruptura do parentesco biológico, constituindo-se o parentesco civil que trará as mesmas implicações jurídicas. Conquanto a lei estabeleça a irrevogabilidade da adoção (art. 39, §1º, do ECA), nos casos em que se verificam o segundo abandono, além das perdas e danos, a jurisprudência informa a continuidade do pagamento dos alimentos.[5]

---

4. Agravo de instrumento. Direito de família. Eca. Ação de alimentos. Manutenção da obrigação alimentar dos genitores após destituição do poder família. Princípio do melhor interesse do menor. Necessidades presumidas. Pedido de redução do encargo alimentar. Impossibilidade do alimentante não comprovada. Quantum alimentar mantido. Recurso desprovido. A perda ou suspensão do poder familiar não retira dos pais o dever de alimentos. Entendimento em sentido contrário seria premiar quem faltou com seus deveres"(Maria Berenice Dias. *Manual de Direito das Famílias*. 15. ed. Fls. 324.) As necessidades dos filhos menores são presumidas e, nessa condição, não dependem de comprovação. Nos termos do art. 1.694, § 1, do Código Civil, a fixação de alimentos deve adequar-se ao trinômio necessidade/ possibilidade/ proporcionalidade, procedendo-se com a análise das reais necessidades daquele que os recebe e apurando-se a efetiva condição financeira daquele que os presta. Inexistindo nos autos elementos que comprovem a impossibilidade do alimentante de arcar com a pensão alimentícia no quantum fixado, a manutenção da decisão vergastada é medida que se impõe. Recurso conhecido e desprovido. (TJ-MG – AI: 27065668120228130000, Relator: Des.(a) Paulo Rogério de Souza Abrantes (JD Convocado), Data de Julgamento: 28.04.2023, Câmara Justiça 4.0 – Especiali, Data de Publicação: 02.05.2023).
5. Alimentos. Exoneração. Ação movida pela genitora em face do filho não biológico. Sentença de procedência. Recurso do réu. Alimentos pagos na quantia correspondente a 10% dos rendimentos líquidos da autora. Alimentando que atingiu a maioridade civil. Autora que havia adotado o réu e, posteriormente, ocorreu a destituição do poder familiar. Situação que, por si só, não implica em automática exoneração da obrigação. Subsistência da obrigação alimentar com base no art. 1.694 "caput" do CC. Alimentando que recentemente

Feitas as considerações sobre os princípios que têm maior influência sobre a temática dos alimentos, cumpre abordar sua função, os pressupostos de seu cabimento, suas características, bem como os sujeitos passíveis de prestá-los e recebê-los e as causas de extinção da obrigação de alimentar.

3. ALIMENTOS: FUNÇÃO, PRESSUPOSTOS, CARACTERÍSTICAS, SUJEITOS, MOMENTO DE SUA FIXAÇÃO E CAUSAS DE EXTINÇÃO

Yussef Cahali (2007, p. 45) afirma que a obrigação de prestar alimentos é vinculada a um direito de personalidade, na medida em que assegura a subsistência e a integridade física da pessoa. Constitui a obrigação de prestar alimentos, em natureza ou em espécie, segundo as regras de direito de família, àquela pessoa que deles necessita para garantir a sua sobrevivência. Essa obrigação envolve, contudo, mais que o suficiente para o mero sustento, uma vez que também se presta a atender necessidades pertinentes ao vestuário, à habitação, à saúde, a medicamentos, à educação e ao lazer. Caracteriza-se pela provisão de meios necessários a uma vida digna segundo os aspectos sociais e culturais circundantes à família. Neste tópico informam-se o perfil funcional e estrutural dos alimentos, sendo este delimitado pelos pressupostos, pelas características e pelos sujeitos da relação – credor e devedor.

3.1 Função dos Alimentos

Em apertada síntese, a função dos alimentos, de notável feição personalíssima, visa garantir as condições materiais à vida e à dignidade do alimentando. Como destaca Gama (2008, p. 486): "(...) os fundamentos da própria obrigação alimentar se revelam intimamente relacionados aos bens jurídicos imateriais que compõem a esfera extrapatrimonial da personalidade civil". Na mesma linha, Farias e Rosenvald (2022, p. 762) concluem que os alimentos têm natureza de "direito da personalidade, pois se destinam a assegurar a integridade física, psíquica e intelectual de uma pessoa humana".

Embora o ordenamento jurídico imponha os alimentos como uma espécie de obrigação, suas características fogem aos contornos traçados pelo Direito Obrigacional. No âmbito do direito de família, classificam-se como alimentos legítimos e, quanto à fonte, como um dever/obrigação derivado de previsão legal. Nesse aspecto

---

se retirou da instituição que o abrigava e precisou realizar diversas despesas para estabelecimento de sua nova moradia. Exoneração pretendida em momento inoportuno, no qual o réu se dedica à transição para vida adulta. Falta de elementos nos autos acerca da existência de fonte de subsistência capaz de garantir a satisfação das necessidades do alimentando. Obrigação alimentar mantida. Sentença de procedência do pedido reformada para julgar improcedente a ação. Recurso provido. (TJ-SP – AC: 10072994020208260477 SP 1007299-40.2020.8.26.0477, Relator: Alexandre Marcondes, Data de Julgamento: 22. Ago. 2022, 1ª Câmara de Direito Privado, Data de Publicação: 22. Ago. 2022).

distinguem-se dos alimentos ressarcitórios[6] e dos alimentos voluntários,[7] que são qualificados mais propriamente como prestações obrigacionais derivativas dos atos ilícitos ou negociais, respectivamente.

Em relação à sua abrangência, podem ser classificados como *alimentos côngruos* ou *civis*, expressos no *caput* do artigo 1694, CC. Esses são a regra e permitem à pessoa que os pleiteia viver de modo compatível à sua condição social, incluindo, se for o caso, o atendimento às necessidades de sua educação. Os chamados *alimentos necessários* ou *naturais* são definidos pelo parágrafo 2º do mesmo artigo como sendo aqueles "indispensáveis à subsistência", aplicáveis aos requerentes que, por força de sua própria conduta, colocaram-se na condição de precariedade e necessidade. Foram inoperantes, negligentes e desidiosos em relação à sua condição econômica/profissional. Contudo, em decorrência do princípio da solidariedade familiar, os alimentos ainda se justificam – mesmo que para a provisão restrita da subsistência.

Independentemente de se tratar de alimentos côngruos ou necessários, o pensionamento alimentício requererá, para a sua exigência, a existência de determinados pressupostos estabelecidos na lei.

3.2 Pressupostos da Obrigação/Dever de Alimentar no Direito das Famílias

O provimento das necessidades de quem não pode supri-las por si pauta-se em princípios como a solidariedade e a dignidade da pessoa humana, dentre outros que regem a família. Na linha do art. 1.694, caput e § 1º, do Código Civil, os parentes, cônjuges ou companheiros podem pedir alimentos uns aos outros, a fim de que possam viver de modo compatível com a sua condição social. A fixação do quantum alimentar respeitará o binômio necessidade de quem os pede e possibilidade de quem os deve. São pressupostos indispensáveis à configuração da obrigação de alimentar: o vínculo de parentesco/conjugalidade/convivencialidade, o dever de sustento decorrente do poder familiar, a necessidade de quem pede e a possibilidade daquele a quem se requer. Em princípio, desaparecendo o pressuposto, extingue-se a obrigação.

3.2.1 Relação de Parentesco – Conjugalidade – Convivencialidade

Diz o *caput* do artigo 1.694 do Código Civil de 2002: "Podem os parentes, os cônjuges ou companheiros pedir uns aos outros os alimentos de que necessitem para viver de modo compatível com sua condição social, inclusive para atender às necessidades de sua educação".

---

6. Alimentos Ressarcitórios são aqueles previstos no art. 948, inciso II, do CC, e devidos em função de reparação de danos materiais decorrentes de homicídio, em forma de prestação de alimentos às pessoas a quem o morto os devia, levando-se em conta a duração provável da vida da vítima.
7. Alimentos Voluntários consistem em uma liberalidade estabelecida por meio de negócio *inter vivos* ou *causa mortis*, em favor de determinada(s) pessoa(s). Seu tratamento é assunto tanto no direito obrigacional (*inter vivos*), como no direito sucessório (*causa mortis*).

Os parentes aqui citados são, em princípio, aqueles ligados por vínculos de consanguinidade, socioafetividade, adoção ou métodos de reprodução artificial medicamente assistida, mesmo que *post mortem* ou advindos de inseminação artificial homóloga ou heteróloga (art. 1.597, incisos III, IV e V, CC).

Os artigos 1.696 e 1.697 do Código Civil estabelecem que a obrigação seja recíproca entre pais e filhos e extensiva a todos os ascendentes, recaindo a obrigação sobre os mais próximos em grau e, em sua falta, sobre os seguintes. Na falta de ascendentes, a obrigação caberá aos descendentes, respeitada a ordem de vocação hereditária (ou seja, os mais próximos em grau devem ser chamados em primeiro lugar). Inexistindo descendentes ou ascendentes, tocará aos irmãos a obrigação, sejam eles germanos ou unilaterais (art. 1.697, CC).

Se o parente que deve alimentos em primeiro lugar não puder suportar o encargo integralmente, serão chamados a concorrer os de grau imediato. Se forem várias as pessoas obrigadas a prestar alimentos, todas concorrerão na proporção dos seus respectivos recursos (art. 1.698, CC).

Os alimentos para ascendente idoso também são regidos pela Lei 10.741/2003 – Estatuto do Idoso. Em seu art. 3º, dispõe sobre a obrigação da família, da comunidade, da sociedade e do Poder Público de "assegurar, com absoluta prioridade, a efetivação do direito à vida, à saúde, à alimentação, à educação, à cultura, ao esporte, ao lazer, ao trabalho, à cidadania, à liberdade, à dignidade, ao respeito e à convivência familiar e comunitária".

Embora também afirme que os alimentos serão prestados aos idosos, na forma da lei civil (art. 11), descreve a obrigação alimentar como sendo solidária entre os correspectivos devedores, conferindo ao alimentando a faculdade de escolher o prestador em face de quem exercerá o seu direito (art. 12). Na excepcionalidade de o idoso não possuir familiares em condição econômica de prover o seu sustento, caberá ao Estado, no âmbito da assistência social, o dever de fazê-lo (art. 14).

A conjunção dos artigos 11 e 12 gera certa divergência. Isso porque a solidariedade entre os potenciais prestadores de alimentos é incompatível com as características da divisibilidade, da proporcionalidade do encargo extraídas do art. 1.694, CC e fere a ordem estabelecida pelo art. 1.696, CC. Nessa medida, é indispensável a mediação do intérprete para ajustar a aplicação das duas leis.

A lei não estende as obrigações alimentares recíprocas aos parentes por afinidade.[8] Não obstante, a socioafetividade foi alçada a critério de parentesco pela tese

---

8. Noutra situação, podemos encontrar um recasamento em que padrastos e enteados estabeleçam relação afetiva de tal nível que o filho passa a ter dois pais ou duas mães, comportando-se os padrastos como pais e os enteados como filhos, mas exclusivamente no que tange ao suporte moral e ao desenvolvimento de uma relação amorosa verdadeira. Todavia, no tocante ao suporte material, a incumbência é tão somente aos pais consanguíneos, podendo eventualmente haver contribuição eventual dos padrastos. Por fim, temos a situação em que padrastos substituem integralmente os pais consanguíneos, tanto no tocante ao suporte moral, como no tocante ao suporte material, passando o enteado a ser filho de fato de seus padrastos, passando a existir a "posse do estado de filho", numa verdadeira adoção à brasileira sem alteração do registro civil de nascimento. (ANDRADE, 2010, p. 514, 515).

622,[9] fixada a partir do julgamento do Recurso Extraordinário 898.060, com repercussão geral reconhecida. E assim, reconhecido o parentesco por socioafetividade, a ele serão creditados todos os direitos correspondentes, inclusive, os alimentos recíprocos. A mesma decisão reconhece a possibilidade de multiparentalidade que, de igual sorte, também justifica o dever/obrigação alimentar.

Entre os cônjuges e companheiros, a obrigação alimentar tem sido severamente limitada pelas decisões do Superior Tribunal de Justiça, que,[10] desde o ano de 2011, aprovou a tese dos alimentos temporários, reservando os alimentos definitivos apenas àqueles que não podem prover suas necessidades pelo próprio trabalho, em virtude de doença incapacitante ou idade.[11]

Outras possibilidades trazidas pelo artigo 33 da Lei 8.069/1990, Estatuto da Criança e do Adolescente e artigo 1.740, inciso I, CC, respectivamente, embora não citadas nos artigos do Código Civil que tratam sobre o assunto, é a de prestação de alimentos a que se obrigam guardiães e tutores. Seguem, semelhantemente, sob as regras até aqui comentadas.

---

9. Repercussão Geral 622: "A paternidade socioafetiva, declarada ou não em registro público, não impede o reconhecimento do vínculo de filiação concomitante baseado na origem biológica, com os efeitos jurídicos próprios". (STF, REx 898.060, Rel. Min. Luiz Fux, Plenário, pub. 24 ago. 2017).

10. Agravo interno no agravo em recurso especial de s. S. V. Família. Alimentos entre ex-cônjuges. Exoneratória. Excepcionalidade à regra da temporalidade e transitoriedade não presente. Incontroversa autonomia financeira adquirida pela alimentada, que recebe pensão há mais de 11 anos. Decisão mantida. Agravo interno não provido. 1. Há entendimento firme no âmbito do STJ de que a pensão entre os ex-cônjuges não está limitada somente à prova da alteração do binômio necessidade/possibilidade, devendo ser considerada outras circunstâncias, como a capacidade potencial para o trabalho, o tempo decorrido entre o seu início e a data do pedido de desoneração. 2. Na linha da jurisprudência desta Casa, o pensionamento somente deve ser perene em situações excepcionais, como de incapacidade laboral permanente, saúde fragilizada, ou impossibilidade prática de inserção no mercado de trabalho ou de adquirir autonomia financeira. 3. No caso concreto, considerando a inequívoca autonomia financeira adquirida pela alimentada, que fez doação milionária para as filhas e que recebe pensão há mais de 11 (onze) anos, não é a hipótese de se excepcionar a regra da temporalidade e transitoriedade do pensionamento entre ex-cônjuges. 4. Não sendo a linha argumentativa apresentada capaz de evidenciar a inadequação dos fundamentos invocados pela decisão agravada, o presente agravo interno não se revela apto a alterar o conteúdo do julgado impugnado, devendo ele ser integralmente mantido em seus próprios termos. 5. Agravo interno não provido. (STJ – AgInt no AREsp: 1855776 RJ 2021/0081742-4, Relator: Ministro Moura Ribeiro, Data de Julgamento: 29.05.2023, T3 – Terceira Turma, Data de Publicação: DJe 31.05.2023).

11. Civil e processual civil. Alimentos. Exoneração. Inexistência de alteração no binômio necessidade/possibilidade. 1– Os alimentos devidos entre ex-cônjuges serão fixados com termo certo, a depender das circunstâncias fáticas próprias da hipótese sob discussão, assegurando-se, ao alimentado, tempo hábil para sua inserção, recolocação ou progressão no mercado de trabalho, que lhe possibilite manter pelas próprias forças, status social similar ao período do relacionamento 2 – Serão, no entanto, perenes, nas excepcionais circunstâncias de incapacidade laboral permanente ou, ainda, quando se constatar, a impossibilidade prática de inserção no mercado de trabalho.3 – Em qualquer uma das hipóteses, sujeitam-se os alimentos à cláusula rebus sic stantibus, podendo os valores serem alterados quando houver variação no binômio necessidade/possibilidade. 4 – Se os alimentos devidos a ex-cônjuge não forem fixados por termo certo, o pedido de desoneração total, ou parcial, poderá dispensar a existência de variação no binômio necessidade/possibilidade, quando demonstrado o pagamento de pensão por lapso temporal suficiente para que o alimentado revertesse a condição desfavorável que detinha, no momento da fixação desses alimentos. 5 – Recurso especial provido. (STJ – REsp: 1205408 RJ 2010/0145953-6, Relator: Ministra Nancy Andrighi, Data de Julgamento: 21/06/2011, T3 – Terceira Turma, Data de Publicação: DJe 29 jun. 2011).

Na guarda, os alimentos podem ser prestados concomitantemente pelos pais e guardiães, ou por qualquer destes. Na tutela, todavia, o art. 1.740, inciso I, CC, prevê como uma das primeiras incumbências do tutor, quanto à pessoa do menor: "dirigir-lhe a educação, defendê-lo e prestar-lhe alimentos, conforme os seus haveres e condição", quando o menor tiver bens, ou estes não sejam suficientes à sua manutenção. O artigo 1.746, CC, prescreve que se o menor de idade possuir bens suficientes, será sustentado e educado às expensas deles, no valor fixado pelo juiz, ou fixado pelos pais.

3.2.2   Necessidade de quem os pleiteia

Dentre os pressupostos estabelecidos por lei para justificar os alimentos está a necessidade de quem os pleiteia. Segundo a primeira parte do artigo 1.695 do CC, a necessidade pode ser compreendida como a situação daquele que, "não tem bens suficientes, nem pode prover, pelo seu trabalho, à própria mantença...". Tal situação deve ser comprovada, salvo quanto aos filhos submetidos à autoridade parental, cuja necessidade é presumida e correspondente ao *dever de sustento* imposto aos pais. Enquanto a doutrina e a jurisprudência tradicional[12] sustentam que a presunção da necessidade dos filhos menores é absoluta, cabe refletir sobre os casos nos quais esses alimentandos possuem renda e bens suficientes para proverem seu autossustento.

Como antes referido, os alimentos côngruos são a regra, conforme o *caput* do art. 1.694, CC, uma vez que se prestam a assegurar não apenas a subsistência, mas a preservação da condição social do alimentando.

Na aferição da necessidade, deve-se analisar eventual vulnerabilidade que impeça o sujeito de prover o seu sustento. A presunção da necessidade que se aplica às crianças e aos adolescentes submetidos à autoridade parental também se estende à pessoa com deficiência mais intensa, como prevê o art. 1.590 do CC. Embora reconhecida a sua capacidade jurídica pela Lei Brasileira de Inclusão e pela própria Convenção sobre os Direitos da Pessoa com Deficiência, pode uma maior vulnerabilidade justificar essa assistência material.

---

12. Apelação Cível. Alimentos. Fixação de alimentos em favor de filho menor de idade. Alimentante desempregada. Dever de sustento da prole durante a menoridade. Manutenção da obrigação alimentar estipulada em sentença. Os pais possuem dever de sustento em relação aos filhos menores, conforme art. 22 do ECA e art. 1.566, inc. IV, do Código Civil. O valor da verba alimentar deve ser fixado na medida da necessidades do beneficiário e das possibilidades da pessoa obrigada, nos termos do § 1º do art. 1.694 do CCB. No caso, são presumidas as necessidades do beneficiário dos alimentos, que conta 16 anos de idade. Em relação às possibilidades da alimentante, tem-se que ela está desempregada, não informando qualquer fonte de renda. Nesse contexto, descabe reduzir o encargo alimentar fixado em sentença, de 15% do salário mínimo nacional, quantia que é até mesmo inferior ao habitualmente estipulado em casos análogos, quando os alimentos se destinam a um único beneficiário menor de idade e o prestador está desempregado. Considerando o dever absoluto de sustento da prole durante a menoridade, compete à apelante se esforçar para cumprir com a obrigação estipulada, a fim de alcançar o mínimo necessário à mantença de seu filho, um adolescente em idade escolar. Negaram provimento. Unânime. (TJ-RS – AC: 50010862120198210057 Lagoa Vermelha, Relator: Luiz Felipe Brasil Santos, Data de Julgamento: 03.11.2022, Oitava Câmara Cível, Data de Publicação: 04.11.2022).

3.2.3 Possibilidade de quem os presta

A possibilidade de prestar alimento, conforme a segunda parte do artigo 1.695, CC, é medida pela capacidade de fornecê-los, "sem desfalque do necessário ao seu sustento".

O alimentante tem as suas próprias necessidades a suprir e não pode ser chamado à obrigação de alimentar se não puder fazê-lo. O Estatuto do Idoso ressalta essa circunstância no art. 14. Infelizmente, porém, o Brasil é um país de notória desigualdade social, cultural e econômica, e grande massa de sua população recebe apenas o salário mínimo, dificultando a equação entre o sustentar-se e alimentar os parentes, em especial, filhos menores. Não haverá como afastar o dever de sustento desses filhos, embora a situação de pobreza seja compartilhada entre ambos os polos.[13] Em situações como essas, não é incomum chamarem-se os avós para a complementação da obrigação, se estiverem em condições de prestá-la.

3.2.4 Proporcionalidade – entre necessidade de quem pede e possibilidade de quem presta alimentos

De forma a coadunar as realidades de necessidade de quem pleiteia os alimentos e a possibilidade de quem é chamado a prestá-los, impõe-se o devido sopesamento. É o que se chama de proporcionalidade, prevista no art. 1.694, § 1º, CC: "Os alimentos devem ser fixados na proporção das necessidades do reclamante e dos recursos da pessoa obrigada". Busca-se esse equilíbrio, analisando as possibilidades financeiras do alimentante, os sinais exteriores de riqueza esboçados nas suas roupas, no carro, nos imóveis e nos demais bens que possui, observando-se ainda os seus hábitos sociais, as postagens nas redes sociais etc.

Assim como a necessidade de quem pleiteia, é necessário provar-se a possibilidade de quem é chamado a pensionar, cabendo ao juiz, no caso concreto, fixar o valor, respeitando a proporcionalidade e as vicissitudes do caso concreto. Não há um tabelamento legal para orientar a fixação dos alimentos.

Como o binômio necessidade/possibilidade pode ser cambiante e sofrer alterações pela dinâmica da vida, o quantum fixado a título de pensão alimentícia pode ser alterado (art. 1.699, CC), sem que se possa falar em coisa julgada material nas ações de alimentos.

---

13. Alimentos. Revisional. Filho menor. Ação visando a redução dos alimentos fixados em 30% dos rendimentos líquidos ou, em caso de desemprego, manutenção do último valor pago. Sentença de parcial procedência, fixando alimentos em caso de desemprego no patamar de 30% do salário-mínimo. Inconformismo do genitor que não merece acolhida. Alegação de desemprego que, por si só, não autoriza a redução dos alimentos. Menoridade do alimentando. Necessidade presumida. Genitora que já possui o encargo da guarda. Valor fixado que se mostra razoável, considerando também as necessidades básicas presumidas do alimentando, tais como alimentação, material escolar e vestuário. Sentença mantida. Recurso não provido. (TJ-SP – AC: 10091769320208260451 SP 1009176-93.2020.8.26.0451, Relator: Fernanda Gomes Camacho, Data de Julgamento: 05.05.2022, 5ª Câmara de Direito Privado, Data de Publicação: 05.05.2022).

3.3 Características dos alimentos no Direito das Famílias

São os traços que distinguem a obrigação alimentar das relações obrigacionais comuns. Enquanto os alimentos estejam posicionados no Título II: Do direito Patrimonial, no Livro de Direito de Família, do Código Civil, são marcados sensivelmente pela função de promover as condições materiais indispensáveis ao desenvolvimento da personalidade dos alimentandos. À vista disso, suas características são matizadas por normas de ordem pública amalgamadas na solidariedade comum às relações intrafamiliares.

3.3.1 Direito Personalíssimo – Intransmissibilidade – Indisponibilidade – Incompensabilidade – Impenhorabilidade

Repisa-se que a obrigação/dever de alimentar tem por fim o provimento das necessidades de quem os pleiteia, de forma a lhes garantir a sua sobrevivência e a sua dignidade, com os corolários da integridade física e psíquica. Como vincula credor e devedor, à vista da autoridade parental, do vínculo de parentesco e da conjugalidade/convivencialidade, diz-se se tratar de uma obrigação *intuito personae* que implica a intransmissibilidade. A morte do credor fará desaparecer o pressuposto da necessidade e levará à extinção do dever/obrigação de alimentar. A morte do devedor, por sua vez, pode determinar a sua transmissibilidade aos herdeiros, em atenção ao disposto no art. 1.700 do CC.

Diversas são as discussões acerca do objeto da transmissão, perquirindo sobre o que é transmissível: a obrigação alimentar em si ou as prestações devidas, vencidas e não pagas (arts. 1.694, § 1º e 1.695, CC). Ressalta-se o benefício do inventário, consignado no art. 1.792 do CC, segundo o qual o herdeiro não responderá por encargos superiores às forças da herança.

Assim, alguns pressupostos devem ser considerados para se admitir a transmissibilidade. Em primeiro lugar, requer-se que os alimentos tenham sido estabelecidos judicialmente ou por meio de acordo extrajudicial (Veloso, 2002, p. 40). E, relativamente a esses, a transmissibilidade restringe-se às parcelas vencidas, uma vez que "[...] parece-nos inadmissível a ampliação do art. 1.700 no elastério do art. 1.696, para entender-se como transmitido o dever legal de alimentos, na sua *potencialidade* (e não na sua *atualidade*), para abrir ensanchas à pretensão alimentar deduzida posteriormente contra os herdeiros do falecido, parente ou cônjuge" (Cahali, 2006, p. 79). Em suma, trata-se de uma transmissibilidade *intra vires hereditatis*, circunscrita àquela prestação alimentar constituída anteriormente ao falecimento do *de cuius* (Tepedino; Teixeira, 2020, p. 344) e somente será arcada pelos herdeiros nos limites das forças da herança, proporcionalmente à sua quota hereditária (Lobo, 2022, p. 385).

Para Tepedino e Teixeira (2020, p. 345), a cobrança deve ser feita, no curso do inventário, ao espólio. Decisão do STJ (AREsp: 1865668 SP 2021/0092567-2) considerou substituir o devedor de alimentos que faleceu no curso da execução de alimentos, por seus respectivos herdeiros (e não o espólio), imputando-lhes o dever de responder pelo débito no limite dos seus respectivos quinhões, em respeito ao art. 1.792, CC. Em outra decisão, produzida pela Terceira Turma, deferiu-se o pedido de antecipação de recursos, formulado por herdeira necessária para o fim de atender à sua subsistência (REsp: 1835983 PR 2019/0262515-2).

Em suma, o objeto da transmissão não é a obrigação de alimentar, e sim o débito devido e não pago antes do óbito. Independentemente disso, o credor de alimentos poderá demandar, em nova ação e à vista do art. 1.694 do CC, os demais parentes que estão sujeitos à obrigação de sustentá-lo.

Em virtude de sua função e do caráter personalíssimo, os alimentos são inalienáveis, impenhoráveis e incompensáveis, portanto, são indisponíveis. Súmula 621 do STJ dispôs: "Os efeitos da sentença que reduz, majora ou exonera o alimentante do pagamento retroagem à data da citação, vedadas a compensação e a repetibilidade".

A despeito da característica da indisponibilidade, nada obsta que as partes possam estipular o valor da pensão e a forma de sua prestação, cabendo ao Ministério Público atuar como fiscal da lei nos casos que envolvem interesse de crianças/adolescentes e demais pessoas vulneráveis, como aquelas com alguma deficiência e o idoso. O Estatuto do Idoso admite expressamente a possibilidade de transação relativa a alimentos, quando celebradas perante o promotor de justiça ou defensor público, que as referendará para que possam surtir efeito de título executivo extrajudicial (art. 13). Os tribunais estaduais têm homologado transação extrajudicial, envolvendo pensão alimentícia devida a filho menor, após o parecer do representante do ministério público.

Dada à premência dos alimentos para a satisfação da necessidade de quem os recebe, a lei veda a sua compensação (art. 373, incisos II e III c/c art. 1.707, CC), assim compreendida como uma forma de extinção de obrigações, até o valor da quantia, entre pessoas que forem, ao mesmo tempo, credora e devedora uma da outra. Na dicção do art. 368, CC: "Se duas pessoas forem ao mesmo tempo credor e devedor uma da outra, as duas obrigações extinguem-se, até onde se compensarem". A possibilidade da compensação dos alimentos vincendos pode periclitar a situação do alimentando que deles necessita para sobreviver.

Excepcionalmente e para evitar o enriquecimento ilícito, o STJ admite a mitigação da incompensabilidade dos alimentos, desde que não recaia prejuízo sobre o alimentando (3ª. Turma – REsp 1501992/RJ). Essa Corte tem admitido a compensação para evitar duplo pagamento da prestação, se o alimentante houver realizado despesas *in natura* referentes à moradia, saúde, educação etc. (STJ – AgInt no AREsp: 1256697 MG 2018/0048189-0).

Às parcelas vencidas não se aplica a restrição com o mesmo rigor, podendo ser objeto de transação (Dias, 2017, p. 35) e compensação.

Os créditos alimentares também não podem ser objeto de penhora, conforme se extrai dos artigos 832, 833, inciso IV e §2º, do Código de Processo Civil. Há exceção à regra da impenhorabilidade, para garantir o pagamento do débito com natureza alimentar, a exemplo dos honorários de advogado, salário do empregado doméstico etc.

3.3.2 Reciprocidade

As pessoas obrigadas a prestar alimentos em um determinado momento de suas vidas podem, em circunstância posterior, estar em situação de recebê-los, dadas as vicissitudes da vida. A própria lei prevê a possibilidade nos artigos 1.694 e 1.696, CC, quando atribui aos parentes, notadamente aos pais e filhos, essa reciprocidade da obrigação alimentar. Tocante aos colaterais, a obrigação somente se impõe até àqueles parentes de segundo grau, ou seja, os irmãos (art. 1.697, CC).

3.3.3 Atualidade

De forma a evitar o comprometimento de seu valor, os alimentos, quando fixados, devem sê-lo por meio de um critério que garanta a correção de seu valor, de forma a afastar a necessidade de sucessivas demandas judiciais no intuito de sua atualização. O artigo 1.710 do CC prescreve que tal ocorra "segundo índice oficial regularmente estabelecido". Importa que sejam fixados mediante um critério seguro que importe a sua correção contínua.

A despeito da vedação constitucional de uso do salário mínimo como fator de indexação obrigacional (art. 7º., IV), os tribunais se apropriaram dessa alternativa para garantir a atualidade do pensionamento alimentar, e quanto a isso não há vedação pela jurisprudência do STJ, que veda apenas a utilização concomitante de índices de correção monetária e indexação pelo salário mínimo (STJ – EREsp: 1670794 DF 2017/0112747-0).

Como se destinam ao sustento, voltam-se a atender às demandas atuais e futuras de quem pleiteia, sem alcançar o tempo pretérito, quando o alimentando não havia exercido o direito ao pensionamento, nos moldes do art. 528 e ss. do Código de Processo Civil.

3.3.4 Imprescritibilidade

Enquanto existirem os pressupostos de sua exigibilidade, os alimentos poderão ser requeridos, configurando-se como imprescritíveis. Poderão ser reivindicados a qualquer tempo em face dos obrigados, desde que provadas a necessidade de quem pede e a possibilidade do devedor. As prestações devidas e não pagas, porém, prescrevem em dois anos a contar do vencimento, como orienta a redação do artigo 206, *caput*, e § 2º, CC.

Nos casos em que a pensão seja fixada em ação de investigação de paternidade, o prazo prescricional para o cumprimento da sentença que condenou o requerido ao pagamento da verba alimentícia retroativa terá início com o trânsito em julgado da decisão que reconheceu a paternidade (REsp. 1.634.063-AC), e esse é o entendimento de Farias e Rosenvald (2022, p. 768).

São causas impeditivas da prescrição aquelas descritas nos artigos 197 e 198 do Código Civil. Nessa medida, não corre o prazo prescricional para que o descendente sujeito ao poder familiar possa reclamar os alimentos vencidos, tampouco para aquele que é qualificado como absolutamente incapaz.

3.3.5 Irrepetibilidade

A irrepetibilidade dos alimentos é aceita pela doutrina e jurisprudência, mesmo sem previsão expressa na lei.[14] Por seu intermédio, veda-se ao alimentante pedir de volta o que já foi pago ao alimentando, ainda que indevidamente. (Súmula 621, STJ, sobre a irrepetibilidade e incompensabilidade dos alimentos em face dos efeitos da sentença que reduz, majora ou exonera o alimentante).

Resulta da fundamentação primordial dos alimentos na solidariedade e promoção da dignidade. Nem mesmo a desconstituição do vínculo familiar por decisão transitada em julgado na ação negatória de paternidade autoriza a restituição dos alimentos pagos (DIAS, 2017, p. 41).

Excepcionalmente, poderão ser repetidos, se o alimentante provar que os pagou indevidamente e que o parente que os devia legalmente efetuou o pagamento (Lobo, 2022). Na hipótese em que o pagamento indevido resulta do ardil doloso, da má-fé ou fraude do alimentando, Rolf Madaleno (2022, p. 984) defende a possibilidade de o alimentante exigir a sua devolução, como forma de desprestigiar o enriquecimento ilícito.[15]

3.3.6 Irrenunciabilidade

A indisponibilidade da própria vida é um dos fundamentos da irrenunciabilidade do direito aos alimentos, visto que, impotente para prever o futuro, o ser humano

---

14. Apelação Cível – Ação de Repetição De Indébito – Alimentos pagos indevidamente – Restituição do valor – Princípio da Irrepetibilidade – Impossibilidade. – Os alimentos são pagos para a subsistência básica do alimentando – Considerando a relevância dos alimentos, não é possível a pretensão de sua devolução, porquanto reconhecido como verba alimentícia, os recursos foram destinados ao consumo. (TJ-MG – AC: 10000221311186001 MG, Relator: Pedro Aleixo, Data de Julgamento: 06.10.2022, Câmaras Especializadas Cíveis / 4ª Câmara Cível Especializada, Data de Publicação: 07.10.2022).

15. Recurso de apelação – Direito de família – Ação de restituição de valores – Via de regra irrepetibilidade – Necessidade de demonstração de má-fé – Sentença cassada – Recurso provido. – Considerando a relevância dos alimentos, via de regra, não é possível a pretensão de sua devolução, surgindo daí o chamado Princípio da Irrepetibilidade – Acerca do argumento relativo à impossibilidade de devolução de verba de natureza alimentícia, tem-se que o Princípio da Irrepetibilidade dos Alimentos não se compraz com a má-fé, devendo, em caso que tal, ser mitigado para dar lugar ao Princípio da Vedação do Enriquecimento Ilícito. (TJ-MG – AC: 50008180220208130106, Relator: Des.(a) Ivone Campos Guilarducci Cerqueira (JD Convocado), Data de Julgamento: 02.05.2023, Câmara Justiça 4.0 – Especiali, Data de Publicação: 08.05.2023).

não poderia renunciar, de uma vez por todas, ao que poderia ser, em uma situação de infortúnio, sua única possibilidade de subsistência, preservando-lhe assim a própria vida. A despeito da redação impositiva do artigo 1.707 do Código Civil: "Pode o credor não exercer, porém lhe é vedado renunciar o direito a alimentos, sendo o respectivo crédito insuscetível de cessão, compensação ou penhora", os cônjuges/companheiros podem acordar que não exercerão o direito aos alimentos, hodiernamente.[16] Persiste a dissidência sobre a possibilidade de renúncia.

Os Tribunais reiteram o entendimento de que são irrenunciáveis em relação aos alimentos devidos em virtude do parentesco.[17] Para Dias (2017), ante a clara dicção legal do art. 1.707, são irrenunciáveis mesmo entre os cônjuges/companheiros, o que não impede a estes de não exercer o direito, ou seja, de os dispensar, podendo o ex-cônjuge pleiteá-lo, em momento posterior, desde que comprove a efetiva necessidade e a capacidade contributiva do alimentante.[18] Regidos por normas de ordem

---

16. Agravo de instrumento – Direito de família – Ação de alimentos entre cônjuges – Realização de divórcio consensual anterior devidamente homologado – Cláusula de dispensa de alimentos entre os cônjuges – Renúncia ao direito de alimentos – Não demonstração de vícios quanto ao consentimento ou de defeitos insanáveis – Eficácia e validade da manifestação de vontade – autonomia negocial – Irrenunciabilidade dos alimentos – Artigo 1.707 do CC/02 – Subsistência do vínculo de direito de família. – A obrigação alimentar em favor do cônjuge tem por fundamento o dever de mútua assistência (inciso III do artigo 1.566 c/c artigo 1.694, ambos do CC/02) – Inexistindo vício de consentimento ou defeito insanável, a dispensa entre cônjuges dos alimentos decorrentes da relação conjugal implica renúncia ao direito e deve ser considerada válida e eficaz – A irrenunciabilidade do direito aos alimentos somente é admitida enquanto subsista o vínculo de direito de família, sendo válida e eficaz a renúncia dos cônjuges manifestada quando do divórcio – No caso analisado, os cônjuges, quando da dissolução do vínculo matrimonial, por meio do livre manifestação de vontade e no exercício da autonomia negocial, resolveram a questão referente aos alimentos, perfectibilizando a dispensa mútua ao pagamento da verba alimentar, mediante a renúncia. (TJ-MG – AI: 10000220294946001 MG, Relator: Ana Paula Caixeta, Data de Julgamento: 02.06.2022, Câmaras Especializadas Cíveis / 4ª Câmara Cível Especializada, Data de Publicação: 02.06.2022).

17. Apelação cível – Ação de divórcio litigioso – Interesse de menor de idade – Audiência realizada sem a presença do Ministério Público – Acordo renunciando aos alimentos devidos aos filhos – Homologação do acordo – Impossibilidade – Princípio do melhor interesse da criança – Prioridade absoluta – Direito a alimentos – Indisponível e irrenunciável – Sentença cassada. – Deve-se sempre agir com cautela no que se refere à ação que envolva interesse de adolescentes, eis que o importante é preservar os superiores interesses destes, que devem permear toda e qualquer relação dessa natureza; tal critério, em verdade, foi alçado à condição de metaprincípio, por orientar toda a interpretação legislativa e atuação jurisdicional – Não obstante a autonomia da vontade dos pais deva ser respeitada, privilegiando-se, sempre que possível, a autocomposição, deve-se perquirir se está sendo garantido o melhor interesse dos filhos, eis que a doutrina da proteção integral deve iluminar toda a condução do processo, seja ele contencioso ou de jurisdição voluntária, o que não foi observado no caso em apreço – Nos termos do art. 1.707, do Código Civil, "pode o credor não exercer, porém lhe é vedado renunciar o direito a alimentos (...)", razão pela qual não poderia a genitora renunciar o direito a alimentos devidos aos filhos pelo genitor, sendo este um direito indisponível e irrenunciável. (TJ-MG – AC: 10418160003343001 Minas Novas, Relator: Roberto Apolinário de Castro (JD Convocado), Data de Julgamento: 05.08.2021, Câmaras Cíveis / 5ª Câmara Cível, Data de Publicação: 08.08.2021).

18. Ementa: Apelação Cível – Divórcio Consensual – Alimentos Entre Ex-Cônjuges – Cláusula De Renúncia Recíproca – Sentença Homologatória – Declaração De Dispensa Mútua Dos Alimentos – Efeitos Jurídicos Diversos – Adequação Da Decisão À Vontade Das Partes – Expedição De Novo Mandado De Averbação – Recurso Provido. 1. A renúncia ao direito de receber alimentos, manifestada no acordo celebrado entre as partes e homologado em Juízo, constitui ato jurídico perfeito, podendo ser desconstituído somente na hipótese de comprovado vício de consentimento. 2. A dispensa recíproca dos alimentos, por sua vez, possui caráter transitório, podendo o ex-cônjuge pleiteá-los, em momento posterior, desde que comprove a efetiva

pública, os alimentos são inafastáveis por ato de autonomia privada (Tepedino; Teixeira, 2020, p. 339). Paulo Lobo (2022, p. 386) também entende que os cônjuges/companheiros poderão dispensar, sem renunciar alimentos. A prática advocatícia mostra, contudo, acordos judiciais e extrajudiciais de separação, divórcio e dissolução de união estável incluindo cláusulas pelas quais as partes declaram renúncia recíproca de alimentos. Para Farias e Rosenvald (2022, p. 764), uma tal cláusula de renúncia é nula de pleno direito, sustentando por mais correta a opção pelo não exercício do direito aos alimentos.

A 3ª Turma do STJ decidiu, no REsp 701.902, que "a cláusula de renúncia de alimentos, constante de acordo de separação devidamente homologado, é válida e eficaz, não permitindo ao ex-cônjuge que renunciou, a pretensão de ser pensionado ou voltar a pleitear o encargo". Obtemperando essa decisão, o REsp 1.178.233 dispôs "não obstante considere-se válida e eficaz a renúncia manifestada por ocasião de acordo de separação judicial ou de divórcio, nos termos da reiterada jurisprudência do STJ, não pode ela ser admitida na constância do vínculo familiar". Sob esse entendimento, segue o Enunciado 263 da III Jornada de Direito Civil do Conselho de Justiça Federal: "o art. 1.707 do Código Civil não impede seja reconhecida válida e eficaz a renúncia manifestada por ocasião do divórcio (direto ou indireto) ou da dissolução da "união estável". A irrenunciabilidade do direito a alimentos somente é admitida enquanto subsistir vínculo de Direito de Família".

3.3.7 Subsidiariedade e Divisibilidade da Obrigação

A divisibilidade da obrigação alimentar resulta da oneração proporcional do alimentante conforme a sua força financeira, em especial, quando estiver concorrendo com outros sujeitos coobrigados. Até mesmo os pais, no exercício do poder familiar, são onerados a pagar os alimentos aos filhos na proporção dos seus bens e rendimentos (art. 1.568, CC).

O fato de o art. 1.696 estabelecer a reciprocidade de alimentos entre os parentes, extensivo aos demais ascendentes, fazendo recair a obrigação sobre aqueles de grau mais próximo, e, na sua falta, sobre os demais, não lhes impõe uma obrigação solidária, à vista do mesmo princípio da proporcionalidade que orienta a fixação do quantum alimentar (art. 1.696, § 1º). Embora o Estatuto do Idoso tenha expressamente afirmado que os alimentos devidos à pessoa idosa sejam marcados pela solidariedade (art. 12), o fato de a mesma lei haver mencionado que a obrigação seguirá os ditames da lei civil (art. 11) desvanece qualquer pretensão de impingir a característica da solidariedade, tal como delineada pelo direito obrigacional, à matéria. Não se coaduna

---

necessidade e a capacidade contributiva do alimentante. 3. Tendo em vista a inequívoca manifestação das partes em renunciar reciprocamente os alimentos, e não em dispensá-los por ora, deve ser alterada a sentença nessa parte, para adequá-la aos termos do pacto. 4. Recurso provido. (TJ-MG – AC: 10000210013918001 MG, Relator: Raimundo Messias Júnior, Data de Julgamento: 27 jul. 2021, Câmaras Cíveis / 2ª Câmara Cível, Data de Publicação: 28 jul. 2021).

com a divisibilidade da obrigação alimentar e com a proporcionalidade da fixação do quantum impor a obrigação solidária de alimentar o idoso a três filhos de capacidade contributiva diferente, vinculando cada um ao dever de pagar o mesmo importe.

Também não implica solidariedade obrigacional o chamamento de parentes de grau mais longínquo para responder pelos alimentos integralmente ou complementar a obrigação imposta primariamente ao ascendente de grau mais próximo ao alimentante, como na hipótese do art. 1.697, CC. Instaura-se, aqui, uma obrigação subsidiária, e não solidária. De acordo com o art. 265, CC, a solidariedade decorre da previsão legal ou contratual – não se presume. Para exigir a prestação do ascendente de grau mais remoto, ou, na sua falta, dos irmãos (art. 1.698, CC), será indispensável a comprovação da impossibilidade daquele que primeiramente deveria atendê-la.

A divisibilidade da obrigação de alimentar está prevista no artigo 1.698, CC: "Se o parente, que deve alimentos em primeiro lugar, não estiver em condições de suportar totalmente o encargo, serão chamados a concorrer os de grau imediato; sendo várias as pessoas obrigadas a prestar alimentos, todas devem concorrer na proporção dos respectivos recursos, e, intentada ação contra uma delas, poderão as demais ser chamadas a integrar a lide".

Conforme leciona Rolf Madaleno (2022, p. 970): "A pensão alimentícia deve ser dividida entre todos os coobrigados, só sendo excluído algum codevedor se demonstrar não ter condições econômico-financeiras para atender ao pleito alimentar". Sendo várias as pessoas chamadas à obrigação, cada uma delas contribuirá, exclusivamente, na proporção dos seus recursos, buscando-se um equilíbrio que considere as possibilidades de cada um dos coobrigados.

Sendo vários os potenciais credores, igualmente coobrigados, o alimentando poderá intentar a ação contra qualquer deles, como se depreende da parte final do art. 1.698, CC e art. 12 do Estatuto do Idoso. Ao demandado caberá, se assim o quiser, chamar os demais a integrar a lide.

3.3.8 Alternatividade

A alternatividade está assinalada no art. 1.701 do CC e se caracteriza pela possibilidade de o devedor de alimentos supri-los em dinheiro, *in natura* ou de maneira híbrida, parte em dinheiro e parte *in natura*, atendendo as demandas específicas do alimentante diretamente, pelo pagamento do plano de saúde, escola, aluguel ou gêneros alimentícios etc.

Trata-se de uma característica comum à obrigação alternativa (art. 252, CC.). Mas, no direito de família, não configura um direito subjetivo absoluto do alimentante, cabendo ao juiz apreciar a sua conveniência em face das circunstâncias do caso concreto, conforme orienta o parágrafo único do art. 1.701, CC. E, em se tratando de alimentante maior de idade, caberá a este assentir com a proposta do alimentante de realizar os alimentos de modo alternativo, pelo oferecimento da prestação *in natura*.

A prestação de alimentos comumente se operacionaliza por meio de prestações pecuniárias, mas nada impede que ela se dê em gêneros, hospedagem, sustento etc. Mesmo podendo o devedor escolher a forma de adimplir a obrigação, em nome do bom senso e para evitar circunstâncias constrangedoras entre alimentante e alimentando, pode o juiz, diante de circunstâncias especiais, decidir a forma do cumprimento de tal obrigação. É a ressalva do § único do artigo 1.701, CC: "Compete ao juiz, se as circunstâncias o exigirem, fixar a forma do cumprimento da prestação".

3.4 Sujeitos Passíveis de Prestar e de Receber Alimentos

Várias são as pessoas elencadas pela lei em situação de prestar e receber alimentos, embora as condições de exigência para cada uma delas não sejam exatamente as mesmas e, no que se refere à extensão desses alimentos a outros parentes, também resultam especificidades, como se verá adiante.

3.4.1 Pais e filhos

Os alimentos entre pais e filhos é recíproco e, em princípio, exigíveis em qualquer tempo. Quando exercem o poder familiar em face dos filhos menores não emancipados, cabe aos pais o dever de sustentá-los. Tal dever se impõe pela presunção da necessidade das crianças/adolescentes e pelo *munus* da autoridade parental. É indiferente o critério do parentesco paterno/materno/filial – seja biológico ou civil, pelas modalidades da adoção, socioafetividade ou qualquer outra origem. Uma vez estabelecido o vínculo, caberá aos pais o exercício de todos os deveres pertinentes ao poder familiar.

Uma vez que atinjam a maioridade, o dever de alimentar decorrente do poder familiar se converte na obrigação de alimentar recíproca, em virtude do parentesco em linha reta. Para Paulo Lôbo (2022, p. 392), o dever de alimentar se estende aos filhos jovens de até 29 anos, por força da Lei 12.852/2013 (Estatuto da Juventude), enquanto estiverem concluindo os estudos de graduação, pois presumida será a sua necessidade.

Ao considerar a legislação tributária, o filho somente será considerado dependente, para fins das deduções ao Imposto de Renda, se tiver até 24 anos de idade (Lei 9.250/1995). Segundo a Convenção sobre Cobrança Internacional de Alimentos para Crianças e outros membros da família, ratificada pelo Brasil pelo Decreto 9.176/2010, fixou-se o marco etário de 21 anos para que o filho possa realizar a cobrança internacional de alimentos. Pela dicção do art. 1.590, CC, entende-se que a pessoa com deficiência incapacitante para o trabalho é presumivelmente necessitada do apoio assistencial alimentar dos pais e demais parentes, ainda que maior e considerada civilmente capaz, nos termos da Convenção sobre os Direitos da Pessoa com Deficiência (art. 12) e da Lei Brasileira de Inclusão (art. 6º e art. 84).

A obrigação de prestar alimentos aos filhos menores se impõe após a emancipação voluntária e uma eventual suspensão ou destituição do poder familiar, de forma a que, nestes últimos casos, a sanção imposta não venha a se converter em verdadeiro "bônus" para exonerar o pai ou a mãe desidioso ou abusivo dos deveres patrimoniais.

Na linha jurisprudencial, admite-se a extensão dos alimentos durante o período de formação profissional do filho,[19] provadas a necessidade e a boa-fé, sem descurar das circunstâncias do caso concreto, seja quanto àquelas graduações mais delongadas e onerosas,[20] seja quanto ao comportamento desidioso para a conclusão de um curso superior e para prover seu próprio sustento.[21]

A maioridade dos filhos não acarreta, automaticamente, a imediata exoneração da obrigação por parte dos pais, sendo necessária a ação correspondente para tanto (Súmula 358 do STJ condiciona o cancelamento da pensão alimentícia à decisão judicial).[22] Dada a crescente contratualização do direito de família, tratando-se esses

---

19. Apelação – Exoneração de Alimentos – Procedência – Inconformismo do Réu (alimentado) – Cerceamento de defesa que não ocorreu – Fixação dos alimentos deve atender às necessidades do alimentado dentro das possibilidades do alimentante – Filho maior que está cursando Ensino Superior – Com a maioridade, as necessidades deixam de ser presumidas e devem ser cabalmente demonstradas pelo alimentado – Demonstrada a necessidade por parte do filho – Por outro lado, demonstrada também alteração nas condições do alimentante – Pleito de exoneração afastado – Possibilidade, todavia, de redução dos alimentos – Mantido o dever de pagar alimentos, até conclusão do Curso Superior, reduzidos porém em parte do percentual anteriormente fixado – Recurso provido em parte. (TJ-SP - AC: 10019184820228260326 Lucélia, Relator: Luiz Antonio Costa, Data de Julgamento: 18.08.2023, 7ª Câmara de Direito Privado, Data de Publicação: 18.08.2023).
20. Agravo de instrumento. Ação de exoneração de alimentos. Decisão agravada que revogou a tutela provisória de urgência. Agravado que, embora com 25 anos de idade, continua matriculado no curso de medicina da Universidade Federal do Estado do Rio de Janeiro, de modo que, em razão da necessidade de frequência em tempo integral para aulas teóricas, práticas, bem como estágios, evidentemente, fica prejudicado o exercício de atividade laborativa remunerada. Malgrado o entendimento jurisprudencial acerca da fixação como limite razoável para extensão da obrigação alimentar a idade de 24 anos ou a conclusão em curso superior, como anotado pelo Juízo a quo, ¿há situações peculiares que demandam uma maior elasticidade do limite etário e maior dilação probatória com relação ao binômio necessidade x possibilidade¿, de modo que, a alegada impossibilidade do agravante em continuar prestando o pensionamento ao seu filho é questão que demanda elucidação na instrução probatória. Cabe anotar que, segundo informações dos autos, o agravado já está na fase final do curso de medicina, de modo que, mesmo já contando com 25 anos de idade, não se afigura razoável privar-lhe da pensão alimentícia neste momento de sua vida. Precedentes. Destarte, não se verifica qualquer teratologia ou ilegalidade da decisão agravada, sendo pertinente ao caso o entendimento consolidado no Enunciado 59 da Súmula da Jurisprudência desta Corte. Desprovimento do recurso. (TJ-RJ – AI: 00811405620208190000 202000299418, Relator: Des(a). Carlos José Martins Gomes, Data de Julgamento: 09.12.2021, Décima Sexta Câmara Cível, Data de Publicação: 17.12.2021).
21. Apelação cível – Ação de exoneração de alimentos – Maioridade – Frequência em curso superior e incapacidade de inserção no mercado de trabalho – Não demonstrados – Ônus da prova – Sentença mantida. 1. A maioridade não tem o condão de cessar, automaticamente, o dever de prestar alimentos (Súmula 358 do STJ), ficando extinta, porém, a presunção da necessidade, tendo o beneficiário que comprovar, a partir de então, além da possibilidade do alimentante suportar a pensão alimentícia, a sua real necessidade. 2. Na linha do entendimento do STJ, é devido alimentos ao filho maior quando comprovada a frequência em curso universitário ou técnico, por força da obrigação parental de promover adequada formação profissional, o que, todavia, não se aplica quando o alimentando por desídia deixa de concluir o curso superior, deixando de comprovar necessidade na manutenção dos alimentos prestados pelo genitor. 3. Recurso não provido. (TJ-MG – AC: 10000211446687002 MG, Relator: Teresa Cristina da Cunha Peixoto, Data de Julgamento: 09.02.2023, Câmaras Especializadas Cíveis/8ª Câmara Cível Especializada, Data de Publicação: 10.02.2023).
22. Apelação cível – Exoneração de alimentos – Maioridade – Necessidade alimentar – Não comprovação – Trabalho remunerado. – Com a maioridade, extingue-se o poder familiar, mas não cessa desde logo a obrigação alimentar, que passa a ter fundamento na obrigação decorrente do vínculo de parentesco – Com a maioridade,

pais e filhos de pessoas maiores e autônomas, poderão celebrar acordo de exoneração de alimentos judicial ou extrajudicialmente. O caso concreto estabelecerá a existência ou não dos pressupostos que justificarão a obrigação de alimentar, doravante, derivada do parentesco e não mais do poder familiar. E, nesta senda, será possível, inclusive, estabelecer-se que tais filhos venham a receber apenas o necessário a sua subsistência, se provado que se mantiveram em situação de necessidade em virtude de sua própria indolência ou desídia, diante do que prescreve o artigo 1694, § 2º, CC. Como ressalta Lobo (2022, p. 395), o direito de família não tutela aqueles que fizeram a opção pela ociosidade.

Em face da impossibilidade laborativa/financeira dos pais para custear o sustento dos filhos, a prestação alimentar se estenderá aos demais ascendentes, que serão chamados à complementação ou integral suprimento. Não havendo ascendentes em condições de suprir a obrigação, esta recairá sobre os irmãos bilaterais ou unilaterais do pleiteante (art. 1.698, CC). Veja-se que a coobrigação não recai para os colaterais, excluindo-se os tios, sobrinhos e primos que não foram potencialmente onerados pela legislação. Obtempera-se que não há uma transmissibilidade do dever de sustento. Assim, o chamamento de outros parentes, inclusive, os avós, tem sede na obrigação de alimentar resultante do parentesco.

Quando chamados a integrar a lide para a complementação dos alimentos devidos pelos pais, serão eles litisconsortes passivos necessários ou facultativos? Segundo entendimento do STJ, espelhado na decisão da Ministra Isabel Gallotti, da 4ª Turma, sendo os avós chamados a inteirar os alimentos devidos aos netos, em virtude da impossibilidade dos respectivos pais, integrarão a lide como litisconsortes passivos necessários.[23]

Decisão da ministra Nancy Andrighi, da 3ª Turma, trouxe outra solução para afirmar que essa composição se fará como litisconsórcio passivo facultativo, e não necessário.[24] Na sua compreensão, "a natureza jurídica do mecanismo de integração posterior do polo passivo, previsto no art. 1.698, do Código Civil, é de litisconsórcio

---

não há exoneração automática da obrigação alimentar, dependendo de dilação probatória, salvo se na fixação a obrigação tiver termo expresso – Não provando a filha maior a incapacidade de autossubsistência deve haver exoneração da obrigação alimentar. (TJ-MG – AC: 10000210903332001 MG, Relator: Renato Dresch, Data de Julgamento: 26.08.2021, Câmaras Cíveis / 4ª Câmara Cível, Data de Publicação: 27.08.2021).

23. Processual civil. Agravo interno. Agravo em recurso especial. Alimentos subsidiários. Avós. Inclusão dos avós maternos. Precedentes. Alegação de ilegitimidade. Improcedência. Alegação de reexame de provas. Inexistência. Matéria exclusivamente de direito relativa à legitimidade. 1. Não há que se declarar ilegitimidade de parte ou vício de representação se uma das partes que apresentou o recurso especial se encontrava regularmente representada e o provimento de sua pretensão aproveita ao colitigante. Não se revela o interesse em recorrer no ponto. 2. Não há que se falar em aplicação do verbete 7 da Súmula do Superior Tribunal de Justiça se não houve pronunciamento ou análise de qualquer questão fática da lide, tendo a decisão agravada incursionando unicamente em tema de direito, de forma abstrata. 3. Nos termos do Código Civil e da mais recente jurisprudência do STJ, há litisconsórcio necessário entre os avós paternos e maternos na ação de alimentos complementares. Precedentes. 4. Agravo interno a que se nega provimento. (AgInt nos EDcl no AREsp 1.073.088/SP, Relatora Ministra Maria Isabel Gallotti, DJe 05 out. 2018).

24. "O meio processual para integrar o polo passivo na ação de alimentos será o chamamento ao processo, cujo litisconsórcio que se forma é ulterior, passivo e facultativo". (DIDIER JR., 2020, p. 631).

facultativo ulterior simples, com a particularidade, decorrente da realidade do direito material, de que a formação dessa singular espécie de litisconsórcio não ocorre somente por iniciativa exclusiva do autor, mas também por provocação do réu ou do Ministério Público, quando o credor dos alimentos for incapaz".[25]

---

25. Civil. Processual civil. Ação de alimentos. Indignidade da alimentada. Reexame de fatos e provas. Súmula 7/STJ. Pagamento de 13ª parcela de alimentos. Ausência de decisão e de prequestionamento. Súmula 211/STJ. Fundamentação recursal deficiente. Súmula 284/STF. Mecanismo de integração posterior do polo passivo pelos coobrigados a prestar alimentos previsto no art. 1.698 do código civil. Legitimados a provocar. Exclusividade do autor com plena capacidade processual. Concordância tácita com os alimentos a serem prestados pelo coobrigado réu. Possibilidade, todavia, de provocação do réu ou do ministério público quando se tratar de autor incapaz, sobretudo se processualmente representado por um dos coobrigados ou se existente risco aos interesses do incapaz. Natureza jurídica do mecanismo. Litisconsórcio facultativo ulterior simples, com a peculiaridade de ser formado não apenas pelo autor, mas também pelo réu ou pelo ministério público. Momento processual adequado. Fase postulatória, respeitado a estabilização objetiva e subjetiva da lide após o saneamento e organização do processo. 1– Ação distribuída em 15.2.2016. Recurso especial interposto em 02.09.2017 e atribuído à Relatora em 03.01.2018. 2– O propósito recursal consiste em definir se deve cessar o pagamento dos alimentos provisórios em razão da alegada indignidade da alimentada, se o genitor que exerce atividade autônoma deve pagar 13ª parcela de alimentos e se a genitora deve ser chamada a compor o polo passivo da ação de alimentos ajuizada pelo filho apenas em face do pai. 3– O exame da questão relacionada ao reconhecimento da indignidade da alimentada, que o acórdão recorrido consignou não ter sido comprovada apenas pela prova documental, demandaria o revolvimento de fatos e provas, expediente vedado pela Súmula 7/STJ. 4– A questão relacionada ao pagamento da 13ª parcela de alimentos, além de não ter sido decidida e, portanto, não ter sido prequestionada, atraindo a incidência da Súmula 211/STJ, também não se encontra adequadamente fundamentada, motivo pelo qual incide à espécie a Súmula 284/STF. 5– A regra do art. 1.698 do CC/2002, por disciplinar questões de direito material e de direito processual, possui natureza híbrida, devendo ser interpretada à luz dos ditames da lei instrumental e, principalmente, sob a ótica de máxima efetividade da lei civil. 6– A definição acerca da natureza jurídica do mecanismo de integração posterior do polo passivo previsto no art. 1.698 do CC/2002, por meio da qual são convocados os coobrigados a prestar alimentos no mesmo processo judicial e que, segundo a doutrina, seria hipótese de intervenção de terceiro atípica, de litisconsórcio facultativo, de litisconsórcio necessário ou de chamamento ao processo, é relevante para que sejam corretamente delimitados os poderes, ônus, faculdades, deveres e responsabilidades daqueles que vierem a compor o polo passivo, assim como é igualmente relevante para estabelecer a legitimação para provocar e o momento processual adequado para que possa ocorrer a ampliação subjetiva da lide na referida hipótese. 7– Quando se tratar de credor de alimentos que reúna plena capacidade processual, cabe a ele, exclusivamente, provocar a integração posterior do polo passivo, devendo a sua inércia ser interpretada como concordância tácita com os alimentos que puderem ser prestados pelo réu por ele indicado na petição inicial, sem prejuízo de eventual e futuro ajuizamento de ação autônoma de alimentos em face dos demais coobrigados. 8– Nas hipóteses em que for necessária a representação processual do credor de alimentos incapaz, cabe também ao devedor provocar a integração posterior do polo passivo, a fim de que os demais coobrigados também componham a lide, inclusive aquele que atua como representante processual do credor dos alimentos, bem como cabe provocação do Ministério Público, quando a ausência de manifestação de quaisquer dos legitimados no sentido de chamar ao processo possa causar prejuízos aos interesses do incapaz. 9– *A natureza jurídica do mecanismo de integração posterior do polo passivo previsto no art. 1.698 do CC/2002 é de litisconsórcio facultativo ulterior simples, com a particularidade, decorrente da realidade do direito material, de que a formação dessa singular espécie de litisconsórcio não ocorre somente por iniciativa exclusiva do autor, mas também por provocação do réu ou do Ministério Público, quando o credor dos alimentos for incapaz.* 10– No que tange ao momento processual adequado para a integração do polo passivo pelos coobrigados, cabe ao autor requerê-lo em sua réplica à contestação; ao réu, em sua contestação; e ao Ministério Público, após a prática dos referidos atos processuais pelas partes, respeitada, em todas as hipóteses, a impossibilidade de ampliação objetiva ou subjetiva da lide após o saneamento e organização do processo, em homenagem ao contraditório, à ampla defesa e à razoável duração do processo. 11– Na hipótese, a credora dos alimentos é menor emancipada, possui capacidade processual plena e optou livremente por ajuizar a ação somente em face do genitor, cabendo a

Em se tratando da necessária complementação dos alimentos devidos ao neto menor de idade ou com grave deficiência incapacitante para o trabalho, pela força financeira dos avós, firmada a tese do litisconsórcio passivo ulterior, será possível: na ação proposta contra o(a) genitor(a), a ampliação do polo passivo a pedido do próprio autor; a pedido do réu, no momento de sua contestação; e pelo Ministério Público, quando instado a se manifestar. Sendo inadmitido o pedido de formação do litisconsórcio após a decisão de saneamento do processo (Farias; Rosenvald, 2022, p. 777).

Descendentes maiores de idade, igualmente, poderão demandar contra os pais e avós em litisconsórcio eventual ou acionar apenas os ascendentes de primeiro grau. Uma vez que pré-constituam a prova da impossibilidade financeira dos pais, poderão demandar somente os avós. Na hipótese em que demandarem em face de um ou alguns desses codevedores, qualquer deles poderá chamar os demais coobrigados ao processo.[26]

A possibilidade de os demais coobrigados virem a compor a mesma lide representa elevado ganho para o demandante alimentando, que não precisará enfrentar todo o curso da ação contra o parente de grau mais próximo para, somente depois, ingressar contra o de grau mais remoto ou o irmão. Favorece, igualmente, ao devedor que terá a possibilidade de chamar os outros coobrigados para integrarem a lide e, eventualmente, complementarem o valor a ser pensionado.

Em virtude da reciprocidade da obrigação de alimentar (art. 1.696, CC), os filhos maiores também poderão ser chamados a alimentar os pais e demais ascendentes, mormente quando se tratarem de idosos, nos termos dos artigos 11 a 13 da Lei 10.741, de 1º de outubro de 2003. É dever constitucional dos filhos ampararem os pais na velhice (art. 229, Constituição da República). Filhos menores que tenham bens e rendimentos próprios, estando em condições de fazê-lo, também poderão ser chamados a esse mister, uma vez que a lei não estabelece restrições. A despeito do que dispõe o art. 12 do Estatuto do Idoso, qualificando a obrigação alimentar como solidária, não se pode olvidar o conjunto de características atribuídas aos alimentos pela legislação civil, notadamente, a divisibilidade e proporcionalidade do encargo. Caberá aos parentes descendentes de primeiro grau prestá-los, inauguralmente e, na sua falta, os netos, e assim, sucessivamente (art. 1.698, CC).

---

ela, com exclusividade, provocar a integração posterior do polo passivo, devendo a sua inércia em fazê-lo ser interpretada como a abdicação, ao menos neste momento, da quota-parte que lhe seria devida pela genitora coobrigada, sem prejuízo de eventualmente ajuizar, no futuro, ação de alimentos autônoma em face da genitora. 12– Recurso especial parcialmente conhecido e, nessa extensão, desprovido, por fundamentação distinta. (STJ – REsp: 1715438 RS 2017/0322098-7, Relator: Ministra Nancy Andrighi, Data de Julgamento: 13 nov. 2018, T3 – Terceira Turma, Data de Publicação: DJe 21 nov. 2018).

26. Corroboram a tese pela formação de litisconsórcio facultativo as menções contidas no art. 1.698 do CC/2002 e no art. 12 do Estatuto do Idoso ao verbo poder, pela facultatividade do chamamento ao processo. Assim, a indicação de apenas um coobrigado não conduz à extinção do feito, como prevista no art. 115, parágrafo único, do CPC.

3.4.2 Avós e netos

Os alimentos avoengos estão previstos nos artigos 1.696 e 1.698 do CC e, como visto, são subsidiários e complementares ao dever/obrigação que têm os pais (Súmula 659, STJ). Os avós só serão constituídos nesta obrigação se provada cabalmente a impossibilidade total ou parcial dos pais em prover o sustento dos filhos, seguindo aquele *binômio necessidade x possibilidade*. Na excepcionalíssima hipótese de um dos avós ganhar o prêmio acumulado da Mega-Sena, mudando a sorte de sua própria capacidade financeira, não será, por isso, chamado a complementar os alimentos civis que o pai/mãe já paga ao filho ou filha, em respeito às necessidades próprias ao seu desenvolvimento. Não será o *status* financeiro dos avós a baliza para fixação dos alimentos devidos.

A justificativa para a oneração dos avós é a falta da provisão pelos pais, que pode decorrer da sua insuficiência econômica, da relutância em cumprir o dever de sustento, da sua prisão ou de uma injustificada desaparição.

Diante da possibilidade de alguém ter até quatro pessoas na condição de avós ou mais, em se tratando de multiparentalidade, o pedido pode ser formulado contra uma ou todas elas. A despeito da Súmula 596 do STJ grifar a natureza subsidiária da responsabilidade avoenga, a mesma Corte, ao firmar a tese do litisconsórcio facultativo na polaridade passiva da relação processual, admite o ingresso dos avós na lide proposta contra o genitor ou genitora antes de saneado o processo, mediante indicação do próprio autor, quando provada a impossibilidade do ascendente de primeiro grau, pelo requerido, em sua contestação. Uma vez chamado ao processo, ou mesmo, se demandado diretamente pelo neto (dada a prova pré-constituída de impossibilidade do primeiro obrigado), também poderá chamar os demais codevedores, e cada um deles contribuirá na proporção de seus recursos, considerando a divisibilidade da prestação.[27]

Demandados diretamente ou sendo chamados a complementar o encargo que cabe, primariamente, aos pais, os avós terão o direito de resistir, apresentando a sua defesa e as provas tendentes a demonstrar a possibilidade financeira total ou parcial daqueles, apontar a capacidade contributiva dos outros avós, chamando-os ao polo passivo da ação, podendo, ainda, rever a obrigação a qualquer tempo, desde que preenchidos os requisitos legais.[28]

---

27. Alimentos avoengos. Demanda proposta em face dos avós paternos. Decisão que ordenou a inclusão dos avós maternos na lide. Litisconsórcio passivo necessário. Inadmissibilidade. Obrigação alimentar que deve recair, primeiramente, aos parentes mais próximos em grau. Caso de responsabilidade subsidiária da avó. Inexistência de solidariedade entre os avós maternos e paternos. Obrigação divisível e estipulada na medida da capacidade econômica de cada alimentante. Hipótese de litisconsórcio passivo facultativo. Inteligência do artigo 1.698, do código civil. Avós maternos que auxiliam a genitora. Dar hospedagem e sustento que configura uma das formas de cumprir a obrigação alimentícia, na forma do artigo 1.701, do Código Civil. Decisão reformada. Recurso provido. (TJ-SP – AI: 22005377520238260000 Guarulhos, Relator: Vito Guglielmi, Data de Julgamento: 28.08.2023, 6ª Câmara de Direito Privado, Data de Publicação: 28.08.2023).
28. Agravo de instrumento. Alimentos avoengos. Exoneração. Possibilidade. Excepcionalidade. Atingida a maioridade, necessária prova cabal da necessidade dos alimentos, a qual deixa de ser presumida. A obrigação

3.4.3 Irmãos bilaterais e unilaterais

Os irmãos são elencados pelo art. 1.697, CC como passíveis de requerer e prestar alimentos uns aos outros. Conquanto a obrigação alimentar subsidiária e divisível desses irmãos seja independentemente de serem eles germanos ou unilaterais, o direito de herança destes, na sucessão aberta de irmão, é inferior ao direito daqueles: de acordo com o art. 1.841, CC, os unilaterais só recebem a metade do que recebe o irmão germano, quando concorrem à mesma herança.

Ressalta que essa obrigação dependerá não apenas do vínculo de parentesco, mas da efetiva possibilidade de prestar os alimentos, sem o comprometimento do seu sustento e de sua família nuclear, se a tiver. Não é razoável que um pai ou mãe de um conjunto de filhos seja chamado a custear alimentos ao irmão, privando-se da própria ou mediante sacrifício do dever de sustentar os filhos.[29]

3.4.4 Tios, sobrinhos e primos

Como já mencionado, a obrigação dos alimentos imposta aos colaterais só atinge os irmãos, excluindo os demais colaterais de terceiro e quarto grau,[30] mesmo quando estes podem ser contemplados pela sucessão legítima (art. 1.829, CC).

---

avoenga, só existe de forma excepcional, complementar e subsidiária. Recurso conhecido e provido. V.V.: Agravo de instrumento – Ação de exoneração de alimentos – Alimentos avoengos – Maioridade – Exercício laboral não demonstrado – Capacidade financeira do alimentando não demonstrada – Capacidade financeira do genitor não demonstrada – Decisão mantida. 1. É possível que na falta ou na impossibilidade dos pais de resguardar o sustento do filho, a obrigação se torne subsidiariamente avoenga, desde que não dificulte a própria sobrevivência do encarregado e podendo ser revista a qualquer tempo com a maioridade do alimentado, ou mudanças nas condições do alimentante, vide art. 1699 CC. (TJ-MG – AI: 10000210505210001 MG, Relator: Luzia Divina de Paula Peixôto (JD Convocada), Data de Julgamento: 19.08.2021, Câmaras Cíveis / 3ª Câmara Cível, Data de Publicação: 19.08.2021).

29. Apelação cível. Acordo. Alimentos. Irmãos. Relação de parentesco. Solidariedade familiar. Código civil. Art. 1.694. Obrigação. Complementar e subsidiária. Necessidade. Possibilidade. Ausência dos ascendentes e descendentes. Não configurada. 1. De acordo com o disposto no art. 1.694 do Código Civil, podem os parentes, os cônjuges ou companheiros pedir uns aos outros os alimentos de que necessitem para viver de modo compatível com a sua condição social, inclusive para atender às necessidades voltadas à educação. 2. É facultado àquele que não tem condições de custear sozinho os gastos básicos inerentes à própria subsistência, demandar judicialmente parentes com o fim de receber prestação alimentícia para contribuir com a sua manutenção, desde que comprovada a necessidade do alimentando e a possibilidade contributiva do alimentante. 3. A obrigação de prestar de alimentos em favor de irmãos encontra amparo legal nos artigos 1.694, caput, 1.695, 1.696 e 1.697 do Código Civil, que tratam da obrigação alimentar decorrente da relação de parentesco e somente pode ser estabelecida na falta de ascendentes e descendentes. Precedentes deste Tribunal. 4. Os irmãos só podem ser compelidos à prestação alimentícia de forma complementar e subsidiária quando for demonstrada a impossibilidade dos ascendentes e descendentes proverem os alimentos ao parente necessitado (CCB, art. 1.697). 5. O acordo de alimentos, ainda que se trate de procedimento de jurisdição voluntária, somente pode ser homologado se preenchidos todos os pressupostos fático-legais necessários à fixação da obrigação alimentar decorrente da relação de parentesco. 6. Recurso conhecido e não provido. (TJ-DF 07133663820208070020 – Segredo de Justiça 0713366-38.2020.8.07.0020, Relator: Diaulas Costa Ribeiro, Data de Julgamento: 26 ago. 2021, 8ª Turma Cível, Data de Publicação: Publicado no DJE: 09 set. 2021. Pág.: Sem Página Cadastrada).
30. Alimentos. Ilegitimidade passiva. Extinção do processo, sem resolução do mérito. Insurgência do autor. Desacolhimento. Recurso desprovido. Ação de alimentos. Ilegitimidade passiva. Extinção do processo, sem resolução do mérito. Insurgência do autor. Desacolhimento. Obrigação alimentar que não se estende aos

Para Zeno Veloso (2002, p. 28), Yussef Cahali (2006, p. 491) e Silmara Chinelato (2004, p. 465), dentre outros, o simples fato de estarem esses parentes contemplados na ordem de vocação hereditária não justifica a extensão interpretativa do art. 1.698, que traz um rol taxativo de possíveis obrigados. Maria Berenice Dias (2021, p. 826) e Rolf Madaleno (2022, p. 1.003) apontam uma incoerência dessa exclusão em face da sistemática do direito das sucessões, que admite esses parentes na ordem de vocação hereditária. Rosenvald e Farias (2022, p. 815) defendem a extensão da obrigação aos colaterais de terceiro e quarto grau, sob fundamentação da solidariedade familiar e social, em caráter subsidiário, quando não houver outro parente mais próximo em condições de fazê-lo.

A jurisprudência segue como determina a lei, restringindo o encargo alimentar aos colaterais de segundo grau.[31]

3.4.5 Cônjuges e companheiros: alimentos definitivos, temporários e compensatórios

Os direitos e deveres estabelecidos pelo casamento e pela união estável englobam o dever de mútua assistência, que, por sua vez, engloba os apoios material e moral (arts. 1.566, III, e V e art. 1.568 do CC), igualmente fundamentados no princípio da solidariedade. Nas conjugalidades/convivencialidades entre pessoas do mesmo sexo ou não, esse dever de mútua assistência combinado com o art. 1.694 e seus parágrafos, do Código Civil, justifica os alimentos recíprocos. Conquanto os companheiros e cônjuges não possam renunciar os alimentos, se não o exercerem ao tempo do divórcio ou da união estável, já não poderão fazê-lo ulteriormente.

Com o advento da Emenda Constitucional 66, que fulminou as cláusulas de dureza do divórcio, a aferição da culpa na dissolução do casamento perdeu completamente qualquer relevância. Embora se mantenham hígidos os dispositivos da lei material que tratam da separação judicial (art. 1.571 e seguintes do CC), tanto em virtude de decisão expressa do STJ quanto pela previsão do instituto no novo Código de Processo Civil (art. 693), há autores que defendem[32] a possibilidade da separação judicial litigiosa, visando imputar a culpa ao cônjuge que violou deveres do casamento

---

tios, ficando limitada, na linha dos colaterais, aos irmãos. Inteligência do art. 1697 do CC. Jurisprudência do STJ e deste Tribunal. Sentença mantida. Recurso desprovido. (TJ-SP – AC: 10136475120218260344 SP 1013647-51.2021.8.26.0344, Relator: J.B. Paula Lima, Data de Julgamento: 31.05.2022, 10ª Câmara de Direito Privado, Data de Publicação: 31.05.2022).

31. Apelação. Alimentos. Pretensão de impor a obrigação a colaterais de terceiro grau, assim aos sobrinhos da autora. Extinção do feito, sem resolução de mérito. Inteligência dos arts. 1.694 e 1.697 do Código Civil. Dever alimentar que não se estende aos colaterais de terceiro grau. Precedentes. Sentença mantida. Recurso desprovido. (TJ-SP – AC: 10084294620218260084 Campinas, Relator: Lia Porto, Data de Julgamento: 25.07.2023, 7ª Câmara de Direito Privado, Data de Publicação: 25.07.2023).
32. Tavares da Silva (2018) assevera que a Emenda Constitucional 66/2010 não suprimiu o instituto da Separação conjugal, o que, por consequência, não retirou o elemento da culpabilidade, uma vez que ambos continuam previstos no Código Civil de 2002. Ademais, defende que a atual interpretação da citada emenda é equivocada, pois casamento onde teriam somente direitos, sem nenhum dever, seria um "nada" jurídico (TAVARES DA SILVA, 2019).

para o fim de mitigar o encargo alimentar eventualmente imposto ao outro, vítima desse descumprimento. A própria tese da indignidade dos alimentos, nos moldes do art. 1.708, CC tem sido ressuscitada nas discussões processuais.

Para além dessa discussão, uma vez estabelecida a igualdade entre os cônjuges/companheiros e, mais especificamente, a igualdade entre homem e mulher, a extinção do casamento ou a dissolução da união estável não vem justificando, segundo o STJ,[33] o pensionamento com alimentos definitivos, salvo quanto ao cônjuge/companheiro que, por motivo de incapacidade laboral ou impossibilidade de inserção no mercado de trabalho.

Sob a relatoria da Ministra Nancy Andrighi foi cunhada a tese dos alimentos temporários, com a excepcionalidade dos alimentos perenes ou definitivos, nos seguintes termos:

> 1. Os alimentos devidos entre ex-cônjuges serão fixados com termo certo, a depender das circunstâncias fáticas próprias da hipótese sob discussão, assegurando-se, ao alimentado, tempo hábil para sua inserção, recolocação ou progressão no mercado de trabalho, que lhe possibilite manter pelas próprias forças, status social similar ao período do relacionamento.
>
> 2. Serão, no entanto, perenes, nas excepcionais circunstâncias de incapacidade laboral permanente, ou ainda, quando se constatar, a impossibilidade de inserção no mercado de trabalho.
>
> 3. Em qualquer uma das hipóteses, sujeitam-se os alimentos à cláusula *rebus sic stantibus*, podendo os valores serem alterados quando houver variação no binômio necessidade/possibilidade. (REsp 1205408 / RJ).

A decisão parte da premissa de que a igualdade formal entre os cônjuges é também uma igualdade material. De igual modo, também seria razoável a decisão se a partilha dos bens permitir a ambos as condições necessárias à sua provisão. E assim, os chamados alimentos temporários seriam um mero lenitivo para garantir a certa alocação ou reinserção da pessoa no mercado de trabalho. São fixados por curto período de tempo – alguns tribunais fixam em dois anos, e outros em apenas seis meses, e sua exoneração ocorre pelo mero decurso desse prazo, sem necessidade de ação de exoneração.

Tocante aos alimentos perenes, somente serão assegurados na hipótese de completa incapacidade laboral ou impossibilidade de "inserção, recolocação ou progressão no mercado de trabalho, que lhe possibilite manter pelas próprias forças, status social similar ao período do relacionamento". A interpretação sobre o que seja essa impossibilidade dessa inserção, reinserção ou progressão no mercado tem sido muito dura e desconsiderado fatores sociais e circunstanciais ao caso concreto. O mercado não acolherá uma mulher com mais de cinquenta anos que nunca trabalhou ou não tem qualificação profissional, oferecendo-lhe um emprego/atividade que lhe remunere o suficiente para a manutenção da condição social experimentada durante o casamento. Eis a situação de muitas mulheres da classe A e B, quando surpreendi-

---

33. Vide REsp 1205408 / RJ, nota de rodapé n. 11.

das pelo divórcio após anos de um casamento no qual se dedicavam aos cuidados da família, em muitos casos, por um acordo firmado com o cônjuge ou por exigência deste.[34] Sem considerar a situação de muitas mulheres que vivem sob estado de absoluta precariedade, sofrendo variadas formas de privação.

É importante que o Estado-juiz esteja atento ao cenário discrepante da realidade social que não ostenta a igualdade efetiva entre homens e mulheres, e às vicissitudes do arranjo matrimonial e da posição de cada um dos cônjuges/companheiros, a fim de produzir uma decisão equilibrada.

Escapam ao regramento da obrigação alimentar os alimentos compensatórios, dada a sua natureza reparatória. Não têm previsão na legislação brasileira, constituindo uma adaptação doutrinária do direito alienígena, em especial, do direito francês, havendo sido inaugurado pela jurisprudência pátria no divórcio judicial de Rosane e Fernando Collor. O Código Civil e Comercial da Argentina, de 2014, utilizou o termo mais apropriado, designando-o como "compensação econômica", no art. 524.

A fundamentação dos alimentos compensatórios também tem sede no princípio da solidariedade familiar, em razão do dever que os cônjuges/companheiros têm de "evitar que o cônjuge menos favorecido financeiramente possa ver agravada a situação econômica desfrutada durante o casamento e a compensação econômica justamente restaura esse status desfrutado durante as núpcias". (Madaleno, 2022, p. 1106). Segundo Farias e Rosenvald (2022, p. 790), podem ser aplicados "sempre que a dissolução do casamento, ou da união estável, atinge, sobremaneira, o padrão social e econômico de uma das partes sem afetar o outro". Ou seja, quando a dissolução da conjugalidade/convivencialidade relega uma das partes a um padrão excessivamente discrepante daquele que mantinha anteriormente.

Em síntese, a doutrina brasileira considera que essa compensação econômica pode ser uma solução apta a evitar o enriquecimento ilícito,[35] nos casos em que o

---

34. "Os espaços destinados às mulheres continuam limitados e depreciados financeiramente, pois ainda existe um longo caminho cultural a percorrer, aliado às mudanças concretas e efetivas que continuam sendo necessárias programar, mas que por ora o texto constitucional da isonomia ainda não logrou modificar. Embora deva ser reconhecido um enorme avanço na trilha de independência financeira da mulher, o gênero feminino ainda é alvo de cobranças, de renúncias que externem uma postura social, onde seus vínculos afetivos expressem amores incondicionais. E esses amores não podem ser associados ao dinheiro e tampouco vinculados à sua realização profissional capaz de lhe proporcionar sua alforria financeira. No meio masculino principalmente, mas também entre as próprias mulheres ainda existem resquícios de uma hierarquia dos sexos, e nessa vereda a mulher segue sendo socialmente incapaz e subserviente ao homem, havido como provedor e administrador, um estereótipo de uma época na qual a mulher ainda era obrigada a adotar o sobrenome do marido, não podia trabalhar sem sua autorização e só receberia alimentos se não tivesse dado causa à separação judicial." (MADALENO, 2022, p. 1.138).
35. Washington de Barros Monteiro e Regina Beatriz Tavares Da Silva (2012, p. 214): "Os prejuízos que são ressarcidos com a prestação compensatória advêm do enriquecimento sem causa, ou seja, do fato de um dos cônjuges, na dissolução do casamento, enriquecer-se à custa do outro, porque recebeu dele auxílio em sua ascensão profissional, e contribuiu para o seu progresso, inclusive em razão da dedicação que o outro cônjuge deu à educação dos filhos comuns, deixando de progredir na mesma medida que o devedor da prestação compensatória, ou mesmo porque, após a dissolução, o credor dessa prestação não gozará mais dos benefícios, inclusive patrimoniais do outro cônjuge."

cônjuge ou companheiro empobrecido envidaram esforços comprovados para incrementar o patrimônio particular do outro, sem possibilidade de receber algum retorno por meio do regime de bens (Lobo, 2022, p. 411); para equilibrar a situação daquele que perde o padrão de vida experimentado no casamento/união estável, sem sequer ter direito à partilha para lhe garantir uma condição análoga, dado ao fato de que as despesas eram financiadas apenas pelo patrimônio particular do outro cônjuge (Dias, 2017, p. 16). Nas ponderações de Paulo Lôbo (2022, p. 412), além do "desequilíbrio significativo no padrão econômico", devem-se considerar a "frustração das legítimas expectativas, as condições e a duração da comunhão de vida". Embora utilizado com mais frequência pela jurisprudência e doutrina brasileiras, persistem críticas quanto à aplicação dos alimentos compensatórios, compreendendo-os como incompatíveis ao sistema de livre escolha do regime de bens.

Decisões do STJ[36] reafirmam a função dos alimentos compensatórios para atenuar grave desequilíbrio econômico-financeiro ou abrupta mudança no padrão de vida do cônjuge que não possui bens e tampouco teve acesso à meação; a sua distinção da pensão alimentícia regulada pelo art. 1.694 do CC/2002; e a necessidade de serem fixados por tempo certo. Decisão recente do Tribunal de Minas Gerais reiterou a importância da fixação de termo para o pagamento desta verba reparatória, que deve cessar tão logo seja suprido o desequilíbrio socioeconômico.[37]

---

36. Agravo interno no recurso especial. Ação de divórcio cumulada com partilha de bens e obrigação alimentar. Agravo de instrumento. Pretensão de arbitramento de alimentos compensatórios. Administração de todos os bens do casal por parte do ex-marido. Desequilíbrio econômico configurado. Alimentos compensatórios devidos. Agravo interno desprovido. 1. "Os chamados alimentos compensatórios, ou prestação compensatória, não têm por finalidade suprir as necessidades de subsistência do credor, tal como ocorre com a pensão alimentícia regulada pelo art. 1.694 do CC/2002, senão corrigir ou atenuar grave desequilíbrio econômico-financeiro ou abrupta alteração do padrão de vida do cônjuge desprovido de bens e de meação" (REsp 1.290.313/AL, Rel. Ministro Antonio Carlos Ferreira, Quarta Turma, julgado em 12.11.2013, DJe de 07.11.2014). 2. No caso concreto, o Tribunal de origem entendeu devida a fixação de alimentos compensatórios em favor da ex-mulher, até que os bens do casal sejam definitivamente partilhados, tendo em vista que a totalidade dos bens móveis e imóveis do casal está na posse do ex-marido, principalmente as empresas onde as partes figuram como sócias, ficando configurado grave desequilíbrio econômico-financeiro. 3. Agravo interno a que se nega provimento. (STJ – AgInt no REsp: 1922307 RJ 2021/0042189-3, Relator: Ministro Raul Araújo, Data de Julgamento: 11.10.2021, T4 – Quarta Turma, Data de Publicação: DJe 17.11.2021).
37. Apelação Cível – Família – Ação De Alimentos Compensatórios – Supressão De Desequilíbrio Econômico – Imprescindibilidade De Fixação De Termo. I – Os alimentos compensatórios não possuem a finalidade de prover a subsistência de quem os pleiteia, mas, dado ao seu caráter indenizatório, destinam-se a suprir desequilíbrio socioeconômico advindo do fim do casamento (ou da união estável), evitando a drástica redução do padrão de vida mantido pelos cônjuges ou companheiros ao longo da relação afetiva, mormente levando-se em conta a presunção de união de esforços de ambos na constância do enlace para construção de patrimônio e manutenção do lar conjugal. II – É imprescindível a fixação de termo para o pagamento de alimentos compensatórios com vistas a se evitar a eternização da obrigação, uma vez suprido o desequilíbrio socioeconômico com a efetiva partilha de bens e tendo o cônjuge ou companheiro condições de arcar com seu sustento próprio. V.V.P.: Apelação Cível – Processual Civil – Recurso: Parcial Provimento – Honorários Recursais: Devidos. Por força do disposto no art. 85, § 1º, do CPC, são devidos honorários recursais para remunerar o trabalho adicional do advogado, independentemente do resultado do julgamento. (TJ-MG – AC: 10000180322281002 MG, Relator: Peixoto Henriques, Data de Julgamento: 07.07.2020, Câmaras Cíveis / 7ª Câmara Cível, Data de Publicação: 09 nov. 2021).

Poderão os alimentos compensatórios ser pagos em uma só parcela, por período determinado ou indeterminado. Nada obsta que sejam fixados pela tradição de um bem imóvel, entrega de bens móveis ou pelo usufruto de bem específico em favor do empobrecido. Diferem da pensão alimentícia e com ela não se confundem, pois não possuem finalidade de garantir a subsistência do ex-cônjuge ou companheiro. Em consequência, são imunes às normas de ordem pública do direito de família, podendo ser objeto de renúncia e transmissão aos herdeiros. Pela mesma razão, não sujeitarão o devedor inadimplente à prisão e, uma vez fixados como obrigação líquida e fungível, após o seu vencimento poderão ser objeto de compensação e penhora.

3.5 Quanto ao momento processual de sua fixação: antecipados (provisórios e provisionais) e definitivos

Conforme o momento processual de sua fixação, os alimentos podem ser definitivos ou de caráter antecipado.

Os alimentos definitivos são fixados por sentença nas ações de direito de família, ou mesmo em acordo extrajudicial. Embora definitivos, não fazem coisa julgada material, em virtude da sua natureza modificativa para acompanhar as variações eventuais na necessidade de quem os requer ou na possibilidade de quem os realiza. Embora concedidos antecipadamente, por meio de medida liminar anterior à sentença, os alimentos provisórios e provisionais não são sinônimos – prestam-se a finalidades diferentes e são previstos em leis específicas.

Diz o art. 1.760 do Código Civil que os *alimentos provisionais* são oferecidos na forma da legislação processual civil. Consoante o antigo CPC, alimentos provisionais eram espécie de medida cautelar específica que seriam produzidas antecipadamente ou nas ações de desquite e anulação do casamento (art. 852, inciso I), com o fim de prover as necessidades do pleiteante, quanto ao sustento, habitação, vestuário e outras despesas. Para sua fixação, em atenção aos requisitos da cautelar, exigiam-se a prova da verossimilhança do direito e o risco da demora. Mas observe-se que o adjetivo provisório não é necessária e inexoravelmente confundido com o que é cautelar. Os alimentos provisórios não pertencem ao gênero de medida processual cautelar, "ocupando lugar à parte", ainda que desempenhando função afim (Cahali, 2006, p. 613).

No CPC atual não há previsão expressa de alimentos provisionais, porque todas as medidas cautelares específicas foram abrangidas pelo poder geral de cautela previsto no art. 300. Assim, o diploma processual somente se refere especificamente aos alimentos provisórios, como se lê no art. 531, caput e § 1º. Estes são exatamente aqueles mencionados pela antiga Lei de Alimentos – Lei 5.478/1968 e constituem uma providência inicial do juiz para atender à demanda de sustento, mediante prova pré-constituída do parentesco, poder familiar, conjugalidade/convivencialidade. Ao apreciar o pedido, o julgador também fará uma cognição sumária acerca da necessidade do requerente e da possibilidade do reclamado para fixar um *quantum* prestacional provisório a ser exigido, desde já, anteriormente ao trânsito em julgado da sentença. Essa modalidade, tanto quanto os alimentos definitivos, pode ser objeto de cumprimento de sentença, com o caráter expropriatório ou de coação pessoal (Streck; Nunes; Cunha, 2017, p. 532).

Os alimentos provisórios podem ser pleiteados, diretamente, nas ações de alimentos, ou como pedido cumulado, nas ações de divórcio, separação judicial, nulidade/anulação do casamento, quando se pode pré-constituir a prova da conjugalidade ou do parentesco. A lei da investigação de paternidade trata dos alimentos provisionais, no art. 7º., muito provavelmente pela impossibilidade de pré-constituição da prova.

Tocante aos alimentos em ação de união estável, seriam provisórios ou provisionais? Entende-se que se houver uma escritura pública declaratória de sua existência, o documento fará presumir a sua existência, especialmente, para demandar alimentos contra o declarante, sendo essa a perspectiva do STJ, no Resp. 487895 MG.[38] Não havendo essa prova, seria mais fácil classificar os alimentos como provisionais, a serem deferidos, em virtude do poder geral de cautela do juiz, provados os requisitos da tutela de urgência. Cuide-se para não confundir essa solução com uma afirmação de que a escritura pública seja suficiente para constituir a união estável. Serve, na hipótese, como prova relativa em face do declarante, para dele exigir alimentos.

São compreendidos na classificação de alimentos provisórios aqueles estabelecidos nos termos do art. 130, parágrafo único, do Estatuto da Criança e do Adolescente, quando do afastamento de um dos genitores ou responsável da moradia em comum, por motivo de maus-tratos, opressão ou abuso sexual.

A Lei Maria da Penha também prevê a possibilidade de fixação de alimentos à mulher vítima de violência doméstica e familiar, no art. 22, inciso V, nominando-os, indistintamente, de provisionais ou provisórios, pelo fato de serem determinados por meio de mandado liminar. A lei acabou por repetir a prática corriqueira de equiparar as duas modalidades de prestação alimentar.

Os alimentos provisórios e provisionais deferidos pelo juiz, ao despachar o pedido (art. 4º da Lei de Alimentos), podem ser prestados desde logo, podendo, inclusive, a autoridade judicial notificar a fonte pagadora do devedor, se houver, para realizar o desconto em folha de pagamento, antes mesmo da citação deste. Contudo, como dispõe o art. 13, §2º, da mesma lei, serão exigíveis desde a citação, assim como os alimentos fixados em definitivo. Considere-se a hipótese em que os alimentos provisórios foram fixados como 20% sobre o valor do salário mínimo antes da citação do alimentando, no despacho inicial; e que, posteriormente, a sentença transitada em julgado determinou o percentual de 30% sobre a mesma base de cálculo, a título de

---

38. CIVIL. ALIMENTOS PROVISIONAIS. UNIÃO ESTÁVEL. Se a união estável está documentalmente reconhecida pelo varão, *a mulher tem direito a alimentos provisionais*. Recurso especial conhecido, mas não provido. (STJ – REsp: 487895 MG 2003/0001909-0, Relator: Ministro Ari Pargendler, Data de Julgamento: 18 mar. 2003, T3 – Terceira Turma, Data de Publicação: DJ 15 mar. 2004 p. 265). Grifo intencional.

pensionamento definitivo. O credor poderá cobrar, a partir da citação do devedor, a diferença do que já foi pago, e receber, dali em diante, conforme esse percentual fixado.

Os alimentos serão fixados em atenção à capacidade contributiva do alimentante e conforme a necessidade do alimentando. Quando fixado em valor, deve-se dedicar o devido cuidado para atender à atualidade, utilizando a indexação apropriada. Não há outro critério fixado por lei para a delimitação da pensão alimentícia. Como antes referido, o salário mínimo tem sido usado como indexador para a fixação das pensões, com a vênia do STJ (STJ – EREsp: 1670794 DF 2017/0112747-0), a despeito da proibição prevista na Constituição Federal (art. 7°., IV).

Em outras vezes, fixa-se um percentual sobre os rendimentos líquidos, excluídos dessa base de incidência os descontos obrigatórios do imposto de renda e da previdência. Incidem sobre verbas remuneratórias, excluídas as de natureza indenizatórias e rescisórias, inclusive, as horas extras não habituais. Há decisões que admitem a sua incidência sobre a Participação nos Lucros e Resultados, prêmios e bonificações (REsp 1953855-SP). Excluem-se da sua incidência o FGTS, as verbas rescisórias de caráter indenizatório e a conversão de férias em pecúnia (STJ – REsp 193009-RS).

3.6 Causas de Extinção da Obrigação/Dever de Alimentar

Mesmo tendo como função primordial prover a subsistência daquele que não pode se manter por si, sob a fundamentação dos princípios constitucionais já comentados, a obrigação/dever de prestar alimentos não se estende *ad aeternum*. A lei estabelece um rol de circunstâncias que ensejam a sua extinção, no artigo 1708, *caput* e parágrafo único, CC.

Sem operar efeito automático, a exoneração dos alimentos, assim como sua majoração ou minoração, deve ser requerida em ação judicial ou firmada mediante acordo entre as partes, se maiores de idade. A fundamentação dessa possibilidade se extrai do artigo 1.699, CC: "Se, fixados os alimentos, sobrevier mudança na situação financeira de quem os supre, ou na de quem os recebe, poderá o interessado reclamar ao juiz, conforme as circunstâncias, exoneração, redução ou majoração do encargo".

Mesmo a ocorrência das causas de extinção determinadas pela lei não autoriza, por si só, a cessação do pagamento das prestações alimentícias, salvo se isso já houver sido objeto de acordo ou fixado o termo final pela decisão que o estipulou, como na hipótese dos alimentos temporários. Caso contrário, a exoneração deverá ser requerida perante o juízo competente.

Relativamente à obrigação alimentar entre os cônjuges, dispôs o Código Civil que o novo casamento ou união estável contraído pelo credor (art. 1.708, caput, CC) ou pelo devedor dos alimentos (art. 1.709, CC) seria motivo para a extinção da obrigação fixada no divórcio ou na dissolução da união estável. O procedimento indigno do alimentando para com o alimentante também poderá justificar a exoneração do encargo (art. 1.708, §1°., CC). A exoneração não será automática, requerendo a propositura e o julgamento da ação correspondente, salvo quanto aos alimentos temporários e compensatórios que já foram fixados com termo final.

Os alimentos devidos aos filhos sob autoridade parental serão convertidos em obrigação alimentar decorrente do parentesco e também não se extinguirão com o advento da maioridade. Para esse fim, será necessário o ingresso com a ação exoneratória, devendo-se provar que o alimentando já não necessita dos alimentos, podendo prove-lo com seu próprio esforço. É o caso de exoneração e extinção da obrigação alimentar, se a parte já não tem necessidade daquela prestação para o provimento do seu sustento.

Como os alimentos de direito de família são marcados pela característica de serem personalíssimos, a morte do alimentando ou do alimentante também é causa de extinção. Considerem-se as ponderações realizadas no tópico pertinente à transmissibilidade.

Os alimentos compensatórios, como fogem à disciplina do pensionamento alimentício, por figurarem uma espécie de compensação econômica, de cepa indenizatória, poderão ser transmitidos, como um encargo obrigacional qualquer, ao espólio.

4. ALIMENTOS GRAVÍDICOS: LIVRE EXERCÍCIO DA SEXUALIDADE X PLANEJAMENTO FAMILIAR E SUAS CONSEQUÊNCIAS

Os alimentos gravídicos têm fundamento no princípio da solidariedade e liberdade responsável, servindo para garantir o adimplemento de custos inerentes e circundantes à gravidez. Destinam-se ao nascituro ou à gestante? Embora beneficie diretamente a ambos, conforme o artigo primeiro da Lei 11.804/2008, trata-se de um direito dirigido à mulher gestante. Contudo, ao tempo em que se prestam a garantir condições para uma gravidez saudável, promovem também os meios para um desenvolvimento saudável para o nascituro. De acordo com o art. 2º da citada lei, devem incluir "os valores suficientes para cobrir as despesas adicionais do período de gravidez e que sejam dela decorrentes, da concepção ao parto, inclusive as referentes a alimentação especial, assistência médica e psicológica, exames complementares, internações, parto, medicamentos e demais prescrições preventivas e terapêuticas indispensáveis, a juízo do médico, além de outras que o juiz considere pertinentes".

Podem ser classificados como alimentos côngruos, porque englobam muito mais do que as simples necessidades básicas de quem os recebe. Como se depreende do artigo citado, prestam-se, em última análise, a promover o bem-estar da gestante e o amparo de todas as suas necessidades, físicas e psíquicas, nesse período de extrema vulnerabilidade.

Enquanto Dias (2017, p. 66) assegura tratarem-se de uma obrigação solidária entre parturiente e o suposto pai, Lobo (2022, p. 409) reitera que essa modalidade de alimentos também está sujeita à divisibilidade e à capacidade contributiva, devendo ser fixada na proporção dos rendimentos e dos bens de cada corresponsável. Caberá ao suposto pai o pagamento da sua quota-parte, a ser fixada mediante a exclusão da contribuição da própria parturiente, que também é responsável pelo provimento dessas despesas (art. 2º., parágrafo único, Lei 11.804/2008).

Não se confundem com os alimentos devidos ao nascituro, que, pela teoria concepcionista, constitui um estado no qual já se pode suscitar a responsabilidade parental e, consequentemente, o dever de alimentar (Dias, 2017, p. 66). Nessa esteira, considere-se uma gestação sobrevinda no curso do casamento. Eventual pedido de divórcio por um ou ambos os cônjuges deverá contemplar os alimentos devidos ao nascituro, que já é considerado filho do marido pelo critério da presunção da filiação decorrente do casamento (art. 1.597, CC). Nesse caso, não há que se falar em alimentos gravídicos, e sim, em alimentos para o nascituro.

A despeito da divergência doutrinária e jurisprudencial, a ação de investigação de paternidade proposta pela mãe em substituição processual ao nascituro, com base no art. 1.609, parágrafo único, do Código Civil, e art. 26 do Estatuto da Criança e do Adolescente, poderá trazer um pedido incidental de alimentos provisórios, que não serão confundidos com alimentos gravídicos.

Os alimentos gravídicos poderão ser pleiteados desde a concepção até o nascimento da criança e não precisam da prova do DNA para tanto – afinal, tem por destinatária a própria gestante e fundamenta-se no princípio da solidariedade e da liberdade responsável. Uma vez fixados, serão automaticamente convertidos em alimentos definitivos ao infante (art. 6º. parágrafo único), perdurando até eventual ação revisional para majoração, exoneração ou minoração do *quantum* estabelecido. O valor também poderá ser revisto, se ulterior ação de investigação ou negatória de paternidade decidir de modo diverso. Mas, em última linha, a conversão automática se presta a garantir celeridade na prestação jurisdicional, facilitando o acesso à justiça e a solução de mérito da demanda.

A Lei não prevê o dever subsidiário dos avós ou demais parentes para complementar tais alimentos, ou mesmo de prestá-los de maneira integral, na impossibilidade do pai, visto que não se refere aos artigos do Código Civil que tratam dessa possibilidade.

Para a sua fixação, a lei exige a certeza da gravidez e "indícios da paternidade" (art. 6º, *caput*) – que difere da "segura certeza". Há que provar "indícios" da suposta paternidade e não prova pré-constituída desse vínculo, como no caso do art. 11 da lei de Alimentos – Lei 5.478, de 25 de julho de 1968. Tais indícios podem ser apresentados pelas provas em direito admitidas: fotos do casal, e-mails, diálogos e declarações nas redes sociais, testemunhas do relacionamento etc.

Conquanto os alimentos gravídicos possam ser exercidos a partir da concepção, serão fixados a partir da citação do devedor,[39] uma vez que não há que se prestigiar a

---

39. Apelações cíveis – Ação de alimentos – Filho menor – Fixação – Trinômio alimentar – Necessidade-possibilidade-proporcionalidade – Obediência – Alimentos gravídicos – Efeitos retroativos à data da citação – Reconhecimento – Entendimento sumulado pelo C.STJ. [...] A teor do art. 2º da Lei 11.804/08, os alimentos

inércia da titular do direito. Infelizmente, porém, certas vezes a parte ingressa com a ação e há demora na promoção da citação por vários fatores, inclusive, a leniência do Judiciário ou mesmo a má-fé do demandado, que se esquiva ou cria dificuldades para a consolidação do ato, situação esta já reconhecida nos tribunais pátrios, inclusive, em recente decisão do TJSP.[40]

Considerando que a própria lei de alimentos gravídicos, no seu artigo 11, admite a aplicação da Lei de Alimentos e ao Código de Processo Civil, pela irrepetibilidade da verba, o suposto pai não terá direito ao reembolso do que houver pago, se o vínculo de parentesco não vier a ser confirmado. E, conforme Enunciado 522 da V Jornada de Direito Civil, "Cabe prisão civil do devedor nos casos de não prestação de alimentos gravídicos estabelecidos com base na Lei 11.804/2008, inclusive deferidos em qualquer caso de tutela de urgência."

Apesar das críticas à Lei 11.804/08 no que tange à possibilidade de sua utilização por pessoas inescrupulosas, com o fim de aferição de vantagens, mesmo que temporárias, é de se prestigiar o objetivo primordial do instituto, pautado na solidariedade social, de assegurar uma gestação saudável e contribuir para a proteção de interesses pertinentes à vida e à saúde daquele que está por nascer. O suposto pai, assim como a parturiente deverão ser chamados a honrarem com essas despesas, em atenção à liberdade responsável que também orienta o exercício da sexualidade e o planejamento familiar.

Os direitos sexuais e reprodutivos integram os direitos humanos e, como tal, devem ser assegurados a todo cidadão. Brauner (2003, p. 9) afirma que os direitos reprodutivos "envolvem essencialmente a noção de sexualidade":

> [...] abarca a ideia ligada à busca do prazer, reconhecendo a vida sexual gratificante como direito de cada cidadão, homem e mulher, não mais se concebendo a sexualidade como uma mera necessidade biológica.

---

gravídicos são fixados no intuito de cobrir as despesas extras com a gravidez e que sejam dela decorrentes e referem-se à parte das despesas que deverão ser custeadas pelo futuro pai, considerando-se a contribuição da gestante, na proporção dos recursos de ambos e deverão ser fixados observados os requisitos da necessidade, possibilidade e proporcionalidade – A Lei 11.804/08, que disciplina o direito a alimentos gravídicos, além de impor a obrigação alimentar ao genitor, ela visa assegurar uma gestação saudável para a mãe e ao feto, que necessitam de cuidados especiais como assistência médica e boa alimentação. – O § 2º do art. 13 da Lei 5478/68 prevê que os alimentos, em qualquer caso, retroagem à data de citação e, com base no disposto no art. 11 da Lei 11.804/08, o referido artigo é aplicável também nos casos referentes à alimentos gravídicos – Nos termos da Súmula 621 do STJ os efeitos da sentença que reduz, majora ou exonera o alimentante do pagamento retroage à data da citação, vedadas a compensação e a repetibilidade. (TJ-MG – AC: 10000220992861002 MG, Relator: Ângela de Lourdes Rodrigues, Data de Julgamento: 26.01.2023, Câmaras Especializadas Cíveis / 8ª Câmara Cível Especializada, Data de Publicação: 27.01.2023).

40. Agravo de instrumento – Alimentos gravídicos – Fixação a partir da citação – Insurgência da autora – Cabimento – Necessidade alimentar que é urgente, sendo incabível que os alimentos sejam devidos apenas a partir da citação – Demora no pagamento dos alimentos que implica risco à saúde da mulher e à gestação – Inteligência do art. 6º da Lei de Alimentos Gravídicos – Precedentes do STJ – Agravo improvido. (TJ-SP – AI: 21384040220208260000 SP 2138404-02.2020.8.26.0000, Relator: Miguel Brandi, Data de Julgamento: 25.09.2020, 7ª Câmara de Direito Privado, Data de Publicação: 25.09.2020).

A dificuldade está em reconhecer-se que o respeito aos direitos sexuais e reprodutivos está vinculado à questão da sexualidade e da capacidade reprodutiva, pelo processo de educação e socialização das pessoas, tendo em vista que esses elementos determinam o grau de realização do indivíduo em relação a seu corpo, sua possibilidade de viver sua sexualidade de forma gratificante e de organizar sua vida reprodutiva.

O termo "direitos reprodutivos", dentre os quais se insere o direito à procriação, foi cunhado, de maneira explícita, segundo Juan Guillermo F. Perea (2003, p. 365-378) com a criação da *World Network for Defense of Women's Reproductive Rights* (Rede Mundial de Defesa dos Direitos Reprodutivos das Mulheres), no ano de 1979, e seu conceito está intimamente ligado ao movimento feminista, em especial na busca pela autodeterminação reprodutiva.

A responsabilidade, quando do livre exercício da vida sexual, não pode ser delegada ao(a) parceiro(a). Quando a Constituição Federal de 1988 diz que o planejamento familiar é de livre decisão do casal, está implícita nessa garantia de liberdade a responsabilidade individual atinente às escolhas no exercício da sexualidade. Quando uma gestação decorre desse exercício sem os cuidados inerentes à liberdade de escolha de ambos, no que tange ao planejamento familiar, nenhum dos sujeitos dessa relação poderá se esquivar das responsabilidades circundantes. Infelizmente, porém, muitas são as mulheres que suportarão todos os custos (patrimoniais e emocionais), sem o apoio do parceiro, e essa realidade justificou a figura dos alimentos gravídicos. A Lei 11.804/08 tem a "virtude" de "chamar à responsabilidade" os parceiros de uma relação, eventual ou não eventual, sobre as possíveis consequências da sua negligência no exercício da sexualidade. O "alerta" trazido pela Lei vai além da proteção à saúde dos envolvidos; traz à lume as responsabilidades inafastáveis que decorrem da concepção de uma outra vida. Destarte, o dever de administrar o direito ao pleno exercício da sexualidade, sem consequências, porventura indesejáveis, é pessoal e indelegável.

5. REFERÊNCIAS

ANDRADE, Ronaldo Alves de. Reflexos jurídicos da filiação afetiva decorrente do padrasto e do madrastio. In: SIMÃO, Fernando José; FUJITA, Jorge Shiguemitsu; CHINELLATO, Silmara Juny de Abreu e ZUCCHI, Maria Cristina (Org.). *Direito de Família no Novo Milênio*: estudos em homenagem ao professor Álvaro Villaça Azevedo. São Paulo: Atlas, 2010.

BARBOZA, Heloisa Helena. Paternidade Responsável: o Cuidado como Dever Jurídico. In: PEREIRA, Tânia da Silva; OLIVEIRA, Guilherme de (Org.). *Cuidado e Responsabilidade*. São Paulo: Atlas, 2011.

BODIN DE MORAES, Maria Celina. *Na Medida da Pessoa Humana*: Estudos de direito civil-constitucional. Rio de Janeiro: Renovar, 2010.

BOWLBY, John. *Formação e rompimento dos laços afetivos*. São Paulo: Martins Fontes, 2006.

BRAUNER, Maria Cláudia Crespo. *Direito, Sexualidade e Reprodução Humana*: conquistas médicas e o debate bioético. Rio de Janeiro: Renovar, 2003.

CAHALI, Yussef Said. *Dos Alimentos*. 5. ed. São Paulo: Ed. RT, 2006.

CALDERÓN, Ricardo Lucas. *Princípio da Afetividade no direito de família*. Rio de Janeiro: Renovar, 2013.

CALDERÓN, Ricardo Lucas. Afetividade e cuidado sob as lentes do direito. *In*: PEREIRA, Tânia da Silva et al. (Org.). *Cuidado e Afetividade*: projeto Brasil/Portugal – 2016/2017. São Paulo: Atlas, 2017.

CARVALHO. Dimas Messias de. *Direito das famílias*. 8. ed. São Paulo: Saraiva Educação, 2020.

CHINELATO, Silmara Juny. *Tutela civil do nascituro*. São Paulo: Saraiva, 2000.

CHINELATO, Silmara Juny. *Comentários ao Código Civil*. São Paulo: Saraiva, 2004.

COULANGES, Fustel de. *A Cidade Antiga*. São Paulo: Martin-Claret, 2000.

DIAS, Maria Berenice. *Alimentos*: Direito. Ação. Eficácia. Execução. São Paulo: Ed. RT, 2017.

DIAS, Maria Berenice. *Manual do Direito das Famílias*. 14. ed. Salvador: JusPodivm, 2021.

DIDIER JR., Fredie. *Curso de direito processual civil*: introdução ao direito processual civil. Parte geral e processo de conhecimento. Salvador: JusPodivm, 2020.

FACHIN, Luiz Edson. *Coleção Soluções Práticas de Direito*: Pareceres. v. 2. São Paulo: Revista dos Tribunais. 2011.

FARIAS, Cristiano Chaves de; ROSA, Conrado Paulino da. *Teoria Geral do Afeto*. Salvador: JusPodivm, 2020.

FARIAS, Cristiano Chaves e ROSENVALD, Nelson. *Curso de Direito Civil*: famílias. Salvador: JusPodivm, 2022.

FERNANDES, Tycho Brahe. *A reprodução assistida em face da bioética e do biodireito*: aspectos do Direito de Família e do Direito de Sucessões. Florianópolis: Diploma Legal, 2000.

GAGLIANO, Pablo Stolze; PAMPLONA FILHO, Rodolfo. *Novo Curso de Direito Civil*: Direito de Família – As famílias em perspectiva constitucional. São Paulo: Saraiva, 2011. v. VI.

GAMA, Guilherme Calmon Nogueira. *A nova filiação*: o biodireito e as relações parentais. Rio de Janeiro: Renovar, 2003.

GAMA, Guilherme Calmon Nogueira. *Princípios Constitucionais do direito de família*: guarda compartilhada à luz da Lei 11.698/08: família, criança, adolescente e idoso. São Paulo: Atlas, 2008.

GOMES, Orlando. *Direito de Família*. 10. ed. Rio de Janeiro: Forense, 1998.

GUILHEM, Dirce; PRADO, Mauro Machado do. *Bioética, legislação e tecnologias reprodutivas*. Bioética. Brasília: Conselho Federal de Medicina, v. 9, n. 2, p. 113 – 126, 2001.

GUILHEM, Dirce; PRADO, Mauro Machado do. *Escravas do Risco*: Bioética, Mulheres e Aids. Brasília: Ed. Universidade de Brasília: Finatec, 2005.

LEITE, Eduardo de Oliveira. *Procriações artificiais e o direito*: aspectos médicos, religiosos, psicológicos, éticos e jurídicos. São Paulo: Ed. RT, 1995.

LÔBO, Paulo Luiz Netto. *Direito Civil*: Famílias. 9 ed. São Paulo: Saraiva Educação, 2019. v. V.

MADALENO, Rolf. *Direito de Família*. 11. ed. Rio de Janeiro: Grupo GEN, 2022.

MONTEIRO, Washington de Barros; SILVA, Regina Beatriz Tavares Da Silva. *Curso de Direito Civil*: Direito de Família. 42. ed.. v. 2. São Paulo: Saraiva, 2012.

NEVARES, Ana Luiza Maia; XAVIER, Marília Pedroso; MARZAGÃO, Silvia Felipe (Coord.). *Coronavírus*: impactos no Direito de Família e Sucessões. São Paulo: Foco, 2020.

PEREA, Juan Guillermo Figueroa. O exercício da cidadania e a consciência cultural: condições para a construção dos direitos reprodutivos masculinos. In: GARRAFA, Volnei; PESSINI, Leo (Org.). *Bioética*: Poder e Injustiça. São Paulo: Centro Universitário São Camilo, Sociedade Brasileira de Bioética e Loyola, 2003.

PEREIRA, Caio Mário da Silva. *Instituições de Direito Civil*. 14. ed. Rio de Janeiro: Forense, 2004.

PESSINI, Léo; BARCHIFONTAINE, Christian de Paul de. *Problemas atuais de bioética*. 5. ed. São Paulo: Loyola, 2000.

RODRIGUES, Sílvio. *Direito Civil* – Direito de Família. 28. ed. São Paulo: Saraiva, 2004, v. 6.

SARLET, Ingo Wolfugang. *Dignidade da pessoa humana e direitos fundamentais na Constituição Federal de 1988*. 5. ed. Porto Alegre: Livraria do Advogado, 2007.

SARMENTO, Daniel. *A ponderação de interesses na Constituição Federal*. Rio de Janeiro: Lumen Juris, 2000.

SILVA, Regina Beatriz Tavares da. *Culpa por descumprimento de dever conjugal gera perda do direito à pensão alimentícia*. Associação de Direito de Família e das Sucessões. 2018. Disponível em: https://adfas.org.br/culpa-por-descumprimento-de-dever-conjugal-gera-perda-do-direito-a-pensao-alimenticia/. Acesso em: 16 abr. 2022.

SILVA, Regina Beatriz Tavares da. *O infiel não tem direito à pensão alimentícia*. Associação de Direito de Família e das Sucessões. 2019. Disponível em: https://adfas.org.br/o-infiel-nao-tem-direito-a-pensao-alimenticia-reconhece-o-stj/. Acesso em: 16 abr. 2022.

STRECK, Lenio Luiz; NUNES, Dierle; CUNHA, Leonardo (Org.). *Comentários ao Código de Processo Civil*. 2. ed. São Paulo: Saraiva, 2017.

TEIXEIRA, Ana Carolina Brochado; RODRIGUES, Renata de Lima. *O Direito das Famílias entre a Norma e a Realidade*. São Paulo: Atlas, 2010.

TEIXEIRA, Ana Carolina Brochado; TEPEDINO, Gustavo (Coord.). *Fundamentos do Direito Civil*: Direito de Família. Rio de Janeiro: Forense, 2020. v. 6.

VELOSO, Zeno. *Código Civil Comentado*. São Paulo: Atlas, 2002. v. XVII.

VENOSA, Sílvio de Salvo. *Direito Civil*: família. 17. ed. São Paulo: Atlas, 2017. v. V.

WELTER, Belmiro Pedro. *Alimentos no Código Civil*. 2. ed. São Paulo: Thomson/IOB, 2004.

ALIMENTOS COMPENSATÓRIOS HUMANITÁRIOS: AJUSTES NECESSÁRIOS À REALIDADE DA MULHER

Melissa Ourives Veiga

Mestra em direito privado pela Uni7. Advogada familiarista. Professora universitária. Vice – presidenta do IBDFAM/CE. Idealizadora do coletivo feminino mulheres, livros e vinhos. E-mail: melissaveiga@gmail.com.

Sumário: Introdução – 1. Alimentos: considerações gerais; 1.1 Alimentos no Direito de Família; 1.2 Alimentos na Responsabilidade Civil – 2. Espécies de Alimentos na Conjugalidade: reflexões a partir do papel da mulher – 3. Alimentos Compensatórios Patrimoniais e Humanitários: ajustes necessários à realidade da mulher; 3.1 Alimentos Compensatórios patrimoniais: compensação econômica; 3.2. Alimentos compensatórios humanitários – 4. Considerações finais – 5. Referências.

INTRODUÇÃO

São inegáveis as assimetrias de gênero que ainda perduram nas relações familiares. O papel da mulher na construção familiar, especialmente sua força produtiva de cuidado, foi invisibilizado justamente por beneficiar um sistema patriarcal de submissão feminina, numa sociedade projetada por homens para homens.

Com isso, a vida conjugal tem um custo social e cultural para as mulheres, tanto no que diz respeito à divisão das tarefas domésticas e à educação dos filhos, quanto à evolução da carreira profissional e à remuneração. O direito foi, durante muitos anos, instrumento legitimador do sistema patriarcalista e da desigualdade de gênero.

Muito embora a Constituição Federal garanta a paridade formal entre homens e mulheres, traçada a partir do princípio da igualdade, na vida como ela é verifica-se que a realidade escancara estereótipos de gênero responsáveis pela configuração de papéis hierárquicos e de superioridade masculina que apoiam uma subordinação feminina.

Desse modo, a partir do recorte de gênero, o objetivo deste artigo consiste em analisar a possibilidade de adequação dos alimentos compensatórios humanitários como instrumento indenizatório de redução do desequilíbrio enfrentado pela mulher pós ruptura conjugal.

1. ALIMENTOS: CONSIDERAÇÕES GERAIS

O direito aos alimentos é um direito fundamental reconhecido na Constituição Federal de 1988, no art. 6º,[1] estabelecido como garantia social, para assegurar o

---

[1]. Art. 6º São direitos sociais a educação, a saúde, a alimentação, o trabalho, a moradia, o transporte, o lazer, a segurança, a previdência social, a proteção à maternidade e à infância, a assistência aos desamparados, na forma desta Constituição.

mínimo existencial da pessoa humana. Contempla o padrão de subsistência estabelecido no art. 3º, III,[2] o qual prevê diretrizes que garantem a promoção do cuidado na redução das desigualdades sociais.

O Ministro Luiz Roberto Barroso afirma que "os alimentos funcionam como prestação que se destina a assegurar a manutenção da dignidade da pessoa humana, com base na solidariedade, sendo, ainda, considerado direito social".[3] Materializa os princípios da dignidade da pessoa humana e da solidariedade familiar como alicerces constitucionais da obrigação alimentar ao impor o respeito e a promoção aos membros da família (Menezes; Chagas, Melo, 2022, p. 519).

Os interesses individuais são mitigados na busca da realização da solidariedade familiar na medida que a lei impõe a obrigação de alimentar. Ensina Gustavo Tepedino (2020, p. 331):

> No núcleo familiar, deve-se entender os alimentos como expressão da solidariedade recíproca dos cônjuges e companheiros, principalmente quanto à assistência moral e material. Com efeito, do aspecto axiológico, a reciprocidade da obrigação alimentar entre pais e filhos, parentes, companheiros e cônjuges demonstra a mitigação da individualidade e a proeminência dos interesses e direitos da coletividade – no caso, da coletividade familiar –, protegidos pelo Estado, pela sociedade e pelos integrantes da família. Trata-se da corresponsabilidade recíproca que tem raízes na autonomia privada, seja na constituição da família conjugal ou marital, seja no exercício do planejamento familiar.

Trata-se de uma obrigação personalíssima, conforme entendimento do Supremo Tribunal de Justiça sobre os alimentos, integrando esses "o rol de direitos da personalidade do indivíduo, seu patrimônio moral e não econômico, uma vez que são destinados a garantir a subsistência daquele que os recebe".[4]

---

2. Art. 3º Constituem objetivos fundamentais da República Federativa do Brasil: III – erradicar a pobreza e a marginalização e reduzir as desigualdades sociais e regionais.
3. Ementa: Direito constitucional e tributário. Ação direta de inconstitucionalidade. Incidência de imposto de renda sobre pensão alimentícia fundada no direito de família. Inconstitucionalidade. 1. Ação direta de inconstitucionalidade proposta para que se declare a inconstitucionalidade da incidência do imposto de renda sobre verbas pagas a título de pensão alimentícia. 2. Os alimentos se destinam a assegurar a manutenção da dignidade da pessoa humana, com base na solidariedade, sendo considerados como direito social. O adimplemento da obrigação alimentar é tão caro à Constituição que seu descumprimento configura exceção à impossibilidade de prisão civil por dívida. 3. Do arcabouço normativo civil constitucional, extraem-se as seguintes premissas: (i) o direito aos alimentos protege o mínimo existencial e sua prestação será devida a pessoa que, incapaz de prover o seu próprio sustento, não encontra meios, ao menos imediatos, para atender às suas necessidades mais Supremo Tribunal Federal Documento assinado eletronicamente pelo(a) Min. Roberto Barroso, conforme o Art. 205, § 2º, do CPC (ADI 5422, STF).
4. Recurso especial. Execução de alimentos fixados in natura. Superveniência da morte do alimentando. Direito aos alimentos concebido como direito da personalidade do alimentando, do que decorre seu viés personalíssimo. Intransmissibilidade do direito aos alimentos (ainda que vencidos) aos sucessores do alimentando. Exaurimento da finalidade dos alimentos. Preservação de eventual pretensão da genitora para a reparação dos gastos eventualmente despendidos em favor do alimentário que eram de obrigação do alimentante, proporcionando-lhe enriquecimento devido. Necessidade. Recurso especial provido. 1. Em conformidade com o direito civil constitucional que preconiza uma releitura dos institutos reguladores das relações jurídicas privadas, a serem interpretados segundo a Constituição Federal, com esteio, basicamente, nos princípios da proteção da dignidade da pessoa humana, da solidariedade social e da isonomia mate-

Em geral, o direito alimentar proveniente da relação entre cônjuges e companheiros é estruturado pelos vínculos de afinidade e solidariedade, compreendendo o dever de assistência mútua, na linha do art. 1.566,[5] do CC, buscando instituir a igualdade entre homens e mulheres na conjugalidade. Todavia, a obrigação de alimentos na sequência do divórcio ou dissolução da união estável tem sido objeto de acesa controvérsia quanto aos fundamentos e alcance da sua própria subsistência, merecendo olhar cuidadoso e sensível da doutrina. Especialmente na análise de questões subjetivas, Rodrigo da Cunha Pereira (2012, p. 113) alerta:

> Para que o Direito possa apreender a noção mais profunda daquilo que é justo e afinal cumprir sua função primeira, que está na ideia de justiça, torna-se necessário compreender um outro campo: o da subjetividade feminina. Com essas noções, a ideia de igualdade será considerada a partir das subjetividades masculina e feminina, desfazendo-se a confusão e talvez uma falácia de nosso tempo, que é a igualdade de todos sem a consideração das diferenças e subjetividades. O Direito não pode mais desconsiderar que no campo da objetividade perpassam questões que não são somente do mundo objetivo.

Embora a disciplina jurídica dos alimentos esteja, mais comumente, relacionada ao Direito de Família, no presente estudo será necessário avançar para o campo da

---

rial, o direito aos alimentos deve ser concebido como um direito da personalidade do indivíduo. Trata-se, pois, de direito subjetivo inerente à condição de pessoa humana, imprescindível ao seu desenvolvimento, à sua integridade física, psíquica e intelectual e, mesmo, à sua subsistência. 2. Os alimentos integram o patrimônio moral do alimentando, e não o seu patrimônio econômico, ainda que possam ser apreciáveis economicamente. Para efeito de caracterização da natureza jurídica do direito aos alimentos, a correlata expressão econômica afigura-se *in totum* irrelevante, apresentando-se de modo meramente reflexo, como sói acontecer nos direitos da personalidade. 3. Do viés personalíssimo do direito aos alimentos, destinado a assegurar a existência do alimentário e de ninguém mais, decorre a absoluta inviabilidade de se transmiti-lo a terceiros, seja por negócio jurídico, seja por qualquer outro fato jurídico. 4. A compreensão de que o direito aos alimentos, especificamente em relação aos vencidos, seria passível de sucessão aos herdeiros do alimentário (credor dos alimentos), além de se apartar da natureza destes, de seu viés personalíssimo e de sua finalidade, encerra uma inadequação de ordem prática insuperável, sem nenhum respaldo legal. 5. A partir do óbito do credor de alimentos, o conflito de interesses remanescente não mais se relaciona com os alimentos propriamente ditos, já que não se afigura possível suceder a um direito personalíssimo. Remanesce, eventualmente, a pretensão da genitora de, em nome próprio, ser ressarcida integralmente pelos gastos despendidos no cuidado do alimentando que eram da responsabilidade do genitor, propiciando-lhe um enriquecimento sem causa. 6. Extinta a obrigação alimentar por qualquer causa (morte do alimentando, como se dá *in casu*; exoneração do alimentante, entre outras), a genitora não possui legitimidade para prosseguir na execução de alimentos (vencidos), seja na condição de herdeira, seja em nome próprio, por sub-rogação. 7. A intransmissibilidade do direito aos alimentos, como consectário de seu viés personalíssimo, amplamente difundido na doutrina nacional, tem respaldo do Código Civil que, no seu art. 1.707, dispõs: "pode o credor [de alimentos] não exercer, porém lhe é vedado renunciar o direito a alimentos, sendo o respectivo crédito insuscetível de cessão, compensação ou penhora". O Código Civil de 2002, em relação ao direito aos alimentos, não inovou quanto à sua intransmissibilidade. 8. Recurso especial provido. (STJ, REsp. 1681.877/MA, 3ª Turma, Rel. Min. Marco Aurélio Bellizze, j. 19.02.209).

5. Art. 1.566. São deveres de ambos os cônjuges:
   I – fidelidade recíproca;
   II – vida em comum, no domicílio conjugal;
   III – *mútua assistência*;
   IV – sustento, guarda e educação dos filhos;
   V – respeito e consideração mútuos. (Grifou-se).

responsabilidade civil vez que os alimentos compensatórios assumem franca natureza indenizatória. Necessário, portanto, estabelecer pontos distintivos da temática sob as duas perspectivas.

1.1 Alimentos no direito de família

Os alimentos originários do direito de família correspondem ao dever decorrente do parentesco ou da conjugalidade, insculpido no art. 1694, CC.[6]

É fundamental diferenciar os alimentos de família originários do vínculo de parentesco biológico ou socioafetivo e os chamados institucionais que surgem a partir da conjugalidade, quer pelo casamento ou união estável, resultante do dever de assistência mútua, nos termos do art. 1566, III, do CC.[7] O legislador distingue cônjuges e companheiros, considerando não haver parentesco advindo da relação conjugal. Os laços que ligam os casais são de natureza horizontalizada, havendo uma comunitarização dos riscos oriundos da própria relação. (Andrade, 20017, p. 323). Já os alimentos decorrentes do parentesco, em especial da autoridade parental, têm como fundamento a solidariedade familiar.

Na verdade, estas compreensões estão bem presentes durante o casamento, no âmbito do qual a solidariedade material se exprime de forma estrutural por meio da comunhão de vida, nomeadamente da comunhão de recursos entre os cônjuges (Távora, 2020, p. 182). Por essa razão, há de ser ponderado o perfil funcional dos alimentos pós relação de conjugalidade, de modo a não serem desvirtuados da sua função.

É bem verdade que a extinção do vínculo marital encerra os deveres conjugais e, inclusive, a mútua assistência. Entretanto, existem deveres anexos à relação, o que traz para a reflexão a discussão sobre a cláusula geral da boa-fé após o rompimento. Mesmo ao considerar que a boa-fé é dever esperado durante a constância da sociedade afetiva, expande-se para além dessa alguns de seus efeitos como projeção do próprio princípio constitucional da solidariedade.

1.2 Alimentos na responsabilidade civil

A legislação prevê outras possibilidades de dívidas alimentares provenientes de diferentes relações, por meio de dever alimentar, ato voluntário ou ofertado espontaneamente via contrato. Constituem alimentos voluntários aqueles que se originam por meio de um negócio jurídico *inter vivos* ou *mortis causa* e expressam a declaração de vontade de composição de uma obrigação alimentar.

---

6. Art. 1694, CC. Podem os parentes, os cônjuges ou companheiros pedir uns aos outros os alimentos de que necessitem para viver de modo compatível com a sua condição social, inclusive para atender às necessidades de sua educação.
7. Art. 1.566. São deveres de ambos os cônjuges: III – mútua assistência.

Por outro lado, existem os alimentos indenizatórios, que representam a possibilidade de restituição ou de ressarcimento por dano causado pelo delito, nos moldes do art. 948, II e 950 do Código Civil.[8]

A indenização é estipulada por meio de uma pensão mensal, considerando os ganhos mensais da vítima, com base de cálculo na expectativa de sobrevida ou, em casos de ferimento que acarrete a sua redução (temporária ou definitiva) para o labor, a pensão deverá se parametrizar na proporcionalidade derivada da incapacidade para o trabalho, intencionando também garantir a subsistência das pessoas que dependiam economicamente da vítima (Marmitt, 1987, p. 71).

A prestação de alimentos oriunda da responsabilidade civil possui distinções dos alimentos originários do direito de família, considerando que a indenização proveniente do art. 948 do Código Civil, não é limitado aos alimentos devidos apenas às pessoas dependentes do sustento da vítima e que com ela existia vínculo de parentesco, além de não se prender, proporcionalmente, à necessidade de quem pede e à possibilidade de quem é demandado. Também serão credores desses alimentos ressarcitórios qualquer pessoa que comprove ter sofrido dano pessoal como consequência de recebimento de assistência particular da vítima, na modalidade de dano por ricochete.

2. ESPÉCIES DE ALIMENTOS NA CONJUGALIDADE: REFLEXÕES A PARTIR DO PAPEL DA MULHER

Ao analisar os alimentos devidos na conjugalidade, considera-se sua classificação de acordo com a natureza, em naturais ou necessários e civis ou côngruos. Os primeiros servem para a satisfação das necessidades básicas de sobrevivência da pessoa dependente alimentar, e os últimos objetivam manter a condição social vivenciada na constância do relacionamento.

Quanto à causa jurídica, os alimentos devidos em decorrência da conjugalidade podem ser determinados em razão da manifestação de vontade das partes, a exemplo do que ocorre no legado de alimentos fixados em testamento; da previsão legal, neste caso, alimentos legítimos originários do casamento ou de união estável, com fundamento no art. 1.694[9] do Código Civil –; ou determinados pela responsabilidade

---

8. Art. 948. No caso de homicídio, a indenização consiste, sem excluir outras reparações: II – na prestação de alimentos às pessoas a quem o morto os devia, levando-se em conta a duração provável da vida da vítima.
   Art. 950 e da ofensa resultar defeito pelo qual o ofendido não possa exercer o seu ofício ou profissão, ou se lhe diminua a capacidade de trabalho, a indenização, além das despesas do tratamento e lucros cessantes até ao fim da convalescença, incluirá pensão correspondente à importância do trabalho para que se inabilitou, ou da depreciação que ele sofreu. Parágrafo único. O prejudicado, se preferir, poderá exigir que a indenização seja arbitrada e paga de uma só vez.
9. Art. 1.694, CC. "Podem os parentes, os cônjuges ou companheiros pedir uns aos outros os alimentos de que necessitem para viver de modo compatível com a sua condição social, inclusive para atender às necessidades de sua educação. § 1º Os alimentos devem ser fixados na proporção das necessidades do reclamante e dos recursos da pessoa obrigada. § 2º Os alimentos serão apenas os indispensáveis à subsistência, quando a situação de necessidade resultar de culpa de quem os pleiteia".

civil, no cumprimento da função ressarcitória em casos de dissolução de relações de conjugalidade.

Quanto à duração da prestação alimentar proveniente da conjugalidade, destacam-se os[10] transitórios ou temporários concedidos em sede da relação horizontalizada entre as partes por prazo determinado. Em regra, a obrigação alimentar conjugal vem seguindo a linha da transitoriedade, tanto na doutrina quanto nas decisões judiciais, não mais justificando impor a uma das partes a obrigação de sustentar a outra para todo o sempre, quando aquela reúne condições de prover sua própria subsistência (Buzzi, 2003, p. 123).

Os alimentos transitórios são uma construção doutrinária e jurisprudencial, carecendo de legislação específica, projetados para determinada duração em resposta ao princípio constitucional da igualdade de gênero. O Superior Tribunal de Justiça firmou posição no sentido que os alimentos devidos entre ex-cônjuges ou ex-companheiros devem ter caráter excepcional, transitório e serem fixados por prazo determinado, exceto quando um dos cônjuges não possua mais condições de reinserção no mercado do trabalho ou de readquirir sua autonomia financeira.[11] Nas palavras da Ministra Nancy Andrighi, "os alimentos transitórios surgem como solução possível, isto é, como alavanca temporária para o aprumo socioeconômico do cônjuge necessitado, impedindo, dessa forma, a estipulação de pensões vitalícias destituídas de amparo legal".[12]

---

10. Nesse ponto, o termo transitório é utilizado como sinônimo de temporário em razão do tempo predeterminado em que são fixados judicialmente. Não se referem aos alimentos fixados por decisão liminar ou antecipação de tutela em ação própria. Em todo o texto, o termo alimentos transitórios serão utilizados nessa perspectiva.
11. STJ, Edição n. 65. Disponível em; https://www.stj.jus.br/publicacaoinstitucional/index.php/JuriTeses/article/view/11312/11441.
12. Processo civil e direito civil. Família. Alimentos. Ação de separação judicial litigiosa. Imputação de culpa. Violação dos deveres do casamento. Presunção de perdão tácito. Alimentos transitórios. Atualização monetária. 1. A presunção de perdão tácito declarada pelo TJ/MG constitui circunstância fática imutável na via especial, a teor da Súmula 7/STJ. 2. A boa-fé objetiva deve guiar as relações familiares, como um manancial criador de deveres jurídicos de cunho preponderantemente ético e coerente. 3. De acordo com os arts. 1.694 e 1.695 do CC/02, a obrigação de prestar alimentos está condicionada à permanência dos seguintes pressupostos: (i) o vínculo de parentesco, ou conjugal ou convivencial; (ii) a necessidade e a incapacidade do alimentando de sustentar a si próprio; (iii) a possibilidade do alimentante de fornecer alimentos. 4. O fosso fático entre a lei e o contexto social impõe ao Juiz detida análise de todas as circunstâncias e peculiaridades passíveis de visualização ou de intelecção no processo, para a imprescindível aferição da capacidade ou não de autossustento daquele que pleiteia alimentos, notadamente em se tratando de obrigação alimentar entre ex-cônjuges ou ex-companheiros. Disso decorre a existência ou não da presunção da necessidade de alimentos. 5. A realidade social vivenciada pelo casal ao longo da união deve ser fator determinante para a fixação dos alimentos. Mesmo que se mitigue a regra inserta no art. 1.694 do CC/02, de que os alimentos devidos, na hipótese, são aqueles compatíveis com a condição social do alimentando, não se pode albergar o descompasso entre o status usufruído na constância do casamento ou da união estável e aquele que será propiciado pela atividade laborativa possível. 6. A obrigação de prestar alimentos transitórios – a tempo certo – é cabível, em regra, quando o alimentando é pessoa com idade, condições e formação profissional compatíveis com uma provável inserção no mercado de trabalho, necessitando dos alimentos apenas até que atinja sua autonomia financeira, momento em que se emancipará da tutela do alimentante – outrora provedor do lar –, que será então liberado da obrigação, a qual se extinguirá automaticamente. 7. Nos termos do art. 1.710 do CC/02, a atualização monetária deve constar expressamente da decisão concessiva de

Os alimentos transitórios têm, portanto, base eminentemente jurisprudencial, com vistas a dar suporte aos ex-cônjuges no período imediatamente posterior ao casamento, objetivando proporcionar a reinserção no mercado de trabalho ao cônjuge que, por conta da relação conjugal e familiar, se afastara de sua atividade laboral.

Nessa linha, é importante afirmar que não há um tempo certo e prefixado, devendo cada caso ser tratado de forma sensível, considerando questões singulares da relação e, em especial, analisando que os impactos do fim da conjugalidade são sentidos de forma diversa quando se trata de mulheres e homens. O Instituto Britânico de Pesquisas de Domicílios (BHPS) analisou a queda da renda após o divórcio e a persistência temporal. O levantamento de dados, embora de data não tão atual, foi surpreendente. Constatou-se que o rendimento dos homens aumenta cerca de 23%, enquanto o das mulheres cai 31%. A pesquisa verificou, ainda, que a faixa etária da mulher e o fato de serem as responsáveis pela guarda dos filhos são fatores que afetam a queda da renda (Fisher; Low, 2009, p. 227-256).

A respeito do tempo de duração da obrigação alimentar, Lize Borges e Carolina Dumet (2023, p. 135), consideram que:

> a transitoriedade é relativa, pois há casos em que a necessidade perdura, a exemplo de quando a ex-companheira é idosa, ou por alguma razão não consegue se inserir no mercado de trabalho. Idade nem sempre será sinônimo de aptidão ao trabalho! Basta dizer que há processos em que a violência foi tão danosa que não se tem condições de retorno ao mercado de trabalho sem que antes seja feito o acompanhamento de sua saúde, o que pode envolver cuidados específicos, como a assistência de psiquiatras, psicólogos, tratamentos médicos para infecções sexualmente transmitidas, no caso de violência sexual.

No Brasil, percebe-se o aumento do número de divórcios tardios, chamados de divórcios grisalhos, fazendo referência às dissoluções conjugais de pessoas que contam com mais de 50 anos de idade e com um longo período de matrimônio. A BBC Brasil realizou uma reportagem, revelando que, no Brasil, em 2021, da totalidade dos divórcios (judiciais e extrajudiciais) ocorridos cerca de 26% tinham ao menos um dos ex-cônjuges com mais de 50 (cinquenta) anos de idade.[13]

O ponto que pode se mostrar preponderante a partir de um recorte de gênero analisar o tempo de recuperação de mulheres pós rompimento conjugal aliado ao acúmulo de funções exercidas na dinâmica familiar, considerando, inclusive, o capital invisível do cuidado com os filhos.[14] Tal fato decorre de serem os atos de cuidado impostos culturalmente às mulheres, seja pela titularidade da maternidade, seja pelo exercício do maternar (Menezes; Pimentel; Lins, 2022, p. 5).

---

alimentos, os quais podem ser fixados em número de salários mínimos. Precedentes. 8. Recurso especial parcialmente provido. (STJ, REsp. 1.025.769 – MG, Relatora: Ministra Nancy Andrighi, j. 24.08.2010).

13. Disponível em: https://www.bbc.com/portuguese/articles/c2ln72zg5x2o. Acesso em: 24 jun. 2023.
14. Termo utilizado por Ana Lucia Dias da Silva Keunecke para a dedicação compulsória, não remunerada, que obriga mulheres todos os dias e que não são colocadas no cálculo da pensão alimentícia, é o que eu chamo de Capital Invisível Investido na Maternidade. Disponível em: https://www.cartacapital.com.br/opiniao/o-capital-invisivel-investido-na-maternidade/. Acesso em: 24 jun. 2023.

Para além da condição etária, os alimentos conjugais perpassam pela análise do exercício parental pós dissolução e a distribuição do tempo de cuidado com os filhos para (re)ingresso da mulher no mercado de trabalho. A maternidade aumenta a desigualdade do casal. A vida conjugal sempre teve um custo social e cultural para as mulheres, tanto no que diz respeito à divisão das tarefas domésticas e à educação dos filhos, quanto à evolução da carreira profissional e à remuneração (Badinter, 2011, p. 25).

O papel da mulher na construção familiar, especialmente sua força produtiva de cuidado, foi invisibilizado justamente por beneficiar um sistema patriarcal de submissão feminina, numa sociedade projetada por homens para homens, nas palavras de Rodrigo da Cunha Pereira (2012, p. 110):

> A mulher, historicamente, esteve relegada da cena pública e política. Sua força produtiva era desconsiderada. Os afazeres domésticos nunca receberam valor produtivo; seus trabalhos, na esfera privada e sem valor de troca, acabaram reduzidos a uma justificativa em razão da "natureza feminina", respeitando a ordem do gênesis. Como complemento do homem, a mulher é uma criatura essencialmente relativa, existindo somente para o homem e para os filhos.

O caso paradigma analisado no REsp 1.025.769 – MG, de relatoria da Ministra Nancy Andrighi, refere-se a casamento com duração de 20 anos e a uma mulher de 51 anos de idade. Foi fixada uma prestação alimentar no valor de R$ 1.500,00 (mil e quinhentos reais), sem reajuste, por um prazo de dois anos, considerado tempo razoável para que a alimentanda pudesse recobrar uma independência financeira. Importante informar que ao longo dos 20 anos da relação, a mulher não trabalhou e o homem, médico, assumiu toda responsabilidade como provedor da família. Para chegar à conclusão do tempo de duração dos alimentos transitórios, considerou-se a idade da mulher, sua aptidão para o trabalho e o patrimônio que fez jus em decorrência da partilha, equivalente a R$ 400.000,00 (quatrocentos mil reais).

Percebe-se que os 20 anos de dedicação exclusiva à conjugalidade e à maternidade foram convertidos no equivalente a uma parcela de 10% do tempo de dedicação exclusiva como prazo para os alimentos transitórios, como se duas décadas afastadas do mercado de trabalho pudessem ser superadas em tão curto período. Para além disso, desconsiderou-se, por completo, o etarismo, fruto do preconceito com o envelhecimento feminino, e o mercado de trabalho.

Em atenção a essas reflexões, torna-se necessário ponderar quais os caminhos têm sido trilhados para a redução da desigualdade de gênero ou se permanece a reprodução do discurso de favorecimento ao patriarcalismo, essência da própria cultura a qual estamos inseridos, nas palavras de Rodrigo da Cunha Pereira (2012, p. 95):

> A questão está em que o princípio da igualdade transcende o campo normativo. Os fatos geradores do *apartheid* feminino, hoje menos acentuado em algumas sociedades, estão na essência da própria cultura. Os ordenamentos jurídicos são também tradutores destas culturas. Portanto, apesar da proclamação da igualdade pelos organismos internacionais e pelas Constituições democráticas do fim deste século, não está dissolvida a desigualdade de direitos dos gêneros. A mulher continua

sendo objeto da igualdade, enquanto o homem é o sujeito e o paradigma desse pretenso sistema de igualdade. Isto, por si só, já é um paradoxo para o qual o Direito ainda não tem resposta: qualquer tentativa e normatização sobre a igualdade terá como paradigma um discurso masculino.

Nessa linha, é necessário cautela com julgamentos generalistas que tendem à aplicação da norma em abstrato com base em sua literalidade e/ou em seu modelo estrutural fortemente ligado aos valores passados.

Observa-se, entretanto, inúmeros casos nos quais as decisões judiciais ainda permanecem pautadas em generalismos e sem que avancem na análise das minúcias de cada caso concreto. Exemplo disso tem-se no Tribunal de Justiça da Paraíba, o qual decidiu por unanimidade, que o marido não é órgão previdenciário, por isso a concessão de alimentos, após a ruptura do matrimônio, deve ser fixada com parcimônia, de modo a impedir que o casamento se torne uma profissão.[15] Não houve ponderação sobre os elementos específicos da situação tais como idade, prejuízo profissional e permanência dos cuidados diários com filhos.

De igual modo, o juízo da 2ª Vara Cível da Comarca de Santo Agostinho, em Pernambuco, julgou processo de divórcio, afirmando que ex-cônjuge não é órgão previdenciário e por isso não tem o dever de pagar benefícios relacionados à saúde. No caso, a mulher tinha o diagnóstico de lúpus, doença autoimune, crônica e irreversível, causando inflamações em diversas partes do corpo. Incapacitada para o trabalho, ela recebia auxílio-doença do Instituto Nacional do Seguro Social (INSS), que após determinado período, também lhe foi negado. Mesmo inapta, a mulher voltou ao mercado de trabalho e passou a atuar como caixa de lotérica. Porém, alegou que o salário não seria suficiente para seu sustento e o de seu filho, devido aos custos com tratamento de saúde, alimentos, aluguel e contas. O juiz Ivanhoá Holanda Félix, porém, apontou que "o INSS é órgão previdenciário a qual a autora deve se reportar em face de benefícios referentes à sua condição de saúde". Portanto, "o réu não lhe é devedor de quaisquer valores". O magistrado ainda ressaltou que a autora já exerce trabalho remunerado.[16]

Muito embora a Constituição Federal garanta a paridade formal entre homens e mulheres, traçada a partir do princípio da igualdade ,verifica-se que a realidade escancara estereótipos de gênero responsáveis pela configuração de papéis hierárquicos de superioridade masculina que impõem a subordinação feminina. (Moraes; Teixeira, 2021, p. 11).

Para levantar reflexões sobre a desigualdade de gênero existente sobre o assunto, torna-se necessário fazer um recorte, sob três grandes aspectos que envolvem a vulnerabilidade da mulher: dedicação à maternidade, consequentes impactos pro-

---

15. Informações da Assessoria de Imprensa do TJ-PB. Desembargador diz que marido não é previdência. Disponível em: www.conjur.com.br. Acesso em: 24 jun. 2023.
16. Disponível em: https://www.conjur.com.br/2021-out-17/ex-marido-nao-inss-juiz-negar-pedido-pensao--mulher. Acesso em: 24 jun. 2023.

fissionais e a violência doméstica, Nas palavras de Maria Celina Bodin de Moraes e Ana Carolina Brochado Teixeira (2021, p. 12):

> É inegável que há uma paralisação da vida laboral da mulher após a maternidade e, do ponto de vista da família, uma maior dedicação de tempo, energia e cuidados da mãe pode ser um excelente bem-estar e formação da personalidade de seus membros. Por esse motivo, muitos casais constroem o planejamento para a sua família baseados nessa premissa. No entanto, no eventual momento do divórcio se verificam as repercussões dessas escolhas feitas pelo casal, principalmente porque as desigualdades de renda dos cônjuges impactarão, mas significativamente, fazendo com que um deles – em sua imensa maioria, a mulher – peça pensão alimentícia ao cônjuge ou companheiro.

Outro ponto de vulnerabilidade feminina deriva dos diversos tipos de violência doméstica (física, moral, psicológica, sexual ou patrimonial) que pode sofrer por parte marido ou convivente. "Assim, num cenário de vulnerabilidade e opressão, como ser livre para negociar as condições da entidade familiar e a construção da comunhão de vida?" (Moraes; Teixeira, 2021, p. 13)

De fato, ao analisar as mudanças legislativas ocorridas para a emancipação feminina, percebe-se duas grandes certezas: a primeira é a de que o caminho para o reconhecimento de direitos às mulheres é demasiadamente moroso para prevenir, reprimir e combater a violência política contra a mulher (2021), haja vista considerando, para tanto, a cronologia de algumas leis específicas como Código Civil de (1916), Direito ao Voto (1932), Estatuto da Mulher Casada (1962), Lei de Alimentos (1968) Lei do Divórcio (1977), Constituição Federal (1988), Código Civil (2002), Lei Maria da Penha (2006). Lei do Feminicídio (2015), Importunação sexual (2018).

Por outro lado, o posicionamento jurisprudencial e doutrinário a respeito da necessidade de equiparação constitucional entre homens e mulheres, especificamente, da dependência financeira pós ruptura conjugal, ocorreu a passos largos. Veja-se que a regra sociojurídica de presunção da dependência financeira da mulher vigorou até pouco tempo, conforme as palavras de Silvia Marzagão (2020, p. 440):

> A verdade, portanto, é que se passou de uma sistemática que pressupunha a plena existência de dependência financeira da mulher para outra prática pós equiparação constitucional que chega, em alguns extremos, a extirpar a possibilidade de qualquer fixação pós rompimento de vínculos matrimoniais, situação que, a nosso ver, traz um importante questionamento: 30 anos são suficientes para uma reorganização social ao ponto de presunção de dependência financeira feminina passar a presunção plena capacidade de se auto sustentar após o divórcio?

Por certo, esperava-se que as decisões judiciais considerassem o tempo para readequação social da mulher, mas o que se observa é que "a questão afeta aos alimentos frente a igualdade de gêneros tomou corpo baseada em experiências do gênero masculino" (Marzagão, 2020, p. 441), perpetuando a submissão feminina. Indiscutivelmente, vive-se a espreita dos poderes legislativo e judiciário sob o olhar majoritariamente masculino e sexista.

Nessa linha, a compreensão das espécies de alimentos, especialmente, dos compensatórios, objeto de melhor análise adiante, torna-se uma possibilidade viável para a construção de parâmetros possíveis de alcance na direção da redução da desigualdade de gênero real e não, somente, fictícia nos ditames constitucionais.

3. ALIMENTOS COMPENSATÓRIOS PATRIMONIAIS E HUMANITÁRIOS: AJUSTES NECESSÁRIOS À REALIDADE DA MULHER

Os alimentos compensatórios não possuem regulamentação legal no direito brasileiro. Decorrem forte protagonismo doutrinário inaugurado por Rolf Madaleno que se inspirou no estudo comparado do direito alienígena. A realidade sociofamiliar brasileira vem descortinando a necessidade de olhares sensíveis para a temática na intenção de corrigir omissões legislativas e interpretações equivocadas.

Nesse ponto, a discussão tem-se desenvolvido sob dois aspectos, envolvendo as consequências advindas do fim da conjugalidade: o domínio unilateral do patrimônio adquirido durante a união, o que deixa uma das partes descoberta da titularidade e/ou exercício sobre os bens; e a brusca diminuição do padrão de vida pela retração da capacidade econômica e financeira da parte mais vulnerável. Em qualquer dos casos, é necessária a distinção quanto à origem da pretensão, conforme ensina Rolf Madaleno (2023, p. 160):

> "(i) a pensão compensatória pela perda, pelo não exercício, ou pela retenção por somente um dos cônjuges da posse e administração dos bens conjugais comuns e que geram qualquer forma de renda, como aluguéis, arrendamentos, frutos naturais, sociedades empresárias, cuja retenção o consorte ou companheiro mantém com exclusividade até a efetiva partilha desses bens e comunicáveis; (ii) a pensão compensatória pela queda brusca do padrão financeiro, especialmente quando quem os reclama tampouco possui bens conjugais ou convivências em razão de um regime obrigatório ou convencional de separação de bens.

É necessário observar que, diante da ausência de parâmetros legais, a confusão interpretativa nasce, inicialmente, pela própria terminologia – alimentos compensatórios – ocasionado um perigoso caminho na perpetuação equivocada de estereótipos de gênero, partindo-se da premissa da desigualdade do papel da mulher nas relações heteronormativas.

Essa constatação é de extrema relevância para entender que "os alimentos compensatórios têm a gênese da indenização e não carregam a função meramente alimentar" (Madaleno, 2023, p. 182). Assim, sua concessão não guarda relação com o fato de a beneficiária possuir renda própria, estar inserida no mercado de trabalho ou possuir visibilidade profissional. Trata-se de operação com escopo de balanceamento patrimonial decorrente da participação diferenciada, em especial, da mulher, durante a constância da união afetiva, uma vez que cabe a ela, precipuamente, o papel do cuidado com todos os membros da família (muitas vezes indo além dos cuidados com marido e filhos, estendendo-se a pais e/ou sogros). Deve esta ser a concepção do perfil funcional dos alimentos compensatórios e que não deve ser confundido com os alimentos com fundamento no Direito de Família. A indenização está entrelaçada na realização do equilíbrio pós rompimento da relação conjugal, sem, contudo, gerar a monetização das relações afetivas.

Quanto à origem da pretensão à reparação, subdividem-se os alimentos compensatórios em patrimoniais e humanitários, ambos baseados no mesmo objetivo. O primeiro, mais utilizado pela jurisprudência nacional, busca ressarcir as perdas dos rendimentos em comum do casal, tais como a fruição dos bens.[17] Já o segundo tipo, visa à "recomposição de perdas pelo fracasso das expectativas lançadas ao longo da relação" (Ribeiro, 2021, p. 311), materializado, por exemplo, pelo tempo de investimento destinado aos cuidados com os familiares e a perda de espaço profissional.

Reitere-se que a possibilidade de alimentos compensatórios não se confunde com pensão alimentícia, considerando que os alimentos para a subsistência possuem fundamento no dever de solidariedade familiar entre cônjuges e companheiros. Para estes, fortemente disseminado na doutrina como alimentos transitórios, observa-se, para sua determinação, fatores como idade da alimentada; tempo para ingresso ou reinserção no mercado de trabalho; trinômio possibilidade, necessidade e equilíbrio entre as partes; e duração da relação. Na dicção de Dias Messias de Carvalho (2020, p. 830).

---

17. Agravo em recurso especial 1881331 – SC (2021/0134823-8). (...). (III) Alimentos compensatórios. Bens do casal mantidos sob a administração do demandado. Pleito de majoração da verba fixada em favor da ex-esposa. Inviabilidade. Elementos acostados aos autos que não demonstram a existência de gastos extraordinários aptos a justificar a majoração pretendida. Verba provisória que deverá ser mantida no patamar estabelecido na sentença até que se ultime a partilha de bens. (...). A Corte de origem conforme anteriormente transcrito quanto à partilha e com os seguintes fundamentos no que diz respeito aos alimentos, assim fundamentou seu entendimento (fls. 1012-1015, e-STJ): *Ou seja, na obrigação alimentícia na forma compensatória, não há que se falar em prova das necessidades da alimentanda, porque seu fundamento é diverso daquele relativo ao dever de mútua assistência entre cônjuges ou companheiros. Os alimentos compensatórios representam retribuição pelo uso exclusivo dos bens do casal pelo outro cônjuge no período pós-separação fática até a resolução da partilha, e tem por finalidade estabelecer um reequilíbrio econômico-financeiro entre as partes, a fim de evitar que um consorte se enriqueça às custas do outro. Dessa feita, diante da realidade fática trazida a lume ao longo do processado, dando conta de que o patrimônio do casal permaneceu em poder do requerido após a separação das partes, concluo que a manutenção dos alimentos fixados pelo juízo a quo no patamar estabelecido (2 salários-mínimos) até que se ultime a partilha do acervo patrimonial do casal é medida que se impõe.* [...] Com efeito, os alimentos devidos entre ex-cônjuges possuem caráter excepcional e transitório, de modo a oportunizar que o cônjuge desfavorecido, após a dissolução do vínculo afetivo, se restabeleça financeiramente, se reinserindo no mercado de trabalho, sem que isso represente fardo interminável ao provedor do benefício ou estimule a ociosidade de quem o recebe. Contudo, na espécie, observa-se que a ex-esposa do requerido pontuou a necessidade de manutenção dos alimentos em seu favor, pois sempre dependeu financeiramente do demandado, uma vez que durante toda sua vida conjugal assumiu a condição de dona de casa, sem exercer qualquer atividade remunerada, necessitando, agora, após o término do relacionamento, de suporte financeiro. E de fato, verifica-se que as partes conviveram maritalmente por mais de 27 (vinte e sete) anos, contando a requerida atualmente com 72 anos (fl. 20), é aposentada por idade (fls. 567/568) e é professora vinculada à rede municipal. Por outro lado, o requerido conta atualmente com 68 anos de idade e aufere aposentadoria no valor líquido de R$ 4.075,79 (fl. 284), além de perceber benefício de complementação de aposentadoria pela ELOS no valor líquido de R$ 7.889,51 (fl. 571) Assim, evidente, ao menos por ora, que a alimentanda encontraria dificuldade de se manter no mercado de trabalho em razão da idade avançada, evidenciado, portanto, sua necessidade de receber alimentos. (...). (AREsp 1.881.331, Ministro Marco Buzzi, DJe de 31.03.2023.). Grifou-se.

Os alimentos compensatórios diferem da pensão alimentícia e dos alimentos transitórios por não ter como objetivo suprir uma necessidade do alimentado, permanente ou transitória, mas reduzir parcialmente os efeitos do desequilíbrio econômico entre o casal, causado pela ruptura do casamento ou união estável, em razão do regime de bens, ou, ainda, indenizar até que ocorra a partilha, o cônjuge afastado dos rendimentos e administração dos bens comuns.

Nesse ponto, quanto a nomenclatura, Rolf Madaleno (2023, p. 189) e Paulo Lôbo (2022, p. 192-193) defendem a utilização do termo compensação econômica, para conferir o propósito indenizatório proveniente da ruptura da relação conjugal e o desequilíbrio econômico em relação à posição do outro parceiro.

3.1 Alimentos compensatórios patrimoniais – Compensação econômica

A compensação econômica guarda sensíveis diferenças quanto aos alimentos tradicionais. Usualmente, os alimentos são destinados a cobrir necessidades (despesas) vitais da alimentanda, considerando o equilíbrio e proporcionalidade com a renda do devedor. A compensação econômica, por sua vez, objetiva a correção do desequilíbrio econômico produzido a partir do rompimento da relação conjugal.

De acordo com Rolf Madaleno (2023, p. 196), no Brasil, existe uma clara dicotomia dos alimentos compensatórios, em razão da construção doutrinária em confronto com a implementação jurisprudencial. O autor continua afirmando que a doutrina recepcionou os alimentos compensatórios humanitários e os alimentos compensatórios patrimoniais foram reconhecidos pelos tribunais estaduais e, genericamente, pelo Superior Tribunal de Justiça.[18]

Os alimentos compensatórios humanitários são voltados para atender a necessidade de recomposição do equilíbrio econômico entre as partes, após a ruptura da conjugalidade, não detendo natureza alimentícia, mas a finalidade indenizatória (RIBEIRO, 2021, p. 311).

Por outro lado, os compensatórios patrimoniais são originários da posse e administração exclusiva dos bens por um só dos cônjuges ou conviventes, possuindo

---

18. Agravo interno no recurso especial. Ação de divórcio cumulada com partilha de bens e obrigação alimentar. Agravo de instrumento. Pretensão de arbitramento de alimentos compensatórios. Administração de todos os bens do casal por parte do ex-marido. Desequilíbrio econômico configurado. Alimentos compensatórios devidos. Agravo interno desprovido. 1. "Os chamados alimentos compensatórios, ou prestação compensatória, não têm por finalidade suprir as necessidades de subsistência do credor, tal como ocorre com a pensão alimentícia regulada pelo art. 1.694 do CC/2002, senão corrigir ou atenuar grave desequilíbrio econômico-financeiro ou abrupta alteração do padrão de vida do cônjuge desprovido de bens e de meação"(REsp 1.290.313/AL, Rel. Ministro Antonio Carlos Ferreira, Quarta Turma, julgado em 12.11.2013, DJe de 07.11.2014). 2. No caso concreto, o Tribunal de origem entendeu devida a fixação de alimentos compensatórios em favor da ex-mulher, até que os bens do casal sejam definitivamente partilhados, tendo em vista que a totalidade dos bens móveis e imóveis do casal está na posse do ex-marido, principalmente as empresas onde as partes figuram como sócias, ficando configurado grave desequilíbrio econômico-financeiro. 3. Agravo interno a que se nega provimento. (AgInt no REsp 1.922.307/RJ, relator Ministro Raul Araújo, Quarta Turma, julgado em 11.10.2021, DJe de 17.11.2021).

natureza jurídica compensatória, indenizar danos causados pelo proveito exclusivo do patrimônio e ausência de repasse dos rendimentos comunicáveis.

É inegável a confusão estabelecida entre alimentos humanitários/alimentos patrimoniais e a pensão alimentícia, especialmente, nos julgados.[19] Utilizamos a nomenclatura e sentido já apresentados no início deste capítulo .

O Superior Tribunal de Justiça enfrentou pela primeira vez a matéria, ao analisar o REsp 1290313.[20] Tratou-se de julgado proveniente do Tribunal de Alagoas que manteve a sentença de primeiro grau, determinando o pagamento de prestação alimentar compensatória à mulher, no valor equivalente a trinta salários-mínimos, sem limite temporal. O caso ganhou visibilidade na mídia, considerando a notoriedade do casal envolvido, Fernando Collor de Melo (ex--presidente da República) e Rosane Brandão Malta (ex-vice primeira-dama). É importante mencionar que mesmo a ex-esposa fosse graduada em curso de nível superior e com idade de cinquenta anos, à época, não possuía condições de inserção no mercado de trabalho e foi prejudicada pela ruptura abrupta da conjugalidade, pela ausência de meação em função da adoção do regime de bens da separação convencional. Para além disso, e não menos importante, incidiu influência negativa proveniente do cargo exercido pelo ex-marido e suas consequências advindas do próprio processo de *impeachment*.

No caso, Ministro Antônio Carlos Ferreira fixou o termo final de três anos para o pagamento dos compensatórios, assinalando que:

> Os alimentos compensatórios, ou prestação compensatória (...) não têm por escopo suprir as necessidades de subsistência do credor, tal como ocorre com a pensão alimentícia regulada pelo art. 1.694 do CC/2002, senão corrigir ou atenuar eventual desequilíbrio econômico-financeiro decorrente da ruptura do vínculo conjugal, em relação ao cônjuge desprovido de bens e de meação.

---

19. Recurso especial. Direito de família. Negativa de prestação jurisdicional. Não ocorrência. Administração exclusiva de patrimônio comum bilionário. Alimentos ressarcitórios. Cabimento. Decisão extra petita. Inexistência. Recurso especial conhecido e desprovido. (...). 2. Os alimentos compensatórios são fruto de construção doutrinária e jurisprudencial, fundada na dignidade da pessoa humana, na solidariedade familiar e na vedação ao abuso de direito. De natureza indenizatória e excepcional, destinam-se a mitigar uma queda repentina do padrão de vida do ex-cônjuge ou ex-companheiro que, com o fim do relacionamento, possuirá patrimônio irrisório se comparado ao do outro consorte, sem, contudo, pretender a igualdade econômica do ex-casal, apenas reduzindo os efeitos deletérios oriundos da carência social. 3. Apesar da corriqueira confusão conceitual, a prestação compensatória não se confunde com os alimentos ressarcitórios, os quais configuram um pagamento ao ex-consorte por aquele que fica na administração exclusiva do patrimônio, enquanto não há partilha dos bens comuns, tendo como fundamento a vedação ao enriquecimento sem causa, ou seja, trata-se de uma verba de antecipação de renda líquida decorrente do usufruto ou da administração unilateral dos bens comuns. 4. O alimentante está na administração exclusiva dos bens comuns do ex-casal desde o fim do relacionamento, haja vista que a partilha do patrimônio bilionário depende do fim da ação de separação litigiosa que já se arrasta por quase 20 (vinte) anos, o que justifica a fixação dos alimentos ressarcitórios. (REsp 1.954.452/SP, relator Ministro Marco Aurélio Bellizze, Terceira Turma, julgado em 13.06.2023, DJe de 22.06.2023).
20. BRASIL. Superior Tribunal de Justiça. Recurso Especial 1290313/AL, Relator Ministro Antônio Carlos Ferreira, Quarta Turma, julgado em 12.11.2013, DJe 07.11.2014.

Embora voto vencido, a Ministra Isabel Gallotti teceu ponderadas reflexões em relação à fixação de termo final. Salientou a pouca idade de Rosane Malta, 19 anos, ao se casar; o fato de ter completado a faculdade durante o matrimônio; e haver oferecido dedicação integral ao lar e à vida política do marido, durante o tempo em que perdurou a união e, especialmente, a imposição do ex-presidente de que se abstivesse de desempenhar atividade profissional.

> (...) apenas por possuir diploma de bacharel em administração, a recorrida, com mais de quarenta anos de idade, próxima dos cinquenta, sem nenhuma experiência profissional, teria meios de se inserir no mercado de trabalho alagoano, em condições compatíveis com o seu nível social, implica, *data venia*, reexame de matéria de fato vedado no âmbito do recurso especial.
>
> Mas, caso se entenda possível empreender esta reinterpretação do conteúdo fático-probatório da causa, observo que a idade da recorrida, somada à absoluta falta de experiência profissional, lhe deixaria poucas alternativas de emprego, alternativas estas ainda mais diminuídas pela intuitiva restrição de ocupação de postos de trabalho expostos ao público, por personagem que habitou o noticiário nacional por mais de duas décadas, precisamente em razão do papel desempenhado ao lado do recorrente. (...). Reitero que a sentença, restabelecida pelo acórdão recorrido, não fixou condenação ao pagamento de alimentos em caráter perpétuo.
>
> Em estrita consonância com a legislação em vigor e a jurisprudência, determinou que os alimentos devem ser "pagos até que deles necessite ou sobrevenha causa de extinção ou revisão da obrigação alimentar". Assim, caso sobrevenha alteração na fortuna das partes, seja em decorrência de herança ou alteração de circunstâncias profissionais ou pessoais, com repercussão no binômio possibilidade/necessidade, nada impede seja proposta ação de revisão de alimentos.[21]

O segundo caso apreciado pelo STJ foi o REsp. 1330020,[22] no qual a mulher casada pelo regime da comunhão universal de bens, realizou, por meio de acordo na partilha, troca de grande parte do que faria jus à meação para receber o que ficou denominado, entre o casal, de "alimentos compensatórios".

Ocorre que, os alimentos compensatórios possuem a finalidade primordial de corrigir ou diminuir desequilíbrio econômico-financeiro consequente da ruptura do vínculo conjugal, em relação ao cônjuge desprovido de bens e de meação. Não podem ser confundidos com outras espécies de rendimentos. No caso tratado, o casal elegeu o regime da comunhão universal de bens, possuindo a titularidade de metade do patrimônio.[23] Nessa linha, a Ministra Isabel Gallotti reconheceu que o caso reportava a uma   constituição de renda onerosa   , nos termos dos artigos 803 e 804 do Código Civil, e não de alimentos:

> Noutros termos, verifica-se que a constituição de renda é um contrato em que o instituidor entrega ao rendeiro determinado capital, podendo ser dinheiro ou bem, a fim de que este se obrigue a prestar-lhe renda, de forma periódica ou não. Imperioso concluir, portanto, que esse é o caso dos

---

21. BRASIL. Superior Tribunal de Justiça. Recurso Especial 1290313/AL, Relator Ministro Antônio Carlos Ferreira, Quarta Turma, julgado em 12.11.2013, DJe 07.11.2014.
22. BRASIL. Superior Tribunal de Justiça. Recurso Especial 1330020/SP, Relator Ministro Luis Felipe Salomão, Relatora para Acórdão Ministra Maria Isabel Gallotti, Quarta Turma, julgado em 04.10.2016, DJe 23.11.2016.
23. BRASIL. Superior Tribunal de Justiça. Recurso Especial 1330020/SP, Relator Ministro Luis Felipe Salomão, Relatora para Acórdão Ministra Maria Isabel Gallotti, Quarta Turma, julgado em 04.10.2016, DJe 23.11.2016.

autos, pois a recorrida entregou ao ora recorrente bens (capital) em troca de prestação de renda periódica.[24]

Em 2023, o STJ voltou a enfrentar a matéria, ao julgar o REsp 1.881.331, reforçando que não é imperiosa a demonstração das necessidades da mulher alimentanda, considerando que a fundamentação para o pedido é diversa do dever de mútua assistência, comum aos alimentos. "Os alimentos compensatórios representam retribuição pelo uso exclusivo dos bens do casal pelo outro cônjuge no período pós-separação fática até a resolução da partilha, e tem por finalidade estabelecer um reequilíbrio econômico-financeiro entre as partes, a fim de evitar que um consorte se enriqueça às custas do outro".

Por fim, percebe-se que o STJ está atento à necessidade de readequação dos parâmetros acerca da compensação econômica, especialmente, no distanciamento quanto à pensão alimentícia. Rolf Madaleno alerta que "os homens ainda se prevalecem dessas distorções sociais e afetivas para imporem esta que não deixa de ser uma inequívoca violência patrimonial" (Madaleno, b2023, p. 225), considerando o tempo de demora dos processos litigiosos de partilha de bens.

3.2 Alimentos compensatórios humanitários

A compensação econômica na versão humanitária busca contrabalançar eventual disparidade de padrão financeiro entre os cônjuges ou conviventes no momento da ruptura da relação afetiva, independentemente do regime de bens.

A partir do recorte de gênero utilizado no texto, trata-se de favorecimento da mulher cuja situação econômica se desequilibrou em razão do fim da conjugalidade para que busque sua autonomia e independência. A realidade após a ruptura conjugal é sentida de maneiras diferentes para as partes. De um lado, para a mulher, a sobrecarga advinda das múltiplas funções que desempenha, em especial, conciliar a esfera profissional e o exercício (cansativo) da maternidade – muitas vezes – em tempo integral. Por outro lado, as exceções, são homens que exercem a guarda compartilhada dos filhos, dividindo (realmente) as obrigações parentais. A regra, são pais de finais de semanas quinzenais, que "exercem" a guarda compartilhada fictícia.

Bem por isso, não raro são situações de casais que optam pela permanência da mulher (mãe) com cuidados direcionados aos filhos, priorizando a estrutura familiar em detrimento da profissionalização e inserção no mercado de trabalho. Ou, ainda, mulheres que estão inseridas no mercado de trabalho, mas que devido à necessidade do cuidado com os filhos, não conseguem atingir ascensão profissional e salarial compatíveis com a realidade masculina.

---

24. BRASIL. Superior Tribunal de Justiça. Recurso Especial 1330020/SP, Relator Ministro Luis Felipe Salomão, Relatora para Acórdão Ministra Maria Isabel Gallotti, Quarta Turma, julgado em 04.10.2016, DJe 23.11.2016.

Nesse sentido, os alimentos compensatórios humanitários visam indenizar arranjos de desigualdades dos deveres e tarefas conjugais, renúncias femininas de crescimento profissional e financeiro em detrimento do cuidado com os filhos, conforme ensina Rolf Madaleno (202, p. 329):

> São indenizadas por esse vazio pessoal que deixam em suas vidas em troca de uma dedicação única e desigual aos filhos, à videnda nupcial, por vezes aos familiares em grupos mais extensos e vulneráveis que são igualmente cuidados pelas esposas e, sobretudo, ainda amiúde experimentam regimes de injusta separação e bens.

A compensação econômica humanitária busca manter o padrão das escolhas experimentadas durante a relação conjugal. P ode ser objeto de pacto antenupcial, contrato de convivência ou acordo de planejamento parental, constituindo uma indenização após a ruptura conjugal que considera, inclusive, o tempo de dedicação aos filhos típicos e / ou atípicos (com alguma deficiência).

Por outro lado, em demandas litigiosas, o magistrado deve considerar para o arbitramento do *quantum* indenizatório, o desequilíbrio econômico produzido pelo divórcio, bem como o pagamento do valor por prazo certo e determinado, em uma única prestação ou por entrega de bens passíveis de rentabilidade.

A proposta da compensação humanitária deve ser analisada em cada caso, contemplando as subjetividades das escolhas (ou falta delas) na relação conjugal. Exige do julgador, um olhar sensível, prudente e atento à realidade familiar vivenciada pelo casal. N as palavras de Rolf Madaleno (2023, p. 355), reportando-se ao que se pode extrair do ordenamento jurídico espanhol:

> A decisão haverá de ordenar se a compensação econômica será temporária ou vitalícia passa pela avaliação dos seguintes fatores: a) o provável acesso a um emprego ou trabalho autônomo; b) a superação do desequilíbrio econômico pela efetiva liquidação do patrimônio conjugal comunicável; c) a idade e o estado de saúde do credor; d) a formação acadêmica e profissional do credor; e) o escasso tempo de duração do casamento; e) a circunstância do mercado de trabalho; f) a idade dos filhos; h) a futura dedicação à família.

Percebe- se que a compensação humanitária pode vir a desempenhar papel importante na busca da efetiva igualdade material entre homens e mulheres pós ruptura conjugal e, ainda servir como instrumento transformador da responsabilidade e cuidado parental, na medida em que a conscientização da necessidade de divisão de tarefas familiares constitui avanço da ruptura de estereótipos de gênero que afetam o desenvolvimento saudável de gerações futuras.

4. CONSIDERAÇÕES FINAIS

1. O direito alimentar derivado da conjugalidade é amparado pelos vínculos de afinidade, solidariedade, compreendendo o dever de assistência mútua, disciplinado pelo Código Civil, buscando instituir a igualdade entre homens e mulheres.

2. Entretanto, com o fim da conjugalidade, por meio do divórcio ou dissolução da união estável, a obrigação alimentar constitui objeto de acesa controvérsia quanto aos fundamentos e alcance da sua própria subsistência, merecendo olhar cuidadoso e sensível da doutrina, especialmente, na análise de questões subjetivas inerentes à mulher.

3. Percebe-se que a igualdade formal instituída na Constituição Federal de 1988 passou a ser aplicada de forma indistinta pela doutrina e jurisprudência, atuando na ausência de legislação própria, quanto aos alimentos devidos entre cônjuges e conviventes, tornando-se regra a transitoriedade da obrigação.

4. Todavia, na vida real, a desigualdade entre homens e mulheres é sentida de forma latente pós ruptura conjugal e a compensação econômica na versão humanitária busca contrabalançar eventual disparidade de padrão financeiro entre os cônjuges ou conviventes no momento da ruptura da relação afetiva, independente do regime de bens.

5. A partir do recorte de gênero utilizado no texto, percebe-se que os alimentos compensatórios humanitários constituem importante instrumento de favorecimento da mulher cuja situação econômica se desequilibrou em razão do fim da conjugalidade para que busque sua autonomia e independência.

6. É preciso admitir, por fim, que transformar armações sociais e jurídicas de opressão da mulher, perpassa por reconhecer a necessidade de olhar sensível do Poder Judiciário, reconhecendo, inicialmente, o patriarcalismo estrutural do sistema de justiça para combatê-lo por meio de decisões atentas à realidade de vulnerabilidade feminina.

5. REFERÊNCIAS

ANDRADE, Lúcio Silva. Casamentos de longa duração: recursos pessoais como estratégias de manutenção do laço conjugal. *Psico-USF*, Bragança Paulista, v. 22, n. 2. Disponível em: https://www.scielo.br/j/pusf/a/tK7ChjKRfM9sLfBfLCScGbp/?format=pdf&lang=pt. Acesso em: 10 out. 2023.

BADINTER, Elizabeth. *O conflito*: a mulher e a mãe; tradução de Vera Lúcia dos Reis. Rio de Janeiro: Record, 2011.

BORGES, Lize; DUMET, Carolina. *Teses feministas no direito das famílias*. Salvador: Ed. Das Autoras, 2023. v. 1: direito material.

BUZZI, Marco Aurélio Gastaldi. *Alimentos transitórios*. Uma obrigação por tempo certo. Curitiba: Juruá, 2003.

CARVALHO, Dimas Messias de *Direito das famílias*. 8. ed. São Paulo: Saraiva Educação, 2020.

CAHALI, Yussef Said. *Dos Alimentos*. 7. ed. rev. e atual. São Paulo: Ed. RT, 2012.

LÔBO, Paulo. *Direito Civil*: Famílias. 11. ed. São Paulo: Saraiva, 2021. v. 5.

MADALENO, Rolf. *Alimentos Compensatórios*: patrimoniais humanitários. Rio de Janeiro: Forense, 2023.

MARMITT, Arnaldo. *Perdas e danos*. Rio de Janeiro: Aide, 1987.

MAZAGÃO, Silvia Felipe. A Fixação dos alimentos no momento do divórcio ressalta a questão de gênero e oferece resposta jurídica satisfatória a uma eventual vulnerabilidade? In: TEIXEIRA, Ana

Carolina Brochado; MENEZES, Joyceane Bezerra de (Coord.). *Gênero, vulnerabilidade e autonomia*: repercussões jurídicas. Indaiatuba: Editora Foco, 2020.

MENEZES, Joyceane Bezerra de; PIMENTEL, Ana Beatriz Lima; LINS, Ana Paola de Castro e. Os impactos do maternar nas relações familiares. *Civilistica.com*. Rio de Janeiro, a. 11, n. 2, 2022. Disponível em: http://civilistica.com/os-impactos-do-maternar/. Acesso em: 25 jun. 2023.

MENEZES, Joyceane Bezerra de; CHAGAS, Márcia Correia; MELO, Amanda Florêncio. Alimentos. In: MENEZES, Joyceane Bezerra de; MATOS, Ana Carla Harmatiuk (Coord.). *Direito das Famílias por Juristas Brasileiras*. 2 ed. Indaiatuba: Editora Foco, 2022.

MORAES, Maria Celina Bodin de. *Na medida da pessoa humana*: estudos de direito civil-constitucional. Rio de Janeiro: Renovar, 2010.

MORAES, Maria Celina Bodin de; TEIXEIRA, Ana Carolina Brochado. Contratos do ambiente familiar. In: TEIXEIRA, Ana Carolina Brochado; RODRIGUES, Renata de Lima (Coord.). *Contratos, Família e Sucessões*: Diálogos interdisciplinares. 2. ed. Indaiatuba: Editora Foco, 2021.

PEREIRA, Rodrigo da Cunha. *Direito de família*: uma abordagem psicanalítica. 4. ed. Rio de Janeiro: Forense, 2012.

RIBEIRO, Júlio Cesar Garcia. *Manual de direito da família*. Florianópolis: Habitus, 2021.

TAVORA, Paula Vitor. Os alimentos pós-divórcio: entre a solidariedade e a responsabilidade. *Revista Julgar*. n. 40. Editora Almedina, 2020.

TEPEDINO, Gustavo; TEIXEIRA, Ana Carolina Brochado. *Fundamentos do Direito Civil*. Forense, 2020. v. 6 – Direito de Família.

EXECUÇÃO DE ALIMENTOS: REFLEXÕES SOB A PERSPECTIVA DA SOLIDARIEDADE FAMILIAR

Fernanda Tartuce

Mestra e Doutora em Direito Processual pela USP. Professora e coordenadora em cursos de pós graduação (*strictu* e *lato sensu*). Advogada, mediadora, árbitra e autora de publicações jurídicas.

Sumário: 1. Introdução – 2. Alimentos e compreensão sobre a solidariedade; 2.1 Perspectiva de um caso; 2.2 Solidariedade como princípio e fundamento do direito de família; 2.3 Obrigação de ambos, endividamento dela? – 3. Consenso e inadimplemento de alimentos; 3.1 Conflitos, subjetividades e enganos; 3.2 Tentativa de negociação direta; 3.3 Participação em mediação ou conciliação; 3.4 Execução de alimentos e designação de audiência consensual – 4. Conclusão – 5. Referências – Sugestão de leitura complementar.

1. INTRODUÇÃO

Abordar execução de alimentos traz à mente situações como inadimplência, justificativa, prisão e buscas. Restringir a reflexão a esses assuntos, contudo, não é suficiente para tratar o tema com a merecida profundidade.

O descumprimento da obrigação alimentar envolve diversos fatores, merecendo destaque os seguintes: a) a obrigação alimentar é contínua e podem ocorrer problemas posteriores tanto ao momento da fixação como ao tempo do adimplemento; b) a imensa maioria da população brasileira padece de significativas dificuldades econômicas; c) a pessoa guardiã fica muito onerada pela falta de contribuição da outra pessoa detentora do poder familiar; d) eventual pleito de prisão pela inadimplência pode acabar piorando o relacionamento entre os familiares e distanciá-los ainda mais.

Na base da obrigação alimentar há valores caros às pessoas e ao sistema jurídico; afetividade, solidariedade e dignidade são diretrizes essenciais que não podem ser perdidas de vista no tratamento dos impasses familiares.

É imperioso ainda atentar para o fato de que, ao prever a execução da pensão alimentícia inadimplida com chance de coerção máxima (possível prisão), o ordenamento jurídico busca passar uma forte mensagem sobre a importância do pleno cumprimento da obrigação alimentar.

Por tramitarem no foro brasileiro incontáveis processos executivos sobre pensões alimentícias, a contribuição doutrinária se revela essencial para o avanço da reflexão e o aprimoramento da interpretação das regras sobre árduos temas à luz do princípio da solidariedade familiar.

2. ALIMENTOS E COMPREENSÃO SOBRE A SOLIDARIEDADE

Para iniciar a abordagem do tema, revela-se importante compreender como a solidariedade, valor essencial nas relações familiares, impacta na contribuição alimentar entre alimentantes e dependentes.

2.1 Perspectiva de um caso

Claudelice e Edércio foram casados por 12 anos, período no qual tiveram 3 (três) filhos (hoje com 2, 4 e 5 anos de idade). Após meses de distanciamento, Claudelice reconheceu a ruína do casamento, decidiu se divorciar e comunicou ao marido tal intenção. Este, depois de resistir por semanas, concordou com a separação e aceitou que Claudelice deixasse o lar conjugal levando as crianças para morar na casa da mãe dela.

Passado um mês da separação de fato, Claudelice chamou Edércio para conversar e lhe mostrou uma lista de gastos das crianças que somavam 2 (dois) salários-mínimos mensais (considerando inclusive parte das contas de água e luz da casa de sua mãe, que aumentaram consideravelmente desde que para lá se mudaram). Por ficar diversas horas do dia dedicada aos cuidados com as crianças, Claudelice explicou que só conseguia trabalhar parcialmente e pagar as despesas que somavam meio salário, pedindo a Edércio que pagasse o restante; ele, porém, se recusou a entregar-lhe qualquer valor a título pensão alimentícia, dizendo que apenas concordava em entregar gêneros alimentícios e vestimentas para as crianças.

Ao ouvir a negativa de Claudelice quanto a tal intenção, Edércio procurou uma advogada para saber se realmente precisava colaborar de forma mais ampla, destacando não apreciar a ideia de "auxiliar a ex-esposa em sua nova fase de vida".

Nesse ínterim, Claudelice buscou representação junto à Defensoria Pública e promoveu ação de alimentos, como representante dos filhos, contra Edércio. Na audiência conciliatória designada no início do processo, após significativos esforços da facilitadora do consenso, foi acordado o valor de 1 (um) salário-mínimo mensal a título de pensão para as três crianças.

Apesar de Claudelice ter achado que o ex-marido foi bem contemplado no acordo (já que o valor não representava o que os filhos efetivamente gastavam), Edércio achou o valor excessivo e se recusou a pagar o montante já no mês seguinte ao da fixação por não se conformar em ter que "ajudar tanto a ex".

O caso é interessante porque no discurso do ex-marido e pai inadimplente há manifesta resistência em adotar iniciativas para a ajudar a mãe e guardiã de seus filhos na nova fase de vida. O devotamento de cuidados às crianças perdeu totalmente a atenção de Edércio, que parece mais preocupado em não auxiliar Claudelice.

A compreensão sobre a solidariedade pode contribuir para o deslinde desse conflito?

2.2 Solidariedade como princípio e fundamento do Direito de Família

Ao pesquisar o vocábulo, constata-se que solidariedade implica na "responsabilidade recíproca entre os membros de uma comunidade, de uma classe ou de uma instituição"; a palavra remete ainda a "reciprocidade de interesses e obrigações" e a "ligação recíproca entre duas ou mais coisas ou pessoas, que são dependentes entre si".[1]

No sentido jurídico genérico, solidariedade significa "compromisso jurídico entre as partes de uma obrigação", sejam elas credoras ou devedoras; já sob o enfoque sociológico, ela remete ao "estado ou situação de um grupo que resulta do compartilhamento de atitudes e sentimentos, tornando o grupo uma unidade mais coesa e sólida, com a capacidade de resistir às pressões externas".[2]

Como se percebe, a solidariedade retrata a união de pessoas visando a fortalecer o núcleo comum por meio da cooperação e da proteção contra investidas externas. Por haver diversos prismas de compreensão, é relevante delimitar em qual acepção o vocábulo será aqui abordado.

Na seara civil, especificamente no campo do direito das obrigações, a solidariedade aparece como o instituto jurídico que permite que uma obrigação contraída por diversos devedores seja exigida de apenas um deles (solidariedade passiva) ou que a obrigação devida a diversos credores seja prestada a apenas um deles (solidariedade ativa). No campo dos alimentos, por exemplo, essa acepção vem retratada no artigo 12 do Estatuto do Idoso, segundo o qual "a obrigação alimentar é solidária, podendo o idoso optar entre os prestadores". Sobreleva destacar que não é essa a acepção abordada no presente trabalho.

Ao foco proposto interessa a noção de solidariedade como *princípio* e *fundamento* do Direito de Família.

Como bem explica Débora Brandão, "a família é o *locus* da solidariedade, pelo menos ali ela deveria imperar e ser facilmente reconhecida. É em seu seio que há o cuidado original, na gestação ou adoção de um filho, de criá-lo, alimentá-lo, instruí-lo, dar afeto e amor".[3]

Realmente o amparo recíproco entre os componentes da família deveria ser natural... lamentavelmente, estando ausente o devotamento de cuidados, o Direito precisa intervir e disciplinar a convivência humana em prol das pessoas necessitadas.

Lembra Maria Berenice Dias que a origem do princípio da solidariedade familiar está nos vínculos afetivos: seu conteúdo ético enseja reciprocidade e fraternidade entre os membros da família.[4]

---

1. Dicionário Michaelis. *Solidariedade*. Disponível em: https://michaelis.uol.com.br/moderno-portugues/busca/portugues-brasileiro/solidariedade/. Acesso em: 28 jan. 2021.
2. Dicionário Michaelis *Solidariedade*. Disponível em: https://michaelis.uol.com.br/moderno-portugues/busca/portugues-brasileiro/solidariedade/. Acesso em: 28 jan. 2021.
3. BRANDÃO, Debora. *Curso de Direito Civil Constitucional. Direito de Família*. São Paulo: Ed. Saraiva, no prelo.
4. DIAS, Maria Berenice. *Manual de direito das famílias*. 10. ed. rev., atual. e ampl. São Paulo: Revista dos Tribunais, 2015, p. 48.

A solidariedade surge – ou pelo menos deveria surgir – naturalmente nas interações familiares como decorrência lógica do afeto e do compromisso de amparar e cuidar dos seus.

Quando há conflitos, a solidariedade pode ser perdida de vista; o Direito, ao buscar disciplinar a convivência humana, traz regras para resgatar a solidariedade e o auxílio mútuo. Como bem destaca Fabiola Lobo, "a Constituição Federal alçou os princípios da dignidade da pessoa humana e da solidariedade à condição de fundamentais/ estruturantes".[5]

No exemplo citado, após crises fatais à continuidade da união conjugal, Edércio se recusou a pagar de forma ampla as despesas cotidianas dos filhos; procurado por Claudelice, ele tentou impor uma visão minimalista sobre o que seria devido, recusando-se a atendê-la a ponto de deixar seus dependentes desprovidos dos recursos necessários. Na base de sua narrativa negacionista, Edércio nem disfarça o inconformismo com o fato de que uma contribuição ampla "ajudaria" a ex-mulher em sua nova fase.

Situações como esta, infelizmente, são recorrentes. O desgaste gerado pelos desencontros na relação amorosa e a deterioração da comunicação costumam comprometer a visão sobre os interesses mais valiosos que deveriam ocupar o foco da atenção (como a proteção dos incapazes).

É preciso sensibilizar os envolvidos para o fato de que a obrigação alimentícia não se funda exclusivamente em interesses egoísticos-patrimoniais, mas sim em um interesse de natureza superior, o interesse público familiar.[6] Como bem lembra Débora Brandão,

> O solidarismo não se coaduna com o patrimonialismo puro, fruto da filosofia extremamente individualista e liberal de outrora. Ele se traduz em solidariedade existencial-afetiva e patrimonial, no qual cada ente pertencente ao núcleo familiar cuidando do outro holisticamente a fim de que o desenvolvimento dos membros seja integral e seguro. Ele se traduz no cuidado material, com o dever de sustento completo, no cuidado emocional, psicológico entre cônjuges e companheiros, entre genitores e filhos, até a idade adulta; no cuidado emocional, psicológico também.[7]

Diante do interesse social na proteção e na preservação da vida e da família, o direito alimentar é de ordem pública por força de princípio constitucional[8] e do objetivo fundamental da República brasileira de construir uma sociedade livre, justa e solidária; por isso, no âmbito do relacionamento familiar "os integrantes de cada

---

5. LOBO, Fabiola Albuquerque. As transformações do direito de família brasileiro à luz da Constituição Federal de 1988. *Revista Civilistica*, ano 8, n. 3, 2019, p. 4. Disponível em: https://civilistica.com/wp-content/uploads1/2019/12/Lobo-civilistica.com-a.8.n.3.2019-2.pdf. Acesso em: 15 fev. 2021.
6. CAHALI, Yussef Sahid. *Dos alimentos*. 6. ed. São Paulo: RT, 2009, p. 33.
7. BRANDÃO, Debora. *Curso de Direito Civil Constitucional. Direito de Família.* São Paulo: Ed. Saraiva, no prelo).
8. Artigo 3º, inciso I da Constituição Federal: Constituem objetivos fundamentais da República Federativa do Brasil: I – construir uma sociedade livre, justa e solidária.

entidade familiar carregam por seu vínculo de parentesco, ou pelo liame do seu estável afeto, o compromisso moral e humanitário da solidariedade alimentar".[9]

Na mesma linha, bem questiona Flavio Tartuce: sendo a família a *celula mater* da sociedade, "se a solidariedade não for atendida em relações dessa natureza, o que dizer quanto ao restante das relações privadas"?[10]

Voltando ao caso em análise, para responder às dúvidas do pai e marido que resiste a honrar os pagamentos devidos na nova dinâmica familiar, será útil invocar a solidariedade como fundamento para sua colaboração.

Edércio, distante geograficamente dos filhos e da ex-mulher, precisará estabelecer uma forma de convivência familiar apropriada à situação; todas as pessoas do núcleo familiar vivenciarão novas conjunturas e precisarão se adaptar a elas. A solidariedade não é (nem pode ser) um valor fugaz e volúvel como alguns querem crer...

Como bem lembra Giselda Hironaka, é preciso reconhecer a existência de *famílias desconstituídas*, aquelas em que os laços de reconhecimento são perdidos,

> em que de uma situação de dependência e assistência se passa para uma *situação de estranhamento, oposição e negação mútua* entre os familiares ou ex-familiares. Mantendo ainda o exemplo de uma família em que há pais e filhos, pode-se falar em *família desconstituída* neste sentido quanto, por iniciativa de um dos pais, os filhos são abandonados. A relação familiar se perde do ponto de vista do pai que abandona, mas se mantém – numa situação dramática – do ponto de vista do filho abandonado, que continua dependente.[11]

A partir da compreensão sobre a solidariedade, será possível resgatar a noção de que, embora a união conjugal não persista, a dupla parental deverá seguir atuando de modo eficiente em prol dos interesses das pessoas necessitadas de cuidado e proteção.

Como bem destaca Débora Brandão,

> Um membro da família deve zelar diuturnamente pelo bem-estar do outro. Isso é ser família, é viver em família. Os membros do núcleo familiar devem se esforçar para proporcionar aos seus parentes as melhores experiências da vida, experiências de amor, de afeto, de harmonia, de segurança emocional e física, as melhores oportunidades em todas as áreas, enfim, plenitude de vida! Verdadeiramente, é na família que deve ser encontrado o sentido de 'um por todos, todos por um!'. Onde o respeito deve imperar e todos os esforços ser empregados para que o desenvolvimento de cada um de seus membros ocorra em sua plenitude e em ambiência de segurança emocional e física.[12]

---

9. MADALENO, Rolf. *Obrigação, Dever de Assistência e Alimentos Transitórios*. Disponível em: https://ibdfam.org.br/_img/congressos/anais/150.pdf. Acesso em: 27 jan. 2021.
10. TARTUCE, Flávio. O princípio da boa-fé objetiva no direito de família. *Jus Navigandi*, Teresina, n. 1986, ano 13, 8 dez. 2008. Disponível em: http://jus.com.br/revista/texto/12050. Acesso em: 27 jan. 2021
11. HIRONAKA, Giselda Maria Fernandes Novaes. *A indignidade como causa de escusabilidade do dever de alimentar*. Disponível em: http://www.ibdfam.org.br/_img/congressos/anais/130.pdf. Acesso em: 27 jan. 2021.
12. BRANDÃO, Debora. *Curso de Direito Civil Constitucional. Direito de Família*. São Paulo: Ed. Saraiva, no prelo.

Para piorar a situação, infelizmente o nível de informações jurídicas e de dados sobre educação financeira são baixos na população brasileira. Ante a falta de noções básicas sobre direitos e uso apropriado de recursos, situações de precariedade ensejam dívidas e problemas adicionais; para piorar, estereótipos de gênero ensejam peso excessivo para as mulheres e a situação afeta outros membros vulneráveis da família.

2.3 Obrigação de ambos, endividamento dela?

Sob a perspectiva do direito material, vale lembrar que a obrigação dos pais de prestar alimentos aos filhos (menores ou maiores incapazes) é peculiar porque o direito a alimentos não deriva apenas da solidariedade que deve existir entre os integrantes da família, mas principalmente do dever de cuidado decorrente do poder familiar.

A solidariedade humana, como amparo e dever assistencial, é uma exigência do sistema jurídico porque, infelizmente, nem sempre há espontaneidade no devotamento de cuidado aos necessitados.[13]

A situação é delicada e precisa ser bem entendida. É crucial que profissionais da área jurídica estejam prontos para orientar as pessoas em conflito sobre como o ordenamento jurídico compreende a solidariedade familiar e o dever de cuidado.

Por força de fatores como tradição, elementos culturais e estereótipos de gênero, muitos pais acreditam que cabe à mãe devotar a maioria (senão a totalidade) dos cuidados aos filhos; na visão de tais genitores, é suficiente a participação paterna como figura provedora sob o prisma econômico aliada à chance de convivência em encontros quinzenais e datas festivas (como Dia dos Pais e aniversários) se e/ou quando isso combinar com seus desejos.

Essa visão não tem qualquer embasamento jurídico: o dever de cuidado inerente ao poder familiar tem como destinatário tanto o pai como a mãe em bases igualitárias.

Como bem aponta Lígia Ziggiotti de Oliveira,

> o núcleo familiar não mais deve ser tido como um fim em si mesmo, mas como um meio de realização de cada membro da família. Segundo se enuncia, é livre de hierarquizações anacrônicas e autoritárias, e prevê ainda a responsabilização crescente pelo outro, em especial pelos filhos, sendo o aspecto patrimonial de importância decrescente diante do existencial.[14]

É preciso lembrar que as normas jurídicas não detalham o exercício do poder familiar. Não havendo especificação sobre como o cuidado será dispensado aos dependentes, é preciso que os genitores ajustem a forma como ele será concretizado.

Na prática, muitas situações acabam se consolidando com a guarda unilateral materna: mesmo quando a genitora resiste a tal cenário pleiteando maior participação

---

13. TARTUCE, Fernanda. *Processo civil no Direito de Família*: teoria e prática. 7. ed. São Paulo: Método, 2023, p. 223.
14. OLIVEIRA, Ligia Ziggiotti de. *Olhares feministas sobre o Direito das Famílias contemporâneo*. 2. ed. Rio de Janeiro: Ed. Lumen Juris, 2020, p. 52.

do pai, este se exclui do dia a dia das crianças (alegando precisar trabalhar, por ex., como se ela também não o fizesse, dentro e/ou fora de casa). Não havendo alternativa senão cuidar dos filhos – muitas vezes com a ajuda de outras mulheres, como a avó materna das crianças –, a mãe acaba se sobrecarregando.

Há dados impressionantes sobre como as mulheres têm assumido cada vez mais a condução da chefia familiar:

> Segundo dados da Pesquisa Nacional por Amostra de Domicílios (PNAD), do IBGE, o crescimento das mulheres chefes de família no arranjo monoparental passou de 9 milhões, em 2001, para 11,6 milhões, em 2015 – um aumento de 20% em 15 anos. O crescimento no arranjo unipessoal passou de 2,3 milhões para 5,2 milhões – aumento de 124% entre 2001 e 2015. O crescimento da chefia feminina no arranjo casal com filhos, foi de 1 milhão, em 2001, para 6,8 milhões em 2015 – um aumento de 551% em 15 anos – e entre os casais sem filho, o número de mulheres chefes passou de 339 mil, para 3,1 milhões, entre 2001 e 2015 – um aumento expressivo de 822% em 15 anos. Desta forma, nas famílias de núcleo duplo (casais com e sem filho), o percentual de mulheres chefes de família passou de 4%, em 2001, para 22,5%, em 2015.[15]

Embora tais dados sobre o incremento da atuação feminina possam ser vistos de modo favorável pelo reconhecimento de seu maior poder decisório, há uma lamentável decorrência: o endividamento das mulheres.

Em pesquisa da Defensoria Pública do Estado do Rio de Janeiro com 95 (noventa e cinco) pessoas superendividadas que procuraram a ajuda do órgão, a maioria do grupo era composto por mulheres; as superendividadas acabaram se afundando em dívidas contraindo outras porque não queriam ficar inadimplentes:

> A vulnerabilidade dessas pessoas aumenta porque muitas vezes elas são as únicas responsáveis pelo sustento do lar – situação de 67% delas. Um dos casos acompanhados pela pesquisa foi o de uma funcionária de um banco que adquiriu as dívidas após a morte do marido, há 20 anos. Para sustentar a família, ela precisou contrair empréstimos e depois buscou mais crédito para conseguir quitá-los.[16]

Embora no caso citado a mulher tenha ficado sozinha por força da viuvez, infelizmente há muitas mães que são abandonadas junto a um ou mais incapazes, ficando todos então dependentes da caridade de outras pessoas.

Quando conseguem trabalhar em atividades remuneradas, além de terem mais gastos, as mulheres ganham menos que os homens; nesse cenário, como elas não se endividarão?

---

15. Estes e outros dados foram analisados no livro "Mulheres Chefes de Família no Brasil: Avanços e Desafios", escrito pelos demógrafos Suzana Cavenaghi e José Eustáquio Alves e publicado pela Escola Nacional de Seguros em 2018 (ALVES, José Eustáquio Diniz. *Número de famílias chefiadas por mulheres dobrou em 15 anos*. Disponível em: https://projetocolabora.com.br/ods5/familias-chefiadas-por-mulheres/. Acesso em: 18 fev. 2021).
16. SUPERENDIVIDAMENTO afeta mais as mulheres e pessoas acima de 55 anos. Disponível em: https://agenciabrasil.ebc.com.br/geral/noticia/2018-07/superendividamento-afeta-mais-mulheres-e-pessoas-acima-de-55-anos. Acesso em: 18 fev. 2021.

Esse é um ponto importante que parece passar desapercebido: é preciso enfrentar a tendência à 'pauperização das mulheres'. A ausência do pai gera a necessidade de atuação maior da mãe, mas ela não consegue substituí-lo plenamente:

> as mulheres efetivamente estão em situação de desvantagem em relação aos homens, tanto no que se refere ao usufruto de direitos quanto à carga de trabalho e ao nível de remuneração. Têm desvantagens ainda em relação à possibilidade de mobilidade socioeconômica, já que enfrentam barreiras culturais, legais, obstáculos no mercado de trabalho, entre outras limitações. Portanto, a desigualdade de gênero não é fictícia, pois as mulheres chefes de família enfrentem dificuldades suplementares, ao terem que administrar sua dupla participação nas esferas da produção e da reprodução, em condições desfavoráveis quando comparadas aos homens que também são chefes de domicílio e que, na sua maioria, contam com a participação, cada vez maior, das esposas, tanto na tradicional esfera dos cuidados domésticos como no mundo da produção.[17]

A renda menor, somada à responsabilidade crescente pelas despesas da casa e pelo cuidado com os filhos (reputados tradicionalmente como "pequenos gastos" referentes a alimentação, roupas, acessórios e materiais diversos), é decisiva para comprometer o orçamento e promover o endividamento feminino.[18]

Pode-se falar, lamentavelmente, em uma feminização do endividamento no Brasil; ao repercutir estudos e dados que mostram alto número de mulheres endividadas, bem salientou Claudia Lima Marques:

> A conclusão pode ser que as mulheres têm dificuldade de renegociar suas dívidas diretamente com os credores e sofrem do preconceito que gastam mais do que ganham por 'capricho', por consumismo desmedido, 'doenças psicológicas' ou por desorganização orçamentária, não merecendo dos fornecedores atenção aos seus pedidos de renegociação das dívidas para poder preservar o mínimo existencial e retornar à sociedade de consumo. Para combater este 'mito' é necessário verificar que estas mulheres são geralmente pessoas sozinhas e arrimo de família, desempregadas ou de baixa renda (até 3 salários-mínimos) e que necessitam de apoio do Estado pelo menos para renegociar de boa-fé suas dívidas de forma a se reinserir no mercado de consumo e trabalho.[19]

Os preconceitos apontados pela autora, infelizmente, estão prodigalizados. Não é raro ouvir de pais devedores que a mãe gasta consigo todo o dinheiro destinado à pensão (por ex., com idas ao cabeleireiro ou aquisição de bens). Quando se vai olhar

---

17. MACEDO, Márcia dos Santos. MULHERES CHEFES DE FAMÍLIA E A PERSPECTIVA DE GÊNERO: trajetória de um tema e a crítica sobre a feminização da pobreza. *CADERNO CRH*, Salvador, v. 21, n. 53, p. 389, maio-ago. 2008. Disponível em: http://www.scielo.br/pdf/ccrh/v21n53/a13v21n53.pdf. Acesso em: 18 fev. 2021.
18. TRINDADE, Larissa de Lima; RIGHI, Marcelo Brutti; VIEIRA, Kelmara Mendes. De onde vem o endividamento feminino? Construção e validação de um modelo PLS-PM. *REAd*, Porto Alegre – Edição 73 – n. 3 – set/dez 2012, p. 721. Disponível em: http://www.scielo.br/pdf/read/v18n3/v18n3a06.pdf. Acesso em: 17 fev. 2021.
19. MARQUES, Cláudia Lima. *Conciliação em matéria de superendividamento dos consumidores*: Principais resultados de um estudo empírico de 5 anos em Porto Alegre. Texto da apresentação no Evento do Curso de Direito de Consumidor da Universidade de Coimbra sobre "Resolução alternativa de litígios de consumo", em 21 de maio de 2016, publicado em Portugal, no Boletim do Instituto 2016. Disponível em: https://www.enfam.jus.br/wp-content/uploads/2020/05/11-Artigo-CLM-Coimbraconciliacao6fimenv-4.1.pdf. Acesso em: 18 fev. 2021.

o plano concreto, conclui-se que a mulher teria que ser praticamente "mágica" para conseguir sustentar uma criança com o valor definido a título de pensão (muitas vezes módico, entre 25 e 33 por cento do salário-mínimo) e ainda usufruir de bens supérfluos; ao invés de ser reconhecida por seus grandes esforços, ela ainda acaba sendo acusada de golpista.

Como resolver situações de injustiça como esta? Ir ao Poder Judiciário é a melhor iniciativa?

3. CONSENSO E INADIMPLEMENTO DE ALIMENTOS

Concordância e descumprimento de obrigações são noções que soam excludentes; contudo, a conscientização e o reconhecimento são importantes ferramentas para superar controvérsias marcantes nas relações familiares.

Ao invés de simplesmente ter que se conformar com eventual resultado imposto pela magistratura (a ser efetivado sabe-se lá quando...), será interessante que as pessoas envolvidas no conflito compreendam o ordenamento jurídico e a situação das pessoas de modo a genuinamente construir saídas consensuais.

Para contribuir com tais desideratos, o uso de meios consensuais pode ser valioso ao permitir conversas proveitosas.

A adequada utilização de um mecanismo consensual colabora para que as pessoas entendam o sentido de seus direitos e deveres no nível legal de modo a traduzi-los para a esfera das relações familiares.[20]

Nem sempre, porém, é fácil engendrar tratativas negociais: muitos bloqueios na comunicação pautam o cenário em que ocorrem as controvérsias familiares. Além disso, costuma faltar crença na boa-fé da outra pessoa, o que desanima a necessitada de buscar o diálogo. Refletir sobre o perfil dos impasses familiares pode contribuir para que avanços sejam possíveis.

3.1 Conflitos, subjetividades e enganos

Ao tratarmos de dilemas familiares (dentre os quais despontam impasses sobre o inadimplemento de alimentos), é importante ter em mente que o conflito muitas vezes vai além do recorte jurídico e é multifacetado. Ao ângulo do conflito que se apresenta externamente apenas como disputa por dinheiro, bens materiais, tempo de convivência ou mesmo a guarda do filho incapaz, dá-se o nome de *conflito objetivo*. As normas jurídicas, normalmente, focam a solução das controvérsias por este prisma.

Embora a adoção de visões simplistas seja recorrente, na realidade toda situação é multifatorial. Por trás do conflito objetivo tendem a existir outros elementos: busca

---

20. DIAS, Maria Berenice; GROENINGA, Giselle Câmara. *A Mediação no Confronto entre Direitos e Deveres*. Disponível em: https://www.ibdfam.org.br/artigos/42/A+media%C3%A7%C3%A3o+no+confronto+entre+direitos+e+deveres. Acesso em: 27 jan. 2021.

de reconhecimento e pertencimento, disputas de poder (por ex., por querer impor ao outro uma certa percepção), expectativas não comunicadas... A esta faceta do conflito, que nem sempre está exposta claramente, dá-se o nome de *conflito subjetivo*. As normas jurídicas não se destinam a atender os interesses subjetivos não expressos na pretensão em juízo; tal atendimento, quando ocorre, verifica-se apenas de forma reflexa e incidental por meio da resolução do conflito objetivo.

Como exemplo, não é incomum que a mãe, buscando orientação jurídica sobre como obrigar o pai a pagar alimentos, afirme que, na verdade, gostaria que ele assumisse a responsabilidade convivendo mais com as crianças e se dispondo a pagar o que fosse necessário para o bem-estar do(s) filho(s).

Também há casos em que a representante do menor vem, após anos de inércia, cobrar a pensão inadimplida afirmando que só o fez agora porque ele foi morar com outra mulher, tendo a situação de crise ultrapassado todos os limites. Por outro lado, o pai muitas vezes alega estar inadimplindo a pensão "porque a genitora não o deixa ver a criança" ou porque "ela gasta o dinheiro da pensão de forma errada".

Para piorar o cenário, muitos pais deixam acumular diversos meses sem pagamento; quando instados a pagar sob pena de prisão, reclamam que as mães são incompreensivas quanto à precariedade econômica vivenciada. A solidariedade que não devotaram ao filho e à sua guardiã, veja só, agora faz falta a eles...

Muitas percepções errôneas impactam decisivamente em ações e omissões das pessoas envolvidas na interação familiar. Infelizmente, visões patriarcais não são meros estereótipos, mas compõem parte de histórias que a experiência profissional na área de família permite observar com certa frequência. O que motiva certas pessoas, em muitos casos, é algo mais profundo do que o que a pretensão exposta na petição permite perceber.

Em virtude dessas constatações, é importante perquirir sobre a possibilidade de abrir espaço à comunicação entre as pessoas com vistas a promover conversas sobre pontos essenciais à composição do conflito.

3.2 Tentativa de negociação direta

O caráter continuativo da relação familiar demanda a existência de uma eficiente comunicação entre seus integrantes. Afinal, mesmo quando o casal finaliza o casamento ou a união estável, a relação pode continuar no que se refere a cuidados relevantes. Ainda que inexista a necessidade de pensão alimentícia, poderá ser necessária a comunicação por força de outras obrigações (tributárias, por ex., quando a declaração para efeitos de imposto de renda era feita de modo conjunto). Havendo filhos, a ligação entre os cônjuges deverá perdurar por toda a vida, já que mesmo rompido o vínculo conjugal remanesce a ligação materna/paterno-filial e o dever de cuidar da prole.

Ao ouvir relatos de situações conflituosas entre casais que viveram longo tempo juntos, pode vir à mente a seguinte pergunta: por que eles não conseguem conversar e combinar uma forma de atuação compatível com a situação?

A negociação, entendida como a comunicação estabelecida diretamente entre os envolvidos em uma controvérsia, com avanços e retrocessos em busca de um acordo, é o mais fluido, básico e elementar meio de resolver conflitos, sendo também o menos custoso.[21]

Ocorre, porém, que em relações continuativas (como as familiares) as conversas anteriores podem ter sido péssimas. É comum que, após tentativas frustradas de dialogar bem, as pessoas simplesmente parem de se falar; esse cenário é comprometedor por atrapalhar o fluxo de informações relevantes e prejudicar a evolução das interações.

Além do histórico anterior ser visto como desanimador, em conflitos sobre pensões alimentícias para os filhos o diálogo direto entre os genitores pode ser desgastante por conta de uma série de resistências: confusões na história amorosa do casal (advindas de uma relação que geralmente terminou mal) acabam afetando a visão dos pais quanto ao seu papel enquanto genitores.[22]

É comum que os pais confundam papéis e deixem de lado o fato de que precisam funcionar como uma dupla parental engajada em atender aos interesses dos dependentes.[23]

Como as conversas diretas nem sempre são fáceis, podem acabar piorando o relacionamento e incrementando a negativa, afetando negativamente o atendimento dos interesses de crianças e adolescentes.[24]

Se as partes não conseguem falar diretamente e buscam representação advocatícia, cabe tentar negociar por meio de seus representantes?

A resposta é positiva.

A presença de(a) advogado(a) ou defensor(a) na interação conflituosa é um elemento novo que tende a fazer muita diferença – seja para o bem, melhorando as chances de composição, seja para o mal, atiçando a belicosidade e detonando o liame existente.

Embora possa haver a tentação de entrar na vibração irritadiça da pessoa em conflito, é essencial que o(a) profissional tenha serenidade para escutar o que ocorreu até o momento para, sem preconceitos, cogitar sobre alternativas diversificadas – sem descartar *a priori*, por exemplo, a possibilidade de uma nova rodada de conversações, caso esta se revele apropriada por seu frutífero potencial.

Quando quem advoga é procurado por alguém que precisa receber alimentos, deve fazer um diagnóstico apurado: qual é a razão da resistência? É possível remo-

---

21. TARTUCE, Fernanda; FALECK, Diego; GABBAY, Daniela. *Meios alternativos de solução de conflitos*. Rio de Janeiro: FGV, 2014, p. 19.
22. TARTUCE, Fernanda. *Processo civil no Direito de Família*: teoria e prática, cit., p. 477.
23. TARTUCE, Fernanda. *Processo civil no Direito de Família*: teoria e prática, cit., p. 477.
24. TARTUCE, Fernanda. *Processo civil no Direito de Família*: teoria e prática, cit., p. 477.

vê-la? O(a) genitor(a) que precisa contribuir mostra interesse em atender o filho e se preocupa com o seu bem-estar?[25]

A postura conflituosa em disputas sobre alimentos muitas vezes decorre de fatores como falta de informações sobre despesas, desconfianças por experiências negativas quanto a gastos anteriores, intuitos vingativos, falta de foco nos interesses das crianças...

No caso mencionado, por exemplo, Edércio manifesta preocupação clara com o fato de que as crianças estejam alimentadas e devidamente vestidas. Por que só essas despesas têm espaço? Será que ele considera que as demais necessidades estão plenamente atendidas? Ele pode ter uma noção errônea, por exemplo, quanto ao conforto das crianças que passaram a viver na casa da avó. Por não estar se comunicando com a mãe dos filhos e desconhecer detalhes cotidianos, ele talvez não perceba a necessidade de fazer frente a outros valores.

Se entender adequado, havendo espaço para uma rodada de negociações, a(o) advogada(o) poderá adotar iniciativas para conversar e esclarecer pontos relevantes que não estão sendo bem compreendidos. Já dispondo a outra parte de patrona(o) ou defensor(a) constituída(o), essa pessoa poderá ser convidada para uma reunião com vistas a negociar.[26]

Vale destacar que, embora as pessoas possam ter tentado negociar antes, podem não ter se valido de técnicas apropriadas; na nova rodada de conversas, os(as) advogados(as) ou defensores(as) poderão atuar de forma mais eficiente.[27]

Caso a negociação direta não conte com adesão ou reste infrutífera, as pessoas envolvidas ainda poderão cogitar sobre a integração de um mediador ou de um conciliador à conversa para buscar favorecer, uma vez mais, a construção de consensos.[28]

3.3 Participação em mediação ou conciliação

Seja em razão de respostas insatisfatórias, seja diante da impossibilidade de celebrar um acordo mutuamente aceitável naquele momento, o trânsito negocial direto pode ser finalizado e, ainda assim, haver espaço para trilhar outro caminho consensual.[29]

Em alguns casos, os(as) advogados(as) e/ou defensores(as) atuantes percebem que as partes por pouco não chegaram ao acordo e talvez conversas mais profundas favoreçam o avanço.

---

25. TARTUCE, Fernanda. *Processo civil no Direito de Família*: teoria e prática, cit., p. 447.
26. TARTUCE, Fernanda. *Processo civil no Direito de Família*: teoria e prática, cit., p. 447.
27. TARTUCE, Fernanda. *Processo civil no Direito de Família*: teoria e prática, cit., p. 447
28. TARTUCE, Fernanda. *Processo civil no Direito de Família*: teoria e prática, cit., p. 447.
29. TARTUCE, Fernanda; ASPERTI, Maria Cecilia de Araújo. "Conversando a gente se entende": negociação, mediação e conciliação como meios eficientes após a pandemia. In: TARTUCE, Fernanda; DIAS, Luciano (Org.). *Coronavírus*: direitos dos cidadãos e acesso à justiça. São Paulo: Foco, 2020, p. 6.

Um meio consensual bem aplicado por uma pessoa imparcial poderá contribuir para destravar a comunicação e aclarar os interesses valiosos em jogo.

A mediação possibilita o diálogo sobre elementos pessoais; quando as pessoas protagonizam a gestão do conflito compreendendo suas diversas facetas e abordando-as de forma ampla e produtiva, certamente há mais chances de superar a situação conflituosa e aderir aos termos definidos em eventual acordo.

A mediação é estruturada em técnicas de estímulo à comunicação que prestigiam o protagonismo (em regra, o mediador não propõe soluções para o conflito) e pode ocorrer fora do ambiente judicial.

Como bem pontua Águida Arruda Barbosa, "a arte da mediação está em despolarizar a postura binária existente entre os litigantes, instalando uma posição ternária, deslocando as resistências dos protagonistas".[30]

A conciliação, por sua vez, não costuma ser vista propriamente como meio de estímulo ao diálogo em bases amplas, mas como mecanismo focado na obtenção de acordos; para tanto é possível, inclusive, que o conciliador formule sugestões aos envolvidos para que escolham uma saída.

No caso de Edércio e Claudelice, por exemplo, mesmo havendo processo em curso nada impede que se reúnam e tentem encontrar soluções conjuntas. Caso não consigam negociar diretamente, poderão se valer da colaboração de uma pessoa imparcial (mediadora ou conciliadora) na busca do restabelecimento produtivo do diálogo.

Imagine que o casal, nas negociações diretas de que participaram junto com suas representantes judiciais (advogada e defensora), estivesse avançando na combinação de certos pagamentos serem feitos diretamente por Edércio; em certo ponto, por algum motivo não revelado, Claudelice retrocedeu dizendo que não daria certo e que não via como continuar. Talvez alguma situação sensível esteja na base da resistência – por exemplo, quando ficou responsável por pagar uma conta, Edércio deixou de honrar o pagamento e a família ficou no escuro por alguns dias. Embora a falta de confiança tenha impactado, Claudelice não se sentiu à vontade para falar disso na negociação. Na mediação, ela poderá ter mais confiança para tratar do assunto, por exemplo, inicialmente em uma reunião privada com a mediadora e depois, se/quando se sentir apta, na reunião conjunta.[31]

Também quanto aos alimentos poderá haver utilidade, por exemplo, sobre como Claudelice elaborou a lista de gastos: será interessante que o casal converse sobre cada um dos itens para que haja maior clareza sobre as despesas. Na mediação as partes conversarão sobre tais dispêndios e poderão propor alternativas sobre deles.

---

30. BARBOSA, Águida Arruda. *Mediação familiar interdisciplinar*. São Paulo: Atlas, 2015, p. 89
31. Explicações sobre a aplicação de técnicas e a pertinência de reuniões privadas são encontradas em outro livro de minha autoria: *Mediação nos conflitos civis* (6. ed. São Paulo: Método, 2021, item 5.8.2).

Como se nota, caso os envolvidos não consigam e/ou não desejem definir diretamente a situação, poderão considerar a participação de uma pessoa imparcial apta a atuar como facilitadora do diálogo em uma mediação ou conciliação.[32]

Não há mágica: a pessoa imparcial que atuará como facilitadora do diálogo só terá condições de desenvolver um bom trabalho se as partes já tiverem se preparado para negociar – seja refletindo sobre possibilidades, seja tendo alguma comunicação prévia ou mesmo despendido tempo para refletir na busca de aparar eventuais arestas.[33]

Caso as partes esclareçam a situação e encontrem caminhos que favoreçam ajustes consensuais, o acordo que envolva direitos de incapazes será comunicado ao juiz; este, após manifestação do Ministério Público, apreciará a possibilidade de sua homologação judicial para finalizar o processo.

Infelizmente, em muitas situações fatores favoráveis para viabilizar o consenso estão ausentes. Apesar da inicial boa vontade das pessoas envolvidas, em certos casos há limites intransponíveis à atuação conciliatória; há conflitos que são intratáveis, destrutivos e duradouros, resistindo à resolução.[34] Nesses casos, será necessário promover a iniciativa judicial adequada para resolver a situação.

3.4 Execução de alimentos e designação de audiência consensual

Quando atuam para promover demandas pelo prisma litigioso, as pessoas geralmente acreditam que contarão com a atuação firme da magistratura para fazer cumprir os comandos do ordenamento jurídico, estando fora de questão a tentativa de acordo.

No caso em exame, ao propor demanda para cumprir os alimentos fixados judicialmente, Claudelice tem a legítima expectativa de que Edércio finalmente será instado pela força estatal a pagar os valores devidos. A pessoa que advoga em seu favor deve lhe explicar que poderá ser designada audiência para tentar resolver consensualmente a situação?

No plano normativo, a resposta pura e simples, após consulta às regras específicas do CPC sobre execução, deveria ser negativa. Ao delinear os procedimentos previstos para cumprir sentenças e executar obrigações previstas em títulos executivos extrajudiciais, o legislador não fez constar na sequência de atos processuais regra alguma sobre audiência de conciliação ou mediação.

A lógica inerente aos processos executivos é direcionada à satisfação de créditos: sua finalidade não é discutir o direito da parte credora porque ele já se encontra reconhecido no título executivo que embasa o processo. A proposta é que o Poder

---

32. TARTUCE, Fernanda; DELLORE, Luiz. *Manual de Prática Civil*. 18. ed. São Paulo: Método, 2023, p. 11.
33. TARTUCE, Fernanda. *Processo civil no Direito de Família*: teoria e prática, cit., p. 105.
34. MALDONADO, Maria Tereza. *O bom conflito*. São Paulo: Integrare Editora, 2008, p. 28

Judiciário, diante do inadimplemento, atue para realizar a expropriação de bens e viabilizar o devido recebimento.

Não há diferenciação, quanto a esse aspecto, na sistemática prevista para cumprimentos de sentenças que fixam alimentos e para a execução de títulos executivos extrajudiciais que preveem pensão alimentícia: o procedimento é vocacionado para forçar o devedor a pagar os montantes devidos e não a promover debates entre as partes.

Apesar de tal fato, frequentemente são realizadas audiências conciliatórias em disputas executivas sobre alimentos; qual é seu embasamento? São questionáveis?

Sob o prisma técnico-processual, a designação inicial de audiências de conciliação ou mediação, em princípio, não é cabível nos procedimentos que não a preveem; deve o legislador, sob pena de esvaziamento da lógica inerente à previsão especificada, seguir o desenho previsto na lei para o encaminhamento das demandas que seguem ritos peculiares.

Cabe, porém, perquirir: mesmo não havendo previsão no procedimento, as partes podem querer a designação de uma sessão judicial de mediação ou conciliação, manifestando-se positivamente quanto a tal realização?

Presente a intenção de ambas as partes de se engajarem na autocomposição, a resposta é indubitavelmente positiva.[35]

A polêmica existe quando apenas uma parte mostra interesse na designação da sessão consensual: mesmo diante da falta de consenso, muitos juízes a designam. Quanto ao fundamento, há tempos vem-se entendendo viável a designação de tal audiência por força do dever conciliatório do juiz.[36]

O CPC/2015 reforçou o fomento ao consenso em duas regras constantes nas normas fundamentais: "o Estado promoverá, sempre que possível, a solução consensual dos conflitos" e "a conciliação, a mediação e outros métodos de solução consensual de conflitos deverão ser estimulados por juízes, advogados, defensores públicos e membros do Ministério Público, inclusive no curso do processo judicial" (art. 3º, §§ 2º e 3º).

Além disso, sempre que há uma demanda familiar as partes são estimuladas a se comunicar. Nos termos do art. 694 do CPC, "nas ações de família, todos os esforços serão empreendidos para a solução consensual da controvérsia, devendo o juiz dispor do auxílio de profissionais de outras áreas de conhecimento para a mediação e conciliação". Tal regra, embora diga respeito ao processo de conhecimento, acaba influenciando a visão também sobre os processos executivos.

---

35. TARTUCE, Fernanda. Audiência Conciliatória no Inventário: Ausência e Multa (TJMG, AI 1.0342.15.009311-6/001). *Revista Nacional de Direito de Família e Sucessões* n. 30, maio-jun. 2019, p. 133.
36. Segundo o artigo 139 do CPC, "o juiz dirigirá o processo conforme as disposições deste Código, incumbindo-lhe: V – promover, a qualquer tempo, a autocomposição, preferencialmente com auxílio de conciliadores e mediadores judiciais".

Especialmente na execução de alimentos, é forçoso lembrar que, embora o processo enfoque a situação patrimonial, o executado é pai das crianças e elas têm direito de conviver com ele. Será interessante sua prisão em prejuízo do contato com as crianças? A excepcionalidade da prisão deve levar em consideração também este aspecto.

Como exemplo do entendimento sobre valer-se da prisão como última ferramenta, merece destaque entendimento exposto em acórdão do Tribunal de Justiça do Estado de São Paulo: como a prisão civil configura medida excepcional, "reputa-se viável a designação da audiência de conciliação, servindo ao nobre propósito de se evitar a prisão, medida extrema, e obter possível adimplemento da obrigação alimentar".[37]

Como se percebe, há tendência em reconhecer como adequada a designação de audiência conciliatória em execuções de alimentos. Recomenda-se, porém, atenção: se a magistratura constatar, a partir da narração dos fatos que constam nas petições, que o demandado é devedor recorrente e já descumpriu acordos anteriores, será apropriada mais uma designação?

A resposta irrefletida pode acabar tornando o Poder Judiciário um agente colaborador de quem age de má-fé para protelar obrigações; nesse cenário, com vistas a evitar este indesejável efeito, o juiz deverá, antes de designar a audiência, determinar que a parte exequente se manifeste, justificadamente, sobre o interesse (ou não) na realização da sessão consensual.

Designada data para a audiência, será importante que os participantes se preparem para o encontro. Advogadas(os) e defensoras(es) precisarão orientar clientes e assistidos sobre o foco negocial da sessão, advertindo-os sobre o possível "esforço conciliatório" do facilitador do diálogo, estimulando-os a refletir sobre espaços para eventuais ajustes e a preparar propostas factíveis que possam atender aos interesses em debate.

Os participantes da sessão consensual deverão estar preparados também para mudar o padrão de linguagem e argumentação: como a proposta é favorecer a comunicação e a cooperação, não é apropriado valer-se nesse momento de argumentos intimidadores típicos dos mecanismos impositivos.

Afinal, como lembra Ada Pellegrini Grinover, o tratamento contencioso "não é o mais apropriado para certos tipos de conflito em que se faz necessário atentar para os problemas de relacionamento que estão à base da litigiosidade, mais do que aos meros sintomas que revelam a existência desses problemas".[38]

Será interessante que advogados(as) e/ou defensores(as) atuantes busquem conversar e alinhar ao máximo as possibilidades antes da sessão judicial – que muitas vezes é prevista para durar pouco tempo, dado o volume de casos em trâmite.

---

37. TJSP; HC 2021289-57.2020.8.26.0000; Rel. Des. José Joaquim dos Santos; j. em 07 abr. 2020.
38. GRINOVER, Ada Pellegrini. Os fundamentos da justiça conciliativa. Revista de Arbitragem e Mediação, São Paulo: *Revista dos Tribunais*, v. 4, n. 14, p. 19, jul.-set. 2007

Voltando ao caso trazido à análise, o inadimplemento de Edércio poderá ser objeto de conversas e ajustes com a colaboração dos representantes das partes em tratativas negociais. Se inviável a celebração de ajustes nessas interações, eventualmente na sessão judicial a facilitadora imparcial (mediadora ou conciliadora) poderá contribuir para que a conversa avance rumo a propostas úteis.

Em um passado não muito distante, a conciliação tradicionalmente realizada no Poder Judiciário, salvo honrosas exceções, infelizmente não era realizada por pessoas devidamente treinadas para usar técnicas eficientes de estímulo à comunicação e fomento à cooperação. Além disso, diversos problemas advinham do fato de que usualmente as audiências eram agendadas para durar pouco tempo na abarrotada pauta das varas de família. Essa situação contribuía para que boa parte dos conflitos subjetivos entre os envolvidos não fossem acessados nem trazidos à tona, o que fazia toda diferença na qualidade de eventual desfecho consensual.

Atualmente o ordenamento jurídico contém um arcabouço normativo que busca evitar esse estado de coisas. Aliás, usou-se acima a versão pretérita dos verbos diante do fato de que, ante a existência de normas, princípios e diretrizes para a adequada prática de meios consensuais, não mais são admissíveis práticas de *pseudoautocomposição*.[39]

Uma boa conversa pode permitir que o casal perceba as possibilidades e os limites em suas situações. No caso de Edércio e Claudelice, ajustes poderão ser feitos em relação a parcelamentos e mesmo aos gastos do casal. Como exemplo, se uma parte da pensão é gasta com transporte escolar, poderia o pai se habilitar a levar as crianças? Essa ideia pode surgir em uma audiência de conciliação em que as pessoas realmente foquem no interesse dos filhos na busca de opções variadas.

4. CONCLUSÃO

A reflexão sobre temas ligados à execução de alimentos a partir da solidariedade familiar decisivamente contribui para que novas perspectivas sejam delineadas de forma produtiva para atender os interesses de alimentandos e alimentantes.

A conscientização, a ampliação do leque de possibilidades e a participação ativa dos membros do núcleo familiar em boas conversas são elementos importantes para que as pessoas possam se adaptar às novas conjunturas decorrentes da mudança na dinâmica familiar.

A perspectiva solidária tem viés humanista por conceber o ser humano como valor central e induz a que não mais sejam abordados apenas elementos superficiais relativos a aspectos como pagamentos, inadimplementos e incompreensões.

---

39. Desenvolvi o tema com maior detalhamento no capítulo *Conciliação em juízo*: o que (não) é conciliar do livro Negociação, Mediação, Conciliação e Arbitragem. In: SALLES, Carlos Alberto de; LORENCINI, Marco Antonio Garcia Lopes e SILVA, Paulo Eduardo Alves da (Org.). 5. ed. São Paulo: Método, 2023.

O endividamento feminino por força dos cuidados devotados à prole precisa ser objeto de atenção e consideração.

A percepção da solidariedade pode aclarar a visão quanto a opções legítimas e inspirar que as pessoas envolvidas em tortuosos impasses familiares encontrem proveitosos caminhos por meio da boa atuação em meios consensuais como a negociação, a mediação e a conciliação.

5. REFERÊNCIAS

ALVES, José Eustáquio Diniz. *Número de famílias chefiadas por mulheres dobrou em 15 anos.* Disponível em: https://projetocolabora.com.br/ods5/familias-chefiadas-por-mulheres/. Acesso em: 18 fev. 2021.

BARBOSA, Águida Arruda. *Mediação familiar interdisciplinar.* São Paulo: Atlas, 2015.

BRANDÃO, Debora. *Curso de Direito Civil Constitucional.* Direito de Família. São Paulo: Saraiva, no prelo.

CAHALI, Yussef Sahid. *Dos alimentos.* 6. ed. São Paulo: Ed. RT, 2009.

DIAS, Maria Berenice. *Dois pesos e duas medidas para preservar a ética*: irrepetibilidade e retroatividade do encargo alimentar. Disponível em: https://www.ibdfam.org.br/artigos/282/Dois+pesos+e+duas+-medidas+para+preservar+a+%C3%A9tica%3A+irrepetibilidade+e+retroatividade+do+encargo+alimentar. Acesso em: 27 jan. 2021.

DIAS, Maria Berenice. *Manual de direito das famílias.* 10. ed. rev., atual. e ampl. São Paulo: Revista dos Tribunais, 2015.

DIAS, Maria Berenice; GROENINGA, Giselle Câmara. *A Mediação no Confronto entre Direitos e Deveres.* Disponível em: https://www.ibdfam.org.br/artigos/42/A+media%C3%A7%C3%A3o+no+confronto+entre+direitos+e+deveres. Acesso em: 27 jan. 2021.

DICIONÁRIO Michaelis. *Solidariedade.* Disponível em: https://michaelis.uol.com.br/moderno-portugues/busca/portugues-brasileiro/solidariedade/. Acesso em: 28 jan. 2021.

GRINOVER, Ada Pellegrini. Os fundamentos da justiça conciliativa. *Revista de Arbitragem e Mediação*, São Paulo: Revista dos Tribunais, v. 4, n. 14, p. 17-21, jul.-set. 2007.

HIRONAKA, Giselda Maria Fernandes Novaes. *A indignidade como causa de escusabilidade do dever de alimentar.* Disponível em: http://www.ibdfam.org.br/_img/congressos/anais/130.pdf. Acesso em: 27 jan. 2021.

LOBO, Fabíola Albuquerque. As transformações do direito de família brasileiro à luz da Constituição Federal de 1988. *Civilistica.com*, Rio de Janeiro, ano 8, n. 3, 2019, p. 4. Disponível em: https://civilistica.com/wp-content/uploads1/2019/12/Lobo-civilistica.com-a.8.n.3.2019-2.pdf. Acesso em: 15 fev. 2021.

MACEDO, Márcia dos Santos. MULHERES CHEFES DE FAMÍLIA E A PERSPECTIVA DE GÊNERO: trajetória de um tema e a crítica sobre a feminização da pobreza. *CADERNO CRH*, Salvador, v. 21, n. 53, p. 389-404, maio-ago. 2008. Disponível em: http://www.scielo.br/pdf/ccrh/v21n53/a13v21n53.pdf. Acesso em: 18 fev. 2021.

MADALENO, Rolf. *Obrigação, Dever de Assistência e Alimentos Transitórios.* Disponível em: https://ibdfam.org.br/_img/congressos/anais/150.pdf. Acesso em: 27 jan. 2021.

MALDONADO, Maria Tereza. *O bom conflito.* São Paulo: Integrare Editora, 2008.

MARQUES, Cláudia Lima. *Conciliação em matéria de superendividamento dos consumidores*: Principais resultados de um estudo empírico de 5 anos em Porto Alegre. Texto da apresentação no Evento do Curso de Direito de Consumidor da Universidade de Coimbra sobre "Resolução alternativa de litígios de consumo", em 21 de Maio de 2016, publicado em Portugal, no Boletim do Instituto 2016.

Disponível em: https://www.enfam.jus.br/wp-content/uploads/2020/05/11-Artigo-CLM-Coimbra-conciliacao6f imenv-4.1.pdf. Acesso em: 18 fev. 2021.

OLIVEIRA, Ligia Ziggiotti de. *Olhares feministas sobre o Direito das Famílias contemporâneo*. 2. ed. Rio de Janeiro: Lumen Juris, 2020.

TARTUCE, Fernanda; FALECK, Diego; GABBAY, Daniela. *Meios alternativos de solução de conflitos*. Rio de Janeiro: FGV, 2014.

TARTUCE, Fernanda. Audiência Conciliatória no Inventário: Ausência e Multa (TJMG, AI 1.0342.15.009311-6/001). *Revista Nacional de Direito de Família e Sucessões*, n. 30, maio-jun. 2019, p. 130-134.

TARTUCE, Fernanda; ASPERTI, Maria Cecilia de Araújo. "Conversando a gente se entende": negociação, mediação e conciliação como meios eficientes após a pandemia. In: TARTUCE, Fernanda; DIAS, Luciano. (Org.). *Coronavírus*: direitos dos cidadãos e acesso à justiça. 1ed.São Paulo: Foco, 2020, p. 3-13.

TARTUCE, Fernanda. Conciliação em juízo: o que (não) é conciliar. In: SALLES, Carlos Alberto de; LORENCINI, Marco Antonio Garcia Lopes; SILVA, Paulo Eduardo Alves da (Org.). *Negociação, Mediação, Conciliação e Arbitragem*. 5. ed. São Paulo: Método, 2023.

TARTUCE, Fernanda. *Processo civil no Direito de Família*: teoria e prática. 7. ed. São Paulo: Método, 2023.

TARTUCE, Fernanda. *Mediação nos conflitos civis*. 6. ed. São Paulo: Método, 2021.

TARTUCE, Fernanda; DELLORE, Luiz G. P. *Manual de Prática Civil*. 18. ed. São Paulo: Método, 2023.

TARTUCE, Flávio. *O princípio da boa-fé objetiva no direito de família*. Jus Navigandi, Teresina, ano 13, n. 1986, 8 dez. 2008. Disponível em: http://jus.com.br/revista/texto/12050. Acesso em: 27 jan. 2021.

TRINDADE, Larissa de Lima; RIGHI, Marcelo Brutti; VIEIRA, Kelmara Mendes. De onde vem o endividamento feminino? Construção e validação de um modelo PLS-PM. *REAd*, Porto Alegre – Edição 73 – n. 3 – set.-dez. 2012. p. 718-746. Disponível em: http://www.scielo.br/pdf/read/v18n3/v18n3a06.pdf. Acesso em: 17 fev. 2021.

Sugestão de leitura complementar

MATOS, Ana Carla Harmatiuk; OLIVEIRA, Ligia Ziggiotti de. Alimentos no Novo Código de Processo Civil: execução e cumprimento de sentença. *Repercussões do Novo CPC*. Salvador: JusPodivm, 2016. v. 14 – Direito Civil.

POMJÉ, Caroline; FLEISCHMANN, Simone Tassinari Cardoso. Execução de Alimentos: Procedimento e Aspectos Controvertidos. *Revista Nacional de Direito de Família e Sucessões*, Edições/38 – set.-out. 2020, p. 92-109.

Parte VI
PROTEÇÃO DOS VULNERÁVEIS

VULNERABILIDADES NAS RELAÇÕES DE FAMÍLIA: O PROBLEMA DA DESIGUALDADE DE GÊNERO[1]

Maria Celina Bodin de Moraes

Professora Titular de Direito Civil da Faculdade de Direito da UERJ e Professora Associada do Departamento de Direito da PUC-Rio. Doutora em Direito Civil.

E-mail: mcbm@puc-rio.br

Homens e mulheres são feitos no mesmo molde:
exceto a educação e os usos, a diferença não é grande.
— Montaigne

Vai ser coxo na vida é maldição pra homem. Mulher é desdobrável. Eu sou.
– Adélia Prado

Sumário: 1. Introdução – 2. A multimilenar afirmação da superioridade do homem sobre a mulher – 3. Dignidade da pessoa humana e a convivência familiar – 4. A necessidade de lei e de outros mecanismos defensivos – 5. Conclusão – 6. Referências.

1. INTRODUÇÃO

Ao contrário do que normalmente se pensa, só recentemente a violência tornou-se um problema central da humanidade. Embora presente em toda a nossa história, e provavelmente indissociável da experiência humana, foi somente a partir da modernidade, com a elaboração e difusão de valores como liberdade e igualdade, que se firmou a noção de cidadania.[2] Dela decorre que nas sociedades democráticas, ao menos teoricamente, todos têm direitos humanos – assim denominados porque inerentes à condição humana – que lhes protegem contra coerções, maus-tratos e outros atos de desumanização.

Embora sejam frequentemente usados como termos sinônimos, há quem distinga os direitos humanos dos direitos fundamentais, considerando estes últimos como "os direitos do ser humano reconhecidos e positivados na esfera do direito

---

1. Agradeço à Professora Renata Vilela Multedo pelas valiosas sugestões e atualizações.
2. V. DOMENACH, Jean-Marie. *La violencia y sus causas*. Paris: Editorial UNESCO, 1981. Segundo o autor, a partir desse momento, ações que antes eram percebidas como inevitáveis na ordem do mundo, e mesmo desejáveis, passaram a ser combatidas.

constitucional de um determinado Estado".[3] Seriam, pois, "direitos positivos de matriz constitucional".[4] A principal consequência desta distinção é que os direitos fundamentais alcançam maior grau de efetivação, especialmente em face da existência de instâncias dotadas de poder de fazer respeitar tais direitos. Ora, inserindo-se esta definição na perspectiva de um direito civil constitucionalizado, percebe-se imediatamente o seu impacto nas relações privadas, uma vez que os destinatários da Constituição são não apenas órgãos legislativos, judiciários e executivos, mas todos os membros do corpo social.

Nas questões de gênero, salta aos olhos o problema da violência doméstica e como ele passa a dizer respeito não mais apenas à instância privada da órbita familiar, mas, também e especialmente, às instâncias públicas, dotadas de poder para resguardar os direitos fundamentais dos membros da família. Com efeito, estando os direitos fundamentais positivados, a eles necessariamente contrapõem-se deveres jurídicos. No direito anterior, a família, opaca, centrava-se no casamento indissolúvel e o marido era o chefe da sociedade conjugal; já no direito atual, isto é, na ordem constitucional de 1988, o fundamento jurídico da família, em virtude da garantia de igualdade entre os cônjuges, passou a ser o da solidariedade familiar (CF, arts. 226-230).

Neste aspecto, tratou a Constituição de consignar especial proteção às mulheres, ao impor a inelutável igualdade aos homens (arts. 5º, I, e 226, § 3º), resguardando ainda outros grupos cuja vulnerabilidade é notória: crianças e adolescentes, pessoas com deficiência (arts. 203, V, e 227, II), idosos (arts. 203, V, e 230) e índios (arts. 231 e 232).

O legislador ordinário, em cumprimento ao ditado constitucional (CF, arts. 227 e 230) buscou paulatinamente diminuir a vulnerabilidade intrafamiliar com relação às crianças, aos adolescentes e aos idosos (Estatuto da Criança e do Adolescente, de 1990, e Estatuto do Idoso, de 2003). Voltou-se, enfim, para a proteção específica da vulnerabilidade de gênero e sancionou — com significativo atraso em relação aos demais ordenamentos da própria América Latina — a Lei nº 11.340, de 7 de agosto de 2006, chamada de Lei Maria da Penha,[5] que "cria mecanismos para coibir a violência doméstica e familiar contra a mulher, nos termos do § 8º do art. 226 da Constituição Federal, da Convenção sobre a Eliminação de Todas as Formas de Discriminação contra as Mulheres e da Convenção Interamericana para Prevenir, Punir e Erradicar a Violência contra a Mulher".

O objetivo da lei foi tornar mais rigorosa a punição para agressões contra a mulher ocorridas no âmbito doméstico. A Lei Maria da Penha alterou o Código Penal e

---

3. Em busca de um consenso na definição terminológica, v. SARLET, Ingo W.. *A eficácia dos direitos fundamentais*. 3. ed. Porto Alegre: Livraria do Advogado, 2003, p. 33 e ss. onde expõe criticamente os critérios de Canotilho, Pérez Luño, Villalon, Habermas, dentre outros.
4. Id., ibidem.
5. O nome da lei é uma homenagem a Maria da Penha Maia, que foi agredida pelo marido durante seis anos e ficou paraplégica, depois de sofrer um atentado a bala, em 1983. O marido tentou matá-la por outros meios e somente foi punido depois de 19 anos, ficando preso em regime fechado apenas dois anos.

permitiu que agressores de mulheres no âmbito doméstico e familiar fossem presos em flagrante ou tivessem decretada a prisão preventiva. A partir de então, os agressores não puderam mais ser punidos com penas alternativas, como o pagamento de cestas básicas, como era usual.

2. A MULTIMILENAR AFIRMAÇÃO DA SUPERIORIDADE DO HOMEM SOBRE A MULHER

Ao longo da história as mulheres nunca tiveram direitos que se comparassem aos direitos conquistados pelos homens. A própria declaração de direitos decorrente da Revolução Francesa, que teve o objetivo de libertar o país das discriminações do Antigo Regime, deixou as mulheres de fora. Com efeito, as primeiras vozes feministas uniram-se durante o Iluminismo, quando as mulheres passaram a exigir que a retórica reformista sobre liberdade, igualdade e direitos naturais fosse aplicada a ambos os sexos. Os iluministas enfocaram as desigualdades de classe e casta sociais, excluindo, todavia, o gênero.[6]

A Declaração dos Direitos do Homem e do Cidadão, que definiu a cidadania francesa após a revolução de 1789, abstraiu do *status* legal das mulheres. As poucas intelectuais de então apontaram essa exclusão e o escopo limitado da retórica reformista. Olympe de Gouges, dramaturga e ativista política, redigiu o documento intitulado "Declaração dos Direitos da Mulher e da Cidadã", de 1791, em tudo e por tudo semelhante ao original, visando sensibilizar os revolucionários a incluir as mulheres no princípio da igualdade então proclamado. O texto não foi sequer votado.[7]

Digna de menção por sua excepcionalidade é a obra vanguardista de Daniel Defoe, publicada em 1719, sobre a necessidade de permitir às mulheres o direito à educação.[8] Somente em 1792 foi publicada a obra feminista considerada seminal

---

6. Jean-Jacques Rousseau, por exemplo, retratava as mulheres como criaturas tolas e frívolas, nascidas para serem subordinadas aos homens nos mesmos moldes que Aristóteles havia feito mais de 20 séculos antes.
7. GOUGES, Olympe de. Declaração dos direitos da mulher e da cidadã. Civilistica.com. Rio de Janeiro: a. 7, n. 1, 2018. Disponível em: civilistica.com/declaração-dos-direitos-da-mulher-e-da-cidada/. Acesso em: 21 jan. 2021. O art. 1º dispõe "A mulher nasce livre e tem os mesmos direitos do homem. As distinções sociais só podem ser baseadas no interesse comum". Na conclusão Gouges escreve: "Mulher, desperta. A força da razão se faz escutar em todo o Universo. Reconhece teus direitos. O poderoso império da natureza não está mais envolto de preconceitos, de fanatismos, de superstições e de mentiras. A bandeira da verdade dissipou todas as nuvens da ignorância e da usurpação. O homem escravo multiplicou suas forças e teve necessidade de recorrer às tuas, para romper os seus ferros. Tornando-se livre, tornou-se injusto em relação à sua companheira". Olympe de Gouges morreu na guilhotina em 1793.
8. DEFOE, Daniel. The Education of Women. Disponível em: https://www.thoughtco.com/the-education-of-women-by-defoe-1690238, acesso em: 10 jan. 2021. A "Educação das Mulheres" foi publicada no mesmo ano de "Robinson Crusoé", obra magna do autor. Diz Defoe: "Muitas vezes pensei nisso como um dos costumes mais bárbaros do mundo, pois considerando-nos como um país civilizado e cristão, negamos as vantagens de aprender às mulheres. Nós reprovamos o sexo [feminino] todos os dias por insensatez e impertinência; enquanto eu acredito que se elas tivessem as vantagens da educação como nós, elas seriam menos culpadas do que nós mesmos. (...) A grande diferença distintiva, vista no mundo entre homens e mulheres, está na educação (...); e aqui é que eu tomo sobre mim para fazer uma afirmação corajosa: que todo o mundo está enganado em sua prática sobre as mulheres. Pois não posso pensar que Deus Todo-Poderoso as tenha feito

em língua inglesa, intitulada *A Vindication of the Rights of Woman* (1792), de Mary Wollstonecraft, que propunha que mulheres e homens tivessem oportunidades iguais na educação, no trabalho e na política.

Com efeito, negava-se que a mulher pudesse ter qualquer direito independente. Assim, por exemplo, o fator fundamental para a superação da condição de subordinação à ordem patriarcal, o exercício de direitos, inclusive de propriedade, foi quase totalmente impossibilitado às mulheres casadas desde tempos imemoriais até a promulgação do Estatuto da Mulher Casada.[9]

Com exceção do instituto do morgadio,[10] destinado unicamente à nobreza, as Ordenações mantiveram a tradição romana de, morto o marido, reservar à mulher a posse de metade dos bens do casal o que possibilitava à viúva assumir a chefia da família, embora sob supervisão. A ela cabia o direito de administrar os bens dos filhos sob duas condições: que fosse nomeada tutora e que um fiador se responsabilizasse pelo patrimônio da família.[11] Da metade que pertencia ao marido, um terço podia ser livremente disposto, por testamento, pelo falecido e o restante era dividido entre os filhos, sem discriminação entre varões e mulheres.[12] Na ausência de parentes do marido até o décimo grau, a mulher podia até tornar-se herdeira universal dos bens do marido, pela reunião das duas partes. Assim, a titularidade da propriedade podia lhe pertencer, mas para o exercício dos direitos de que era titular fazia-se imprescindível a tutela masculina.

No Brasil, as mulheres obtiveram capacidade eleitoral em 1934 e capacidade civil plena em 1962. Antes disso, estavam sob a potestade do marido e a força do poder marital era equiparável à do pátrio poder. Eram-lhes vedados os direitos de trabalhar, viajar ou contratar sem a autorização de seu marido. Além disso, o Código Civil (1916) previa, dentre outras situações de inferioridade, a possibilidade de anulação do casamento pelo marido por defloramento anterior por ele ignorado,[13] a possibilidade de deserdação da herança paterna por "desonestidade da filha",[14] e até mesmo atribuía o ônus de produzir uma inominável prova negativa – qual seja,

---

criaturas tão delicadas e tão gloriosas; e que as mobilizou com tais encantos, tão agradáveis e tão agradáveis à humanidade; com almas capazes das mesmas realizações que os homens, para serem apenas administradoras de nossas casas, cozinheiras e escravas".

9. O Estatuto da Mulher Casada é considerado o primeiro passo significativo em relação à liberação de direitos às mulheres no Brasil. V. Hildete Pereira de Melo e Teresa Cristina de Novais Marques. A partilha da riqueza na ordem patriarcal. *Revista de Economia Contemporânea*, v. 5, n. 2, jul.-dez. 2001. Disponível em: https://revistas.ufrj.br/index.php/rec/article/view/19727. Acesso em: 21 jan. 2021. As autoras analisam o acesso das mulheres à riqueza por intermédio da herança.

10. O morgadio foi criado em Portugal pelas Ordenações Manuelinas (1521) e baseava-se no direito de primogenitura, em virtude do qual cabia ao primeiro filho homem herdar todo o patrimônio paterno. Acabar com tal direito, verdadeiro pilar do Antigo Regime, foi um dos objetivos centrais da Revolução Francesa e, consequentemente, do Código Napoleão (1804). O instituto permaneceu em vigor no Brasil até 1820.

11. Ordenações do Reino. Livro IV, Título 107.

12. SILVA, Maria Beatriz Nizza da. Mulheres e patrimônio familiar no Brasil no fim do período colonial. *Acervo. Revista do Arquivo Nacional*, v. 9, n. 01/02, jan.-dez. 1996.

13. CC 1916, art. 178, § 1º c/c art. 219, IV.

14. CC 1916, art. 1744.

a de não ter tido possibilidade de manter relações sexuais com qualquer outro parceiro que não aquele que se pretendia investigar –, como "condição para a ação" de reconhecimento de paternidade.[15]

Não apenas no âmbito jurídico, mas é na própria cultura e no imaginário social que se revela a imensidão dos preconceitos contra a mulher. A reputação da figura feminina mostrou-se a pior possível, ao longo dos séculos, entre filósofos, homens de letras e pensadores, poetas e escritores, enfim entre os formadores de opinião, com raras e honrosas exceções. A começar por um dos maiores filósofos de todos os tempos, Aristóteles, cujas formulações ainda hoje nos parecem atuais, afirmou na *Política* que "o macho é por natureza, superior, a mulher, inferior, um comanda, a outra é comandada porque sendo as virtudes equanimemente distribuídas nele há a coragem da deliberação, nela a da subordinação".[16]

Com efeito, às mulheres gregas das classes dominantes não era permitido sequer sair de casa para ir ao mercado, trabalho que era realizado por escravos. Na Grécia, diversamente de Roma, a mulher sempre foi considerada um ser inferior cuja única função é garantir a descendência. Aristófanes utiliza-se do evidente papel inferior das mulheres para criar o efeito cômico em Lisístrata, a famosa peça em que as mulheres gregas se reúnem e fazem uma greve de sexo para forçar o fim da guerra do Peloponeso. Era a união do deboche cômico com o absurdo – a mulher em uma posição superior ao homem era inimaginável na Atenas de então.[17]

Talvez tenha sido o que Freud não podia mesmo entender: sendo dotada apenas de virtudes negativas, de quem nada "faz", o que poderia querer uma mulher?[18] As mulheres, naquele momento histórico, do início do séc. XX, ainda nada podiam querer: poder, sucesso, qualquer realização profissional, nada estava a seu alcance porque ela não podia ter interesses próprios, além de criar os filhos do casal. A teoria da inveja do pênis e da falta constitutiva corporal parecia uma boa explicação: a mulher pouco ou nada quer, ela serve, este é o seu principal papel social: estar a serviço de um homem.

O fator biológico de que o homem é superior à mulher foi o principal argumento, utilizado em toda a história da humanidade, para justificar os poderes marital e

---

15. CC 1916, art. 363, cujo rol era considerado taxativo. Até 2002 alguns civilistas, entre os quais João Batista Villela, ainda sustentavam que o art. 233 do Código Civil de 1916 mantinha-se em vigor, atribuindo-se ao marido a "chefia da sociedade conjugal", não obstante o expresso teor do art. 226 da CF acerca da igualdade dos cônjuges.
16. Jean Bodin, remetendo-se a Aristóteles, consignou no capítulo 5 do sexto livro da República que "a Monarquia deve ser destinada unicamente aos machos, dado que a Ginecocracia é diretamente contra as leis da natureza que deu aos homens a força, as armas, o comando e a tirou das mulheres; e a lei de Deus ordena eloquentemente que a mulher seja submissa ao homem, não somente quanto ao governo dos reinos e impérios, mas também quanto à família de cada um em particular".
17. Demócrito de Abdera afirmara que "ser governado por uma mulher é, para o homem, a suprema violência". (Fragmento 111).
18. "Nunca fui capaz de responder à grande pergunta: o que uma mulher quer? [*Was will das Weib?*]", em carta a Marie Bonaparte, em 1925, como citado em Ernest Jones. *Sigmund Freud*: Life and Work. Hogarth Press: London, 1955, v. 2, p. 468.

patriarcal. Hoje eles nos parecem odiosos em sua ignorância e brutalidade e diversos são os países que legislam e executam políticas em prol da igualdade de gênero. No entanto, as mulheres ainda são submissas na maior parte do mundo, em maior ou menor grau. As hipóteses são tantas que bastará lembrar exemplos mais clamorosos de costumes: a proibição de falar com outros homens nos países árabes, a cliterodectomia em países africanos, a obrigatoriedade de andar alguns passos atrás do marido no Japão, dentre tantos outros.

Hoje, no Brasil, já estamos muito distantes de discriminações como essas. Reconhece-se amplamente a plena capacidade de direitos das mulheres, em paridade com a que é atribuída aos homens. De fato, entre as diversas conquistas operadas pela Constituição de 1988 quanto à proteção existencial de homens e às mulheres, está a de que eles devem viver em igualdade de condições tanto na vida social como na vida familiar (art. 5°, I e 226 § 3° CF), demonstrando que os direitos fundamentais de ambos, formalmente, estão adequadamente tutelados no direito de família brasileiro.

No entanto, até a promulgação da Constituição, nos direitos assegurados às mulheres casadas estava implícita sua condição de inferioridade na sociedade conjugal e o *status* superior do homem. Assim como na Grécia antiga, o melhor destino a que podia almejar uma mulher era passar da esfera de poder do pai-patrão para a do marido-dono. Esse caldo de cultura ainda não desapareceu nas sociedades modernas e o preço tem sido muito alto: a violência física e psicológica.

Já há muito as mulheres denunciam sua condição de vítimas de violência familiar, tendo os crimes de homicídio, lesões corporais e assédio praticados por companheiros adquirido maior visibilidade ao cenário público a partir da criação e instalação dos conselhos dos direitos da mulher e das delegacias de defesa da mulher.[19] De fato, sabe-se que há maior risco de as mulheres serem agredidas em sua própria casa do que o de sofrer violência fora do círculo familiar. Sobre essa violência, cumpre observar que a vivência cultural da família ainda está marcada por uma estrutura hierárquica que se manifesta pela distribuição desigual de poder entre os seus membros.

Apesar de a Constituição Federal de 1988 ter trazido mudanças significativas nos modelos de família, garantindo normas isonômicas e antidiscriminatórias, nota-se que, culturalmente, o poder físico, psicológico e, sobretudo, econômico continua centrado na figura masculina. Isso denota, mais uma vez, que o avanço legislativo não é suficiente para a transformação da sociedade. Assim sendo, não obstante a promulgação da lei Maria da Penha, a violência familiar praticada cotidianamente contra as mulheres continua a representar um dos principais obstáculos para o im-

---

19. Embora a violência doméstica não seja um ato exclusivo do homem, convém apontar a observação de Marisa Vinagre Silva: "Embora a violência esteja presente na relação, não sendo um fenômeno de um único vetor, mas sim um fenômeno de mão-dupla, as práticas de violência, sobretudo de violência física, da mulher em relação ao homem não são muito comuns. Quando estas ocorrem, geralmente, a situação de tensão na relação já está num nível insuportável ou ela agride seu companheiro para se defender". (VINAGRE SILVA, Marisa. *Violência contra a mulher*: quem mete a colher? São Paulo: Cortez, 1992, p. 73).

plemento da igualdade assegurada pela Constituição Federal (arts. 5º, I e 226, § 5º) e pelos tratados internacionais ratificados pelo Brasil.[20]

A Convenção de Belém do Pará, em seu art. 1º, define violência contra a mulher como qualquer ato ou conduta baseada no gênero, que cause morte, dano ou sofrimento físico, sexual ou psicológico[21] à mulher, tanto na esfera pública como na esfera privada, expressando, dessa forma, que essa violência afeta a mulher em todas as suas esferas de vida: família, escola, trabalho e comunidade. São exemplos comuns dessa violência o abuso sexual, maus-tratos, aborto provocado pelas agressões, lesão corporal, constrangimento ilegal e cárcere privado. Como se pode notar, todas essas condutas constituem atos ilícitos igualmente causadores de dano moral.

A violência praticada contra as mulheres no âmbito doméstico é capaz de lesar, simultaneamente, vários bens jurídicos protegidos, como a dignidade da sua pessoa, o respeito à sua vida, integridade física, mental e moral, sua liberdade e segurança pessoal, além de impedir e o exercício de direitos civis, políticos, econômicos, sociais e culturais (art. 5º, Convenção de Belém do Pará). Devendo ser compreendida integralmente como ser e sujeito de direito, pela violência a condição da mulher fica reduzida a um *minus*, cumprindo concluir que "todas as formas de violência contra as mulheres constituem violação a seus direitos humanos".[22]

3. DIGNIDADE DA PESSOA HUMANA E A CONVIVÊNCIA FAMILIAR

O direito trata com prioridade, hoje, da tutela da dignidade da pessoa humana. A dignidade humana, todavia, não tem como subsistir sem a observância dos direitos humanos, garantidos por tribunais independentes, nem tampouco pode, claramente, prescindir das liberdades básicas. Dentre estas é preciso não esquecer a *liberdade contra o medo*, como recomendou Franklin Roosevelt. Liberdade do medo em relação aos constrangimentos do presente, decorrentes de nossas próprias escolhas de vida, ou seja, da discriminação; liberdade do medo quanto às incertezas diante do futuro, isto

---

20. Convenção sobre a Eliminação de todas as Formas de Discriminação contra a Mulher, aprovada pelas Nações Unidas em 1979 e ratificada pelo Brasil em 1984; Declaração sobre a Eliminação da Violência contra a Mulher – ONU, de 20 de dezembro de 1993; Convenção Interamericana para Prevenir, Punir e Erradicar a Violência contra a Mulher (também denominada de Convenção de Belém do Pará), aprovada pela Assembleia Geral da Organização dos Estados Americanos em 9 de junho de 1994 e ratificada pelo Brasil em 27 de novembro de 1995. Além desses, outros importantes documentos são: a Conferência Internacional de População e Desenvolvimento, realizada no Cairo em 1994 (onde a noção de direitos sexuais e reprodutivos ganhou espaço) e a Declaração de Pequim firmada na IV Conferência Mundial sobre a Mulher (1995).
21. PIMENTEL, Silvia e PANDJIARJIAN, V. *Percepções das mulheres em relação ao direito e à justiça*. Porto Alegre: Sergio Fabris Editor, 1996, p. 30 e ss. As autoras destacam as duas principais formas de violência praticadas contra a mulher: "(...) toda a agressão física é ao mesmo tempo uma agressão psicológica à mulher, pois fere a sua autoestima, o que lhe acarreta graves consequências (...) Já a mais sutil e, portanto, a menos percebida forma de violência talvez seja a psicológica, que pode ser denominada simbólica. Atua na vítima de forma, às vezes, sorrateira, expressando a relação autoritária de poder, implicando com frequência em frustrações, traumas e inibições, bem como reprodução deste tipo de comportamento por parte daqueles que a ela se submetem.
22. Art. 7º da Declaração dos Direitos Humanos desde uma Perspectiva de Gênero – Documento E/CN.4/1998/NGO/3 da Comissão de Direitos Humanos das Nações Unidas – Genebra).

é, de uma demissão injustificada. Na realidade, a partir de determinado momento, não há mais sequer medo, deu-se já a anulação da personalidade – a autocensura e o automatismo, geralmente inconscientes, funcionam como os principais mecanismos de defesa, de proteção contra a violência, a opressão, o aniquilamento.[23]

A assimilação do conceito de homem ao de pessoa – isto é, o ser humano, pelo simples fato de sê-lo, ser por isso dotado de personalidade jurídica – é uma assimilação recente na história das civilizações, sendo este o mais fundamental dos sentidos atribuíveis à consagração jurídica da dignidade da pessoa humana. Um novo fundamento axiológico, que atribua unidade valorativa ao direito civil em harmonia com as novas representações sociais do indivíduo, de sua liberdade e autonomia. Na busca desse novo núcleo unificante do sistema, impõe-se ao civilista o desafio de restabelecer o *locos* e, sobretudo, o *valor* da pessoa humana na ordem civil.[24]

O princípio constitucional visa garantir o respeito e a proteção da dignidade humana, não apenas no sentido de assegurar um tratamento humano e não degradante, e tampouco conduz ao mero oferecimento de garantias à integridade física do ser humano. Dado o caráter normativo dos princípios constitucionais, princípios que contêm os valores ético-jurídicos fornecidos pela democracia, isto vem a significar a completa transformação do direito civil, de um direito que não mais encontra nos valores individualistas[25] de outrora o seu fundamento axiológico.

É num tal contexto de transição e incerteza que se torna fundamental ampliar o espaço atribuído ao princípio da dignidade da pessoa humana: seria esse o princípio capaz de atribuir unidade valorativa e sistemática a esse ramo do Direito? Instaurar o primado da pessoa humana é o principal objetivo do direito civil, sob o comando da Constituição de 1988. O respeito à pessoa humana, única em sua dignidade, mas necessariamente solidária da comunidade em que se encontra inserida, resta talvez o único princípio de coerência possível de uma democracia humanista que – se espera – venha um dia a ter alcance universal e, eis a utopia, a ele seja consagrada plena, absoluta, completa efetividade.

Neste ambiente, de renovado humanismo, a vulnerabilidade da pessoa humana será tutelada, prioritariamente, onde quer que ela se manifeste. De modo que terão precedência os direitos e as prerrogativas de determinados grupos considerados, de uma maneira ou de outra, frágeis e que estão a exigir, por conseguinte, a especial proteção da lei. Nestes casos estão as crianças, os adolescentes, os idosos, os portadores de deficiências físicas e mentais, os não proprietários, os consumidores, os contratantes em situação de inferioridade, as vítimas de acidentes anônimos e de

---

23. GASPARI, Elio. *A ditadura escancarada*. São Paulo: Companhia das Letras, 2002, p. 232.
24. É o convite feito, já há tempos, por PERLINGIERI, Pietro. *Perfis do direito civil*. Trad. Maria Cristina de Cicco. Rio de Janeiro: Renovar, 1997: "Para o civilista, apresenta-se um amplo e sugestivo programa de investigação que se proponha à atuação de objetivos qualificados: individuar um sistema de direito civil mais harmonizado aos princípios fundamentais e, em especial, às necessidades existenciais da pessoa (...)".
25. Sob este ponto de vista, o legislador de 2002 pouco se afastou da letra do Código de 1916.

atentados a direitos da personalidade, os membros da família, os membros de minorias, dentre outros.

Do ponto de vista jurídico, como mencionado, a solidariedade está contida no princípio geral instituído pela Constituição de 1988 para que, através dele, se alcance o objetivo da "igual dignidade social". O princípio constitucional da solidariedade identifica-se, desse modo, com o conjunto de instrumentos voltados para garantir uma existência digna, comum a todos, em uma sociedade que se desenvolva como livre e justa, sem excluídos ou marginalizados.

Este é o projeto solidarista, inscrito nos princípios constitucionais fundamentais, que começa lentamente a ser realizado, seja por meio de normas que, direta e indiretamente, afrontam tais desigualdades, seja agora, também, através da destinação de recursos especificamente para tal fim.

Por outro lado, a incerteza trouxe um grande benefício, benefício este que, em perspectiva histórica, parece ter nascido mesmo no nosso século, o século das incertezas: o benefício chama-se solidariedade – pela primeira vez na história da humanidade, o desenvolvimento tecnológico alcançou tal nível que parece possível a completa autodestruição de nossa espécie, de nosso planeta. Por outro lado, nos permitiu sentir que estamos todos no mesmo barco. Este sentimento, o senso de igual dignidade para todas as pessoas, é novo, não existiu no passado. Um sentimento criador de uma nova consciência moral, de uma nova ética.

Somente no nosso século os direitos das crianças, das mulheres, das minorias raciais foram tornados efetivos, o racismo e a intolerância com os nossos semelhantes passaram a ser realmente mal vistos, considerados comportamentos socialmente considerados maus.

É neste movimento que deve ser enfrentado, de modo geral, o problema da violência nas relações familiares, pois ele se constitui em um dos mais graves problemas de saúde pública e de violação de direitos humanos no país. Neste sentido, a expressão "violência familiar" faz referência aos casos de violência ocorridos de modo geral no contexto vivencial da família. Abrange tanto as situações que envolvem os cônjuges (violência conjugal) e os companheiros, bem como as agressões que ocorrem entre os ascendentes e descendentes, com destaque à agressão às crianças e adolescentes que se apresentem na condição de filhos e enteados.

De fato, acusada ao longo de parte do séc. XX de ser uma instituição em crise, decadente e destinada a desaparecer,[26] a família, nos últimos decênios, transformou-se, passando a responder a muitas das aspirações individuais presentes no mundo ocidental.[27] A ideia de ambiente familiar experimenta, na contemporaneidade, um momento de esplendor, tendo se tornado um anseio comum de vida, com o desejo generalizado de fazer parte de formas agregadas de relacionamento baseadas no afeto

---

26. V., por todos, COOPER, David. *A morte da família*. São Paulo: Martins Fontes, 1986 [1974].
27. Com efeito, a afirmativa parece ser verdadeira em relação a todos os países ocidentais.

recíproco.[28] Crise houve, mas não investiu contra a família em si; seu alvo foi o modelo familiar único, absoluto e totalizante, representado pelo casamento indissolúvel, no qual o marido era o chefe da sociedade conjugal e titular principal do pátrio poder.[29]

Embora a modernidade tenha nascido sob a promessa de uma esfera privada como espaço de satisfação e de cuidados emocionais, esta só começou realmente a ser cumprida recentemente, quando o modelo tradicional foi posto por terra. Assim, por exemplo, na maior parte dos países ocidentais, inclusive no Brasil, o poder marital desapareceu,[30] tendo havido, em seguida e em consequência, a supressão da figura do chefe da família. Além disso, do ponto de vista estrutural, diversos fenômenos sócio demográficos contribuíram para a alteração radical da vida familiar. Quanto ao casamento, por exemplo, numerosos foram os casais que passaram a coabitar, independentemente de qualquer vínculo formal; tantos outros divorciaram-se;[31] inúmeras as crianças nascidas de pais não casados, e que, até recentemente, seriam consideradas ilegítimas. Concomitantemente, mais mulheres começaram a trabalhar fora e a compartilhar os encargos econômicos da família. Para tanto, adiaram o início da vida conjugal em prol de uma trajetória profissional, passando a ter filhos cada vez mais tarde, quando já dotadas de alguma independência financeira.[32]

Este processo foi acompanhado de perto pela legislação e pela jurisprudência brasileiras que tiveram nas duas últimas décadas, inegavelmente, um papel promocional na construção do novo modelo familiar. Tal modelo vem sendo chamado, por alguns especialistas em sociologia, de "democrático"[33], correspondente, em termos históricos, a uma significativa novidade, em decorrência da inserção, no ambiente familiar, de princípios tais como a igualdade e a liberdade.[34]

---

28. Segundo ROUDINESCO, Elizabeth.. *A família em desordem*. Rio de Janeiro: Nova Fronteira, 2002, p. 198: "A família é atualmente reivindicada como o único valor seguro ao qual ninguém quer renunciar. Ela é amada, sonhada e desejada por homens, mulheres e crianças de todas as idades, de todas as orientações sexuais e de todas as condições".
29. Tal era o modelo de família, concebido pela sociedade burguesa, que se consolidara desde meados do séc. XIX, fundado no casamento indissolúvel, vivido e propagado pela camada social que conduziu a passagem histórica da sociedade agrária à sociedade industrial. A família burguesa, hoje chamada de tradicional, tinha sua estabilidade garantida pela legislação civil e pelo exercício de um rígido controle social. Como se sabe, ambos os fatores se alteraram profundamente no último quartel do séc. XX.
30. O poder marital no Brasil só acabou em 1988, com a promulgação da Constituição, que estabeleceu no art. 226, § 5°, a igualdade entre os cônjuges, embora alguns autores tenham insistido em mantê-lo vivo sob o argumento de que a Constituição não havia revogado o art. 233 do Código Civil de 1916.
31. Para uma análise acerca da já então rotinização das separações nas classes médias brasileiras, v. VELHO, Gilberto. *Nobres e anjos*. Rio de Janeiro: FGV, 1998.
32. Evidentemente, o texto refere-se às camadas médias da população, às quais, com efeito, se aplicam, com generalidade, as disposições dos códigos civis.
33. V., por todos, GIDDENS, Anthony. *A terceira via*: reflexões sobre o impasse político atual e o futuro da socialdemocracia. Rio de Janeiro: Record, 2000 e *A transformação da intimidade*. Sexualidade, amor e erotismo nas sociedades modernas. São Paulo: Unesp, 1992.
34. Segundo PITTMAN, Frank. Man Enough: Fathers, Sons and the Search for Masculinity, New York: Putnam's Sons, 1993, p. 6: "Family life in Western society since the Old Testament has been a struggle to maintain patriarchy, male domination, and double standards in the face of a natural drift towards monogamous bonding."

No entanto, não são poucos os desafios que ainda se colocam no âmbito da construção de uma família juridicamente democrática. Um dos principais refere-se à igualdade dos cônjuges e a desigualdade concreta da mulher no âmbito das relações conjugais.

4. A NECESSIDADE DE LEI E DE OUTROS MECANISMOS DEFENSIVOS

A igualdade de gênero é condição essencial da democratização de qualquer instituição, sendo necessário pôr termo à desigualdade fática da mulher nas mais diversas situações. Os números são assustadores e, certamente, a solução do problema perpassa pela sua difusão e pela reflexão intelectual acerca de suas causas atuais. Sabe-se que a violência doméstica representa em nosso país um problema de graves proporções, configurando-se como uma questão de saúde pública já que se apresenta como uma das principais ameaças à saúde das mulheres.

Os números variam e frequentemente estão desatualizados, mas pesquisas reiteradas demonstram que o lugar mais perigoso para uma mulher é, justamente, dentro de casa. No Brasil, os últimos dados da pesquisa nacional "Violência Doméstica e Familiar contra a Mulher" realizada pelo Instituto DataSenado, são de 2015.[35] O levantamento, feito por telefone fixo, traz perguntas sobre a percepção de desrespeito, a sensação de proteção, as experiências de violência e de denúncias, o perfil dos agressores, dentre outros.

Análise conduzida pela OMS junto à *London School of Hygiene and Tropical Medicine e ao Medical Research Council*, baseada em dados de 80 países, comprovou o dado segundo o qual um terço das mulheres que já estiveram em um relacionamento sofreram violência física e/ou sexual ou por parte de seu parceiro. Segundo o estudo, as estimativas de prevalência variam entre cerca de 25% nos países de alta renda e no Pacífico Ocidental e quase 40% na região do Mediterrâneo Oriental da OMS e no Sudeste Asiático. Além disso, 38% de todos os assassinatos de mulheres foram cometidos por parceiros em todo mundo. A primeira experiência sexual foi forçada em muitos casos (17%) das mulheres na Tanzânia rural, 24% no Peru rural e 30% em zonas rurais de Bangladesh indicaram que sua primeira experiência sexual foi forçada).[36] Também segundo a OMS o abuso sexual infantil afeta meninos e meninas. Estudos internacionais revelam que aproximadamente 20% das mulheres e 5%-10% dos homens relatam terem sido vítimas de violência sexual na infância.

---

35. A Lei Maria da Penha, desde sua promulgação, em 2006, estabeleceu a obrigação da inclusão das estatísticas de violência doméstica e familiar contra a mulher nas bases de dados dos órgãos oficiais do Sistema de Justiça e Segurança. Contudo, ainda não houve êxito na reunião possível de dados sobre a violência contra as mulheres. Assim, políticas e análises que tratam do tema trabalham com dados esparsos, produzidos por setores distintos, tais como o Ministério da Saúde, o IBGE, o Ministério da Justiça etc.
36. Disponível em: https://www.paho.org/bra/index.php?option=com_content&view=article&id=5669:folha-informativa-violencia-contra-as-mulheres&Itemid=820. Acesso em: 18 jan. 2021.

A OMS enumerou 15 recomendações concretas para mudar essa situação, que considera "profundamente enraizada", apesar de oculta na maioria das vezes. Entre as recomendações estão medidas como a promoção da igualdade sexual, o aumento da segurança nos colégios, a tomada de posição por parte de líderes religiosos e autoridades civis e a inclusão de medidas contra a violência de gênero nos programas existentes de prevenção da Aids.[37] Segundo a instituição, em contextos de alta renda, há evidências de que os programas escolares podem ser eficazes na prevenção da violência em relacionamentos entre os jovens; já em contextos de baixa renda, algumas estratégias para aumentar o empoderamento econômico e social das mulheres, como o microcrédito e iniciativas comunitárias, demonstraram alguma eficácia na redução da violência pelos parceiros.

Um dos maiores obstáculos ao combate da violência conjugal era a falta de uma lei específica para enfrentar o problema que é também cultural, com a notória e quase ufanista associação entre masculinidade e violência. O enfrentamento do problema da violência doméstica, no Brasil, sofreu em 1995 um grave retrocesso com a submissão da lesão corporal culposa à ação pública condicionada (art. 88 da Lei n. 9.099/95), dependendo, portanto, de representação da ofendida a ação penal relativa aos crimes, tornando-se notória a dificuldade que tal mudança, na prática, ensejou. Ficou evidenciado que o legislador nacional havia relaxado no combate à violência doméstica contra a mulher, considerando-a como situação de menor potencial lesivo, não obstante os fatos da realidade se contrapusessem veementemente a esta conclusão.

A concretização do projeto constitucional requer um desenvolvimento que seja marcado pela efetiva tutela da dignidade da pessoa e da realização de seus valores existenciais. Mas, para alguns segmentos da sociedade, à igualdade jurídica corresponde uma desigualdade fática. Um exemplo dessa afirmação pode ser dado pela situação da mulher que, culturalmente, sempre esteve socialmente marginalizada na sociedade, encontrando-se, ainda na atualidade, na base da pirâmide da exclusão social no Brasil. O motivo reside no fato que nem a ditadura nem a democracia viabilizaram um ambiente político que pudesse promover uma efetiva inserção das mulheres na sociedade. Nem houve preocupação em eliminar os efeitos da exclusão social historicamente vividos pelas mulheres. Esse é um problema que, por vários aspectos, independe de classe social ou de educação. Na Itália, por exemplo, país considerado de primeiro mundo, a mulher ainda não pode transmitir o próprio sobrenome aos filhos e, apesar da disciplina sobre relações pessoais no casamento ter mitigado a questão, ainda tem que se apresentar socialmente com o sobrenome do marido.

Dentre todas estas hipóteses, a Lei Maria da Penha, em que pese as imperfeições que a lei possa conter – e que certamente contém – desempenha papel fundamental ao reconhecer expressamente a gravidade da violência doméstica em quaisquer casos

---

37. Disponível em: http://noticias.uol.com.br/saude/ultnot/afp/ult613u181.jhtm. Acesso em: 18 jan. 2021.

em que haja vínculo afetivo entre a vítima e o agressor, independentemente do sexo, e por isso também em um relacionamento homossexual, e prescindindo da coabitação. Foi um passo muito importante para se resgatar a cidadania plena da mulher em uma sociedade, ainda e apesar de tudo, fundamentalmente machista.

Em especial, a lei veio restabelecer a situação anterior, não mais considerando a violência doméstica como de "pequeno potencial ofensivo a lesão corporal leve e a lesão culposa", sujeitando-a, pois, à ação incondicionada, proposta pelo MP.[38] Além de outras novidades, criou Juizados Especiais para os julgamentos de tais casos, os chamados "Juizados de Violência Doméstica e Familiar contra a Mulher (JVDFM)", com competência cível e criminal. Mas é evidente que somente a lei não basta para resolver esse grave problema social.

É necessária uma mudança de postura e de mentalidade. Isto porque, se o princípio democrático impõe uma efetivação total da dignidade humana que as modernas Constituições elegeram como valor máximo do sistema normativo, corolário lógico é a ilegitimidade daquelas formações sociais que não permitem a realização plena da pessoa e que pretendem subtrair-se ao controle social. Justo portanto afirmar que um ordenamento fundado no respeito da pessoa humana, não pode admitir a democracia nas ruas e o totalitarismo na vida privada.

Fato é que apesar de aplaudida, a lei sempre foi objeto de muitas críticas, tendo sido até mesmo considerada inconstitucional por violação ao princípio de igualdade. Há um engano fundo nessas críticas: a lei justamente espelha a concretização de tal princípio através da promoção da igualdade substancial entre os gêneros, ao buscar aquele princípio que de forma mais completa realiza o ditado constitucional da dignidade da pessoa humana.

Esquece-se que a dignidade humana constitui o princípio sobre o qual se baseia o ordenamento brasileiro, representando um valor normativo de relevância primordial. Valor esse que deve ser harmonizado com os princípios de solidariedade e de igualdade, uma vez que são esses princípios que permitem reforçar e garantir os direitos sociais. O respeito pela dignidade não impõe somente a tutela da igualdade, mas exige principalmente que seja concretizada a igualdade substancial, espécie em uma sociedade marcada cada vez mais por interesses econômicos.

Dos princípios constitucionais decorre que não pode encontrar espaço, no nosso ordenamento (e, tendencialmente, na vida social), a discriminação fundada sob qualquer pretexto, sobretudo se relativa à esfera da sexualidade (atributo da pessoa humana), sexualidade essa considerada como identidade (sexo atribuído no nascimento – homens e mulheres), ou considerada como orientação ou inclinação (propensão sexual dirigida a pessoas pertencentes ao sexo oposto ou ao mesmo sexo). Assim, não sendo de se admitir, a não ser excepcionalmente, a ingerência do Estado

---

38. Aliás, o ordenamento penal brasileiro dera um passo atrás no que se refere à proteção da mulher ao regulamentar a lesão corporal culposa como crime de ação pública condicionada, com base na Lei 9.099/95.

na vida privada do indivíduo, deve-se concluir pela tutela da privacidade de cada um, também no nível da sexualidade, tanto como identidade quanto como orientação, não sendo suficiente a indiferença no que tange a esta esfera.

Contudo, com violência não há que se falar em democracia, sendo sua ausência uma condição *sine qua non* para a democratização das relações familiares. Em primeiro lugar, portanto, como aspecto primordial a ser salientado, cumpre envidar todos os esforços para diminuir o quanto possível a violência física e sexual no âmbito familiar.

Ressalte-se a particular odiosidade da violência doméstica: ela foi equiparada à tortura. A propósito, Antonio Cassese, magistrado e jurista italiano, ex-presidente do comitê do Conselho da Europa para a prevenção da tortura, define a tortura como sendo "qualquer forma de coerção ou violência, seja mental ou física, contra uma pessoa, para extrair confissão, informação ou para humilhar, punir ou intimidar a pessoa".[39] Nos casos de tortura, o tratamento desumano é sempre deliberado: uma pessoa comporta-se em relação à outra de um modo tal que maltrata corpo e alma, e que ofende o sentido de dignidade da outra pessoa. Quem tortura tem a intenção de humilhar e degradar um ser humano a ponto de torná-lo "coisa". É fácil notar, conclui Luciano Mariz Maia, que esta concepção serve bem à situação em que "o autor é o marido, namorado ou amante da vítima".[40]

Alguns anos depois da promulgação da Lei Maria da Penha, desapareceram os principais obstáculos para a sua plena aplicação. O desafio mais significativo era o julgamento de duas ações que tramitavam no Supremo, contestando artigos do texto legal. O julgamento dessas ações foi fundamental para dar credibilidade à lei Maria da Penha e pôr fim a qualquer debate acerca de sua constitucionalidade.[41]

Em 2018, por meio da Resolução CNJ 254, o Conselho Nacional de Justiça instituiu a "Política Judiciária Nacional de Enfrentamento à Violência contra as Mulheres", definindo diretrizes e ações de prevenção e combate à violência contra as mulheres e garantindo a solução de conflitos que envolvam mulheres em situação de violência física, psicológica, moral, patrimonial e institucional. Para agilizar o andamento dos processos relacionados à violência de gênero foi instituído o "Programa Nacional Justiça pela Paz em Casa", que determina a concentração de esforços nos julgamentos de processos decorrentes da prática de violência doméstica e familiar em três meses do ano: março, agosto e novembro. A mesma Resolução reforçou a atuação das "Coordenadorias Estaduais da Mulher em Situação de Violência

---

39. MARIZ MAIA, Luciano. A tortura no Brasil: a banalidade do mal. In: R. Pinto Lyra (Org.). *Direitos humanos. Os desafios do século XXI*. Brasília: Brasília Jurídica, 2002, p. 165 e ss.
40. IDEM, ibidem.
41. Com efeito, em fevereiro de 2012, o Tribunal examinou dispositivos da norma no julgamento da Ação Direta de Inconstitucionalidade (ADI) 4424 e da Ação Declaratória de Constitucionalidade (ADC) 19. Ao analisar o art. 16 da lei, que dispõe que as ações penais públicas "são condicionadas à representação da ofendida", a maioria dos ministros do STF decidiu dar uma "interpretação conforme a Constituição" garantindo a possibilidade de o Ministério Público dar início à ação penal, sem necessidade de representação da vítima. Para o Supremo, a redação original do artigo 16 esvaziava a proteção constitucional assegurada às mulheres.

Doméstica e Familiar", entidades essenciais à instituição de políticas públicas no âmbito dos Estados. Também em 2018, o CNJ atualizou o seu "Manual de Rotinas e Estruturação dos Juizados de Violência Doméstica e Familiar contra a Mulher" que tem o objetivo de padronizar e aprimorar a qualidade da prestação jurisdicional e proteção das vítimas. Em 2019, o Departamento de Pesquisa Judiciária do órgão, em parceria com o Ipea, publicou o Relatório "O Poder Judiciário no Enfrentamento da Violência Doméstica e Familiar contra as Mulheres".[42]

Outro instrumento importante para o combate à violência doméstica, foi a criação do "Formulário Nacional de Avaliação de Risco", em parceria com o Conselho Nacional do Ministério Público, que resultou na Portaria Conjunta n. 5/2020. O formulário tem por objetivo prevenir a reincidência da violência contra a mulher, ajudando as instituições a gerenciar o risco do aumento das agressões, evitando assim futuros feminicídios.[43]

Em 2020, o Brasil tinha mais de um milhão de processos relacionados à violência doméstica em tramitação. Desse total, mais de cinco mil são de feminicídio.[44] O CNJ, buscando oferecer a resposta mais rápida possível às vítimas, definiu então a chamada "Meta 8", qual seja "identificar e julgar, até 31.12.2021, 50% dos casos de feminicídio e 50% dos casos de violência doméstica contra a mulher distribuídos até 31.12.2019".

5. CONCLUSÃO

Nenhum espaço pode ser aberto para a violência física e moral. No fundo, ela é apenas uma liberdade (real ou suposta) que se opõe e pretende submeter outros. O enfrentamento desta violência pode ser comparado à luta pelo abolicionismo. O país pouco mudou em sua mentalidade machista, violenta, oportunista e imediatista.

Daí ser oportuno traçar um breve quadro de comparação com a sociedade escravocrata nacional. Como se sabe, carregamos a vergonhosa mancha de ter sido o último país a acabar com a escravidão. O processo da abolição no Brasil foi "ambíguo e lento" porque, segundo José Murilo de Carvalho, a sociedade estava "marcada por valores de hierarquia, de desigualdade; marcada pela ausência dos valores de liberdade e de participação; marcada pela ausência da cidadania."[45]

Esclarece o historiador:

---

42. Disponível na internet.
43. O questionário é composto por 27 perguntas objetivas e dividido em quatro blocos. A parte I, desenvolvida por magistrados e promotores com atuação em juizados de violência contra a mulher, deve ser preenchida pela vítima; a parte II é para preenchimento por profissionais capacitados.
44. Os Estados com as maiores proporções de casos de feminicídio são: Rio Grande do Norte, Paraná, Amazonas e Mato Grosso. O Distrito Federal vem em quarto lugar, seguido dos Estados de Goiás, Rio Grande do Sul e Mato Grosso do Sul. Os Estados de Alagoas, Bahia e Maranhão apresentam as menores proporções de processos novos de feminicídio a cada cem mil mulheres.
45. CARVALHO, José Murilo de. A abolição aboliu o quê? São Paulo: *Folha de São Paulo*, 13 maio 1988.

"Era uma sociedade em que a escravidão como prática, senão como valor, era amplamente aceita. Possuíam escravos não só os barões do açúcar e do café. Possuíam-nos também os pequenos fazendeiros de Minas Gerais, os pequenos comerciantes e burocratas das cidades, os padres seculares e as ordens religiosas. Mais ainda: possuíam-nos os libertos. Negros e mulatos que escapavam da escravidão compravam seu próprio escravo se para tal dispusessem de recursos. A penetração do escravismo ia ainda mais fundo: há casos registrados de escravos que possuíam escravos. O escravismo penetrava na própria cabeça escrava. Se é certo que ninguém no Brasil queria ser escravo, é também certo que muitos aceitavam a ideia de possuir escravo".[46]

A comparação com a escravidão não é um acaso. Segundo estudos reiterados, as mulheres do mundo são a maioria da população (51%), trabalham 60% das horas trabalhadas, recebem 10% da renda e são proprietárias de 1% dos bens mundiais.[47]

Dados do IBGE indicam que mesmo em número maior entre as pessoas com ensino superior completo, as mulheres continuam enfrentando desigualdades econômicas no mercado de trabalho. Se são mais preparadas, as mulheres deveriam estar ganhando mais, porque a principal variável que explica o salário é educação. Todavia, em relação ao rendimento habitual médio mensal, por sexo, entre 2012 e 2016, as mulheres brasileiras ganhavam, em média, cerca de menos 25% do que os homens, enquanto as mulheres europeias ganhavam cerca de 16% menos.[48] Na União Europeia, comparados os dados, a disparidade salarial entre homens e mulheres diminuiu na maioria dos estados-membros.[49]

Joaquim Nabuco, no Abolicionista, sustenta a tese de que no Brasil cidadania e escravidão estavam estreitamente ligados: "a maioria dos cidadãos brasileiros era de mestiços políticos, nos quais se combatem duas naturezas opostas: a do senhor de nascimento e a do escravo domesticado". Assim, aqui até o ar que se respirava era servil. A mais importante consequência dessa concepção era que a abolição legal constituía apenas o primeiro passo da campanha abolicionista. O senhor e o escravo continuariam a coexistir dentro do cidadão brasileiro e a abolição dessa convivência, isto é, da escravidão interna, era tarefa para anos de esforço no sentido de reformar o caráter, o civismo, a religião, o Estado.[50] Foi o que de fato ocorreu.

O mesmo pode-se dizer da violência doméstica uma vez que a mulher ocupa justamente o lugar que um dia foi do escravo. E o marido comporta-se, também aqui, como uma mistura de protetor e agressor, de Dr. Jekyll e Mr. Hyde, assumindo ora uma, ora outra personalidade. E do mesmo modo que os escravos, também as

---

46. IDEM, ibidem.
47. PEREIRA DE MELO, Hildete. *Gênero e Pobreza no Brasil*. Relatório Final do Projeto "Gobernabilidad Democrática de Género en América Latina y el Caribe". Cepal, 2005. Disponível em: http://www.observatoriodegenero.gov.br/menu/publicacoes/outros-artigos-e-publicacoes/genero-e-pobreza-no-brasil/view. Acesso em: 28 jan. 2021.
48. Disponível em: https://agenciabrasil.ebc.com.br/geral/noticia/2018-03/ibge-mulheres-ganham-menos--que-homens-mesmo-sendo-maioria-com-ensino-superior. Acesso em: 20 jan. 2021.
49. Disponível em: https://agenciabrasil.ebc.com.br/internacional/noticia/2018-03/na-europa-mulheres-recebem-16-menos-do-que-os-homens. Acesso em: 20 jan. 2021.
50. CARVALHO, José Murilo de. Saudade de escravo. São Paulo: *Folha de São Paulo*, 02 abr. 2000.

mulheres, embora atingidas em cheio em sua dignidade (e, portanto, em sua liberdade, igualdade, integridade física e psíquica e na própria solidariedade familiar), normalmente nem pedem reparação por dano moral[51] – talvez seja esse é o único caso em que as ações de danos morais são relativamente raras –, sendo a indenização ainda pouco frequente.[52]

De fato, a violência doméstica é um crime que não só atinge a vítima, mas todos ao seu redor, principalmente as crianças, que tem ali um exemplo consolidado de desigualdade, de degradação, de coisificação, fazendo a mulher, o homem, os filhos, e a vizinhança toda constatarem, a cada vez que ocorre, a inferioridade de um gênero e a superioridade do outro. Do ponto de vista social tem sido, a um só tempo, o berço e o combustível da violência em que estamos mergulhados.

6. REFERÊNCIAS

CARVALHO, José Murilo de. A abolição aboliu o quê? São Paulo: *Folha de São Paulo*, 13 de maio de 1988.

CARVALHO, José Murilo de. Saudade de escravo. São Paulo: *Folha de São Paulo*, 2 de abril de 2000.

COOPER, David. *A morte da família*. São Paulo: Martins Fontes, 1986 [1974].

DOMENACH, Jean-Marie. *La violencia y sus causas*. Paris: UNESCO, 1981.

GASPARI, Elio. *A ditadura escancarada*. São Paulo: Companhia das Letras, 2002.

GIDDENS, Anthony. *A terceira via*: Reflexões sobre o impasse político atual e o futuro da socialdemocracia. Rio de Janeiro: Record, 2000.

GIDDENS, Anthony. *A transformação da intimidade*. Sexualidade, amor e erotismo nas sociedades modernas. São Paulo: Unesp, 1992.

JONES, Ernest. *Sigmund Freud*: Life and Work. v. 2, Hogarth Press: London, 1955.

MAIA, Luciano Mariz. A tortura no Brasil: a banalidade do mal. In: R. Pinto Lyra (Org.). *Direitos humanos*. Os desafios do século XXI. Brasília: Brasília Jurídica, 2002.

MELO, Hildete Pereira de; MARQUES, Teresa Cristina de Novais. A partilha da riqueza na ordem patriarcal. *Revista de Economia Contemporânea*, v. 5, n. 2, jul.-dez. 2001. Disponível em: https://revistas.ufrj.br/index.php/rec/article/view/19717. Acesso em: 21 jan. 2021.

MELO, Hildete Pereira de. *Gênero e Pobreza no Brasil*. Relatório Final do Projeto "Gobernabilidad Democrática de Género en América Latina y el Caribe". Cepal, 2005. Disponível em: http://www.observatoriodegenero.gov.br/menu/publicacoes/outros-artigos-e-publicacoes/genero-e-pobreza-no-brasil/view. Acesso em: 21 jan. 2021.

---

51. IDEM, ibidem: "Os escravos dos engenhos nordestinos não só não se revoltavam contra sua condição como revelavam gratidão ao senhor a quem tudo davam. Eles perdoavam a dívida do senhor, anistiando assim os países que se construíram com base escravidão".
52. Em notícia de 29.01.2021, reportou-se a condenação de um homem que esfaqueou e agrediu a esposa grávida a pagar uma indenização de R$ 200 mil reais na ação de divórcio do casal. A decisão é de 1ª instância. O caso ocorreu no Alto Vale do Itajaí em 2017. Após agredir a mulher com tapas e socos, o homem puxou-a pelos cabelos até a cozinha, onde desferiu cinco facadas na vítima. As agressões resultaram na internação da mulher em um hospital, onde ficou entre a vida e a morte, de acordo com a ação. Em decorrência das agressões, a mulher entrou com o pedido de divórcio e solicitou a indenização por danos morais. O homem também foi condenado por lesão corporal grave. Disponível em: https://ndmais.com.br/justica-sc/marido--que-esfaqueou-mulher-gravida-em-sc-pagara-r-200-mil-por-danos-morais/. Acesso em: 30 jan. 2021.

MOREIRA, Rômulo de Andrade. *Violência doméstica*: A Lei Maria da Penha e suas inconstitucionalidades. Disponível em: http://www.conjur.com.br/2007-ago-24/lei_maria_penha_inconstitucionalidades. Acesso em: 18 jan. 2021.

PERLINGIERI, Pietro. *Perfis do direito civil*. Trad. Maria Cristina de Cicco. Rio de Janeiro: Renovar, 1997.

PIMENTEL, Silvia; PANDJIARJIAN, V. *Percepções das mulheres em relação ao direito e à justiça*. Porto Alegre: Sergio Fabris Editor, 1996.

PITTMAN, Frank. *Man Enough*: Fathers, Sons and the Search for Masculinity. New York: Putnam's Sons, 1993.

ROUDINESCO, Elizabeth. *A família em desordem*. Rio de Janeiro: Nova Fronteira, 2002.

SARLET, Ingo W. *A eficácia dos direitos fundamentais*. 3. ed. Porto Alegre: Livraria do Advogado, 2003.

SILVA, Maria Beatriz Nizza da. Mulheres e patrimônio familiar no Brasil no fim do período colonial. Acervo da *Revista do Arquivo Nacional*, v. 9, n. 01/02, jan.-dez. de 1996.

SILVA, Marisa Vinagre. *Violência contra a mulher*: quem mete a colher? São Paulo: Cortez, 1992.

VELHO, Gilberto. *Nobres e anjos*. Rio de Janeiro: FGV, 1998.

A PROTEÇÃO DOS VULNERÁVEIS: PERFIL CONTEMPORÂNEO DA TUTELA, DA CURATELA E DA TOMADA DE DECISÃO APOIADA

Renata de Lima Rodrigues

Doutora e Mestre em Direito Privado pela Pontifícia Universidade Católica de Minas Gerais. Especialista em Direito Civil pelo Instituto de Educação Continuada – IEC/PUC-MG. Professora dos cursos de pós graduação do Instituto de Educação Continuada/IEC-PUC/MG. Membro do IBDFAM. Membro do IBDCIVIL. Membro adjunto do IBERC. Advogada.

Sumário: 1. Introdução – 2. A corrosão do tempo no regime das incapacidades – 3. As razões que motivaram a atualização do regime das incapacidades – 4. O estatuto da pessoa com deficiência e a tomada de decisão apoiada – 5. Efetividade da curatela na atual sistemática brasileira – 6. Tutela: princípio do melhor interesse da criança e do adolescente e autonomia privada dos menores em desenvolvimento – 7. Conclusão – 8. Referências.

1. INTRODUÇÃO

Tradicionalmente, a tutela jurídica dos incapazes na ordem jurídica brasileira se estruturou através de uma clássica tríade protetiva de institutos, a saber, autoridade parental, tutela e curatela, os quais se alicerçam em premissas do regime das incapacidades.

Atualmente, após o advento do Estatuto da Pessoa com Deficiência, Lei 13.146/2015, o direito assistencial familiar assumiu novos contornos, diante de profundas modificações na *mens legis* e na estrutura do regime das incapacidades, acarretando impactos profundos no sistemática dos institutos protetivos familiares.

Além disso, o Estatuto da pessoa com Deficiência também inaugurou um novo mecanismo de proteção aos vulneráveis. Trata-se da Tomada de Decisão Apoiada, positivada no Código Civil no artigo 1783-A.

Como é cediço, autoridade parental e tutela são institutos direcionados àqueles presumidamente incapazes em razão da menoridade. A curatela, via de regra[1], se

---

1. Todavia, pode ser conferida ao nascituro e, excepcionalmente, ao menor relativamente incapaz, desde que este cumule em si outra circunstância que irá confirmar sua condição de incapacidade. Nesse sentido é que Rodrigo da Cunha Pereira preconiza: "Via de regra, a curatela visa a proteção dos maiores incapazes, enquanto à tutela compete o resguardo dos interesses daqueles ainda sob menoridade. No entanto, há posicionamento doutrinário e jurisprudencial admitindo a interdição de menores diante da previsão contida no inciso I do artigo 1.768" (PEREIRA, R.C., 2004, p. 408). Zeno Veloso comprova a possibilidade legal desta assertiva a partir da análise do artigo 1.768, inciso I: "O tutor também está autorizado a promover a interdição do

estabelece em prol daqueles que, a despeito de terem atingido a maioridade, permanecem "incapazes", em virtude de certas causas psicofísicas que lhes acarretam déficits de discernimento.

Contudo, o instituto da curatela vem, paulatinamente, experimentando adaptações no sentido de se adequar à realidade contemporânea e à principiologia constitucional, que, assentada sobre os fundamentos da dignidade da pessoa humana e do pluralismo, estabelece um vetor hermenêutico que sobreleva a necessidade de uma efetiva tutela da vulnerabilidade humana, em todas as suas manifestações.

Em 2002, com a promulgação do atual Código Civil, percebemos a inserção da figura da curatela sem interdição, prevista no artigo 1780 do CC. Contudo, a verdadeira *virada de Copérnico* ocorre em 2015, com o advento do Estatuto da Pessoa com Deficiência, que alterou substancialmente o clássico regime das incapacidades, cujas bases são premissas para aplicação e estruturação da tutela e da curatela. Além disso, a nova Lei ainda promoveu a introdução de um novo instituto protetivo, qual seja, a Tomada de Decisão Apoiada.

A grande contribuição do EPD consiste na exclusão dos doentes e deficientes mentais, bem como dos excepcionais sem completo grau de desenvolvimento, da lógica oitocentista do regime das incapacidades, devolvendo-lhes a capacidade civil e inaugurando um novo paradigma protetivo, conforme se verá adiante.

Além disso, houve uma readequação de algumas categorias de incapazes, de modo que a previsão de incapacidade absoluta atualmente se restringe aos menores de 16 anos não completos.

Tais mudanças trouxeram significativos impactos no Direito Civil brasileiro e forçaram uma nova leitura no que tange a proteção dos vulneráveis, pois houve a dissociação dos conceitos de vulnerabilidade e incapacidade, de tal sorte que não é mais necessário interditar uma pessoa, ou seja, declarar sua incapacidade civil, no todo ou em parte, para que seja possível lhe conferir proteção jurídica de acordo com suas fragilidades.

Dessa maneira, institutos como a assistência e representação precisaram ser redefinidos para se adequar a um arcabouço protetivo que se divorciou, em grande medida, das insuficiências protetivas herdadas da ciência romana e acirradas pela abstração e pelo patrimonialismo do positivismo oitocentista.

2. A CORROSÃO DO TEMPO NO REGIME DAS INCAPACIDADES

O fato de o direito atribuir personalidade jurídica a todos os seres humanos, condicionada apenas ao "nascimento com vida", não significa que todos poderão go-

---

pupilo. E o pupilo, até por definição, é pessoa menor. Os filhos menores, nos casos do art. 1.728, é que são postos em tutela. Não há tutor de maiores. Na ordem jurídica brasileira, pois, pessoas menores podem ser interditadas, ficando sujeitas a curatela. Imagine-se o caso do adolescente deficiente mental ou viciado em tóxicos" (VELOSO, 2003, p. 217).

zar e exercer com plenitude direitos e deveres titularizados. A despeito de possuírem personalidade, o sistema impõe limites ou restrições a alguns sujeitos, diminuindo a extensão dos atributos que lhes são conferidos, subtraindo certa parcela de autonomia para se relacionar no mundo jurídico.

O regime jurídico das incapacidades foi concebido a partir de uma teleologia protetiva, com o escopo de tutelar os sujeitos que não teriam discernimento suficiente para formar e exprimir vontade válida, ou seja, aqueles que não teriam autonomia plena para se relacionar juridicamente na vida civil, por lhes faltarem certos elementos para a perfeita formação de sua vontade.

Por essa razão, o Direito Civil brasileiro distinguiu as pessoas conforme categorias abstratas, sendo elas, as de pessoas relativamente incapazes, segundo rol do antigo artigo 4º[2] do diploma civil, e de absolutamente incapazes, de acordo com a enumeração do artigo 3º.[3]

Dentro da visão clássica do regime das incapacidades, compreende-se por absolutamente incapazes aqueles que a lei reputa como totalmente inaptos para a prática de quaisquer atos da vida civil.

Trata-se de pessoas que, apesar de titularizarem direitos, vez que possuem personalidade e, com ela, capacidade de gozo, não podem exercê-los pessoalmente, pois não têm autonomia para tanto. Estão afastados da vida civil, com a qual se conectam apenas indiretamente, por via do instituto da representação. Seus representantes (pais, tutores ou curadores) *"agem em seu nome, falam em seu nome, pensam e querem por eles"* (Pereira, 2004, p. 273), substituindo sua vontade na prática dos atos jurídicos.

Os relativamente incapazes, a seu turno, gozam de um pouco mais de liberdade e autonomia, pois não são totalmente privados da capacidade de exercício. O ordenamento jurídico franqueia-lhes a oportunidade de exercer certos direitos, além de participar diretamente daqueles que lhes são interditados, desde que devidamente assistidos por alguém encarregado de velar por sua intersubjetividade. Desta feita, os assistentes (pais, tutores ou curadores) os acompanham na vida civil, completando e validando a vontade manifestada na prática de certos atos.

A análise histórica do regime das incapacidades no sistema jurídico brasileiro deixa transparecer a falsa ideia de que, até o advento do EPD, muito pouco havia mudado ao longo do desenvolvimento da cultura jurídica no último século. A comparação entre o Código Bevilácqua e a redação original do Código Reale impõe a

---

2. A redação original do art. 4º do CC/2002 estabelecia: São incapazes, relativamente a certos atos, ou à maneira de os exercer: I – os maiores de dezesseis e menores de dezoito anos; II – os ébrios habituais, os viciados em tóxicos, e os que, por deficiência mental tenham o discernimento reduzido; III – os excepcionais sem desenvolvimento mental completo; IV – os pródigos.
3. A redação original do art. 3º do CC/2002 previa: São absolutamente incapazes de exercer pessoalmente os atos da vida civil: I – os menores de dezesseis anos; II – os que, por enfermidade ou deficiência mental, não tiverem o necessário discernimento para a prática desses atos; III – os que, mesmo por causa transitória, não puderem exprimir sua vontade.

ilusão de que a estrutura dessa construção jurídica permanecia intacta à inegável corrosão que o tempo opera no Direito.

Contudo, nas últimas décadas, a (in)capacidade das pessoas naturais passou a receber um olhar mais cuidadoso e atento da doutrina especializada que começou a questionar uma série de problemas perpetuados pela manutenção da estrutura legal do regime das incapacidades, mesmo com a entrada em vigor de um *novo Código* em 2002.

O Código Civil de 2002 manteve um regramento aparentemente semelhante ao anterior, contribuindo para um certo "estrabismo" jurídico, que fechava os olhos para a profunda mudança ocorrida no direito civil contemporâneo, marcado pelo reconhecimento da normatividade dos princípios, pela essencialidade dos direitos fundamentais e orientado, sobretudo, pela realização plena do ser humano, de acordo com um projeto político e jurídico de viés personalista, encampado pelo texto constitucional.

Fato é que, dentre as matérias codificadas, o tema da capacidade das pessoas naturais não apresentou originalmente grandes inovações ou mudanças estruturais. Na verdade, uma comparação precipitada entre o *velho* e o *novo* diploma civil concluiria pela manutenção da principiologia que orienta o estudo da capacidade das pessoas naturais. Porém, é inegável que consiste em um dos institutos que experimenta contundentes modificações, uma vez que a proteção à dignidade da pessoa humana foi alçada a paradigma do atual sistema político e jurídico.

Essa mudança de perspectiva passou a obrigar uma nova forma de interpretar e aplicar o regime das incapacidades, e, por consequência direta, os institutos da tutela e da curatela. O respeito à autonomia privada e a dignidade do incapaz passou a ser imprescindível para que a finalidade protetiva destes institutos não se desviasse de balizas normativas legitimadoras, constituídas pelo sistema de direitos fundamentais (Rodrigues, 2007, p. 25).

O esforço em renovar o regime das incapacidades atinge seu ápice em 2015, com a promulgação do Estatuto da Pessoa com Deficiência, como reflexo do compromisso assumido por nosso Estado através da Convenção de Nova York em 2009.

A nova legislação alterou substancialmente o regime das incapacidades e a curatela e inaugurou novos mecanismos protetivos aos vulneráveis, inserindo a Tomada de Decisão Apoiada em nosso sistema jurídico.

3. AS RAZÕES QUE MOTIVARAM A ATUALIZAÇÃO DO REGIME DAS INCAPACIDADES

Um dos grandes problemas que a doutrina enfrentava ao propor mudanças na aplicação e interpretação da curatela é que ela consistia em um instituto jurídico que se estruturava sobre as bases de um regime das incapacidades profundamente anacrônico, considerando o projeto plural e personalista da Constituição de 1988.

Vale dizer que, mesmo após o EPD, o regime das incapacidades ainda se revela um tanto quanto inapropriado para a efetiva proteção de pessoas que, em virtude de menoridade ou déficits psicofísicos, encontram-se em posição de vulnerabilidade e demandam tutela jurídica especial.

A capacidade jurídica se divide em duas espécies distintas, quais sejam, capacidade de direito ou de gozo e capacidade de fato ou de exercício. A primeira se relaciona com a prerrogativa que as pessoas têm de adquirir direitos e deveres e a segunda à prerrogativa de exercer pessoalmente tais direitos e deveres.

Assim, o regime das incapacidades foi idealizado como mecanismo cuja teleologia seria proteger pessoas que, pela falta de discernimento, viram suprimida, no todo ou em parte, a prerrogativa de exercer pessoalmente seus direitos e deveres.

Contudo, não é novidade que nossa ordem jurídica sempre se viu centrada na proteção a direitos de cunho eminentemente patrimonial, enxergando e tutelando apenas aquelas pessoas que tivessem a possibilidade de assumir a posição de determinados sujeitos de direito com prerrogativas de "ter". Portanto, a proteção conferida pelo ordenamento jurídico só ocorria quando se tratava de pessoas que ocupassem polos subjetivos de relações jurídicas patrimoniais tipificadas.

Sob essa ótica patrimonialista[4], a segmentação da capacidade civil em capacidade de direito e de exercício se revelava instrumento eficiente para proteger esses sujeitos de direitos – e terceiros que viessem com eles se relacionar – no trânsito jurídico. Ou seja, se um determinado sujeito de direito não possuísse necessário discernimento para exercer com segurança seus direitos patrimoniais, o Direito, através do regime das incapacidades, subtraía-lhe capacidade de fato e, com isso, a prerrogativa, total ou parcial, de exercer pessoalmente tais direitos. Os pais, tutores ou curadores desse indivíduo assumiriam tal prerrogativa, através dos institutos da representação ou da assistência legal, emitindo atos de vontade que substituiriam ou completariam a vontade inválida do incapaz.[5]

A evolução política e jurídica obrigou nosso ordenamento jurídico a se transformar radicalmente. De um paradigma liberal, de acentuado caráter individualista

---

4. "O Código Civil de 1916 se estruturava em torno das figuras típicas do marido, do proprietário, do contratante e do testador. Estipulava os pormenores sobre as regras sobre casamento, a aquisição da propriedade, os requisitos de validade dos contratos e as formas de testamento. Na figura eloquente de *Lorenzetti*, o Direito Civil seria como um hotel de luxo, aberto a qualquer pessoa, mas só efetivamente frequentado por aqueles que podem pagar pela hospedagem. É o que o civilista argentino chama de *umbral de acesso ao Direito Privado*". (ROBERTO, 2003, p. 95).
5. "Essas refinadas distinções eram o alicerce necessário para a ordenação do tráfego de bens numa época em que o velho capitalismo mercantil se transformava velozmente em capitalismo industrial, o mercado se agigantando e adquirindo os contornos da impessoalidade e massificação cujo auge agora vivenciamos. O que se queria era um instrumental apto a conferir segurança às transações, afastando dos riscos do mercado, da assunção de dívidas e da disposição sobre patrimônios as pessoas inaptas para assumir responsabilidade patrimonial: os loucos, as crianças e adolescentes, os surdos-mudos incapazes de exprimir vontade. Uma noção formalizada e abstrata de pessoa aliada à distinção entre uma capacidade geral (ser sujeito de direitos) e uma específica (agir na ordem civil, basicamente na ordem econômica juridicamente regrada, como o mercado) era, então, ideologicamente inevitável". (MARTINS-COSTA, 2009, p. 313).

e patrimonial, situamo-nos, hoje, em um marco político que procura, acima de tudo, equilibrar interesses individuais e coletivos, a partir de uma perspectiva profundamente existencialista e humanizada da ordem jurídica.

A eleição do princípio da dignidade da pessoa humana como princípio fundamental da República implica a máxima de que o Direito não deve se ocupar do ser humano apenas quando, na qualidade de pessoa natural, utiliza determinadas prerrogativas jurídicas, para exercer certos papéis no mundo jurídico, transformando-se em sujeito de certos direitos, de cunho meramente patrimonial.

O Direito passa a se ocupar do ser humano de maneira concreta, independentemente de ser ou não sujeito de relações jurídicas tipificadas. Com isso, a titularidade e o exercício de situações jurídicas extrapatrimoniais assumem destacada relevância.

Via de consequência, quando se trata do regime das incapacidades, um dos grandes problemas enfrentados é que os direitos de cunho existencial definitivamente não são afeitos à lógica que norteia a idealização da capacidade jurídica e sua segmentação em capacidade de direito e capacidade de exercício: resta problemática a atribuição da titularidade dos direitos existenciais ao incapaz e a alienação de seu exercício para um terceiro que irá exercê-los em seu nome e em seu interesse, por se tratar de direitos intimamente ligados à personalidade humana daquele indivíduo.

Portanto, quando falamos do direito à vida digna, ao próprio corpo, integridade psicofísica, saúde, planejamento familiar, nome, imagem, honra, fama e tantos outros diretamente relacionados à condição humana, questionamos a eficácia protetiva do regime das incapacidades, e também do instituto da curatela dos interditos. Será que a estrutura desses institutos está apta a velar pela intersubjetividade do incapaz nessa seara tão íntima e privada, que não pode ser simplesmente delegada via assistência ou representação legal?

A jurisprudência brasileira paulatinamente começou a se sensibilizar para o fato de que a inaptidão para prática de atos patrimoniais não implica a inaptidão para a prática de atos de cunho existencial.[6]

Na apelação cível,[7] relatada pelo Des. Maurício Barros, Tribunal de Justiça do Estado de Minas Gerais, foi reformada a decisão de primeira instância que julgou pela incapacidade absoluta do indivíduo e por sua curatela total, proibindo-o de praticar atos de natureza econômica, patrimonial e os referentes à gestão da pessoa.

---

6. A falta de aptidão para entender não se configura sempre como absoluta, apresentando-se, no mais das vezes, por setores ou por esferas de interesses; de maneira que a *incapacità naturale* construída, de um ponto de vista jurídico, como uma noção permanente, geral e abstrata, se pode traduzir em uma ficção e, de qualquer modo, em uma noção que não corresponde à efetiva idoneidade psíquica para realizar determinados atos e não outros, para orientar-se em alguns setores e não em outros. Dessa situação deriva, por um lado, a necessidade de recusar preconceitos jurídicos nos quais pretender armazenar a variedade do fenômeno de déficit psíquico; por outro, a oportunidade que o próprio legislador evite regulamentar a situação do deficiente de maneira abstrata e, portanto, rígida, propondo-se estabelecer taxativamente o que lhe é proibido e o que lhe é permitido fazer". (PERLINGIERI, 2002, p. 163).
7. TJMG, Ap. Cív. 1.0079.04.164946-2/001(1), 6ª CC, J. 12 fev. 2008, publ. DJMG 04 mar. 2008.

O Tribunal reformou a sentença com base no laudo pericial que atestava que o periciado era portador de retardo mental leve, sem comprometimento do seu comportamento e era:

> ...incapaz, parcialmente e definitivamente de administrar sua vida econômica (gerir seu patrimônio), de forma independente...' e que, por outro lado, '... em relação à sua capacidade civil, é capaz, totalmente, de administrar a sua vida pessoal (gerir sua pessoa), de forma independente (conduzir-se autonomamente em relação à casamento, à residência, à viagem, etc.) (TJMG, A.C. 10079.04.164946-2/001, p. 04 mar. 2008).

A exigência de uma proteção diferenciada, que respeite parcelas de discernimento do incapaz e sua vontade naquilo que concerne a atos existenciais, reflete avanços realizados pela Medicina e pela Psicologia, que deixam claro que causas psicofísicas que afetam o discernimento de um indivíduo não o afetam de maneira plena e nem em todos os seus variados aspectos ou dimensões.

Desta feita, se as ciências médicas reconhecem que tanto o diagnóstico quanto o tratamento devem ser devidamente contextualizados, não pode o Direito pretender aprisionar os incapazes em um instituto que, ao revés de proteger, oprime e tiraniza, revelando tão somente uma postura discriminatória, que afronta os princípios da igualdade e da dignidade.

Por esta razão, é incoerente e incompatível a manutenção de categorias abstratas de incapazes e interditos que implicam em classificações de absolutamente e relativamente incapazes graduadas de forma apriorística. A abstração conduz à impossibilidade de examinar a pessoa humana inserida na relação jurídica com todas as particularidades, e apenas ratifica o exame insuficiente do sujeito de direito abstrato, de acordo com a categoria tipificada de antemão, para o enquadramento no regime das incapacidades, mediante o esquema interpretativo da subsunção.

Até a vigência do EPD, em 2015, a permanência de determinadas categorias abstratas de incapazes impedia, inclusive, a consideração da existência de períodos em que o incapaz poderia exprimir sua vontade de maneira válida e inequívoca, que são tratados pela Medicina e pela Psicologia como "intervalos lúcidos":

> (...) o projeto passou por cima dos classicamente chamados 'intervalos lúcidos'. Houve uma mudança fundamental na ciência psiquiátrica. Depois da grande revolução da psiquiatria biológica, reverteu-se a situação anterior na qual casos de enfermidade mental intermitentes se compunham fundamentalmente de longos períodos de enfermidade, intervalados por períodos de lucidez. Hoje, segundo depoimentos dos especialistas na área médica, é possível, por meio de controle de drogas, se não eliminar totalmente o período de enfermidade, reverter a situação para o estado anterior; ou seja, podemos ter longos períodos de sanidade pontuados por pequenos lapsos de enfermidade. Então, não há mais sentido estabelecermos uma incapacidade de caráter permanente e duradouro, quando a situação, em razão dos progressos médicos, mudou radicalmente (Villela, 2002).

Para o correto tratamento jurídica das vulnerabilidades de pessoas que apresentam déficits psíquicos, o caminho a percorrer deve ser o inverso: a partir da análise da pessoa dotada de algum tipo de vulnerabilidade que se deve verificar quais atos ela pode ou não praticar, quais atos ela deve ser acompanhada de seu assistente ou representante legal, para suprir ou completar sua vontade. Assim, a incapacidade judicial deve ser exatamente proporcional à medida da ausência do discernimento, para que a proteção não suprima a autonomia do sujeito e não se torne medida desproporcional:

> A diferença reside na circunstância de que a incapacidade legal firma-se sobre dados meramente presumidos não tomando em consideração as condições reais da pessoa a cada momento. A incapacidade natural, a seu turno, é mensurada individualizadamente, de sujeito para sujeito, sobre dados que, sendo reais em um certo momento, podem deixar de o ser posteriormente, sem que cesse correlatamente o efeito inabilitante da qualificação permanente que esses dados fisiopsíquicos provocaram por parte do ordenamento (Eberle, 2006, p. 146).

Assim, se existirem concretas, possíveis e efetivas – mesmo que residuais – faculdades intelectivas, estas podem e devem ser valoradas para contribuir para o desenvolvimento da personalidade do vulnerável, sendo-lhe garantidos a titularidade e o exercício de todas as formas de expressões de vida que encontram fundamento em sua condição de pessoa humana e sejam compatíveis com a real situação psicofísica do sujeito, independe da "categoria" a qual ele pertença:

> Todo homem é, como tal, titular de situações existenciais representadas no *status personae*, das quais algumas, como o direito à vida, à saúde, ao nome, à própria manifestação do pensamento, prescindem das capacidades intelectuais, ou, pelo menos, de algumas formas de inteligência comumente entendidas. O estado pessoal ou patológico ainda que permanente da pessoa, que não seja absoluto ou total, mas graduado e parcial, não se pode traduzir em uma série estereotipada de limitações, proibições e exclusões que, no caso concreto, isto é, levando em consideração o grau e a qualidade do déficit psíquico, não se justificam e acabam por representar camisas-de--força totalmente desproporcionadas e, principalmente, contrastantes com a realização do pleno desenvolvimento da pessoa (Perlingieri, 2002, p. 164).

O Estatuto da Pessoa com Deficiência implementou avanços necessários. Esvaziou a categoria de absolutamente incapazes do art. 3º do CC[8], restringindo-a a certos menores de idade. Os doentes mentais, deficientes mentais e excepcionais sem desenvolvimento mental completo foram excluídos do regime das incapacidades, em atenção à promoção da dignidade dessas pessoas e à necessidade de inclusão efetiva, de modo a abolir qualquer pecha discriminatória herdada do tradicional regime das incapacidades.

As demais categorias de incapazes remanescentes foram concentradas no art. 4º, CC,[9] de modo que lhes foram deixados espaços de autonomia, sobretudo autonomia existencial, ainda que essas pessoas venham a ser efetivamente interditadas.

---

8. Art. 3º. São absolutamente incapazes de exercer pessoalmente os atos da vida civil os menores de 16 (dezesseis) anos. (Redação dada pela Lei 13.146, de 2015)
   I – (Revogado); (Redação dada pela Lei 13.146, de 2015)
   II – (Revogado); (Redação dada pela Lei 13.146, de 2015)
   III – (Revogado). (Redação dada pela Lei 13.146, de 2015)
9. Art. 4º. São incapazes, relativamente a certos atos ou à maneira de os exercer: (Redação dada pela Lei 13.146, de 2015) (Vigência)

Contudo, particularmente, acredita-se que a configuração mais acertada para o regime das incapacidades ainda não foi alcançada pelas recentes alterações legislativas. A incapacidade deve ser sempre construída e delimitada apenas diante do caso concreto, fator que obriga a reestruturação do regime das incapacidades que, em uma profunda mudança de perspectiva, impõe o fim de qualquer categoria apriorística de incapazes. Ou seja, não podemos preceituar que certas pessoas são absolutamente ou relativamente incapazes de maneira abstrata. Essas restrições à capacidade de exercício e à autonomia dos indivíduos só podem ser realizadas a partir de questões devidamente problematizadas e legitimamente reconstruídas no caso concreto.

Portanto, a melhor redação para o regime das incapacidades é aquela que apenas prevê e define o que é incapacidade absoluta ou relativa, sem, contudo, construir um rol de pessoas que podem ser consideradas como tal. Cabe ao processo de interdição definir quem poderá ser considerado como civilmente incapaz, independentemente de essa pessoa estar prevista em uma categoria abstrata, que, ao invés de efetivamente protegê-la, impõe uma pecha *a priori* de discriminação e preconceito.

4. O ESTATUTO DA PESSOA COM DEFICIÊNCIA E A TOMADA DE DECISÃO APOIADA

O Estatuto da pessoa com deficiência, Lei 13.146/2015, foi promulgado para concretizar e regulamentar o compromisso brasileiro ao ratificar a Convenção Internacional das Pessoas com Deficiência.

A Convenção foi assinada em Nova York, em 30 de março de 2007, aprovada pelo Congresso Nacional por meio do Decreto Legislativo 186, de 9 de julho de 2008, e promulgada pelo Presidente da República Luiz Inácio Lula da Silva em 25 de agosto de 2009, através do Decreto 6.949, de 25 de agosto de 2009, e passou integrar o ordenamento jurídico nacional com o *status* de Emenda Constitucional, nos termos do art. 5º, § 3º, da CF/88.

Foram significativas as mudanças propostas pela nova legislação no que toca a garantia de igualdade da pessoa com deficiência para sua efetiva proteção e inclusão[10],

---

– os maiores de dezesseis e menores de dezoito anos;
– os ébrios habituais e os viciados em tóxico; (Redação dada pela Lei 13.146, de 2015)
– aqueles que, por causa transitória ou permanente, não puderem exprimir sua vontade; (Redação dada pela Lei 13.146, de 2015)
– os pródigos.
Parágrafo único. A capacidade dos indígenas será regulada por legislação especial. (Redação dada pela Lei 13.146, de 2015)

10. Vale salientar os princípios reitores da Convenção, insculpidos em seu art. 3º, e que inspiraram as inovações promovidas pelo EPD:
Art. 3º. Os princípios da presente Convenção são:
O respeito pela dignidade inerente, a autonomia individual, inclusive a liberdade de fazer as próprias escolhas, e a independência das pessoas;

ao estabelecer uma mudança de paradigma que inaugura um modelo de apoio ao deficiente em detrimento do tradicional modelo de substituição de sua vontade na prática dos atos da vida civil[11], operacionalizado pela interdição.

A primeira grande revolução operada pelo EPD diz respeito à dissociação do binômio deficiência *versus* incapacidade, conforme mencionado no tópico anterior. A supressão da categoria de doentes e deficientes mentais e a categoria de excepcionais sem desenvolvimento mental completo oportunizou novas possibilidades de tutela à essas pessoas que se viam oprimidas por um regime das incapacidades anacrônico que, ao revés de protegê-las, promovia sua segregação de forma ainda mais contundente, ao desconectá-los de sua capacidade civil e da possibilidade de autodeterminação e edificação de seu ideal de vida digna.

Deste modo, o que se experimentava com a interdição dessas pessoas com deficiência era verdadeira morte em vida, morte civil, que não lhes suprimia apenas o exercício dos direitos, mas sim o efetivo gozo de importantes direitos e situações jurídicas. Para evitar essa realidade, o artigo 6º do EPD[12] passou a positivar que a deficiência não afetaria a capacidade civil da pessoa, ou de outro modo, a deficiência não seria mais pressuposto para a declaração de incapacidade, mormente no que toca ao exercício de direitos existenciais.

A partir da sistemática do EPD, nota-se que a legislação confere capacidade civil para todos aqueles que sejam portadores de algum tipo de deficiência[13] e, caso a deficiência implique de forma concreta algum tipo de vulnerabilidade que reclame

---

    A não discriminação;
    A plena e efetiva participação e inclusão na sociedade;
    O respeito pela diferença e pela aceitação das pessoas com deficiência como parte da diversidade humana e da humanidade;
    A igualdade de oportunidades;
    A acessibilidade;
    A igualdade entre o homem e a mulher;
    O respeito pelo desenvolvimento das capacidades das crianças com deficiência e pelo direito das crianças com deficiência de preservar sua identidade.

11. Nesse sentido, recomenda-se: MENEZES, Joyceane Bezerra; TEIXEIRA, Ana Carolina Brochado. Desvendando o conteúdo da capacidade civil a partir do Estatuto da Pessoa com Deficiência. *Pensar, Revista de Ciências Jurídicas*. Fortaleza, v. 21, n. 2, p. 568-599, maio-ago. 2016. Disponível em: https://periodicos.unifor.br/rpen/article/view/561. Acesso em: 01 fev. 2021.

12. Art. 6º A deficiência não afeta a plena capacidade civil da pessoa, inclusive para:
    I – casar-se e constituir união estável;
    II – exercer direitos sexuais e reprodutivos;
    III – exercer o direito de decidir sobre o número de filhos e de ter acesso a informações adequadas sobre reprodução e planejamento familiar;
    IV – conservar sua fertilidade, sendo vedada a esterilização compulsória;
    V – exercer o direito à família e à convivência familiar e comunitária; e
    VI – exercer o direito à guarda, à tutela, à curatela e à adoção, como adotante ou adotando, em igualdade de oportunidades com as demais pessoas.

13. Art. 2º, EPD: Considera-se pessoa com deficiência aquela que tem impedimento de longo prazo de natureza física, mental, intelectual ou sensorial, o qual, em interação com uma ou mais barreiras, pode obstruir sua participação plena e efetiva na sociedade em igualdade de condições com as demais pessoas.

proteção e cuidado, cabe ao Estado a disponibilização de mecanismos de apoio, que vão desde o auxílio informal, conforme art. 7º do EPD, até mecanismos de proteção mais amplos como a Tomada de Decisão Apoiada e a curatela sem interdição.

A Tomada de Decisão Apoiada foi introduzida no Código Civil, no artigo 1783-A, pelo EPD.[14] O novo instituto impõe o reconhecimento de que toda pessoa com deficiência deve ter assegurado o direito ao exercício de sua capacidade civil em igualdade de condições com as demais pessoas em todos os aspectos de sua vida e cria um instrumento processual para auxiliar e apoiar a pessoa com deficiência a tomar decisões relevantes no exercício de sua vida civil. De acordo com o eminente Paulo Lôbo:

> Diferentemente da tutela e da curatela, a tomada de decisão apoiada é faculdade concedida à pessoa com deficiência, para que escolha duas ou mais pessoas consideradas idôneas e que gozem de sua confiança, para que lhe aconselhem, orientem e apoiem na celebração ou não de negócios jurídicos, de natureza patrimonial. É apoio para o exercício da capacidade legal, que lhe atribuiu a Convenção e o Estatuto da Pessoa com Deficiência. Com esse procedimento não há perda ou limitação da capacidade legal, porque tem por escopo reforçar a segurança e a validade dos negócios jurídicos, em relação ao apoiado e a terceiros (Lobo, 2017, p. 424).

Impõe-se, desde então, que qualquer interferência na vida da pessoa com deficiência somente se justifica na medida do necessário e atribui à própria pessoa com deficiência a autonomia de decidir contar com o apoio de pessoas escolhidas por ela para o exercício de determinados atos.

Por esta razão, o Tribunal de Justiça de São Paulo reformou, em 2022, sentença de interdição, anulando-a e considerando a interdição e a curatela como medidas excessivas em um caso envolvendo uma pessoa portadora de esquizofrenia. Com isso, comandou a conversão do procedimento em Tomada de decisão apoiada, para priorizar espaços de autonomia da pessoa com doença mental:

> Interdição. Insurgência do réu contra sentença de procedência. Pedido formulado em face de pessoa portadora de esquizofrenia paranoide com episódios depressivos, que faz uso de medicamentos contínuos e apresenta quadro permanente e irreversível. Prova pericial que concluiu pela possibilidade de o periciando indicar pessoas de sua confiança para auxiliar na tomada de decisão e administrar pequenas quantias em dinheiro. Inviabilidade de curatela, medida protetiva extraordinária (art. 84, § 3º, da Lei 13.146/15). *Capacidade, ainda que parcial e com auxílio de terceiros, de a pessoa com deficiência gerir o próprio patrimônio que torna necessária a conversão do procedimento para aquele de tomada de decisão apoiada (art. 1.783-A, CC).* Precedentes. Sentença anulada. Recurso provido. (TJ-SP – AC: 10069434420208260348 SP 1006943-44.2020.8.26.0348, Relator: Alexandre Marcondes, Data de Julgamento: 22.08.2022, 1ª Câmara de Direito Privado, Data de Publicação: 22.08.2022) (grifos nossos)

---

14. Art. 1.783-A. A tomada de decisão apoiada é o processo pelo qual a pessoa com deficiência elege pelo menos 2 (duas) pessoas idôneas, com as quais mantenha vínculos e que gozem de sua confiança, para prestar-lhe apoio na tomada de decisão sobre atos da vida civil, fornecendo-lhes os elementos e informações necessários para que possa exercer sua capacidade. (Incluído pela Lei 13.146, de 2015).

Há uma imperiosa necessidade de conferir todas as salvaguardas apropriadas para a proteção dos direitos, da vontade e da preferência da pessoa com deficiência, de modo que ela possa gozar de uma vida com o máximo de autonomia.

Nesse sentido, vale a lição colhida do julgado abaixo, proferido pelo Tribunal de Justiça de Minas Gerais:

> Ementa: Apelações cíveis – Interdição – Tomada de decisão apoiada – Preliminar – Assistência judiciária – Manutenção – Inexistência de provas acerca da capacidade financeira do beneficiário – Mérito – Desacerto da decisão que deferiu a curatela do apelante – Reconhecimento – Incapacidade relativa para os atos da vida civil – Pedido de tomada de decisão apoiada – Medida que se impõe. 1 – Não tendo a parte requerente se desincumbido de seu ônus probatório, não há como revogar o benefício da assistência judiciária anteriormente deferida à parte contrária. 2 – *O Estatuto da Pessoa com Deficiência (Lei 13.146/2015) visa a assegurar e promover, em condições de igualdade, o exercício dos direitos e das liberdades fundamentais por pessoa com deficiência, visando à sua inclusão social e cidadania. 3 – A interdição, sendo medida extrema, deve ser deferida somente quando o conjunto probatório não deixar margem à dúvida quanto à incapacidade do interditando de reger sua pessoa e administrar seus bens.* No caso, as provas não recomendam a interdição, devendo ser modificada a sentença que declarou o interditando incapaz de exercer pessoalmente os atos da vida civil e determinou a curatela. 4 – *Introduzida no Código Civil, artigo 1783-A, pela Lei Brasileira de Inclusão da Pessoa com Deficiência (Estatuto da Pessoa com Deficiência – Lei 13.146/2015), a tomada de decisão apoiada parte do reconhecimento de que toda pessoa com deficiência deve ter assegurado o direito ao exercício de sua capacidade civil em igualdade de condições com as demais pessoas em todos os aspectos da vida, tratando-se de instrumento processual eficaz para auxiliar e apoiar a pessoa com deficiência a tomar decisões.* (TJ-MG – AC: 10000190111591003 MG, Relator: Maria Inês Souza, Data de Julgamento: 25.08.2020, Data de Publicação: 28.08.2020) (grifos nossos).

A Tomada de Decisão Apoiada se concretiza através de processo judicial para garantir o necessário apoio à pessoa com deficiência, compensando suas vulnerabilidades, em todos os momentos em que precisar manifestar vontade, tomar decisões que tragam consequências jurídicas patrimoniais para sua vida.

Trata-se de processo autônomo, com rito próprio, através do qual a própria pessoa com deficiência indica os quem serão os apoiadores de sua confiança, que deverão ser nomeados pelo juiz. Participam do processo judicial de tomada de decisão apoiada, além da parte interessada e das duas pessoas apoiadoras por ela indicadas, o juiz, devidamente assistido por equipe multidisciplinar e o Ministério Público. A pessoa apoiada deverá apresentar ao juiz um Termo de Decisão Apoiada estabelecendo os limites e a vigência da tomada de decisão apoiada. (Art. 1783-A, § 3º, CC).

A partir do momento em que o deficiente passa a ser apoiado, todas as decisões tomadas por ele, com o acompanhamento de seus apoiadores, possuem validade jurídica e produzem efeitos sobre terceiros, sem qualquer restrição, desde que estejam dentro dos limites do apoio (At. 1783-A, § 4º, CC). Em nome de estabilidade negocial e segurança jurídica, os terceiros interessados, com quem a pessoa apoiada mantenha relação de negócio, podem solicitar que os apoiadores também assinem o contrato ou o acordo entabulado (Art. 1783-A, § 5º, CC). Se determinado negócio jurídico vier a trazer risco ou prejuízo, e havendo divergência de opiniões entre a pessoa apoiada e um dos apoiadores, o juiz, ouvido o Ministério Público, poderá decidir a questão (At. 1783-A, § 6º, CC).

Por fim, vale ainda lembrar que a pessoa apoiada pode, a qualquer tempo, solicitar o término de acordo firmado em processo de tomada de decisão apoiada. Do mesmo modo, o apoiador pode solicitar ao juiz a exclusão de sua participação do processo de tomada de decisão apoiada, sendo seu desligamento condicionado à manifestação do juiz sobre a matéria, considerando o melhor interesse da pessoa com deficiência, conforme preconizam os §§ 9º e 10º do art. 1783-A do CC.

5. EFETIVIDADE DA CURATELA NA ATUAL SISTEMÁTICA BRASILEIRA

Tradicionalmente, até o advento do EPD, a curatela era conferida como um encargo, um *munus*, a alguém que deveria administrar pessoa e bens daqueles que não podiam fazê-lo por si mesmos, em virtude da ausência de discernimento para a prática de atos da vida civil.

O indivíduo deveria necessariamente ser interditado, para que lhe fosse nomeado um curador, para gerir seus interesses através de representação ou assistência, dependendo do grau de incapacidade aferido, em contraditório, no processo de interdição.

Essa é a conceituação unívoca dada ao instituto desde que o direito brasileiro se emancipou do ordenamento jurídico português, com a promulgação do primeiro Código Civil em 1916.

Um paralelo[15] entre as palavras de Zeno Veloso e Pontes de Miranda, as quais foram escritas em um intervalo de quase cem anos, comprova a assertiva de que o instituto estava, de certa maneira, naturalizado na doutrina brasileira, ainda que sua correta aplicação dependesse de evoluções na técnica legislativa, na hermenêutica jurídica, bem como a estudos interdisciplinares de outras ciências, como a Medicina e a Psicologia, as quais buscam compreender, combater ou minimizar as implicações que circunstâncias patológicas de origem psicofísica causam no discernimento do ser humano.

Fato é que a proteção conferida pela curatela não pode se fundar em considerações ou categorizações aprioristicas, pois a medida do comprometimento volitivo do sujeito é absolutamente variável e contingencial. Nem todos aqueles enquadrados nas categorias previstas no regime das incapacidades ou no instituto da curatela

---

15. De acordo com Zeno Veloso: "Curatela – no sentido próprio e restrito da expressão – é o encargo, e encargo social, como a tutela, de reger pessoa e bens, ou somente os bens de indivíduos maiores e menores que não podem conduzir diretamente sua vida, cuidar pessoalmente de seus negócios e interesses, praticar atos e negócios jurídicos, administrar seu patrimônio" (VELOSO, 2003, p. 208). De maneira muito assemelhada é a lição de Pontes de Miranda de que "Curatela ou curadoria é o encargo conferido por lei a alguém para reger a pessoa e bens, ou somente os bens, de indivíduos menores ou maiores que por si não o podem fazer, devido a perturbações mentais, surdo-mudez, prodigalidade, ausência, ou por ainda não ter nascido" (PONTES DE MIRANDA, 1917, p. 407).

têm seu discernimento afetado da mesma maneira e demandam o mesmo nível de proteção legal. Perlingieri afirma:

> Dessa situação deriva, por um lado, a necessidade de recusar preconceitos jurídicos nos quais pretender armazenar a variedade do fenômeno do déficit psíquico; por outro, a oportunidade que o próprio legislador evite regulamentar a situação do deficiente de maneira abstrata e, portanto, rígida, *propondo-se estabelecer taxativamente o que lhe é proibido e o que lhe é permitido fazer.* (grifos nossos) (Perlingieri, 2002, p. 163).

A efetividade da tutela protetiva da curatela nos dias de hoje somente pode ser enfrentada nesses termos: a partir da necessária atualização do regime das incapacidades que, como dito, foi realizada em grande medida pelo Estatuto da Pessoa com Deficiência.

Qualquer proteção verdadeiramente genuína a pessoas vulneráveis, que apresentem déficits físicos, sensoriais e psíquicos, que impedem a livre e perfeita manifestação de vontade, pressupõe a preservação da maior parcela de autonomia possível, como forma de respeitar e promover a construção da personalidade e da dignidade da pessoa.

De acordo com a tradição, a curatela se assentava em um pressuposto fático (incapacidade natural decorrente de motivos de ordem patológica que desabilita o indivíduo para a administração de sua pessoa e bens) e um pressuposto jurídico, que é o reconhecimento dessa situação em uma decisão judicial proferida em processo de interdição civil. Desta feita, a curatela se referia a um tipo de incapacidade decorrente de estado físico ou mental que inviabilizava, total ou parcialmente, o discernimento e o entendimento do sujeito, comprometendo seu elemento volitivo.

O EPD concretiza a reelaboração deste pressuposto fático e reinaugura a curatela, a partir de uma séria reforma estrutural e funcional. Ao suprimir as pessoas com doença e deficiência mental e os excepcionais do regime das incapacidades, impedindo que essas pessoas sejam interditadas como civilmente incapazes, a nova Lei suscita novas possibilidades de proteção para essas pessoas.

De um lado, fala-se em Tomada de Decisão Apoiada para aqueles que consigam exprimir vontade e fazer escolhas para sua proteção no trânsito jurídico e, de outro lado, fala-se em curatela sem interdição, como medida excepcional, de modo que a representação e a assistência legal assumem novas funções em nosso ordenamento jurídico, pois não se trata somente de representar ou assistir àquele que seja formalmente incapaz, mas de proteger aquele que efetivamente precise de algum tipo de proteção concreta, independentemente do grau de capacidade civil.

Isso implica que não é mais necessário declarar a incapacidade civil de uma pessoa, medida extrema e gravosa, para lhe disponibilizar instrumentos protetivos adequados à sua condição, a exemplo do que já ocorria no direito civil alemão,[16] atra-

---

16. A estrutura protetiva ao incapaz no Direito alemão foi profundamente reformulada com o advento da Lei de Reforma do Direito de Tutela e Curatela para Maiores (Lei de Orientação), que entrou em vigor na Alemanha em 1º de janeiro de 1992 e derrogou o instituto da interdição, substituindo a tutela para maiores e a

vés do instituto da Orientação, e de maneira inovadora, mas ainda restrita, no direito civil brasileiro,[17] haja vista a modalidade de curatela sem interdição introduzida pelo artigo 1780 do Código Civil de 2002.

O EPD promoveu significativo avanço ao suprimir os doentes e deficientes mentais e os excepcionais do regime das incapacidades, pois, há muito, se questionava a assertiva de que toda anomalia mental conduzia necessariamente à negação da capacidade civil, forçando a revisão do instituto, para que hoje fosse possível sua aplicação independentemente do reconhecimento jurídico acerca da incapacidade civil do sujeito.

Nesse último aspecto, que envolve a equivocada coincidência entre anomalia mental e incapacidade civil, Rodrigo da Cunha Pereira afirma, há tempos, que não é necessariamente que loucura, desrazão e incapacidade civil estejam em relação de antítese (Pereira, 2004, p. 391). As célebres histórias de Louis Althusser, retratada na obra de sua autoria *"O futuro dura muito tempo"*, e de Daniel Paul Schereber, em *"Mémorias de um doente de nervos"*, comprovam a assertiva.

Por outro lado, uma vez que todas as categorias de pessoas maiores de idade previstas no regime das incapacidades passaram a ser abrangidas pela incapacidade relativa no art. 4º do CC, a curatela dessas pessoas se estabelece com a possibilidade de preservar, no máximo possível, todos os espaços de autonomia do indivíduo nos quais ele tem discernimento ou competência para decidir por si, cabendo ao juiz delimitar de forma clara e explícita quais atos devem ser praticados com o apoio do curador e quais atos podem ser validamente praticados de forma autônoma, conforme previsto no artigo 85 do EPD,[18] a exemplo do que se infere do julgado abaixo:

> Apelação cível. Ação de interdição. Estatuto da pessoa com deficiência. Reconhecimento da incapacidade. Possibilidade. Curatela. Recurso provido. 1. O cerne do presente recurso cinge-se à interdição de M.S.F.M.T, filha da apelante, que padece de transtorno mental. 2. O Estatuto da Pessoa com Deficiência (Lei 13.146/2015) deu nova redação ao artigo 3º do Código Civil, o qual

---

curatela para interditos pelo *Instituto da Orientação*, com base em informações divulgadas em um relatório nacional, elaborado em 1975, que denotava a situação da psiquiatria na Alemanha. O ordenamento jurídico alemão considerou que os institutos derrogados tratavam as pessoas de discernimento deficitário de maneira discriminatória, e passou a repugnar a ideia de que a interdição devesse implicar necessariamente a perda da capacidade civil do maior de idade, uma vez que normas que previssem limitações à capacidade jurídica do indivíduo, e que não comportassem exceções, não seriam adequadas à tarefa estatal de apoiar aquele determinado indivíduo e proteger as relações jurídicas nas quais ele viesse figurar (SCHLÜTER, 2002, p. 469).

17. Caio Mário da Silva Pereira não vislumbrava, por exemplo, a possibilidade de curatela sem interdição: "O pressuposto fático da curatela é a incapacidade: o pressuposto jurídico, uma decisão judicial. Não pode haver curatela senão deferida pelo juiz, no que, aliás, este instituto difere do poder familiar, que é de origem sempre legal, e da tutela, que pode provir de nomeação dos pais. Mesmo os portadores de estado psicossomático caracterizado por descargas frequentes ou ininterruptas de agressividade (*furiosi*) não podem receber um curador senão através de processo judicial, que culmina em sentença declaratória de seu estado" (PEREIRA, C.M.S., 2006, p. 479-480) (*sic*).

18. Art. 85. A curatela afetará tão somente os atos relacionados aos direitos de natureza patrimonial e negocial. § 1º A definição da curatela não alcança o direito ao próprio corpo, à sexualidade, ao matrimônio, à privacidade, à educação, à saúde, ao trabalho e ao voto. § 2º A curatela constitui medida extraordinária, devendo constar da sentença as razões e motivações de sua definição, preservados os interesses do curatelado.

passou a dispor que somente os menores de dezesseis anos são absolutamente incapazes de exercer pessoalmente os atos da vida civil. 3. O artigo 4º do referido Código, por seu turno, prevê a incapacidade relativa daqueles que, "por causa transitória ou permanente, não puderem exprimir sua vontade". 4. *A deficiência mental ou intelectual da pessoa pode importar em curatela parcial, com restrição da prática de determinados atos negociais e patrimoniais, mas não em interdição absoluta, preservado o exercício dos atos de natureza existencial, conforme art. 85 da Lei 13.146/2015*, senão, vejamos: Art. 85. A curatela afetará tão somente os atos relacionados aos direitos de natureza patrimonial e negocial. § 1º A definição da curatela não alcança o direito ao próprio corpo, à sexualidade, ao matrimônio, à privacidade, à educação, à saúde, ao trabalho e ao voto. § 2º A curatela constitui medida extraordinária, devendo constar da sentença as razões e motivações de sua definição, preservados os interesses do curatelado. 5. *A finalidade do Estatuto da Pessoa com Deficiência é garantir àqueles portadores de alguma deficiência mental ou intelectual o direito ao exercício da capacidade legal em igualdade de condições com as demais pessoas, com restrições pontuais definidas por sentença judicial, daí sua exclusão do rol dos absolutamente incapazes.* 6. Na lição de Maria Berenice Dias: A curatela constitui medida protetiva e extraordinária, proporcional às necessidades e às circunstâncias de cada caso, e durará o menor tempo possível (EPD 84 § 3º). Diz somente com os aspectos de natureza negocial e patrimonial, não atingindo os direitos pessoais. ("Manual de Direito das Famílias", 11ª Ed., São Paulo: Editora RT, 2016, p. 670). 7. No caso dos autos, o exame realizado pela Psiquiatria do Centro de Atenção Psicossocial – CAPS (fls. 83/84) constatou que a interditanda sofre de transtorno afetivo bipolar com sintomas psicóticos (FSP.2), com quadro progressivo e impede a prática atos da vida civil. Além disso, o depoimento da mesma ressalta, como bem destacado pelo representante do Ministério Público, a necessidade do decreto formal de interdição. 8. Assim, ressalvado o entendimento do Juízo a quo, entende-se ser recomendável a curatela da interditanda, com limitação da prática dos atos da vida civil, que exigem a assistência da curadora nomeada. 9. Apelo conhecido e provido. ACÓRDÃO: Vistos, relatados e discutidos os presentes autos de apelação cível 0004243-22.2013.8.06.0120, em que figuram as partes acima indicadas, acordam os Desembargadores integrantes da 2ª Câmara de Direito Privado do Tribunal de Justiça do Estado do Ceará, por votação unânime, em conhecer do recurso interposto, para dar-lhe provimento, em conformidade com o voto do eminente relator. Fortaleza, 13 de julho de 2022 Carlos Alberto Mendes Forte – Presidente do Órgão Julgador Desembargador Carlos Alberto Mendes Forte – Relator (TJ-CE – AC: 00042432220138060120 Marco, Relator: Carlos Alberto Mendes Forte, Data de Julgamento: 13.07.2022, 2ª Câmara Direito Privado, Data de Publicação: 14.07.2022) (grifos nossos).

Consequentemente, há uma mudança no papel do curador em relação ao exercício de direitos personalíssimos ou extrapatrimoniais[19] dessas pessoas, que terão sua autonomia existencial respeitada na maior medida possível.

---

19. Maria de Fátima Freire de Sá e Rogério Monteiro Barbosa ilustram a presente questão ao indagarem sobre a possibilidade de portadores de síndrome de Down terem autonomia para constituir família: "O problema que pretendemos discutir [...] é: diante do desenvolvimento dessas pessoas, poderíamos, antecipadamente, classificá-las como relativamente incapazes, impondo-lhes a presença de um curador com a obrigação de gerir-lhes a vida existencial e patrimonial? Acaso sua vontade se sucumbiria frente à vontade divergente do curador? Ficariam impedidas de contrair matrimônio em razão de negativa do curador? (SÁ; BARBOSA, 2009, p. 182) O Tribunal de Justiça do Rio Grande do Sul em prodigioso acórdão relatado pelo Desembargador Sérgio Gishkow Pereira julgou em 1996 a possibilidade de conversão em casamento de união estável vivida por enfermo mental, mesmo ante a recusa de seu curador. O Tribunal afirmou que aquela convivência familiar vinha melhorando seu quadro de saúde e, portanto, desenvolvendo a personalidade e a dignidade do incapaz. (TJRS, A.C n. 595.145.756, j. 22 fev. 96). Nesse sentido, não deixa de ser interessante o enunciado aprovado na Argentina, durante as *Jornadas de Derecho de Familia, Menores y Sucesiones*, realizadas na cidade

A interdição de um indivíduo, muito embora se trate de um procedimento que tenha o escopo de protegê-lo, já que é, em tese, estabelecida em seu benefício, é ato de extrema gravidade e por isso exige cautela no momento de sua aplicação.[20] Durante o processo de interdição, o juiz deve verificar minuciosamente a necessidade de declarar a incapacidade do indivíduo, para, então, submetê-lo ao regime protetivo da curatela com declaração de incapacidade civil.

Conforme artigo 751, do CPC, o indivíduo será citado para comparecer em data e local designados judicialmente para realização de um interrogatório preliminar, em que o juiz tomará as primeiras *"impressões pessoais"* (Pereira, R.C., 2004, p. 468) acerca do estado pessoal do interditando. Caso o indivíduo não tenha condições físicas ou mentais de se dirigir ao local assinalado, o interrogatório poderá ser realizado onde o interditando se encontrar.

O interditando poderá, após a realização do interrogatório, defender-se no prazo de quinze dias, oferecendo impugnação ao pedido de interdição, nos termos do artigo 752, CPC, trâmite processual que será sucedido pela realização de perícia técnica, diligência de fundamental relevância para formar a convicção do juiz a respeito da incapacidade do interditando, bem como de sua efetiva gradação, fator que influencia na fixação dos limites da curatela, de acordo com o artigo 755 do CPC:

> Art. 755. Na sentença que decretar a interdição, o juiz:
>
> I – nomeará curador, que poderá ser o requerente da interdição, e fixará os limites da curatela, segundo o estado e o desenvolvimento mental do interdito;
>
> II – considerará as características pessoais do interdito, observando suas potencialidades, habilidades, vontades e preferências.
>
> § 1º A curatela deve ser atribuída a quem melhor possa atender aos interesses do curatelado.
>
> § 2º Havendo, ao tempo da interdição, pessoa incapaz sob a guarda e a responsabilidade do interdito, o juiz atribuirá a curatela a quem melhor puder atender aos interesses do interdito e do incapaz.
>
> § 3º A sentença de interdição será inscrita no registro de pessoas naturais e imediatamente publicada na rede mundial de computadores, no sítio do tribunal a que estiver vinculado o juízo e na plataforma de editais do Conselho Nacional de Justiça, onde permanecerá por 6 (seis) meses, na imprensa local, 1 (uma) vez, e no órgão oficial, por 3 (três) vezes, com intervalo de 10 (dez) dias, constando do edital os nomes do interdito e do curador, a causa da interdição, os limites da curatela e, não sendo total a interdição, os atos que o interdito poderá praticar autonomamente.

O artigo 747 do CPC enumera o rol de pessoas legitimadas a promover a interdição do incapaz e, eventualmente exercer a curatela. Trata-se da figura do cônjuge ou companheiro, pais, tutor e demais parentes do interditando. A figura do curador é instituída para compor um elo entre o curatelado e sociedade civil, pois pressupõe

---

de Móron, em 1999: "El juez podrá autorizar excepcionalmente al interdicto para contraer matrimonio cuando la aptitud mental del contrayente le permita comprender la trascendecia del acto y sus efectos".

20. Caio Mário da Silva Pereira, referindo-se aos procedimentos de perícia e interrogatório preliminar do interditando, remete a Pontes de Miranda e afirma que "são cautelas recomendáveis, tanto mais que a interdição, posto instituída na defesa do deficiente mental, não deixa de ser vexatória e opressiva, porque retira ao indivíduo a capacidade de gerir seus bens e dirigir sua pessoa". (PEREIRA, C.M.S., 2006, p. 483).

o legislador que, uma vez comprometida a capacidade volitiva do sujeito, resta comprometida, por via de consequência, sua autonomia para praticar determinados atos da vida civil, demandando a necessidade de intervenção estatal, que estatui regime protetivo no intuito de salvaguardar seus supostos interesses, que serão exercidos através dos institutos da assistência ou da representação.

Quando a causa que acomete o discernimento do incapaz puder ser eliminada, cabe ao curador promover o adequado tratamento[21] para que o curatelado recobre o discernimento – ou a possibilidade de externar sua vontade – e, por consequência, a capacidade civil.

Finda a causa que enseja a interdição, a medida deve ser levantada, segundo preceitua o artigo 756 do CPC.[22] O próprio interditado pode requerer tal medida perante o juiz competente, sendo certo que o acatamento do pedido fica condicionado a exame pericial que irá atestar a "sanidade" do curatelado, possibilitando o fim da intervenção em sua autonomia e esfera individual de direitos.

No que toca aos deveres do curador, de modo geral, o exercício da curatela se assemelha ao exercício do instituto da tutela. As mesmas normas que incidem na tutela se aplicam à curatela, conforme remissão feita pelo artigo 1.781[23] do Código Civil.

6. TUTELA: PRINCÍPIO DO MELHOR INTERESSE DA CRIANÇA E DO ADOLESCENTE E AUTONOMIA PRIVADA DOS MENORES EM DESENVOLVIMENTO

Apesar das inúmeras críticas já vertidas ao regime das incapacidades, acredita-se que um dos maiores equívocos que o regime das incapacidades ainda representa contemporaneamente é o fato de confundir menoridade com incapacidade, elencando crianças e adolescentes como pessoas incapazes para agir na vida civil, seja no que concerne a aspectos patrimoniais ou mesmo existenciais.

---

21. Art. 758, CPC.: O curador deverá buscar tratamento e apoio apropriados à conquista da autonomia pelo interdito
22. Art. 756. Levantar-se-á a curatela quando cessar a causa que a determinou.
    § 1º O pedido de levantamento da curatela poderá ser feito pelo interdito, pelo curador ou pelo Ministério Público e será apensado aos autos da interdição.
    § 2º O juiz nomeará perito ou equipe multidisciplinar para proceder ao exame do interdito e designará audiência de instrução e julgamento após a apresentação do laudo.
    § 3º Acolhido o pedido, o juiz decretará o levantamento da interdição e determinará a publicação da sentença, após o trânsito em julgado, na forma do art. 755, § 3º, ou, não sendo possível, na imprensa local e no órgão oficial, por 3 (três) vezes, com intervalo de 10 (dez) dias, seguindo-se a averbação no registro de pessoas naturais.
    § 4º A interdição poderá ser levantada parcialmente quando demonstrada a capacidade do interdito para praticar alguns atos da vida civil.
23. Art. 1.781. As regras a respeito do exercício da tutela aplicam-se ao da curatela, com a restrição do artigo 1.772 e as desta Seção.

Conforme já proposto em outra oportunidade[24], o regime das incapacidades deve ser substancialmente reformado para corrigir essa falsa identificação entre duas situações que, apesar de estarem relacionadas com a ausência ou afetação de discernimento, são distintas entre si e, consequentemente, reclamam mecanismos jurídicos diferenciados para seu correto tratamento:

> Afirmamos, assim, que menores não devem ser tratados como incapazes, mas simplesmente como aquilo que realmente são: seres em formação, que conquistam gradativa autonomia através de um processo de crescimento e amadurecimento que, ao fim, deve significar o desenvolvimento de uma pessoa dotada de discernimento, apta, autônoma e responsável para assumir as consequências advindas de seus próprios atos que reverberam ou não em sociedade e na esfera de direitos de terceiros (Rodrigues; Teixeira, 2010, p. 46). *(sic)*

A situação do maior incapaz é totalmente distinta em relação à situação dos menores. Incapacidade deve ser um conceito aplicável àqueles que já passaram pelo processo de crescimento e de amadurecimento que, ao fim, não resultou em discernimento suficiente para a prática dos atos da vida civil, razão pela qual o ordenamento veda a possibilidade de agir com autonomia no trato jurídico.

> Na verdade, faz parte do próprio crescer e amadurecer a necessidade de se outorgar gradativa autonomia a crianças e adolescentes, que, passo a passo, vão moldando sua personalidade. Tratá-los indistintamente e automaticamente como incapazes e, mais grave ainda, atrelar o nível de capacidade a arbitrários critérios legais de idade significa frustrar esse processo muito mais profundamente envolvido com a vivência e o experimentar, que conduzem à conquista de discernimento, do que com normas gerais e abstratas, arbitrariamente articuladas através de parâmetros etários (Rodrigues; Teixeira, 2010, p. 46).

Fato é que os menores sempre foram considerados automaticamente incapazes. Contudo, conforme desenvolvido mais acima, diante da possibilidade de uma análise casuística do discernimento dos maiores incapazes e ante a proposta de desvinculação de menoridade e incapacidade, perguntamos por que não aplicar o mesmo raciocínio ao menor, afastando a mencionada presunção de falta de discernimento em razão da menoridade, como faz o regime das incapacidades?

Percebemos que quando consideramos o menor em sua real dimensão, ou seja, como um ser ainda em formação, a criticada presunção de incapacidade ora vigente, quer seja total ou parcial, pode ser perfeitamente relativizada de acordo com o grau de discernimento do menor. E, claro, como se trata de indivíduos em formação, o discernimento apurado pode ser suficiente para a prática de alguns atos e não para outros.

Exemplo disso, é o fato de que o menor pode ter maturidade e responsabilidade para praticar atos existenciais e compreender a gravidade e extensão de suas consequências, mas este mesmo discernimento pode não ser satisfatório para a realização

---

24. RODRIGUES, Renata de Lima; TEIXEIRA, Ana Carolina Brochado. Relevância da autonomia privada das crianças e adolescentes: Há o direito infantil a autodeterminação? In: RODRIGUES, Renata de Lima. *O direito das famílias entre a norma e a realidade*. São Paulo: Atlas, 2010, p. 45-66.

de atos patrimoniais. Evidencia-se, portanto, que nenhuma resposta pode ser dada sem a análise da situação fática:

> Ocorre que também o discernimento não é uma categoria homogênea, apresentando um extenso leque de variações, de modo a se poder afirmar que há discernimento – ou não – segundo elementos funcionais e conjunturais. Pode haver discernimento para certos atos e em certas situações, em ao para outros, em outras situações. O Direito, por isso mesmo, opera com padrões de discernimento, valorando a sua ausência – ou os seus graus mais baixos – como fato natural, independentemente do seu reconhecimento estatal, e atando eficácias aos seus graus, que estão vinculados, por sua vez, *à existência das variadas causas para a incapacidade e das diversas mediações entre a capacidade e as incapacidades.* (grifos da autora) (Martins-Costa, 2009, p. 320).

Portanto, a noção jurídica de capacidade deve estar vinculada ao discernimento e a responsabilidade que dele advém, mas não necessariamente à idade, pois maturidade pode ser alcançada independente da faixa etária, porque é adquirida a partir de experiências, vivências e estímulos que o indivíduo recebe durante a vida. Encontra fundamento no princípio da segurança jurídica, em franca tentativa de trazer estabilidade pra as relações jurídicas.

Portanto, tendo em vista que aquisição do discernimento está atrelada a esse contexto, qualquer tentativa do legislador de vincular capacidade e idade será baseada em critérios arbitrários, pois inexiste correlação lógica entre elas.[25]

Compreende-se que a eleição da faixa etária como critério de capacidade civil para o menor encontra fundamento no princípio da segurança jurídica, em franca tentativa de trazer estabilidade para as relações jurídicas. Contudo, a segurança jurídica sucumbe às exigências do princípio da dignidade da pessoa humana, sobretudo, no que toca a um regramento jurídico diretamente conectado com o desenvolvimento da personalidade dos menores de idade.

Por isso, acreditamos que o fato de o regime das incapacidades negar autonomia ao menor, considerando-o incapaz e desconsiderando seu contínuo processo de desenvolvimento, com base em critérios vinculados estritamente à faixa etária, pode significar um óbice ao livre desenvolvimento da personalidade.

Frisamos que a falta de discernimento do menor não deve ser presumida, mas casuisticamente investigada, considerando o grau de desenvolvimento emocional, psíquico, vez que reconhecer a ausência de autonomia em um indivíduo tem como *ratio* sua própria proteção e só deve existir quando não houver discernimento.

---

25. A idade legal, que significa termo inicial para a maioridade civil, e que distingue os plenamente capazes dos relativamente incapazes é estabelecida simplesmente através do arbítrio do legislador. Segundo Caio Mário: "O critério para fixação do termo da incapacidade absoluta em razão da idade é evidentemente arbitrário. O legislador pode escolher aos 16 anos como ocorre no Código Civil, ou um outro limite qualquer, mais avançado ou mais recuado e, na verdade, a diversidade das legislações é patente e mostra como o arbítrio legislativo se faz sentir de forma variegada. *Sem dúvida, por outro lado, varia de pessoa a pessoa o momento em que lhe surgem os predicados necessários ao estabelecimento de seus contatos diretos com a vida jurídica...*" (grifos nossos) (PEREIRA, 2004, v. I., p. 274).

Diante disso, a conclusão inevitável é que se houver desenvolvimento, o menor tem autonomia; se não houver, tem a proteção por parte da ordem jurídica, através da tutela ou da autoridade parental. Isto porque não é possível conceber um ordenamento paternalista ao ponto de suprimir a responsabilidade de pessoas aptas para arcar com as consequências de sua decisão, ou para negar proteção aos indivíduos que não têm condições de decidir. Por óbvio, a idade é um fator balizador, objetivo, mas não é suficiente para eliminar a análise subjetiva do caso concreto:

> Cada vez com maior acuidade se vem fundamentando a necessidade de reconhecer um direito da criança a uma autonomia e autodeterminação da vontade. Por outro lado, no entanto, não deixa de atender-se à gradação de autorresponsabilidade que poderá exigir-se do menor em função da sua idade. A idade acaba por ser um 'delimitador' de carência do cuidado. Não a idade pela idade. Não se dispensa a apreciação do discernimento do sujeito em concreto. Estado e família assumem, depois, o poder-dever do cuidado. De facto, são essas as entidades a quem mais se exige curar das questões para as quais à criança não se reconhece ainda a suficiente consciência e maturidade de decisão autônoma (Alfaiate, 2008, p. 13).

Nesse contexto, a tutela dos menores deve ser interpretada e aplicada. Trata-se de um instituto cuja teleologia é proteger os menores que, dependendo do grau de seu desenvolvimento e discernimento, precisam ser representados ou assistidos nos atos da vida civil.

Tal assistência ou representação, a rigor, deve ser eminentemente empreendida pelos pais, como detentores da autoridade parental e *tutores naturais* (Coltro, 2008, p. 343) de seus filhos, conforme inteligência dos artigos 1630 e 1634 do Código Civil. Contudo, na falta de quem exerça a autoridade parental,[26] os menores devem ser postos sob tutela que, segundo o art. 28 do Estatuto da Criança e do Adolescente, é forma de colocação do menor em família substituta.

O Código Civil brasileiro positiva três modalidades de tutela, quais sejam: tutela testamentária,[27] tutela legítima[28] e tutela dativa[29]. Entretanto, seja qual for a modalidade de tutela, esta somente se efetiva a partir de uma decisão judicial, nos termos dos procedimentos elencados no art. 165 e seguintes do ECA.

Afinal, compete ao Poder Judiciário e ao Ministério Público o controle de todas as questões que envolvem interesses de menores. Tendo em vista a posição de vulne-

---

26. Art. 1.728, CC: Os filhos menores são postos em tutela: I – com o falecimento dos pais, ou sendo estes julgados ausentes; II – em caso de os pais decaírem do poder familiar.
27. Art. 1.729, CC: O direito de nomear tutor compete aos pais, em conjunto. Parágrafo único. A nomeação deve constar de testamento ou qualquer outro documento autêntico.
28. Art. 1.731, CC: Em falta de tutor nomeado pelos pais incumbe a tutela aos parentes consanguíneos do menor, por esta ordem: I – aos ascendentes, preferindo os de grau mais próximo ao mais remoto; II – aos colaterais até o terceiro grau, preferindo os mais próximos aos mais remotos, e, no mesmo graus, os mais velhos aos mais moços; em qualquer dos casos o juiz escolherá entre eles o mais apto a exercer a tutela em benefício do menor.
29. Art. 1.732, CC: O juiz nomeará tutor idôneo e residente no domicílio do menor: I – na falta de tutor testamentário ou legítimo; II – quando estes forem excluídos ou escusados da tutela; III – quando removidos por não idôneos o tutor legítimo e o testamentário.

rabilidade que ocupam, derivada de sua pouca idade, imaturidade e inexperiência, a ordem jurídica lhes atribui tutela jurídica diferenciada e prioritária, como corolário da Doutrina da Proteção Integral.

Cabe ao Estado, em procedimento específico, zelar pela concretude do Princípio do Melhor Interesse da Criança e do Adolescente, conferindo o múnus da tutela a uma pessoa idônea, que se desincumbirá corretamente de seus deveres, visando a proteção e o desenvolvimento pleno destes seres humanos em formação. Segundo Tânia da Silva Pereira:

> A tutela é considerada um *"múnus público"*, ou seja, é um encargo imposto pelo Estado com fim de interesse público, através de uma autoridade judiciária, exercendo a função por delegação à pessoa designada. Sendo obrigatório o exercício da função, a lei civil distinguiu aquelas pessoas que não podem[30] ser tutoras daquelas que podem se escusar[31] de exercer o encargo (grifos da autora) (Pereira, 2008, p. 415).

Também, independentemente da modalidade de tutela, os deveres e obrigações do tutor serão sempre aqueles no sentido de proteger a pessoa (art. 1740, CC) e os bens (art. 1741, 1747 e 1748, CC) do seu pupilo ou tutelado, os quais são entregues ao tutor mediante assinatura em termo que especifique tais bens e seus respectivos valores (art. 1745, CC), tudo sujeito a prestação de contas periódicas (art. 1755 e seguintes, CC). Sendo expressivo o patrimônio, pode o juiz, com permissivo legal, exigir que o tutor preste caução, com o escopo de proteger a integridade dos bens do menor.

Apesar de a tutela implicar que o tutor deva, a exemplo da autoridade parental, criar, sustentar, guarda e educar o pupilo, a lei autoriza que, caso este possua patrimônio próprio, sua educação e sustento devem ser mantidos às expensas deste patrimônio (art. 1746, CC)

Vez que a tutela se justifica como uma forma de proteção aos menores incapazes, total ou parcialmente, ela deve cessar nas circunstâncias descritas no artigo 1763, CC, quais sejam: maioridade, emancipação, restabelecimento dos pais na autoridade parental, reconhecimento de filiação ou adoção. Nestas últimas três hipóteses, a proteção volta a ser exercida pelos pais como detentores da autoridade parental.

---

30. Art. 1735, CC: Art. 1.735. Não podem ser tutores e serão exonerados da tutela, caso a exerçam: I – aqueles que não tiverem a livre administração de seus bens; II – aqueles que, no momento de lhes ser deferida a tutela, se acharem constituídos em obrigação para com o menor, ou tiverem que fazer valer direitos contra este, e aqueles cujos pais, filhos ou cônjuges tiverem demanda contra o menor; III – os inimigos do menor, ou de seus pais, ou que tiverem sido por estes expressamente excluídos da tutela; IV – os condenados por crime de furto, roubo, estelionato, falsidade, contra a família ou os costumes, tenham ou não cumprido pena; V – as pessoas de mau procedimento, ou falhas em probidade, e as culpadas de abuso em tutorias anteriores; VI – aqueles que exercerem função pública incompatível com a boa administração da tutela.

31. Art. 1736, CC: I – mulheres casadas; II – maiores de sessenta anos; III – aqueles que tiverem sob sua autoridade mais de três filhos; IV – os impossibilitados por enfermidade; V – aqueles que habitarem longe do lugar onde se haja de exercer a tutela; VI – aqueles que já exercerem tutela ou curatela; VII – militares em serviço.

Tânia da Silva Pereira critica o tom patrimonialista reprisado pelo Código Civil de 2002 em torno da tutela para afirmar a necessidade de se assumir a tutela como uma forma de acolhimento do menor, ou seja, como verdadeira alternativa de colocação do menor em família substituta (Pereira, 2008, p. 419), para lhe propiciar na maior medida possível o direito fundamental à convivência familiar saudável previsto no art. 227 da Constituição Federal.

Além disso, importante ressaltar, já que se trata a tutela de uma medida protetiva que visa a gestão da pessoa dos menores, fundamental equilibrar a representação ou a assistência do tutor na vida do menor com a medida de seu real discernimento, preservando os espaços de autonomia das crianças e dos adolescentes, sua liberdade na construção de sua pessoalidade, como premissa inarredável de ampla tutela a dignidade desses seres em processo de formação e desenvolvimento. Afinal, a razão maior da autoridade parental e, por consequência, da tutela é:

> ...conduzir a criança e o adolescente pelos caminhos que eles ainda desconhecem. Por estarem construindo sua maturidade e discernimento, não podem usufruir completamente de seu direito fundamental à liberdade, pois ainda não têm condições de exercê-la. Para seu bem-estar, vivem uma fase de "liberdade vigiada", cujo raio de amplitude de seu exercício aumenta à medida que cresce seu discernimento. É sob essa perspectiva que a progressiva aquisição do discernimento deve ser tratada, como fator propulsor do exercício de atos de autonomia, independente de representação ou assistência, quando tais atos se destinarem ao exercício de questões existenciais. Afinal, é na procura do espaço para o exercício de sua autonomia que o discernimento se revela (Rodrigues; Teixeira, 2010, p. 59).

O Estatuto da Criança e do Adolescente, encabeçado pelo artigo 227 da Constituição Federal, privilegia a autonomia como direito fundamental da criança e do adolescente. Ao analisarmos certas disposições acerca dos direitos fundamentais garantidos aos menores pelo Estatuto da Criança e do Adolescente, é possível visualizar que a pressuposta falta de discernimento e a presunção absoluta de incapacidade desses indivíduos em formação, estabelecida nos artigos 3º e 4º do Código Civil, não se sustentam de maneira coerente. Logo no artigo 3º do ECA, encontra-se disposto, a título de disposições gerais, que a lei assegura a crianças e adolescentes todas as oportunidades e facilidades, a fim de lhes facultar o desenvolvimento físico, mental, moral e espiritual, em condições de liberdade e de dignidade.

São exemplos de relevância jurídica atribuída a vontade dos menores os artigos 28[32] e 45 do ECA, que determinam que o adolescente seja ouvido, e sua vontade considerada, quando se trata da colocação do menor em família substituta, quer seja por meio da guarda, tutela ou adoção.

---

32. Art. 28, ECA. A colocação em família substituta far-se-á mediante guarda, tutela ou adoção, independentemente da situação jurídica da criança ou adolescente, nos termos desta lei.
§ 1º. Sempre que possível, a criança ou adolescente deverá ser previamente ouvido e a sua opinião devidamente considerada.

O art. 1.621 do Código Civil também determina a oitiva do adolescente, juntamente com seus pais ou representantes legais, quando do processo de adoção, reproduzindo o que já afirmava o art. 45, § 2º, ECA.

Como se vê, há importantes passagens nestes diplomas legais que garantem o direito à liberdade, autonomia, expressão e opinião aos menores. Tal garantia jurídica é de suma relevância quando se trata de questões existenciais, de cunho extrapatrimonial, que dizem respeito à formação da personalidade com autonomia e responsabilidade destes infantes:

> Diante disso, não podemos chegar à outra conclusão de que o compromisso encampado no art. 3º do ECA de assegurar a crianças e adolescentes todas as oportunidades e facilidades, para que alcancem desenvolvimento físico, mental, moral e espiritual, em condições de liberdade e de dignidade, significa, em boa parte, respeitar a vontade e os espaços de autodeterminação desses infantes, desde que haja discernimento para que possam atuar de maneira autônoma. Pois, é a partir do estabelecimento de relações dialógicas, travadas com o outro, perante o outro, que o menor começa a assimilar os referenciais e padrões de comportamento exógenos e formar as próprias convicções, de maneira responsável, opondo-as a uma sociedade ou comunidade de regras, possibilitando a construção de sua noção individual de dignidade (Rodrigues; Teixeira, 2010, p. 53).

Não sem razão, a aprovação na III Jornada de Direito Civil, promovida pelo Centro de Estudos Judiciários do Conselho da Justiça Federal e STJ (CEJ/STJ) do enunciado n. 138, vinculado ao artigo 3º do Código Civil, que assim preconiza: "A vontade dos absolutamente incapazes, na hipótese do inc. I do art. 3º, é juridicamente relevante na concretização de situações existenciais a eles concernentes, desde que demonstrem discernimento bastante para tanto".

7. CONCLUSÃO

A mensagem que fica, depois desse inacabado percurso, foi apreendida por Louis Althusser[33] que, em meio à sua loucura e "desrazão" e preso à angústia causada por procedimentos jurídicos que lhe retiraram a posse de seus direitos civis, pôde constatar que a realidade não é tão simples e não se alinha imediatamente com o direito.

A grande verdade é que, quanto mais o direito se apoia em categorias, tanto mais ele se fecha para a realidade que pretende regular.

Categorias não passam de abstrações de relações sociais. E, por isso, enquanto tal, só podem valer para essas relações sociais em um muito curto período de tempo. Não é o direito quem diz o que é o ser humano ou como ele deve ser: um ente dotado de personalidade jurídica e, portanto, sujeito de certas relações jurídicas tipificadas, plenamente, relativamente ou absolutamente incapaz de exercer pessoalmente determinados direitos.

---

33. ALTHUSSER, Louis. *O futuro dura muito tempo*. Trad. Rosa Freire d'Aguiar. São Paulo: Companhia das Letras, 1992.

A estática, imanente à noção de categoria, é inimiga de qualquer ordenamento jurídico contemporâneo que procura se estruturar como um sistema aberto de princípios, que só assim é capaz de atender às mais variadas necessidades, oriundas da pluralidade humana, e capaz de absorver, com certa competência, a fragmentação ética das sociedades atuais, sem deixar de ser um sistema coerente e preso a uma história institucional.

O atual contexto social exige a noção de personalidade jurídica como um instrumento que irá possibilitar que o ser humano esteja sujeito a todo e qualquer tipo de direito necessário para a preservação e promoção de sua condição humana em sociedade, sendo certo que a capacidade jurídica, seja ela de fato ou de direito, só pode ser aferida discursivamente, evitando que certas dimensões da existência humana sejam aniquiladas pela estática de categorias definidas aprioristicamente, que interditam, de modo arbitrário, o exercício da autonomia privada ao incapaz.

Sendo a interdição, a curatela e a tutela procedimentos judiciais estabelecidos em contraditório, nos quais os destinatários das normas têm a oportunidade de estabelecer discursos críticos em torno das normas positivadas para sua correta e legítima aplicação, não é razoável insistir na mesma estrutura abstrata na qual se assentam o regime das incapacidades, a curatela e a tutela.

O regime das incapacidades traz consigo presunções de ausência de discernimento tidas como absolutas em relação aos menores de idade. Tais presunções devem ser relativizadas e contextualizadas, para que os menores possam fazer escolhas válidas atinentes às questões afetas à sua própria vida. Liberdade, opinião e expressão são direitos fundamentais da criança e do adolescente, que devem ser exercidos na medida em que existe maturidade.

Nessa perspectiva oitocentista, há muito ultrapassada, esses institutos, longe de representarem proteção àqueles que demandam trato jurídico diferenciado em virtude de déficits físicos ou psíquicos, apresentam-se, ironicamente, como camisas-de-força rigorosamente desproporcionais em certas ocasiões ou, de outro modo, nada eficazes na proteção da dignidade e da personalidade de certas pessoas que não se enquadram em categorias abstratas, que por sua inércia característica, são "absolutamente incapazes" na regulação da sociedade humana, essencialmente dinâmica.

Portanto, o que se vê, desde o advento da Constituição Federal de 1988, é que a proteção conferida aos "incapazes", no marco de nosso Estado Democrático de Direito, reclamava uma profunda reformulação a partir do regime das incapacidades, com necessários impactos nos tradicionais institutos da curatela e da tutela, para que pudessem efetivamente se apresentar como garantidores da dignidade humana e do pleno desenvolvimento da personalidade daqueles que, em razão da menoridade ou de causas psicofísicas, tenham as competências reduzidas ou o discernimento reduzido ou suprimido para o trato dos atos jurídicos.

Importantes vozes da doutrina e da jurisprudência nacional apontavam graves problemas no sistema brasileiro de proteção aos vulneráveis, que permanecia adstrito a uma ultrapassada lógica patrimonial, abstrata e segregacionista, herdada da tradição romana e do positivismo oitocentista, em última instância.

Muitas evoluções foram experimentadas nos últimos anos. A grande mola propulsora para as recentes e significativas mudanças experimentadas em nosso ordenamento jurídico foi o conjunto de obrigações imposto pela Convenção Internacional das Pessoas com Deficiência da ONU (Convenção de Nova York), assinada em 2009, e ratificada pelo Brasil com status de norma constitucional, cujo propósito enunciado em seu preâmbulo é *"promover, proteger e assegurar o exercício pleno e equitativo de todos os direitos humanos e liberdades fundamentais por todas as pessoas com deficiência e promover o respeito pela sua dignidade inerente"*.

Em 2002, com a promulgação de nosso atual Código Civil, percebemos a inserção da figura da curatela sem interdição, prevista no artigo 1780 do CC. Contudo, a verdadeira *virada de Copérnico* ocorreu em 2015, com o advento do Estatuto da Pessoa com Deficiência, que com o propósito de concretizar e regulamentar a Convenção de Nova York, alterou substancialmente o regime das incapacidades. Além disso, a nova Lei ainda promoveu a introdução de um novo instituto protetivo, qual seja, a Tomada de Decisão Apoiada.

A grande contribuição do EPD consiste na exclusão dos doentes e deficientes mentais, bem como dos excepcionais sem completo grau de desenvolvimento, da lógica oitocentista do regime das incapacidades, devolvendo-lhes a capacidade civil e inaugurando um novo paradigma protetivo, conforme se verá adiante. Além disso, houve uma readequação de algumas categorias de incapazes, de modo que a incapacidade absoluta atualmente se restringe aos menores de 16 anos não completos.

Nesse sentir, cabem ainda algumas inquietantes reflexões: Devemos insistir na coincidência entre os conceitos de menoridade e incapacidade? Os menores, enquanto seres humanos em processo de formação de sua personalidade, autonomia e identidade, devem ser tratados como civilmente incapazes? A incapacidade civil é um conceito ultrapassado ou ainda tem pertinência jurídica em nosso sistema?

8. REFERÊNCIAS

ABREU, Célia Barbosa. *Curatela e interdição civil*. Rio de Janeiro: Lumen Juris, 2009.

ALBUQUERQUE, Luciano. A capacidade da pessoa física no direito civil. *Revista de direito privado*. São Paulo, ano 18, abr.-jun. 2004.

ALFAIATE, Ana Rita. Autonomia e cuidado. In: OLIVEIRA, Guilherme; PEREIRA, Tânia da Silva (Coord.). *O cuidado como valor jurídico*. Rio de Janeiro: Forense, 2008.

ALMEIDA, Renata Barbosa de. *(In)capacidade dos esquizofrênicos*: um estudo sobre o exercício do direito à saúde. 2011. 183 f. Tese (Doutorado em Direito) – Pontifícia Universidade Católica de Minas Gerais, Belo Horizonte, 2011.

ALTHUSSER, Louis. *O futuro dura muito tempo*. Trad. Rosa Freire d'Aguiar. São Paulo: Companhia das Letras, 1992.

BEVILÁQUA, Clóvis. *Código Civil dos Estados Unidos do Brasil*. 5. ed. v. II, Rio de Janeiro: Francisco Alves, 1936.

COLTRO, Antônio Carlos Mathias. Da tutela e da curatela. In: *Manual de Direito das Famílias e das Sucessões*. TEIXEIRA, Ana Carolina Brochado; RIBEIRO, Gustavo Pereira Leite. Belo Horizonte: Del Rey/Mandamentos, 2008.

EBERLE, Simone. *A capacidade entre o fato e o direito*. Porto Alegre: Sérgio Antônio Fabris, 2006.

FACHIN, Luiz Edson. *Elementos críticos do Direito de Família*. Rio de Janeiro: Renovar, 1999.

FACHIN, Luiz Edson; RUZYK, Carlos Eduardo Pianovski. Direitos fundamentais, dignidade da pessoa humana e o novo código civil. IN: SARLET, Ingo Wolfang. *Constituição, direitos fundamentais e direito privado*. Porto Alegre: Livraria do advogado, 2006.

FARIAS, Cristiano Chaves; CUNHA, Rogério Sanches Cunha; PINTO, Ronaldo Batista. *Estatuto da pessoa com deficiência comentado*: artigo por artigo. 3. ed. São Paulo: JusPodivm, 2018.

GUSTIN, Miracy Barbosa de Souza. *Das necessidades humanas aos direitos*. Ensaio de Sociologia e Filosofia do Direito. Belo Horizonte: Del Rey, 1999.

LÔBO, Paulo. *Direito Civil*. Famílias. São Paulo: Saraiva, 2008.

LÔBO, Paulo. *Direito Civil*. Famílias. São Paulo: Saraiva, 2017.

MENEZES, Joyceane Bezerra de. Tomada de decisão apoiada: instrumento de apoio ao exercício da capacidade civil da pessoa com deficiência instituído pela Lei Brasileira de Inclusão (Lei n. 13.146/2015). *Revista Brasileira de Direito Civil*, Belo Horizonte, v. 9, jul./set. 2016. Disponível em: https://www.ibdcivil.org.br/image/data/revista/volume9/rbdcivil_vol_9_tomada-de-decisuo-apoiada.pdf. Acesso em: 02 de fevereiro de 2021.

MENEZES, Joyceane Bezerra de; TEIXEIRA, Ana Carolina Brochado. Desvendando o conteúdo da capacidade civil a partir do Estatuto da Pessoa com Deficiência. *Pensar, Revista de Ciências Jurídicas*. Fortaleza, v. 21, n. 2, p. 568-599, maio./ago. 2016. Disponível em: https://periodicos.unifor.br/rpen/article/view/561. Acesso em: 1º fev. 2021.

MOUSNIER, Conceição. A curatela administrativa, instituto inovador no Código Civil. In: PEREIRA, Tânia da Silva; OLIVEIRA, Guilherme de (Coord.). *Cuidado e vulnerabilidade*. São Paulo: Atlas, 2009.

PEREIRA, Caio Mário da Silva. *Instituições de Direito Civil*. v. I. 20 ed. Rio de Janeiro: Forense, 2004.

PEREIRA, Rodrigo da Cunha. *Comentários ao novo Código Civil*. v. XX. Rio de Janeiro: Forense, 2004.

PEREIRA, Tânia da Silva. *Direito da criança e do adolescente*. Uma proposta interdisciplinar. 2 ed. Rio de Janeiro: Renovar: 2008.

PERLINGIERI, Pietro. *Perfis do direito civil*. Introdução ao direito civil constitucional. Rio de janeiro: Renovar, 2002.

PONTES DE MIRANDA, Francisco Cavalcanti. *Direito de família*. Rio de Janeiro: Jachynto Ribeiro dos Santos, 1916.

ROBERTO, Giordano Bruno Soares. *Introdução à história da codificação*. Uma análise do novo Código Civil. Belo Horizonte: Del Rey, 2003.

RODRIGUES, Rafael Garcia. A pessoa e o ser humano no novo Código Civil. In: TEPEDINO, Gustavo (Org.). *A parte geral do novo código civil*. Estudos na perspectiva civil-constitucional. Rio de Janeiro: Renovar, 2003.

RODRIGUES, Renata de Lima. *Incapacidade, curatela e autonomia privada*. Estudos no marco do Estado Democrático de Direito. 2007. 197 f. Dissertação (Mestrado em Direito Privado) Faculdade Mineira de Direito da Pontifícia Universidade Católica de Minas Gerais, Belo Horizonte, 2007.

RODRIGUES, Renata de Lima; TEIXEIRA, Ana Carolina Brochado. A renovação do instituto da curatela e a autonomia privada do incapaz no âmbito existencial: uma reflexão a partir da esterilização de pessoa maior incapaz. In: RODRIGUES, Renata de Lima. *O direito das famílias entre a norma e a realidade*. São Paulo: Atlas, 2010.

RODRIGUES, Renata de Lima; TEIXEIRA, Ana Carolina Brochado. Relevância da autonomia privada das crianças e adolescentes: Há o direito infantil a autodeterminação? In: RODRIGUES, Renata de Lima. *O direito das famílias entre a norma e a realidade*. São Paulo: Atlas, 2010.

RODRIGUES JUNIOR, Walsir Edson; ALMEIDA, Renata Barbosa de. *Direito Civil*: Famílias. Rio de Janeiro: Lumen Juris, 2010.

SÁ, Maria de Fátima Freire de; BARBOSA, Rogério Monteiro. Autonomia e vulnerabilidade: uma análise biojurídica sobre o discernimento dos portadores de síndrome de Down. In: PEREIRA, Tânia da Silva; OLIVEIRA, Guilherme de (Coord.). *Cuidado e vulnerabilidade*. São Paulo: Atlas, 2009.

SÁ, Maria de Fátima Freire de; MOUREIRA, Diogo Luna. *A capacidade dos incapazes*: saúde mental e uma releitura da teoria das incapacidades no direito privado. Rio de Janeiro: Lumen Juris, 2011.

SCHLÜTER, Wilfried. *Código Civil alemão* – Direito de família. Trad. Elisete Antoniuk. 9. ed. Porto Alegre: Sérgio Antônio Fabris, 2002.

SOUZA, Iara Antunes de Souza. *Estatuto da pessoa com deficiência*: curatela e saúde mental. Belo Horizonte: Ed. D'Plácido, 2016.

TEIXEIRA, Ana Carolina Brochado. *Família, guarda e autoridade parental*. Rio de Janeiro: Renovar, 2005.

TEIXEIRA, Ana Carolina Brochado. Deficiência psíquica e curatela: reflexões sob o viés da autonomia privada. *Revista Brasileira de Direito das Famílias e das Sucessões*, v. 10, n. 7. Porto Alegre, dez.-jan. 2008/2009, p. 64-79.

VELOSO, Zeno. *Código Civil comentado*. Direito de família, alimentos, bem de família, união estável, tutela e curatela: arts. 1.694 a 1.783. São Paulo: Atlas, 2003, v. XVII.

VILLELA, João Baptista. *Capacidade civil e capacidade empresarial*: poderes e exercício no projeto do novo Código Civil. Comentários sobre o projeto do Código Civil Brasileiro. Brasília, Conselho da Justiça Federal – Centro de Estudos Judiciários, série Cadernos do CEJ, v. 20, 2002. Disponível em: www.cjf.gov.br/revista/seriecadernos/vol20.pdf. Acesso em: 10 out. 2006.

CURATELA E TOMADA DE DECISÃO APOIADA

Jacqueline Lopes Pereira

Doutoranda e Mestra em Direito das Relações Sociais pelo PPGD/UFPR. Especialista em Direito das Famílias e Sucessões pela ABDConst. Pesquisadora do Núcleo de Estudos em Direito Civil – Virada de Copérnico (UFPR). Administradora da página @ direitocivilporelas no Instagram. Servidora pública do TJPR.

Sumário: 1. Introdução – 2. O paradigma da "substituição da vontade" – 3. Sistema de apoios na convenção sobre os direitos das pessoas com deficiência – 4. Curatela – 5. Tomada de decisão apoiada – 6. Conclusão – 7. Referências – Jurisprudência – Legislação.

1. INTRODUÇÃO

Com o advento da Constituição Federal de 1988, muito do esforço legislativo e doutrinário no campo do Direito das Famílias se voltou à constitucionalização e leitura das relações familiares em perfil democrático e eudemonista. Entretanto, alguns sujeitos que compõem esse quadro continuaram a ser tratados mais como "objeto" de proteção do que, de fato, como "sujeitos" cujas potencialidades merecem compreensão do ponto de vista jurídico.

Nesses grupos, citam-se a criança e o adolescente, a pessoa idosa e a pessoa com deficiência. Este último grupo vivencia sobrepostas vulnerabilidades, que se intensificam no cenário de países em desenvolvimento. No Brasil, levantamento de dados de 2018 do IBGE aponta que 12,7 milhões de pessoas vivenciam algum tipo de deficiência, sendo que cerca de 4,3 milhões estão registradas no "Cadastro Único" para programas sociais (IBGE, 2018).

O presente capítulo se dedica a expor quais mudanças ocorreram na última década em torno da capacidade civil da pessoa com deficiência, com enfoque na curatela e na tomada de decisão apoiada.

Desde logo, é importante ressaltar que, no âmbito do Direito Civil, a falta de protagonismo da pessoa com deficiência psíquica ou intelectual demonstra resquícios da lógica eminentemente patrimonial que fundou o sistema jurídico de tradição *Civil Law*.

O modelo de substituição de vontade foi colocado em dúvida com a principiologia exarada pela Convenção sobre os Direitos das Pessoas com Deficiência (CDPD). Em superação ao modelo que tem como pressuposto a capacidade apreendida nos perfis de "gozo" e de "exercício", emerge a noção conglobante de "capacidade legal" e as medidas de apoio adequadas às peculiaridades e potencialidades da pessoa com deficiência psíquica ou intelectual.

A incursão teórica, em primeiro momento, revisitará o quadro que vigorou ao longo do século XX e primeiros anos do século XXI em torno da capacidade civil nas codificações de 1916 e 2002. Em segundo passo, apresentará o modelo adotado pela CDPD para compreensão da capacidade legal de modo conglobante. Em terceiro ponto, será apresentada a curatela em seu sentido repersonalizado e o que, afinal, há de diferente da curatela anterior às mudanças da Lei 13.146/2015. No último ponto, examinará as dimensões estrutural e funcional da tomada de decisão apoiada, assim como os óbices à sua implementação.

O instigante tema da capacidade civil, curatela e tomada de decisão apoiada é deveras amplo e, por isso, não se pretende exaurir as questões surgidas da prática jurídica nesse recorte. O objetivo geral deste estudo é expor os arcabouços teóricos que envolvem a temática e explorar didaticamente esses dois institutos sob a perspectiva da busca por uma vida independente e digna da pessoa com deficiência no direito das famílias democrático.

2. O PARADIGMA DA "SUBSTITUIÇÃO DA VONTADE"

Para adentrar o tema, rememora-se a história do hospital psiquiátrico "Colônia" que foi retratada na obra de Daniela Arbex. O livro "Holocausto brasileiro" remontou a exclusão e segregação de pessoas com deficiência psíquica ou intelectual e o modelo médico que permeou a atuação da instituição entre as décadas de 1950 e 1960. Dentre as muitas imagens e depoimentos, sobressai a condição de parca higiene, violação da dignidade e mínimo existencial de aproximadamente 60 mil pessoas que passaram pelas instalações (Arbex, 2013, p. 13-14).

Compreender o atual sistema de apoios à capacidade civil exige a contextualização da lógica precedente. O modelo médico da deficiência partia da perspectiva de que haveria seres humanos com "plena faculdade mental" e outros que não teriam tal aptidão. Heloisa Helena Barboza e Vitor Almeida pontuam que o modelo inspirado na patologização da deficiência encontra respostas na ideia de "reabilitação" numa tentativa de "normalização" dos sujeitos:

> [o modelo médico] encara a deficiência como condição patológica, de natureza individual. Desse modo, a pessoa deveria ser tratada através de intervenções médicas, ser "reparada", para tornar-se o quanto possível "normal". Esse modelo, denominado "modelo reabilitador", tem como características principais a substituição da divindade pela ciência e a admissão da possibilidade de algum aporte para a sociedade por parte da pessoa com deficiência, na medida em que sejam "reabilitadas" ou "normalizadas". [...] (Barboza; Almeida Junior, 2017, p. 25).

O modelo dialoga com a busca de substituição da vontade da pessoa com deficiência psíquica ou intelectual, que não seria "apta" para tomar decisões de natureza patrimonial ou existencial por conta própria. Essa lógica foi imantada nas codificações modernas e, nesse ponto, sublinha-se que o Código Civil de 1916 foi inspirado no Código Civil Francês de 1804 e no Código Civil Alemão (BGB) de 1896, diplomas europeus conhecidos pela pretensão de completude e coerência das relações entre particulares num ideário liberal (Trombetta, 2008, p. 25). O conceito moderno de relação jurídica nasce desse contexto e, ínsita a ele, a figura do sujeito de direito que, para realizar os atos jurídicos, deveria exprimir sua vontade validamente e com plena capacidade (Amaral, 2006, p. 31).

No "Esboço do Código Civil", elaborado no século XIX por Teixeira de Freitas, a "capacidade civil" do sujeito de direito é descrita sob os aspectos da "capacidade de direito", ou "de gozo", e da "capacidade de fato", ou "de exercício". De acordo com o art. 21 da obra, "a capacidade civil é de direito, ou de fato". Consiste a capacidade de direito no grau de aptidão de cada classe de pessoas para adquirir direitos, ou exercer por si ou por outrem atos que não lhe são proibidos". E, conforme o art. 22: "consiste a capacidade de fato, na aptidão, ou grau de aptidão, das pessoas de existência visível para exercerem por si os atos da vida civil" (Freitas, 1983, p. 14-15).

Embora o referido projeto não tenha sido convertido em lei, o Código Civil de 1916, elaborado pelo jurista Clóvis Beviláqua, dispôs no art. 2º que "Todo homem é capaz de direitos e obrigações na ordem civil" (Beviláqua, 1977, p. 171). Desse modo, o Código Civil do começo do século XX distinguiu a capacidade civil entre pessoas "absolutamente incapazes" ou "incapazes relativamente a certos atos". O art. 5º apresentou o rol dos "absolutamente incapazes", incluindo, dentre seus incisos, "Os loucos de todo o gênero" e "Os surdos-mudos, que não puderem exprimir a sua vontade".

Em redação original, o art. 6º disciplinava quem seriam os sujeitos incapazes "relativamente a certos atos", ou "à maneira de os exercer", incluindo "*As mulheres casadas, enquanto subsistir a sociedade conjugal*".

A legislação sofreu alterações, uma das principais delas em 1962, pela Lei 4.121, que retirou as "mulheres casadas" da condição de incapazes relativamente.[1] Nesse tocante, Teresa Cristina de Novaes Marques e Hildete Pereira de Melo ressaltam que a reforma legislativa não foi uma resposta imediata aos anseios sociais por igualdade de gênero, pois as mulheres passaram a ser entendidas como meras "colaboradoras do lar", em papel periférico ao do "chefe de família" (Marques; Melo, 2008, p. 465).

Percebe-se a categorização da pessoa com deficiência psíquica ou intelectual na expressão "*loucos de todo o gênero*". Eram, portanto, "absolutamente incapazes" e dependentes de um representante, o "curador", a quem incumbia a responsabilidade de manifestar vontade válida para a realização de negócios.

Em síntese, o Código Civil de 1916 abalizou o modelo de "substituição da vontade" da pessoa com deficiência que não pudesse exprimir suas preferências, ou que, se as exteriorizasse, não fossem consideradas para os atos da vida civil.

Esse enfoque é encontrado sob o nome de "*outcome approach*" – traduzido livremente como "enfoque do resultado" ou "da substituição da vontade" – e examina

---

1. Sobre a condição feminina no direito das famílias, menciona-se a importante obra de Lígia Ziggiotti de Oliveira (2020).

a razoabilidade das escolhas feitas pela pessoa com deficiência.[2] O próprio ordenamento jurídico compreendia tais sujeitos como inaptos para a tomada de decisões, especialmente no campo patrimonial. Após processo judicial, a elas era atribuído um "curador" que as representaria em atos da vida civil, tanto patrimoniais, quanto existenciais.

Sobre as decisões de cunho existencial, merece realce a redação do artigo 458 do Código Civil de 1916, que estendia ao curador a autoridade sobre "á pessoa e bens dos filhos do enratelado, nascidos ou nascituros (art. 462, paragrapho unico)", em evidente substituição da vontade e preferências da pessoa curatelada.

Embora as últimas décadas do século XX tenham presenciado uma abertura democrática não apenas na política, mas também no âmago do Direito Civil,[3] não foram notadas mudanças na substituição da vontade da pessoa com deficiência considerada absolutamente incapaz.

Até as alterações da Lei 13.146, o Código Civil de 2002 disciplinava um regime de capacidade "de exercício" em gradação entre pessoas com capacidade plena, pessoas com relativa incapacidade e absolutamente incapazes.

A plena capacidade e competência para realização de atos jurídicos sem representação ou assistência é regra que apenas excepcionalmente pode ser relativizada. Originalmente, portanto, o art. 3º da Lei 10.406 discriminava em seus incisos que os absolutamente incapazes seriam: "I – os menores de dezesseis anos; II – os que, por enfermidade ou deficiência mental, não tiverem o necessário discernimento para a prática desses atos; III – os que, mesmo por causa transitória, não puderem exprimir sua vontade".

O dispositivo seguinte tratava dos casos em que a lei consideraria a pessoa incapaz relativamente a alguns atos ou à maneira de os exercer, sendo elas: "I – os maiores de dezesseis e menores de dezoito anos; II – os ébrios habituais, os viciados em tóxicos, e os que, por deficiência mental, tenham o discernimento reduzido; III – os excepcionais, sem desenvolvimento mental completo; IV – os pródigos. Parágrafo único. A capacidade dos índios será regulada por legislação especial".

Ao examinar os dispositivos do diploma civil, Judith Martins-Costa interpretou que seria preciso dirigir atenção à concreta "capacidade de consentir" e "discernimento" para avaliar o grau de responsabilidade do ser humano "de carne e osso", em conformidade às suas concretas potencialidades:

---

2. Para entender o enfoque de *outcome approach* e também os modelos de "*status approach*" e *functional approach*, recomenda-se a leitura do documento elaborado pelo Conselho Europeu (CONCIL OF EUROPE, 2012).

3. "Mesmo filho tardio da modernidade (agora grafada com minúscula para expressar uma representação do pensamento cuja possibilidade de apreensão da vida e das coisas esteja, em si, espelhada), o Código de 2002, a seu modo, também não tem sido imune à reconstrução de sentidos. É que o transcurso do tempo e a força dos fatos deram razão ao legislador da Constituição, cujo programa ampliado generosamente se refletiu como abrigo para a superveniente codificação." (Fachin, 2015, p. 47).

Vimos que a noção de discernimento é nuançada, graduada, sendo assim percebida pelo Direito. Assim, para averiguar e mensurar se alguém não tem discernimento, ou a medida da redução no discernimento, deve o intérprete operar um raciocínio *atento às singularidades* da pessoa ("raciocínio por concreção") diverso do que desenvolve quando a incapacidade é determinada em vista de uma categoria genérica, como a idade, por exemplo. Não é a pessoa como abstrato sujeito, mas é a pessoa de carne e osso, em sua concretude e em suas circunstâncias, que deverá estar no centro do raciocínio. (Martins-Costa, 2009, p. 320-321 e 326).

O critério do "discernimento" para a interpretação da capacidade civil foi objeto do Enunciado 138 da III Jornada de Direito Civil realizada em 2004: *"Art. 3º: A vontade dos absolutamente incapazes, na hipótese do inc. I do art. 3º é juridicamente relevante na concretização de situações existenciais a eles concernentes, desde que demonstrem o discernimento para tanto"* (BRASIL, CJF, 2012).

Ainda que com o esforço doutrinário em considerar a vontade da pessoa com deficiência curatelada, a Convenção sobre os Direitos das Pessoas com Deficiência surge como ponto nodal que justificou alterações normativas formalizadas no ordenamento jurídico interno.

3. SISTEMA DE APOIOS NA CONVENÇÃO SOBRE OS DIREITOS DAS PESSOAS COM DEFICIÊNCIA

Marco normativo internacional é a Convenção sobre os Direitos das Pessoas com deficiência (CDPD), redigida na primeira década do século XXI e que tem por objetivo estimular uma postura de inclusão que sopese a interação entre Estado, sociedade e família para o enfrentamento de barreiras por pessoas com deficiência.

Amita Dhanda realizou profícuo estudo tendo como objeto a elaboração da CDPD pelo Comitê *Ad Hoc*. A autora investigou as origens da discussão sobre o sentido conglobante da capacidade legal (Dhanda, 2007). Por meio da Resolução 56/168 de 19.12.2001, a Assembleia Geral da ONU instaurou o referido Comitê para iniciar a redação de um tratado internacional que visasse à proteção ampla e integral dos direitos das pessoas com deficiência e, para tanto, contou com a ampla participação de grupos representativos (ORGANIZAÇÃO DAS NAÇÕES UNIDAS, 2005).

De acordo com Dhanda, a discussão foi intensa no atinente à "capacidade de exercício", pois enquanto houvesse quem defendesse a supressão de qualquer referência a um sistema de *"guardianship"* (curatela), havia vozes de resistência à construção de medidas que superassem o modelo de substituição da vontade (Dhanda, 2007, p. 438-439).

A CDPD fortalece a perspectiva de um modelo funcional (*functional approach*) no âmbito civil para que sejam construídos apoios em harmonia às preferências da pessoa com deficiência. A partir disso, podem ser enunciados três princípios regentes da CDPD ao tratar da capacidade da pessoa com deficiência.

O primeiro deles é o princípio *"in dubio pro capacitas"*[4] que é uma orientação aos intérpretes do Direito para que se faça prevalecer a plena capacidade civil, mesmo que em caso de dúvida. O princípio da "intervenção mínima" aponta que a interferência do Estado na direção da medida de apoio a ser adotada deva ser a menor possível. E o princípio da "beneficência" apresenta-se como norte para que toda e qualquer medida seja tomada em conformidade ao melhor interesse da pessoa com deficiência.

Sob o resguardo desses princípios, a CDPD sintetizou em seu art. 12 o conceito conglobante de capacidade legal, atribuindo aos Estados signatários o dever de elaborar instrumentos maleáveis voltados ao suporte da pessoa com deficiência em atendimento de suas específicas necessidades no enfrentamento de obstáculos cognitivos:

> Artigo 12
>
> Reconhecimento igual perante a lei
>
> 1. Os Estados Partes reafirmam que as pessoas com deficiência têm o direito de ser reconhecidas em qualquer lugar como pessoas perante a lei.
>
> 2. Os Estados Partes reconhecerão que as pessoas com deficiência gozam de capacidade legal em igualdade de condições com as demais pessoas em todos os aspectos da vida.
>
> 3. Os Estados Partes tomarão medidas apropriadas para prover o acesso de pessoas com deficiência ao apoio que necessitarem no exercício de sua capacidade legal.
>
> 4. Os Estados Partes assegurarão que todas as medidas relativas ao exercício da capacidade legal incluam salvaguardas apropriadas e efetivas para prevenir abusos, em conformidade com o direito internacional dos direitos humanos. Essas salvaguardas assegurarão que as medidas relativas ao exercício da capacidade legal respeitem os direitos, a vontade e as preferências da pessoa, sejam isentas de conflito de interesses e de influência indevida, sejam proporcionais e apropriadas às circunstâncias da pessoa, se apliquem pelo período mais curto possível e sejam submetidas à revisão regular por uma autoridade ou órgão judiciário competente, independente e imparcial. As salvaguardas serão proporcionais ao grau em que tais medidas afetarem os direitos e interesses da pessoa.
>
> 5. Os Estados Partes, sujeitos ao disposto neste Artigo, tomarão todas as medidas apropriadas e efetivas para assegurar às pessoas com deficiência o igual direito de possuir ou herdar bens, de controlar as próprias finanças e de ter igual acesso a empréstimos bancários, hipotecas e outras formas de crédito financeiro, e assegurarão que as pessoas com deficiência não sejam arbitrariamente destituídas de seus bens. (BRASIL, 2009)

Considerando o disposto no parágrafo "3" do artigo 12, o Brasil seguiu o procedimento descrito no art. 5º, § 3º da Constituição Federal para internalização do tratado. Isso significa dizer que o conteúdo da CDPD possui natureza de emenda constitucional e, conquanto se pudesse entender que a norma teria aplicação imediata, as alterações legislativas foram implementadas anos depois, por meio da Lei 13.146/2015, o que foi alvo de críticas da Organização das Nações Unidas (Menezes; Pimentel; Lins, 2021, p. 320).

---

4. Em tradução livre: "na dúvida, a plena capacidade".

Embora se cogite que os marcos normativos após a CDPD seriam suficientes para a garantia dos direitos das pessoas com deficiência, o processo de sua afirmação é reiteradamente desafiado, a exemplo do que se constatou da discussão em torno da inconstitucionalidade do Decreto 10.502/2020 (Política Nacional de Educação Especial). A norma previa que crianças e adolescentes com deficiência deveriam ser matriculados em classes separadas dos demais, indo na contramão da lógica da CDPD. Foi proposta a ADI 6.590-DF e, em decisão liminar referendada pela maioria do Supremo Tribunal Federal ao final de 2020, suspendeu-se a eficácia do decreto (BRASIL, 2021). Em janeiro de 2023, o presidente Luiz Inácio Lula da Silva revogou o decreto, o que prejudicou a análise da ADI pela perda do objeto (BRASIL, 2023).

O exemplo dimensiona a dinâmica de avanços e retrocessos na conquista de direitos. A esse respeito, Ana Carla Harmatiuk Matos e Lígia Ziggiotti de Oliveira assinalam que a mera enunciação legal é insuficiente, pois a emancipação e proteção de grupos vulneráveis, tal como o das pessoas com deficiência, devem ser acompanhadas de diária afirmação para sua permanência:

> [...] porque a Convenção de Nova York representa o único tratado internacional aprovado pelo Congresso Nacional Brasileiro com força de emenda constitucional, e em razão do atual Estatuto da Pessoa com Deficiência, entende-se que se pode reforçar a equivocada percepção de que, do ponto de vista jurídico, pouco resta a ser feito. A positividade dos enunciados, quando lida assepticamente, oculta o seu avesso em vivências diárias. Daí a oportunidade de se propor uma abordagem complexa dos direitos humanos da população com deficiência. (Matos; Oliveira, 2016, p. 18)

É substancial o alerta das autoras, e, apesar da enunciação legal não bastar isoladamente, a Lei 13.146/2015 representa importante símbolo para a notoriedade da temática e mudanças sobre o regime das capacidades, até então pautado sob o modelo de substituição da vontade.

Em seu parágrafo "4", o artigo 12 da CDPD ressalta a importância da construção de medidas de apoio que salvaguardem as preferências em conformidade às potencialidades da pessoa com deficiência e, dada a importância do tratado, a Lei Brasileira de Inclusão se remete ao conceito de "deficiência" sob a ótica relacional de enfrentamento de barreiras: "Art. 2º Considera-se pessoa com deficiência aquela que tem impedimento de longo prazo de natureza física, mental, intelectual ou sensorial, o qual, em interação com uma ou mais barreiras, pode obstruir sua participação plena e efetiva na sociedade em igualdade de condições com as demais pessoas".

Desse modo, o regime das capacidades e o modelo de substituição da vontade foram diretamente impactados pelos artigos 114 a 117 da LBI, resultando na nova redação dos artigos 3º e 4º do Código Civil de 2002:

> Art. 3º São absolutamente incapazes de exercer pessoalmente os atos da vida civil os menores de 16 (dezesseis) anos.
>
> Art. 4º São incapazes, relativamente a certos atos ou à maneira de os exercer:
>
> I – os maiores de dezesseis e menores de dezoito anos;

II – os ébrios habituais e os viciados em tóxico;
III – aqueles que, por causa transitória ou permanente, não puderem exprimir sua vontade;
IV – os pródigos.
Parágrafo único. A capacidade dos indígenas será regulada por legislação especial.

Notória é a alteração daqueles considerados absolutamente incapazes na redação atual do Código Civil, que retirou a pessoa com deficiência desses dispositivos. A LBI ainda sublinhou que as medidas de apoio voltadas à pessoa com deficiência não terão o condão de restringir a capacidade de exercício de direitos de natureza existencial.

O art. 85 da LBI disciplina a curatela em perfil renovado e restrita a direitos de índole patrimonial e negocial. Ela se revela em harmonia com os princípios da CDPD, em destaque ao *in dubio pro capacitas*. Além disso, o art. 84, § 3º da LBI pontua que a curatela deverá ser considerada uma medida de apoio excepcional e limitada temporalmente sem que se retire a capacidade legal da pessoa curatelada. Por sua vez, o art. 84, § 2º, inova com a indicação de existência da medida de apoio denominada tomada de decisão apoiada.

Tais previsões normativas da LBI dividem opiniões doutrinárias com relação à admissibilidade de gradação da capacidade civil da pessoa com deficiência após as alterações no diploma civil. Joyceane Bezerra de Menezes é favorável a essa perspectiva, afirmando que:

> Ao garantir o direito à igualdade e à não discriminação (art. 4º e ss.), o EPD reitera o tratamento inclusivo e humanista da CDPD. Visa romper com a ideia de que a pessoa com deficiência tem um valor inferior às demais e reafirmar que a capacidade jurídica não pode ser utilizada para dificultar o acesso aos direitos fundamentais. (Menezes, 2020, p. 587).

Salienta a doutrina que a CDPD deve ser o norte interpretativo para a compreensão da capacidade legal conglobante.

Com perspectiva diversa, cita-se Regina Beatriz Tavares (2017), segundo a qual a proteção das pessoas com deficiência sofreu prejuízo à sua proteção jurídica ante a supressão da incapacidade absoluta e relativa incapacidade.

Mariana Alves Lara propõe que o sistema de apoio às pessoas com deficiência não se limite à curatela e à tomada de decisão apoiada. A autora afirma ser preciso se atentar à autonomia prospectiva e à autonomia relacional desses sujeitos. A primeira, instrumentalizada através de, por exemplo, manifestações antecipadas de vontade. A segunda, ilustrativamente, por meio do uso de contrato de gestão de negócios (Lara, 2021, p. 167-195).

Em que pese os posicionamentos dissonantes sobre o afastamento da incapacidade absoluta após a internalização da CDPD, o tratado de direitos humanos deve ser adotado como parâmetro para a construção dos sentidos da capacidade legal, seja por sua hierarquia de emenda à Constituição, seja pela densidade valorativa de seus princípios.

Amita Dhanda afirma que a proposta da CDPD de atribuição de capacidade legal em sentido conglobante não significa que devem ser desconsideradas as diferenças substanciais das pessoas com deficiência, mas sim que é importante enfatizar seu direito de fazer escolhas de acordo com suas potencialidades e que os Estados têm o dever de salvaguardar as medidas que laborem pela igualdade substancial (Dhanda, 2007, p. 457-458).

O Superior Tribunal de Justiça alinhou-se a essa interpretação no julgamento do Recurso Especial 1.927.423/SP. O caso concreto versava sobre ação ajuizada por filho que pretendia a nomeação de curador para representar seu pai em atos da vida civil, haja vista a condição de demência decorrente da doença de Alzheimer.

A demanda instituiu a curatela e declarou que o idoso seria "absolutamente incapaz". Com a pretensão de reforma da sentença para afastar a condição de absoluta incapacidade, a curadora especial nomeada ao curatelado interpôs Recurso de Apelação, ao qual foi negado provimento pelo Tribunal de Justiça do Estado de São Paulo. Em seguida, houve a interposição de Recurso Especial que, sob relatoria do Min. Marco Aurélio Belizze, reformou a sentença, reconhecendo-se a incapacidade relativa do idoso.

Na fundamentação do voto, o Relator destacou que as alterações trazidas pela CDPD e pela LBI exigem o reconhecimento de que apenas as pessoas com menos de 16 (dezesseis) anos podem ser consideradas absolutamente incapazes (BRASIL, 2021, p. 06-07). Ainda, o julgado trouxe importantes considerações sobre a curatela, que constitui "medida protetiva extraordinária, proporcional às necessidades e às circunstâncias de cada caso e durará o menor tempo possível." (BRASIL, 2021, p. 06-07).

Dada a importância dessas mudanças e estruturação de um sistema de apoio no ordenamento jurídico brasileiro, nos itens a seguir serão examinadas detidamente a curatela e a tomada de decisão apoiada.

4. CURATELA

A curatela era prevista nos artigos 446 a 458 do Código Civil de 1916 e, na redação original do Código Civil de 2002, era disciplinada nos artigos 1.767 a 1.783. Sob a égide do paradigma de substituição da vontade, compreendida-se como instrumento necessário para a prática de atos jurídicos em nome da pessoa curatelada, inclusive como requisito para a sua validade.

Em regra, ela se dirige aos adultos que necessitam de assistência ou representação para praticar atos jurídicos. Tais sujeitos são indicados nos incisos II, III e IV do art. 4º do Código Civil: "os ébrios habituais e os viciados em tóxico";[5] "aqueles que, por causa transitória ou permanente, não puderem exprimir sua vontade" e "os pródigos".

---

5. A respeito do tema da saúde mental e capacidade civil de pessoas com vício em substâncias ilícitas, indica-se a leitura da obra de Gabriel Schulman (2020).

A figura da "curatela do nascituro" merece destaque. Ela é cabível quando houver falecimento do pai durante a gestação materna ou, ainda, quando a gestante for curatelada e não ser conhecido o genitor, tendo por finalidade o resguardo dos interesses patrimoniais do nascituro (art. 1.779).

No que diz respeito às pessoas com deficiência, através dos comandos da CDPD e mais incisivamente pelas alterações da LBI, urge a necessidade de se compreender a curatela em perspectiva personalizada (Almeida, 2021).

À luz das diretrizes da CDPD, a LBI dispõe em seus artigos 84 a 87 sobre o "reconhecimento igual perante a lei" das pessoas com deficiência e anuncia que a curatela será aplicada apenas quando necessária, constituindo-se "medida protetiva extraordinária, proporcional às necessidades e às circunstâncias de cada caso, e durará o menor tempo possível".

O artigo 85 restringe expressamente a curatela apenas para "os atos relacionados aos direitos de natureza patrimonial e negocial". No entanto, há quem defenda, a exemplo de Vitor Almeida, a viabilidade de sua extensão a atos existenciais, de forma excepcional, desde que se coadune à cláusula geral da dignidade da pessoa humana, por decisão judicial (Almeida, 2021, p. 342).

Importa ressalvar uma incongruência disposta no art. 1.778 do CC, o qual prevê que, se a pessoa curatelada tiver filhos, a autoridade do curador será excepcionalmente estendida a estes, salvo casos de emancipação (art. 5º do CC). Tal redação confronta a CDPD e o art. 6º, inc. VI da LBI, pois dispõe que a capacidade civil não será afetada no exercício "do direito à guarda, à tutela, à curatela e à adoção, como adotante ou adotando, em igualdade de oportunidades com as demais pessoas". Em interpretação que privilegia a hierarquia normativa da CDPD como emenda constitucional, prevalece a regra enunciada na LBI.

O sentido renovado da curatela mostra feições elásticas que visam a atender o melhor interesse da pessoa com deficiência sem deixar de conferir-lhe autonomia para decisões extrapatrimoniais. De acordo com Célia Abreu, a curatela é "medida de proteção personalizada, construída caso a caso, de modo que as restrições ao curatelado surjam somente quando estritamente necessárias a salvaguardar o desenvolvimento digno de sua personalidade." (2015, p. 111).

O parágrafo 2º do art. 85 esclarece que sua constituição será excepcional e exige do Poder Judiciário que evidencie os limites, razões e motivos para sua instituição, com resguardo dos interesses da pessoa curatelada e com preferência à definição entre pessoas que estejam na rede de apoio da pessoa com deficiência (art. 749 e 755 do CPC).

Como exemplo de concretização da curatela personalizada, menciona-se caso julgado pelo Tribunal de Justiça do Estado de Mato Grosso do Sul, em que uma esposa pretendia a extensão do exercício da curatela do cônjuge a todos os atos da vida civil. O Colegiado compreendeu que a sentença recorrida merecia parcial reforma, apenas para delimitar que a curadora deveria atuar em atos que envolvessem direitos junto a órgãos públicos e em dois processos judiciais ajuizados preteritamente (BRASIL; TJMS, 2020). O caso materializa a regra de excepcionalidade da curatela, sua delimitação pontual no processo judicial que a institui e, ainda, aplica o princípio da intervenção mínima.

Salienta-se que, com o advento do CPC de 2015, as disposições processuais destinadas à curatela são previstas nos artigos 747 a 758.

Quanto à legitimidade ativa para a propositura da ação, o art. 747 do CPC apresenta rol que inclui "cônjuge ou companheiro", "parentes ou tutores", "representante da entidade em que se encontra abrigado o interditando" e "Ministério Público". A legitimidade deverá ser atestada em documentação junto à inicial e se percebe uma ausência no rol: a própria pessoa com deficiência, o que se contrapõe à regra da capacidade legal e ao imperativo de vida independente com protagonismo do sujeito.

Charlene Côrtes dos Santos observa que a redação proposta pela LBI previa a alteração do art. 1.768 do CC para incluir no inciso IV a legitimidade da própria pessoa à propositura da ação de curatela. Como a *vacatio legis* da LBI foi mais breve (vigência a partir de janeiro de 2015) do que a do CPC (vigência a partir de março de 2015), este pretendia revogar a redação original do CC, contudo, acabou por revogar a redação recém alterada pela LBI. Logo, a pessoa com deficiência não constou mais do rol dos legitimados (Santos, 2021, p. 98).

Novamente, deve-se buscar o propósito que norteia a CDPD e, apesar da lacuna no diploma processual civil, é admissível a legitimidade da pessoa com deficiência para a propositura da ação.

Ajuizado o feito, o art. 751 do CPC prevê o comparecimento da pessoa curatelanda para entrevista que "*poderá* ser acompanhada por especialista" (§ 2º). Neste aspecto, o art. 1.771 do CC, também revogado pelo CPC, previa em redação dada pela LBI que "antes de se pronunciar acerca dos termos da curatela, o juiz, que *deverá* ser assistido por equipe multidisciplinar, entrevistará pessoalmente o interditando". Percebe-se que a LBI trazia um dever ao Poder Judiciário, enquanto o CPC instituí mera faculdade de acompanhamento de especialista. Carlos Pianovski e Luiz Alberto David de Araújo compreendem que, em interpretação teleológica e à luz da CDPD, a redação do art. 1.771 dada pela LBI permanece vigente e, por isso, imprescindível o acompanhamento de equipe multidisciplinar (Pianovski; Araújo, 2017, p. 241).[6]

É recomendável – e, ao ver de Pianovski e Araújo, indispensável – o acompanhamento por equipe multidisciplinar composta por terapeuta ocupacional, médico,

---

6. "Tendo, porém, referida norma do artigo 1.771 sido modificada pelo EPD ainda durante o período de *vacatio legis*, a mera referência do CPC de 2015 à numeração do artigo não pode ser – e, de fato, não é – suficiente para concluir-se que resta revogada a referida norma, com a nova redação trazida pelo EPD. Em outras palavras: o telos da norma do CPC de 2015 era revogar a redação original do Código Civil de 2002.14 Uma vez que essa foi modificada, posteriormente, pelo EPD, a regra do CPC de 2015 perde sua eficácia revogadora" (PIANOVSKI, ARAÚJO, 2017, p. 241-242)

dentre outros profissionais especializados, que possam aferir as potencialidades da pessoa curatelada e quais as barreiras a serem contornadas por meio da curatela (art. 750 a 753 do CPC). Esse exame deve considerar sempre que possível a opinião da pessoa com deficiência durante entrevista (art. 751 do CPC) que, de acordo com os autores, retira do Poder Judiciário a responsabilidade isolada de avaliar a condição de tomada de decisões pela pessoa curatelanda (Pianovski, Araújo; 2017, p. 247).

A título ilustrativo da relevância da entrevista e conclusões da equipe multidisciplinar, em sessão realizada em 18.12.2020, o Tribunal de Justiça do Estado de São Paulo manteve a sentença de improcedência da ação que pretendia a curatela de mulher com quadro clínico de esquizofrenia paranoide. De acordo com a instrução processual, a avaliação técnica demonstrou que não havia elementos suficientes para o reconhecimento da incapacidade relativa da curatelanda, fazendo-se prevalecer, portanto, o princípio *in dubio pro capacitas* (BRASIL; TJSP, 2020).

Segundo os artigos 754 e 755 do CPC, a sentença refletirá os limites da curatela, com atribuição da tarefa a quem melhor possa atender aos interesses da pessoa curatelada.[7] Pontua-se que o art. 1.775 do Código Civil apresenta rol de pessoas a serem nomeadas curadoras da pessoa com deficiência (cônjuge ou companheiro não separado judicialmente ou de fato; pai ou mãe; descendente mais apto, preferindo-se os mais próximos aos mais remotos), contudo, o § 3º ressalta que na falta de tais pessoas, a escolha caberá ao Juiz.

Ao julgar o Recurso Especial 1.943.699/SP, o Superior Tribunal de Justiça manifestou-se sobre o caráter constitutivo da sentença da ação de curatela[8] e abordou a problemática de conflito de interesses entre curatelanda e curadora. O caso concreto tratava de ação de curatela ajuizada por dois autores em face de sua irmã diagnosticada com "psicose esquizoafetiva", institucionalizada desde 2001 em clínica psiquiátrica. Os autores requereram a nomeação de terceira como curadora, por ser pessoa de confiança da família e, subsidiariamente, pediram a designação de um deles para assumir a função.

A ação foi julgada parcialmente procedente com a nomeação da médica psiquiatra como curadora para atos de natureza negocial e patrimonial. O Tribunal de Justiça

---

7. Sobre o ponto, destaca-se o julgamento do Recurso Especial 1.640.969/MG em 2022, sob a relatoria da Min. Maria Isabel Gallotti. O caso concreto versava sobre o cônjuge que, sob a vigência do CPC-1973, ajuizou ação para pretender a curatela da esposa e sua nomeação como curador. Com base no art. 1.190 do CPC/1973, o autor requereu a dispensa da prestação de garantia por hipoteca legal, o que foi indeferido pelo juízo de origem e confirmado pelo Tribunal de Justiça do Estado de Minas Gerais. Como o acórdão da corte estadual foi publicado sob a vigência do CPC/2015, o curador fundamentou o Recurso Especial na ausência de equivalente exigência de hipoteca especializada na atual legislação e sustentou que a "idoneidade" a que se referia o legislador diz respeito ao aspecto moral do curador. O Superior Tribunal de Justiça negou provimento ao recurso, por entender que a idoneidade exigida no momento da sentença referia-se à idoneidade *financeira* do curador, de modo que inexiste ofensa aos artigos 1.188 e 1.190 do Código Civil ao se exigir a garantia. (BRASIL, 2022-a).
8. A Quarta Turma do STJ também já se pronunciou oportunamente sobre o caráter constitutivo da ação que inaugura "nova situação jurídica de sujeição do interdito à curatela, com efeitos *ex nunc*", ao julgar o Agravo Interno nos Embargos de Declaração no Recurso Especial 1.834.877/SP (BRASIL, 2022-b).

do Estado de São Paulo manteve a sentença, que foi objeto do Recurso Especial sob os fundamentos de negativa de prestação jurisdicional e necessidade de extensão da curatela a todos os atos da vida civil. Além disso, requereu-se o reexame sobre conflito de interesses da curadora com os autores, em razão de dívida milionária com a clínica em que a médica atuava. O relator Min. Marco Aurélio Bellizze afastou a preliminar de negativa de prestação jurisdicional, avaliou a impossibilidade de reconhecer a incapacidade absoluta da curatelada e confirmou a extensão da curatela apenas para atos de cunho patrimonial e negocial.

Sobre a idoneidade da curadora, mencionou o rol de legitimados para o exercício da curatela (art. 1.775 do CC[9]) e, com base no art. 85, § 3º da LBI, concluiu que o julgador deve seguir a ordem preferencial conferida pelo legislador. Ao fim, concluiu que havia conflito de interesses entre a curatelada e a médica curadora, bem como animosidade ("repulsa") da curatelada pelos irmãos. Apesar do pedido dos recorrentes, a Terceira Turma não os nomeou como curadores, por constatar a inidoneidade apurada nos autos de inventário da mãe da curatelada e pela entrevista desta em juízo. Diante disso, o STJ concluiu pelo parcial provimento do Recurso Especial para reformar a sentença somente quanto à nomeação da curadora (BRASIL, 2022-c).

Ainda, cita-se o julgamento do Recurso Especial 1.795.395/MT em 04.05.2021, em que o Superior Tribunal de Justiça analisou caso concreto decorrente de ação ajuizada por mãe em face de filho com deficiência que possuía, à época, 34 anos de idade. Após instrução processual, foi proferida sentença que, com base na avaliação pericial de quadro de esquizofrenia paranoide do curatelando, julgou procedente o pedido para nomear a mãe para o exercício da curatela restrita a questões patrimoniais, negociais e previdenciárias. O pai do curatelando – nomeado curador especial no curso da ação – interpôs recurso de apelação cível para requerer o reconhecimento de nulidade processual decorrente da falta de sua intimação pessoal sobre a audiência de instrução e pela ausência do Ministério Público no ato.

O Tribunal de Justiça do Estado de Mato Grosso negou provimento ao recurso, o que motivou a interposição do Recurso Especial, em que foram suscitadas nulidades processuais. A Terceira Turma do Superior Tribunal de Justiça conheceu em parte e negou provimento ao recurso. A Relatora Minª Nancy Andrighi observou que o representante do Ministério Público foi devidamente intimado da audiência e que o art. 751 do CPC não prevê como obrigatória a sua presença no ato processual. Ainda, entendeu inexistir qualquer prejuízo ao curatelando quanto à falta de intimação pessoal do curador especial, pois este foi comunicado por Diário de Justiça eletrônico. Por fim, a Corte Superior compreendeu que o não comparecimento do curatelando à audiência de instrução não acarretaria nulidade, já que este já havia

---

9. Art. 1.775. O cônjuge ou companheiro, não separado judicialmente ou de fato, é, de direito, curador do outro, quando interdito. § 1º Na falta do cônjuge ou companheiro, é curador legítimo o pai ou a mãe; na falta destes, o descendente que se demonstrar mais apto. § 2º Entre os descendentes, os mais próximos precedem aos mais remotos. § 3º Na falta das pessoas mencionadas neste artigo, compete ao juiz a escolha do curador.

sido entrevistado em juízo e apresentou atestado médico como justificativa para a ausência no ato processual (BRASIL, 2021-b).

O julgado será retomado adiante, pois também versou sobre a legitimidade ativa em procedimento de tomada de decisão apoiada e curatela compartilhada. Por ora, destaca-se que a fundamentação do acórdão superou as alegações de nulidade processual do curador especial para manter a higidez do processo de curatela, com ênfase no fato do curatelando ter sido ouvido em audiência específica.

Em oportunidade pretérita, o Superior Tribunal de Justiça posicionou-se no sentido da necessária entrevista da pessoa curatelanda para garantia do contraditório e ampla defesa. O entendimento consta do Recurso Especial 1.686.161/SP, também da relatora Minª Nancy Andrighi, em ação que nomeou como curadora a filha de uma idosa diagnosticada com Mal de Alzheimer. Em apelação, o Ministério Público do Estado de São Paulo requereu a anulação da sentença, por ausência de curador especial e não realização de interrogatório judicial. Sublinha-se do julgado da Terceira Turma do STJ a especial atenção conferida ao dever do juízo em proceder à entrevista da pessoa curatelanda: "O exame a ser feito mediante interrogatório em audiência pessoalmente pelo juiz não é, portanto, mera formalidade. Ao contrário, é medida que garante a participação e a própria defesa do interditando no processo." (BRASIL, 2017, p. 9-10).

Nesse mesmo sentido, os julgados de tribunais estaduais destacam a imprescindibilidade da entrevista em juízo, inclusive com o reconhecimento de nulidade *ex officio*. Menciona-se recurso de apelação julgado em 2020 pelo Tribunal de Justiça do Estado do Paraná, que determinou a cassação da sentença e imediata realização da audiência (art. 751 do CPC), ante a não designação da entrevista durante a instrução processual (BRASIL; TJPR-a, 2020).

Quanto ao controle valorativo dos atos praticados pela pessoa com deficiência sem acompanhamento do curador, Ana Carolina Brochado Teixeira e Lívia Leal sublinham o papel do Poder Judiciário de examinar as circunstâncias concretas de vulnerabilidade e discernimento do sujeito. As autoras concluem que cabe ao intérprete modular adequadamente os efeitos de eventual reconhecimento de invalidade do ato negocial (Teixeira; Leal, 2020, p. 10).

Consoante o disposto no art. 1.775-A do Código Civil, é viável o compartilhamento da atuação como curador no exercício dos atos patrimoniais e negociais, entendendo-se que será conveniente nos casos em que houver complexo conjunto patrimonial a ser gerido em benefício da pessoa curatelada (Lôbo, 2019, p. 441). No Recurso Especial 1.795.395/MT, há pouco citado, a Terceira Turma do STJ observou que é possível aplicar subsidiariamente as regras destinadas à guarda compartilhada para a curatela compartilhada, desde que respeitadas as particularidades dos institutos, especialmente pelo diferencial de que a curatela compartilhada não é uma obrigação, mas uma faculdade (BRASIL, 2021-b, p. 27).

Conforme o art. 755, § 3º do CPC, a sentença deve ser inscrita em registro de pessoas naturais, com publicação pela rede mundial de computadores, no site do próprio tribunal de justiça em que tiver sido proferida e na plataforma de editais do Conselho Nacional de Justiça pelo período de seis meses.

O Código Civil prevê no art. 1.781 que as regras referentes à tutela incidirão na disciplina da curatela naquilo que for compatível, como algumas das vedações presentes no art. 1.735; as hipóteses de escusa previstas no art. 1.736; deveres relativos aos aspectos patrimoniais que são encontrados nos artigos 1.748 a 1.754; e à prestação de contas disposta nos artigos 1.755 a 1.762 do Código Civil.

Sobre a prestação de contas pelo curador, ao examinar o Recurso Especial 1.515.701/RS (BRASIL, 2018-a) e também o Agravo Interno no Agravo em Recurso Especial 1.809.508/GO (BRASIL, 2021-c), o Superior Tribunal de Justiça ressaltou que o dever decorre de sua atuação como administrador e pelo fato de estar na posse de bens da pessoa curatelada. O Código Civil apresenta a exceção para o caso da curatela ser exercida pelo cônjuge e o regime de bens for o da comunhão universal (art. 1.783 do CC), hipótese em que a prestação de contas será determinada apenas por decisão judicial, regra que foi aplicada no julgamento do Agravo Interno nos Embargos de Declaração no Recurso Especial 1.851.034/SP (BRASIL, 2020).

Sublinha-se que esse instituto jurídico é aplicado de modo excepcional e temporário, sem uma conotação de restrição de direitos, mas de promoção da possibilidade de decidir por si mesmo, após a superação de barreiras cognitivas.

O Código Civil prevê que a extinção da curatela ocorrerá quando findo o prazo previsto para sua fixação, quando não mais se manter a causa que justificou sua instauração, ou, ainda, nas hipóteses de cessação de remoção do tutor (art. 1.763 do CC).

Charlene Côrtes dos Santos destaca que o art. 756, § 4º do CPC[10] possibilita o levantamento parcial da curatela, o que reitera a importância de, na respectiva sentença, ser fixado prazo para reavaliação da pessoa curatelada (Santos, 2021, p. 146).

Por fim, ressalta-se que ainda não há definição uniforme do Poder Judiciário sobre os casos de pessoas com curatela decretada antes da vigência da LBI. Há quem entenda que, a partir da LBI, as pessoas curateladas passariam automaticamente a ser consideradas capazes (Simão, 2017). De outro lado, há o posicionamento de prévia ação de reabilitação ou de levantamento da curatela a fim de garantir segurança jurídica ao curatelado e à sociedade (Santos, 2021, p. 149).

Doutrina e jurisprudência são provocadas a interpretar a nova roupagem que assumiu a curatela a partir das mudanças da CDPD e da LBI no ordenamento jurídico brasileiro. O debate é latente e adquire cada vez mais relevância não apenas teórica, mas principalmente pela prática exigida pela configuração social do país, com po-

---

10. Art. 756. Levantar-se-á a curatela quando cessar a causa que a determinou. § 4º A interdição poderá ser levantada parcialmente quando demonstrada a capacidade do interdito para praticar alguns atos da vida civil.

pulação de pessoas idosas em franco crescimento e que utiliza desse instrumento em casos de doenças que podem afetar a capacidade cognitiva.

5. TOMADA DE DECISÃO APOIADA

Compreendidas as diferenças entre a curatela na redação original do Código Civil e a visão repersonalizada que a CDPD e a LBI promoveram no instituto, ora analisam-se as dimensões estrutural e funcional da tomada de decisão apoiada (TDA).

A primeiro passo, apresenta-se a percepção doutrinária a respeito da natureza jurídica da TDA. Joyceane Bezerra de Menezes destaca que a medida de apoio é inovadora e, embora guarde semelhança com institutos jurídicos estrangeiros, tem feições próprias:

> Trata-se de um instituto novo que, sem guardar identidade com qualquer outro existente na ordem jurídica brasileira, foi criado para atender a orientação geral da Convenção [...] Embora tenha alguma semelhança com a *amministrazione di sostegno* italiana e com o contrato de representação instituído pela *British Columbian* canadense, não constitui cópia de qualquer deles, razão pela qual ainda apresenta arestas e lacunas que serão aparadas e preenchidas pela doutrina e pela jurisprudência brasileiras, com o fim de favorecer a sua aplicação e utilidade. (Menezes, 2016, p. 43-44)

Na tarefa de elaborar o conceito da TDA, Flávio Tartuce (2020, p. 550) se manifesta para compreendê-la como processo judicial.

Nelson Rosenvald complementa que, além de processo judicial, a TDA pode ser entendida do ponto de vista funcional de "medida promocional de autonomia que resguarda a liberdade e dignidade da pessoa com deficiência, sem amputar ou restringir indiscriminadamente os seus desejos e anseios vitais" (Rosenvald, 2015-a, p. 507). Além disso, o autor afirma que a TDA possui feições de "negócio jurídico fiduciário" (Rosenvald, 2018), haja vista a exigência legal de vínculo de confiança entre apoiado e apoiador.

A TDA não é representação no sentido convencional, pois ao apoiador não são outorgados poderes para a prática de fins específicos. Tampouco coincide com a assistência, já que a pessoa apoiada é considerada plenamente capaz e não precisa de assistência no momento da realização de negócio jurídico.[11]

O termo de decisão apoiada deve delimitar com clareza os limites do apoio e deveres dos apoiadores, não se tratando de medida informal, mas sim de instrumento equivalente às ideias de vida independente, autonomia de escolha e liberdade das pessoas com deficiência.

Desse modo, o objeto da TDA não se trata da decisão final, pois esta cabe à pessoa apoiada. Seu objeto é a instituição de deveres de diligência e de informação assumi-

---

11. Indica-se a obra nossa autoria (PEREIRA, 2019), que verticaliza a Tomada de Decisão Apoiada sob o aspecto funcional de ampliação de diferentes perfis da liberdade da pessoa com deficiência.

dos por duas pessoas que mantenham vínculo de confiança com o apoiado. Desse modo, suas finalidades são a superação de barreiras comunicacionais e o estímulo ao protagonismo da pessoa com deficiência.

A estrutura da TDA é delineada no art. 1.783-A do Código Civil e ora se ressaltam as principais exigências formais para sua concretização. Primeiramente, deve ser instrumentalizada por escrito e com a qualificação dos dois apoiadores. O conteúdo das decisões poderá versar sobre atos de natureza patrimonial ou existencial (Menezes, 2016, p. 47), o que, em regra, não é possível na curatela, ante o contido no art. 85, *caput* da LBI.

Salienta-se que o tema foi enfrentado de modo transversal no Recurso Especial 1.645.612/SP, em que a Terceira Turma do Superior Tribunal de Justiça afirmou que a TDA pode se referir à prestação de apoio para a tomada de decisões de cunho existencial, como o pedido de divórcio (BRASIL, 2018-b). Ana Carolina Brochado Teixeira e Andreza da Silva Conceição comentam passagem da fundamentação do julgado:

> Na sequência, a ilustre relatora ainda ressaltou *que por se tratar de um ato de natureza personalíssima o procedimento mais apropriado ao caso era a adoção da tomada de decisão apoiada – TDA, que preservaria a capacidade de discernimento e expressão de vontade do cônjuge*. Diante disso, depreende-se que a relatora entende que a tomada de decisão apoiada é a medida adequada a situações que envolvam a prática de atos existenciais de natureza personalíssima. (Conceição; Teixeira, 2019, p. 261).

Quanto à concomitância de TDA e curatela, observa-se o contido no Enunciado 640 da VIII Jornada de Direito Civil do Conselho da Justiça Federal: "A tomada de decisão apoiada não é cabível, se a condição da pessoa exigir aplicação da curatela" (BRASIL; CJF, 2018).

Assim, muito embora a doutrina tenha inicialmente admitido a possibilidade da utilização simultânea dos instrumentos de apoio, prevalece o entendimento da necessidade de optar pelo uso de apenas uma das medidas.

Não se ignoram as relevantes críticas que recebe o instituto jurídico, como aquela apontada por Cíntia Muniz de Souza Konder (2017, p. 177), que questiona a sua efetividade já que se direciona a pessoas com deficiência que poderiam restar em condição de desproteção patrimonial e existencial.

Embora haja quem defenda a ampliação dos sujeitos que venham a requerer a TDA (Rosenvald, 2015-b, p. 760), certo é que a disposição dos dois primeiros parágrafos do art. 1.783-A apresenta o cenário em que a pessoa com deficiência protocolará o termo de TDA para homologação do Poder Judiciário.[12]

---

12. Em decisão monocrática que julgou o Agravo em Recurso Especial 2.176.502/SP, o Relator Min. Antonio Carlos Ferreira deu provimento à insurgência de pessoa com deficiência mental leve para cassar o acórdão de recurso de Embargos de Declaração proferido pelo Tribunal de Justiça do Estado de São Paulo. O relator ressaltou que a Corte estadual deixou de se pronunciar sobre a ilegitimidade ativa do Ministério Público para propor a curatela, assim como deixou de analisar a viabilidade de homologar instrumento de Tomada de decisão apoiada para os atos de investimento financeiro pretendidos pelo recorrente (BRASIL, 2023).

Sobre a legitimidade ativa para a TDA, Nelson Rosenvald (2015-a, p. 510) entende que seria possível admitir o pedido formulado por familiares, Ministério Público, ou mesmo curador(a). Joyceane Bezerra de Menezes (2016, p. 46) afirma que a legitimidade seria exclusiva da pessoa com deficiência, a qual é titular da prática do ato personalíssimo de instituir a TDA.

Devem ser escolhidas como apoiadoras *duas* pessoas idôneas e do círculo de confiança da apoiada, peculiaridade da legislação brasileira e que se distancia de outros ordenamentos jurídicos. Exemplificativamente, o sistema argentino prevê, no art. 43 do Código Civil, a faculdade ao interessado de propor ao juiz a designação de *uma ou mais pessoas* de sua confiança para que lhe prestem o apoio.

Segundo Ana Luiza Maia Nevares e Anderson Schreiber (2016, p. 53), a exigência de indicação de dois apoiadores provoca um "duplo mal", pois além de não ter o condão de trazer maior segurança e proteção à pessoa com deficiência, também tem como efeito o desconforto para o exercício da função conjunta entre pessoas que talvez sequer mantenham relação de fidúcia entre si.

De todo modo, os apoiadores a que se refere a legislação brasileira desempenham importante papel de concretizar a finalidade da CDPD de fortalecer as redes de apoio em torno da pessoa com deficiência e propiciar-lhe uma vida com maior independência.

Quanto ao aspecto de duração da medida, não há norma supletiva definindo prazo mínimo ou máximo para a extinção ou renovação do termo de TDA, devendo, porém, constar expressamente do termo.

Antes da homologação em juízo, a lei exige que o Ministério Público e a equipe multidisciplinar examinem os limites do apoio descritos e a idoneidade dos apoiadores. Cíntia Muniz de Souza Konder (2017, p. 176) critica em parte a disposição legal, por entender que as funções institucionais do Ministério Público seriam incompatíveis com o exame de instrumento jurídico realizado por iniciativa de pessoa capaz.

Importante a oitiva da pessoa apoiada, apoiadores e equipe multidisciplinar para examinar a efetiva função da medida de apoio em auxiliar a pessoa com deficiência na superação de barreiras comunicacionais.

Nesse sentido, o Tribunal de Justiça do Estado do Paraná julgou recurso de Agravo de Instrumento que determinou a reforma da decisão que indeferiu o pedido de homologação de TDA sem permitir a devida participação de equipe multidisciplinar e Ministério Público. Conforme a Corte paranaense, o prosseguimento de ação de nulidade de escritura pública sem a formalização do apoio pleiteado traria prejuízos à pessoa com deficiência e idosa em condição de vulnerabilidade. Logo, determinou-se o prosseguimento dos requisitos para formalização da TDA (BRASIL; TJPR-b, 2020).

Com a homologação judicial, a TDA passará a surtir efeitos jurídicos e, mesmo que não haja imposição legal de registro do termo em registro civil de pessoas naturais, há quem entenda que tampouco há vedação para que a medida seja adotada para dar publicidade perante terceiros (Rosenvald, 2015, p. 512). Mariana Lara entende ser preciso processo legislativo e apresenta proposta de redação a projeto de lei que inclua a possibilidade de instituição de TDA por instrumento público (Lara, 2021, p. 238).

O art. 1.783-A, § 5º faculta que o terceiro possa solicitar que os dois apoiadores contra-assinem o instrumento contratual ou acordo, porém não há consequência para o caso de não cumprimento do pedido (Nevares; Schreiber, 2016, p. 53).

O art. 1.783-A, § 6º do Código Civil enuncia que caberá ao Poder Judiciário dirimir dúvidas em caso de divergência de opinião entre pessoa apoiada e apoiadores. A previsão causa estranheza ao aspecto funcional de vida independente e autonomia de escolha, haja vista que se retira da pessoa apoiada a decisão final.

Caso se constate que a atuação dos apoiadores apresenta comportamento negligente, pressão indevida ou inadimplemento de obrigações, o Ministério Público ou Juiz pode destituir o apoiador, nomeando em juízo, e após a oitiva da apoiada, uma nova pessoa.

O encerramento da TDA por resilição unilateral é direito do apoiado. O ato pode ser praticado mediante solicitação nos autos do processo de homologação (artigo 1.783-A, §9º, Código Civil) ou por mero transcorrer do prazo estipulado. De outra parte, caso o apoiador tenha a intenção de se desvencilhar do papel, há maior formalidade, que consiste em requerimento em juízo.

O último parágrafo do art. 1.783-A dispõe que as normas relativas à prestação de contas na curatela também serão aplicáveis à TDA, o que significa dizer que as normas constantes dos artigos 1.755 a 1.762 do Código Civil e art. 84, §4º da LBI regularão, naquilo que couber, a TDA.

Tais formalidades são alvo de crítica pela doutrina e mencionam-se os estudos de Nelson Rosenvald, que observa que tanto a TDA, quanto a curatela não são de amplo conhecimento e uso da população brasileira para a prática de atos cotidianos. O autor sugere, com base no art. 1.590 do CC, que se aprofunde a atenção à possibilidade jurídica da "guarda de fato" da pessoa com deficiência, através da qual seria possível nomeação do guardião por ata notarial ou mediante processo de jurisdição voluntária com respectiva declaração judicial (Rosenvald, 2019).[13]

Por fim, observadas as características que particularizam a TDA, é importante citar que há proposta de lei que visa à alteração da LBI: trata-se do Projeto de Lei do Senado Federal (PLS) 757/2015 (BRASIL, 2015), em tramitação na Câmara dos Deputados sob o 11.091/2018, proposto ao final de 2015 pelos parlamentares Paulo Paim (Partido dos Trabalhadores – Rio Grande do Sul) e Antonio Carlos Valadares (Partido Socialista Brasileiro – Sergipe).

---

13. Nesse aspecto, cita-se a profunda reforma do Código Civil espanhol que, em 2021, alterou a redação dos artigos 249 a 299. As inovações legislativas trazem como medidas de apoio para o exercício da capacidade civil a "guarda de hecho", a curatela e a figura do "defensor judicial" (ESPANHA, 2021).

Em meio às discussões no processo legislativo, houve alterações na redação original e há interessantes análises doutrinárias sobre a redação substitutiva do PL, dentre as quais se mencionam o parecer jurídico de Flávio Tartuce (2016), o qual sustenta a retomada da categoria da "incapacidade absoluta", e o parecer elaborado por Joyceane Bezerra de Menezes (2017) a convite do Instituto Brasileiro de Direito de Família (IBDFam), de acordo com a qual, o projeto apresenta grave risco de retrocesso aos avanços da CDPD e da LBI.

Em 2016, houve requerimento de instauração de Incidente de Assunção de Competência (IAC) no Agravo em Recurso Especial 856.156/RJ pelo Ministério Público Federal em caso originado de ação de regulamentação de visitas a uma idosa curatelada em momento anterior às modificações da LBI. A sentença julgou improcedente o pedido do curador que pretendia assegurar a convivência com um irmão, o que foi confirmado em 2º grau e justificou a interposição de recurso à Corte Superior (BRASIL, 2016).

O IAC pretendia que o STJ se pronunciasse sobre a existência de incapacidade absoluta de maiores de idade no ordenamento jurídico brasileiro, quais os poderes do curador para atos de natureza patrimonial e negocial do curatelado, dentre outros pedidos, porém, o IAC teve seu seguimento negado.

Como visto, ao julgar o REsp 1.927.423/SP, o STJ compreendeu que a incapacidade absoluta se restringe a pessoas com menos de 16 anos (BRASIL, 2021-a). Tal interpretação se alinha à legislação que, em consonância com a CDPD, afasta a possibilidade de incapacidade da pessoa com deficiência. E, tanto a curatela, quanto a TDA, constituem o sistema de apoios para a reconstrução dos sentidos da capacidade civil da pessoa com deficiência psíquica ou intelectual.

Por fim, nota-se que há propostas doutrinárias que visam à desburocratização e maior celeridade para aplicação da tomada de decisão apoiada. Mariana Alves Lara apresenta minuta de projeto de lei que prevê a formalização da tomada de decisão apoiada por instrumento público escrito por tabelião e assinado pelo apoiado e apoiadores (Lara, 2021, p. 238). Em igual perspectiva, menciona-se a obra de Henrique Gusmão, que aponta a viabilidade da tomada de decisão apoiada pela via das serventias extrajudiciais (Gusmão, 2022).

6. CONCLUSÃO

A capacidade civil da pessoa com deficiência passou por mudanças estruturais a partir da lógica inaugurada pela CDPD. Partindo-se do modelo de substituição da vontade pautado pelo discurso médico e patológico em que as preferências da pessoa com deficiência eram deixadas ao encargo de um "curador" após processo judicial, vislumbra-se a passagem para um modelo social em que o direito se compromete a disponibilizar à pessoa com deficiência institutos jurídicos que promovam uma vida independente e com liberdade de escolha de acordo com suas potencialidades.

Os princípios *in dubio pro capacitas*, da intervenção mínima e da beneficência norteiam a leitura da capacidade legal em sentido conglobante, orientação sintetizada no art. 12 da CDPD. O referido tratado foi internalizado no ordenamento jurídico brasileiro na qualidade de emenda constitucional (art. 5º, § 3º da Constituição Federal) e, apesar disso, as mudanças concernentes ao regime das capacidades e institutos jurídicos de direito civil só foram efetivadas com a promulgação da Lei 13.146/2015, a LBI.

A partir da contextualização realizada neste capítulo, é possível arrolar as seguintes conclusões em torno da curatela e da tomada de decisão apoiada para a reconstrução dos sentidos da capacidade civil:

a) A capacidade civil é a regra para as pessoas com deficiência psíquica ou intelectual e, de acordo com o texto da CDPD, não comporta gradação.

b) A curatela deve ser aplicada em versão repersonalizada e que considere as particularidades e preferências da pessoa curatelada em concreto, superando-se a lógica do modelo substitutivo de vontade.

c) A curatela se limita a decisões de cunho patrimonial e negocial, não alcançando decisões que digam respeito a atos existenciais, como direito ao próprio corpo, sexualidade e matrimônio.

d) Exige-se do Poder Judiciário exercício ativo para garantir a análise das potencialidades concretas da pessoa com deficiência, inclusive com a presença de equipe multidisciplinar durante a instrução do feito, para que possa delimitar com clareza quais serão os atos específicos que demandarão a presença do curador.

e) A curatela tem aplicação temporária e deve ter como pressuposto a ideia de vida independente e liberdade da pessoa curatelada com capacidade legal.

f) A tomada de decisão apoiada constitui medida de apoio inovadora incluída no art. 1.783-A do Código Civil que resulta da relação de fidúcia entre a pessoa com deficiência e dois apoiadores que assumem o dever de prestar esclarecimento e informações atinentes a atos delimitados no termo de TDA homologado judicialmente.

g) Os óbices enfrentados para a concretização da TDA são os requisitos para sua formalização, como a judicialização e exigência de participação do Ministério Público quanto ao seu conteúdo, mesmo se tratando de pessoa plenamente capaz.

h) Há propostas doutrinárias de instituir a TDA pela via extrajudicial, a fim de desburocratizar e conferir maior celeridade à medida de apoio.

i) Não obstante os desafios colocados à concretização da curatela e da TDA de modo amplo à sociedade brasileira, ambos compõem um sistema que busca de maior liberdade e independência das pessoas com deficiência psíquica ou intelectual.

7. REFERÊNCIAS

ABREU, Célia Barbosa. *Primeiras linhas sobre a interdição após o novo Código de Processo Civil*. Curitiba: CRV, 2015.

ALMEIDA, Vitor. *A capacidade civil das pessoas com deficiência e os perfis da curatela*. 2. ed. Belo Horizonte: Fórum, 2021.

AMARAL, Francisco. *Direito civil*: introdução. 6. ed. Rio de Janeiro: Renovar, 2006.

ARAUJO, Luiz Alberto David; PIANOVSKI RUZYK, Carlos Eduardo. A perícia multidisciplinar no processo de curatela e o aparente conflito entre o estatuto da pessoa com deficiência e o código de processo civil: reflexões metodológicas à luz da teoria geral do direito. *Revista de direitos e garantias fundamentais*, Vitória, v. 18, n. 1, jan./abr. 2017. p. 227-255. Disponível em: https://sisbib.emnuvens.com.br/direitosegarantias/article/view/867/330. Acesso em: 18 jan. 2022.

ARBEX, Daniele. *Holocausto brasileiro*. São Paulo: Geração Editorial, 2013.

BARBOZA, Heloisa Helena; ALMEIDA JUNIOR, Vitor de Azevedo. Reconhecimento e inclusão das pessoas com deficiência. *Revista Brasileira de Direito Civil – RBDCivil*, Belo Horizonte, v. 13, p. 17-37, jul./set. 2017.

BEVILÁQUA, Clóvis. *Código Civil dos Estados Unidos do Brasil*: comentado por Clóvis Beviláqua. Edição histórica. Rio de Janeiro: Rio, 1977.

CONCEIÇÃO, Andreza da Silva; TEIXEIRA, Ana Carolina Brochado. A proteção da pessoa com deficiência: entre a curatela e a tomada de decisão apoiada. In: LAGE, Juliana Gomes; PASSOS, Aline Araújo; SALLES, Raquel Bellini. *Direito, vulnerabilidade e pessoa com deficiência*. Rio de Janeiro: Processo, 2019.

CONCIL OF EUROPE. *Who gets to decide?* Right to legal capacity for persons with intellectual and psychosocial disabilities. Disponível em: https://wcd.coe.int/ViewDoc.jsp?p=&id=1908555&direct=true. Acesso em: 18 jan. 2022.

DHANDA, Amita. Legal capacity in the disability rights Convention: stranglehold of the past or lodestar for the future? *Syracuse Journal of International Law & Commerce*, v. 34. 429-462. 2007.

FACHIN, Luiz Edson. *Direito civil*: sentidos, transformações e fim. Rio de Janeiro: Renovar, 2015.

FREITAS, Augusto Teixeira. *Esboço do Código Civil*. Brasília: Fundação Universidade de Brasília, 1983. v. I.

GUSMÃO, Henrique Brandão Accioly de. *O instituto da tomada de decisão apoiada extrajudicial como exercício da capacidade civil das pessoas com deficiência*. Nova Iorque/Zurique: Lawinter Editions, 2022.

IBGE. *Nota técnica 01/2018*: Releitura dos dados de pessoas com deficiência no Censo Demográfico 2010 à luz das recomendações do Grupo de Washington. 2018.

KONDER, Cíntia Muniz de Souza. A celebração de negócios jurídicos por pessoas consideradas absolutamente capazes pela Lei 13.146 de 2015, mas que não possuem o necessário discernimento para os atos civis por doenças mentais: promoção da igualdade perante a lei ou ausência de proteção? In: BARBOZA, Heloisa Helena; MENDONÇA, Bruna Lima de; ALMEIDA JUNIOR, Vitor de Azevedo (Coord.). *O Código Civil e o Estatuto da Pessoa com Deficiência*. Rio de Janeiro: Processo, 2017.

LARA, Mariana Alves. *Capacidade civil e deficiência*: entre autonomia e proteção. Belo Horizonte: Editora D'Placido, 2021.

LÔBO, Paulo. *Direito civil*: Famílias. 9. ed. São Paulo: Saraiva, 2019.

MARQUES, Teresa C. de N.; MELO, Hildete Pereira de. Os direitos civis das mulheres casadas no Brasil entre 1916 e 1962 ou como são feitas as leis. *Estudos feministas*, Florianópolis, v. 16, n. 2, maio/ago. 2008.

MARTINS-COSTA, Judith. Capacidade para consentir e esterilização de mulheres tornadas incapazes pelo uso de drogas: notas para uma aproximação entre a técnica jurídica e a reflexão bioética. In: MARTINS-COSTA, Judith; MÖLLER, Letícia Ludwig (Org.). *Bioética e responsabilidade*. São Paulo: Forense, 2009.

MATOS, Ana Carla Harmatiuk; OLIVEIRA, Ligia Ziggiotti de. Além da Convenção de Nova York: Além do estatuto da pessoa com deficiência – Reflexões a partir de uma compreensão crítica dos direitos humanos. *Revista de derechos humanos y estúdios sociales – Redhes*, Sevilha, ano VIII, n. 15, p. 15-32, jan./jun. 2016.

MENEZES, Joyceane Bezerra de. Tomada de decisão apoiada: instrumento de apoio ao exercício da capacidade civil da pessoa com deficiência instituído pela lei brasileira de inclusão (Lei 13.146/2015). *Revista Brasileira de Direito Civil – RBDCivil*, Belo Horizonte, v. 9, p. 31-57, jul./set. 2016.

MENEZES, Joyceane Bezerra de. O risco do retrocesso: uma análise sobre a proposta de harmonização dos dispositivos do Código Civil, do CPC, do EPD e da CDPD a partir da alteração da Lei 13.146, de 06 de julho de 2015. *Revista Brasileira de Direito Civil – RBDCivil*, Belo Horizonte, v. 12, p. 137-171, abr./jun. 2017.

MENEZES, Joyceane Bezerra de. O direito protetivo no Brasil após a convenção sobre a proteção da pessoa com deficiência: impactos do novo CPC e do Estatuto da Pessoa com Deficiência. In: MENEZES, Joyceane Bezerra de (Org.). *Direito das pessoas com deficiência psíquica e intelectual nas relações privadas*: convenção sobre os direitos da pessoa com deficiência e Lei Brasileira de Inclusão. 2. ed. Rio de Janeiro: Processo, 2020.

MENEZES, Joyceane Bezerra de; PIMENTEL, Ana Beatriz Lima; LINS, Ana Paola de Castro e. A capacidade jurídica da pessoa com deficiência após a Convenção sobre os Direitos das Pessoas com Deficiência: análise das soluções propostas no Brasil, em Portugal e no Peru. *Revista Direito e Práxis*, Rio de Janeiro, v. 12, n. 1, p. 296-322, mar. 2021. Disponível em: https://www.e-publicacoes.uerj.br/index.php/revistaceaju/article/view/43240. Acesso em: 21 jan. 2022.

NEVARES, Ana Luiza Maia; SCHREIBER, Anderson. Do sujeito à pessoa: uma análise da incapacidade civil. In: ALMEIDA, Vitor; TEIXEIRA, Ana Carolina Brochado; TEPEDINO, Gustavo (Coord.). *O direito civil entre o sujeito e a pessoa*: estudos em homenagem ao professor Stefano Rodotà. Belo Horizonte: Fórum, 2016.

OLIVEIRA, Ligia Ziggiotti. *Olhares feministas sobre o direito das famílias contemporâneo*: perspectivas críticas sobre o individual e o relacional em família. 2. ed. Rio de Janeiro: Lumen Juris, 2020.

ORGANIZAÇÃO DAS NAÇÕES UNIDAS. *Contribution by World Network of Users and Survivors of Psychiatry (WNUSP)*. Disponível em: http://www.un.org/esa/socdev/enable/rights/wgcontrib-wnusp.htm. Acesso em: 18 jan. 2022.

ORGANIZAÇÃO DAS NAÇÕES UNIDAS. *Informe del Comité Especial encargado de preparar una convención internacional amplia e integral para proteger y promover los derechos y la dignidad de las personas con discapacidad sobre su quinto período de sesiones*. Disponível em: http://www.un.org/esa/socdev/enable/rights/ahc5reports.htm. Acesso em: 18 jan. 2022.

PEREIRA, Jacqueline Lopes. *Tomada de Decisão Apoiada*. Curitiba: Juruá, 2019.

ROSENVALD, Nelson. *A guarda de fato como terceira via entre a curatela e a TDA*. Disponível em: https://www.ibdfam.org.br/artigos/1365/A+guarda+de+fato+como+terceira+via+entre+a+curatela+e+a+TDA. Acesso em: 18 jan. 2022.

ROSENVALD, Nelson. *A responsabilidade civil da pessoa com deficiência qualificada pelo apoio e de seus apoiadores*. Disponível em: https://www.ibdfam.org.br/artigos/1264/A+Responsabilidade+Civil+da+Pessoa+com+Defici%C3%AAncia+qualificada+pelo+Apoio+e+de+seus+Apoiadores. Acesso em: 18 jan. 2022.

ROSENVALD, Nelson. Curatela. In: Rodrigo da Cunha Pereira (Org.). *Tratado de Direito das Famílias*. Belo Horizonte: IBDFAM, 2015.

ROSENVALD, Nelson. Tomada de decisão apoiada: primeiras linhas sobre um novo modelo jurídico promocional da pessoa com deficiência. In: PEREIRA, Rodrigo da Cunha (Org.). *Famílias nossas de cada dia*. Belo Horizonte: IBDFAM, 2015.

SANTOS, Charlene Côrtes. *Curatela e tomada de decisão apoiada*: teoria e prática. Curitiba: Juruá, 2021.

SCHULMAN, Gabriel. *Internação forçada, saúde mental e drogas*: é possível internar contra a vontade? Indaiatuba: Foco, 2020.

SIMÃO, José Fernando; TARTUCE, Flávio. *Estão todos os interditados livres da incapacidade?* posição contrária (Flávio Tartuce) e posição favorável (José Fernando Simão). Disponível em: http://genjuridico.com.br/2017/04/11/estao-todos-os-interditados-livres-da-incapacidade-posicao-contraria--flavio-tartuce-e-posicao-favoravel-jose-fernando-simao/. Acesso em: 18 abr. 2023.

TARTUCE, Flávio. O Estatuto da pessoa com deficiência e a capacidade testamentária ativa. In: MENEZES, Joyceane Bezerra de (Org.). *Direito das pessoas com deficiência psíquica e intelectual nas relações privadas*: convenção sobre os direitos da pessoa com deficiência e Lei Brasileira de Inclusão. 2. ed. Rio de Janeiro: Processo, 2020.

TARTUCE, Flávio. *Parecer sobre o Projeto de Lei do Senado Federal 757/2015. Altera o Estatuto da Pessoa com deficiência, o Código Civil e o Código de Processo Civil*. Disponível em: https://legis.senado.leg.br/sdleg-getter/documento?dm=4374546&disposition=inline. Acesso em: 18 jan. 2022.

TAVARES, Regina Beatriz. Certezas e incertezas após o primeiro ano de vigência do Estatuto da Pessoa com Deficiência. *Estadão*. 20 abr. 2017. Disponível em: http://politica.estadao.com.br/blogs/fausto--macedo/certezas-e-incertezas-apos-o-primeiro-ano-de-vigencia-do-epd-estatuto-da-pessoa-com--deficiencia/. Acesso em: 18 jan. 2022.

TEIXEIRA, Ana Carolina Brochado; LEAL, Livia Teixeira. Controle valorativo dos atos de autonomia praticados por pessoas com deficiência intelectual ou psíquica. *Pensar – Revista de Ciências Jurídicas*, Fortaleza, v. 4, n. 25, p. 1-13, dez. 2020. Disponível em: https://periodicos.unifor.br/rpen/article/view/11236/pdf. Acesso em: 21 jan. 2022.

TROMBETTA, Angela. *Savigny e il sistema*: alla ricerca dell'ordine giuridico. Bari: Cacucci Editore, 2008.

Jurisprudência

BRASIL. Conselho da Justiça Federal. *Jornadas de direito civil I, III, IV e V*: enunciados aprovados. Disponível em: https://www.cjf.jus.br/cjf/corregedoria-da-justica-federal/centro-de-estudos-judiciarios-1/publicacoes-1/jornadas-cej/EnunciadosAprovados-Jornadas-1345.pdf. Acesso em: 18 abr. 2023.

BRASIL. Conselho da Justiça Federal. *Enunciados da VIII Jornada de Direito Civil*. Disponível em: https://www.cjf.jus.br/enunciados/enunciado/1179. Acesso em: 18 jan. 2022.

BRASIL. Superior Tribunal de Justiça. *Recurso Especial 1645612/SP*, rel. Min. Nancy Andrighi. DJe. Brasília, 12 nov. 2018. Disponível em: https://scon.stj.jus.br/SCON/GetInteiroTeorDoAcordao?num_registro=201502646958&dt_publicacao=12/11/2018. Acesso em: 18 abr. 2023.

BRASIL. Superior Tribunal de Justiça. *Agravo em Recurso Especial 856156/RJ*. Agravante: C.R.; Agravada: J.C.R. Brasília, DF, 14 nov. 2016. DJe 18 nov. 2016. Disponível em: https://ww2.stj.jus.br/processo/revista/documento/mediado/?componente=MON&sequencial=66788339&num_registro=201600282825&data=20161118&formato=PDF. Acesso em: 18 abr. 2023.

BRASIL. Superior Tribunal de Justiça. *Recurso Especial 1927423/SP*. rel. Min. Marco Aurélio Belizze. DJe. Brasília, 04 mai. 2021. Disponível em: https://processo.stj.jus.br/processo/revista/documento/mediado/?componente=ITA&sequencial=2048252&num_registro=202002328829&data=20210504&formato=PDF. Acesso em: 18 abr. 2023.

BRASIL. Superior Tribunal de Justiça. *Recurso Especial 1640969/MG*, rel. Min. Maria Isabel Gallotti. DJe. Brasília, 16 ago. 2022. Disponível em: https://scon.stj.jus.br/SCON/GetInteiroTeorDoAcordao?num_registro=201603111511&dt_publicacao=16/08/2022. Acesso em: 18 abr. 2023.

BRASIL. Superior Tribunal de Justiça. *Recurso Especial 1795395/MT*, rel. Min. Nancy Andrighi. DJe. Brasília, 06 mai. 2021. Disponível em: https://scon.stj.jus.br/SCON/GetInteiroTeorDoAcordao?num_registro=201900297470&dt_publicacao=06/05/2021. Acesso em: 18 abr. 2023.

BRASIL. Superior Tribunal de Justiça. *Recurso Especial 1943699/SP*, rel. Min. Marco Aurélio Bellizze. DJe. Brasília, 15 dez. 2022. Disponível em: https://scon.stj.jus.br/SCON/GetInteiroTeorDoAcordao?num_registro=202101773133&dt_publicacao=15/12/2022. Acesso em: 18 abr. 2023.

BRASIL. Superior Tribunal de Justiça. *Recurso Especial 1686161/SP*, rel. Min. Nancy Andrighi. DJe. Brasília, 15 set. 2017. Disponível em: https://scon.stj.jus.br/SCON/GetInteiroTeorDoAcordao?num_registro=201602558025&dt_publicacao=15/09/2017. Acesso em: 18 abr. 2023.

BRASIL. Superior Tribunal de Justiça. *Agravo Interno nos Embargos de Declaração no Recurso Especial 1834877/SP*, rel. Min. Raul Araújo. DJe. Brasília, 25 abr. 2022. Disponível em: https://scon.stj.jus.br/SCON/GetInteiroTeorDoAcordao?num_registro=201902570175&dt_publicacao=25/04/2022. Acesso em: 18 abr. 2023.

BRASIL. Superior Tribunal de Justiça. *Agravo Interno nos Embargos de Declaração no Recurso Especial 1851034/SP*, rel. Min. Marco Aurélio Bellizze. DJe. Brasília, 25 jun. 2020. Disponível em: https://scon.stj.jus.br/SCON/GetInteiroTeorDoAcordao?num_registro=201903563522&dt_publicacao=25/06/2020. Acesso em: 18 abr. 2023.

BRASIL. Supremo Tribunal Federal. *ADI 6590*. DJe. Brasília, 08 jan. 2021. Disponível em: http://portal.stf.jus.br/processos/detalhe.asp?incidente=6036507. Acesso em: 18 jan. 2022.

BRASIL. TJMS. *Apelação Cível 0803855-23.2019.8.12.0019*. rel. Des. Luiz Tadeu Barbosa Silva. DJe. Campo Grande, MS, 13 out. 2020. DJe. Campo Grande, 15 out. 2020.

BRASIL. TJPR. Agravo de Instrumento 0006010-44.2020.8.16.0000. Curitiba, PR, 17 jul. 2020. DJe. Curitiba, 20 jul. 2020.

BRASIL. TJPR. *Apelação Cível 014127-89.2015.8.16.0035*, rel. Des. Ruy Muggiati. DJe. Curitiba, 15 dez. 2020.

BRASIL. TJSP. *Apelação Cível 1003906-11.2016.8.26.0619*, rel. Des. Natan Zelinschi de Arruda. DJe. São Paulo, SP, 18 dez. 2020. Saj. São Paulo, 18 dez. 2020.

Legislação

BRASIL. Presidência da República. *Decreto 11.370, de 1º de janeiro de 2023*. Disponível em: http://www.planalto.gov.br/ccivil_03/_ato2023-2026/2023/decreto/D11370.htm. Acesso em 16 abr. 2023.

BRASIL. Senado Federal. Projeto de lei 757, de 2015. Autores: Senador Antonio Carlos Valadares (PSB/SE), Senador Paulo Paim (PT/RS). *Senado Federal*, Brasília, DF. Disponível em: https://www25.senado.leg.br/web/atividade/materias/-/materia/124251. Acesso em: 18 jan. 2022.

ESPANHA. *Código Civil español*. Disponível em: https://www.conceptosjuridicos.com/codigo-civil/. Acesso em 17 abr. 2023.

A FAMÍLIA E OS DESAFIOS À EFETIVAÇÃO DO DIREITO DAS PESSOAS COM DEFICIÊNCIA À PENSÃO PREVIDENCIÁRIA

Ana Cláudia Mendes de Figueiredo

Mestranda em Direitos Humanos e Cidadania na Universidade de Brasília. Pós-graduada em Direito do Trabalho e Processo do Trabalho. Graduada em Letras e Direito. Representante da Rede Brasileira de Inclusão da Pessoa com Deficiência (Rede-In) no Observatório de Direitos Humanos do Poder Judiciário. Integrante do Coletivo Brasileiro de Pesquisadores e Pesquisadoras dos Estudos da Deficiência – Mangata. Conselheira junto ao Conselho Nacional dos Direitos da Pessoa com Deficiência (Conade) de 2017 a 2020. Assessora de Ministro no Supremo Tribunal Federal e no Tribunal Superior do Trabalho de 2006 a 2017. Advogada. Brasília, Distrito Federal, Brasil. E-mail: ana-cmfigueiredo.adv@gmail.com.

Sumário: 1. Introdução – 2. O benefício previdenciário "pensão por morte" – 3. Alterações legislativas desencadeadas na pensão previdenciária em face da mudança de paradigma da capacidade jurídica da pessoa com deficiência: uma análise histórica; 3.1 Modificações no Regime Geral de Previdência Social (RGPS); 3.2 Modificações no regime jurídico dos servidores públicos civis da União, das autarquias e das fundações públicas federais (RPPS); 3.3 Síntese das principais alterações legislativas havidas em relação à pensão previdenciária – 4. A possibilidade de reconhecimento da condição de "invalidez" ou de deficiência previamente ao óbito do segurado – 5. A luta das famílias para a adequação das regras relacionadas à pensão ao modelo de direitos humanos instaurado pela convenção sobre os direitos das pessoas com deficiência (CDPD); 5.1 Os direitos como resultados das dinâmicas sociais por dignidade; 5.2 As razões dos esforços das famílias em prol do direito dos seus dependentes com deficiência intelectual, mental ou grave à pensão previdenciária – 6. Reflexões sobre a compatibilidade entre o direito à pensão por morte e o direito à capacidade jurídica; 6.1 Entre o texto e o contexto; 6.2 O direito previdenciário e a sua fundamentalidade para uma vida digna; 6.3 O percurso sinuoso da busca pela concessão do benefício previdenciário – 7. Considerações finais – 8. Referências.

1. INTRODUÇÃO

A Declaração Universal dos Direitos Humanos assegura, desde 1948, que todo ser humano, como membro da sociedade, tem direito à segurança social e à realização "pelo esforço nacional, pela cooperação internacional e de acordo com a organização e recursos de cada Estado, dos direitos econômicos, sociais e culturais indispensáveis à sua dignidade", sendo-lhe garantido também, bem como à sua família, um padrão de vida capaz de lhe propiciar saúde, bem-estar – abrangidos nesse alimentação, vestuário, habitação, cuidados médicos e serviços sociais indispensáveis – e direito à segurança em casos de perda dos meios de subsistência em circunstâncias estranhas à sua vontade (artigos XXII e XXV).

Na Convenção Americana sobre Direitos Humanos, assinada em San José da Costa Rica, em 1969, e promulgada, no Brasil, em 1992[1], foi reiterado que só pode

---

1. Decreto nº 678, de 6 de novembro de 1992.

ser realizado o ideal do ser humano livre, isento do temor e da miséria, "se forem criadas condições que permitam a cada pessoa gozar dos seus direitos econômicos, sociais e culturais, bem como dos seus direitos civis e políticos". Já no capítulo referente àqueles direitos foi estabelecido o compromisso dos Estados Partes com o desenvolvimento progressivo da "plena efetividade dos direitos que decorrem das normas econômicas, sociais e sobre educação, ciência e cultura [...]" (artigo 26).

Na esteira da evolução dos documentos declaratórios dos direitos humanos, o Brasil adotou como fundamentos a dignidade da pessoa humana, a cidadania e os valores sociais do trabalho e da livre iniciativa (CR, artigo 1º) e como um dos seus objetivos fundamentais a redução das desigualdades sociais. O Estado brasileiro fez constar, outrossim, nos artigos 6º, 40, 194 e 201 da Lei Fundamental, o direito à previdência social, garantindo-o no âmbito da seguridade social, que compreende um conjunto integrado de ações de iniciativa dos Poderes Públicos e da sociedade, destinadas a assegurar, além do aludido direito, também os direitos à saúde e à assistência social (CR, artigo 194).

Seguindo o espírito de densificação dos direitos humanos, a Convenção Internacional sobre os Direitos das Pessoas com Deficiência[2] (CDPD), aprovada no Brasil com valor de norma constitucional[3], assentou, em seu preâmbulo, o direito de as pessoas com deficiência[4] e seus familiares receberem da sociedade e do Estado a proteção e a assistência necessárias a tornar as famílias capazes de contribuir para o exercício pleno e equitativo dos direitos daquelas pessoas.

Em seu artigo 28, a CDPD dispõe sobre o reconhecimento, pelos Estados-Partes, do direito das pessoas com deficiência a um padrão adequado de vida para si e para suas famílias e à melhoria contínua de suas condições de vida, bem como à proteção social. Afirma o texto convencional ser dever dos signatários salvaguardar e promover o exercício desse direito sem discriminação, assegurando o acesso de pessoas com deficiência, particularmente mulheres, crianças e idosos com deficiência, a programas de proteção social e redução da pobreza.

A adoção de políticas de proteção social, hábeis a propiciar progressivamente uma maior isonomia, o empoderamento e a promoção da inclusão social, econômica e política de todas as pessoas são, a propósito, algumas das metas do Objetivo de Desenvolvimento Sustentável (ODS) 10 da Agenda 2030, de reduzir a desigualdade dentro dos países e entre eles (NAÇÕES UNIDAS BRASIL, 2015).

---

2. A Convenção e o seu Protocolo Facultativo foram promulgados mediante o Decreto nº 6.949, de 25 de agosto de 2009, data em que teve início sua vigência no plano interno.
3. Por ter sido a Convenção aprovada, juntamente com o seu Protocolo Facultativo, por meio do Decreto Legislativo nº 186, de 9 de julho de 2008, em conformidade com o procedimento do § 3º do artigo 5º da Constituição.
4. Consoante o artigo 1 da Convenção, pessoas com deficiência são "aquelas que têm impedimentos de longo prazo de natureza física, mental, intelectual ou sensorial, os quais, em interação com diversas barreiras, podem obstruir sua participação plena e efetiva na sociedade em igualdades de condições com as demais pessoas".

Esse ODS 10 tem especial relevância para as pessoas com deficiência, porque, nos termos da Convenção, a maioria dessa população vive em condições de pobreza, o que impõe o enfrentamento das consequências negativas dessa situação, bem como a promoção e proteção dos direitos humanos de todas as pessoas com deficiência, inclusive daquelas que requerem maior apoio.

A Lei nº 13.146, de 6 de julho de 2015 – que institui a Lei Brasileira de Inclusão da Pessoa com Deficiência (LBI), também denominada de Estatuto da Pessoa com Deficiência –, que tem como base a Convenção, estabelece, em seu artigo 8º, ser dever do Estado, da sociedade e da família assegurar à pessoa com deficiência, com prioridade, a efetivação dos direitos referentes à vida, à saúde, à alimentação, à habitação, à educação, à profissionalização, ao trabalho, à previdência social, à habilitação e à reabilitação, ao transporte, à acessibilidade, à cultura, à dignidade, ao respeito, à liberdade, entre outros previstos nessa e em outras normas que garantam seu bem-estar pessoal, social e econômico. Seu objetivo, de garantir e promover tais direitos, visa, em última análise, à inclusão social e à cidadania dessa população, as quais, por sua vez, somente se concretizam em um cenário no qual a indivisibilidade dos direitos – civis, políticos, sociais e econômicos – dessas pessoas é reafirmada (Dhanda, 2008).

Tendo em consideração os aludidos marcos jurídicos sobre o direito à previdência social, pretendemos apresentar, no presente capítulo, as principais alterações legislativas realizadas, desde a ratificação da CDPD, em relação à pensão por morte prevista nos dois regimes públicos de Previdência, nas situações em que devido o benefício previdenciário a dependentes com deficiência mental, intelectual ou grave. Detalharemos ainda as dinâmicas sociais, deflagradas pelo movimento político de pessoas com deficiência e defensores dos direitos humanos dessas pessoas, em prol de tais mudanças, declinando os motivos que justificam a subsistência da proteção social viabilizada por meio da concessão do aludido benefício – às pessoas com deficiência intelectual, mental ou com deficiência grave[5] –, independentemente do exercício do seu direito à capacidade jurídica – ou ao trabalho.

Apesar de o início da vigência da CDPD ter ocorrido, no plano interno, em 25 de agosto de 2009, data da sua promulgação pelo Decreto nº 6.949, a análise das referidas modificações legislativas dar-se-á a partir de 31 agosto de 2011, porque as mudanças ocorridas entre aquela data e essa escapam ao objeto deste capítulo, a saber, o arcabouço legislativo da pensão por morte após a mudança de paradigma que a Convenção imprimiu à deficiência e à capacidade jurídica da população que visou proteger.

---

5. A deficiência intelectual diz respeito a limitações cognitivas e a deficiência mental – em uma concepção distinta daquela conferida por normas legais e infralegais anteriores à CDPD – guarda relação com as repercussões duradouras de transtornos mentais (como esquizofrenia, transtorno bipolar, psicose etc.), enquadrando-se no campo da saúde mental. A opção pelo uso da expressão "deficiência mental", em vez de deficiência psicossocial (como tem sido mais frequentemente usado pelo Comitê de Monitoramento da Comitê da Organização das Nações Unidas sobre os Direitos das Pessoas com Deficiência), da expressão "deficiência grave" e do termo depreciativo "inválido" decorre da necessidade de, em razão do tema abordado, manter correspondência com as expressões e nomenclaturas adotadas nas legislações que versam sobre as questões previdenciárias alvos deste capítulo.

2. O BENEFÍCIO PREVIDENCIÁRIO "PENSÃO POR MORTE"

O direito fundamental à previdência social constitui, entre outras formas de proteção social, instrumento destinado à materialização da dignidade das pessoas (SARLET, 2007, p. 351) nas contingências sociais da vida humana, entre as quais a morte, que consiste no fato gerador do direito à pensão.

O fundamento do benefício previdenciário "pensão por morte" é uma existência digna, uma vez que tem como escopo conferir, por meio de uma prestação mensal, especial proteção às pessoas que dependiam economicamente do segurado, posteriormente ao falecimento desse e ao consequente esgotamento da subsistência que provia aos seus dependentes.

A prestação, de natureza continuada, reveste-se de natureza alimentar (CR, artigo 100, § 1º) e não pode ter valor mensal inferior ao salário mínimo (CR, artigos 201, § 2º, e 40, § 7º), sendo concedida ao conjunto dos dependentes do segurado falecido[6], aposentado ou não, em conformidade com a lei vigente na data do óbito (Súmula 340 do STJ).

As pensões previdenciárias alvos de análise neste capítulo são aquelas regidas pela Lei nº 8.213, de 24 de julho de 1991, que dispõe sobre o Regime Geral de Previdência Social (RGPS), e pela Lei nº 8.112, de 11 de dezembro de 1990, que dispõe sobre o Regime Jurídico dos Servidores Públicos Civis da União, das Autarquias e das Fundações Públicas Federais (RPPS).

Nos termos do artigo 1º da Lei nº 8.213/1991, a Previdência Social tem por fim "assegurar aos seus beneficiários meios indispensáveis de manutenção, por motivo de incapacidade, desemprego involuntário, idade avançada, tempo de serviço, encargos familiares e prisão ou morte daqueles de quem dependiam economicamente".

A pensão por morte do segurado desse regime encontra-se prevista no artigo 201 da Constituição da República, compondo o conjunto de benefícios que devem ser atendidos pela Previdência Social, a qual integra – juntamente com a Assistência Social e a Saúde – a Seguridade Social (CR, artigos 194 a 204). No RGPS, ao qual são vinculados os trabalhadores da iniciativa privada e servidores não filiados a regimes próprios, o direito em tela é disciplinado nos artigos 74 a 78 da Lei nº 8.213/1991 e regulamentado pelos artigos 105 a 115 do Decreto nº 3.048/1999.

No âmbito federal, o aludido benefício é regulado pelos artigos 215 a 225 da Lei nº 8.112/1990[7].

---

6. Diferentemente da maioria dos benefícios previdenciários, que tem como destinatários os próprios segurados, a pensão por morte – e o auxílio-inclusão – tem como destinatário os seus dependentes.
7. Relativamente aos regimes próprios de previdência social, estabelece o artigo 40, § 7º, da Constituição da República, com a redação dada pela Emenda Constitucional nº 103, de 12 de novembro de 2019, que "[....] o benefício de pensão por morte será concedido nos termos de lei do respectivo ente federativo [....]".

Antes de detalhar as regras que disciplinam o benefício na atualidade, na fração que importa ao objetivo proposto neste texto, impõe-se conhecer a trajetória das alterações legislativas desencadeadas pelo advento da CDPD e, mais especificamente, pela mudança de paradigma da capacidade jurídica da pessoa com deficiência.

3. ALTERAÇÕES LEGISLATIVAS DESENCADEADAS NA PENSÃO PREVIDENCIÁRIA EM FACE DA MUDANÇA DE PARADIGMA DA CAPACIDADE JURÍDICA DA PESSOA COM DEFICIÊNCIA: UMA ANÁLISE HISTÓRICA

Os Estados signatários da CDPD reafirmaram, no artigo 12 desse instrumento, que "as pessoas com deficiência têm o direito de ser reconhecidas em qualquer lugar como pessoas perante a lei". Afirmaram, em acréscimo, que as pessoas com deficiência "[...] gozam de capacidade legal em igualdade de condições com as demais pessoas em todos os aspectos da vida[...]", cabendo aos Estados adotarem medidas "para prover o acesso de pessoas com deficiência ao apoio que necessitarem no exercício de sua capacidade legal".

Nos artigos 27 e 28 da Convenção, foi reconhecido o direito das pessoas com deficiência à proteção social e ao trabalho, em igualdade de oportunidades com as demais pessoas.

Embora a vigência dessas previsões constitucionais, no plano interno, tenha ocorrido em 2009, as leis que dispõem sobre o RGPS e RPPS dos servidores públicos civis federais ainda condicionavam, em relação aos filhos e irmãos com deficiência, até 2015 e 2019, respectivamente, o reconhecimento da qualidade de dependente à curatela. Também não asseguravam, também até 2015 e 2019, respectivamente, a possibilidade de recebimento concomitante de remuneração decorrente de atividade laboral e do valor integral da respectiva cota da pensão por morte.

A diferença entre os momentos de alteração das regras alusivas à pensão por morte no RGPS e do RPPS evidencia as desigualdades[8] que existiam à época entre os dependentes com deficiência abrangidos por esses dois regimes – em significativa desvantagem para aqueles vinculados ao RPPS –, as quais impulsionaram a incidência e mobilização política no sentido da sua correção.

Infelizmente, mesmo após as alterações efetuadas na Lei nº 8.112/90 e na Lei nº 8.213/91, em relação às aludidas questões, o acesso ao direito à pensão continua sendo dificultado na prática até hoje, consoante se verá na seção 6, o que torna importante o conhecimento de tais mudanças, por parte dos profissionais que atuam no tema e das famílias, a fim de que se tornem agentes da concretização do modelo inclusivo e humanista instaurado pela Convenção.

---

8. Sobre tais desigualdades cf. BONFIM (2018) e FIGUEIREDO (2019).

3.1 Modificações no Regime Geral de Previdência Social (RGPS)

A primeira mudança legislativa que deu um passo, ainda incipiente, em direção ao novo paradigma da deficiência foi a introduzida pela Lei nº 12.470, de 31 de agosto de 2011, que previu a compatibilidade entre o direito ao recebimento da pensão por morte, por parte do dependente com deficiência intelectual ou mental que "o torne absoluta ou relativamente incapaz, assim declarado judicialmente", e o direito ao exercício de atividade remunerada[9], viabilizando, com isso, que passasse também à condição de contribuintes do sistema previdenciário (Gugel, 2019, p. 261).

O filho e o irmão com deficiência intelectual ou mental sob curatela (Lei nº 8.213/1991, artigo 16, incisos I e III), cumpre dizer, foram incluídos como dependentes do segurado pela citada Lei nº 12.470/2011, que ampliou o alcance da proteção previdenciária para além do filho ou irmão "inválido"[10].

Conquanto o § 4º do artigo 77 da Lei nº 8.213/91, incluído pela Lei nº 12.470/2011, ainda condicionasse a concessão ou manutenção da pensão à interdição, não incluísse a pessoa com deficiência grave e autorizasse a redução, em 30%, da parte individual do benefício devido ao dependente, foi interpretado pelo movimento de pessoas com deficiência como um progresso, por viabilizar para os referidos dependentes, de modo inédito, o exercício do direito ao trabalho e o recebimento da pensão.

Somente quatro anos depois da publicação dessa última Lei, foi publicada a Lei nº 13.135, de 17 de junho de 2015, resultante da conversão da Medida Provisória nº 664, de 30 de dezembro de 2014, que pretendeu promover uma grande reestruturação nas regras de pensão por morte do RGPS, tendo algumas das suas modificações sido estendidas também para o RPPS.

Compete-nos, então, analisar as alterações abrangidas no recorte objetivo imposto a este capítulo.

A citada Lei incluiu entre os dependentes da pensão o irmão com deficiência grave (Lei nº 8.213/1991, artigo 16, inciso III) e suprimiu, também em relação a essa classe[11], a exigência de declaração judicial de incapacidade para a configuração da qualidade de dependente do segurado, condicionando o reconhecimento da deficiência ao estabelecido em regulamento.

---

9. O artigo 77, § 4º, da Lei 12.470/2011 dispunha literalmente: "A parte individual da pensão do dependente com deficiência intelectual ou mental que o torne absoluta ou relativamente incapaz, assim declarado judicialmente, que exerça atividade remunerada, será reduzida em 30% (trinta por cento), devendo ser integralmente restabelecida em face da extinção da relação de trabalho ou da atividade empreendedora."
10. Segundo o parágrafo único do artigo 21 da Portaria DIRBEN/INSS Nº 991, de 28 de março de 2022, considera-se inválido "o dependente cônjuge, companheiro(a), filho(a), pais e irmão(ã) que for considerado incapaz e insuscetível de reabilitação para o exercício de atividade remunerada que lhe garanta subsistência, comprovado mediante exame médico-pericial a cargo do INSS [....]".
11. O artigo da MP 664/2014 que promovia a alteração, em igual sentido, do inciso I do artigo 16 da Lei nº 8.213/1991 – que trata do cônjuge, da companheira, do companheiro e do filho que tenha deficiência intelectual ou mental ou deficiência grave – foi vetado, ao fundamento de que concorreria para "presumir a dependência econômica de filho emancipado".

Embora não tenham sido incluídas[12], em relação ao filho do segurado do RGPS (Lei nº 8.213/1991, artigo 16, inciso I), as alterações efetivadas quanto ao irmão – no sentido de inclusão do dependente com deficiência grave e de inexigibilidade de curatela –, a Lei nº 13.135/2015 alterou o artigo 77, § 2º, inciso IV, da Lei nº 8.213/1991 para estatuir que a cessação do direito à pensão ocorreria, para filho ou irmão com deficiência intelectual ou mental ou deficiência grave, pelo afastamento da deficiência, nos termos do regulamento, e não mais pelo levantamento da interdição, como previsto na MP 664/2014. Para o cônjuge ou companheiro com deficiência a Lei nº 13.135/2015 também previu o afastamento da deficiência como hipótese de cessação do direito à prestação.

Além dessas alterações, a Lei nº 13.135/2015 revogou o § 4º do artigo 77 da Lei 8.213/91, incluído pela Lei nº 12.470/2011, em face da compreensão de que, apesar da possibilidade de trabalho que abria para os dependentes nele referidos, o dispositivo afrontava o princípio da irredutibilidade do benefício previdenciário (CR, artigo 194, inciso IV), visto que autorizava a redução, em 30%, da pensão devida ao dependente que estivesse exercendo atividade laboral.

Não obstante uma interpretação lógico-sistemática e teleológica-axiológica da Convenção, da LBI e de outras normas, atenta à unidade do ordenamento e sintonizada com os princípios e os valores constitucionais (Perlingieri, 2008, p. 608 e 618), já conduzisse à compreensão de que a pessoa com deficiência mental, intelectual ou grave poderia exercer alguma atividade remunerada, sem que isso lhe acarretasse a perda do direito à pensão, o temor de que essa se concretizasse, até pelo rigor com que o direito aos benefícios previdenciários é abordado (Vaz, 2021; CNJ, 2020, p. 75-76), fazia com que as famílias não incentivassem – e muitas vezes inviabilizassem – o exercício de uma atividade remunerada por parte dos dependentes em tais condições.

Poucos meses depois da publicação da Lei nº 13.135/2015, o movimento de pessoas com deficiência, aproveitando uma janela de oportunidades aberta pela Medida Provisória nº 676, de 17 de junho de 2015, promoveu intensa mobilização nas redes sociais, coordenada especialmente por esta autora[13], e incidiu diretamente junto a vários parlamentares, em defesa da compatibilidade entre a pensão previdenciária e o exercício do direito ao trabalho e da desnecessidade de interdição para a percepção desse benefício.

A argumentação no sentido da mencionada compatibilidade acabou sendo acolhida pela Deputada Federal, à época, Mara Gabrilli que, por meio da apresentação da Emenda nº 105 à MP 676/2015, propôs a inclusão do § 6º ao artigo 77 da Lei nº 8.213/91 (BRASIL, 2015a). Com isso foi suprida a lacuna deixada pela revogação do

---

12. Por força de veto presidencial.
13. Tal atuação deu-se no exercício da coordenação do Comitê Jurídico da Federação Brasileira das Associações de Síndrome de Down (2012-2021) e encontrou amplo eco no seio das famílias de pessoas com deficiência e de associações voltadas à defesa e promoção dos direitos dessas pessoas, que se engajaram em uma incidência vigorosa desde os respectivos Estados brasileiros (Cf., entre outras, https://redemvibrasil.wordpress.com/2015/09/15/nota-publica-052015/).

§ 4º desse preceito legal – efetivada pela Lei nº 13.135/2015 – e pelo veto de norma semelhante, prevista no Projeto de Lei do Estatuto da Pessoa com Deficiência.

No que tange à desnecessidade de interdição, o Senador Walter Pinheiro apresentou a Emenda nº 51, que visava assegurar a condição de dependente do segurado ao filho com deficiência mental ou intelectual ou com deficiência grave, "sem a necessidade de declaração judicial dessa condição e de interdição para que faça jus ao direito à pensão", que foi igualmente acatada para "manter redação equivalente entre os regimes" (BRASIL, 2015a).

A Lei nº 13.183, de 4 de novembro de 2015, convertida da citada MP 676/2015, incluiu, então, um § 6º ao artigo 77 da Lei nº 8.213/91, que estabelece textualmente que "O exercício de atividade remunerada, inclusive na condição de microempreendedor individual, não impede a concessão ou manutenção da parte individual da pensão do dependente com deficiência intelectual ou mental ou com deficiência grave". O legislador, certamente, "buscou tornar a norma mais protetiva em razão da maior dificuldade de inserção laboral desses tipos de deficiência, ao mesmo tempo em que incentivou sua inserção no mundo do trabalho" (BONFIM, 2018, p. 177), viabilizando sua inclusão e participação social em igualdade de condições com as demais pessoas.

Entre a publicação da Lei nº 13.135/2015 e da Lei nº 13.183/2015, foi publicada a Lei nº 13.146/2015 que, na esteira do disposto no artigo 12 da CDPD, promoveu alterações no Código Civil, Lei nº 10.406, 10 de janeiro de 2002, com vistas ao rompimento da identificação entre deficiência e incapacidade civil, à reformulação do instituto da curatela e à introdução do instituto da Tomada de Decisão Apoiada, destinado às pessoas que necessitassem de apoio no exercício da sua capacidade jurídica.

A Lei Brasileira de Inclusão da Pessoa com Deficiência (Lei nº 13.146/2015), em seu artigo 101, procedeu a modificações, ainda, na Lei nº 8.213/91, para *i*) acrescentar a deficiência grave no rol de dependentes do segurado (artigo 16, inciso I); *ii*) suprimir, também desse preceito, a exigência de interdição; e *iii*) excluir, do inciso III desse artigo, que lista o irmão com deficiência como dependente, a exigência de regulamento.

De outro lado, a LBI tentou restaurar, no mesmo artigo 101, a regra contida no § 4º do artigo 77 da Lei nº 8.213/91 – que havia sido incluído pela Lei nº 12.470/2011 e revogado pela Lei nº 13.135/2015 –, mas o dispositivo foi vetado.

Por fim, a LBI acrescentou à Lei nº 8.213/91 o artigo 110-A, que veda a exigência de apresentação de termo de curatela de titular ou de beneficiário com deficiência no ato de requerimento de benefícios operacionalizados pelo INSS, em mais uma tentativa de coibir as reiteradas exigências da autarquia previdenciária nesse sentido.

3.2 Modificações no Regime Jurídico dos Servidores Públicos Civis da União, das Autarquias e das Fundações Públicas Federais (RPPS)

A Lei nº 13.135/2015, como já dito, também impôs mudanças à pensão por morte devida aos dependentes dos trabalhadores filiados ao Regime Jurídico dos Servidores

Públicos Civis da União, das Autarquias e das Fundações Públicas Federais (RPPS), instituído pela Lei nº 8.112/90.

Primeiramente incluiu, entre os dependentes do segurado, o filho e irmão com deficiência grave, deficiência intelectual ou mental, sem mencionar a necessidade de declaração judicial de incapacidade (Lei nº 8.112/1990, art. 217, inciso IV, d, e inciso VI). Essa alteração também foi fruto de mobilização da sociedade civil, liderada em várias frentes por esta autora[14], tendo constituído uma vitória do movimento de pessoas com deficiência, uma vez que a MP 664/2014, que deu origem àquela Lei, mantinha como beneficiário da pensão apenas o filho "inválido", sem referência ao filho com deficiência, e incluía como dependente o irmão com deficiência intelectual ou mental, se declarado incapaz.

A Lei nº 13.135/2015 estabeleceu, entretanto, contraditoriamente ao previsto nos citados dispositivos e no próprio artigo 222, inciso III, da Lei nº 8.112/1990, que acarretaria a perda da qualidade de beneficiário o "afastamento da deficiência, em se tratando de beneficiário com deficiência, ou o levantamento da interdição, em se tratando de beneficiário com deficiência intelectual ou mental que o torne absoluta ou relativamente incapaz". Essa incoerência – além de outras identificadas nas diversas mobilizações empreendidas – revela o descuido do legislador na efetivação das demandas vindicadas durante a tramitação das medidas provisórias em exame, quando da atuação de forças políticas opostas no Congresso Nacional.

Aquela Lei incluiu, ainda, em relação à deficiência intelectual e mental, a necessidade de regulamento e, em relação ao irmão, a necessidade de comprovação da dependência econômica.

Na sequência, sobreveio a Lei nº 13.846, de 18 de junho de 2019, convertida da Medida Provisória 871, de 18 de janeiro de 2019, que também promoveu alterações na disciplina do benefício previdenciário em foco, na esfera do RPPS dos servidores públicos civis.

Nesse momento, as disparidades entre as regras dos dois regimes públicos de previdência social ainda eram significativas, porque, por ocasião da conversão das Medidas Provisórias nºs 664/2015 e 676/2015, avançamos em relação ao direito à pensão dos dependentes com deficiência no contexto do RGPS, sem o mesmo êxito quanto aos dependentes do RPPS[15].

Com a apresentação da Medida Provisória nº 871/2019, vislumbramos uma nova janela de oportunidade para materializar o princípio da igualdade em relação aos dependentes – com deficiência intelectual ou mental ou grave – desses regimes[16]

---

14. Uma das notas emitidas nessa mobilização encontra-se no link http://www.inclusive.org.br/arquivos/28055.
15. Cf. detalhes dessas mobilizações no artigo de opinião "O direito ao trabalho da pessoa com deficiência", disponível no Jornal GGN (https://jornalggn.com.br/previdencia-social/o-direito-ao-trabalho-da-pessoa--com-deficiencia-por-ana-claudia-figueiredo/).
16. A igualdade entre tais dependentes encontrava amparo na Lei nº 9.717, de 27 de novembro de 1998, que dispõe, em seu artigo 5º, que "Os regimes próprios de previdência social dos servidores públicos da União,

e concretizar, para os dependentes de servidores do RPPS, o direito à pensão por morte, independentemente do exercício do direito ao trabalho e ao reconhecimento de igual capacidade (CDPD, artigos 12 e 27).

A proposta de emenda que apresentamos foi acolhida também dessa vez pela Senadora Mara Gabrilli, como Emenda Aditiva nº 448, e incorporada ao texto final da Comissão Mista destinada a analisar a MP nº 871/2019.

Assim, a Lei nº 13.846/2019 suprimiu a exigência de regulamento para a concessão de pensão ao filho com deficiência intelectual ou mental (Lei nº 8.112/90, artigo 217, IV) e a referência, no preceito que trata da perda da qualidade de beneficiário, a levantamento da interdição, prevendo que tal perda ocorrerá com o afastamento da deficiência, em se tratando de beneficiário com deficiência (Lei nº 8.112/90, artigo 222, III).

Repetiu, ainda, a previsão, constante do RGPS, de compatibilidade entre o exercício de atividade remunerada, inclusive na condição de microempreendedor individual, e a concessão ou manutenção da pensão de dependente com deficiência intelectual ou mental ou com deficiência grave (Lei nº 8.112/90, artigo 222, § 7º).

Previu, por fim, no § 8º desse último artigo, que, "No ato de requerimento de benefícios previdenciários, não será exigida apresentação de termo de curatela de titular ou de beneficiário com deficiência, observados os procedimentos a serem estabelecidos em regulamento", ainda não editado pelo Poder Executivo.

O primeiro grande mérito da Lei nº 13.846/2019 foi o de equiparar, quase que integralmente, as regras aplicáveis aos dependentes dos servidores públicos regidos pelo RPPS em análise àquelas já estabelecidas para os dependentes dos trabalhadores vinculados ao RGPS.

O segundo mérito foi o de criar um parâmetro, no RPPS dos servidores públicos civis federais, para a alteração e/ou inclusão, nos regimes próprios de previdência social dos Estados, do Distrito Federal e dos Municípios, de regras alusivas à pensão previdenciária dos dependentes – com deficiência intelectual ou mental ou com deficiência grave – dos servidores desses entes federativos, considerando ser vedada a adoção de requisitos ou critérios diferenciados para concessão de benefícios em regime próprio de previdência social, ressalvadas as hipóteses previstas na Constituição da República (artigo 40, § 4º, com a redação dada pela EC nº 103/2019).

3.3 Síntese das principais alterações legislativas havidas em relação à pensão previdenciária

Conforme se pode depreender, foram realizadas, por conta do grande esforço do movimento de pessoas com deficiência, mudanças essenciais nas regras legais

---

dos Estados, do Distrito Federal e dos Municípios, dos militares dos Estados e do Distrito Federal não poderão conceder benefícios distintos dos previstos no Regime Geral de Previdência Social, de que trata a Lei nº 8.213, de 24 de julho de 1991, salvo disposição em contrário da Constituição Federal".

alusivas à pensão por morte assegurada no RGPS e RPPS dos servidores públicos civis federais, de modo a adequá-las ao texto da Convenção. Também foram estendidas aos dependentes desse RPPS regras já estabelecidas para os dependentes do RGPS, corrigindo, em grande medida, o significativo descompasso legislativo que existia na disciplina do benefício nesses dois regimes.

A equiparação efetivada pode ser verificada, inicialmente, a partir do rol de beneficiários dos dois regimes públicos de Previdência:

Lei nº 8.112, de 11 de dezembro de 1990	Lei nº 8.213, de 24 de julho de 1991
Art. 217. *São beneficiários* das pensões: [....] IV – *o filho* de qualquer condição que atenda a um dos seguintes requisitos: (Incluído pela Lei nº 13.135, de 2015) a) seja menor de 21 (vinte e um) anos; (Incluído pela Lei nº 13.135, de 2015) b) seja *inválido*; (Incluído pela Lei nº 13.135, de 2015) c) tenha *deficiência grave* (Cf. Lei nº 13.135, de 2015) d) tenha *deficiência intelectual ou mental*; (Redação dada pela Lei nº 13.846, de 2019) [...] VI – o *irmão* de qualquer condição que comprove dependência econômica do servidor e *atenda a um dos requisitos previstos no inciso IV*. (Incluído pela Lei nº 13.135, de 2015)	Art. 16. *São beneficiários* do Regime Geral de Previdência Social, na condição de dependentes do segurado: I – o cônjuge, a companheira, o companheiro e o *filho* não emancipado, de qualquer condição, menor de 21 (vinte e um) anos *ou inválido ou que tenha deficiência intelectual ou mental ou deficiência grave*; (Redação dada pela Lei nº 13.146, de 2015) II – os pais; III – *o irmão* não emancipado, de qualquer condição, menor de 21 (vinte e um) anos ou *inválido ou que tenha deficiência intelectual ou mental ou deficiência grave*; (Redação dada pela Lei nº 13.146, de 2015) [....]

Como visto, as Leis que regem os citados regimes incluem hoje, entre os beneficiários da pensão por morte, o filho e o irmão com deficiência grave e com deficiência intelectual ou mental, além do filho e do irmão "inválido", e não mais preveem a necessidade de declaração judicial de incapacidade em relação aos dependentes com deficiência intelectual ou mental[17].

Também a Instrução Normativa PRES/INSS nº 55, de 2015, que condicionava o reconhecimento da condição de dependência da pessoa com deficiência intelectual ou mental à comprovação de interdição, foi revogada pela Instrução Normativa PRES/INSS nº 128, de 28 de março de 2022, que, ao disciplinar as regras, procedimentos e rotinas alusivas aos direitos previdenciários, não inseriu previsão nesse sentido.

As semelhanças atuais entre os regimes básicos – no que tange à pensão por morte – podem ser verificadas ainda em relação:

---

17. A questão alusiva à (des)necessidade de interdição para o recebimento de benefício previdenciário foi alvo de debate no Supremo Tribunal Federal, por ocasião do julgamento do Recurso Extraordinário 918.315/DF. Nessa oportunidade a Corte entendeu que afrontava a CDPD e os princípios da dignidade e da proporcionalidade dispositivo da legislação do Distrito Federal que estabelecia a exigência de apresentação de termo de curatela como condição para a percepção dos proventos de aposentadoria por invalidez, por não mais bastar à decretação da interdição a constatação de enfermidade ou deficiência mental. Não obstante o acerto desse entendimento inicial, o STF acabou distanciando-se do texto convencional – e também da LBI e do Código Civil – ao concluir que é "imprescindível que a pessoa a ser tutelada não tenha o necessário discernimento para os atos da vida civil" e fixar, com base nessa compreensão, a tese do Tema 1096. Isso porque o critério alusivo ao discernimento, desde as alterações empreendidas pela LBI, em atenção ao novo paradigma da capacidade jurídica inaugurado pela CDPD, não figura mais entre as hipóteses autorizadoras da curatela (NEVARES; MULTEDO; MEIRELES, 2020; FIGUEIREDO, 2019, p. 138-140).

i) à previsão de compatibilidade entre o exercício de atividade remunerada e a concessão ou manutenção da pensão do dependente com deficiência intelectual ou mental ou com deficiência grave (Lei n° 8.213/91, artigo 77, § 6°, e Lei n° 8.112/90, artigo 222, § 7°);

ii) à ausência de menção a levantamento da interdição como causa da perda do benefício (Lei n° 8.213/91, artigo 77, § 2°, incisos III e IV, e Lei n° 8.112/90, artigo 222, inciso III); e

iii) à vedação de exigência, no ato de requerimento de benefícios previdenciários, de apresentação de termo de curatela de titular ou de beneficiário com deficiência (Lei n° 8.213/91, artigo 110-A, e Lei n° 8.112/90, artigo 222, § 8°).

Importante reiterar que as mudanças efetivadas nas citadas Leis precisam ser incorporadas aos regimes próprios de previdência dos Estados, Distrito Federal e Municípios, cabendo a esses entes federativos alterar as respectivas normas, na linha do que já se encontra previsto na Lei n° 8.112/90 (CR, artigo 40, § 4°).

Outras similitudes podem ainda ser identificadas em relação a aspectos não mencionados anteriormente.

A primeira é alusiva à presunção de dependência econômica. Estabelece o § 4° do artigo 16 da Lei n° 8.213/1991 que a dependência econômica das pessoas indicadas no inciso I desse dispositivo, incluído o filho "inválido" ou com deficiência intelectual ou mental ou deficiência grave, é presumida e a das demais deve ser demonstrada. Idêntica presunção é verificada na Lei n° 8.112/1990, (BONFIM, 2018, p. 178), sendo exigida comprovação de dependência econômica apenas em relação ao irmão que se encontra em uma das citadas condições (artigo 217, inciso VI).

A simetria ocorre também em relação à preferência na definição do(s) beneficiário(s) da pensão. Assinala Symone Bonfim (2018, p. 175-178) que a classe a que pertence o filho "inválido" ou que tenha deficiência intelectual ou mental ou deficiência grave tem preferência sobre as demais, assistindo ao irmão, em iguais condições, direito ao benefício se não houver dependentes das classes precedentes (Lei n° 8.213/1991, artigo 16, § 1°, e Lei n° 8.112/90, artigo 217, § 1°).

Há correspondência de regras, ainda, no tocante à vitaliciedade da pensão do cônjuge, companheira e companheiro "inválido" ou com deficiência, salvo se cessada a invalidez ou afastada a deficiência, hipóteses em que deverão ser respeitados os períodos mínimos estabelecidos pela Lei n° 13.135/2015 para a perda da qualidade de beneficiário (BONFIM, 2018, p. 176-179) (Lei n° 8.213/1991, artigo 77, § 2°, inciso V, a, e Lei n° 8.112/90, artigo 222, inciso III)[18].

Apesar do empenho realizado para a equiparação das regras das pensões por morte asseguradas pelo RGPS e RPPS dos servidores públicos civis, a fim de que fosse garantida equidade aos dependentes na concessão do benefício e igualdade entre os dois regimes, subsistiu pelo menos uma distinção nesse campo, a saber, a previsão de regulamento no dispositivo que versa sobre a cessação do benefício no

---

18. Tais períodos são estipulados considerando-se o número de contribuições, o tempo de casamento ou união estável do segurado e idade do dependente na data do óbito do segurado (BONFIM, 2018, p. 179).

RGPS, constante apenas da Lei que dispõe sobre esse Regime (Lei nº 8.213/1991, artigo 77, § 2º, inciso IV).

Além das alterações legislativas referidas, importa uma breve menção a uma mudança efetuada pela Reforma da Previdência, Emenda Constitucional (EC) nº 103, de 12 de novembro de 2019, pela pertinência que guarda com o tema ora debatido.

4. A POSSIBILIDADE DE RECONHECIMENTO DA CONDIÇÃO DE "INVALIDEZ" OU DE DEFICIÊNCIA PREVIAMENTE AO ÓBITO DO SEGURADO

Assim como em toda a trajetória das mudanças legislativas referidas, realizadas em relação à pensão por morte, também na tramitação da Proposta de Emenda à Constituição (PEC) nº 6, de 20 de fevereiro de 2019, que foi convertida na EC nº 103/2019, a incidência do movimento de pessoas com deficiência para concretizar os direitos humanos dessa população – e, no caso da PEC, para evitar perdas de direitos – foi constante e intensa.

Em face da amplitude da reforma realizada na disciplina do benefício em pauta e dos limites impostos a este capítulo, consideramos pertinente fazer menção tão somente à inclusão, no texto da EC nº 103/2019, da possibilidade, em relação ao dependente "inválido" ou com deficiência intelectual, mental ou grave, de reconhecimento da sua condição previamente ao óbito do segurado, "por meio de avaliação biopsicossocial realizada por equipe multiprofissional e interdisciplinar, observada revisão periódica na forma da legislação" (artigo 23, § 5º).

Ao tratar dessa previsão constitucional, que abrange o RGPS e os regimes próprios, o Regulamento da Previdência Social dispôs que a aludida condição poderá, quando necessário, ser reavaliada por ocasião da concessão do benefício (Decreto 3.048/1999, artigo 108, § 2º, incluído pelo Decreto nº 10.410/2020).

A pretensão do movimento de pessoas com deficiência, ao buscar tal previsão, foi a de conferir segurança jurídica ao segurado quanto à concessão futura do benefício ao seu dependente. O intuito, todavia, foi de certo modo frustrado, ante a inserção da possibilidade de reavaliação da condição após o falecimento do instituidor da pensão, o que pode implicar reversão do reconhecimento realizado previamente.

Importante considerar que, conquanto a deficiência seja um conceito em evolução (CDPD, alínea e do preâmbulo), é certo, consoante adiante se verá, que a restrição de participação social a que sujeitas as pessoas destinatárias da pensão por morte, por mais que sejam minimizadas as barreiras que interagem com seus impedimentos, continuará justificando a concessão do benefício.

Essa foi uma das razões que impulsionou o empenho de algumas famílias e ativistas no sentido de buscar aprimoramento das normas atinentes ao tema à luz do modelo de direitos humanos.

5. A LUTA DAS FAMÍLIAS PARA A ADEQUAÇÃO DAS REGRAS RELACIONADAS À PENSÃO AO MODELO DE DIREITOS HUMANOS INSTAURADO PELA CONVENÇÃO SOBRE OS DIREITOS DAS PESSOAS COM DEFICIÊNCIA (CDPD)

Consoante referido nas seções anteriores, as várias alterações das leis previdenciárias e a inclusão, no texto constitucional, da possibilidade de reconhecimento prévio da condição de deficiência, constituíram resultados das lutas do movimento de pessoas com deficiência em busca da materialização dos direitos humanos dessa população e, mais especificamente, em prol dos direitos das pessoas com deficiência intelectual ou mental ou com deficiência grave à capacidade jurídica, ao trabalho e à proteção social.

Sobre a imprescindibilidade de tais lutas e as razões que as impeliram, vale tecer algumas considerações.

5.1 Os direitos como resultados das dinâmicas sociais por dignidade

Os direitos, para a visão tradicional, são concebidos como o objeto das normas nacionais e internacionais que os regulam, confundindo-se com essas (Herrera Flores, 2009, p. 18). São tidos, enfim, como alcançados *a priori* e incluídos na vida concreta das pessoas, uma vez que, nessa perspectiva, "os direitos humanos se satisfazem tendo direitos" (Herrera Flores, 2009, p. 27 e 42).

Em um viés crítico, o ponto de partida do debate sobre direitos humanos é a percepção da distância entre o que se diz e o que se faz acerca deles, aliada à constatação de que tal distância é estrutural e está relacionada "à organização e à reprodução fundamentais das sociedades modernas", sendo dependente do lugar social que cada um ocupa (Gallardo, 2014, p. 25 e 66, itálico no original). A diferença entre o que se proclama ou pactua a respeito dos direitos humanos e seu cumprimento ou, em outras palavras, entre a teoria e a prática, é o fato mais relevante e o principal desafio em relação a esses direitos (Gallardo, 2019, p. 31-32; Sánchez Rubio, 2019, p. 46).

Segundo Joaquín Herrera Flores (2009, p. 19 e 28), um dos expoentes da Teoria Crítica dos Direitos Humanos, os direitos não são reconhecidos antecipadamente à ação política ou às práticas econômicas, sendo garantidos juridicamente em decorrência das dinâmicas sociais pelo acesso aos bens que satisfazem as necessidades humanas. Entende o jusfilósofo espanhol que os direitos humanos não são conquistados de uma vez por todas, consistindo, antes, em "processos dinâmicos que permitem a abertura e a conseguinte consolidação e garantia de espaços de luta pela dignidade humana" (Herrera Flores, 2009, p. 37 e 165). Constituem o resultado sempre provisório das lutas sociais e coletivas que os seres humanos colocam em prática, com vistas à construção de espaços sociais – econômicos, políticos e jurídicos – voltados ao empoderamento de todas as pessoas, a fim de torná-las aptas a lutar, "plural e diferenciadamente", pelo acesso igualitário aos bens necessários a uma vida digna

(Herrera Flores, 2009, p. 28 e 109) e transformar a realidade de injustiças em que se encontram imersas. Os resultados das lutas são considerados provisórios porque, sendo sócio-históricos – não absolutos, por conseguinte – os fundamentos das práticas humanas, deve-se "lutar sempre política e culturalmente para sustentá-los ou reconstruí-los quando considerados legítimos/ilegítimos (Gallardo, 2014, p. 60).

Essa Teoria contribui não apenas para a compreensão dos processos de positivação dos direitos humanos das pessoas com deficiência – nas normas nacionais e internacionais – e de efetivação desses direitos, mas também para a transformação da realidade em relação ao tema, a partir da ciência da imprescindibilidade da luta para a concretização de direitos.

5.2 As razões dos esforços das famílias em prol do direito dos seus dependentes com deficiência intelectual, mental ou grave à pensão previdenciária

Para o movimento de pessoas com deficiência, a garantia da pensão por morte para pessoas com deficiência intelectual, mental ou grave é muito importante (GUGEL, 2019, p. 261) e encontra razão de ser em pelo menos três motivos: *i)* as dificuldades de acesso e permanência dessas pessoas ao/no mundo do trabalho; *ii)* a baixa remuneração que auferem quando conquistam um emprego; e *iii)* os óbices que enfrentam para o cumprimento dos requisitos necessários à aposentadoria. Seja pela ausência de renda, decorrente da não superação das dificuldades e dos obstáculos referidos no primeiro e terceiro itens, seja pelo recebimento de ganhos mensais insuficientes à cobertura dos seus gastos, referido no segundo item, o direito previdenciário é vital.

As dificuldades de acesso e permanência das pessoas com deficiência intelectual e mental ao/no mundo do trabalho (OMS, 2011, p. 296; Bezerra; Vieira, 2012) – e, por razões similares, também da deficiência grave – são evidentes na Tabela 7 da Relação Anual de Informações Sociais (RAIS) de 2021, referente aos "Vínculos Empregatícios segundo Características Individuais". Nessa tabela, verifica-se que a deficiência intelectual – em que o Ministério do Trabalho e Emprego inclui a deficiência mental – representou apenas 0,11% do total de 48.728.871 de pessoas empregadas (BRASIL, 2021a). A representatividade ínfima demonstrada nesse documento de coleta de dados trabalhistas também é referida no Relatório Mundial sobre a Deficiência (OMS, 2011, p. 270), segundo o qual as pessoas mais excluídas do mercado de trabalho são frequentemente aquelas com deficiência mental/intelectual.

Também se comparados aos números de vínculos de emprego alusivos a outros tipos de impedimento, aqueles referentes às pessoas com deficiência intelectual e mental são bem inferiores, consoante o Painel de Informações e Estatísticas da Inspeção do Trabalho no Brasil (Radar SIT), de 2021: enquanto os vínculos de pessoas com deficiência física, auditiva e visual representaram 44,38%, 18,25% e 17,07%, respectivamente, os vínculos de pessoas com deficiência intelectual e mental corresponderam a 9,82% do total de contratações da população com deficiência (BRASIL, 2021b). Em outras palavras, do total de 474.405 pessoas com deficiência incluídas no mercado formal de trabalho, apenas 46.586 eram pessoas com deficiência intelectual/mental em 2021 (BRASIL, 2021b).

A gravíssima exclusão dessas pessoas do mundo laboral decorre, entre outras razões, do descrédito de empregadores e tomadores de serviços quanto à sua capacidade laboral e da resistência desses em remover as barreiras ambientais, comunicacionais e atitudinais que impedem sua participação plena (Figueiredo; Righini; Barbosa Junior, 2019, p. 293).

De outro lado, mesmo quando efetivado um vínculo de natureza empregatícia, que é a relação de trabalho mais comumente acessada por pessoas deficiências intelectual, mental e grave, por conta do artigo 93 da Lei 8.213/91[19], essas pessoas precisam esforçar-se continuamente para driblar a frequente precariedade dessa relação, desencadeada principalmente pela ausência de apoio para a superação de barreiras relativas à mobilidade, à temporalidade e à comunicação e pela presença de barreiras atitudinais no ambiente do trabalho (Bezerra; Vieira, 2012; Gomes, 2020; Figueiredo; Righini; Barbosa Junior, 2019, p. 293-295).

Quando conseguem ultrapassar a aludida precariedade e manter-se no emprego, esses trabalhadores não recebem uma remuneração capaz de lhes garantir o sustento e a manutenção de um padrão de vida minimamente digno, o que determina a continuidade da dependência econômica. No que diz respeito aos rendimentos dessas pessoas, a RAIS de 2021 noticia que a remuneração média da população em geral, nesse ano, foi de R$ 3.488,14[20], enquanto a remuneração das pessoas com deficiência intelectual/mental foi de R$ 1.819,67, o que representa pouco mais da metade da remuneração média da população.

Um terceiro motivo que respalda a necessidade de garantia da pensão a essas pessoas tem a ver, consoante referido, com os obstáculos que enfrentam para o cumprimento dos requisitos necessários à aposentadoria. Um desses óbices reside nas dificuldades encontradas para a conservação dos vínculos empregatícios. Efetivamente, em face das múltiplas barreiras com que se deparam no espaço laboral, pessoas com deficiência intelectual, mental e grave acabam não conseguindo preservar a relação de trabalho e completar, consequentemente, o tempo necessário à aquisição do direito à aposentadoria, principalmente se considerado que a redução de tempo de contribuição, prevista na Lei Complementar nº 142/2013, não é significativa (Serau Junior; Costa, 2016). Concorre igualmente para um menor ciclo de vida laboral desse

---

19. Segundo dados nacionais da Relação Anual de Informações Sociais – RAIS de 2016, alusivos às cotas, a participação de trabalhadores com deficiência nas empresas com obrigação legal (artigo 93 da Lei 8.213/91) foi de 93,48%, enquanto a participação desses mesmos trabalhadores em empresas sem obrigação legal correspondeu a apenas 6,52% do mesmo total (FIGUEIREDO; RIGHINI; BARBOSA JUNIOR, 2019).
20. Tabela 15 – Brasil: Remuneração segundo Características Individuais – Remuneração média a preços de dezembro de 2021.

grupo, entre outras razões, o ingresso tardio no mundo do trabalho, ocasionado, entre outras razões, pelos muitos desafios que surgem na fase de escolarização.

Os contextos referidos, aliados a um conjunto crescente de evidências empíricas do mundo inteiro, demonstram que "as pessoas com deficiência e suas famílias têm maior chance de enfrentar desvantagens econômicas e sociais do que aqueles indivíduos sem deficiência" (OMS, 2011, p. 10). Essas desvantagens, a que está sujeita ordinariamente essa população, tendem a ser ampliadas com o avanço da idade (OMS, 2011; Kanikadan, 2019), momento em que a pensão assume um papel mais importante ainda.

Considerado o contexto de desvantagens econômicas e sociais em que as pessoas com deficiência no Brasil quase sempre se encontram situadas, a relevância do papel da pensão por morte é inequívoca, uma vez que o benefício acaba constituindo a única fonte de recursos financeiros para a garantia de condições existenciais mínimas ou consistindo em um complemento importante de uma renda mensal incapaz de dar conta das despesas ordinárias de todas as pessoas, acrescidas dos custos adicionais[21] impostos a pessoas com deficiência, relacionados a bens e serviços imprescindíveis a um padrão de vida minimamente razoável (OMS, 2011, p. 35-44 e 300; Kanikadan et al., 2019). Segundo o Relatório Mundial sobre a Deficiência, de 2011:

> Frequentemente, pessoas com deficiência e suas famílias têm despesas excessivas. Para aumentar a acessibilidade econômica de bens e serviços a pessoas com deficiência, e para compensar os custos extras associados à deficiência, sobretudo para as pessoas com deficiência pobres e vulneráveis, as considerações acerca da deficiência devem considerar a expansão da cobertura da previdência social e de saúde [...] (OMS, 2011, p. 300).

Vale assinalar que os aludidos custos adicionais, a depender da sua amplitude, podem absorver a renda dessa população e concorrer para a privação de recursos financeiros imprescindíveis ao atendimento de outras necessidades igualmente primordiais e, consequentemente, para o empobrecimento das famílias (OMS, 2011, p. 296). A mencionada conjuntura torna "clara a necessidade de políticas públicas para prover serviços necessários ou benefícios financeiros" (Kanikadan et al., 2019), a fim de que a pobreza[22] não concorra para o agravamento da deficiência (OMS, 2011, p. 10-12).

Agregue-se ao cenário delineado o fato de que o óbito da pessoa que garante o sustento do dependente com deficiência e, em regra, cuida ou apoia esse, gera impactos não apenas na sua vida psicológica e afetiva, mas também na economia familiar, implicando, em boa parte dos casos, a elevação dos custos referentes à pessoa com deficiência, como ocorre, por exemplo, quando há necessidade de contratação de

---

21. Constituem custos adicionais, por exemplo, serviços de fisioterapia, fonoaudiologia, tecnologia assistiva, opções mais caras de transportes, dietas especiais, assistência pessoal.
22. A OMS, pautada nas reflexões de Amartya Sen, afirma que a pobreza das pessoas com deficiência – e de outras populações excluídas – compreende a exclusão social e a perda de poder e não apenas a falta de recursos materiais (OMS, 2011, p. 11).

um cuidador e/ou assistente pessoal para suprir a ausência do familiar que desempenhava esse papel sem contrapartida financeira. A manutenção de um suporte para a pessoa com deficiência visa preservar, em última análise, a dignidade, a autonomia individual e a inclusão social dessa, não constituindo um fim em si mesmo (OMS, 2011, p. 144).

Os impactos futuros, a propósito, do óbito daquele que aporta o sustento da pessoa com deficiência são vistos com apreensão pelos familiares. Segundo Sónia Valentim, a principal preocupação das pessoas responsáveis pelos cuidados de um dependente com deficiência surge "quando pensam o que acontecerá quando os seus olhos fecharem", que abrange a preocupação quanto à "capacidade de prover a melhor qualidade de vida para os seus filhos, no que diz respeito a colmatar todas as suas necessidades e para que este seja feliz" (VALENTIM, 2018, p. 7 e 83).

Também Immaculada Vivas-Tesón menciona a angústia de familiares quanto à segurança econômica dos seus dependentes após a falta daqueles que lhes proveem o sustento, reportando-se a uma lei espanhola[23] que estabelece a possibilidade de prever e planificar o bem-estar econômico das pessoas com deficiência, por meio da adoção de soluções de proteção patrimonial que, no futuro, "possam eficazmente complementar a renda que elas mesmas obtenham por meio do seu trabalho ou de prestações públicas de diferentes tipos e, consequentemente, permitir-lhes viver melhor sua vida adulta" (Vivas-Tesón, 2020, p. 32-34, tradução nossa).

As preocupações relatadas, presentes também em nosso país (Siqueira, 2011; Takebayashi *et al.*, 2019; Gugel, 2019, p. 261), constituem inquietações de familiares que testemunham cotidianamente o capacitismo[24] e as muitas barreiras à inclusão e à participação social experimentados por seus dependentes, em vários espaços.

Não bastassem as barreiras que enfrentam nas escolas, no mundo do trabalho, entre outros espaços, tais dependentes ainda enfrentam barreiras institucionais – referidas na seção seguinte – que impedem o recebimento da pensão, impondo-nos refletir a respeito do direito previdenciário à luz da Convenção, até para instrumentalizar novas disputas.

6. REFLEXÕES SOBRE A COMPATIBILIDADE ENTRE O DIREITO À PENSÃO POR MORTE E O DIREITO À CAPACIDADE JURÍDICA

Desde 2011 as regras alusivas ao direito à pensão por morte, constantes da Lei nº 8.213/1991, começaram a ser alteradas no sentido de não mais condicionar a concessão desse benefício previdenciário à incapacidade para o trabalho. Posteriormente foram modificadas também para supressão da exigência de interdição, em atenção

---

23. *Ley 41/2003, de 18 de noviembre, de protección patrimonial de las personas con discapacidad y de modificación del Código Civil, de la Ley de Enjuiciamiento Civil y de la Normativa Tributaria con esta finalidad.*
24. De acordo com Anahi Mello, o capacitismo materializa-se por meio de atitudes preconceituosas que "hierarquizam sujeitos em função da adequação de seus corpos a um ideal de beleza e capacidade funcional", consistindo na matriz da discriminação contra pessoas com deficiência (MELLO, 2016).

ao novo paradigma da deficiência inaugurado pela CDPD e, mais especificamente, em atenção ao disposto no artigo 12 da Convenção, que reconhece igual capacidade jurídica às pessoas com deficiência.

Embora a revolução nesse âmbito tenha ocorrido, no Brasil, em 2009, por ocasião da ratificação desse tratado internacional com valor de norma constitucional, foi com a publicação da LBI, em 2015, e as alterações que promoveu no Código Civil e em outros diplomas legais, que as manifestações a respeito das mudanças realizadas começaram a ser exteriorizadas (MENEZES et al., 2021).

Um argumento muito recorrente em tais manifestações foi o de que parcela da população com deficiência, em razão das citadas alterações, acabou ficando desamparada, o que merece nossa análise.

6.1 Entre o texto e o contexto

Assim que a LBI foi publicada, vários civilistas, de um lado, censuraram as mudanças que essa Lei operou no Código Civil, afirmando que o reconhecimento de capacidade jurídica plena às pessoas com deficiência acabou por desprotegê-las. Entre esses estão, por exemplo, José Fernando Simão (2015) e Vitor Frederico Kümpel e Bruno de Ávila Borgarelli (2015).

De outro lado, outros/outras juristas, a exemplo de Ana Carolina Brochado Teixeira e Livia Teixeira Leal, celebraram as alterações promovidas pela LBI assinalando sua relevância, especialmente no caso das pessoas com deficiência intelectual ou psíquica, porque a interdição implicava "uma restrição quase absoluta de direitos, alcançando na prática inclusive atos existenciais, o que acabava por macular também o exercício de direitos fundamentais" (TEIXEIRA; LEAL, 2020).

Mesmo os/as juristas que perfilham essa corrente entenderam que a Lei deveria ter estabelecido salvaguardas aptas a suprir a falta das normas protetivas destinadas às pessoas incapazes[25] (MENEZES et al., 2021, p. 118), sendo impositiva, na inexistência de previsão nesse sentido, uma releitura sistemática para que as modificações realizadas não acarretem um tratamento menos benéfico, na prática, para as pessoas com deficiência (Teixeira; Leal, 2020; Nevares; Multedo; Meireles, 2020, p. 566-567; Figueiredo; Gonzaga, 2022, p. 75).

A desproteção referida é efetivamente suscetível de ocorrer em relação a algumas situações, porque a LBI reconheceu às pessoas com deficiência o direito à capacidade jurídica, em igualdade de condições com as demais pessoas, sem estabelecer, para a parcela mais vulnerabilizada dessa população[26], normas protetivas – que antes lhe eram aplicáveis em razão da incapacidade – aptas a evitar o seu desamparo. Acerca da lacuna apontada, Eduardo Souza e Rodrigo Silva assentam que, em muitos ca-

---

25. Cf. algumas dessas normas em Menezes et al. (2021, p. 118).
26. Incluem-se nessa parcela, por exemplo, pessoas com deficiência que necessitam de apoio para o exercício da sua capacidade jurídica.

sos, "parece ter o legislador simplesmente esquecido de se pronunciar sobre certas garantias antes estendidas à pessoa com deficiência mental pelo manto protetor da incapacidade" (Souza; Silva, 2020, p. 395).

Enquanto inexiste solução legislativa para o impasse, a omissão precisa, de fato, ser driblada por um empenho doutrinário e jurisprudencial, no sentido de interpretar as regras legais aplicáveis a cada caso concreto de modo consentâneo com os princípios da CDPD, da Constituição da República e da LBI e com o modelo de direitos humanos que constitui o alicerce de todo esse tratado internacional.

Os grandes desafios para os juristas residem, portanto, na "interpretação funcional do Estatuto, para que suas normas não entrem em contradição com seus próprios fins" (Nevares; Multedo; Meireles, 2020) e no esforço hermenêutico no sentido de concretizar, em nosso país, os princípios e propósito da Convenção (Figueiredo; Gonzaga, 2022), que, ante sua natureza de norma constitucional, pode, mesmo "quando não existirem normas ordinárias que disciplinem a *fattispecie* em consideração [...], ser a fonte da disciplina de uma relação jurídica de direito civil" (Perlingieri, 2008, p. 589).

No que tange especificamente à pensão por morte, a questão do desamparo surgiu a partir da desconfiança das famílias de pessoas com deficiência intelectual, mental ou com deficiência grave sobre a manutenção do direito previdenciário em pauta nas situações de exercício de atividade remunerada e de plena capacidade jurídica. Isso porque a incapacidade civil e para o trabalho eram condições inarredáveis para o reconhecimento do direito à pensão.

A solução legislativa a respeito dessa questão, tão cara às famílias (GUGEL, 2019, p. 261), começou a ser desenhada a partir das alterações realizadas na disciplina desse benefício, entre 2011 e 2019, na linha do que estabelecido na Convenção.

No texto convencional, a deficiência passou a significar restrição de participação social e a capacidade jurídica tornou-se um direito de todas as pessoas com deficiência, em homenagem aos princípios da dignidade humana, da igualdade de oportunidades e da autonomia individual, que pode ser entendida "como um espaço reservado, sem restrições, para a ação voluntária da pessoa" (Palacios; Bariffi, 2013, p. 78, tradução nossa).

A universalização da capacidade jurídica foi estabelecida simultaneamente à imposição aos Estados Partes, no sentido de prover o acesso aos apoios eventualmente necessários ao exercício do referido direito, sendo, desse modo, prestigiado também o valor da interdependência, segundo o qual o apoio mútuo, existente na realidade de todas as pessoas, não esvazia a competência dessas para gerir a própria vida (Dhanda, 2008). Assim, a CDPD reconheceu juridicamente o apoio que ocorre ordinariamente em vários momentos de vulnerabilidades e carências de todos os seres humanos, desconstruindo o mito patriarcal da autoconfiança e independência (Dhanda, 2008).

Autonomia e apoio, então, no cenário inédito descortinado pela CDPD, não podem mais ser vistos como excludentes entre si, devendo ser compreendidos como dois lados de uma mesma moeda: a da dignidade da pessoa humana. De fato, ao tempo em que a Convenção elevou a autonomia ao patamar de princípio, que deve orientar a interpretação e aplicação de todo o conjunto de normas desse tratado internacional, e reconheceu às pessoas com deficiência o direito ao exercício da sua capacidade legal em igualdade de condições com as demais pessoas (artigo 12 da CDPD), afirmou também a necessidade de se prover apoio às pessoas com deficiência e de proteger e assegurar o exercício pleno e equitativo de todos os seus direitos humanos (artigo 1), bem como de promover o respeito pela sua dignidade inerente (artigo 1).

A capacidade jurídica das pessoas com deficiência foi, em suma, reconhecida não como símbolo da autossuficiência e da aptidão individual absoluta para a prática de todos os atos da vida, mas como símbolo da autonomia interdependente (Menezes et al., 2021, p. 119), que viabiliza o exercício de tal direito por todas as pessoas com deficiência, mesmo que com apoios, propiciando, outrossim, que outros direitos, decorrentes daquele, sejam materializados também.

Tal marca evidencia que o direito foi legitimado como expressão da dignidade humana, não podendo seu reconhecimento implicar supressão de outros direitos humanos garantidos em lei, sob pena de violação do próprio propósito da Convenção e do seu Artigo 4, item 4:

Nenhum dispositivo da presente Convenção afetará quaisquer disposições mais propícias à realização dos direitos das pessoas com deficiência, as quais possam estar contidas na legislação do Estado Parte ou no direito internacional em vigor para esse Estado. Não haverá nenhuma restrição ou derrogação de qualquer dos direitos humanos e liberdades fundamentais reconhecidos ou vigentes em qualquer Estado Parte da presente Convenção, em conformidade com leis, convenções, regulamentos ou costumes, sob a alegação de que a presente Convenção não reconhece tais direitos e liberdades ou que os reconhece em menor grau. [grifamos]

A LBI, que tem como matriz a CDPD, também respalda essa disposição quando estabelece, no artigo 121, que os direitos previstos nessa Lei "não excluem os já estabelecidos em outras legislações". Com efeito, objetivando a LBI justamente assegurar e promover o exercício de direitos por parte das pessoas com deficiência, a interpretação conforme a Convenção, relativamente ao tema em questão, só pode ser no sentido de que essa Lei não poderia desencadear, paradoxalmente, ao lhes garantir o reconhecimento de igual capacidade jurídica, a degradação da sua condição, mediante a retirada do direito à pensão previdenciária e a incorporação de fragilidade jurídica, econômica e social antes inexistente.

Portanto, ambos os direitos, além do direito ao trabalho, devem ser aplicados em conformidade com a Convenção (LBI, artigo 121), que nasceu com o intuito de prestar uma significativa contribuição para "corrigir as profundas desvantagens sociais das pessoas com deficiência e para promover sua participação na vida econômica, social e cultural, em igualdade de oportunidades (alínea "j" do preâmbulo da CDPD).

Constituindo a pensão um direito hábil a concorrer para tal correção e um dos meios de proteção social que a legislação antecedente à vigência da LBI previa aos dependentes com deficiência intelectual ou mental[27], por força da maior vulnerabilização[28] a que são frequentemente submetidas essas pessoas (Frizzera; Pazó, 2016), não esvazia esse potencial e mister a superveniência das mudanças legislativas alusivas à capacidade jurídica, principalmente se considerarmos que a previsão da concessão do benefício previdenciário, nas Leis n°s 8.112/90 e 8.213/91, independentemente de declaração judicial de incapacidade, atende aos princípios constitucionais da dignidade humana; da plena e efetiva participação e inclusão na sociedade; da igualdade de oportunidades e da autonomia individual (CDPD, artigo 3).

Assim, a interpretação a ser conferida, pelos gestores do INSS e dos regimes próprios de previdência e pelo Poder Judiciário, aos dispositivos legais que disciplinam o benefício não pode conduzir à subordinação do direito previdenciário ao não exercício do direito à capacidade jurídica[29] – e do direito ao trabalho, vale lembrar. Entendimento nesse sentido implicaria inaceitável subversão da lógica do sistema de proteção da pessoa com deficiência e esvaziamento dos direitos fundamentais dessa população.

6.2 O direito previdenciário e a sua fundamentalidade para uma vida digna

O direito à previdência social reveste-se de uma fundamentalidade material inequívoca, por constituir a garantia de prestações indispensáveis à concretização das condições mínimas para uma existência com dignidade, que não se encerra na mera sobrevivência física, abrangendo também uma vida com alternativas (Sarlet, 2007, p. 329-350). A negação, então, do benefício da pensão por morte às pessoas que são alvos da presente discussão implicaria deterioração das suas condições exis-

---

27. Figurava no rol de beneficiários do segurado, nos termos da Lei n° 12.470/2011, o filho "que tenha deficiência intelectual ou mental que o torne absoluta ou relativamente incapaz, assim declarado judicialmente" (Lei n° 8.213/1991, artigo 16).
28. A vulnerabilidade é considerada como "indicador da desigualdade social que se expressa nos processos de exclusão de grupos sociais que têm sua capacidade de ação e reação reduzida em função da discriminação e opressão a que são submetidos" (MELLO, 2016). A esse respeito ainda esclarece Anahi Mello (2016) que, como a deficiência é uma condição intrinsecamente adversa, "as pessoas com deficiência são intrínseca e socialmente vulneráveis", não devendo a vulnerabilidade, em função de uma premissa capacitista, ser confundida com incapacidade.
29. Oportuno o registro de que o descaso dos Poderes Públicos em relação à garantia do direito previdenciário às pessoas com deficiência intelectual, mental ou grave, além de violar os princípios referidos, o artigo 4, item 4, da Convenção e os dispositivos que asseguram o benefício, esvaziaria, em última análise, o instituto da Tomada de Decisão Apoiada e as potenciais migrações da incapacidade absoluta para a incapacidade relativa. Isso porque, conquanto o direito à capacidade jurídica seja um direito irrenunciável (REIS JÚNIOR, 2020), as famílias, em um cenário de mais dúvidas que certezas, continuariam requerendo a curatela dos seus dependentes perante o Poder Judiciário – e obtendo desse a decretação da interdição – ou deixando de vindicar o levantamento da interdição decretada, por julgarem que a capacidade plena poderá impedir o reconhecimento do direito à pensão.

tenciais e, em última análise, a perda da própria dignidade. Afinal, seguir a vida sem ter acesso à subsistência que lhes era garantida antes do óbito do provedor do seu sustento significa inviabilizar uma vida digna de ser vivida (Herrera Flores, 2009, p. 31). A manutenção do direito previdenciário, nesse sentido, é impositiva porque sua perda colocaria em risco o direito "a um padrão adequado de vida para si e para suas famílias, inclusive alimentação, vestuário e moradia adequados" (CDPD, art. 28).

Segundo ainda o constitucionalista Ingo Wolfgang Sarlet (2007, p. 127-129), não deveria haver qualquer dúvida em relação à importância do direito à saúde, à assistência social e à previdência social, entre outros, tanto para o efetivo usufruto dos direitos à vida, à liberdade e à igualdade, quanto para o próprio princípio da dignidade humana, que iguala as pessoas em humanidade. O direito social fundamental à previdência social encontra, pois, fundamento em tal princípio, que reclama não apenas a garantia da liberdade, "mas também um mínimo de segurança social, já que sem os recursos materiais para uma existência digna, a própria dignidade da pessoa humana ficaria sacrificada" (Sarlet, 2007, p. 339).

A indivisibilidade dos direitos referidos, além de outros, encontra-se assentada na CDPD com muita clareza. Com efeito, a Convenção, alheia à dicotomia artificial entre direitos civis e políticos, de um lado, e direitos sociais e econômicos, de outro, fez uma conexão entre direitos de categorias distintas, criando direitos híbridos e indivisíveis, que geram para os Estados deveres positivos e negativos simultaneamente (Dhanda, 2008).

Assim, o direito ao exercício da capacidade jurídica, por exemplo, não se materializa plenamente sem a garantia do direito ao trabalho e do direito à previdência social, uma vez que sem renda as pessoas não conseguem exercer aquele direito e os direitos dele derivados, como o direito à participação social e política, à vida independente e à autonomia, que inclui a liberdade para fazer as próprias escolhas.

De outro lado, o direito à previdência social pode também não se efetivar em hipótese, por exemplo, na qual a pessoa com deficiência deixa de contestar judicialmente o indeferimento administrativo do pedido de pensão por morte, por ter perdido o(a) familiar que o apoiava e não ter obtido, em outra pessoa, o apoio de que necessitava para exercer sua capacidade jurídica e obter o acesso à justiça.

A preservação do direito previdenciário, nesse contexto, atenderia não ao resguardo de interesses patrimoniais, mas ao resguardo da própria existência com dignidade.

6.3 O percurso sinuoso da busca pela concessão do benefício previdenciário

Apesar da robustez do arcabouço jurídico sobre o tema, a efetivação dos direitos previdenciários das pessoas com deficiência, na prática, tem sido uma odisseia.

Em um cenário alinhado com a CDPD, sendo demonstrada a limitação da participação social do requerente, a partir de uma avaliação realizada sob uma perspectiva relacional, já se teria caracterizada a deficiência, por ser essa descrita justamente como restrição de participação social, decorrente das barreiras que essa população enfrenta (Santos, 2016).

Em tal avaliação, a necessidade de apoio para o exercício da capacidade jurídica, presente comumente, por exemplo, na população com deficiência intelectual, seria considerada como uma barreira, uma vez que se configura como tal a dependência de terceiros para o auxílio na realização de determinadas atividades (Santos, 2016).

Ainda nesse cenário consonante com a Convenção, dados notórios, demonstrativos da restrição de participação social a que estão submetidas as pessoas com deficiência intelectual/mental – como os oriundos de bancos de dados governamentais referidos na seção anterior –, contribuiriam para a convicção dos avaliadores quanto à existência das barreiras alegadas pelo requerente e para o consequente reconhecimento da condição de pessoa com deficiência que, aliado aos demais requisitos legais, propiciaria a percepção da sua pensão previdenciária.

A conjuntura atual, entretanto, mesmo após os progressos legislativos em relação ao tema, é bem distante dessa – que seria a aceitável após a ratificação da CDPD –, sendo ainda repleta de desafios.

O primeiro desafio na saga pela efetivação de direitos consiste na demora na resposta ao requerimento e na implementação dos benefícios previdenciários e assistenciais, ocasionada por um problema estrutural de ineficiência da gestão pública (CNJ, 2020, p. p. 72-74 e 209-211), que configura, em última análise, negação reiterada do direito.

Justamente em razão da morosidade na resposta aos pedidos de pensão por morte e auxílio-reclusão, deduzidos por dependentes com deficiência intelectual, mental ou física e sensorial grave, o Ministério Público Federal ajuizou a Ação Civil Pública (ACP) nº 1018221-19.2023.4.01.3500, com pedido de Tutela de Urgência, em desfavor do Instituto Nacional do Seguro Social (INSS), a fim de que esse seja obrigado a retomar a análise e a concessão dos citados pedidos e a conceder o benefício a todos aqueles que satisfaçam os respectivos requisitos legais (GOIÁS, 2023a). O ajuizamento da ação decorreu da suspensão, desde 3.1.2016, das perícias para avaliação desses requerimentos, "até que fosse publicada regulamentação específica para avaliar o grau de deficiência dos beneficiários da previdência social", o que "colocou milhares de pessoas em grave risco social" em todo o Brasil (MPF, 2023).

O segundo desafio é o modo de avaliação da deficiência, ainda desconectado das concepções introduzidas pela CDPD e pela Classificação Internacional de Funcionalidade, Incapacidade e Saúde (CIF) (SANTOS, 2016). A esse respeito afirma Wederson Santos que existe uma dificuldade, para peritos médicos e assistentes sociais do INSS, em classificar e valorar a deficiência em uma perspectiva biopsicossocial, sendo ainda "desafiante para os saberes biomédicos a percepção da deficiência como desigualdade social", que demanda sejam considerads "as razões pelas quais historicamente as pessoas deficientes têm sofrido tratamento desigual por causa dos impedimentos corporais", bem como seja abordada a deficiência como uma questão de políticas sociais (Santos, 2010).

O terceiro desafio no percurso dos requerentes é o fato de a autarquia previdenciária possuir "uma interpretação restritiva e pouco flexível da lei", destoante daquela mais aberta do Judiciário, o que gera uma judicialização excessiva (CNJ, 2020, p. 76). Tem sido vista com preocupação, a propósito, a redução drástica, nas últimas décadas, do número de concessões de prestações da seguridade social, pelo INSS, decorrente de posicionamento calcado em interpretação meramente literal das leis previdenciárias, "desconsiderando princípios constitucionais e entendimentos consolidados nos tribunais" (Vaz, 2021).

O último desafio digno de nota reside no "excesso de 'rigor' nos critérios periciais", na percepção de advogados e de defensores públicos (CNJ, 2021, p. 75), e no posicionamento de insensibilidade à dor e ao sentimento dos requerentes (Serau Junior; Costa, 2016). Reforça de certo modo essas percepções a verificação, na pesquisa "A judicialização de benefícios previdenciários e assistenciais", do Conselho Nacional de Justiça, de que "entre os motivos para indeferimento, o mais comum é a existência de parecer contrário da perícia médica, com 28% do total" (CNJ, 2020, p. 63).

Especificamente sobre requerentes com deficiência, investigação empreendida por Costa *et al.* (2016), sobre a elegibilidade ao BPC, demonstra que a probabilidade de indeferimento desse benefício para o requerente com deficiência é de 89%, caindo para 11% quando se trata de requerente idoso.

No caso da mencionada ACP nº 1018221-19.2023.4.01.3500, por exemplo, o posicionamento de indiferença da autarquia concretiza-se na criação de barreiras institucionais para obstar o acesso aos benefícios. Referimo-nos a barreiras institucionais, porque a autarquia conta com o instrumento para acesso ao BPC, o qual, embora não seja o previsto na LBI, poderia ser utilizado temporariamente na análise dos pedidos de pensão e auxílio-reclusão, porquanto pressupõe perícia médica e avaliação do serviço social para a comprovação da deficiência (IN nº 128, artigo 305), o que o aproxima de uma avaliação biopsicossocial. Ademais, a Portaria DIRBEN/INSS Nº 991, de 28 de março de 2022, em atenção ao disposto no Decreto nº 10.410, de 30 de junho de 2020, previu que, até que seja aprovado o instrumento de avaliação biopsicossocial da deficiência, deverão ser aplicadas, para fins de acesso a benefícios, as avaliações previstas para os benefícios da Lei Complementar nº 142/2013.

É impositivo acrescentar a esse respeito que o prazo para a regulamentação dos parágrafos 1º e 2º do artigo 2º da Lei nº 13.146/2015, contado da entrada em vigor dessa Lei, já foi excedido em mais de cinco anos (LBI, artigo 124), podendo ainda demorar mais dois anos, porque a duração do último Grupo de Trabalho, instituído recentemente para dar conta dessa tarefa, é de trezentos e sessenta dias, podendo ser prorrogada uma vez por igual período (Decreto nº 11.487, de 10 de abril de 2023). Não pode a autarquia, assim, seguir condicionando a concessão do benefício à regulamentação do artigo 2º da LBI, postergando ainda por tanto tempo a concretização do direito previdenciário.

Essa compreensão, entretanto, não foi a perfilhada na sentença proferida nessa ACP, tendo o Juízo entendido que ou *i*) faltaria ao INSS legitimidade passiva – por ter sido alegada omissão normativa do Executivo federal e negligência institucional imputável à Perícia Médica Federal, que é órgão estranho à estrutura da autarquia – ou *ii*) o remédio para reparar o problema não seria a ação eleita no caso, mas o mandado de injunção coletivo (GOIÁS, 2023b).

Aquele primeiro desafio pressupõe soluções igualmente estruturais (CNJ, 2020) e o segundo aponta para a necessidade de revisão dos parâmetros e instrumentos de avaliação da deficiência, que deve ser biopsicossocial, nos termos do artigo 2º da LBI, e de aperfeiçoamento dos procedimentos para definição da elegibilidade para o recebimento do benefício, a partir da ampliação da compreensão do papel das barreiras e dos fatores ambientais na equação que conduz ao reconhecimento da deficiência (SANTOS, 2016; COSTA *et al.*, 2016) e ao reconhecimento, consequentemente, do direito à percepção do benefício previdenciário, quando atendidos os demais requisitos legais.

O terceiro e o quarto desafios demandam ampla capacitação e conscientização dos gestores do INSS e dos regimes próprios de previdência e dos servidores que atuam nos processos de análise dos pedidos deduzidos, quanto aos direitos das pessoas com deficiência, em atenção à exigência constante do artigo 8 da CDPD. A capacitação e conscientização desses agentes públicos pode contribuir para a assimilação do novo paradigma da deficiência e, por conseguinte, para avaliações mais equânimes.

Para a concretização, então, do direito previdenciário das pessoas com deficiência intelectual, mental e grave à pensão por morte, muitos desafios ainda precisarão ser superados, principalmente nas hipóteses em que essas pessoas exercem uma atividade remunerada e/ou exercem seu direito à capacidade jurídica.

Na pesquisa realizada por Costa *et al.* (2016), sobre elegibilidade ao BPC, os autores concluíram que as barreiras sistemáticas de acesso à pessoa com deficiência ao benefício vêm sendo mitigadas com a revisão, pelo Poder Judiciário, das decisões do INSS de indeferimento dos requerimentos de pessoas com deficiência.

O Poder Judiciário, então, no vazio de soluções na esfera do Poder Executivo, assume um papel fundamental na realização do direito previdenciário objeto de apreciação. Isso porque, sensível à restrição de participação social e às opressões a que são submetidas diariamente essas pessoas e atento aos princípios e normas constitucionais e legais que regem o tema, pode o Judiciário corrigir as arbitrariedades ocorridas nas instâncias administrativas, restituindo a esse público a dignidade que a busca pelo acesso ao direito previdenciário lhe subtraiu.

7. CONSIDERAÇÕES FINAIS

Embora os progressos legislativos, que vêm sendo efetuados desde 2011 até hoje, sejam passos importantes na arquitetura dos direitos humanos das pessoas com deficiência e na conformação do instrumental jurídico-formal necessário às disputas por acesso ao direito em tela, são ainda insuficientes à concretização dos bens assegurados nas normas que versam sobre o tema.

Além da constante vigília e luta da sociedade em prol de tal concretização, impõe-se a compreensão, pelos Poderes Públicos, do modelo social de deficiência e do novo paradigma da deficiência instituído a partir desse modelo de direitos humanos, bem como a compreensão do propósito da Convenção em relação aos seus destinatários, o qual inspirou as alterações legislativas no campo da proteção previdenciária devida às pessoas com deficiência intelectual, mental ou com deficiência grave. Impõe-se ainda o entendimento sobre a indivisibilidade, integralidade e universalidade que marcam o elenco de direitos assegurados nesse tratado internacional, na Constituição da República, na Lei Brasileira de Inclusão e em outros diplomas legais.

Os direitos humanos dessa população estão postos. Cabe, pois, ao Estado brasileiro buscar alternativas para a adequada implementação de todos e de cada um dos direitos estabelecidos em nosso ordenamento jurídico, garantindo que a efetivação de um não implique a supressão de outro. Os direitos das pessoas com deficiência à capacidade jurídica, à autonomia individual, ao trabalho, à vida independente, à participação social e política, entre outros, não podem ser sacrificados em favor do direito previdenciário à pensão por morte e nem esse pode ser sacrificado com vistas ao exercício daqueles.

A indivisibilidade e a integralidade próprias desses direitos autorizam sua coincidência e propiciam às pessoas com deficiência condições de bem-estar e segurança social, sem as quais não se realiza o seu potencial como seres humanos e nem se materializa, para essas, uma existência digna.

8. REFERÊNCIAS

BEZERRA, Sérgio Sampaio; VIEIRA, Marcelo Milano Falcão. Pessoa com deficiência intelectual: a nova "ralé" das organizações do trabalho. *Revista de Administração de Empresas*, v. 52, n. 2, p. 232-244, mar. 2012. Disponível em: https://www.scielo.br/j/rae/a/PQVxT7D7W7X3zz83gTvgQfp/abstract/?lang=pt. Acesso em: 27 abr. 2023.

BONFIM, Symone Maria Machado. A pessoa com deficiência e os direitos à previdência social e à assistência social. In: GONZAGA, E. A. e MEDEIROS, J. L. R. (Org.). *Ministério Público, sociedade e a Lei Brasileira de Inclusão da Pessoa com Deficiência*. Brasília: EMPU, 2018, p. 167-205.

BRASIL. [Constituição (1988)]. *Constituição da República Federativa do Brasil de 1988*. Brasília, DF: Presidência da República, [2020]. Disponível em: http://www.planalto.gov.br/ccivil_03/Constituicao/Constituiçao.htm. Acesso em: 2 maio 2023.

BRASIL. *Decreto nº 678, de 6 de novembro de 1992*. Promulga a Convenção Americana sobre Direitos Humanos (Pacto de São José da Costa Rica), de 22 de novembro de 1969. Brasília, DF: Diário Oficial da União, 1990.

BRASIL. *Decreto no 3.048, de 6 de maio de 1999*. Aprova o Regulamento da Previdência Social, e dá outras providências. Disponível em: https://www.planalto.gov.br/ccivil_03/decreto/d3048.htm. Acesso em: 27 abr. 2023.

BRASIL. *Decreto nº 6.949, de 25 de agosto de 2009*. Promulga a Convenção Internacional sobre os Direitos das Pessoas com Deficiência e seu Protocolo Facultativo, assinados em Nova York, em 30 de março de 2007. Brasília, DF, Diário Oficial da União, 2009.

BRASIL. *Decreto nº 11.487, de 10 de abril de 2023*. Institui o Grupo de Trabalho sobre a Avaliação Biopsicossocial Unificada da Deficiência no âmbito do Ministério dos Direitos Humanos e da Cidadania. Brasília, DF, Diário Oficial da União, 2023.

BRASIL. *Mensagem nº 213, de 17 de junho de 2015*. Comunicação de veto parcial ao Projeto de Lei de Conversão nº 4, de 2015 (Medida Provisória nº 664, de 30 de dezembro de 2014). Brasília, DF: Presidência da República, 2015. Disponível em: https://www.planalto.gov.br/ccivil_03/_Ato2015-2018/2015/Msg/VEP-213.htm. Acesso em: 15 maio 2023.

BRASIL. *Parecer sobre a Medida Provisória nº 676, de 18 de junho de 2015*. Brasília, DF: Congresso Nacional, 2015a. Texto aprovado pela Comissão Mista. Disponível em: https://legis.senado.leg.br/sdleg-getter/documento?dm=4176239&ts=1630434677313&disposition=inline. Acesso em: 27 abr. 2023.

BRASIL. *Lei nº 8.112, de 11 de dezembro de 1990*. Dispõe sobre o regime jurídico dos servidores públicos civis da União, das autarquias e das fundações públicas federais. Brasília, DF: Diário Oficial da União, 1990.

BRASIL. *Lei nº 8.213, de 24 de julho de 1991*. Dispõe sobre os Planos de Benefícios da Previdência Social e dá outras providências. Brasília, DF: Diário Oficial da União, 1991.

BRASIL. *Lei nº 9.717, 27 de novembro de 1998*. Dispõe sobre regras gerais para a organização e o funcionamento dos regimes próprios de previdência social dos servidores públicos da União, dos Estados, do Distrito Federal e dos Municípios, dos militares dos Estados e do Distrito Federal e dá outras providências. Brasília, DF: Diário Oficial da União, 1998.

BRASIL. *Lei nº 12.470, de 31 de agosto de 2011*. Altera as Leis nºs 8.212/1991, nº 8.213/1991, entre outras. Brasília, DF: Diário Oficial da União, 2011.

BRASIL. *Lei nº 13.135, de 17 de junho de 2015*. Altera as Leis nº 8.213/1991, nº 10.876/2004, nº 8.112/1990 e nº 10.666/2003 e dá outras providências. Brasília, DF: Diário Oficial da União, 2015.

BRASIL. *Lei nº 13.146, de 6 de julho de 2015*. Institui a Lei Brasileira de Inclusão das Pessoas com Deficiência (Estatuto da Pessoa com Deficiência). Brasília, DF: Diário Oficial da União, 2015.

BRASIL. *Lei nº 13.183, de 4 de novembro de 2015*. Altera a Lei nº 8.213/1991, entre outras providências. Brasília, DF: Diário Oficial da União, 2015.

BRASIL. *Lei nº 13.846, de 18 de junho de 2019*. Altera as Leis nºs 8.112/1990 e 8.213/1991, entre outras providências. Brasília, DF: Diário Oficial da União, 2019.

BRASIL. *Proposta de Emenda à Constituição (PEC) nº 6/2019*. Brasília, 20 fev. 2019. Disponível em: https://www.camara.leg.br/proposicoesWeb/prop_mostrarintegra?codteor=1712459&filename=PEC%206/2019. Acesso em: 04 maio 2023.

BRASIL. *Emenda constitucional nº 103, de 12 de novembro de 2019*. Altera o sistema de previdência social e estabelece regras de transição e disposições transitórias. Brasília, DF: Diário Oficial da União, 2019.

BRASIL. Ministério do Trabalho e Previdência. Secretaria de Trabalho. Subsecretaria de Estudos e Estatísticas do Trabalho. *Relação Anual de Informações Sociais RAIS Ano-base 2021*. Sumário Executivo. Brasília, DF: MTE, 2021a. Disponível em: http://pdet.mte.gov.br/images/RAIS/2021/2-Sum%C3%A1rio_Executivo_RAIS_2021.pdf. Acesso em: 10 maio 2023.

BRASIL. Ministério do Trabalho e Previdência Social. Subsecretaria de Inspeção do Trabalho (SIT). *Painel de Informações e Estatísticas da Inspeção do Trabalho no Brasil (Radar SIT)*. [Brasília]: SIT, 2021b. Disponível em: https://sit.trabalho.gov.br/radar/. Acesso em: 10 maio 2023.

BRASIL. Ministério do Trabalho e Previdência. Instituto Nacional do Seguro Social. *Portaria DIRBEN/INSS Nº 991, de 28 de março de 2022*. Aprova as Normas Procedimentais em Matéria de Benefícios. Disponível em: https://www.in.gov.br/en/web/dou/-/portaria-dirben-inss-n-991-de-28-de-marco--de-2022-389275082. Acesso em: 17 maio 2023.

BRASIL. Conselho da Justiça Federal. Turma Nacional de Uniformização. *Pedido de uniformização de interpretação de lei (Turma) nº 0030611-06.2012.4.03.6301/SP*. Relator Juiz Atanair Nasser Ribeiro Lopes. Disponível em: https://www.cjf.jus.br/publico/pdfs/00306110620124036301-TEMA226.pdf. Acesso em: 11 maio. 2023.

BRASIL. Conselho Nacional de Justiça. *Recomendação nº 123, de 7 de janeiro de 2022*. Disponível em: https://atos.cnj.jus.br/files/original151935202201116 1dda007f35ef.pdf. Acesso em: 27 abr. 2023.

BRASIL. Conselho Nacional de Justiça. Instituto de Ensino e Pesquisa. *A judicialização de benefícios previdenciários e assistenciais*. Brasília: CNJ, 2020.

BRASIL. Conselho Nacional do Ministério Público. *Recomendação nº 96, de 28 de fevereiro de 2023*. Disponível em: https://www.cnmp.mp.br/portal/images/Recomendacoes/Recomendao-n-96---2023.pdf. Acesso em: 27 abr. 2023.

COSTA, Nilson do Rosário *et al.*. Proteção social e pessoa com deficiência no Brasil. *Ciência & Saúde Coletiva*, v. 21, n. 10, p. 3037–3047, out. 2016.

DHANDA, Amita. Construindo um novo léxico dos direitos humanos: Convenção sobre os Direitos das Pessoas com Deficiências. Sur. *Revista Internacional de Direitos Humanos*, v. 5, n. Sur, Rev. int. direitos human., 2008 5(8), 2008. Disponível em: https://www.scielo.br/j/sur/a/7JddmytChKKbq-8JD5RQd9jv/abstract/?lang=pt#. Acesso em: 18 maio 2023.

FIGUEIREDO, Ana Cláudia Mendes de. A capacidade jurídica das pessoas com deficiência: um novo paradigma construído sob a égide dos direitos humanos. In: GUGEL, Maria Aparecida. *Diálogos aprofundados sobre os direitos das pessoas com deficiência*. Belo Horizonte: RTM, p. 152-153. 2019.

FIGUEIREDO, Ana Cláudia Mendes de; RIGHINI Juliana; BARBOSA JÚNIOR, Oswaldo. Emprego Apoiado: um método que promove a inclusão de pessoas com deficiência no mundo do trabalho. In: GUGEL, Maria Aparecida (Org.). *Diálogos aprofundados sobre os direitos das pessoas com deficiência*. Belo Horizonte: RTM, 2019.

FIGUEIREDO, Ana Cláudia Mendes de; GONZAGA, Eugênia Augusta. Pessoas com deficiência e o seu direito fundamental à capacidade jurídica: a imprescindibilidade de compatibilizar a concretização do direito com a efetivação da proteção eventualmente necessária. In: GOMES, Igor Lima da Cruz; BARROS, João Pedro Leite; AL-MEIDA, Leonardo Rosa de (Org.). *Deficiência & os desafios para uma sociedade inclusiva*. São Paulo: Editora Foco, 2022.

FRIZZERA, Mariana Paiva; PAZÓ, Cristina Grobério. Da capacidade das pessoas com deficiência intelectual à luz da vulnerabilidade social e o instituto da tomada de decisão apoiada. *Revista Brasileira de Direito Civil em Perspectiva*, v. 2, n. 2, p. 110-129, 2016.

GALLARDO, Helio. *Teoria crítica*: matriz e possibilidade de Direitos Humanos. Trad. Patricia Fernandes. São Paulo: Editora Unesp, 2014.

GOIÁS. *Ação Civil Pública nº 1018221-19.2023.4.01.3500*. Ação ajuizada pelo Ministério Público Federal, Procuradoria da República em Goiás, contra o Instituto Nacional do Seguro Social (INSS), em face do sobrestamento de pedidos de pensão por morte e auxílio-reclusão. Goiânia, GO, 14 abr. 2023a. Disponível em: https://www.mpf.mp.br/go/sala-de-imprensa/docs/d22950f2632a0a83f2edb5083c-f63d6ccfd351.pdf. Acesso em: 10 maio 2023.

GOMES, Ana Virgínia Moreira. A inclusão da pessoa com deficiência no mundo do trabalho. In: MENEZES, Joyceane Bezerra de (org.). *Direito das pessoas com deficiência psíquica e intelectual nas relações privadas* – Convenção sobre os direitos da pessoa com deficiência e Lei Brasileira de Inclusão. 2. ed. rev. e ampl. Rio de Janeiro: Processo, 2020.

GUGEL, Maria Aparecida. Trabalho e emprego, direito sem nenhuma restrição das pessoas com deficiência. In: GUGEL, Maria Aparecida. *Diálogos aprofundados sobre os direitos das pessoas com deficiência*. Belo Horizonte: RTM, 2019.

HERRERA FLORES, Joaquín. *A (re)invenção dos direitos humanos*. Trad. Carlos Roberto Diogo Garcia; Antônio Henrique Graciano Suxberger; Jefferson Aparecido Dias. Florianópolis: Fundação Boiteux, 2009.

KANIKADAN, Paula Yuri Sugishita *et al*. Custos adicionais da pessoa com deficiência física. São Paulo e Brasil. *J. bras. econ. saúde* (Impr.); 11(1): 26-33, abril/2019. Disponível em: https://docs.bvsalud.org/biblioref/2019/07/1005626/jbes-111-art-04.pdf. Acesso em 10 maio 2023.

KÜMPEL, Vitor Frederico; BORGARELLI, Bruno de Ávila. A destruição da teoria das incapacidades e o fim da proteção aos deficientes. [S. l.], ago. 2015. *Portal Migalhas*. Disponível em: https://www.migalhas.com.br/depeso/225012/a-destruicao-da-teoria-das-incapacidades-e-o-fim-da-protecao--aos-deficientes. Acesso em: 10 maio 2023.

MELLO, Anahi Guedes de. Deficiência, incapacidade e vulnerabilidade: do capacitismo ou a preeminência capacitista e biomédica do Comitê de Ética em Pesquisa da UFSC. *Ciência & Saúde Coletiva*, v. 21, n. 10, p. 3265–3276, out. 2016.

MENEZES, Joyceane Bezerra de; RODRIGUES, Francisco Luciano Lima; BODIN DE MORAES, Maria Celina. A capacidade civil e o sistema de apoios no Brasil. In: MENEZES, Joyceane Bezerra de; CAYCHO, Renato Constantino; BARIFFI, Francisco José (Coord.). *Capacidade jurídica, deficiência e Direito Civil na América Latina*: Argentina, Brasil, Chile, Colômbia e Peru. São Paulo: Editora Foco, 2021.

MPF pede que INSS seja obrigado a retomar análise de pedidos de dependentes com deficiência. *Ministério Público Federal*, 2023. Disponível em: https://www.mpf.mp.br/go/sala-de-imprensa/noticias-go/mpf-pede-que-inss-seja-obrigado-a-retomar-analise-de-pedidos-de-dependentes-com-deficiencia. Acesso em: 15 maio 2023.

TRANSFORMANDO nosso mundo: a agenda 2030 para o desenvolvimento sustentável. *Nações Unidas Brasil*, 2015. Disponível em: https://brasil.un.org/sites/default/files/2020-09/agenda2030-pt-br.pdf. Acesso em: 4 maio 2023.

NEVARES, Ana Luiza Maia; MULTEDO, Renata Vilela; MEIRELES, Rose Melo Venceslau. As implicações do Estatuto da Pessoa com Deficiência no Processo de Inventário. In: MENEZES, Joyceane Bezerra de (Org.). *Direito das pessoas com deficiência psíquica e intelectual nas relações privadas*: Convenção sobre os direitos da pessoa com deficiência e Lei Brasileira de Inclusão. 2. ed. rev. e ampliada. Rio de Janeiro: Processo: 2020.

ORGANIZAÇÃO DAS NAÇÕES UNIDAS. *Declaração Universal dos Direitos Humanos*, 1948. Disponível em: https://www.oas.org/dil/port/1948%20Declara%C3%A7%C3%A3o%20Universal%20dos%20Direitos%20Humanos.pdf. Acesso em: 27 abr. 2023.

ORGANIZAÇÃO MUNDIAL DA SAÚDE. *Relatório mundial sobre a deficiência*. Trad. Lexicus Serviços Linguísticos. Secretaria de Estado dos Direitos da Pessoa com Deficiência. São Paulo, 2011.

PALACIOS, Agustina; BARIFFI, Francisco. *La discapacidad como una cuestión de derechos humanos*. Una aproximación a la Convención Internacional sobre los Derechos de las Personas con Discapacidad. Madrid: Ediciones Cinca, 2013.

PERLINGIERI, Pietro. *O direito civil na legalidade constitucional*. Trad. Maria Cristina De Cicco. Rio de Janeiro: Renovar, 2008.

REIS JÚNIOR, Antônio dos. O Estatuto da Pessoa com Deficiência: questões de direito intertemporal. In: MENEZES, Joyceane Bezerra de (Org.). *Direito das pessoas com deficiência psíquica e intelectual nas relações privadas*: Convenção sobre os direitos da pessoa com deficiência e Lei Brasileira de Inclusão. 2ª ed. rev. e ampliada. Rio de Janeiro: Processo: 2020.

SÁNCHEZ RUBIO, David. Praxis instituinte, comum e multigarantias de direitos humanos. *Revista Direitos Humanos & Sociedade* – PPGD UNESC – n. 2, V. 1, 2019.

SANTOS, Wederson. O que é incapacidade para a proteção social brasileira? O Benefício de Prestação Continuada e a deficiência. *Argumentum*, v. 2, n. 1, jan.-jun. 2010, p. 116-132. Universidade Federal do

Espírito Santo, Vitória, 2010. Disponível em: https://www.redalyc.org/articulo.oa?id=475547531008. Acesso em: 15 maio 2023.

SANTOS, Wederson. Deficiência como restrição de participação social: desafios para avaliação a partir da Lei Brasileira de Inclusão. *Ciência & Saúde Coletiva*, v. 21, n. 10, p. 3007–3015, out. 2016.

SERAU JUNIOR, Marco Aurélio; COSTA, José Ricardo Caetano. Direitos sociais da pessoa com deficiência no Brasil: trabalho, previdência e assistência social. *Revista Anales de la Facultad de Ciencias Jurídicas y Sociales*. UNLP. Año 13 / Nº 46 – 2016. ISSN 0075-7411.

SIMÃO, José Fernando. Estatuto da Pessoa com Deficiência Causa Perplexidade – Parte 1. *Consultor Jurídico*, São Paulo, 7 ago. 2015. Disponível em: https://www.conjur.com.br/2015-ago-07/jose-simao-estatuto-pessoa-deficiencia-traz-mudancas. Acesso em: 9 maio 2023.

SIQUEIRA, Maria Eliane Catunda de. *Envelhecer com Deficiência intelectual: ouvindo a cidade e a família*. Tese de Doutorado em Educação. Universidade Estadual de Campinas, Faculdade de Educação, Campinas, SP, 2011. Disponível em: http://www.bibliotecadigital.unicamp.br/document/?code=000855864. Acesso em: 9 maio 2023.

SOARES, Thiago Rosa. *A capacidade de fato das pessoas com deficiência*. Brasília, DF: Câmara dos Deputados, 2016. Disponível em: http://www2.camara.leg.br/a-camara/documentos-e-pesquisa/estudos-e-notas-tecnicas/areas-da-conle/tema5/2016_1186_capacidade-de-fato-das-pessoas-com-deficiencia_thiago-rosa-soares. Acesso em: 11 maio 2023.

SOUZA, Eduardo Nunes de; SILVA, Rodrigo da Guia. Dos negócios jurídicos celebrados por pessoa com deficiência psíquica e/ou intelectual: entre a validade e a necessidade de proteção da pessoa vulnerável. In: MENEZES, Joyceane Bezerra de (Org.). *Direito das pessoas com deficiência psíquica e intelectual nas relações privadas*: Convenção sobre os direitos da pessoa com deficiência e Lei Brasileira de Inclusão. 2. ed. rev. e ampliada. Rio de Janeiro: Processo: 2020.

SARLET, Ingo Wolfgang. *A Eficácia dos Direitos Fundamentais*. 7. ed. Porto Alegre: Livraria do Advogado Editora, 2007.

TAKEBAYASHI, Renata Balieiro et al. O envelhecimento de famílias com integrantes com deficiência intelectual. *Revista Brasileira de Enfermagem*, v. 72, p. 184-190, 2019.

TEIXEIRA, Ana Carolina Brochado; LEAL, Livia Teixeira. Controle valorativo dos atos de autonomia praticados por pessoas com deficiência intelectual ou psíquica. *Pensar-Revista de Ciências Jurídicas*, v. 25, n. 4, 2020.

VALENTIM, Sónia Raquel de Oliveira. *E quando os meus olhos fecharem?* Preocupações e Necessidades dos Cuidadores Familiares de Pessoas Adultas com Deficiência. Dissertação de Mestrado em Serviço Social, Iscte – Instituto Universitário de Lisboa, 2018. Disponível em: http://hdl.handle.net/10071/18452. Acesso em: 27 abr. 2023.

VAZ, Paulo Afonso Brum. A judicialização dos benefícios previdenciários por incapacidade: da negativa administrativa à retração judicial. *Revista da Escola da Magistratura do TRF da 4ª Região* – a. 7, v. 18, n. 1, jul. 2021. Porto Alegre-RS, 2021. Disponível em: https://www.trf4.jus.br/trf4/upload/editor/2021/uli72_ctp-miolo-revista-emagis-n18.pdf. Acesso em: 15 maio 2023.

VIVAS-TESÓN, Inmaculada. La Convención ONU de 13 de diciembre de 2006 sobre los derechos de las personas con discapacidad. La experiência Española. In: MENEZES, Joyceane Bezerra de (Org.). *Direito das pessoas com deficiência psíquica e intelectual nas relações privadas*: Convenção sobre os direitos da pessoa com deficiência e Lei Brasileira de Inclusão. 2. ed. rev. e ampliada. Rio de Janeiro: Processo: 2020.

DIREITOS HUMANOS DAS MULHERES, FAMÍLIA E VIOLÊNCIA: REFLEXÕES À LUZ DA LEI 11.340/2006 (*LEI MARIA DA PENHA*)

Flávia Piovesan

Possui mestrado e doutorado em Direito pela Pontifícia Universidade Católica de São Paulo. Atualmente é professora doutora da Pontifícia Universidade Católica do Paraná. Professora doutora da Pontifícia Universidade Católica de São Paulo. Professora de Direitos Humanos dos Programas de Pós Graduação da Universidade Pablo de Olavide (Sevilha, Espanha) e da Universidade de Buenos Aires (UBA). *Visiting fellow do Human Rights Program da Harvard Law School* (1995 e 2000), *visiting fellow do Centre for Brazilian Studies da University of Oxford* (2005), *visiting fellow do Max Planck Institute for Comparative Public Law and International Law* (Heidelberg – 2007 e 2008), sendo atualmente Humboldt Foundation Georg Forster Research Fellow no Max Planck Institute (Heidelberg – 2009-2011). Membro do Conselho de Defesa dos Direitos da Pessoa Humana; membro da *UN High Level Task Force on the implementation of the right to development*; e membro do OAS Working Group para o monitoramento do Protocolo de San Salvador em matéria de direitos econômicos, sociais e culturais. Tem experiência na área de Direito, com ênfase em Direito Constitucional, atuando principalmente nos seguintes temas: direitos humanos, direito constitucional, direito fundamental, proteção internacional e proteção constitucional e internacional.

Melina Girardi Fachin

Doutoranda em Direito Constitucional, com ênfase em direitos humanos, pela Pontifícia Universidade Católica de São Paulo/BR (2010-andamento), sob a orientação da Prof. Dra. Flávia Piovesan. *Visiting researcher da Harvard Law School* (Cambridge/USA, janeiro a março de 2011). Possui mestrado em Filosofia do Direito pela Pontifícia Universidade Católica de São Paulo/BR (2008), sob a orientação da Prof. Dra. Flávia Piovesan, tendo defendido dissertação acerca dos fundamentos dos direitos humanos (Obra publicada pela ed. Renovar, 2009). Possui aperfeiçoamento em Direitos Humanos pelo *Institut international des droits de lhomme* (Strasbourg/FR, 2005) e graduação em Direito pela Universidade Federal do Paraná/BR (2005). É professora de Direito Constitucional e Direitos Humanos nas Faculdades Dom Bosco e Faculdades Integradas do Brasil/UNIBRASIL (Curitiba/PR) e professora assistente voluntária de direitos humanos na Pós-Graduação *Strictu Sensu* da PUC/PR.

Sumário: 1. Introdução – 2. O combate à violência contra a mulher no âmbito internacional – 3. A Lei Maria da Penha na perspectiva da responsabilidade internacional do Brasil – 4. A violência de gênero dentro do âmbito familiar e doméstico no Brasil – 5. Conclusão: os desafios do porvir. – 6. Referências – Jurisprudência.

1. INTRODUÇÃO

O presente artigo tem como objeto tratar da proteção dos direitos das mulheres, sobretudo, no que tange à sua esfera mais íntima de relacionamento, qual seja o seio doméstico e familiar, em especial no que foca a violência praticada contra mulher.

A eleição da temática encontra sentido na consolidação da Lei 11.340 de 2006, vulgo *Lei Maria da Penha*, que demonstra o profícuo diálogo entre os âmbitos interno e internacional de proteção dos direitos humanos.

Ainda, por outro lado, faz-se mister salientar a importância do tema tendo em vista os alarmantes dados da violência doméstica no Brasil. De acordo com dados da fundação Perseu Abramo, em pesquisa de 2010, 40% (quarenta por cento)[1] das mulheres brasileiras já sofreu alguma espécie de violência no âmbito doméstico.

Foi justamente pelo reconhecimento específico desta endêmica violência que nasceu a lei 11.340 como símbolo do movimento de gênero e seu protagonismo internacional impactante nos sistemas constitucionais internos.

O diploma legislativo em foco é fruto de um caminhar evolutivo na luta e consolidação dos direitos humanos das mulheres e resultou de modo direto, de recomendação da Comissão Interamericana de Direitos Humanos, após análise de petição encaminhada por Maria da Penha Maia Fernandes amparada por diversas ONGs de proteção às mulheres.

Considerando o enfoque do combate à violência contra a mulher no plano internacional, este artigo transitará para o âmbito interamericano, com especial destaque ao caso Maria da Penha, que propiciou a adoção da Lei 11.340 em 2006 e seu impacto na experiência brasileira.

2. O COMBATE À VIOLÊNCIA CONTRA A MULHER NO ÂMBITO INTERNACIONAL

Em 1979, foi adotada a Convenção sobre a Eliminação de todas as formas de Discriminação contra a Mulher, ratificada por 186 Estados (2010). Apresenta, assim, um amplo grau de adesão, apenas perdendo para a Convenção sobre os Direitos da Criança, que, por sua vez, conta com 193 Estados-partes (2010).

A Convenção foi resultado de reivindicação do movimento de mulheres, a partir da primeira Conferência Mundial sobre a Mulher, realizada no México, em 1975. No plano dos direitos humanos, contudo, esta foi a Convenção que mais recebeu reservas por parte dos Estados signatários[2], especialmente no que tange à igualdade entre homens e mulheres na família.

---

1. Dados da pesquisa: *Mulheres Brasileiras nos espaços público e privado 2010* levada a cabo pelo Núcleo de Opinião Pública da Fundação Perseu Abramo em parceria com o SESC.
2. Trata-se do instrumento internacional que mais fortemente recebeu reservas, dentre as Convenções internacionais de Direitos Humanos, considerando que ao menos 23 dos mais de 100 Estados-partes fizeram, no total, 88 reservas substanciais. A Convenção sobre a Eliminação de todas as formas de Discriminação da Mulher pode enfrentar o paradoxo de ter maximizado sua aplicação universal ao custo de ter comprometido sua integridade. Por vezes, a questão legal acerca das reservas feitas à Convenção atinge a essência dos valores da universalidade e integridade. A título de exemplo, quando da ratificação da Convenção, em 1984, o Estado brasileiro apresentou reservas ao artigo 15, parágrafo 4º e ao artigo 16, parágrafo 1º (a), (c), (g), e (h), da Convenção. O artigo 15 assegura a homens e mulheres o direito de, livremente, escolher seu domicílio e residência. Já o artigo 16 estabelece a igualdade de direitos entre homens e mulheres, no

Tais reservas foram justificadas com base em argumentos de ordem religiosa, cultural ou mesmo legal, havendo países (como Bangladesh e Egito) que acusaram o Comitê sobre a Eliminação da Discriminação contra a Mulher de praticar "imperialismo cultural e intolerância religiosa", ao impor-lhes a visão de igualdade entre homens e mulheres, inclusive na família.[3] Isto reforça o quanto a implementação dos direitos humanos das mulheres está condicionada à dicotomia entre os espaços público e privado, que, em muitas sociedades, confina a mulher ao espaço exclusivamente doméstico da casa e da família.

Vale dizer, ainda que se constate, crescentemente, a democratização do espaço público, com a participação ativa de mulheres nas mais diversas arenas sociais, resta o desafio de democratização do espaço privado – cabendo ponderar que tal democratização é fundamental para a própria democratização do espaço público.

Embora a Convenção não explicite a temática da violência contra a mulher, o Comitê da ONU sobre a Eliminação de Todas as Formas de Discriminação contra a Mulher (Comitê CEDAW) adotou relevante Recomendação Geral sobre a matéria, realçando que[4]: "A violência doméstica é uma das mais insidiosas formas de violência contra mulher. Prevalece em todas as sociedades.

No âmbito das relações familiares, mulheres de todas as idades são vítimas de violência de todas as formas, incluindo o espancamento, o estupro e outras formas de abuso sexual, violência psíquica e outras, que se perpetuam por meio da tradição. A falta de independência econômica faz com que muitas mulheres permaneçam em relações violentas. (...) Estas formas de violência submetem mulheres a riscos de saúde e impedem a sua participação na vida familiar e na vida pública com base na igualdade."

Ainda, nos termos da Recomendação Geral n. 19[5]:

âmbito do casamento e das relações familiares. Em 20 de dezembro de 1994, o Governo brasileiro notificou o Secretário Geral das Nações Unidas acerca da eliminação das aludidas reservas.

3. HENKIN, Louis et al. *Human Rights*. New York: New York Foundation Press, 1999, p. 364.
4. COMITÊ PELA ELIMINAÇÃO DE TODAS AS FORMAS DE DISCRIMINAÇÃO CONTRA A MULHER. *Violence against women.* CEDAW General recommendation n. 19, A/47/38. (General Comments), 29 jan. 92.
5. Id. E prossegue o documento do Comitê CEDAW, que no que toca à prevenção e a erradicação da violência contra a mulher recomenda, dentre outras medidas: "(a) States parties should take appropriate and effective measures to overcome all forms of gender-based violence, whether by public or private act; (b) States parties should ensure that laws against family violence and abuse, rape, sexual assault and other gender-based violence give adequate protection to all women, and respect their integrity and dignity. Appropriate protective and support services should be provided for victims. Gender-sensitive training of judicial and law enforcement officers and other public officials is essential for the effective implementation of the Convention;(c) States parties should encourage the compilation of statistics and research on the extent, causes and effects of violence, and on the effectiveness of measures to prevent and deal with violence; (d) Effective measures should be taken to ensure that the media respect and promote respect for women; (e) States parties in their report should identify the nature and extent of attitudes, customs and practices that perpetuate violence against women, and the kinds of violence that result. They should report the measures that they have undertaken to overcome violence, and the effect of those measures; (f) Effective measures should be taken to overcome these attitudes and practices. States should introduce education and public

"Gender-based violence is a form of discrimination that seriously inhibits women's ability to enjoy rights and freedoms on a basis of equality with men. (...) The full implementation of the Convention required States to take positive measures to eliminate all forms of violence against women".

Segundo a ONU, a violência doméstica é a principal causa de lesões em mulheres entre 15 e 44 anos no mundo, manifestando-se não apenas em classes socialmente mais desfavorecidas e em países em desenvolvimento, mas em diferentes classes e culturas.

A Declaração sobre a Eliminação da Violência contra a Mulher, aprovada pela ONU, em 1993, bem como a Convenção Interamericana para Prevenir, Punir e Erradicar a Violência contra a Mulher ("Convenção de Belém do Pará"), aprovada pela OEA, em 1994, reconhecem que a violência contra a mulher, no âmbito público ou privado, constitui grave violação aos direitos humanos e limita total ou parcialmente o exercício dos demais direitos fundamentais. Definem a violência contra a mulher como "qualquer ação ou conduta, baseada no gênero, que cause morte, dano ou sofrimento físico, sexual ou psicológico a mulher, tanto na esfera pública, como na privada" (artigo 1º). Vale dizer, a violência baseada no gênero ocorre quando um ato é dirigido contra uma mulher, porque é mulher, ou quando atos afetam as mulheres de forma desproporcional. Adicionam que a violência baseada no gênero reflete relações de poder historicamente desiguais e assimétricas entre homens e mulheres.

A Convenção de "Belém do Pará" elenca um importante catálogo de direitos a serem assegurados às mulheres, para que tenham uma vida livre de violência, tanto na esfera pública, como na esfera privada. Consagra ainda a Convenção deveres aos Estados-partes, para que adotem políticas destinadas a prevenir, punir e erradicar a violência contra a mulher. É o primeiro tratado internacional de proteção dos direitos humanos a reconhecer, de forma enfática, a violência contra as mulheres como um fenômeno generalizado, que alcança, sem distinção de raça, classe, religião, idade ou qualquer outra condição, um elevado número de mulheres.

Com relação aos direitos das mulheres, emblemático é o caso González e outras contra o México (caso "Campo Algodonero"), em que a Corte Interamericana condenou o México em virtude do desaparecimento e morte de mulheres em Ciudad Juarez, sob o argumento de que a omissão estatal estava a contribuir para a cultura da violência e da discriminação contra a mulher. No período de 1993 a 2003, estima-se

---

information programmes to help eliminate prejudices which hinder women's equality; (g) Measures that are necessary to overcome family violence should include: Criminal penalties where necessary and civil remedies in case of domestic violence; Legislation to remove the defence of honour in regard to the assault or murder of a female family member; Services to ensure the safety and security of victims of family violence, including refuges, counselling and rehabilitation programmes; Rehabilitation programmes for perpetrators of domestic violence; Support services for families where incest or sexual abuse has occurred; (h) States parties should report on the extent of domestic violence and sexual abuse, and on the preventive, punitive and remedial measures that have been taken; (i) That States parties should take all legal and other measures that are necessary to provide effective protection of women against gender-based violence". In: COMITÊ PELA ELIMINAÇÃO DE TODAS AS FORMAS DE DISCRIMINAÇÃO CONTRA A MULHER. *Violence against women*. CEDAW General recommendation n. 19, A/47/38. (General Comments), 29 jan. 92.

que de 260 a 370 mulheres tenham sido vítimas de assassinatos, em Ciudad Juarez. A sentença da Corte condenou o Estado do México ao dever de investigar, sob a perspectiva de gênero, as graves violações ocorridas, garantindo direitos e adotando medidas preventivas necessárias de forma a combater a discriminação contra a mulher.[6] Destacam-se também relevantes decisões do sistema interamericano sobre discriminação e violência contra mulheres, o que fomentou a reforma do Código Civil da Guatemala, a adoção de uma lei de violência doméstica no Chile, a adoção da lei Maria da Penha no Brasil, dentre outros avanços.[7]

No âmbito da ONU, merece ainda destaque as Resoluções do Conselho de Direitos Humanos n. 11/2 de 2009 e n. 14/12 de 2010 sobre *"Accelerating efforts to eliminate all forms of violence against women"*. A Resolução n. 14/12 expressamente demanda dos Estados que estabeleçam ou fortaleçam planos de ação de combate à violência contra mulheres e meninas contemplando mecanismos de *accountability* para a prevenção da violência[8], considerando a adoção de estratégias de alcance universal e de alcance específico endereçada a grupos vulneráveis (por exemplo, mulheres afrodescendentes e indígenas). A Relatora Especial sobre a Violência contra a Mulher, de igual modo, tem realçado a necessidade de fortalecer *due diligence standards*, envolvendo tanto a prevenção, como a repressão à violência no campo da responsabilidade do Estado.[9]

3. A LEI MARIA DA PENHA NA PERSPECTIVA DA RESPONSABILIDADE INTERNACIONAL DO BRASIL

"Sobrevivi, posso contar". É este o título do livro autobiográfico de Maria da Penha, vítima de duas tentativas de homicídio cometidas por seu então companheiro, em seu próprio domicílio, em Fortaleza, em 1983. Os tiros contra ela disparados (enquanto dormia), a tentativa de eletrocutá-la, as agressões sofridas ao longo de sua relação matrimonial culminaram por deixá-la paraplégica aos 38 anos.

---

6. CORTE INTERAMERICANA DE DIREITOS HUMANOS. *Caso González y otras ("Campo Algodonero") Vs. México*. Excepción Preliminar, Fondo, Reparaciones y Costas. Sentencia de 16 de noviembre de 2009. Serie C No. 205. Disponível em: www.corteidh.or.cr/docs/casos/articulos/seriec_205_esp.pdf.
7. A respeito ver: caso María Eugenia *versus* Guatemala e caso Maria da Penha *versus* Brasil decididos pela Comissão Interamericana. Disponível em: http://cidh.org/annualrep/2000eng/ChapterIII/Merits/Guatemala11.625.htm e http://www.cidh.oas.org/annualrep/2000port/12051.htm.
8. Observe-se que a Austrália destaca-se por apresentar um exemplar plano de prevenção à violência contra a mulher – THE NATIONAL COUNCIL FOR AUSTRALIA TO REDUCE VIOLENCE AGAINST WOMEN AND THEIR CHILDREN. *Time for Action: The National Council's Plan for Australia to Reduce Violence against Women and their Children 2009-2011*. Commonwealth of Australia: s.n., 2009.
9. Consultar a esse respeito: UN. *15 years of The United Nations Special Rapporteur on Violence against Women, its Causes and Consequences*. Disponível em: http://www2.ohchr.org/english/issues/women/rapporteur/docs/15YearReviewofVAWMandate.pdf. Sobre o tema, realça a Recomendação Geral n.19 do Comitê CEDAW: "Under general international law and specific human rights covenants, States may also be responsible for private acts if they fail to act with due diligence to prevent violations of rights or to investigate and punish acts of violence, and for providing compensation". In: COMITÊ PELA ELIMINAÇÃO DE TODAS AS FORMAS DE DISCRIMINAÇÃO CONTRA A MULHER. *Violence against women*. CEDAW General recommendation n. 19, A/47/38. (General Comments), 29 jan. 92.

Apesar de condenado pela Justiça local, após quinze anos o réu ainda permanecia em liberdade, valendo-se de sucessivos recursos processuais contra decisão condenatória do Tribunal do Júri. A impunidade e a inefetividade do sistema judicial frente à violência doméstica contra as mulheres no Brasil motivaram, em 1998, a apresentação do caso à Comissão Interamericana de Direitos Humanos (OEA), por meio de petição conjunta das entidades CEJIL-Brasil (Centro para a Justiça e o Direito Internacional) e CLADEM-Brasil (Comitê Latino-Americano e do Caribe para a Defesa dos Direitos da Mulher). Em 2001, após 18 anos da prática do crime, em decisão inédita, a Comissão Interamericana condenou o Estado brasileiro por negligência e omissão em relação à violência doméstica.[10]

O caso Maria da Penha é elucidativo de uma forma de violência que atinge principalmente a mulher: a violência doméstica. Aos 38 anos, Maria da Penha era vítima, pela segunda vez, de tentativa de homicídio. Essa violência revelou, todavia, duas peculiaridades: o agente do crime, que deixou Maria da Penha irreversivelmente paraplégica, não era um desconhecido, mas seu próprio marido; e as marcas físicas e psicológicas derivadas da violência foram agravadas por um segundo fator, a impunidade.[11]

Estudos apontam a dimensão epidêmica da violência doméstica. Segundo pesquisa feita pela Human Rights Watch[12], de cada 100 mulheres assassinadas no Brasil, 70 o são no âmbito de suas relações domésticas. De acordo com pesquisa realizada pelo Movimento Nacional de Direitos Humanos, 66,3% dos acusados em homicídios contra mulheres são seus parceiros.[13] Ainda, no Brasil, a impunidade acompanha intimamente essa violência.[14] Estima-se que, em 1990, no Estado do Rio de Janeiro, nenhum dos dois mil casos de agressão contra mulheres registrados em delegacias terminou na punição do acusado. No Estado de São Luiz, relata-se, para este mesmo ano, que dos quatro mil casos registrados apenas dois havia resultado em punição do agente.[15]

---

10. PIOVESAN, Flávia; PIMENTEL, Silvia. Conspiração contra a Impunidade. In: *Folha de São Paulo*. Caderno A3, publicado em 25 nov. 02.
11. Ver, a respeito, COMISSÃO INTERAMERICANA DE DIREITOS HUMANOS. Informe n. 54/01, caso 12.051, *Maria da Penha Maia Fernandes v. Brasil*, julgado em 16 abr. 2001. Disponível em: http://www.cidh.oas.org/annualrep/2000port/12051.htm.
12. AMERICAS WATCH, Criminal Injustice: Violence against Women in Brazil. In: STEINER, Henry; ALSTON, Philip. *International Human Rights in Context*. Oxford: Oxford University Press, 2000, p. 171. Afirma ainda o relatório da Human Rights Watch que, "de mais de 800 casos de estupro reportados a delegacias de polícia em São Paulo de 1985 a 1989, menos de um quarto foi investigado". Ainda esclarece o mesmo relatório que "a delegacia de mulheres de São Luis no Estado do Maranhão reportou que, de mais de 4000 casos de agressões físicas e sexuais registrados, apenas 300 foram processados e apenas dois levaram à punição do acusado".
13. MOVIMENTO NACIONAL DE DIREITOS HUMANOS. *Primavera já Partiu*. Brasília: s.n., 1998.
14. Apud PANDJIARJIAN, Valéria. *Os Estereótipos de Gênero nos Processos Judiciais e a Violência contra a Mulher na Legislação* (mimeo). Disponível em: http://www.maismulheresnopoderbrasil.c om.br/pdf/Judiciario/Os_Estereotipos_deGenero_nos_Processos_Judiciais_e_a_violencia_contra_a_mulher_na_Legislacao.pdf.
15. AMERICAS WATCH, Criminal Injustice: Violence against Women in Brazil. In: STEINER, Henry; ALSTON, Philip. *International Human Rights in Context*. Oxford: Oxford University Press, 2000, p. 171.

A violência doméstica ainda apresenta como consequência o prejuízo financeiro. Em conformidade com o BID (Banco Interamericano de Desenvolvimento), uma em cada cinco mulheres que faltam ao trabalho o faz por terem sofrido agressão física.[16] A violência doméstica compromete 14,6% do Produto Interno Bruto (PIB) da América Latina, cerca US$ 170 bilhões. No Brasil, a violência doméstica custa ao país 10,5% do seu PIB.[17]

À luz deste contexto, o caso Maria da Penha permitiu, de forma emblemática, romper com a invisibilidade que acoberta este grave padrão de violência de que são vítimas tantas mulheres, sendo símbolo de uma necessária conspiração contra a impunidade.

Em 2001, em decisão inédita, a Comissão Interamericana condenou o Estado brasileiro por negligência e omissão em relação à violência doméstica, recomendando ao Estado, dentre outras medidas, "prosseguir e intensificar o processo de reforma, a fim de romper com a tolerância estatal e o tratamento discriminatório com respeito à violência doméstica contra as mulheres no Brasil".[18] Adicionou a Comissão Interamericana que "essa tolerância por parte dos órgãos do Estado não é exclusiva deste caso, mas é sistemática. Trata-se de uma tolerância de todo o sistema, que não faz senão perpetuar as raízes e fatores psicológicos, sociais e históricos que mantêm e alimentam a violência contra a mulher".[19]

A decisão fundamentou-se na violação, pelo Estado, dos deveres assumidos em virtude da ratificação da Convenção Americana de Direitos Humanos e da Convenção Interamericana para Prevenir, Punir e Erradicar a Violência contra a Mulher ("Convenção do Belém do Pará"), que consagram parâmetros protetivos mínimos concernentes à proteção dos direitos humanos. A Comissão ressaltou que: "O Estado está (...) obrigado a investigar toda situação em que tenham sido violados os direitos humanos protegidos pela Convenção. Se o aparato do Estado age de maneira que tal violação fique impune e não seja restabelecida, na medida do possível, a vítima na plenitude de seus direitos, pode-se afirmar que não cumpriu o dever de garantir às pessoas sujeitas à sua jurisdição o exercício livre e pleno de seus direitos. Isso também é válido quando se tolere que particulares ou grupos de particulares atuem livre ou impunemente em detrimento dos direitos reconhecidos na Convenção. (...) A segunda obrigação dos Estados Partes é "garantir" o livre

---

16. CABRAL, Mara Aparecida Alves. Prevenção da violência conjugal contra a mulher. *Ciência saúde coletiva* [online]. 1999, v. 4, n. 1, pp. 183-191. Disponível em: http://www.scielo.br/scielo.php?script=sci_arttext&pid=S1413-81231999000100016&lng=en&nrm=iso.
17. Apud PANDJIARJIAN, Valéria. *Os Estereótipos de Gênero nos Processos Judiciais e a Violência contra a Mulher na Legislação* (mimeo). Disponível em: http://www.maismulheresnopoderbrasil.c om.br/pdf/Judiciario/Os_Estereotipos_deGenero_nos_Processos_Judiciais_e_a_violencia_contra_a_mulher_na_Legislacao.pdf.
18. COMISSÃO INTERAMERICANA DE DIREITOS HUMANOS. Informe n. 54/01, caso 12.051, *Maria da Penha Maia Fernandes v. Brasil*, julgado em 16 abr. 2001. Disponível em: http://www.cidh.oas.org/annualrep/2000port/12051.htm.
19. Id.

e pleno exercício dos direitos reconhecidos na Convenção a toda pessoa sujeita à sua jurisdição. Essa obrigação implica o dever dos Estados Partes de organizar todo o aparato governamental e, em geral, todas as estruturas mediante as quais se manifesta o exercício do poder público, de maneira que sejam capazes de assegurar juridicamente o livre e pleno exercício dos direitos humanos. Em conseqüência dessa obrigação, os Estados devem prevenir, investigar e punir toda violação dos direitos reconhecidos pela Convenção e, ademais, procurar o restabelecimento, na medida do possível, do direito conculcado e, quando for o caso, a reparação dos danos produzidos pela violação dos direitos humanos".[20]

Ao final, recomendou ao Estado brasileiro que: a) concluísse rápida e efetivamente o processo penal envolvendo o responsável pela agressão; b) investigasse séria e imparcialmente irregularidades e atrasos injustificados do processo penal; c) pagasse à vítima uma reparação simbólica, decorrente da demora na prestação jurisdicional, sem prejuízo da ação de compensação contra o agressor; d) promovesse a capacitação de funcionários da justiça em direitos humanos, especialmente no que toca aos direitos previstos na Convenção de Belém do Pará.[21] É a primeira vez que um caso de violência doméstica leva à condenação de um país, no âmbito do sistema interamericano de proteção dos direitos humanos.

O objetivo das entidades peticionárias era um só: que a litigância internacional pudesse propiciar avanços internos na proteção dos direitos humanos das mulheres no Brasil.

Em 31 de outubro de 2002, finalmente, houve a prisão do réu, no Estado da Paraíba. O ciclo de impunidade se encerrava, após dezenove anos. As demais medidas recomendadas pela Comissão Interamericana (como, por exemplo, medidas reparatórias; campanhas de prevenção; programas de capacitação e sensibilização dos agentes da justiça, dentre outras) foram objeto de um termo de compromisso firmado entre as entidades peticionárias e o Estado Brasileiro.[22] Em 24 de novembro de 2003, foi adotada a Lei 10.778, que determina a notificação compulsória, no território nacional, de casos de violência contra a mulher que for atendida em serviços de saúde públicos ou privados.

Em 31 de março de 2004, por meio do Decreto 5.030, foi instituído um Grupo de Trabalho Interministerial, que contou com a participação da sociedade civil e do Governo, para elaborar proposta de medida legislativa e outros instrumentos para coibir a violência doméstica contra a mulher. O Grupo elaborou uma proposta legislativa, encaminhada pelo Poder Executivo ao Congresso Nacional, no final

---

20. Id.
21. Id.
22. O Estado Brasileiro informou à Comissão sobre o andamento do processo penal em trâmite contra o responsável pelas agressões e tentativa de homicídio a que se refere a recomendação n. 1. Posteriormente, a Comissão teve conhecimento de que a sentença que condenou à pena de prisão do responsável havia sido executada. In: COMISSÃO INTERAMERICANA DE DIREITOS HUMANOS. Relatório Anual da Comissão Interamericana de Direitos Humanos 2003. Washington: OEA, 2003.

de 2004. Na exposição de motivos do aludido projeto de lei, há enfática referência ao caso Maria da Penha, em especial às recomendações formuladas pela Comissão Interamericana.

Finalmente, em 07 de agosto de 2006, foi adotada a Lei 11.340 (também denominada Lei "Maria da Penha"), que, de forma inédita, cria mecanismos para coibir a violência doméstica e familiar contra a mulher, estabelecendo medidas para a prevenção, assistência e proteção às mulheres em situação de violência.

Diversamente de dezessete países da América Latina, o Brasil até 2006 não dispunha de legislação específica a respeito da violência contra a mulher.

Aplicava-se a Lei 9099/95, que instituiu os Juizados Especiais Criminais para tratar especificamente das *infrações penais de menor potencial ofensivo*, ou seja, aquelas consideradas de menor gravidade, cuja pena máxima prevista em lei não fosse superior a um ano. Contudo, tal resposta mostrava-se absolutamente insatisfatória, ao endossar a equivocada noção de que a violência contra a mulher era *infração penal de menor potencial ofensivo* e não grave violação a direitos humanos.

Pesquisas demonstram o quanto à aplicação da Lei 9099/95 para os casos de violência contra a mulher implicava a naturalização e legitimação deste padrão de violência, reforçando a hierarquia entre os gêneros.[23] O grau de ineficácia da referida lei revelava o paradoxo do Estado romper com a clássica dicotomia público-privado, de forma a dar visibilidade a violações que ocorrem no domínio privado, para, então, devolvê-las a este mesmo domínio, sob o manto da banalização, em que o agressor é condenado a pagar à vítima uma cesta básica ou meio fogão ou meia geladeira...

Os casos de violência contra a mulher ora eram vistos como mera "querela doméstica", ora como reflexo de ato de "vingança ou implicância da vítima", ora decorrentes da culpabilidade da própria vítima, no perverso jogo de que a mulher teria merecido, por seu comportamento, a resposta violenta. Isto culminava com a consequente falta de credibilidade no aparato da justiça. No Brasil, apenas 2% dos acusados em casos de violência contra a mulher são condenados.

---

23. A título exemplificativo, ver: ARAÚJO, Alessandra Nogueira. *A atuação do Juizado Especial Criminal de Belo Horizonte nos casos de violência contra a mulher*: intervenções e perspectivas. Dissertação de mestrado defendida na Universidade Federal de Minas Gerais, 2005. Na visão de Leila Linhares Barsted: "Após dez anos de aprovação dessa lei, constata-se que cerca de 70% dos casos que chegam aos Juizados Especiais Criminais envolvem situações de violência doméstica contra as mulheres. Do conjunto desses casos, a grande maioria termina em "conciliação", sem que o Ministério Público ou o juiz tomem conhecimento e sem que as mulheres encontrem uma resposta qualificada do Poder Público à violência sofrida. Em face do efeito praticamente descriminalizador dessa lei, o movimento de mulheres tem debatido algumas soluções e avaliado iniciativas de parlamentares que encontram no Congresso Nacional, bem como experiências legislativas de outros países que elaboraram leis contra a violência doméstica. Com tais subsídios, um consórcio de ONGs elaborou uma proposta de lei sobre o tema, calcada na Convenção de Belém do Pará e que afasta a aplicação da Lei 9.099/95. Essa proposta foi apresentada à Secretaria Especial de Políticas para as Mulheres." In: BARSTED, Leila Linhares. A Violência contra as mulheres no Brasil e a Convenção de Belém do Pará dez anos depois. In: UNIFEM, *O Progresso das Mulheres no Brasil*. Brasília: Cepia/Ford Foundation, 2006, p. 280-281.

No campo jurídico a omissão do Estado Brasileiro afrontava a Convenção Interamericana para Prevenir, Punir e Erradicar a Violência contra a Mulher – a "Convenção de Belém do Pará" – ratificada pelo Brasil em 1995. É dever de o Estado brasileiro implementar políticas públicas destinadas a prevenir, punir e erradicar a violência contra a mulher, em consonância com os parâmetros internacionais e constitucionais, rompendo com o perverso ciclo de violência que, banalizado e legitimado, subtraia a vida de metade da população brasileira. Tal omissão deu ensejo à condenação sofrida pelo Brasil no caso Maria da Penha.

Daí o advento da Lei 11.340, em 07 de agosto de 2006. Destacam-se sete inovações extraordinárias introduzidas pela Lei "Maria da Penha":

1) *Mudança de paradigma no enfrentamento da violência contra a mulher*

A violência contra mulher era, até o advento da Lei "Maria da Penha", tratada como uma *infração penal de menor potencial ofensivo*, nos termos da Lei 9099/95. Com a nova lei passa a ser concebida como uma violação a direitos humanos, na medida em que a lei reconhece que "a violência doméstica e familiar contra a mulher constitui uma as formas de violação dos direitos humanos" (artigo 6º), sendo expressamente vedada a aplicação da Lei 9099/95.

2) *Incorporação da perspectiva de gênero para tratar da violência contra a mulher*

Na interpretação da lei devem ser consideradas as condições peculiares das mulheres em situação de violência doméstica e familiar. É prevista a criação de Juizados de Violência Doméstica e Familiar contra a Mulher, com competência cível e criminal, bem como atendimento policial especializado para as mulheres, em particular nas Delegacias de Atendimento à Mulher.

3) *Incorporação da ótica preventiva, integrada e multidisciplinar*

Para o enfrentamento da violência contra a mulher, a Lei "Maria da Penha" consagra medidas integradas de prevenção, por meio de um conjunto articulado de ações da União, Estados, Distrito Federal, Municípios e de ações não governamentais. Sob o prisma multidisciplinar, determina a integração do Poder Judiciário, Ministério Público, Defensoria Pública, com as áreas da segurança pública, assistência social, saúde, educação, trabalho e habitação.

Realça a importância da promoção e realização de campanhas educativas de prevenção da violência doméstica e familiar contra a mulher, bem como da difusão da Lei e dos instrumentos de proteção dos direitos humanos das mulheres. Acresce a importância de inserção nos currículos escolares de todos os níveis de ensino para os conteúdos relativos a direitos humanos, à equidade de gênero e de raça, etnia e ao problema da violência doméstica e familiar contra a mulher.

Adiciona a necessidade de capacitação permanente dos agentes policiais quanto às questões de gênero e de raça e etnia.

4) *Fortalecimento da ótica repressiva*

Além da ótica preventiva, a Lei "Maria da Penha" inova a ótica repressiva, ao romper com a sistemática anterior baseada na Lei 9099/95, que tratava da violência contra a mulher como uma infração de menor potencial ofensivo, sujeita à pena de multa e pena de cesta básica.

De acordo com a nova Lei, é proibida, nos casos de violência doméstica e familiar contra a mulher, de penas de cesta básica ou outras de prestação pecuniárias, bem como a substituição de pena que implique o pagamento isolado de multa.[24] Afasta-se, assim, a conivência do Poder Público com a violência contra a mulher.

5) *Harmonização com a Convenção Interamericana para Prevenir, Punir e Erradicar a Violência contra a Mulher de Belém do Pará*

A Lei "Maria da Penha" cria mecanismos para coibir a violência doméstica e familiar contra a mulher em conformidade com a Convenção Interamericana para Prevenir, Punir e Erradicar a Violência contra a Mulher ("Convenção de Belém do Pará"). Amplia o conceito de violência contra a mulher, compreendendo tal violência como "qualquer ação ou omissão baseada no gênero que lhe cause morte, lesão, sofrimento físico, sexual ou psicológico e dano moral ou patrimonial", que ocorra no âmbito da unidade doméstica, no âmbito da família ou em qualquer relação íntima de afeto.

6) *Consolidação de um conceito ampliado de família e visibilidade ao direito à livre orientação sexual*

A nova Lei consolida, ainda, um conceito ampliado de família, na medida em que afirma que as relações pessoais a que se destina independem da orientação sexual. Reitera que toda mulher, independentemente de orientação sexual, classe, raça, etnia, renda, cultura, nível educacional, idade e religião tem o direito de viver sem violência.

7) *Estímulo à criação de bancos de dados e estatísticas*

Por fim, a nova Lei prevê a promoção de estudos e pesquisas, estatísticas e outras informações relevantes, com a perspectiva de gênero, raça e etnia, concernentes à causa, às consequências e à frequência da violência doméstica e familiar contra a mulher, com a sistematização de dados e a avaliação periódica dos resultados das medidas adotadas.

Na visão de Leila Linhares Barsted: "O balanço de mais de uma década no enfrentamento da violência contra as mulheres no Brasil revela o importante papel dos movimentos de mulheres no diálogo com o Estado em suas diferentes dimensões. (...) Não há dúvidas de que, ao longo das três últimas décadas, o movimento de mulheres tem sido o grande impulsionador das políticas públicas de gênero, incluindo aquelas no campo da prevenção da violência. Mas, apesar das conquistas obtidas, é inegável a persistência da violência doméstica e sexual contra a mulher no Brasil."[25]

---

24. A respeito ver: Nova lei que protege a mulher já tem um preso. In: *O Estado de São Paulo*, Caderno C5, publicado em 23 de setembro de 2006. O caso refere-se à prisão de homem que agrediu a mulher, grávida de cinco meses. Segundo a delegada, o agressor teria achado "um absurdo ser preso".
25. In: BARSTED, Leila Linhares. A Violência contra as mulheres no Brasil e a Convenção de Belém do Pará dez anos depois. In: UNIFEM. *O Progresso das Mulheres no Brasil*. Brasília: Cepia/Ford Foundation, 2006,

4. A VIOLÊNCIA DE GÊNERO DENTRO DO ÂMBITO FAMILIAR E DOMÉSTICO NO BRASIL

A violência doméstica é uma das formas mais nefastas de agressão haja vista que praticada no âmbito mais íntimo de existência e convivência, qual seja, o seio familiar.

Infausta a violência que se utiliza da seara que antes deveria proteger para atacar e subjugar, não por acaso, os vulneráveis dentro da célula familiar.

A família está inexoravelmente imbricada à estrutura social, é a parte de um todo – conforme nos ensinam Adorno e Horkheimer.[26] Destarte, a violência praticada no âmbito do seio social apenas reproduz o padrão ainda androcêntrico e masculinizado pela qual nossa sociedade se pauta.

Esse padrão de paradigma familiar clássico da modernidade rígido, unitário, hierarquizado e autoritário, ainda é apreendido, na contemporaneidade, pelo direito civil codificado no qual a norma jurídica serve de instrumento para inferiorização e exclusão de determinados sujeitos da noção familiar.

É nesse regime de exclusão que se funda a prática da violência doméstica tabulada por um padrão social de interesses dominantes.

Todavia, é justamente a força criativa dos fatos e o protagonismo individual e social, como no caso *Maria da Penha*, que apontam, diuturnamente, a um porto mais seguro às relações familiares, refutando, destarte, a violência de seu âmbito.

Se a família possui irrefutável valor social, sua configuração futura está a depender dos rumos que os indivíduos em sociedade acolherem como meios válidos de construção da vida íntima e de afeto.[27]

---

p. 288. Ao tratar do diálogo entre o movimento feminista e os Poderes Públicos, no que se refere à violência doméstica, prossegue a autora: "E esse diálogo tem enfatizado atuações em diversas áreas, entre as quais: a) a ação voltada ao Poder Legislativo para alterar dispositivos discriminatórios da lei penal e para criar legislação sobre a violência doméstica contra as mulheres; b) o empenho com os Poderes Executivo e Legislativo para ratificar tratados, convenções e planos de ação internacionais que reconheçam os direitos humanos das mulheres, especialmente no campo da segurança e da luta contra a violência; c) a pressão nos Poderes Executivo e Legislativos estaduais para criar, ampliar e melhorar delegacias, abrigos, centros de referências, núcleos da Defensoria Pública e do Ministério Público e serviços na área da saúde voltados ao atendimento das vítimas; d) a demanda com o Poder Executivo e o Congresso Nacional por recursos para o combate à violência em suas diversas dimensões; e) a demanda com os órgãos da administração federal e estadual por pesquisas nacionais e locais que possam ampliar a visibilidade dessa violência e orientar políticas públicas de prevenção e atenção; f) o esforço sobre os órgãos federais e estaduais para qualificar policiais que atuam nas Delegacias da Mulher".

26. ADORNO, T. W.; HORKHEIMER, M. (Org). *Temas Básicos de Sociologia*. São Paulo: Cultrix, 1956.
27. Destaque nesse sentido às recentes decisões das Cortes Supremas pátrias às uniões homoafetivas que rompem com o modelo estanque de família herdado da modernidade: arguição de descumprimento de preceito fundamental (ADPF). Perda parcial de objeto. Recebimento, na parte remanescente, como ação direta de inconstitucionalidade. União homoafetiva e seu reconhecimento como instituto jurídico. Convergência de objetos entre ações de natureza abstrata. Julgamento conjunto. Encampação dos fundamentos da ADPF nº 132-RJ pela ADI nº 4.277-DF, com a finalidade de conferir "interpretação conforme a Constituição" ao art. 1.723 do Código Civil. Atendimento das condições da ação. 2. Proibição de discriminação das pessoas em razão do sexo, seja no plano da dicotomia homem/mulher (gênero), seja no plano da orientação sexual de cada qual deles. A proibição do preconceito como capítulo do constitucionalismo fraternal. Homenagem

Nessa fotografia em evolução, na qual uma das diversas matizes é a jurídica que convive com tantas outras mais[28], a família deixa de ser o *locus* da hierarquia de poder e passa a ser o *locus* do afeto.

É justamente para preservação desse senso contemporâneo de família marcado pela convivência voluntária na ternura que a Lei Maria da Penha exerce importante papel simbólico no nosso direito pátrio.

Nesse âmbito emblemático, o principal ponto a ser destacado pela nova modalidade de tratamento legislativo é o reconhecimento específico de um padrão violador dos direitos humanos das mulheres.

Fixa o artigo 6º da referida que a violência contra a mulher, no âmbito doméstico[29], familiar ou nas relações de afeto, constitui forma de violação dos direitos humanos.

Em adição, a lei traz em seu bojo duas faces indissociáveis, de um lado, repressivo-punitiva, para refrear a prática da violência, e de outro, a lente promocional para promover a educação sobre a nefasta prática em atenção à igualdade substancial entre os gêneros.

Em relação ao viés punitivo destaca-se, no artigo 7º da referida lei[30], o reconhecimento de diversas formas de violência que podem ser praticadas contra as mulheres no âmbito de sua intimidade doméstica.

---

ao pluralismo como valor sócio-político-cultural. Liberdade para dispor da própria sexualidade, inserida na categoria dos direitos fundamentais do indivíduo, expressão que é da autonomia de vontade. Direito à intimidade e à vida privada. Cláusula pétrea. In: BRASIL. Supremo Tribunal Federal. ADI 4277, Rel. Min. Ayres Britto, Tribunal Pleno, julgado em 05 maio 2011, DJe-198 Divulg 13 out. 2011 Public 14 out. 2011. Registre-se a decisão do REsp 1183378 na qual a Quarta Turma do STJ "concluiu que a dignidade da pessoa humana, consagrada pela Constituição, não é aumentada nem diminuída em razão do uso da sexualidade, e que a orientação sexual não pode servir de pretexto para excluir famílias da proteção jurídica representada pelo casamento." In: http://www.stj.gov.br/portal_stj/publicacao/engine.wsp?tMP.AREA=398&TMp.texto=103687.

28. Foi Lévi-Strauss em sua obra Estruturas Essenciais do Parentesco, de 1949, quem vislumbrou a família como "fenômeno social total", refuta-se, portanto o olhar exclusivamente normativo que, ao ver a família, enxerga-a apenas parcialmente. In: LÈVI-STRAUSS, Claude. *Estruturas Essenciais do Parentesco*. Rio de Janeiro: Vozes, 2003.

29. Em que pese o artigo 5º, I da lei fixar que a violência contra a mulher pode se dar sem vínculo familiar ou afetivo, é certo que a maior parte dos casos de violência contra a mulher no âmbito doméstico ocorre dentro das relações de parentesco ou íntimas de afeto. De acordo com dados da fundação Perseu Abramo, "com exceção das modalidades de violência sexual ou de assédio – nas quais patrões, desconhecidos e parentes como tios, padrastos ou outros contribuíram – em todas as demais modalidades de violência o parceiro (marido ou namorado) é o responsável por mais de 80% dos casos reportados". Informação disponível em www.fpa.org.br/galeria/violência-doméstica.

30. Art. 7º São formas de violência doméstica e familiar contra a mulher, entre outras:
I – a violência física, entendida como qualquer conduta que ofenda sua integridade ou saúde corporal;
II – a violência psicológica, entendida como qualquer conduta que lhe cause dano emocional e diminuição da auto-estima ou que lhe prejudique e perturbe o pleno desenvolvimento ou que vise degradar ou controlar suas ações, comportamentos, crenças e decisões, mediante ameaça, constrangimento, humilhação, manipulação, isolamento, vigilância constante, perseguição contumaz, insulto, chantagem, ridicularização, exploração e limitação do direito de ir e vir ou qualquer outro meio que lhe cause prejuízo à saúde psicológica e à autodeterminação;

Além da violência física que macula a integridade pessoal, a violência psicológica, sexual, patrimonial e moral passa a integrar o rol dos *tipos* de abusos contra a mulher reconhecidos pela Lei.

A violência física é aquela que se exterioriza na punição corpórea é a mais recorrente quando se pensa sobre a questão. Dos 40% de mulheres que já sofreram violência 24% afirmam já ter sofrido agressões físicas diretas e outros 24% de modo indireto com controle ou cerceamento de sua liberdade de locomoção.[31]

Um dos grandes méritos da lei é perfilhar também a violência psicológica e moral haja vista que esta incide tanto quanto, e geralmente em conjunto, a violência física. De acordo com dados da mesma pesquisa, 24% das mulheres afirmam já ter sofrido violência psíquica ou verbal.

Obviamente distinguir os diferentes tipos de violência não se está apartando-as posto que, no mais das vezes, as formas de violência seguem justapostas. A violência patrimonial, por exemplo, espelhada, sobretudo na dependência econômica da mulher em relação ao agressor, acaba por perpetrar a sujeição da mulher à continuação dos achaques e, até mesmo, ao agravamento da brutalidade em relação à condição feminina, incluindo outras formas de violência.

A iniciativa legislativa não possui o condão de alterar a dura realidade que ainda milhares de mulheres são expostas no seio de suas relações familiares e de afeto, mas possui um importante passo adiante no reconhecimento dessa endemia em nosso país.

Em relação ao viés promocional, por outra senda, poder-se-ia iluminar as disposições do art. 3º. Este dispositivo sublinha a ótica da integralidade dos direitos, ao consignar que cabe à família, à sociedade e ao Estado assegurar às mulheres as condições para o exercício efetivo dos direitos à vida, à segurança, à saúde, à alimentação, à educação, à cultura, à moradia, ao acesso à justiça, ao esporte, ao lazer, ao trabalho, à cidadania, à liberdade, à dignidade, ao respeito e à convivência familiar e comunitária.

A concepção integral chama a atenção para a necessidade de emancipação da condição feminina por meio da promoção dos seus direitos humanos e fundamentais como forma de resguardá-las de toda forma de negligência, discriminação, exploração, violência, crueldade e opressão.

III – a violência sexual, entendida como qualquer conduta que a constranja a presenciar, a manter ou a participar de relação sexual não desejada, mediante intimidação, ameaça, coação ou uso da força; que a induza a comercializar ou a utilizar, de qualquer modo, a sua sexualidade, que a impeça de usar qualquer método contraceptivo ou que a force ao matrimônio, à gravidez, ao aborto ou à prostituição, mediante coação, chantagem, suborno ou manipulação; ou que limite ou anule o exercício de seus direitos sexuais e reprodutivos;

IV – a violência patrimonial, entendida como qualquer conduta que configure retenção, subtração, destruição parcial ou total de seus objetos, instrumentos de trabalho, documentos pessoais, bens, valores e direitos ou recursos econômicos, incluindo os destinados a satisfazer suas necessidades;

V – a violência moral, entendida como qualquer conduta que configure calúnia, difamação ou injúria.

31. Pesquisa *Mulheres Brasileiras nos espaços público e privado 2010* levada a cabo pelo Núcleo de Opinião Pública da Fundação Perseu Abramo em parceria com o SESC.

Ambas as óticas preventiva e punitiva dão sentido e concretude ao texto da Constituição Federal, mormente o art. 5°, I que assegura a igualdade de gênero e o artigo 226, parágrafo 8° que dispõe que *"a assistência à família na pessoa de cada um dos que a integram, criando mecanismos para coibir a violência no âmbito de suas relações"*.

Antes da lei específica, a ideia que vigorava com o tratamento dado pela Lei 9099/1995 que dava competência para tratativa do tema aos Juizados Especiais, era de que os crimes contra a mulher eram de menor importância, vigorando o binômio pautado na alta impunidade e a baixa repressão.

Este cenário apenas alimentava a endêmica propagação da violência tendo em vista que os condenados eram "obrigados apenas a pagarem uma cesta básica alimentar ou prestar serviços à comunidade. Tal situação tem levado à banalização da violência doméstica, desestimulando as vítimas a denunciar esses crimes e dando aos agressores um sentimento de impunidade", conforme relatório entregue ao CEDAW pela autoridade brasileira.[32]

Rompendo com esta ordem de ideias, nasceu a Lei Maria da Penha que se consolidou como um importante passo jurídico normativo no reconhecimento dos direitos humanos das mulheres.

Nesse processo de consolidação importante espaço possui a decisão do Supremo Tribunal Federal, no HC 106212, que reafirmou a constitucionalidade da lei.

No caso em tela o STF fixou a constitucionalidade do artigo 41 da lei que assevera *aos crimes praticados com violência doméstica e familiar contra a mulher, independentemente da pena prevista, não se aplica a Lei n° 9.099, de 26 de setembro de 1995.*

Eis a ementa do referido *decisum*:

> "Violência Doméstica – Artigo 41 da Lei 11.340/06 – Alcance. O preceito do artigo 41 da Lei 11.340/06 alcança toda e qualquer prática delituosa contra a mulher, até mesmo quando consubstancia contravenção penal, como é a relativa a vias de fato. Violência Doméstica – Artigo 41 da Lei 11.340/06 – Afastamento Da Lei 9.099/95 – Constitucionalidade. Ante a opção político-normativa prevista no artigo 98, inciso I, e a proteção versada no artigo 226, § 8°, ambos da Constituição Federal, surge harmônico com esta última o afastamento peremptório da Lei 9.099/95 – mediante o artigo 41 da Lei 11.340/06 – no processo-crime a revelar violência contra a mulher".[33]

Ancorado no princípio isonomia material, a decisão unânime do Supremo reafirmou a autoridade alegórica da lei, e seu processo de consolidação, como meios importantes para promoção de um núcleo familiar livre de violência que promova e realize plenamente a dignidade daqueles que o integram, rompendo com a ótica familiar patriarcalista.

Ao lado da promulgação da lei, essa decisão soma no sentido de acabar – ao menos no discurso jurídico que possui efeito alavancador de mudanças práticas –

---

32. Disponível em: [http://www.un.int/brazil/speech/03d-ef-cedaw-response-portugues-0707.html].
33. BRASIL. Supremo Tribunal Federal. HC 106212, Rel. Min. Marco Aurélio, Tribunal Pleno, julgado em 24 mar. 2011, Processo Eletrônico DJe-112 Divulg 10 jun. 2011 Public 13 jun. 2011.

com a situação de opressão lastimável que as mulheres violentadas ficam submetidas dentro do âmbito familiar.

Nota-se, pois, que a partir da arquitetura constitucional, importante passo a diante para enfrentar os desafios que se apresentam.

5. CONCLUSÃO: OS DESAFIOS DO PORVIR

No terreno da violência contra a mulher, no âmbito familiar, extraordinários passos já foram dados para diante e ainda há muitos outros a dar em face dos desafios que o porvir impõe.

É imprescindível recolher os frutos das conquistas já consolidados para encarar os obstáculos que a configuração da estrutura familiar pátria, ainda calcada no padrão masculino, impõe à prática da violência doméstica contra as mulheres.

Dentre esses diversos reptos poder-se-ia destacar dois que pendem de superação sob pena de perpetuação deste modelo familiar arcaico que subjuga a condição feminina minorizando a violência contra ela praticada.

Há necessidade, prefacialmente, da superação da falsa dicotomia entre as esferas público e privada. Em que pese ainda subsistirem muitas deficiências, há, no âmbito público, significativos avanços na consolidação da luta dos direitos das mulheres – exemplo disso é a própria lei "Maria da penha".

É, todavia, no âmbito familiar privado, que ainda subsistem as principais dificuldades de implementação dos direitos das mulheres. Nessa esfera o padrão persiste sendo da subjugação da violência bem espelhado no dito popular *"em briga de marido e mulher ninguém mete a colher"*.

A outra cisão a ser ultrapassada diz respeito à teoria e prática do discurso jurídico. Em que pese à normativa interna e internacional de luta contra violência contra as mulheres, a realidade, infelizmente, ainda é alarmante para os milhares de brasileiras sujeitas à violência doméstica.

Tal fato espelha os dados lastimosos que, em que pese todo avanço jurídico, segundo a Organização das Nações Unidas, trezentas mil mulheres são violentadas por ano no Brasil.[34]

Os agressores, as vítimas e os órgãos protetivos ainda refletem a ideologia dominante, calcada no modelo patriarcal androcêntrico que refreia, social e politicamente, a condição feminina.

---

34. Dados Fundo de População das Nações Unidas (Unfpa) divulgados durante a 7ª Sessão Anual do Conselho de Direitos Humanos, em Genebra, na Suíça. *Apud* SHORT, Katherine. Da Comissão ao Conselho: a Organização das Nações Unidas conseguiu ou não criar um organismo de direitos humanos confiável? *Sur, Revista internacional de direitos humanos* [online]. 2008, v. 5, n. 9 [cited 2012-10-12], p. 172-199. Disponível em: http://www.scielo.br/scielo.php?script=sci_arttext&pid=S1806-64452008000200008&lng=en&nrm=iso.

É justamente neste cenário de quebra de paradigmas que se insere a Lei 11.340 de agosto de 2006.

A lei Maria da Penha constitui fruto de uma exitosa articulação do movimento de mulheres brasileiras: ao identificar um caso emblemático de violência contra a mulher; ao decidir submetê-lo à arena internacional, por meio de uma litigância e do ativismo transnacional; ao sustentar e desenvolver o caso, por meio de estratégias legais, políticas e de comunicação; ao extrair as potencialidades do caso, pleiteando reformas legais e transformações de políticas públicas; ao monitorar, acompanhar e participar ativamente do processo de elaboração da lei relativamente à violência contra a mulher; ao defender e lutar pela efetiva implementação da lei.

A partir da competente atuação do movimento de mulheres, na utilização de estratégias legais e de um ativismo transnacional, o caso "Maria da Penha" teve a força catalisadora para fomentar avanços na proteção dos direitos humanos das mulheres, por meio da reforma legal e de mudanças de políticas públicas.

A adoção da lei Maria da Penha permitiu romper com o silêncio e a omissão do Estado brasileiro, que estavam a caracterizar um ilícito internacional, ao violar obrigações jurídicas internacionalmente contraídas quando da ratificação de tratados internacionais. A tolerância estatal à violência contra a mulher perpetua a impunidade, simbolizando uma grave violência institucional, que se soma ao padrão de violência sofrido por mulheres, em total desprezo à ordem internacional e constitucional.

Perante a comunidade internacional o Estado Brasileiro assumiu o dever jurídico de combater a impunidade em casos de violência contra a mulher, cabendo-lhe adotar medidas e instrumentos eficazes para assegurar o acesso à justiça para as mulheres vítimas de violência. É dever de o Estado atuar com a devida diligência para prevenir, investigar, processar, punir e reparar a violência contra a mulher, assegurando às mulheres recursos idôneos e efetivos.[35]

No amplo horizonte de construção dos direitos humanos das mulheres, jamais se caminhou tanto quanto nas últimas três décadas. Elas compõem o marco divisório em que se concentram os maiores avanços emancipatórios na luta das mulheres por dignidade, direitos e justiça. Sob esta perspectiva, em absoluta harmonia com os parâmetros protetivos internacionais, a lei Maria da Penha inaugura uma política integrada para prevenir, investigar, sancionar e reparar a violência contra a mulher.

Ao repudiar a tolerância estatal e o tratamento discriminatório concernente à violência contra a mulher, a lei Maria da Penha constitui uma conquista histórica na afirmação dos direitos humanos das mulheres. Sua plena implementação — com a adoção de políticas públicas voltadas à prevenção, punição e erradicação da violência contra a mulher, em todas as suas manifestações – surge como imperativo de justiça e respeito aos direitos das vítimas desta grave violação que ameaça o destino e rouba a vida de tantas mulheres brasileiras.

---

35. Ver: COMISSÃO INTERAMERICANA DE DIREITOS HUMANOS. *Acceso a la Justicia para las Mujeres víctimas de violencia en las Américas*. Washington: OEA, 2007. Disponível em: http://www.cidh.org/women/acceso07/indiceacceso.htm.

6. REFERÊNCIAS

ADORNO, T. W.; HORKHEIMER, M. (Org). *Temas Básicos de Sociologia*. São Paulo: Cultrix, 1956.

AMERICAS WATCH, Criminal Injustice: Violence against Women in Brazil. In: STEINER, Henry; ALSTON, Philip. *International Human Rights in Context*. Oxford: Oxford University Press, 2000.

ARAÚJO, Alessandra Nogueira. *A atuação do Juizado Especial Criminal de Belo Horizonte nos casos de violência contra a mulher*: intervenções e perspectivas. Dissertação de mestrado defendida na Universidade Federal de Minas Gerais, 2005.

ARENDT, Hannah. *As origens do totalitarismo*. Rio de Janeiro: Documentário, 1979

BARSTED, Leila Linhares. A Violência contra as mulheres no Brasil e a Convenção de Belém do Pará dez anos depois. In: UNIFEM. *O Progresso das Mulheres no Brasil*. Brasília: Cepia/Ford Foundation, 2006.

BOBBIO, Norberto. *Era dos direitos*. Rio de Janeiro: Campus, 1988.

CABRAL, Mara Aparecida Alves. Prevenção da violência conjugal contra a mulher. *Ciência saúde coletiva* [online]. 1999, v. 4, n. 1, p. 183-191. Disponível em: http://www.scielo.br /scielo.php?script=sci_arttext&pid=S1413-81231999000100016&lng=en&nrm=iso.

COMISSÃO INTERAMERICANA DE DIREITOS HUMANOS. *Acceso a la Justicia para las Mujeres víctimas de violencia en las Américas*. Washington: OEA, 2007. Disponível em: http://www.cidh.org/women /acceso07/indiceacceso.htm.

COMISSÃO INTERAMERICANA DE DIREITOS HUMANOS. Informe n. 54/01, caso 12.051, *Maria da Penha Maia Fernandes v. Brasil*, julgado em 16 abr. 2001. Disponível em: http://www.cidh.oas.org/annualrep/2000port/12051.htm.

COMISSÃO INTERAMERICANA DE DIREITOS HUMANOS. *Relatório Anual da Comissão Interamericana de Direitos Humanos 2003*. Washington: OEA, 2003.

COMITÊ PELA ELIMINAÇÃO DE TODAS AS FORMAS DE DISCRIMINAÇÃO CONTRA A MULHER. *Violence against women*. CEDAW General recommendation n. 19, A/47/38. (General Comments), 29 jan. 92.

CORTE INTERAMERICANA DE DIREITOS HUMANOS. *Caso González y otras ("Campo Algodonero") Vs. México*. Excepción Preliminar, Fondo, Reparaciones y Costas. Sentencia de 16 de noviembre de 2009. Serie C No. 205. Disponível em: www.corteidh.or.cr/docs/casos/articulos/seriec_205_esp.pdf.

FLORES, Joaquín Herrera. *Direitos humanos, interculturalidade e racionalidade de resistência*. (mimeo)

HENKIN, Louis et al. *Human Rights*. New York: New York Foundation Press, 1999, p. 364.

LAFER, Celso. *A Reconstrução dos direitos humanos*: um diálogo com o pensamento de Hannah Arendt. São Paulo: Cia das Letras, 1988.

LÈVI-STRAUSS, Claude. *Estruturas Essenciais do Parentesco*. Rio de Janeiro: Vozes, 2003.

MOVIMENTO NACIONAL DE DIREITOS HUMANOS. *Primavera já Partiu*. Brasília: s.n., 1998.

PANDJIARJIAN, Valéria. *Os Estereótipos de Gênero nos Processos Judiciais e a Violência contra a Mulher na Legislação* (mimeo). Disponível em: http://www.maismulheresnopoderbrasil.com.br/pdf/Judiciario/Os_Estereotipos_deGenero_nos_Processos_Judiciais_e_a_violencia_contra_a_mulher_na_Legislacao.pdf.

PIOVESAN, Flávia; PIMENTEL, Silvia. Conspiração contra a Impunidade. In: *Folha de São Paulo*. Caderno A3, publicado em 25.11.02.

PIOVESAN, Flávia. *Lei Maria da Penha*: Inconstitucional não é a Lei, mas a ausência dela. Disponível em: http://www.cartamaior.com.br/templates/analiseMostrar.cfm?coluna _id=3743. Acesso em: out. 2012.

PIOVESAN, Flávia. *Contribuição a partir da perspectiva de gênero ao Relatório Alternativo sobre o Pidesc*. Brasil. São Paulo: Cladem, 2002.

PIOVESAN, Flávia. *Direitos Humanos e o Direito Constitucional Internacional*. 13. ed. São Paulo: Saraiva, 2012.

PIOVESAN, Flávia. *Direitos Humanos e Justiça Internacional*. 3. ed. São Paulo: Saraiva, 2012.

SHORT, Katherine. Da Comissão ao Conselho: a Organização das Nações Unidas conseguiu ou não criar um organismo de direitos humanos confiável? *Sur, Revista internacional de direitos humanos* [online]. 2008, v. 5, n. 9 [cited 2012-10-12], p. 172-199. Disponível em: http://www.scielo.br/scielo.php?script=sci_arttext&pid=S1806-64452008000200008&lng=en&nrm=iso.

STEINER, Henry; ALSTON, Philip. *International Human Rights in Context*. Oxford: Oxford University Press, 2000.

THE NATIONAL COUNCIL FOR AUSTRALIA TO REDUCE VIOLENCE AGAINST WOMEN AND THEIR CHILDREN. *Time for Action*: The National Council's Plan for Australia to Reduce Violence against Women and their Children 2009-2011. Commonwealth of Australia: s.n., 2009.

UN. *15 years of The United Nations Special Rapporteur on Violence against Women, its Causes and Consequences*. Disponível em: http://www2.ohchr.org/english/issues/women/rapporteur/docs/15YearReviewofVAWMandate.pdf.

Jurisprudência

BRASIL. Supremo Tribunal Federal. ADI 4277, rel. Min. Ayres Britto, Tribunal Pleno, julgado em 05 maio 2011, DJe-198 Divulg 13 out. 2011 Public 14 out. 2011.

BRASIL. Supremo Tribunal Federal. HC 106212, rel. Min. Marco Aurélio, Tribunal Pleno, julgado em 24 mar. 2011, Processo Eletrônico DJe-112 Divulg 10 jun. 2011 Public 13 jun. 2011.

SISTEMA JURÍDICO DE PROTEÇÃO À MULHER NO COMBATE À VIOLÊNCIA DE GÊNERO

Isabella Nogueira Paranaguá de Carvalho Drumond

Pós-doutora em Direito pela Universidade de Birmingham-UK; Doutora em Direito pela Pontifícia Universidade Católica de São Paulo (Puc-SP). Mestre em Ciência Política pela Universidade Federal do Piauí (UFPI). Conselheira Federal da OAB-PI (2022-2025). Professora Universitária. Presidente da Comissão Nacional de Direito das Sucessões da OAB. Vice-presidente do Instituto Brasileiro de Direito de Família (IBDFAM), seção Piauí. Advogada especialista em Direito de Família e Sucessões.

Ana Vládia Martins Feitosa

Mestre em Direito Constitucional nas Relações Privadas pela Universidade de Fortaleza (UNIFOR). Especialista em Direito Processual Civil pela Fundação Escola Superior de Advocacia do Ceará (FESAC). Professora Universitária. Membro do Instituto Brasileiro de Direito de Família (IBDFAM), do Instituto dos Advogados do Ceará (IAC), da Associação Brasileira das Mulheres de Carreira Jurídica (ABMCJ) e da Comissão Estadual da Mulher Advogada da OAB Ceará. Vice-Presidente da OAB-CE (2019-2021). Conselheira Federal da OAB-CE (2022-2025). Presidente da Comissão Nacional de Direito de Família da OAB. Advogada especialista em Família e Sucessões.

Sumário: 1. Introdução – 2. O lugar da mulher na família: uma perspectiva sociojurídica – 3. Igualdade material e ações afirmativas de gênero – 4. A lei Maria da Penha, as MPUS de natureza cível e os juizados de violência doméstica e familiar contra a mulher – 5. A proteção da mulher nas varas de família e a aplicação do protocolo de gênero do CNJ contra a violência processual e a violência institucional – 6. Conclusão: desafios e perspectivas para incorporação de uma cultura de gênero no sistema judiciário brasileiro – 7. Referências– Jurisprudência.

> *" Sempre fomos o que os homens disseram que nós éramos. Agora somos nós que vamos dizer o que somos. "*
> (Lygia Fagundes Telles – A Disciplina do Amor)

1. INTRODUÇÃO

O patriarcalismo é uma forma de organização social na qual as relações são regidas pela subordinação das mulheres aos homens. Nesta forma de relação interpessoal há uma desvalorização da identidade feminina e atribuição funcional de determinados papéis ou arquétipos à mulher.

Esses arquétipos, baseados na desigualdade de gênero, vão sendo incorporados pelas mulheres e são disseminados na família,[1] pela educação dos filhos e fora dela, na esfera política, econômica, social e jurídica, em uma dinâmica de retroalimentação (Holanda; Oliveira, 2016)

Nesse sentido, Maria Berenice Dias (2021) afirma que "a trajetória da família está muito ligada à emancipação feminina". A família brasileira – marcadamente patriarcal, matrimonializada e centrada no patrimônio – passou por profundas alterações, especialmente no século XX, em virtude da mudança do *status quo* da mulher na sociedade.

Embora as mudanças havidas na sociedade tenham refletido alterações na legislação, no sentido de reorganizar esses papéis familiares ocupados pelo homem e pela mulher, especialmente após a promulgação da Constituição Federal de 1988 (CF/88), ainda se constatam, na prática, problemas de desigualdade de gênero experimentados no ambiente da própria família que tem retroalimentado a cultura da violência doméstica.

Fator responsável pelos elevados índices de desigualdade de gênero no país, a violência doméstica impõe a análise sobre a proteção jurídica das mulheres no âmbito familiar. Análise esta que se fará pelas lentes do constitucionalismo feminista, a fim de verificar se a legislação voltada ao tema, fruto, inclusive, de ações afirmativas de gênero, atende às necessidades específicas deste grupo de sujeitos de direito, levando em conta suas idiossincrasias, como forma eficaz de materializar o princípio da isonomia.

2. O LUGAR DA MULHER NA FAMÍLIA: UMA PERSPECTIVA SOCIOJURÍDICA

Considerando que o Direito contribui para formatação do estereótipo "mulher",[2] como afirma Alicia Ruiz (2000, p. 10), e é a partir deste estereótipo que as normas jurídicas reconhecem ou denegam direitos às mulheres, Holanda e Oliveira (2016, p. 113) advertem que o ordenamento jurídico posto, ao longo do século XX, prestou-se a sedimentar e reafirmar a ideologia patriarcal que já era dominante, favorecendo a um processo de naturalização dos papéis sociais e familiares masculinos e femininos.

E sob a égide de uma sociedade patriarcal e androcêntrica, foi aprovado o primeiro Código Civil brasileiro, em 1916. Influenciada pelo Código Napoleônico, a codificação pátria dirigia-se a um indivíduo neutro e abstrato, favorecendo a desigualdade entre os sexos e a autoridade do marido sobre a mulher.

---

1. No âmbito familiar, o patriarcalismo se caracteriza, segundo Manuel Castell (1999, p. 169), "pela autoridade imposta, institucionalmente, do homem sobre a mulher e filhos".
2. Como alerta Simone Beauvoir, "Ninguém nasce mulher: torna-se mulher. Nenhum destino biológico ou psíquico, define a forma que a fêmea humana assume no seio da sociedade; é o conjunto da civilização que elabora esse produto intermediário entre o macho e o castrado que qualificam de feminino". (1980, p. 97)

As mulheres casadas eram consideradas relativamente incapazes. Para que pudessem exercer uma profissão e, até mesmo, para receber herança, fazia-se necessária a autorização do marido. Além disso, a criação e educação dos filhos era norteada pelo pátrio poder, exercido exclusivamente pelo marido, salvo, nos casos de impedimento, morte ou ausência temporária, quando era assumido pela esposa. Na figura de chefe da família, o marido era o administrador dos bens da esposa, sendo obrigado a prover o seu sustento. Se ocorresse o chamado "abandono do lar", o Judiciário poderia determinar, em desfavor da mulher, a perda dos direitos relativos ao patrimônio adquirido na constância do casamento.

O marido, segundo a redação original do artigo 178, § 1º e do artigo 219, IV, do CC/1916, poderia até requerer a anulação do casamento, no prazo de dez dias a contar da celebração, acaso descobrisse que a esposa já não era mais virgem ao se casar. Por óbvio, o mesmo direito não era conferido às mulheres, cujo exercício da sexualidade só era considerado legítimo se vinculado ao casamento.

Na segunda metade do século XX, a família tradicional brasileira passou por intensas transformações, como destacam Holanda e Oliveira (2016, p. 116), que contribuíram para uma mudança na concepção dos papéis sexuais, e com isto, da própria família, tais como:

> A revolução sexual, a descoberta da pílula anticoncepcional, as concentrações urbanas, a inserção da mulher no mercado de trabalho (contribuindo para emancipação feminina),[3] a diminuição do número de casamentos, o aumento da idade dos nubentes e das rupturas matrimoniais, a diminuição do número de filhos, o aumento do número de uniões livres e de mães solteiras e a descoberta da procriação artificial.

Com o advento do Estatuto da Mulher Casada (Lei 4.121, de 27 de agosto de 1962), que revogou vários dispositivos do CC/1916, foram conferidos alguns direitos à mulher e devolvida a ela plena capacidade. Passou à condição de colaboradora na administração da família e logrou a possibilidade de exercer atividade laboral remunerada, com o domínio dos recursos provenientes do seu trabalho. Ademais, a mulher passou a compartilhar o pátrio poder, inclusive com possibilidade de requisitar a guarda dos filhos em caso de desquite. Contudo, esta atribuição ainda era bastante restrita, considerando a redação do parágrafo único do artigo 380, em cujo teor impunha-se a decisão do pai caso houvesse divergência entre os genitores quanto ao exercício do pátrio poder, ressalvado à mãe o direito de recorrer ao judiciário (Barreto, 2013, p. 210).Apesar da carga conservadora, essa lei representou, à época, um significativo avanço, posto que o marido deixou de ser o chefe absoluto e soberano da família, horizontalizando as relações entre os membros que a compunham.

---

3. A evolução econômica da condição feminina está modificando profundamente a instituição do casamento: este vem se tornando uma união livremente consentida por duas individualidades autônoma; as obrigações dos cônjuges são recíprocas e pessoais; o adultério é para as duas partes uma denúncia do contrato; o divórcio pode ser obtido por uma ou por outra das partes em idênticas condições. A mulher não se acha mais confinada na sua função reprodutora: esta perdeu em grande parte seu caráter de servidão natural, apresenta-se como um encargo voluntariamente assumido [...] (Beauvoir, 1980, p. 165)

Com a Lei do Divórcio (Lei 6.515, de 26 de dezembro de 1977), houve novos avanços em relação à mulher casada. O vínculo conjugal, até então dissolvido apenas pela morte, poderia ser dissolvido também pelo divórcio. O CC/1916 previa apenas o rompimento da sociedade entre os cônjuges sem dissolução do vínculo conjugal pelo desquite, instituto que foi substituído pelo da separação judicial. Outras alterações produzidas pela Lei do Divórcio foi a de facultar à mulher o direito de optar ou não pelo uso do nome de família de seu cônjuge e de instituir o regime da comunhão parcial de bens como o regime legal entre os nubentes.

Mas foi a Constituição Federal de 1988 a responsável pela maior reforma já ocorrida no Direito das Famílias. Além da igualdade de todos perante a lei (garantida no artigo 5º), pela primeira vez foi reconhecida a igualdade entre homens e mulheres, em direitos e obrigações (inciso I do artigo 5º). A Carta Magna afirma, de forma justa, que os direitos e deveres decorrentes da sociedade conjugal serão exercidos igualmente pelo homem e pela mulher (§5º do art. 226). Outro grande avanço foi o reconhecimento de novas entidades familiares como dignas de proteção jurídica.

As alterações ocorridas "determinaram uma virada paradigmática no direito civil a favor da pessoa humana, posicionada no vértice do ordenamento jurídico, prioritariamente realizada na ordem civil." (Machado, 2011, p. 5). O valores impactaram as relações privadas, influenciando a visão civilista da pessoa, dantes considerada apenas sob um viés patrimonialista, hoje considerada titular de um conjunto de interesses existenciais, igualmente merecedores de tutela legal.

A partir desse contexto, o rígido modelo da família tradicional brasileira foi flexibilizado, abrindo espaço para o surgimento e o reconhecimento de novos arranjos familiares(Lôbo, 2023). Modifica-se então a função da família, não sendo esta mais "um fim em si mesma, mas sim um instrumento para a realização da dignidade de cada um de seus membros" (Moraes; Konder, 2012, p. 339).

Na esteira da Constituição, o Código Civil de 2002 (CC/2002) dispôs que o casamento é baseado na igualdade de direitos e deveres dos cônjuges, eliminando, formalmente, qualquer tipo de submissão legal da mulher ao seu marido.

Alguns anos depois, em 2006, com a criação da Lei Maria da Penha (Lei 11.340, de 7 de agosto de 2006), o Brasil estruturou uma política pública especial para tratar a violência doméstica e familiar na Justiça. A despeito de sua aplicação ter um impacto mais imediato no âmbito criminal, também repercutiu no Direito das Famílias. Basta considerar o conceito de família, assentado no art. 5º, inciso II, como "a comunidade formada por indivíduos que são ou se considerem aparentados, unidos por laços naturais, por afinidade ou por vontade expressa".

Apesar de todos os avanços legislativos, as estatísticas de violência em razão do gênero são alarmantes no Brasil. Segundo o Anuário Brasileiro de Segurança Pública 2022,[4] ao menos uma pessoa ligou, por minuto, em 2021, para o 190 denunciando agressões decorrente da violência doméstica contra meninas e mulheres.

---

4. Anuário Brasileiro de Segurança Pública 2022. Disponível em: https://forumseguranca.org.br/wp-content/uploads/2022/06/anuario-2022.pdf?v=5. Acesso em: 10 maio 2023.

Globalmente, 38% de todas as mulheres assassinadas (em contraste com 6% de todos os homens assassinados) são mortas por seus parceiros. Dados que revelam a violência doméstica como um fenômeno universal, cujo impacto é sentido por todas as camadas da sociedade.[5]

Por outro lado, o número de famílias chefiadas por mulheres praticamente dobrou no país: cerca de 30 milhões de lares brasileiros são comandados por mulheres.[6] Estes dados indicam melhora nas relações de gênero, embora ainda existam desafios importantes a serem vencidos, não somente no âmbito privado, como a justa divisão do trabalho doméstico e outros tantos; assim como no âmbito público, mais especificamente no sistema de justiça, a ensejar o combate da neutralidade estatal diante das diversas formas de violência contra mulher. Isto provoca o seguinte questionamento: a norma jurídica é suficiente para combater a desigualdade de gênero?

3. IGUALDADE MATERIAL E AÇÕES AFIRMATIVAS DE GÊNERO

Como consequência das revoluções francesa e americana, ocorridas no final do século XVIII, a ideia de igualdade passou a ser consolidada como princípio jurídico nas mais diversas constituições que surgiram após esta época.

Intencionando eliminar os privilégios de determinados grupos e pôr fim à rígida estratificação social de classes, a igualdade surge neste contexto, como um comando ao aplicador da lei para que a todos seja dispensado tratamento isonômico, sem a utilização de qualquer critério discriminatório não abrangido pelo próprio texto normativo.

A igualdade perante a lei nada mais era do que uma estandardização da disciplina jurídica abstrata para todos os indivíduos ou,[7] nas palavras de Joaquim Barbosa Gomes (2001, p. 130): "[...] uma construção jurídico-formal segundo a qual a lei, genérica e abstrata, deve ser igual para todos, sem qualquer distinção ou privilégio, devendo o aplicador fazê-la incidir de forma neutra sobre as situações jurídicas concretas e sobre os conflitos interindividuais".

Essa perspectiva meramente formal da igualdade jurídica perdurou pelo século XIX e início do século XX, servindo de sustentáculo à política abstencionista do Estado Liberal face aos direitos individuais dos cidadãos, em especial da burguesia.

Todavia, com o passar do tempo e a constatação de que a mera previsão legal da igualdade, para além da proibição de práticas preconceituosas, era insuficiente remover obstáculos ou promover condições para a efetiva igualdade.

---

5. Domestic Violence and Abuse. Disponível em: https://www.actionaid.org.uk/our-work/vawg/domestic-violence-and-abuse. Acesso em: 10 maio 2023.
6. Retratos da Desigualdades de Gênero e Raça. Indicadores de Chefia de Família. Disponível em: https://www.ipea.gov.br/retrato/indicadores_chefia_familia.html. Acesso em: 12 maio 2023.
7. Uma das principais críticas feministas diz respeito à forma como uma combinação de forças era responsável por criar e definir indivíduos generificados. Isso porque normas culturais, linguagem, direito, costumes e normas morais não representavam somente o produto da ação da vontade humana, mas sim eram responsáveis por definir e limitar as possibilidades da identidade humana. E essa construção social de identidades contribuiu diretamente para a subordinação das mulheres (BONATTO; FACHIN; BARBOZA, 2022, p. 215).

Nesse caso, o dever de isonomia foi direcionado ao legislador, em cuja atividade de elaboração das normas, torna-se legítimo eleger certos parâmetros razoáveis e não arbitrários para erguer regimes jurídicos específicos, em razão dos inúmeros traços que distinguem as pessoas e situações,[8] dando margem a um direito à diversidade (Leite, 2012).

Surgiu assim a concepção de igualdade material ou substancial, alcançada mediante o reconhecimento de que as pessoas são diferentes sob múltiplos aspectos, justificando-se, um tratamento igual aos essencialmente iguais e desigual aos desiguais, na justa medida de suas desigualdades e desde que amparada essa correlação pelo ordenamento jurídico.

Por meio da igualdade substancial, portanto, é que se opera a grande transformação na família, vez que se compreende que a igualdade formal seria insuficiente para realização da autodeterminação existencial modelada individualmente para cada familiar. Assim, na medida do que se pretende igualar materialmente é que se é possível modular o que cada pessoa necessita ao pleno desenvolvimento de sua personalidade de acordo com suas diferenças. É nessa dimensão que a igualdade se encontra com a realidade sociocultural concreta (Pimentel; Ciríaco; Farias, 2022)

Com efeito, da adoção desse conceito dinâmico de igualdade, evolui-se para a ideia de se estabelecerem desequiparações no trato para com as pessoas, tendo em vista a compensação de uma desigualdade de oportunidades, através de ações prestacionais pelo Poder Público. Como consequência, surge, "em diversos ordenamentos jurídicos nacionais e na esfera do Direito Internacional dos Direitos Humanos, políticas sociais de apoio e de promoção de determinados grupos socialmente fragilizados" (Gomes, 2001, p. 131).

Esses grupos sociais, formados por pessoas que passaram a ser enxergadas com todas as suas especificidades de idade, gênero, cor, são os destinatários dessas políticas conhecidas como ações afirmativas, que são, justamente, "uma forma jurídica para se superar o isolamento ou a diminuição social a que se acham sujeitas as minorias" (Rocha, 1996, p. 85), ou, nos dizeres de Roberta Fragoso Menezes Kaufmann (2007, p. 125-126), representam:

> [...] instrumento temporário de política social, praticado por entidades privadas ou públicas, nos diferentes poderes e nos diversos níveis, por meio do qual se visa a integrar certo grupo de pessoas à sociedade, objetivando aumentar a participação desses indivíduos sub-representados em determinadas esferas, nas quais tradicionalmente permaneceriam aliijados por razões de raça,

---

8. Holanda e Oliveira, ao tratarem das diferenças entre os sexos, ao longo da história da humanidade, apoiam-se na teoria de Rosi Braidotti (2001 *apud*, 2016, p. 99), filósofa feminista, ao procurarem desconstruir a ideia de que a "diferença", conceito construído por uma ideologia hegemônica, é algo ruim, negativo. Assim, de acordo com o discurso hegemônico, seja ele qual for, aquilo que não se enquadra nas concepções majoritárias é diferente, é ruim, é outro e deve ser oprimido e combatido. Braidotti propõe, desta forma, uma teoria que possibilite a transgressão a essa oposição binária: majoritário *versus* minoritário. Nesse sentido, Braidotti encontra positividade na diferença. As diferenças são essenciais para a construção da identidade dos sujeitos, logo são sempre positivas.

sexo, etnia, deficiências física e mental ou classe social. Procura-se, com tais programas positivos, promover o desenvolvimento de uma sociedade plural, diversificada, consciente, tolerante às diferenças e democrática, uma vez que concederia espaços relevantes para que as minorias participassem da comunidade.

Propagadas, inicialmente, nos Estados Unidos da América, para aplacarem os impactos da segregação racial, as ações afirmativas ou medidas de discriminação positiva, assim chamadas na Europa, lá se desenvolveram de modo particular na esfera da discriminação de gênero.

A partir dessas experiências, começou-se a disseminar o "dever de inclusão" ínsito a essas políticas, com o escopo de se corrigirem erros ou injustiças praticadas no passado por particulares ou pelo Estado contra determinadas pessoas, permitindo a sua adoção em outros países, a exemplo do Brasil, bem como a consolidação do combate à discriminação por meio de documentos nacionais e internacionais, que passaram a conter normas não apenas proibitivas de referida prática, mas que reclamassem comportamentos ativos quanto à eliminação de barreiras para uma real inclusão social.

Nessa perspectiva, a Declaração Universal dos Direitos Humanos (DUDH), passou a representar, em 10 de dezembro de 1948, um importante documento de difusão do direito à igualdade, afirmando que todos os seres humanos nascem livres e iguais em dignidade e direitos. Toda pessoa tem capacidade para gozar dos direitos e liberdades estabelecidos nesta Declaração, sem distinção de qualquer espécie, seja de raça, cor, sexo, idioma, religião, nascimento ou qualquer outra condição. Esse documento foi fundamental para a luta das mulheres no final do século XIX e início do XX, que culminou na igualdade perante a lei em algumas situações, como as sufragistas.

Outro relevante documento internacional trata-se da Convenção das Nações Unidas sobre a Eliminação de Todas as Formas de Discriminação contra as Mulheres (CEDAW), de 18 de dezembro de 1979, da qual o Brasil é signatário, que prevê em seu artigo 4º:

> 1. A adoção, pelos Estados Partes, de medidas especiais de caráter temporário visando acelerar a vigência de uma igualdade de fato entre homens e mulheres não será considerada discriminação, tal como definido nesta Convenção, mas de nenhuma maneira implicará, como consequência, na manutenção de normas desiguais ou distintas; essas medidas deverão ser postas de lado quando os objetivos de igualdade de oportunidade e tratamento tiverem sido atingidos.
> 2. A adoção, pelos Estados Partes, de medidas especiais, incluindo as previstas na presente Convenção, destinadas a proteger a maternidade, não será considerado discriminação.

A CEDAW requisitou a revogação de regras e procedimentos legais discriminatórios, como a privação de liberdade das mulheres para o intuito de "protegê-las" da violência; a realização de "testes de virgindade"; e o uso, como defesa legal ou atenuante, de argumentos baseados na cultura, religião ou privilégio do homem, como a chamada "defesa da honra". A CEDAW também pediu o fim dos procedimentos que reservam penas extremamente severas – incluindo apedrejamento, chicotadas e morte – para mulheres; bem como práticas judiciais que ignoram um histórico de violência de gênero quando as acusadas são mulheres.

Na CF/88, as ações afirmativas podem ser identificadas a partir do preâmbulo, quanto ao propósito de instituir um Estado Democrático, "destinado a assegurar o exercício dos direitos sociais [...], a igualdade e a justiça como valores supremos de uma sociedade fraterna, pluralista e sem preconceitos [...]". Ainda nos incisos de seus arts. 1º e 3º, estabelece, respectivamente, como fundamentos e objetivos da República Federativa do Brasil, *in verbis*:

> Art. 1º A República Federativa do Brasil, formada pela união indissolúvel dos Estados e Municípios e do Distrito Federal, constitui-se em Estado Democrático de Direito e tem como fundamentos:
> [...]
> II – a cidadania;
> III – a dignidade da pessoa humana;
> [...]
> Art. 3º Constituem objetivos fundamentais da República Federativa do Brasil:
> I – construir uma sociedade livre, justa e solidária;
> [...]
> III – erradicar a pobreza e a marginalização e reduzir as desigualdades sociais e regionais;
> IV – promover o bem de todos, sem preconceitos de origem, raça, sexo, cor, idade e quaisquer outras formas de discriminação.

Pelo fato de a dignidade ser um atributo intrínseco do ser humano, ela não admite qualquer discriminação, perseguição ou ato que violente a pessoa. Por isso mesmo, a ordem constitucional deve priorizar o atendimento das pessoas vulnerabilizadas. Afinal, uma sociedade desenvolvida e madura é medida pela forma como se trata as minorias (Araújo; Marcondes, 2019).

Ocorre que, meninas e mulheres, no Brasil, segundo o Relatório Global sobre Desigualdade de Gênero 2022,[9] realizado pelo Fórum Econômico Mundial (FEM), estão perdendo o acesso a oportunidades, cenário que pode se estender para os anos seguintes. Daí a necessidade de aceleração da paridade, que deve ser parte das agendas públicas e privadas, com o foi ressaltado por Saadia Zahidi, diretora-gerente do FEM, no prefácio do aludido documento.

---

9. Segundo o relatório, se o progresso em direção a paridade de gênero continuar do mesmo modo como ocorreu entre os anos 2006 e 2022, sem apresentar mudanças ainda mais significativas, a lacuna mundial demorará 132 anos para ser preenchida. O relatório baseia-se em quatro critérios: (a) participação econômica e oportunidades: salário, participação no mercado de trabalho, acesso a altos cargos; (b) poder político: representação em estruturas que envolvam tomada de decisões; c) educação: acesso aos níveis básicos e superiores de educação; d) saúde e sobrevivência: expectativa de vida e proporção entre os sexos. No ranking mundial, o Brasil está na 94ª colocação segundo os parâmetros do relatório. O pior país colocado no ranking é o Afeganistão, que está em 146ª. (PARAGUASSU, 2023).

No âmbito da CF/88, há fundamento jurídico suficiente para que, por via legislativa, se possa promover o empoderamento das mulheres, a partir da diminuição das desigualdades sociais, políticas e econômicas, bem como realize o enfrentamento da violência de gênero, impondo condutas aos destinatários da norma jurídica de observância obrigatória e irrestrita.

4. A LEI MARIA DA PENHA, AS MPUS DE NATUREZA CÍVEL E OS JUIZADOS DE VIOLÊNCIA DOMÉSTICA E FAMILIAR CONTRA A MULHER

Na conjuntura da luta dos movimentos feministas e das ações afirmativas de gênero, a lei popularizada pelo nome de Maria da Penha (Lei 11.340/2006 – LMP) é considerada uma das três melhores leis do mundo pelo Fundo das Nações Unidas para o Desenvolvimento da Mulher.

Mesmo tendo surgido da repercussão à condenação do Brasil pela Comissão Interamericana de Direitos Humanos da Organização dos Estados Americanos (OEA), por negligência e omissão em relação à violência doméstica, no caso da cearense Maria da Penha Maia Fernandes, os avanços foram muitos e significativos.

Talvez o aspecto mais relevante tenha sido o de remover da invisibilidade, a violência que ocorre dentro do "lar do doce lar". Antes considerada como um delito de menor potencial ofensivo pela Lei dos Juizados Especiais (Lei 9.009/95),[10] o tratamento da violência doméstica e familiar tinha como consequência a impunidade do agressor, vez que acordos e transações eram comumente impostos à vítima.[11]

Nas palavras de Rogério Sanches Cunha e Ronaldo Batista Pinto (2007, p. 11-12), a Lei Maria da Penha busca inibir, prevenir e punir com maior rigor e eficiência a alarmante violência doméstica contra a mulher, tendo sido batizada com este nome em alusão ao emblemático ato de agressão conjugal sofrida pela farmacêutica Maria da Penha, atingida por um disparo de espingarda do marido, Marco Antônio Heredia Viveiros, que a deixou paraplégica. Posteriormente Maria da Penha sofreu nova agressão por parte do marido, recebendo descarga elétrica enquanto tomava banho

---

10. Pesquisas demonstram o quanto a aplicação da Lei 9.009/95 para os casos de violência contra a mulher implicava a naturalização e a legitimação deste padrão de violência, reforçando a hierarquia entre gêneros. O grau de ineficácia da referida lei revelava o paradoxo do Estado romper com a clássica dicotomia público-privado, de forma a dar visibilidade a violações que ocorrem no domínio privado, para, então, devolvê-las a este domínio, sob o manto da banalização, em que o agressor é condenado a pagar à vítima uma cesta básica ou meio fogão ou meia geladeira [...] Os casos de violência contra mulher ou eram vistos como mera "querela doméstica", ora como reflexo de ato de "vingança ou implicância da vítima", ora decorrentes da culpabilidade da própria vítima, no perverso jogo de que a mulher teria merecido, por seu comportamento, a resposta violenta. Isto culminava com a consequente falta de credibilidade no amparo da Justiça. (PIOVESAN; FACHIN, 2022, p. 655).
11. É, expressamente, vedada a aplicação, nos casos de violência doméstica e familiar contra a mulher, de penas de cesta básica ou outras de prestação pecuniária, bem como a substituição de pena que implique o pagamento isolado de multa (art. 17, LMP).

em sua casa, logo após ter alta do primeiro incidente, tendo durado dezenove anos o trâmite do processo criminal pelo qual respondeu o agressor.[12]

Sob esse viés, a violência doméstica contra a mulher, muitas vezes, se confunde com a discriminação por outros motivos, como raça, cor, idioma, religião, opinião política, origem nacional ou social, renda, nascimento ou outras situações. Diversos órgãos de proteção à mulher, como as Nações Unidas, mostram que o Brasil é um dos líderes no ranking mundial, o que leva a sociedade civil a ampliar sua visão sobre a situação, haja vista que a maioria dos casos acontece no próprio ambiente familiar.

No Brasil, os dados também indicam que as mulheres negras são o segmento da população mais afetado pelo feminicídio Também são elas as que mais sofrem com a violência doméstica e obstétrica, a mortalidade materna e a criminalização do aborto. Estas foram algumas das conclusões do seminário "Mulheres Negras Movem o Brasil: Visibilidade e Oportunidade", promovido pela Câmara dos Deputados no Dia da Consciência Negra.[13]

Além disso, os números mostram que a violência contra a mulher continua crescendo. No Brasil, por exemplo, segundo levantamento do G1, que considerou dados oficiais do Estado de 2017, doze mulheres são assassinadas todos os dias, em média, no país. Existem 4.473 homicídios dolosos, dos quais 946 são feminicídios, ou seja, casos de mulheres mortas em crimes de ódio motivados pelo gênero. Esses números representam um aumento de 6,5% em relação a 2016. Sem contar que alguns estados ainda não fecharam a data do ano passado, o que pode aumentar ainda mais as estatísticas.[14]

Os dados ainda mostram que a violência contra a mulher tem ocorrido principalmente no ambiente privado da vida doméstica, não necessariamente ocasionada apenas pelo cônjuge ou companheiro, mas também por outros atores do núcleo familiar no qual a mulher está inserida, como mãe, pai filho, filha, irmão, irmã e avós. No entanto, esta não é uma lista exaustiva, podendo também ser estendida a tios, tias, primos, padrastos etc.

A despeito da aplicação da LMP ter um impacto mais imediato no âmbito criminal, há diversas repercussões no Direito das Família, a exemplo de medidas protetivas

---

12. Maria da Penha narra em seu livro "Sobrevivi, posso contar", que se sentiu recompensada com a criação da Lei Federal 11.340/2006, "por todos os momentos nos quais, mesmo morrendo de vergonha, expunha minha indignação e pedia justiça, para que meu caso, e tantos outros, não fossem esquecidos. Hoje sou conselheira vitalícia do Instituto Maria da Penha, e minha vida dedico à efetivação das ações estratégicas para a consolidação das propostas da Lei Maria da Penha, ou seja, inibir, punir e erradicar toda e qualquer violência praticada contra a mulher, garantindo, desse modo, o respeito, a dignidade, o direito e a justiça à mulher em situação de violência doméstica" (2018, p. 109).
13. POLÍTICA. *Mulheres negras são as maiores vítimas de feminicídio no Brasil*. Disponível em: https://www.redebrasilatual.com.br/politica/2018/11/mulheres-negras-sao-as-maiores-vitimas-de-feminicidio-no-brasil/. Acesso em: 23 abr. 2023.
14. G1. *Cresce o número de mulheres vítimas de homicídio no Brasil; dados de feminicídio são subnotificados*. Disponível em: https://g1.globo.com/monitor-da-violencia/noticia/cresce-n-de-mulheres-vitimas-de-homicidio-no-brasil-dados-de-feminicidio-sao-subnotificados.ghtml. Acesso em: 23 abr. 2023.

de urgência (MPUs) que podem ser determinadas pelo juiz de forma imediata, sem a oitiva da outra parte.

São medidas que, tomadas individual ou cumulativamente, melhor estruturam e protegem as mulheres vítimas de agressão doméstica ou familiar, fragilizadas pela aproximação fácil de seu agressor. Isto vale tanto para relação direta delas com ele, como para a comunicação paterna com os filhos comuns, em uma tentativa de o genitor/agressor se utilizar da prole como instrumento inocente de novas ameaças e constrangimentos à mulher, perpetuando, assim, os atos de violência e agressão.

Algumas dessas medidas, que obrigam diretamente o agressor, estão previstas no art. 22 da Lei Maria da Penha, destacando-se as dos incisos IV e V, de caráter cível-familiar:[15]

> Art. 22. Constatada a prática de violência doméstica e familiar contra a mulher, nos termos desta Lei, o juiz poderá aplicar, de imediato, ao agressor, em conjunto ou separadamente, as seguintes medidas protetivas de urgência, entre outras:
> [...]
> IV – restrição ou suspensão de visitas aos dependentes menores, ouvida a equipe de atendimento multidisciplinar ou serviço similar; V – prestação de alimentos provisionais ou provisórios etc.
> V – prestação de alimentos provisionais ou provisórios.

Ademais, quanto ao âmbito patrimonial, o art. 23 da LMP dispõe que "para a proteção patrimonial dos bens da sociedade conjugal ou daqueles de propriedade particular da mulher, o juiz poderá determinar, liminarmente, as seguintes medidas, entre outras":

> I – restituição de bens indevidamente subtraídos pelo agressor à ofendida; II – proibição temporária para a celebração de atos e contratos de compra, venda e locação de propriedade em comum, salvo expressa autorização judicial; III – suspensão das procurações conferidas pela ofendida ao agressor; IV – prestação de caução provisória, mediante depósito judicial, por perdas e danos materiais decorrentes da prática de violência doméstica e familiar contra a ofendida.

Embora haja previsão legal expressa para as mencionadas MPUs, a dificuldade da mulher vítima de violência doméstica para obtê-las se verifica na prática, a começar pelo local onde deve buscar ajuda, em razão da existência do conflito de competência entre os Juizados de Violência Doméstica e Familiar contra a Mulher e as Varas de Família, quando presentes estes juízos no foro de manejo da ação judicial.

Nesse sentido, o Enunciado 3 do Fórum Nacional de Juízes de Violência Doméstica e Familiar – FONAVID, ratificado em novembro de 2018, dispõe que: "A competência cível dos Juizados de Violência Doméstica e Familiar contra a Mulher é

---

15. Com efeito, esta Corte Superior firmou entendimento no sentido de que: 'As medidas protetivas previstas no art. 22, I, II, III, da Lei 11.340/06, possuem nítido caráter penal, pois visam garantir a incolumidade física e mental da vítima, além de restringirem o direito de ir e vir do agressor. *Por outro lado, as elencadas nos incisos IV e V possuem natureza eminentemente civil*'. (grifou-se) (BRASIL. STJ. Quinta Turma. AgRg no AREsp 1650947/MG. Rel. Min.: Ribeiro Dantas. Data de Julgamento: 02.06.2020)

restrita às medidas protetivas de urgência previstas na Lei Maria da Penha, devendo as ações cíveis e as de Direito de Família serem processadas e julgadas pelas varas cíveis e de família, respectivamente".

Posteriormente, a Lei 13.894, 29 de outubro de 2019, alterou a LMP para prever a competência dos Juizados de Violência Doméstica e Familiar contra a Mulher para as ações de divórcio, separação, anulação de casamento ou dissolução de união estável, nos casos de violência.

O mesmo normativo alterou, o Código de Processo Civil e, valendo-se da possibilidade de aplicar o princípio da igualdade em sua perspectiva material, previu a competência do foro do domicílio da vítima de violência doméstica e familiar para as ações de divórcio, separação judicial, anulação de casamento e reconhecimento da união estável a ser dissolvida. Determinou, a intervenção obrigatória do Ministério Público e estabeleceu a prioridade de tramitação dos procedimentos judiciais em que figure como parte vítima de violência doméstica e familiar.

Nesse sentido, o art. 14-A, caput, da LMP, inserido em 2019, dispõe que "A ofendida tem a opção de propor ação de divórcio ou de dissolução de união estável no Juizado de Violência Doméstica e Familiar contra a Mulher", instituindo a chamada competência híbrida dos referidos juizados. No entanto, o parágrafo 1º do mesmo artigo estabelece que "Exclui-se da competência dos Juizados de Violência Doméstica e Familiar contra a Mulher a pretensão relacionada à partilha de bens".

Essa questão da fixação da competência dos Juizados de Violência Doméstica e Familiar contra a Mulher, mesmo com as recentes alterações em 2019, ainda causa bastante controvérsia, sendo objeto do Projeto de Lei 3.244, de 2020, de autoria da Senadora Zenaide Maia (PROS/RN).

A propositura visa alterar a LMP para prever o direito das mulheres em situação de violência doméstica e familiar optarem pelo ajuizamento das demais ações de família (incluindo-se a partilha de bens) nos Juizados de Violência Doméstica e Familiar, caso assim o deseje, em face da violência patrimonial que for vítima, o que hoje ainda não é possível. O referido projeto já foi aprovado no Senado Federal, estando, pendente de apreciação pela Câmara dos Deputados.

Na justificativa do referido projeto,[16] a Senadora destaca a redução das chances de revitimização da mulher, bem como o princípio da economia processual, a fim de se evitar a prolação de eventuais decisões conflitantes.

---

16. Com a entrada em vigor da Lei 13.894, de 2019, poderíamos supor que a questão estaria finalmente superada. Entretanto, a despeito da literalidade da norma, tivemos ciência de que subsistem dúvidas acerca da aplicação dessa importante novidade. Por outro lado, verifica-se que, muito embora a Lei 13.894, de 2019, tenha atribuído a competência para o julgamento do divórcio ao denominado Juizado de Violência Doméstica e Familiar contra a Mulher, essa medida não tem sido efetivamente aplicada. [...] Desta forma, impõe à mulher o seguimento do seu doloroso caminho, para novamente ter que relatar os seus dramas, as suas dores e remexer as suas feridas diante de um outro órgão do Estado, ou seja, perante um outro Juiz de Direito, de uma das Varas Cível ou de Família, sem falar na necessidade de audiências e de novamente submeter a mulher

Em meio a esse panorama, o Conselho Nacional de Justiça – CNJ emitiu, em setembro de 2021, uma nota técnica contrária ao referido projeto de lei, afirmando que:

> Diante da existência de poucas varas exclusivas de violência doméstica na estrutura judiciária brasileira, tem-se que a ampliação da competência proposta pelo PL 3.244/2020 ocasionaria sobrecarga nas unidades referenciadas e, por consequência, o aumento da taxa de contingenciamento processual, o que prejudicaria seriamente a análise das medidas protetivas de urgência previstas na Lei 11.340/2006. Outrossim, não se pode olvidar que tal ampliação de competências, além de representar possível interferência na autonomia e na organização judiciária dos tribunais, distanciaria-se dos postulados do sistema de proteção às mulheres, mormente no que diz respeito à especialização propriamente dita e à atuação rápida e prioritária do Poder Judiciário.

Mesmo diante da pertinente constatação do CNJ, faz-se necessário assinalar que a violência doméstica e familiar contra a mulher configura um problema que afeta as vítimas que são submetidas a abusos de diversas ordens. Isto significa que é um fenômeno que perturba a paz familiar e impacta toda a sociedade. Logo, precisa figurar nas agendas política e jurídica, reclamando esforços concretos dos órgãos públicos no seu enfrentamento, por meio das mais variadas ações, a exemplo do Protocolo para Julgamento com Perspectiva de Gênero do CNJ.

5. A PROTEÇÃO DA MULHER NAS VARAS DE FAMÍLIA E A APLICAÇÃO DO PROTOCOLO DE GÊNERO DO CNJ CONTRA A VIOLÊNCIA PROCESSUAL E A VIOLÊNCIA INSTITUCIONAL

A Convenção Interamericana para Prevenir, Punir e Erradicar a Violência Contra a Mulher (Convenção de Belém do Pará) criada em 1994, pela Comissão Interamericana de Direitos Humanos, e ratificada pelo Brasil em 1995, entende por violência contra a mulher qualquer ação ou conduta, baseada no gênero, que cause morte, dano ou sofrimento físico, sexual ou psicológico à mulher, tanto no âmbito público como no privado.

O art. 7º da Lei Maria da Penha, por sua vez, define como formas de violência doméstica e familiar contra a mulher, sem prejuízo de outras que, na prática, podem vir a acontecer: *1) física; 2) psicológica; 3) sexual; 4) patrimonial e 5) moral*.

No entanto, uma forma menos conhecida, mas extremamente comum na lida das Varas de Família, é a violência processual contra mulher. São exemplos de condutas deste tipo:[17]

---

agredida à convivência nefasta com o seu agressor". Disponível em: https://legis.senado.leg.br/sdleg-getter/documento?dm=8120091&ts=1594026534866&disposition=inline. Acesso: 10 maio 2023.

17. Lize Borges Galvão (2022) destaca que em pesquisa feita nos Estados Unidos (WARD, 2016), foram entrevistados diversos profissionais da área jurídica, bem como dez sobreviventes de violência doméstica a fim de desenvolver materiais sobre litígios abusivos para a Suprema Corte de Washington. Durante a mencionada pesquisa, foram feitas diversas perguntas aos entrevistados, dentre elas as possíveis táticas de litigância abusiva, tendo sido encontrados os seguintes resultados: a) Busca pela guarda unilateral: parte dos advogados entrevistados destacou que a ameaça de busca da custódia dos filhos é uma estratégia comum e eficaz, que visa coagir e aterrorizar as sobreviventes em litígios; b) Vitimismo do abusador: trata-se de um ataque preventivo,

1) a exposição desnecessária da vida privada da mulher no processo; 2) a apresentação caricata da mulher no processo, como louca, vingativa e inconformada com o fim do relacionamento; 3) a demonização da figura materna e a supervalorização das ações paternas; 4) a utilização da prole do ex-casal como ferramenta da violência processual (pedidos descabidos de guarda unilateral, falsas alegações de alienação parental, mitigação do dever alimentar de forma fraudulenta etc.); 5) a interposição de diversos recursos infundáveis, protocolo de diversas petições desnecessárias, tumulto processual, impossibilidade e obstaculização da tramitação dos processos de forma proposital; 6) o descumprimento de decisão judicial (medidas protetivas de urgência, guarda compartilhada, alimentos, convivência com os filhos etc.).

Todas essas estratégias utilizadas por homens opressores são classificadas por Mariana Régis (2019) como litigância abusiva e tem um objetivo claro: "quebrar a resistência da mulher, desestabilizá-la, para que ela desista dos seus direitos. Abaladas emocional e financeiramente, torna-se difícil defender bem os seus direitos e dos seus filhos, sobretudo em uma ação que parece não ter prazo para acabar".

É fato que os litígios judiciais na seara familiar já apresentam um desgaste emocional e psicológico que lhes é subjacente. Quando estes litígios se dão, porém, em um contexto de violência doméstica, passam a funcionar, segundo alertam Enzweiler e Ferreira (2016), como ferramentas de perpetuação desta violência, em um padrão comportamental que deve ser reconhecido e, energicamente, combatido pelo Judiciário.

Nesse sentido, há que se esclarecer, pois, que a violência processual pode ser corroborada pelos representantes do Judiciário, o que não é incomum de acontecer,[18] fazendo surgir a violência institucional, que tem como consequência a revitimização da mulher por parte das próprias instituições que deveriam tutelá-la:

---

em que o abusador se coloca como vítima da situação e pode conseguir desviar a atenção de seu padrão de abuso. Segundo a pesquisa, várias sobreviventes notaram que seus agressores afirmam que elas promoviam falsas alegações de violência doméstica a fim de obter uma vantagem na disputa da guarda. Também sugerem que os abusadores encontram certo benefício ao se retratarem como vítimas, pois se apresentariam bem perante o tribunal; c) Tornar o litígio longo, caro e constrangedor: restou identificado que os abusadores procuram prolongar o litígio e torná-lo mais caro e embaraçoso para as sobreviventes, causando prejuízos de diversas ordens, inclusive emocionais e financeiras. Dentre as práticas citadas, necessário destacar o ajuizamento excessivo de ações judiciais, propositura por motivos fúteis ou que visem revisitar questões já decididas, buscar o prolongamento e a continuidade do processo com remarcação de audiências, prazos e requerimentos, fazer parecer ter o intuito de resolver o litígio por meio de acordo, mas decliná-lo. Foram também encontradas questões como a divulgação de informações pessoais, íntimas e às vezes embaraçosas das sobreviventes, bem como o descumprimento de ordens judiciais obrigando-as a retornar ao tribunal para buscar o cumprimento da ordem. d) Falsas alegações: prática adotada por agressores não apenas para tentar para desacreditar as sobreviventes em litígios, mas também para ameaçar os sobreviventes com a perda da guarda de seus filhos ou seus meios de subsistência. Dentre as práticas, destaca-se a falsa denúncia das sobreviventes aos serviços de proteção à criança, aos conselhos de classe para prejudicar a manutenção da licença profissional ou mesmo questionar sua capacidade civil, fazendo alegações infundadas sobre saúde mental, problemas ou questões de abuso de substâncias; e) Ameaças ou retaliação contra terceiros: quando os abusadores ameaçam retaliar amigos e familiares ou advogados do sobrevivente. Essa tática tem o efeito de isolar a sobrevivente de sua rede de apoio porque teme que o agressor os prejudique; f) Ameaças contra vítimas imigrantes: duas das entrevistadas são imigrantes e relataram que os agressores tentaram usar contra elas questões inerentes à imigração.

18. A teoria crítica feminista do direito vem construindo análises que apontam o Judiciário como hermético e refratário às reivindicações das mulheres, reprodutor, em suas práticas, de arquétipos de discriminação

A violência institucional é praticada nas instituições prestadoras de serviços públicos ou privados sendo cometida por agentes públicos ou profissionais que, em tese, deveriam prestar um bom atendimento às mulheres que procuram os serviços dessas instituições garantindo-lhes uma atenção humanizada, preventiva e reparadora de danos. É, atualmente, uma das mais nocivas formas de violência contra às mulheres, pois é comumente invisibilizada e fere diretamente os direitos humanos a elas inerentes, uma vez que sua prática é inconcebível perante uma sociedade que se declara constitucionalmente alicerçada em valores como a dignidade humana (Hogemann; Araújo; Cipriano, 2021, 623).

Em face dessa realidade, visando atender a uma recomendação da Corte Interamericana de Direitos Humanos (CIDH)[19] e o Objetivo de Desenvolvimento Sustentável (ODS) 5,[20] da Agenda 2030 da Organização das Nações Unidas (ONU), o Conselho Nacional de Justiça (CNJ) lançou, por meio da Portaria 27/2021, o Protocolo para Julgamento com Perspectiva de Gênero.

Trata-se deum guia para capacitar e orientar a magistratura para a realização de decisões, por meio de diretrizes que traduzam um posicionamento do Judiciário com foco na eliminação do tratamento discriminatório de gênero, de modo a evitar que a violência da qual são vítimas as mulheres, no âmbito privado ou público, seja seguida de uma violência institucional. Em 17 de março do ano de 2023, o CNJ aprovou a Resolução 492, tornando obrigatória a adoção do aludido documento para todo o Poder Judiciário nacional.

O Protocolo traz, inclusive, algumas perguntas norteadoras aos magistrados, a fim de identificar se há algum tipo de interseção de gênero a ser constatada no processo que está sendo por eles analisado, como por exemplo:

As partes envolvidas estão em risco de vida ou de sofrer alguma violação à integridade física e/ou psicológica? Existe alguma assimetria de poder entre as partes envolvidas? A autonomia da mulher está sendo respeitada? As perguntas estão reproduzindo estereótipos de gênero? (ex.: questionam qualidade da maternidade ou o comportamento da mulher a partir de papéis socialmente atribuídos?) As perguntas podem estar causando algum tipo de revitimização? O ambiente proporciona

---

que reforçam a desigualdade de gênero e a discriminação contra as mulheres, responsabilizando o Direito como mais um mecanismo de fixação de gênero (FRAGALE FILHO; SCIAMMARELLA, 2015, p. 46, *apud* BONATTO; FACHIN; BARBOZA, 2022, p. 215).

19. O Protocolo aprovado também considera a sentença da Corte Interamericana de Direitos Humanos, proferida em 2021, em desfavor do Estado brasileiro pelo tratamento conferido na investigação e processamento de crime cometido contra a paraibana Márcia Barbosa de Souza, em 1998. O Tribunal Interamericano concluiu que o Brasil descumpriu o prazo razoável na investigação e na tramitação do processo penal relacionado ao homicídio da jovem, que à época do assassinato tinha apenas 20 anos de idade, e apontou violações aos direitos e garantias judiciais, violações à igualdade perante a lei e à proteção judicial, violações às obrigações de respeitar e garantir direitos sem discriminação e violações ao dever de atuar com a devida diligência para prevenir, investigar e sancionar a violência contra a mulher. A Corte verificou também que nos procedimentos de investigação e julgamento existiu uma intenção de desvalorizar a vítima, dando demasiada ênfase à sexualidade de Márcia Barbosa, provocando a construção de uma imagem dela como culpada ou merecedora do ocorrido, desviando o foco das investigações, por meio de estereótipos. O autor do homicídio, o deputado estadual Aércio Pereira de Lima, não chegou a cumprir a pena determinada pela Justiça (que só veio a ocorrer quase 10 anos depois do crime) porque faleceu de infarto. (ASSOCIAÇÃO DOS MAGISTRADOS DO ESTADO DO RIO DE JANEIRO – AMAERJ, 2022).
20. Objetivo 5. Alcançar a igualdade de gênero e empoderar todas as mulheres e meninas.

algum impedimento para que a depoente se manifeste sem constrangimentos e em situação de conforto? (ex.: a depoente encontra-se cercada por homens? O acusado encontra-se na sala?) A depoente está sofrendo algum tipo de interrupção ou pressão que a impeça de desenvolver seu raciocínio?

O Protocolo abrange diversas áreas do Direito, mas, especificamente quanto ao Direito das Família, aborda assuntos como alienação parental, violência patrimonial, partilha de bens e alimentos.

Quanto a este último tema, o Tribunal de Justiça de São Paulo, em recentes acórdãos, julgou improcedentes pedidos revisionais de pensão alimentícias formuladas por genitores alimentantes, um sob o argumento do advento de nova prole; e outro, sob a alegativa de não desincumbência do ônus probatório quanto à alegada modificação significativa na situação financeira, aplicando em ambos a então Recomendação 128/2022 do CNJ,[21] *in verbis*:

> Direito de família. Ação de revisão de alimentos. Ausência de prova consistente quanto à demonstração de que terá havido modificação na situação financeira do alimentante ao longo do tempo. Autor que, em não tendo se desincumbido do ônus da prova, deve suportar a improcedência do pedido. Pensão fixada recentemente e há cerca de seis meses antes do nascimento de um outro filho do alimentante. *Princípio da paternidade responsável cujo conteúdo deve ser fixado observando-se também a perspectiva de gênero, conforme recomendação 128 do conselho nacional de justiça.* Aspectos que compõem a atual situação financeira do alimentante que foram bem valorados na r. Sentença que é assim de ser mantida. Recurso de apelação desprovido. Encargos de sucumbência, com a fixação de honorários de advogado, mas sem os majorar.[22]
>
> Direito de família. Ação de revisão de alimentos. Ausência de prova consistente quanto à demonstração de que terá havido, ao longo do tempo, significativa modificação na situação financeira do alimentante. Autor que, em não tendo se desincumbido do ônus da prova, deve suportar a improcedência do pedido. Pensão fixada em percentual aplicado sobre o salário líquido. Aspectos que compõem a atual situação financeira do alimentante e das necessidades de sustento material da alimentanda que foram bem valorados na r. Sentença que é assim de ser mantida. *Análise da relação jurídico-material também sob a perspectiva de gênero, conforme recomendação 128 do conselho nacional de justiça.* Recurso de apelação desprovido. Honorários de advogado majorados.[23]

Portanto, no Direito das Família, a atuação com perspectiva de gênero se mostra essencial à realização da justiça, ao se considerar que as relações domésticas são marcadas pela naturalização da imposição dos deveres de cuidado não remunerados e invisibilizados às mulheres e pela predominante reserva de ocupação dos espaços de poder – e serviços remunerados –, aos homens.[24]

---

21. Antes de aprovada a Resolução 492/CNJ, o "Protocolo para Julgamento com Perspectiva de Gênero" tratava-se apenas de uma recomendação a ser então adotada no âmbito do Poder Judiciário brasileiro (Recomendação 128, de 15 de fevereiro de 2022).
22. BRASIL. TJSP – AC: 1002869-88.2021.8.26.0128, rel. Des.: Valentino Aparecido de Andrade, 9ª Câmara de Direito Privado, Data de Julgamento: 30.08.2022, Data de Publicação: 30.08.2022.
23. BRASIL. TJSP – AC: 1003472-39.2021.8.26.0201, rel. Des.: Valentino Aparecido de Andrade, 9ª Câmara de Direito Privado, Data de Julgamento: 1º.09.2022, Data de Publicação: 1º.09.2022.
24. Não por acaso, pesquisa do Instituto Brasileiro de Geografia e Estatística (IBGE), divulgada em 2017, revelou que permanece o predomínio expressivo da figura feminina como principal responsável pela criança no

Outrossim, a construção de estereótipos de gênero pode levar à violação estrutural dos direitos da mulher que, não raras vezes, deixa a relação conjugal com perdas financeiras e sobrecarga de obrigações, mormente porque precisa (re)começar a vida laboral e destinar cuidados à prole, mesmo no caso de guarda compartilhada, como entendeu o Tribunal de Justiça do Paraná, em julgado do ano de 2022, no qual igualmente foi adotada a já mencionada Recomendação 128/2022 do CNJ:

> Direito das famílias. Agravo de instrumento. Ação de modificação de guarda c/c tutela provisória de natureza antecipada. Decisão que indefere liminar. Irresignação do genitor. Pleito para a concessão da guarda unilateral. Ausência de prova suficiente da situação de risco apta a reverter a guarda compartilhada ou para alterar o lar materno como referência. Necessidade da devida instrução probatória de forma a assegurar a melhor proteção dos interesses da adolescente. Controle de convencionalidade dos artigos 1.584, § 1º, e 1.634, incs. i e ii, do Código Civil, à luz da convenção para a eliminação de todas as formas de violência contra as mulheres. Julgamento na perspectiva de gênero. Discriminação sexual. Proteção do direito antidiscriminatório da mulher. Responsabilidade compartilhada de pai e mãe nos deveres de cuidado e educação dos filhos. Recurso não provido. Decisão mantida. 1. A modificação de guarda compartilhada é medida excepcional e se justifica quando comprovada a violação dos deveres do guardião com exposição da criança/adolescente a situação de risco. 2. Não produzida prova suficiente da falta de comprometimento da genitora com os cuidados da adolescente, é prudente aguardar o devido processo legal para evitar mudanças desnecessárias na rotina cotidiana da filha, baseada no lar materno como referência, que poderiam prejudicar o seu desenvolvimento psicossocial. 3. Não se mostra razoável a justificativa da modificação da guarda da adolescente em virtude da sobrecarga a qual a genitora é submetida, por estar realizando tarefas domésticas e cuidando de outros dois bebês, além da filha adolescente. Tampouco se pode atribuir, exclusivamente, à mãe o declínio no desempenho escolar da adolescente, especialmente quando faltam aos genitores diálogo e entendimento quanto à educação da filha. 4. *A tarefa de educar uma adolescente e dois bebês gêmeos está longe de ser fácil, razão pela qual a genitora não deve ser submetida à situação de discriminação pelo fato de ser mãe, mulher e encontrar-se sobrecarregada nas tarefas domésticas desempenhadas.* 5. No caso em exame, conforme apontado no laudo psicossocial, a relação entre a agravada e a adolescente é boa, sendo que o auxílio que a filha presta no cuidado dos irmãos é natural, visto a dificuldade imposta à genitora pelo contexto doméstico e familiar. 6. *É papel do Poder Judiciário promover a equidade de gênero por meio da não repetição de estereótipos, que façam perpetuar a cultura da discriminação e de preconceitos, inerentes ao patriarcalismo estrutural que reforça práticas misóginas e mecanismos de opressão contra as mulheres. Exegese do Objetivo de Desenvolvimento Sustentável 5 da Organização das Nações Unidas e da Recomendação 128 de 2022 do Conselho Nacional de Justiça (Protocolo para Julgamento na Perspectiva de Gênero).* 7. *O patriarcalismo estrutural, ao estabelecer relações hierárquicas de poder entre os sexos biológicos, para justificar a dominação masculina, cria formas de discriminação – direta e indireta – que negam a equidade de gênero e a necessidade de tratamento diferenciado (medidas protetivas) para que as mulheres possam, no âmbito familiar, se dedicarem ao dever de cuidado dos filhos sem a naturalização*

---

domicílio. Em 2015, das 10,3 milhões de crianças brasileiras com menos de 4 anos, 83,6% (8,6 milhões) tinham como primeira responsável uma mulher (mãe, mãe de criação ou madrasta). Deve-se considerar ainda que o Brasil registra um alto índice de crianças sem pai registral. No ano de 2021, por exemplo, quase 100 mil crianças não tiveram o nome do pai no registro civil, segundo dados da Associação Nacional dos Registradores de Pessoas Naturais Arpen-Brasil. Em 2019, o índice de crianças apenas com o nome da mãe no registro civil cresceu de 5,5% para 5,9%. Já em 2020, o índice subiu para 6% e, em 2021, a porcentagem esteve em 6,3%.

de obstáculos culturais, econômicos, políticos e jurídicos que comprometam a sua autonomia, dignidade humana e cidadania. 8. Cabe destacar a tutela judicial dos direitos humanos, inerente aos diplomas internacionais protetivos do direito da mulher e que guardam consonância com o ordenamento jurídico brasileiro, como a Convenção para Eliminação de Todas as Formas de Violência contra as Mulheres, da Organização das Nações Unidas, mediante o exercício do controle de convencionalidade. Inteligência da Recomendação 123 do Conselho Nacional de Justiça. 9. A interpretação dos artigos 1.584, § 2º, e 1.634, incs. I e II, do Código Civil à luz da Convenção de para Eliminação de Todas as Formas de Violência contra as Mulheres, da ONU, conduzem as seguintes conclusões: i) a necessidade de reconhecer e valorizar a contribuição da mulher ao bem-estar da família e ao desenvolvimento da sociedade; ii) a relevância da importância social da maternidade; iii) a plena igualdade entre homens e mulheres, no ambiente doméstico e familiar, e a responsabilidade compartilhada de pai e mãe no desempenho dos deveres de cuidado e educação dos filhos; iv) a adoção de medidas necessárias, inclusive judiciais, para suprimir todas as formas de dominação masculina e discriminação sexual contra as mulheres. 10. Agravo de instrumento conhecido e não provido.[25]

Nessa perspectiva, as lentes de gênero deverão ser aplicadas aos frequentes casos de pedido de modificação de guarda manejados por genitores, embasados em falsas acusações de alienação parental praticadas pelas genitoras, sem que haja indícios que atestem tais acusações, mas tão somente a narrativa estereotipada do ex-marido ou ex-companheiro retratando-as como mulheres rancorosas que, por não se conformarem com o término da relação, passaram a adotar condutas revanchistas, prejudicando o convívio paterno-filial.[26]

Importante ainda ressaltar as questões envolvendo alimentos compensatórios em favor da ex-esposa ou ex-companheira, muito recorrentes na prática da advocacia familiarista, mas que analisados sob uma ótica do Judiciário de promoção de uma igualdade entre homens e mulheres meramente formal, acaba por violar este princípio e ensejar o indeferimento da tutela jurisdicional à parte financeira e patrimonialmente vulnerável.

A propósito, o Protocolo de Gênero do CNJ foi omisso quanto a este ponto, na medida em que, ao mencionar o termo "alimentos", correlaciona-o à pensão devida aos filhos do casal, descuidando-se quanto aos consortes.

Inúmeras são as mulheres que por decisão conjunta ou imposição – ainda que velada – do marido ou companheiro, deixaram de trabalhar fora (ou mesmo nunca trabalharam), com o intuito de se dedicarem exclusivamente à família, à casa, ao esposo/companheiro e aos filhos. Mais adiante, com a ruptura da relação, estas mesmas

---

25. BRASIL. TJPR – AgIn 0040733-21.2022.8.16.0000, rel. Des.: Eduardo Augusto Salomão Cambi, 12ª Câmara Cível, Data de Julgamento: 16/11/2022, Data de Publicação: 16/11/2022.
26. Em pesquisa realizada pela psicóloga Analice Martins de Sousa (2029, p. 154), denominada "Alegações de Alienação Parental: uma revisão sobre a jurisprudência brasileira", realizada a partir da análise de 404 julgados dos Tribunais de Justiça da Bahia, Minas Gerais, São Paulo e Rio Grande do Sul, entre os anos de 2010 e 2016, verificou-se que 63% dos casos, as alegações de alienação parental são provenientes do genitor não residente, enquanto somente 19% são provenientes das genitoras nas mesmas condições. Observa-se, com isto, que há uma tendência em associar supostos ato de alienação parental à mulher e que esta alegação é feita, majoritariamente, por homens.

mulheres acabam ficando desamparadas por um Judiciário que vem se mostrando refratário a pedidos de fixação de alimentos com esse caráter indenizatório.

O professor Rolf Madaleno (*apud* Instituto Brasileiro de Direito de Família – IBDFAM, 2012) menciona que, em estudo realizado na Inglaterra, a mulher que parou de trabalhar para cuidar da família precisa de 10 anos para voltar ao mercado de trabalho no nível que estava antes. Imagine, então, como fica a situação de uma mulher que passou a se relacionar com um homem quando ainda era muito jovem – por vezes, até menor de idade – e nunca trabalhou fora, no mercado formal.

Daí a importância de se exigir a aplicação do Protocolo de Gênero do CNJ, não somente aos casos por ele elencados, mas a toda e qualquer demanda judicializada que reclame a sua utilização como um importante meio de reequilíbrio da relação entre os sujeitos processuais e, sobretudo, de promoção de uma sociedade mais democrática. Vale lembrar que o processo judicial tem uma função político-social e, no que diz respeito à pauta feminina, deve instrumentalizar a efetivação das garantias legais, jamais tolerando o recrudescimento de qualquer violação sofrida. Contudo, alerta-se: esse desiderato só será alcançado se os valores que orientam o sistema de justiça efetivamente forem incorporados pelos aplicadores, operando segundo uma lógica antidiscriminatória de gênero, para garantir eficácia aos documentos legais.[27]

6. CONCLUSÃO: DESAFIOS E PERSPECTIVAS PARA INCORPORAÇÃO DE UMA CULTURA DE GÊNERO NO SISTEMA JUDICIÁRIO BRASILEIRO

Alheios a qualquer protocolo oficial ou adesão explícita à cultura feminista, alguns tribunais brasileiros já despontavam para incorporação de uma perspectiva de gênero em suas decisões. Como contrapartida, alguns membros do Judiciário, resistentes ao processo de desmonte do patriarcado, apresentavam e seguem apresentando obstáculos à efetiva implementação da perspectiva de gênero no julgamento dos processos, mesmo sendo esta implementação de natureza compulsória.

---

27. Ana Maria D´Ávila Lopes e Sérgia Maria Mendonça Miranda (2013, p. 145-146) alertam que apesar dos indiscutíveis avanços sobre o tema, ainda há muito para ser alterado. Trata-se de uma necessidade que se torna ainda mais evidente quando se constata a presença de decisões judiciais claramente discriminatórias, a exemplo de uma proferida pelo juiz Edilson Rumbelsperger Rodrigues, da Comarca de Sete Lagoas (MG), que questionou a constitucionalidade da Lei Maria da Penha com base na "natural desigualdade entre homens e mulheres": *"Ora! A desgraça humana começou no Eden: por causa da mulher – todos nós sabemos – mas também em virtude da ingenuidade, da tolice e da fragilidade emocional do homem. Deus então, irado, vaticinou, para ambos. E para a mulher, disse: [...] o teu desejo será para o teu marido e ele te dominará [...]. Já esta lei diz que aos homes não é dado o direito de ´controlar as ações (e) comportamentos [...] ´de sua mulher (art. 7º, inciso II) Ora! Que o ´dominar´ não seja um ´você deixa?´, mas ao menos um ´o que você acha?´. Isto porque o que parece ser não é o que efetivamente é, não parecia ser. Por causa da maldade do ´bicho´ Homem a Verdade foi então por ele interpretada segundo as suas maldades e sobreveio o caos, culminando – na relação entre homem e mulher, que domina o mundo – nesta preconceituosa lei. Mas à parte dela, e como inclusive já ressaltado o direito natural, e próprio em cada um destes seres, nos conduz à conclusão bem diversa. Por isso – e na esteira destes raciocínios – dou-me o direito de ir mais longe, e em definitivo! O mundo é masculino! [...]* (BRASIL, Autos 222.942-8/06. Sete Lagoas/MG, Juiz de Direito: Edilson Rumbelsperger Rodrigues. Data da Publicação: 12.02.2007).

Isso, possivelmente, encontre explicação no fato de o Direito, por tradição, não se mostrar um campo imparcial. E sendo o sistema jurídico uma estrutura de domínio masculino, espelha e perpetua o patriarcado nas mais variadas esferas, pública e privada, da sociedade. Valores culturalmente masculinos são frequentemente institucionalizados e vistos como universais na seara jurídica. Logo, a indiferença à perspectiva de gênero pode levar a julgamentos das mulheres de acordo com aqueles valores, uma situação que o feminismo procura transformar (Hogemann; Araújo; Cipriano, 2021).

Um exemplo característico dessa dinâmica acontece quando o sistema judicial penaliza ou diminui a importância de uma mãe que falha em desempenhar seu papel, permanecendo em silêncio sobre o homem que não assume uma paternidade ativa e consciente. Assim, o Judiciário estabelece critérios de comportamento diferentes para mulheres e homens, regulando suas condutas de maneira desigual.

Há ainda a questão da falta de capacitação adequada em matéria de gênero entre os profissionais do sistema jurídico, pela ausência destes conteúdos nas matrizes curriculares acadêmicas e nas provas de concursos públicos para cargos jurídicos. Isto pode, fatalmente, resultar em decisões fundamentadas em preconceitos de gênero, que se traduzem em severas formas de violência institucional contra as mulheres.

> As Varas de Família e as Varas Especializadas em Violência Doméstica contra mulheres são espaços comuns de exercício das aludidas violências dentro do Sistema de Justiça brasileiro, especialmente pela formação acadêmica dos mais distintos bacharelados brasileiros não conterem em suas grades curriculares conteúdos transdisciplinares materializados em disciplinas obrigatórias que permitam essas/esses profissionais dominem conceitos mínimos necessários para que estejam aptos a significar de forma perita violência doméstica, violação de direitos humanos de mulheres e as especificidades dos mais diversos grupos vulneráveis sobre os quais vão atuar. Os referidos conteúdos também não são posteriormente cobrados nos concursos públicos das mais diversas carreiras jurídicas e nos concursos que selecionam técnicas/técnicos judiciários (Silva; Bertolin; Luna, 2020).

Um estudo conjunto da Comissão Ajufe Mulheres e da Universidade de Oxford, intitulado "Quem estamos empoderando? Indicadores e Tendências sobre Diversidade Judicial em Cortes Constitucionais", constatou que a diversidade de gênero e étnica no Judiciário brasileiro está aquém da média global. Segundo este estudo, a taxa global de indicação de mulheres para as cortes supremas foi de 26%, enquanto no Brasil, essa taxa se limitou a meros 11,1%.[28]

Essas informações ressaltam a urgente necessidade de ampliar a representação feminina no sistema de justiça, não apenas para incrementar a diversidade, mas também para garantir que a perspectiva de gênero seja devidamente ponderada e integrada na aplicação da lei. Só então, poder-se-á iniciar a desconstrução dos pa-

---

28. FERNANDES, Danielly. Nomeação de mulheres para o STF é inferior à média de 50 países pesquisados. *Jota*, 8 mar. 2022. Disponível em: https://www.jota.info/stf/do-supremo/nomeacao-mulheres-para-stf-e-inferior-a-media-50-paises-08032022. Acesso em: 19 maio 2023.

drões patriarcais profundamente enraizados no meio jurídico e avançar para uma interpretação e aplicação mais equânime da lei.

Na visão de Jasone Astola Madariaga (2008, p. 227-290), as mulheres historicamente têm representado presenças ocultas na estrutura constitucional. O direito, inevitavelmente moldado pelas construções sociais e dinâmicas de poder, reforça frequentemente a desigualdade entre gêneros, realçando a necessidade de se adotar uma abordagem de gênero na criação e aplicação da lei.

A incorporação da perspectiva de gênero no Direito deve ser praticada como uma estratégia político-pedagógica, sugerindo mudanças nas relações de gênero para promover o bem-estar de todos (Silva, 2012, p. 59-69). Nesse contexto, Alda Facio (1992, p. 156) delineia uma metodologia de seis etapas para a análise de gênero do fenômeno jurídico, que compreende: a conscientização da subordinação feminina; a identificação no texto das diversas formas de manifestação do sexismo; a identificação da presença ou ausência da mulher no texto e a análise dos seus efeitos sobre as mulheres; a identificação do estereótipo de mulher que permeia o texto; a análise do texto levando em consideração a influência e os efeitos nos outros elementos do fenômeno jurídico e, finalmente; a expansão da consciência do sexismo e sua coletivização.

À vista disso, o CNJ inaugurou uma iniciativa louvável para promover a compreensão da perspectiva de gênero no sistema de justiça. Frequentemente, existe um desconhecimento abrangente sobre o que isto significa, resultando em preconceitos, abusos e minimização das disparidades de gênero. O Protocolo do CNJ busca preencher este vazio de consciência, habilitando os agentes do Judiciário a transformar padrões de comportamento que fomentam desigualdades e discriminações.

A presidente do Superior Tribunal de Justiça (STJ), ministra Maria Thereza de Assis Moura, considera que seguir a Recomendação 128/2022 do CNJ, é um passo crucial para avaliar a imparcialidade normativa. Isto é essencial para alcançar o objetivo de equidade substantiva, por meio da ótica de gênero.

Conforme destacado pela ministra, embora o Protocolo seja uma iniciativa recente, as decisões judiciais já têm adotado essa abordagem metodológica. É fundamental manter uma visão atenta e cuidadosa para com as pessoas mais vulneráveis, o que requer uma formação adequada dos juízes. A ministra ressalta que a existência de uma estrutura jurídica sólida é insuficiente sem a sua devida disseminação e aplicação.[29]

Nos últimos anos, as decisões do STJ têm cada vez mais refletido um compromisso com a defesa dos direitos humanos e o reconhecimento das minorias, além do direito à igualdade substantiva. Isso inclui questões relacionadas aos direitos das

---

29. SUPERIOR TRIBUNAL DE JUSTIÇA. *Julgamento com perspectiva de gênero representa avanço no reconhecimento do direito à igualdade.* Disponível em: https://www.stj.jus.br/sites/portalp/Paginas/Comunicacao/Noticias/2023/05032023-Julgamento-com-perspectiva-de-genero-representa-avanco-no-reconhecimento-do-direito-a-igualdade.aspx. Acesso em: 19 maio 2023.

mulheres, combate à violência doméstica, autodeterminação na identidade de gênero e prisão domiciliar para mães e gestantes, entre outros. Este compromisso com a igualdade de gênero ficou evidente em um caso julgado em 2018, mesmo antes da recomendação do CNJ para a adoção do Protocolo. O caso envolveu a divulgação não consensual de uma imagem sexual de uma adolescente na internet. A ministra Nancy Andrighi, ao analisar o caso, classificou a exposição não consensual como uma forma grave de violência de gênero.

Em outro caso julgado em 2019, o ministro Rogerio Schietti Cruz também adotou a perspectiva de gênero na decisão que rejeitou o recurso de um homem acusado de matar a esposa por estrangulamento, alegando que a vítima havia adotado comportamentos provocativos contra ele. A defesa argumentou que tais atitudes justificavam o reconhecimento da legítima defesa da honra e a absolvição sumária do acusado. Ao negar o recurso, Schietti lembrou que, pelo menos desde 1991, o STJ rejeita categoricamente a tese da legítima defesa da honra como justificativa para a absolvição em casos de homicídio cometidos pelo marido contra a esposa.

Essas iniciativas e decisões judiciais representam, indiscutivelmente, um marco significativo na abordagem do sistema de justiça brasileiro em relação às questões de gênero. A adoção de um protocolo de julgamento com uma perspectiva de gênero demonstra um compromisso contínuo com a promoção da igualdade, a proteção dos direitos das mulheres e a luta contra todas as formas de violência e discriminação de gênero. Nessa perspectiva, o Brasil se posiciona positivamente, inclusive, no cenário internacional. Contudo, ainda há um longo caminho a ser percorrido.

A adoção da perspectiva de gênero no Direito deve ir além da simples inclusão da mulher como objeto de análise. É fundamental que esta perspectiva questione as estruturas de gênero e o androcentrismo existentes, permitindo a compreensão das relações de poder e das formas de manifestação do sexismo, considerando variáveis que atravessam estas relações, como raça, classe e orientação sexual.

Ao fomentar a defesa da mulher e o constitucionalismo feminista, este estudo sublinha a relevância crucial de se incorporar a perspectiva de gênero na interpretação e execução das leis, em conformidade com o Protocolo de Gênero, por parte de todos os que compõem o Judiciário. Afinal, é sabido que mudanças legislativas, embora relevantes para o processo de transformação social, por si só, não são suficientes para realizar o enfrentamento à ideologia patriarcal dominante.[30]

O pensamento patriarcal está arraigado tanto no subconsciente individual quanto no coletivo de homens e mulheres, formando parte integrante da dinâmica social.

---

30. Maria da Penha (2018, p. 113) já alertava nesse sentido, "mesmo com a criação da lei que muito me honra por ter sido batizada com meu nome, a Lei Maria da Penha esbarra, decorrente da cultura machista de uma grande parcela dos gestores públicos, na não criação das políticas públicas necessárias nos seus municípios para fazer a lei sair do papel. São necessárias também mudanças educacionais e culturais, nas estruturas mais profundas de nosso comportamento, para que prossigamos, neste século 21, no rumo de uma sociedade sem preconceitos, justa, livre e igualitária".

Desse modo, na perspectiva deste trabalho, a ausência de um ponto de vista de gênero nas decisões judiciais não é apenas uma falha na aplicação da lei, mas um reflexo de quão profundamente a cultura patriarcal está enraizada no sistema judiciário. Esta cultura origina decisões que não consideram adequadamente as experiências e as necessidades específicas das mulheres.

Defende-se, então, que mesmo com o Protocolo de Gênero sendo obrigatório, ainda persistem aqueles que seguem sem adotá-lo, figurando como resistência ao processo de desconstrução do pensamento hegemônico masculino e, por conseguinte, de eliminação da desigualdade de gênero. Contudo, esta resistência não é interpretada como um sinal de que o aludido documento, assim como outros instrumentos legais de tutela das mulheres, não sejam efetivos, mas como um indicativo de que há mais trabalho a ser realizado para confrontar a cultura do patriarcado no sistema judiciário, ensejando uma mudança de mentalidade e postura.

Ainda que possa haver uma maior participação feminina no Legislativo e no Judiciário, não se deve supor que isso, por si só, vai alterar o teor das leis e a maneira como são interpretadas e aplicadas. As mulheres na jurisdição devem estar plenamente conscientes do padrão patriarcal existente e devem ser capazes de contrapô-lo, rompendo com os códigos e padrões legais vigentes e as expectativas patriarcais em relação às mulheres. Sem esta consciência e ação, há o risco de perpetuarem o mesmo modelo cultural conservador e discriminatório que ainda prepondera.

7. REFERÊNCIAS

ARAÚJO, Adriane Reis de; MARCONDES, Roberto Rangel. O enfrentamento à discriminação de gênero: ações afirmativas. *Revista do Tribunal Regional do Trabalho da 2ª Região*, São Paulo, n. 21, p. 60-67, 2019.

ASSOCIAÇÃO DOS MAGISTRADOS DO ESTADO DO RIO DE JANEIRO. *CNJ orienta juízes a seguir protocolo de perspectiva de gênero*. 2022. Disponível em: https://amaerj.org.br/noticias/cnj-orienta--juizes-a-seguir-protocolo-de-perspectiva-de-genero%EF%BF%BC/#:~:text=Caso%20M%C3%A1rcia%20Barbosa,-A%20condena%C3%A7%C3%A3o%20do&text=O%20%E2%80%9Cprotocolo%20para%20julgamento%20com,esquecidos%20ou%20fiquem%20sem%20puni%C3%A7%C3%A3o. Acesso em: 16 maio 2023.

ASSOCIAÇÃO NACIONAL DOS REGISTRADORES DE PESSOAS NATURAIS. *CNN Brasil* – Número de crianças sem o nome do pai na certidão cresce pelo 4º ano seguido. 2021. Disponível em: https://arpenbrasil.org.br/cnn-brasil-numero-de-criancas-sem-o-nome-do-pai-na-certidao-cresce-pelo-4-ano-seguido/#:~:text=Os%20dados%20s%C3%A3o%20da%20Associa%-C3%A7%C3%A3o,est%C3%A1%20em%206%2C3%25. Acesso em: 13 maio 2023.

BARRETO, Luciano Silva. Evolução histórica e legislativa da família. *Curso 10 anos do código civil*: aplicação, acertos, desacertos e novos rumos. Rio de janeiro: EMERJ, 2013.

BEAUVOIR, Simone. *O segundo sexo*. Trad. Sérgio Milliet. Rio de Janeiro: Nova Fronteira, 1980.

BONATTO, Marina; FACHIN, Melina Girardi; BARBOZA, Estefânia Maria de Queiroz. Constitucionalismo feminista: para ler e interpretar o Direito (Constitucional) com as lentes de gênero. Revista CNJ, Brasília, v. 6, n. Edição Especial Mulheres e Justiça, p. 213-224, 2022. Disponível em: https://www.cnj.jus.br/ojs/revista-cnj/article/view/312. Acesso em: 30 abr. 2023.

Anuário Brasileiro de Segurança Pública 2022. Disponível em: https://forumseguranca.org.br/wp-content/uploads/2022/06/anuario-2022.pdf?v=5. Acesso em: 10 maio 2023.

CASTELLS, Manuel. *A era da informação*: economia, sociedade e cultura. Trad. Klauss Brandini Gerhardt. São Paulo: Paz e Terra, 1999. v. 2.

CUNHA, Rogério Sanches e PINTO, Ronaldo Batista. *Violência doméstica*. São Paulo: Ed. RT, 2007.

DIAS, Maria Berenice. O papel da mulher na família. *Portal Maria Berenice Dias*. 2021. Disponível em: https://berenicedias.com.br/o-papel-da-mulher-na-familia/. Acesso em: 02 maio 2023.

DOMESTIC VIOLENCE AND ABUSE. Disponível em: https://www.actionaid.org.uk/our-work/vawg/domestic-violence-and-abuse. Acesso em: 10 maio 2023.

ENZWEILER, Romano José. FERREIRA Cláudia Galiberne. *Duas abordagens, a mesma arrogante ignorância*: como a SAP e a violência doméstica se tornaram irmãs siamesas. 2016. Disponível em: https://jus.com.br/artigos/51901/duas-abordagens-amesma-arrogante-ignorancia-como-a-sap-e-a-violenciadomestica-se-tornaram-irmassiamesas. Acesso em: 14 maio 2023.

FERNANDES, Danielly. Nomeação de mulheres para o STF é inferior à média de 50 países pesquisados. *Jota*, 8 mar. 2022. Disponível em: https://www.jota.info/stf/do-supremo/nomeacao-mulheres-para-stf-e-inferior-a-media-50-paises-08032022. Acesso em: 19 maio 2023.

FERNANDES, Maria da Penha Maia. *Sobrevivi posso contar*. 2. ed. Fortaleza: Armazém da Cultura, 2018.

G1. *Cresce o número de mulheres vítimas de homicídio no Brasil; dados de feminicídio são subnotificados*. Disponível em: https://g1.globo.com/monitor-da-violencia/noticia/cresce-n-de-mulheres-vitimas-de-homicidio-no-brasil-dados-de-feminicidio-sao-subnotificados.ghtml. Acesso em: 23 abr. 2023.

GALVÃO, Lize Borges. Litigância abusiva em ações de família: processos a serviço da violência de gênero. *Revista Consultor Jurídico*. 2021. Disponível em: https://www.researchgate.net/publication/360654426_Litigancia_abusiva_em_acoes_de_familia_processos_a_servico_da_violencia_de_genero. Acesso em: 14 maio 2023.

GOMES, JOAQUIM B. BARBOSA. A recepção do instituto da ação afirmativa pelo Direito Constitucional brasileiro. *Revista de Informação Legislativa*. Brasília, a. 38, n. 151, p. 129-152, jul./set. 2001.

HOGEMANN, Edna Raquel; ARAÚJO, Litiane Motta Marins; CIPRIANO, Simone Pires. O Machismo no Judiciário e seu Reflexo como Forma de Violência Institucional nas Varas de Família. *RJLB*, ano 7. n. 6, p. 621-661. 2021.

HOLANDA, Caroline Sátiro de; OLIVEIRA, Olívia Marcelo Pinto de. A codificação (e o Direito?) a serviço da ideologia patriarcal: uma análise da evolução do direito de família brasileiro. In: CAÚLA, Bleine Queiroz; OLIVEIRA, Olívia Marcelo Pinto de; VASQUES, Roberta Duarte (Org.). *A família no direito*: novas tendências. Rio de Janeiro: Lumen Juris, 2016.

INSTITUTO BRASILEIRO DE GEOGRAFIA E ESTATÍSTICA. *IBGE diz que mulher é a principal responsável por criança no domicílio*. 2017. Disponível em: https://agenciabrasil.ebc.com.br/economia/noticia/2017-03/ibge-mulher-%C3%A9-principal-responsavel-pela-crianca-no-domicilio. Acesso em: 14 maio 2023.

INSTITUTO BRASILEIRO DE DIREITO DE FAMÍLIA. *Alimentos entre ex-cônjuges*: para o STJ, excepcionais e temporários. 2012. Disponível em: https://ibdfam.org.br/noticias/ibdfam-na-midia/6444/+Alimentos+entre+ex-c%C3%B4njuges:+para+o+STJ,+excepcionais+e+tempor%C3%A1rios. Acesso em: 08 fev. 2023.

KAUFMANN, Roberta Fragoso Menezes. Ações Afirmativas à brasileira: necessidade ou mito? *Revista Jurídica UNIJUS*, Uberaba-MG, v. 10, n. 13, p. 117-144, nov. 2007.

LEITE, Glauber Salomão. O sistema de quotas obrigatórias na administração pública e a pessoa com deficiência. In: FERRAZ, Carolina Valença; LEITE, George Salomão; LEITE, Glauber Salomão; LEITE, Glauco Salomão (Coord.). *Manual dos Direitos da Pessoa com Deficiência*. São Paulo: Saraiva, 2012.

LÔBO, Paulo Luiz Netto. *Entidades familiares constitucionalizadas:* para além do numerus clausus. Disponível em: www.egov.ufsc.br/portal/sites/default /files/anexos/9408-9407-1- PB.pdf. Acesso em: 30 abr. 2023.

MACHADO, Diego Carvalho. Capacidade de agir e situações subjetivas existenciais: o exercício de situações existenciais pela pessoa adolescente a partir de um regime jurídico não codificado. *Revista Trimestral de Direito Civil,* Rio de Janeiro, v. 46, abr./jun. 2011.

MADARIAGA, Jasone Astola. Las Mujeres y el Estado Constitucional: un repaso al contenido de los grandes conceptos del derecho constitucional. *Congreso Multidisciplinar de Centro-Sección de Bizkaia de la Facultad de Derecho.* 1. 2008. Anais... 2008.

MORAES. Maria Celina Bodin de; KONDER, Carlos Nelson. *Dilemas de Direito Civil-Constitucional.* Casos e decisões sobre os novos desafios para a tutela da pessoa humana nas relações existenciais. Rio de Janeiro: Renovar, 2012.

MONTEJO, Alda Facio. *Cuando el género suena cambios trae:* una metodología para el análisis de género del fenónemo legal. San José: Ilanud, 1992.

PARAGUASSU, Jéssica. *Relatório do Fórum Econômico Mundial: análise sobre o gap de gênero.* Disponível em: https://pt.linkedin.com/pulse/relat%C3%B3rio-do-f%C3%B3rum-econ%C3%B4mico-mundial-an%C3%A1lise-sobre-o-gap-paraguassu. Acesso em: 30 abr. 2023.

PIMENTEL, Ana Beatriz Lima; CIRÍACO, Patrícia K. de Deus; FARIAS, Andressa de Figueiredo. A força normativa dos princípios constitucionais como moduladores das novas famílias. In: MENEZES, Joyceane Bezerra de; MATOS, Ana Carla Harmatiuk. (Coord.). *Direito das famílias:* por juristas brasileiras. 2. ed. São Paulo: Editora Foco, 2022.

PIOVESAN, Flávia; FACHIN, Melina Girardi. Direitos humanos das mulheres, família e violência. In: MENEZES, Joyceane Bezerra de; MATOS, Ana Carla Harmatiuk. (Coord.). *Direito das famílias:* por juristas brasileiras. 2. ed. São Paulo: Editora Foco, 2022.

POLÍTICA. Mulheres negras são as maiores vítimas de feminicídio no Brasil. Disponível em: https://www.redebrasilatual.com.br/politica/2018/11/mulheres-negras-sao-as-maiores-vitimas-de-feminicidio-no-brasil/. Acesso em: 23 abr. 2023.

RÉGIS, Mariana. *Litigância abusiva:* quando o processo judicial reforça a violência contra a mulher. 2019. Disponível em: https://www.jusbrasil.com.br/artigos/litigancia-abusiva-quando-o-processo-judicial-reforca-a-violencia-contra-a-mulher/647608325. Acesso em: 14 jun. 2023.

RUIZ, Alicia E. C. De las mujeres y el derecho. In: RUIZ, Alicia E. C. (Comp.). *Identidad feminina y discurso jurídico.* Buenos Aires: Biblos, 2000.

SILVA, Artenira. BERTOLIN, Patrícia Tuma Martins. LUNA, Cláudia Patrícia. *Quando as desiguais vão a Juízo:* exercício de violência institucional e da violência por poderes no Sistema de Justiça brasileiro. Disponível em: https://noticias.oabsp.org.br/artigos/quando-as-desiguais-vao-a-juizo-exercicio-de-violencia-institucional-e-da-violencia-por-poderes-no-sistema-de-justica-brasileiro/. Acesso em: 19 maio 2023.

SILVA, Salete Maria da. Constitucionalização dos direitos das mulheres no Brasil: um desafio à incorporação da perspectiva de gênero no direito. *Interfaces Científicas,* Aracaju, v. 1, n. 1, p. 59-69. out. 2012.

SOUSA, Analicia Martins. Alegações de alienação parental: uma revisão sobre a jurisprudência brasileira. In: BORZUK, Cristiane Souza e MARTINS, Rita de Cassia Andrade (Org.). Psicologia e Processos psicossociais. Goiânia: Editora da Imprensa Universitária, 2019.

SUPERIOR TRIBUNAL DE JUSTIÇA. *Julgamento com perspectiva de gênero representa avanço no reconhecimento do direito à igualdade.* Disponível em: https://www.stj.jus.br/sites/portalp/Paginas/Comunicacao/Noticias/2023/05032023-Julgamento-com-perspectiva-de-genero-representa-avanco-no-reconhecimento-do-direito-a-igualdade.aspx. Acesso em: 19 maio 2023.

WARD, David (2016). In Her Words: Recognizing and Preventing Abusive Litigation Against Domestic Violence Survivors. *Seattle Journal for Social Justice*. v. 14, Iss. 2 , Article 11, 2016. Disponível em: https://digitalcommons.law.seattleu.edu/sjsj/vol14/iss2/11. Acesso em: 02 jun. 2021.

Jurisprudência

BRASIL. Superior Tribunal de Justiça. Quinta Turma. AgRg no AREsp 1650947/MG. Rel. Min.: Ribeiro Dantas. Data de Julgamento: 02.06.2020.

BRASIL. Tribunal de Justiça de São Paulo – AC: 1002869-88.2021.8.26.0128, rel. Des.: Valentino Aparecido de Andrade, 9ª Câmara de Direito Privado, Data de Julgamento: 30.08.2022, Data de Publicação: 30.08.2022.

BRASIL. Tribunal de Justiça de São Paulo – AC: 1003472-39.2021.8.26.0201, rel. Des.: Valentino Aparecido de Andrade, 9ª Câmara de Direito Privado, Data de Julgamento: 1º.09.2022, Data de Publicação: 1º.09.2022.

BRASIL. Tribunal de Justiça do Paraná – AgIn 0040733-21.2022.8.16.0000, rel. Des.: Eduardo Augusto Salomão Cambi, 12ª Câmara Cível, Data de Julgamento: 16.11.2022, Data de Publicação: 16.11.2022.

LEGISLAÇÃO

BRASIL, Lei 4.121/1962. Disponível em: http://www.planalto.gov.br/ccivil_03/leis/1950-1969/l4121.htm. Acesso em: 10 maio 2023.

BRASIL. *Lei 6.515/1977*. Disponível em: http://www.planalto.gov.br/ccivil_03/leis/l6515.htm. Acesso em: 12 maio 2023.

BRASIL. *Lei 11.340/2006*. Disponível em: http://www.planalto.gov.br/ccivil_03/_ato2004-2006/2006/lei/l11340.htm. Acesso em: 12 maio 2023.

BRASIL. *Lei 13.894/2019*. Disponível em: https://www.planalto.gov.br/ccivil_03/_ato2019-2022/2019/lei/l13894.htm. Acesso em: 12 maio 2023.

SENADO FEDERAL. Projeto de Lei *3244/2020*. Disponível em: https://legis.senado.leg.br/sdleg-getter/documento?dm=8120091&ts=1594026534866&disposition=inline. Acesso em: 12 maio 2023.

A FAMÍLIA NO AMPARO À PESSOA IDOSA

Taísa Maria Macena de Lima

Doutora e Mestre em Direito (UFMG). Professora da Graduação e da Pós-graduação (mestrado e doutorado) da PUC Minas. Pesquisadora do CEBID JUSBIOMED. Desembargadora Federal do Trabalho – Justiça do Trabalho.

Maria de Fátima Freire de Sá

Doutora (UFMG) e Mestre (PUC Minas) em Direito. Professora da Graduação e da Pós-graduação (mestrado e doutorado) da PUC Minas. Coordenadora e Professora do Curso de Especialização em Direito Médico e Bioética do IEC da PUC Minas e da PUC Minas Virtual. Pesquisadora do CEBID JUSBIOMED. Advogada.

Sumário: 1. Introdução: os perfis do idoso na família e na sociedade contemporânea – 2. Amparo – conceito jurídico ou valor moral? – 3. As formas de proteção ao idoso na legislação – 4. O abandono material e moral pela família. Abandono afetivo inverso – 5. Desaparecimento de pessoas idosas – 6. A profissionalização do cuidado do idoso em substituição ao cuidado familiar – 7. Conclusão – 8. Referências – Sugestões de leitura complementar – Legislação.

1. INTRODUÇÃO: OS PERFIS DO IDOSO NA FAMÍLIA E NA SOCIEDADE CONTEMPORÂNEA

Não podemos vislumbrar o modelo familiar como o de outrora: bem cedo as pessoas constituíam família, de regra numerosa. Os pais tornavam-se anciões rapidamente e passavam a ser cuidados pelos seus filhos e netos. Nesse contexto, as pessoas se tornavam adultas muito rapidamente. Nos círculos mais íntimos era comum o ditado: "Chega um momento, em que os pais se tornam os filhos e os filhos se tornam os pais", o que revelava a inversão dos papéis de protetor e protegido.

Atualmente, podemos dizer que alguns fatores impulsionaram a mudança no padrão familiar. Em primeiro lugar, o desenvolvimento da Biomedicina proporcionou o aumento na expectativa de vida e vida com qualidade. Assim, as pessoas chegam à maturidade com grande vigor e jovialidade.

Os incômodos da velhice demoram mais a surgir, salvo naqueles casos em que a pessoa seja acometida por alguma doença neurodegenerativa, como o Mal de Alzheimer dentre outras. As pessoas – mesmo já na faixa da "terceira idade" – continuam produtivas e, não raro, além de proverem a própria subsistência, ainda auxiliam seus descendentes, do ponto de vista emocional e econômico.

Lado outro, observa-se o fenômeno da *infantilização* do adulto. Adolescentes de 30 anos que dependem dos pais, mesmo depois de casados ou acasalados. Nas varas de família, é crescente o número de deferimento de pensão alimentícia paga pelos avós.

O que queremos dizer é que há dois perfis muito claros de idosos: aquele que chega à maturidade com grande jovialidade, que pode até mesmo constituir outra família com novos descendentes e ainda ter disponibilidade financeira para ajudar filhos adultos e netos; e de outro lado, aqueles que, depois de já terem cumprido responsabilidades como chefes de família e pais, já não têm mais condições físicas, emocionais e financeiras de assumir encargos que, a rigor, não deveriam ser seus.

Nessa reflexão, o que nos importa é o idoso do segundo perfil, fragilizado e merecedor dos cuidados próprios do outono da vida.

2. AMPARO – CONCEITO JURÍDICO OU VALOR MORAL?

No Direito de Família contemporâneo vem sobressaindo a tendência (ou tentação?) de buscar soluções a partir de análises axiológicas dos fatos. Mas haveria algum problema em ser axiológico?

A disseminação da ponderação na resolução dos conflitos faz crer normalidade em um procedimento que é, normativamente, incoerente.

O valor possui sistema gradual de validade, isto é, é hierarquizado absolutamente. Dito de outra forma: o valor encontra seu grau de aplicação na subjetividade do aplicador, que elege, aprioristicamente, uma gradação dentro do sistema axiológico. E não podia deixar de ser diferente, a prevalência do valor é particular e pressupõe estimativa.

André Lalande,[1] no Vocabulário Técnico e Crítico da Filosofia, dá os seguintes sentidos ao vocábulo "valor":

A) (subjetivamente). Característica das coisas que consiste em serem elas mais ou menos estimadas ou desejadas por um sujeito ou, mais comumente, por um grupo de sujeitos determinados. [...]

B) (objetivamente e a título categórico). Característica das coisas que consiste em merecerem elas mais ou menos estima. [...]

C) (objetivamente, mas a título hipotético). Característica das coisas que consiste em satisfazerem ela certo fim [...]

D) (especialmente, do ponto de vista econômico). Característica das coisas que consiste no fato de, em determinado grupo social e em determinado momento, serem trocadas por uma quantidade determinada de uma mercadoria tomada como unidade. Valor, neste sentido, quer dizer preço comumente praticado. [...]

E) (id.) Preço pelo qual se estima, do ponto de vista normativo, que um objeto ou serviço devem ser pagos. [...]

F) Lóg. Ao falar de uma palavra ou de uma expressão, a sua significação não só literal, mas efetiva ou implícita. [...]

G) Est. 1º: Na música, duração relativa das notas.

2º: Nas artes plásticas, claridade ou obscuridade relativa dos tons. [...]

---

1. Valor. In: LALANDE, André. *Vocabulário técnico e crítico da filosofia*. 3. ed., São Paulo: Martins Fontes, 1999, p. 1188-1190.

H) Mat. Expressão numérica, ou pelo menos algébrica, que determina uma incógnita ou representa um estado de uma variável.

Em quase todos os sentidos destacados por Lalande, avulta a característica da estimativa, da quantidade. E mesmo nos sentidos classificados como filosoficamente objetivos ("B" e "C"), destacam-se verbos como "merecer" ou "satisfazer", o que os liga à subjetividade. Além disso, há certo utilitarismo indisfarçável, pois se volta, sempre, ao cumprimento de uma vontade, satisfação, estima ou desejo; ou, ainda, como em "C", sua valência existe enquanto "satisfizerem certo fim".

Assim, o problema do procedimento axiológico de interpretação e aplicação do Direito está na subjetividade e imprevisibilidade de sua utilização. As tentativas de se estabelecer critérios objetivos para aplicação jurídica de valores não conseguem negar a fluidez subjetiva do próprio elemento valorativo trabalhado. Ponderar valores é admissível no campo da Moral, mas não no âmbito do Direito, pois qual o valor a ser escolhido?

Se se responder que o ordenamento já escolheu e "positivou" o valor, volta-se à controvérsia: quais os valores definidos pelo ordenamento? E no caso de valores concorrentes?

Se se pensar em hierarquização prévia, retorna-se ao sistema jurídico fechado. Se se deixar a hierarquização para o julgamento do caso concreto, não há como se definir qual preponderará segundo critérios objetivos, pois valores não são objetivos.

Da mesma forma que é impossível a aplicação jurídica de valores, não é válido o procedimento de ponderação de princípios. Neste caso, estar-se-ia utilizando uma metodologia axiológica para uma ordem que não a comporta, na aplicação.

A norma jurídica, em sua elaboração, recebe a influência de múltiplos valores, mas isso não a faz um valor, nem permite que sua aplicação siga o mesmo método dos valores.[2]

Retomando, então, a questão destacada no título deste segmento – amparo é conceito jurídico ou valor moral – concluímos que o amparo é um valor socialmente reconhecido, que inspirou normas jurídicas de proteção ao idoso (Estatuto do Idoso), além de outras normas de proteção, tais como o Estatuto da Criança e do Adolescente, Código de Defesa do Consumidor, Estatuto da Igualdade Racial etc.

3. AS FORMAS DE PROTEÇÃO AO IDOSO NA LEGISLAÇÃO

O Estatuto da Pessoa Idosa, no Capítulo III, art. 11, prevê a prestação de alimentos, na forma da lei civil (art. 1694 a art. 1710 do Código Civil de 2002).

---

2. Sobre o tema consultar: NAVES, Bruno Torquato de Oliveira & SÁ, Maria de Fátima Freire de. Concorrência de direitos fundamentais em Direito de Família. Conflito entre intimidade genética do menor e interesses familiares e conflito referente à liberdade religiosa no seio familiar. *Anais do VI Congresso de Direito de Família*. Rio de Janeiro: Lumen Juris, 2008, p. 311-330.

Segundo Renata Barbosa de Almeida e Walsir Edson Rodrigues Júnior,[3] duas novidades foram introduzidas pelo Estatuto do Idoso em relação aos alimentos:

> A primeira, diz respeito à possibilidade de o Promotor de Justiça ou de o Defensor Público referendar as transações relativas a alimentos, passando a ter efeito de título executivo extrajudicial, de acordo com o art. 13 do Estatuto do Idoso (...). A outra novidade diz respeito à solidariedade da obrigação alimentar para o idoso, ou seja, por força do art. 12 da Lei 10.741/03, o idoso pode optar entre os prestadores.

A crítica que os autores fazem quanto à solidariedade é a de que não há previsão semelhante no Estatuto da Criança e do Adolescente. Afinal a criança e o adolescente, da mesma forma que o idoso, mereceram tratamento especial. Mas a nossa crítica é de ordem distinta.

Nos moldes da lei civil, os alimentos são prestados em razão do parentesco ou em decorrência do casamento e da união estável, ou seja, em razão de vínculo jurídico entre alimentando e alimentado. E cada vínculo é único e especial. Em razão disso, se o idoso optar por dois ou mais prestadores, os alimentos deveriam ser fixados na proporção da capacidade econômica de cada um deles, excluída a regra da solidariedade.

Sem dúvida a solidariedade confere maior proteção ao idoso do que a regra da proporcionalidade; contudo fere o princípio constitucional da igualdade material, até porque o prestador que tiver que assumir a totalidade da obrigação pode não estar em condições de fazê-lo naquele momento.

O dever de assistência ao idoso não se resume na prestação alimentar. Pode ocorrer que a necessidade a ser atendida não seja de mera sobrevivência, mas relativas à saúde mental do idoso. Fala-se, hoje, na figura do procurador para cuidados de saúde, pessoa nomeada para ser responsável por decisões que dizem respeito a tratamentos médicos que necessitem ser prestados em momentos de inconsciência do idoso, ou quando alguma doença grave, normalmente de natureza psíquica, comprometa o seu discernimento.

No Brasil não há legislação sobre o tema, o que não impede seu reconhecimento jurídico, desde que o paciente faça sua escolha consciente, em plena posse de suas faculdades mentais, sabendo que as decisões tomadas pelo representante serão válidas quando o idoso encontrar-se incapaz para tomar decisões sobre sua saúde. Mas isso não quer dizer que o representante tomará a decisão que lhe aprouver, mesmo que em benefício do paciente. O mais indicado é que representante e representado tenham uma conversa franca sobre os contornos de possíveis situações, para que os valores do segundo sejam resguardados, o que garantiria coerência na tomada de decisões em relação à construção biográfica da vida do outorgante. Vale dizer, o que se deseja resguardar são os valores do paciente no estágio final da vida.

---

3. *Direito civil*: famílias. Rio de Janeiro: Lumen Juris, 2010, p. 452-453.

Ao escreverem sobre o tema, Ana Carolina Brochado Teixeira e Gustavo Pereira Leite Ribeiro,[4] afirmam:

> Entre as vantagens da designação de um procurador para cuidados de saúde, podemos identificar a definição de critérios para a decisão médica, em consonância com os valores assumidos pelo paciente; a superação das incertezas sobre quem tem o poder de decidir sobre quais intervenções diagnósticas e terapêuticas poderão ser realizadas em pessoa incapaz, que ainda não foi interditada; a dispensa da promoção da curatela do paciente, quando a causa que impossibilita a manifestação de vontade seja apenas transitória, como na hipótese de coma induzido; o afastamento dos familiares daquelas dolorosas decisões sobre o alcance dos cuidados de saúde prestados ao paciente, designadamente sobre a interrupção de tratamento de suporte vital, entre outras.

Para aqueles que não se utilizaram da procuração para cuidados de saúde, a proteção se dava pela interdição e consequente nomeação de curador. Este teria poderes mais amplos, uma vez que não decidiria apenas sobre questões de saúde, assumindo, igualmente, a gestão do patrimônio do idoso. A proteção ao idoso, nessas circunstâncias, se dava em relação a terceiros, e ainda, para proteger a pessoa de si mesma.

O Código Civil de 2002 introduziu, originariamente, uma modalidade de curatela para atender a situações em que a pessoa não se enquadrava em quaisquer das categorias de incapazes previstas nos artigos 3º e 4º.[5] Bastava a enfermidade ou a deficiência física aliada ao propósito de receber curador, nos exatos termos do revogado artigo 1.780 abaixo reproduzido:

> Art. 1780. A requerimento do enfermo ou portador de deficiência física, ou, na impossibilidade de fazê-lo, de qualquer das pessoas a que se refere o artigo 1768, dar-se-lhe-á curador para cuidar de todos ou alguns de seus negócios ou bens.

Carlos Roberto Gonçalves[6] disserta sobre o cabimento da curatela do enfermo e da pessoa com deficiência:

> Em realidade não há razão para que a pessoa que esteja no gozo de suas faculdades mentais, porém sem condições físicas para cuidar de todos ou de alguns de seus negócios, ainda que em razão de idade avançada, recorra a essa espécie de curatela, indicando curador para administrá-los, quando seria muito mais razoável e prático conferir-lhe um mandato *ad negotia*.
>
> Tal modalidade de curatela somente terá utilidade quando o paciente, por enfermidade ou deficiência física, estiver impossibilitado de outorgar mandato a procurador de sua confiança para os fins mencionados, como sucede com o indivíduo que não consegue assinar a procuração ou se

---

4. Procurador para cuidados de saúde do idoso. In: PEREIRA, Tânia da Silva; OLIVEIRA, Guilherme de (Coord.). *Cuidado & vulnerabilidade*. São Paulo: Atlas, 2009, p. 9.
5. Os artigos 3º e 4º do Código Civil foram parcialmente revogados pelo Estatuto da Pessoa com Deficiência (Lei n. 13.146/2015), e passaram a viger com a seguinte redação:
   "Art. 3º São absolutamente incapazes de exercer pessoalmente os atos da vida civil os menores de 16 (dezesseis) anos.
   Art. 4º São incapazes, relativamente a certos atos ou à maneira de os exercer: I – os maiores de dezesseis e menores de dezoito anos; II – os ébrios habituais e os viciados em tóxico; III – aqueles que, por causa transitória ou permanente, não puderem exprimir sua vontade; IV – os pródigos. Parágrafo único. A capacidade dos indígenas será regulada por legislação especial."
6. *Direito civil brasileiro*: direito de família. 2. ed. São Paulo: Saraiva, 2006. v. 6, p. 623.

encontra na CTI do hospital, impossibilitado fisicamente de constituir procurador (por se encontrar em estado de coma ou inconsciente a longo tempo, p.ex.), estando a família necessitada de retirar dinheiro de agência bancária para pagamento de despesas, ou para atender necessidades urgentes, ou ainda ultimar negócios inadiáveis.

Diferentemente da procuração para cuidados do idoso e da curatela ordinária, na curatela do enfermo e da pessoa com deficiência ocorria a transferência de poderes para o exercício da administração total ou parcial do patrimônio, unicamente. Na procuração para cuidados do idoso os poderes do procurador ficam limitados às questões de saúde, de modo que ele atua numa esfera estritamente existencial. Na curatela ordinária, deferida em casos de incapacidade relativa ou absoluta, o curador atuava tanto na esfera existencial quanto na esfera patrimonial como que cumulasse as funções do procurador de cuidados e do curador do enfermo e da pessoa com deficiência. A escolha de um dos três mecanismos de proteção dependia das necessidades reais do idoso no caso concreto.

Trazemos o seguinte exemplo:

Ementa: civil. Ação de interdição. Enfermidade comprovada e idade avançada. Demonstração de que a interditanda não mais possui condições de reger os atos da vida civil. Possibilidade de seu decreto. Deferimento. Recurso provido.

Restando demonstrado nos autos que a interditanda não mais possui condições de reger os atos da vida civil, eis que se encontra enferma, bem como em idade avançada (92 anos), possível decreto de sua interdição. (Tribunal de Justiça do Estado de Minas Gerais. Apelação Cível 1.0713.07.072250-7/001, Relatora Dês. Maria Elza. Publ. 31 mar. 2009).

Trata-se de ação proposta por filha que busca a interdição da genitora e a sua consequente nomeação como curadora ao fundamento de que a interditanda é portadora de enfermidades crônicas e, em razão disso, não reúne condições para a atividade da vida cotidiana como agente capaz.

O juízo de primeiro grau julgou improcedente o pedido ao fundamento de que "a idade avançada não acarreta a incapacidade a ponto de se conceder a curatela." Finalizou com a afirmação de que a interditanda tem "condições de gerir sua pessoa e bens."

A filha interpôs recurso de apelação pedindo a reforma da sentença ao argumento "de que é possível a nomeação de curador para idoso com idade avançada (sic) ou ´acamado´, daí configurar a possibilidade de procedência do pedido inicial."

O Tribunal reformou a sentença decretando a interdição e nomeando a autora curadora de sua mãe.

Pelas informações contidas no acórdão está claro que foi produzida perícia médico-psiquiátrica e, na resposta do quesito sobre a existência de incapacidade permanente ou temporária, total ou parcial, a perita afirmou: "existe grande limitação e esta limitação é permanente em função das sequ elas e idade avançada (91 anos). Considero incapaz."

A despeito da conclusão do laudo, o juiz sentenciante parece ter confiado mais nas suas impressões nascidas do interrogatório da interditanda, tanto que julgou improcedente o pedido. Não visualizou causa de incapacidade, destacando apenas a idade avançada. Todavia, a instância revisora validou a conclusão pericial, levando em consideração o estudo social feito na interditanda e sua família, além de considerar os argumentos jurídicos levantados na petição de recurso, sobretudo aqueles atinentes à curatela prevista no então vigente artigo 1.780 do Código Civil. Vejamos as seguintes passagens do estudo social sobre a interditanda de nome Celina:

> Celina percebeu nossa presença, conversou por alguns instantes. Percebemos a veracidade dos relatos contidos nos autos; das dificuldades vivenciadas pela interditanda e do cuidado que a requerente demonstra por ela (...). A família revela dificuldades em trazer Celina ao consultório da perita na área de saúde indicada pela justiça. Esta, no momento, além das dificuldades permanentes de locomoção e visão, sofre de infecção urinária e faz uso dos medicamentos diários, de antibióticos para amenizar tal doença. A requerente demonstra ser uma pessoa tranquila, zelosa e solidária para com os seus. Procura assegurar à sua mãe e ao esposo a qualidade de cuidados e atenção necessária ao quadro clínico dos mesmos. Acreditamos que Celina de fato receba tudo aquilo que possa amenizar sua ´degeneração´ física e mental. O ambiente em que vive transmite equilíbrio e harmonia. (...) Diante da situação ora apresentada, o Setor Psicossocial não percebeu nenhum fator que impeça o deferimento do pedido solicitado, smj.

Além das provas técnicas acatadas pelo Tribunal, outro fator relevante de convencimento dos magistrados foi a argumentação da ampliação do instituto da curatela no Código Civil de 2002 para atender as necessidades do enfermo ou portador de deficiência física. A partir do estudo social, os julgadores constataram a dificuldade de locomoção da interditanda. Para os magistrados, independentemente da questão do discernimento, só a dificuldade de locomoção já geraria a curatela do então artigo 1.780 do Código Civil. Todavia, considerando também a perícia médico-psiquiátrica que indicava grande e permanente limitação em função de sequelas e da idade avançada, a sentença foi reformada com o deferimento de curatela ordinária, reconhecida a hipótese de incapacidade absoluta, então prevista no inciso II do artigo 3º do Código Civil, que tinha a seguinte redação: "os que, por enfermidade ou doença mental, não tiverem o necessário discernimento para a prática desses atos."

Os comentários de Carlos Roberto Gonçalves, transcritos acima, trazem um alerta quanto ao mau uso da curatela do enfermo e da pessoa com deficiência, porque ela tem aplicabilidade fora dos casos de incapacidade relativa ou absoluta, ou seja, mesmo havendo discernimento para a prática dos atos da vida civil. Assim, só excepcionalmente é que ela deveria ser deferida, quando ficasse constatada a impossibilidade de o enfermo constituir procurador para gerir o seu patrimônio.

Esse cenário foi alterado com a promulgação do Estatuto da Pessoa com Deficiência (Lei n. 13.146/2015) que revogou o artigo 1.780 do Código Civil para conferir unidade sistêmica à curatela das pessoas com deficiência que restringe os poderes do curador às questões negociais e patrimoniais. Para as questões existenciais está vedada a atuação do curador que, no entanto, tem legitimidade processual para buscar o suprimento judicial da vontade do curatelado que não tem condições de consentir ou dissentir.

4. O ABANDONO MATERIAL E MORAL PELA FAMÍLIA. ABANDONO AFETIVO INVERSO

O abandono material e moral caracteriza-se pelo descumprimento dos deveres de assistência material e moral. E, determinadas condutas, por sua gravidade, são tipificadas como crime e sancionadas com penas privativas de liberdade na Lei n. 10.741/2003.

O artigo 97 do Estatuto da Pessoa Idosa prevê a pena de detenção de seis meses a um ano e multa àquele que "deixar de prestar assistência ao idoso, quando possível fazê-lo sem risco pessoal, em situação de iminente perigo, ou recusar, retardar ou dificultar sua assistência à saúde sem justa causa, ou não pedir nesses casos, o socorro de autoridade pública".

O artigo 98 do mesmo Estatuto prevê a pena de detenção de seis meses a três anos e multa àquele que "abandonar o idoso em hospitais, casas de saúde, entidades de longa permanência, ou congêneres, ou não prover suas necessidades básicas quando obrigado por lei ou mandado".

E o artigo 99 sanciona com a pena de detenção de dois meses a um ano e multa àquele que "expor a perigo a integridade e a saúde, física ou psíquica, do idoso, submetendo-o a condições desumanas ou degradantes ou privando-o de alimentos e cuidados indispensáveis quando obrigado a fazê-lo, ou sujeitando-o a trabalho excessivo ou inadequado". Há agravantes em caso de lesão corporal grave ou morte do idoso.

Mas há um abandono muito mais silencioso, que se esconde nas casas de saúde, nas residências dos idosos e nos hospitais. É o abandono afetivo. É a falta de carinho dos familiares que não têm tempo de olhar para seus velhos – pais, avós, tios, padrinhos, irmãos – e acreditam que o ato de pagar acompanhante resolve o problema.

É certo que pessoas com doenças degenerativas, muitas vezes, dão trabalho. Hoje, fala-se muito no Mal de Alzheimer. Os sintomas dessa doença começam lentamente e vão se estendendo por anos, gerando o distanciamento do idoso e de seus familiares. E outras tantas enfermidades.

O principal em face dessas doenças, comuns no processo do envelhecer, é o cuidado e o carinho. É o ato de pegar na mão, de afagar os cabelos, da presença constante e de dizer que tudo vai dar certo. A ausência dessas atitudes não comporta sanções jurídicas e não poderia ser de outra maneira porque não cabe às normas jurídicas impor o dever de amar.

A despeito de não existir o dever de amar avolumam-se as decisões judiciais que tratam – além do abandono material e moral – do abandono afetivo inverso, como a falta de atenção ao direito da pessoa idosa à manutenção dos vínculos afetivos com a família, em especial filhos e netos.

Não há como deixar de fazer uma releitura da expressão afeto, quando o tema em discussão é o abandono, já que amar é faculdade e cuidado é dever.

Juridicamente, na expressão abandono afetivo, a palavra "afeto" não é puro sentimento de afeição; é atitude que revela o cuidado para além das necessidades materiais do outro.

A pandemia da Covid-19 – que impôs a quarentena, o isolamento social e o distanciamento social – tem se revelado um pretexto para o agravamento do abandono afetivo inverso, trazendo ainda mais sofrimento e solidão na velhice, como amplamente anunciado e denunciado no País e fora dele.

O que o Direito tem a oferecer em tais situações?

A responsabilidade civil pela violação aos direitos da personalidade e de direitos de família puros é uma tendência que se observa no ordenamento jurídico nacional, ainda que se questione se o pagamento de uma indenização realmente compensa os danos extrapatrimoniais e, ainda, realiza-se as funções preventiva e precaucional da reparação civil.

Atualmente, tramita no Senado Federal o Projeto de lei 4229, de iniciativa do Senador Lasier Martins que, se tornado lei, modificará a Lei 10.741, de 1º de outubro de 2003 (Estatuto do Idoso), para dispor sobre o direito da pessoa idosa à convivência familiar e comunitária, bem como para prever a hipótese de responsabilidade civil por abandono afetivo.

Independentemente de alteração do Estatuto da Pessoa Idosa, os mesmos argumentos que alicerçam o direito à reparação civil dos filhos em razão do abandono afetivo pelos pais já são suficientes para amparar a responsabilidade civil dos filhos pelo abandono afetivo inverso.

5. DESAPARECIMENTO DE PESSOAS IDOSAS

Numa reflexão atualizado sobre a relação família e pessoa idosa cabe indagar por que os idosos desaparecem de suas casas, sem deixar rastros.

Frequentemente, o desaparecimento de idosos não é uma decisão livre e consciente de abandonar a família e buscar outra vida em lugar distinto ao lado de outras pessoas. Não desaparecem porque querem, mas porque não conseguem voltar para o ponto de origem, deixando, assim, familiares e amigos ansiosos e aflitos em busca de notícias e usando de todos os recursos para trazê-los de volta.

Por muito tempo, todos os problemas mentais dos velhos foram rotulados e reduzidos a um só: a demência senil. Somente na segunda metade do século XIX, com os estudos do médico suíço Wille, passou-se a enfocar, sob outras perspectivas, os males da alma apresentados pelos idosos. Na obra A Velhice, Simone de Beauvoir alerta para outros transtornos acometidos à pessoa idosa, apontando como mais frequentes: neurose de caráter do tipo paranoide, neurose de angústia, neuroses histérico-hipocondríacas e neuroses obsessivas e fóbicas. (Beauvoir, 1990, p. 603).

Hoje, o conhecimento sobre as causas de adoecimento mental é muito mais amplo do que aquelas mencionadas por Simone de Beauvoir, embora sua obra, pioneira e profunda, seja uma referência quando o tema é velhice.

O adoecimento mental pode alcançar o idoso em diferentes contextos familiares e sociais. Quando ele está inserido em uma família com condições de prover suas necessidades materiais – ainda que às suas expensas – e existenciais, mesmo assim a possibilidade de desaparecimento não está completamente afastada. Afinal, basta um momento de descuido e o idoso poderá sair pela porta da frente, sem rumo certo, e jamais ser encontrado.

Mais difícil é a situação da pessoa idosa inserida numa família que enfrenta problemas financeiros, de moradia, de alimentação, de assistência médica, dentre outros. Como pessoas tão desassistidas podem amparar pessoas idosas com problemas psíquicos? Nesse caso, a rede estatal de tutela, por meio de políticas públicas voltadas para a saúde mental, tem papel relevante para evitar o desaparecimento de idosos. A família, sozinha, não reúne as condições de cuidar adequadamente e, por isso, o Estado, na qualidade de devedor da saúde, enquanto conteúdo de um direito social, deve empenhar-se para o cumprimento desse dever jurídico de natureza constitucional.

O lado mais dramático desse cenário é que os idosos desaparecidos com problemas psíquicos, na maioria das vezes, passam a integrar a população dos chamados moradores de rua, vivendo em situação de precariedade. Aqui, também, a presença do Estado é fundamental para o rastreamento das pessoas desaparecidas, assim como para provê-las do mínimo necessário enquanto não houver o reencontro com a família.

O Ministério da Justiça, em fevereiro de 2010, em decorrência da vigência da Lei 12.127/2009, assumiu o encargo de manter uma base de dados sobre desaparecimento de pessoas, dando ênfase, no entanto, ao desaparecimento de crianças e adolescentes. Foi, então, criado um cadastro nacional para inserção de informações e encaminhamento aos órgãos competentes.

Outra atuação que merece destaque é a Política Nacional de Busca de Pessoas Desaparecidas, instituída pela Lei 13.812/2019. A Lei, em seu artigo 2°, inciso I, considera pessoa desaparecida "todo ser humano cujo paradeiro é desconhecido, não importando a causa de seu desaparecimento, até que sua recuperação e identificação tenham sido confirmadas por vias físicas ou científicas".

No tocante ao Código Civil, o instituto da ausência volta-se às implicações jurídicas do desaparecimento. Os ausentes já foram considerados, por leis civis, como pessoas absolutamente incapazes. Atualmente, os ausentes já não integram mais o rol de incapazes, merecendo proteção destacada, preservada, no entanto, a sua capacidade jurídica. Para a Lei Civil, ausente é a pessoa que desaparece do seu domicílio sem deixar notícia ou procurador com poderes de administração. A ausência depende de procedimento específico, instaurado a requerimento de qualquer interessado ou do Ministério Público, ou seja, o simples desaparecimento da pessoa de seu domicílio e residência habitual não importa, juridicamente, a sua condição de ausente. Assim, o número de pessoas ausentes, como tal declaradas em sentença judicial, não corresponde ao número de pessoas efetivamente desaparecidas.

Necessário destacar que o Código Civil se ocupa, sobremaneira, de questões patrimoniais, passando primeiramente pela curadoria dos bens do ausente, em seguida à sucessão provisória dos bens deixados pelo ausente e, por fim, à sucessão definitiva que importa igualmente na presunção de morte da pessoa natural. Verifica-se, assim, que a preocupação primordial da Lei Civil é dar solução aos problemas das pessoas presentes e não daqueles declarados ausentes.

Diante desse quadro normativo, social e familiar, o enfrentamento das questões relativas ao desaparecimento da pessoa idosa requer uma atuação que envolve o cuidado pela família, a responsabilidade social e intervenção do Estado na edição de leis e na implementação de políticas públicas de amparo a pessoa na velhice, para devolvê-la ao seio familiar.

6. A PROFISSIONALIZAÇÃO DO CUIDADO DO IDOSO EM SUBSTITUIÇÃO AO CUIDADO FAMILIAR

Não se pode negar o envelhecimento da população brasileira. O Brasil deixou de ser o país dos jovens e, a cada pesquisa global do IBGE, vemos o quão longevos estamos nos tornando.

A mudança da família patriarcal para a família nuclear, levando a mulher ao mercado de trabalho, inviabilizou o zelo diário e constante voltado para as pessoas mais carentes e dependentes – pessoas doentes, crianças e idosos.

Para as crianças, a escola, a creche, as babás e até mesmo as avós tornaram-se um suporte na jornada da mulher trabalhadora.

Quanto ao idoso, essa realidade vem impulsionando demandas por novos profissionais que se dediquem ao seu cuidado.

Fala-se em cuidadores de idosos – técnicos e auxiliares de enfermagem ou simples acompanhantes – que trabalham não só em hospitais, mas também nas residências, assumindo tarefas que antes eram executadas pelos seus parentes próximos.

Atenta a esse fenômeno, no ano de 2005 a Universidade de São Paulo criou o Curso de Graduação em Gerontologia, com 4 anos de duração. A nova profissão, ainda carecedora de regulamentação, possui vertente biopsicossocial. Os graduandos em gerontologia serão responsáveis pela organização de novos serviços de assistências ao idoso.[7]

---

7. PROFISSÃO GERONTÓLOGO. Disponível em: http://www.cuidardeidosos.com.br/profissao-gerontologo/. Acesso em: 25 out. 2011.

A profissionalização do cuidado do idoso em substituição ao cuidado familiar não significa o abandono dos idosos pelos seus familiares. É, antes, um imperativo da vida moderna. Na verdade, a contratação de tais profissionais, pode ser um *plus*, um modo de prestar o cuidado mais adequado. Mas isso não substitui a assistência moral e o conforto que vem do afeto e igualmente importante para suavizar a solidão do fim da vida.

7. CONCLUSÃO

a) A análise do tema partiu da constatação de que há diferentes perfis de idosos: o idoso produtivo, que além de gerir sua pessoa e seu patrimônio, ainda auxilia material e moralmente seus descendentes; e aquele carente de cuidados físicos e emocionais, bem como de suporte financeiro. A reflexão aqui desenvolvida voltou-se para o segundo perfil.

b) O "amparo" não é conceito ou categoria jurídica; é valor socialmente relevante que inspirou normas jurídicas de proteção, entre elas, o Estatuto da Pessoa Idosa .

c) A legislação brasileira abriga as seguintes formas de proteção civil ao idoso: proteção geral dada aos incapazes (artigo 3º e 4º do Código Civil); prestação de alimentos (art. 1694 a art. 1710 do Código Civil); curatela especial (art. 1780 do Código Civil). Afora isso, o Estatuto da Pessoa Idosa, congregando normas multidisciplinares, tipificou como crime a falta de assistência, o abandono e a exposição do idoso a perigo (artigos 97, 98 e 99, respectivamente).

d) Na sua literalidade, o abandono afetivo não se insere entre as condutas obrigatórias, na forma da lei civil e penal, pois não cabe às normas jurídicas impor o dever de amar.

e) Impõe-se, portanto, fazer uma releitura da expressão afeto, quando o tema em discussão é o abandono, já que amar é faculdade e cuidado é dever. Juridicamente, na expressão abandono afetivo, a palavra "afeto" não é puro sentimento de afeição; é atitude que revela o cuidado como expressão jurídica (o que comporta sanção) para além das necessidades materiais do outro.

f) O enfrentamento das questões relativas ao desaparecimento da pessoa idosa requer uma atuação que envolve o cuidado pela família, a responsabilidade social e intervenção do Estado na edição de leis e na implementação de políticas públicas de amparo a pessoa na velhice, para devolvê-la ao seio familiar.

8. REFERÊNCIAS

ALMEIDA, Renata Barbosa de; RODRIGUES JÚNIOR, Walsir Edson. *Direito civil*: famílias. Rio de Janeiro: Lumen Juris, 2010.

BEAUVOIR, Simone de. A velhice. Rio de Janeiro: Nova Fronteira, 1990

GONÇALVES, Carlos Roberto. *Direito civil brasileiro*: direito de família. 2. ed. São Paulo: Saraiva, 2006. v. 6.

LALANDE, André. Valor. In: LALANDE, André. *Vocabulário técnico e crítico da filosofia*. 3. ed. São Paulo: Martins Fontes, 1999.

LIMA, Taisa Maria Macena de & SÁ, Maria de Fátima Freire de. A família e o idoso entre dois extremos: abandono e superproteção. *Revista do Instituto dos Advogados de Minas Gerais*, Belo Horizonte, 2010. v. 16.

NAVES, Bruno Torquato de Oliveira & SÁ, Maria de Fátima Freire de. Concorrência de direitos fundamentais em Direito de Família. Conflito entre intimidade genética do menor e interesses familiares e conflito referente à liberdade religiosa no seio familiar. *Anais do VI Congresso de Direito de Família*. Rio de Janeiro: Lumen Juris, 2008.

PROFISSÃO GERONTÓLOGO. Disponível em: http://www.cuidardeidosos.com.br/profissao-gerontologo/. Acesso em: 25 out. 2011.

TARTUCE, Flávio. Novos princípios do direito de família brasileiro. In: TEIXEIRA, Ana Carolina Brochado; RIBEIRO, Gustavo Pereira Leite (Coord.). *Manual de direito das famílias e das sucessões*. Belo Horizonte: Del Rey: Mandamentos, 2008.

TEIXEIRA, Ana Carolina Brochado; RIBEIRO, Gustavo Pereira Leite. Procurador para cuidados de saúde do idoso. In: PEREIRA, Tânia da Silva; OLIVEIRA, Guilherme de (Coord.). *Cuidado & vulnerabilidade*. São Paulo: Atlas, 2009.

Sugestões de Leitura Complementar

LÔBO, Paulo. *Direito civil:* famílias. São Paulo: Saraiva, 2008.

SANTOS, Leila Freitas. "Longe Dele": pacientes portadores do mal de Alzheimer e autonomia privada. In: LIMA, Taisa Maria Macena de; SÁ, Maria de Fátima Freire de & MOUREIRA, Diogo Luna. *Direitos e fundamentos entre vida e arte*. Rio de Janeiro: Lúmen Júris, 2010.

TEIXEIRA, Ana Carolina Brochado; SÁ, Maria de Fátima Freire de. Envelhecendo com autonomia. In: FIUZA, César; SÁ, Maria de Fátima Freire de; NAVES, Bruno Torquato de Oliveira (Coord.). *Direito civil: atualidades II*: da autonomia privada nas situações jurídicas patrimoniais e existenciais. Belo Horizonte: Del Rey, 2007.

Legislação

BRASIL. Senado Federal. Projeto de Lei 4229, de 2019. Disponível em: https://www25.senado.leg.br/web/atividade/materias/-/materia/137919 Acesso em: 24 jun. 2023.

ALIENAÇÃO PARENTAL: CONCEITO, EFEITOS E PARTICULARIDADES

Silvia Felipe Marzagão

Mestre em Direito Civil pela PUC-SP. Presidente da Comissão Especial da Advocacia de Família e Sucessões da OAB/SP. Presidente do Grupo de Trabalho de Família e Sucessões da Federação de Advogados de Língua Portuguesa – FALP. Diretora do Instituto Brasileiro de Direito de Família – IBDFAM/SP. Advogada especializada em Direito de Família e das Sucessões.

Sumário: 1. Introdução: rupturas e nova parentalidade: campo fértil para incidência de atos de alienação parental – 2. Conceito de alienação parental – 3. Alienação parental sob a perspectiva da Lei 12.318/10 – 4. Procedimento para apuração e consequências da comprovação da prática de alienação parental – 5. Aspectos não contemplados pela lei; 5.1 Autoalienação – contribuição do genitor para o afastamento afetivo; 5.2 Alienação do idoso – 6. Responsabilidade civil e a reparação dos danos causados em virtude da alienação parental – 7. Considerações finais – 8. Referências.

1. INTRODUÇÃO: RUPTURAS E NOVA PARENTALIDADE: CAMPO FÉRTIL PARA INCIDÊNCIA DE ATOS DE ALIENAÇÃO PARENTAL

O fim da conjugalidade, comumente, mostra-se tormentoso para alguns casais. Dores, mágoas, questões financeiras e quebra de pactos fazem emergir no ser humano os mais dolorosos e, por vezes, maléficos sentimentos. Não raro o fim da vida conjugal vira uma verdadeira guerra.

Infelizmente, vemos que esse turbilhão de sentimentos faz com que os casais confundam questões de conjugalidade com questões ligadas à parentalidade, colocando no centro dos litígios aqueles que, por serem seres humanos em formação, deveriam ser poupados: *os filhos*.

Aliadas às mágoas, as mudanças sociais que vivenciamos nas últimas décadas têm sido um verdadeiro catalisador dos conflitos parentais, mormente porquanto o exercício da parentalidade tem, ainda que lentamente, se alterado.

O fato é que a família contemporânea não é mais aquela de outrora: institucional, engessada, imutável. É família em constante movimentação, que exige da sociedade um nível de mobilidade que, muitas vezes, a adaptação cultural não acompanha.

Desse modo, se até pouco tempo atrás era quase que indiscutível que, com a ruptura, a mãe – e somente ela – seria a responsável pelos filhos (reproduzindo uma sistemática já vigente nos casamentos, onde a mulher cuidava da prole e o homem sustentava a família), hoje vemos modificações sociais que trouxeram importantes alterações nos cuidados parentais. Há, assim, mais disputas pela custódia da prole e pelo efetivo convívio de pais, mães e filhos.

De fato, essa nova dinâmica teve também como pano de fundo a importante transformação que a questão afeta à guarda sofreu ao longo dos últimos anos, especialmente pelo fato de, com a promulgação da Lei 13.058/2014, a guarda compartilhada ter passado a ser a regra na fixação da custódia legal.

É bem verdade que o modelo de corresponsabilidade é um avanço. Retira da guarda a ideia de posse e propicia a continuidade da relação dos filhos com ambos os pais (Dias, 2016), mas a resistência não só social como também, infelizmente, judicial, ainda é muito considerável, tanto que ainda nos deparamos com um sistema que privilegia a guarda unilateral materna como maioria das fixações.

Assim, quando o sistema questiona essa hegemonia da guarda materna – situação que, frise-se, em nada privilegia as mulheres que são alçadas à condição de cuidadoras exclusivas, sufocadas pelo machismo institucional que assola o Judiciário do país – as disputas de guarda tendem a se tornar verdadeiras guerras e um campo fértil para a ocorrência da famigerada alienação parental. A alienação vira arma nas mãos de pais e mães na guerra pela disputa das custódias.

O processo de alienação – compreendido como verdadeiro abuso psicológico em que o alienador programa mentalmente, com interferências psicológicas, o vulnerável para odiar o alienado –, está previsto em nosso ordenamento em lei específica, configurando verdadeiro abuso de direito gerador de dano não só à criança, como também ao cogenitor impedido de plenamente ser pai ou mãe na realidade pós-ruptura.

Analisaremos, nesse artigo, aspectos conceituais, os efeitos e as particularidades da alienação parental, propondo, ao final, uma agenda de sugestões de combate à prática tão corriqueira e condenável.

2. CONCEITO DE ALIENAÇÃO PARENTAL

O verbo alienar tem como significado tornar separado; afastar, desviar, perder a estima, a amizade; indispor, malquistar. São palavras que, em tempo e modo algum, deveriam ser associadas à parentalidade. Infelizmente, no dia a dia, muitas relações parentais têm o seu fim ligado ao triste significado da palavra alienar.

O fenômeno da alienação parental é aquele em que um dos pais, com o claro intuito de macular a relação e afastar o outro progenitor, manipula fatos e situações corriqueiras, com a intenção de aniquilar o vínculo paterno-filial mantido entre a criança/adolescente e o outro genitor. De fato, o filho é deslocado do lugar de sujeito de direito e desejo, e passa a ser objeto de desejo e satisfação do desejo de vingança do outro genitor. É, portanto, a objetificação do sujeito para transformá-lo em veículo de ódio, que tem a sua principal fonte em uma relação conjugal mal resolvida (Pereira, 2020).

O termo alienação parental ganhou, em 1985, visibilidade pelos escritos de Richard A. Gardner[1], psiquiatra americano que afirmava que no processo pós-ruptura

---

1. Vale citarmos que Richard Gardner foi um profissional controverso, havendo alguns questionamentos acerca de seus trabalhos (https://www.nytimes.com/2003/06/09/nyregion/richard-gardner-72-dies-cast-doubt-on-

podem ser identificados alguns sintomas característicos nas crianças, comuns aos casos em que há influência maléfica de um genitor para que o filho odeie o outro. O psiquiatra americano chamava, em seus estudos, o fenômeno como *síndrome* da alienação parental, termo não incorporado em nossa legislação em razão de não ser o fenômeno reconhecido como doença seja pela Organização Mundial de Saúde, seja pelo código médico brasileiro.

O fato é que, na alienação, por meio de comportamentos reiteradamente nocivos, o alienador, utilizando o próprio filho como objeto, cria situações, embaraços, histórias e impede o exercício regular da paternidade/maternidade do outro. Torna o outro verdadeiro inimigo da criança/adolescente, fazendo com que o filho acredite piamente na narrativa criada, muitas vezes chegando a participar da criação de fatos para incentivá-la.

De fato, a alienação, como nos lembram Ana Carolina Carpes Madaleno e Rolf Madaleno, é

> uma campanha liderada por um genitor, no sentido de programar a criança para que odeie e repudie, sem justificativa, o outro genitor, transformando a sua consciência mediante diferentes estratégias, com o objetivo de obstruir, impedir ou mesmo destruir os vínculos entre o menor e o pai não guardião, caracterizado, também, pelo conjunto de sintomas dela resultantes, causando, assim, uma forte relação de dependência e submissão do menor com o genitor alienante. E, uma vez instaurado o assédio, a própria criança contribui para a alienação (Madaleno, Madaleno, 2019, p. 30).

A alienação parental, normalmente, se caracteriza pela realização de condutas gradativas de destruição contínua da imagem do outro genitor, condutas essas que visam o afastamento afetivo da criança e geram consequências gravíssimas de cunho emocional, psicológico e, por vezes, psiquiátrico:

> a alienação parental é tanto mais intensa e passível de gerar danos psíquicos quanto mais jovem for a criança. As consequências para o desenvolvimento da criança e do adolescente podem ser catastróficas nesses casos. A criança pode vir a apresentar sintomas de depressão, incapacidade de adaptar-se aos ambientes sociais, transtorno de identidade e de imagem, tendência ao isolamento, além do uso de drogas, álcool e até o suicídio (Pinheiro, 2017, p. 121).

Vale pontuarmos que, muitas vezes, o próprio alienador demonstra características que denotam transtornos psicológicos. É que, muito embora a prática dos atos de alienação seja deliberada – e, sim, alimentada por certa dose até mesmo de

---

-abuse-claims.html), fatos estes utilizados como argumento por pessoas que tentam, como se verá adiante nesse estudo, revogar a lei da alienação parental. Importante que se pontue que a lei brasileira não trata de síndrome de alienação parental (tese de Gardner), conceituando a prática com base em atos concretos praticados por aquele que busca alienar o filho e não em atos relacionados somente a eventuais sintomas médicos. Vislumbra-se, portanto, que a lei não exige a constatação da síndrome propriamente dita, mas tão somente a prática de atos assim considerados como *"atos típicos de alienação parental"* capazes de gerar consequências jurídicas. Assim é que a lei brasileira, apesar de utilizar da nomenclatura alienação como Gardner, não se limitou ao aspecto patológico da síndrome, definindo como conduta antijurídica qualquer ato que dificulte a convivência sadia da criança ou adolescente com seu genitor ou demais familiares.

maldade-, não raras vezes nos deparamos com mães e pais alienadores que sofrem perturbações psíquicas, até mesmo sociopatias:

> O genitor alienador é, muitas vezes, identificado como uma pessoa sem consciência moral, incapaz de se colocar no lugar do outro, sem empatia sequer com os filhos e, sobretudo, sem condições de distinguir a diferença entre a verdade e a mentira, lutando para que a sua verdade seja também a verdade dos outros, levando os filhos a viver como falsos personagens de uma falsa existência (Rosa, 2020, p. 507).

Aliás, a completa ausência do sentimento de culpa na conduta do alienador é algo impactante em casos que envolvem alienação parental. Assim é que, mesmo diante do sofrimento da prole, o alienador experimenta um verdadeiro sentimento de vitória e alegria, já que consegue manter os filhos distantes do genitor que está sendo alienado (Araújo, Carmo, 2014).

O fato é que a alienação parental é o abuso de direito ligado à autoridade parental e, como tal, extrapola os limites do amar e proteger, muitas vezes usando esse mote como verdadeira desculpa para a sua prática. Assim é que muitos pais e mãe criam situações dizendo "cuidar" do filho que significam, na prática, tolher do outro genitor datas de convivência, participação em rotinas, em atividades escolares e em procedimentos médicos.

Do mesmo modo, praticam a atos de alienação com o intuito de "proteger" a prole: criticam, na frente do vulnerável, a forma como o outro genitor veste ou alimenta a criança, os horários e locais onde ela é colocada para dormir, como aquele providencia lazer ou divertimento ao filho. A conduta, que pode parecer inofensiva em um primeiro momento, vai ficando cada vez mais intensa até chegar ao ponto de falsas acusações de maus tratos e abusos severos.

Muito embora seja um fenômeno extremamente antigo – lembrando aqui o mito grego de Medeia (Bariani, 2010) –, a alienação parental teve a sua introdução em nosso ordenamento há pouco mais de uma década, com a promulgação da Lei 12.318/2010, importante instrumento jurídico que conceitua, exemplifica e traz meios de combate à prática. Vejamos.

3. ALIENAÇÃO PARENTAL SOB A PERSPECTIVA DA LEI 12.318/10

Após o advento da Constituição cidadã ao direito privado se passou a incorporar de maneira ainda mais evidentes contornos constitucionais. Assim é que se passa a considerar o direito das famílias como direito privado constitucional.

Pensando sob o viés constitucional – e seus princípios – e com a mudança de enfoque da família instituição para a família eudemonista, a dignidade humana passa a ser o foco da ordem jurídica, uma vez que passa-se a valorizar cada membro da família e não a entidade familiar como instituição (Pereira, 2016).

De fato, a tutela jurídica deixa de ser harmonia institucional para ser dos membros individualmente pensados. A criação da Lei 12.318/10, já tutelando individualmente os entes da família, tutela o superior interesse da criança e do adolescente, sujeitos de direito vulneráveis em formação:

> Com a Constituição Federal de 1988 e a consagração da Doutrina de Proteção Integral, delineada pela Lei 8.069/90, reconfigura-se a visão sobre a criança e o adolescente, que passam a ser considerados como sujeitos de direitos na ordem jurídica brasileira. As relações entre pais e filhos também passam a ser pautadas em tais premissas, de modo que a autoridade parental, neste contexto, confere aos pais não apenas um direito, mas sobretudo um dever que deve ser exercido em consonância com o melhor interesse dos filhos (Pereira, 2019).

Com esse espírito de integral proteção da criança e do adolescente é que, em 2010, foi o fenômeno da alienação parental reconhecido e positivado no ordenamento jurídico brasileiro, por meio da promulgação da Lei 12.318. A existência do texto legal tem enorme importância não só para que se possa coibir a prática – com sanções, como se demonstrará mais adiante -, como também serviu como verdadeiro balizador para que se possa conceituar e identificar a sua ocorrência.

De fato, o artigo segundo da Lei 12.138/10 traz um conceito explícito de ato de alienação parental, pontuando que:

> Art. 2º Considera-se ato de alienação parental a interferência na formação psicológica da criança ou do adolescente promovida ou induzida por um dos genitores, pelos avós ou pelos que tenham a criança ou adolescente sob a sua autoridade, guarda ou vigilância para que repudie genitor ou que cause prejuízo ao estabelecimento ou à manutenção de vínculos com este.

Como a definição trata de "interferência na formação psicológica (...) que cause prejuízo ao estabelecimento ou à manutenção de vínculo", está-se diante de um tipo legal aberto. O conceito, portanto, permite inúmeras interpretações, de modo que poderia dar margem a questionamentos, pelos aplicadores da lei, de como caracterizar ou não a ocorrência da alienação.

Para sanar a questão, o legislador nos traz, no parágrafo único do mesmo artigo, um rol de condutas que podem caracterizar atos de alienação:

> Parágrafo único. São formas exemplificativas de alienação parental, além dos atos assim declarados pelo juiz ou constatados por perícia, praticados diretamente ou com auxílio de terceiros:
> – I realizar campanha de desqualificação da conduta do genitor no exercício da paternidade ou maternidade;
> –II dificultar o exercício da autoridade parental;
> –III dificultar contato de criança ou adolescente com genitor;
> –IV dificultar o exercício do direito regulamentado de convivência familiar;
> –V omitir deliberadamente a genitor informações pessoais relevantes sobre a criança ou adolescente, inclusive escolares, médicas e alterações de endereço;
> –VI apresentar falsa denúncia contra genitor, contra familiares deste ou contra avós, para obstar ou dificultar a convivência deles com a criança ou adolescente;
> –VII mudar o domicílio para local distante, sem justificativa, visando a dificultar a convivência da criança ou adolescente com o outro genitor, com familiares deste ou com avós.

O rol trazido pelo legislador, como não poderia deixar de ser, é exemplificativo. De fato, como a mente humana é extremamente perspicaz e criativa (especialmente para as maldades), outras tantas situações podem ser citadas como atos de alienação parental. Como nos lembram Ana Carolina e Rolf Madaleno, Denise Maria Perissini da Silva lista 17 comportamentos clássicos de alienadores, sendo essas atitudes bastante frequentes em sua prática clínica: (1) recusar-se a passar ligações telefônicas aos filhos; (2) organizar atividades mais atraentes nos dias de visitas do genitor sem custódia; (3) Apresentar o novo companheiro como o novo pai ou a nova mãe; (4) Interceptar qualquer correspondência física ou virtual, ou telefonemas, dos filhos; (5) Desvalorizar e insultar o outro progenitor diante dos filhos comuns; (6) Recusar-se a passar informações das atividades extraescolares da prole; (7) Obstruir o exercício do direito de visitas; (8) Não avisar o outro progenitor de compromissos dos filhos com médicos, dentista ou psicólogo; (9) Envolver pessoas próximas na alienação; (10) Decidir sozinho acerca de escolhas relevantes na educação dos filhos; (11) Boicotar informações médicas ou escolares dos filhos; (12) Deixar os filhos com terceiros, não com o progenitor, quando o genitor custodiante sai de férias; (13) Proibir os filhos de usarem roupas e objetos (telefone celular, computador, brinquedos) dados pelo genitor não guardião; (14) Ameaçar os filhos ou prometer atentar contra si próprio se os filhos mantiverem contato com o outro genitor;(15) Culpar o progenitor não guardião pelo mau comportamento dos filhos; (16) Não só ameaçar mudança para residência geograficamente distante, como assim proceder, mudando para outro Estado da Federação, isto quando não esboça buscar autorização para morar fora do país; (17) Telefonar com frequência e sem motivos sérios durante as visitas do outro genitor (Silva, 2010).

Além de conceituar e exemplificar atos de alienação, a lei também traz meios de coibir a prática, dando prioridade na tramitação dos processos em que a prática ocorra, além de assegurar convivência mínima entre o alienado e a criança/adolescente ou mesmo meios de efetiva reaproximação caso o vínculo já esteja comprometido (cf. art. 4º). A lei ainda prevê mecanismos de advertência, multa, modificação ou alteração de guarda, se o caso, para que a criança seja salvaguardada e posta em segurança longe do agir do alienador.

Não se pode negar que a Lei 12.318/10 é uma das legislações mais avançadas voltadas à questão da alienação. Contudo, por se tratar de uma questão muito complexa – especialmente em um país de dimensões continentais e com dificuldades de toda ordem para operacionalizar perícias e tratamento terapêutico às partes envolvidas nos litígios –, os mecanismos de detecção e aplicação efetiva dos instrumentos normativos previstos na lei de alienação ainda vêm se demonstrando falhos e insuficientes, tanto pela ausência de profissionais habilitados e em número capaz de suprir as demandas que crescem progressivamente, quanto pela impossibilidade do Estado em fornecer uma prestação jurisdicional adequada não conseguindo, por exemplo, conferir efetivamente prioridade e agilidade nos julgamentos, tal como determina a lei.

Além disso, não há como negar que houve uma banalização do tema e em muitas ações de guarda e regulamentação de convivência nos deparamos com argumentos rasos, sem fundamentos, lançando a questão da alienação associada a todo e qualquer desentendimento entre os pais, muitas vezes questões comezinhas e costumeiras.

Vale frisar: nem toda briga ou desavença é ato de alienação, nem toda recusa da criança estar perto do genitor com quem não vive diuturnamente é gerada por ato deliberado do guardião fático.

De fato, crianças que presenciaram ou vivenciaram situações de violência doméstica, que não conseguem lidar emocionalmente com os novos relacionamentos de seus genitores ou por afastamento imotivado prolongado do genitor, certamente terão dificuldades em estabelecer ou restabelecer o vínculo afetivo com este.

Por essa razão, toda alegação que envolve alienação parental precisa ser analisada cuidadosa e criteriosamente para que se possa perceber o estado emocional da própria criança, bem como o contexto fático existente daquele núcleo familiar. Repise-se: nem tudo é ato de alienação parental.

Nota-se uma problemática importante ocorrendo atualmente quando se analisa a questão da alegação de abuso sexual *versus* alegação de alienação parental. Há duas situações distintas: na primeira delas, a criança é de fato sexualmente abusada e, como linha de "defesa", o abusador se diz vítima de alienação parental, colocando em xeque a ocorrência ou não de abuso. Na segunda, alguns genitores munidos de absoluta má-fé utilizam-se de forma indevida dos instrumentos legais dispostos no ordenamento jurídico para acusar falsamente o outro de abuso sexual, circunstância que tem por único objetivo promover o total afastamento da criança com o acusado. Frente a toda essa problemática, houve um amplo debate não só no Congresso Nacional, tendo tramitado diversos projetos de lei[2] não só para a alteração, com também para a revogação da lei. Houve, inclusive, a propositura de uma ação direta de inconstitucionalidade (ADI 6273) que, por falta de ausência de legitimidade ativa da parte autora não foi conhecida pela corte suprema, que acabou por não enfrentar o mérito da questão.

O fervor em torno do tema, contudo, culminou na alteração legislativa trazida pela Lei 14.340/22. Positiva, a alteração mantém o foco e atenção da lei às crianças e adolescentes, trazendo elementos interessantes para arrefecer, ao menos por ora, o debate.

É que, como o principal questionamento acerca da boa aplicação da lei se dá em casos em que há acusação de abuso sexual *versus* a alegação de alienação parental, aqueles que defendem a sua revogação vinham afirmando haver uma má utilização do texto legal para aplicação de reversões de guarda injustas e em prejuízo dos interesses das crianças e adolescentes abusados.

---

2. De todos os projetos de lei hoje em vigor o que tem tido maior destaque é o PL 2812/22 de autoria de Fernanda Melchionna – PSOL/RS, Vivi Reis – PSOL/PA , Sâmia Bomfim – PSOL/SP. O projeto visa revogar por completo a lei 12.138/10, banindo do ordenamento a possibilidade de discussão da alienação parental.

Com as alterações legislativas, duas importantes inclusões na lei nos parecem bastante positivas. A primeira delas é a inserção do parágrafo único ao artigo 4º da LAP, que assegura à criança ou ao adolescente e ao genitor garantia mínima de visitação assistida no fórum em que tramita a ação ou em entidades conveniadas com a Justiça, ressalvados os casos em que há iminente risco de prejuízo à integridade física ou psicológica da criança ou do adolescente, atestado por profissional eventualmente designado pelo juiz para acompanhamento das visitas.

Há, portanto, na inovação legislativa, duas preocupações importantes: a primeira delas é manter assegurada a convivência familiar mínima, ainda que essa se dê em ambiente controlado (no fórum ou entidades conveniadas com a Justiça) e a segunda é que se mostra indispensável a observância da integridade física ou psicológica daquele infante durante a manutenção dessa convivência.

Outro ponto de relevo trazido pela Lei 14.340/22 é a importância que o legislador deu à oitiva da criança e do adolescente por meio de depoimento adequado, nos termos do disposto na Lei 13.431/17. É fato, assim, que nos termos do novo artigo 8º-A da LAP, sempre que necessário o depoimento ou a oitiva de crianças e de adolescentes em casos de alienação parental serão realizados obrigatoriamente nos termos da Lei 13.431, de 4 de abril de 2017, sob pena de nulidade processual.

Não há como negar que, muito embora tenhamos esse avanço legislativo, a questão ainda merece amplo debate multidisciplinar, especialmente porque se o Brasil é, por um lado, recordista em números de casos de abusos sexuais infantis (especialmente intrafamiliar), por outro há, com certa frequência, casos em que as falsas acusações de abuso servem como arma mais poderosa para que o alienador logre afastar o filho do alienado.

O que pontuamos é que revogar a lei, pura e simplesmente, não contribuirá para que a celeuma seja solucionada, ao passo que o seu aprimoramento, especialmente com (i) observância de prazos rígidos para a tramitação do feito em que se tenha alegações de abuso e alienação parental;

(ii) aplicação do artigo 8º-A para a oitiva adequada da criança e (iii) ampla utilização dos trabalhos periciais interdisciplinares, nos parecem ser as melhores soluções *in casu*.

Não se pode deixar de levar em consideração que o justo questionamento acerca da utilização indevida da lei – por vezes como instrumento de pressão contra mulheres mães – não pode servir como meio para, em definitivo, revogar o texto legislativo. E isso porque tal postura, nos parece, abre caminho para um debate equivocado e perigoso: revogarmos textos legais sempre que entendermos que, de alguma forma, há utilização indevida do mecanismo.

A questão de gênero, não resta dúvidas, permeia processo judicial propriamente dito e, consequentemente, as decisões judiciais. Tanto assim que o protocolo do Conselho Nacional de Justiça sob perspectiva de gênero já está atento à temática, prevendo:

Em relação à guarda das filhas e dos filhos, a alegação de alienação parental tem sido estratégia bastante utilizada por parte de homens que cometeram agressões e abusos contra suas ex-companheiras e filhos(as), para enfraquecer denúncias de violências e buscar a reaproximação ou até a guarda unilateral da criança ou do adolescente. Importante a análise conjunta das ações distribuídas, bem como o depoimento especial do(a) menor, de acordo com a disciplina estabelecida pela Lei n. 13.413/2017, cumprindo anotar que não somente nas ações penais é possível o relato da violência por meio da escuta protetiva; à primeira menção de violência, em qualquer de suas formas, pode a magistrada e o magistrado submeter a criança e o adolescente ao depoimento especial, meio de prova oral e pericial que poderá ser utilizado em todos os processos a eles relacionados, inclusive para o fim de evitar indevida revitimização.[3]

Diante do protocolo, assim, a nós indica ser muito mais interessante uma utilização escorreita do texto legislativo, com aplicação da norma sob a perspectiva de gênero, do que a pura e simples revogação, deixando de lado o interessante caráter didático que o texto legal carrega em suas linhas.

4. PROCEDIMENTO PARA APURAÇÃO E CONSEQUÊNCIAS DA COMPROVAÇÃO DA PRÁTICA DE ALIENAÇÃO PARENTAL

A questão afeta à ocorrência de alienação parental pode ser enfrentada de maneira incidental em ação já em curso (como divórcio em que se trata a questão da guarda de filhos ou mesmo ação de guarda e regulamentação de convivência) ou em ação autônoma, proposta exclusivamente para que se declare a ocorrência do fenômeno e se aplique as medidas de enfrentamento previstas no texto legal.

De fato, alegada a ocorrência da alienação parental, o juiz deverá verificar se há indícios da prática e, havendo, este deve ser declarado pelo magistrado (de ofício ou a pedido da parte e/ou Ministério Público). Ato contínuo, deve o Juiz determinar não só a tramitação prioritária do feito, como também medidas provisórias que preservem a integridade psicológica da criança/adolescente e a convivência familiar segura.

Tal previsão está contida no artigo 4º[4] da Lei 12.318 e serve de norte para o início da ação em que o tema é ventilado. De fato:

> Este dispositivo é comparável a uma espécie de unidade de tratamento intensivo (UTI) de combate à síndrome de alienação parental, porquanto sua imediata e rigorosa aplicação, tão pronto detectado qualquer indício de prática de atos de exclusão do genitor não guardião do convívio com

---

3. Protocolo para julgamento com perspectiva de gênero – Conselho Nacional de Justiça. Disponível em: https://www.cnj.jus.br/wp-content/uploads/2021/10/protocolo-18-10-2021-final.pdf. Acesso em: 07 maio 2023.
4. Art. 4º Declarado indício de ato de alienação parental, a requerimento ou de ofício, em qualquer momento processual, em ação autônoma ou incidentalmente, o processo terá tramitação prioritária, e o juiz determinará, com urgência, ouvido o Ministério Público, as medidas provisórias necessárias para preservação da integridade psicológica da criança ou do adolescente, inclusive para assegurar sua convivência com genitor ou viabilizar a efetiva reaproximação entre ambos, se for o caso.
Parágrafo único. Assegurar-se-á à criança ou adolescente e ao genitor garantia mínima de visitação assistida, ressalvados os casos em que há iminente risco de prejuízo à integridade física ou psicológica da criança ou do adolescente, atestado por profissional eventualmente designado pelo juiz para acompanhamento das visitas.

seus filhos, será a pedra de torque da efetividade e da relevância da Lei da Alienação Parental, pois somente medidas judiciais preventivas, determinadas de ofício ou a requerimento da parte ou do Ministério Público, em contexto judicial liberto de um formal e moroso rito processual, serão capazes de evitar ou minimizar os deletérios efeitos da infausta alienação parental (Madaleno, 2019).

Uma vez declarada a existência de indícios, garantida a incolumidade dos infantes e a tramitação prioritária do processo, será determinada a realização de perícia psicológica ou avaliação biopsicossocial (art. 5°)[5] a ser realizada por profissional com experiência na detecção do problema e no prazo de 90 dias. De fato, a observância tanto da expertise do profissional, quanto do prazo para a realização do trabalho pericial será crucial para que a questão seja bem conduzida.

Vale pontuar que a prática forense demonstra que, muitas vezes, o trabalho pericial pode servir como verdadeiro divisor de águas na vida da família que vem a juízo para a detecção da alienação parental. Por vezes – especialmente em casos iniciais – é na perícia que o próprio alienador se dá conta de sua conduta e, quase que pedagogicamente, retorna ao prumo da relação parental cortando atos praticados até então. Muito embora não seja essa a função primordial da perícia, não há como deixar de reconhecer que comumente o trabalho acaba por seguir caminhos terapêuticos:

> Quando o psicólogo perito perceber a possibilidade de instalação da alienação parental, deve esclarecer as partes acerca dos prejuízos que podem sofrer a criança ou o adolescente, assim como apontar a necessidade de certo equilíbrio entre elas, tendo em vista minimizar os danos que possa vir a ser sofridos pela criança (Freitas, 2010).

A perícia proposta pela Lei 12.318/10 é multidisciplinar: psicólogo, assistente social, médico pediatra, médico psiquiatra podem e devem participar da produção da prova pericial. Os laudos podem ser fundamentados em entrevistas com as partes, a criança/adolescente e outras pessoas que se vejam inseridas na dinâmica familiar (familiares extensos, profissionais que atendam a criança, professores, coordenadores de escola etc.). Quanto mais amplo o trabalho, mais elementos ele trará para que a causa possa ser melhor conduzida.

Importante que se pontue que é o trabalho técnico que permitirá ao Juiz compreender o contexto fático do núcleo familiar em questão e também poderá auxiliar o magistrado a promover as medidas necessárias para salvaguardar eventuais direitos violados.

---

5. Art. 5° Havendo indício da prática de ato de alienação parental, em ação autônoma ou incidental, o juiz, se necessário, determinará perícia psicológica ou biopsicossocial.
§ 1° O laudo pericial terá base em ampla avaliação psicológica ou biopsicossocial, conforme o caso, compreendendo, inclusive, entrevista pessoal com as partes, exame de documentos dos autos, histórico do relacionamento do casal e da separação, cronologia de incidentes, avaliação da personalidade dos envolvidos e exame da forma como a criança ou adolescente se manifesta acerca de eventual acusação contra genitor.
§ 2° A perícia será realizada por profissional ou equipe multidisciplinar habilitados, exigido, em qualquer caso, aptidão comprovada por histórico profissional ou acadêmico para diagnosticar atos de alienação parental.
§ 3° O perito ou equipe multidisciplinar designada para verificar a ocorrência de alienação parental terá prazo de 90 (noventa) dias para apresentação do laudo, prorrogável exclusivamente por autorização judicial baseada em justificativa circunstanciada

Detectada a alienação, a lei parte para as sugestões reparadoras da situação. Veja que o legislador quis, além de permitir a detecção do grave quadro, trazer meios de listar medidas para reverter o quadro familiar nefasto:

Art. 6º Caracterizados atos típicos de alienação parental ou qualquer conduta que dificulte a convivência de criança ou adolescente com genitor, em ação autônoma ou incidental, o juiz poderá, cumulativamente ou não, sem prejuízo da decorrente responsabilidade civil ou criminal e da ampla utilização de instrumentos processuais aptos a inibir ou atenuar seus efeitos, segundo a gravidade do caso:

I – declarar a ocorrência de alienação parental e advertir o alienador;

II – ampliar o regime de convivência familiar em favor do genitor alienado;

III – estipular multa ao alienador;

IV – determinar acompanhamento psicológico e/ou biopsicossocial;

V – determinar a alteração da guarda para guarda compartilhada ou sua inversão;

VI – determinar a fixação cautelar do domicílio da criança ou adolescente;

VII – declarar a suspensão da autoridade parental.

Como se vê, a legislação praticamente declara que o Judiciário não deve apenas se limitar a verificar a ocorrência ou não da alienação parental. Deve, até mesmo para garantir o direito constitucional ao convívio familiar, promover medidas que permitam a proteção e o refazimento de vínculos, que podem ser cuidados por meio de acompanhamento psicológico, terapia individual ou familiar, com sessões de mediação e, até mesmo, com a participação de oficinas de pais criadas pelo Conselho Nacional de Justiça (CNJ, 2022).

O legislador, ao indicar as medidas constantes no artigo 6º da lei, nitidamente compreende que o peso estatal – com a simples imposição de penalidades sem tentativa de resolução do conflito em si – não solucionará a questão satisfatoriamente. Aqui vemos que o espírito da lei se coaduna com o disposto no artigo 694 do Código de Processo Civil que dispõe expressamente que "nas ações de família, todos os esforços serão empreendidos para a solução consensual da controvérsia, devendo o juiz dispor do auxílio de profissionais de outras áreas de conhecimento para a mediação e conciliação".

A verdade é que, nitidamente, a lei não quer apenas identificar a ocorrência ou não da alienação, mas sim buscar o restabelecimento do equilíbrio nas relações familiares e do vínculo afetivo que deve existir entre pais e filhos.

5. ASPECTOS NÃO CONTEMPLADOS PELA LEI

5.1 Autoalienação – contribuição do genitor para o afastamento afetivo

A alienação parental no Brasil era, inicialmente, tratada tão somente pelo viés da existência da prática de um genitor (custodiante – alienador) contra o outro (convivente – alienado). A doutrina pátria, todavia, começou a perceber casos em que havia rompimento e comprometimento de vínculos parentais causados pelo próprio genitor que se dizia *vítima* do afastamento. Essa situação foi denominada autoalienação parental:

> [...] a alienação autoinfligida se trata de uma negligência em um processo de alienação em curso, sendo causada pelo próprio alienado ao repudiar a criança ou o adolescente, sem que esteja ocorrendo alienação do outro lado, por vezes sendo agressivo com o seu rebento, a quem ataca ou cria situações de aparente desamor, talvez com gestos simples de rejeição, como negar-se a tirar fotos ao lado do filho em data expressiva para a criança ou o adolescente, mas deixando com esse seu gesto uma patente mostra de um forçado distanciamento que ele mesmo impõe (Madaleno, 2016, p. 545).

O fenômeno da autoalienação parental ocorre quando o genitor que se diz alienado é quem verdadeiramente provoca ou contribui para a situação de alienação. Na maior parte dos casos, a situação é a de recusa do filho em conviver com o(a) genitor(a), mas dessa vez uma recusa que possui uma justificativa legítima sob a perspectiva do infante, não sendo resultado de uma prática alienadora do outro genitor. Significa dizer que a repulsa da criança ou adolescente em conviver com o genitor que se diz alienado decorre do próprio deste e não de uma conduta alienadora do outro cogenitor.

A existência do fenômeno da autoalienação demonstra que nem toda recusa da criança em conviver com um de seus pais é resultado da prática de alienação parental por parte do outro. Pode existir uma justificativa legítima para essa postura do infante, na medida em que a recusa da criança em se relacionar com um dos pais é multifatorial (Sottomayor, 2014).

Situação propícia à prática da autoalienação parental é o início de novo relacionamento dos genitores. De fato, mostra-se bastante comum que as crianças, embora amem e desejem conviver com seus pais, não guardem o mesmo sentimento com relação ao seu novo companheiro ou companheira, ao menos num primeiro momento (Leal, 2018, p. 47)

E, quando há a imposição do genitor para que os filhos aceitem essa nova relação, sem que tenham sido previamente preparados ou respeitado um tempo razoável, a rejeição é a consequência provável. Psicólogos denominam tal circunstância de mito da família instantânea, existente quando os pais andam em velocidades distintas das de seus filhos (Madaleno, Madaleno, 2019, p. 152)

A autoalienação, infelizmente, pode contribuir para a já aventada banalização do tema alienação parental, com falsas alegações de sua ocorrência, situação que já se enfrenta com certa frequência no Judiciário. Segundo Ira Turkat, os autores de falsas alegações de Alienação Parental podem ser divididos em duas categorias: aqueles que realmente acreditam que o ex-cônjuge está praticando alienação parental e aqueles que sabem que as alegações são infundadas, sendo esses estão nitidamente agindo de forma perversa. (Barbiero, 2020).

No segundo caso, o autoalienado age com a determinação consciente de encobrir o seu próprio mau comportamento. O fato é que, obviamente, se é o próprio genitor repudiado quem contribui para a situação de alienação, não há que se falar em prática de alienação parental do outro genitor, revelando-se, portanto, indispensável aferir as causas da recusa da criança.

As relações familiares são complexas, sendo que não é tão simples identificar, na prática, quando se está diante de uma situação real de alienação parental ou de alienação autoinfligida, uma vez que as suas diferenças são sutis e necessitam não só de apoio interdisciplinar especializado e responsável, mas também de um olhar atento dos advogados atuantes no caso, do Ministério Público e do Juiz.

A questão da autoalienação ainda aparece de maneira incipiente em nossos Tribunais. Vale apontarmos dois casos de seu reconhecimento para servirem de exemplo no presente estudo. No primeiro deles, o Tribunal de Justiça de Santa Catarina reconheceu expressamente que não ficaram comprovados atos de alienação praticados pela genitora e que o afastamento da prole se deu em razão da conduta do próprio genitor que se dizia prejudicado:

> Apelação cível. "ação de alienação parental c/c modificação de visitas". Sentença de parcial procedência. Acolhimento apenas do pedido relativo à dinâmica de visitação. Reconhecimento de alteração da verdade dos fatos quanto à alegação de alienação parental. Condenação do autor nas penas por litigância de má-fé. Irresignação do demandante. Alteração da verdade dos fatos. Constatação mediante análise dos estudos social e psicológico acostados aos autos. Ausência de qualquer indicativo da prática de alienação parental pela genitora. Existência, por outro lado, de elementos a demonstrar que o afastamento entre o autor e a prole se deu unicamente pelas atitudes daquele. Ademais, comprovação do dolo dispensável (TJSC, Apelação Cível 0025267-17.2013.8.24.0020, de Criciúma, Rel. André Carvalho, Sexta Câmara de Direito Civil, j. 03.09.2019).

Neste outro julgado, no mesmo sentido, desta vez o Tribunal de Justiça de São Paulo reconheceu que o afastamento da criança se deu em razão de comportamento autoalienador:

> Apelação cível. Ação de divórcio litigioso. Recurso do réu que se volta contra sentença de parcial procedência, que fixou guarda unilateral do menor, em favor da mãe, regime de visitas e estabeleceu pensão mensal de dois salários mínimos e meio. Não acolhimento. O divórcio havia sido objeto de decisão parcial de mérito anterior. Discussão remanescente relativa a um dos filhos do casal. Cerceamento De Defesa. Inocorrência. Desnecessidade de instauração de procedimento autônomo para averiguar alienação parental. Alegações de alienação constantes desde o início do processo, com realização de laudos técnicos com a finalidade de observar a sua ocorrência ou não. Ausência de participação em audiência que não trouxe qualquer prejuízo ao réu, que se encontrava representado por advogado, que participou da colheita de provas e não alegou qualquer nulidade no momento. Mérito. Fixação de guarda unilateral e regime de visitas que atendem às particularidades do caso. Laudos técnicos que indicam distanciamento entre o menor e seu genitor, decorrente do comportamento deste último. Menor que não se sente seguro na companhia do pai. Ausência de elementos nos autos que indiquem a necessidade de alteração no regime de guarda e no de visitas. Alimentos. Embora alegue impossibilidade de arcar com a pensão fixada, os documentos juntados indicam rendimentos para cumprir com a obrigação alimentar fixada. Adoção do parecer da Procuradoria de Justiça. Sentença mantida. Negado provimento ao recurso (TJSP – Processo 0013617-91.2018.8.26.0003 – j. 04 fev. 2021).

O que se percebe é que muitos genitores ignoram que seus próprios atos ou ações são efetivamente causadores dos rompimentos dos vínculos afetivos, sendo igualmente necessário, assim como o é na ocorrência de alienação parental, que se declare a existência deste fenômeno, em prol do superior interesse da criança e do restabelecimento dos vínculos.

De fato, a compreensão da autoalienação parental deve ser analisada pela perspectiva do próprio exercício responsável da autoridade parental, que como poder/dever deve ser compreendido funcionalmente pelo viés da Constituição Federal. Com efeito, esse poder/dever dos pais em relação aos filhos, incorpora o sentido de cuidado efetivo do aspecto existencial e afetivo das relações paterno-filiais. Assim é que a autoalienação também é comportamento que merece reprimenda para que os superiores interesses das crianças e adolescentes sejam totalmente salvaguardados.

5.2 Alienação do idoso

A população brasileira está envelhecendo. Idoso, na concepção da Organização Mundial de Saúde, é aquele que conta 60 anos ou mais. No Brasil, há 28 milhões de idosos[6], o que representa 13% de nossa população total. De todos os desafios que o envelhecimento populacional traz ao país, talvez o maior deles seja conseguir que a autonomia do idoso seja salvaguardada e sopesada em consideração à sua vulnerabilidade.

O fato é que, sem respaldo estatal, cabe às famílias propriamente ditas gerenciar o indivíduo idoso, suas necessidades e particularidades. E é no seio desse gerenciamento familiar que, muitas vezes, nos deparamos com questões ligadas à convivência e alienação.

Há de se ponderar que a mola propulsora da alienação é a vulnerabilidade. De fato, só podem ser alienados aqueles que não tem discernimento suficiente para perceber o proceder maléfico daquele que aliena. Não precisamos muito, portanto, para concluirmos que a questão da alienação não se restringe ao proceder pai/mãe/criança.

Com efeito, há casos em que filhos já adultos se valem da vulnerabilidade de pais idosos para aliená-los do convívio de outros irmãos e familiares, restringindo o acesso aos patriarcas e matriarcas da família de maneira deliberada e, assim como acontece com crianças/adolescentes, com a participação induzida do idoso.

Muito embora a lei de alienação parental não trate da alienação do idoso propriamente dita, o Estatuto do Idoso (Lei 10.741/2003), em seu artigo 2º, prevê que o idoso goza de todos os direitos fundamentais inerentes à pessoa humana, asseguradas todas as oportunidades e facilidades, para preservação de sua saúde física e

---

6. Saliente-se que o último censo brasileiro data 2010, sendo que esse número de 28 milhões é uma projeção baseada no censo antigo. Assim, é possível – e provável – que o resultado do próximo censo (que se espera que seja publicado em 2021) traga um número ainda maior de idosos no país.

mental e seu aperfeiçoamento moral, intelectual, espiritual e social, em condições de liberdade e dignidade.

Daí porque nada impede que o magistrado, instado por familiares do idoso ou pelo Ministério Público, aplique os mecanismos da lei de alienação parental para garantir a convivência familiar dos filhos ou familiares afastados com aquele idoso vulnerável.

> Especialmente com o avançar da idade e a diminuição das aptidões para a prática das incumbências do dia a dia, torna-se necessária a atuação do Estado e da família, com o apoio de instituições e de especialistas, conforme determina a lei, tendo em vista manter a dignidade da pessoa humana como prioridade, ou seja, seu bem-estar físico e psíquico na melhor medida de suas possibilidades (Pinheiro, 2017).

Faz muito mais sentido, não restam dúvidas, dar um caráter não restritivo à lei de tamanha importância, mormente porquanto o Estado precisa valer-se de todo e qualquer mecanismo para proteger aquele que, por qualquer razão, encontra-se em situação de vulnerabilidade.

A legislação que toca à alienação parental, como dito, é vanguardista e bastante eficiente. Se há uma situação em que o idoso vulnerável vem sendo isolado socialmente, privado, por um dos filhos ou outro familiar, de conviver com os demais entes, qual a razão para negarmos a utilização de tão importante instrumento legislativo para protegê-lo. Nesse sentido, nos lembra Rolf Madaleno:

> A lei da alienação parental é puramente exemplificativa e não restritiva, como entendem aqueles que negam a sua aplicação ao idoso, e negam que menores e idosos se encontrem no mesmo polo de fragilidade, e que entendem deva ser aplicado o Estatuto do Idoso ao adulto vulnerável, não obstante as profundas lacunas no Estatuto do idoso em confronto com a Lei da Alienação Parental, embora não existam lacunas nos fatos que criminosamente alienam crianças, adolescentes e idosos em idênticas dimensões. As evidências são mais do que óbvias, dado que os fato são absolutamente idênticos ao tratarem de fragilidade e vulnerabilidade de menor ou de idoso, quando a toda evidência são ambos destinatários de integral proteção constitucional, contudo a eficácia de uma lei que notoriamente não é restritiva, veste como uma luva para a flagrante e nada incomum alienação de idosos, sendo que o Estatuto do Idoso não dispõe dos mesmos e eficazes mecanismos de rápida e eficiente resolução (Madaleno, 2020).

A ideia, portanto, é a utilização conjunta de todos os instrumentos existentes no ordenamento para a proteção integral do idoso. Façamos um raciocínio inverso: imaginemos a situação de um pai alienado que é idoso. Certamente o juiz aplicará, no caso concreto, tanto a lei da alienação parental, quanto o Estatuto do Idoso para a proteção da criança e do genitor, ambos vulneráveis.

Assim é que se questiona: sendo o idoso a figura afastada do filho no processo de alienação (e não mais o genitor como no exemplo anterior), por qual razão não nos valermos também de todos os instrumentos para a sua integral proteção? Pensando em um direito de família constitucionalmente tutelado, nos parece impossível uma resposta negativa para o questionamento acima.

Deste modo, totalmente válido e salutar falarmos em aplicação de todos os mecanismos previstos na Lei de Alienação parental para ampla e integral proteção do idoso vulnerável.

6. RESPONSABILIDADE CIVIL E A REPARAÇÃO DOS DANOS CAUSADOS EM VIRTUDE DA ALIENAÇÃO PARENTAL

A constitucionalização do direito de família não permite, como se via no passado, a consolidação da ideia da criança como extensão da mãe ou do pai, como ente que possa ser objetificado. O filho, no ambiente da família democrática – e não mais centrada apenas no antigo poder familiar ou na figura do *pater* – é sujeito de direitos e, como tal, integra a relação familiar.

O afeto passa a ser preceito que consolida a família, que não pode mais ser considerada sem que se sopese a dignidade da pessoa humana. Assim, aquele que pratica alienação parental, ultrapassa os limites sociais e abusa do poder familiar, praticando ato ilícito passível de reparação.

É que existe abuso do poder familiar quando nos deparamos com situações em que os detentores daquele poder-dever excedem as balizas socialmente esperadas de sua atuação e desviam-se das finalidades jurídicas associadas à sua condição de pais (Gramstrp/Tartuce, 2015).

Importante ponderarmos que o abuso do poder familiar – abuso este indenizável se causar dano – é espécie do gênero abuso de direito. Nos ensina Rolf Madaleno:

> no abuso do direito a pessoa justamente excede as fronteiras do exercício de seu direito, sujeitando-se às sanções civis, que passam pelas perdas e danos aferíveis em dinheiro. Existe uma linha tênue entre o abuso do direito (art. 187 do CC), e o abuso do poder familiar (art. 1.630 do CC), sendo difícil e arriscado generalizar seus diagnósticos, pois cada situação exige um detido exame e talvez seu único denominador em comum seja que, de uma maneira ou de outra, em todas as hipóteses de abuso sempre estará sendo comprometido o bem-estar psíquico e o interesse do menor (Madaleno).

Pontue-se, ademais, que a possibilidade de reparação civil na esfera do direito de família é hoje posição pacífica tanto na doutrina, quanto na jurisprudência. Daí porque, não restam dúvidas, tem-se evidente possibilidade de reparação de dano causado por ato de alienação parental.

Deste modo, quando um dos genitores, em nome da maternidade ou paternidade, age de modo a impedir que o outro cogenitor não possa ser pai ou mãe, de maneira plena, alienando-o, comete ato passível de responsabilização e reparação.

A reparação se estende, não restam dúvidas, aos danos materiais e morais. Consideremos, por exemplo, aquela mãe que se desloca aos finais de semana para conviver com seu filho e tem, em todas as ocasiões, a convivência frustrada por não encontrar o infante no endereço em que vivia, ato de alienação típico descrito no art. 2º, VII, da Lei 12.318. A convivência frustrada, causa não só evidente sofrimento, com abalo em sua estrutura psíquica, em suas emoções mais genuínas, com também gastos financeiros com o deslocamento, além do tempo desperdiçado. Há, na espécie, danos material e moral indenizáveis nesta situação.

O poder familiar e a autoridade parental são revestidos de características de direitos e deveres. Aquele que o, na sistemática pós-ruptura, o exerce a causar dano ao outro progenitor ou mesmo à criança/adolescente, precisa ser responsabilizado por essa prática.

Assim, sob esse viés, há de se considerar que o filho privado da convivência, vítima dos atos de alienação, tem direito à reparação ao dano moral sofrido. De fato:

> os resultados são perversos. Pessoas submetidas à alienação mostram-se propensas a atitudes antissociais, violentas ou criminosas; depressão, suicídio em, na maturidade, quando atingida – revela-se o remorso de ter alienado e desprezado um genitor ou parente, assim padecendo de forma crônica de desvio comportamental ou moléstia mental, por ambivalência de afetos (Lagrasta Neto, 2011).

Os pais, na qualidade de responsáveis por pessoas em formação – filhos – devem abster-se da prática de atos que possam causar aflição ou sofrimento deliberado, mormente para atingir o outro com quem, outrora, tenha se relacionado.

Na prática cotidiana, todavia, percebe-se que os interesses dos entes familiares, não raras vezes, deixam de ser tutelados, pelos próprios responsáveis, como deveriam. De fato, muitos são os casos em que o exercício dessa parentalidade se dá de forma abusiva, incompatível com o melhor interesse da prole (Lage, 2019), sendo de rigor, nesta seara, não só intervenção estatal para a proteção efetiva da criança, como também como agente garantidor da reparação de eventual dano que venha a ocorrer.

Superada a celeuma acerca da aplicabilidade da reparação civil nas relações familiares, fica bastante evidente a possibilidade de responsabilização e reparação àquele que, tendo dificultada deliberadamente a sua parentalidade, sofra dano moral apto a ser indenizado.

Ainda com mais vigor, o filho vítima do afastamento daquele genitor prejudicado por ato que obstaculiza o exercício de maternagem/paternagem, tem interesse jurídico evidente para buscar reparação ao dano causado. De fato:

> Exatamente por isso, cumpre ressaltar, que para a relação entre pais e filhos não convergem as mesmas razões aduzidas quanto à relação conjugal no que diz respeito a possibilidade de reparação de danos. Ao contrário do matrimônio, no qual vigoram os princípios da liberdade e da igualdade entre cônjuges, na parentalidade, o filho é sujeito a uma relação entre desiguais, caracterizada, tipicamente, pela vulnerabilidade e pela dependência do segundo em relação aos primeiros, uma vez que se trata de pessoa em formação (Lage, 2019).

Conclui-se, portanto, que torna-se induvidoso o cabimento de indenização por danos materiais e morais aos alienados. Há de se ponderar, ademais, que quanto mais os nossos Tribunais aplicarem penalidades e concederem indenizações em razão da prática de alienação parental, mais temerosos ficarão aqueles que a praticam, podendo vir a ser este importante meio para impedir a ocorrência de tão nefasto proceder.

7. CONSIDERAÇÕES FINAIS

As rupturas doem. Dói no casal, dói na prole. Ocorre que o modo como cada um lidará com a dor da ruptura poderá transformar – para o bem ou para o mal – a realidade da família que a sente. É de extrema importância que aquele que enfrenta um rompimento saiba lidar com ele transformando escuridão em luz.

De fato, a evolução da parentalidade, a análise das relações familiares frente ao afeto, a equiparação homem/mulher no ordenamento jurídico e também com o fim da hierarquia entre os entes da unidade familiar, passam as relações serem pautadas no respeito mútuo e na análise sob o prisma da dignidade da pessoa humana.

Como, infelizmente, as movimentações sociais não acompanham, de pronto, o engessamento cultural que se vê inserida a sociedade, alguma resistência vem sendo enfrentada no reconhecimento pleno da igualdade de atuação parental dos cogenitores, não sendo raras as vezes em que nos deparamos com expedientes para obstar o pleno exercício da maternidade ou da paternidade pós-rupturas, sendo a alienação parental o expediente mais comum.

Muitas vezes, os litígios judiciais em torno dos filhos são patológicos: abusos psíquicos, alienação parental, implementação de falsas memórias, mudanças reiteradas de domicílio para impedir o acesso de um dos genitores à prole, processo de verdadeira morte em vida é instalado após a ruptura.

Deixa-se de lado o melhor interesse das crianças e dos adolescentes – que é o que deve mover a tutela jurisdicional voltada aos seres humanos em formação – para se atender interesses pessoais e dar vazão a sentimentos maléficos e mesquinhos.

O ordenamento brasileiro, todavia, não permite essa situação. Há meios garantidores da formação do vulnerável, sendo o reconhecimento da alienação – e a pronta ação para que ela não se instale de maneira irreversível – importante aliado na hora de assegurar a convivência familiar e o pleno desenvolvimento das crianças e adolescentes envolvidos nos litígios.

Na agenda para o combate à alienação parental é imprescindível que se considere que todos os atores que orbitam no direito de família precisam ter plena consciência de sua responsabilidade social e de seu papel para que os conflitos familiares sejam superados com o menor número de "feridos" possível. As alegações devem ser responsáveis, os encaminhamentos terapêuticos prontamente indicados e o Judiciário, por sua vez, precisa aplicar com veemência os instrumentos que o legislador colocou à disposição no ordenamento.

Importante que o estudo da autoalienação seja amplamente difundido, de modo que aquele que se diz vítima – e não é – seja responsabilizado pelo rompimento dos vínculos paterno-filiais na espécie. Vale lembrar que um pai ou uma mãe mortos em vida pode deixar máculas intransponíveis nos filhos, que acabam por se tornar vítimas de uma situação (fim conjugal) que não lhes diz respeito.

Do mesmo modo, a aplicação do instituto para a tutela integral do idoso é forma eficaz de dar plena efetividade ao direito à convivência familiar e a tutela da dignidade da pessoa humana especialmente importante àqueles que estão, em razão da idade, em situação de vulnerabilidade.

Importante que se diga que a melhor resposta que se pode dar à questão afeta à alienação é a resposta firme e pronta para impedir que ela se instale de maneira irreversível. Assim, a aplicação imediata dos mecanismos legais mostra-se imprescindível para que tão nefasto expediente cesse e sejam salvaguardados os seres humanos em situação de vulnerabilidade tristemente envolvidos em conflitos dessa natureza.

8. REFERÊNCIAS

ARAÚJO, Sandra Maria Baccara; CARMO, Thalita Faria Machado. O sujeito alienador. *In*: SILVA, Alan Minas Ribeiro da; BORBA, Daniela Vitorino (Org.). *A morte inventada*: alienação parental em ensaios e vozes. São Paulo: Saraiva, 20141.

BARBIERO, Priscilla Cristiane. Culpando o ex pelos meus erros: um caso de autoalienação parental. In: TICIANELLI, Maria Fernanda Figueira Rossi; BARBIERO, Priscilla Cristiane. *Direito de Família em Cases*: o conflito pelas Lentes de seus Advogados. Curitiba: Juruá, 2020.

BARIANI, Andréia. *O mito de Medeia nas Heroides de Ovídio*: epístola XII – Medeia a Jasão. 2010. 46 f. Monografia (Bacharelado) – Curso de Letras, Universidade Estadual Paulista "Júlio de Mesquita Filho", Araraquara, 2010. Disponível em: https://repositorio.unesp.br/handle/11449/118209.

CONSELHO NACIONAL DE JUSTIÇA (CNJ). *Oficina de Pais e Mães Online*. 2022. Disponível em: http://www.cnj.jus.br/formacao-e-capacitacao/oficina-de-pais-e-maes-online-2/https://www.cnj.jus.br/formacao-e-capacitacao/oficina-de-pais-e-maes-online-2/.

CONSELHO NACIONAL DE JUSTIÇA (CNJ) *Protocolo para julgamento sob perpectiva de gênero*. 2021. Disponível em: https://www.cnj.jus.br/wp-content/uploads/2021/10/protocolo-18-10-2021-final.pdf.

DIAS, Maria Berenice. *Manual do Direito das Famílias*. 11. ed. São Paulo: Ed. RT, 2016.

FREITAS, Douglas Phillips; PELLUZZARO, Graciela. *Alienação Parental*: comentários à Lei 12.318/2010. Rio de Janeiro: Forense, 2011. In: PINHEIRO, Carla. Psicologia Jurídica. 3. ed. São Paulo: Saraiva, 2017.

GRAMSTRUP, Erik F.; TARTUCE, Fernanda. A responsabilidade civil pelo uso abusivo do poder familiar. In: *Responsabilidade Civil no Direito de Família*. Madaleno/Barbosa. São Paulo: Editora Atlas. 2015.

IBGE. *Censo 2010*. Disponível em: https://censo2010.ibge.gov.br/resultados.html. Acesso em: 05 dez. 2020.

LAGE, Juliana de Sousa Gomes. Dano Moral e Alienação Parental. In: *Autoridade Parental. Dilemas e Desafios Contemporâneos*. São Paulo: Foco. 2019.

LAGRASTA NETO, Caetano. Diálogos de um Juiz. In: TARTUCE, Flávio; SIMÃO, José Fernando. *Direito de Família*: novas tendências e julgamentos emblemáticos. São Paulo: Atlas, 2011.

LÔBO, Paulo. *Direito Civil*. Famílias. 10. ed. São Paulo: Saraiva, 2020.

LEAL, Livia Teixeira. Exercício abusivo da autoridade parental sob a perspectiva da democratização da família: uma análise crítica da alienação e da autoalienação parental. *Revista IBDFAM – Famílias e Sucessões*, v. 24, 2018.

LUND, Mary Elizabeth. *A therapist's view of parental alienation syndrome*. Family and conciliation courts review, v. 33, n. 3, jul. 1995. Disponível em: https://doi.org/10.1111/j.174-1617.1995.tb00373.xhttps://doi.org/10.1111/j.174-1617.1995.tb00373.x. Acesso em: 06 fev. 2021.

MADALENO, Ana Carolina Carpes; MADALENO, Rolf. *Síndrome da Alienação Parental*. Importância da detecção. Aspectos legais e processuais. 6. ed. Rio de Janeiro: Forense, 2019.

MADALENO, Rolf Hanssen. Autoalienação parental. In: PEREIRA, Tânia da Silva; OLIVEIRA, Guilherme de; COLTRO, Antônio Carlos Mathias (Org.). *Cuidado e afetividade*. São Paulo: Atlas, 2016. p. 178.

MADALENO, Rolf Hanssen. *O custo do abandono afetivo*. Disponível em: http://www.rolfmadaleno.com.br/web/artigo/o-custo-do-abandono-afetivo. Acesso em: 06 fev. 2021.

MADALENO, Rolf Hanssen. Alienação parental do idoso. In: TEIXEIRA, Ana Carolina MENEZES, Joyceane Bezerra de (Coord.). *Gênero, Vulnerabilidade e Autonomia*. Indaiatuba: Foco. 2020, p. 340.

PEREIRA, Rodrigo da Cunha. *Direito das Famílias*. Rio de Janeiro; Forense, 2020.

PEREIRA, Tânia da Silva. *Autoridade Parental*. Dilemas e Desafios Contemporâneos. São Paulo: Foco, 2019.

PEREIRA, Rodrigo da Cunha. *Princípios Fundamentais Norteadores do Direito de Família*. 3 ed. São Paulo: Saraiva, 2016.

PINHEIRO, Carla. *Psicologia Jurídica*. 3. ed. São Paulo: Saraiva. 2017.

NEW YORK TIMES – Disponível em: https://www.nytimes.com/2003/06/09/nyregion/richard-gardner--72-dies-cast-doubt-on-abuse-claims.html. Acesso em: 26 jan. 2021.

ROSA, Conrado Paulino. *Curso de Direito de Família Contemporâneo*. Salvador: JusPodivm, 2020.

SILVA, Denise Maria Perissini da. *Guarda compartilhada e Síndrome da Alienação parental*. O que é isso? Campinas: Autores Associados. 2010. in Síndrome da Alienação Parental. Importância da detecção. Aspectos legais e processuais. 6. ed. Rio de Janeiro: Forense, 2019.

ABANDONO AFETIVO: REFLEXÕES CRÍTICAS A PARTIR DOS POSICIONAMENTOS DO SUPERIOR TRIBUNAL DE JUSTIÇA

Isabella Silveira de Castro

Mestre em Direito das Relações Sociais pela Universidade Federal do Paraná. Graduada em Direito pela PUC-Campinas. Associada ao IBDFAM. Administradora da página @direitocivilporelas.

Sumário: 1. Introdução – 2. Esclarecimentos metodológicos preliminares – 3. O caso Renato Russo: o primeiro acórdão do Superior Tribunal de Justiça a atribuir algum efeito ao abandono afetivo – 4. Para além da destituição do poder familiar: é cabível, segundo o STJ, indenização por dano moral derivada de abandono afetivo?; 4.1 Primeiro entendimento: a impossibilidade de incidência da responsabilidade civil no âmbito familiar; 4.2 Segundo entendimento: possibilidade de dano moral derivado de abandono afetivo; 4.3 Terceiro entendimento: possibilidade de dano moral derivado das espécies de abandono material e intelectual, mas não do abandono "estritamente afetivo" – 5. Análise crítica dos argumentos favoráveis e contrários ao abandono afetivo; 5.1 Autonomia do direito de família e a destituição do poder familiar como remédio adequado; 5.2 A impossibilidade de se compelir ao amor; 5.3 Mercantilização das relações familiares; 5.4 A inexistência de pais perfeitos; 5.5 Suposto efeito rebote de afastamento; 5.6 Dificuldade de verificação dos elementos da responsabilidade civil face à inafastabilidade de tutela da pessoa humana – 6. Diretrizes para aplicação do dano moral por abandono afetivo – 7. Conclusão – 8. Referências – Jurisprudência.

1. INTRODUÇÃO

A noção do que seja dano é dinâmica, a depender do contexto histórico-cultural de cada sociedade. Observa-se, hoje, a ampliação dos eventos cuja repercussão é tirada daquilo que se considera "fato da vida" e passa a configurar dano merecedor de tutela jurídica. Esta ampliação da ressarcibilidade decorre da manipulação mais flexível dos pressupostos da responsabilidade civil, ou até mesmo da presunção de seus elementos tradicionais.[1]

No Brasil, o dano moral não foi, desde sempre, reconhecido. Somente após a Constituição de 1988 que a possibilidade de reparação do dano moral tornou-se fato incontroverso, em função de sua previsão expressa. Entretanto, apesar da incontestabilidade do reconhecimento do dano moral como dano ressarcível, a determinação de quais são os danos extrapatrimoniais passíveis de reparação permanece no campo nebuloso.

---

1. A este respeito: SCHREIBER, Anderson. *Novos paradigmas da responsabilidade civil*: da erosão dos filtros da reparação à diluição dos danos. 6ª ed. São Paulo: Editora Atlas S.A., 2015.

A matéria é ainda mais polêmica quando transplantada ao âmbito familiar e, justamente nesta intersecção entre direito das famílias e responsabilidade civil, que se localiza a discussão a que se propõe o presente artigo.

A Constituição de 1988 não trouxe inovações apenas à esfera da responsabilidade civil, o direito das famílias também se transformou pela nova tônica constitucional. A família, antes tida como célula menor do Estado, passa a ser concebida como *locus* privilegiado para o desenvolvimento de seus membros. Por conseguinte, a função dos pais para com seus filhos deixa de ser autoritária para ser instrumental ao desenvolvimento da criança e do adolescente.[2]

Neste contexto, da "nova família" e dos "novos danos", exsurge a problemática da possibilidade – ou não – da violação de deveres derivados da autoridade parental resultar em dano moral ressarcível. O abandono afetivo produz dano moral indenizável? Responder a esta indagação não prescinde do enfrentamento do problema já anunciado: a delimitação do que seja dano extrapatrimonial passível de reparação.

Tanto a doutrina quanto os tribunais divergem nas soluções propostas. No desenvolvimento deste trabalho serão apresentados os diversos posicionamento do Superior Tribunal de Justiça (STJ) sobre a temática e, por fim, será feita análise crítica, com subsídio em trabalhos doutrinários, dos principais argumentos colhidos nas decisões, sejam eles favoráveis ou contrários ao dano moral por abandono afetivo.

2. ESCLARECIMENTOS METODOLÓGICOS PRELIMINARES

Pesquisando pelo termo "abandono afetivo" no campo de busca jurisprudencial do sítio eletrônico do Superior Tribunal de Justiça foram encontrados 21 (vinte e um) acórdãos[3], dois deles excluído da amostra em função do recurso que lhe deu origem esbarrar nas súmulas 282 e 356 do Supremo Tribunal Federal ou na súmula 7 do Superior Tribunal de Justiça.[4] Em relação aos demais observou-se que:

I – 6 (seis) deles concluíram não ser possível falar em abandono afetivo antes do reconhecimento da paternidade.[5]

---

2. Recomenda-se: CARBONERA, Silvana Maria. Aspectos históricos e socioantropológicos da família brasileira: passagem da família tradicional para a família instrumental e solidarista. In: MENEZES, Joyceane Bezerra de; MATOS, Ana Carla Harmatiuk (Orgs.). *Direito das famílias por juristas brasileiras*. São Paulo: Saraiva, p. 33-66, 2013.
3. Pesquisa realizada em 1º de outubro de 2021 e atualizada até 23 de abril de 2023.
4. BRASIL. Superior Tribunal de Justiça. *AgRg no AREsp 811.059/RS*, Relator Ministro Marco Aurélio Bellizze, 3ª Turma, julgado em 17/05/2016, DJe 27/05/2016.
BRASIL. Superior Tribunal de Justiça. *AgInt no AREsp 1286242/MG*, Relator Ministro Luis Felipe Salomão, 4ª Turma, julgado em 08/10/2019, DJe 15/10/2019.
5. BRASIL. Superior Tribunal de Justiça. *REsp 514.350/SP*, Relator Ministro Aldir Passarinho Junior, 4ª Turma, julgado em 28/04/2009, DJe 25/05/2009. BRASIL. Superior Tribunal de Justiça. *REsp 1374778/RS*, Relator Ministro Moura Ribeiro, 3ª Turma, julgado em 18/06/2015, DJe 01/07/2015. BRASIL. Superior Tribunal de Justiça. *REsp 1557978/DF* Relator Ministro Moura Ribeiro, 3ª Turma, julgado em 03/11/2015, DJe 17/11/2015. BRASIL. Superior Tribunal de Justiça. *AgRg no AREsp 766.159/MS*, Relator Ministro Moura Ribeiro, 3ª Turma, julgado em 02/06/2016, DJe 09/06/2016. BRASIL. Superior Tribunal de Justiça. *REsp*

II – 3 (três) reconheceram a prescrição da pretensão reparatória por danos morais decorrentes de suposto abandono afetivo que, segundo entendimento firmado, flui a partir da maioridade do filho(a).[6]

III – 2 (dois) utilizaram o abandono afetivo para fundamentar a destituição do poder familiar.[7]

IV – 1 (um) utilizou o argumento de que, em tese, o abandono afetivo pode configurar justo motivo para requerimento da retirada do patronímico paterno, cassando a decisão que extinguiu o feito e indeferiu a produção de provas com fundamento na impossibilidade jurídica do pedido[8].

V – Os 7 (sete) acórdãos remanescentes enfrentaram a temática do cabimento de indenização por abandono afetivo.[9]

Estes julgados, sobretudo os referentes aos grupos III e V, serão cotejados no desenvolvimento deste trabalho.

Em relação ao Supremo Tribunal Federal, a Corte Constitucional já se manifestou pela impossibilidade de apreciar a temática do abandono afetivo em sede de Recurso Extraordinário, pois eventual afronta a Constituição será indireta e a avaliação do dano moral pressupõe o reexame do conjunto fático-probatório.

> Constitucional. Embargos de declaração em recurso extraordinário. Conversão em agravo regimental. Abandono afetivo. Art. 229 da constituição federal. Danos extrapatrimoniais. Art. 5º, V e X, CF/88. Indenização. Legislação infraconstitucional e súmula STF 279. 1. Embargos de declaração recebidos como agravo regimental, consoante iterativa jurisprudência do Supremo Tribunal Federal. 2. A análise da indenização por danos morais por responsabilidade prevista no Código Civil, no caso, reside no âmbito da legislação infraconstitucional. Alegada ofensa à Constituição Federal, se existente, seria de forma indireta, reflexa. Precedentes. 3. A ponderação do dever familiar firmado no art. 229 da Constituição Federal com a garantia constitucional da

---

1493125/SP, Rel. Ministro Ricardo Villas Bôas Cueva, 3ª Turma, julgado em 23/02/2016, DJe 01/03/2016. BRASIL. Superior Tribunal de Justiça. AgInt no AREsp 492.243/SP, Relator Ministro Marco Buzzi, 4ª Turma, julgado em 05/06/2018, DJe 12/06/2018.

6. BRASIL. Superior Tribunal de Justiça. REsp 1298576/RJ, Relator Ministro Luis Felipe Salomão, 4ª Turma, julgado em 21/08/2012, DJe 06/09/2012. BRASIL. Superior Tribunal de Justiça. AgInt no AREsp 1270784/SP, Relator Ministro Luis Felipe Salomão, 4ª Turma, julgado em 12/06/2018, DJe 15/06/2018.
BRASIL. Superior Tribunal de Justiça. AgInt no AREsp 1769440/SP, Relator Ministro Paulo de Tarso Sanseverino, 3ª Turma, julgado em 17/05/2021, DJe 20/05/2021.

7. BRASIL. Superior Tribunal de Justiça. REsp 275.568/RJ, Relator Ministro Humberto Gomes de Barros, 3ª Turma, julgado em 18/05/2004, DJ 09/08/2004, p. 267. BRASIL. Superior Tribunal de Justiça. AgRg no REsp 1099959/DF, Relator Ministro Paulo de Tarso Sanseverino, 3ª Turma, julgado em 15/05/2012, DJe 21/05/2012.

8. BRASIL. Superior Tribunal de Justiça. REsp 401.138/MG, Relator Ministro Castro Filho, 3ª Turma, julgado em 26/06/2003, DJ 12/08/2003, p. 219.

9. BRASIL. Superior Tribunal de Justiça. REsp 757.411/MG, Relator Ministro Fernando Gonçalves, 4ª Turma, julgado em 29/11/2005, DJ 27/03/2006, p. 299. BRASIL. Superior Tribunal de Justiça. REsp 1159242/SP, Relatora Ministra Nancy Andrighi, 3ª Turma, julgado em 24/04/2012, DJe 10/05/2012. BRASIL, Superior Tribunal de Justiça. REsp 1087561/RS, Relator Ministro Raul Araújo, 4ª Turma, julgado em 13/06/2017, DJe 18/08/2017. BRASIL, Superior Tribunal de Justiça. REsp 1579021/RS, Relatora Ministra Maria Isabel Gallotti, 4ª Turma, julgado em 19/10/2017, DJe 29/11/2017. BRASIL. Superior Tribunal de Justiça. REsp 1698728/MS, Relator Ministro Moura Ribeiro, Relatora p/ Acórdão Ministra Nancy Andrighi, 3ª Turma, julgado em 04/05/2021, DJe 13/05/2021. BRASIL. Superior Tribunal de Justiça. REsp 1887697/RJ, Relatora Ministra Nancy Andrighi, 3ª Turma, julgado em 21/09/2021, DJe 23/09/2021. BRASIL. Superior Tribunal de Justiça. REsp 1981131/MS, Relator Ministro Paulo de Tarso Sanseverino, 3ª Turma, julgado em 08/11/2022, DJe 16/11/2022.

reparação por danos morais pressupõe o reexame do conjunto fático-probatório, já debatido pelas instâncias ordinárias e exaurido pelo Superior Tribunal de Justiça. 4. Incidência da Súmula STF 279 para aferir alegada ofensa ao artigo 5º, V e X, da Constituição Federal. 5. Agravo regimental improvido. (BRASIL, RE 567.164, 2009)

A identificação dos julgados ao longo do texto será feita pelo número, evitando-se a reprodução repetitiva de informações, as referências completas constam ao final.

No mais, forçoso esclarecer que, muito embora se tenha adotado como recorte o abandono afetivo dos pais/mães para com seus filhos, discute-se hoje a incidência do abandono afetivo inverso sobre as relações familiares.[10]

3. O CASO RENATO RUSSO: O PRIMEIRO ACÓRDÃO DO SUPERIOR TRIBUNAL DE JUSTIÇA A ATRIBUIR ALGUM EFEITO AO ABANDONO AFETIVO

O abandono produz o efeito de ensejar a perda do "poder familiar" – dito "pátrio poder" no Código Beviláqua e "autoridade parental"[11] pela doutrina contemporânea – por ato judicial, conforme disposição do art. 1.638, II, do atual Código Civil, correspondente ao art. 395, II, da legislação pretérita.

Acontece que o abandono, nestes dispositivos, é referenciado de modo genérico, sem nenhuma qualificação, consta simplesmente "abandono":

> Art. 395. Perderá por ato judicial o pátrio poder o pai, ou mãe:
> (...). II. Que o deixar em abandono.
> Art. 1.638. Perderá por ato judicial o poder familiar o pai ou a mãe que: (...) II – deixar o filho em abandono.

Neste contexto, o Superior Tribunal de Justiça (STJ) teve que decidir sobre o sentido do termo "abandono", ensejador da perda da autoridade parental. Estaria abarcado no conceito o abandono afetivo? Ou somente o abandono material e intelectual?

O Recurso Especial 275.568/RJ (2004) garantiu a guarda de Giuliano, filho de Renato Russo com Raphaella Manoel Bueno, aos seus avó paternos, após o falecimento do cantor. Consta nos autos que nascido Giuliano, em 29 de março de 1989, a criança foi abandonada pela mãe na própria maternidade, a partir de quando nunca mais quis ter notícia do filho. Com a morte do pai de Giuliano e com a persistente ausência de sua mãe, seus avós paternos ingressaram em juízo pleiteando a perda

---

10. Sobre o assunto: ALMEIDA, Vitor. Responsabilidade civil e abandono afetivo inverso: o perfil do dever de cuidado em face das pessoas idosas. In: TEIXEIRA, Ana Carolina Brochado; ROSENVALD, Nelson; MULTEDO, Renata Vilela (Orgs). *Responsabilidade civil e direito de família*: o direito de danos na parentalidade e na conjugalidade. Indaiatuba: Editora Foco, p. 191-208, 2021.
11. Sobre a preferência doutrinária: "O vocábulo autoridade é mais condizente com a concepção atual das relações parentais, por traduzir a ideia de função, e instrumentalizar a noção de poder" (TEPEDINO, TEIXEIRA, 2020, p. 282).

do poder familiar da mãe. As decisões de primeiro e segundo grau entenderam que ao deixar o filho com o pai e os avós paternos – vale dizer: livre – a mãe não praticou abandono, merecendo apenas a suspensão do poder familiar. Os avós, então, interpuseram recurso especial sustentando ser a acepção de abandono ampla, incluindo-se nela o abandono afetivo.

Por unanimidade, acordam os Ministros da 3ª Turma do STJ, dar provimento ao recurso. Em seu voto, o Ministro Humberto Gomes de Barros consignou ser inconcebível consistir a *mens legis* somente no sancionamento da mãe ou pai que deixe o filho em situação de abandono material ou intelectual, passando ao largo do abandono afetivo:

> Se assim fosse, o legislador teria se utilizado de um adjetivo restritivo, como o fez o legislador penal (Código Penal, art. 244, abandono material, e art. 246, abandono intelectual). Não tendo feito o legislador, não cabe ao intérprete fazê-lo. Assim, há que se interpretar o vocábulo abandono em seu sentido lato, aí sendo compreendidas todas as formas de sua manifestação. (BRASIL, REsp. 275.568/RJ, 2004)

Por seu turno, o Ministro Antônio de Paduá Ribeiro salientou que o sentido de abandono há de ser interpretado à luz do texto constitucional em vigor, não se limitando a abandono material, tem sentido mais amplo e abrange especialmente o aspecto da afetividade, dos cuidados devidos pelos pais aos filhos.

Este julgado é relevante por ser o primeiro em que o abandono afetivo foi utilizado para fundamentar a perda da autoridade parental, também o primeiro acórdão que discute e atribui algum efeito ao abandono afetivo, para além do material e intelectual.

4. PARA ALÉM DA DESTITUIÇÃO DO PODER FAMILIAR: É CABÍVEL, SEGUNDO O STJ, INDENIZAÇÃO POR DANO MORAL DERIVADA DE ABANDONO AFETIVO?

4.1 Primeiro entendimento: a impossibilidade de incidência da responsabilidade civil no âmbito familiar

Até 2005, a discussão sobre a cabimento de indenização por abandono afetivo era inédita no Superior Tribunal de Justiça, foi naquele ano, quando do julgamento do Recurso Especial 757.411/MG, que a Corte foi pela primeira vez instada a se manifestar sobre a temática.

O filho, ao ingressar com a ação em face de seu pai, sustentava que desde o divórcio de seus pais, época do nascimento de sua irmã unilateral, seu pai eximiu-se do dever de lhe prestar assistência psíquica e moral, evitando-lhe o contato, apesar de cumprir a obrigação alimentar. Alegou não ter tido oportunidade de conhecer e conviver com a meia-irmã, além de ignoradas todas as tentativas de aproximação do pai, situação causadora de extremo sofrimento e humilhação, restando caracterizada a conduta omissa culposa a ensejar reparação.

Em primeira instância a ação foi julgada improcedente, mas a decisão foi reformada pelo Tribunal de Justiça de Minas Gerais, que entendeu configurado o dano sofrido pelo filho em sua dignidade, bem como a conduta ilícita do pai, ao deixar de cumprir seu dever de convívio com o filho e formar laços de paternidade, condenando-o ao pagamento de R$ 44.000,00 (quarenta e quatro mil reais) a título de danos morais.

A 4ª Turma do STJ, entretanto, afastou, por maioria, a indenização, sob o fundamento de que a questão é resolvida no âmbito do direito de família, o qual possui remédio próprio para a hipótese de abandono, qual seja, a perda do poder familiar. É o que se extrai do voto do relator, Ministro Fernando Gonçalves:

> O ordenamento jurídico, com a determinação da perda do poder familiar, a mais grave pena civil a ser imputada a um pai, já se encarrega da função punitiva e, principalmente, dissuasória, mostrando eficientemente aos indivíduos que o Direito e a sociedade não se compadecem com a conduta do abandono, com o que cai por terra a justificativa mais pungente dos que defendem a indenização pelo abandono moral (BRASIL, REsp. 756.411/MG, 2005).

Segundo o Ministro Cesar Asfor Rocha, quem acompanhou o relator: "O Direito de Família tem princípios próprios que não podem receber influências de outros princípios que são atinentes exclusivamente ou – no mínimo – mais fortemente – a outras ramificações do Direito" (BRASIL, REsp. 756.411/MG, 2005). No mesmo sentido foi o voto de Aldir Passarinho Junior.

Além deste argumento, o relator enfatizou que eventual admissão da responsabilidade civil por abandono afetivo só serviria para fortificar a distância existente entre pai e filho, pois, "por certo um litígio entre as partes reduziria drasticamente a esperança do filho de se ver acolhido, ainda que tardiamente, pelo amor paterno" (BRASIL, REsp. 756.411/MG, 2005).

O voto dissidente, vencido, ficou a cargo do Ministro Barros Monteiro, para quem, o pai, "ao lado do dever de assistência material, tem o dever de dar assistência moral ao filho, de conviver com ele, de acompanhá-lo e de dar-lhe o necessário afeto" (BRASIL, REsp. 756.411/MG, 2005), deveres cujo descumprimento configura ato ilícito indenizável.

4.2 Segundo entendimento: possibilidade de dano moral derivado de abandono afetivo

Sete anos após o julgamento do caso inaugural, em 2012, a 3ª Turma do STJ entendeu pela possibilidade de dano moral derivado de abandono afetivo, afastando-se de seu antigo posicionamento, ao apreciar o Recurso Especial 1159242/SP.

A situação fática envolvida era bem similar àquela do julgado de 2005, a filha pleiteava indenização pelos danos morais advindos do abandono afetivo de seu pai, quem, apesar das presunções de paternidade incidentes nas circunstâncias fáticas, só foi reconhecê-la quatro ano depois de seu nascimento, por determinação judicial.

Mesmo após o reconhecimento forçado, o pai permaneceu ausente, fato agravado pelo descompasso de tratamento outorgado aos filhos posteriores.

O Tribunal de Justiça de São Paulo, reformando a sentença de primeiro grau, reconheceu o abandono afetivo condenando o pai ao pagamento de R$ 415.000,00 (quatrocentos e quinze mil reais) à filha. A decisão de segunda instância pela procedência do pedido da filha foi mantida pelo STJ, o valor da indenização, contudo, foi minorado para R$ 200.000,00 (duzentos mil reais).

Em voto pioneiro, a relatora do caso, Ministra Nancy Andrighi, combateu o entendimento da inaplicabilidade das regras da responsabilidade civil ao âmbito familiar, para ela, "os textos legais que regulam a matéria (art. 5º, V e X da CF e arts. 186 e 927 do CC/02) tratam do tema de maneira ampla e irrestrita, de onde é possível se inferir que regulam, inclusive, as relações nascidas dentro de um núcleo familiar, em suas diversas formas" (BRASIL, REsp. 1159242/SP, 2012).

Além disso, apontou para a diferença das funções de destituição do poder familiar e reparação civil: enquanto aquela tem como objetivo primário resguardar a integridade do menor, ofertando-lhe, por outros meios, a criação e educação negada pelos genitores; esta, busca compensar os prejuízos advindos do malcuidado recebido pelos filhos.

Prosseguindo em seu raciocínio, avaliou os pressupostos da responsabilidade civil. O ato ilícito restaria configurado pelo descumprimento do dever de cuidado. Isto porque os pais assumem obrigações em relação a sua prole que vão além daquelas chamadas *necessarium vitae*:

> A ideia subjacente é a de que o ser humano precisa, além do básico para a sua manutenção – alimento, abrigo e saúde –, também de outros elementos, normalmente imateriais, igualmente necessários para uma adequada formação – educação, lazer, regras de conduta etc. (BRASIL, REsp. 1159242/SP, 2012).

Todavia o cuidado difere-se do amor. O amor, de índole subjetiva, não pode ser imposto. Já o cuidado é avaliado por elementos objetivos, por ações concretas cotidianas: presença, contato (presencial ou virtual), aconselhamento e orientação etc.

Logo: "amar é faculdade, cuidar é dever" e a comprovação que essa imposição legal foi descumprida implicaria ilicitude civil, sob a forma de omissão. Quanto ao dano daí decorrente, trata-se, segundo a Ministra, de dano *in re ipsa*, traduzindo-se, assim, em causa eficiente à compensação.

Acompanharam o entendimento da relatora todos os Ministros, com exceção do Ministro Massami Uyeda. Ademais, o Ministro Paulo de Tarso Sanseverino, atentando-se ao fato de que não há molde perfeito na educação e na criação dos filhos, ressaltou que a responsabilidade civil no direito de família não pode ser equiparada a responsabilidade civil extracontratual em geral, sob pena de se exigir no trato familiar diário, uma cautela incompatível com as relações que se firmam no âmbito da família:

Não se pode olvidar que as frustrações experimentadas no seio familiar, além de contribuírem para o crescimento e para o desenvolvimento do indivíduo, são, em parte, próprias da vida e, por isso mesmo, inevitáveis (BRASIL, REsp. 1159242/SP, 2012).

Por isso, para o Ministro Paulo de Tarso Sanseverino a responsabilidade civil por abandono afetivo é possível, contudo, excepcionalíssima, devendo-se admitir apenas em casos extremos.

No entanto, para o Ministro Massami Uyeda, vencido, a admissão da responsabilidade civil por abandono afetivo acabaria por alimentar as mágoas naturais – ainda que legítimas – das relações familiares. Em sua opinião, abrir esta porta como Tribunal de unificação jurisprudencial fugiria a razoabilidade.

Mais recentemente, o REsp 1887697/RJ, também de relatoria da Ministra Nancy Andrighi, julgado em 2021, materializa a consolidação do entendimento da 3ª Turma, o acórdão restou assim ementado:

> 1. Civil. Processual civil. Direito de família. Abandono afetivo. Reparação de danos morais. Pedido juridicamente possível. Aplicação das regras de responsabilidade civil nas relações familiares. Obrigação de prestar alimentos e perda do poder familiar. Dever de assistência material e proteção à integridade da criança que não excluem a possibilidade da reparação de danos. Responsabilização civil dos pais. Pressupostos. Ação ou omissão relevante que represente violação ao dever de cuidado. Existência do dano material ou moral. Nexo de causalidade. Requisitos preenchidos na hipótese. Condenação a reparar danos morais. Custeio de sessões de psicoterapia. Dano material objeto de transação na ação de alimentos. Inviabilidade da discussão nesta ação. 1 – Ação proposta em 31/10/2013. Recurso especial interposto em 30/10/2018 e atribuído à Relatora em 27/05/2020. 2 – O propósito recursal é definir se é admissível a condenação ao pagamento de indenização por abandono afetivo e se, na hipótese, estão presentes os pressupostos da responsabilidade civil. 3 – É juridicamente possível a reparação de danos pleiteada pelo filho em face dos pais que tenha como fundamento o abandono afetivo, tendo em vista que não há restrição legal para que se apliquem as regras da responsabilidade civil no âmbito das relações familiares e que os arts. 186 e 927, ambos do CC/2002, tratam da matéria de forma ampla e irrestrita. Precedentes específicos da 3ª Turma. 4 – A possibilidade de os pais serem condenados a reparar os danos morais causados pelo abandono afetivo do filho, ainda que em caráter excepcional, decorre do fato de essa espécie de condenação não ser afastada pela obrigação de prestar alimentos e nem tampouco pela perda do poder familiar, na medida em que essa reparação possui fundamento jurídico próprio, bem como causa específica e autônoma, que é o descumprimento, pelos pais, do dever jurídico de exercer a parentalidade de maneira responsável. 5 – O dever jurídico de exercer a parentalidade de modo responsável compreende a obrigação de conferir ao filho uma firme referência parental, de modo a propiciar o seu adequado desenvolvimento mental, psíquico e de personalidade, sempre com vistas a não apenas observar, mas efetivamente concretizar os princípios do melhor interesse da criança e do adolescente e da dignidade da pessoa humana, de modo que, se de sua inobservância, resultarem traumas, lesões ou prejuízos perceptíveis na criança ou adolescente, não haverá óbice para que os pais sejam condenados a reparar os danos experimentados pelo filho. 6 – Para que seja admissível a condenação a reparar danos em virtude do abandono afetivo, é imprescindível a adequada demonstração dos pressupostos da responsabilização civil, a saber, a conduta dos pais (ações ou omissões relevantes e que representem violação ao dever de cuidado), a existência do dano (demonstrada por elementos de prova que bem demonstrem a presença de prejuízo material ou moral) e o nexo de causalidade (que das ações ou omissões decorra diretamente a existência do fato danoso). 7 – Na hipótese, o genitor, logo após a dissolução da união estável mantida com a

mãe, promoveu uma abrupta ruptura da relação que mantinha com a filha, ainda em tenra idade, quando todos vínculos afetivos se encontravam estabelecidos, ignorando máxima de que existem as figuras do ex-marido e do ex-convivente, mas não existem as figuras do ex-pai e do ex-filho, mantendo, a partir de então, apenas relações protocolares com a criança, insuficientes para caracterizar o indispensável dever de cuidar. 8 – Fato danoso e nexo de causalidade que ficaram amplamente comprovados pela prova produzida pela filha, corroborada pelo laudo pericial, que atestaram que as ações e omissões do pai acarretaram quadro de ansiedade, traumas psíquicos e sequelas físicas eventuais à criança, que desde os 11 anos de idade e por longo período, teve de se submeter às sessões de psicoterapia, gerando dano psicológico concreto apto a modificar a sua personalidade e, por consequência, a sua própria história de vida. 9 – Sentença restabelecida quanto ao dever de indenizar, mas com majoração do valor da condenação fixado inicialmente com extrema modicidade (R$ 3.000,00), de modo que, em respeito à capacidade econômica do ofensor, à gravidade dos danos e à natureza pedagógica da reparação, arbitra-se a reparação em R$ 30.000,00. 10 – É incabível condenar o réu ao pagamento do custeio do tratamento psicológico da autora na hipótese, tendo em vista que a sentença homologatória de acordo firmado entre as partes no bojo de ação de alimentos contemplava o valor da mensalidade da psicoterapia da autora, devendo eventual inadimplemento ser objeto de discussão naquela seara. 11 – Recurso especial conhecido e parcialmente provido, a fim de julgar procedente o pedido de reparação de danos morais, que arbitro em R$ 30.000,00), com juros contados desde a citação e correção monetária desde a publicação deste acórdão, carreando ao recorrido o pagamento das despesas, custas e honorários advocatícios em razão do decaimento de parcela mínima do pedido, mantido o percentual de 10% sobre o valor da condenação fixado na sentença. (BRASIL; 2021).

4.3 Terceiro entendimento: possibilidade de dano moral derivado das espécies de abandono material e intelectual, mas não do abandono "estritamente afetivo"

Observa-se, dos julgados até aqui apresentados, duplo posicionamento do Superior Tribunal de Justiça. De um lado, a 4ª Turma com o entendimento de que não cabe indenizar o abandono afetivo, por maior que tenha sido o sofrimento do filho, por ser o Direito de Família regido por princípios próprios. De outro, a 3ª Turma, sustentando a possibilidade excepcional de reparação civil por abandono afetivo quando configurado ato ilícito dos pais concernente em sua omissão no dever de cuidado.

Em 2017, a 4ª Turma admitiu, por unanimidade, a reparação de danos morais e materiais pelo descumprimento do dever jurídico de adequado amparo material. A situação fática era de um filho em situação de extrema miséria, sem o mínimo para viver dignamente, como alimentação e itens de vestuário, residindo em um cubículo sem nada, nem mesmo cama, enquanto seu pai, pessoa de grandes posses, apesar de saber de seu estado deplorável, negava-lhe assistência material.

Em primeira e segunda instância o pai foi condenado a (a) comprar uma casa em nome do autor, com escritura onerada com cláusulas de inalienabilidade e impenhorabilidade; (b) comprar mobiliário para a referida casa, contendo o necessário a suprir necessidades básicas do menor inclusive relativamente ao lazer; (c) comprar em nome do autor, um computador e impressora; (d) ao pagamento de 35.000,00 (trinta e cinco mil reais), a título de indenização por danos morais.

O STJ manteve a decisão, mas, enfatizando que, com isto: "não se está adotando a linha de julgado da eg. Terceira Turma, no julgamento do Recurso Especial 1.159.242/SP, Rel. Ministra Nancy Andrighi, que admitiu a reparação de dano moral por abandono afetivo" (BRASIL, REsp. 1087561/RS, 2017). Para o Ministro Raul Araújo, relator:

> Nesta oportunidade, diferentemente, leva-se em consideração, sobretudo, o dano moral causado pelo pai ao filho, em razão de abandono material. A reparação por danos morais, no presente caso, não trata, então, de "monetarização das relações familiares" para penalizar os infratores "por não demonstrarem a dose necessária de amor", como entende o recorrente, mas de compensação imposta sobretudo pelo descumprimento dos deveres decorrentes do exercício do poder familiar e do dever de prestar assistência material à criança (arts. 1.566, IV, 1.568, 1.579, 1.632 e 1.634 do Código Civil de 2002; 18-A, parágrafo único, 18-B e 22 do Estatuto da Criança e do Adolescente). (BRASIL, REsp. 1087561/RS, 2017).

Na ocasião, a Ministra Isabel Galotti trouxe, em seu voto, pela primeira vez, a ideia de "cuidar afetivamente", que, segundo ela, não constitui dever jurídico dos pais. A concepção de que não haveria um dever de "cuidado afetuoso" ganhou força quando do julgamento do Recurso Especial 1579021/RS, em que foi relatora e reproduziu a fundamentação deste voto.

A situação fática do Recurso Especial 1579021/RS era distinta: a paternidade da filha foi reconhecida compulsoriamente por meio de investigação de paternidade. Após o reconhecimento da paternidade o pai não se eximiu da obrigação de prestar auxílio material, muito embora não tenha sido estabelecida convivência paterno-filial.

Em seu voto, a Ministra Isabel Galotti sustentou que não cabe indenização por "abandono estritamente afetivo", pois, da mesma forma que não existe dever de afeto, não se pode compelir alguém a conviver forçadamente com seus filhos. A fundamentação da Ministra foi rechaçada pelo Ministro Marco Buzzi, vencido. Este julgado será retomado adiante para reflexões críticas, por ora, suficiente descrevê-lo.

5. ANÁLISE CRÍTICA DOS ARGUMENTOS FAVORÁVEIS E CONTRÁRIOS AO ABANDONO AFETIVO

5.1 Autonomia do direito de família e a destituição do poder familiar como remédio adequado

O primeiro entendimento adotado pelo STJ, que perdurou até 2005, negava qualquer aplicabilidade de remédios jurídicos de outras esferas do direito às relações familiares. Compreendia-se que, assim, estar-se-ia tutelando de modo privilegiado a família, regulada de modo específico em função de sua importância. Entretanto, a importância atribuída à família aos que pensam deste modo baseia-se em uma concepção autopoiética de família, reduzida em si mesma pelo papel que desempenha no Estado, como resta evidente no voto do Ministro Cesar Asfor Rocha:

Essa compreensão decorre da importância que tem a família, que é alçada à elevada proteção constitucional como nenhuma outra entidade vem a receber, dada a importância que tem a família na formação do próprio Estado. (BRASIL, REsp. 756.411/MG, 2005).

O constituinte de 1988 consagrou a dignidade da pessoa humana entre os princípios fundamentais da república e, a partir de então, o prestígio constitucional da família deixa de ter valor intrínseco, passando a ser valorada de maneira instrumental, na exata medida em que se constitua em um núcleo intermediário de desenvolvimento da personalidade de seus integrantes (TEPEDINO, 1999, p. 350). A família é locus dirigido à pessoa humana; é protegida em virtude de sua função, qualquer que seja sua estrutura (monoparental, anaparental, recomposta, casamento, união estável etc.):

> Não se mostra razoável o argumento de que a família detém uma imunidade no tocante à responsabilidade civil, pois haveria evidente incompatibilidade com o ordenamento constitucional vigente. A família, hoje, é tutelada na medida em que promove a dignidade de seus membros, e não como instituição autônoma, protegida em si mesma. O Judiciário pode – e, nos casos envolvendo menores, deve – intervir nessa questão". (ORLEANS; PEREIRA; 2012, p. 239)

Por isso, na hipótese da família não cumprir sua função – como ocorre quando um pai se omite no exercício da autoridade parental, com comprometimento no desenvolvimento de seus filhos – caberá ao Estado tutelar seus integrantes, a proteção se justifica pelas pessoas, não pela estrutura em si.

Dentro da sistemática do direito de família, a perda da autoridade parental se apresenta como recurso apto a tirar a criança e o adolescente de uma situação de vulnerabilidade e oportunizá-la, por outros meios, a criação e educação negada pelos pais. Todavia, como bem observou a Ministra Nancy Andrighi, a perda da autoridade parental "não suprime, nem afasta, a possibilidade de indenização ou compensação, porque tem como objetivo primário resguardar a integridade do menor, (...) nunca compensar os prejuízos advindo do malcuidado". (BRASIL, REsp. 1159242/SP, 2012).

Aliás, reduzir a proteção das crianças e dos adolescentes à perda da autoridade parental dos pais seria premiar a conduta irresponsável deles, estimulando-se, inclusive, o abandono por aqueles que desejam se desincumbir dos ônus da parentalidade.[12] Ilustra este ponto caso recente envolvendo adoção, apreciado pelo STJ.

Um casal de idosos (mulher de 55 anos com seu marido de 85 anos), já com filho biológico de quase 30 anos, adotaram criança de 9 anos, vinda de anterior destituição de poder familiar e considerável período de acolhimento institucional. Após a consolidação da filiação adotiva, a criança não correspondeu às expectativas nela depositadas pelos adotantes. Cientes da impossibilidade jurídica de revogar a adoção da filha, o casal provocou artificialmente a destituição do poder familiar, de modo a devolver a filha que não servia aos seus propósitos e aos seus desígnios.

---

12. Neste sentido: "Muitas vezes, em verdade, a destituição do poder familiar se apresenta muito mais como um prêmio ao pai ausente, não representando qualquer alento ao filho". (ORLEANS; PEREIRA, 2012, p. 238).

Ao se debruçar sobre as peculiaridades da situação fática, a Ministra Nancy Andrighi, relatora – apesar de reconhecer se tratar de uma adoção com riscos acima daqueles que normalmente se espera, fato que poderia ter sido considerado no momento do deferimento da adoção – apontou para necessária responsabilidade que deve acompanhar o exercício da nossa liberdade. Embora não se deva temer a adoção, um gesto de generosidade e grandeza inigualável, é preciso ter a mais elevada convicção dessa escolha, pois ela terá, sempre, inúmeras consequências, não apenas aos adotantes, mas também ao adotado. Por isso, "o ímpeto de adotar deve encontrar firme amparo em motivos racionais para adotar" (BRASIL, REsp. 1698728/MS, 2021).

O STJ, por maioria, deu provimento ao recurso da adotada, reestabelecendo a sentença que havia condenado os adotantes ao pagamento de danos morais por abandono afetivo. A indenização foi fixada no valor de R$ 5.000,00 (cinco mil reais).

Mais recentemente, outro caso envolvendo adoção foi apreciado pela Corte, que manteve a condenação por dano moral a casal que desistiu da adoção de criança que passou a conviver com os pretensos adotantes aos quatro anos de idade, permanecendo sob a guarda destes por quase oito anos, quando foi devolvido a uma instituição acolhedora (BRASIL, REsp. 1981131/MS, 2022).

5.2 A impossibilidade de se compelir ao amor

Certamente, a inexistência de obrigação de afeto e impossibilidade de se compelir ao amor são os argumentos mais recorrentes utilizados por aqueles que desprezam o dano moral por abandono afetivo.

Deveras, como já havia sido consolidado pelos que se filiam à corrente da possibilidade de indenização por abandono afetivo, o amor refoge os lindes legais, situando-se, pela sua subjetividade e impossibilidade de precisa materialização, no universo metajurídicos da filosofia, da psicologia ou da religião. Diversamente, o cuidado, é tisnado por elementos objetivos de verificação e comprovação de seu cumprimento, a partir da avaliação de ações concretas, tais quais a presença; contatos, mesmo que não presenciais; ações voluntárias em favor da prole; comparações entre o tratamento dado aos demais filhos – quando existirem –, entre outras fórmulas possíveis que serão trazidas à apreciação do julgador, pelas partes (BRASIL, REsp. 1159242/SP, 2012).

A nomenclatura "abandono afetivo" dificulta a compreensão de que a responsabilidade decorre não da ausência de amor, afeto, e, sim, da inobservância do dever legal de cuidado dos pais. Por isso, parcela da doutrina prefere a terminologia "abandono parental de cuidado" (SOARES, BASTOS; 2021).

Mas, ainda que tivéssemos todos estes cuidados semânticos, as confusões persistiriam diante da expressão "cuidar afetuosamente" criada pela Ministra Isabel Galotti e agora adotada pela 4ª Turma do STJ.[13]

---

13. A expressão foi pela primeira vez utilizada no Recurso Especial 1087561/RS, mas ganhou força a partir do julgamento Recurso Especial 1579021/RS, desde então citado como precedente de outras decisões do STJ.

De acordo com a Ministra, as especificidades do Direito de Família não excluem a possibilidade de indenização, pelo contrário, segundo ela "a proeminência do instituto 'família` no ordenamento jurídico e social, (...), corrobora a incidência das regras de responsabilidade civil no caso de infração a dever jurídico compreendido na regência do Direito de Família" (BRASIL, REsp. 1579021/RS, 2017). Contudo, não haveria dever jurídico de "cuidar afetuosamente", "a falta de cuidado afetuoso não é comportamento que gere dano indenizável".

Assim, o que distingue a posição da Ministra Isabel Galotti daquela firmada pela Ministra Nancy Andrighi, quando do voto vencedor que, pela primeira vez, admitiu a indenização por abandono afetivo pelo STJ, é o conteúdo atribuído ao "cuidar".

Para a Ministra Isabel Galotti, o dever de cuidado se limita ao sustento, guarda e educação dos filhos, excluindo da equação o dever de convivência. Fundamenta a exclusão, primeiro, no argumento de que a forma de convivência familiar deve ser decidida no âmbito das famílias e não regulada e imposta pelo Estado. Como reforço, afirma que as vicissitudes da vida real justificam a previsão em lei da guarda unilateral ou compartilhada, da guarda por terceiros ou tutela, quando, pelos mais diversos motivos, nenhum dos pais tiver condições de permanecer com o menor. Segundo, sustenta que, tal qual o afeto, a convivência deve ser espontânea, corresponder a sentimento genuíno: "se o amor e o afeto não são deveres jurídicos, (...), tão pouco o pode ser o cuidado afetuoso, ou a convivência forçada, sem afeto, apenas para cumprir suposto dever jurídico" (BRASIL, REsp. 1579021/RS, 2017).

O entendimento de que a convivência familiar é faculdade dos pais e não direito da criança e do adolescente está em desacordo com a axiologia do sistema. Isto porque, a convivência familiar e comunitária tem repercussões na construção cognitiva, emocional e social da criança e do adolescente.[14] Dada sua função primordial ao desenvolvimento da personalidade, trata-se do núcleo de fundamentalidade de seus direitos. A convivência, derivação indireta da dignidade da pessoa humana – fundamento do Estado Democrático de Direito expresso no art. 1º, inciso III, da Constituição Federal –, é expressamente assegurada pelo art. 227 de nossa Carta Magna[15], bem como pelo art. 19 do Estatuto da Criança e do Adolescente.[16]

Além disso, como bem pontuou o Ministro Marco Buzzi, discordando do voto da Ministra Isabel Galotti, criar e educar exige mais do que exclusivamente aportar recursos financeiros. Por conseguinte:

---

14. A este respeito: PEREIRA, Rodrigo da Cunha. *Direito de Família*: uma abordagem psicanalítica. Belo Horizonte: Del Rey, 2003.
15. Art. 227. É dever da família, da sociedade e do Estado assegurar à criança, ao adolescente e ao jovem, com absoluta prioridade, o direito à vida, à saúde, à alimentação, à educação, ao lazer, à profissionalização, à cultura, à dignidade, ao respeito, à liberdade e à convivência familiar e comunitária, além de colocá-los a salvo de toda forma de negligência, discriminação, exploração, violência, crueldade e opressão.
16. Art. 19. É direito da criança e do adolescente ser criado e educado no seio de sua família e, excepcionalmente, em família substituta, assegurada a convivência familiar e comunitária, em ambiente que garanta seu desenvolvimento integral.

Não se fala, assim, na impossível obrigação de amar, senão no impostergável dever de cuidar, o qual está presente, sim, em diversos preceitos, desde os constitucionais até aqueles das leis complementares. Portanto, quando as expressões afeto ou amor forem utilizadas como referência ao conjunto de providências adotadas no zelo e proteção para com os filhos, elas terão o sentido de cuidado e estarão envolvidas com a noção de dever. (BRASIL, REsp. 1579021/RS, 2017).

A doutrina caminha neste sentido, proclamando ser a parentalidade uma função que não se encerra com a reprodução e com o sustento material. Na verdade, a figura paterna (e materna), deve fazer parte de um longo projeto educativo que se inicia com o nascimento da criança e se prolonga por uma série de atividades, incluindo a socialização da criança e o devido apoio, quando adolescente.[17] Noutros termos, o exercício da autoridade parental exige, no plano dos fatos, um partilhar de vida, ou seja, exige convivência.[18] É impossível cuidar e educar sem estar presente, alimentando os vínculos de intimidade e afeto próprios das relações familiares (MATOS; CASTRO, no prelo). Por esta razão, "embora seja direito dos pais ao convívio com os filhos, releva o direito destes em conviverem com aqueles, na medida em que é nessa interação que se iniciarão as experiências com o outro, tão importantes para sua integridade psíquica" (TEPEDINO; TEIXEIRA; 2020; p. 317).

Todavia a Ministra, após o voto dissidente do Ministro Marco Buzzi, reafirmou seu posicionamento de modo ainda mais incisivo, consignando que "o dever de cuidado não requer seja o cuidado provido afetuosamente, ou sequer pessoalmente pelo titular do pátrio poder" (BRASIL, REsp. 1579021/RS, 2017). Bastaria a satisfação das condições de subsistência, guarda e educação do menor, "pessoalmente pelos pais, ou por meio de colégio interno, por exemplo, ao qual seja pelo genitor confiada a sua educação e cuidado" (BRASIL, REsp. 1579021/RS, 2017). Com a devida vênia, entendemos que o posicionamento da ministra ignora a solidariedade familiar e social, princípio basilar do Direito de Família que, pelas lições de Tepedino:

> (...) torna-se o fundamento constitucional de imposição de deveres aos pais no exercício da autoridade parental, para que a convivência externada no processo educacional, se torne mecanismo capaz de estruturar a criança e o adolescente como pessoas com autonomia. (TEPEDINO, 2009, p. 210).

---

17. "Assim, a relação entre pais e filhos apresenta-se, na atualidade, como processo dialógico, que substitui o anterior estado de subordinação no qual o filho figurava como sujeito passivo de mecanismo autoritário – estático e unilateral – de transmissão de informações. Torna-se indispensável, portanto, que a relação parental seja analisada em seu perfil dinâmico, no âmbito do processo educacional, de modo que os filhos possam, aos poucos, libertar-se da vulnerabilidade inerente ao natural déficit de maturidade que lhes é característico, decrescendo-se, progressivamente, em consequência, o grau de intervenção dos pais sobre seu discernimento e sua vontade, supridos, em intensidade variada, durante a incapacidade". (TEPEDINO, 2009, p. 2003).
18. Pelas lições de Paulo Lôbo, a parentalidade "é muito mais que prover alimentos ou causa de partilha de bens hereditários; envolve a constituição de valores e da singularidade da pessoa e de sua dignidade humana, adquiridos principalmente na convivência familiar durante a infância e a adolescência". (LÔBO, 2006, p. 18).

5.3 Mercantilização das relações familiares

Há quem diga que a compensação por dano moral derivada do descumprimento dos deveres de cunho não patrimonial decorrentes da autoridade parental resultaria na "patrimonialização do afeto".[19] Enquanto, por outro lado, seria cabível o arbitramento indenização por danos morais nos casos em que restar cabalmente comprovado que o genitor, dotado de possibilidades financeiras de prover o sustento do filho, não o faz por mero capricho. Este entendimento ganhou força a partir do Recurso Especial 1087561/RS, do qual extrai-se:

> A reparação por danos morais, no presente caso, não trata, então, de "monetarização das relações familiares" para penalizar os infratores ´por não demonstrarem a dose necessária de amor`, como entende o recorrente, mas de compensação imposta sobretudo pelo descumprimento dos deveres decorrentes do exercício do poder familiar e do dever de prestar assistência material à criança (...). (BRASIL, 2017).

Ora, com a devida vênia, o argumento é intrinsecamente contraditório. Isto porque reconhece a possibilidade de indenização por dano moral pelo descumprimento de dever próprio da autoridade parental, contudo, apenas se o dever for de cunho patrimonial. Em outras palavras, concede tutela jurídica apenas às obrigações parentais de cunho patrimonial, enquanto rejeita a possibilidade de tutela pela via da responsabilidade civil dos deveres parentais de índole existencial. É dizer: merece tutela jurídica apenas o dever de sustento, mas não o dever de criação, convivência e cuidado. Limitar a incidência do abandono afetivo à hipótese de descumprimento por capricho do dever de sustento, isto sim é patrimonializar o direito de família, à medida que se concede proteção privilegiada aos deveres parentais de natureza patrimonial em detrimento dos demais.

5.4 A inexistência de pais perfeitos

Da análise das discussões envolvendo abandono afetivo é recorrente a afirmação de que não há um molde perfeito para educação e criação dos filhos. Realmente, cada filho é único, com necessidades próprias, personalidade distinta e subjetividade singular, de modo que é desarrazoado medir com a mesma régua a atenção despendida a cada filho pelos pais, inclusive, sob a óptica da igualdade substancial e dignidade, as quais impõe a consideração dos atributos particulares de cada pessoa. Igualmente, os pais também têm história pessoal e passado, constitutivos de sua individualidade, que

---

19. Por todos: "A crítica deste estudo dirigiu-se à segunda consequência, consubstanciada na monetarização das relações interpessoais. Parece razoável, para os autores deste breve estudo, o entendimento que vem sendo adotado pela Quarta Turma do Superior Tribunal de Justiça, segundo o qual não existe respaldo jurídico-legal para a responsabilização civil do pai por abandono afetivo do filho. Por outro lado, a depender das circunstâncias, como no caso do REsp 1.087.561 – RS, é possível arbitrar indenização por danos morais nos casos em que restar cabalmente comprovado que o genitor, dotado de possibilidades financeiras de prover o sustento do filho, não o faz por mero capricho. E isso, é bom dizer, em muito difere do abandono afetivo". (LUCAS; GHISLENI; 2020, p. 18).

conduzem suas opções na criação e educação dos filhos. Além de tudo isso, frustrações são próprias do processo educacional, tendo o "não" dos pais papel fundamental na construção de personalidades aptas a lidarem com as adversidades da vida.[20]

À vista disso, alguns argumentam pela inaplicabilidade do dano moral por abandono afetivo, pois ele conduziria a uma "avaliação de desempenho" dos pais.[21] O Ministro Massami Uyeda pensa deste modo (BRASIL, REsp. 1159242/SP, 2012). Outros, no entanto, valem-se da constatação para salientar a importância da razoabilidade na análise da configuração do dano moral por abandono afetivo, sob pena de se gerar um constrangimento desproporcional aos pais, avaliados em nível de gradação por atos que implicassem "desamor". Neste sentido, o Ministro Paulo de Tarso Sanseverino entende que a aplicação da responsabilidade civil às relações familiares deve ser excepcionalíssima (BRASIL, REsp. 1159242/SP, 2012).

No *leading case* do STJ que admitiu a figura do dano moral por abandono afetivo foi consignado que a responsabilidade depende da constatação de ilícito dos pais, concernente na omissão dos deveres de cuidado. Seria, então, a imposição de comportamento omissivo um delimitador do campo de incidência da responsabilidade civil derivada do descumprimento de deveres da autoridade parental?

Para Maria Celina Bodin de Moraes e Ana Carolina Brochado Teixeira (2016, p. 136), não, segundo elas, enquanto no abandono afetivo, o dano moral pode ocorrer em razão do descumprimento dos deveres oriundos da autoridade parental, na hipótese da alienação parental a indenização fundamenta-se no exercício disfuncional do poder familiar, que acaba por impedir que o outro genitor exerça os deveres que lhe cabem como pai/mãe.

No nosso sentir, não há por que limitar aprioristicamente a aplicação da responsabilidade civil no âmbito familiar, deve-se, todavia, utilizá-la com parcimônia, a partir da verificação em concreto de violação da cláusula geral de proteção da pessoa humana.

5.5 Suposto efeito rebote de afastamento

O Ministro Fernando Gonçalves, ao votar pela impossibilidade do dano moral por abandono afetivo, indagou retoricamente se o pai, após ser condenado a indenizar o filho por não lhe ter atendido às necessidades de afeto, encontraria ambiente para reconstruir o relacionamento ou, ao contrário, restaria definitivamente afastado daquele pela barreira erguida durante o processo litigioso (BRASIL, REsp. 756.411/

---

20. Sobre o assunto, recomenda-se: BRAZIL, Glícia. Efeitos do convívio virtual para o vínculo de afeto dos vulneráveis. In: NEVARES, Ana Luiza Maia; XAVIER, Marília Pedroso; MARZAGÃO, Silvia Felipe (Org.). *Coronavírus*: impactos no direito de família e sucessões. Indaiatuba: Foco, p. 243-256, 2020.
21. Por todos: BERNARDO, Wesley Louzada. Dano Moral por abandono afetivo: uma nova espécie de dano indenizável? In: TEPEDINO, Gustavo; FACHIN, Luiz Edson (Orgs.). *Diálogos sobre Direito Civil*. Rio de Janeiro: Renovar, vol. II, p. 475-500, 2008.

MG, 2005). Segundo argumenta, um litígio entre as partes reduz drasticamente a esperança do filho de se ver acolhido, ainda que tardiamente, pelo amor paterno.

Nada obstante, verifica-se, no comum dos casos levados ao Judiciário, que quando o filho recorre aos tribunais, normalmente inexiste relação paterno-filial ou ela já se encontra irreversivelmente desgastada.[22]

Ademais, importa refletir a quem cabe a escolha de buscar a compensação do dano sofrido ou dela se eximir para nutrir a esperança de acolhimento parental. *Data venia*, ainda que bem-intencionados os magistrados e Ministros que se preocupam em evitar o rompimento definitivo do vínculo, esta é uma decisão que não lhes diz respeito. O Judiciário deve se limitar a tarefa de dizer o direito, extrapolar este papel atenta à liberdade das partes. Os espaços judiciários não são instituições terapêuticas, são locais de realização do justo, por mais que se reconheça a importância do Estado proporcionar acesso aos mais variados serviços de saúde.[23] Igualmente, a mediação se mostra como ótima alternativa pré-processual, mas, na ausência de solução consensual, a tutela jurisdicional do abandono afetivo deve estar disponível.[24] Vale lembrar que o direito à indenização por dano moral é assegurado pelo art. 5º, V, da Constituição Federal, ostentando posição de direito fundamental.

5.6 Dificuldade de verificação dos elementos da responsabilidade civil face à inafastabilidade de tutela da pessoa humana

Por fim, dentre os argumentos contrários ao dano moral por abandono afetivo, há, ainda, a dificuldade de verificação dos elementos da responsabilidade civil na espécie.[25] Efetivamente, a análise dos pressupostos básicos da responsabilidade (dano, nexo causal, ato ilícito e culpa) é mais complexa, todavia, essa complexidade envolve qualquer dano moral, não se limitando ao abandono afetivo. Além disso, este pretexto cai por terra diante de um único, porém suficiente, fundamento: a inafastabilidade da tutela da pessoa humana.

> Não haveria razão para que o direito de família fosse blindado pela impossibilidade de responsabilização de pai que não cumpre os deveres inerentes à sua autoridade parental, sobretudo em razão do princípio da dignidade da pessoa humana. (Orleans; Pereira; 2012, p. 239).

---

22. Neste sentido: ORLEANS, Helen Cristina Leite de Lima; PEREIRA, Maria Martha Alves. O direito e os dilemas sociais: relações paterno-filiais e responsabilidade civil. In: TEPEDINO, Gustavo; FACHIN, Luiz Edson (Orgs.). *Diálogos sobre Direito Civil*. Rio de Janeiro: Renovar, vol. III, p. 219-243, 2012, p. 238.
23. Posicionamento sustentado por Debora Diniz em: https://www.instagram.com/p/CTelAhQL_YE/?utm_medium=copy_link.
24. Em sentido contrário: EIKE, Luciana Gemelli. Responsabilidade civil no direito de família: quando mediar pode ser melhor do que julgar. In: TEIXEIRA, Ana Carolina Brochado; ROSENVALD, Nelson; MULTEDO, Renata Vilela (Orgs). *Responsabilidade civil e direito de família*: o direito de danos na parentalidade e na conjugalidade. Indaiatuba: Editora Foco, p. 417-428, 2021.
25. Adota esta posição: BERNARDO, Wesley Louzada. Dano Moral por abandono afetivo: uma nova espécie de dano indenizável? In: TEPEDINO, Gustavo; FACHIN, Luiz Edson (Orgs.). *Diálogos sobre Direito Civil*. Rio de Janeiro: Renovar, v. II, p. 475-500, 2008.

Para Moraes (2017, p. 81), a dignidade da pessoa humana tem quatro corolários: liberdade, igualdade, integridade psicofísica e solidariedade familiar ou social. O abandono afetivo, que se manifesta pela omissão dos pais aos deveres inerentes à autoridade parental – como os deveres de cuidar, conviver e educar os filhos – por refletir no desenvolvimento da pessoa é apto a comprometer sua integridade psicofísica, mas, antes disso, afrontam a solidariedade. A solidariedade é princípio geral do ordenamento capaz de tutelar o respeito devido a cada um, "é um conceito dialético de 'reconhecimento' do outro" (Moraes, 2017, p. 112):

> Em relação à violação daquilo que não pode ser considerado um direito subjetivo, nem uma faculdade, tampouco um poder-dever, a solidariedade, no entanto, pode se dizer fundamento daquelas lesões que tenham no grupo a sua ocasião de realização: assim, ela abrangeria os danos sofridos no âmbito familiar nas mais diversas medidas, desde a lesão à capacidade procriadora ou sexual do cônjuge até a violência sexual praticada contra filha menor, do descumprimento da pensão alimentícia do filho, do não reconhecimento voluntário do filho ou a criação de dificuldades ao seu reconhecimento, à falta de visitação (...). (Moraes, 2017, p. 116).

Em tempos de solidariedade, o exercício da liberdade impõe responsabilidade. Sendo o elo de parentalidade fruto de ato volitivo, desponta, para aqueles que concorreram com o nascimento ou adoção, a responsabilidade decorrente de suas ações e escolhas, definida em seu conteúdo por preconização constitucional e legal de obrigações mínimas, como foi pontuado no *leading case* que reconheceu a possibilidade de abandono afetivo (BRASIL, REsp. 1159242/SP, 2012).

Ainda, pode-se dizer, em certas situações, que o abandono afetivo afronta a igualdade, como fez a Ministra Nancy Andrighi, ao considerar o descompasso de tratamento outorgado aos filhos um fator agravante do dano moral sofrido (BRASIL, REsp. 1159242/SP, 2012). É claro que, para tanto, deve-se considerar a igualdade substancial, tendo em vista que as diversas necessidades e singularidades dos filhos podem justificar tratamento diferenciado. Somente diante de notória discriminação seria concebível admitir a afronta ao princípio como ensejadora de dano.

Portanto, configurada a violação da dignidade dos filhos em um de seus quatro corolários, admite-se a indenização, o que não exclui a verificação dos pressupostos da responsabilidade civil, com a mesma flexibilidade que permitiu a admissão dos danos morais de modo geral. O molde jurídico da responsabilidade aquiliana foi pensado pelo direito há muito tempo, a adaptação de seu figurino clássico aos casos que decorrem de situações de direito de família não implica subversão do sistema (HIRONAKA, 2007), ao revés, reflete a adaptabilidade do direito à realidade dinâmica.

6. DIRETRIZES PARA APLICAÇÃO DO DANO MORAL POR ABANDONO AFETIVO

O dano moral por abandono afetivo dos filhos deverá atender aos pressupostos gerais da responsabilidade civil subjetiva: ato ilícito, dano, nexo causal e culpa.

Em relação ao primeiro pressuposto, ato ilícito, ele ficará configurado pela violação do dever de cuidado. O entendimento, hoje, pela própria dicção legal, é que os pais são responsáveis por criarem e educarem seus filhos, aspectos existenciais que se realizam por atos cotidianos na convivência diária. Os pais, para além da assistência material necessária, têm função instrumental de intermediadores do desenvolvimento dos seus filhos, desempenhada pelo poder-dever concernente de exercício da autoridade parental. A omissão no exercício da autoridade parental constitui o ato ilícito.

Não se trata, como visto, de imposição de amor e de investigação subjetiva dos afetos nutridos pelos pais por seus filhos, mas da análise de elementos objetivos, quais sejam os comportamentos reveladores do cuidado: convivência, participação nas escolhas educacionais, ações cotidianas como levar e buscar na escola, prática conjunta de atividades de lazer, aconselhamento, regras de conduta etc.

Poder-se-ia indagar se a liberdade dos pais legitimaria sua conduta omissiva. Em caso de confronto de aspectos inerentes a dignidade de duas pessoas, se impõe a ponderação dos dois princípios para verificação de qual se sobrepõe no contexto à luz da axiologia do ordenamento.[26] Entretanto, em certas hipóteses o próprio legislador fornece a relação de prevalência que, se violada em concreto, configurará ato ilícito. Aqui, como observa Schreiber (2015, p. 183), o legislador, ao impor sobre o pai deveres de comportamento em face dos filhos, estabeleceu a relação de prevalência entre sua liberdade e o interesse do menor à adequada formação de sua personalidade, determinando que este se sobrepõe àquele.

A violação dos deveres de cuidado podem ser escusáveis nas circunstâncias concreta, excluindo a culpabilidade dos pais, como ocorre, por exemplo, em caso de prisão do pai, de desconhecimento da existência do filho, da perda não intencional de contato com a mãe que detém a guarda da criança, e de outros fatores não incomuns nos dramas familiares (SCHREIBER, 2015, p. 184). Neste sentido, o STJ tem consolidado o entendimento de não ser possível falar em abandono afetivo antes do reconhecimento da paternidade.[27]

Quanto ao dano, ele é derivado da violação da cláusula geral de proteção da pessoa humana em um de seus quatro corolários. Há de se rechaçar a posição que

---

26. Desenvolve com brilhantismo esta técnica de aplicação da responsabilidade civil em caso de violação da dignidade humana: MORAES, Maria Celina Bodin. *Danos à pessoa humana: uma leitura civil-constitucional dos danos morais*. 2. ed. Rio de Janeiro: Editora Processo, 2017.
27. BRASIL. Superior Tribunal de Justiça. *REsp 514.350/SP*, Relator Ministro Aldir Passarinho Junior, 4ª Turma, julgado em 28/04/2009, DJe 25/05/2009. BRASIL. Superior Tribunal de Justiça. *REsp 1374778/RS*, Relator Ministro Moura Ribeiro, 3ª Turma, julgado em 18/06/2015, DJe 01/07/2015. BRASIL. Superior Tribunal de Justiça. *REsp 1557978/DF* Relator Ministro Moura Ribeiro, 3ª Turma, julgado em 03/11/2015, DJe 17/11/2015. BRASIL. Superior Tribunal de Justiça. *AgRg no AREsp 766.159/MS*, Relator Ministro Moura Ribeiro, 3ª Turma, julgado em 02/06/2016, DJe 09/06/2016. BRASIL. Superior Tribunal de Justiça. *REsp 1493125/SP*, Rel. Ministro Ricardo Villas Bôas Cueva, 3ª Turma, julgado em 23/02/2016, DJe 01/03/2016. BRASIL. Superior Tribunal de Justiça. *AgInt no AREsp 492.243/SP*, Relator Ministro Marco Buzzi, 4ª Turma, julgado em 05/06/2018, DJe 12/06/2018.

advogada pela necessidade da violação de um direito subjetivo. A pessoa não será protegida porque é titular de um direito, mas o contrário. A proteção surge primeiro e decorrente dela; em seguida, configura-se o direito subjetivo, potestativo ou faculdade, seja o qual for a estrutura mais adequada para realizar aquela função. Afinal, a pessoa, em sua dignidade, é o centro gravitacional do sistema. Por conseguinte, o dano moral não pode ser reduzido à lesão a um direito de personalidade, tampouco ao efeito extrapatrimonial da lesão. Trata-se, em verdade, de violação da cláusula geral de tutela da pessoa humana (Moraes, 2017, p. 185).

Confirmada a violação da dignidade, no nosso sentir, o dano será presumido[28], com exceção da hipótese de terceiro ter desempenhado a função negligenciada pelos pais. Logo, para a configuração de dano moral à integridade psíquica da criança ou do adolescente, é preciso que tenha havido o abandono afetivo por parte do pai ou da mãe, somado à ausência de uma figura substituta (Moraes; Teixeira; 2016; p. 127). Flexibiliza-se, assim, dano e nexo causal.

A flexibilização se justifica pelas dificuldades de comprovação de dano ao processo de desenvolvimento da criança e do adolescente. Primeiro, pelo número de outras causas que coexistirão com o abandono. Segundo, porque as pessoas reagem de modo diverso a estímulos e situações idênticas, o abandono, por exemplo, pode ser encarado com resiliência, o que não excluirá a violação da dignidade do filho, que terá perdido a oportunidade de crescer em contexto de amparo. Por fim, ao se exigir comprovação, por perícia psicológica, de dano, parece que se retorna ao conceito de dano moral como dor, sofrimento, vexame, humilhação (BERNARDO, 2008, p. 294).

7. CONCLUSÃO

A responsabilidade civil passou por um momento de intensa oxigenação, fruto de um cotejo mais flexível de seus elementos fundantes e de uma ampliação dos danos considerados merecedores de tutela jurídica. Certo é que, "ao desaguarem no direito de família, esses novos aportes da responsabilidade por danos encontram, inexoravelmente, os pulsantes temas contemporâneos da afetividade jurídica e da responsabilidade familiar (...)" (Calderón, 2017, p. 264). A discussão sobre a possibilidade de dano moral por abandono afetivo é produto deste cingir pela responsabilidade civil do cotidiano, alcançando o âmbito familiar.

Até um passado não muito distante, o Superior Tribunal de Justiça (STJ) entendia pela autonomia do direito de família, impedindo, via de consequência, a aplicação de institutos de outros ramos, tal qual a responsabilidade civil aquiliana, às relações familiares. Em 2012, a 3ª Turma do STJ, de modo pioneiro, admitiu a aplicação da responsabilidade civil para situação de omissão pelo pai do seu dever de cuidado. A 4ª

---

28. Em sentido contrário: COSTA, Natália Winter; RAMOS, André Luiz Arnt. Responsabilidade por abandono afetivo nas relações paterno-filiais: um retrato do estado da questão na literatura e nos tribunais. *Revista IBERC*, v. 3, n. 1, p. 1-18, jan.-abr., 2020.

Turma, desde 2017, também aceita a incidência das normas de responsabilidade civil no seio familiar, todavia, somente reconhece o dano moral por abandono material, excluindo sua aplicabilidade para o "abandono estritamente afetivo".

Após análise crítica dos variados argumentos, contrários e favoráveis, ao abandono afetivo – que seria melhor qualificado pela expressão "abandono de cuidado" – entendemos ser ele passível de indenização, tendo em vista a imprescindibilidade de tutela da pessoa humana, principalmente quando dirigida a grupos presumidamente vulneráveis, como as crianças e os adolescentes.

Entretanto, a aplicação em casos concretos da responsabilidade civil por abandono afetivo não deve rejeitar a técnica; sua admissão em abstrato não implica necessária confirmação em concreto. O julgador, ao avaliar as situações fáticas, deverá fazê-lo respaldado em elementos lógico-jurídicos, que conduzirão à conclusão do merecimento ou não de tutela em concreto da pretensão indenizatória. Há doutrinas que já propuseram meios razoáveis para apreciação desta plausibilidade, sugere-se que elas sejam utilizadas.

8. REFERÊNCIAS

ALMEIDA, Vitor. Responsabilidade civil e abandono afetivo inverso: o perfil do dever de cuidado em face das pessoas idosas. In: TEIXEIRA, Ana Carolina Brochado; ROSENVALD, Nelson; MULTEDO, Renata Vilela (Org.). *Responsabilidade civil e direito de família*: o direito de danos na parentalidade e na conjugalidade. Indaiatuba: Editora Foco, p. 191-208, 2021.

BERNARDO, Wesley Louzada. Dano Moral por abandono afetivo: uma nova espécie de dano indenizável? In: TEPEDINO, Gustavo; FACHIN, Luiz Edson (Org.). *Diálogos sobre Direito Civil*. Rio de Janeiro: Renovar, v. II, p. 475-500, 2008.

BRAZIL, Glicia. Efeitos do convívio virtual para o vínculo de afeto dos vulneráveis. In: NEVARES, Ana Luiza Maia; XAVIER, Marília Pedroso; MARZAGÃO, Silvia Felipe (Org.). *Coronavírus*: impactos no direito de família e sucessões. Indaiatuba: Foco, 2020. p. 243-256.

CALDERÓN, Ricardo. *Princípio da afetividade no direito de família*. 2. ed. Rio de Janeiro: Forense, 2017.

CARBONERA, Silvana Maria. Aspectos históricos e socioantropológicos da família brasileira: passagem da família tradicional para a família instrumental e solidarista. In: MENEZES, Joyceane Bezerra de; MATOS, Ana Carla Harmatiuk (Org.). *Direito das famílias por juristas brasileiras*. São Paulo: Saraiva, 2013. p. 33-66.

COSTA, Natália Winter; RAMOS, André Luiz Arnt. Responsabilidade por abandono afetivo nas relações paterno-filiais: um retrato do estado da questão na literatura e nos tribunais. *Revista IBERC*, v. 3, 1, p. 1-18, jan.-abr., 2020.

EIKE, Luciana Gemelli. Responsabilidade civil no direito de família: quando mediar pode ser melhor do que julgar. In: TEIXEIRA, Ana Carolina Brochado; ROSENVALD, Nelson; MULTEDO, Renata Vilela (Orgs). *Responsabilidade civil e direito de família*: o direito de danos na parentalidade e na conjugalidade. Indaiatuba: Editora Foco, p. 417-428, 2021.

HIRONAKA, Giselda Maria Fernandes Novaes. *Pressuposto, elementos e limites do dever de indenizar por abandono afetivo*. IBDFAM. 22 de abril de 2007. Disponível em: https://ibdfam.org.br/artigos/288/Pressuposto,+elementos+e+limites+do+dever+de+indenizar+por+abandono+afetivo. Acesso em: 01 out. 2021.

LÔBO, Paulo Luiz Netto. A paternidade socioafetiva e a verdade real. *Revista CEJ*, v. 10, n. 34, p. 15-21, 2006.

LUCAS, Doglas Cesar; GHISLENI, PÂMELA Copetti. "Amor é estado de graça e com amor não se paga"? A patrimonialização do afeto no Superior Tribunal de Justiça. *Civilistica.com*. Rio de Janeiro, a. 9, n. 2, 2020. Disponível em: http://civilistica.com/amor-e-estado-de-graca/. Acesso em: 04 out. 2021.

MATOS, Ana Carla Harmatiuk; CASTRO, Isabella. Convivência familiar na era digital. In: *Direito das famílias e sucessões na era digital*. (no prelo).

MORAES, Maria Celina Bodin. *Danos à pessoa humana: uma leitura civil-constitucional dos danos morais*. 2. ed. Rio de Janeiro: Editora Processo, 2017.

MORAES, Maria Celina Bodin; TEIXEIRA, Ana Carolina Brochado. Descumprimento do art. 229 da Constituição Federal e responsabilidade civil: duas hipóteses de danos morais compensáveis. *Revista de Investigações Constitucionais*, Curitiba, v. 3, n. 3, p. 117-139, set.-dez. 2016.

ORLEANS, Helen Cristina Leite de Lima; PEREIRA, Maria Martha Alves. O direito e os dilemas sociais: relações paterno-filiais e responsabilidade civil. In: TEPEDINO, Gustavo; FACHIN, Luiz Edson (Org.). *Diálogos sobre Direito Civil*. Rio de Janeiro: Renovar, v. III, p. 219-243, 2012.

PEREIRA, Rodrigo da Cunha. *Direito de Família*: uma abordagem psicanalítica. Belo Horizonte: Del Rey, 2003.

SCHEREIBER, Anderson. *Novos paradigmas da responsabilidade civil: da erosão dos filtros da reparação à diluição dos danos*. 6ª ed. São Paulo: Editora Atlas S.A., 2015.

SOARES, Flaviana Rampozzo; BASTOS, Ísis Boll de Araújo. Abandono parental de cuidado: nomenclatura e repercussão do tema na atualidade jurisprudencial e na visão de quem atua em âmbito jurídico. In: TEIXEIRA, Ana Carolina Brochado; ROSENVALD, Nelson; MULTEDO, Renata Vilela (Org.). *Responsabilidade civil e direito de família*: o direito de danos na parentalidade e na conjugalidade. Indaiatuba: Foco, 2021. p. 97-112.

TEPEDINO, Gustavo. A disciplina constitucional das relações familiares. In: TEPEDINO, Gustavo. *Temas de direito civil*. Rio de Janeiro: Renovar, p. 347-366, 1999.

TEPEDINO, Gustavo. A tutela constitucional da criança e do adolescente: projeções civis e estatutárias. In: TEPEDINO, Gustavo. *Temas de direito civil*. Rio de Janeiro: Renovar, 2009. p. 211-226. t. III.

TEPEDINO, Gustavo; TEIXEIRA, Ana Carolina Brochado. *Fundamentos do Direito Civil*: Direito de Família. Rio de Janeiro: Forense, v. 6, 2020.

Jurisprudência

BRASIL. Superior Tribunal de Justiça. *REsp 1981131/MS*, Relator Ministro Paulo de Tarso Sanseverino, 3ª Turma, julgado em 08/11/2022, DJe 16/11/2022.

BRASIL. Superior Tribunal de Justiça. *REsp 1698728/MS*, Relator Ministro Moura Ribeiro, Relatora p/ Acórdão Ministra Nancy Andrighi, 3ª Turma, julgado em 04/05/2021, DJe 13/05/2021.

BRASIL. Superior Tribunal de Justiça. *REsp 1887697/RJ*, Relatora Ministra Nancy Andrighi, 3ª Turma, julgado em 21/09/2021, DJe 23/09/2021.

BRASIL. Superior Tribunal de Justiça. *AgInt no AREsp 1769440/SP*, Relator Ministro Paulo de Tarso Sanseverino, 3ª Turma, julgado em 17/05/2021, DJe 20/05/2021.

BRASIL. Superior Tribunal de Justiça. *AgInt no AREsp 1286242/MG*, Relator Ministro Luis Felipe Salomão, 4ª Turma, julgado em 08/10/2019, DJe 15/10/2019.

BRASIL. Superior Tribunal de Justiça. *AgInt no AREsp 1270784/SP*, Relator Ministro Luis Felipe Salomão, 4ª Turma, julgado em 12/06/2018, DJe 15/06/2018.

BRASIL. Superior Tribunal de Justiça. *AgInt no AREsp 492.243/SP*, Relator Ministro Marco Buzzi, 4ª Turma, julgado em 05/06/2018, DJe 12/06/2018.

BRASIL, Superior Tribunal de Justiça. *REsp 1579021/RS*, Relatora Ministra Maria Isabel Gallotti, 4ª Turma, julgado em 19/10/2017, DJe 29/11/2017.

BRASIL, Superior Tribunal de Justiça. *REsp 1087561/RS*, Relator Ministro Raul Araújo, 4ª Turma, julgado em 13/06/2017, DJe 18/08/2017.

BRASIL. Superior Tribunal de Justiça. *AgRg no AREsp 811.059/RS*, Relator Ministro Marco Aurélio Bellizze, 3ª Turma, julgado em 17/05/2016, DJe 27/05/2016.

BRASIL. Superior Tribunal de Justiça. *AgRg no AREsp 766.159/MS*, Relator Ministro Moura Ribeiro, 3ª Turma, julgado em 02/06/2016, DJe 09/06/2016.

BRASIL. Superior Tribunal de Justiça. *REsp 1493125/SP*, Rel. Ministro Ricardo Villas Bôas Cueva, 3ª Turma, julgado em 23/02/2016, DJe 01/03/2016.

BRASIL. Superior Tribunal de Justiça. *REsp 1374778/RS*, Relator Ministro Moura Ribeiro, 3ª Turma, julgado em 18/06/2015, DJe 01/07/2015.

BRASIL. Superior Tribunal de Justiça. *REsp 1557978/DF* Relator Ministro Moura Ribeiro, 3ª Turma, julgado em 03/11/2015, DJe 17/11/2015.

BRASIL. Superior Tribunal de Justiça. *REsp 1159242/SP*, Relatora Ministra Nancy Andrighi, 3ª Turma, julgado em 24/04/2012, DJe 10/05/2012.

BRASIL. Superior Tribunal de Justiça. *REsp 1298576/RJ*, Relator Ministro Luis Felipe Salomão, 4ª Turma, julgado em 21/08/2012, DJe 06/09/2012.

BRASIL. Superior Tribunal de Justiça. *AgRg no REsp 1099959/DF*, Relator Ministro Paulo de Tarso Sanseverino, 3ª Turma, julgado em 15/05/2012, DJe 21/05/2012.

BRASIL. Superior Tribunal de Justiça. *REsp 514.350/SP*, Relator Ministro Aldir Passarinho Junior, 4ª Turma, julgado em 28/04/2009, DJe 25/05/2009.

BRASIL, Supremo Tribunal Federal. *RE 567164 ED*, Relatora Ministra Ellen Gracie, Segunda Turma, julgado em 18/08/2009, DJe 11/09/2009.

BRASIL. Superior Tribunal de Justiça. *REsp 757.411/MG*, Relator Ministro Fernando Gonçalves, 4ª Turma, julgado em 29/11/2005, DJ 27/03/2006, p. 299.

BRASIL. Superior Tribunal de Justiça. *REsp 275.568/RJ*, Relator Ministro Humberto Gomes de Barros, 3ª Turma, julgado em 18/05/2004, DJ 09/08/2004, p. 267.

BRASIL. Superior Tribunal de Justiça. *REsp 401.138/MG*, Relator Ministro Castro Filho, 3ª Turma, julgado em 26/06/2003, DJ 12/08/2003, p. 219.

ANOTAÇÕES